国家社会科学基金重点项目"习近平关于红船精神的重要论述研究"
（项目编号：18ADJ007）

浙江省高校重大人文社科攻关计划项目"红船精神的深刻内涵、历史地位与新时代意义研究"
（项目编号：2018GH031）

列宁主义在中国早期传播史料长编
（1917—1927）
（下）

嘉兴学院中国共产党革命精神与文化资源研究中心
嘉 兴 学 院 红 船 精 神 研 究 中 心 编
浙 江 省 中 国 共 产 党 创 建 史 研 究 中 心

康文龙 主编

武汉大学出版社

目　录

一九二五年 …………………………………………………………………… 1421
 1.《国民会议与帝国主义》……………………………………………… 1421
 2. "马克思列宁主义" …………………………………………………… 1423
 3.《对于农民运动之议决案》…………………………………………… 1423
 4.《对于宣传工作制议决案》…………………………………………… 1426
 5.《纪念为无产阶级牺牲的两个革命家》……………………………… 1427
 6. 关于中共四大的信 …………………………………………………… 1427
 7.《介绍〈新青年〉杂志〈国民革命号〉》………………………………… 1430
 8.《列宁周年纪念的感言》……………………………………………… 1431
 9.《列宁死后的一周年》………………………………………………… 1432
 10. "列宁纪念"号 ……………………………………………………… 1433
 11.《列宁的生平与教训》………………………………………………… 1433
 12.《列宁——理论家》…………………………………………………… 1438
 13.《列宁——实行家》…………………………………………………… 1440
 14.《列宁与中国——列宁逝世周年纪念日告中国民众》……………… 1443
 15.《共产党第四次大会对于列宁逝世一周纪念宣言》………………… 1444
 16.《殖民地被压迫人民所应纪念的列宁》……………………………… 1445
 17.《一九○五年的列宁》………………………………………………… 1447
 18.《列宁不死》…………………………………………………………… 1449
 19.《列宁之生涯》………………………………………………………… 1452
 20. 列宁李卜克内西纪念周特刊 ……………………………………… 1455
 21.《列宁主义的要义》…………………………………………………… 1455
 22.《列宁论》……………………………………………………………… 1458
 23.《"二七"纪念与列宁主义》…………………………………………… 1462
 24.《二七运动与列宁主义》……………………………………………… 1464
 25.《托尔斯泰与当代工人运动》………………………………………… 1466
 26.《帝国主义浅说》……………………………………………………… 1466
 27.《布尔塞维克化底法国共产党与有产阶级化底法国社会党》……… 1499
 28.《莫斯科底工人生活》………………………………………………… 1499
 29.《第三国际成立六周年纪念》………………………………………… 1500

1

30.《蒸蒸日上的苏俄工业》 1500
31.《俄罗斯的政治改造》 1501
32.《中山与列宁》 1512
33.《马克思主义浅说》 1514
34.《哭中山忆列宁》 1535
35.《苏俄的中国研究与东方杂志》 1536
36. 列宁号 1542
37.《列宁》 1542
38.《中国共产党第四次大会对于列宁逝世一周年纪念宣言》 1554
39.《专政问题的历史观》 1555
40.《第三国际及其在历史上的位置》 1566
41.《社会主义国际的地位和责任》 1570
42.《列宁主义与中国民族运动》 1573
43.《列宁、殖民地民族与帝国主义》 1576
44.《列宁与职工运动》 1580
45.《列宁与农民》 1588
46.《列宁与青年》 1593
47.《列宁主义概论》 1598
48.《列宁主义与杜洛茨基主义》 1610
49.《在伟大的墓之前》 1616
50.《列宁年谱》 1626
51. 旅俄诗集《新梦》介绍 1632
52.《列宁的幼年》 1632
53.《驳斥对于苏俄的谤言》 1633
54.《马克思主义概略》 1635
55.《杜洛斯宣言遵守列宁主义》 1643
56.《社会主义底派别》 1643
57.《共产主义与共产党》 1650
58.《托洛茨基主义或列宁主义？》 1652
59.《列宁之死》 1665
60.《莫斯科之精神》 1666
61.《共产主义者的民族问题》 1667
62.《反帝国主义唯一的策略》 1671
63.《列宁主义与官僚主义》 1672
64.《列宁党与农民问题》 1675
65.《马克思与中国》 1675
66.《苏俄劳动代表访日记》 1678

67.《共产主义与中国》	1679
68.《阿玛那——一个试验共产制度的社会》	1682
69.《筹备十月革命纪念会》	1686
70.《苏俄十月革命纪念会筹备情形》	1687
71.《苏俄革命纪念日之庆祝》	1687
72.《伟大的列宁》	1688
73.《十月革命与中国民族解放运动》	1688
74.《十月革命、列宁主义和弱小民族的解放运动》	1690
75. 苏俄十月革命纪念专号	1695
76.《中国国民党湖北省党部为苏俄十月革命纪念宣言》	1695
77.《纪念苏俄革命》	1696
78.《十月革命与中国民族运动》	1696
79.《苏俄十月革命后八年来奋斗的经过》	1698
80.《十月革命与东方被压迫民众》	1702
81.《庆祝苏俄十月革命八周纪念盛况》	1704
82.《共产主义与中国》	1706
83.《中国民族运动与劳动阶级》	1706
84.《共产主义的论据》	1712
85.《列宁主义的理论及实际》	1712
86.《资本制度浅说》	1725

一九二六年 1750

1.《苏俄农村的妇女》	1750
2.《列宁主义与中国青年》	1751
3.《列宁主义的革命战术》	1755
4.《列宁主义与无产阶级教育》	1758
5.《论列宁——读史达林"论列宁与列宁主义"札记之一》	1761
6.《列宁主义与中国的国民革命》	1763
7.《广东各界筹备纪念李卜克内西列宁同志》	1767
8.《纪念列宁与李卜克内西的宣传大纲》	1767
9.《悼列宁》	1770
10.《列宁逝世二周年纪念告被压迫的民众》	1771
11. 列宁纪念号	1772
12.《列宁主义与马克思主义》	1772
13.《列宁主义与新经济政策》	1774
14.《列宁与俄罗斯共产党》	1776
15.《列宁与中国革命运动》	1778

16.《列宁与苏维埃社会主义共和国大联合》	1780
17.《列宁之死》	1783
18.《列宁的家世和他的事业》	1786
19.《列宁对于自己的记载》	1790
20.《列宁纪念的几段[段]感想》	1791
21.《列宁主义的战死者——李卜克内西与卢森堡》	1793
22.《列宁主义之理论与实际》	1795
23.《中国民众纪念李卢列的意义》	1801
24.《列宁主义概述》	1803
25.《列宁主义与中山主义》	1806
26.《列宁主义与中国革命》	1808
27.《在列宁二周纪念日谈中国国民革命》	1809
28. 纪念列宁特刊	1810
29.《列宁逝世后二周年之国际政治经济状况》	1810
30.《列宁传略》	1812
31.《今日之李列纪念大会》	1814
32.《纪念列宁》	1816
33.《列宁死后之世界》	1816
34.《列宁忌日——谈革命》	1817
35.《纪念我们的领袖李列》	1817
36.《悼列宁》	1818
37.《列宁是世界革命领袖》	1819
38.《李列纪念大会盛况》	1820
39.《列宁主义的革命战术(续)》	1822
40.《团开封地委组织部十一月份工作报告(节录)》	1825
41.《张家口团组织地方十五年一月份报告(节录)》	1826
42.《列宁是什么》	1826
43.《列宁逝世二周年纪念大会纪事》	1827
44.《汕头列宁纪念大会致苏俄电》	1831
45.《苏联经济状况与其应行政策》	1832
46.《共产主义的ABC》	1834
47.《共产主义的ABC》出版广告	1835
48.《共产主义ABC问题及附注》新书预告	1835
49.《共产主义的ABC》广告	1836
50. "《共产主义的ABC问题及附注》出版了!"的广告	1836
51.《答徐志摩先生》	1836
52.《团济南地委关于寄书事致曾延信》	1839

53.《甘地与列宁(通信)》	1839
54.《俄国革命前后社会阶级状况的变迁》	1841
55.《各国无产政党议会运动的成绩》	1849
56.《共产党宣言原序三篇》	1851
57.《论无产阶级的文化与艺术》	1856
58.《社会主义与科学方法》	1869
59.《苏俄最近的婚姻问题》	1875
60.《欧战产生的两大主义》	1877
61.《马克思主义者的列宁》	1879
62.《国民革命运动中之阶级分化——国民党右派与国家主义派之分析》	1879
63.《列宁传略》	1893
64.《帝国主义政策的基础》	1894
65.《团南昌、九江、吉安地委联席会报告(节录)》	1894
66.《新青年》月刊第三期广告	1895
67. 长江书店	1895
68.《社会主义与农业问题》	1896
69.《中国共产党五年来之政治主张》	1901
70.《中国共产党五年来之政治主张》广告	1902
71.《马克思的中国民族革命观》	1903
72.《苏俄共产党内讧的真相》	1908
73.《团广东区委关于九个月来工作的总报告》	1910
74.《读者之声》	1912
75.《莫斯科红的职工国际对各国分部及全世界工人阶级的呼告》	1917
76. 中共第四届第三次中央执委会扩大会议	1917
77. 新青年社书报目录	1918
78.《列宁与共产主义青年运动》	1919
79.《苏联工人生活(续)》	1921
80.《俄国新经济政策》	1922
81.《俄国新经济政策》广告	1923
82.《孙文主义与列宁主义之比较观》	1923
83.《十月革命与东方》	1923
84.《我们对于十月革命应有底认识》	1925
85.《人类的新史——红十月》	1931
86.《布尔扎维克应夺取政权》	1933
87.《十月革命与中国革命》	1935
88.《苏俄政争与列宁主义》	1936
89.《强俄的恢复》	1936

90.《苏联工人增加工资标准》…………………………… 1942
91. 为苏俄十月革命纪念告同胞 ………………………… 1943
92. 关于中国问题决议案 …………………………………… 1944
93.《农民问题》……………………………………………… 1953
94.《农民问题》广告 ……………………………………… 1953
95.《论党的出版物与文学》……………………………… 1954
96. 革命青年必读的书十种 ………………………………… 1956
97.《苏俄之极东政策》……………………………………… 1956
98.《纪念列宁》……………………………………………… 1960

一九二七年 ……………………………………………………… 1962
　1.《列宁主义——指导中国民族革命的理论》………… 1962
　2. "关于纪念列宁逝世三周年"的通告 ………………… 1966
　3. 列宁逝世三周年纪念特刊 …………………………… 1967
　4.《列宁逝世三周年纪念中之中国革命运动》………… 1967
　5.《列宁论东方民族的解放运动》……………………… 1970
　6.《列宁主义是否不适合于中国的所谓"国情"》…… 1973
　7.《列宁死了,但列宁主义活着!》…………………… 1977
　8.《列宁与妇女解放》…………………………………… 1981
　9. 列宁逝世三周年纪念特刊 …………………………… 1982
　10.《吊列宁歌》…………………………………………… 1982
　11.《列宁三周年纪念大会宣言》………………………… 1983
　12.《列宁与中国》………………………………………… 1984
　13. 纪念列宁特号 ………………………………………… 1989
　14.《列宁不死》…………………………………………… 1989
　15.《纪念列宁的意义》…………………………………… 1990
　16.《我们怎样纪念列宁》………………………………… 1992
　17.《在纪念列宁当中的一个贡献》……………………… 1993
　18.《昨日罢工代表会纪念列宁之盛况》………………… 1994
　19.《列宁与国民革命》…………………………………… 1994
　20.《纪念列宁与笃守列宁主义》………………………… 1997
　21.《列宁逝世三周年纪念敬告民众》…………………… 2001
　22.《列宁与中国》………………………………………… 2003
　23.《为什么我们要纪念李列卢三先烈呢?》…………… 2003
　24. 著作广告 ……………………………………………… 2003
　25. 李列卢纪念特刊 ……………………………………… 2004
　26.《列宁主义概论》……………………………………… 2004

27. 《马克思主义者的列宁》 ……………………………………………… 2052
28. 《马克思主义者的列宁》的广告 ……………………………………… 2071
29. 《列宁主义概论》广告 ………………………………………………… 2071
30. 《列宁与中国革命》 …………………………………………………… 2071
31. 《他们俩——中山和列宁》 …………………………………………… 2077
32. 《列宁传》 ……………………………………………………………… 2078
33. 《列宁对于殖民地运动与民族革命以及现时东方革命运动的教训》 … 2078
34. 《怎样研究列宁主义（特载）》 ………………………………………… 2082
35. 《列宁的帝国主义观》 ………………………………………………… 2083
36. 《马克思主义的民族革命论》 ………………………………………… 2095
37. 《复兴的中国》 ………………………………………………………… 2095
38. 《工人阶级与民族问题》 ……………………………………………… 2096
39. 《社会主义革命与民族自决权》 ……………………………………… 2097
40. 《第三国际第二次大会关于民族与殖民地问题的议案》 …………… 2105
41. 《在第二次国际大会之演说》 ………………………………………… 2108
42. 《列宁主义在民族问题中底原理》 …………………………………… 2111
43. 《社会主义浅说》 ……………………………………………………… 2129
44. 《劳农俄国之新政府》 ………………………………………………… 2152
45. 在共产国际执委会第八次全会第十次会议上的演说 ……………… 2153
46. 《论反对派》 …………………………………………………………… 2165
47. 《各派社会主义浅说》 ………………………………………………… 2168
48. 《俄国革命运动史》 …………………………………………………… 2168
49. 《俄国革命运动史》广告 ……………………………………………… 2169
50. 《马克思主义评论》 …………………………………………………… 2169
51. 《革命后之俄罗斯》 …………………………………………………… 2169
52. 《二月革命至十月革命》 ……………………………………………… 2169
53. 《俄国革命十周【年】纪念中之列宁》 ………………………………… 2170
54. 《俄罗斯文学》 ………………………………………………………… 2173
55. 《左派幼稚病》 ………………………………………………………… 2173
56. 《苏俄新经济政策》 …………………………………………………… 2173
57. 《瞿秋白论文集》 ……………………………………………………… 2174

编后记 ……………………………………………………………………… 2184

一九二五年

1月

1日(星期四)

1.《国民会议与帝国主义》(《共进》第七十三期,1月1日)

《共进》第七十三期,刊登物齐的《国民会议与帝国主义》,如下:

军阀们连年继续不断底战争,毁坏了中国一切建设事业的发展,人民的涂炭,更令人惨不忍闻!在这种情形之下,我们受灾害的中国民众,惟一自救之道,便是自动的团结起来,对于自己所要求的利益,具体的规画出来,作一个"政治奋斗"。"政治奋斗"的目的,便是要以民众自己的力量,为自己的利益而奋斗,固为中国民众才是中国的主人翁,在目下这种盗贼横下之下,主人翁不能不挺起身来,谋自己的利益。

所谓"国民会议",便是这种意义。中国目下混乱到人民求生不得的境地,军阀之罪,诚莫能逭,反过来说中国民众不执行主人翁自己的职权,正是军阀们所以敢如此胡闹的惟一原因!人民愈不管事,军阀愈得以任意妄为,结果还是自己受罪!我们为自身的益益计,应当即速团结起来,作一个人民要求的具体主张,拿人民的力量,其得以实现!如此我们人民才能自救!才能得到幸福!不然,将永为军阀之下被涂炭者!

中国国民党是为中国民众利益而奋斗的政党,他的惟一工作,便是解除中国民众所受的一切痛苦,这些年来国民党之苦苦奋斗者以此!

中国国民党既是为民众利益局奋斗的政党,中国民众目下惟一的痛苦,便是军阀们的惨杀,同时也是中国翁弱至这样情形的原由。因此孙中山先生提出召集"国民会议",把民众召集起来,问问民众所要求的是生命?同时指示民众,惟有自己才能救自己,向导人民以争"幸福之路"!这样,人民才能得到真幸福,才能解除一切的痛苦!

军阀们或者政客们也有召集国民会议的主张,但我们看出来,他们所召集的是军阀,政客的会议——他们赴会的资格是各省军长官——是谋怎样为军阀政客,利益而惨害人民的会议!

孙中山先生所召集的是"国民会议"——真正的中国平民——是为平民利益而奋斗的会议!

这点当认清!

国民会议中,关于怎样铲除杀害军阀制度,的确是一个根本问题,因为中国一切的祸乱，人民一切的□痛，全是由军阀政治而产生的。但是我们要问军阀何以能产生？军阀是建筑在什么基础上？这却是一个更根本更切要的问题！我可以简单的说【：】

帝国主义的进攻，乃是中国军阀产生惟一的原因！

从鸦片战争到现在八十余年，中国完全陷于国际资本帝国主义的铁蹄之下——"帝国主义"乃是资本主义发达到最高峰的国家，一种经济侵略殖民地与半殖民地的政策，资本主义发达到最高峰的国家，产生了大批货物，在本国销售不过，不得不争夺市场以发售其过剩产物，因此不得不取"帝国主义"的政策。

帝国主义的政策是非常精密而毒辣，在中国一方面施行经济的侵略，一方面帮助中国的军阀，借收其渔人之利，使中国弄到今日如此贫穷的状态。

我们看自鸦片战后，外人侵入中国，作经济上的侵略，把中国的精血，一滴一点的吸去，因此中国日趋贫困，生活程度日高，普通人民渐渐失业而为兵为匪。最可恨的便是外人把中国惟一命脉"海关"，拿在他们手，洋货得以最低廉的关税运入中国，洋货推行到穷乡鄙野，因此我们苦同胞的手工业也破产了，新式工业因抵抗不过外商而不能发展，所以许多失业的同胞，得不着工做，慢慢的都变为兵匪了！在这种情形，中国怎能不产生大批兵士？害民而替军阀作恶的兵士，完完是外人经济侵略中国的自然结果。

再一方面，中国军阀这些年的战争，无一没有外国帝国主义者作后台总管供给军火战费，拿这一次战争说，谁都知道，日法帮助张作霖，英美帮助吴佩孚，报纸上连篇累书的纪[记]载，无用我们细说。帝国主义者所以如此，是利用军阀政治上的势力，以实行其经济上的侵略！他们更不顾中国有一个良好的政府，有一个良好政府，中国便自强起来，促帝国主义之灭亡，因此帮助军阀，使中国永无宁日，得以从中收利，——

从以上看来可知：

军阀能战争，是因英美日法帝国主义者帮助他们的军火战费；

军阀们的打手兵士，完全是因外货输入，帝国主义经济侵略中国〈，〉的自然产品。

由此以观军阀的产生，是依附在帝国主义的保育上，那么帝国主义不倒，军阀则万无被铲除之可能，这样浅明的理，想没有人不明白的。

归结起来，我们以万分的诚意恳告全国民众：

"国民会议"是解除你们痛苦惟一的道路！

杀害你们的是军阀！

产生军阀的是帝国主义！

起起起！！

打倒帝国主义！！！

"打倒帝国主义"乃是国民会议里一个根本工作！！

（《共进》第七十三期，1925年1月1日，署名 物齐）

11 日（星期日）

2. "马克思列宁主义"（中共四大"宣传工作之议决案"，1月）

　　至22日，中国共产党第四全国代表大会在上海东宝兴路254弄28支8号举行。出席代表20人，有表决权的14人，代表全国994个共产党员。大会的中心议题为如何加强对日益高涨的革命运动的领导，以及在宣传工作、组织工作和群众工作方面如何准备迎接革命高潮。大会通过《中国共产党第四次全国大会宣言》、《对于出席共产国际第五次大会代表报告之议决案》、《对于中央执行委员会报告之议决案》、《对于民族革命运动之议决案》等议决案，大会第一次明确地提出了无产阶级在民主革命中的领导权和农民同盟军问题，初步形成了中国共产党关于民主革命总路线的基本思想。中共四大作出的"宣传工作之议决案"，强调"共产国际关于宣传工作议决案，本党尽可能地使之实施的必要，其中尤以党中左的右的乖离倾向之指示与宣传马克思列宁主义和各国党之布尔什维克化之必要，更值得我们特别注意"。"今后本党宣传工作的主要目标必须根据大会关于中国民族革命运动的新审定，努力宣传民族革命运动与世界革命运动之关联和无产阶级在其中的真实力量及其特性——世界性与阶级性，以端正党的理论方向。没有革命的理论，即没有革命的运动。有了健全的革命理论，然后党的宣传方向方得依次范畴融通各部，使党员行动方有所准绳。"要求《向导周报》今后内容关于政策的解释当力求详细，文字当求浅显。《新青年》"使其根据马克思列宁主义的见地运用到理论和实际方面作成有系统的多方面问题的解释，以扩大我们宣传范围，实为我们目前急要之图"。"中央编译委员会应努力于党内党外小册子之编译，尤其是关于列宁主义、国际政策、政治经济状况以及工人常识的材料之编辑。""在知识界中以马克思列宁主义的见地传布无产阶级的文化是很重要的一件工作。中央于此，应指导各地于可能范围内设立马克思列宁主义研究会或其它临时的讲演讨论会，以扩大共产主义运动。"迄今仍在为我们沿用的"马克思列宁主义"这个术语，第一次出现在中国。

3. 《对于农民运动之议决案》（会议文件，1月）

　　文件一：《对于农民运动之议决案》，如下：

　　一、农民问题，在无产阶级领导的世界革命，尤其是在东方的民族革命运动中，占一个重要的地位。列宁主义的最大功绩之一便是在农人中找到一个无产阶级的同盟，这便是列宁主义与一切投机主义孟〈塞〉维克主义根本不同之要点，因为后者忽视那"睡觉"的农人阶级以为不能成为一个革命的要素。

　　经济落后的中国，农业经济基础，虽经国际（资本）帝国主义长期的侵略而崩溃□后，然而农民阶级至今还是社会的重要成份，约占全国人口百分之八十。所以农民问题在中国尤其在民族革命时代的中国，是特别的重要。中国共产党与工人阶级要领导中国革命至于成功，必须尽可能地系统地鼓动并组织各地农民逐渐从事经济的和政治的争斗。没有这种努力，我们希望中国革命成功以及在民族运动中取得领导地位，都是不可能的。

二、自国际(资本)帝国主义以武力强迫中国销售外国工业品以来，农民破产和失业的速度异常猛烈。一千九百年影响全国的义和团运动便是农民对于国际(资本)帝国主义的第一次大反抗。辛亥革命后，外国帝国主义所扶植的军阀战争连年不息，加以贪官污吏之横征暴敛，地主劣绅之鱼肉把持，致以农民生活愈益困难，失业愈益普遍，于是到处发生土匪，其实便是一种变相的农民反抗运动。所以中国农民群众实早已由(资本)帝国主义，军阀政治，重租，苛税，高利债……〈等等〉驱之于反抗动乱之途。由原始的，自然的农民反抗之可能而引之入自觉组织的经济和政治争斗，是中国共产党的责任。

三、宣传农民组织农民的方法，自当从目前的实际问题入手。上次扩大会议关于农民问题，曾经采用下列的决定：

"我们的党对于农民里的宣传应当注意地方政府征收田税的问题。应当要求订定税额须经乡民会议(农民会)的同意，同时要反对预征钱粮，拒绝交纳陋规及一切不法征收。

同样亦应当在大多数小私有者的农民之间，鼓动他们反对土豪劣绅……这种前清官僚的遗孽大半是乡村里实际上的政府。为解决一切地方经济行政问题起见，应当在农民之中宣传选举代表农民机关(乡村自治会)的主张。

佃农及自耕兼佃农之间应当宣传反对苛税。佃农问题与反对劣绅问题里都可以提出佃农协会及雇农协会的主张。

农民和佃农之间都可以宣传组织乡团(应改为农民自卫军)，武装农民以防匪祸。

国民党政府领域之内，除上述种种宣传之外，还应当要求政府兴办水利，创立农民借贷银行——免除高利借贷之苦。"

以上这些方法，自然今后还很适用；惟应用的分际应随时随地加以斟酌，例如：佃农，半自耕农，雇农有共同组织以反对大地主之可能时，应适用联合的农民协会的组织。每次军阀战争，应利用农民因受战祸之种种痛苦而进行上述的宣传和组织。此外，于基督教，天主教传教势力所及之地，应特别鼓动农民反对教堂霸占田庄，反对教堂勾结地痞欺压良民。这种口号应视为在农民中发展反帝国主义之导线。

四、最近的一年以来，在南方国民党政府领域之下，农民已经被引入民族解放运动，这是国民党的农民政策的结果。此后，不但在南方，而且在北方，引导农民进行反对军阀，地主的争斗之可能，更因国内客观条件而日多。我们的党在国民党改组之后，既然和国民党在一起工作，我们对于农民，便要替国民党的农民政策负责，我们应当反对国民党领袖们在南方对于农民的错误政策。(一)他们只想利用农民，并不实际保障农民的政治上经济上的利益，便要农民拥护国民党，这种政策是决不能得到农民的赞助；(二)国民党在军事区域里要农民赞助自己，他们组织农民协会，要求农民为民族解放运动而牺牲，可是他们并不强逼大地主对农民让步，而且不去保障农民的政治权利，甚至于军人或土豪鱼肉农民危害他们的生活的时候，国民党领袖们都不能帮助农民。例如农民协会每为地主阶级勾结右派军阀官吏所压迫或捣毁,最近广州之市长选举,竟将二十余万负担市政费的市效[郊]农民除外。

另一方面,一年以来,广东农民已渐渐地觉悟并组织起来以反抗地主和劣绅,农民协会运动在广东国民党政府之下已成为政治生活里面的新动力,可是国民党并不知道怎样应用这种新动力去参加民族革命,所以常任农民协会为右派官僚军阀地主所摧残。同时在这一年的经验中也可发见我们自己的错误:(一)在宣传上有时太使农民依赖国民党政府的势力,使农民不相信自己有力量,不明白农会自己阶级的组织,所以当政治势力保护不到时农民对于我们便失望;(二)有时对农民提出的口号太高,范围太大,或未至提出此口号之时机便即过早提出,犯了一种幼稚病,反促进反动势力之联合进攻,使我们不易于支持争斗;(三)有时把农民经济争斗的责任,完全放在我们几个主持农会的同志身上,使农民群众反处于第三者的地位,使农会变成一个不以群众势力作基础的空架子。

五、固然我们可在国民党名义之下以农民协会的组织去团结农民,但同时应注意利用每个具体争斗的机会,根据国民党拥护工农利益的政纲作反抗国民党右派及军阀的压迫;并使农民觉悟国民党及其政治的势力,可以利用保护农民利益的,但必须农人自己团结及与城市工人联合,才能得到真正的保障,才能以工农阶级势力影响国民党——使国民革命在工农势力的影响之下向前进行。打倒帝国主义与军阀的压迫束缚,成功无产阶级革命和社会主义的前提,农人阶级才能得到真正的解放。因此我们须于国民党之外,同时独立地进行本党公开的宣传和支部的工作。此项工作以各地农会中之支部为中心,并将各地农民运动特派员放在本党地委指导之下;在农民反抗右派官僚军阀和地主争斗中本党地委应作适当的宣传或发布宣言,务使农民渐渐知道本党是真为他们利益而奋斗的党。

在农民运动中,我们须随时随地注意启发农民的阶级觉悟。农民对于国民党怀疑时,我们当向他们解释国民党的派别关系,并举出实例证明何为右派,何为中派,何为左派。我们并须向他们解释共产党的性质,党纲,策略。这种宣传在广东反革命的买办阶级失败,反共产的鼓动散布于乡村而与大地主结合之后,更为必要。

六、此外,我们更应注意数事:(一)提出口号须切合于当时当地农民所可行的需要,并须于行动之前,应有充分的宣传与预备,不宜轻率由农会议决实行减租运动。(二)在农民的政治斗争中我们应该结合中农,佃农,贫农,雇农以反对大地主(广东农民运动的经验,我们在农民运动中,常因策略的不适当,致使中农常立于大地主一方面)。但我们应在此种结合中特别要保障贫农与雇农的特殊利益。(三)应特别宣传取消普遍的苛税杂捐,加征殷富捐所得税的口号,因为这个口号的作用甚大,第一是可获得一般小地主的同情和维持,第二是使富有阶级大地主孤立受打击,第三可使国民党的政策左倾,第四国民党政府如不能满足农民这种要求,可使农民对于国民党加以深切地认识。(四)应使农民向国民党政府要求以官地分给贫农。此外农会并应多做公益的事情,一以增高其地位,一以免除地痞劣绅借公共事业名义以敛钱。提高乡村文化(但初步运动时须注意不可过于违背农村中宗法社会心理),设立夜校,识字班，讲演，新剧，壁报等，皆应求国民党与以物质的帮助。

七、在连年军阀战争中，地主阶级利用农民以武装自己而成立民团乡团之组织，现在广东这种组织，已成为地主阶级压迫农民的反革命武力。因此今后我们应该一方面，反抗地主抽捐办民团，主张农民收回自办；别方面，宣传并扩大农民自卫军的组织，并鼓动充当民团乡团之农民脱离土豪地主之关系，加入农民自卫军，这种农民自卫军，应在我们的政治指导之下。

土匪与农民之关系亦是一个重要问题，以广东已知之事实言之：（一）有帮助农民反抗压迫的，这类土匪当予以适当的联络；（二）有被地主利用压迫农民的，对于这类土匪我们只能用反对地主压迫之口号去对付他，但不宜专门攻击土匪，使农民与失业农民（即土匪）互相屠杀互相积怨，以中土豪之奸计，尤其紧要者当土匪被利用来攻农民时，我们一面以武力对抗，一面须极力向他们宣传并揭破地主利用他们的阴谋；（三）对于拥戴土豪专以鱼肉农民为业的土匪，自然只有训练农民自卫军以防御之。

八、在南方日益发展之农民运动经验，我们应利用之向各地工作。以后凡本党组织和国民党组织及我们工会运动所及之地方（如沿铁路，沿矿山，及各大城市四郊等）——尤其是在土地集中的地方，务宜利用在广东所得之经验和本议决案之种种方法，尽可能地进行。我们务必在反帝国主义反军阀的民族革命时代努力获得最大多数农民为工人阶级之革命的同盟。

九、全世界农民之真实的解放，是与全世界工人阶级解放相联接的；故我们应在可能范围内领导有组织的中国农民加入农民国际的组织以发展其国际性并助长全世界革命的进步。

（《中共中央文件选集》第1册，北京：中共中央党校出版社，1982年，第271~280页）

4.《对于宣传工作制议决案》（会议文件，1月）

文件二：《对于宣传工作制议决案》中，要求党的宣传工作进行重新整顿，采取的办法之一：

为使宣传工作做得完美而有系统起见，中央应有一个强固的宣传部负责进行各事，并指导各地方宣传部与之发生密切且有系统的关系。中央宣传部下应有一真能负责做事的编译委员会。

在我们党的力量上说，现时尚不能发行许多定期刊物，故集中我们力量办《新青年》月刊，使其根据马克思列宁主义的见地运用到理论和实际方面作成有系统的多方面问题的解释，以扩大我们宣传范围，实为我们目前急要之图。

中央编译委员会应努力于党内党外小册子之编译，尤其是关于列宁主义、国际政策、政治经济状况以及工人常识的材料之编辑。

在知识界中以马克思列宁主义的见地传布无产阶级的文化是很重要的一件工作。中央于此，应指导各地于可能范围内设立马克思列宁主义研究会或其他临时的讲演讨论会，以扩大共产主义运动。

（《中共中央文件选集》第 1 册，北京：中共中央党校出版社，1982 年，第 306~307 页）

16 日（星期六）

5.《纪念为无产阶级牺牲的两个革命家》(《共进》第七十四期，1 月 16 日)

《共进》第七十四期，刊登十伊的《纪念为无产阶级牺牲的两个革命家——李卜克内西，卢克森堡——》

在前六年，一九一九年〈,〉的今日，德国民众及世界无产阶级中，布满了悲愤的空气，而德国伪革命政府，——卖无产阶级的社会民主党政府，——却正举手相庆。这时，我们的领袖，全世界无产阶级最伟大的指导者，非军国主义运动的大战士李卜克内西，卢克森堡已遭惨杀，与我们永离了。

全世界无产阶级为纪念他们在无产阶级革命运动中之功绩和牺牲，于今日特别纪念这两位壮烈的死者。

我们不是崇拜英雄者，不是相信"英雄造时势"的；只觉得他们"威武不能屈，贫贱不能移，富贵不能淫"的精神，是应纪念的，是我们无产阶级的青年必需的。

我们更要知道：这两个为了解放无产阶级的牺牲者，都死于自称无产阶级的保护者，解放者之社会民主党的手里。那末，可见资本家固然是我们的仇敌，这种假革命家也是我们的仇敌，并且是资本家豢养唯一可恶的走狗。

就最近事实的观察，更可证明。如道威斯计画中之英法德社会民主党，完全作了银行资本家和帝国主义的傀儡；法之社会急进党受普恩赉的指挥，放逐真正无产阶级政党共产党员二千余人；其他等等，不胜枚举。

工人们，农民们，青年们，真正全世界无产阶级的代表，只有第三国际——共产党。你们要求解放，必需一致归到第三国际旗帜之下，进行革命。

同志们，我们要用斯巴达团的精神，继续李卢同志的革命工作，起！起！速起！！前进啊！！

一九二五，一，一六于朝大。

（《共进》第七十四期，1925 年 1 月 16 日，署名 十伊）

6. 关于中共四大的信（文献，2 月 2 日）

文献：彭述之关于中共四大的信：①

---

① 编者按：此件原存中共驻共产国际代表团的档中。题目为编者所加。

旅莫C. C. P. 全体同志：

述之于一九二四年七月受旅莫C. C. P①. 支部大会之命回国赴C. C. P. 第四次大会。现在C. C. P. 大会已于本年本月十一日开始，同月二十二日闭幕，中间共经过十二日。兹将大会前的预备及会议经过的大概情形和决议案的要点略呈如左。

一、大会前之准备

在去年十二月初中央即指定人组织起草委员会，述之亦为起草委员之一。在起草委员会上对于各种草案都经过一番讨论，其中尤以民族革命运动的草案讨论得更为详细，争点亦较多。其中尤以关于民族革命的性质问题，各委员的见解颇不能一致。大概在我的意思还是保持一九二三年十二月在莫支部大会上之观点（我回国后对此点曾在《党报》第五期上发表题为《我们对于国民革命之几个应有的根本观念》），仲甫与我略同，吴廷康（引者注：即魏经斯基）则持异议。他以为民族革命运动的性质不能确定，须看将来的成功如何；不过后来到审查草案委员会的时候，他亦承认我们的观点了。此外是关于无产阶级在国民革命中的领导地位问题，这是一个最严重而又最科学的问题。在第三次大会上闹出许多错误，完全是忽略了此点。换言之，就是我们同志把无产阶级在国民革命中的力量看得太低，把资产阶级的【力量】看得太高，所以在第三次大会后，仲甫、秋白同志等均有此等文字发表（如仲甫同志之《中国社会各阶级之分析与国民革命》及秋白之《从民主主义到社会主义》），然而这是根本错误，所以对于此点我们特别注意。在十月间我曾为此点在《新青年》上专作一篇《谁是国民革命之领导者》，专在用客观的分析证明中国工人阶级比任何阶级要革命，并且是国民革命中之必然的领导者。关于青年运动，在起草委员会亦有一次争论，不过到后来两方都互相让步，同时由客观事实证明，在莫斯科的许多争点已不成问题了。

二、大会之经过

大会的重要提案一共有：（一）关于民族革命运动之提案；（二）关于职工运动之提案；（三）关于农民运动之提案；（四）关于青年运动之提案；（五）关于妇女运动之提案；（六）关于组织问题之提案；（七）关于宣传工作之提案。此外有出席国际第五次大会代表之报告，国际执行委员会代表关于国际共产主义运动之报告，中央执行委员会之报告，列宁主义与托洛茨基主义之报告，以及大会对于列宁去世一周年纪念宣言和对于中国劳动群众宣言。前面所有的提案均由起草委员会所起草，在大会时再组织各种审查草案委员会。在审查草案委员会里，除民族革命运动委员会和职工运动委员会较有争论外，其余委员会都很少讨论（述之除农民草案审查委员会外，其余委员会均得参加）。在大会中对于提案有争论的也只有民族革命运动问题和职工运动问题。在民族革命运动问题所争之点有二：（一）有些同志以为民族革命的成功即直接是无产阶级革命的成功。此说张申甫（引者注：即张申府）主之（申甫非代表，以发言资格参加讨论）。（二）仍是民族革命的性质问题。第一点很明显的是申甫的错误，当

---

① "C. C. P."，中国共产党的英文缩写。

时加以解释就完了。第二点上面已经说过了。在职工运动中的争点就是产业工人是否须加入国民党？在此点有几个同志还带有点左稚病，即是他们以为产业工人不可使之加【入】国民党。其实无产阶级要想真正领导国民革命运动，在某种范围内产业工人加入国民党是必要的，现在并已由事实证明此种主张之正确。关于青年运动，也有几位同志尤其是C.Y.中央有两个人很主张在目前应组织全国的民族革命的青年组织，不过此种企图终已失败。大会只承认目前应切实做各种民族的青年运动，如果发展到相当时期，认为必要时则可组织非政党性的全国组织。

至于各种议决案的内容，因为太多不能详叙，最重要的是民族革命运动问题决议案，今附寄在内，其余的决议案尚待一星期寄上；有几种已译成俄文或英文，可向吴廷康同志处索阅。

此次大会对于中央执行委员会的选举如下：(1)中央执行委员会委员九人：仲甫、守常、和森、张国焘、平山、秋白、述之、李维汉、段[项]德龙。(2)中央候补委员：罗章龙、王和波、朱锦棠、邓培、张太雷。(3)中央局委员：仲甫、和森、秋白、国焘、述之。仲甫总书记兼组织部主任，国焘工农部主任，述之宣传部主任，秋白、和森宣传部委员。

三、各决议之要点

关于民族革命运动决议案的要点是：（一）说明无产阶级在民族革命中之目的及特性，由此就可以得到无产阶级政党——共产党在国民革命中之正确的地位。（二）说明我们在民族运动中之左右倾的经验并指明其客观的原因与其纠正的方法。（三）确定我们对于国民党之态度，即与国民党合作中之具体方案。在组织问题决议案中最重要之点是怎样能扩大我们的党。在职工运动决议案之要点：职工运动与国民运【动】之关系，工厂小组和重要的工业区域之工作问题等。农民问题[决议案]中很搜集了些有价值的经验，并且从广东的农民运动经验中，规定了一些具体的运动方案。青年运动决议案【要点】在C.P.与C.Y.之正确关系，并指明C.Y.应怎样使其工作青年化；对于民族革命的青年的全国组织亦与以正确的答案。关于宣传工作的决议案是这次大会第一次的尝试，然而在这个决议案【中】已指出很多重要意思，对于各方面的宣传部与以具体的规划。妇女运动的决【议】案，在能将中国目前一般的妇女运动与以客观的分析而定出对付的态度。以上不过随记忆所及略为指出之，将来全部决议案到后，望诸同志仔细研究，务求精细了解。

还有一层可报告者，就是在此次大会上的空气极好，现出和衷一致的精神。各地方的代表都表现一种很忠实而又很热心承受大会教训的样子。现在可以说我党自经此次大会之后，我党已由小团体而转入真正的党的时期了。我党的党员数目近两三月来增加速度很快，在大会上据各地的报告(有几处不完全)已有九百党员，如果切实统计起来约有一千党员，并且党员中工人已占百分之五十以上。各地方近来的工作与内部的训练亦蒸蒸日上，尤其在广东、上海两区甚为进步，由此种趋势下去，吾党前途实有无限之希望。

我除参加C.P.大会之外，并由C.P.大会举我作C.P.大会代表参加C.Y.

大会(S. Y. 现已改 C. Y.)。在 C. Y. 大会上我亦极【力】拥护 C. P. 大会的精神使之实现于 C. Y. 大会,在各审查草案委员会我都极力参加。现在 C. Y. 大会已于一月三十闭幕。至 C. Y. 大会的详细情形,弼时当必报告,姑不赘。太雷与弼时均被选举,伯简亦被选为候补【委】员,乔年亦候补【委】员。太雷总书记,弼时担任组织。

  同志们!我因为经过一个多月整天整夜的会议生活之后,现在已经病了,我不能很详细地报告你们,并且所报告的都语无伦次,望原谅我!!

  同志们!我此次代表诸同志出席,我始终是紧抱着去年七月在 МЛохоека 大会上所给我的精神和提案,我始终是努力将由莫斯科所学得的认识得很粗浅的列宁主义到大会上去尝试。现在诸同志所给我的使命,我总算勉强使之实现了。我现在转望诸同志努力研究第四次大会的一切决议案,了解这一切决议案,望诸同志为大会努力,为吾党前途努力!!

  敬祝

  共产主义的敬礼!

  中国共产党第四次大会万岁!

述之
一九二五年二月二号

(选自《中共党史 资料》1982年第3辑)

7.《介绍〈新青年〉杂志〈国民革命号〉》(《政治生活》第二十七期,1月11日)

《政治生活》第二十七期,刊登乐生(赵世炎)的《介绍〈新青年〉杂志〈国民革命号〉》:

  《新青年》杂志历来是国内第一位的杂志,特别是这种杂志所经过的历程,代表中国的革命思潮由浪漫的文字运动逐渐入于科学的实际道路。到了现在,《新青年》杂志代表社会科学的最高之理论,无产阶级最进步的科学,及无产阶级革命之战术。最近一期的《国民革命号》(季刊第四期,去年十二月底出版)更供给了许多革命之实际理论,历来读此杂志的人固然不可不读,而这一期的内容,尤【其】特别需要在目前革命潮流澎湃中与许多革命实行家有深刻的接触。

  国民革命之呼声在国内已经喧嚷很久。但是国民革命之理论的基础是什么?只怕太少数的人才能解答得出来。这一期《国民革命》便是用种种材料来解答这个问题的。读者若全读了本期的论文,对于中国国民革命之正确观念便可得到。特别是能够了解民族问题的原理,得悉最进步的革命战术与其基础之所在。现代的革命问题是世界的,民族问题亦是世界的,中国不过是世界的一部份。中国民族问题不过是世界民族问题之一部份。这个世界的一部份之民族问题,在世界上的关系如何,位置如何,特别是革命的关系与位置如何,这一期的"新青年"已明晰的供给了我们一切有关的材料与概念。

尤其可喜的是在这期中使我们得了些关于列宁主义之认识。列宁主义之内容本来包含甚多，不易解释，今后列宁主义者对于列宁主义研究发扬之责任，也正如当初马克思主义者（列宁自己是其中的第一个）对于马克思主义研究发扬之责任一样。我们东方的革命党人，要研究列宁主义，最要紧先研究列宁对于民族问题之理论。这一期中《列宁主义之民族问题的原理》一篇论文非常阐明，因为这篇论文的作者斯达林（现时俄国共产党中央执行委员会总秘书）自身就是一个民族问题的专家，而且现在也可以说是最懂得列宁主义的一人。其次《民族与殖民地问题》一篇演讲词是列宁自己的，与《第三国际第二次大会关于民族问题的议案》（列宁起草的）一篇到现在同成为历史不朽的著作，而且是数年来近东远东及一切被压迫民族革命方针之底稿。殖民地与半殖民地的共产党所以援助国民革命的政策，及各工业国的共产党与工党所采取的民族问题之方略，都是根据这两篇底稿之原则而出发。本期中所载列宁论中国问题的四篇文字都是新近寻译的，大多数的中国人以前不曾得见。这四篇文字中有许多关于中国时事的预言，读了可以看出列宁之智慧，使我们相信列宁真不愧世界无产阶级与被压迫民族革命之领导者。

《新青年》杂志已感化了许多的新青年，兹后《新青年》杂志的任务是要使中国革命青年入于科学的社会主义正确之路。

（《政治生活》第二十七期，1925年1月11日，署名 乐生）

16日（星期五）

8.《列宁周年纪念的感言》（《共进》第七十四期，1月16日）

《共进》第七十四期出版，刊登志颖的《列宁周年纪念的感言》，全文如下：

按列宁的週年纪念日是一月二十一日，这篇文章似乎太早，但本刊的出版期是每月一日与十六日，若至下期——二月一日，岂不成了过去的？倒不如提前几日，更为新鲜，更容易引起人们的注意。

作者附识

列宁是实行马克斯主义的指导者，是为无产阶级而奋斗，为全人类谋幸福的领袖。其功绩之伟大处，就在他能根据这种主义和精神为全世界被压迫的弱小民族说公平话，并能引导着作社会主义实现的运动。他的主义是我们值得研究的，他的人格是我们值得敬重的；尤其是受二重压迫的中国人们，不可不依他的遗训以求民族的解放。那末，我们纪念他是应当的，并且是必要的！

列宁自从去年——一九二四——一月二十一日死后，全世界被压迫的弱小民族失了他们的明星，在人类的损失，确实不小；尤其是我们中华民族损失了一个重要的朋友，但是我们决不因此而失望，决不因此而减少奋斗的精神。在这一年中我们知道各帝国主义者间的冲突，无时或已。由于日英之间，法美之间，英法之间的冲突，在欧洲造成列强对德的经济共管，在东方造成了中国这次的大战争，杀死了中国十几万人，他们在那里不动一枪一刀的决定胜负。战胜的帝国主义者——日法——在扩张巩固他们在中国北方的势力，而战败的帝国主义者——英美——正在那里积极的准备，以图再逞。最近美国又要在中国试行"道威斯"计划，想把中国的铁路财政置于共管之下。我们处于这四面楚歌之中，要求中华民族的解放，非联合无产阶级实行打倒帝国主义与助帝国主义为恶的军阀政客不可。德国社会民主党，因取得政权，背叛无产阶级，弄得德国现在已变成列强经济共管的殖民地。英国工党虽表面以和平主义相号召，其骨子里是以法西斯蒂[的]武力主义为后盾的，所以和平主义的假面具一旦揭开，就要宣告破产。北京这次小小的政变，虽然段祺瑞用"完全改革""与民更始"的口调来欺骗，我们对于他这种自称为革命手段与社会民主主义及和平主义要一样的不信任。

拿中国现在的情形看来，产业固然不十分发达，劳资两阶级的冲突，莫有到了极点，但是全国弥漫了军阀的势力；而外国资本主义之在我国正如血管之于人身，处处都有他的势力，时时都可以致我们的死命的。我们在这种情况之下，要真正的自由，真正的幸福，非依列宁的主义实行推倒压迫我们的一切阶级不可！那末，这种恶势力一日不消灭，我们一日不能忘记列宁和他的主义，并且我们知道压迫的越利害，同情于列宁的人们越多，也就越知道列宁在人类史上伟大的功绩！同胞！起来！努力奋斗！毋忘列宁！！

一九二五，一，十六于朝大。

(《共进》第七十四期，1925年1月16日，署名 志颖)

9.《列宁死后的一周年》(《共进》第七十四期，1月16日)

《共进》第七十四期刊登紫醇的《列宁死后的一周年》，全文如下：

我们大家或许还记得去年一月二十二日莫斯科特电："列宁已于一月二十一日下午六时五十分，在莫斯科附近哥尔基村逝世。"霹雳一声轰动世界，举凡被压迫之民族，莫不哀悼，莫不叹息。他能指导诸被压迫民族日进于自行解放之路，的确是他们一盏引路的明灯！就得他永远的能够在前边照着才好，然而他竟然死了！不顾这些了！这是多们可悲伤的一件事！在他一方面固然已经为世人创开了一条光明的道路，揭开了世界无产阶级革命史的第一章□成就了空前未有的工作；然在别一方面看来，可怜啊！还有许多跌在泥坑中的人，没有被他救起来，仍旧是屈服在压迫阶级之下。他撒手西去，对于诸被压迫民族——尤其是东方——直如小孩子失去父母似的。

我们知道他是一个马克思主义的实行者，马克思当年的理想，他能一一运用着，施诸事实，大得工人农民之同情赞助，由此我们更可以知道马克思主义，并不是甚么空的理想，而且并不是甚么洪水猛兽，是能实现的，是有利于群众的。他的革命的精神，是我们——被压迫的——所应当取法的。他认定了客观的事实，历史的必然，督促着他们非向"农工专政"方面进行不可，他立刻就不顾一切，决绝的要实行了。请看俄罗斯一九一七年三月的革命（就是二月革命），推倒俄皇产出一个克伦斯基政府。但列宁认定社会革命是对的，不要"德谟克拉西"的共和国，是要一个苏维埃的共和国，所以到十月末彼得格勒地方起了一个大示威运动，他就主张立即起事，无产阶级夺得政权，当时同党中只有托洛次基赞成他的主张。然而他不顾一切同志的反对，终于能得劳动阶级的赞助，把他的主张实现了，在十一月七日实现了（俄旧历十月二十五日）。十月革命的成功，可说是他一手造成的。

去年我国不是各处还开列宁追悼会么？现在已经一年了，回顾我国民这一年来所受的痛苦，的确是有增无减，甚么东南战争、东北战争、金佛郎案、德发债票……〈等等〉无非是国内军阀勾结外国资本帝国主义压迫我国民的种种现象。现在日法帝国主义利用段张在中国得到势力，英美大吃其醋，新加坡造军港、海军大操，帝国主义大起冲突；而国内军阀又呈不稳之象。以前种种事实，告诉我们非走革命一条路不可；目下的事实，告诉我们时机快到了。我们来看一看，在我国这样时局之下，谁能有列宁革命的精神，认定我国有革命的必要？谁能如列宁努力向去帝国主义者奋斗，为我们被压迫的群众谋利益？更有谁能如列宁引导我们利用时机向革命一条路上走？我们知道除了列宁莫有第二个，我们就应当快起来做他的主张的后盾！

（《共进》第七十四期，1925年1月16日，署名 紫醇）

18日（星期日）

10. "列宁纪念"号（《政治生活》第二十八期，1月18日）

《政治生活》第二十八期发行"列宁纪念"号，刊登《列宁的生平与教训》、《列宁——理论家》、《列宁——实行家》，以及列宁遗著《中国战争》、《革命后的中国》等文章。

11.《列宁的生平与教训》（《政治生活》第二十八期，1月18日）

刊登士炎（赵世炎）译的《列宁的生平与教训》，如下：

（一）

自一八八三年马克思死后，马克思主义者的责任便十分困难繁重；但自一九二四年列宁死后，马克思主义者，同时也就是列宁主义者，其责任更是加重□□□□□□□境域以内于行动上努力，这是马克思死后凡马克思主义者应有的责任；而列宁死后，便是如何承继列宁的行动，以达到行动的最后成功——世界革命的实现。一八八三年三月四日，马克思殁去之日，恩格斯曾写有这样几句话：

"无产阶级的运动仍然依着路线前进。然而在这样一个紧急时代，法兰西、俄罗斯，美利坚，德意志等地的同志所仰望的中心，指导的总枢，常常可领受的清晰而决断的教导者，一个唯一的天才，完备的群众导师，现在是没有了！……"

列宁死后，托洛兹基在《列宁没有了》一篇哀悼的文中也沉痛地说：

"列宁没有了。这几个字落到我们心坎上好像巨石落沉大海。我们怎样能相信？我们怎样能忍受？全世界的工人的良心都将拒绝这个事实，不愿意相信列宁的死；因为我们的敌人还强，还对我们恐吓，而我们的前途还远，还需要努力；我们的浩大工程，历史上空前的发现，现在还没有成就。

"我们的痛苦与我们的损失是一般大。然而我们谢谢历史，他给我们以列宁的现世，许可我们在列宁之旁工作，许可我们成为列宁的门徒。

"我们的党就是列宁主义在行动中；我们的党是工人的集体的保卫者。我们之中的每一个人都含有列宁的一部份。我们怎样前进呢？用列宁主义的明灯在我们手中！我们将胜利吗？用集体的思想，用集体的意志，我们必能胜利！……"

马克思主义者同时即列宁主义者责任之所以繁重，一方面因为无产阶级革命已经起了，并且得了第一次胜利于世界最大国之一，俄罗斯；而另一方面，革命还在战斗中，国际无产阶级奋斗的困难，还摆在我们面前。第二国际的各国社会党现在还把毒药往工人群众中注射，列强的争攘又明显暴露，帝国主义的再战终不可幸免。所以由列宁手创的第三国际之工作是日益加多，同时由列宁所发现的这一条人类发展的红色之路也就愈更森严。

列宁把历史武装了，这一副武装不是别的，就是历史的最高文化和武器，科学的社会主义——马克思主义。列宁死而马克思主义的武装就成为列宁主义，替代列宁活于人世，如不朽的马克思主义替代躯壳已腐的马克思一样。所以列宁主义不是别的，就是马克思主义在行动中，其骨髓充满了战略，也充满了科学的社会主义之理论。我们还应该说，列宁的工作，既预备了革命，又保卫了革命，且努力做成环绕四围的未来的胜利，实是马克思主义的凯旋。

（二）

在变动与扰乱不息的时代里生长，同时由这个时代必须过渡到革命——世界革命，列宁成为时代的结晶，引导了千百万人走向自由的奋斗之路。所以世界和历史有列宁，不必偶然而是必然。列宁是劳动阶级的天才，然而天才不是玄学式的神秘，是时代的产物，是经济的变动与革命的必然。人类社会产生天才，是用了很昂贵的历史价值换来的。

我们一面也可以说，俄国的历史换了一个列宁。俄国的历史重价是什么呢？在十月革命以前，俄国有两条战线，一面要解除亚洲式的君主的专制，一面要防卫欧洲式的资本主义制度之侵略；这两条战线同时就是两重担负，其来源是世界问题的总汇，是欧洲历史与亚洲历史在俄罗斯会合的现象。结果，有了列宁，便有了十月革命的指导者；有了十月革命的完成，便有了世界革命的进程。于是列宁又变为世界的。所以欧美工业国的无产阶级运动与亚洲的中国印度被压迫□中□□□□是否可以成功，事势是□必然，先昭示在欧亚接境快变为殖民地而经革命□□救的俄罗斯疆域内。这个昭示是已经被列宁及其所创造的党证实了,社会主义苏维埃□□□□经建成。这个联邦跨于欧亚两洲之间,又待欧美无产阶级与中国印度的农民如何□联接起来。

然而列宁怎样地做成这种伟人的工作?

这就是他的战术。他的战术□□要□分就是以无产阶级为主体的阶级争斗。□□□□此的有工农联盟的政策。在十月革命后,在十月革命前,以及十月革命后五年内从列宁所著的著作里,都可以找出他的战术应用□□□。

站在阶级争斗的出发点上,即□□□□需要一个铁的纪律的无产阶级政党;阶级争斗必须划分阶级界限,决定社会战线。□□□□□政党的基础建立在无产阶级科学的理论上,□□第在于指明争斗的形式和群众应战的方□,□□□势力的估量,与自己势力的比较,都□□□纲的方法,而方略的变动全以社会动的势力为□□。势力的集中在战斗上比什么还重要□□□□□部份[分]的反革命势力便是增长多部份[分]的反动,□□上失掉勇气,同时便是理论的失败。□□□□□□义与改良派应当痛击,与对资产阶级□□□□□在阶级内的敌人其危险百倍于在阶级□□□□□相当的时期转变行动的方向,必求不失其自我,口号深入群众时,便是行动,且有更进一步口号的必要。无产阶级由组织而革命□革命而建立无产阶级专政。专政是为指挥革命的进程,防止反革命的骚动,运用国家的□□,过渡到社会主义之路。这是无产阶级的理论,列宁□这样想的,他为这个而生存,为这个而工作,直至于死!

(三)

读俄国共产党的历史,我们但见列宁□□□智慧表出一根直线贯穿在那上面。无产阶级革命前或革命后,在几个重要的关键上,俄罗斯共产党历史的光荣,都是列宁的功绩。

在俄罗斯必然的有资本主义的发展,□□□不是列宁一人单独见到的。然而"俄国资本主义的发展"一书是他被放逐于西伯利亚时的著作。且相信与资本主义□□□□□有无产阶级,更是不"合法"的马克思派——列宁派的先见。列宁自一八九五年入狱,继被放逐,到一九〇〇年才放回,在这中间仍做了许多宣传和指导的工作。西伯利亚放回以后,列宁便往国外,但列宁自己常说,去外国的生活是与入监狱相等,因为他不忘俄国革命,不忘投身群众。火星报于日内瓦组织以后,列宁的工作愈趋积极;继以资本主义之必然的发展与俄国工人阶级革命性的增高。事实上使经济派失败,而革命的火星派战胜了。一九〇三年社会民主工党第三次大会中关于章程问题之争,召起多数党与少数党的分裂原流,乃俄罗斯共产党史中头一个关键;列宁当时所持的争点,就在主张除承认纲领,缴纳党费外,必须参加党中某机关一种实际工作者才能算为党员。这个有名的争点,是列宁分析社会阶级界限的结果,无产阶级森严组织必备的条件,否则照少数派马尔多夫的主张,当时一般偶然同情于革命的小资产阶级自由派,与知识阶级如大学教授等,都会跑到党里面来。

当一九〇五年第一次革命时,多数党与少数党对于革命势力之估计是歧异的。少数党以为资产阶级是革命的,无产阶级应该扶助他;而多数党以为资产阶级虽革命而结果是妥协的,改良派,无产阶级另外有真实的朋友,这个朋友就是大多数的贫农阶级。第一次革命失败后，列宁与"取消派"及"召还派"的错误趋向挑战，主张保存秘密的组织以继续革命事业的进行。从那以后，少数党愈自离于群众，愈趋于反革命，多数党愈密接于群众，仍保持"民主共和"，"八小时工作"，及"没收地主的土地"的口号。

大战爆发，列宁向工人阶级发出的口号是：改变帝国主义的战争为国内的阶级争斗。二月革命是大战在俄国开的第一朵花，而二月革命后，列宁向工农兵士发出的口号是：一切政权归苏维埃。列宁的搏战，一直到十月革命的成功。

十月革命以后，俄国共产党历史上也有几个大关键。一个便是与德国单独媾和的问题，列宁独排众〈议〉而订成条约，虽条约十分苛刻亦所不惜，因为革命后俄国人民没有继续战争的义务，而德国的革命，事实上必然爆发。第二个便是由军事共产主义移变为新经济政策的实施。这个有名的新经济政策是列宁的特见，也就是"极端"的共产主义者（或者就是无政府党吧？）与反革命派联合对于苏俄讥诮的焦点。第三个关键是职工会问题，即革命后职工会之机能与职务的规定，这个争论比较小，而结果是列宁的意见为决定。但自一九一八年列宁就被刺，更积以三四十年的劳瘁，以后便至于病。一九二三年底俄国共产党关于"经济"与"工人德模[谟]克拉西"两问题的讨论也是一个重大关键，然而列宁已不能参加了。

（四）

一九一四年到一九一八年的大屠杀，全世界人所聚讼不息的战争责任问题，终究弄不清楚。有的说是塞尔维亚的人不该杀了□皇太子，有的说是德国不应进兵侵占比利时。轰动一时讲正义人道厚脸的威尔逊，只把大战的责任轻轻推到德国及其同盟国少数的贵族武人身上。大战的真因便是这样么？第一个把大战真因告诉我们的，不是别人，就是列宁。

列宁在《帝国主义——资本主义之最后阶段》书中，为帝国主义下了一个定义："帝国主义是资本主义在其发展上的一段形相[象]：其时资本垄断与财政资本的统治已经形成了；资本的输出，已占极重要的地位了；国际大托□斯瓜分世界局势已开始了；资本主义瓜分地球上领土的局势已完成了。"

我们先懂得了帝国主义是什么，再看一九一四年一月一日列宁在"社会民主党"报上说：

"这回战争是帝国主义的战争，换言之就是资本主义最发展时期的，资本主义结果时期的战争。……战争不是偶然，也不是如基督教徒所想的那样"罪过"；战争只是资本主义不可避免的阶段，也同和平一样成为资本主义生活的规律形式。"

这个真相只有列宁告诉了我们。帝国主义列强的政权，实际上没有不操于大资本家之手；财政资本要输出资本，寻找市场，没[攫]取原料，当然要继以武力的后备。一九〇八年各国军备的销[消]费占岁入的半数，与三十年国家支出比较且超出一倍有奇，一九一七年八月大战的爆发岂是偶然的？

列宁见到这个了，同时他就见到国际工人阶级的责任。劳动者在大战中不自卫而反助资产阶级作战是没有比这再蠢的事情。所以有名的转变国际战争为国内内乱的口号经列宁发出，而第二国际各国社会党反炫迷于工人本来就没有的"祖国"，赞助资产阶级作战，列宁目击这种事实，所以断定地说，"第二国际是死了！"世界革命今后向导的责任是由列宁所举创的第三国际担负着。

（五）

列宁又深知道中国，且评论中国的时事，十分中肯要的。日俄之战是俄国第一次革命之远因；甲午中日之役也是辛亥革命远的民众反响之一部。在俄国第一次革命之后，在一九一一年中国革命之后，列宁曾在多数党报纸上屡次发表批评中国时事的论文。他于一九一二年十月正义报上发表《改革后的中国》一篇短文中，他说"中国人的沉睡已醒了"；他批评当时法国还不承认中华民国是欧洲资产阶级只把中国看成一块肥肉，而"这一块肥肉，自从被俄国亲热地拥抱一下之后，现在要被日本英国等撕碎"。嗣后于一九一三年五月著《亚洲的觉醒》论文中，他说革命的运动已及于亚洲，如土耳其，波斯，中国，甚至英属的印度。本篇论文开头一句就问的是："中国是否永远以沉睡不醒的国家之代表而著名？"他认为辛亥革命后中国的变迁表示中国人政治生活的沸腾。当时袁世凯正大借款以压迫第二次革命，列宁于另一篇《落后的欧洲与先进的亚洲》文中攻击欧洲资产阶级的侵略，"帮助预备实行军事专政的袁世凯，掠夺中国，欧洲资产阶级帮助的是中国德谟克拉西的仇人，中国自由的仇人"。接着便说：

"但是假使中国人民不承认这笔债呢？中国是共和国，假使国会大多数也不承认呢？呵！那时候'先进的欧洲'就要大声疾呼什么'文明'，'秩序'，'文化'及'祖国'了！那时候欧洲就要装大炮与野心家黑暗势力的好友袁世凯联合□□压迫□'落后的亚洲'的共和国了！"

列宁对于"欧洲与亚洲"的见解，特别是"列宁与中国"这个问题，我们还值得详论；列宁所说关于中国的话也很多，此处不能多述。便是平时列宁也是爱谈中国的，尤其于谈俄国时事时他爱以中国为例证；他对于辩论者之反驳中常爱用"你看看中国，你看中国还能如此如此"等等几句话。俄国民粹派是不相信俄国有资本主义的发展，而断定俄国是所谓"农业立国"的，列宁在《改革后的中国》那篇文中分析中国的政党时说到国民党，他说，"这一党在中国一次国会内占多数，其首领就是著名的孙逸仙博士，现在他正积极扩张中国的铁路"。接着便在这一段话后面用括弧注一句说："俄国的民族派须知！孙逸仙所以有此计划就是□叫中国'经过'资本主义的命运。"这是列宁□□□□□事的例证之一。

列宁对于中国——亚洲之一部□□□□□□□见，可引用《落后的欧洲与先进的亚洲》最末一段来说明：

"不过整个幼稚的亚洲，换言之，亚洲几万万劳动者，也有最可靠的帮手，这就是一切文明国家的无产阶级，世界上没有一种势力能抑止他的胜利，这胜利把欧洲与亚州[洲]的人民都要解放出来。"

（《政治生活》第二十八期，1925年1月18日）

12.《列宁——理论家》(《政治生活》第二十八期，1月18日)

《政治生活》第二十八期刊登多海麦（Tbalbeimer）著，士炎（赵世炎）译的《列宁——理论家》，全文如下：

（一）

下面的几点在仓促间述出，不过只是且只能弄出几个引子。列宁的著作是那样的浩大，深厚，丰富，必须有坚强的工作，才能把它切当的解说出来。马克思的著作，在他死后四十一年的现在，仍然没有搜罗穷尽。正如以前卢克森堡（Rosa Luxemduro）所指出的，这些著作是与无产阶级争斗各种不同步骤之需要，密切地联接着。战斗的工人阶级惟有在阶级争斗的现实需要中寻取理论，而不能只讲妆（装）饰有所谓为理论而存在的理论。马克思派的理论便是为预备阶级争斗实验的法则，而实验愈进一步，则理论愈深厚愈合于逻辑。革命理论的制造厂本来只是一点一滴产出货物，以供实用。这两者——理论与实用——之间的关系，自然绝不在一面，而是相互的，辩证的，被理论灌溉的阶级争斗之实验，轮替地变为新的理论观点之来源。

这理论与实用两者之间的关系，也可以拿所谓"纯粹"科学，与实用科学之间的关系作比较。举例说，篙时（Gaust）与瑞安满（Ricmaun）的数学天才，早于各种数学方法之发明，而到后来才实用于相对论。加尔马克思的大理论制造厂所供[贡]献的工具，头一件就是从革命的资产阶级中分出来而作工人阶级的政治独立，这就是说，工人要自己组成一个独立阶级，才好在议会政策与经济奋斗之长期中，引导无产者的阶级争斗，与无产阶级之广大的政治经济的组织；又才好为革命最后争斗的时期预备，——此处只是说个侵略——乃至最后，为社会主义社会的建立。

这便是马克思的不可及的天才的一个证明。他能够在资本主义经济和中等阶级势力兴旺，与无产阶级斗争刚起之时，及在资产阶级革命与无产阶级革命之关键上，把最后的无产阶级争斗及社会主义的组织，提出一个主要的草案来。他能于当时看得很远，却不是空想的方法，而是从实现的资本主义之经济与政治，及无产阶级群众之斗争的现象，作出深刻的实验分析。

差不多所有的在理论上的马克思之承继者，在所谓议会主义及工联主义时代，都把马克思的学说误解。他们只从其中取出当时需要的，而完全失掉马克思对无产阶级革命及具体指示的真义。马克思理论在他们脑中仅变为过去的历史解释的线索，而不为现在的革命的活动。

于是便在这里而列宁的工作开始了，而且不是偶然的。在先进的俄国革命之沃场[土]上，他促进了久被忘却的无产阶级的理论，并用当时无产阶级争斗的群众经验，来满足这个理论。无产阶级专政的观念被考茨基所"忘却"的，又被他重新发现了。在理论的战斗上，约于十年之中，列宁为马克思主义辩护以反对一般将马克思学说虚伪化，及任意诬蔑的改良派与无政府党人。他的最大的事业，就在给了一个坚固的清显的形式于无产阶级专政,那是俄罗斯无产阶级新的创造事业之群众经验的一个结果,宣告了苏维埃制的建立,连带的就是宣告了对于资产阶级德模[谟]克拉西的胜利。

在这个事业的指导上,列宁是一个天才,是一个真实的先驱者。因为如此,所以列宁的特点,在全世界无产阶级革命成为议事日程的各国中,都是普遍的,明显的。

列宁的第二件大事业就是在俄罗斯实际条件之下组织了革命。

他的第三件大事业就是建立了苏维埃俄罗斯第一个无产阶级专政国家的政策的原则。

虽然如此,虽然列宁的功业只在俄罗斯成就,但列宁的工作含有普遍性,含有国际性。不过在这里只可分别那些是后人所当普遍采用的,那些是在俄罗斯的特别条件。除列宁外,差不多没有人能够切要说明国际情形与俄罗斯十月革命之特点的。把"列宁"从俄国文字翻译成西欧文学不是一个语言学家或一个人的事情。这是在欧美现状下无产阶级革命的真实责任,较迟一点,在亚洲,在非洲,也就一样。现在正是我们要在无产阶级革命与西欧经验之种种条件下发展列宁的事业。这个事业,是属于新人类全体的。为最后的完成,我们不能只把列宁的教训写在纸上采用,我们还应该更把他发展,做成新的创造的工作。

二

列宁与马克思一样,一个实行的革命家绝不能与理论家分离。"不只懂得世界,并且要改变世界",这是马克思一生的动力,同样也正是列宁的。从革命的志愿与社会实际的辩证分析里产生出来,马克思的理论成为有史以来最大的实际的权力,"理论取得群众时,便立刻变为权利",在这一点上,马克思确是黑格尔——德意志哲学家最大且是最后的一个——的一个真实的弟子。黑格尔,虽然是一个空想家,但并不就是云里的梦,如普通所说。他的意想的哲学也每每寻找实际的目的。到了马克思手里,辩证的唯物主义,就变为重要的革命工具了。他能够取得群众,因为他本是从群众生活里产生出来。但是列宁的不可比拟的权力又基础于什么?这就是革命的理论的权力。资产阶级的心理,以前和现在都满怀鬼胎,以为列宁是神秘,有特别道法。殊不知列宁个人权力之神秘就是,与马克思一样,包含在无产阶级革命之思想家与行动家的完全证实上。列宁个人的道法,比现代无论那一位资产阶级统治者都要小!

三

列宁为俄罗斯无产阶级革命所造的特殊的理论之动作,就是在农业有产阶级的革命,与无产阶级社会主义的革命之间建筑了过渡的桥梁。这个问题经列宁确切的解答了。这个解答的特点,所表现于俄罗斯的,在中欧,西欧及美洲,也都一样,无论这个问题的形式在各处表现怎样的不同,因为,俄罗斯的农人革命,倘若我们分开来看,确是一七八九年法国与一八四八年欧洲其他各国农人革命之一个较迟的表现。俄罗斯农人革命之特点是,头一件,与俄国无产阶级社会主义的革命相衔接,其次与世界革命的时期也相衔接。这样的环境,拿过去与资产阶级革命衔接之农人革命比较起来,使俄国革命得了一个新方向。另一方面,这种环境占了一个历史位置,这就是,很快的就渡到俄国无产阶级的革命。在西欧，小资产阶级的财产制，成为无产阶级革命的事先条件，而在俄国，反由革命产生这些条件。农人革命与无产阶级革命间关系之定义，对于殖民地人民中农人占有大多数的事实是特别关系紧要的。欧洲无产阶级革命与殖民地人民的民族革命间的联接，也是列宁的最重要的理论之一。

四

理论家的列宁的伟大处同时包含在他的实行的革命毅力中，一般机会主义者与折衷主义的社会党人往往在事变的漩涡中失去了他们的革命意志，而走入敌人队中，变为叛徒。无政府主义者和工团主义者，只觉得在他们的脚下有地震。而一个革命的实行家，如像列宁，在事变的进程中只有准对着革命的目的。列宁的眼观[光]，绝不会为别人的或自己的死公式所遮蔽，也绝不为幻想或有产阶级的玄学所迷惑。他毫不姑息的与机会主义奋斗，同时对于幼稚的左派倾向也一样。

五

列宁尝自认为一个正统派的马克斯主义者，同样，我们也应该自认为列宁主义者，特别在活的革命理论之意义上，而不在死的文字上。列宁主义，已在我们的俄罗斯弟兄党中，成为口号，成为战斗的呼声。国际共产党的全体，都在列宁主义的旗帜下前进。国际共产党将绝不致[至]于忘记，列宁主义与马克斯主义一样，最重要的就是一个活的创造的方略，他将伟大的革命的毅力，与深刻的实际的分析相联接。

六

著作家的列宁的文字风格，就是"人"，就是列宁自己。这种风格是朴实，清显，而又绝顶的光辉；这种风格是充满了力，不俗俚面切合于实际。没有辞藻的粉饰，只有真确的逻辑，由革命的深厚感情中产出。

著作家与演说家的列宁的辞句风格，乍看来，好像有些奇怪。西欧的读者和著作者，都以为惊异。这本是一种极清灵的人的风格，由光辉的力，与其中心思想之流露所集成，除去寻常的口才与拘泥的辞调，但将他的思想，感应到我们的精神上来。

（《政治生活》第二十八期，1925年1月18日）

13.《列宁——实行家》（《政治生活》第二十八期，1月18日）

《政治生活》第二十八期刊登士炎（赵世炎）译的《列宁——实行家》，如下：

不懂得工人阶级全部历史的人，不配作工人阶级的领袖。做劳动运动的领袖们必须知道劳动运动的历史，没有这种知识的人，就不配做。然而劳动运动史并不告诉我们怎样做，他只昭示我们以过去的经验情形的可能性，以与我们的现状比较，因之在各种决断的境地中使我们能够看清路线，能够认识接近的危险。

但是我们若不完全了解资本主义的历史，及其在经济与政治现象的机能，便也不会懂得劳动运动的历史。列宁所懂得的资本主义历史，是马克斯门徒中所仅是。他独立地领悟并思索出历史的唯物主义之理论,与别人不同,因此,他研究的对象乃合于马克思当初发明这种理论所指示的。

列宁参加劳动运动就是一个为革命的意志之集体;他研究马克斯主义,他从革命观点上研究资本主义的进化,研究社会主义的进化,朴列喀诺夫也是一个革命家,但他没包有为革命的意志之集体,虽然他很重要是俄国革命的先觉,但他只能讲代数,不能讲算术。在这里便是从理论家的列宁到实行家的列宁中间的要点。

列宁把马克斯主义与工人阶级的战略联接在一起,而同时他就应用马克思主义于战略中,以判定俄罗斯工人阶级的前途。在这里,就是列宁的天才之全部:他的伟大的思想才略。处处与他的行动之场密接。

现在倘使我们来读俄国社会民主工党章程中有名的头一章——这便是□来引起多数派与少数派分裂之源的那一章——的辩论,实是最有趣的事。当时列宁的意见是,只有秘密组织的分子才能算作党员,这个意见在当时很表现一种倾向。但本问题的重要意义是什么?列宁想要从规划工党的政策中防止一般知识阶级的混沌观念;因为在第一次革命以前,一般不满意于政府的医生或律师们,偶然研究了一点马克斯,就自号为社会民主主义者,而考其实际,不过是自由和平派的人物。纵然他们也曾经参加秘密的组织,纵然他们也曾经与小资产阶级生活暂时宣告脱离,然而历史告诉我们,许多知识阶级的人物,始终在他们脑里总存有些自由和平派的梦想。所以党里对于这种人的限制,至少要参加过秘密的组织,结果可以防止资产阶级权势传入的危险,而一面虽然党里有许多知识阶级,但能如此,从工人阶级中发出的革命的光明,或有一线希望。因为要坚持这个,因为要实现这种主张而不惜党的分裂,非有如列宁那样的实行家办不到,非有如他那样的一个马克斯主义者,一个革命主义者。

列宁所认识的俄罗斯的实际,与其他一般想从无产阶级攫取首领地位的人绝对不同。他不但认识俄罗斯的实际,并且亲自考查,亲自接触,在俄国共产党历史中的每一个关键上,特别是在我们已得政权之二万万五千万民众的幸运维系于党的存亡,我逐[遂]处无不惊赞列宁的"铺子"里所储藏的英美人所谓的常识。Commonsenea 确在这里,便是他的实行家伟大处。当列宁要决定一个重要问题时,他绝不想到抽象的历史类别,他也绝不想到地租,或剩余价值,或自由主义的绝对论。他只想各处地方的工人,大街上的警卫,他只想许多地方的穷农与工人对于革命的担负及其影响的结果。

我将永远不会忘记在不列时提和平条约前我与列宁的谈话,每一种我们用以反对和平条约的辩论,遇着列宁,就被驳回来,好像豆子打在墙上又跳回来一般的快。他用一种最简单的辩论说:我们真正的革命党绝不能再参加这种战争,我们正握住本国资产阶级者咽喉,但拒绝与德国资产阶级协商却不可能。当时若要继续打战,必须是要农人到战场去的,于是列宁问我:"你□没有看见农人投票反对战争吗?"我立刻反问:"什么时候在什么地方他们投票反对战争?"列宁说:"他们用两条腿投票,他们都从前敌跑回来了!"后来和约卒依列宁的主张解决了。其实,我们反对德意志帝国主义，列宁未尝不与我们一样，而当他谈到为和约的"一口气的休息"时，他没有一刻离开群众从战争所忍受的痛苦。然而当时对于革命之失败危险也是很恶劣的；但有希望的影子，但有一口气的休息，虽然只有几个月，而当时毕竟应该当机立断。在当时确实是很重要的，农人应该耕种由革命给与他们的土地；在当时又确实是很真切的。农人将为重失掉土地之危险而对抗，不顾战争。

让我们再举一个例，俄波之战，俄国败了，和平协议于里加。在那时，我要离开俄国，于未走以前，我去找列宁一次，为与他解说关于职工会问题我们相互间之不同意见。当初不列时提和约时，列宁就以里亚冉省的农民为例，他认清了农人是战争中的主要人物，同样的在经济建设所需要的劳动者中也有同一的地位，因为在和平后，马上便是转变战争为经济重造的问题，而没有许多的劳动者，经济的重造简直是不可能。列宁对于这个问题的意见是怎样呢？当时党里大会辩论职工会在社会经济中的作用问题，引起了工团主义者与折中主义者之争。而列宁所见到的却是一般会作牺牲忍受无限痛苦的劳动者，现在正是要应募到社会经济的重造上。自然，经济的重造是最迫切的事，我们应把一切力量集中于此，我们有责任号召全工人阶级来参加这种工作，这都是毫无疑义的，但是这里有一个问题：或者我们应该立刻进行这种工作吗，或者我们应先把前敌军队中的同志招回来立刻送入工厂吗？然而这后一方略却用不着。列宁对于这种意见的毅然答复是："他们应该休息，他们很疲乏了"！惟有列宁才知道什么是可能，什么是不可能。

马克斯，在他的经济学批评的绪言中说历史只能昭示他自己所能满足的事业。——这就是说，只有能够领悟在某一时间内历史可以满足事业，不为欲望而奋斗。只以可能为度的，才能成为历史的工具。列宁的伟大处便是在事变的过程中，不为实际所蒙蔽，不为捏板的公式所拘滞，他能够很勇敢地抛去昨天的公式，倘若这个公式有伤害于今日的实际。在我们未夺回政权以前，我们自称为革命的国际主义者，宣布人民的和平，以反对政府的和平。而到后来我们反发现在环绕以人民的工人政府地位上，竟不能战胜资本主义政府。"我们如何能够与德国政府讲和呢？"这是许多同志都发出的问题。列宁却滑稽地回答说："你们还不如小鸡！一个小鸡虽不能够跳出一个围绕他的用粉笔画的圆圈。但它毕竟自己能判断圆圈是别人用手画成这个假设是对的。我们的公式是由我们自己手写，而现在你们只看见公式，反看不见实际。——我们对于和平的公式，由人民宣告出，其目的就在觉醒群众以反对军阀及资本主义政府。现在倘若我们往坏处走让资本家政府在我们的革命公式中唱□歌，这岂不是笑话。"

列宁的伟大处，在他对准了从实际产生的目的。在这个目的中，他找得出有效的途径，并且委身相信。一意前进。但他绝不自溺于幻想。不但如此，他的天才还有一个特点；当他已有一定的目的，他就注意寻找经过实际以达此目的之路；他绝不以目的已定而自满。他只精密地完备地对于每件事，都加思索，以求成功。□他不仅绘成了战场的图样，而且布置了战场上全部的组织。（完）

（《政治生活》第二十八期，1925年1月18日）

21日(星期三)

14.《列宁与中国——列宁逝世周年纪念日告中国民众》(《向导周报》第九十九期,1月21日)

《向导周报》第九十九期,发表陈独秀撰写的《列宁与中国——列宁逝世周年纪念日告中国民众》,如下:

有许多中国人及其他各国许多人,尤其是在十月革命后的二三年间,以为这个布尔什维克首领列宁,不知是什么一个极恶穷凶的怪物。其实这完全是幻想。列宁的外表,像一个很朴素的教授,又像一个很活泼的工人;他的内心贮满了对于全世界被压迫者的同情热泪,他不但同情于被压迫的工人农民阶级,指导全世界的阶级争斗,他并且同情于被压迫的弱小民族,指导全世界的民族争斗。释迦佛说:要普度此世界众生于他世界;列宁说:要为此世界人类中被压迫者脱离被压迫地位于此世界而奋斗。我们若要指证释迦佛所说他世界在何处及超度了多少众生到那里,便未免太滑稽了;而由列宁奋斗所解放之被压迫的工人农民阶级及被压迫的弱小民族,已经分明在此世界中令我们看见了,如十月革命后的苏俄工人农民之解放及苏联境内小民族之解放与夫近在远东民族革命运动之勃兴。

欧洲人对于远在亚洲东方的中国,或视为不可知的秘密国,或视为一大群未开化民族所聚居的地方,一任其传教师外交官远征的军队与商人明欺暗算,而漠然无动于衷。独有同情于全世界被压迫者的列宁,他对于远在数万里外的中国近代重大事变及在这些事变中所受欧洲各国的欺凌,无不注意到,无不严峻的批难到,他并不宽恕他本国(俄罗斯)政府欺凌中国人之罪恶。

自从义和团事件起,列宁即表示深厚的同情于中国人,攻击他本国政府非常严厉,当时他曾在《火星报》上说:"俄罗斯与中国战争(即指义和团战争)已告结束,为这次战争调动了许多军队……对于那班暴动的中国人,尤其是对于那些没有武装的中国人,加以剿灭、弹击,无量数的妇女儿童,都被惨杀,其苦何堪!至若农村居民商店之被蹂躏抢劫的状况,更是不用说了。……今日欧洲资本家贪欲的利爪又伸入中国了,且现在力求满足私欲的俄罗斯亦转入这个漩涡之中,并已割据中国的旅顺口,由俄兵保护,在满洲公然建筑铁路;同时欧洲各国政府,相继而起,大家都热心来做抢劫中国的事,冲动了他们'瓜分中国'的观念,由是将中国的土地,或占据或租借,事实上就等于欧洲各国政府(俄罗斯居其首位)已开始瓜分中国;可是他们瓜分中国不是用一种公开的形式,而是和暗中偷窃人家坟墓中的死人一样。假若被偷的死人稍有反抗的表示,他们就如猛兽一般,烧毁其村庄,驱逐于海洋,或将赤手空拳的居民和其妻子,枪杀刀杀,毫不加以姑息……如现在报纸(指俄国报纸)又鼓吹兴兵反对中国,加上中国人是'野蛮黄种''仇视文明'的罪名。……那班无耻的新闻记者,屈服于政府及金钱目的之前,故意无中生有,造谣惑众,鼓励民众轻视中国。"

列宁对于中国的辛亥革命,也表示满腔同情,当时他曾在《真理报》上说:"四万万落后的亚洲人得到自由了,对于政治生活已经有觉悟了。可以说,地球上全人口四分之一已经由沈[沉]睡转到光明、活动、奋斗的路上了。此事对于文明的欧洲是不发生关系的,甚至法国至今还未正式承认中华民国。欧洲这种冷淡的态度,用甚么可以去解释呢?原来在西方各处都受帝国主义的资产阶级之统治,这资产阶级四分之三已经腐朽,对于任何一个野心家,只要争得反对工人之严厉方法及一个卢布有五个戈壁的利息,都愿把自己所有的文化卖去。这个资产阶级把中国只不过看成一块肥肉,这肥肉自从被俄国亲热的拥抱一下之后,现在也许要被日本、英国、法国等撕碎了罢!"

列宁对于列强扶助袁世凯造成中国的反动政局,也曾在《真理报》上攻击过:"欧洲资产阶级居然拥护亚洲的黑暗势力。……掠夺中国,帮助德谟克拉西之仇人,中国自由之仇人。……中国的新外债(是指袁世凯的善后大借款)是反抗中国德谟克拉西的,因为欧洲帮助袁世凯,他原来是预备实行军事专政的一个人。欧洲为甚么帮助他?就是因为可以分点利润。中国借了二万五千万卢布的债……假使中国人民不承认这笔债呢?那时先进的欧洲就要大声疾呼甚么'文明''秩序'及'祖国'了!那时就要装着大炮,与野心家黑暗势力的好友袁世凯联合去压迫这'落后亚洲'的共和国了!"

在列宁这些说话中,可以看出他是一个何等人物,可以看出他对于中国及中国民众之同情是何等诚挚;同时,也可以看出中国本国的反动军阀勾结外国帝国主义的资产阶级,压迫中国民众破坏中国德谟克拉西运动是何等严酷;同时,又应该看出中国民众之好友,只有反对帝国主义的资产阶级之无产阶级,那些帝国主义的资产阶级都是中国反动军阀之好友,也就是中国民众之敌人。

现在全世界人类对垒的形式是:

(甲)压迫者——各国帝国主义的资产阶级及反动的军阀;

(乙)被压迫者——各压迫国之无产阶级及各被压迫国之民众。

被压迫的中国民众呵!我们若真要纪念列宁,永远纪念列宁,只有接受列宁遗训——联合全世界被压迫者,向全世界压迫者作战,为脱离被压迫的地位而战!

(《向导周报》第九十九期,1925年1月21日,署名 独秀)

15.《共产党第四次大会对于列宁逝世一周纪念宣言》(《向导周报》第九十九期,1月21日)

《向导周报》第九十九期发表《共产党第四次大会对于列宁逝世一周纪念宣言》,全文如下:

去年——一九二四年——的今日,是我们全世界工农阶级和一切被压迫民族永不能忘记的一日,因为这是我们全世界工农阶级和一切被压迫民族的首领,教师,同志,列宁离开我们而去世的一日。

自马克思以后,全世界没有一个人比我们的首领列宁还更伟大,列宁不但把解放全世界工农阶级和被压迫民众的理论,革命的马克思主义,从机会主义的第二国际垄断下挽救出来,他并且已经应用到实际上去。他手创了一个领导俄罗斯工农阶级能够取得最后胜利的政党——俄国共产党,他把俄罗斯的沙尔,贵族,资产阶级,地主,神父〈……〉等一般压迫工农阶级的魔王根本扑灭了,他把大俄罗斯民族压迫其他弱小民族的锁练[链]完全打断了,他并且为工农阶级和一切被压迫民族创造了一个劳农社会主义苏维埃联邦。不但如此,他并且替全世界的工农阶级创设了一个共产国际,把全世界工农阶级的先进分子都联合在这一个国际之下,进行指导解放全世界工农阶级和一切被压迫民族的工作。

现在全世界都在资本帝国主义的统治之下,全世界的工农阶级和被压迫民族完全成了世界资本帝国主义的奴隶,全世界的工农阶级和被压迫民族要想脱离此种奴隶地位,只有联合起来根本消灭世界资本帝国主义,列宁主义就是资本帝国主义专权时代的马克思主义,是消灭帝国主义的唯一武器。

中国的工农群众和一切被压迫民众所受国际帝国主义和其工具军阀之剥削与压迫,比任何地方更要厉害,最近英美日……等帝国主义的进攻和备战及其工具军阀的私斗日趋险恶,在此种趋势之下,中国的工农阶级和被压迫民众有立即变成第二次世界帝国主义大战的牺牲品之危险。我们要根本避免此种危险,我们只有站在列宁主义的旗帜之下,实行列宁主义,与全世界的工农阶级联合起来去消灭世界资本帝国主义。

中国的工人们,农人们和一切被压迫民众!你们要想脱离你们的重重压迫与奴隶地位,只有起来努力了解列宁主义,实行列宁主义,因为只有列宁主义才是我们自己解放自己的唯一武器才是消灭帝国主义和一切压迫阶级的唯一武器。我们在列宁逝世一周纪念日子里,应该高呼着。

打倒世界资本帝国主义和一切压迫阶级!

全世界的工农阶级和被压迫民族解放万岁!

列宁主义最后的胜利万岁!

一九二五年一月二十一日

(《向导周报》第九十九期,1925年1月21日)

16.《殖民地被压迫人民所应纪念的列宁》(《向导周报》第九十九期,1月21日)

《向导周报》第九十九期发表硕夫的《殖民地被压迫人民所应纪念的列宁》,全文如下:

人人都知道列宁是"十月革命"的总指挥,假使没有列宁,恐怕就没有一九一七年的"十月革命"。但是"十月革命"的重大意义究竟在那里呢?有人还以为"十月革命"不过是俄国人民的一个革命,或以为这个革命至多不过对于资本主义国家中的无产阶级革命运动是有很大的影响,对于殖民地被压迫的人民没有怎样的意义,这是大错的。

列宁是个世界革命的理论家与实行家,他一方面指示资本主义国中工人阶级的道路与方法,使他们脱除改良主义的羁绊,知道只有无产阶级专政是他们唯一解放的方法;另一面又指示东方殖民地或半殖民的弱小民族;只有团结起来环绕在苏维埃政权的周围,向国际帝国主义进攻才是出路。"十月革命"只是要实现这两方面的出发点。

他的革命的眼光是时时注射到地球的全面积,任一方面都不肯放松的。他首先将全世界的人类划分两部份,他在一九二〇年第三国际第二次大会中说:"帝国主义本质上就是在瓜分全世界,使世界上一方面为一大批被压迫的民族,另一方面为很少数的,但极富强的压迫的民族,全地球上约十二万五千万的大多人口都归为被压迫的民族:殖民地,半殖民地(如波斯,土耳其,中国等)及其他在经济上政治上【民】族都被几大资本主义列强压迫的小国。若全世界的人口为十七万五千万;则被压迫的民族实占全【世】界人口百分之七十。"这种压迫民【族】与被压迫民族之区分是有大的意义的,因为他一方面指示每个世界革命者应该注意到先进国的工人阶级与经济落后国的被压迫民众之反帝国主义的联合战线;另一方面又指示殖民地或半殖民地被压迫的人民所应依附的营垒。

他在第三国际第三次大会中(一九二一年)又特别指示出殖民地的民族解放运动日见重要,他说:"现在我说一说殖民地运动的意义,在这个题目上,我想在一切旧的党中,在第二国际和第二半国际之所有资产阶级和小资产阶级的工人政党中,仍看见感情概念的遗迹,他们只对被压迫的,殖民地的或半殖民地的民族表同情。到今日人还以为殖民地运动不过是一个小的和平的民族运动,其实毫不是如此。自二十世纪开始以来,有一个大的变换:在农业的人民中,数百万,数万万的广大群众变成了一个行动的革命的因素。这是很明显的,在世界革命未来的最后的决斗中,反对资本主义和帝国主义的多数农民群众之民族解放运动一定操一个为我们所想不到的大的革命功用。"

他要使殖民地被压迫民族脱除国际帝国主义的思想的笼牢,他说:"资产阶级的德谟克拉西就在以抽象的名词——民族平等,友邦亲善,等——欺骗弱小民族,以掩饰财政的和殖民的强权将全球上最大多数民众附属于极少数富强的资本主义国家之事实,我们应极清晰的极正确的从历史上和经济上分别被压迫和被掠夺的民族与压迫和掠夺的民族,区别全体的国民利益与被压迫的劳动阶级的利益,并证明在资本主义的制度中,民族的和平和真正的平等之不可能的理由,以打破这种资产阶级德谟克拉西的欺骗。"

他又说:"在现今时代即在现今世界上已经创造一个苏维埃共和国大联合的时代,一切政治的事变都必须集中在这个心上:国际资产阶级向苏维埃共和国进攻,这苏维埃共和国又必须一方面图谋结合各资本主义国家中劳动者的苏维埃运动,另一方面结合一切殖民地和被压迫国家的民族解放运动。因此第三国际不仅仅承认或宣布万国劳动者底联合,并须努力实现一切民族解放运动与苏维埃俄罗斯之最密切的关系,此后各宗主国的劳动者和苏维埃政府应该严格地监视各资本主义国家的殖民政策,并切实地直接地援助被压迫民众之反帝国主义运动,以期实现苏维埃共和国的联合。"这是现今苏联政府对外政策的中心,同时也是殖民地被压迫的民族极应需要了解的地方。

列宁主义这样宣布了,实现列宁主义的苏联政府与第三国际也就照这样实行,并已获得惊人的成功了。

半殖民地的中国民族受国际帝国主义的欺骗,压迫,掠夺,若自鸦片战争算起,已八十余年了。在过去长期的奴服的状态中,中国人民不但未曾给帝国主义以重大的打击,并且还未认清他的唯一敌人:国际帝国主义。在这时差不多像这种情形:受主人压迫和掠夺的奴隶还跟着主人思想。及"十月革命"后,因苏联政府一方面不独自已消灭了本国的帝国主义,并与国际帝国主义积极地作战,另一方面又实际上援助殖民地被压迫民族的解放运动,于是中国民族解放的运动才渐渐走上正轨。

这种解放的运动现在还在发展的过程中。要达到最后的目的,自然只有按照列宁主义的指示。这是中国人在列宁逝世第一周年应该纪念的地方。

(《向导周报》第九十九期,1925年1月21日,署名 硕夫)

17.《一九〇五年的列宁》(《向导周报》第九十九期,1月21日)

《向导周报》第九十九期刊登了超麟译,季诺维埃夫著的《一九〇五年的列宁》,全文如下:

列宁在一九〇五年革命中,开始即有重要的作用。固然,他那时的作用,在外面看来,没有在此次革命中,表现得那样重要。你们知道第一个彼得堡工人苏维埃是孟雪维克党人所创立的。但在斗争中,从所有的实际努力着,彼得堡苏维埃那时亦即完全跟着波尔札维克党人前进。风潮高涨了,河水溢出河身了,工人阶级于是乎知道:创立苏维埃就是为取得政权而斗争。在这一顷刻,工人阶级变成了波尔札维克。

到了一九〇五年革命失败以后,反革命突起之时,我们正要结算这一次总账,马尔多夫一伙人反站在"巴比仑河岸"对面,痛哭第一次革命。孟雪维克党人自身也承认革命实在是按照波尔札维克式样做去,工人阶级,可惜,跟着波尔札维克后头跑了。

莫斯科的武装暴动,虽然失败,但仍可算是波尔札维克党人在革命中的策略之光荣。我们失败了,蒲列哈诺夫对于此次暴动所能答复一句下流无耻的话:"不应该拿着兵器。"

列宁对于一九〇五年莫斯科暴动,却另有见解。在他看来,莫斯科武装暴动之外,在历史中,再也找不出别的一页,比较更高贵的,更光荣的。他首先开始收集关于此次暴动的文件。他要使暴动的最少冲突,最琐碎的技术事件,都显露出来。他要大家都知道暴动中每个战士的生平。他请求这些战士将莫斯科武装暴动怎样预备及为何失败的前因后果告诉全世界工人阶级;因为列宁明白此次暴动是向世界资本阶级的第一个队伍整齐的斗争。他很明白此次暴动有全世界历史的意义,此次暴动虽然失败,掩[淹]没在工人的血泊里,但仍然可算是最落后的国家中,反对沙尔制度和反对资产阶级之第一次的光荣的工人暴动。

我重复一句:列宁在一九〇五年革命中有重要的作用。一九〇五年,他出来参加彼得堡苏维埃的集会,只有一次或二次。列宁告诉我们说,苏维埃在"自由经济会"会场开会,他参加时是站在高的地方,在游廊里,为群众所不能看见,他第一次观看工人代表苏维埃。列宁当时在彼得堡居住是秘密的。党禁止他时常出现。苏维埃正式主席,卜格丹诺夫,代表我们的中央委员会。我们知道苏维埃委员快受拘捕,我们就禁止列宁参加末次会议,——有历史意义的一次会议,为的是他不至于被捕了。一九〇五年他只一次或二次看见苏维埃。但我想当他自从在"自由经济会"会场的僻隅参加过了工人议会的第一次集会以后,苏维埃政权的观念已经发生在他的脑中了。或者他那时就梦见苏维埃的国家,在这国家里,苏维埃——社会主义工人政府的榜样——变成了国中唯一的政权。

列宁自一九〇五年以后即教训我们说:苏维埃不是一种偶发的,朝生夕死的组织,不是一种日常生活的,平凡的机关,如职工会一样,苏维埃乃在国际无产阶级历史中和在全人类历史中开辟了一个新篇幅。

再没有人像列宁那样注意彼得堡工人代表苏维埃的历史。他形式上参加第一工人苏维埃的生活很少,然而他比我们所有的人都更懂得苏维埃是个甚么东西。他对于这个口号是很审慎的。一九一六年战中,当我们在瑞士听见彼得堡革命鼓动开始及我们同志要在彼得堡组织工人代表苏维埃的新闻时,列宁即在论文或通信中讨论这个问题:"工人同志们!工人代表苏维埃的组织是不可儿戏的一种重大的口号。人们不能给苏维埃开玩笑。你们要发出这个口号【的】时候,必须你们已经决定彻底干去,必须你们已经决定以你们阶级的头脑去冒险尝试,必须你们相信真正工人革命的时候,取得政权的时候已经到了。这个时候,而且仅仅是这个时候,你们才可以谈到苏维埃。还没到那个时候之先,切不要□这一个名词开玩笑罢。因为苏维埃除非是取得政权在手,才能生存。苏维埃就是工人国家制度的一种形式。苏维埃就是工人政权。"

列宁所要说的,自然不是随生随灭的一种阶级组织,自然不是孟雪维克党人和社会革命党人理想中之在资产阶级社会范围内代表工人阶级唯一经济要求的一种组织。不是的。此种苏维埃,列宁以为是必然要消灭的。为着此类工作,苏维埃无存之必要。列宁把苏维埃看成,取得政权后,将工人变成支配阶级的一种组织。所以他在一九一六年告诉彼得堡工人说:"你们自己不妨自问一千次:自己预备好了吗?自己的力量充足了吗?裁布之先须要量过十遍。组织苏维埃就是宣布澈[彻]底的战争,就是向资产阶级宣布内乱,就是开始工人革命。"列宁自己是始终坚持这个观念的。

……

孟雪维克党人把一九〇五年革命看成整个的错误,看成一种混沌,"一种原始的疯狂"。总而言之,工人自己是要担起失败责任的。工人在其要求中太过前进了。

列宁答复他们说:"你们没有懂得到这个运动。这是大革命而非混沌。这次运动所以能成为大革命,并不是因为十月十七日之恩诏,也不是因为资产阶级中引起纷乱,而是因为莫斯科工人暴动之虽败犹荣,而是因为彼得堡工人代表苏维埃能在世界无产阶级面前光耀了一个整月。革命将复活。苏维埃将复活。苏维埃将胜利……。"
(节译季诺维埃夫一九一八年九月六日在彼得堡苏维埃的演说)

(《向导周报》第九十九期,1925年1月21日)

18.《列宁不死》(《向导周报》第九十九期,1月21日)

《向导周报》第九十九期刊登发表魏琴(即维经斯基)的《列宁不死》,全文如下:

1. 从列宁五十三年之生活史中,三十余年为着俄国和全世界的劳农及东方被压迫民族的利益而奋斗。当列宁远在少年的时候、他的兄亚力山大因为参加民粹派之革命运动,被沙皇政府处死。革命的民粹派之组织为着用暴力强迫沙皇政府减轻对于劳动群众的虐待,也不知道牺牲了自己许多党员的生命。列宁在很少年的时候,早就因此倾向于解放劳动群众的思想。当列宁初进大学之时,在俄国各大城市中,工人开始为自己经济利益而奋斗。自从列宁认识了马克斯主义以后,他就明白了民粹派的奋斗之所以不得效果的原因,而极力在城市工人中宣传马克斯主义的思想,列宁在自己政治活动之开始的时候,就明白在阶级斗争观点上如何组织工人,同时向工人指出工人的利益与沙皇专制政体立于相反的地位。列宁在起初的时候,就曾将工人组织小团体,以树将来无产阶级政党的基础。这个无产阶级政党在一九〇五年组织了全俄国大暴动反对沙皇政府,而经过十二年,不但把沙皇政府推翻了,并且完全把资产阶级和地主的政权打倒了。

2. 列宁工作之初期的性质:一,收集工人中之前进的分子加入。社会民主党;二,阐明马克斯主义反对民粹派所宣传的知识阶级的思想。这种思想以为俄国是农业国,人民因此有天赋集体化的感觉,人民容易习惯于共产公社的生活,而不应如西欧国家所发展的一样。农民经济应当改良,资本主义为国民经济的病态,不应使之在俄国发展。因此民粹派不愿意俄国生产力之发展,不愿意农村的经济关系有所变更。同时,他们主张土地应归农民所有,最低的限度要沙皇政府和地主不要过于压迫农民。列宁与民粹派的大争论在于:他明白资本主义在俄国之发展是不可避免的,因此有训练为资本主义所产生的无产阶级使之有阶级觉悟的必要。在这一种理论的争论中,列宁终久[究]是战胜了,在他的著作内培养了社会民主党的新种子——先进的工人和革命的知识阶级。

3. 在过去一世纪之九十年代中,监狱和充军使列宁不能直接在列宁格勒工人群众中工作。但是当时列宁已经培养了一团革命党,继续进行列宁的事业。在西比利亚流放的时期中,列宁著成一部有名的著作《俄国资本主义之发展》,在此书中列宁指明出来,资本主义的关系在俄国已经存在了,并且正在发展着;因此,应向前望,如何为无产阶级利益奋斗,而不应向后望资本主义以前的时代。在流放期满以后,列宁不得已逃亡西欧。此时在俄国社会主义者中间开始了所谓经济主义的潮流。俄国资本主义的发展引起了许多经济的罢工。于是在社会主义者中间有些就以为无产阶级要解放自己,顶好只要为经济的奋斗,直接反对企业家。列宁对于这种思想尽力反对,并指示俄国工人,实行政治奋斗反对最大的仇敌——沙皇政府——之如何必要。列宁教导工人说,仅仅把这个政权推翻了,工人才能解放主人,企业家对于自己的压迫。

4. 一九〇三年在社会民主党第二次大会中,起了多数派和少数派的分裂。分裂的原因是列宁对于组织问题的主张。列宁主张每一党员应实际地参加党的工作,一切党员都应为专门的革命党。少数派多数是知识阶级,当时以为任何一人,若他赞成党纲和章程及愿意纳党费,都可以做党员。后来列宁的此种主张对于我们党的发展有伟大的意义。少数派因为不赞成这一点,随着在多数重要观点也与多数派不相合,结果,终流于反革命的营寨。一九〇五年的革命前,多数派与少数派的意见分歧之一个重要问题,是对于革命动力的沽价。列宁与多数派说,反抗沙皇政府之根本的革命的力量,应当是工人与农民的联盟;而少数派则说,根本的革命的力量应当是自由的资产阶级与工人阶级。列宁在外国,在理论上,武装了多数派的组织,列宁的思想是对的。

5. 一九〇五年十二月在俄国工人之武装大暴动及农民的扰乱,所以未把沙皇政权推翻的,是因为俄国的资产阶级和地主与沙皇政府联合起来了,又因为民主的欧洲各国的政府给了沙皇政府的帮助。但是资产阶级之转到沙皇方面,与贵族官僚联合的行为,完全证明列宁对于革命动力的沽价之不误。多数派主义与少数派主义之间有一道鸿沟,无调和的余地。一九〇六年之末,在俄国大澎[膨]涨[胀]反动的潮流,此潮流延长有六年之久【,】而强有力多数派的政党也就在此时期形成了。多数派与少数派在社会民主党中俨然划分两部,所谓取消派(不要了)也就在此时发生了。这个取消党的主义是小资产阶级的知识阶级之失望的表现,他们曾希望很容易地推翻沙皇政府而实现资产阶级的民主共和国。列宁为多数派的首袖[领],对于此种潮流,施以严厉的攻击。列宁深信无产阶级之有将来,以为临时的失败不过是一个喘气;俄国的无产阶级必将收集力量,再与沙皇政府奋斗。一九一二年,伦那金业工人失败,大遭残杀之后,全俄国工人复伸张起来;当时列宁在外国首先沽[估]量这次事变的意义,以为工人的革命运动又开始了。这种革命运动一定要将沙皇政府和资本主义推翻去。

6. 一九一四年,帝国主义的世界战争爆发了,全欧洲弥漫了反动的潮流,一些社会民主党差不多都迷惑于爱国主义的狭笼里,——德国的社会民主党帮助威廉第二引诱工人向前线残杀俄国工人,英国工人……而法国的,英国的,俄国的社会民主党亦复如是,惟有列宁首先高呼反对帝国主义的战争,并给了全世界劳动群众的口号,原则,指示劳动群众在世界战争中应如何行动。"改帝国主义战争为国内战争"这是列宁所给与工人的口号。这个就是说,各战争国家中的农人,工人应当把枪口掉转来,反对自己的压迫者,反对资本家和地主。当时除开俄国的多数派外,仅有一小部分人们附和列宁的这一种高呼。有一些社会主义者明白世界战争的罪恶,而不迷醉于爱国主义,但是他们总不能超出和平主义的范围——禁止赔款与割地。他们自称为国际主义者，而不明了资本主义列强间的和平是无保证的，现在虽然一时和平了，而第二次战争又要发生。惟有列宁的口号"国内战争"，推翻战争的源泉，是革命的无产阶级之口号。俄国一九一七年之革命帮助世界战争的完结，是因为"国内战争"的口号能实际地实现了，而德国的，奥国的无产阶级能够随俄国无产阶级之后，起来反对自己的压迫者。

7. 当世界大战时，列宁在自己的殖民地和民族问题的大纲一文中，已给了一切革命的马克斯主义者反对一切民族压迫的形式之理论上的根据。列宁从世界战争的经验，知道欧洲的弱小民族和东方殖民地都被牵到参加战争，战争的结果应当是这些弱小民族与帝国主义列强的冲突。列宁指明全世界无产阶级莫要为柯茨基等的错误所欺骗，——他们以为资本主义还有继续发展的必要。列宁痛驳这种谬误的理论；而反对一切所谓殖民地的存在。他说，世界战争之后，问不是如何延长资本主义，而是如何推翻资本主义，如何建设社会主义。社会主义没有地殖民的需要。十月革命之后，即刻实行民族独立的思想，在俄国旧沙皇领域之内，组织成了许多自治的，自由的共和国，（它们的平等不但在政治上，并且也在经济的发展上）再由此自由的共和国组成一联邦政府。它们越是独立地生活，越是发展，越是贵重自己的自由，则它们越是趋向亲密的联合，越是要巩固苏维埃共和国的同盟。

8. 在列宁指导之下，俄国工人到得政权建设苏维埃共和国之后，世界的帝国主义群起来向劳农政府攻击。一九一八，一九二〇年及一九二一年之一部分，俄国劳农为着保障苏维埃政权，曾做极严厉的奋斗。英，美，法，日，意帝国主义者派兵到俄国的领域内，帮助旧俄皇将军，地主攻打苏维埃政权，就打不倒苏维埃政权，也要尽力地多破坏俄国人民的经济。列宁引导俄国的劳农群众向帝国主义奋斗，教示劳动群众，什么地方应当退让，什么地方应当进攻。结果，帝国主义者的军队失败，世界的无产阶级帮助俄国的劳农群众，在苏俄的领域内无一帝国主义者的兵士。但是，因此，国家的经济也就破坏尽了。生产力差不多完全破坏，农民都贫穷下来。列宁明白，破产的农民在国内战争停止，地主的危险消灭之后，不能再往下牺牲了，应当找一个劳农同盟的出路，使劳农的同盟不再立在反对仇敌的战线上，而在恢复国家经济的战线上，——恢复农民的经济和城市的工业。在一九二一年列宁很坚决地向共产党和苏维埃政府提议，从军事共产主义转到新经济政策，准许国内贸易，取消食粮均配法，而代之以食粮课税法。这是对于农民的让步，但是这种让步是要巩固劳农的同盟，向社会主义的方面进行。

9. 照着列宁的思想，并且因为列宁的努力，在俄国革命一年半之后，组织成共产国际。共产国际由西欧社会民主党中革命的分子所构成，而重要的部分是俄国多数派。共产国际联合了世界上所有的革命分子，全世界无产阶级的先锋队。当世界战争初开始的时候，列宁已经明白第二国际分裂之不能避免，一部分适宜于资本主义发达的和平时代之社会民主党，现在到社会革命之时，已经是不中用了。但是社会民主党中之革命的一部分，在世界战争时，曾与列宁联合，并且赞同"国内战争"的口号，然而未决定公开地与第二国际分裂，盖第二国际对于劳动群众的影响实非浅鲜。但是列宁很坚决地主张组织第三国际,知道在社会革命之时,无产阶级需要一代表革命意志和革命理论的总机关。因此决意组织共产国际,一直到第五次共产国际大会,可以说列宁是共产国际的灵魂。在第四次大会中,列宁不能亲身指导各种问题,但是他说了共产国际的议决案在各国中的应用。第三次共产国际大会与第二次大会不同的特点,是在第三次大会中,有东方国家各支部的代表。这足以证明共产国际的确是世界无产阶级的总机关。这又足以证明在社会革命反对资本主义的时代,全人类都暴动起来了。列宁的名字是全人类反对世界资本统治的标帜[志]。在每一年中列宁的纪念日,无产阶级将在理论上和事实上越巩固起来,越促进帝国主义之早亡。死的列宁对于帝国主义之危险,并不比活的列宁小!

(《向导周报》第九十九期,1925年1月21日,署名 魏琴)

19.《列宁之生涯》(《晨报副刊》1925年第十五、十六期,1月21、22日)

至22日,《晨报副刊》第十五、十六期连载李宗武的《列宁之生涯》,全文如下:

列宁的名字,现在全世界狂叫着,有些人对他□惊,有些人从心底里信仰他尊敬他。这两种人,虽然好像没一定的指归,但俄罗斯底实现,把这两种批评证明着——究竟谁正?

愈是大人物,愈是难批评:顾了这一方,丢了那一方;管了这一面,忘了那一面,这里为免掉这弊病起见,单把表现在他性格上的事罗写出来——

列宁(Nikolai Lenin)的原名是乌拉地弥尔写里乌里诺夫(Vladimir Ilyich Ulyannov),于一八七〇年四月十日,生于西姆比斯克(Simbirsk)省。无论从名字上说,无论从生地上说,他是一个纯粹的俄罗斯人。他于今年一月二十一日死了,今年是五十三岁,也可算比较的高□了,劳农政府文化司卢奈香尔斯克氏在他的回忆中这样说:"我写这文时,列宁的确五十岁了;然而他完全是一个青年者,是一个有完全生活的强健的青年。"这些事只叫从他日常生活中看来,便可晓得的。列宁终是每朝很早的起床,不是做体操,便去猎野鸭,而且他很喜欢儿童与雄猫;要是他和他们或他们玩了,在一二小时内,竟会忘却一切,一心专意的玩着呢。这虽是很早的□;他和莫斯科乡间儿童们去谈天,后来被他们围住了,他快活万分,那时,平常所有的深皱纹全没有了;这时候,他只娓娓的笑着。又他在克莱姆和一位很庄严的贵客谈话,一方有趣似的不绝的旋转他自己活动椅。一方依旧笑嘻嘻的谈话。从这些地方看来,列宁之为人,何等无定见的快活,又何等容易笑!虽卢奈□尔斯克氏说:"这笑的表现,正是他能不绝的劳动奋斗的根源。"当然不单是一个笑就为成功,不过这笑占着重要地位,也可推而知了,他的笑实在不平常的笑,是含有悲愤的怪笑吧。而且这谁也模仿不像的笑中,含着他的一切,这是不可忘的。

(二)列宁的家庭及中学生时代

列宁的父亲，曾经务农，也做过小学教师。总而言之，列宁是生活于贫困的家庭里，这是事实。父死后，他母只靠一份养老年金过生活，他在如许不如意的家庭空气中，不能过享乐生活，自然不消说得了。他的革命的动机，是从那里起的呢，当然是为了他兄的横死。他兄是为图谋暗杀亚历山大三世的缘故，因而上□如的。当时他的别的一位阿哥，叫特来脱里被波特里斯克的□□监视者；一姊是革命党员；另一姊已嫁与一位有名的政治家□总之：他的全家族□从国家方面看来，都是不正当的国民，是叛逆者。

列宁学生时代的记录，已不多有了，只有他故乡中学校同学亚波伦·哥林夫斯克诗豪，还能记着些当时的列宁的事。诗豪说："当时的列宁，虽是很真诚，却有些阴郁。他常常独自一人静守着，和朋友们出游散步嬉戏的事，一概没有，几乎和朋友没有关系；但却十分用功，为一切同学所不及。"如许孤独的列宁，再发着兄之悴死，自然益觉寂寞了。好容易，他十七岁了，他的前后八年中学生活，已经完了。不久便进了喀站(Kiain)大学。

(三)列宁的大学生活及西伯利亚流刑

列宁进了喀站大学后，好像越发沉默了。作家而且是批评家的纳惠□斯基氏当时见过列宁后，便这样说："乌里诺夫(列宁)已经很坚实的成了一个直线的人了。所以个人的亲睦与交欢，不能诱起他的兴味！学生们的爽快明□的谈话娱乐，也不足动其心。"无论什么会，他老是不到，同学们在那儿开讨论会，他也不愉快，也不懊恼，只是很宽心的说："你们增高自由的数量好了。"

总之，列宁的少年时代与青年时代的一半，可说没愉快与娱乐。他那小而冷静而清楚的头脑中，决不会藏着青春之美和喜呢。虽如许被压，如许忍耐，然他是一热情的俄罗斯人，终有一天，须打破沉默的呵！

讲到列宁进大学时，倒有一段插话：他好像听到因为自己身分低，不能进大学，而且他兄是因国事犯而处死刑的，进大学，确不易易，正在担忧，但这次却受到意外恩典，母校的中学校长，因他在学时的成绩优良□替他保送了。这中学校长就是那三月革命里很有声誉的，而又做过临时政府总理的□伦斯基(Alerander Kerensky)的父亲。运命是常常更变的□其后□伦斯基说列宁为乱国之徒，却成为一革命之敌。被列宁追遂了。

列宁得到意外的帮助入大学了□然而仅仅只有一个月，因为加入政治运动，被斥退了。——这是一八八七年的事。这虽然算不得什么大事体，但是他那少年时代及青年时代底沉默，却从此打破了。

四年后(一八九一年)被许□入学，他便打定了主意，做革命事业，努力用功，此后便得着法学士的学位，上彼得堡去了。当时的他，别人和他自己，都已认为一个革命家了。换句话说，那是长时间沉默中所锻炼了的"安那其主义"(Anarchism)蹶出来的时候了。他后来在彼得堡组织劳动阶级解放作战联盟，指导初萌芽的劳动运动。却因为热烈的宣传的缘故，为政府所拘捕，在西伯利亚作了三年苦工。但当时亚历山大三世任意压迫国民，贵族与资本家，也都十分横暴，同时在□□巴所流行的马克斯主义，渐渐□□俄罗斯来了。国家在这种时候——革命家的好机会——列宁那能安安静静的潜伏于西伯利亚之野！因之，他远远的和劳动者与农民相影响。商榷此等组织同志委员会的事体，托朋友将所写的将来的作划送到本国去了。

徒刑囚之牢狱生活，当然不满足；然而那不自由呀，饿呀，□呀，到底遮不住那燃着似的热烈的安那其主义。从此，他对这安那其，益加沉思情研了。

(四)《火花》运动及其他

从流行归来的列宁，官府不许他住在大都会，他就离开俄罗斯，和亡命西欧的同志们马尔多，波来比等劳动解放团员发行《火花》杂志。这杂志的使命，是专谋在俄籍社会民主党的思想的统一，并指挥劳动阶级。实际，这薄薄的纸片，是激动劳动者反抗的东西，后来社会民主党的中心，移到海外去了，但开会后的结果，依旧不绝的报告本国的党员的，这些一切麻烦事，自然不是别人做，只是列宁了。

于一九○五年之革命，他回到俄罗斯了。然而这次革命，因为劳动者间不曾统一，所以失败了。故他在彼得堡只住了一夜，便不得不从芬兰逃往海外了。虽然他的漂泊生活，继续开始，而解放劳动的事业，是决不会中止的。他常在各杂志新闻上□论这些题目，又常发行小册子。那些文章，大部分是不署名的，多是用"Ilyiah"及"Ilin"这些变名。当时实竟的注写，越发着急了，凡有名的革命党员之名所做的出版物，终要受严格的检查与拘禁的。后来《火花》落于少数党之手，他就与同志发行前进(Vperiod)。此后与同志秘密发行无产阶级及社会民主党。还有一共产主义机关报普拉达(Prand)里，从他自漂泊之旅归到克拉哥夫以后——正是俄罗斯要复活起来的时候——几乎期间有他的文章了。这新闻，现在还在俄国发行着，名声很大，不亚于火花。发行份数，恐在数十万成百万以上。第二次复活时，那编辑室便移到废帝宠妓克雪沁斯耶的宅邸里去。更进言之，在这大理石所做的浴室里编辑出来的新闻，只是狂叫"杀□第三阶级！""埋葬资本家！"那些宫殿，现在可作纪念物看；寺院修道院。当作农民教化所；所有的金银珠宝，当作共产主义的宣传费了。

(五)革命的失败与成功

当欧战之初，俄国国民与少数社会者，都以为保守祖国□必要的。但"布尔什维克主义"者都说祖国所必要的不是胜利，是败北。为什么呢？祖国因此可道于解放之城，可从帝政的束缚脱出了。列宁且这样说："这战争，只有资本家与地主要求着；劳动者与农民，只是负重荷吧！"总之是说无产阶级，只叫保守社会主义的俄罗斯便好了。他提倡普通的爱国主义，受过大□的□□，发过战死者的呻吟，并狂叫向着劳动者所期的目的而猛进。故第三阶级不遗余力的攻击他，并□请他是发狂。这时候，三月大革命勃发了。从长时间亡命归来的他，便说："战争是免不掉的。"几乎有"如有抗□者即诉之武力"之概。这□男气的表现，便是彼得堡的七月市街战。然而这市街战，是不利于"布尔雪维客"，因为托洛次克，喀来纳夫，卢奈香尔斯克，都入狱了，只有列宁逃了。有的说他逃赴芬兰了，有的说他逃往德国。然而实在是隐于彼得堡附近的别□地赛斯洛来克的劳动者的家里。其后宫宪远捕益剧，他就乘小舟逃往芬兰□而□□于森林中。晚间只是偷看着月光，裹着冬外套而睡。森林生活。究竟不安，所以假装了机关手的助手逃出俄境了。当时救他的人，这样说："九月里列宁一定要做首相呢！"他坦然不动声色的回答，"这不是太无根据么！"此后便去支持援助反对战争的无产阶级。到十月，革命胜利了，他承认布来斯特·里托斯克条约了。

这条约，实际，他并不愿意承认；因为经过三年战争的疲劳的农民，实在有休息的必要了。结果，俄国受联合国的封锁，劳动者陷于无衣无食之惨状了。然而这□忍不报的英雄精神，终究变成了现在的劳农之基础。

(六)列宁的工作与信仰

列宁是一世界平民统治者，他一点也不会摆架子。而且并不注意于一切的趣味及娱乐。作家克普林说他没"美"与"艺术"的，这话实在不对。他以筋肉之力而劳动，这便是人间的美，描写征服自然的有力生活，难道不是艺术么？

他甘于粗衣粗食，更放肆的说，就是□□□而专于劳动的人。无奈□尔斯基说："列宁做事，特别敏捷，且不做一点闲事。只是时时十分用力的奔放的写他的文章。可说是一个'不会疲劳的人'。自然他并不是不休息的，休息时，即恢复他新鲜的心境，重上新的战斗之路。"

不知疲乏而劳动的列宁，只是向着自己的信仰猛进。他虽含有俄罗斯人的冷性。然俄人所独有的坚忍心都含着的。不管别人怎样说，决不枉曲自己之所信。喀尔拉台克说："列宁的意见，错误的很少，万一发见其错了，决不依错就错的□糊过去。因为一切的事，都是赤裸裸的。所以劳动者是从心底里信服他！"

他对于自己的目的，十分的勇敢。他不□□流汉，他所有的是组织，规律，竣严——列宁某时见一政治犯是为劳动者□□杀，他便这样叫着："朋友们，毋灰心！这算不得一回大事，只叫有组织的守着！"

(《晨报副刊》1925年第十五、十六期，1925年1月21、22日，署名 李宗武)

31日（星期六）

20. 列宁李卜克内西纪念周特刊(《中国青年》第六十三、六十四合期，1月31日)

《中国青年》第六十三、六十四合期出版"列宁李卜克内西纪念周特刊"，发表《列宁主义的要义》、《列宁论》、《李卜克内西》等文章。

21.《列宁主义的要义》(《中国青年》第六十三、六十四合期，1月31日)

《中国青年》第六十三、六十四合期发表任弼时的《列宁主义的要义》，全文如下：

列宁主义是什么？

有人说列宁主义就是马克司[思]主义应用于俄国特殊环境所构成的一种理论。又有人说，列宁主义是十九世纪四十年代马克思主义革命派的诞生。

这两种定义，都有欠缺的地方。照第一种说法，就会使人容易误认列宁主义为民族性的，而不能应用于国际。在实际上，我们大家都要承认列宁主义是可以应用于国际，决非俄国的专有品。照第二种说法，则又将列宁主义看做一种不切合实际的理论，因为列宁主义是应用马克思主义于二十世纪劳资阶级冲突最甚的环境和条件上陶养成功的，决不能与十九世纪四十年代马克思主义革命派平列。因为那时的环境与二十世纪初大有不同之点。

这两种定义既都不能包括列宁主义的全部，然则列宁主义的定义如何方能完全？第一我们应明白列宁主义是二十世纪资本主义发展到最高的帝国主义时代的产物；第二我们应明白列宁主义是无产阶级革命——俄国十月革命——的过程中所陶养而成的实际理论。根据这两种原则，俄国施大灵规定列宁主义的定义：列宁主义是帝国主义极盛时期和无产阶级革命时代的马克思主义。更明确的说：列宁主义是无产阶级革命的理论与策略。尤其是无产阶级专政的理论与策略。由□我们可以知道列宁主义不只是发挥了马克思主义，而且前进了一步，将马克思主义在资本主义及阶级斗争的新条件上更加扩大。

列宁主义的全部绝对不是一篇文字可能包括的，也非一书所能尽述。兹仅将其大要提述如下：

一、无产阶级专政

改良派的社会主义者——第二国际——自称马克思主义的正统派，根据唯物论以证明达到社会主义，可以不必经无产阶级革命，否认无产阶级专政之必要。这种改良派的社会主义者往往变成了资产阶级工具——无产阶级敌人——助资本主义制度之苟延残喘，借以优裕自己的生活。列宁对于这种理论经过长期的驳辩，结果只认他们是卖阶级的投机主义者。

列宁不仅承认革命是必要的，并且认为无产阶级专政是无产阶级革命真正成功的工具，是资本主义过渡到社会主义的历程中必然的历史产物，是消灭资产阶级反动势力建立社会主义基础的武器。在革命初期后的资产阶级，还有莫大的势力。列宁说：倘若只有一国的资产阶级被推翻，第一，他们还可以依赖国际资产阶级的力量图谋反动；第二，旧有压迫阶级在革命之后还保有许多历史上的遗产，如金钱与技术和人材之类（智识份子），有乘机反动的危险；第三，在无产阶级革命后，不能立时废除一切小生产企业，不能于短期以内消灭资产阶级的心理，必需经过长期的教育和组织的工作。因此列宁又说：无产阶级专政，是新阶级对付旧统治阶级的武器，是利用政权用流血的，和平的，经济的，教育的长期斗争，以消除□社会一切习俗及障碍物的工具。须在无产阶级专政之下去教化整千累万的农民，小生产者□□事者，和资产阶级的智识份子，使他们都能驯服于无产阶级的统治。总之，列宁主义认为无产阶级专政是达到社会主义实现的唯一武器，这就是列宁主义根本要义的第一点。

农民问题

列宁认定无产阶级革命成功与失败，纯视大多数农民之与无产阶级合作与否为定。第二国际对于农民问题素不注意，甚至帮助政府抑制农民暴动，这种表现是证明第二国际的精神并不在于为无产阶级求革命，因之放弃了大部份[分]贫农的革命实力。列宁批评他们是没有革命的诚心，是马克思主义的变节者。

农民在资本主义制度下的生活，亦不减于无产阶级之苦痛，他们一方面受政府之征敛，他方面直接受地主之压迫，他们反抗的心理从此中自然陶养出来而趋向于革命。但农民因生产上的关系，不能有阶级觉悟，不能形成整个的团结力量，而易被资产阶级所抑制或利用成为反革命的力量。列宁在他一身革命工作过程中，处处证明农民的革命力量，承认贫苦农民群众是无产阶级革命的友军，他以为无论在革命过程中及革命以后，无产阶级——革命的指导者——应极力与大多数的贫农结合。对于中农须制止其成为反动的势力，而受资产阶级所利用；平时无产阶级应与贫苦农民结成亲密的关系，援助农民反抗地主，以引导之参加阶级斗争，巩固阶级斗争的实力，进而实行无产阶级革命。这就是列宁主义要义之二。

民族问题

第二国际所注意的民族问题，与列宁主义的民族问题有极大的分别，第二国际的民族问题是限于种族的，素忽视亚洲非洲的被压迫民族和殖民地，他对于民族问题解决方法，亦仅限于文化上的独立，政治上主张应仍属统治国之辖制。有时他们视被压迫民族问题为一纯粹的法律问题，仅仅高呼"民族平权"宣言"民族平等"而已。这可以看出第二国际并没有求民族解放的诚意，而只有维持帝国主义政策之心理。

列宁主义扩张了民族自决的观念，以民族自决权为被压迫国家与殖民地的民族之完全分立权，换言之，为各民族有权设立自己的国家，保有政治与文化上的完全的独立。列宁尤其注意于东方及各被压迫民族或殖民地的民族解放运动，认为被压迫民族解放运动是抑制帝国主义，增长无产阶级战斗力，达到世界革命的策略，而西欧革命之胜利，一定要藉助殖民地之革命的解放运动，及被压迫民族对于帝国主义奋斗之帮助。因是列宁主义认为民族问题是无产阶级革命总问题之一部份，是无产阶级独裁制之一部分。无产阶级。尤其是得有政权的无产阶级，对于民族解放运动，应有实际的积极的帮助。这是列宁主义要义之三。

革命的策略

策略是指导阶级斗争的科学。第二国际的唯一策略就是议会政策。对于无产阶级怎样取得政权的策略，他们觉得是没有需要，所以第二国际的策略是极简单，守旧而无更变的。列宁主义的策略是完全按着革命过程的环境而去适合变更的。列宁曾说：我们的目的是无产阶级革命，我们欲达到革命的目的，需善于□机利用各种达到革命目的的策略，遇必要时无产阶级的策略有退让或进攻的必要，绝对不可采用不合实际革命环境的形式策略，徒使革命受莫大之打击。俄国十月革命□成功，纯是列宁指导的共产党所采用策略之合法。此列宁主义要点之四。

以上是列宁主义主要的几点。总之，列宁主义是在帝国主义极盛时代的产物，是无产阶级革命过程中所陶养成功的，是与一切反革命派，改良派和一般冒称马克思主义者经过长期驳辩实际奋斗而得到的效果——俄国十月革命——的真理，是指导无产阶级革命的武器。

(《中国青年》第六十三、六十四合期，1925年1月31日，署名 弼时)

22.《列宁论》(《中国青年》第六十三、六十四合期，1月31日)

《中国青年》第六十三、六十四合期刊登蒲来思 P□lp Pro 著，仁静译的《列宁论》①，如下：

在俄国革命的奇境中，有一峰高耸于万山之上，这就是列宁的人格。欧美资本阶级的言论家也承认这件事。他们怎样解释列宁呢？他们说他是一个能手，有综合的天才与残忍的心性，他实现了俄国的大改革。英国的顽固党——如伦敦太[泰]晤士报——他们尽力破坏承认俄国的运动时，数月来的讨论，总说苏维埃政府的命运系于列宁一身，现在他已逝世，苏维埃制度或将如纸牌坊一样要倒塌了。即在较温和的言论家，他们的怨气无可发泄时，也断定俄国革命大半是某某个人的工作。

我想世界上的人可依其对此等问题之态度而分为二派。一派是寻求大的社会与政治变动的原因，以为属于一些个人，一派则认为人事间的活动是受物质与能力法则支配的结果。前一派的哲学认变动的原因属于某人，此人之行动，并不受因果律之支配。自由的个人主义之提倡者如康德，便极其崇拜个人。他主张自然现象只是个人所造成的东西。在他看来，自然界的因素，若离开了人的解释(即所谓物如)便不能存在。这种思想，在今日的一般经济与社会问题中仍甚流行。资产阶级的学术更充满了此种思想。和平主义者和社会主义者也受他的影响。有的人说，欧洲的大战是德国的凯撒造成的，有的说是俄皇"沙和法国的普荫开雷造成的"。他们又说由《凡尔赛和约》所产生的和平与混乱，是法国的克莱孟梭的罪过。依同样的理论之推测，所以他们说列宁造成俄国的革命。

后一派的思想与观察，可以黑格尔的话来表示："一切都存在，而一切都不存在，因其永远是在创造和崩坏□过程中"。赫特 Hart 也说"在心理学中，如在物理学中一样，'偶然'不占什么位置。任何思想在心中闪过的，虽它似是偶然的而且不适当的，然它是在它以前发生的许多心理历程中所结果的唯一思想"。而此等心理历程是为人类依以生活的物质条件所决定，此等物质条件且永远朝着一必然的方向变动。此种理论或有人疑其太机械了，或者有人要说，经济进步既朝着一必然的方向，那便人的一切奋斗可以不必，人的一切努力变为无用了。他们并不知道此种人生观所谓的物质条件不仅包含生产的工具，而同时亦包含着如何用此等工具的知识，和用工具后

---

① 译者按：此文从唯物史观的见地解释列宁之伟大，在英国论列宁的文章中，是很有独到见解的，故译给读者。蒲来思是英国新闻记者，他在俄国革命时为驻俄特派员。

由经验所得的一切思想。

我们若知道了此二种人生观，那么人的品性也容易解释。信康德之人生观的，他在某种科学中，可得着最高的造诣，但是他的头脑是分成紧凑若干部门，旁的知识是插不进的；所以他对于某一种科学虽有极深之造诣，而在另一部分人生中，他或者是一狂热的天主教徒，或是一热心的爱国者，或是一信仰今日制度为稳固不可推翻者。这种人在大战时受公众们的注目而得盛名。他们是很漂亮的，在知识之官的一部分中，走尽了许多羊肠曲径，但他们当这知识之官的屋顶倒蹋时，便莫知所措，变为微小的，摇旗呐喊的呓语者了。在另一方面，有一种人，他有强健的神经与体力，能领导着他的同辈前进，但他的思想与行动是与环境相适应的。此种人方可称为伟大的人。此种人在公众间出现，是在社会进步的潮流汹涌奔腾，进行得很快的时候。此种人乃有理性的人，如平民心理学教科书中所说"当构成意见时，他大胆的不顾一切，将关于此意见的思想，一齐都思索周到；他的联想是很强的，很多的，而且型成一系统的组织，以援助那些与实际相调和的倾向……以禁止那些诉之于快乐能相合的倾向，换言之，即禁止为满足本能的快乐，他的行动在实际世界中发生任何结果，他是不顾及的"。平民心理学中的这段话所说的人，可以列宁为代表。

在自然界，我们观察，当冰川冰块退后之时，他们遗留下许多碎物和不断的湖溪。在此碎物中寒带的植物出现，在此湖溪中，也有鱼生长。他们是怎样发生的，是一神秘的问题，但是环境(由冰的行动产生出来的)预备好了，植物和动物的生命就相应而生。人事间的现象也是如此，因为人事间的现象不过是自然界的一部分。当阶级的关系□由一阶级之衰亡，与他一阶级之兴起而起扰乱，失去阶级间的平衡之时，即有个人出现，向他们的同胞描写当时的现状，指示奋斗的方法与道德，以求达到新的阶级平衡。所以我们看最初发生的是过渡的行为，是由社会内部进行中自然激起的。其次乃有领袖与导师的言论，以使向前的进步较为容易。所以《约翰福音》第一章的第一句话"太初有道"，是不对的，哥特在他的名剧《浮斯特》中，给浮斯特说的一句话，"最初是行为"(In the beginning was the deel)才算合于真理了。

凡承认经济决定论的人，必定要攻破自由主义派及玄学派所理解的对人类历史的概念。譬如，他们决不将基督教传播之原因，归功于基督所宣的教义，而当归之于当时罗马帝国内社会势力的相互冲突，即将衰亡的统治阶级与罗马殖民地被剥削民众之冲突。此种冲突之经济基础造成一适宜于接受基督教义之精神条件。他们决不将英国维新归功于亨利第八的幻想，而当归之于当时客观情形使英国牧场的羊毛有由伦敦运载航行达到弗兰得之可能。他们在拿破仑战争中看出的不是拿破仑的好大喜功，而是中欧封建阶级的残余势力与法国新兴资产阶级之冲突。他们也不会狂热的崇拜玛志尼与加里波的的个人，他们只认识意国的独立战争是西欧工商资本与东罗马帝国正衰亡的封建主义的争斗。他们会看出美国南北战争的原因不是北方人恨恶奴隶制度(以林肯为代表)，而是北方人想破坏南方地主之垄断劳动市场，想使奴隶得到"自由"后，才能到发展至今的钢铁公司的血汗窟中去作工。最后，他们所见的列宁，并不是唯一建设苏维埃民主国的人，而是将俄国劳农在一九一七年不自觉的做的工作，明白告诉他们,并且告诉他们以后的步骤——这些步骤是阶级斗争时所必经的。

我第一次注目列宁之时,一九一七年五月,在彼得格勒的民众厅,第一次全俄农民代表会议之时。俄京之粮食暴动促成哥萨克骑兵与工人联合,向政府示威,暴露农民的贵族垄断着政府,从事欧洲大战的罪恶,(译者按此即指三月革命)当时距革命时已有八星期了。在开始,是推倒俄皇(沙)的行动,完全是破坏的消极的,除非紧接着第二次行动。所以在此行动以后,应当有一明了的言论。农民代表从全俄各地来会,决定他们对临时政府及彼得格勒苏维埃之态度。他们是为社会革命党所召集,十分之九的农民代表认它是他们的政党。我听见社会革命党的领袖宣读一农民的政纲——没收地主财产,"土地给人民",给农民以"自由",及其他空洞的名词;这些从远地乡村来的年高有须的,少年幼稚的代表倾囗而听,掌声不绝。他们想着这就是完成他们八週前所开始的工作的第二步了。会议之第三日,我迟到一点,即见一短小,胖重,而且秃头的人在台上演说,人说他是列宁。关于他的事我以前一点也不知道,除了一个立宪民主党及一外人告我,他是一个应当逮捕的德国侦探之消息之外。我当时的思想还是反军国主义的和平主义和费边社的集体主义的混合物,还浮着一点曼彻斯特自由贸易派的传统思想。我倾听列宁的演说,他的演说中有使我牢记不忘的一段,即是他强硬的攻击说农民是一个阶级,或农民无城市人民之帮助能解决农民问题等观念。他说农民中就没有阶级,他们间的利益不相互冲突吗?城市中没有阶级可与乡村的联合吗?列宁演说完后,喝采[彩]的人很少,继有一社会革命党登台将列宁的演说驳斥了一顿。我离开会场时,弄糊涂了。俄国农民可自成一阶级吗?城市与乡村可以联合吗?我是很奇怪的。农民的大会决定拥护社会革命党的政见,即农民自己可以解决农民问题。社会革命党的理论被采用以解释一九一七年二月二十七日的行动了。列宁虽然说出他的言论,但它结果实之期还未成熟。彼得格勒的烂污文人在大会后,有的骂他是梦想家,煽动者,疯子,有的竟骂他为德国凯撒的侦探。

四个月以后,我住在撒马拉省很远的一村,星期日下午我与一群农民围绕一谷仓蹲踞而坐,留心看乡村苏维埃开会。此会之召集乃为讨论如何分配地主的田地,因为此地主已逃往克里米亚。在此村中,农民革命的第一幕也算成功,农民的权力也是最高的。现在怎样作呢?会议临终之时,苏维埃还不能得一一致的决议。有的人要依每家所有的马的数目分配田地,有的主张依一家的人数分配。这乡村将分裂成一派战时投机的胜利者和一派不幸的被遗弃的农民了。于是我记忆起列宁在农民大会的演说,细味他的言论。由他的言论可以产生一新的行为吗?

又过六个月以后,我乘一火车旅行,车中满载由城市归来的工人及负贩,往乡村中觅食。在我们所经过的农村车站,有些地方有贫农委员会组织起来,管理在村中征发粮食,执行有利于贫农的土地分配和管理农村及城市的贸易等事。城市中的工人已经有过行动(即十月革命)了,他们渐转入乡村,想与贫民谋联合。农民革命的第二幕于是开始。社会革命党的梦想,逐渐萎谢了,阶级斗争的空气弥漫乡村。那时群众的行动,正与列宁所说的他们应如何行动的话相合。"最初是行为。"谁去说出言论解释而且准备第二步呢?

以后我又参加一苏维埃与莫斯科总工会的会议。列宁，当时人民委员会的委员长，是主要的演说者。他的提议是以"苏维埃政府第二步工作"为题。我们倾听，如中魔一般，不是听他的辞令，因他没有辞令，是倾听他用日常简单的俄语，极清楚的分析他所认为人民应走的第二步骤。我看见农民的眼睛放光，欢悦的笑容涌现于工人的面上，因为列宁所说的正是他们数週来不自觉的思想过的。他说农村与城市的联合是革命的唯一坚实的基础。只有那些最重要的工业，城市工人能管理与工作的，必须收归国有，俾以廉价的商品供给农民，而城市亦可交换的取得粮食。若在生产行程之中，城市的工人必须以几部分不重要工业暂时让与私人经理，必须雇用在资本主义思想底下教育出来的专门人才帮助，教授工人们如何做生意与做簿记，当他们有此等需要时，他们要不害怕的说出，而且要立刻实行。

　　但是俄国共产党内部对列宁的提议有许多异议。有的说它太机会主义，所以它们开始预言，若是资本主义下的专门人材调回帮助整顿无产阶级所管理的需要工业之时，那么，反革命会早日胜利了。列强干涉俄国的战争，更将此问题弄得复杂。外国的银行资本攻击俄国，使苏俄采用的"军事共产主义"暂时稳定下来，很勉强的将国有工业的范围扩大，连普通分配生产品给小手工业和农民的事也包括进去了。但战争过去时，军事的需要也随着过去。农村在军事共产以后，危险的心理的变化快要到来，他们还梦想在平和时代维持军事共产主义。要使这些同志相信，若他们如此坚持，必逼迫破着革命灭亡，这种话非要一伟大人物告诉他们不可。而事实上看来，新经济政策的创造并不是由于列宁；实是由于克朗斯达的变乱，和群众的他种行动。经此等事实的证明，列宁才能向他的同伴解释策略上退后之必要了。新经济政策只是"苏维埃政府第二步工作"一提议之实现，此提议我在三年以前在莫斯科即听他解释过。列宁极正确的解释了农村中的心理。他看出城市工人必须以没收最【重】要工业为国有为满足，必须任私人工厂和农村合作社获得商品贸易的自由。但是若要大家明白这个，克朗斯达的变乱是必要的。这又是一次，在俄国革命的新时代，"最初是行为"了。列宁之言论只是正确的解释了那行为之意义而已。

　　我不愿描写我个人在革命时期中与列宁的会晤谈话，因为他的演说与著作比这有趣味得多。这些演说与著作指出列宁的伟大不仅在个人的吸引力与生活之简单，而在他的先知事情变化，与在混乱的环境中，明显的观察出须取的步骤的这些能力。他的一生的公共生活，是马克斯主义政治的，历史的决定论这些理论真实的活的模范。他注意群众的行动，注意那些自然的而又从下面发出的一些行动，（即在资本主义凋亡时潜伏阶级斗争的象征）。当它们出现之时，他解释它们，指出人的心中应得到何种思想，然后这些行动在实际才发生效果。他在社会中不断的鼓动，直至这些思想为群众所吸收，群众心理准备着第二次行动，然后群众（不是列宁）必然的创造此行动。他是全世界的一切工人运动的教师哲学家和朋友，但他没有，也不能创造出工人运动。

　　"人生一分钟一分钟的向其终点而趋，正如波浪一层一层的推打石岸一样。"莫斯科皇城前的坟墓表示一层波浪，比任何层还要大些的波浪——已消费完它的力量，但其余的波浪是跟着来的。而在列宁以后追随着他的人，定能由他所集聚的广大的天然的知识获益,而且要继续坚固俄国的以及世界的城市与乡村的工人的联合了。他们的力量之秘密,正如列宁的力量一样,是照着下面英国诗人斯文伯尔尼 Swimburne 的话奋斗:——

"做有力量的人,
依着强健的精神而正直生长,
并且度过一生如光明一样!"

(《中国青年》第六十三、六十四合期,1925 年 1 月 31 日)

2月
7日(星期五)

23.《"二七"纪念与列宁主义》(《二七二周年纪念册》,2月7日)

《二七二周年纪念册》刊登"士炎"(赵世炎)的《"二七"纪念与列宁主义》一文,全文如下:

中国工人阶级纪念"二七"的时候,必须记起列宁。列宁是全世界工人阶级唯一不朽的领袖,他领导欧洲的工人反对资产阶级帝国主义的大战,又领导俄国工人举行十月革命,建立无产阶级专政的苏维埃共和国,筹备世界革命。全世界工人阶级自从有了列宁,才握紧了胜利的局面。中国工人于二七京汉罢工之役,遭压迫而失败,但若记起列宁,便增加我们的勇气,可以预判我们将来的胜利。

列宁虽已于去年一月二十一日逝世,但全世界工人都说:列宁仍永远活于人世。这话怎样讲呢?这就因为,列宁虽没而列宁主义永远生存。列宁主义确实生存在每一个工人、农人及被压迫民族的脑中,革命的工人农人与被压迫民族,都将承继列宁的意志,进行阶级争斗,图谋世界革命之实现。列宁主义之基本是甚么呢?这就是工人,农人与被压迫民族怎样举行革命的一些战斗策略,并且是实验过的,可以得到必然胜利的战斗策略。因此,列宁虽没而列宁主义之存在可以指导劳动阶级及被压迫民族,与列宁生时一样。我们纪念列宁,便是记忆列宁主义,表示愿意遵守列宁主义之教训。我们在二七纪念时记忆列宁主义,便是在悲痛之中转而兴奋,得到前途光明与胜利的慰藉。

列宁主义特别指示了我们工人以什么?这是需要特别说明的。为说明这个,我们最好引用列宁自己说的话,这些话是列宁运用无产阶级科学之理论与俄国革命的经验战略综合而成,是全世界工人阶级对于列宁主义应有之基础观念。列宁曾将这些理论一点一滴的,一面实验,一面教训全世界的工人阶级。这些理论综合起来就是列宁主义。半殖民地的中国劳动阶级,应该自认为列宁门徒,好好学习列宁主义以便自己应用。把列宁主义应用到中国来,是中国劳动阶级惟一的责任,而且在中国只有劳动阶级才能担负这个责任。

列宁第一件对于工人的教训就是"政权"问题，列宁告诉我们以"政权"之要义是：

一切革命的最重要问题就是政权问题。革命不取得政权就等于失败。到现在，资产阶级德谟克拉西的议会主义时代已经告终了，但新的世界历史已经肇端：无产阶级专政的时代开始。无产阶级专政的问题是全世界资本主义国家中劳动运动共有的问题。工人阶级不懂得这个问题，无异于不知道自己的历史使命。无产阶级必须专政，才能治服资产阶级；没有专政，就没有胜利。在政权问题里，不是资产阶级专政，就是无产阶级专政，此外没有第三种形式。专政的最重要形式是什么？就是苏维埃。什么叫做苏维埃呢？这就是工人农人与兵士的代表机关。这个机关打碎资产阶级德谟克拉西的统治，收回土地给农民；收回工厂、作坊、矿山与交通机关给工人，把权力紧握在劳动阶级与被压迫群众之手，一切政权归苏维埃。

列宁第二件对于工人的教训就是"国家"问题，列宁告诉我们以"国家"之性质与其作用是：

国家只不过是一副机器，资产阶级利用这副机器来压迫无产阶级，无产阶级当然也可以暂时利用这副机器去治服反革命。但是无产阶级只是暂时需要他。从资本主义的社会到共产主义的社会，当然需要一个"政治的过渡时期"，这个时期的国家，就是无产阶级专政的国家。但无产阶级是并没有祖国的，因此也并不能狭义的爱国，只有阶级的界限，而并没有国界。国家是必须消灭的，但要到真能"各尽所能，各取所需"的时候，也就是人人都能劳动的时候。阶级不消灭，国家是不会消灭的。担任消灭国家责任的是无产阶级，因为无产阶级是最后的阶级。

列宁第三件对于工人的教训就是"党"，列宁告诉我们以"党"与工人的关系及"党"的使命：

党——无产阶级的政党，即共产党——是无产阶级的先锋队，指导革命的总参谋部。党是觉悟的工人分子组织而成，他团结工人中一部分的分子，但同时领导的是全工人阶级，并且教育一切的群众：贫穷的农人、被压迫的民族，一齐聚集在革命旗帜之下，图谋被压迫阶级的发展。没有任何一种革命是可以成功的，倘若没有坚强的党的组织。工人阶级没有共产党，就如船没有舵一样；共产党是工人自己的，无产阶级专政，事实上也须要无产阶级的党——共产党——来行使职权。什么叫做共产党呢？这就是共产主义的政党。什么又是共产主义呢？这就是，一切公有：土地、工厂、作坊、矿山、交通机关都归公有。工人阶级绝不怕党，而且组织党便会十分坚强。工人与农民合组的政党——共产党——将是世界上最后的政党。

列宁第四件对于工人的教训就是"工会"，列宁告诉我们以"工会"的作用与其责任：

在资本主义社会制度下的工人，必需要组织工会一致团结起来。无产阶级要团结成一个阶级，才有力量，有了力量就有行动。工人在当初不知道自己的力量，不明白自己的地位，误认了工厂的厂主真是自己的主人，错看了资本家是劳动贫民的救星。直到后来，这些主人与救星压迫太厉害了，才逼起工人的觉悟，开始了团结、发现自己的力量。工会是资本主义社会制度产生出来的工人阶级的一件工具。工人的阶级觉悟愈发展，工会的作用愈强大。在阶级争斗过程中，工会是工人的营寨；他的责任是保护工人利益的集合，离开工人的利益，没有其他的利益。所有的工人运动，绝没有离开政治的运动。工人阶级每一个经济的争斗，同时就是政治的。

除上面所说的以外，列宁给与工人的教训还多。列宁的著作即十分渊博丰富，他的言论记载尤种类繁多，我们要一一叙述起来是不易的，更非简单说明所能办到。我们做列宁门徒的责任，一面是力求学习领会，另一方面最要紧的还是遵守实行。中国工人阶级越是被压迫得痛苦，列宁主义运用之范围越更切实。

"二七"就是我们受压迫痛苦最烈的一次。我们纪念"二七"，因以纪念列宁；我们愿意以学习列宁主义纪念列宁。因为我们深相信：

中国工人阶级要得解放与自由，只有实行列宁主义，与继续"二七"的奋斗！

(《二七二周年纪念册》，1925年2月7日，署名 士炎)

8日（星期六）

24.《二七运动与列宁主义》(《政治生活》第三十期，2月8日)

《政治生活》第三十期刊登"士炎"的《二七运动与列宁主义》，全文如下：

中国工人阶级纪念"二七"的时候，必须记起列宁。列宁是全世界工人阶级——不朽的领袖，他领导欧洲的工人反对资产阶级帝国主义的大战，又领导俄国工人举行十月革命，建立无产阶级专政的苏维埃共和国，□备世界革命。全世界工人阶级自从有了列宁，才握紧了胜利的局面。中国工人于二七京汉罢工之役，遭压迫而失败，但若记起列宁，使增加我们的勇气，可以预判我们将来的胜利。

列宁虽已于去年一月二十一日逝世，但全世界工人都说：列宁仍永远活于人世。这话怎样讲呢？这就因为，列宁虽没而列宁主义永远生存。列宁主义确实生存在每一个工人，农人及被压迫民族的眼中，革命的工人农人与被压迫民族，都将承继列宁的意志，进行阶级斗争，图谋世界革命之实现。列宁主义之基本是什么呢？

这就是工人，农人与被压迫民族怎样举行革命的一些战斗策略，并且是实验过的，可以得到必然胜利的战斗策略。因此，列宁虽没而列宁主义之存在，可以指导劳动阶级及被压迫民族，与列宁生时一样。我们纪念列宁，便是记忆列宁主义，表示愿意遵守列宁主义之教训。我们在二七纪念时记忆列宁主义便是在悲痛之中转而兴愤[奋]，得到前途光明与胜利的慰藉。

列宁主义特别指示了我们工人以什么呢？——这是需要特别说明的。为说明这个，我们最好引用列宁自己说的话，这些话是列宁运用无产阶级科学之理论与俄国革命的经验战略综合而成，是全世界个工人阶级对于列宁主义应有之基础观念。列宁曾将这些理论一点一滴的，一面实验，一面教训全世界的工人阶级。这些理论综合起来就是列宁主义。半殖民地的中国劳动阶级，应该自认为列宁的门徒，好好学习列宁主义以便自己应用。把列宁主义应用到中国来，是中国劳动阶级惟一的责任，而且在中国只有劳动阶级才能担负这个责任。

列宁第一件对于个人的教训就是"政权"问题，列宁告诉我么以"政权"之要义是：

一切革命的最重要问题就是政权问题。革命不取得政权就等于失败。到现在，资产阶级德谟克拉西的一会主义已经告终了，但新的世界历史已经启端：无产阶级专政的时代开始。无产阶级专政的问题是全世界资本主义国家中劳动运动共有的问题。工人阶级不懂得这个问题，无异于不知道自己的历史使命。无产阶级必须专政，才能治服资产阶级；没有专政，就没有胜利。在政权问题里，不是资产阶级专政，就是无产阶级专政，此外没有第三种形式。专政的最重要形式是什么？这就是苏维埃。什么叫做苏维埃呢？这就是工人农人与兵士的代表机关。这个机关打碎资产阶级德谟克拉西的统治，收回土地给农民，收回工厂作坊矿山与交通机关给工人，把权力紧握在劳动阶级与被压迫群主之手——一切政权归苏维埃。

列宁第二件对于工人的教训就是"国家"问题，列宁告诉我们以"国家"之性质与其作用是：

国家不过一个机器，资产阶级利用这副机器来压迫无产阶级，无产阶级当然也可以暂时利用这幅机器去治服反革命。但是无产阶级只是暂时需要他。从资本主义的社会到共产主义的社会，当然需要一个"政治的过渡时期"，这个时期的国家，就是无产阶级专政的国家。但无产阶级是并没有祖国的，因此也并不能□□的爱国，只有阶级的界限，而并没有国界。国家是必须消灭的，但要到真能"各尽所能，各取所需"的时候，也就是人人都能劳动的时候。阶级不消灭，国家是不会消灭的。担任消灭国家责任的是无产阶级，因为无产阶级是最后的阶级。

列宁第三件对于工人的教训是"党"，列宁告诉我们以"党"与工人的关系，及"党"的使命：

党——无产阶级的政党，即共产党——是无产阶级的先锋队，指导革命的总参谋部。党是觉悟的工人分子组织而成，他团结工人中一部份的分子，但同时领导的是全工人阶级，并且教育一切的群众：贫穷的农人，被压迫的民族，一齐聚集在革命旗帜之下，图谋被压迫阶级的发展。没有任何一种革命是可以成功的，倘若没有坚强的党的组织。工人阶级没有共产党，就如船没有舵一样；共产党是工人自己的，无产阶级专政，事实上也须要无产阶级的党——共产党——来行使职权。什么叫做共产党呢？这就是共产主义的政党。什么又是共产主义呢，一切公有：土地，工厂作坊，矿山，交通机关都归公有。工人阶级绝不怕党，而且只要组织党便会十分坚强。工人与农民合组的政党——共产党——将是世界上最后的政党。

列宁第四件对于工人的教训是"工会"，列宁告诉我们以"工会"的作用与其责任：

在资本主义社会制度下的工人，必需要组织工会一致团结起来。无产阶级要团结成一个阶级，才有力量，有了力量就有行动。工人在当初不知道自己的理论，不明白自己的地位，误认了工厂的厂主真是自己的主人，错看了资本家是劳动贫民的救星。直到后来，这些主人与救星压迫太厉害了，才逼起工人的觉悟，开始了团结，发现自己的力量。工会是资本主义社会制度产生出来的工人阶级的一件工具。工人的阶级觉悟愈发展，工会的作用愈强大。在阶级争斗过程中，工会是工人的营寨；他的责任是保护工人利益的集合，离开工人的利益，没有其他的利益。所有的工人运动，绝没有离开政治的运动。工人阶级每一个经济的争斗，同时就是政治的。

除上面所说的以外，列宁给与工人的教训还多。列宁的著作既十分渊博□富，他的言论记载尤种类繁多，我们要一一叙述起来是不易的，更非简单说明所能办到。我们做列宁门徒的责任，一而是力求学习领会，另一方面最要紧的还是遵守实行。中国工人阶级越是被压迫得痛苦，列宁主义运用之范围越更切实。

二七就是我们受压迫痛苦最烈的一次。我们纪念二七，因以纪念列宁；我们愿意以学习列宁主义纪念列宁。因为我们深相信：

中国工人阶级要得解放与自由，只有实行列宁主义，与继续二七的奋斗！

(《政治生活》第三十期，1925年2月8日，署名 士炎)

12日(星期四)

25.《托尔斯泰与当代工人运动》(上海《民国日报》副刊《觉悟》，2月12日)

上海《民国日报》副刊《觉悟》上发表郑超麟翻译、列宁著的《托尔斯泰与当代工人运动》，此篇为列宁文艺理论著作最早的一篇汉译文。

2月

26.《帝国主义浅说》(著作(目录，全文)，2月)

中国经济研究会出版列宁著、李春蕃(柯柏年)译《帝国主义浅说》(《帝国主义是资本主义的最高阶段》前六章)，校订者沈泽民，共187页，实价2角5分。目录：第一章 工业集中与专利；第二章 银行的新地位；第三章 金融资本与金融贵族政治；第四章 资本的输出；第五章 资本家之分割世界；第六章 列强之分割世界。

全文如下：

第一章 工业集中与专利

帝国主义底特质。最显著的，一是工业底非常的发达。一是生产极快地集中为天天加大的组织。关于这二种现象的完备的和详细的消息，在现在的工业统计中，就可寻出来的。

我们说德国吧。每千个商号中，雇用五十人以上的，在一八八二年有三个，在一八九五年有六个，在一九〇七年有九个。这些大商号所雇用的劳动，在上面所说那几年，占劳动总数底百分之二二、三十、三七。但因劳动在大的工业组织中，效率高于在小的工业组织；所以，生产底集中，比劳动底集中还要快。我们所有的关于汽机和电力原动机的统计，都可以证实生产集中是快于劳动集中。

在德国的统计中，"工业"这个名词底意义，包有商业和交通机关。我们照这广义的"工业"来说，情形如下：全国商号底总数是三百二十六万五千六百二十三；其中有三万零五百八十八或总数底百分之〇·九为大公司。工人底总数是一千四百四十万；大公司所雇用的人数为五百七十万，占总数百分之三九·五。汽力底总数是八百八十万马力；它们所用的为六百六十万马力，占总数百分之七五。电力底总数是十五万万瓦德；它们所用的为十二万万瓦德，占总数百外之八十。

"不到商号总数百分之一"的大公司用了所有的汽力和电力底四分之三；而"占商号总数百分之九一"的三百十九万七千个雇用五人以上的小公司，却止用所有的汽力和电力底百分之七。三万个大公司，差不多全雇用所有的人力和机力，而三百万个小公司，所雇用的反为极小的数量。

德国在一九〇七年，雇用工人百人以上的大商号，有五百八十六。它们所雇用的工人，共有一百三十八万人，差不多为劳动总数底十分之一。所使用的汽力和电力，差不多为总数底三分之一，精确说是为百分之三二。

这些少数的大商号，有了巨大的资本，又得着银行帮助；它们底势力，遂成无敌。结果，许多中的小的——甚至次大的——商号；尽变为几百个拥有现币的大富翁的佣人。

资本底集中，在资本主义极发达的美国，还要显明。美国统计所说的"工业"，是最侠[狭]义的。美国统计列举公司，是照它们每年的产额而排的。"每年产额至少有一百万美金"的大公司，在一九〇四年，它们底数目是一千九百个，占公司总数——二十一万六千一百八十——百分之〇·九。它们所雇用的劳动者，为数一百四十万，占所有劳动者——五百五十万人——百分之二五·六。一年所产出的货物，共值五十六万万美金，占全国生产——一百四十八万万美金——百分之三八。五年之后，在一九〇九年，大公司底数目，增至三千零六百分之一·一。所雇用的劳工，为数二百六十万人，占劳工总数——六千六百一十一万人——百分之三〇·五。产出的货物，值九十万万美金，占全国生产总额——二百零七万万美金——百分之四三·八。

美国底工业公司底生产总额，差不多有一半是"在占公司总数百分之一的少数大公司底手里。那三千个大公司，支配了二百五十八种工业。这显明地表示工业集中，已发展到一定状态，引至'绝对的专利'了！【"】少数的大公司，极易互相了解，使竞争成为一极难的事情。这竞争制度底变动，在近代资本主义底进化中，即使不是唯一的紧要现象，至少也是紧要现象之一。所以，应该受人家精细的研究。我们在研究之前，一定要先将那些可发生误解的地方除去。

照美国的统计，有三千个大公司，支配了二百五十八种工业。读者或有人以为是每十二个大公司，共同开发一种工业。那就误解统计了！大公司并不从事每种工业。

但是，资本主义发达到最高点，就生出"组合"的趋势。这为资本主义底最紧要的特质之一。组合是什么呢？组合就是谓将各种工业——例如运输原料的机关，镕铸矿砂的，将生铁制成钢的，将钢制成各种物品的利用废物或副产物的工厂，与生产打包所用的原料的工厂……这些互相帮助的工业——放于"唯一的支配"之下。

希法亭 Hilferding 说："组合补救了市场各种起跌底损失，所以，增高平均的赢利。第二。它低减商业经手次数。第三。它使技术能达到完全地步；技艺一完全，所获得的赢利，就必高于独立的公司。第四。它使联合的企业底地位，更加坚固，一面反抗独立的企业，一面除免在'制成物品底价格比原料的价格跌得更快时的'商业衰落，或商业恐慌中的竞争"。

黑孟 Heymana 是一德国底资产阶级的经济学者，对于德国铁业的组合，很有研究。他说："独立的商号，为原料底高价与制成物品底低价所夹攻而败亡。"他又说："你看！大的采煤公司，生产成千成万吨的煤，联合为强有力的采煤公司同盟，又与大的钢铁公司，联络得密切。这些钢铁公司，又联为钢铁公司同盟。这些非常伟大的组合，一年可产了无数的钢，采了无数的矿砂和煤，制了无数的铁具，雇用无数的劳工。有时自己拥有铁路和海港。这是德国铁业底特质。工业集中得极快。个人的企业，它们底范围和大小，不断地扩张。这些个人的企业，不论是从事与类似的工业或差异的工业，渐多联合成为巨大的公司，靠着柏林五六间大银行底扶助而受其指挥。马克斯关于集中所写的话，已有德国冶金工业底发达证实了！【"】马克思所说的话，自然止能应用于那"工业有保护税则与运输待率之助"的国家。德国底冶金工业，已到没收时期了！

这就是一个好的资产阶级的经济学者所达到的结论。他之所以将德国自成一级，是因为德国底工业，有高的保护税底帮助。这种保护可以使"集中的历程"和专利，托拉斯公司同盟底组织加速。但在自由贸易的英国，集中也是向着专利。它底进行，自然较缓和形式也有些不用。列飞教授 FrofLey 著有专利加德与托拉斯 Monoplis, carers and trust 一文，专论大不列颠底经济发达。他说："在大不列颠，工业企业底发长，和技术底高优，有一'创立专利'的趋势。工业底集中，使工业底管理权力也极集中。结果，新公司若没有大资本，就不能创立。所以，公司组织得成功的，一年比一年少。还有一最紧要的事实，就是，凡新的企业，欲与'工业集中所造成'的大公司竞争，一定要生产无数的货物，售卖时只有社会对于这些货物的需要非常地增加，才有利可夺。设若社会对于这些货物的需要，并不增加，那么，价格就跌低到'使新旧公司都破产'的地步。"在大不列颠，要在一种工业中组织专利的组合，加德，和托拉斯，一定要等到那种工业底竞争的主要公司止剩一二十个的时候，才能创立。别国有保护税，自然使托拉斯容易组织得多。"集中对于'大工业中专利底产生'的影响，是和水晶一样明亮的。"

五十年之前，当马克思著资本论的时候，经济学者大都以为竞争是"天然定律"之一。马克思的资本论，分析资本主义底理论和它底历史，证明那毫无限制的竞争，一定引到工业集中，而工业集中，达到一定地步，就成为垄断。当时正统派的学者，要以缄默来埋没马克思底著作。现在专利已成为事实。经济学家著了许多的书，叙述垄断底各种形式，而他们还依旧嚷马克思是错的。但事实依然是事实！事实又证明垄断在各资本主义国家——例如自由贸易的国家与采用保护税的国家——间的差异，不过是形式稍有不同和实现稍有快缓罢了！工业集中造成垄断，是成为现在资本主义中绝对的规律了！

旧的竞争的资本主义变为新的资本主义，在欧洲实现的时间，我们能够指出大概的日期来。这日期是在二十世纪底曙[暑]期。近来有一本论及"垄断底历史"的书说："在一八六〇年之前，偶然有几个垄断在各地发生。我们现在所熟习的垄断底各种形式，都从之脱胎出来的。但托拉斯底实在的历史，在一八六〇年之前，并未开始。最先的巨大的垄断者，是在一八七〇年到一八九〇年的世界商业衰落时组成的。我们单说欧洲，从一八六〇年到一八七〇年这一时期，是自由竞争底末期。英国底旧的资本主义底构造，已经完成。旧的资本主义，在德国已与国家贸易和国家工业争斗，而开始一种特殊形式。大的变动，是起自一八七三年底恐慌——不如说是恐慌后的衰落时期。这衰落时期、阻碍一八八〇年初叶的商业活动，使之不能回复，与一八八九年底极盛但极短的顺利时期，对于欧洲那二十二年底经济历史，很有影响。"

"托拉斯——在德国为加德——在一八八九年到一八九〇年这短期的回复中，乘机扩大它们底活动范围。结果，代价增高得比不扩张的来得快和烈，那些托拉斯大都因之破产，"此后又跟着五年商业极坏，价格低落。可是，贸易者看起来，这衰落不过是向新的繁盛时期之一停顿而已。

"托拉斯底历史之第二章，然后就开始。托拉斯不再为暂时的现象，而成经济生活中一种根本制度。它逐渐侵入工业，尤其是使用原料的工业。在一八九〇年底起首，就有焦煤公司同盟底组织。煤炭公司同盟，又照焦煤公司同盟底样式组成，为最进步的组织。十九世纪末期底贸易的回复，和一九〇三年底恐慌，都是托拉斯底工作。至少矿铁这二种工业底情形，是托拉斯所决定的。这确是那时的一种革新。我们现在都认识我们底经济生活，大都不再为自由竞争所支配了！"

专利底历史，我们好将它分为三期：（一）从一八六〇年到一八七〇年，为自由竞争底末期，专利底胚胎时代。（二）在一八七三年底恐慌之后，托拉斯才极速地发达，但还是例外的现象，不是坚固的制度。（三）在十九世纪末叶底贸易复兴与一九〇〇年到一九〇三年底恐慌的时候，托拉斯才成为一切经济生活底基础。资本主义然后就开始变为帝国主义了！

托拉斯互相商定贩卖、贷借〈、〉这些事底条件。它们将国家分为许多部分，各有各底领域，不相竞争。它们决定所要生产的货物底数量，规定价格。获得的赢利，则由属于这组织的公司均分之。

德国底托拉斯，在一八九六年有二百五十；在一九〇五年有三百八十五，包含有一万二千个公司。但我们晓得这个数目，比事实差低很远，一九〇七年的工业统计，谓德国这一万二千个大公司，使用了全国的汽力和电力底总数之百分之五十，美国底托拉斯，在一九〇〇年有一百八十五；在一九〇七年有二百五十。美国底统计，分排工业企业，是照企业底业主——个人或几人或许多人组合——的。这些大公司，在一九〇四年，拥有工业企业底总数底百分之二三·六，在一九〇九年增为百分之二五·九，略超过四分之一。这些大公司所雇用的劳动，在一九〇四年，占全国劳动总数百分之七〇·六；在一九〇九年增为百分之七五·六，或四分之三。它们所产出的货物，在一九〇四年，值一百零九万万美金，占美国生产总额百分之三七·七；在一九〇九年，值一百六十三万占生产总额百分之七九。

托拉斯与加德所产出的货物，常占那工业底生产总数底百分之七十或八十。莱尼、威士德法尼煤炭公司同盟 Rhenish Westphalian Coal Syndicate 在一八九三年所采的煤，占那区域所采煤炭总额底百分之八六·七；在一九一〇年，增到占百分之九五·四。

这种专利，有极巨的收入，它们底生产力也是非常之大的。美国顶著名的煤油托拉斯——美孚公司，在一九〇〇年组成。它底资本为一万五千万美金。发行一万万美金的普通股和一万零六百万美金的优先股。股东在一九〇〇年到一九〇七年所获得股息，为百分之四八、四五、四四、三六、四〇、四〇、四〇。换一句话说，股息合共为三万四千一百万美金。自一八八二年到一九〇七年，净得的赢利共为八万八千九百万美金。其中有六万零六百万美金是拿出来做股息，余下的则加入做预备资本。钢铁托拉斯——美国钢铁公司，它底各厂所雇用的劳工和店伙，共有二十一万零一百八十人。

德国顶大的矿业公司 Gelseen Kirchner Berweakgese Ischaft；在一九〇八年所雇用的劳工和店伙，共有四万六千零四十八人。在一九〇二年，钢铁托拉斯一年产出九百万吨。在一九〇一年，托拉斯所产出的钢，占美国产钢总额百分之六六·三；在一九〇八年占百分之五六·一。所采的铁砂，在上面所说那几年、[，]占总额百分之四三·三和百分之四六·三。

有一呈上美政府论及托拉斯的正式报告说："托拉斯之所以胜于与它们竞争的公司，是因为它们组织伟大，和效率较优。香烟托拉斯，在起首时就极力想法子来将机器代替手工。凡关于香烟工业的机器专卖权，它用了许多钱去买来。有许多专卖的机器，并不完全，托拉斯就雇用机师来改良。在一九〇八年之末，组有二个分公司，专来收买专卖权。托拉斯又自己创立铸冶厂，机器厂，和修理工场。这些工厂，有一个是在勃罗里 Brooklyn，雇用三百人。这三百人每天到晚是试出和改进制造香烟，小雪茄，塞子；锡箔，烟匣，这些东西底新的方法。""别的托拉斯、雇用了许多改良机器的机师，他们底责任，是想出新的生产方法和改进技术。钢铁托拉斯，若它底机师和工人，有什么改良生产技术和减少生产价格的提议，就酬他极高的外利。"

德国底大实业公司，尤其是在过去二十年发达极快的化学工业，采用类似的方法，来增进工业的效率。在化学的工业中，一九〇八年组成二个主要的团体，俨然为一种底专利了。这二个团体，起初与二个大公司联合，各有资本二千万金马克。一面是从前的在楚斯特 Chochst 和加生尔 Kassel 的□斯德公司 Meister works 与在梅英 Main 的法兰弗 Frankturt 公司；一面是在卢伟夏范 Ludwighsafen 的阿里连和苏打公司 Alinine and Soda works 与从前的在耶波裴特 Elderfeldt 的贝尔公司 Baier works。前一团体在一九〇五年，后一团体在一九〇八年，各再与一更大的化学公司联合。这二个团体底资本，也各增至四五千万金马克。此后这二团体就开始召集联席会议，规定价格。德国所有的化学的企业；在一九一六年六月，都合并做一个巨大的托拉斯。

竞争这样就被专利所排去了！一切的工业，都可看出是极快地社会化。为社会化所影响顶大的，是技术这一方面，和方法的改进。

旧的制度，贸易者散处各地，不相认识，所生产的商品，数量没有一定，在不稳的市场中，互相竞争。我们现在离这旧制度，已很远了！集中已到这地步，我们对于一切原料底来源——例如所有的铁砂矿——都能够——开列出来，而没有什么错误。况且不限于一国，但在几国或甚至全世界。这些原料底来源，不单是完全开列得出，但也组成做伟大的专利的联合，为唯一的团体所支配。

这些大的联合，将市场均分，专利获得顶好的熟练劳动，训练顶好的机师，购买交通和运输底机关，美国中的铁路，欧美间的航线。帝国主义式的资本主义，组成一普通的社会化式的生产，将资本家强[拽]入——不管他们有意识与否——一个新式的社会生产，将他们从自由竞争的世界，拿入一绝对的社会化底世界。生产变为共产主义者，但财产依旧是个人的事情。生产底社会化的机关，依然是少数个人底私有财产。自由竞争底制度之普通构造还是站立，拥有专利的少数人，统治社会其余的人，越发利害，越发显明，和越发难忍。

德国经济学者基特纳 Kestner，著有一本书，专讨论"加德"Cartel（为托拉斯之类）与"外人"——就是团体与独立公司——间的战斗，书名是《强迫的团结 Compulsory Organyiztion》，但应该叫做《对于专利的联合之强迫之屈服 Compulsory Submissin to Monoploistic Comdiuations》。专利所用来支持它们底组织的各种新的和文明的战争工具，我们从头到尾看一遍，对于智识，是很有增进的。这些工具是：(一)垄断原料底供给；这是强迫独立公司加入托拉斯的一种最有效率的方法。(二)垄断劳动底供给；垄断的方法，是与工人立下合同，叫他们止为加入托拉斯的公司雇用。(三)垄断交通机关。(四)垄断贩卖。(五)与零售商人订立合同叫他们单买托拉斯的货物。(六)一致减价，将那些不服从托拉斯命令的独立商人排出市场；价格有时低于原本；例如在石脑油的工业中，价格有时减去二十二马克甚至于四十马克，差不多为原价之半。(七)垄断借贷。(八)抵制。

我们不再看见小公司与大公司，旧式公司与新式公司间的竞争了【,】我们确见到专利将那些"不愿服从它们底绝对支配"的公司弄杀了【,】资产阶级的经济学者基特纳 Kestner 评论这历程说："在纯粹经济的活动界中，我们可以看出旧式的商业活动已经弃去，而新式的组织与投机生出来！那些'有技能和经商能力，能满足顾客底需要与引起潜伏的需要的商人，已不能再有所大成就，而是那些'有投机天才，能□察或发见各组织间的线索，某工业与银行无可能的关系'的人，才能大成功了！"

浅易些说，资本主义底发展，已达到一地步，生产商品不再为营业底根本职务，它底重要已减去，而大奖品是赏给具有金融计[技]术的人。这些计[技]术底坚实的基础，是生产底社会化，与那近世人类所得的大"进化"——社会化只不过去填满了投机者底衣袋。

我们现在可以想见,那些对帝国主义意存反抗的批评家,怎样梦想返到自由的,和平的,和忠实的竞争了。

基特纳说:"托拉斯一成,就使价格不断地增加。这价格增加止有在顶要紧的生产手段——煤铁等——才看得出来,在金融的产物,却看不出。赢利中的相消后的实地增加,止限于供给生产手段的工业。生产原料——不是生产制成物品——的工业,不单是赚得更大的赢利——这更大的赢利——,是因为组成托拉斯,掠夺制造'制成物品'的工业而得的——但对于制造'制成物品'的工业,具有一种'在自由竞争制度下所从没有听见'的专政的态度。"

"专政的态度"这个名词,是有产阶级的经济学者所不愿承认,而柯祖基 Kautksy 那近代机会主义派所想要避开的。资本主义发达到最近的状态,"专制"和随专制而生的"压迫",是它底特质。要组织万能的经济的垄断,就免不了专制和压迫。

这里又有一个托拉斯怎样作战的实例。不论哪种工业,若是它底主要来源,极易为一人或一公司支配,那么,这种工业就很易组织托拉斯和创立垄断。但我们若以为在原料不易集于一手的工业,垄断即不能创立,那就错了!塞门德土工业,所需的原料,不论在什么地方都有。但这工业在德国却是集中的。塞门德工厂,联合成地方公司同盟,如:南德总公司,莱尼威士德法尼总公司。它们底生产品,生产价格每车止要一百八十马克,但售专利的价格,从二百三十马克到二百八十马克。塞门德土股票底股息[,]从百分之十二至十六。而世界投机的天才,除了股息之外,还要获得更大的赢利。

专利者用一切计策,来阻止在这厚利的工业中的竞争。他们散布着惊人的谣言,说塞门德土工业所在的情形极坏。报纸上登着匿名的广告说:"资本家呵!切勿投资于塞门德土的股票呵!"这些专利者用钱收买独立的公司,给它们几万马克,买它们的工厂。专利拼命向各方面发展,不管所应用的方法是怎样,有时贿赂竞争者舍弃这业,有时至于抛掷炸弹。

讴歌颂德资本主义的资产阶级的报纸,满纸登着托拉斯所预说的恐慌。而其实在许多工业中,托拉斯底发长,反加重了纷乱的现象。没有规则和不负责,本为资本主义的工业底特质。而有特殊地位,团结最固的工业如煤铁工业,更在别的工业中,引起纷乱。耶德尔 Jedels 是德国一个对于"大银行与工业的关系"很有研究的著作家,为事实所迫而承认这种现象了。列夫孟 Liefmaun 是资本主义底忠心拥护者,他说:"工业越发达,越成为冒险的事业,有时在外国经营要许多年才成熟或并不十分重要的事业。"

散布国里各处——甚至外国——的资本底伟大组合,所附着的危险,越弄越大。同时,技术发达得很快。凡这发达的技术所到过的地方,"不负责"底要素就越多,混乱越大,恐慌越甚。列夫孟说:"人类不久就将亲见技术中的深澈革命,虽国家经济,也将受其影响。"他所说的技术革命,自然是新式电机,动轮这些东西。他又说:"就大概而言,在这剧变的时期,特别不瞻前顾后的,就是投机。"

一切恐慌——尤其是经济界的恐慌——将加速"向着集中和专利"的趋势。耶德尔对于一九〇〇年底恐慌——这恐慌为现代的专利底历史中之转向点——解释得很明显。他说：

"一九〇〇年底恐慌一发生，除了营业各主要部分的大组织之外，还有许多旧式的组织，独立的组织，同碰着这怒起的工业恶潮。价格低落，需要减少，使独立的组织，因资本告竭而失败。但对于巨大的联合，却很少影响，且为时也极短。"

"结果，一九〇〇年恐慌所促成的工业集中，不知比一八七三年的来得多几何倍数。一八七三年底恐慌，虽然也减少了几个强大的公司，但平均的技术，还是和从前一样，并不曾将专利的特质，赐给那些胜过这恶潮的公司。"

"现在，顶专利的工业，是铁业和电气业。它们底技术极进步，团结极巩固。资本极巨大。次之，是机器业，冶金业之一部，交通机关，这些工业。"

专利确实是资本主义进化之末期。可是，我们若没有晓得银行底地位，那么，所了解的近代的专利底能力和重要，就不确切了！

第二章　银行底新地位

银行底职务，最初和最要的，是为到期偿款的居间人。除此之外，银行将死的资本，变为活的资本——就是变为赚取赢利的本——将各种金钱收集起来，给与资本家经营事业。银行事业既然发达，和集中为少数组织，所以，不再单为居间人，而成势力极大的专利的公司。差不多全体大小企业的资本，生产机关之部分，和一国或数国中的原料底供给，都为它们所支配。极多的小居间人【，】变为少数的专利者。这是"资本主义"变为"资本主义的帝国主义"的主要现象之一，所以，我们一定要精细研究金融世界中的营业集中。

在一九〇七年到一九〇八年间，德国底"具一百万万马克以上资本"的银行，它们底存款，共计七十万万马克。在一九一二年到一九一三年，存款底总额，增到九十八万万马克。这加多的二十八万万马克，其中有二十七万五千万马克是存于五十七个"有一万万马克以上资本"的大银行。存款怎样分配于大小银行，看下表就晓得。

存款的百分率：九个柏林大银行；一九〇七到一九〇八年，占总数百分之四七【;】一九一二到一九一三年，占百分之四九。四十八个"具有十万万马克以上资本"的银行：一九〇七到一九〇八年，占百分之三二・五；一九一二到一九一三年，占百分之三六。一百十五个"资本从百万到千万马克"的银行：一九〇七到一九〇八年，占百分之四【;】一九一二到一九一三年，占百分之三。

小银行为大银行所挤。九个大银行，所收得的存款，就占总额之半。而且，我们还没有论到许多小银行，实际不过是大银行底支店。这一点，我们往后再说。

照该文宁 Gaeuerning 所说，在一九一三年底末期，存款底总数，共一百万万马克。其中有五十一万万马克，是存于九个柏林大银行。设若不是单说存款，而是说从事银行事业的所有资本，那么，该文宁就说："九个柏林大银行和它们底联号，在一九一三年底末期，共支配着一百十三万万马克，为德国底银行资本底总数百分之八三。德意志银行 Deutscn Bank 和它底联号，差不多支配着三十万万马克，为世界上顶大的银行，而同时又为顶分权的资本底集积。"

"联号这个名词，我们要特别注意；因为它是近代资本集中底顶紧要的详细情形之一。大公司——尤其是银行——不单吸收小公司。但也用购买股票交换股票，借款这些方法，参与小公司底事务，使这些小公司与它们联络，为它们所管，和加入它们底团体去。列夫孟教授 Prot Leifmann 著有一本五百页的书，专论这事。可惜里面有许多没用的和无据的话。这'参与'的制度，领到集中，是到哪程度呢？里斯 Risr 是一个银行管理家，著有一篇论文，论及德国大银行。他在这篇论文中，说得很清楚。我们在研究之前，先一看'参与'制度底具体举例。"

德意志银行，若不是顶大的银行，也是大银行中之一。我们要对于这将一群银行联做一处的线索，估值得适当，一定要弄清楚"参与"底三种程度，换一句话说，小银行对于德意志银行的依赖底三种程度。

德意志银行中的"参与"

	第一程度	第二程度	第三程度
永续的	一七	三四中有九	七中有四
暂时的	五		
偶然的	八	一四中有五	二〇中有二
总数	三〇	四八中有一四	九中有六

"依赖底第一程度"中的八个银行，有三个是外国银行：一为奥国底银行——维也纳银行 Bank Verein of Vienna，二为俄国底银行——西比利亚商业银行 Siberian Commercial Bank 与俄国国外商业银行 Rusian Bank of Joreipn Commerce。德意志银行这"团体"，共包含有——不论是全体的或一部的，直接的或间接的——八十七个银行。所有的资本，共计在二十万万马克到三十万万马克之间。

一个大银行，领着"一群"其他银行，而与五六个略比它小的银行，协同工作，以进行巨大的和厚利的金融生意，如担保政府借款等。这种银行。不再单为居间人，而是专利者底联盟，是很显明的。

德国的银行，在十九世纪和二十世纪的时候，集中底速率，看里斯底图表就很明了。

六个柏林大银行的联号。

年	德国中分行	存款和交换的办事处	所参与的德国银行公司	总数
一八九五	一六	一四	一	四二
一九〇〇	二一	四〇	八	八〇
一九一一	一〇四	二七六	六三	四五〇

这和纲一样密的管子,发长得何等之快。它们将国里所有的资本,收集在一处;将许多"散居各地"的商人,变为蔓及全国——甚至蔓及世界——的资本主义的公司。该文宁在前面所引的一段话中,所说的"分权",意思是谓:从前为独立的大公司——不如说是活动限于一地的"经济的单位"——被一大的中央公司所征服的,数目天天增多,其实,这是集权;使大专利底权力再大,地位更重要,利源更加多。

这银行底蛛网,在老资本主义国家,织得还要紧密。英格兰和爱尔兰这两个地方底银行,在一九一〇年创立的分行,共有七千一百五十一。其中有四个银行团体,都各有分行四百以上,最少为四百四十七,最多为六百三十九。此外,有四个团体各有分行二百以上的,十一个团体各有分行一百以上的。

法国中有三个大银行——里昂信托公司 The credit Lyonnais,国家期票收买银行 The Comptoiynationald Escompte 和普通公司 Sonietegenerale——活动底扩大,分行数目底增多,看下面这表就可晓得。

	分行与办事处数目		资本数目(以百万佛郎算)		
	各省城市	巴黎	总数	自己的	外人的
一八七〇年	四七	一七	六四	二〇〇	四二七
一八九〇年	一九三	六六	二五八	二六五	一二四五
一九〇九年	一〇三三	一九六	一二二九	八八七	四三六三

现代大银行底"联接",顶好是看它们所收发的信件底数目。里斯记叙狄斯康多公司 Disonto Gesellschaft——这公司为德国和全世界大银行之一,在一九一四年,它底资本,共有三万万马克——所收到和发出的信件数目如下。

	收到信件	发出信件
一八五二年	六·一三五	六、[·]二九二
一八七〇年	八五、八〇〇	八七、五一三
一九〇〇年	五三三、一〇二	六二六·〇四三

巴黎银行——里昂信托公司 Credit Lyonnais——所有的交易者数目,在一八七五年为二万八千五百三十五,到一九一二年,就增为六十三万三千五百三十九。

这表,明示银行因资本集中和定期存款增多,所以,职务就与从前的完全不同。这表比什么长篇大论,还要清楚。许多散居各地的资本家,变做一个单一的资本家。银行管理着许多存款人底出入款限,看起来很像不过是机械的事务。可是,这种事务底范围一大,所管的出入款限一多,少数专利者,就能支配着资本主义世界底商业全体。这少数专利者,由这银行关联·流动款限、和各种财政上事务,就能:第一,确知各种工业资本家底情形。再进而用操纵它们——世界商业全体——财政这方法，就是增减对它们的金融上扶助，贷款给它们与否，来管理它们。最后，决定它们底命运，决定它们底资力应该怎样；它们底资本，为他们所任意增减。

我们上面已说过狄斯康多公司底资本，是三万万马克。它底资本底增加，是它与德意志银行争占首位的战斗所发生的事情之一。

狄斯康多公司在一八七〇年，还不过是一小公司。资本止有一千五百万马克。德意志银行，却有三千万马克，到一九〇八年，这二个银行底资本，增为二万万马克和一万七千万马克。在一九一四年，德意志银行资本增到二万五千万马克，而狄斯康多公司则因与另一大银行——斯查罕生银行 Schaffnausen Bank——联合，资本就增到三万万马克。可是，这争占首位的战斗，并不影响到这二个银行所订下的互相保护的契约。

有许多专门家，研究经济问题的时候，从没有越过温和的有产阶级改良主义底界限。他们研究银行对于其他工业的压迫，得了下面那个结论。

德国有一份评论报，名为银行 Bank，对于某银行资本增加到三万万马克这事，说："别个银行，也跟它——这样做。现在握德国经济运命的，不过是三百人。可是，银行若照现在这样并和下去，将来或者止存数十人。还有，集中这趋势，并不止于使银行事业集中；也使凡与那些银行有关的'工业联合'间有更加密切的关系，我们总有一天，醒起来的时候，只看见几个托拉斯，别的组织，一点都没有。然后，私人的专利，就要变为政府的专利了！老实说，我们不能怨责什么，只好让一切事物，随它们自己的历程进行，从而增加它们的速率。"

资产阶级底报纸，在智识上的怯懦，大概如此！有产阶级底科学，也是这样怯懦，不过是更加诡诈，想法子来蒙混那历程底结果罢了！人民"怕集中所生出来的结果"，他们怨责资本主义的德国政府或资本主义的"社会"，他们"怕"去增加集中底速率。斯世基 Tshirshky 是德国一个对于"工业的联合"很有研究的人，"惧怕"美国的托拉斯，而"宁取"德国的加德；因为加德并不"加速技术的进步，和托拉斯所为一样"。智识上的怯懦，没有比这个再甚了！

可是，事实依旧是事实。德国虽没有托拉斯，却有加德。它还是为三百个——这数目是减少得极快的——实业界领袖所支配。世界资本主义国家，不管发布了什么银行法律，银行总是不断地使金融的权力集中和创立垄断。

马克思在五十年前，就在"资本论"写着说："银行在社会的规模上，创设'生产机关底普遍的计算和分配'的形式；并且，单是它底形式是在社会的规模上。"银行的资本增多，大银行所设的分行和办事处加多，和存款的人数，都是具体地证明资本阶级与非资本阶级底"通盘打算"。我们为什么将非资本阶级加进去呢？因为银行收集长短期的小商人，佣人和熟练工人底现款。"生产机关的普遍的分配"为现代银行旁面活动之一。法国有三个银行，德国有六个银行，它们握有千千万万的马克。

但就本质来说，生产机关底分配，并不是普遍的，而是极严格地个人的。这就是说，分配是为大资本——尤其是顶大的和顶专利的资本——底利益，使人民大都在

"饥饿线"边过活。

在资本主义的金融势力扩大的时候,储蓄银行和邮局储金处,起而与通常的银行竞争。储蓄银行和邮局储金处,它们底组织,较为分权的,所蔓及的地方——有许多地方是很偏僻的——和人民,都比通常银行来得大。通常银行底存款与储蓄银行底存款之比较,美国有一报告。可列成表式如下:

存款——以十万万马克计算

年	英格兰银行	储蓄银行	法兰西银行	储蓄银行	德意志银行	分行	储蓄银行
一八八〇	八·四	一·六	未明	〇·九	〇·五	〇·四	二·六
一八八九	三·四	二·〇	一·五	二·一	一·一	〇·四	四·五
一九〇八	二三·二	四·二	三·七	四·二	七·一	二·二	一三·九

存在储蓄银行的存款,利息为百分之四或百分之四·二五。储蓄银行要付这利息,就不得不找厚利的投资,扣折商业单票,做典押生意等。银行与储蓄银行,渐渐没有分别。商会想法子阻止储蓄银行勿做银行所做的生意——如扣折证券——和请求政府限止邮局储金处底银行活动。看起来,像煞大银行家是很怕这银行底国家专利之骤兴。其实,银行和储蓄银行间的竞争,并不十分利害。储蓄银行所存的千千万万元,结局还是为银行界的大商家所支配。在别一方面说,资本主义的社会中的国家专利,不过是"增加濒于破产的实业底收入,和保险它们底收入不断"的一种手段罢了!

从"竞争当位"的旧资本主义到"专利为王"的新资本主义这变更,我们一看交易所底重要天天低减,就晓得。银行评论说:"在从前的时候,银行不能将他们所发行的单票,消给主顾,所以,交易所成为单票交换底主要机关。但现在已不是这样了!交易所底重要,已天天低减了。"

"现在的银行,都为证券交易所。'银行【'】越大,'集中'之为银行界的定律越普遍,这句话就越【准】确。【"】"

"在一八七〇年的时候,证券交易所固曾有一次发挥他底青年精神为德国开一'工业化'底纪元,在现在,银行和工业,却已都能自顾了。"

大银行底势力,伸入证券交易所。这不过是德国组织完善的工业所获得的权力之一个具体表现吧!

"设若自动的经济律底活动受制封某种程度。而为银行的有意识控制的活动范围也扩展到同样程度,那么,少数人肩膀上所负的'全国经济底责任'也就重大得可惊了",这就是拥护资本主义的帝国主义,而为各帝国主义者所承认的著作家,且试要以琐事来掩大节的该文宁所写的。"为银行所有意识地规定",就是说民众被少数组织完善的垄断者所掠夺。

资产阶级的政治经济学教授。他们底责任。不在告诉我们制度怎样动作,和暴露银行家底计[技]术,而是想法去掩没它们。

里斯是一个更著名的著作家,又是一个金融界工作者。他们想法子说了许多空话【,】以逃避去那些无可辩驳的事实。他这样说:"证券交易所【,】从前为金融底主要机关。金融单票,若没有它,就不能买卖,况且,它不单是一个极精确的整理机关,而也自动地调节从它经过的经济潮流。但它底重要,已经渐渐失去了!"

换一句话说,昨日底资本主义,具着无限制的竞争和它底必要的"节制者"——证券交易所——已是过去的事情。新的资本主义,代之而起。这新的资本主义,还保有几种旧制度底性质,而成为一种竞争与专利的混合物。因此,就发生一个问题:新的资本主义,是向着哪方呢?困扰资产阶级的政治经济学者的,就是这个问题。

"三十年前,商人自由互相竞争。不属于劳力的劳动,有十分之九,是他们做的。现在这种智识的劳动,十九是伙友做的。还种变更,在银行事业顶看得出。"

集中这历程,使少数银行,指挥着资本主义世界。这少数底银行,有一种趋势,倾向着"垄断的联合"和创立银行托拉斯。这种趋势,是一天比一天强烈。美国有二个大银行,是属于卢克勃罗 Rocofeller 摩根 Morgan 二大富翁:所支配的资本,差不多三十万万美金。德国狄斯康多公司,吸收了斯察汉生银行 Suhaffhanscu Union Bank 有一金融评论报勃兰克佛德报 Frankfurter gazette 评解着说:

"银行的事业,独渐集中,商人可向它借代的组织,数目日减。并且,使大商业更加靠着少数大银行。实业与金融间的密切关系,对于那些需要着银行资本的各种实业公司底活动自由,加以阻制。所以,实业对于银行底托拉斯化,感情好坏都有。况且这银行团体与那银行团体,有时开会谈判,以消除彼此竞争。"

我上面已说过银行事业进化为专制。实业与银行间虽有密切关系,但银行所占的新地位,并看不十分清楚。银行扣折某一公司底单票,交付它底数目,……这些动作,设若是单独看起来,对于那公司底独立,一点也没有影响;而银行也不过是一居间人罢了。可是,若那些动作变为时常的,和重要的;若银行所收的公司底单票,数目极巨;若银行因交付这些数,就能详细晓得那公司底经济状况;那么,商业之依靠银行,就天天加甚。

除此之外,银行因拥有工商业公司底股票之一部,或因银行底理事员可为工业公司底理事会之一人,和实业公司底理事员可为一银行底理事,于是就可与工业或商业公司,订立联盟,"参与"这些公司底活动了。德国经济学者耶德尔,搜集了许多在资本和营业集中这方面的资料。柏林六大银行底理事员,代表着那些银行,为三百四十四个实业公司底理事会会员。银行还有各种委员会会员。代表着银行,在四〇七个公司底理事会做会员。一共有七五一人,在二八九个公司底董事会,银行有二个代表,有时为董事会底会长。银行所参与的公司,什么都有。如:保险公司,运输公司,饭店,戏院,美术店……

在别方面,那些银行底管理部,在一九一〇年,有五十一人是工业界的领袖。这些人中,一为克拉朴 Krunp 公司底理事,一为大轮船公司——汉堡美洲邮船公司 HambugAme aican Liue——底理事……〈。〉这六大银行,从一八九五年到一九一〇年,许多工业公司发行股票和单票,它们都参与着。它们所参与的公司数目,在一八九五年为二八一，在一九一〇年为四一九。

银行与工业公司间的私人联盟，有这些团体与政府间的联盟来完成它。

耶德尔说【:】"银行自愿将理事员底地位，奉给那些有名的人，奉给那些'能极力增进银行与政府间各种关系'的去职官员。大银行底理事会，常有国会议员或柏林工部局底会员在内。【"】

"银行要管理和开发巨大的资本主义的垄断，自然藉着各种'自然的'和'超乎自然的'手段。'分工'为这些手段之一，所以，近代资本主义世界底几百个金融大王，也实行分工起来。【"】

"因为各种工业界领袖底势力扩大，和因为一工业集团能指挥着省银行底理事会，所以，在巨大的银行底动作中，专工就发生出来。从银行动作的广大——尤其是从银行与工业公司间的关系——看起来，'专工'是必要的。分工底结果有二：一面是银行与工业公司间的关系，完全握在理事员之一底手里；在别面是每一理事，都负责考察与他们有关系——或因他有专门的智识，或因他有特殊利益——的公司。""有人专门考察德国工业。有人专门考察西德的营业。""有人管理与各国政府间的关系，有的管理外国贸易，有的管理关于个人商家的消息，有的管理证券交易所事业……"除此之外，理事可以被派去在一定地点或一定工业去。有的特赴电气公司、或化学公司、炼糖公司底理事会会议，有的监督一个地方的公司，而同时为保险公司底理事会会员……。换一句说话，大银行底营业越大，它们所从事的动作底种类也越多，而理事间的分工也越发完全。结果，理事底智识，就超过银行常规这水平线。他们底判断力，就发挥起来。他们具有一种较大的实业问题和影响及实业各支的特殊问题底智识，使他们底行动，在银行底工业活动范围里，有很大的效率。银行把熟习工业的人、企业底首领、去职的官吏、和尤其是在铁路矿产管理很活动的分子，请入理事会；那么，这制度就完成了！

法国底金融组织，也是使用相同的——不过形式略有差异——方法。里昂信托公司，是三大银行之一。它组织一部，专门研究金融事物。这一部雇用了五十人，有机师、统计学家、经济学家、法官。每人底薪金，都很丰厚。这一部分为八组：一搜集关于商业的企业的资料；一搜集统计；一研究铁道和轮船公司；一研究证券和单票，一专管金融计算；——……

这样，金融与工业的关系，就狠密切；或如布哈林 Bu-charin 所说，是互相接来接去的。在别一方面，银行变为"普遍性质"底组织。耶德尔对于这个问题，比别人研究得深刻。他说：

"我们研究工业界中各种关系的时候，对于从事'金融的企业'的金融组织，它底'普遍性质'，就认识了！银行要有把握，就专门做一定的营业和工业。世界各处的各种工业公司，生产各种物品。银行极力与它们联络。还有，各种企业底历史中，各地或各支间，资本底分配，总是不均。现在银行想法子来除去这资本分配不均。……有一种趋向，是与各种工业建立关系。另一趋向，是使这些关系，能够耐久和势力增大。那二个目的，六大银行，已经达到了——若不是完全达到，至少也大部分达到。"

我们在商业和工业界里,常时听见有人说银行底"恐怖"。我们若晓得了主要银行势力。扩张得那样远,那么,对于这种不平的愤话,就没有什么怪异了!在一九〇一年十一月十九号,柏林底狄斯康多公司——四大银行之一——给北德、西德、中德塞门德士[土]公司同盟的一封信。说:

"我们看上个月十八号你们在报纸所发表的报告,晓得你们底公司同盟,将在本月三十号召集大会。这次大会,要通过一议案,在你们底企业中,采用我们所不能接受的变更。所以,我们就不得不断绝以后的借贷了!可是,若我们所反对的议案,在大会中不通过,和保证这议案将来不会采用,那么,我们就很愿意和你们讨论新的借贷底开始。"

小资本受大资本所压迫,大都如此。这塞门德土公司,虽高于"小资本",也免不了为大资本所压迫。小资本与大资本间的战斗,重新开始。但战斗底用具,却比从前完备得多了。大银行底富翁,栽培技术,使技术进步得为从前所未闻。银行所供给的,都是那"所发明的东西,止给与好友的企业"的技术研究实验室。例如:电气铁路研究会 Soniety for study of Flectrio Railroads。中央科学及技术研究部 Ceatral Bureau for Scieatific and Teohnical Research 和其他类似的组织。

主要银行底领袖,看见这新的条件,流行于国家经济;可是,他们也没有法子想的。

耶德尔说:"不论哪一个人,若是尝观察过去几年中主要银行底理事会会员变更,就一定看出金融的权力,逐渐移入那些'以为银行底主要事物,是在于参与工业底普通发达'的人底手里。这新的理事和旧的理事,因商业上见解不同——有时也因个人的关系——而互相水火。可是,银行为一借贷底机关,浸入生产底工业历程里,在事实上,有什么损失吗?它们不会被迫而牺牲坚实的原理和实在的利益,而从事于'与银行底职务完全没有关系、扩大借贷、和使它们受工业底跌涨的影响比从前再大'的活动吗?

"这是旧的银行家所说的话。但年纪青[轻]点的人,大都以为参与工业,是一种免不了的发展。原因与造成现在大实业组织、大银行公司、和最近'工业金融'的企业之原因相同。新旧两派所共同赞成的,止有一点,就是:主要银行底新活动,并不是根据着什么伟大的原则,也没有什么具体的目的。"

昨日底资本主义是死了!新的资本主义是在一过渡时期。寻出伟大的原则,和具体的目的,来调和专利与"无限制的"竞争,是绝望了!

这种情形底实在事实,与它底辩护者该文宁、列夫孟、和其他理论家对于"组织的资本"所唱着的短歌,完全不同。

主要银行从事这新活动,是什么时候起首呢?耶德尔给我们一个很确定的回答,说:

"这是在一八九〇年到一九〇〇年之间,有一时期,工业公司间的联盟,具着它们底新的分支、新的组织、新的机关,与'为集权的、和分权的活动而组织'的大银行，成为国家经济底一种特性。我们在一方面看，可把一八九七年看成这时代底起首；因为在那年，有许多大企业合并起来，而因银行底新工业政策，成为一新式的分权组织。我们也可说这时代是数年后才起首的·[。]因为一九○○年底恐慌，极力增速工业和金融中的集中历程，将集中成为一确立的事实，将工业与银行间的关系，变为大银行所专利的，和使那些关系，比从前密切了许多。"

这样看起来，二十世纪底曙[暑]期，是表示旧资本主义底过去，新资本主义底方来；资本本部底统治底过去，金融资本统治底起首。

第三章　金融资本与金融贵族政治

希法定 Hilferding 说："资本投入工业的，天天增多。但是，这些资本，并不是属于'使用这资本于他所经营的企业'的人，而是属于银行，由银行交给他们管理的。"

"在别方面，银行一定要将所有的资本底大部分——这部分是一天比一天大的——投入工业。结果，银行就逐渐变为工业的资本家。银行的资本，是钱币的，能够改变做工业的资本。这种资本，名之曰：金融资本；为银行家所有而为工业家所使用的资本。"

这个定义，是不完全的；因为它丢去了一最紧要的要素。这要素就是：工业和资本的集中，发长到创立垄断的地步。

可是，希法定还是继续着重——尤其是在我们上面所引用的定义之前第二章——"资本主义的垄断"所占的地位。工业底集中；工业集中所生的专利；银行与工业间的联盟；这些就是金融资本底历史，就是"金融资本"这名词底意义。

我们将表明出"资本主义的垄断"底经理，在我们现代货物生产和私有财产底制度之下，怎样免不了实现金融贵族底专制。德国和他国底资产阶级的政治经济学者，如：里斯、该文宁、列夫孟这些人，都是拥护帝国主义和金融资本的人。他们对于金融贵族政治发生底历程，不单是没有解释明白，反是从中掩蔽。他们减淡它底方法。他们对于赢利底来源，合法与否，和与国会的关系，都是很含糊的，他们要避去不快的问题，所以，以"娓娓动听"而"意思含糊"的话，来做护符。他们说什么银行理事底"负责底意义"，说什么普鲁士官吏底"责任底意义"，极力研究那些完全没有用处的"管理"和"规定"的法案。他们又废了许多时间，来制下什么"科学的"定义，如列夫孟所说："商业是一种收集货物，保存货物、和卖去货物的职业。"

"商业"若照列夫孟这定义来说，在那不晓得交易物品的原始人类中居然可以存在；而在社会主义式的社会，也将存在了！

可是，有许多事实，论及这很奇的金融贵族底专政，不论在哪一资本主义的国家，在英、法、德各国，都有许多著作，从资产阶纸[级]的观察点立论的著作，告诉我们大致不差的金融贵族政治实行时的情形，与对于金融贵族政治的从有产阶级立足点的批评。

我们讨论金融贵族政治，应先说"参与"的制度。这"参与"的制度。我们前面已经提及过。德国有一经济学者里孟 Hemann 说：

"基本公司（父母公司）底领袖，支配那公司；那一公司又支配靠它的各会社；而各会社又支配许多可称为'基本公司底商业子孙'的公司。不论什么人，止要拥有一股份公司底股票之半！就能够支配那股份公司。所以，'父母公司'底领袖，止要有一百万，就能够支配'子孙公司'的八百万了！这历程若伸长下去，那么，百万底资本就可以支配二千六百万或三千二百万了！"

我们从过去的经验，晓得一个人若拥有公司股票底百分之四十，这公司底事务，就为他所支配。为什么呢？因为许多小而散居各地的股东，从没有机会参与股东会议。股票底"德谟克拉西的"分配，资产阶级的诡辩家，机会主义者、和一部分"社会民主党员"，希望它来德谟克拉西化资本，和增加小实业家底重要、与权力。其实，这股票底"德谟克拉西的"分配，是一种加赠金融贵族政治底势力之方法。在进步的资本主义国家、和在旧式的资本主义国家，立法之所以应许发行数目天天减小的股票，其缘故就在这里。德国股票底票价，最小的是一千马克。但俄国底金融界领袖，还是很歆羡英国，在那里法律应许发行一股止值一磅的股票。

施曼士 Siemens 是德国工业和金融界领袖之一。他在一九〇〇年六月七日，于国会宣言说："一磅的股票，是不列颠帝国主义底基础。"

商人对于帝国主义的了解，比那"名为俄国底马克思主义底始祖，而以为帝国主义不过是欧洲中一国底不快特质"的著作家。还要透澈，还要近与马克思主义。

"参与"底制度，不单是帮着垄断，使它们底权力极巨，并且，使他们能够用黑暗的，不正的行为，来掠夺公众；因为"子孙公司"名义是独立的，在法律上，"父母公司"底领袖，对于"子孙公司"底行动，是不负责；故有许多事情，可从"子孙公司"做出来。

一九一四年五月德国的银行杂志，有一举例，我们将它引用出来。"加生尔底斯普霖钢铁股份公司 The Spring Steel Stoek Co.，在几年之前，是德国顶发达的公司之一。可是，腐败的管理，使股息从百分之十五减到没有。后来就发见这管理人没有和股东商量，就将六百万万马克，借给一个定额资本不过几十万的'子孙公司'——查息阿公司 Chassia Co 这借款差不多为'父母公司'底股本三倍，但查息阿公司底账簿，一点也没有提及。"

纯粹从法律上着想，遗漏是完全应许的，并且，可以耐到二年，因为这并没有违反什么商律。干事部底部长，是一负责的人，他签名在这假帐簿上，还依旧为加生尔底商会长。股东等到这借给查息阿公司的借款是失着，和斯普霖钢铁公司完全失败的时候，才晓得这借款。

股份公司底管理中，常时发见帐上欺骗的事情。这不过是一个明显的例。股份公司底理事之所以比私人商人容易从事冒险实业，其缘故就在这里。新式簿记方法，不单是使普通股东，对于理事所做的冒险事业，一点也不晓得；并且，使理事不负责任，和失败时不受什么损失。为什么呢？因为理事在将失败未失败之前，能够售卖他们的股票。但若是私人商人，对于这种亏空，是要拿出钱来补偿的。

有许多股份公司底账簿,是和中古底羊毛纸相似。这羊毛纸书吏写二遍,若没有揩去第二层墨,那么,它上面所写着的实在东西,是不晓得的。

账簿要不怕人考察,顶简单而又顶普通的方法,是将一企业分做几个"子女公司",或是并合几个"子女公司"为一个企业。这种方发[法],不论是从法律上着想,或从非法律上着想,都很有利。所以,不用这方法的公司,不过是极少数。

巨大专利公司,大规模地采用这方法,阿尔美电气公司 Allgemeine Elektiseche gesel schoft 就是其中之一。至于详细情形,我们往后再说。在一九一二年,这公司所参与的,大约有一七五或二百个公司,支配它们,和由支配它们而支配着十五万万马克的资本。

博爱的教授和职员——他们底博爱,是专用来拥护资本主义为资本主义辩护的——所贡献给公众的监察"帐[账]簿,帐[账]目,报告"的各种方法和计划,完全是没有意义的。因为:在现代制度之下,私有财产是神圣的,股票底买,卖,交换,和囤积,没有一人好干涉的。

俄国底主要银行,采用这"参与"制度,有几何广呢?阿淦德 Agad 说得很好。阿氏在中俄银行 Russo-chinesc Bank 办过了十五年事。在一九一四年五月,出版一本书,名为大银行与世界市场 The Great Banks and the World Market——这书名不甚确切。阿氏将俄国银行,分为二种,一为在"参与"底制度下的,一为独立的。他所指的独立,是说不依赖外国银行。他又将第一种照参与它们底事务的国家,分为三类。他具有资产阶级的社会改良家底思想,以为在资本主义制度之下,生产的银行资本(即用于商业和工业的资本)——和投机的银行资本(即用于证券和金融事业的资本)。能够区分,所以,将它们分开得清清楚楚。

一九一三年十月十一日所报告的。

银行底活动资本

俄国各种银行　所投资本(以百万卢布为单位)

生产的　投机的　合共

A1. 四个银行——西比利亚、商业银行、俄国银行、国际银行、和期票收买银行……………………………………………………………………………………..

四一三‧七　八五九‧一　一‧二七二‧八

A2. 二个银行——工商业银行、俄英银行、……………………………………….

二三九‧三　一六九‧一　四〇八‧四

A3. 五个银行——俄亚彼得格勒银行、唐亚银行、组合银行、莫斯科银行、俄法商业银行………………………………………………………………………………

七一一‧八　六六一‧二　一‧三七三‧〇

共计　十一个银行…………………………………………………………………

一‧三六四‧八　一‧六八九‧四　三‧〇五四‧二

B. 八个银行——莫斯科商人银行、瓦窝加姆斯克银行、云克公司、彼得格勒商业银行(从前为费裴堡银行)、莫斯科银行(从前为拉波星斯基银行)、莫斯科期票收买银行、莫斯科商业银行、莫斯科私人银行……………………………………………
　　五〇四·二　　三九一·一　　八九五·二
　　总计　　十九个银行……………………………………………………………………
　　一·八六九·〇　　二·〇八〇·五　　三·九四九·五

照上面这表，主要银行资本四十万万卢布中，有三十万万（或总资本底四分之三以上【）】，是为那些在实质上是外国银行底"子女公司"的银行所支配。第一类是法国三大银行——巴黎联合银行 The Union Parisiennc，巴爱银行 Bangnede Parisetd Irland 和普通银行 La Societc Cenerale。第二类是柏林二大银行——法意志银行和狄斯康银行。俄国国外商业银行和彼得格勒商业银行这二大银行，它们底资本，在一九一二年，从四百四十万卢布，增为九百八十万卢布；预备金从一千五百万卢布，增为三千九百万卢布。它们底资本有四分之三，是德国的。国外商业银行的，是属于柏林底德意志银行，彼得格勒商业银行的，是属于柏林底狄斯康银行。

柏林银行，既然拥有股票之大部，俄国底股东，就没有权力。阿淦德对于这事，是很愤怒的。因为输出资本的国家，

当然获得极大部分的赢利。例如：柏林底德意志银行，将西比利亚银行底股票，输入德国。股票藏在保险箱一年后，售卖出去。价钱增为百分之一九三，而买时是照票面的价码的。荷兰银行这样所获得的赢利，就共有六百万卢布，差不多为所投资本底百分之一百。希法定称这种赢利为"发行证券的赢利"Flotatiov Profit。

彼得格勒主要的银行，约可获利八十二万五千万〇〇卢布——精确些说，是八十二万三千五百万卢布。这是阿淦德所估值的。而"参与"的银行——不如说是外国银行所支配的银行——所得的，可分配如下：法国银行得百分之五十五；英国银行得百分之十；德国银行得百分之三十五。这八十二万三千五百万卢布中，有三十六万八千七百万卢布——总数底百分之四十以上——是从挥发油、金属、和塞门德土底工业来的。这样看起来，银行的资本与工业的资本间的联合，在俄国已到创立"资本主义的垄断"了！

金融资本，集中于少数人底手里，而在事实上又是一种垄断，从"发行证券"、股票保险、政府借款这些地方，取得赢利；这赢利是天天加大的。金融贵族底权力，就增大起来，全国对于垄断者，都要贡献他们一些礼物了！希法定举有美国托拉斯操纵的一个例子。汉夫默耶 Havemeyer 并合十五个小公司，而组成一个糖业托拉斯。资本共有六百五十万美金。后来资本增到——美国称为"涨高"——五千万美金。这投进去的过度的资本，将来的赢利，是从垄断得来的，和美国钢铁托拉斯一样。钢铁托拉斯底过度的资本，将所有的铁砂，都购买起来。使只是它有铁砂。那么，从这种垄断，就获得赢利了！糖业托拉斯，也是这样。它底资本，有十分之六，是"涨高"的。但糖价是专利的。能获得赢利，付百分之十的股息。

这托拉斯底资本，在一九〇九年，是九千万美金。二十二年中，增加不止十倍。

金融贵族政治底统治，在法国形式略有不同。四个主要银行，有"他人所不能有"的发行证券权利。它们实是组成一个大银行底托拉斯。这"垄断者的联合"，从发

行各种证券，而获得垄断的赢利。它们销售借券的时候，发行这借券的国家，所收得的，从没有高过票价底百分之九十。所余下的百分之十，当作佣钱，为银行所得。四万万佛朗的中俄借款，它们获得百分之八的赢利；一九〇四年八万万佛朗的俄国借款，它们获得百分之十的赢利；一九〇四年六千二百五十万佛朗的马力葛借款，它们获得百分之一八又四分之三的赢利。

资本主义底起首，就是小的放债受利的人，发达到极点，放债成为一大规模的。里锡士 Lyeis 称法国人为欧洲底放债收利者。一切经济生活底条件，很受这资本主义底新化身所影响。虽是人口，工业，商业，和海洋交通停顿，国家也能从放重利的借款而致富，有五十人，他们所有的，是八百万佛朗，但他们却支配着存于四大银行的二十万万佛朗。我们上面已经说过的"参与"制度，有下列这些结果：四大银行之一（普通银行）发行一"子女公司"（埃及炼糖公司 Egyption Refihing Works）底六万四千张借券。借券的价格，卖到一百五十佛朗；这就是说，银行每一个元就赚五角。后来埃及炼糖公司底股息，完全虚空。民众所损失的，已经在九千万至一万万佛朗了！普通银行底理事，有一人是埃及炼糖公司底理事部部员。所以，里锡士所说的话，是没有什么奇怪的。他说："法国是一个金融的专制国，伊底金融贵族政治，是全权的，报馆与政府，都为它所管。"

发行借券这厚利的生意，是金融资本底一主要职务，在金融寡头政治底发达和金融寡头政治底获得权力中，是很重要的。德国杂志银行说："比抛售国外借款利息更好的营业，简直没有。"

"没有一种银行生意，利厚过于发行借券。"据德国经济学报 German Ecouomist 所说，发行工业借券所造成的赢利如下：

一八九五年	百分之三八·六
一八九六年	百分之三六·一
一八九七年	百分之六六·七
一八九八年	百分之六七·七
一八九九年	百分之六六·九
一九〇〇年	百分之五五·二

"自一八九一年到一九〇〇年，从发行德国工业借券所获得的赢利，共有十万万马克。"

在工商业顺利的时候，金融资本获得这么高的赢利，到工商业衰落的时候，无利可获的小企业，没有法子可想，大银行就乘机"参与"这些小企业，大唱"恢复"和"改组"的调。破产的商人，"恢复"之后，他所有的股票资本，就减少了；这就是说，赢利的分配，是按照一更高的比例。或是，从前的资本，赚钱的能力极小，赢利缩减到没有，只好再加进新的资本，才有利可夺。"恢复"和"改组"这些动作，诚如希法定所说，对于银行，是两面有利的。一面是厚利的生意，一面是银行扩张权力到那"财政陷于困难地步"的公司之机会。

例如在一八七二年成立的度德幕组合冶金公司 Union me ta Brugie works of Dortmund，发行的股票，共值四千万万马克，在第一年，价目涨到百分之一七〇，股息付百分之十二。法国底资本家，拥有二千八百万马克。狄斯康多公司，是一极大银行，有三〇〇·〇〇〇·〇〇〇马克资本；助这公司组织成功。后来这公司底股票，股息一点都没有。那么，股东就都赞成"改组"。这就是说，他们赞同失去他们所投进去的资本底一部，使不会全失。结果，这公司底账簿，表示在过去三十年中，共浪费去七三·〇〇〇·〇〇〇马克，这款就截去。"现在老股东所有的，不上他们所投进去的百分之五，可是，公司'改组'一次，银行就赚一次钱。"

金融资本还有一种极厚利的生意，就是，在发达极快的城市边界地产中投机。

银行专利和运输专利，在这个地方，就很能合作。地产底价格，大都要有好的铁道与城市中心联接，才能够涨高。这些交通机关，是为大公司所支配。再由"参与"制度和互相关连的理事，而与银行联络。结果和投稿于"银行"的德国著作家耶士威 Eschwege 所说一样，是一"泥地"。近城的地产中投机，建筑大公司——如柏林底波斯瓦和诺尔 Boeware and Rnauer 这二公司——从"坚固"的德意志银行，贷得一万万马克，后来破产；小投资者和工人，因建筑公司倒闭而败减；有许多关连的事业如柏林警察，与发给报告和建筑照会的管理机关，也都受累。

"美国底伦理"，欧洲大学教授和好意的资产阶级，都对它假怒。在金融资本底时代，却变为世界各处各大城市的伦理了！

一九一四年首，柏林有一运输托拉斯，方在组织中；这就是说，柏林底三大运输公司——电气铁路，电车，和搭客马车，这三个公司——将实行利益均分。"银行"说："当我们听见搭客马车公司底股票，大都被电气铁路公司和电车公司所得的时候，就晓得是在那里计画运输托拉斯了。他们所以要筹画这个托拉斯，我们可以想是希望运输各线由联合支配，就可以经济些，因为利益民众。可是，这个问题，并不这么简单，此外还有许多事实。运输托拉斯底组织，背后是有银行在那里指使的。这些银行，能——若是它们要——利用所集中的交通路线，来为它们自己的地产底利益。【"】

"我们若要晓得这个假定，究竟有几何可靠，一定要记得当电气铁路公司组织成功的时候，那管理电气铁路公司的大银行，很注意它底利益。这公司底利益，与地产公司底利益，是很有密切的关联的。"

"那公司底东面路线，是为地产底利益的。新路建筑成功之后，银行就将这地产卖去，获得了极巨赢利，为银行和少数有关系的个人得去。"

专利一成立，和支配的款一巨，那么，不管政治的和其他的条件怎样，社会的生活，都受它底影响。德国底经济学者，常要夸言普鲁士管理底诚实，而责法国在筑巴拿马运河时，和美国在政治上的贿赂。可是，事实还是事实，守旧的著作家，论及德国的银行事业的时候，也一定要说出许多事实，是不能再为"纯粹金融的动作"的。

例如，官吏接受银行位置的，天天增多。"官吏渴望欲在德意志银行中，求得一快乐的地位。但是，他们哪种不受贿赂的性质呢？""银行"的主笔龙思伯 Laushurg 在一九〇九年，著有一篇论文，名为巴增迤主义底经济的意义 The Ecouomic Siguificauce of Eyzoutinisn 龙式在这篇论文中讨论别的事情，中间插入威廉第二到巴力斯坦 Palestine 的旅行，和"这旅行底近果，是建筑巴尔干铁路。这是德国工业底顶要的大事业，对于爱德华第六 Ebwabd M 所努力建筑来绕德国的'铁圈'Ironrio 比其他一切政治上失败，还要负责【"】。

耶士威在一九一二年，著有一篇论文，名为金钱政治与分部政治 Plutocracy and Burean racy 宣布一官吏的行动。这官吏是一托拉斯监察部底部员，隔几时后又得钢铁公司同盟底很肥地位。有许多与这样类似的事情，决不是偶然的。所以，这守旧的著作家，没有法子，只好承认"德国宪法所保证的许多经济生活范围里的自由，是一种毫无意义的话"。和金钱政治与政府携手时，"顶广阔的政治自由，并不能使我们不变为奴隶的国家。"

单说俄国，我有一举例。几年之前。[，]报纸都说信托监督所 Creit Chsnoelry 底理事，有某"大卫度"Daridof，舍去政府职务，而接受一大银行底位置。信托监督所是一种行政官厅，它底职务，是去"统一政府底金融机关底活动"。这官厅津贴彼得格勒和莫斯科底银行，多至从八万万到十万万卢布。

资本主义在单拥有资本与用资本于工业两者之间造出区别；现币与工业的和商业的资本差别；单靠从钱币所得的收入而生活的资本家与各种将资本应用于各种工业的商人，也有分别。

帝国主义——金融资本底握权——是资本主义之更进一步，使上面所说那些区别，一千倍明显。金融资本底势力伸入别种资本，使纯粹的，和简单的资本家与金融贵族，居于主治地位。又将政府分为二部，一是在金融上有势力的，一是没有。

股票"发行"底统计，将那种现象底范围，显给我们看。

纽玛克 Neumark 在国际统计会会报 Bulletin of the Inst tute of Inte national Statisns，发表一个世界发行证券的顶详细和顶完全的报告。在经济的著作中，常时有人引用他这报告。下面所列的，就是过去四十年间的总数。

每十年中所发行的纸币(以十万万佛朗为单位)

一八七一——一八八〇年	七六·一
一八八一——一八九〇年	六四·五
一八九一——一九〇〇年	一〇〇·四
一九〇一——一九一〇年	一九七·八

在一八七〇年到一八八〇年之间，纸币发行的数目，因为普法战争后成立了借款，和因为德国商业的活动，所以，数目涨高。大概而言，证券在上面所说的过去三

十年间,总数并不增加十分快。止有到末了十年,总数才增到极高。在一九〇一年与一九一〇年间,差不多增加了一倍。二十世纪底曙[暑]期,不单是为我们上章所说过的专利,加德,公司同盟,托拉斯底发达中的转向点,但也是金融资本底发长中的转向点。

纽玛克估定一九一〇年世界各国所有的证券,其值八千一百五十万万佛朗。他恐怕所算的借券,或者会重复,所以,将这数目减为五千七百五十万万或六千万万佛朗。下表是指示各国所拥有的债券。(以十万万佛朗为单位)

英	一四二
美	一三二
法	一一〇
德	一九五
俄	三一
奥匈	二四
意	一四
日	一二
荷	一二·五
比	七·五
西	七·五
瑞	六·二五
丹	三·七五
其他	二·五

合共　　六〇〇·〇〇〇·〇〇〇·〇〇〇法郎

我们一看就晓得顶富的四国,各拥有从千万万至千五百万万佛郎的,与众不同。这四国中,有二国——英,法——是顶旧的国家,有极大的殖民地。其余二国——美,德——从工业中的,"资本主义的专利"底发展和生长看起来,是最新的资本主义国家。这四国所拥有的证券,共有四千七百万万佛郎,差不多占全世界的金融资本底百分之八十。他国是这四大国——金融资本底四大柱石——底国际银行家的负债者或跟从者。

第四章　资本底输出

在旧资本主义和"无限制的"竞争之下,顶特殊的现象,就是输出货物。近来的资本主义,专利得势,顶主要的,却是输出资本。

资本主义就是商品底生产达到最高点。劳动自身,也成为商品。国家的、和国际的物品交易,为资本主义底顶显明的特质。

各种企业和工业各部,在各国的发展,并不均匀,和没有一定。这是在资本主义下所不能避免的结果。英国之成为资本主义国家,是比别国来得先。在十九世纪中期,施行自由贸易。它做世界底工场,将制成的物品,输出别国,而别国将原料来供给它。但在十九世纪最后二十五年之间,英国这种专利,就开始失去了!为什么呢?因为有许多他国,用高税则来保护工业,而发达成为独立的资本主义的强国。二十世纪底曙[暑]期,我们亲看见有一种新式的专利,发长起来,就是:第一,在资本主义已经发达的国家里,资本家联合起来,成为一种"专利的联合";第二,过富的国家,资本集积极巨,因而获得"专利的地位"。最进步的国家中,资本是太多的。

资本主义若能发达那"比工业落后的"农业;资本主义若能提高"虽然科学前进、而还是贫穷和在饥饿线边过活"的民众底生活程度,那么,我们就用不着说资本底太多了!

小资产阶级批评资本主义所说的话,就是这样。但是,资本主义若去发达农业和提高民众底生活程度,就不成为资本主义了!为什么呢?因为发达底不均和民众极低生活程度,是这种生产底根本的、和不能免的条件、前提。

资本主义若一日是资本主义,资本底赢利,就一日不用来提高民众——不论哪国的——底生活程度,因为若这样行,就减低资本家庭赢利。资本要增加赢利,就输到工业未发达的外国去。

工业未发达的国家,资本家底人数极少,土地底价格极低,劳动和原料极廉。所以,资本底赢利,大都是很高的。资本输出底目的,就是要在工业未发达的国家里,建筑铁路,供给发达工业所必需的第一要素,使工业未发达的国家,也被世界资本主义所掠夺。在另一方面,有许多地方,资本主义已经过熟,且农业落后,民众穷乏,投资没有厚利,所以,资本不得不输出。

英、法、德三强国所输出的资本大概如下:

投资外国的资本(以十万万佛郎为单位)

英:

一八六二年	一八七二年	一八八二年	一八九二年	一九〇二年	一九一四年
三·六	一五	二二	四二	六二	七五至一〇〇

法:

—	一八六九年	一八八〇年	一八九〇年	一九〇二年	一九一四年
—	一〇	一五	二〇	二七至三七	六〇

德：

—	—	—	一八九〇年	一九〇二年	一九一四年
—	—	未知	未知	一二·五	四四

我们一看这表，就晓得资本底输出，在二十世纪底起首，数目才大的。大战之前，这三大强国底国外投资，总共在一千七百五十万万和二千万万之间。从这些投资所获得的赢利，以顶通常的利率百分之五计算，每年一定是在八十万万和百万万佛郎之间。这就是，帝国主义征服大部分国家而掠夺伊[尹]们的坚实基础，和少数极富强国底"少数资本主义的寄生虫"赖以生存的坚实基础。

我们要先看国外投资是怎样分配，然后才能了解现代帝国主义底普通工作。

一九一〇年国外投资底分配（以十万万马克为单位）

	欧洲	美洲	亚、非、澳三洲	合共
英	四	三七	二九	七〇
法	二三	四	八	三五
德	一八	一〇	七	三五
共计	四五	五一	四四	一四〇

我们先看这些国外投资，在地球各部中，怎样分配，然后看在世界各部中的分配。资本底输出，在这种情形中，是依靠着拥有巨大的殖民地。殖民地对于帝国主义之重要，我们在后面再说。法国却不同。它底国外投资，大都是在欧洲，尤其是在俄国；并且，不是工业的投资，而是借给外国政府的借款。英国底帝国主义，可说是殖民地的帝国主义；法国底帝国主义，不如说是"放债收利"的帝国主义。德国底地位，也是不同。它底殖民地，不是丰富的；而且，它底国外投资，差不多是欧美二洲均分。

资本一输入那国，就发达那国底资本主义。设若这输出资本的国家，因这资本输出，而有"一定限度的"停滞，那么，在别方面，却使资本主义在全世界发达得更广更深。

输出资本的国家，常经营国外投资有利可获。这种赢利底性质，对于这金融资本和专利底特殊时代，很有关系，能够帮助我们了解这一时代。一九一三年十月的"银行"说：

"在国际的金融市场中，是演着一出戏剧，是很值得亚里斯多蕃来写的，许多政府，自西班牙至巴尔干，自俄罗斯至阿根廷，自波斯至中国，都跑入这金融市场，急要借款。现在的货币市场，虽然情形不十分顺利，前途也未可乐观。但是，大家都恐怕这市场不做，别的市场也要做这借款而获得极巨的利益；所以，没有一个市场敢拒绝的。这些国际的生意，债主常获一定特权，如：商约，煤田，建筑海港的条约，肥沃的租地，定购大炮等。"

金融资本生"专利的时代"，而专利却自有专利的原理。他不在公开的市场中竞争了，而种种有"良好的关连"，自然可以得利。这是一个老的轶事：借款的时候，规定借款底一部，用来购买债权国的商品，尤其是轮船和军火。法国在最近二十年间，常用这种方法。输出资本到别国去，成为帮助货物输出到那国去的一种手段。当这借款与大企业有关系的时候，尤其是这样。斯齐拉 Schiller 狠客气地说是"几乎等于一手操纵了"。德国的克拉普公司，法国底斯奈德 Schneider 公司和英国底阿斯珞 Armstrong 公司，是代表那些与大银政府行有密切联络的公司，和那些公司成立了借款，是不论那时都赖不去的。

法国在一九〇五年九月十六号借款给俄国的时候，它强迫俄国将一定的商业上特权，给与法国资本家。特权有效的时期，是到一九一七年。它在一九一一年八月十九日借款给日本的时候，也是这样。奥国与塞比亚 Serbia 从一九〇六年至一九一一年——中间只停七个月——的税则战争，是归于澳法二国，争供给塞比亚的军用品。德正奈 Descnanel 在一九一二年正月的代表会议 Chamber Deaties 说法国底公司，卖给塞比亚的军用品，从一九〇八年到一九一一年，共有四千五百万佛朗。

巴尔赛宝罗的奥匈联邦底委员 Ausths Hungauan consul in Saon Paulo Beazil 说："巴西底铁道，大都是用法·比·英·德这几国资本造成的。不论在什么时候，当它们订下什么关系建筑铁路的金融条约，这几国都要求筑路所需要的材料，都由它供给。"

这样，金融资本就将罩着全地球了！殖民地的银行及支行，对于这事，是很重要的。德国底帝国主义者，对于旧的殖民地帝国，为巨大富源，都很歆羡。英国在一九〇四年，有五十个殖民地银行与二千二百七十九个支行，在一九〇二年，有七十二个银行与五千四百四十九个支行。法国有二十个银行与一百三十六个支行。荷兰有十六个银行与六十八个支行。德国有十三个银行与七十个支行。美国底资本家，对于德国在非洲有五个银行和四十个支行。[，]与英国有五个银行与七十个支行，十分歆羡。

英德二国，在过去二十五年中，投入阿根廷 Argentin【、】巴西，和乌拉圭 Urugvar 这三国，共有四十万万美金，而这三国底贸易，有百分之四十六，是被英德二国所支配。

第五章　资本家之分割世界

资本家分割国中市场，而起首组织专利组合、加德、公司同盟、托拉斯，在自己国内的生产，差不多完全为他们所支配。

国中市场，在资本主义下，一定被国外商业所束缚。资本输出一增加，主要的专利组合一能支配国外的和殖民地的市场，这些组合，就自己互相订立国际的协约。国际的托拉斯就组成了！

这是世界资本,生产底集中之新进的一步。这一步比从前那一步远得多了!我们对于那些"太上的专利"底发长,研究一下。

电气工业从技术的进步一方面看起来,是十九世纪末叶和二十世纪初叶的资本主义底特色。它在英、德这二个极进步的资本主义国家,已达到最高点。一九〇〇年底恐慌,使这工业发达得极快。

银行与工业联络得极密切,在那个时代,加速小公司失败和为大公司所吸收。耶德尔说:"银行不肯帮助那些顶需着帮助的公司,而让那些对于银行没有什么密切关系的公司破产。"

结果。一九〇〇年后,集中极速。到一九〇〇年,电气工业有七八个团体,每一团体,有几个社会,合共二十八个会社,而每一团体又有几个——从二到十一——银行在后面扶持。

在一九〇八年和一九一二年间,那些团体,并合为二——不如说是一——团体。至于怎样组织成功,看下表就晓得:

惠尔登、基拉姆公司(南马亚公司)惠尔登,南马亚电气公司

息孟斯、哈尔斯克公司(斯克特公司)息孟斯、哈尔斯克、斯克特公司

勃克孟公司——勃克孟公司

克末公司——在一九〇〇年失败

在一九一二年阿尔美电气公司、息孟斯、哈尔斯克、斯克特公司在一九〇八年合作得很紧密【。】

著名的阿尔美电气公司,现在所支配的,有百七十五国,共有二百个会社,资本约为十万五千万马克,它有三十四个直接的国外代理处。这三十四个代理处中,有十二个是股票公司,分布于十个国家。

投于外国的资本,在一九〇四年,共有二万三千三百万马克,换一句话说,阿尔美电气公司,是一伟大的组合,包有十六个制造公司,生产各种东西,从海底电线,隔电的材料,至于汽车,动轮。

欧洲中的集中,不过是美国中的集中底历程底一部分吧!这是什么意思呢?我底意思是:

普通电气公司(美国汤姆生——霍斯东公司在欧洲组成这公司即德国联合电气公司【,】爱迪生公司在欧洲组为"法国爱迪生公司",它底专卖特权,给与德国公司使用即阿尔美电气公司)阿尔美电气公司

这二大电气公司,并合起来。黑宁在他底"电气托拉斯底方法 The Ways of the Electricity Trust【"】这篇论文中写着说:"世界上没有一个电气公司,是离它们而独立的。"

下面这表,给我们一个论及这二个电气托拉斯底获利和活动之范围的观念——虽然是极肤浅的。

		产出货物(以百万马克计)	工人	实利(以百万马克计)
美国	一九〇七年	二五二	二八·〇〇〇	三五·四
	一九一〇年	二九八	三二·〇〇〇	四五·六
德国	一九〇七年	二一六	三〇·七〇〇	一四·五
	一九一〇年	三六二	六〇·八〇〇	二一·七

在一九〇七年，美国和德国底托拉斯，互相了解，而将世界分割竞争就没有了。普通电气公司受得美国和加拿大。阿尔美电气公司受得德、奥、俄、荷、丹、瑞士、土、和巴尔干。又订下一秘密特约，关系"子女公司"辟新工业和尚未分割的地方。有什么发明与实验，则互相利用。

我们看上面这些话，就晓得要与一个差不多为世界托拉斯——拥有数十万万马克，各地有分店、代理处，与代表的——竞争，是何等困难。但这二大托拉斯虽已分割了世界，他们并不能防制因发达不均、战争、失败等所引起的权利之变动，在那时候，他们的分割之间又不得不重新分配。

煤油工业，就是从奋斗得来"重新分配"底好举例。

耶德尔在一九〇五年写着说："世界底煤油市场，依旧是为'洛克费罗 Rockefeller 所支配的美国煤油托拉斯——美孚煤油公司——与开采巴枯 Baku 油田的罗士齐诺贝组合 Rothschnild-Nobelcombine 这二大金融团体所分割。这二个团体，联合得极密切。但有五事危及它们底专利。(一)美国煤油井告罄；(二)在巴枯的孟拓瑟夫 Mantusbef 公司起来竞争；(三)澳斯大利亚发见新油井；(四)罗马尼亚 Rumana 发见新油井；(五)荷兰属地的油井，这些油井是为极富的圣莫耶和特尔 Samueland Tell 底公司所支配，且与英国银行有联络。末了那三种，背后有德国大银行——以荷兰银行为领袖——在。这些银行，有统系底发展煤油工业，例如在罗马尼亚——以求得极要底要点。投于罗马尼亚油井的资本，在一九〇七年，共有一万八千五百万佛郎；其中有七千四百万佛郎，是德国银行投的。"

经济学所称"为分割世界而战"的奋斗就开始。一面是卢克勃罗底煤油托拉斯。这托拉斯要支配世界，所以，在荷兰创立一"子女公司"，收买在荷属印度的煤油井，而试拼命攻击它底主要竞争者——荷英煤油托拉斯 Dutch-English oictrust。一面，德意志银行与其他德国银行，试要支配罗马尼亚，联合俄国来御卢克勃罗公司。卢克勃罗公司资本极巨，运输送发底制度又极完备。这样，战斗必定终止。在一九〇七年，战斗终了，德意志银行完全失败。德意志银行只有二条路可跑；不是拿几百万金来整顿油井，就是屈服。它选后一条路，与煤油托拉斯订下不利的条约。

照那条约，德意志银行不能从事碍及美国公司的事业。德国政府就通过一法律，将煤油贸易，归给政府专利，废去德意志银行与卢克勃罗所订的条约。

煤油的笑剧就开始了！德国金融大王之一——德意志银行底理事克英诺 Guiner，命他底书记，发表了许多言论，鼓动组织煤油专利。柏林最大的银行，都齐动作，报纸满纸登着反对美国托拉斯专制的爱国议论。国会在一九一一年三月十五号，就差不多一致通过一议案，叫政府下令组织一政府底煤油贸易专利。

政府对这人民的意见，是很欢迎的。德意志银行努力遏制美国这竞争者，和要从政府底煤油贸易专利，而获得一厚利生意。它差不多成功了！德国煤油大王已经梦获得与俄国制糖者所得那样巨大的赢利了！只是，德国大银行争分赃物，狄斯康公司宣布德意志银行底贪婪，而德国政府也怕与卢克勃罗战斗；因要得着煤油供给，就要将许多钱来供给罗马尼亚在一九一三年预备战争。专利计画逐暂搁起来。卢克勃罗完全得胜。

德国评论报"银行"在那个时候，说德国只要创立一电气专利，将所有一切的水力，都变为廉价的电流，就能奋斗创立煤油托拉斯了！但它加着说："那种专利。不论在什么时候止要对于生产电气者有利，就可成立。这就是说，当电气工业濒于破产，各处无数私人公司建造的完备电气工场，虽从城市和政府获得专利，而也无利可得的时候，……那么，我们才依赖水力。但这工业在国家直接管理之下，要将水力变为廉价的电力，是不可能的。一定要将电气工业，给与私人的专利。而受政府监察。私人的工业，因有许多工厂关闭，故有利可获。苛性钾 Potash 专利底情形，就是这样。政府获得电气专利，也将如此。那些为美丽学说所蔽的国家社会主义者，应该晓得德国专利，并不是为着消费者底利益，也不是代政府获得一部分赢利，但不过是将政府底款，来恢复那些濒于破产得私人工业的企业罢了！【"】

这就是德国资产阶级的经济学者为事实所迫而承认的。这承认极堪注意。我们看得很清楚，在这金融资本底时代中，私人的和公众的专利，怎样互相妨（防）碍，而都不过是巨大的专利团体中的"为分割世界而战"的战斗之一小部。

集中在商船中，发长极快，也至于分割世界。

德国有二大公司：一为汉美公司 Hambwrg American，一为北德劳特 Orth German Lloyd 公司，共有一万万马克资本、股票、和债券，与值一万八千五百万和一万八千九百万马克的船只。

在别一方面，美国在一九〇三年正月一号，组立国际商船公司 International Mecantile Marive Co.——我们称为摩根托拉斯 Morgan trust——有九只行驶英美间的大邮船，有一万二千万美金的资本。这德国大公司与英美托拉斯，在一九〇三年，订一条约，分割世界与贸易赢利。德国邮船同意不与英美托拉斯竞争英美间的货物和邮客。又开列了所有的海港，设立委员会也管理。这条约有效时期是二十年；并附有条约，说战争时这条约则为无效。

国际的铁道组合，它底历史，也是极明显的。第一次是在一八八四年，当工业大停滞底时期，试联合英、比、德这三国底铁道公司。加入这组合的国家，赞同不在它们所在国的市场竞争，而将国外市场，分割起来。分割的基础是：英国百分之六六——德国百分之二七，比国百分之一四。英国全有印度的市场。有一个英国的公司，不加入这组合。这组合就要合力来攻击它；所费的款，由加入这组合的各公司拿出赢利一部分来充之。后来有二个英国公司退出，这组合就破裂。在随着的营业兴盛这时期，没有缔成什么条约。

德国底钢铁总公司，在一九〇四年底正月组成。在同一年底十一月，国际铁道组合也组成。这国际铁道组合底基础是：英百分之五三·五，德百分之二八·八三，比百分之一七·六七。法国加进这组合，赢利比英、德、比高百分之四·八·五·八·六·四。美国底钢铁托拉斯——美国钢铁公司 The United Steel Corporation——在一九〇五年，加进这组合。澳、西也随后加入。

伏盖斯汀 Vogrlstin 在一九一〇年写着说："地球底分割，是已完了，而大消费者——尤其是国家铁道，却很吃苦，因为在那种世界底分割，他们底利益，是不顾到的。"

在一九〇九年组成的国际铅总公司，将营业分割做五处，德、比、法、西、美这五国底工厂各得一。还有国际火药托拉斯。列夫孟说：德国所有的火药公司，联合得极密切。再与法、美二国底炸药，订立条约，分割世界。

列夫孟列举国际的——包含德国——组合，在一八九七年为四十，到一九一〇年【,】却增为一百。

有好几个有产阶级著作家，说国际的组合，为资本国际化之最著状态之一，证明希望在资本主义制度下的国际和平，是不错的。这种观念，在理论上是妄诞的，在实行上是诡伪的；只有最低下的机会主义者才相信。

国际的组合，指出"资本主义的专利"底发长，和指出资本家各团体间自相战斗所为的东西。后这一点是顶紧要的。可是，战斗所取的形式，随动因而变异；且大都是地方的，和暂时的战斗。所以，不过是阐明过去底历史的，经济的意义吧！战斗底形式，虽然日新月异，但它底要素，它底阶级性质。若阶级区别一天存在，就一天不能变更。有时因要利益着少数有产阶级——譬如说是德国底有产阶级——而将近代经济战斗——为分割世界而战的——底要素，颠倒是非起来，和随时之不同，而变更其所著重的"战斗底小事"。柯祖基就是这样。这是错误的；因为我们所论的。不是德国底有产阶级，而是全世界底有产阶级。资本家之分割世界，并不是出于什么恶意，不过是营业达到集中底一定程度，不得不藉这种方法，来夺些赢利吧！

他们分割世界，是按照他们底资本，权力而分的；因为在资本主义的生产制度之下，分配除了以这些东西为基础之外，再没有别的了！权力并不跟着经济的和政治的发达而变。我们要了解"过去"，一定要晓得权力底差异所解决的问题是什么。至于这些差异，是纯粹经济的或是非经济的，却是一次要的问题，并不能改变最近的资本主义底主要状态。我们若不顾这战斗与资本家分割世界底要素，而徒讨论这战斗与分割底外形，是要以诡辩来废时间。我们一看近代资本主义，就晓得资本家底团体，基于世界底经济的分割，互订条约。政治的团体——或政府——也随着基于世界底疆土的分割，基于为殖民地，为独占领土而战的战斗，缔结条约。

第六章　列强之分割世界

地理学家苏泮 Supan 在他底欧洲殖民地底领土的发达 The Territorial Development

of Europoan Colonies，将殖民地于十九世纪末叶时发达情形，简单地说出来。

欧洲列强和美国底殖民地所占面积。

	非洲	波利尼西亚	亚洲	澳洲	美洲
一八七六年	百分之一〇·八	百分之五六·八	百分之五一·五	百分之一〇〇	百分之二七·五
一九〇〇年	百分之九〇·四	百分之九八·九	百分之五六·五	百分之一〇〇	百分之二七·二
增多	百分之二九·六	百分之四二·一	百分之五·一		百分之〇·三

苏泮在他底结论说："那一时期之最显著的事实，就是非洲和波利伊西亚 Polynesia 这二个地方底分割。"

亚、美二洲，既没有不被占得土地——就是说，没有土地不属于列强——那么，我们就可以比苏泮更进一步，说：那一时期成为问题的最显著的事实，是世界已分割完毕了。这并不是说，从今以后，领土不能重新分配，反之，重新分配是可能的，是必要的；而是说资本主义国家底殖民地政策，目的已经达到，地球上所有的未被占领的土地，现都被占领了。

世界在从前的时候，已被分割，现在是将土地重新分配。这就是说，土地从这统治移过那统治，并不是从独立变为依赖。

我们现在生于，特殊的时代，在这时代中，殖民地扩张于全世界；且这时代与资本主义底发达中最末期，与金融资本，关系很密切。所以，我们一定要详细研究具体的事实，那些事实，不单使我们能指出这时代与前一时代的差异地方，并且能明瞭（了）现在的实在情形。

我们先要答那二个问题：

在金融资本这时代中。我们看出一个比为殖民地的更剧烈的战斗吗？从殖民地底立点看起来，世界现在是怎样分割的？

美国著作家莫里斯 Moris 著有一本关于殖民地历史的书，告诉我们英、法、德这三国在十九世纪殖民地底发长情形。

下表是将数目缩简起来的。

英国	面积（百万英里）	人口	法国	面积（百万英里）	人口	德国	面积（百万英里）	人口
一八三〇年	未明	一二六·四		〇·〇二	〇·五			
一八六〇年	二·五	一四五·一		〇·二	三·四			
一八八〇年	七·七	二六七·九		〇·七	七·五			
一八九九年	九·三	三〇九·〇		三·七	五六·四		一·〇	一四·七

英国征服殖民地顶大，是在一八六〇年和一八八〇年之间和十九世纪末了二十年。法、德二国，伊们底殖民地，是在一八八〇年和一九〇〇年间夺得的。

我们在前面，已经晓得在资本主义底发达中，专利这一时期以前，有一资本主义为自由竞争所支配的时期，从一八六〇年到一八七〇年。

我们现在晓得那时代之后，所获得的殖民地，升加了许多；为分割世界的战斗越发剧烈。这样看起来，从专利的资本推移到金融的资本，一定使为分割世界的战斗加烈，是很显明的。

哈布生 Hobson 在他底帝国主义 Imperislism，说从一八八四年到一九〇〇年这时期，是欧洲列强底扩大的时期。据他所占，英国在那时期，所获得殖民地，是三百七十万方英里，有五千七百万人口；法国是三百万方英里【，】三千六百万人口；比利时是九十万方英里，三千万人口；葡萄牙是八十万方英里，九百万人口。各资本主义国家，在十九世界[纪]末叶，尤其是在一九八〇年，寻觅殖民地，为一件在外交史上大家所共认的事实。

英格兰在自由竞争极盛时代——从一八四〇年到一八六〇年——有产阶级的政治家，对于什么殖民地政策，都加以反对，都以为英国应许殖民地独立，让它们完全脱离。

贝尔 Baer 在一八九八年，著有一篇论文，讨论英国帝国主义底最近的发达，引"具着帝国主义思想"的狄斯雷里 Disraeli 在一八五二年所说的话。狄氏说："殖民地是绕围着我们底项颈的磨石。"英国有名人物，在十九世纪末叶，是帝国主义底预言者罗德士 Cecil Rhodes 和郑伯宁 Joseph Chamerlain，他们应用纯粹为帝国主义的政策。

英国底有产阶级领袖，对于新降生的帝国主义底纯粹经济的，和社会经济的要素间之关系，是很明显的。郑伯宁说帝国主义是唯一的总明的，和经济的政策，并且指明英国现在在世界市场中所遇着的德、美、比这几国底竞争。资本家说，解救的方法，是在专利；他们所以组织加德、公司同盟、托拉斯。有产阶级领袖也说，解救的方法，是在专利；他们所以努力来并世界那还未被他国占领的地方。罗德士底挚友斯特 Stead 说罗氏在一八九五年，当说过下面这话，代他底帝国主义的计画辩护。罗氏说："我昨天在伦敦东角，亲见失业者底会议。听了许多为面包的粗野的演说和呼声之后，跑回家去。在家里将所见所闻的，都一一重新想起来。想后得一结论，就是，帝国主义还要更加帝国主义……我底社会问题解决法，是：我们若要使英国四千万人民，不起来内乱，我们殖民地主义者，就要求获新的领土，以安置这增大的人口，和消[销]售我们工厂所制造的货物。归根到底，这是一食物供给问题。你们若是不要有内乱，就要变为帝国主义者"。

罗德士在一八九五年就这样说：富翁、金融领袖这些人，对于特兰斯瓦战争 Transvaalwar，比其他任何事物。还要负责。

我们将引用苏泮在他论及各国殖民地那本书中的表，以示明世界底领土分配和各种变更的情形。苏泮底表，是论及一八七六年到一九〇〇年的。我们将一八七六年为首，是因为一八七六年，是专利的资本主义以上那种时期底末期；并且可与一九一四年比较。一九一四年底表，是从胡伯纳 Huelner 底地理的统计表 Geograquisal-statisticae Tales 取来的。

苏泮所告诉我们的，只是殖民地面积和人口。我们要使情形更加完满，所以，也要加进非殖民地和半殖民地如波斯，中国，和土耳其这几国底面积，人口。波斯已差不多完全为殖民地。中国和土耳其，却渐渐变为殖民地。

列强的殖民地(面积以百万方料为单位)(人口以百万人民为单位)

			英	俄	法	德	美	日	合共
殖民地	一八七六年	面积	一三·五	一七·〇	〇·九				四〇·四
		人口	二五一·九	一五·九	六〇				二七三八
	一九一四年	面积	三三·五	一七·四	一〇·六	二·九	〇·三	〇·三	六五·〇
		人口	三九三·五	三三·二	五五·五	一二·三	九·七	一九·二	五二三·四
本国	一九一四年	面积	〇·三	五·四	〇·五	〇·五	九·四	〇·四	一六·五
		人口	四六·五	一三六·五	三九·六	六四·九	九七·〇	五三·〇	四三七·二
总共	一九一四年	面积	三三·八	二三·八	一一·一	三·四	九·七	〇·七	八一·五
		人口	四四〇·〇	一六九·一	九五·四	七七·二	一〇六·七	七二·七	九六〇·六

一九一四年其他各国底殖民地(比利时、荷兰等国的)九·九(面积)四五·三(人口)

半殖民地(波斯、中国、土耳其)一四·五(面积)三六一·二(人口)

其他各国二八·〇(面积)二八九·〇(人口)

全世界一三九·九(面积)一六五七·〇(人口)

世界底分割，在二十世纪底曙[暑]期，显已"完毕"。一八七六年以后。殖民地帝国主义发长极快，合并了四千万方粁至六千万方粁之间的土地，差不多增加百分之一百五十。六大强国所占领的土地，等于本国底面积百分之一百五十，即是一千六百万方粁。

有三大强国，在一八七六年，还没有殖民地，而法国所占的也极少。这四大列强在一九一四年，所得的殖民地，就有一千四百十万粁，比欧洲底面积，差不多大一倍半，和有一万万人口。这新的殖民地，分配得极不平均。我们若比较人口积差不多一样的法、德、日这三国底殖民地，法国所有的，比德、日二国所得的合起来，还要多三倍。

从金融资本这点看起来，大约是因为法国在那时期底起首，比德、日二国联合还要富几倍哩。

3月
1日（星期日）

27.《布尔塞维克化底法国共产党与有产阶级化底法国社会党》
（《工人之路》第二十六期，3月1日）

《工人之路》第二十六期刊登卓宣的《布尔塞维克化底法国共产党与有产阶级化底法国社会党》，如下：

今年一月法国共产党在巴黎开第四次全国代表大会；二月法国社会党在格勒罗布间第廿二次全国大会。这两个政党是根本不同的。即前者为代表无产阶级底革命党；后者为代表小有产阶级底改良党。在它们这次大会中，这种小别更表明得十分尽职。

共产党这次大会到有二三九个代表，中间只有大热劳于国家的人们或其代表；（二）反对贿选，削平祸乱的重要军事首领或其代表；（三）各行省及各特别区底高级官吏或其代表；（四）占临时执□邀请有能力有经验者三十余人。这种会议不是军阀底会议么。这种会议能够代表人民利益么，全国民众若果不受他们这会议的宰割，只有一致声讨！

我相信全国民众此次应该得到一个最大的教训：除了推翻一切军阀打倒一切帝国主义国民革命到底以外，任何国民会议都不曾成功，任何会议都不能够解决国是。

（《工人之路》第二十六期，1925年3月1日，署名 卓宣）

28.《莫斯科底工人生活》（《工人之路》第二十六期，3月1日）

《工人之路》第二十六期刊登济光的《莫斯科底工人生活》，如下：

本刊第二十五期有苏俄工业概况一文，将苏俄工农生活说得非常的明白；但那回还是比较远的。最近苏俄底工人生活更有增进。我们且就莫斯科一省来说：莫斯科一省工人平均工钱在去年底就超过战前金属工人工钱为战前百分之九十六又一；纺织工人工钱为百分之一百又四，化学工人工钱为百分之一百一十三又九；食品工人工钱为百分之一百一十七又九；制革工人工钱为百分之一百四十二又五；绳衣工人工钱为百分之一百零四又四；装订书籍工人工钱为百分之一百一十又三。

莫斯科工人底消费统计是：食品费为百分之四十三又六；衣服费及其他重要用品费为百分之二十一；修补及手巾等费为百分之五又三；居住费为百分之五又六；煤气及电等费为百分之八；用于教育政治及社会的费用为百分之四又七。这个我们依然不能说就满意，然而比之资本阶级专政下的工人生活地位。不有上下床之别么？

（《少年》第二十六期，1925年3月1日，署名 济光）

29.《第三国际成立六周年纪念》(《赤光》第二十六期，3月1日)

《赤光》第二十六期刊登《第三国际成立六周年纪念》，如下：

  全世界无产阶级和被压迫民众应该记取：
  一九一九年三月二日第三国际在莫斯科建立起来。六年的经过证明了它是全世界无产阶级革命底大本营【，】它是全世界被压迫民众谋解放底参谋部。
  它是第一国际底唯一的继承者。它不但在理论上是第一国际底经典之保护者。同时在行动上，它是第一国际底执行人。
  列宁主义是帝国主义时代底马克思主义。第三国际就是列宁主义底实行者。
  第三国际反对国际的门失维克(即社会民主党继承了第一国际反对各种小资产阶级的社会主义之互作)。
  第三国际和第一国际底争斗条件根本不同处是：
  第一国际底时代资本主义尚在自由竞争的时代，无产阶级尚无强大的组织。
  第三国际底时代资本主义已到最后一幕，即是说到了帝国主义时代，在它指导之下去实行革命的不但有各国占有群众底共产党【，】并且还有一个无产阶级的国家社会主义苏维埃共和国联邦，它正在履行第一国际底口号：夺取政权是三人阶级底第一使命。
  只有世界无产阶级革命的大爆发可以解放全世界的被压迫民众，只有第三国际能够担负这种工作。我们东方被压迫民众对此光荣的日子能不表示纪念底热忱么。
  过去两月都是可哭的日子，只有此日应该庆祝，应该举手高呼……
  第三国际万岁！
  世界无产阶级革命万岁！
  世界被压迫民众解放万岁！

(《赤光》第二十六期，1925年3月1日)

30.《蒸蒸日上的苏俄工业》(《赤光》第二十六期，3月1日)

《赤光》第二十六期刊登觉奴的《蒸蒸日上的苏俄工业》，如下：

  我们的反对者动辄语："中国此时只应该注重努力生产而不应该注重平均分配"这种说法不但把共产主义误解成均产主义，并且把□□共产主义当成是不生〈的〉产的。然而苏俄底事实是我们没法否认的。我们只消举出苏俄工业进步底事实就〈以〉可以把这种谬说打破了。然而资本家底报纸是不愿意把苏俄底事实照实批[披]露的。他们不是说苏俄停用若干工厂就是说某些工厂减少若干□□他们不知道苏俄要使生产一天一天更集中，自然要停□些。不必要的工厂某些工厂减少工人，而某些工厂底工人却大量的增加，这些都是工业进步底必然现象。

依照苏俄国民经济最高会议底调查：一九二三——二四年度有二八三七个企业继续工作【，】而一九二三年度却有三四三八个企业，到一九二三——二四年度苏俄底产业集中计划更由言论而进于实行，使企业底数目日渐减少；而存在的企业底工人数目却日渐加多。例如一九二二——二三年度平均每个企业有三百八十二个工人。而一九二三年——二四年度平均每个企业都有五百一十五人【。】

国有工业的工人总数在一九二二——二三年为一，三一二，〇〇〇人，到一九二四年则增加到一，四六〇，〇〇〇人【。】

我们还要注意此时这些企业的工人数目已经稳定，不像过去之变动无常。例如一九二二——二三年从第二季以后人数都是往下递减。而一九二三——二四年都是每季都往上增加。

我们还要注意同时出产量也增加了，这不独证明工人数量上增加了，并证明工人质量上之改良。例如：每个工人平均每天出产量的价值在一九二二——二三年为四，一二个卢布；一九二三——二四年则增加到一，七七个卢布，换言之则增加了百分之一十六。

我们比较过两年生产量底增加，可以列成一表：

一九二二——二三年
第一季　　二七九，〇〇〇，〇〇〇卢布
第二季　　二九六，〇〇〇，〇〇〇卢布
第三季　　二八九，〇〇〇，〇〇〇卢布
第四季　　二八六，〇〇〇，〇〇〇卢布
一九二三——二四年
第一季　　三五二，〇〇〇，〇〇〇卢布
第二季　　三七三，〇〇〇，〇〇〇卢布
第三季　　三七五，〇〇〇，〇〇〇卢布
第四季　　三七五，〇〇〇，〇〇〇卢布

我们看了以上这些事实，就知道苏俄底工业不但已经巩固，而且蒸蒸日上，它已在努力使供求得到平衡；它正在为它的新的有数的工作而蓄积财富。

(《赤光》第二十六期，1925年3月1日，署名 觉奴)

10日(星期二)

31.《俄罗斯的政治改造》(《东方杂志》第二十二卷第五号，3月10日)

《东方杂志》第二十二卷第五号刊登周鲠生的《俄罗斯的政治改造》，全文如下：

俄罗斯革命是近世政治史上一个最重大的事变，这个事变不但是根本的改换了俄罗斯政治社会组织的面目，变动了世界的政局，并且在国民政治的解放和改造事业上，供给了世界一个新的模型。

俄罗斯的革命虽然成功于一九一七年，但是革命运动从一九〇五年已经发生。近世俄国革命运动酿酝[酝酿]很久，他的原因伏的很深远。俄罗斯帝国是世界上一个广土众民的大国，他的面积（八百余万方哩）人口（一万万八千余万）都要和现代最大的大不列颠帝国抗衡。实则英帝国领土分散在世界各处，而俄帝国土地则是整块的跨在欧亚两洲；英帝国内人口种族复杂；白种倒少；而俄帝国内人口多属白种，全世界白人四分之一，斯拉夫民族十分之九生息于俄皇治下。这是俄帝国庞大的特点，为其他各国所不及的。然而因为在这个广土众民的帝国中包含了各种小民族，包容了复杂的教派，内政上也就多发生纷争。俄政府的政策是要强迫的使异民族同化于俄人，而以希腊教（俄国国教）压制一切异教派。于是国内民族的不平，教派的仇视，常为俄国政治上不安之一个大原因。

俄帝国是世界上一个专制政治的国家。在十九世纪中欧洲国家和其他文明国家几乎都渐次改行立宪政治，俄国独维持他的君主独裁制度。俄皇是无限的主权者，同时也是国教教会的首领。人民在官僚政治警察政治之压制下，没有言论信教之自由。外国新的政治思想且不得自由输入。俄罗斯国民对于这种后时的专制政治不能长久忍受，要图谋解放。政治的革命是俄罗斯国民解放的第一步。

而就经济上社会上说，俄罗斯分为地主和农民之两大阶级。土地握于少数贵族大地主之手，农民陷于穷苦的奴境。在欧洲农奴（Serfs）制度一般的已经消灭之后，俄国到一八六一年为止犹保存农奴的制度，数千万农民陷于农奴的身分。一八六一年以后，俄皇虽有解放农奴之勇断的举动，但是农民状态，尚没有改善。阶级贫富苦乐之悬隔，引起人民的永久不平。

于是终十九世后半期以至一九一七年革命的俄国历史，是俄罗斯人民争民族的宗教的自由，政治的自由，由社会的经济的自由之历史。可说在俄罗斯革命运动中自始就含着民族运动，自由运动和社会运动的各种势力在里面。

在一八六一年俄皇亚历山大有解放全国农奴之举，这举在俄国历史上总算是一个大的改革。因此一举，俄国私人地主的支配的二三千万农奴恢复了他们的自由。欧洲农奴制度从此全然消灭。一八六一年的俄皇勒令不但废除了农人旧有的劳役，并且对于解放的农奴给以他们原来耕作的土地。但是大部分这项地产的所有权并未寄于农民个人，而依俄国通行的共有思想，寄于农村之集合体。于是农奴虽然解放，农民仍不能达到分有耕地之志愿；他们未取得耕地的所有权，而仍须纳租于农村之集合体，因之他们继续在不满足，不安的状态。除解放农奴以外，亚历山大二世尚准备施行他项改革。他在一八六四年改组地方政府。在全国各区，设立区会（Zemstvos），由区内地主和农民举代表组成，而这些区会又举代表组成省会（Provincial Zemstvos）。这种地方议会得处理若干地方事务，比方道路，学校，病院，卫生诸事；这种机关给人民多少从事公务的机会。但是亚历山大二世的改革一时仅止于此。他说是另外抱有大行改革的志愿，但他所实际能躬行的改革，究未能满足俄国人民的要求。

俄国自由派人士对于改革失望。暴力和急进运动渐得势起来，以代替缓进的自由运动。在十九世纪后半期渐看见虚无党的活动。他们不信任既存的任何制度，无论是独裁君主，正统教会，他们主张推翻一切，重新改造社会。这种思想起初只存在于智识阶级，后来渐实现于行动。同时而西欧发达的社会主义也开始影响于俄国的思想家，尤其是无政府党提倡之暴力主义。

积极的无政府主义是巴枯宁（Bakunin）发展的。他相信资本主义和专制政府应当用武力推翻，否则就是暗杀和恐怖手段也就要使用。因为俄政府压制的结果，许多改革志士不能达到运动的目的而受当局虐待；自由运动落于无政府党之手。无政府党对于他们的压制者使用复仇手段；他们屡次谋暗杀俄皇。适在一八八一年亚力山大二世说是正要发布改革命令的时候，竟被他们暗杀了。这个暗杀事件，激发俄政府的反动政策和压制手段。在短时期内，亚力山大二世的改革大部分被推翻。农民工人都大受压制。同时俄政府严行取缔言论，和思想，出版受限制，许多新闻停止。大学置于严格的监督之下；西方知识不得自由输入。急进党和虚无党受密探的监视迫害，不能自由活动。亚力山大二世被暗杀之后，急进分子失势。在亚力山大三世之治下，俄政府能维持他的地位抵抗一切的进步运动。亚力山大三世的政策后来为尼古拉斯二世（一八九四——九一八年）所继承。

然而在专制政治运用自如，表面上平安无事的局面下，变化的因子渐渐酝酿出来。俄国政治社会大变化的先驱是他的工业革命，这是在农奴解放后十九世纪俄国历史上一件最重要的事。十九世纪后半期以后，俄国生活也渐感受西欧发达的经济的工业的刺戟［激］。Witte之长财政时代，在俄国有一个大的工业发达开始。俄法之间刚结同盟，大部资本来自法国。农民因为耕地不足也向城市谋生活。俄政府增加关税，保护新工业，工场增多，城市住民也就大增加起来。并且铁路建设进行迅速，路线骤然扩张，影响俄国社会经济状况。

在十九世纪中期，俄国人口十分之九散居于乡村。对于那些无智识而守旧的乡村人民，以前的改革家思想家不能产生何等印象，而虚无党运动之失败大部分因为这是个有首领而无徒党的运动。工业发达以后，则现有大部城市人口生长出来，有工业的无产阶级，能够迅速的附和那些改革派首领的理想。在莫斯科，圣彼得堡，和波兰诸城市，麋集的工人容易赞助改革运动。在这种状况之下，俄国产生了他的"社会民主党"（Social Democrats）；他希望既存的制度不久可推翻，而后就行社会主义。

俄国改革派的新首领固然比较旧首领起来，容易获得徒党，然而俄国究竟根本的尚是农业国，在十九世之结末，城市的人口仍不过占全国人口百分之十四。不过新思想的影响渐又及于原来不动的农人。"社会民主党"把城市的工人组织起来，他们谋依罢工的手段改善他们的状态，求得需要的改革。而在那些没有土地或没有足以自给的充分土地的农人之中，则有"社会主义革命党"（Socialist Revolutionary Party）生长出来；这些农人想把大地主的地产取来，分成小的产业。

然而俄国政治上的大变动最后从直接影响于全国人民的祸事促发起来，这就是一九〇四—五年的日俄战争。在一九〇四—五年中的日俄战争中，俄军屡遭打败。最后俄政府所以急于承认订立朴资穆斯和约，大半因为国内人心的不安和骚乱发生，他的政府的全部构造似有就要倾倒的势子。俄政府依武力，依压制政策，依秘密警察和军队以拥护的制度，似乎惟有在俄国〈在〉平和状态的时候，才能够维持下去。今则俄政府从事于人民利益不相干的远征，消耗多量金钱生命，增加群众的不安。如果俄军获有大胜利，那末，外面的武威光荣也许可以压住内部的不平。但是一旦海上陆上的败报频来，众怒齐起；而因为战争的败局更以暴露官僚的腐败无用，而使人民顿增轻视政府之念，以为不足畏。并且因为战时军队开赴前敌，首都空处，政府无力对付人民的反抗。于是在战败之危急情状中，城市的工人中急进分子，乡村中急进的农民，并至上流中流阶级中的自由派和凡一切被压制的民族——波兰人，芬兰人，犹太人——大家都起来攻击政府，其势不可抵抗。

从一九〇四年七月以后，著名压制的政府要人和官吏接连的被暗杀。在城市中，工人宣告总同盟罢工，而这时候宣告罢工，更加引起一般恐慌。在乡村中，则愤怒而无智识的农民，开始驱逐贵族地主，焚毁他们的房屋，夺取他们的土地，如同一世纪以前法国农民的行事一样的。在有些地方，铁路交通停断，而在有些地方，武装的叛乱发生。在所谓 Red Sunday 的一天，就是：一九〇五年一月二十二日有一长的行列的罢工者于一教士领率之下，向俄皇呈递请愿书，军队向他们开枪；而这件流血的事变引起全国人心的激昂。在这个时期中，上流阶级的自由派人士也要求改革，而和其他人士一同要求收束战事。

俄皇尼古拉斯二世在那样的内外情势之下不得不顺从这一般要求。他起初想以小小的改革了事；他对于波兰人犹太人让步，恢复芬兰宪法，取消农民的欠税。但人要求他召集国民议会，而在一九〇五年八月发布一道法律，设立帝国议会（Duma）协赞立法之事。俄皇仍宣言，俄国的根本法，维持独裁权如故；而叛乱和罢工之举继续并行。俄皇罢免那些以前有势力的反动派官僚，而任令有名的财政家 Witte 为新内阁总理。后来乃有所谓"十月宣言"（October Manifesto）之发布。由是决定实行立宪，给予人民以言论，信教，结社的自由，而约定此后非得国会协赞，不立新法。

一九〇五年的立宪本来是在俄政府危弱的时候造成功的。俄国的官僚和多数上流阶级极力反对这举，不愿意对人民有何让步。而在他方面，则急进派不以这程度的改革为足，他们觉得他们的运动无所成就，他们要进图更重大的根本改革。自由党中则分两派。在一方有所谓"十月派"（Octoberist）；他们对于俄皇在"十月宣言"中给予的权力让步表示满足；他们所希望的是一个强有力的俄罗斯。在他方有"立宪民主党"（Constitutional Democrats 或缩称 Cadets），以有名的政论家 Miliukov 为首领，主张英法式的议院政府，要求建设一个完全由人民代表监督之政府；而对于俄帝国之各部分则主张建立一种联邦式的联合。

及至一九〇五年九月五日朴资穆斯和约签字，日俄战争终结，俄政府免去了对外的困难，而在内又有兵力可用以压伏[服]反对党。贵族，大地主和反动派的人们随即联合起来，攻击急进党人推翻以前的改革，同时俄皇也开始撤消他所赋予国会之权能。在一九〇六年五月第一届国会集会，然而他不能监督政府，而于苦斗之后，结果在七月里被俄皇解散了。我们在讲说后来俄国国会对于政府的争斗史以前，不能不先说明一九〇五年俄皇立宪的程度。

依一九〇五年的宪法，俄国立法部以国会（Duma）和参议院（Council of State）之两院组成。国会事实上出自普通选举；而参议院则半由选举半由任命的人员组成。两院的同意和俄皇的裁可为法律案成立的要件；俄皇对于立法有绝对的否决权。国会的权限涉及一切的立法，但关于皇室经费和财产，陆海军，和芬兰之事除外，这些事宜仍归俄皇自己主持。内阁由俄皇任命而对俄皇负责任。中央和地方行政全部受政府里官僚的支配。

在第一届国会的议员，就他们的教派色彩上说，百分之七八十属于希腊教会，百分之十四属罗马旧教，新教和回教只占三分，犹太教占二分多。而就社会阶级上说，议员百分之四十八是代表农人，百分之三十六是贵族代表，其他阶级代表极少。农人之占多数是很可注意的。官僚们起初误以为文盲的迷信的农人在人民中可恃作守旧的尊君的分子。但是事实是和他们的预期相反。因为多年受贫穷的痛苦税吏的诛求，警察的压迫，俄国农人渐渐的把他们所受的害归咎于政府。第一届国会中农民议员之不敬重君权的是使官僚们大失所望的事。

第一届国会之选举，没有受政府的干涉。其结果是，国会中充满了国内智识阶级的精华，其中有许多多年为自由奋斗的老手。然而这届国会究竟未能充分发挥他的活动，他只于发表意见，而不能实际转移国政。并且因为受官僚反动派的敌视，他的生命不过七十二日。

第一届国会在一九〇六年七月九日被俄皇解散，俄皇命俄人于秋季举行第二届国会选举。第一届国会议员，尤其是在会中多数的"立宪民主党"不肯承认解散，而以为安全的方法是在集会于外国地方。因为芬兰近在国都，可免于警察的迫害，于是多数议员集会于Viborg地方，而传檄鼓动人民起来要求宪法的权利，拒绝纳税，当兵，以至政府预算经新国会批准为止。俄政府对于他们采行严厉的压迫手段，其结果是，凡署名的人都受刑事处分下狱，并且剥夺了参与下届国会选举的权利。因此一举，在俄国公生活中失去许多能人，受处分的有许多有名的法律家新闻记者。第一届国会议员中继续从事公生活而在第四届国会有议席的不上十余人。

第二届国会在次年召集。这届国会是依第一届国会同一的法律选出的。但一方面俄政府谋用那除去不相宜的候补者之方法影响于选举之进行，而在他方面，原来在第一届国会选举的时候因为工人未得充分的权利而拒绝参加选举的"社会民主党"，今则参加第二届选举。其结果则是第二届国会较之第一届国会色彩更为急进，而同时也包含有更坚决的反动分子。第二届国会继续他反对政府的态度。而不见容于官僚；他存在了百零四天之后又被解散。

于是俄皇下勒令修改国会选举法，以便使国会支配的势力落在旧党和富人阶级之手。一九〇七年六月三日俄皇的勒令修改选举法，等于根本推翻宪政。所谓"六月的法律"注眼在使国会成为官僚的工具。这项法律的两个根本原则是：第一，务必减少非俄罗斯人的分子和非希腊教的分子至于最少限度；第二，增加大地主的代表，而减少城市住民，工人，农人的代表。为实行第一原则，波兰代表由三十七减至十四人，高加索代表由二十九减至十人；而在遇着俄人和希腊教徒居少数的处所则给他们以独立的代表权。至于第二原则则依阶级分别代表之方法以实现；例如五个大都市的住民分为大地主富人和小地主中下级人民之两级，而使他们各选出同数的议员。

第三第四两届国会都依这个所谓"六月的法律"以选出。他们的分子比较第一第二两届为保守的，容易为政府所操纵。从教派彩色上说，第一届希腊教议员占百分之七十余，而第四届则他们占百分之八十余。而就社会阶级上分别，第一届贵族占百分之三十六，而第四届占百分之五十三；反过来，第一届农人占百分之四十八，第四届减至百分之二十，换句话说，第一届农人几占一半，而在第四届只占五分之一。而依政党的色彩分配，则第一届国会大部分为自由党，急进党和无所属分子，而在第二届则两极端分子，即：反动派和急进党两俱增加。而在第三第四两届国会则反动派和保守党合计起来共占三分之二的多数。不过在第四届国会，反动分子大增加，而自由党分子也多于第三届。当第四届国会开会的时候，有一个温和的保守党（Octoberist）名 Rodzianko 的当选为议长，他演说要求依一九〇五年十月的宣言，实行代议立宪政治。一九〇五年十月的宣言已被一九〇七年六月俄皇的勅令取消，而这个保守党的国会议长，犹敢为上项宣言，可见国会的态度不是政府可以全然左右的。第三届国会平和的过满了法定任期而终局，但一无所成就，他的职务只在批准政府的行为。而至于第四届国会，则直至革命发生尚在行使职权；在欧战期中，他对于政府很表示反对，而渐渐的增加势力。全体说来，俄国国会，对于政府虽然没有势力，而于俄国国民的政治上不为无功用。国会供给俄人一个公然发表意见的演坛，而多少给了国民一点政治教育。

在一九〇五年以后的这种假立宪的局面下，如果俄国对外维持平和状态，俄皇的反动主义的政府能否继续维持权力，又或立宪政治是否可以缓缓的进步，究未可断定。但是一九一四年欧战发生以后，俄国政局大受影响。在欧战的起初，俄人似乎热心从事战争以期解放他们同种的斯拉夫民族。尤其是国会中的自由党极力拥护战争，他们以为惟有胜利之后可望得到他们希望的改革。但是战争进行失利，死伤甚多，供给不足，俄人感受痛苦，渐渐的不满意于政府官僚的行为。及至一九一六年中俄军大取攻势，虽一时见成功，然而牺牲甚大，嗣后军事上再无发展的希望。在这年末，国民元气丧失，无能的政府几不能自支，说是惟求及早对德讲和以为救全之计；而人民则感受苦痛至于不可忍之程度。及至一九一七年开始，震惊世界的大事变，就在俄国发动了。

在一九一七年三月初，因为粮食供给的恐慌，圣彼得堡的饥民开始为面包掠夺，发生暴动，渐至于全城充满了斗争和纷扰。当时首都的防军离叛政府，加入群众。急进分子乘这个时机谋推翻政府。俄皇正在战线前方，首都留守者不能维持秩序和权力。国会中的一部分参加革命运动，设立临时政府。他们要求俄皇退位。三月十五日俄皇宣布退位，而有名的 Romanovs 皇室告终。俄皇虽说将皇位让给他的兄弟密开耳大公，但是后来的情势不复有容帝政复活的余地了。一九一七年俄国革命是欧洲政治史上最关重要的一个大事变，这个事变的效果可从后来俄国的和国际的事变上看出来。东欧从东罗马帝国以来长久维持独裁主义，统治者同时为教会和国家的首领。俄国自居为这种文明的继承者。在欧洲大部分和其他文明世界都发达民主的自治的政府的以后，俄国在政治上独落后，独维持旧式的制度。今则俄人于久维持这个旧制之后，忽然推翻他，而且完全推翻他。临时政府在自由党尤其是"立宪民主党"之手；这个政府戴以 Prince Lvov 和有名的政治家 Miliukov 为首领，而辅之以温和的社会党克伦斯基(Kerensky)。临时政府谋为自由的改革恢复秩序，而极力继续战争。他预备召集一个国民会议，制定新宪法；而此时则对于政治犯宣告大赦，而对于全国男女赋予普通选举权和言论自由。

然而俄国国会中，党派本来纷[分]歧，而在一九一七年革命之初，就有不同政见的党派互争权力，自由党并不能支配革命局面。革命之前俄国政治史可分出四大党派。在最右方有反动党，他们相信皇帝独裁政治，主张废止一切代议制度。其次为保守党，他们承认国会制度，但要使贵族支配国政。左方有自由党(以立宪民主党为中坚)，他们主张议院政治，要增加国会的势力。最左方有急进党(包含着社会民主党)他们要行社会主义。一九一七年的革命虽成于自由党急进党两派势力之手，但是他们的目的不同，他们的地位不同。自由党依国会为根据，倾向君主立宪，至多也只在实现民主议院政治；他们所要的是政治改革，而不是社会革命；他们对外仍主继续进行战事，达到胜利目的。而在地方面，急进党不但要求政治改革，并且要进而实行根本的社会革命；对外也不主张继续战争从事侵略政策。自由党虽然主持临时政府，但不能支配俄国政局，而城市和乡村的社会党急进党，则联络起来纠合工人和政府对抗。代表农民的"社会革命党"之急进派和城市的急进社会党要求更澈[彻]底的革命，要求社会的改造。为达这个目的，他们主张即时了结对外战事。他们的首领说战争是帝国主义者和资本家挑发的，这些人的主要利益在剥削民众。各处的无产阶级应当起来迫他们的政府讲和，而后由人民推翻上流阶级和自私自利的中产阶级和资本家，开始社会党的大改革，如此乃可以给世界民众以自由。这种教义并不新奇，这不过是应用马克思的学说；但这时候他对于饥苦绝望而多数无政治经验的俄罗斯人，好像一种新的福音出世。一九一四年的欧洲大战在全世界产生不安的状态，令人容易信服革命主义。这种教义蔓延于俄罗斯全国，大有以破坏国内秩序，摇动临时政府的地位。德国政府知道利用俄政府这个弱点，而助社会党中的过激派，即世所谓鲍尔希维克党(Bolsheviki)的首领李宁(Lenin)，脱洛斯基(Trotzky)等，由外国回到俄国大开宣传运动。他们教俄国兵士不要服从长官命令，因之军队里一切纪律破坏。最动人的话，是说全国土地将均分于农人；兵士听了这种说法，大家都想回去领受他们的一份土地，前方的俄军不期而自行溃退。社会党人要求所谓民主的和议，标榜大家不割地不赔款之原则。

那时候自由党主持的临时政府谋统治俄国而继续战事，但是他们的权力一天一天的支持不住的了。在许多处所急进党占势力，而选出有兵士，工人，农人代表的"苏维埃"(Soviets),其中尤以圣彼得堡的"兵士和工人的苏维埃"最有势力,自以为代表全国的急进分子。这个"苏维埃"务反对临时政府,而决计自己支配政府。

关于俄国所谓苏维埃,有特别说明的必要。世人一般的或以为俄国的苏维埃,系初次在一九一七年革命时候产生的,实则这种组织在一九〇五年第一次俄国革命的时候已经出现。那时候罢工运动行于全国,而调度的中心就是圣彼得堡的苏维埃。那时候的苏维埃却不是什么工人议会或无产阶级专政的机关,而但具有一个实际的目的,就是,指挥罢工运动。虽则在这项苏维埃中,社会民主党人履行了重要的职役,但是苏维埃却不是社会党的组织,大部分代表是超然于政党之外的。这苏维埃在一九〇五年十月十三日由工人大会组成。在全盛的时候他有五百余人代表许多的工厂业团。为事务执行的便利,为执行总会的决议,他组织有执行委员会。圣彼得堡的苏维埃倡之于先,俄国全国各工业中心也同样的有苏维埃发生,以指挥罢工运动。但是第一次的苏维埃最后随着一九〇五年革命运动之失败而被警察破坏,归于消灭了。

工人阶级的革命组织之苏维埃消灭了十二年之后,又在一九一七年之革命中再出现于俄国。一九一七年第一次圣彼得堡的苏维埃以参加革命的兵士代表和工厂的工人代表组成。这个苏维埃任命有执行委员会和理事部,而且任命有各种委员会。一九一七年成立的圣彼得堡苏维埃,起初就享有重要的政治职役,而其势力一天增加一天。惟以"苏维埃执行委员会"和"国会议员委员会"的谈判,始决定了临时政府的人选和党纲。圣彼得堡苏维埃和临时政府自始就会有冲突的种因。苏维埃自以为对于临时政府的一切政治行动立于监督的地位。而在那方面,临时政府则深忌苏维埃之事事妨碍他的行动,务求除去这个阻力。关于收束战事和对外政策之问题,临时政府和圣彼得堡苏维埃之主张随即发生冲突。因为这个原故,五月中临时政府乃改组而成连合内阁,加入许多社会党员。然而这举仍不足以改善政局。连合内阁成立不久,新的危机又发生。后来自由党阁员退职,各党改推温和社会党首领克伦斯基组织内阁。但克伦斯基的政策犹嫌不澈[彻]底,不能满足急进党的要求。苏维埃仍旧继续压迫政府,干涉国政。克伦斯基最后谋维持政府威权,振起军势而不成功。而在俄军总司令Karilof谋用武力夺取政权失败后,苏维埃对于人民之威望更加增高。十月的鲍尔希维克党革命,即使用"一切权力归苏维埃"的口号以执行的。一九一七年的苏维埃和一九〇五年的苏维埃有个大不同的点,就是,在一九一七年的圣彼得堡苏维埃中,于工人代表之外尚有兵士代表;这个事实于一九一七年苏维埃的活动关系不小。在圣彼得堡以外各大城市和各省,也陆续有苏维埃之自动的成立,他们的形式纷[分]歧,然而要不外工人,兵士,或农人三阶级的代表的组合。这些苏维埃在革命的俄罗斯革命政治组织中取得重要的地位。鲍尔希维克党人于是利用或是助长鼓励苏维埃和临时政府这两个势力之互斗,以达他们自己的政治的目的。临时政府是中产阶级和温和社会党之连合,代表缓进主义,不合鲍尔希维克党人革命的主张。从鲍尔希维克党眼中看来,惟有苏维埃是包容着革命精神,而诚实的代表民众的意思的。于是他们袒护苏维埃,而对于克伦斯基政府施攻击。"一切权力归苏维埃",是他们战斗的口号。而一九一七年十一月这个口号制胜。鲍尔希维克党推倒了克伦斯基政府,而以苏维埃的名义取得政权。

鲍尔希维克党执政以后，李宁政府犹召集以前临时政府准备召集的全俄"国民会议"开会。但鲍尔希维克党政府虽然召集这个会议，却全然没有承认这个会议的权力，服从他的决议的意思。一九一七年中选出的国民会议根本的是一个非鲍尔希维克的集会。虽则那时候中产阶级的首领被捕，而其他压迫手段也曾行使，但在国民会议中仍旧是反对鲍尔希维克主义的人当选为议长，而反对鲍尔希维克党的性质之决议通过于会场。这个会议之存在明明的和鲍尔希维克党之专政不相容。于是鲍尔希维克党政府决然取高压手段，以破坏他的反对势力，而"国民会议"乃于第一次开会，即一九一八年一月十八日，就被解散了。鲍尔希维克党政府在解散国民会议之命令中宣言："工人阶级应当觉悟，中产阶级的议会政治已成过去之事，而与社会主义之实现不相容；惟有阶级的组织（像苏维埃的），而非国民的组织，乃能打破有产阶级的抵抗而树立社会主义的社会之基础。一切为中产阶级的议会政治对于苏维埃权力所加之限制都是退步，而足以破坏十一月的劳农革命。"鲍尔希维克党倚苏维埃做势力的根据，这项组织是没有中产阶级的代表在内的。于是从一九一八年一月以后，苏维埃主义战胜议院政治主义，也就是无产阶级专政主义战胜传习的全民政治主义。第三次，"全俄苏维埃大会"正式宣布建立俄罗斯社会主义联邦苏维埃共和国。及至一九一八年七月，苏维埃共和国宪法最后经第五次"全俄苏维埃大会"批准而成为新俄罗斯国家根本法。

十一月政变以后，鲍尔希维克党执权，俄罗斯的革命乃进入于一个新局面。鲍尔希维克党政府贯彻他们平和的主张，决然抛弃协约国而单独和德国讲和，其结果有 Brest-Litovsk 之和议（一九一八年三月）。在俄国各部反对鲍尔希维克党的分子，起来举行反革命运动，如西伯利亚方面的 Kolchak，南俄的 Denikin，北俄的 Yudenitch 都被陆续打平。到了一九一九年结末，李宁，脱洛斯基的政府势力完全制胜再不可动摇。鲍尔希维克党的成功有种种原因。他们能利用俄人厌苦战祸的心理，而以平分土地之利益诱动农民。他们是抱了一贯的主义而在危急的时候，能以决心和猛力实行做下去的。加以反对他们的一部分人仰给英法方面外援，而因为这种外国的干涉，引起了俄人民族的感情，反对派倒失掉国民的援助。俄国人民虽不见得都欢喜鲍尔希维克党主义，然而却很畏惧旧党的反动，所以在鲍尔希维克党的治下，也就相安了。

鲍尔希维克政府在政治上把俄国建成苏维埃共和国，标榜无产阶级专政的主义；而在社会经济上，则要使俄罗斯社会主义化，收管一切银行铁路和工业，土地化为国有，成为人民共有的财产。有许多法令来实行这些计划，但是有许多处所久已认为失败了。鲍尔希维克政府至于不能不变通原来的主张，而近来有所谓"新经济政策"，不过这不在我们现在所讲的范围。

鲍尔希维克党是从一九一七年十一月政变以后以迄于今，在俄国当权的唯一个党。他的起原和组织之说明，于了解俄国政治为必要。鲍尔希维克党原出自俄国的"社会民主党"。十九世纪末年马克斯主义的宣传者在李宁一流人之主持下组织秘密的工人团体，这种团体起于圣彼得堡，随后推展到各省。一八九七年四月这项秘密的工人团体之代表集会于Minsk。俄国的"社会民主党"，就在那时候产生。在二十世纪初头该党的中央委员会被政府迫害而移设国外；在瑞士发行有新闻。俄国全国渐渐的充满了"社会民主党"的组织，不断的和设在国外的中央委员会交通。及至一九〇三年俄国"社会民主党"第二次大会开在伦敦，而党内因为政见之冲突，分裂为多数少数之两派。现今所谓鲍尔希维克（Bolsheviki）就是多数派的意思；而少数派的称呼则为Mensheviki。分裂之原因在两派关于对中产阶级之关系，土地之社会化和党的组织之意见不同。当一九〇五年俄国第一次革命的时候，鲍尔希维克党参加革命，指挥工人罢工运动。"社会民主党"第三次大会，集会于一九〇五年，而少数派（Mensheviki）不参加。一九〇五年革命以后之政治的反动致鲍尔希维克党又将他的中央委员会移设于外国。在欧战发生之初，鲍尔希维克党置根据地于瑞士。一九一七年三月革命之后，鲍尔希维克党人又回到俄国大肆活动，派遣宣传的人于海陆军中，工业中心和乡村中，许以即时讲和分配土地。一时他们的首领李宁辈被反对党指为通德，他们颇受临时政府的敌视和压迫。在七月中，鲍尔希维克党第六次大会秘密开于圣彼得堡，而至于十月政变之后，鲍尔希维克党执权，成为政府党。鲍尔希维克党第七次大会于一九一八年三月召集以批准Brest-Litovsk和约，该党之冠用"共产党"（Communist Party）之名称就在那时候。从那时候以后，共产党每年一次在三月开会。依该党之组织法，党的最高权属于该党全俄大会，而由这个大会选出来而对大会负责任的"中央委员会"则具有执行的全权。因为这个委员会人数尚嫌太多，行动不便利，于是该委员会又组织个执行机关称为"政治部"。"政治部"以五员组成，党首如故李宁，脱洛斯基辈是常加入的。这个机关是共产党的中心动力，也就是苏维埃共和国全国之动力。李宁曾说："一切对内对外的政策都由政治部处决。"共产党执了政权以后，党员迅速的增加。在第六次大会开会的时候，党员只有二十四万，而在第八次大会增加到三十二万，及到第十次大会则几加至六十万。共产党对于新员入党虽然设有限制的条件，然而党中仍是充满了新党员。共产党员的如此急速增加，不一定全然因为鲍尔希维克主义的制胜，亦且因为他是政府党，而党员享受种种物质的利益，自然引人加入。但同时共产党员也特别受一种严厉的党律的拘束，他们负着一些一般人所不负的义务。

一九一七年十一月鲍尔雪维格党在俄国执政以后，不但根本推翻以前的君主专制状态，并和近世一般的代议制度也相去甚远。俄罗斯的革命是澈[彻]底的革命；是打破传习的政治的社会的组织从[重]新改造的。俄国现时的政治组织规定在一九一八年七月全俄苏维埃大会通过的俄罗斯社会主义联邦苏维埃共和国宪法（Constitution of the Russian Socialist Federated Soviet Republic）。这个宪法可说是一种柔性的宪法，可以依通常立法手段修改的。近世国家的宪法常从运用上造出种种惯例，以至有些处所，渐和原来立法的本意相差。有名柔性的英国宪法，自不待说，就是刚性的美国宪法也是这样。至于现在俄国的宪法，这层情形更显然了。依一九一八年的宪法而定的俄国政府制度是超出现存的政制之外，自成一种新的政制模型。现存的民主国家的政制大概可分三种，就是英法式的内阁制，美国式的总统制和瑞士式的委员政府制。俄国的政制则不属于这三种政制的任何一种，而自成一种制度，就是所谓"苏维埃制"。

这个制度，一切政治权力都以苏维埃为基础，对苏维埃负责任，苏维埃有种种不同的级层。在最下级为农人代表组成的乡村苏维埃；他们选出代表组成"郡苏维埃大会"，和"郡执行委员会"，而由郡苏维埃推出代表组成"县苏维埃大会"和"县执行委员会"。县苏维埃的代表和城市苏维埃代表组成"省苏维埃大会"和"省执行委员会"。最上层是由省大会的代表和城市苏维埃组成的"全俄苏维埃大会"（All-Russian Contral Fxecutive Committee）和"全俄中央执行委员会"。因为俄国一切政权根据苏维埃，所以俄国叫做苏维埃共和国；因为苏维埃政府分子代表工人农人阶级，所以又叫做劳农政府。

苏维埃的组织是从下而上，井然有系统的构造，最重要的当然是"全俄苏维埃大会"，这是宪法上俄国最高主权寄托的地方。但"全俄大会"名义上虽握有国家最高权力，因为人数多开会时期短，只能树立一般大政方针。在他不开会时，他的权力，由他选出一个机关代行，那就是"全俄中央执行委员会"。

就理论上说，"全俄中央执行委员会"权力甚大，依宪法是苏维埃共和国最高的立法行政和监督的机关。"中央执行委员会"同时行使立法行政司法的三项权能，这是俄国政制的特色。近世政治学上所谓分权原则在这里不适用了。但从实际上说来，"中央执行委员会"在政治上的势力却时有增减。

在俄罗斯政治组织中，次于"中央执行委员会"，而实际在政治上最占重要地位的机关，要算"国民委员会"（Council of People's Commissars）了。"国民委员会"可说是俄罗斯政治的动力。"全俄苏维埃大会"和"中央执行委员会"在法律上为握有苏维埃共和国的最高权力的机关，然而实际上则俄国权力集于"国民委员会"。"国民委员会"可以制定命令规则而取一切于政府运用上必要的手段，他〈实〉行使立法行政的两项职权。"国民委员会"由"中央执行委员会"任免，每届"全俄苏维埃大会"开会之后，新选出的"中央执行委员会"随即着手任命"国民委员会"。不过事实上国民委员会人选受共产党的支配；说是每届委员会名单，由共产党提出，常是全体一致采［裁］决的。共产党和苏维埃共和国政府原来不能分开看。俄国政府的对内对外的政策决定的实权操在共产党的"中央委员会"等机关之手，他们裁决"国民委员会"提出的一切实际的具体问题。"国民委员会"不必有独立的意志，而要依从党议以行动。这是实行以党治国的主义了！

世人看见俄国"国民委员会"的机关，很容易把这个制度和瑞士的政府组织混同，也笼统的把他纳在"委员政府制"的一类。实则俄国"国民委员会"和瑞士的委员政府大有分别。第一，在瑞士委员政府制下，行政部在立法部之下，做立法部的代理者。而在俄国苏维埃制下，国民委员会并不是和立法机关对立的，而是兼有立法行政两项职权的。第二，瑞士行政部有一定年限的任期，每届立法部成立选出行政部人员，以后这些人员的地位不能为立法部所左右。在俄国苏维埃制下，国民委员任期无一定年限的保障，他们随时可以撤换的。

苏维埃政制是一种向心的制度。他的构造是层层的由下而上渐次集中的。世人把苏维埃制度比诸一座尖塔；城市和乡村的苏维埃是塔的底基，而"中央执行委员会"

和"国民委员会"就是塔的尖顶。俄国现在各级苏维埃最后还是出自民选。他的选举制度有两个特点：第一是采用职业和团体代表制，这是苏维埃制的特点。俄国的选举不以个人或地域为基础，乃以经济的社会的个体为基础；选举不是代表个人意见，乃是代表团体利益。第二是否认有产阶级和反共产党的人们的参政权。这是实行无产阶级专政主义。俄国现行选举制是有限的选举制，他是故意永久的剥夺国中一部分人民的选举和被选举权的。我们由看苏维埃共和国宪法第六十四条，知他实是完全剥夺中产阶级以上的人的参政权：凡使用他人劳力而自己获利的，不劳而有收入的，商事经纪和教士之类，都没有选举和被选举权。"新经济政策"施行之后，似乎应当变通现存的选举原则，而给有产阶级以参政的机会；可是实际上以种种的障害，有产阶级立于不利的地位，纵获得参政权，也未必能充分利用。

由上面所说的情形看来，我们可以知道从鲍尔希维克党执政以后，俄国政治上经过了一番根本的改造，他是推翻了近世政治的传习，向新的方向而发展的。苏维埃共和国漠视分权的原则，而以一阶级的人垄断政治权力，明明的和近世民主政治主义不相容。不过是鲍尔希维克党自己已表示，一九一八年的苏维埃共和国宪法，实系一种暂时过渡的制度，这是为打破资本主义的社会建立社会主义的社会之过渡时期中的一种组织，为打破资产阶级的政治的经济的势力，有先行无产阶级专政之必要。代表无产阶级的共产党实际构成苏维埃政府的整个相关连的部分。共产党为俄罗斯的真正统治者。该党之所以能指挥操纵俄国之一切政治的经济的机关活动，当是由于该党的中央集权的组织和严厉的纪律。不然要仅以六十万的共产党员在内外敌视的情状中，统治广土众民的俄国，也就不见得可能的了。总之，现今的俄罗斯仍在继续他的社会革命状态中；共产党仍根本的带着革命党的性质，保留着革命的组织。所以现今要平情的判断现行苏维埃共和国的政治制度和共产党的行动，就不能笼统的适用通常的政治理论的了。

(《东方杂志》第二十二卷第五号，1925年3月10日，署名 周鲠生)

16日(星期一)

32.《中山与列宁》(《共进》第七十八期，3月16日)

《共进》第七十八期发表耕青的《中山与列宁》，全文如下：

一千九百二十四年一月二十一日下午六时，代表全世界被压迫阶级合[和]弱小民族利益而奋斗的列宁死了！他的逝世使我们失了革命的导师，全世界被压迫阶级失了他们利益的保护者，谁知距此日只有一年零五十日的一天——三月十二日，上午九时三十分，而代表中国被压迫民众利益而奋斗的中山先生竟与尚未救出中国被压迫各阶级长别了！这两位革命导师的逝世，使全世界被压迫阶级，使东亚被压迫阶级的锁钥不能即刻解除，所以我们皆深感哀痛；但我们不要因哀痛而摇动心志，要永志列宁所予世界劳农运动不朽的事业及他的主义，不要忘记中山为中国民族解放而奋斗的事迹与主义，应当努力继续他们尚未完成的革命工作，以实现全世界被压迫的自由和利益，实现中国的民族解放。

列宁的功业：列宁是马克斯主义唯一的实行者，他依马克斯："劳动者无祖国"的遗训，与使他失意的第二国际——社会民主党奋斗，造成现在代表无产阶级利益而奋斗的新国际——第三国际。指导第三国际去实现国际的劳动运动是他最大的工作。

一千九百十七年，列宁以坚决铁石的意志，统率俄国的无产阶级，推倒俄国的资本主义政府，建设劳农政府。他在俄国一方面组织赤卫军，以训练劳动阶级的武力来抵抗旧势力，一方面还是趋重从经济基础上采取调剂的方法。他看清中等阶级的农民，不是共产党的敌人，是共产党的良友，这是他一千九百二十年公布的新经济政策的重要之点。

列宁自组织苏维埃政府之后，就用"世界劳动者团结啊"的口号，为他的对外政策。他的意思，就是：打破从来国家割据的困袭，扫除从来权利争斗的观念，单依阶级的利害，联合全世界的无产阶级以打倒国际资本帝国主义。

他于俄国革命成功之后，乘着资本主义国家战后的疲弊，竭力援助欧洲各国无产阶级革命运动，使他们明瞭[了]自己阶级的地位，明瞭[了]阶级争斗的急义，更使他们给横行欧洲资本主义一个重大的打击，后来他又注意到亚洲方面，极力帮助各被压迫弱小民族之解放运动，他曾为八国联军入京攻击俄政府，他对于我们中国革命运动，真有一时不注意到的。

列宁的功业，在十月革命成功时，已经狠伟大的表示在我们面前了。他的主义，已在苏维埃俄罗斯实现了。我们且看看世界上，无产阶极革命的组织，日在滋长，而革命的运动，无时或息。世界的大革命，眼看着就要因资本主义的破产爆发了。我们不要说列宁死了，他的主义是永远不会死的。

自国际资本主义侵入中国以后，中国的农业社会基础日渐崩坏，在这样的经济变化的进程中，反对封建制度的民主革命运动，是当然要在中国风涌起来的。国际资本主义发达成了帝国主义的农业落后的中国，横遭那般强盗式的帝国主义者掠夺和欺凌，忍不住殖民地的奴隶待遇，而有民族解放运动的反帝国主义的革命怒潮，也是必然的结果。至于随着资本主义所产生的无产阶级革命运动，乃是不可免的事实。由此以观中国各阶级的革命要求，在社会的经济基础动摇中，是必然发展起来的。客观的事实这样决定了，不是任何人所能阻止制造的。所以中山对于中国革命运动，即是反帝国主义的思想无行动。

中山的事功：甲午之失败，中国民族开始受帝国主义的欺辱，中山先生于此就发起与中会的组织。八国联军之后，是国际帝国主义协同侵略行动的表现，而中山的同盟会组织，因之兴起。这两次重大的中华民族受压迫的历史，迫成了革命先觉提倡反抗运动之革命的秘密组织。辛亥革命是中山先生反抗专制政体封建制度之成功，同时亦是反帝国主义运动之初步的革命工作。然而辛亥革命的结局是失败，这个失败，即表现中山反抗封建制度得之一次挫折。当民国元年南京会议时，中山反对国民党中之稳健派,欲贯彻[彻]自己的主张,同时又反对与满清政府勾结之妥协派,及康梁之君主立宪派,孤力独战,卒至弃政权以图澈[彻]底再举。自是以后中山的革命主张愈以坚决。近数年的事绩,更在反帝国主义之战线上,屡次为中国的民族自由而战。一九二三年的海关问题,一九二四年的商团事件,中山对帝国主义者的明白宣战,更是中华民族反帝国主义运动最光荣的历史。

资本主义统驭了全世界,受压迫的不仅是中国,全世界的弱小民族均在其铁蹄之下被踩躏着,要解放中国的民族,要解放世界的若[弱]小民族,只有全世界的被压迫民族的无产阶级者大联起来,始能打倒帝国主义。但这样一个明□的事实,有许多眼光短视的中国人看不清楚,独中山先生这得非常明白,既主张联合各弱小民族,更能毫不迟疑的亲近无产阶级的国家,苏维埃俄罗斯——其□不仅在解放中华民族,还要维持全世界的被压迫民权的解放。

中山先生竟抛弃他了尚未完成的工作而长逝了!

但是我们又不必悲孙中山之死,我们使孙中山至有永不死的方法——就是接受中山的主义,实行中山的主义。

中山主义:根据中山的已往的言行和遗嘱,中山的主义我们应有下列几点的认识:

1. 三民主义,是中山主义之一大部分,举凡建国方略建国大纲,以及各种演说,各种宣言,却是中山先生主义的重要材料。

2. 不是纯粹的德谟克拉西主义,德谟克拉西,是中山主义之一小部分。中山的主义.[,]"是唤起民众及联合世界上以平等待我的民族共同奋斗。"

3. 是革命的,永无止境的。

我们继续中山的主义,使国民革命,早得实现。那末,中山虽死是莫有妨碍的。并增加了中国民众对于中山主义的认识。

列宁死于俄国革命完成之后,中山死于中国革命尚未完成之先,列宁应用马克斯[思]主义,实行世界被压迫阶级革命运动[,]中山依他的三民主义,做解放中国民族的革命运动,在表面上看起来,似中山对于被压迫阶级的奋斗当不如列宁,其实不然,列宁也说过:"民族革命是全世界被压迫阶级的革命之滥觞。"可知中山先生主张实行国民革命,解放中华民族,其功绩当不在列宁以下。

现在他们竟弃我们而长逝,可是为他们底生涯中所遗留的精神和事业,已足引导我们完成他们所欲为的世界革命和中华民族解放运动。

(《共进》第七十八期,1925年3月16日,署名 耕青)

3月

33.《马克思主义浅说》〔著作(目录,全文)〕

上海书店出版"中国青年社丛书"第三种《马克思主义浅说》,共41页,实价1角。该书为畅销书，在不到一年的时间就发行了 9 版。目次：第一编资本，第二编资本主义的发展，第三编阶级斗争，第四编帝国主义。封面注明：中国青年社丛书第三种 一峯 辟世合编。

全文如下：

第一编 资本

一、货物、交接、金钱

货物□产业的要素，是研究经济学的人所应着手的起点。不问什么货物，也不问他们的性质或体积如何，他们总有一个共同作用，即：供给人的需要。因此，我们就说凡货物都可供给人的需要，亦可说凡货物都有供给人应用的价值，亦可说凡货物都有应用价值。

某一种东西都有一定的应用价值，别样东西不能替代他。例如甲有一斤纸，他不需要纸，而需要一件袄，他决不能将纸作袄用。幸喜乙有一件袄，他不需要袄，而需要纸，那么，甲与乙互相交换，甲以十斤纸换了一件袄。所以我们说货物不仅可供人应用，还可互相交换，货物不仅有应用价值，还有交换价值(亦可简称价值)。

凡货物必须有上边两种条件：一、应用价值；二、交换价值。地上尘土没有用了，不能到市场上去交换，他便没有应用价值，也没有交换价值，他遂不被称为货物。空气能供人呼吸，未经过人工制造，无须乎交换，故空气有应用价值，而没有交换价值，也不得称为货物。

货物由原料和劳动制成的。亦可说每件货物中，除原料外皆是劳动的结晶。举目观察一切交换的东西，都是由人工造成的。凡没有费劳动力的，即没有交换价值，例如空气。反过来说，凡交换的东西，都曾费过劳动力，都是劳动的结晶。因此，就可说劳动产生东西的交换价值(简言之即劳动产生货物的价值)。试看宝石比砖贵得多，因制宝石所用的劳动比制砖所用的劳动多。由此更可知，劳动的多少，能决定交换价值的多少。

两种货物相等才能交换，就是说某种货物与某种货物的原料，同或不同，没有关系，只要造这种货物所用的劳动相等，这两种货物的交换价值就相等。例如十斤纸换一件袄，因出产十斤纸与出产一件袄的劳动相等。甲有十斤纸可换一件袄，但乙有一件袄而不需要纸，也不需要袄，却需要菜。当这时候，甲就不能直接用纸交换乙的袄。怎么办才好呢？不得已还是请金钱来作中间人罢！甲用十斤纸换成钱，然后用钱买乙的袄。乙也拿着钱，再到别处换菜。从此大家都用金钱作货物交换的中间人，用金钱计算货物的价值，久而久之，忘记了货物的本来价值如何，专注意到金钱上去。狡猾者便因而不讲货物本身的交换价值，专讲货物的金钱价值，因为这样，他们便可从中取利。于此我们可用两个公式表明这两种方法：

直接交换：货物——货物

间接交换：货物——金钱——货物

二、资本

在市场上货物的种类虽复杂，交换的情形虽不同，均不能引起我们的注意，独有交换的形式却值得静心分析一下。一个农人到市场上卖一斗麦得一元半钱，再用一元半钱卖一件袄。这一种交换的公式如下：

货物——金钱——货物

还有一个富人拿十元钱买一大批梨，然后再转卖给别人。这种交换公式如下：

金钱——货物——金钱

这两种交换公式不同的点约可分为四项：

A、在第一种公式里（货——钱——货），农人卖麦，意在买袄，金钱不过是卖与买的媒介。在第二种公式中（钱——货——钱），富人买一大批梨，意在转卖。他花钱意在得钱，货物仅用作一个媒介。

B、在第一种公式中（货——钱——货），农人卖货，意在买货供其需要。他卖麦与甲，又从乙处买一件袄，他注意袄的应用价值。他起始于卖，然后买，手中并没余剩下钱。在第二种公式中（钱——货——钱），富人买梨，意在转卖，他不注意梨的应用价值，他只注意梨的交换价值。他起始于买然后卖，最终钱还回到他自己手中。

C、在第一种公式中（货——钱——货），农人用钱换了一件袄，袄被应用了，这笔钱算永远消费了，不能回到他手中。在第二个公式中（钱——货——钱），富人消费了十元，等于将十元借出去，然后再用梨换回钱来。世上绝没有极蠢的人，肯花十元钱买一批梨，又用梨换回十元钱来。他一定设法换十元有余，假如换来十元半，他的钱便比从前增长了。

D、在第一种公式中（货——钱——货），农人因要袄而将麦卖掉，用卖麦的钱去买袄。一旦他的需要满足了，他就停止买或卖。在第二个公式中（钱——货——钱），富人始终希望增长其金钱，他看见有赚钱的机会，就要买或卖，总不肯停止。

总举上的几种分别，明明白白的指示出来，在第一种公式中的金钱，不但不能滋生增长，而且消费了，永远不能回来。在第二种公式中的金钱，永远继续滋生增长。这第二种公式中"为卖而美"所用的钱，就是资本。资本是可以生利的金钱。运用资本生利的人，就是资本家。

三、劳动力、剩余价值

工人没有产业，又没有生产器具，只有劳动力在他的身上。为交换货物起见，为谋生起见，他只好到市场上去卖力，如同农人到市场上卖米卖麦一样。劳动力与其他货物一样，有两种价值（应用价值、交换价值），但劳动力的交换价值与别种东西的交换价值不同，劳动力可以产生价值，换句话说：劳动力可以制造货物。例如五斤棉花可赖劳动力而变成线，线的价值比棉花的价值高。亦可说线含着劳动力比棉花多，所以他的价值比棉花高。又可说线的价值有些是由劳动力产出的。

工人在市场卖力，遇着资本家，资本家向他说：

"你卖力意在谋生,究竟你要多少钱才可以维持生活呢?将你一年的总消费(养你的劳动力及你的家小的消费)计算起来,用三百六十五天除,每日有二角半钱足够了。那么,我买你一日劳动力,给你二角半。"

工人回答:

"我需要一天的生活费,能赚钱吃饭就好了。"

从此工人的劳动力已卖给资本家,完全被资本家自由使用。工人一面作工,几不计较时间的长短,转眼作了十点钟,将五斤棉花制成五斤线。

资本家暗地一算:一斤线可卖七角,五斤线可买三元五角。为买棉花会用去二元半,为制造五斤线所消费的一切器具值五角,为买劳动力付工钱去了二角半,共计消费了三元二角半。那么,三元五角减三元二角半,资本家实赚了二角半。

资本家暗中自喜说:"我买了二角半的劳动力;这劳动力在五点钟内,便产生二斤半线,二斤半线多卖二角半,即可补偿我那二角半的工价。在其余五点钟内,所产生的二斤半线赚了二角半,就都归我所有了。我欺骗了工人。他本来只作五点钟工,就可与我二角半交换,而他作了十点钟,多为我作了五点钟,好不喜欢!"由此看来,前五点钟的劳动,是得二角半的必须劳动,后五点钟的劳动,是过剩劳动,在后五点钟所产生的二角半便是剩余价值。剩余价值,便是由过剩劳动所造成的。

四、一日工作

资本家讲明买了一日的劳动力。一日二十四小时,除去睡眠吃饭外,所剩的时间至多不过十六点钟或十四点钟。资本家买劳动力时,并未讲清一日的长短如何,所以他亦可定工作时间到十四点钟或更至十六点钟。钟点愈多,所产的剩余价值亦愈多。资本家自然竭力延长其一日的工作时间,工人的工作时间太长了,就想减少时间。资本家说:"我买了一日的劳动力,我便有权全日的使用他。"工人说:"我要像这样卖我的劳动力,我便太吃亏了。"两边互相争执,不能解决。但工人处在饥寒交迫的时候,抵抗不过资本家,不得已多是忍气求生。

在一千八百六十三年英国制洋火工厂中,每日工作总不下十二、十四或十五小时,由此可想见当时其他工厂中情形。一千八百六十三年六月底英报载因工作过度而致死者甚多。

我们只举一个例来说:一位作帽的少女,年二十岁,在供给皇官用品的厂主处做工。平日作十二半点钟,遇皇官内有跳舞的事情,此帽工便协同其他帽工六十人在一间狭小房子里,继续不停工作了二十六点钟,未等工作完毕,此少女因累极而死了。后经医生证明,她确因工作过多致死。至在中国,则每日作十五六点钟工作的男女老幼工人,更是遍地皆是。

五、绝对剩余价值、相对剩余价值、分工

在前边第三项中已提及一个工人作工十点钟,前五点钟的工作是必须劳动,后五点钟的工作是过剩劳动。我们现用下表列出:

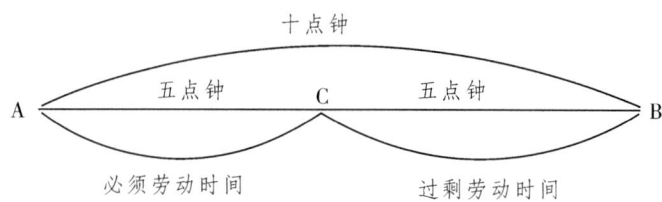

若是资本家设法再延长一日工作的时间到十二点钟,必须劳动时间仍然没有改变,过剩劳动时间增加到七点钟了。这就是绝对剩余价值。资本家说:"我不能照以前的方法再延长过剩劳动时间了,但我还能否有别的方法?不错,有方法,只要把必须劳动时间缩短,过剩劳动时间便自然延长了。"例如:

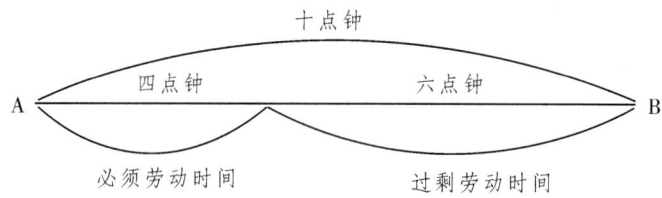

必须劳动时间变成四点,过剩劳动时间就变成六点了。如此,便可以得到相对的剩余价值。但怎样可以达到这个目标?怎样可缩短必须劳动?有三种方法:

A、资本家设法改良机器,譬如一部中国纺纱机,每天只可以出产十磅纱;资本家另买了一架英国式的纺纱机,每天一人可以产生同样的纱十五磅。从前工人在五点钟内产生二角半的价值,可以抵补他的工价。现在只要四点钟就可以产生二角半的价值,所给工人的二角半工价,在四点钟内就可抵补。工人的必须劳动减至四点,而过剩劳动便延长至六点,剩余价值便自然增加了。

B、资本家把机器转动的速度增加,监视工人使之不得休息一秒钟,教他同时也增加作工的速度,在四点钟内便可产出五斤线,便可产生二角半的价值,便可抵补工人的工价,其余六点钟内所产的价值,都是资本家的利息了。

C、资本家不管工人必须工作时间是多少,换言之,不管工人的生活费够用不够用,减少他的工钱。从前二角半的工价,是要五点钟的劳动才可抵补,现在只给他二角钱,四点钟的工作便可抵补,由是过剩工作时间可得延长到六点。

资本家审情度势,这三种方法,都可应用。改良机器,减少工价,或增加生产速度,都能增加剩余价值。

分工即增加剩余价值的一种方法,试看现在制造一件东西经过若干手续,每一种手续极简单。一个工人作一样工作。继续作这样工作,终日里如此便能增加生产速度。因为:

A、每种工作都极简易,无须费时间下工夫去学习。

B、长久继续作一种工作,日益迅速。

C、只作一种同样的行为，不换生产工具，不换原料等等，便不空费时间。

D、将作工分成用心、用力、粗笨、细密等，然后看每个工人所长，而分配工作，便可用工少而生产多。

E、对用力及粗笨工人，可发给较低的工价。

分工不仅节省时间，增加生产力，而且限制工人自由。因为工人既没有产业可以独自生产，又在分工情形之下，他自己不能单独制造一件东西。为谋生计，他只有卖力一途可走了。不像往日有手艺者虽无产，还能借债开一个小小的铺子。现在没大资本者，不能经商或开工厂。又没有一定手艺的工人，便不得不旁[傍]皇[徨]奔走，朝不顾夕，而过这样流离生涯了。分工的程度愈高，每一种工作的本身遂愈简易，遂不费全分脑力或体力，久而久之，工人只作某一种工，只用某一部分体力或脑力，工人就成了一个不完全的人，而变成机器的一部分了。

从这一点简略的经济分析中，我们已可看出资本家的势力及其扩张的形式。希望生殖资本的资本家【，】潜心图谋资本的发展，尽可能的力量增加过剩劳动时间，掠夺剩余价值，以遂其贪心。表面上自居正人君子，自称无产阶级的恩人，而暗中作鬼，榨取工人的血液，这是何等狡诈！无产阶级久受他们的欺骗，辨不清是非，以为他们应该享福，工人应该吃苦。朋友们不要沉睡了！资本家的金钱怎样来的？还不是由工人的血汗集成的么？谁造成的现今的一切物质文明？还不是工人么？谁应该享福？当然是受过辛苦的工人了！快醒吧！朋友们，团结起来！资本家本身并没有甚么势力，工人能创造现在的世界，还能革新这个世界，须知他的力量伟大啊！

名词释义

"产业"——即生产的事业，详细的说，便是凡经过工人生产增长其交换价值的物质事业，统谓之为"产业"。

"经济学"——是研究货物的性质、生产、交换、分配、消费及满足人的欲望和支配方法的学问。

"价值"——在经济学上讲"价值"，是指货物本身的交换价值说；"价值"的高低，并不依各个货物的原料差别为标准，须依各个货物中人工所费的多寡来决定。

"劳动力"——凡因求生而以体力工作于一切事业上所用的力量，统谓之"劳动力"。

"生殖资本"——资本家没有不打算将他的资本一天比一天滋生增大起来的：工厂获有余利，便要开矿，开矿赚钱，便要办银行，银行生利，便要立保险公司。一句话：资本家决不使他的钱财白白地放在柜中。母财生子财，子又生孙，这样情形，便谓为"生殖资本"。

"无产阶级"——一个人自己没有私产可以图利，不做工便没有饭吃的，便叫做"无产者"，这一类人便叫做"无产阶级"。城市的工人是无产阶级的中坚，因为他们自己一点存款也没有，永远靠作工生活。不但这一辈子，便是他的儿女，也成了断定的小无产者——小工人。

问题待答

一、货物有两种什么条件？
二、货物的交换，价值的多少，根据什么来决定？
三、什么是货物交换的媒介？并且为什么才需要媒介？
四、什么叫做资本？什么人叫做资本家？
五、劳动力是什么？谁去卖劳动力？谁又来买劳动力？
六、工人的过剩劳动是为谁做的？工人为资本家做得的利钱叫做什么？
七、资本家买来工人一日的劳动力，有钟点上的限制没有？
八、工人不卖他的劳动力便怎样？
九、什么叫做绝对剩余价值和相对剩余价值？
十、相对剩余价值的三种方法怎样？
十一、分工于资本家的好处有几种？并是些什么？
十二、产业愈发达，分工的制度能免掉不能？
十三、分工于工人的害处是什么？要怎样救济这些害处？
十四、谁造成现今的一切物质文明？
十五、谁能革新这个世界？

第二编 资本主义的发展

叙论

察看各国生产状况，便知道各国的经济发展，不在同一阶段上。英美法日意代表经济最发达的国家，已由资本主义扩张的结果，榨压本国无产阶级，尚不足快其心，更进而欺凌弱小民族，侵犯其主权，霸占其领土，大施逞其帝国主义的威风。比利时、荷兰等小国，内部经济尚未发展到最高点，帝国主义的势力还没养足，虽然他们追随列强后，实行侵略主义，但依据国内经济状况而论，还未能完全到帝国主义时代。又如中国及其他殖民地半殖民地经济状况，更显得落后，因为外国资本主义的侵入，农业社会渐渐破坏，本国资本家虽亦产生，然因外国资本家步步逼来，妨碍本国资本家自由发展，这就引起排外的民族观念。

历史本不能一刀切断，分成若干段落，而中间毫没关联。但为便于研究起见，亦可按事变将资本主义分为三个时期：（一）自私有制成立至十四五世纪前，这是资本主义的酝酿时期；（二）自十四世纪末，资本主义便渐渐形成，从此扩张其势力；（三）从十八世纪末至二十世纪初，资本主义发展的结果，形成帝国主义。这种分期法，全依英法……等工业先进国而定，因他们的势力，可影响到全世界。

帝国主义是资本主义发展到最高点的一段，在经济方面和政治方面，都有些特别现象。并且帝国主义的扩张，与我们半殖民地的民族，关系异常密切，值得特别注意。所以帝国主义虽是资本主义发展中的一段落，但须留待下次详细讨论。这次只略述第一期，特别注重解释第三期。

一、资本主义的酝酿时期

生产方法拙笨的时候，一个人所产的东西，不足供一人的生活，所以大家都得作工,方可度日。后来农业的生产方法渐次改良,一人所产的东西,除自己消费外,还可供给别人,强者便想法欺压弱者、掠夺弱者,以供给他的生活。这就是资本主义的出发点。

生产方法不住的改良,每个人的生产品,继续着增加,强者所掠夺的东西,遂亦随着增加。久而久之,强者抛弃苦力工作,而过那逍遥日子,强者就成了弱者的寄生虫。彼时富家,有农奴制造用器,或耕种田地。但所得的生产品,每仅能供给主仆的消费;即偶有余裕,亦不甚多,还不像开工厂的主人一样,专以买卖为生,以增加利息作唯一目的。间或某家农奴,只从事耕种,不从事纺织,他们所以要多用力耕种,亦并非借此营利,不过要以所产的食粮换别人的布匹而已。这并非为营利而生产,仍只是为需要而生产,所以彼时的富人,尚不得叫作资本家。后来经过几百年的酝酿,到十四世纪末十五世纪初,生产情形,大有变动。先有红十字军东征,扩张了通商范围;后有新大陆和非洲的发现,推广商场的界限;再有科学的发明,增加了生产的速度;因此种种事变;工商业骤然发达起来,资本主义即□时形成。

最初家庭手工业时代,一家之中,又耕又织,又制造器具。一家人因男女或老幼而分业,这是家庭分工。后来大家感觉每家须预备各种器具,才能又耕又织,十分不便。与其一家包作各种事项,还不如分开来作:这一家耕地,那一家纺织,然后这两家相互交换货物。这就是社会分工。从经验上大家都感觉着,分工所产的东西多些,所费的力量少些,所以社会分工渐渐通行起来,分工的形式亦愈分愈细密了。例如纺与织先在一家内包办,后分出专管纺的家庭和专管织的家庭。依比分析下去,社会分工的程度一天比一天精细起来。不久,酝酿出工厂分工的现象,而别开资本主义的新纪元。

二、资本主义发展的步骤

资本主义发展的步骤,约可分为三段:

A、协业

当□□□劳动者在一处作工,共同劳动,这就是协业。大家共同活动的生产力,定比一个人的生产力大。

又工人才能不等:有作的快的,有作的慢的。若集合一二劳动者,难免遇着笨拙工人,制出东西来又不好,费时间又多。若集合多数劳动者,其中自然有巧的拙的与一些介乎二者之间的。将每人的工作速度平均起来,自然得一个不太高也不太低的速度。因为每一个工厂里,都有巧拙工人,所以每工厂里的生产速度,大致相等,工厂与工厂就不因工人的笨拙发生竞争的冲突。即或有冲突,也必因巧拙的工资不等,纵然生产有多少不同,亦不发生大的问题。

一个人不能作的事,多数人可以作。例如一人不能背一条大木头,三人便能抬起来,多数人共同劳动,能增加劳动力。

一个工人很寂寞,没人同他竞争,他自然慢慢去作。多数人集在一块儿,大家比较起来,作的要快些。

同样的工作,一人作所费的时间长,多数人作所费的时间短。例如在一条梯子上站四个人,最下边的人,向上次第送砖,十二分钟将一百块砖运完。又有一个人在那一条梯子上,自己上梯下梯运砖,每次上来下去白费了好些功夫,要一点钟才将一百块砖运完。假设资本家按一点钟一角钱计算,他应该给最后这工人一角钱。给前四个人,每人二分钱,四人共计八分。两下一较,用四个人,可少发二分钱的工价。

B、工厂手工业

在协业时代,已有不完全的分工,由经验中,知道分工生产力大,所以工厂分工的制度,才通行了。

工厂手工业与机器工业的分工相同,不过还只是以人力代机器。工厂手工业的来源有二:

1. 集合各种手艺家在一个工厂里。例如制车轮,先前有木匠、油匠、铁匠……等等分开来作,各有各的小小铺子;后由大资本家集合各种手艺家,开一个大工厂。

2. 分开一种工作为若干简易工作。例如制造拟针,先前归一人包办,后来分剪铅丝的、磨针的……等部分工作。

分工比协业的利益还多,生产力更能增加(参看第一编资本中的五项分工说)。

C、机器工业

分工后,人力分配适宜,又感觉器具拙笨。随着这种需要,就有机器发生。机器一天一天更加改良,每一简易工作都有一种机器去做,分工的程度亦较前精密。人类利用汽力电力去动转机器,劳动者处在机器动转极快的情形之下,不得稍微迟缓,不敢稍为疏忽。终日里沉默着注视机器的转动,任机器指挥。往日他是机器的主人,现在变成了机器的奴隶。经过十几点钟,轰轰的机器声,振麻了耳鼓,不停的机轮弄得两眼昏迷,出工厂时只觉得周身疲倦,脑子麻木。虽说十点钟工作,比手工业时十二点工作还累。

但资本家反大大得意。自用机器后,工作比较省力而简易,女子小孩都一样可以做工。资本家若用一个成年男工,须发给养工人及养工人的家庭的工价,现在他用一个女工或童工,他们所生产的货物不亚于男工,但他们不要养家,资本家可以少发给些工价,多余些剩余价值。

资本家又说:"我的机器白日生产,夜间休息,太不上算,而且夜间机器不生产,免不了受空气□气的损坏,有时还要白升着煤,还不如昼夜继续工作好。"夜工实行了,资本家何曾□到工人累不累的问题。

□□一作,资本家更得意,工人更苦了。往日一家的父亲作工,便可养给一家,现在全家工作,还□保不冻饿。作日工不够,还要作夜工。

三、资本主义的特点

资本主义在十四五世纪起始渐成形,他表现于经济和政治方面的都与前不同了。我们试从实际上,指出几条事来:

A、当十四世纪以前,法国有种种手艺家,经政府允许后,可开一个小小铺子,但工人数目不得任意加增。故无论什么人都没有方法,可得无穷的利息。十字军东征后,商业骤然发达起来。又因机器的发明,生产速度一天比一天增大,资本家遂任意掠夺劳动者，专谋继续无穷的生殖其资本，毫不顾及社会需要。这将以前限制用工人数目的制度冲破，把农奴制度完全打消，实行自由竞争。自由竞争，没什么深意，就如同一群强盗，都想抢钱，他们各自设法掠夺，毫不受任何人的限制，那一个狡诈而强壮些，那一个就得胜。

B、自古早已有农工商，但工商均不甚发达，故欧洲中世纪前，统可称为农业社会。后来产业大起变化，工业社会压倒农业社会，并且将旧日社会的组织破坏了，而发生了种种的不安，与中国目前状况相似，英国是资本主义发达最早的国家，第一步先有纺织工厂，而且这种工厂特别发达。在这时，蓄绵羊可以供给羊毛为织呢之用，比种麦赚钱多。十六世纪一时风尚的口号是：不种麦而种草。很多地主遣散他的农奴，将地改成草场，以便于牧养绵羊。英国地土本甚窄小，所产食粮，本不足用，经这样一变，农产品更减少了。工厂发达了，东西贵了，小农种一二亩地，决不足维持生活。他们一群一群儿的卖了地，到城里去作工。但工厂太少，不能容纳许多人。那些被逐的农奴和落伍的小农，逼于不得已，亦像中国现在情形，流落到街道上作乞丐，更或作强盗土匪。

C、在自由竞争的市场上，大资本家自然容易得胜，他的资本大，可以随时改良他的机器，使他的生产方法比较好，生产速度也比较大，所以货物的价钱比较低，能得买者欢迎。并且一遇两个工厂竞争，他可以有魄力赔本贱卖，在争着赔钱贱卖的时候，大工厂资本多，总可支持几日，而小工厂不久就倒闭了。这就是竞争中大资本家并吞小资本家的现象。这是富的愈富，贫的愈贫，一方面资本一天比一天集中于少数人手里，别方面小资本家渐变成贫穷的，贫穷的一天一天变成无产者。无产阶级人数继续增加，在生产上又占工业的重要位置，结果他们反掌握了有产阶级的生命关头。一旦无产阶级全体觉悟，无产阶级革命的成功，是很容易的事。

D、工商发达后，国与国的交涉渐较前复杂。因为两国国民通商，不仅有经济关系，还要牵到政治上来。在农业社会里，交通不便，所以各地的经济（例如度量衡和关税……〈等〉）不统一，政治也不统一（例如官厅的组织等）。一旦工业发达，国际交涉很多，遂[逐]渐化除经济政治的纷[分]歧。国内如是，国际亦渐如是。因时代的要求，英国政治统一成功于十四世纪末，法国政治统一则起于十五世纪初。接着美国独立，法国革命，德国统一，日本维新，全是应着这个要求而现出一个立宪统一的名目。

资本主义于降生之日，带来以上四个特点，将旧日的生产状况冲坏，重建设新生产组织。破坏农业社会后，他所酿成的紊乱，仅是过渡的现象。至于自由竞争与资本集中的两特点，将随资本主义的生命为始终，而政治的组织亦常随经济的进化而起变更。

总观资本主义发展的程序，我们知道一方面资本家互相竞争，互相摧残，日深月久，资本便渐集于少数人手中。他们并不生产，仅仅消费。他们所以能保有产业的，并非他们在生产上占势力，实因他们盘据政权，借法律军警保护自己。别方面无产阶级人数日益增加，占工农业的重要地位，假设工农有了团结，一声高呼："夺取政权,一切生产器具及土地归为公有!"资本家便要吓得发抖。因此,我们说,无产阶级革命的目标是产业归公,手段是夺取政权。

名词释义

"资本主义"——以运用资本生利为人生最高目的,极端保护私有财产,掠夺工钱奴隶的剩余价值,适用自由竞争以图专利,并因此得以掌握一时代的政治统治权教育权等等,这便是资本主义。现今社会除掉俄罗斯外,多是资本主义社会。

"弱小民族"——凡是经济上受别国的支配,政治上受别国挟持的民族,统谓之弱小民族。如中国、印度、安南、朝鲜、埃及……皆是。

"帝国主义"——是各国资本主义发达到最高形式,对内极端榨压无产阶级,对外抢夺殖民地霸占市场,垄断原料,移殖[植]资本,更实行文化侵略的一种称谓。资本家每蒙着爱国主义的假面具,惹起国际战争,驱一般无产阶级替他们挡炮子,这便是帝国主义战争,最显著的便是一九一四——[—]一九一八年的欧洲大战。

"殖民地""半殖民地"——资本主义发达后,几个工业先进国因着城市人口过剩,逐渐移民海外,生息于产业落后的地方,以推广其资本主义,于是"殖民政策"乃生。在那种地方,经济政治主权如已纯粹落于殖民的宗主国之手,则便谓之为"殖民地",例如英属印度、法属安南是。有些地方经济政治上或尚有半自主权,是谓之"半殖民地",例如中国是。这种"殖民地"的解释是广义的,因此种产业落后国,不一定要很多外国人迁入,普通只要某一国或数国的政治经济权能掩盖支配了这块地方,为所欲为,则这块地方已成为"殖民地"或"半殖民地"。

"十字军东征"——是欧人因欲保护他们东路商业的顺利,而鼓动起的基督教徒与回教徒在耶路撒冷争圣地的战争。战役凡七次,经过时间约二百年(一〇九六——[—]一二七〇)。这与现今宗教徒为资本家做开辟殖民的走狗先锋同一性质,不过当初政教更没有丝毫分离就是了。

"英法百年战"——是十四五世纪中的英法传统之争,也正是资本主义开始形成时的重要战争,因为那时英国内幕正藏有向法国开拓经济范围的□象。

问题待答

一、什么是资本主义?

二、资本主义的三个时期是怎样分的?

三、什么是帝国主义?

四、资本主义的出发点是什么?

五、拥有农奴时的富人(即地主)为什么不叫作资本家?

六、资本主义怎样能应时形成?

七、试说资本主义发展步骤的三段名称?

八、协业与工厂手工业不同之点是什么?

九、自由竞争怎么讲?

十、资本主义发达后,农人为什么不愿种地?请举例来说!

十一、资本主义愈发达,无产阶级为什么愈加增大?

十二、各国国内和国际的政治经济组织为什么有统一的要求？

十三、无产阶级革命的目标和手段是什么？

十四、中国的经济状况怎样？

第三编　阶级斗争

一、甚么叫做阶级？

我们看见一些人，穿着居住非常讲究，他们有的是工厂主人，自己不费力气工作，有的是商店老板，亦是终日逍遥自在，有的是乡下地主，每年坐在家里收租。这一班人，都是不劳而食的，多少有点不动产或是动产，以收到一笔利息，靠利息维持生活。再有一班人，衣食居住极为不堪，他们有的是在工厂作坊里做工，有的是在农场里替人种田，有的是拖车辆，或在富家当仆役，都是没有家产，只靠在外面一日做十几点钟的工作，靠这得一点工钱去养活自己一家人，一天不作工，就没饭吃。由这我们看出人的中间，划分了一个很大的界限。有产的可以不劳而食，对于一班贫苦或没有权势的人非常贱视；无产的则受人家的贱视，纯靠做工以为生。这两种人的地位完全不同，形成了两个不同的阶级。我们说，凡是在劳动过程中，站在同等的经济地位，且其思想行为均相类似的人群，乃是一阶级。

二、阶级之由来

社会上的阶级并不是天生成的。在原始时代（原始共产社会），并没有阶级的分别，因为在那时的生产工具非常不发达，人只知道使用很简单的工具，所生产的东西非常有限，每个人都得工作方可维持生活，不然就只有饿死，或是被禽兽所吞食。那时候的人因为要□□禽兽和一切自然界的侵略，大家团结非常坚固，一切器具、房屋、土地都归公有，有饭□□□□□□□□□□□□□□□□□□□□□□生产工具发达，生产能力进步，生产品往往有过剩，于是有一班人不必工作也可以得到维持生活的生产品，有些年老而有经验的人，专做指导上的工作，为一家一族或一社之长，由全家族或社员供给他们的生活需要品。生产工具愈进步，剩余的生产品更增加，这班不劳而食的人，起了贪心，就垄断了公家的剩余，或者连公产都霸为己有，由是发生私有财产的观念和制度。自私有制度产生之后，垄断私产的人，就永远变成不劳而食的寄生虫，他们并且还要压迫别人，发展其私有财产的范围和势力。被压迫的人，于是与前一种人发生统治与被统治的关系，成了利益不同的对立阶级。所以阶级之产生，是由于私有制度。

三、阶级斗争之发生

人分成两个对立的阶级，他们的利益决不能融洽；统治阶级的心理和行动是要怎样使他更富更有势力，他们常在被统治阶级身上着想，加倍刮削被统治阶级，如古代之贵族之于平民，中世纪封建之于农奴，师傅之于徒弟，及近代资本家之于无产者，都是采用一种极惨苦的剥削手段。反一方面，被统治阶级因地位之不安，感觉不能忍受这种压迫之下的生活，引起反抗的举动以图改善其生活。两者各走极端，冲突就自然不能避免。这种为阶级利益而起的冲突，即谓之为阶级斗争。在原始共产社会以后的社会，都是分有阶级的，每一时代各阶级都有阶级冲突，所以马克思曾说："人类过去的历史，是一部阶级斗争史。"

四、资本主义社会之阶级

在资本主义制度之下，可分做两个大阶级：即有产阶级和无产阶级。但是在这两个阶级之中，又分出若干等级，他们的利益也时常互相冲突。

A、地主：地主阶级是靠农民以生存的，他们每年可由农人收入一大宗的粮食，或是房屋的租金。他们希望永远能保留旧式的农奴制度，便好从农民身上取得利润。他们非常吓[害]怕农人离开乡村跑到城市工作，所以对于工业的发展，认为有极大的妨碍。因此他们与城市的工业资本家，往往发生经济上的冲突。

B、工业资本家：工业资本家的魄力，要比地主大。他们的希望，就是极大规模的工厂生产。他们极力设法榨取工人阶级的剩余价值，欢迎乡村农民经济都因破产而跑到城市工厂来出卖劳动力；他们更希望旧式的封建社会崩坏，便容易发展资本主义的势力。因此，工业资本家与地主间总有不投合的地方。地主与工业资本家虽有小小的冲突，他们究是处在同一的阶级地位，有相同的阶级利益——榨取剩余价值，——所以一旦遇到无产阶级的进攻，他们可以牺牲小的意见，以图一致的压迫无产阶级。

C、小资产阶级及智识分子：这包括手工业者、小商店职员、智识分子及乡绅等。他们按经济地位，并不能成一阶级。他们多少总要受资本家的压榨，故他们的经济地位不能安定，并多趋于破产；然而他们的心理每不能出资本主义的范围，总希望在资本主义之下可以得到一个较好的地位，所以往往赞助资本家。

D、农民：农民是寄居乡村的，他们的地位，大概与小资产阶级相同，也不能算为一个单独的阶级。他们多数是有一点土地的，但在资本主义发展的过程中，多数要归于完全□产。所以其中半无产阶级及无产阶级的分子要占大多数。在阶级斗争激烈的时候，他们很容易与无产阶级联络，所以他们是无产阶级的友军。

E、游民无产者：资本主义社会的工业愈发达，资本就愈集中在少数人手里，小资本家在生产竞争中，敌不过大资本家的势力而自然的破产。生产方法（工具……）愈加改良，劳力（工人）的需要更减少，农民经济破产得更快。在这情形下，工厂数目一天一天的减少，而需要找工作的人成反比例的增加，许多人往往找不到工可做，成为一种游民无产者：土匪、流氓、娼妓等。他们有时为资本家所利用，去破坏无产阶级的团结。这样的无产阶级因为散居各方，本身不会有好的组织，但有时他们受贫困的压迫而起暴动，对于社会治安也极有影响。游民无产者过多的时候，资产阶级也是觉得有危险的，所以资本家常常以慈悲的面孔补助失业工人。这样，他们可以避免游民暴动，又可以不时的利用他们。游民的暴动，并非想图根本改良自己境遇，不过是借机会抢掠以解决一时的生活问题，所以要运用他们以谋社会改造，是很不容易的事情。

F、无产阶级：无产阶级在资本主义制度之下，占人口的最大多数。他们完全没有一点财产，纯靠卖自己的气力以生存，资本家就利用之作为生利的好材料，开办大规模的工厂,把他们收容到里面去做工。资本家买了他们的劳力,每天强迫替他作十二至十六、甚至做二十点钟的工作,工人每天所得的工钱,仅足以维持生活,有时还不够用,以致连父母妻子一家人都去工作,方可以勉强□持费用。工人同在一个工厂工作,他们有一种自然的产业联络,他们所受的苦处,比任何阶级要厉害,在政治上得不到一点权利,在经济上处于被压迫的地位。他们在生产过程中确实是要占唯一重要的地位;然而在资本势力之下,没有什么出息,所以他们非常感不安的。这自然造成他的革命的心理,而且他们的力量也非常之大。

由上面我们知道资本主义社会以下,人民经济地位的等级非常之多,前后悬殊很远。然而其中主要的,就是资产阶级与无产阶级。他们两阶级的利益,是根本相反的,无调和谅解之可能。他们是对垒的营寨,两面若一交锋,则与社会有莫大的影响,足以摇动社会制度。在这两阶级交锋时候,地主一定是援助资产阶级,贫农及游民无产者自然的要趋向无产阶级,小资产阶级及智识分子是介乎两者之间,动摇不定的,往往易为资产阶级所利用[。]在贫农、游民无产者及无产阶级中,以无产阶级最富有革命的力量,观下表自知其故。

	农民	游民无产阶级	无产阶级
1 经济压迫	十	一	十
2 政治问题	十	十	十
3 贫穷	十	十	十
4 生产能力	十	一	十
5 与私有财产无关系	一	一	十
6 团结与共同劳动	一	一	十

"注"凡记"十"字者即为有左列条件,凡记"一"字者即为无左列条件。

由上表可以看出贫农与私有财产尚有关系,小资产阶级的心理一时难于去掉,同时又没有团结与共同劳动的习惯,反革命的个人主义观念还仍然存在。游民无产阶级则缺少生产能力,只能破坏而不能建设;他们的思想往往近于无政府的色彩,不能有严整的团结。只有无产阶级各项条件均具备,实为革命的主力军。

五、无产阶级斗争的工具

无产阶级与资产阶级斗争有两方面的目的,一方面为改良劳动条件——加资减时的经济斗争;他方面是为根本解决——取得政权——无产阶级专政的政治斗争。无产阶级为做经常的经济奋斗,特组织职工会、协作社等,作为奋斗的机关。为做经常的政治奋斗,特组织共产党,担任政治斗争指导之责任。职工会、协作社、共产党是无产阶级斗争的武器。

无产阶级之有无战斗力,纯视此等武器组织之完备与否以定之。

六、资产阶级与无产阶级斗争的结果

当资本主义发展的初期，无产阶级还不十分发展，在经济上所受的困苦还不十分利害，所以工人的觉悟和阶级团结的力量也不十分充足。他们有时感觉压迫也曾起来反对过厂主，但当时工人的眼光是很浅近的，他们并不是想怎样根本推翻资本主义制度，不过是作了一些反对资本家个人的暴动，或者将工厂机器捣坏焚毁以泄不平之气而已。资本家掌有政权、拥有重兵和各种国家行政法律机关，对于工人这种没有组织的暴动，是没有什么畏惧，而且很容易平服的。后来生产工具——机器——愈加发达，一切工作有机器可以代替人力，工人不过照料机械的动作，按时供给原料而已；于是没有很大力气的人也可以工作，资本家收用童工和女工，因此工人不独自己变成工钱奴隶，并且将一家人都送到工厂作工。资本家的贪心是没有止境的，同时在资本主义社会之下，资本家间免不了有生产竞争，各自求竞争胜利就不得不拼命的来压迫工人，延长工作时间，减少工资，以求多得剩余价值，维持其竞争的实力。各资本主义国家因经济竞争和夺取市场——殖民地，——又时常引起世界上的纷扰——世界大战，——这种大战发生，对于工人有极大的不利。然而在资本主义制度之下，这是无法免除的。平时工人在社会上既得不到一点政治上的自由，也没有机会可以求点知识，战争的时候，却得要他们去挡炮弹。

工人因为没有家产，所以他们没有什么家族国界的观念，他们的直觉就是要推翻现有的社会制度以求根本的改造。他们的力量是国际的，是以阶级为单位。他们为求实力集中以对抗资产阶级，就把全世界工人联络在一个国际之下——赤色职工国际；同时坚固他们的政党，以求政治力量集中，乃有国际的政治组织——第三国际，以指导政治斗争。他们是社会上之大多数，又为生产的主要成分，同时贫苦的农民群众又是他们的友军，游民无产阶级有时也可以有相当的帮助，所以一旦与资产阶级交锋，无产阶级可以取得必然的胜利——夺取政权，建立无产阶级专政，以对抗资产阶级。

七、阶级之消灭

阶级既是由私有财产制度而生，所以私有制度一日存在，则阶级一日不灭，而阶级斗争也一日不止。在无产阶级专政时代，阶级斗争还是不可避免的；但无产阶级专政，乃是一消灭阶级的手段。无产阶级专政的责任，就是提高生产率及文化程度，逐渐废绝私有制度，养成人人劳动的风习，私有制度废灭，人人均参入劳动过程，各尽其能而取所需，则阶级自形消灭，人类归于大同世界，再不会有阶级斗争。

名词释义

"不动产与动产"——田地房屋便是不动产，因为他们的性质是比较固定的；经营工商的资本便是动产，因为他们的性质是比较流动的。

"农奴"——是地主使用为他进行耕种等工作的奴隶。这些农奴或是俘获来的，或是买来的，或是因为借债不能归还而以身作抵的。他们为地主耕田，自己不能得着什么，但逃走便要受重大惩罚。

"封建社会"——便是君主官吏或地主占统治者地位的社会，他们每要抑制经营工商的人，免其过于富庶有权力，危险到他们的地位与势力，所以这种社会是工商资

本家所反对的。

"工钱奴隶"——资本主义之下，工人因为贫穷的原故，不做工便饿死，所以他们在资本家任何条件之下都须答应做工。工人表面似比农奴自由，实际亦无自由可言，只是为要得工钱而卖身为奴隶。

问题待答

一、为什么有些人可以不劳而食？为什么有些人一天做十几点钟的工还要受人家的贱视？

二、何谓阶级？何谓有产阶级与无产阶级？

三、为什么原始时代的人都要做工而非常团结，没有阶级的分别？

四、私产制度是自有人类便有的么？还是从什么时候产生的？

五、为什么一定有阶级斗争？自有人类便有阶级斗争么？

六、为什么地主与工业资本家常有冲突？为什么他们又会常常联合起来一致的压迫无产阶级？

七、为什么小资产阶级及智识分子易于帮助资本家？这种帮助资本家的行为，于他们自己有利否？

八、农民为什么不知工业无产阶级？然而又为什么是无产阶级的友军？

九、为什么发生游民无产阶级？资本家为什么有时补助游民？为什么专恃运用游民以改造社会，是不可能的事？

十、为什么产业工人无产阶级容易赞成革命，而且力量很大？

十一、资产阶级与无产阶级可以调和否？若冲突时应属那一方必然的得着胜利？

十二、为什么无产阶级需要职工会、协作社、共产党？

十三、为什么资本家□要压迫无产阶级？而且资本主义的发展会造成世界战争？

十四、什么是第三国际与赤色职工国际？

十五、阶级斗争到什么时候才停止？

第四编　帝国主义

一、帝国主义的定义

帝国主义的名辞[词]常常听见，究竟他的内容是什么？定义是什么？表面上看起来，帝国主义似乎就是大国家主义，仅带军事掠夺的性质，是人心不良的结果。然而这只是帝国主义的外形，他的实在根源，并非人心不善，却是经济的组织不良。我们要从经济状况上，研究帝国主义。

帝国主义是什么？本不能用一句极简略的话来包括全部的内容。我们只能择几项重要性质标示出来，使人易于明了而好记忆。帝国主义是资本主义发展到最高程度的一期，也是最后的一期，在这个时期内，财政资本占重要势力。下边再来详加解释。

二、帝国主义的性质

从资本主义到帝国主义，本没有一条分明的界限，因为历史的事实，不能这样划分。但琐碎的变化堆积起来，成了引人注目的事实，这就给了我们分划时期的便利。

按经济状况考察：生产的形式、商场的范围等，十九世纪末年之前与后，确不相同；这是从资本主义到帝国主义的关键。根据列宁著的帝国主义一书，帝国主义的性质，在十九世纪之末，才大大的显著起来。他的性质可分为五项解释：

第一，生产集中和资本集中的结果，就造出专利。专利的作用，在经济方面占重要势力。

资本主义的发展是按着资本集中的定律走的。资本屡次集中，贫的愈贫，富的愈富，经济的状况，大起变化：一方面小资本家破产化为无产者；一方面大资本家扩张势力，操纵全国经济方面的命脉。战前（约于一九一四年左右）德国的最大工厂数目占全国的百分之九，使用工人占全国百分之三十九个半，使用水力占全国百分之七十五，使用电力占全国百分之八十五。不必再多举其他各国的实例，只须依照德国的情形，便可推知其他各国的生产和资本集中的情形了。

这些少数工厂与小工厂竞争，自然是大鱼吃小鱼，小鱼吃虾米，不费气力，便可扑灭他们。但谈到大工厂和大工厂的竞争，却生了问题。他们的利益本是不相容的，明争暗斗，没有停止。后来从经验上考察，这种争斗双方都不占便宜：两虎相争，必有一伤一死，反不如携起手来，去吞并小工厂，较聪明些：这一方面可以扩张自己对国内的势力，别方面可以抵抗外来的资本家，以至于可以在世界商场上，分一分霸权。大资本家参透了这个道理，彼此间不但不争了，反同心合意的组织"托拉司""加特尔"等。"托拉司"是由若干大工厂组织成的，生产方法，由各工厂自由管理，但生产的数目和销售，却由总机关指定。这些"托拉司"等的资本愈大，生产方法愈改良，生产愈妙。美国"托拉司"常常专请技师或专门家研究改良生产方法，以求能占小资本家的上风。他们可以随便规定物价，以左右市场，小资本家呆呆看着，没有抵抗的能力，仅让他们独操商场上的专利。美国起初还禁止组织"托拉司"，但实际上只有天天增多，在一九〇〇年，有一八五个"托拉司"，至一九〇七年便增加到二五〇个，可见资本集中的迅速。每个"托拉司"自己常有火车轮船等，以备输运，更或有银行等。一个"托拉司"常常包括若干不同而相近的工厂：开矿的，炼铁炼钢的，制造铁器铜器的。这样一来，中间没有经手的商人，可以省多少消费，比小工厂里买人家的铁所制出的铁器自然便宜多了。由此可知"托拉司"……〈等〉的势力。美国的煤油"托拉司"成立于一九〇〇年，到一九〇七年资本涨到一五〇·〇〇〇·〇〇〇美金，利息得到八八九·〇〇〇·〇〇〇美金。德国三个著名的大化学工厂联合成一个大组织，手握全国化学工厂的线索。其余英法的经济状况也如此，可以不必再多叙述。

第二，银行资本与工业资本混合起来，成了财政资本，在这财政资本的基础上，产生了财政的专制。

银行是早有的，然而原先只是一种汇兑的机关，虽能营利，并没什么大势力。十九世纪末年后，银行的组织完备多了，工厂主人看定银行的势力，便与他合起手来。工业资本既与银行资本合而为一，统握于少数人手里，使资本集中的定律，大银行又吞并小银行，结果只剩下几个有势力的银行站在顶上，他们同时又是工厂大矿场的主人，势力更大。全国的纸币金币，最大部分齐集于这几个大银行里，全国金融流通的线索便亦牢牢的握在他们的掌中。他们一提出增加或减低利润，或别种存款取款的规则，不用说小银行只得俯伏听命，即便小工厂中的计划等，亦不得不随着他们变动。官僚议员又多是他们举出来的，代表他们自己的势力，他们能密使议员等在议会中提出通过各种便宜于他们的议案。还有些司法界的律师法官，亦是明护暗卫的依傍他们的势力。遇着官司案件，少不了要庇护他们而冤枉些穷人。大银行里的主要人物，大都兼其他工厂里的差事，要熟习生产方面的情形，然后才能见机谋利。国家政府要保护他们，怕金融起了恐慌，阻碍国内经济发展；又须服从他们，因为有时政府必须向他们借款。政府既视银行重要，银行更有凭藉，凡有难解决的问题，就可求政府的权势援助，因此，他简直有指挥全国的势力。德国在一九〇九年，九个大银行共有全国金钱的百分之八十三。在一九一〇年，英国四个大银行分有四百个小银行。法国的最大银行也只有三个。这都可看出银行的势力来。

第三，除制造品的输出外，移殖资本问题更为重要。

一国内的货币大多数已集到几个银行家手里，遂发生流通不变的问题。于是不仅要在本国生殖资本，尤须到外国移殖[植]资本。殖资的结果，一方面不费什么力量，便可得若干巨大利息，别方面乘借款的机会，挟制弱小民族，规定特殊优待的通商条约，甚至干涉内政，借款期满无法偿还，又可夺取抵押品。这真是经济亡人国家的一个妙法！战后欧洲各国固不暇多所殖资，而日美两国却十分急于进行，尤其是美国苦于有钱无处去放账。各国新银行团的计划，正是想商议各国殖资的方法和范围，特别来计算中国。不过他们议来议去还等于不议，因为他们的利益是根本冲突的。不过倘若他们能议出几项共同的办法，像对德国的道威斯计划一样，那便给了我们更狠毒的束缚。战后美国成了世界第一债主，各强国弱国几乎都负他的债，他一个钱也不欠别国的。因此，他遂成了世界第一个资本帝国主义国家。

第四，国际资本家掌握专利，并分割世界的商场。

大资本家在本国发展还嫌不足，更进而为国际的掠夺。一方面利益不十分冲突时，他们便和平着竞争，彼此商议着榨压弱小国家；他方面利益冲突到十分激烈的时候，他们双方都〈都〉拿国家作自卫的利器，到外交手段不能解决时，便出于武力解决一途，欧战就是一个例子。欧洲这次血战，本是资本家被经济利益迫着，不得不错打这个算盘。战争岂但不能解决经济恐慌，更使得世界经济愈其不能趋于平衡了。欧洲各国患资本缺少的贫血症，而美国反患资本过剩的脑冲血，致使两大洲不能任意通商。

第五，世界上的空地已被列强分完了。

除找商场和殖资问题外，还有个找原料出产地的问题，使各国争着占据世界上的空地。工业国家，本国原料一天比一天少，因此寻找固定的殖民地以求供给原料，亦是要紧的事情。殖民政策之起始，当然很早，但大大的盛行起来，却在一八一五年后。

年限＼国家	英	法	意
一八一五年	——	二〇	——
一八八〇年	七七〇〇	二〇〇	——
一八八九年	九三〇〇	三七〇〇	一四七〇

以上是殖民地的面积，按千方英里起码计算。

目前没有空地可分了。帝国主义家不得不窥察弱小民族，乘机用经济侵略法征服半殖民地：中国就是他们最注意的一个。

三、帝国主义的发展

帝国主义的性质既解释明白了，我们乃知凡是一个资本阶级当权的国，他的国内生产和资本果然集中到专利的形式，工业资本与银行资本混合成了财政资本，又须向外移殖资本的时候，这些国与国为争商场、霸占殖民地引起的争执，必定要演出一个国际帝国主义的冲突和战争来。为证明这个发展的情势，我们可取几个强国叙述一下：

从英国说起。英国帝国主义向外移殖资本之急，要算是一八八二年至一九一四年间。首先被英国注意的是埃及。在埃及，英法利害根本冲突。一八八五年，英美在南美为金矿问题起了争执。在波斯，英俄关于煤矿开采事，发生很大交涉。在南美洲，为争夺矿权和贱价劳工，英美有殖民地战争。一九〇二年，英日同盟成，很明显的是防俄防美。

一九〇四年，英法协约成，防俄之心乃更显明，而英国对法乃取协调态度。因着法俄一向亲善的关系，英俄仇视的态度也就缓和，专门一意对德，等到英法俄三国协约成，英国更大胆的向德进攻。表面上虽有英德图谋和缓，骨子里英德资本帝国主义在殖民地、半殖民地的利益冲突几无日无之，于是一九一四至一九一八年的血战乃终于开始。

其次说到德国。德国的工商业的特别振兴，不过五十年的事。他因为资本主义发达较晚，故当由资本主义发展到帝国主义这个时期，国外的空地商场已被英法大半分尽了，抢夺殖民地、半殖民地的竞争，乃成为他和几大强国唯一的争端，其中尤以英德竞争为最剧烈。在近东，英占埃及，德国遂助土耳其与英相抗，同时也与俄国不利。在摩洛哥，德法的利益冲突，在莱茵河两岸更然。德国的雄图，不但要以柏林为起点以通中欧、东欧、近东直连波斯湾，筑成连贯欧亚发达工商业的大陆铁路，他并且在南非、在埃及、在印度、在爱尔兰助长反英运动，破裂大英帝国；在墨西哥海湾寻找他在美洲的屯煤所，在太平洋建立无线电台，在国内开宽开尔运河，屯储海军。这样一个帝国主义的野心，大英帝国如何忍得，法俄诸国又如何忍得？于是一切预备都为了大战，大战终了以后，帝国主义的德意志，遂一变成了弱小民族，任人凌贱。

第三说法国。法国的武功是一向被人重视的。近五十年来，他的帝国主义的发展，在突尼斯，法意有过争执；在赛利亚，法英法德全有问题；在结布的，在马达加斯加，英国看着法国侵入东非，有点醋意；在西非，英德看着法国占据了广大的殖民地，全都垂涎欲滴；在安南和广州湾，法国的发展自也受英国和荷兰的不少限制。实际上法国在当时真能引为友的只有俄国，美国尚是漠不相关。不过法英和法德的关系比较起来，法国自仍宜联英，于是一九〇四年英法协约成，法国遂一意联英攻德，演成大战。但大战完结，法英两帝国主义的利益冲突，不但丝毫未减，且更增加起来。

俄罗斯在战前也是怀着帝国主义雄图的。他提倡大斯拉夫主义，压服巴尔干，南入小亚、中亚侵略中国满蒙回疆，缔结俄法同盟，这原是他远交近攻的锦囊妙计。不图日俄战起，俄国竟败于新兴的日本，一方从中欧起直至波斯湾头，竟冲出一个后起之强的帝国主义的德意志，于是大陆霸主俄罗斯乃不得不低首下心，结欢于海上霸王英吉利。等到大战前，巴尔干战争起，斯拉夫国度和非斯拉夫国度的争斗，当然俄国有不少的操纵。大战一开，俄国首先与德奥决裂，但日事武功摧残民意的俄皇室，终压服不住困苦的民众，大战未停，俄罗斯无产阶级革命的红旗已冲破国际帝国主义的队伍，而高竖起来了。

其次论到意大利。他在战前本曾因突尼斯问题，缔德奥意三国同盟（一八八二年）以抗法，但实际上为奥意边界问题的争执，他不能真心结纳奥地利。而且法意隔阂至二十世纪初年已日渐解除。意大利仰仗法国财政的援助，和英国煤炭的接济，这使他必然的接近协约国。一九一二年，三国同盟便已是很勉强的续约，他早已无真心联德联奥，所以在大战中背叛了三国同盟而帮助英法起来。

日本，要算是东方唯一的帝国主义国度了。他自从明治维新打破封建制度，走入资本制度后，中日战争战胜中国，日俄战争战胜俄国，三结英日同盟，割台湾，并朝鲜，图谋中国的南满、福建，居然是一帆风顺的走入帝国主义的队伍中。只是他的国内太狭，东南向的移民问题，西向的商场问题，处处与美国冲突，于是大战前便种下了太平洋上不解之仇。

最后要说到美国。他实是帝国主义后起之雄，也就是世界最后一个帝国主义的国度。自从他和西班牙的战争（一八九八年）起，中经巴拿马运河的开凿，大美帝国主义遂一日千里的顺着国内资本集中生产集中的趋势而向外发展，欧战起后，他虽旁观了几年，终久还被那些大资本家逼着参战，表面上却说些正义人道和平的骗人鬼话。

其余还有小帝国主义国度，如此利时，如荷兰，如西班牙，如葡萄牙等等，大都是依附别一个大帝国图谋余利，现在可以不再缕述。

大战一起，帝国主义的列强穷凶极恶的杀人放火，驱着无量数的工农阶级的平民替他们挡炮口□子弹。在大战中，英俄的分割波斯密约，俄国与君士但丁堡问题，意大利参加协约国的条件，分割土耳其密约，分配德国疆土问题，全都是如见肺腑的将各个帝国主义的私心，暴露在盈千盈万的杀人沙场之上。换句话说：这只是列强的财政资本和争夺殖民地从中搞鬼——这就是帝国主义酝酿出来的一场空前的恶战。

大战停了，巴黎合约打碎了德奥帝国主义的雄图，使他们沦于弱小民族的境地；但同时英美法日帝国主义的冲突——经济利益的冲突，不但未曾减少，且更较战前扩大。站在他们反面的,有一个无产阶级国度的俄罗斯和一些被压迫的弱小民族。

四、帝国主义的末路

帝国主义发展的结果,在战后国际上更加增了经济的冲突。不是英美为煤油吵嘴,或为海上的势力起争端,便是英法为鲁尔不和睦。他们的算盘总算不清,他们的争斗永无完结。英国今日计划在新加坡建筑炮台,明日又计划制造飞艇;美国增多军舰,法国亦增造大炮。表面上他们尽管说的天花乱坠:裁兵,和平,其实那个不是暗中预备未来更大的大战!我们并不责备他们良心不好,只认识这是帝国主义发展必然的结果。帝国主义除侵掠外,没别的事可作,无论何时有他一日的寿命,他就使得世界一日不安。这种不安,使帝国主义的势力常在动摇的状况之下,于是给在他压迫之下的无产阶级与弱小民族一个发展势力的机会。真能推倒国际资本帝国主义的,只有世界无产阶级革命和弱小民族的民族革命。

资本家欲在世界上占势力,互相竞争,便不得不设法产生贫乏。欲产生贫乏,便不得不压迫工人,增加工作时间,减少工资。战后生活程度高,工人因此不能维持生活,于是有产阶级同无产阶级斗争的趋势遂日益激烈。中产阶级的人,也保不住往日的地位,一步一步的堕落,渐造成一个强大的无产阶级队伍。于是不但国际有战争,国内阶级争斗亦很剧烈。最近数年说:先后有波兰、保加利亚、德国无产阶级革命的爆发,又有巨哥斯拉夫也离革命不远。法国最近共产党的努力,亦是精神百倍。这都是新气象!同时帝国主义在弱小民族中的经济侵略,亦引起弱小民族的反抗。东方人虽然没什么大举动,但近几年来的变化也不少。印度的独立运动,土耳其的胜利,中国的民族革命,工农组织与夫共产主义的发展,都是些好消息!

世界决不会长久停止在这种混乱时期中。有产阶级既将社会秩序弄乱,并且无能力整理,以致日趋混乱,造成未来的国际战争。世界无产阶级和殖民地半殖民地的弱小民族,迫于不得已,无处逃避,他们自然能明白了资本家的罪恶,团结起来,预备解放本身,而且解放全世界的无产阶级和弱小民族。这便是要完全推翻资本帝国主义。弱小民族中的封建阶级(军阀)、买办阶级(大商人),是要与帝国主义相勾结妥协的;但在全世界无产阶级革命的潮流中,弱小民族中的无产阶级,将要出来担负领导民族革命,而且与全世界无产阶级合作,以形成一个整个的世界革命运动。

名词释义

"道威斯计划"——便是欧战后英美法帝国主义者共同解决德国赔偿战事损失问题,实行共管德国国家银行、铁路、工业、关税及其他税收的计划。

"协约国"——指英美法日等国,他们在欧战时联合对德;俄国未革命前亦为协约国之一。中国亦曾加入协约国对德宣战,但战后协约国反任意蹂躏中国。

"贫乏"——一个人因为无工做,或工钱少,生活必需品不够用,便是贫乏。

"封建阶级"——殖民地农业社会遗留的贵族军阀,便是封建阶级,他们常勾结帝国主义,扩张自己地位,同时亦便为帝国主义所利用。

"买办阶级"——殖民地大商人,每以为帝国主义资本家贩卖成品,或供给原料,从中取得利润,这便是买办阶级。买办阶级因为经济利害完全与帝国主义一致,所以每与帝国主义相勾结。

问题待答

一、什么是帝国主义的简单定义?

二、简单地说明列宁关于帝国主义性质的五项解释?

三、英国为什么和德国冲突?

四、法国的帝国主义野心有些什么事实证明?

五、英法的关系怎样?

六、大战前俄国为什么要结欢英国?

七、德奥意三国同盟为什么失了效用?

八、太平洋上有那两个不解之仇的强国?

九、在欧战时美国为什么参战?

十、大战中帝国主义列强做了些什么鬼事?

十一、立在帝国主义反面的是什么阶级?是怎样的民族?推倒帝国主义的又是怎样的革命?

十二、最近几年有些什么革命运动?

4月
2日(星期四)

34.《哭中山忆列宁》(《中国军人》1925年第四期,4月2日)

《中国军人》1925年第四期刊登《哭中山忆列宁》,全文如下:

呻吟于帝国主义及国内军阀宰割之下的中国民众,需要革命的迫切,无时无地,均可以表现出来;在此民众热烈的愿望中,而能领袖民众,并能死心踏[蹋]地为民众奋斗,为民众牺牲者,只有孙中山先生,所以孙中山先生统治之下的帝国主义与军阀的势力,比较难于侵入,即中山先生足迹所到的地方,帝国主义与军阀的势力,有形无形中,直接或间接要受多少打击,故中山先生在广州时,各帝国主义者造谣中伤,中山先生到上海天津北京时,各帝国主义者阻挠他的行程,干涉民众对于中山先生热烈欢呼的表示,即可知帝国主义者一闻中山的威名,即战栗而不可自支了!同时在中山先生统治之下的被压迫民众,尤其是农民工人,得了多少自由和愉快,最低的限度,也可以得有集会结社的自由,即中【山】先生足迹所到地的被压迫民众尤其是农人工人,也要得着很多的自由和平等,即如反动政局的北京势力范围之下的铁路工人及各种产业工人,他们在人间地狱里讨生活,集会结社的自由,早被帝国主义的走狗北洋军阀剥夺去了,刚刚去年中山先生一到北京,各铁路及各个产业的工人,都风起云涌的出来恢复工会,并种种反抗帝国主义及军阀的动作,即此可知中山是中华民族革命的灵魂,中山是中国被压迫民众的慈母!中山为我们创造很多自由的园地,中山给予我们很多的安琪儿,中山是我们被压迫民众的生命之花,我们当然爱惜他,拥护他,不愿他和我们有一刹那的隔离,这便是一般被压迫民众对于中山的愿望和呼声!

不幸!霹雳一声的噩耗飞来,中山竟舍我们溘然长逝了!我们被压迫民众,失掉了慈母,中华民国,失掉了国魂,东方民族革命队伍里,失掉了一支先锋军!这是如何可痛,如何不幸,如何大的损失啊!我们在此惨痛之中,当预想到我们的敌人——帝国主义者及军阀,正在那儿嘲笑我们,阴谋我们,准备进攻我们,他们以为趁此机会,把我们革命派一鼓荡平,以完成帝国主义者与军阀自私自利的迷梦。

殊不知中山虽然死了,他的革命精神——他所著的三民主义及第一次全国代表大会宣言,是永远在我们民众的脑海里波动着,他的革命的力量,不仅是凭借五十万党员,他还有全中国人口百分之八十以上的农工群众,中山的主义,中山的事业,不独和他的党员是成整个的,而且与全国的农工阶级是成整个的,他的驱[躯]壳虽然死了,而他的精神,与他的事业,是永远不会死,正如举世所知的列宁死了,而列宁所手创的第三国际共产党及苏联是永远存在而且是与日俱进的发扬光大!帝国主义者幸灾乐祸的心情,对列宁对中山当然是同一态度,不过我们由列宁的死与第三国际及苏联的过去事实,便可以知中山的死与中国民族革命的前途,绝不至发生甚么坏的影响。不过有人以为国民党里有少数怯懦的与官僚化的党员,不敢与帝国主义者及军阀冲突,常常在党内发生很多无谓的纠纷和骚动,遂以为中山一死,国民党必定由分裂而至于消灭,这完全是一种错误的见解,因为中山的主义,是要对帝国主义及军阀革命的,凡不愿意和帝国主义及军阀冲突的,即是违反中山主义,即是国民党的叛徒。他们的反动,充其量也不过如陈炯明一样,试问陈炯明能够破坏国民党阻碍国民革命否?凡属是一个有主义有组织有训练的党,绝不因党里面有了叛徒,而发生破裂,反而因为发现了叛徒,淘汰叛徒,而使党的组织更加谨严。即如列宁死了,杜洛斯基的政见与列宁主义有违反倾向,而俄国共产党,竟能将海陆军首领政治中心的杜洛斯基免职查看,可为明证,国民党的反革命分子政见固不配与杜洛斯基相提并论,而在党里面的地位与能力,更加是相差甚远,国民党最近的将来,即会有革命派与非革命派的分化,而对于中山的主义和事业,一定不会发生坏的影响,而国民党的组织必因此分化而更加巩固。所以我们革命党与革命军人深信中山主义不死与列宁主义不死是同一的理论。

(《中国军人》1925年第四期,1925年4月2日,署名 惠生)

10日(星期五)

35.《苏俄的中国研究与东方杂志》(《东方杂志》第二十二卷第七号,4月10日)

《东方杂志》第二十二卷第七号刊登了齐水的《苏俄的中国研究与东方杂志》,全文如下:

一件可以乐观的事实——苏俄人士近来对于中国的研究极加注意，并发生浓厚的兴趣。莫斯科和各地的报纸上每日必载有关于中国的新闻电报，并且时常有论中国近况的论文发表。对于社会运动的消息他们尤其注目。在各项杂志上（如克拉司那耶诺费"Kpachak HoBb"杂志）差不多常刊载研究中国的文章。每本专门研究东方，"全俄东方研究会"出版的巨厚杂志《新东方》（近已出版六巨册，每年只出两三册）里论中国的文章总要占全杂志五分之一左右。同时"国家出版部"也不断有讲中国的大小书籍出版。

报章杂志是一社会的喉舌，大多数人民意思的测量器。俄国近来报章杂志上中国研究的发展可以证明苏俄人民实抱有研究中国的极大兴趣。取一两件具体的事实来讲罢。譬如前年北京兵士李义元殴打外人一案，虽是比较上不大的事情，却引起了苏俄革命要人脱落斯基一场大演说。去年江浙战争初起时外兵在上海登岸保护租界，苏俄舆论顿时沸腾起来，认为外国武力干涉中国之始端，一面发表反对的言论，一面提倡组织所谓"手离开中国"会。该会首在莫斯科成立，不旬日间而分会遍地皆是。彼国言论界虽有时未免有神经过敏的地方——这全是因为还不十分明了中国事情的缘故，——可是那种对于中国民族的同情心却不能不使我们感动的。

现在的中国已不是数十年前妄自尊大，或反过来见着外人摇头乞怜的中国，现在中国各项事业一天天的进步，一天天的发展，只除掉政治状况永是走马灯似的转着不算在内。所以要认清中国的真面目，决不能再用数十年认老中国的眼光，因为老中国已是一去不复返的了；也不能用那种肤浅和好奇的眼光，因为我们自有我们内在的复杂的生活，如只加以肤浅和好奇的观察，是决不能得其真际的。

但是现在中国的事情除日本外我敢说世界人士都是隔膜的。现在我们虽与各国常有极繁的来往交通，外人在我国居住的并不少。在理他们应该对于中国看清些了罢。但是不然，欧美各国对于我们仍是用旧日的观念，仍用那种观察"野人"的眼光（说得过甚些，却是事实）来观察我们。还有那些久住在中国的新闻记者先生们，个个自命为"中国通"，所做的通信和文章，那一篇不是痛骂中国的，那一篇不是使本国人迷惑，使本国人迷了心来害中国的！

所以苏俄人士对于中国事情的兴趣，和"中国研究"事业的发展，我们除欢迎以外，不能，也不肯抱其他的态度。因为他们研究的动机是善意的，至少是非恶意的；惟其是非恶意的，所以他们研究的时候，务求见其真，则发表出来的研究结果自然也含有多少真实性，而有注意的价值了。可惜苏俄的"中国研究"正尚在萌芽时代，出版的书籍尚少，而为我所搜罗和知道的还不满十本书。

兹将这几本书名和作者，就我记忆所及，依次写下：

（一）《世界的帝国主义和中国》，著者霍道洛夫，一九二二年在上海出版，内容未悉。霍道洛夫君（A. E. Hodoroff）在华居住多年，曾长北京华俄通讯社事务。

（二）中国长城以外　著者维连司基（Vilensky-Sibiriakoff）。一九二四年出版。

（三）孙逸仙　著者及出版年分同上。

（四）现代中国　著者及出版年分同上。按维连司基氏为著名的新闻记者和政论家，并可称为著名的中国研究专家。他在俄革命时曾在远东住过；其后充莫斯科政府公报（Isvestia）主笔，屡在该报上批评国际时事，尤其注意东方的事情。远东每有事故发生，公报上的社论大半系维氏的手笔。维氏除上述三本讲中国的书外尚著有现代日本一书。他的各种书籍销场都极好，如孙逸仙一书出版不几时已再版了。

（五）中国发生何事　伏金司基著（G. Voytinsky）。一九二四年出版，已再版。内容系分叙我国近年来的事情，如我国经济情形，外国资本发展的状况，华盛顿会议，英国对华政策，国民党和广东政府，都有极简单的叙述，不过并没有什么系统。

（六）中国与苏联　伊文（A. Iven）著。加拉罕序。一九二四年出版内容见后。

（七）手离开中国　拉台克及秦华（?）等人在莫斯科的演说辞。一九二四年出版。

据我所知道的新出版论中国的书籍计如上述，不过都是极简单，极普通的记载，仅可认为研究中国的"教科书"，而不能作为专门的著作。此外尚有旧出的书籍几种，如图儒林著的《近代中国》，柏尔开尔著的《中国之历史政治与商业》，以及马各文约翰著的《中国人在家里》等书，早已失去时代性，此间尤不必多叙。至于各杂志论中国的文章到也不少，如新《东方杂志》每期里总有不少篇论文讲到我国现代政治经济和内乱的情形，又如"世界文学"书局出版的《东方杂志》（一本专门研究东方文艺的杂志）也常载着介绍我国书文学和艺术的东西。

以上是苏俄对于"中国研究"一点小成绩的概况。可惜我没有余暇对于这些书籍统加以详细的批评，只能将伊文著《中国与苏联》一书内的一章，讲述我国言论界情形的，简单介绍与读者；尤其因为诸位读者平素爱读的《东方杂志》正占该章内论评的中心地位，所以不能不首先介绍过来。

中国与苏联的作者伊文，我并不详悉他的生平，只知道他久住在北京，因为在莫斯科出版的《新东方》杂志上自第一号起（一九二二年创刊）每号必有他的通讯，题下注明"北京通讯"字样，所以我知道他住在北京至少有三年以上。至于他以何种资格住在北京，则无从知悉。俄国大使加拉罕在这本书的序里称他为"中国研究家"（或译为"中国通"），并且说"他是一般中国研究家中的例外，因为他的注意力并不集中在研究数千年来中国古哲学家的手迹和陈言上面，却在研究那活着的，受痛苦的，和奋斗着的中国上面。他援用着马克思的方法去研究中国，所以尤增价值"。他又说："作者深知道中国现代的生活和他奋斗的情形。"诚然，作者是真正的"中国通"——这个从他的著作里可以明了地看出。中国近几年来的政治情形复杂异常。一省有一省的特殊情形，大军阀与大军阀争斗，大军阀里又包含着许多小军阀互相的争斗。今天局势如此，明天忽然完全换一局势。在我们本国人，不站近着政治界的人看来还要茫无头绪，不知所措；何况远来的外国人，言语习惯和历史素所不谙的人，要费多少九牛二虎之力才能找个头绪出来。现在伊文君在每篇论中国的文章里，把中国事情弄得"头头是道"，用轻妙的手笔随意写来，显见对于我国内部的情形确曾用过一番苦心去研究过，并不是贸贸然靠着几张英字报纸抄成的。

《中国与苏联》一书系七篇论文集成。这七篇（章）各有首尾，并不互相连贯。所以以书的体裁而言,只能称为"论文集",决不是一本有系统的讲中俄关系的书。

以下是这本书目录(全书共一百四十四页)

序(加拉罕)

第一章 中国与苏俄

第二章 李宁死的影响——中俄条约缔结前情形

第三章 已渐成熟的冲突——中俄条约与帝国主义各国

第四章 中俄条约之第二日

第五章 厦门罢工事件

第六章 中国人写些什么和怎样写法

第七章 广东的资产阶级和广东政府

附录

一、苏俄政府对华宣言文

二、王加两代表为重开交涉问题来往之公文

三、关于庚子赔款拨作北京八校经费与外交部来往之公文

四、加拉罕与中政府间为拒签三月十四日协定事来往公文

五、关于英国冀图推翻广东政府之文书

六、反对帝国主义同盟向各被压迫民族宣言文

书内第一章和第三章曾载于克拉司那耶诺费杂志。自第一章至第四章都是叙述中俄间近年来的关系;第五章和第七章叙述广东政府和国民党的情形;第六章(我所要介绍的一章)是论述和批评我国的言论界和其对于中俄关系的态度。

伊文氏在第六章里以为中国正在过着和西方社会大冲突的时代,所以"凡一切愿意留心人类未来的进化的人必须要仔细地观察着这种冲突,这种斗争,调查着那复活的中国在那被调排着要尽力参加的世界大事件的漩涡里是怎样生活的,怎样思想的,并如何地自觉,尤其在我们苏联的人民,其命运有与中国的命运在最近的将来连锁在一起之趋势,尤应有研究中国之必要"。

但是要研究中国必须要从言论界和思想界着手。所以中国的定期刊物,尤其是中国的杂志,实为"研究现代的中国相当的补助品"。因为"论中国的书固然很多,可是大多数是论书中的中国的,讲到论现代的中国的书籍有些价值的实在不太多。并且内中有些较好的书籍大半有一种普通的缺点:就是来不及追赶着中国的现实状况。中国进步之速,竟有每年,甚至每半年,即能成为其生活中之一整时代"。惟有定期刊物总能捉得住一时期内所生的现象;如能加以研究,实为研究中国事情最好的材料。

但是伊文氏看出苏俄的杂志里尚无有特辟一部分以研究中国出版界的情形的,认为这是极大的缺点。所以他自己决定先从中国的杂志着手加以研究,同时比较详细地注意着与中俄国交相关的文章和材料。

伊文氏首先注意到了"商务印书馆"出版发行的《东方杂志》,尤其是该志的一本,第二十一卷,第十三号。

他对于《东方杂志》的总批评如下:

"这本半月刊每期篇幅计在一百五十至二百页左右,形式大小与克拉司那耶诺费杂志或出版界与革命杂志相同。该杂志并没有严密的、一定的面目,因为"商务印书馆"纯持商业的目的,所发表的尽是能引起大多数读者阶级(即是中国的智识阶级)兴趣的东西。该杂志这种谨持的态度,和缺乏一定的理想,固属极大的缺点,可是同时却能使《东方杂志》成为中国舆论大多数趋向的指示器。"

随后作者把《东方杂志》的体裁简单地叙述了一下,还指出一件小小的缺点。他说:"《东方杂志》里缺少文学批评一栏,而同时在我们(即苏俄)的杂志里这一栏却占极尊崇的地位;缺少之故因为文学批评,依近代这个名辞[词]的意义说来,在中国尚正在创始的时候。不过有应注意的,即胡适,陈独秀和钱玄同诸君所作新版中国各著名说部的序言,以及俞平伯对于中国文学巨著《红楼梦》的专门著作,已植起文学批评的基础来了。"

作者随后转到《东方杂志》的第二十一卷第十三号。他开头批评关于"中外生活"(即时事述评)的一栏。他认这类短篇的"述评"对于研究中国的俄国读者有极大的价值,可是只是那论述中国事件的一部,至于论外国事的部分,如法国大政变经过、美国总统选举之类,伊氏看出"不但是根据英美的 Magazines 和法国的 Revues 编成的,且还充分地贯澈[彻]着这些杂志的精神"。

伊氏在第十三号杂志里举出化鲁的远东列强新形势与中国的生命,张梓生的中俄复交之经过,楼桐孙的向左转走之法国选举及各政党之说略,黄惟志的专家报告与德国赔偿问题的解决,梁启超的清代学者整理旧学之总成绩,黄涓生的电书与电相之新发明以及韩士元的游野人国等篇。

他把化鲁、张梓生和梁启超的三篇文章先叙说其大概的内容,然后加以几句批评的意见。他认这些篇文章里最有价值的自然是梁启超的论文。"在这中国新派的青年研究者用西方的科学方法作武器上,舞台活跃,使中国旧学开一光明的新纪元之际,对于中国旧派学者在这范围里所已做的工作加以统计,这是十分必要的,"——这是伊文氏认梁文为有价值的理由。

伊文对于化鲁的远东列强新形势与中国的生命一文内所描写的远东国际形势"大体上认为是很对的",不过尚有应修正的数点。他说:"化鲁差不多完全不注意到英俄的竞争在英日条约缔结史上那种坚决的关系;他又把日本在华盛顿会议的让步看得太重,却完全忘记该会议实际上巩固了日本在东亚细亚海陆军方面的优越地位;最后作者又把日英美的共同关系(尤其是英美的共同关系)分析得太形简单了。脱洛斯基在一篇演说里说得极好,世界的相互仇忌还不但发生在法日利益同英美利益竞争的阵线上,还发生在英美内部竞争的阵线上呢。"

张梓生的中俄复交之经过,伊文氏对之颇有微辞。他说,张梓生预备叙述中俄的外交关系史直至缔约时止,却"不很成功"。因为作者收集些"极有疑点的材料,却不敢用批评的态度对付它"。他又说:"作者既承认'列强之竭力阻止中国与新俄之接触,实为不可讳之事实',又说五月三十一日协定的签定不能不归功于顾外长'秘密的手段',以遮掩列强代表锐利的眼光。可是在前文叙述优林,巴伊开侠和越飞各代表的任务时,他又完全不注意北京外交团对于中国政府解决俄国问题一事上所施坚决的影响。"随后伊氏又称张梓生为不十分同情于苏俄的人。他说,以这样的人尚不能不承认中俄协约有极大的意义,颂为"开中国外交史上的新纪元,"——这是极有趣味的呀。

最后,他捉到耿济之译罗拿却尔斯基所著的爱艺术的国王一剧。伊氏说,他没有原本,不能判断原文的正确与否。"可是译文的文字极好,读起来还比较流利,一定能够引起极大的兴趣,而况该剧系属苏俄一名人的手笔呢。"

伊文氏对于东方杂志第十三号的批评大概如是。

我对于伊氏批评《东方杂志》的意见大体上尚引为满意,至于单独的各项议论,因本篇仅具绍介性质,不过要使我国读者知道人家如何研究我们,苏俄的有智识阶级(伊文氏自为其代表之一)对于我国的言论界和思想界的看法如何,——所以不愿多所论列。

最后我敢代表我们的读者向伊文先生表示谢意,并希望他在"中国研究"的工作上更形多加努力,使苏俄人民多知道和多明白我们中国物质方面和精神方面(尤其要紧的是精神方面)的现代生活,更希望他从《东方杂志》的批评上进而从事我国出版界和思想界全部的叙述和批评。

记者按

俄国一般政论家对于中国事情的注意研究——像齐水先在这篇文章里所说及的——实在足使我们十分佩服。我们觉得俄国智识阶级了解中国的程度,远在中国智识阶级了解俄国的程度以上。我国的政论家谈论起俄国事情来,不是捧得太高,和天堂一般,便是看的太坏,和地狱一样,从没有像伊文氏那样对于邻国的一般思想和论坛,下过锐敏的观察和确当的论断的。这一点我们实在应该自愧。

伊文氏对于本杂志的批评我们以为大体是确当的。他称本志为"中国舆论大多数趋向的指示器",我们尤觉非常感谢。此外伊文氏对于本志二十一卷十三号里的几篇论文有几处纠正的地方,我们却认为由于观点不同之故。他说张梓生君为不十分同情于苏俄的人,这也许是对的,但在英美人看来或者要说张梓生君是十分同情于苏俄的人了。因为本文第七节里已明明写出北京使团压迫的情形,要是以英美人的立点看来,已是太不堪。本志主论,向来主张中立的态度,只求对于事实的各方面,尽情抒发,以呈现于读者之前,而不带丝毫感情的宣传的色彩。我们承认这种客观的谨持的态度,是现代政论者所应取的正当态度,我们总想时刻保持着。为伊文氏所最不满意的,或者也是由于这一种态度罢。

至于伊文氏对于远东列强新形势与中国的生命一篇的批判,更是非常精确。但化鲁君那篇文字所注目的是最近的外交形势,所以为行文便利起见,把战前英日同盟与英俄冲突的关系,略去不提。又著者这篇文字,是专就最近外交转变的方向而言,所以就大体上,把英美和日法分成二大系。自然,近世帝国主义的国家都只顾本国的利益,各个列强间,多少都不免利益冲突,但当两国发生共同的利害关系时,却有暂时抛弃两国间的小冲突而互相提携的可能。英美两大资本国的互争商业利益是不免的,但当两国在远东遇到了共同的敌人时,这种相互的冲突却不妨暂时潜伏,因此英美的冲突于远东的新局面,未必有多大关系,这是著者在那篇文字里未曾述说的缘故。

(《东方杂志》第二十二卷第七号,1925年4月10日,署名 齐水)

22日(星期三)

36. 列宁号(《新青年》不定期刊第一号,4月22日)

《新青年》(不定期刊)第一号出版,编辑者为广州新青年社,发行者同前。该号为"列宁号"。内封刊发列宁的浮雕像,反面印:"我们的旗帜——列宁 我们的武器——列宁主义 我们的任务——全世界革命。"杂志发表《中国共产党第四次大会对于列宁逝世一周年纪念宣言》;翻译了列宁的《专政问题的历史观》、《第三国际及其在历史上的位置》、《社会主义国际的地位和责任》;组织《列宁殖民地民族与帝国主义》、《列宁与职工运动》、《列宁与农民》、《列宁与青年》等文章;刊登了蒋光赤的《在伟大的墓之前》和《列宁年谱》,以示列宁逝世一周年纪念。

37.《列宁》(《新青年》不定期刊第一号,4月22日)

《新青年》不定期刊第一号刊登腊狄客的《列宁》,全文如下:

> 列宁——第一个无产阶级国家之创立者。
>
> 马克思学说,写在他的著作里,他的通信是很够做其著作之注解的。列宁遗书有几十卷,将来搜集他的通信,恐从新更有几十卷。但是列宁学说最重要的注解还是列宁的事业,还是他创立俄罗斯共产党以及这党取得政权之斗争的工作。这乃是一种方法,无产阶级得着可以在一个困难的环境上握住着政权;列宁遗留给俄国无产阶级的这种方法,不仅可以握住政权,并且可以决定俄国工人阶级所以要取得政权之使命。
>
> 马克思参与一八四八年的德国革命,但在这个革命中,因为无产阶级分子软弱,所以他不能起很大的作用。德国一八四八年这个革命成为历史的例外:要作资产阶级胜利的革命,发生得太迟;要作无产阶级的,却又发生得太早。在一八四八年的革命之后,接着有几十年的反动,马克思在这反动时期中,只能做研究资产阶级世界的机械性之一位旁观者。由反动转到民族战争时期,无产阶级也不能于其中成一个指挥的势力,因此马克思又不能显其指挥的作用。随后就是巴黎公社明星照耀大地的时候了。只有马克思的天才才明白这个短期现象的意义,可是这一次仍说不上马克思的指导作用。
>
> 从巴黎公社以后直到马克思逝世,欧洲满布着反动势力。资产阶级的革命使命,在西方已经告终了。无产者则开始畏缩地迟缓地重新创立自己的队伍。他们由各国小团体组织起来,他们脆弱的运动,自然不是从一个地方所能指挥得动。马克思采用其

天才以研究那推动资产阶级世界发展和无产阶级与此种发展的关系之一些根本法则。他不能投身在国内战争的火焰中来表现自己是一个革命的天才指挥者。

列宁是完全站在马克思学说上面的，他明了马克思学说比较马克思学生任何一人都更为深切独到。但是列宁从他的生活第一天起，就准备着在共产主义革命中做一个有实际指挥作用的人。他一生完全努力于一九一七年十月所实现的世界资产阶级阵线大破裂之准备。从这年上溯三十年的春间，这位少年列宁在他所作《甚么是人民之友》一书中，写着：

"社会民主党人把自己全部的注意力和活动力用在工人阶级身上。到工人阶级的前进代表握有科学的社会主义思想，握有关于俄国工人的历史使命思想时，到这些思想散布很广，并于工人中间创立坚固的组织，改去现在工人零碎的经济战争为觉悟的阶级斗争时，——站在一切德谟克拉西分子前面之俄国工人，必定倾覆专制并指挥俄罗斯无产阶级（和世界无产阶级并进）以直接的、公开的政治斗争达到胜利的共产主义革命。"

研究列宁论共产主义革命的科学，首先须研究列宁成为俄罗斯无产阶级争取政权的指导者所经过的道路。

列宁是一个政治家，是一个无产阶级政党的指挥者，他用非常的信心打败了一切。有些人以为这种信心系权威的性质，这种性质使他成为天然的首领；有些人以他对于社会主义的坚定信仰，为他信心的来源。可是权威的意志，固能结合人类，但当历史已证明权威所向的全是错路，则权威又能离开人类了。列宁做首领的力量，是由他的党中同志非常信服他的意志能引导他们循向历史不错的道路。

这条道路在社会主义信仰中，是不会找到的。英国改良派首领卡尔哈底极其信仰社会主义，却引导英国无产阶级上错误的道路；法国改良派首领若勒斯亦是深切地信仰社会主义；第二国际阿特来尔是信仰社会主义最明确的人，他引导奥国无产阶级行向恶浊的社会爱国主义。不管他们的信仰是怎样，可是以上诸人没有一个当得起历史的考验。社会主义不是宗教，社会主义是论无产阶级胜利条件的科学。列宁铁样的信心有其固有的来源，即他比较马克思的任何学生都能联想马克思的科学到社会上来，他把这科学注入于他的血肉，他应用这个科学，也非科学社会主义鼻祖的任何徒弟所能望其项背的。列宁忙于组织俄罗斯共产党之实际工作及指挥这个党，所以他关于马克思学说一般的根本之著作并不多见。然而只要看列宁自称少年期的著作中，怎样提出关于唯物史观的问题，只要拿他的设问和那时期蒲列哈诺夫、考茨基著作中的设问两相比较，就可知道列宁怎样独立地来解决马克思主义理论上的问题。列宁在讨论职工会问题时期出版的小册子中偶然有二、三页说及辩证法和天演论之区别，我们从这二、三页看来就可知道他自称为蒲列哈诺夫的学生，仍是太过谦逊了的。列宁是伟大的、独立的马克思主义的思想家，有此根基，所以能成为铜铁一般有力的人，做指导世界无产阶级的政治家。

思想家的列宁，俄罗斯革命政治家的列宁，是由革命问题能像实际奋斗问题一样提出之一种环境中产生出来，这就是他所以能超过马克思的其余学生之原故。

拉发尔格在小资产阶级国家中长大起来，这国家虽然经过三次革命，但其资本主义尚未能造成新的无产阶级的革命条件。偌大才能的拉发尔格，终不能尽展其天才。

考茨基是在恩格斯、马克思之后想独立地应用马克思主义的第一人，可是他只能利用马克思主义为社会历史的研究。对于活的事情，对于德国社会运动问题，马克思主义却只做了他的工具：说明无产阶级尚不应去包围阶级的敌人，不能飞过他们，要慢慢地积聚势力，做最后的决战。考茨基看最后的决战，如此杳远；以他在其论社会革命的著作中对于夺取政权的问题，很为疏忽。他于这个问题，并没有多少明了，甚至他不了解无产阶级革命中最重要的一个问题——无产阶级于得胜后的第二天，将从何处得到面包呢？

蒲列哈诺夫是著名马克思科学的解释者，是著名拥护马克思主义"反对各派批评"的人，但他生活于离开风潮发源地很远的地方，离开俄国很远的地方。他对于俄国革命斗争，并没有充分的兴趣，所以他不能倾注全部脑力于俄国无产阶级革命斗争之实际问题的研究上面。在《我们意见歧异》一书后，蒲列哈诺夫即没有著作去详细研究俄罗斯革命主要问题的一个——农民问题。这件事实就很可证实上边的断语了。

理论家的列宁，政治家的列宁，第一步就是研究俄国无产阶级主要的活动范围和必须参与俄国革命的主要力量。拿考茨基、客希维茨基、莫来利对于农民问题的设问及列宁对于农民问题的设问，两相比较来看：我们不仅仅可看出西欧和俄国经济上条件的差异，不仅仅可看出俄国和西欧农民问题各有其特性，而且也可看出革命首领的列宁究竟与欧洲科学社会主义著名的代表人物有所不同。列宁研究农民问题，不仅以说明资本主义命运发展，马克思经济科学于农业范围内适用与否为观点，而且首先是用无产阶级夺取政权的斗争为观点，无产阶级于其斗争中选择同盟者为观点的。

考茨基看到这个同盟者，只有乡村的工人。但是他这样排斥获得乡村贫农之观点以为这是机会主义，这究竟是他在马克思主义应用上好或坏的结果么？还是德国社会民主党消极性及其实际放弃夺取政权的斗争和德国无产阶级太偏于行会利益的见解之结果？——我们举德国社会民主党并不能从事奋斗，以取得考茨基所说无产阶级同盟者——乡村工人之一件事实来看，就很可以解答这个疑问了。列宁在俄国经济中、农民中发现了为无产阶级夺取政权的同盟者；并且在几十年的时间中在俄国一切历史线索上，教会了创设无产阶级和农民之斗争的同盟。

蒲列哈诺夫开除民粹派以农民为能尽独立的革命职务的妄想，但他不能集中俄国工人阶级的注意力到联合农民的问题；他不能使俄国工人阶级明白没有农民，无产阶级是不能取得政权，违反农民意向，无产阶级亦不能实行社会主义这一层道理。惟有列宁能够使俄国工人阶级知道这个，所以无产阶级伟大思想家的列宁能变为无产阶级的政治指导者。指导阶级斗争，这不是别的，就是研究阶级斗争胜利的条件，无论在胜利或在失败时候都不应忘记了上述的这些条件。列宁对于农民问题的关系在世界工人运动史上开一新纪元。

农民问题，并非处处都有同样具体的作用，像在俄罗斯革命中一样。在各资本主义的先进国家中，雇农的作用将比在俄国的更加重要。但不论何处，在无产阶级革命中获得生产面色者的问题将占重要的位置。而列宁首先要以自己的理论和实际告诉世界无产阶级的，也就是关于获得生产面色者的一个问题。

列宁对于农民问题的关系上，尚有别一方面，也可以算做世界无产阶级将来斗争中之根本的后援。革命马克思主义的代表在西欧做反抗机会主义奋斗中，却把玉石一齐丢去了。他们驳斥拉塞尔对于整个资产阶级的观念为错误，以为整个资产阶级就是"整个反动的群众"，但实际上他们都是畏惧无产阶级和非无产阶级分子联合的。列宁当时最坚决地奋斗反对少数派和城市自由派资产阶级之联合政策，因为这个阶级绝不会和无产阶级彻底去推翻专制制度；他同时却以不断的精神，提出与农民联合的问题，换句话说，就是和那要求推翻专制为有利益的小资产阶级联合的问题。他这样就教会了别国无产阶级对于非无产阶级分子关系问题的观察；这种观察不是用抽象的否认一般联合的观点，而是用具体的观点，估定某一阶级之利益的观点。这观点的问题：是看别阶级或别阶级之一部分在历史途程上和无产阶级有怎样的距离，可否和无产阶级共同反对那必要去除的敌人。列宁在《共产主义左派幼稚病》一书中提出获得群众的同盟者为无产阶级于夺取权斗争中和维持政权斗争中的一个根本条件，无论这个盟者是如何摇动。

关于无产阶级政党意义的科学是准备无产阶级夺取政权的政治家列宁之主要的科学。明白一九〇三年列宁和孟雪维克党人关于党的职务和进党分子的争论，即等于明白列宁政策中最重要的杠杆。列宁教无产阶级以阶级斗争运用的艺术。他提出此任务于无产阶级面前远在他工作史上最初的时期，可是同时他又教无产阶级说：在无产阶级未成为运用的主体之先，是不会有无产阶级的运用斗争的。倘若他论对于农民关系和对于自由派资产阶级关系的科学，可说是无产阶级政党运用的科学；那末，他的组织观点，一定是怎样保证无产阶级不受敌人运用所中伤之客体的科学了。

在社会民主党章程第一条争论中，列宁提出的问题，比起他和孟雪维克党人所争论的其余一切政治问题，不但不算是次要，反而可以说，这是列宁所有政治主张能够应用到生活上去之一个先决的问题。俄国工人阶级处在沙尔制度压制之下，没有创立强有力的群众组织之可能。工人阶级不自觉他[地]做政治经济的罢工去和专制奋斗。孟雪维克党人梦想创立广大群众的无产阶级政党，但在沙尔制度条件之下，是没有这样一个党之位置的：一切所说关于广大的德谟克拉西的组织，在这种条件之下，等于空洞的计划；事实上就是开放工人政党的门户，容纳那些口说同情工人运动或只以物质维持工人运动的人进来，这个等于将尚没有形成、尚没有坚固的革命工人运动，安放在小资产阶级的影响之下。沙尔制度条件激起大部分小资产阶级智识分子之反感，加以欧洲自由主义之影响，自然每个律师都能够有一点社会主义的知识。谁容纳这些仅承认工人政党党纲和以物质维持工人政党的人入党，谁就是把火炬一般的工人运动交给小资产阶级手里。列宁主张只有在无产阶级秘密组织中工作的人，才许做党员，这样方可以减少工人运动受小资产阶级智识分子支配之危险。甚至凡与资产阶级社会决裂冒险依附无产阶级秘密组织，成了职业革命者的人，亦还不能保证他始终忠实于无产阶级事业，不过这样总算已有一定的保证了。

列宁站在马克思主义分析的基础上，指出无产阶级的进程，创立职业革命者的秘密组织；他因此创造了无产阶级斗争之集中的革命的指挥机关之条件。欧洲最良好的社会主义者，甚至如十分注意俄国无产阶级斗争的卢森堡，都以为列宁的组织观点是阴谋策略的反映，都恐怕波尔扎维克组织会和无产阶级群众斗争相分离。这危险是不的确的。孟雪维克党人在革命高潮中创立广大的组织，可是指挥这组织的都是一班摇动的机会主义的智识阶级。列宁创立的组织是能够于最困难时候指挥无产阶级斗争的，是能够于革命平静之年保存革命原则的，而且是历史动力引导无产阶级进向阶级斗争时代之广大的群众组织。

列宁从来不坚持理论上的组织形式。一九〇五年在秘密组织中的只有几千人，经过第一、第二两次革命中间几万人的群众组织，他扩大共产党到几十万人，至十月革命之后，共产党的势力更影响到几百万人。形式虽有变更，但不论何种形式的组织。列宁总以一个观念引导着：无产阶级能够胜利，须有革命的组织。这组织必须坚固和集中，因为敌人的力量比我们的组织要强过十倍。

当列宁创立了一个能够和敌人斗争的群众的党之时，他首先提出的责任就是为夺取政权预备武装暴动。他于我们软弱的时候，或失败退转的时候，能够教导我们的党步步为营地奋斗，从事日常最黑暗的工作以积聚无产阶级的力量，可是他没有一天会忘记：一切工作只有一个目标——准备无产阶级取得政权。

拿列宁在反革命得势时期的工作和他在工人运动潮流高涨时期的工作两相比较来看，当代共产党于此可以得着一个再好没有的教训。当第一次革命失败以后，他极坚决地和那班老不承认反革命胜利、空等革命势力再起，而不愿意去做积势聚力的困难工作，利用种种方法以达到这目的的人们奋斗；但他又以同样的毅力攻击那班丢去革命的希望，改变无产阶级革命斗争为琐碎经济斗争的人们。列宁在这反动时代，很精细地研究一九〇五年所得教训，为将来运动复活时之应用。

一九〇八年他在波兰社会民主党的杂志中，根据莫斯科暴动的教训，提出未来武装暴动之技术的准备问题而发表的一篇论文之意义是何等可贵啊！

在帝国主义战争时代，当全世界工人运动不仅被资产阶级的军事机关破坏，而且被社会民主党叛徒推翻的时候，列宁在每一个实际的步骤上帮助他的同伴，利用公开的可能，以具体的方案创立各种秘密组织，同时他又在瑞士的孤独生活中研究关于国家、关于无产阶级专政之马克思的科学，为一九一七年十月暴动的准备。像海林格和卢森堡这一班人在胜利的德国帝国主义和胜利的第二国际社会爱国主义之前面从来是不解除自己武装的，但那时他们也跟着以为列宁于世界大战开始后二个月公布的波尔札维克中央执行委员会第一次宣言中提出的国内战争口号这一件事实为浪漫的行动。他们那时不敢提出德国社会民主党分裂的口号。

列宁在这黑暗之夜，已经准备了无产阶级的十月暴动。可是他于二月革命后不久回到俄国，在党内同志们惊讶的面前，发挥苏维埃政权的观念，同时又教党对待尚在社会爱国主义迷梦中【的】群众，须以非常的忍耐心去解释目前的状况，而且要一步一步地增长群众中的革命恐慌。列宁带着苏维埃共和国的理想一同回到俄国来而提出宪法会议的口号，以为这是行向苏维埃共和国之一阶段。苏维埃共和国口号那时对于他正如一颗明星，但他明白要群众随着这颗明星进行，必须打破群众的德谟克拉西观念，宪法会议观念。他并不要求群众超过德谟克拉西阶段，而要自己和群众共同度过这个阶段的。他取消这口号只在拿到政权以后，即宪法会议已经在群众面前表现出是阻碍群众走向群众最需要的和平之道路的时候。

整个马克思主义就是教无产阶级如何取得政权。可是马克思主义当着世界无产阶级前面，那时已经丧失了这个意义，其原因不仅是社会民主党的机会主义以资产阶级的德谟克拉西代替无产阶级专政，而且是自从一八七一年以后欧洲工人运动在资产阶级德谟克拉西范围中发展起来。列宁从新发现马克思关于无产阶级专政的科学，不仅因为他是革命的马克思派学生，而且是因为俄国无产阶级已经上了夺取政权斗争的道路了。

十月暴动指导者的列宁和苏维埃政府指导者的列宁，就是他平时所预备的科学之最高的表现。列宁说：革命的政治家必须替百千万人奋斗。他在百千万人的面前果然以苏维埃俄罗斯指导者的资格，将几十年来在俄国波尔扎维克小环境内所教导过的东西，非常明了地来教导世界无产阶级。他以镰刀和锤子作徽帜，来告诉全欧无产阶级：去找乡村里的同盟者罢！因这同盟者是为革命而给你面包的。他以红军的红星做徽帜，告诉无产阶级说：无产阶级应该领导那些与地主、资本家反动势力因利益冲突而起斗争之社会阶级，并以自己的力量毁灭敌人的力量。他做国家最高机关的首领，不断地指示并证明给各国无产阶级看：维持政权，只有倚靠无产阶级坚固的前锋，只有倚靠共产党。列宁这样以事业证实他的理论的科学，因为有这个证实，他就成了国际无产阶级的导师，共产国际的创立者。

列宁——共产国际之创立者

列宁于放逐前第一次侨居西欧之时，已经有很大兴趣开始实际上研究那从前仅在书籍或杂志上所认识的西欧工人运动。他时常说起他在瑞士和法国工人的集会中所得着的印象；他说在俄国时所推测的西欧工人运动，恰与所亲见的相反。可是这位大实际家总不会走到怀疑主义去的，而总要于西欧工人运动潮流中，寻找革命的实质。列宁更密切地接近工人运动，接近德国、瑞士、法国和英国工人运动的首领，仅仅在一九〇一年刚从流放回来以后，和马尔多夫、亚克西里洛、蒲列哈诺夫刊行《火星》的时候。《火星》不仅是俄国社会民主党的奋斗的机关报，亦且是国际社会主义的奋斗的机关报。《火星》刊行的时期，正是国际社会主义中二个倾向：——修正派和革命派间的激烈斗争时期。那时首先在《火星》上分析西欧工人运动实际问题的是蒲列哈诺夫；列宁所最注意的是在其理论方面，但同时亦很仔细地研究工人运动现象。他参加过米海纳的工人集会，他注意倾听的，不仅是伦敦哈德公园演说会上社会党演说家的演说，并且注意到能在英国工人群众中取得应声的各种教派宣传者之演说。

修正主义是工人贵族和工人官僚的利益之反映，——列宁自从伯恩斯坦第一次露骨进攻时就已经十分明白了。现在列宁从工人运动的派别上看去，更加一目了然。在亚姆斯德丹和司徒嘉德举行的国际会议上，他观察第二国际的指导人物，或许他那时感觉得自己是很单调的。在司徒嘉德会议上关于殖民地策略，关于战争危险的反抗之辩论已经告诉列宁：改良主义首领所导引的途径将通到甚么地方。他于第一次革命后所作关于国际局会议论文中对于哥勒、特鲁斯特纳、白勒兰丁格诸人已有很仇恨的表示了。

第二国际还是整个而未分裂之时，列宁就已知道这里面藏着工人阶级底仇敌，而且看出第二国际那批有名人物——从公认的修正派直到考茨基——的底细。列宁于一九〇一年在米海纳认识考茨基时，至少已经察出考茨基不是真同志了。波兰马克思主义理论家瓦斯基同志，于其所著关于多数派纪念日的教训一文中说：当第二国际中的好分子组成左派，反对改良派时候，第二国际中只有列宁一人有成立第三国际之决心。只要读过列宁在教育上对于德国职工会首领列忌恩游美的著作之批评，就可知道当时除列宁外，再无有一个人敢写这样的文字评论第二国际这一批名人。

修正主义与那时考茨基所倡导的急进马克思主义中间意见所不同的，只在马克思主义学理的解释上头。实际上，这两种倾向对于日常的实际是互相接近的；第二国际的统一就是建筑在这个上面。几年的会议席上，很少引起激烈的斗争。普通，会议终了，总是通过一个共同的议决案。实际上所谓急进马克思主义者，也并未主张用光明的革命的暴动，去做群众的革命准备。到一九一〇年，德国所谓正统派马克思主义者中间已发现分裂，这种分裂是在实际问题上，是在行动上的。所谓左派急进部分和以考茨基为首的中央派就形成了。分裂点系在反对帝国主义奋斗问题及群众罢工问题上面。起初列宁以为我们急进的左派对于帝国主义关系之表示不甚确切，不过对于总同盟罢工问题的见解是十分对的。到马尔多夫在考茨基机关报上做反对卢森堡的文章时，列宁才在俄国中央机关报上发表巴业古克拥护急进左派的论文，而他自己精神上亦拥护左派。

大战开始了。八月四日黑暗日子到了。列宁隐居在卡巴特山中接到关于德国和世界社会民主党附逆的消息。他初时很不相信，以为这或许是世界资产阶级的诡计，军事上的阴谋。但不久他们悲惨的行动已证实了这个消息。列宁出了奥大利牢狱到瑞士以后，即刻从事斗争的职务。我能够和他会晤，已在一九一四年末，那时列宁的态度已在党的中央委员会有历史价值的宣言中和数期《社会民主派》中表明出来。我和列宁谈话时所受很深的震动，现在还牢记着。我从德国前去，是要和别国革命团体，成立关系。我们在德国，于开战第一天起，即绝对不承认大多数社会民主派的态度，反对在帝国主义战争中保卫祖国。我们和考茨基、格席冲突，他们仍不抛弃他们的审慎地反对社会爱国派的态度，所不同的，只是他们不时有和平的叹息。我们于印刷品检查之下用誊写版印刷品宣传反对战争的革命战争。但到我与列宁谈话之后，不禁使我——由我又使许多德国同志——突然左倾。列宁向我提出的第一个问题是：德国社会民主党分裂之前途。这个问题，使我和站在党的极端的同志，都有刺心之痛。我们总有千数百次说改良主义是工人贵族的政策，但无论如何，总希望德国全党于第一次爱国主义毒气消灭之后会转到左方来。李卜克内西八月四日公开投票反对战争，可以说他是希望全党在政府通缉的打击之下，能够与政府、与保卫帝国主义祖国的行为实行决裂。列宁却简直这样提出问题：第二国际政策，是错误么？还是背叛工人阶级的利益？我就对他说明：我们是站在两个时代的界线——社会主义在德谟克拉西范围内和平发展的时代和其狂飙突起的时代；现在的问题不在首领背叛而在群众没有充分力量，足以反对战争，才不得已顺从资产阶级政策，此种政策之难堪将迫得群众和资产阶级决裂，而走向革命斗争的道路上来。列宁即以几句话打断了我的论点，说："这是历史主义，不论什么都可以时代转变来解释的，但是这班改良派首领，战前已经有系统地引导无产阶级进资产阶级营垒去，战时又公然跑进这个营垒，似这一类人能够变成革命政策底引导者吗？"我回答他说：我不相信。"那么——列宁继续说——过去的时期应当在改良主义首领的身上完结了。倘若我们要使工人阶级容易转到和战争决斗、和改良主义决斗的政策，那我们应当和改良派首领决裂，和那班不忠实地攻击改良派首领的人决裂。至于，什么时候决裂及怎样有组织地预备这决裂等问题，这乃是策略的问题，到这决裂去的倾向则为每个无产阶级革命者原则上的责任了。"列宁坚持以最严厉的形式和社会爱国派作思想上的斗争，坚持必须公开地说明他们的背叛是真正的背叛。他把这句话连说了好几遍，后来在共同工作中，在起草议决案中，他常常提醒这一个政治的定义。以为这个定义乃是测量革命的忠实和恒性之尺度，是测量与社会民主党决裂意志的尺度。

关于以国内战争口号抵制国内和平口号问题，列宁亦以同样的严肃态度提出。我们德国急进的左派，自从因群众罢工问题，和考茨基开笔战时起即提出比较不确定的口号："群众行动。"这口号的不确定性，是由于德国一九一一——一九一二年间革命运动之原始的状态，当时柏林工人，趁普鲁士国会中普选问题之争斗，在底尔卡丁示威，我们即以为这□德国工人革命斗争之开始了。列宁告诉我们说："这个口号在战前，是可以号召群众行动去抵制德国社会民主党首领们之议会诡计的，但到了这个铁血时代，战争时代，就不够用了。""倘若——列宁说——群众的怨望因战争而加甚，那末，中央派仅能组织群众运动，压迫政府，使之和平休战。倘若我们的推测，以革命代替帝国主义的推测，不是空洞的愿望，而是要做的工作，那我们必须明确地提出国内战争的口号。"列宁非常喜悦李卜克内西致齐密瓦会议书中用了这句话："反对国内和平，赞成国内战争。"他证明李卜克内西根本上是完全和我们一致的。

第二国际分裂，是形成无产阶级革命运动之条件，国内战争，是打倒帝国主义战争之条件，——这两个根本思想，就是列宁所要贯注于各国和他有关联的先觉革命分子头脑中的。虽然他那时早就坚定地、明确地站在未来共产国际之地位，但他仍然走去参加反对战争的社会民主党团体在齐密瓦和京达尔所开的会议。他很明白，开始应当和中央派提携，以摇动工人的头脑，破坏社会民主党的一致，在自己周围团结大部分工人群众，不以宣传为满意，并须开始斗争。

他不仅收集在这派别斗争中散布的文件，而且不怕费力地去研究这些文件。举一个例：荷兰马克思主义者郭泰以荷兰文著的关于战争的一本小册子，他拿来从头到尾用字典读了一遍，因他是不懂荷兰文的。他很注意群众革命独立性之一切微少的表现，为的找到他们政治发展已经真正达到的地位。在伯尔尼（瑞士）时候，有一位勒卜士格的老同志来访我，他自一八九〇年以来，即站在德国社会民主党最左翼，但于原则上的问题是绝不明了的；列宁从他口中详细地得到运动的整个概况。我记得这位社会民主党员那时很惊异列宁不给他休息，反问他于示威运动中男工女工的叫号。"叫号么？在当时的情形是可想而知的。"但列宁坚持着："总请你告诉我：他们叫号甚么东西？"于是从他口中得到了必要的报告。他很注意欧美工人印刷品中的琐碎事件，要借此认识群众于政治论文中因受军事较严厉检查不能写出的真相。伟大的革命首领在国外在别的国家中极力与工人群众密切联络，由此种联络就可找到运动的台柱。他在恶劣的小酒馆整夜和瑞士工人谈话不以为苦，这些工人自然不尽抱革命思想，但他却要从这谈话立定真实的运动基础。当瑞士工人运动左翼有许多指挥者动摇的时候，他很坚决地主张虽是工人小团体，我们每个人都要去联络，因为这些团体是唯一有希望的。

一九一六年，我们已经聚集各国同志的小团体于齐密瓦联合之内，创立了所谓齐密瓦左派；那时列宁就主张要起草将来革命国际的纲领了。

后来他的著作，《国家与革命》一书，就是从他这次的预备工作著成的。一九一三年，他就已提出国家公社的观念，我们起初不明白这个观念，更甚于后来俄国同志二月革命之后对于列宁所提出著名的四月提案之不了解。我们每个人都读了几遍马克思关于巴黎公社的著作，但是不曾注意到这著作中新的"国家公社"观念是什么，列宁费了许多力气，才为我们说明他的观点。他在策略上有一种特色，就是在一九〇五年经验的根本上，他那时已经告诉了我们：苏维埃能够尽国家公社机关的作用。当二月革命之际，列宁对于俄国实际状况只有模糊的报告，但他对于那时回俄同志必答郭夫和郭仑泰请授机宜之答复，就这样说："对临时政府，不给任何信用。立法会议是废物。要把彼得格勒和莫斯科市议会拿在手里。"列宁为国家公社的奋斗，去寻找和群众日常生活接近的一种机关，至于这种机关名称则不是十分重要。

此时列宁在党纲工作的结果之一，就是他提出民族自决问题。战前，列宁提出这问题只在俄国范围内，当时只用来解放俄国无产阶级使之不受大俄罗斯爱国主义的影响，并用来取得俄国内非俄罗斯人民群众的信仰，这个他认为是与沙尔制度奋斗的同盟者。到战时他把这问题扩大到世界的范围。卢森堡著一本小册子论德国社会民主党破产，否认在一般帝国主义时代，有民族解放战争之可能，这本小册子给列宁以重新提出民族自决问题的机会。这位坚决地否认那所谓为帝国主义国家保卫祖国之列宁，却以策略上的非常手腕，告诉我们这班偏[褊]狭的西欧人说：民族战争，虽然在西欧已是过去的时期，但是在东南欧洲、在俄国的弱小民族、在殖民地、在亚细亚都不能免。列宁战前没有具体地去研究殖民地运动；这问题在我们中有许多人所知道的，比他多过十几倍；他曾打算仔细地就书上和说话中收集这问题的具体材料。可是他却转以这材料来反对我们，他在民族自决问题中反对考茨基，——考茨基拿这个口号做和平主义的工具，要以投票方法去解决亚尔萨斯、劳兰问题。他以很严酷的批评，反对我们民族自决问题提案；他指示我们以这问题——反对帝国主义的炸药——之意义。狡狯的中央派哲学家，像希尔费丁一班人，告西欧无产阶级说，列宁在共产国际第二次会议所提出的殖民地和民族问题，是为俄国国家利益的，殊不知列宁为这个问题曾经和郭泰、巴业古克、布哈林、必答郭夫和我有很利害的斗争，而那时他是瑞士国里一个无家而被逐的外国人。这问题对于他有替世界无产阶级在国际上寻找农民同盟者的意义。不和东方及殖民地被压迫的幼稚民族之革命联络，世界无产阶级是不会胜利的。这就是列宁远在一九一六年教导我们的。

列宁于二月革命初起的时候，就要和中央派决裂，要取消齐密瓦的联合；他以为俄国革命，已于各交战国中提出了革命问题，将给我们共产党人以群众底力量，将推动动摇的中央派到叛徒的营垒去。他不许我们签字于齐密瓦委员会关于俄国革命的宣言，因为和马尔多夫共同签字，恐怕紊乱了俄国工人的头脑，将妨碍了和我们乞黑依特席及孟雪维克党人的斗争。这个决裂在一九一七年中尚未发作。因为我们想利用齐密瓦委员会，拉住那时尚未分出斯巴达季团之德国独立社会民主党，去反对德国帝国主义。一九一七年十月获得政权以后，齐密瓦联合，事实上是已消灭了。俄国工人阶级的奋斗，是唤醒各国无产阶级的主要工具。一九一八这一年，就是共产国际成立会召集之准备。

这成立会在一九一九年三月开幕，那时正和台尼金、哥尔萨克开始战争。此次会议原则上并没有创立新的东西出来，不过以多数派大战初年对齐密瓦左派提出的观点做基础罢了。大会的议决案、宣言，特别是列宁关于狄克推多和德谟克拉西的提案就成了以后共产国际工作的基础。十月革命之际，许多人读了土地与和平命令，以为这不过是一篇宣言【，】决无实行的时候。当俄国革命危险万状，哥尔萨克进攻窝瓦河流域连幼稚的红军在南方失败消息一齐到来之时，接到共产国际第一次会议决案的人，不仅是西欧多数共产党人，连我们俄国共产党在西欧秘密工作的许多党员，也都要自问：这些文件不就是受致命伤的俄罗斯革命之遗嘱么？共产国际执行委员会那时受封锁与西欧工人运动隔绝，实际上很少能影响于这个运动之进行，很少能帮助西欧工人，西欧工人们当时只好独立开辟道路，只好自己解决自己的任务。直到一九二〇年红军打败了台尼金和哥尔萨克之后，共产国际才开始日常的群众工作。于是列宁站在世界工人运动的主脑地位，已经是世界工人运动的实际首领、大天才家，帮助幼稚的共产主义运动去了解现在的地位，注意将来的进程了。

列宁替共产国际第二次大会，写定了三种根本的文件。从世界上各地来的代表都得到列宁所著《共产主义左派幼稚病》一书的译本。他们都知道列宁的《国家与革命》这部猛烈的书，如火把一般，照耀着他的目的——无产阶级专政。《左派幼稚病》这本书，是指示幼稚共产党的路径，这些幼稚的党以为一跃就可扼住敌人咽喉，以为革命潮流一起即可推动他们一直达到目的。列宁以俄罗斯革命经验去抵制那些在革命怒潮中反对任何妥协的幼稚的共产党。列宁告诉他们说：要设立无产阶级专政首先须获得工人阶级大多数；要获得工人阶级大多数，应当利用一切方法，甚至先进的工人所要颠覆的资产阶级，德谟克拉西亦可利用；倘若是先经过国会再到战阵上去，那末，应从这粪堆中宣传共产主义的思想于工人群众，在无产阶级群众组织中，在职工会中，应当不断地使这些组织从黄色领袖手中脱离出来；少数革命派，不应否认妥协，倘若这妥协是可以促成他们得到多数的。伟大领袖的这部不朽著作的含义很难用几句话形容出来。可以说共产国际诸首领现在还未得着这著作含义之十分之一。这本简短的小册子，包含着波尔扎维克主义所有的哲学、所有战术与策略之精华。再过许多年失败和胜利之后，那时我们才可以说：列宁这些思想，已贯注到共产国际诸首领的血肉中去了。这本小册子你不妨多念几遍，每遍你都能在其中找出思想上新的财富和新的变化。联合战线策略应用过两年之后，我到去年，才觉得这个策略已经在这本小册子里面发挥过了，我完全忘记了一九二一年正月我写给社会民主党及其职工会之一封有名的"公开的信"中，已经不知不觉地应用了这个策略。在这论无产阶级战争的学说中，有无限的教训，明白地发挥着或隐约地包含着；这个学说对于我们的战术上之重要，并不减于客列胡席维此所著《论战书》对于军事战术上之重要。列宁的教训难于应用之处，即在无产阶级的战术绝不是以宣传的方法，以默想俄国无产阶级战争的方法所能学得到的。各国共产党日常经验无时不改变形式，使我们推想到根本的问题，每个共产党要达到无产阶级这位最伟大的首领之革命战略的水平线，必须有独立的思想工作。

列宁提向第二次大会的第二种文件，是加入共产国际条件的草案。当时有几个人不鄙笑这些条件？有几个人不抗议这些条件？可是你把这些条件重读一遍，你自己再问问：加入共产国际的许多党中，那个党能够至少执行这些条件的十分之一？那末你愈加可以看出这些条件的政治意义了。倘若列宁的《国家与革命》一书，可说是将共产主义运动的目的指示给我们，或者精确地说，是将共产主义运动的大阶段指示给我们；倘若《左派幼稚病》一书可说是指出为专政斗争有许多不能通行的荆棘路，——那末列宁起草的这些条件一定是提出共产党必须怎样之一的问题了。没曾确证这些条件已被执行了几分之几之先，可以无须乎再通过新的议决案。这些条件是个试金石，是个尺度，测量共产国际底下的党由社会民主左党走向真正共产主义的党的发展。

列宁的第三种文件，是他起草的殖民地问题提案。这提案尚没有融入西方无产阶级共产党的血肉中（西方资产阶级抓住了几万万殖民地人民在他的利爪底下），也没有贯输到东方幼稚的共产党意识之内。英国、法国和荷兰的同志在殖民地工作碰到很大困难，不只是由于帝国主义列强警察方面的压迫，并且是由于我们同志在文化极低的殖民地群众中工作没有充分预备。我们殖民地的同志，很容易趋向左派共产主义。他们在主张为专政而斗争的著作中受到教育，很难懂得将中国、高丽、波斯、印度、埃及幼稚的无产阶级和手工业工人合反对外国的和自己的资产阶级之斗争与本国幼稚的资产阶级反宗主国压迫的资产阶级之民族的解放运动联合起来。殖民地民族的民族解放斗争要和欧美无产阶级革命实际联络起来，还须几十年，才能成功。但有一点是很明显的：列宁已指示给世界无产阶级以应走的道路。这句话单就字面来说，就是阶级斗争史上列宁及其科学第一次创造了一个全世界劳动者结合的中心。我们欧洲无产阶级第一次开始由死路走出来到真正的世界运动的道路上去。印度同志路意所著《新印度》一书，是列宁科学理论方面第一个实例的证实。路意所办报纸的奋斗，是列宁科学定期的应用之第一个证实，我们可以说这个证实告诉我们说，我们首领识见是如何之深且远啊！第二国际在汉堡开会时，汉堡社会民主党的报纸登载一篇祝贺会议的诗。这位诗人致意于中国稻田上工作的苦力、南方收集棉花的黑奴、采金的黑人，并请他们来到国际解放旗帜之下——但这都是空洞的呼声。这第二国际自身现已得到大胜利了！他的首领麦克唐纳尔组织了第一个工人政府。他委任谁来做三万万被压迫的印度人民的总长呢？是恶里瓦爵士，旧殖民部官僚，牙买克的总督。这位殖民部官僚是牙买克植糖主人利益之精密的保护者。他现在将号召英皇陛下底下的印度奴隶来到第二国际旗帜之下呢？或者是第二国际首领，麦克唐纳尔恩赐第一爵士之前任印度副总督乞里姆斯弗尔爵士去这样做呢？只有共产国际能够组织殖民地的奴隶，而列宁指示我们这条道路的功绩，在历史前面，在国际工人阶级前面，在人类前面是永不会被人忘记了的。

共产国际第三次会议，又看见列宁站在战斗的地位。一九一八——一九一九年革命的潮流消沉了。德国共产党成了无产阶级群众的党，不注意到状况的变更，不注意到资本已经开始进攻，却自己煽动起来，没有得到大多数劳动群众同情，就急急发动武装斗争。我们都明白党的错误，我们都驳斥德国中央执行委员会在政治让步时期所发表的进攻理论而成的那个提案。但是我们直接在共产国际做工的人，知道党中央系由斯巴达季团旧首领和从前独立党的好首领所组成，唯一地，是德国共产主义运动之能干的中央，所以我们指出他们由失败得来的教训而想以缓和的形式出之。列宁接连五次，迫我们修改我们的提案，迫我们以很坚决的、很严厉的态度告诉德国的共产主义者和全世界的共产主义者："你们先要拿到无产阶级大多数，然后，你们才可以担负取得政权的使命。"列宁救起了共产党，又以同样坚决的态度拥护那不仅为西欧共产党所反对的联合战线策略。他将一九一七年俄国革命和西欧共产党战斗条件中间根本不同之点，明晰地提醒出来。他十分明白凡有无产阶级群众组织，而半世纪来握在黄色领袖手里的地方，要有很复杂很缜密的工作，要有许多为共产党人所不愿意的，而为获得无产阶级大多数必所需的妥协。他担负了国家的工作，没有时间去注意西方发展的详情，但他有一种特别感觉，能领会各国间状况之差别及各共产党得特殊责任。

在共产国际第四次大会上，列宁来做俄国现状的报告，那时刚是他第一次患病痊愈之后，大会对他非常欢迎，又非常怜惜这可爱的首领艰难地用别国语言表达他自己的思想。在其报告中列宁狡猾地闭了一只眼睛问道："若是有人问及世界革命最近的前途，我们将如何答复？"他又随即自答道："可告他，倘若共产党人更聪明一点，那末前途就更可乐观一点。"列宁写定和战争奋斗的方法，交给派往海牙的俄国职工会代表。列宁这篇给国际无产阶级最后的忠告，是他的非常的实在主义之新的面貌。他宣言在帝国主义大战教训以后，再主张于新战争发生时实行总同盟罢工的人，不是蠢才[材]便是骗子；倘若我们不能预防帝国主义的战争，那末群众前去作战，我们亦要到战争中去，于帝国主义军队中做革命的工作。问题全在于现在尽我们所有的力量，务必使战争不能发生。这又是列宁反对战争危险，一步步扩充日常革命工作的计划。

列宁没有参加共产国际的工作已经一年。在这一年中我们遭了两次大失败：在保加利亚和德国。目下革命潮流，尚没有高涌起来像我们去年夏间所期望的那一样。倘若革命怒潮于最近年间不起来，那末，我们必得解决许多的复杂问题，像在反动时期、在资本进攻时期一样去团结群众在我们的周围，把他们日常的奋斗与准备向将来取得政权的奋斗结合起来。我们有四十二个党，每党都站在特别的场合上。统计这些场合之一切特性，不管他们的区别怎样，而用同一的共产主义工作以处之，这是非常的困难的。但是我们能够担负这种责任，因为我们有用不尽的列宁思想的宝藏，有经过无数进攻和自卫的战争锻练[炼]过的列宁方法。我们研究列宁的文集，和研究马克思的一样，其最大的价值不是结论，也不是具体的决定，而是解决的方法，而是达到无产阶级最伟大的革命者之事功的捷径。

列宁的旗帜——他的科学，武装了共产国际在一个整个的时期，即从现在直到全世界无产阶级革命胜利的时期。

(《新青年》不定期刊第一号，1925年4月22日，署名 腊狄客)

38.《中国共产党第四次大会对于列宁逝世一周年纪念宣言》
(《新青年》不定期刊第一号，4月22日)

《新青年》不定期刊第一号刊登《中国共产党第四次大会对于列宁逝世一周年纪念宣言》，全文如下：

去年——一九二四年——的今日，是我们全世界工农阶级和一切被压迫民族永不能忘记的一日，因为这是我们全世界工农阶级和一切被压迫民族的首领、教师、同志列宁离开我们而去世的一日。

自马克思以后，全世界没有一个人比我们的首领列宁还更伟大，列宁不但把解放全世界工农阶级和被压迫民族的理论，革命的马克思主义，从机会主义的第二国际垄断下挽救出来，他并且已经应用到实际上去。他手创了一个领导俄罗斯工农阶级能够取得最后胜利的政党——俄国共产党，他把俄罗斯的沙尔、贵族、资产阶级、地主、神父……〈等〉一般压迫工农阶级的魔王根本扑灭了，他把大俄罗斯民族压迫其他弱小民族的锁练[链]完全打断了，他并且为工农阶级和一切被压迫民族创造了一个劳农社会主义苏维埃联邦。不但如此，他并且替全世界的工农阶级创设了一个共产国际，把全世界工农阶级的先进分子都联合在这一个国际之下，进行指导解放全世界工农阶级和一切被压迫民族的工作。

现在全世界都在资本帝国主义的统治之下，全世界的工农阶级和被压迫民族完全成了世界资本帝国主义的奴隶，全世界的工农阶级和被压迫民族要想脱离此种奴隶地位，只有联合起来根本消灭世界资本帝国主义，列宁主义就是资本帝国主义专权时代的马克思主义，是消灭帝国主义的唯一武器。

中国的工农群众和一切被压迫民众所受国际帝国主义和其工具军阀之剥削与压

迫，比任何地方更要厉害。最近英美日……〈等〉帝国主义的进攻和备战及其工具军阀的私斗日趋险恶，在此种趋势之下，中国的工农阶级和被压迫民众有立即变成第二次世界帝国主义大战的牺牲品之危险。我们要根本避免此种危险，我们只有站在列宁主义的旗帜之下，实行列宁主义，与全世界的工农阶级联合起来去消灭世界资本帝国主义。

中国的工人们、农人们和一切被压迫民众！你们要想脱离你们的重重压迫与奴隶地位，只有起来努力了解列宁主义，实行列宁主义；因为只有列宁主义才是我们自己解放自己的唯一武器，才是消灭帝国主义和一切压迫阶级的唯一武器。我们在列宁逝世一周纪念日子里，应该高呼着：

打倒世界资本帝国主义和一切压迫阶级！

全世界的工农阶级和被压迫民族解放万岁！

列宁主义最后的胜利万岁！

一九二五年一月二十一日
(《新青年》不定期刊第一号，1925年4月22日)

39.《专政问题的历史观》(《新青年》不定期刊第一号，4月22日)

《新青年》不定期刊第一号刊登列宁著，郑超麟译自《共产国际》第十四期的《专政问题的历史观》，全文如下：

无产阶级专政问题是所有资本主义国家中当代工人运动的根本问题。为完全明了这个问题起见，必须知道其历史。在国际上，革命专政学说史，特别是无产阶级专政学说史，是与革命社会主义史，特别是与马克思主义史，互相混合为一的。再一层——这自然是最重要的一层——被压迫、剥削阶级反抗剥削者的所有革命史是我们对于专政问题的认识之最重要的材料和源泉。谁不明了任何革命阶级为自己的胜利有施行专政之必要，谁就是一点也不明了革命历史或一点也不愿意知道革命历史。

在俄国，从理论上说，俄罗斯社会民主工党党纲有特殊的意义；这党纲是一九〇二——[—]一九〇三年《黎明》和《火星》二报编辑部起草的，恰切点说，是蒲列哈诺夫起草，经过这编辑部审查、修改、写定的。无产阶级专政问题在这党纲里明显地、确定地提出，这样提出恰与反对伯恩斯坦，反对机会主义的斗争互有关系。可是最重要的意义自然是革命经验，换言之，就是一九〇五年俄国革命经验。

这一年最后的三个月——十月、十一月、十二月——是特别有力、广大、群众、革命斗争的时代，是这个斗争最有效力的二种方法——群众政治罢工和武装暴动——之联合的时代。(这里带说一句：一九〇五年五月波尔札维克大会，"俄罗斯社会民主工党第三次大会"，已经承认"组织无产阶级用武装暴动手段去和专制做直接斗争是党的责任，是党最重要的最紧急的责任之一"。并命令党的所有机关"了解群众政治罢工的作用，这种罢工在暴动发端和进行上都能有重要的意义"。)

在世界历史上，革命斗争第一次达到这样的发展，这样的力量，发生武装暴动与群众罢工联络起来，与无产阶级这特有的工具联络起来。明显地，这经验对于所有无产阶级革命都有世界的意义。波尔札维克党人用所有注意力和热忱从政治方面、经济方面研究这个经验。我指出一九〇五年政治经济罢工、这些罢工中间联络形式、罢工斗争那时发展到空前高度等等每月统计数目之调查；这种分析，我发表在一九一〇和一九一一年的《教育杂志》之上，其后又以简单的统计发表在波尔札维克党人那时的国外出版物之中。

群众罢工和武装斗争本身就提出革命政权问题和专政问题，因为这种斗争方法必然要引起——起初是地方性质的——排斥旧政权、无产阶级和革命阶级夺取政权、驱逐地主、有时占领工厂等事实。上述时代的群众革命斗争产生了世界历史上以前意料不到的组织，如工人代表苏维埃及继起的兵士代表苏维埃、农民委员会以及类此的组织。于是这种事实出现：即现在世界觉悟工人注目的问题（苏维埃政权和无产阶级专政）在一九〇五年年底已经实际提出了。革命的无产阶级和非假冒的马克思主义之主要代表，如卢森堡，即刻就占定了这个实际经验的意义，在集会上、出版物上带批评态度分析这个经验；但官僚社会民主党和官僚社会党大多数官僚代表，其中包含改良派和未来的考茨基派、朗格派、美国喜尔启特派等却表示出完全不能明了这个经验的意义和执行自己的革命责任，换言之，即不能从事研究并宣传这个经验的教训。

在俄国，波尔札维克党人和孟雪维克党人同样于这个时候，一九〇五年十二月武装暴动失败以后，即从事于结算这个经验。这种工作加紧起来，尤其是当一九〇六年四月在斯德哥尔摩开的所谓"俄罗斯社会民主工党联合大会"，在这大会上波尔札维克党人和孟雪维克党人都派代表参与，这二派形式上也算联合起来。这二派异常奋勇预备这次大会。大会之前，一九〇六年开始，二派都发表自己对于所有最重要问题议决案的草案。这些草案都刊入于我的小册子《俄罗斯社会民主工党联合大会报告》（《给彼得堡工人的信》）（莫斯科出版，一九〇六年，一一〇页，其中差不多一半是二派议决案草案原文和大会通过的议决案原文）这些草案是研究当时提出的问题之最重要的材料。

苏维埃意义之争论那时已经牵涉到专政问题。波尔札维克党人在一九〇五年十月革命之前就提出专政问题（参看我的小册子《社会民主党在德谟克拉西革命中的二个策略》，日内瓦出版，一九〇五年七月，此小册子随后转载在一部论文集《十二年》）。孟雪维克党人否认这个口号——"专政"。波尔札维克党人特别提醒工人代表苏维埃"确实是革命新政权的萌芽"，——括号内就是波尔札维克党人的议决案草案中的话。孟雪维克党人承认苏维埃的价值，答应"帮助苏维埃成立"，但他们不肯承认苏维埃是革命政权的萌芽，——普通说来，他们不肯说起任何形式的"革命新政权"，他们简直拒绝了专政口号。不难看出我们与孟雪维克党人现在所有争辩都已经萌芽于那时提出的问题。也不难看出孟雪维克党人（俄国的和非俄国的，如考茨基派、朗格派等）在提出的态度中就表现其是改良主义者或机会主义者，口头承认无产阶级革命，实际上则否认"革命"之最实质的根本的观念。

在一九〇五年革命以前，我于上述的小册子，《二个策略》之中已经驳斥过孟雪维克党人攻讦我的论据，说我"不自觉地混杂了革命和专政这二个观念"。我详细地证明过孟雪维克党人恰好把自己的机会主义，自己政策乃追随自由派资产阶级之后传播其势力于无产阶级中间之真相，表现在这种攻讦里头。我曾说过：当革命变成不可侮蔑的力量之时，革命的敌人就开始"承认革命"，我并且（一九〇五年夏天）征引俄国自由派仍然是君主立宪党人之实例来证明了。现在，在一九二〇年，可以添加一句说：德意二国自由派资产阶级，或至少，其中最通达、最巧诈的分子正预备着"承认革命"。可是"承认"革命，同时又拒绝承认某一阶级或某几阶级之专政，这样所以当时的俄国自由派和孟雪维克党人，现在的德意自由派和杜拉底派、考茨基派就因此表现其改良主义，表现其完全失却了革命者资格。

因为当革命已经变成不可侮蔑的势力时候，当自由派也"承认"革命时候，当统治阶级不仅看见而且感觉到被压迫阶级有不可屈挠的力量时候，所有问题——理论家的或实际政治家的——就都归到革命中各阶级之真确的分野。没有"专政"观念，就不能够有这个真确的阶级分野。没有预备专政就不能算做实际上的革命者。这个真理，孟雪维克党人在一九〇五年是不明白的，在一九二〇年，德法意及其他国家惧怕共产国际苛刻"条件"的一班社会党人也是不明白的；这班惧怕的人，口头上能够承认专政，但实际上不能做专政的预备。关于这个问题，我著过了一篇注释马克思观点的论文，一九〇五年六月曾经发表一次为反对俄国孟雪维克党人，现在我再发表一次来攻击一九二〇年西欧的孟雪维克党人：

"梅林格在其所印行的一八四八年《莱茵新闻》中马克思论文集内，他所作的注解里头，曾经叙述一段轶事，说资产阶级文人攻击《莱茵新闻》声中有一种责言，仿佛以为《莱茵新闻》主张'即刻采用专政手段乃是实现德谟克拉西的唯一方法'是错误的。（《马克思遗著》第三卷第五十三页）。照庸俗的资产阶级观点来看，专政观念和德谟克拉西观念是不能两立。资产者，不明白阶级斗争理论，习惯于看见不同的资产阶级小团体、不同的资产阶级小派别在政治舞台上争持，自然只能明了专政就是德谟克拉西的自由和保障一切消灭，就是为专政者个人利益任意胡为，就是为专政者个人利益滥用职权。实际上，这种庸俗资产阶级观点也正就是俄国孟雪维克党人的观点，他们解释波尔札维克党人何以要坚持'专政'口号，说这是'列宁靠专政要来自己享福'（《火星》第一〇三期第三页第二行）。为要向孟雪维克党人解释阶级专政观念和个人专政观念之区别，德谟克拉西专政任务和社会主义专政任务之区别，我们必须站立在《莱茵新闻》的观点。"

"一八四八年九月十四日《莱茵新闻》说：'革命后所有临时的国家结构需要一个专政，而且需要一个强有力的专政。我们一开始即斥责坎普豪赠（Camphausen 一八四八年三月十八日以后的内阁首领）不能施行专政手段，不能即刻击散和消灭旧制度之一切遗物。当坎普豪赠正在做宪法迷梦时候，失败的政党（即反动党）却巩固自己的地位在官僚和军队里头，重整旗鼓或东或西做公开的争斗。'"

"梅林格说得很对：在这几句话中就总括了《莱茵新闻》评论坎普豪赠内阁的许多

冗长论文。马克思这几句话告诉我们甚么？这是告诉我们说：临时的革命政府必须施行专政手段(这一层道理，惧怕'专政'口号的孟雪维克党人不能明白)，这个专政的责任就是消灭旧制度的遗物。(这正是俄罗斯社会民主工党第三次大会波尔札维克党人在其论反对反革命斗争的议决案中所明白指示的，也正是孟雪维克党人在其上述的议决案中所缺少的。)最后在这几句话中，我们又可看出马克思嘲笑资产阶级民主派在革命和公开内乱时代之'宪法的迷梦'。一八四八年六月六日马克思在《莱茵新闻》的一篇论文中有底下几句警句：'国民立宪会议首先应该是活动的，革命活动的会议。可是法郎克福会议只可算做议会行动之练习，而放任政府自由行动。假定这个'研究会'讨论成熟之后居然确定出很好的议事日程，居然成立了很好的宪法。但如果德国政府这个时候拿刺刀列入议事日程上了，这个很好的议事日程，这个很好的宪法又有何种作用？'马克思这几句话有甚么意义呢？"

"这就是专政口号的意义。"

"民众生活的大问题只靠暴力能够解决。最反动的阶级往往首先诉诸暴力，首先开始国内战争，首先'拿刺刀列入议事日程'；俄国专制政权从一月九日起到处的举动及继续的举动，就是如此。这种状况一经造成，刺刀一经事实上首列于政治的议事日程，暴动一经表现是必要的、不可避免的，那么宪法迷梦和议会练习只成了资产阶级背叛革命之托辞，遮掩资产阶级'临阵逃脱'行为之假面具。真正革命的阶级此时正应该提出专政口号。"

波尔札维克党人在一九○五年十月革命以前，对于专政就持这样的一种论调。

有了这个革命的经验之后，我更详细地分析专政问题在这一本小册子里头：《立宪民主党人的胜利与工党的责任》(彼得堡出版，一九○六年，小册子上写一九○六年三月二十八日)。我将从这本小册子中，摘举所有重要的辩论出来，不过我变换了许多人名，只简单指明这是关于立宪民主党人的，或是关于孟雪维克党人的。一般说来，这本小册子是反对立宪民主党人的，一部分又是反对无党的自由派、半立宪民主党人、半孟雪维克党人。可是根本上，凡关于专政问题时，都是针对孟雪维克党人而发，他们对于这个问题步步跟着立宪民主党人走去。

"当最后的枪弹在莫斯科发响时候，当军事警察专政庆祝其野蛮典礼时候，当戕杀群众虐待群众举动普遍全俄时候，立宪民主党人报纸倒反抗议左派的强暴，攻击革命党的罢工委员会。立宪民主党的一班大学教授以科学帮助杜巴梭夫(Doubass V)，甚至于将'加紧自卫'字义替代'专政'字义。这班'科学家'不惜假造他们学校的拉丁文来镇压革命斗争。专政的意义是——立宪民主党人先生们好生记着！——一种无限制的政权，靠在权力上头，而不是靠在法律上头。在国内战争时候，所有胜利的政权只能够是专政。可是专政有二种不同：一是少数人对多数人的专政，少数警察对民众的专政；一是民众大多数对少数暴徒、劫盗、僭篡者的专政。立宪民主党人先生们在右派最无法律的、最卑鄙的进攻时代，倒反假造'专政'的科学观念，倒反大声疾呼抗议左派的强暴，这种行为明明表示'妥协派'在激烈的革命争斗中站立何种地位。争斗开始，'妥协派'就惊惶走开了。革命的民众胜利了(十月十七日)，'妥协派'于是从巢穴中飞将出来，自鸣得意，乱吹牛皮，高声叫喊'这是"光荣的"政治罢工'！反革命胜利了，'妥协派'又在失败者当中传播了虚伪的劝告和教训。胜利的罢工是'光荣的'。失败的罢工是犯罪的、野蛮的、无意识的、无政府的。失败的暴动是疯狂的、原始胡闹的、野蛮的、蠢才[材]勾当的。总而言之一句话，'妥协派'的政治意识和政治头脑专在伺察现在谁较有力，为的是参加战团，或赞助这边或赞助那边，和缓争斗，消灭那死力为自由奋斗的民众之革命意识。"

再进一层，现在正是叙述关于专政问题之辩论，驳斥白狼克(Blanck)先生高见的时候了。这位白狼克先生于一九〇六年在貌为无党实系孟雪维克党人的报纸中发挥孟雪维克党人高见，颂扬孟雪维克党人，说他们"企图领导俄国社会民主运动走上那以德国大社会民主党为首的国际社会民主运动所走的道路"。

换一句话说，白狼克和立宪民主党人一样，攻讦波尔札维克党人是无理性的、非马克思主义的、轻举妄动的革命者，并以"有理性的"孟雪维克党人抵制波尔札维克党人，而把德国社会民主党当做孟雪维克的党。这本是国际社会自由派、和平主义者及其他倾向的惯技，他们到处颂扬改良派机会主义者、考茨基派、朗格派是"有理性的"社会党人，以抵制"疯狂的"波尔札维克党人。我在上述的小册子中，这样答复白狼克先生：

"白狼克先生分俄罗斯革命为相反的二个时代。第一个时代譬如自一九〇五年十月到十二月，这是革命骚乱的时代。第二个时代就是现在，我们自然有权称此时代为立宪民主党人议会选举胜利时代，或简直可称为立宪民主党人议会时代。

"白狼克先生论这个时代，说：意识和理性重新到来了，也可以说回转到觉悟的、有计画的、有系统的行动来了。第一个时代，白狼克先生以为这是理论和实际完全解体的时代。社会民主党所有原则和观念完全消灭，俄国社会民主党创立人所确定的策略全被忘记，甚至社会民主党人生观的基础也从根本上被割断了。

"这就是白狼克先生根本上的见解——纯粹带实际性质的。马克思主义的整个理论在这'革命骚乱的实际时代'解体了。

"确是这样么？马克思主义理论最初的和重要的'基础'是甚么？是说：无产阶级是当代社会始终如一的革命阶级，因此也就是所有革命中最进步的阶级。自己试自问：社会民主党人生观的这个基础在革命骚乱中从根本上被割断了么？不然。骚乱反能以最光耀的方式证实了这个基础。无产阶级正是这个时代重要的而且起初差不多是唯一的战士。在世界历史上，这可说是破天荒第一次，资产阶级革命遇见了最巨大的、甚至较先进资本主义国家亦未之前闻的这个纯粹无产阶级斗争武器——群众政治罢工——的应用。无产阶级起来奋斗，做直接的革命斗争正当立宪民主党人先生们和白狼克先生号召人们往布柳更(Bulyguine)议会去的时候，正当立宪民主党人一班大学教授召集学生上学的时候。无产阶级靠自己的武器，可以说占领了整个'宪法'交给俄罗斯，这个'宪法'从此时起才腐败、堕落。无产阶级在一九〇五年十月所用的策略上斗争方法就是半年以来俄罗斯社会民主工党波尔札维克派的第三次大会议决案所说的,这个议决案又教人加紧注意到群众政治罢工和暴动同时结合起来之重要;'革命骚乱'整个时代——一九○五年最后三个月——之特点正在于有此种结合。这样可见俄国小资产阶级这位思想家用最不识羞、最令人肉麻的手叚[段]故意附会了实事。他并未指出一件事实,证明马克思主义理论和'革命骚乱'的实际经验中间之冲突,他企图抹杀这个骚乱的根本特性,这种特性正好证实'社会民主党的一切原则和观念','社会民主党人生观的一切基础'。"

"然而,究竟何种实在的原因推动白狼克先生到这样一个万分错误的见解,以为马克思主义的一切原则和观念都在这'骚乱'时代消灭了呢?研究这一点是很有趣味的;这种研究愈能使我们发现资产阶级在政治上的真相。

"从政治活动不同态度的观点上看,从民众历史创造不同方法的观点看,'革命骚乱'时代和现在这个'立宪民主党人'时代中间重要的区别究竟何在呢?首先,主要在'骚乱'时代应用了民众历史创造才能之一些特殊的方法,为政治生活其他时代所未经见过的。这些方法中最重要的是:(一)民众'获得'政治自由,其实现全不靠任何权限法律,也不受任何限制(集会、出版、结社等自由);(二)创造革命政权的新机关——工人、兵士、路工、农民代表苏维埃,农村和都市的新政权等。这些机关纯粹是民众中革命分子所造成的;这些机关造成起来全不靠任何法律和习惯,纯粹用革命方法,自然成其为民众独立创造之产品,成其为民众独立性之表现,——这些民众是从警察旧锁炼[链]底下解放出来或正在解放之中。这终归是政权的机关,姑无论在其组成和运用上表现幼稚、原始、雏形、脆弱。这些机关行动起来和政权一样,譬如占领印刷局(彼得堡),拘捕那些妨害革命民众实现其权利的警官(此例彼得堡也有,那里新政权机关比较薄弱,旧政权机关比较强大)。这些机关发命令告全民众不送钱给政府,这也和政权一样。这些机关没收了旧政府的金钱(南方铁路罢工委员会),即以此金钱供给新的民众政府之需要。这无疑是新的民众的,也可说是革命的政府之萌芽。按其社会政治性看来,这又是民众中革命分子专政之发端。白狼克先生和季济维特(Kisewitter)先生,你们觉得这是很奇怪么?你们在这里看得见'加紧的自卫',即资产阶级所谓专政的意义么?我们已经告诉你们说:你们一点也不懂得'专政'的科学的意义。我们现在解释给你们听,可是首先我们再指示出'革命骚乱'时代的第三个革命方法:民众应用暴力对付民众的强暴者。

"我们上述的政权机关是专政的萌芽,因为这个政权不承认任何其他的政权,不承认任何法律,不承认任何习惯,不管这些是从何处来的。无限制的、法律外的、靠在权力之上的政权,——这就是专政。可是这个新政权所倚靠的和所要倚靠的暴力并不是少数军人所施行之刺刀的暴力,并不是警察的暴力,并不是金钱的暴力,并不是任何旧时固有制度的暴力。都不是的。武器、金钱、旧制度,这些新政权的新机关都没有。这些机关的暴力——白狼克先生和季济维特先生,你们能够懂得么?——与旧的武器暴力绝无关系,与'加紧的自卫'也绝无关系,——要说有关系,除非是民众为防御旧政权警察及其他机关进攻之加紧的自卫。

"那么这个暴力究竟倚靠在甚么呢？倚靠在民众！这就是新政权与旧政权一切固有机关之根本的区别。旧的是少数人政权机关统治民众，统治工农群众。新的是民众政权、工农政权机关统治少数人，统治少数警察暴徒，统治少数特权贵族和官僚。统治民众的专政和民众革命的专政二者中间之区别便是如此，白狼克先生和季济维特先生，请你们好生记着！旧政权是少数人的专政，只能专门靠警察诡计，靠压迫排斥群众参加政权监督政权之方法维持着。旧政权有系统地不信任群众，惧怕光明，靠欺骗过活。新政权是大多数人的专政，只能靠广大群众的信任维持着，必须一切群众最自由、最宽广、最有力参加政权，才能存在。一点都不遮掩，一点都无秘密，没有甚么成规，没有甚么形式。你是工人么？你愿意替俄罗斯从少数警察暴徒手中解放出来而奋斗么？你是我们的同志。现在即刻选出自己的代表罢！你愿意选谁就选谁，——我们高兴和热诚欢迎他有同等权利做我们的工人代表苏维埃、农民委员会、兵士代表苏维埃及其他机关的会员。这是向一切人公开的政权，在群众面前动作的政权，群众可以接近的政权，直接从群众出来的政权，为群众及其意志的直接机关。新政权便是这样，或者恰切点说新政权的萌芽便是这样，因为旧政权的胜利早斩断这株幼树的萌芽了。

"白狼克先生和季济维特先生，你们一定要发问：这里怎么说到'专政'去呢？怎么说到'暴力'去呢？这样广大的群众难道需要暴力反对少数人么？几千万几万万人的专政者难道能够统治几千人、几万人么？

"这是常见的问题。第一次听见他前所未听过的专政新义的人必定会这样发问。这种人所习见习闻的，仅仅是警察权力，仅仅是警察专政。没有警察而有权力，不是警察而称专政，在他们看去一定以为很奇怪。你们说几千万人便无需暴力来对付几千人么？你们错了。你们的错误，在乎你们不从其发展方面来观察某种现象。你们忘记了新政权不是从天外飞来的，而是在旧政权旁边，反对旧政权，攻击旧政权而发生，而长大起来。对付手握武器和政权机关之暴徒如果不用武力，就不能从这些暴徒底下将民众解放出来。

"白狼克先生和季济维特先生，试举一个小例给你们看，你们便可领会这一为立宪民主党人理性所不了悟的，足令立宪民主党人'脑筋错乱'的真理。请你们回忆起亚弗拉谟夫（Avramov）虐待、伤残司比里东奴夫（Spiridonov）一件公案罢。在司比里东奴夫一边假定有几十个或几百个徒手的人，在亚弗拉谟夫一边只有少数的哥萨克兵。民众怎么办，才得阻止司比里东奴夫在监狱中受非刑呢？民众便用暴力对付亚弗拉谟夫及其随从。民众或至于牺牲几个战士给亚弗拉谟夫枪毙了，但民众的暴力终能解除亚弗拉谟夫及哥萨克兵的武装，甚至可以做到即刻杀死了亚弗拉谟夫方面的几个人而监禁其余的人使之再不能作恶，使之得受民众法庭裁判。

"白狼克先生和季济维特先生，你们现在看见了：亚弗拉谟夫统带哥萨克兵伤残司比里东奴夫，这是军事警察对民众的专政；革命的（能够与暴徒斗争，而不仅是只懂得告诫、议论、叹息、评判、涕哭、悲痛的，既非资产阶级庸弱性的而是革命的）民众使用暴力对付亚弗拉谟夫及其同伴，这是革命民众的专政。这是专政，因为这是民众对付亚弗拉谟夫而用的政权,这种政权不受任何法律限制。(资产者定会反对用暴力从亚弗拉谟夫将司比里东奴夫解放出来,因为这是'非法的'!有一条法律允许我们杀死亚弗拉谟夫么?资产阶级一些思想家不是创立了无抵抗的理论么?)专政的科学定义只是不受限制的,不受任何法律任何绝对规则束缚的,直接倚靠暴力的政权。'专政'的定义便是如此……立宪民主党人先生们,好生记着!"

"从上面这个小例,我们所看出来的专政,恰恰是民众的,因为无组织的,'偶然'聚集在一定地点的民众,自己直接出现,自己组织裁判所和法庭,使用权力,创造新的革命权利。这个终归又恰是革命民众的专政。为甚么仅是革命的,而非全民众的呢?因为经常地惨苦地在亚弗拉谟夫压迫底下受苦的全民众中间有一些人物质上被伤残了的,被吓怕了的,精神上也被伤残了的,譬如抱持无抵抗理论,或简直不是理论而为成见、习惯、惰性等,这些漠不关心的人便是资产阶级所谓善于阻止猛烈的争斗,善于回避,或甚至善于隐藏的人(譬如说:不要也卷入漩涡去罢)。就因这个原故,所以专政之实现非由全民众,而只由革命的民众,他们不怕全民众,指导全民众以共行动的利益,热烈领率全民众不仅参加国家之管理,而且参加政权,参加国家自身的建设。"

"这样可见上面这个小例就包含'革命民众专政'科学定义之一切原素,并且'军事警察专政'定义之原素也包含在里头。从立宪民主党的大学教授也可领会得到的这个小例,我们还可推广到别一个更复杂的社会生活现象。

"革命这一个字从狭义的直接的意义来说,正是民众生活之某一个时期,此时民众几世纪积聚下来对于亚弗拉谟夫一类人的仇恨突然爆发起来,而这种爆发是行动上的,而非口头上的,又是几百万民众的行动,而非个人的行动。民众觉醒过来,兴奋起来,为的自己从亚弗拉谟夫一类人手里解放出来。民众从亚弗拉谟夫一类人手里解放出无数的司比里东奴夫,民众使用暴力对付亚弗拉谟夫一类人,民众夺取政权,支配他们。这个发生起来自然没有那样简单那样"迅速",像在我们上面为便于季济维特教授容易明白而引用的小例里头一样,——民众和亚弗拉谟夫一类人的这种斗争(从狭义的直接的意义上说),民众从亚弗拉谟夫一类人求解放的这种运动,需要几个月或几年的'革命骚乱'。民众从亚弗拉谟夫一类人求解放的这种运动便是所谓俄国大革命之真正意义。这种解放运动,从其历史创造方法一方面看来,呈现出如我们上面论革命骚乱时所说的那种形式,明白说来,即:(一)民众取得政治自由,此自由之实现将妨害亚弗拉谟夫一类人;(二)民众创造新的革命政权,对付亚弗拉谟夫一类人,对付旧警察制度的暴徒;(三)民众使用暴力对付亚弗拉谟夫这一班走狗,驱逐他们,解除他们武装,使他们不能为害——杜尔诺服(Dournovo)、杜巴梭夫、靡诺夫(Minov)等都包含在其内。民众使用这种非法的、不规则的、无秩序的、无系统的斗争方法——如夺取自由,创造新的形式上无人肯承认的和革命的政权,使用暴力对付压迫民众的人——是对的么?不错,是很对的。这是民众为自由奋斗之最高表现。这个是俄国内最优良分子的自由希望之实现的时候,这种实现是民众自己的工程,而非单独某个伟人的工程。这是很对的,因为成群的司比里东奴夫(见前例)得从亚弗拉谟夫底下解放出来,因为亚弗拉谟夫被迫得解除武装再不能为害。

"这里,我们就达到了立宪民主党人虚伪和危险之中心点。立宪民党人是资产阶级的思想家,因为他们对于政治,对于全民众解放,对于革命,都与上面亚弗拉谟夫摧残司比里东奴夫的例中那位阻止群众、劝告群众、不要破坏法律、不要急迫解放、依法律行动的刽子手手中的受害者的资产者抱同样观点。自然,前例中的资产者简直是精神上残废了的,但应用在整个社会生活里头,资产阶级精神上的残废便是立宪民主党的思想,重复一句话说,这完全不是个人的,而是社会的,或者可以说是资产阶级庸俗的法律成见深根固蒂长在他们头脑之中。

"为甚么白狼克先生以为无须乎证据,便可断定在'骚乱'的时代,所有马克思主义原则都被忘记了呢?因为他将马克思主义附会成了勃林吞诺主义(Bretonisme),以为民众夺取自由、创立革命政权、使用暴力都不是马克思主义'原则'。此种观点充满白狼克的全篇论文,且不止一白狼克,所有立宪民主党人,包括现在恭维立宪民主党人的蒲列哈诺夫、《无题报》伯恩斯坦派的自由急进派作家、勃罗谷卜维奇(Prokopovitch)、顾斯谷瓦(Kouskova)等在内,也都持此种观点。

"此种观点怎样发生及何以必须发生,我们须得考查一下。"

"此种观点是直接起于伯恩斯坦主义者,或放宽点说,机会主义者对于西欧社会民主党之观察。此种观察的错误已经从各方面被西方'正统派'有系统地攻击得体无完肤了,现在却大惊小怪输入到俄国来,另换一副面孔,另找一个机会。伯恩斯坦主义者接受马克思主义,但须除开马克思主义之直接革命的方面。他们不把议会斗争看成是适用于某个历史时代的斗争方法之一种,而反看成是主要的和差不多专门的斗争形式,而反看成'暴力'、'占领'、'专政'是无必要的东西。白狼克先生及其他崇拜蒲列哈诺夫的一班自由派输入俄国来的,便是马克思主义之这种庸俗的资产阶级的附会。他们太习惯于此种附会了,以至于不用拿出证据,便断定人家在革命骚乱时代忘记了马克思主义的原则和观念。

"这种观点何以必须发生呢?因为这种观点很聚合于小资产阶级的地位和利益。资产阶级社会的'纯清'思想家容纳社会民主党的一切斗争方法,只除开了革命民众在'骚乱'时代所用的和革命的社会民主党所同意帮助使用的那些方法。资产阶级需要无产阶级参加反对专制的斗争,但在这种参加中,第一等的作用必须不会落在工农阶级,旧的专制农奴警察的政权机关必须保留着。资产阶级要保存这些机关,要自己直接监督这些机关,——资产阶级需要这些机关来压迫无产阶级,这些机关如果完全消灭了,无产阶级斗争便容易得着胜利。所以资产阶级利益,就其阶级性看,需要帝制需要议会而不需要革命民众专政实现。资产阶级对无产阶级说:你们打专制去,但不要损坏了旧政权机关,——我需要这些机关。用'议会斗争'方法去打专制吧!换言之你们不要走出我与专制所议定的范围之外。靠组织去斗争罢!可是这里并非指总同盟罢工委员会、工人苏维埃、兵士苏维埃等的组织,而是我与专制定出法律所允许的、所限制的、所保障其必不妨害资本的那种组织。

"从此，我们明白资产阶级为甚么要用轻蔑、藐视、险恶、仇愤对待'骚乱'时代，又为甚么要用热情、高兴及其对反动之无限的爱慕来对待杜巴梭夫底下的宪法时代。这仍旧是立宪民主党人经常不变的本性：既想倚靠民众又怕民众的革命独立性。

"我们也明白资产阶级为甚么惧怕'骚乱'复来，如惧怕火灾样，为甚么不知道且遮掩新的革命危机之原素，为甚么在民众中坚持和传播宪法迷梦。

"我们现在完全解释了白狼克先生及其同伴为甚么宣言在'骚乱'时代中大家忘记了马克思主义的所有原则和观念。白狼克先生和所有资产者一样承认马克思主义而除开其革命方面，承认社会民主党斗争方法而除开其最革命的方法。

"白狼克先生对于'骚乱'时代之关系很足以表示资产阶级不能懂得无产阶级运动，资产阶级在紧张的决死的斗争前之恐怖，资产阶级对于破坏旧制度，对于革命方法解决社会历史问题之一切表现之仇愤。白狼克先生自己背叛了自己，自己突然表现其资产阶级的偏狭。他听见说而且在书报上读过，社会民主党人在'骚乱'时代做了一些'错误'，他于是赶快做个结论，并且以自负的态度，不用证据即宣布所有马克思主义'原则'（他自己也就不懂得甚么是马克思主义原则）都被忘记了。关于这些'错误'，我们应当提起来说：工人阶级发展，社会民主党发展，在这样一个时代能免这一种或那一种的错误么？能免表现左倾或右倾么？德国社会民主党斗争的议会时代历史——即全世界所有偏狭的资产者都以为是个界限不容超越的这一个时代的历史——不是充满了这种错误么？如果白狼克先生对于社会主义问题不完全是个门外汉，那么，他就很容易忆起慕尔堡（Muhlberg）、杜林（Duhring）及关于蒸汽津贴，关于'青年'，关于伯恩斯坦等等许多问题。可是白狼克先生并不注重在研究社会民主党实际发展步骤上头，他所需要的，只是缩少无产阶级斗争范围使他的立宪民主党的资产阶级作用能够扩大。

"在事实上如果我们应用社会民主党倾向的观点，从普通的'常态的'进程来看，我们便可看见'革命骚乱'时代在这关系上，表现社会民主党比以前更加团结，思想上更加一致。这个'骚乱'时代的策略不仅不分离，而且更结合了社会民主党的二派。对于武装暴动问题观点上之统一使以前种种冲突消灭。"二派社会民主党人共同在工人代表苏维埃内，在这雏形的革命政权之特有机关内工作，他们引导兵士农民到这苏维埃来，他们联合小资产阶级革命政党共同刊行革命的宣言。革命以前各时代的争论，现在都被实际问题的一致所代替了。革命潮流之澎膨涨胀消灭了内部龃龉，迫得各人承认斗争的策略，丢开议会问题，列入暴动于议事日程，于直接最近工作之中使社会民主党和革命的资产阶级德谟克拉西接近。在《北声报》中，孟雪维克党人和波尔札维克党人共同号召罢工和暴动，号召工人于政权未到手之前不要停止斗争。革命的潮流自己发出实际口号。所争论的只在评判事变之琐碎节目上：譬如《发端报》以为工人代表苏维埃是革命自治的机关，《新生活报》则以为是联合无产阶级和革命德谟克拉西之革命政权的雏形机关。《发端报》趋向于无产阶级专政，而《新生活报》则站在工农德谟克拉西专政之观点上面。社会民主党内部这一种或类此的龃龉，难道任何西欧社会党在其发展之任何时代可以免除了么？

"不可以的。白狼克先生附会事变，他无耻地假造昨日的历史——这个行动是可以解释的，即在我们面前有一种人带着资产阶级夜郎自大的丑态，以为革命骚乱时代是疯狂（'忘记了一切原则''思想和简单理性差不多消灭'），而压迫革命和资产阶级'进步'（在杜巴梭夫保护之下的进步）时代才是有理性、有意识、有计画行动的时代。这样比较时代（'骚乱'时代和立宪民主党人二种时代）之评判充满了白狼克先生的全篇论文。当人类历史以火车头的速度前进时，则以为是'骚乱'、'急流'、'消灭一切原则和思想'；当历史以肥牛的速度进行时，则以为是最有理性的、最有计画的。当群众以其真实的原始状态，单纯、果决、开始创造历史直接和迅速实现'原则和理论'时候，资产者即发抖高叫'理性消灭了'！（资产阶级的英雄呵！这不正是历史上此时表现群众理性代替个人理性么？这不正是群众理性此时变成活的、实际的而非研究室内的势力么？）当群众直接行动被枪毙、正法、鞭笞、失业、饥饿镇压下去的时候，当杜巴梭夫金钱津贴的教授式科学界臭虫钻来开始假借民众名义为民众说话同时又买民众给少数特权者的时候，资产阶级的骑士反倒以为宁静、和平、进步的时代来到了，反倒以为'意识和理性复回'了。资产者永远到处自以为是：我们试拿《北极星报》或《我们生活报》来看，我们试读司徒维或白狼克的论文，我们到处看见同样的东西，到处都是对于革命和改良时代之这种偏[褊]狭的、教授式博学的、官僚的评判。第一时代是疯狂的，意识理性消灭的时代；第二时代是'觉悟的、有系统的'行动时代。

"请你们不要误会了我的意思；不要以为我说白狼克先生一班人选取了这一个或那一个时代。问题不在乎选取，——历史时代的变换不关于我们主观上的选取。问题在乎于解剖这一个或那一个时代的特性之中（完全不关于我们的选取或我们的同情），白狼克先生一班人无条件地附会了事实。问题在乎革命时代的特性是历史创造上最广大的、最丰富的、最有觉悟的、最有计画的、最勇敢的、最明显的，而非资产阶级立宪民主改良主义进步的时代所能梦想得到。可是白狼克先生一班人叙述事实恰与此相反。他们以为历史创造财富是穷困的。他们以为被压迫民众之消沉是官僚资产者行动中'有系统的'胜利。

"当民众简单直接迅速破坏了压迫民众的机关，夺得了政权，索回了一切侵略者从民众取去的财产时候，民众此种直接政治行动时代到来代替了书记官或自由派以一办尼一行字的代价写成的法律时候，总而言之，即当几百万被压迫者恢复其意识和理性不仅觉悟须研究而且觉悟从事于事实于活的人类事实于历史创造功业的时候，白狼克先生一班人倒反大声疾呼意识和理性之消灭！"

以上所述便是俄国在一九〇五——一九〇六年关于专政问题之争辩。

德国的第特曼（Ditimann）、考茨基（Kautsky）、克里斯宾（Crispien）、希尔费丁（Hilferding）等先生们，法国的朗格（Longuet）一派先生们，意国的杜拉底（Turati）及其朋友，英国的麦克唐纳尔和司奴丁（Snowden）等，现在非难专政之论调实质上完全和白狼克先生及立宪民主党人一九〇五年在俄国的论调一样。他们不懂得甚么叫做专政，不会预备、了解、实现专政。

（《新青年》不定期刊第一号，1925年4月22日）

40.《第三国际及其在历史上的位置》(《新青年》不定期刊第一号,4月22日)

《新青年》不定期刊第一号刊登列宁著、郑超麟译自《共产国际》第一期的《第三国际及其在历史上的位置》,全文如下:

协约国的帝国主义者封锁俄罗斯,看苏维埃俄罗斯像瘟疫发源地一样,企图使之与资本主义世界隔绝。那班矜夸自己的组织是"民治主义"的人,却盲昧于其对苏维埃俄罗斯的仇恨而至于不自觉自己是很可笑的。只要仔细想一想:那些最开化的、最文明的、最"德谟克拉西"的国家,全副武装了又在军事上旁若无人地统治全世界,现在反被从那个破产的、饥饿的、落后的、甚至他们以为半野蛮的国家传染来的思想上之瘟疫所吓住了!这一个矛盾点就够撑开各国劳动群众的眼睛,就够帮助我们揭破帝国主义者克列蒙梭、路易乔治、威尔逊及其政府的假面具。

然而惹起资本家中间的龃龉因而无形中帮助我们的,不仅是他们对苏维埃的盲目的仇愤,而兼是他们中间可鄙的冲突。他们中间曾经缔结一个真正的秘密条约,首先防备关于苏维埃正确的消息之传播,特别是这个共和国的正式文件。可是,法兰西资产阶级的机关报——《时报》,却发表了第三共产国际已于三月成立于莫斯科的消息。

我们很恭敬地感谢法兰西资产阶级最重要的机关报,法兰西国家主义和帝国主义的喉舌。我们预备好了送给《时报》以我们的严肃的敬礼,答谢它给我们的这样有成效,这样巧妙的帮助。

由《时报》根据我们的无线电报而发表的这段消息的口吻看来,这个"银库"的机关报的动机显然表现在我们面前。它要给威尔逊一个刺激,告诉他说:"请认清你要与之开谈判的这一班人"!承受"银库"意旨作文的一班人想不到他们借波尔札维克来恐吓威尔逊的手段,在劳动群众看来,反成了替波尔札维克登广告。我们很恭敬地再加一次感谢法兰西诸百万【富】翁的机关报。

第三国际成立了,当时的情况使协约国帝国主义和资本主义走狗如德国希德曼、奥国勒纳的禁令和鄙吝、虚伪的狡诈,都不能阻止关于第三国际和关于同情第三国际的消息在全世界工人阶级中传播。这个情况是到处不仅逐日进步而且逐时进步的无产阶级革命所造成的。这个情况是劳动群众的苏维埃运动所造成的,这个运动已达到变成真正国际的一种势力。

第一国际(一八六四——一八七二)建设了劳动者的世界组织之基础,为他们的革命进攻反对资本之预备。

第二国际(一八八九——一九一四)是无产阶级运动的国际组织,这种运动逐渐扩大,但却不得不暂时地降低了革命水平线,提高了机会主义,——机会主义终归陷第二国际于不名誉的破产。

第三国际实际上是一九一八年成立的,那时,特别是大战中,长期反对机会主义、反对社会爱国主义的斗争之过程达到了许多国家中都有了共产党的组织。形式上，第三国际是一九一九年三月在莫斯科开第一次大会时才成立的。第三国际的特性及其使命在乎输入马克思主义原则于生活之中，在乎实现几世纪的社会主义和工人运动的思想，——第三国际这一种特性明显地表现出来，即在于新的第三个的"劳动者国际协会"开始自今以后在某种限度内与苏维埃社会主义共和国联合相混为一。

第一国际建设了无产阶级为社会主义的国际斗争之基础。

第二国际成了广大的、群众的运动在许多国家扩张地盘之预备时代。

第三国际收获了第二国际劳动的果实，删除了资产阶级的、小资产阶级机会主义和社会爱国主义的分子，开始实现无产阶级专政。

指导世界上最革命的运动，指导无产阶级推翻资本统治的运动之政党的国际联合现在找到了一个空前的巩固基础：许多苏维埃共和国，——这许多共和国在国际上代表无产阶级专政及其对资本主义胜利的生命。

第三共产国际的全世界历史意义在乎这个国际开始实现马克思最伟大的口号，结算几世纪以来社会主义发展和工人运动的口号，确定无产阶级专政意义的口号。

这个天才的先见，这个天才的理论变成实际。

这几个拉丁字现在都译成了当代欧洲的一切民众语言，甚至世界的一切语言。

全世界历史的新时代开始。

人类消灭奴隶制度的最后形式：资本主义的或历代的奴隶制度。

从奴隶制度解放出来，人类才破天荒第一次得了真正的自由。

第一个实现无产阶级专政，组织苏维埃共和国的国家为甚么是欧洲之一个最落后的国家呢？我们不至于错误，如果我们说俄国跳过资产阶级德谟克拉西到民治主义最高形式到苏维埃或无产阶级德谟克拉西这一个"突变"与俄国的落后地位成了一种矛盾，然而这矛盾恰好正是西欧所以特别难于了解苏维埃意义的原因之一（除了机会主义习惯和卑鄙成见对于社会主义大多数首领之束缚以外）。

全世界工人群众从本能上就认识了苏维埃的意义是无产阶级斗争的工具和无产阶级国家的形式。可是受机会主义传染的"首领"仍旧继续向资产阶级德谟克拉西祷告，称它为一般的"德谟克拉西"。

无产阶级专政实现首先表现俄国落后地位和它跳过资产阶级德谟克拉西这一个"突变"中间之"矛盾"，这是奇怪的么？如果德谟克拉西新的形式之实现不给我们以一些矛盾，那才是奇怪哩！

无论那[哪]一个马克思主义者，无论那[哪]一个学过近代普通科学的人，我们向他提出这个问题：从不同的资本主义国家过渡到无产阶级专政能够按照同等的步骤或和谐的比例么？答复这个问题将无疑地是否定的。在资本主义世界中，从没有同等的步骤，从没有和谐的比例，而且也不能够有。每个国家发展特别偏向于这一方面或那一方面，或特别显著资本主义和工人运动的某一种特性或某几种特性。发展的过程不是划一的。

当法国唤醒欧洲全大陆到历史新生活去以完成它的资产阶级大革命之时，英国却领导反革命联盟,实际上那时英国资本主义比较法国还要发展些。在这个时代英国的工人运动中,我们倒可看见未来马克思主义之许多原素。

当英国给世界以广大的、政治完成的、无产阶级的、革命的第一次真正群众运动——Chartisme——之时,欧洲大陆多数情况正经过柔弱的资产阶级革命,而法国则发生无产阶级和资产阶级中间的第一次国内大战争。资产阶级分别地和不同地战胜了各国的无产阶级。

英国是这样的一个国家之模型(根据恩格斯的意见):资产阶级在资产阶级化的贵族旁边,创造了一个最资产阶级化的上层无产阶级。在无产阶级革命斗争的观点上,先进的资本主义国家反表现出落后几十年。法国无产阶级力量似乎用尽了在一八四八年和一八七一年反对资产阶级之有世界历史上意义的两次战斗之中。十九世纪七十年代以后,第一国际中工人运动的牛耳不得不归于德国,而其时德国经济上较落后于英法二国。到了德国经济赶上英法二国时候,换言之即到了二十世纪二十年代时候,足为全世界模范的德国马克思主义工党领导者之中倒产生了一些公认的流氓,最卑鄙的、卖身给资本家的强盗——从希德曼(Scheidemann)到诺斯克(Noske),从大卫(David)到列更(Leghien)——杀工人的刽子手替帝制和资产阶级反革命服务。

全世界历史是定归要走向无产阶级专政去的。但所走的决不是平坦的、单纯的、一直的道路。

当加尔考茨基还是马克思主义者之时,当他还未曾为联合希德曼的统一奋斗,为赞助资产阶级德谟克拉西反对苏维埃或无产阶级德谟克拉西奋斗而变成马克思主义的叛徒之先,他在二十世纪初年曾经做了一篇论文,《斯拉夫人与革命》。在这篇论文里,他提出一些历史的条件,指明国际革命运动的牛耳有归于斯拉夫人之可能。

这样可见国际革命运动的牛耳一时——自然是很短的——可以归于俄国人,亦犹十九世纪中之先归于英国人,继归于法国人,后归于德国人一样。

我已经不止一次这样说:同先进国比较起来,俄国人很容易开始无产阶级大革命,但很困难继续和引导至最后的胜利,至社会主义社会的完全组织。

我们很容易开始,第一因为俄皇专制在二十世纪的欧洲是异常古老的,因此就激起群众异常的革命努力。第二因为俄国的落后地位特别能将无产阶级反对资产阶级的革命和农民反对地主的革命联合起来。我们就根据这一点在一九一七年开始了,我们如果不这样开始,那么我们当时就不那样容易取得胜利。在一八五八年,马克思即指明普鲁士无产阶级革命有与农民战争同时并进之可能。波尔札维克党人自从一九〇五年开始即坚持革命德谟克拉西的工农专政观念。第三因为一九〇五年革命在工农群众中大做了一番政治教育,使群众前锋认识了社会主义在西方的最后口号,使群众认识了革命行动。没有一九〇五年这样的"普遍练习",一九一七年二月的资产阶级革命,十月的无产阶级革命都是不可能的。第四因为俄国的地理条件比较其他国家更便于自卫,抵抗先进资本主义国家之进攻。第五因为无产阶级对农民的特殊关系,允许资产阶级革命过渡到社会革命,促成都市无产者影响及于农村半无产者、最穷苦的劳动者。第六因为多年罢工斗争的教训与西欧群众工人运动的经验,使深刻紧张的革命状况中容易发生无产阶级革命组织的新形式——苏维埃。

以上所举数点自然是不完全的,但现时只好限于此。

苏维埃或无产阶级德谟克拉西产生在俄国。如果拿它比较巴黎公社,就看出它跨过世界历史上的第二步了。工农苏维埃共和国是世界上第一个巩固的社会主义共和国。这个新的国家模型是死不了的。它现在已经不是孤独的了。

为从事社会主义建设工作,为完成这个工作,现还需要许多努力。比较开化的国家,无产阶级有较大的力量和影响,只要走上无产阶级专政道路,这个国家的苏维埃共和国自会赶上俄国。

在破产中的第二国际现在已经死了,临终之前就已解体了。这个国际实际上是国际资产阶级的工具。这是真正的黄色国际。理论上最大的首领如考茨基恭维资产阶级德谟克拉西,称之为"一般的德谟克拉西",或更卑鄙地更愚蠢地称之为"纯粹的德谟克拉西"。

资产阶级德谟克拉西同第二国际一样都过时了,它尽过历史的使命,有用的工作,当时正是工人群众需要在这个资产阶级德谟克拉西范围内预备的时代。

最德谟克拉西的资产阶级共和国从来只是资本压迫劳动者的机器,资本政权的工具,资产阶级的专政。资产阶级德谟克拉西共和国宣言允许政权属于多数,但土地和生产机关私有权存在一日,这种允许终无实现之可能。

资产阶级德谟克拉西共和国中的"自由"实际上只是富人的自由。无产者和农村劳动者可以而且应该利用这个自由预备自己的势力去推翻资本,去从事反对资产阶级德谟克拉西之胜利的斗争,但事实上,普通说来,劳动群众在资本主义底下是不能够享受德谟克拉西的。

破天荒第一回苏维埃或无产阶级德谟克拉西创造了为群众、为劳动者、为工人、为小农民的德谟克拉西。

世界上从来没有过这样的属于民众多数的政权,实际属于多数的政权,像苏维埃政权那样。

它取消了剥削者及其走狗的"自由",它取消了他们的剥削的"自由",损人利己的"自由",恢复资本统治斗争的"自由",与外国资产阶级同盟来反对本国工农的"自由"。

任考茨基去拥护这种"自由"罢!拥护这个,就必须成了马克思主义的叛徒,社会主义的叛徒。

第二国际理论上的首领,像考茨基和希尔费丁一班人的破产之最明显的表现,在乎他们完全不能明了苏维埃或无产阶级德谟克拉西的意义及其与巴黎公社的关系及其历史上的位置及其成为无产阶级专政形式的必要。

在德国"独立"(小资产阶级的)社会民主党机关报——《自由》,第七十四期上一九一九年二月十一日登载了一篇宣言告德国革命的无产阶级。

这篇宣言署名者为该党干部,该党在"国民大会内",在德国"立法议院"内的党国。

这篇宣言攻讦希德曼排斥苏维埃的倾向,并提议——大家不要笑——折中苏维埃和"立法议院",给苏维埃以某种国家的权利、宪法中的某种地位。

调停,联合资产阶级专政和无产阶级专政!何等简单,何等妙[异]想天开的见解!

所可惜的,就是这种见解,当克伦斯基时代在俄国已经经过孟雪维克党人和社会革命党人联合派——这些自称社会主义者的小资产阶级民主派试验过了!

读过马克思著作,谁还不明白在资本主义社会每个紧张的顷刻中、每个激烈的阶级冲突里,只能有唯一的资产阶级专政或唯一的无产阶级专政这一层道理,谁就完全不懂马克思的经济的和政治的学说。

我们如果还要考究二月十一日这一篇最异样的和最滑稽的宣言中经济上和政治上的错误,那我们必须更深刻地分析考茨基、希尔费丁一班人企图和平联合资产阶级专政和无产阶级专政□独创的、俚鄙的见解。可是这必须另做一篇论文才行。

(《新青年》(不定期刊)第一号,1925年4月22日)

41.《社会主义国际的地位和责任》(《新青年》不定期刊第一号,4月22日)

《新青年》不定期刊第一号刊登列宁著、陈乔年译的《社会主义国际的地位和责任》,如下:

现在的危机中,最可痛心的一件事,就是资产阶级国家主义、爱国主义对于欧洲社会主义大多数官僚代表之胜利。各国资产阶级报纸一会嘲笑他们,一会又带宽仁态度称赞他们,这并不是徒然的。还想成为社会主义者的人,最重要的责任就是说明社会主义危机的原因和分析国际的使命。

有一班人惧怕认识这个真理:第二国际的危机——正确点说,第二国际的破产,就是机会主义的破产。

譬如人们归罪于法国社会党人之一致,归罪于社会主义里的旧派别关于战争问题完全变节。但这种归罪是不正确的。

拥护阶级协作,抛弃社会革命思想和革命争斗方法,迎合资产阶级国家主义,忘记民族或祖国之历史上的暂时性,迷信资产阶级的"合法",因惧怕"广大群众"(是小资产阶级的)离开自己而放弃阶级观点和阶级斗争——这些无疑地就是机会主义的根本观念。第二国际大多数首领现在的国家主义和爱国主义精神,就是从这个基础长大起来。他们中间的机会主义真面目老早就由不同的观察者,从不同方面看出来。战争不过特别迅速地、深刻地发现了这个面目的实体罢了。这样非常利害的危机引起旧派别的种种变节,这是一点没有可奇怪的。在全体目标上看来,这些变节只关系于个人的行动。社会主义内部的倾向仍和旧时一样。

在法国的社会党人中,并不是完全一致的。瓦样(Vaillant)、格德(Guesde)、蒲列哈诺夫(Plekhanov)、黑尔畏(Herv'e)施行爱国主义的政策,可是他们也承认接到许多法国社会党人抗议的信件,在这些信件中说,这次战争是帝国主义战争,在这战争中,法国资产阶级的罪恶,并不比其他资产阶级的罪恶轻些。我们不要忘记这些呼声,不单是被胜利的机会主义所堵住,并且还被军事检查所打消了。在英国,信德门团(Hyndman)——英国社会民主党(Britch socialist party)——完全走入爱国主义的途径,大部分半自由派的工联首领,也有同样的状况。机会主义的劳动独立党(Independent Labour Party)党员麦克唐纳尔(Mac Donald)、哈尔狄(H□)居然拒绝爱国主义,这实在是例外。可是一部分革命的社会民主党人,很久就是信德门的反对派,现在都退出了英国社会党。在德国,情形也很清楚的:机会主义者战胜了,他们很得意,他们很安适。考茨基领头的"中央"派也卷入了机会主义,他用特别虚伪的、卑鄙龌龊的狡辩来拥护机会主义。从革命的社会民主党人中,可以听见默林克、巴业可克、加尔李卜克内西诸人的抗议,和德国以及德国的瑞士地方无名的抗议之声。在意大利,派别也分的很明白:极端机会主义者毕梭拉地那班人都赞助"祖国",赞助格德、瓦样、蒲列哈诺夫、黑尔畏。革命的社会党人(社会党)在《前进报》(l'Avanti)领导之下,攻击爱国主义,揭穿资产阶级号召战争的黑幕;他们得了大多数进步工人群众底同情。俄国的极端机会主义者——取消派(Liquidateurs)——已经在出版物中和集会中,高声为机会主义鼓吹。马思乐夫(P. Maslov)和思米尔诺夫(E·Smirnov)以保护祖国名义来保护俄皇专制(你们看,德国恐吓我们,以商业条约的"武器"来压迫"我们",可是俄皇专制自然不以鞭笞和断头台来压迫俄国十分之九人民的民族、政治、经济的生活!),主张社会党人加入反动资产阶级内阁,今天通过战争经费,明天又通过增加军备经费!蒲列哈诺夫以亲法的感情来遮盖他的爱国主义,他和阿列克新思基(Alexinsky)都坠入国家主义中了。马尔托夫(Mar□),假使照巴黎《哥乐思报》(Goloss)判断起来,他的态度倒很正当,他排斥德法的爱国主义,煽动反对《窝尔瓦华页茨报》(Vorwaerts),反对信德门和马思乐夫,但他不敢公然对国际机会主义及其最得力的拥护者——德国社会民主党"中央派",决断的宣战。当志愿兵就如实现社会主义,这样的见地(见巴黎俄罗斯社会民主党和社会革命党志愿兵底宣言,又见波兰社会民主党莱得尔(Leder)以及其他的宣言)只有蒲列哈诺夫一人赞成。我党巴黎支部的大多数对于这种主张已攻击了。读者在本期报上的社论,可以看见我党中央执行委员会的态度。说到我党意见形成的历史,为免除一切的误会,我们应该举出下列的事实:我党一部分党员,克服一切的困难恢复战争所割断的联络机关,首先草成提案,在新历九月六日至八日将这些提案寄与同志传观。后来,又经过瑞士社会民主党间接将这个提案寄与吕加诺(l□□ano)瑞、意临时大会两个党员(九月二十七日)。只在十月中旬,关系才得恢复,我党中央执行委员会的观点才得确定。本期报的社论就是最后完成的提案。

　　欧洲和俄罗斯社会民主党的大概情形就是这样,国际破产是很明显的。在德、法两国社会党报纸上的笔战很能证明这个。不仅社会民主党左派(默林克等)承认这个,就是瑞士稳健派的报纸也是承认的。考茨基的企图是要遮盖这个破产——卑鄙的诡计。这个破产正是机会主义的破产,变成资产阶级底囚犯。

资产阶级态度是很明显的。机会主义者盲目地撷拾资产阶级的牙慧,这也是很明显的。我们除了社论中所说的之外,还应当对于《新世纪》(Neus zeit)报的发刊辞说几句话。这篇发刊辞拿国际主义恰巧当做这一国的工人以保护祖国的名义反对别一国的工人的互相残杀!

我们回答那些机会主义者:不懂得这个战争的具体历史性质,祖国问题是不能提出的。这个战争是帝国主义战争,就是资本主义最发达时期,资本主义结局时期的战争。《共产党宣言》上说:工人阶级首先应该在"民族界限以内组织起来",同时又指示我们祖国和民族可以承认的界限和条件,这界限是资产阶级制度的必要形式,所以是资产阶级祖国。机会主义者改变这个真理,把适用于资本主义初生时期的真理,搬到资本主义终结时期。在这个时期,无产阶级在斗争中的责任,不是推翻封建制度,而是推翻资本主义,马克思说的很明显、很确定:"工人没有祖国。"机会主义者为什么怕认识这个真理,这个社会主义底真理,并且不敢常常公开的考察这个真理?这是可以明了的。社会主义的运动不是在祖国旧界限中所能得胜。这个运动创造人类共同生活的新的、高的形式,在那时的民族界限消灭条件之下,国际统一之中各民族劳动群众进步的意志和正当的要求才得到最初的满足。近代资产阶级企图,以保护祖国虚伪的号召来分裂工人,觉悟的工人抵制这个,就要不断的努力,前仆后继起来团结各民族的工人在反抗各国资产阶级的斗争中。

资产阶级以"民族战争"旧思想遮掩帝国主义的强盗行为来欺骗群众。无产阶级就要高呼改变帝国主义战争为国内战争底口号来揭穿这个骗术。这个口号已经很正确的在斯徒特加尔(Stuttgart)和巴尔(Bale)的决议案标明出来,这些决议案不是预防一般的战争,而是对付现在这个战争的,在那上面不是说"保护祖国",而是说"促成资本主义底崩坏",利用战争所引起的恐慌效法巴黎公社。巴黎公社就是由民族战争变为国内战争。

像这样的一个改变,自然不是容易的事,自然不能由某党的"愿望"可以做到的。可是这个改变正是资本主义客观条件,特别是在资本主义结局时期的条件所必然造成的,所以在这个改变中,也只有在这个改变中,社会党人应该进行自己的工作。不通过战争经费,不宽容"本"国(和联盟国家)的爱国主义,首先攻击"本"国资产阶级的爱国主义,恐慌到来资产阶级自己取消他自己所创造的合法制度时候,切勿是限于合法的斗争形式。——这就是我们的行动大纲,引导国内战争,并且在这个当中将引起这一时或别一时的全欧暴动。

战争不是偶然的事,也不是像基督教徒所想像的是一桩罪恶(和平、人道主义、爱国等宣传者并不恶毒过于机会主义者),战争是资本主义不可免的一个阶段,也是资本主义生活自然的形式【,】如和平一样。现在的战争是民族的战争,但是不应从这真理推论出爱国主义,而要在战争时候,对于战争,随着战争永远继续自己表现阶级的对抗和人民底痛苦。对于军役之拒绝,反对战争底总同盟罢工等都是纯粹的愚蠢,没有武器反对武装资产阶级斗争的迷梦,不用可怕的国内战争或许多战争来消灭资本主义的妄想。在战争中,宣传阶级争斗是社会党人的职务。改变民族战斗争成为国内战争的倾向，是社会党人在各国资产阶级武装冲突时期中唯一的工作。打倒"为和平不惜牺牲一切"的那些宗教式的感情和愚蠢的惊叹！举起国内战争底旗帜！帝国主义拿着欧洲底文化孤注一掷：在这战争之后，如果不有一些得胜的革命，那就快发生第二次大战了。——"最后战争"的梦想是没有意义的、危险、梦想，是小资产阶级唯心的见解（《哥乐思报》表现得最明显）。无产阶级的国内战争旗帜，现在或将来，在这次战争时期中或在这次战争以后，在这次战争中或在下次战争中，不单要成为成千成万觉悟工人底目标，并且还要成为现在被爱国主义所蒙蔽的成千成万半无产阶级和小资产阶级的目标，那时，战争的恐吓不单使他们惊慌和痛苦，并且使他们明白、受教训、清醒、组织、奋起，预备在"本国"中和在"外国"中，反对资产阶级的战争。

第二国际死了，被机会主义战败了。打倒机会主义！祝不单是扫除那反叛者，并驱逐机会主义的第三国际万岁！

第二国际已尽了他的责任，利用和预备无产阶级群众底组织，在一个很长久的"和平"时期中，这个时期就是最发达的、最进步的、最残酷的资本主义奴隶的时期（十九世纪最后之三分之一和二十世纪初）。第三国际责任在于组织无产阶级势力向资本主义政府做革命的进攻，向各国资产阶级宣布国内战争、夺取政权、护得社会主义胜利！

(《新青年》不定期刊第一号，1925年4月22日)

42.《列宁主义与中国民族运动》(《新青年》不定期刊第一号，4月22日)

《新青年》不定期刊第一号刊登陈独秀的《列宁主义与中国民族运动》，全文如下：

列宁主义自然就是马克思主义，然而马克思主义到了列宁，则更明了确定了，周密了，也扩大了。其更明了确定周密扩大之点，最重要的便是资本制度与共产制度间之无产阶级独裁制及反帝国主义的国际民族运动这两个理论。后者尤于（与）中国目前的民族革命有关，我们应该略知列宁对于民族问题的意见。列宁对于民族问题的意见和资产阶级的改良派对于民族问题的意见，完全不同。

列宁的意见【：】

（一）全世界一切有色无色人种的。

（二）行动上帮助民族解放运动。

（三）由被压迫者革命而分立，而自建国家。

（四）被压迫的民族共同反对帝国主义的国际问题。

（五）联合被压迫的民族运动和被压迫的阶级运动——推翻国际帝国主义。

（六）各民族间在政治上应该是自由分立的，在经济上应该是协作而统一的。

改良派的意见【：】

（一）欧美白人种的。

(二)口头上的民族平等。

(三)由压迫者恩赐民族自治——在宗主国统治下的自治。

(四)在帝国主义统治下之各国内的局部问题。

(五)利用民族联合或排斥异族的名义巩固帝国主义。

(六)各民族间在政治上应该是统一的,在经济上应该是分离而竞争的。

据上表看来,世界上一切被压迫的殖民地及被压迫的国家(即半殖民地),他们的民族运动,只有依照列宁这样伟大的周到的意见而行,才能够彻底的解决,才能够得着真正自由,这是一件最明白无疑的事。改良派所谓民族问题,乃是宗主国应该采用何项政策欺骗殖民地的民族,使之永久服事宗主国而不思反叛,以维持各帝国主义的宗主国永久对于殖民地政治上的统一经济上的剥削。他们所谓民族问题和民族解放运动,本是正相反背的一件事。改良派不但不赞成殖民地的民族解放,并且公然宣传:落后的民族,只有在宗主国统治之下,才有和平的幸福与进步。照他们的意见,各帝国主义的国家,对于殖民地政治的压迫和经济的剥削,都是不可少的高厚天恩。所以改良派的第二国际党,对于殖民地民族解放运动,始终不表同情,而且公然承认各帝国主义的国家有统治其殖民地的权利,公然以帝国主义的国家所剥削殖民地之余沥,歆动国内一都[部]分工人贵族,使之维持构成本国帝国主义势力的大来源——剥削殖民地,使之拥护祖国之胜利,反对本国的殖民地之民族运动及工人运动,因此更进而使之拥护本国资产阶级之政权,这是改良派的第二国际党不可宽恕的最大罪恶,这就是第三国际党指他为帝国主义的走狗之真实事证,这也就是革命派的第三国际党和改良派的第二国际党根本不同之一重要点。

第二国际党所谓国际,乃以欧美白人种为限,其余有色人种,都是天赋给他们的被统治者被剥削者资格,不在国际之列。第三国际党所谓国际,不但绝对没有人种的限制,其主要目的,乃是联合全世界所有被压迫的无产阶级与所有被压迫的弱小民族,推翻国际资本帝国主义对于全世界之统治与剥削,跻全人类于真正平等自由之地位,这就是国际的无产阶级运动,同时也是国际的民族运动;第三国际党这个理想,这个运动,就是伟大的列宁主义之结晶。

欧战后,全世界被压迫的民族,饱受了威尔逊所谓"民族自决"、"人种平等"的欺骗,中国人也在内,在华盛顿会议,太平洋被压迫的民族又受了哈定一次欺骗,中国人也在内;我们因为这些欺骗的教训,应该明白在帝国主义及其走狗第二国际党的势力统治下的世界,决没有解决民族问题之可能;要民族解放成功,是必须依照第三国际党所指示,亦即列宁主义所指示,联合世界被压迫的阶级与被压迫的民族,共同打破帝国主义束缚全世界被压迫者的锁铼[链]。

现在的中国民族运动,是不是以推翻帝国主义为对象呢?大部分是的,然却有三个危险的倾向:

第一是大商买办阶级。他们现在虽未曾公然反对民族运动,然而他们始终和侵入中国的帝国主义势力有共同的利益,他们将来即进化到工业资产阶级,也是卖国的资产阶级,不是民族的工业资产阶级,因为他们一向在帝国主义势力支配下发展他们的经济力之关系，尽有在美国人"中美提携和平进步"或日本人"大亚细亚主义"等口号之下，与帝国主义者勾结的可能；他们这种勾结帝国主义所发展的工业，将用"输入外资"的名义卖尽国民经济的命脉及国家主权。这是中国民族运动第一个大患。

第二是不脱封建思想的知识阶级。如国民党一部分右派分子及青年党等；他们口中也说赞成民族运动；但是他们所谓民族运动的观念，完全立脚在国家主义上面，他们所谓民族运动的对象，是笼统的外族，不是帝国主义者。自资本帝国主义征服了全世界，全世界的经济关系成了整个的，因此全世界的革命运动也成了整个的，无产阶级革命与民族革命，是一个推翻国际资本帝国主义的世界革命之两方面。在此世界经济成了整个的时代，已经没有一个封建时代闭关孤立的国家，便不能有一个封建时代闭关孤立的国家主义；在此世界革命运动成了整个的时代，也已经没有一个孤立无援的民族，便不会有一个原始的笼统的民族排外运动。中国民族是全世界被资本帝国主义压迫者之一，中国民族运动也是全世界反抗资本帝国主义之一，所以此时我们的民族运动，已经不是封建时代一个闭关的单纯的民族运动，而是一个国际的民族运动，而是和全世界被压迫的无产阶级及被压迫的弱小民族共同起来推翻资本帝国主义的世界革命之一部分；因为若不将资本帝国主义束缚全世界被统治被剥削者的锁链全部毁坏，他在世界上存在一天，任何被统治被剥削的无产阶级及弱小民族都不会得着自由。因此，我们应该懂得立脚在国家主义上面而不以资本帝国主义为对象的民族运动，乃是资本主义前的民族运动，换句话说，就是封建时代闭关的民族运动。不脱封建时代思想的民族主义者，即资本主义前的民族主义者，他们不了解资本主义发展到最高形式的帝国主义和被他剥削的弱小民族之间的关系，他们不懂得现代的民族运动特性和封建时代的民族运动不同，他们认不清弱小民族之敌人是谁，更认不清弱小民族的友人是谁；因此，他们自以为是民族主义者，实际上他们竟放过了民族运动之敌人，且会和民族运动的敌人妥协，而受敌人的教唆仇视民族运动之友人，如德意志民族党，一面和英、法、美帝国主义者妥协承认道威斯计画，一面极力仇视反帝国主义的苏俄，便是一个显例。中国不脱封建时代思想的知识阶级也是如此。他们当中，或极力主张民族运动(如青年党)，或自以为是民族主义者(如国民党右派)；然而他们都不赞成反对帝国主义，他们竟不看见剥削压迫中国民族无所不至的帝国主义者，他们竟不觉得他们自己及自己的民族践踏在帝国主义者的脚下，反而攻击同情于中国民族运动的苏俄是"赤色帝国主义"；且竟附和官僚的研究系，对于反帝国主义的国际民族运动者，加以"亲俄"、"卖国"的罪名，实际上做了帝国主义者宣传的工具。这是中国民族运动第二个大患。

第三是工贼。在中国的民族运动中，工人阶级参加的力量，已经使帝国主义者及其工具——国内军阀与大商买办阶级——感觉得有利用工贼来破坏工人阶级团结力的必要。这班工贼有些是工人贵族，有些是冒充工会运动者即招牌工会之职员；他们不反对帝国主义者，他们不反对军阀官僚，他们不反对买办阶级，他们的唯一目的是破坏代表工人阶级利益的共产党，分裂工人阶级的团结力，帝国主义者军阀官僚买办阶级要利用他们，正在这一点。帝国主义者用以阻碍中国民族奋起的第一个工具是军阀官僚，第二个工具是买办阶级，这班工贼便是第三个工具。这班工贼不但勾结军阀官僚及买办阶级（交通系）是公开的，他们勾结帝国主义者也是公开的，他们已和帝国主义者的走狗第二国际党公开的发生关系。第二国际党为什么要和他们发生关系呢？不用说是为了要利用他们破坏中国民族运动中重要的力量——工人阶级的团结力，破坏第三国际党反帝国主义的国际民族运动在中国发展。这是中国民族运动第三个大患。

中国的民族运动，此时虽然有日渐发展的趋势；但是上述的三种力量若同时也日渐发展起来，至少也会减少中国民族运动成功的速度，和第二国际党的思想行动减少世界革命成功的速度一样。因此，我们敢说：在中国民族运动的现代，我们实有了解列宁主义——反帝国主义的国际民族运动——的必要。孙中山先生，他是了解这种必要的一个人，他临终时致苏联遗书如左：

苏维埃社会主义共和国大联合中央执行委员会亲爱的同志：

我在此身患不治之症，我的心念，此时转向于你们，转向于我党及我国的将来。你们是自由的共和国大联合之首领，此自由的共和国大联合，是不朽的列宁遗与被压迫民族的世界之真遗产，帝国主义下的难民，将借此以保卫其自由，从以古代奴役战争偏私为基础之国际制度中谋解放。我遗下的是国民党。我希望国民党在完成其由帝国主义制度解放中国及其他被侵略国之历史的工作中，与你们合力共作。命运使我必须放下我未竟之业，移交与彼谨守国民党主义与教训而组织我真正同志之人，故我已嘱咐国民党进行民族革命运动之工作，俾中国可免帝国主义加诸中国的半殖民地状况之羁缚。为达到此项目的起见，我已命国民党长此继续与你们提携，我深信你们政府亦必继续前此予我国之援助。亲爱的同志，当此与你们诀别之际，我愿表示我热烈的希望，希望不久即将破晓，斯时苏联以良友及盟国而欣迎强盛独立之中国，两国在争世界被压迫民族自由之大战中，携手并进以取得胜利。

谨以兄弟之谊祝你们平安。

孙逸仙。

（《新青年》不定期刊第一号，1925年4月22日，署名 陈独秀）

43.《列宁、殖民地民族与帝国主义》（《新青年》不定期刊第一号，4月22日）

《新青年》不定期刊第一号刊登魏琴（即维经斯基）的《列宁、殖民地民族与帝国主义》，全文如下：

在全世界农民和工人及一切被压迫民族首领之逝世週年日，"列宁"这一个名字必定到处喧呼于人们的口里。

在中国，年来国内的军阀战争——同时是世界帝国主义者间之利益的冲突——尚在有加无已地继续，际此列宁逝世的一周年纪念日，我们以为最好是将列宁的名字重复回忆，以振作被压迫民族反帝国主义奋斗的勇气，因为列宁是人类一切解放的象征。列宁的名字在他的生活史中之最后的几年，更在东方被压迫民族中之下层阶级间变为普遍了。在印度、波斯、土耳其、爪哇、菲律宾群鸟[岛]、中国……列宁的名字形成为最贵重的、最亲切的，大家都以为他是被压迫者的救星。殖民地中之一些愚笨的群众，本来不晓得什么列宁主义，无产阶级革命的理论……但是他们知道，列宁具有伟大的力量，并将这种力量用之于最危险的、最凶恶的仇敌——世界列强的帝国主义。他们明白，列宁完全站在他们的一方面，列宁教导了世界的无产阶级如何反对帝国主义，如何联合被压迫民族而奋斗。

但是当列宁死后，他的名字更侵入于东方的城市和乡村的里面。"列宁"日渐形成为唯一的口号，大家都围绕着这个口号，以求达到自己民族的解放。东方民族越将列宁主义的理论理会好了，则他们越会组织自己的力量反对帝国主义，共产主义的赤色是越要发凶，人类平等的空气越见澎涨[膨胀]，无压迫的世界越要快实现。

在纪念伟大的首领之本文中，我们特别地注意两点：第一，列宁如何教导西方的无产阶级反抗自己资本的政府，以达到东方被压迫民族的解放；第二，列宁以为东方民族解放运动对于世界革命，有如何伟大的意义。在离死期还有九月之最后一篇论文中，列宁以为东方民族之反帝国主义运动，是全劳动人类胜利之一个最要的条件。在一九二三年三月，列宁著一论文，名为《不患少而患不精》，每一个革命家，每一个为劳动群众争利益的战将，都应将彼详细地读熟：

"西欧资本主义的列强，一部分是有意的，一部分是无意的，为着要把我们倒转退后，为着要利用俄罗斯的国内战争，以破坏其国内的一切，不惜用尽了方法。它们以为虽然不能将俄国的革命制推翻，也要使它难走入社会主义。的确，它们也达到了目的的一半，它们没有把我们的新制度推翻，但是它们却没给了我们以可能，使我们迅速地发展生产力，迅速地建设社会主义。

"现在国际情状形成如此了：德国为列强所征服，一切其他旧欧洲国家，因为它们能够利用这个胜利，而对于自己被压迫的阶级略表示让步，——这个让步却使革命运动迟缓下去，而造成若干相似的'社会的和平'。"

"同时，许多东方的国家——印度、中国……因为这次帝国主义战争，完全更变了自己经济的状况。它们的发展完全变为普遍欧洲资本主义的步骤。它们已漩入世界资本主义发展的范围，此种发展不得不促进世界资本主义的恐慌。

"我们现在立于这个问题的前面：我们在小农生产的状况下，能不能支持到西欧资本主义国家完成自己的发展走向社会主义的时候？它们完全自己的发展，绝不如我们从前所等待的一样。它们的完成不是照着内部平均的社会主义的成熟之道路，而照着这一个国家压迫那一个国家，战胜国压迫战败国，竭力压迫东方的民族。然而，在别一方面，东方因帝国主义战争的结果，已漫溢了革命运动的潮流，已陷入全世界革命的漩涡里。"

"我们对于此，到底用什么策略？很明显地要如此：我们要用最大的力量谨慎地保护我们的劳动政权。全世界正在转入极激烈的运动——这种运动一定要产生全世界社会主义的革命；因此，我们无所用其畏惧。但是在我们一方面又有一点弱点，就是帝国主义者能将全世界劈为两个营寨，它们极力压迫文化的资本主义发展的先进国——德国，使它不能重兴起来。而在别一方面，全东方被帝国主义的列强放在很困难的状态下，就是它的物质的或军事的势力，无论如何，不能与任何一个欧洲小国的物质或军事力量相比较。

"我们在将来与帝国主义列强发生冲突时，能不能保得安全？我们能不能希望，西方帝国主义国家与东方帝国主义国家的冲突第二次给我们以缓冲的机会，如第一次西欧反革命帮助俄国反革命，而卒因东西反革命势力的冲突——日本与美国的冲突——逐告中辍？

"对于这个问题，应如此回答：这个问题之如何解决，要以许多环境状况为转移。资本主义自会将地球上之最大多数人口训练到奋斗的方面走，我们在此也就预见这种奋斗的出路。

"中国、印度、俄罗斯占全地球□最大多数，奋斗的出路当然要以此等国为转移。在最近许多年中，这一部分大多数的人民很快地□入为争自己解放的运动，我们由此可以断定社会主义的胜利可以完全保证了。但是我们现在所重要的，不是社会主义之必然的胜利，而是我们，俄国共产党，应用什么策略，以维持住苏维埃政权，而使西欧反革命的国家不能把我们压迫下去。若欲保持我们的生存到下一次反革命的西欧与革命的东方——文明的国家与落后的国家——之军事的冲突，则这一部分最大多数的人民应当自己文明开化起来。"

此地所引列宁对于帝国主义者反对苏俄的论文中之一段，的确是东方民族的教训。凡列宁所说的话，对于反对帝国主义压迫的人们，日见明了。现在帝国主义者在中国所做的勾当，其目的也如他们在俄国国内战争时所抱的一样。当俄国国内战争时，帝国主义帮助反革命派惟力是视，现在他们在中国的行为又有什么不同呢？只要一回忆民国十四年来的经过，与不久之前在广东所发生的事实——英国的帝国主义者极力帮助反革命的商团，而与一切劳苦群众为敌，——我们就知道帝国主义者之如何屠[涂]毒中国，如何促进中国反革命势力的增长。每一个革命党人，每一个劳动群众之友，都应当牢记着列宁的死前话："照帝国主义者的利益而论，他们非如此做不可。"因此，一切国民革命运动的人们，应当视列宁的话为普通的定理，而时时刻刻指示群众：无论帝国主义者所用侵略中国之形式如何，其目的不过是要助长中国反革命的势力，防止中国国民经济的发展。

去年在东方的各国家中，我们更可以找出许多能证明列宁的话之不误的事实。在印度、波斯、埃及……所发生的一些大事变，到底是一种什么的表现？帝国主义者在这些国家中，重新进攻反对劳动群众，帮助反革命的势力。

帝国主义者在殖民地不但有海陆军的武备，他们并且设立了许多机关——学校、教会、报纸；他们用这些机关来屠[涂]毒被压迫民族的思想。最大的反毒剂是列宁主义，我们现在应当极力传布列宁主义，好打消帝国主义者的毒药。

在中国，现在一切帝国主义者的报纸极力鼓吹反对参加民族解放运动的人们，讥笑他们为暴徒。帝国主义者以为中国受过资本国家的及教会学校的教育之知识阶级，是现在国民革命运动的首领。所以天天要这样说的，是因为帝国主义者要指明中国国民运动之不坚固，因为它趋向反对资本主义，而自身却为资本主义所培植出来的。然而列宁却正以为资本主义自己将大部分的弱小民族训练到奋斗的道上去，正是世界革命全胜利的条件。中国共产党代表中国幼稚的无产阶级，自身本是资本主义的产儿，但是它是中国无产阶级趋向推翻资本主义——外国的和中国的——的压迫之表现。

东方民族有自身急速开化起来的必要。列宁对殖民地民族与全世界无产阶级说，若要战胜帝国主义，则殖民地国家应赶快地驱除自己的封建制度、落后的经济关系、宗法制度生活及一切宗教的谬解。总而言之，凡是帝国主义者所愿意帮助的，本国军阀所依以为生命的，均应极力废除，不留残迹。

能领会列宁主义之民族解放运动的首领，一定能找出与帝国主义奋斗的道路，一定会引导无数万的劳动群众向胜利的方面走。

列宁的理论与实际是分不开的。他的理论是如何转入行动的工具。人类的大革命主义者，他仅承认为被压迫民族争解放，为推翻帝国主义和资本主义而奋斗的人们为"人"。捷克的革命首领克列比黑说："无产阶级革命的敌人，对于列宁，是不讲理的：对于这种人只望其死而不愿其生。对于我们，反革命的人没有生存权，没有名誉之可言。"这几句话的确可以形容列宁之如何伟大，如何愿将人类引到光明之路！

一九一四年，当欧洲大战时，列宁极力反对一些假社会主义者，因为他们承认欧美资产阶级之殖民地政策；后来，他们果然都跳入资产阶级的营寨。列宁当时教导革命的无产阶级及社会民主党，在自己的一篇论文《帝国主义与民族压迫》中说：

"帝国主义者说，殖民地对于资本主义的发展是必需的，而社会主义者也以为殖民地对于社会主义的发展也是必需的，因为社会主义一方面要帮助殖民地发展文化，而别一方面可以用自由交换的方法，从殖民地中取得社会主义国家所无的东西。因此，无产阶级无反对殖民地政策之必要。"

这是一些假社会主义者的论调。这种论调当然为着资产阶级的殖民地政策辩护。列宁深明这种论调足以眩惑落后的无产阶级之视听，因之极力反对这种论调，反对一切民族间的压迫。

"从殖民地滚开去！殖民地是资本的利润之新的源泉，这个源泉可以延长资本主义的寿命。资本主义在殖民地不但图其财力，并且利用其体力，组织军队，好利用机会反对革命的无产阶级，反对它的敌手。"

"在许多东方的大国中(土耳其、中国、印度)，我们看出资产阶级分子的增长，它们执行发展自己国内生产力的责任，社会民主党应帮助殖民地之无产阶级的奋斗，反对外国的和本国的资产阶级，应当极力宣传无产阶级的思想，使殖民地的无产阶级为着自己的利益，不与本国的资产阶级，而与先进国的争社会主义的无产阶级联合起来。"

在这两段文中，列宁不但教训被压迫的民众反对帝国主义，并且教训他们要反对本国的资产阶级。他在自己的理论中，将民族斗争与无产阶级革命联合一起，反对资本主义制度。

一九一七年，俄国无产阶级在列宁的指导下，推翻资产阶级，而建设了劳农政权。革命后，列宁即时实行他民族解放的主义，不但一方面帮助弱小民族组织独立共和国，并且又在经济上帮助它们生产力的发展。在外交的政策方面，苏联完全照列宁的主张做，如取消前俄帝国在中国的一切不平等条约、一切特权……都足表示出苏维埃政权之外交的精神。无论帝国主义者下如何的压迫，总不能使苏联抛弃列宁主义的原则。

在列宁死后的一週纪念日，我们应当好好将列宁主义解释给无数万被压迫的群众听！

(《新青年》不定期刊第一号，1925年4月22日，署名 魏琴)

44.《列宁与职工运动》(《新青年》不定期刊第一号，4月22日)

《新青年》不定期刊第一号刊登郑超麟的《列宁与职工运动》，全文如下：

职工运动的历史同无产阶级存在的历史比较起来，是很短的。十八世纪之末，十九世纪之初，欧洲才有雏形的工人职业组织如互助会这一类团体出现。一直到今日，为时还不到一个半世纪。无产阶级职工运动已经由互助会性质的原始状态逐渐发展；从那在资本主义制度底下做减工时、加工资的改良主义运动的工具变成了含有几百万会员的团体，为无产阶级推翻资本主义制度的利器了。

这种进化的过程可算是异常迅速的。职工运动无产阶级革命中的重要已尽人皆知。职工运动理论在列宁主义中占重要部分。列宁论职工会作用和使命的学说，现在已成了俄国职工运动理论和政策的基础，同时又是国际革命派职工运动理论和政策的基础。忽略了职工运动将是我们的错误，不知列宁主义的职工运动理论尤其将引导我们错走歧路。

了解列宁论职工会在阶级斗争中的作用和使命，这就等于对革命派职工运动的基本理论和基本政策有了把握。

马克思主义者所区别于浪漫派革命者之一要点在乎马克思主义者知道研究革命的阶级怎样由"在自己"的状态长成至"为自己"的状态，怎样认识得自己的历史使命。工人阶级绝不是一开始每个人都认识推翻资本主义制度、建设社会主义社会是本阶级伟大的历史使命。工人阶级与其余一切阶级一样，阶级觉悟程度并非一致，内部有一部分是先进分子，代表本阶级，领导其余落后群众为阶级利益而奋斗。认识工人的阶级斗争发展途径，根据这个认识来指导这个斗争，这就是列宁所举出的工人阶级先进分子之使命。这个使命是很重大的。工人的阶级觉悟程度不一致之来源，首先在乎工人出身不同，旧式生活之影响既未能同时抛弃，在资本家剥削底下又因职业分工关系不能同时明了自己的使命。在这样的条件之下，整个工人阶级组织起来与资产阶级对抗是很难能的。

落后的工人群众，只有眼前的经济利益，只有改善生活条件、增加工资、缩短工时等经济要求，才能使之逐渐感觉工人与资本家是立在利益相反的地位。在改善工作条件的斗争里，认识了自己和做工的同伴有共同的利害关系：这就是阶级觉悟发展进程之第一步。列宁提醒工人阶级先进分子，教训他们不应该忽略了这一点。在其所著一九○二年出版的《怎么办》一书中，列宁就教训俄国社会民主党人说："经济斗争，是工人改善劳力售卖条件、改善工作生活条件之集体的奋斗。这个奋斗必然是职业的奋斗，因为劳动条件是随职业不同而生差异的，故此为改善这些条件的奋斗，不得不按照职业差别而进行。"十八年之后，到一九二○年列宁主又在俄国职工会第三次大会上重申这个教训，他说："在资本主义制度底下，无产者只能按行会和职业组织起来。这是进步的现象，不然，无产阶级无从组织。以为无产阶级一下可以整个阶级组织起来，这是不通的话。"由这个教训，我们可以看出列宁怎样了解工人的职工会斗争之必要。

工人阶级的先进革命分子应该承认这个必要，承认只有用职业组合的方式才能组织广大的工人群众。这个必要必须到共产主义社会才能消灭，在无产阶级专政底下，资本主义制度遗留的渣滓未净尽以前，职工会的组织还有重要的意义。马克思主义者切勿忘记阶级觉悟是从阶级斗争中逐渐得来的。改善工作条件的奋斗是工人的阶级觉悟之第一步，由这个奋斗，工人逐渐认识资本家是自己的敌人，逐渐发生联合做工同伴共同行动反对资本之要求，以至于结果取得政权。

这种过程在俄国工人运动史上是很明显的。列宁一九二○年在全俄纺织工人大会上的演说，曾经有一段说到俄国工人阶级觉悟之过程："我们都还记得或听见我们的父亲说过，几十年前工人初进工厂做工时候，总以为工厂养活工人，厂主是工人的恩人。那时工人不明白资本家剥削他们。所有资本主义国家的工人初时都是这样想。从原始无知的、不觉悟的状态过渡到认识自己地位的状态。此时罢工就开始了。工人开始感觉自己有力量。职工运动跟着罢工的增多而起来。晓得抵抗敌人已经是向前的大进步。职工运动初期，工人所有注意力都集中在缩短工时、增加工资……上头。工人再不超过这种倾向的观念了。可是又到了一个时候，工人这个第二期的阶级觉悟已不够用。大工厂主，因自己的帝国主义倾向和银行家联合起来，并以瓜分地球为目的而开始战争。这个战争杀死了一千万人，残废了三千万人，结果缔结了《白列斯特和约》和《凡尔塞和约》，然后工人更进一层觉悟，明白工人受欺骗了，战争是资本家为自己利益才鼓动出来的。这一层道理，工人明白了，于是乎发生工人革命，完成十月暴动。"从列宁这一段演说，我们可以知道职工运动在无产阶级革命中有何种意义。

职工运动在无产阶级革命中的作用既如是之重要，工人阶级先进分子自然应该认识这个作用，指导这个运动，使之成为无产阶级革命的利器，无产阶级专政的柱石，这是毫无疑义的。但怎样指导这个运动呢？工人阶级先进革命分子组成革命的政党——共产党。职工运动与无产阶级一般的政治斗争有何种关系？甚么是无产阶级政党及其与职工会的关系如何？正确回复这些问题，对于列宁主义的职工运动理论，便思过半矣。

甚么是无产阶级之革命的政党？列宁以为无产阶级之革命的政党，只是无产阶级的一部分。在资本主义制度底下，大多数工人组成的革命政党是无存在之可能的。只有最活动的、最觉悟的、最勇敢的工人才加入革命政党。革命政党虽然只是工人阶级一部分，却代表整个工人阶级。革命政党的利益和工人阶级的利益初无二致。革命政党不放弃职工会的斗争，不过把这种斗争看成是为整个工人阶级的利益。革命政党所区别于其余工人群众的，在乎"革命政党着眼整个工人阶级的整个历史进程，在这个进程的每个转弯点，努力拥护工人的利益，这种利益不是某部分的，不是某职业的，而是全阶级的。"总而言之，革命政党是工人阶级的头脑、前锋、总司令部。只有这个总司令部成立才能保证无产阶级在阶级斗争中取得胜利。

譬如军队的组织：总司令部与各兵士有很密切的、良好的联络，这一军队才能获胜；所以在阶级斗争中，广大的工人群众与其革命政党的关系，职工会与革命政党的关系，是异常重要的问题。前面已说过，革命政党不仅指导工人的政治斗争，兼要指导工人的经济斗争；这样，根本上才能保证职工会政策不至于违背工人阶级的共同利益。但革命政党如何指导工人的经济斗争呢？这必须经过职工会。故列宁以为革命政党和职工会中的密切关系有很重大的意义。

关于革命政党与职工会的关系，关于职工会应该受革命政党指导的理由，列宁替一九二一年俄国共产党第十次大会起草的议决案中，说得极为透彻："马克思主义的教训——这个教训不仅形式上被共产国际第二次大会（一九二〇年）对于无产阶级革命政党作用之议决案所接受了，而且实际上也被我们的革命的一切经验所证实——告诉我们说，只有工人阶级政党，即共产党，是能够团结、教育、组织无产阶级的和劳动群众的前锋，使群众能避免那些小资产阶级性的流毒，以及各种职业的偏[褊]狭的成见，而综合无产阶级各方面的运动，换言之，即指导一切劳动群众。"革命政党指导职工会的这种主张，在苏维埃共和国现在每个做职工运动的人都承认了。但十月革命以前只有波尔札维克党人这样主张，而持论非难这种主张的人，却时时刻刻都有。现在列宁的主张贯彻了，但其历来与各方面攻击论调奋斗之经过也值得我们研究。

只要研究列宁主义形成和发展的过程，我们就明显地发现列宁主义的职工运动理论历来与其他错误的和危险的观点经过了好几场的恶斗。这种斗争一部分是关于俄国的运动，一部分则扩大到国际的范围，一部分是已告终结的，一部分则还是目前争论的焦点。

最初是反对经济派的斗争。列宁初期的名著《俄国社会民主党人的责任》（一八九七年）一本小册子，及《怎么办》（一九〇二年）一书的第三篇，《工联主义的政策和社会民主党的政策》，就是为攻击经济派而作的。俄国工人运动发展到那时（十九世纪与二十世纪之交）已成社会上一大势力：职工会先后组织起来，而且有工人政党"俄罗斯社会民主工党"出现。蓬蓬勃勃的工人运动遂引起了一部分小资产阶级分子的参加，这班人于"俄罗斯社会民主工党"成立之时，在党中代表一派倾向，即所谓经济主义的倾向，是后来孟雪维克主义的祖宗。经济派当时的主要人物是现在的白党，侨居国外不能回俄的勃罗谷卜维奇（Prokopovitch）和顾士谷瓦（Kouskova）。他们当时都是社会民主工党党员哩！这一派以为工人除了狭义的经济问题之外，不应该多管其余的问题。其余的问题与工人了无相干，即告诉工人，工人也不懂得。我们只能够对他们谈说那些关于工人切身利害的问题，换言之即只谈得上工人的经济要求。这种倾向甚至于否认打倒俄皇专制之必要：他们以为这个，是工人不能懂得的。根据这种观念，于是他们成立一种"为五个戈比斗争"的反政治理论，禁止工人做政治运动，否认有组织独立的工人政党之必要。勃罗谷卜维奇和顾士谷瓦二人告诉列宁和蒲列哈诺夫说："我们才真正是工人的良友。你们主张打倒俄皇专制，做革命的政治斗争，可是这并不是工人的事。你们的行为是自由派资产阶级的行为。我们才是工人的真正良友，我们告诉工人说：俄皇专制与工人绝不相干，工人分内的事只是如何增加工资，如何缩短工时等等问题。"

这个倾向表示甚么？这个倾向乃表示做工人运动的小资产阶级智识分子完全不明了工人阶级的作用。但在这初兴的俄国工人运动里，这种说话投合工人原始的心理，工人很容易动听。有一些工人团体拥护勃罗谷卜维奇和顾士谷瓦的主张，彼得堡有势力的秘密报，《工人思想》，亦是拥护者之一，因此经济主义在俄国九十年代下半期，特别是自一八九八年到一九〇一年，于工人运动中引起巨大的危机。那时如果列宁和蒲列哈诺夫不起来攻击这一种倾向，谁又知道俄国工人运动牵引进了经济主义的道路——机会主义的道路，要若干年后才得翻身呢？

蒲列哈诺夫和列宁先后攻击经济主义，但列宁的攻击比较蒲列哈诺夫的，尤为中肯，尤有系统。蒲列哈诺夫只限于说：谁只指导工人做一点一滴的经济要求，谁禁止工人做政治运动，谁就不是工人的首领。列宁却不限于这样的攻击，他当时在流放中著成一本有名的小册子《俄国社会民主党人的责任》，十分具体地提出无产阶级霸权问题，从各方面向经济派作战。列宁以为马克思主义者绝不主张忽略工人的工资和工时，我们自然要增高工人工资、缩短工人工时、改善工人生活条件，但我们所要的决不是如斯而已。我们要工人来管理国家，变成国家的主人翁和指导者。因此绝没有一个问题，和工人了无相干。特别是推翻俄皇制度这一个问题，尤与工人有切身利害关系。我们主张无产阶级霸权而反对陷工人囿于琐碎的经济要求。列宁随后又著成《怎么办》一书，给经济主义以致命的打击。列宁认定纯粹的经济斗争是工人运动还未到觉悟状态的思潮，他在这本书中说："原始状态的工人运动就是工联主义（Trade-union isme），工联主义正是资产阶级束缚工人思想之表现。所以我们的责任，社会民主党人的责任，乃在反对这个原始状态，乃在领导工人运动，使之脱离这个工联主义的原始倾向，而就社会民主党的轨[规]范。"西欧资产阶级仇视社会主义因而利用工联主义，告诉工人说：只有经济的斗争才是为自己、为子孙的斗争，而不是靠甚么社会主义，替未来人类争幸福"。

因此我们知道：如果经济的斗争不与无产阶级的政治斗争联络起来，职工会必将受资产阶级政策所支配。其实工人的政治斗争和经济斗争是分不开的。资产阶级从来未曾把经济从政治分离出来。资产阶级只知道有了资本主义国家便可满足自己的经济需要。列宁说："最实际的、最'决死'的阶级利益，只有根本的政治改革才能满足，这是指一般而言；特别地说，无产阶级的经济利益必须用政治革命手段，必须无产阶级专政代替了资产阶级专政，然后才能满足。""勃罗谷卜维奇……领导工人运动走上资产阶级工联主义的道路。""社会主义运动更幼稚的国家，更应该有力地攻击这些违反社会主义的思想，更应该坚决地领导工人使之离开这班反对'觉悟分子张大其辞'的顾问。"

经济主义这样受了革命分子的打击，到一九○二年已沈[沉]寂下去了。

其次是反对职工会中立论的斗争。孟雪维克党人主张职工运动在政治斗争中是"中立的"、"无党的"、"独立的"，政治问题让政党去解决，职工会只能做经济斗争。一九○六年，"俄罗斯社会民主工党"在瑞典京城斯德哥尔摩开联合大会，波尔札维克党人请大会决议：（一）党的所有组织应该帮助无党籍的职工会之成立并督促属于此种职业的党员加入这些职工会；（二）党应该用种种方法去教育职工会会员，使之了解无产阶级的阶级斗争及其社会主义的任务，应该用自己的活动实际上获得这些职工会的指导权，并应该使这些职工会在某种条件下能够直接附属于党而同时又不淘汰无党籍的会员。这次大会上是孟雪维克党人占多数的，他们拒绝这样的决议，而另成立一个议决案，与波尔札维克党人观点所不同的，就在这个孟雪维克的决议案删除了党实际上获得职工会指导权这一点。到了一九○七年伦敦大会时，会场空气已有变化，除孟雪维克党人抗议外，大会没有其他辩论即通过底下的议决案，提醒党对职工会的指导权："大会于承认联合大会对于职工会工作的议决案外，再提醒党的组织及在职工会做工的同志，注意社会民主党人在职工会工作的根本责任之一：便是使职工会承认社会民主党有思想指导权，并促成社会民主党与职工会组织上的联络之设立。"自此以后，波尔札维克党人反对职工会中立论的斗争更扩大到国际范围。同年第二国际在斯徒嘉德（Stuttgart）开大会也通过一个议决案，说明政党与职工会之密切关系及巩固这种关系之必要。这个议决案起草时得波尔札维克代表积极的参加，列宁以为这是革命派对于机会主义派之胜利。但第二国际这个议决案，在俄国却未曾发生过何种效果，政府反动潮流增长及孟雪维克党人在职工会之把持，使这个议决案不能见诸实行。一直到一九一七年，波尔札维党人关于职工运动的理论和实际才得到胜利。

但职工会中立论在国际职工运动中现在仍有势力。这种理论表示甚么呢？我们知道改良主义首领们虽然否认职工会的一切政治行动，但他们所否认的实际上只是革命的政治行动，因为他们既然断绝职工会与无产阶级政党的联络，实际上既不啻令职工会执行资产阶级的政策，削夺革命势力、巩固资本主义制度。"中立""无党""独立"等好听名词其实是"赞助""党同""依附"资产阶级的政策。改良主义首领们在战前帝国主义剥削殖民地以自肥兼以收买工人贵族的时代，自然发生一种幻想，以为无产阶级在资本主义底下可以过人的生活，殊不知他们即因这个幻想而忘记了马克思的教训。马克思分明告诉我们：私有财产还在资产阶级手中，又有国家为其护符的时候，工人阶级是不能根本改善自己地位的；资本主义存在一日，工人群众的贫困、剥削和压迫即增加一分；因此，经济斗争是不能和工人阶级反对资本主义全体的一般政治革命斗争分开的。职工会中立论是改良主义幻想之表现。列宁一开始即坚决地攻击这种改良主义的理论。

列宁根据马克思学说的真精神教训我们说：在阶级斗争中是无中立可言的，譬如在资本主义社会里，我们绝不能不参加生产品或劳力之交换。列宁认定主张职工会中立论的人都是"资产阶级派往工人运动中去的侦探"，西欧职工会的改良派首领，如康比尔斯（Compers）、亨得孙（Henderson）、朱奥（Touhanx）等人都是帝国主义豢养的走狗。列宁教训共产党人须坚决地攻击这班职工会的改良主义首领，为获得职工会的群众。

其三是反对放弃反动职工会的斗争。前面所说的二种斗争是反对右派机会主义倾向的斗争，这一个斗争则是反对"极左派"的斗争，共产主义左派幼稚病对症发药的医治。反对职工会中立论的斗争胜利之后，俄国已经有一部分波尔札维克党人，被称为"撤回派"的，主张党停止职工会的工作，以为现在的职工会已为孟雪维克党人所把持了。及帝国主义大战发生，机会主义幻想打破使职工运动左倾之时，西欧共产党人于是纷纷鼓励革命的群众，脱离改良派亚姆斯德丹国际的职工会，故意使现有的职工会分裂而另组织新的赤色的职工会。此种倾向是很危险的。列宁的名著《共产主义左派幼稚病》一书最大的功绩，即在能给此种倾向以严重的打击而挽回国际职工运动之危机。"极左派"的共产党人以为现有的职工会不仅首领是改良派，群众也是富于反动性的。列宁答复他们说：我们不应该恐怕群众的"反动性"，我们的口号是"务必在有群众的地方工作"。

"当无产阶级阶级组织发展至最高形式——无产阶级政党（首领如果不能与全阶级全群众作巩固的联络，则不能僭用无产阶级政党的名称）——之时，职工会必然要表现些反动性、一些职业的偏[褊]狭、一些反政治的倾向、一些迟纯[钝]……可是，职工会这条道路，除了职工会与工人政党联络之外，无产阶级再没有别的方法可以发展……

职工会的此种'反动性'，即在无产阶级专政底下亦不能免。不明了这个，就是完全不明了资本主义过渡到社会主义的根本条件。惧怕这个'反动性'，企图跨过这个'反动性'，跳过这个'反动性'，乃是其蠢无比的思想，因为这样即等于惧怕无产阶级前锋所担负的教育、锻链[练]、训诲、领导工农群众最落后的一部分到新生活去。他方面，延长无产阶级专政实现时日，先令工人一切职业上的偏[褊]狭消灭，先令工人破除行会习惯的和工联主义的成见，这尤其是更深刻的错误。政策上的艺术（及共产主义者对自己任务之正确的认识）在乎精密地计算条件和时机，预备无产阶级前锋能够有把握取得政权，夺取政权之际及取得政权以后，能够得工人阶级和非无产阶级劳动群众广大部分之充分的赞助，随后又能够于教育、训练、领导广大劳动群众之中，维持巩固扩大自己的统治。

"在比较俄国更先进的国家中，职工会的一些反动性无疑地较甚于俄国，俄国孟雪维克党人所以取得职工会的赞助（现在他们还有一部分势力在很少数的职工会里头），乃全靠在行会的偏[褊]狭职业上的自利主义和个人主义上头。西欧孟雪维克党人愈加巩固地把持职工会,所以西欧产出比俄国更强有力的职业性的、偏狭的、自利的、腐败的、贪心的、供帝国主义指使的、被帝国主义收买、受帝国主义贿赂的'工人贵族'。这是谁都承认的。在西欧做反对康比尔斯、朱奥、亨得孙、墨尔欣(Merrhein)、列更(Leghien)一班人的斗争,比较在俄国做反孟雪堆克党人的斗争更加困难,他们完全代表同性质的社会的和政治的形式。这种斗争应该不顾惜地和不可缺地做去,一直到像我们在俄国完全打倒和驱逐职工会中所有不可救药的机会主义首领和社会爱国主义首领一样。

"可是反对'工人贵族'的斗争,我们是用工人群众名义,为拉拢工人群众到我们一边才去做的;攻击机会主义首领和社会爱国主义首领,我们为的是拉拢工人阶级到我们一边来。除非是蠢才,才会忘记这个最初步的最明显的真理。'左派的'德国共产党人却正做这蠢才的勾当;他们因职工会上层的反动性和反革命性进而推论出应该退出职工会,应该放弃职工会工作,应该创立新的、发明的工人组织形式。这种不可宽恕的蠢才勾当,乃是共产党人替资产阶级的良好的服务。……不在反动的职工会中工作,这就等于放置不发展的或落后的工人群众在反动首领、资产阶级侦探、工人贵族或'资产阶级化的工人'的影响之下。(《共产主义左派幼稚病》)

列宁这样对'极左派'的共产党人指出他们放弃反动职工会之错误以后,又于其起草的第三国际第二次大会告法国社会党员,告觉悟工人宣言中,积极地申言:

我们反对革命者和共产党人退出群众的职工会,即许不幸这些职工会跟着列更和朱奥走去,我们也要留着。

革命者和共产党人应该到有群众的地方去。俄国共产党人有很长久的时间在职工会中占少数。俄国共产党人懂得在最落后的,甚至反动的工人团体中为自己的观念奋斗。"

列宁以"不是分裂职工会,而是获得群众"口号抵制这种'极左派'倾向,接着第三国际根据列宁这个观念,确定职工运动的策略,到现在,统一职工运动已成国际上必然的趋势了。列宁在这一斗争中,是国际真正革命派职工运动之指导者。列宁在国际职工运动中的作用是很重大的,他的功绩将永远不会磨灭。

一九二一年七月,各国革命派职工会开联合会议于莫斯科,成立了赤色职工国际。列宁写了一封信给大会主席团简要地这样说:"我以一切的诚意感谢他们托[托]你(按指赖可夫,此信系由赖可夫带往宣读)邀我到会。十分可惜,我因病,医生言须离开莫斯科休养一个月。

"请你代表我致意各代表并热烈地祝贺大会的成功。很难找得相当字句表示职工国际大会之重要。以共产主义思想获得职工会会员,到处都有不容阻挠的进行。战胜千万障碍,进行自然是不规则的、不等速的,但总是不容阻挠地向前进行。职工会的国际会议加速这个运动。共产主义思想在职工会取得胜利。世上没有一种势力足以阻止资本主义之崩溃及工人阶级对于资产阶级之胜利。

"请接受热烈的敬礼和共产主义必然胜利的信心!列宁。"

最后,研究列宁在无产阶级专政底下俄国职工运动中的作用,也是我们研究列宁主义的职工运动理论所必不可少的。

俄罗斯革命给国际职工运动以一重大的影响,具体说来即俄国职工运动之产生、形成和发展。这并不是说革命前俄国没有职工运动;上头说过职工会与无产阶级政党关系问题而且在俄国发生过热烈的争论。不过革命前俄国职工会本身没有重要的作用,对于国际职工运动的影响尤其微小。俄国职工会发生于一九〇五年,发展于一九〇六年,随后即被反动势力扑灭了;到一九一二——一九一三年工人运动怒潮涌起时又恢复起来,但不久大战发生,旧式职工运动于是乎终结。革命中俄国发生的职工运动开辟一新纪元,其性质和意义完全与从前不同。罗作夫斯基区分工联主义、无政府工团主义、社会民主主义为旧式职工运动之三种形式,革命后俄国新兴的职工运动即为新的、第四种的形式。革命后俄国的职工运动是革命派的职工运动,也可说是共产主义的、列宁主义的职工运动。这种运动虽然初在俄国发展,但将随十月革命影响而扩大到全世界。

在无产阶级专政底下职工会自然另有一种任务。历史起了巨大变化,无产阶级取得政权,于是职工运动的任务自然和在资产阶级国家内的不同。在资产阶级国家内,职工会是同一产业工人的结合,从改良日常生活条件的斗争中养成工人群众的阶级觉悟而为推翻资本主义制度的利器;到无产阶级已经取得政权之后,职工会的任务便自然不同了。在无产阶级专政底下职工会的任务是在建设新社会。从资本主义过渡到社会主义,无产阶级专政是不能免的,但组织下层广大的群众非职工会不为功;无产阶级前锋实行无产阶级专政,职工会则联络这个前锋于后方的群众;没有职工会,无产阶级必至动摇而不能巩固。

他方面,列宁又说明职工会是经济上的组织者,是政权的"后备军",经过战争、革命、内乱之后,国内经济组织破坏不堪,此时职工会的任务是组织指导机关,管理国有的种种企业,而国家机关内办事的、指导的人材又必须从自己阶级里边养成出来,训链[练]这个"后备军"职工会亦是责无旁贷的。有这种种新的要求,加以帮助各国无产阶级的阶级斗争,所以职工会在无产阶级专政底下的任务比较在资产阶级国家的,更为复杂,更为繁重,因此职工会组织上和活动范围亦须改变,务求适合于这些新的任务。在资产阶级社会里,经过几十年,甚至几百年文化发展之后,加入职工会的工人往往最多亦不过占雇佣工人全体五分之一;在无产阶级专政底下就不同了,职工会开始国家的、经济的新建设,有可能而且必须扩大会员的数量,企图组织一切劳动者到职工会里头。教育、训练这些觉悟程度或能力不齐的工人,使之为经济的组织者,使之为国家的管理者、指导者,这就是职工会迫切的任务。所以,职工会为共产主义学校这一个意义在无产阶级专政底下比较在资产阶级国家中尤为重要。职工会的这个共产主义学校的作用在资产阶级国家内,只是教育、训练工人如何做反对资本家的斗争,甚至如何推翻资本主义,在无产阶级专政底下则是教育、训练工人使之能够管理国家、指导经济组织。

在一九二〇年党内有名的职工会问题的辩论中及新经济政策实施后职工运动策略之修正,列宁都很积极地参加,他的观点终于俱得胜利。俄国职工运动完全在列宁指导之下产生、发展起来,现在俄国职工运动的理论和实际完全建筑在列宁主义上面,而且能以其影响扩大到国际的职工运动。

列宁主义的职工运动自然是以马克思学说为根据的。但第一，列宁发展了这个学说，攻击附会马克思主义的改良派；第二，列宁应用这个学说在新的条件上头，为马克思当时所无的而且也不能够有的。无产阶级专政底下俄国职工运动的经验在国际职工运动历史上开一新纪元。

列宁逝世之日到今已过去一週年了。共产国际第五次大会和赤色职工国际第三次大会于列宁逝世之后，确定了自己的职工运动策略；这一年来各国共产党和赤色职工会执行列宁的遗训愈加热烈地攻击机会主义首领，同时又不放弃职工会的群众。职工会统一运动之进步，亚姆斯德丹国际之左倾，英国工联与俄国职工会的联络合作，就是列宁主义国际胜利之朕[征]兆。资本家阶级应如何的发抖啊！

在职工运动正处幼稚、半觉悟、甚至完全原始状态的中国无产阶级前面，列宁主义的职工运动理论是对症的药。俄国和国际职工运动过去的经验，对于我们是很可宝贵的。有了列宁主义做我们的武器；我们虽不敢希望中国职工运动的发展完全免除了俄国和国际过去的错误，但我们敢断定这些错误至少要减少一大部分。

(《新青年》不定期刊第一号，1925年4月22日，署名 郑超麟)

45.《列宁与农民》(《新青年》不定期刊第一号，4月22日)

《新青年》不定期刊第一号刊登谢文锦的《列宁与农民》，全文如下：

我在此处有几句话是要先向读者声明的：就是在一篇很短的文章里头，要将这个题目详详细细地发挥出来，自然是一件很难的事情，所以我只将其中重要的数点介绍于读者。不过我对于这个问题也研究很浅，故自己虽已觉尽力之所及，从事搜集，但遗漏和错误，恐亦难免，读者如能加以补充或指正，实不胜感激之至！

俄罗斯的多数派，在一九一七年所以能够集合这样伟大的力量，得到最后的胜利，他的政权又一天巩固一天，其原因不但在于他的奋斗目的很对，他的奋斗方法能适应环境及多数派的先锋队，能和工人阶级有很密切的关系，而且在于他同时又能够注意到农民的心理和利益，和农民联合起来共同去奋斗。这就是多数派的首领、全世界被压迫民族的解放者、无产阶级的指导者列宁同志指示给工人农民群众的一条很正大的道路。他在历史上的大功绩，一部分也就在乎此。

那时——二十世纪之初——西欧的社会民主党，大都是很藐视这个农民问题，至于那些机会主义者，是只想利用农民，以期选举的胜利。他们以为工人和农民的利益和目的总是相矛盾的，所以农民是将来工人阶级革命进行中阻碍者。那位赫赫有名的考茨基，对于这个问题，也只尝试乡村贫农的意见，俄国马克思主义的始祖蒲列哈诺夫，对于攻击民粹派以为只从事于农民运动，就可以实现社会主义国家的妄想，曾有很大的功劳，对于俄国无产阶级革命的实际问题，也有深切的研究，但是他对于无产阶级和农民联合的问题，就没有注意，也没有了解。这个问题，到了现在，因已有列宁同志的指示，又有许多历史上的事实证明，所以自然没有什么疑问，不过在二十多年以前，就能够澈[彻]底了解这个问题，并很明白地指出工人和农民的联合道路来，除了列宁同志，实没有第二个人了。

腊狄克说："列宁对于农民问题是开历史上无产阶级革命的新纪元。"真非过言！

列宁同志于一八九三年就很激烈地攻击民粹派的错误——他们说："俄国资本主义是不会发展的"，"俄国没有资产阶级和工人阶级"，"俄国将来的革命只有希望于农民"等，——他于监狱及流放中——一八九五年十二月入狱，一八九七年二月被放于西比利亚，一九〇〇年始得自由——曾作了最有名的一本《俄罗斯资本主义的发展》——《列宁文集》第三卷，——他在这本书里头，用许多的数字和事实来证明俄罗斯资本主义怎样发展，农民怎样破产等，在许多地方又常表示俄国工人和农民除革命外，实无他路。自然他在这种环境之中没有很明显的写出来，但是我们精细读之，字里行间，实有这种意思表现。一九〇一年四月，他在《火星报》上发表了一篇《工人的政党和农民》。这篇文章开首是描写俄国的农民在一八六一年二月俄皇政府颁布"解放农奴令"以后的苦痛生活状况，他继续就注意这些问题：在什么地方可以找出一条路？用什么方法才能改善一部分农民的状况？于是他即很明了地对农民说："农民要想从资本的压迫底下解放出来，只有倾向于工人运动，共同为建设社会主义的制度没收土地及其他生产机关——工厂、矿山、铁路等——归于公有而奋斗。"他又时常说："俄国将来的革命，工人是居首领、指导者的地位，是最前列的军队，若没有多数农民的帮助，他们还是不能达到目的，所以我们应对农民说明：共产主义怎样的比较只占一块小土地好些，共产主义是保证人类的发展，提高人类的生活。"这就是列宁同志在二十多年以前所指示出来的一条很正大的道路——工人和农民联合起来去奋斗。

俄罗斯社会民主工党第二次大会时——俄罗斯社会民主工党于一九〇三年在伦敦开第二次大会，当时因组织问题和党员资格问题的争论，逐分为多数派和少数派，多数派于一九一八年的第七次大会又改名为俄罗斯共产党——曾采纳一九〇二年列宁同志所定的农民政策，是为该党第一个农民政策。其中最重要的一点，就是反对土地赎取法，即农民须付给地价以赎取土地，而采用土地没收法，即直接没收地主等的土地。

一九〇三年三月，他又作一本小册子，叫做《告乡村的贫农》。他这本小册子是用很浅显的文字，说明农民在资本主义发展的过程中，一定逐渐地破产而去做富农和地主的奴隶，或到工厂里去做工厂主的牛马，所以乡村的贫农要救拔自己，就只有和城市的工人联合起来，共同去行动。他又以为：只将所没收来的土地，平均地分配于农民，还不是一个彻底的办法，因农民只有土地而无耕种土地的资本，则土地势必又逐渐地为富农或地主所吸收。

一九〇五年三月，列宁在《前进报》上作了一篇《无产阶级和农民》。他说："农民的革命运动已经开始了，各省俱听到农民焚毁地主的房屋和没收地主的谷类及家畜的消息。俄皇的军队在满洲被日本打败后，就只想对于无枪的国民来复仇，派遣军队以攻击国内的敌人——城市的工人和乡村的贫农。城市的工人运动已于革命的农民中得到新同盟者。无产阶级有觉悟的先锋队,社会民主党,对于农民运动是有直接的实际意义,他于自己党的组织内和宣传者煽动者去进行时俱须注意到这个问题……要解决这个问题只有一条路:和贫农联合起来共同去反对农奴制度和地主,和城市的无产阶级联合起来去反对富农和其他的资产阶级——这就是乡村无产阶级的轨道。"他继续着又说:"俄罗斯社会民主工党是有觉悟的无产阶级的政党,他是竭力要将全体的劳动者从一切剥削底下解放出来,帮助一切的革命运动以反对现时的社会制度和政治组织,所以俄罗斯的社会民主工党是积极的维持现时的农民运动,用有力量的革命方法以改良农民的生活,且不以夺取地主的土地为终止的目的。俄罗斯社会民主工党既然是无产阶级的政党,所以他就须坚决的去组织乡村无产阶级的独立团体。并且时常对乡村的无产阶级说明他们和富农之间的利益矛盾性,他们只有和城市的无产阶级联合起来去奋斗,反对一切的资产阶级,才能得到真正将乡村的贫农群众从穷困和剥削中解放出来的社会主义革命。这是在农民中煽动实际的口号,也就是最能够增加农民在运动中的觉悟力。俄罗斯社会民主工党为各方面维持一切的民主革命,所以即刻要组织革命的农民委员会。俄罗斯社会民主工党为维持农民的民主革命的进行及保护乡村无产阶级和富农奋斗的实在利益,所以在农民委员会之中还须组织乡村无产阶级的独立团体。"三月三十日,他又于《前进报》作了一篇《无产阶级和农民的革命民主主义的专政》。这篇文章最后的一句就是说:"我们从俄罗斯的政治革命来演欧洲社会主义革命的第一幕。"果然,经过了十二年半——一九一七年十月——这句话遂见诸事实。

一九○五年的革命风潮不可谓不高,工人在莫斯科及其他城市俱有武装的暴动,农民在各处乡村中也有很激烈的暴动,但是终为俄皇政府镇压下去,这就是因为那时的工人和农民还是散漫的,没有共同组织的,也就是因为他们还没有照列宁所指示出来可以推翻俄皇政府及地主和资本家权力的唯一的道路好好地联合起来共同去奋斗!

一九○六年四月,多数派——列宁派——因为时势所迫,乃和少数派开联合大会于瑞典的首都斯德哥尔摩。列宁曾提出一个农民政策,其重要的几点就是:(一)没收一切教堂,俄皇、贵族和地主的土地。(二)在国民立法大会未规定新的土地制度以前,应设立农民委员会,以没收地主的土地和消灭地主的权力。(三)在一定的政治条件之下,应废除土地私有权,将土地交给全体人民。(四)应该设立乡村无产阶级的独立团体,——这就是叫农民对于地主须取直接的革命行动,消灭地主的土地占有权,夺取地主的土地,毁坏旧的权力而建设新的革命力量所在的农民委员会。这些口号对于无产阶级和农民俱很有利益的。农业的革命和政治的改革有很密切的关系,农民若没有实在民主的政治组织和自己来组织政府及警察,他们还是不能保守所夺得的土地。农民除了夺取土地以外,还须按照这条奋斗的大路前进以完成政治的改革,若没有新的政治胜利,必不能够夺取和保持其土地。农民没收地主的土地以后,为要开辟建设社会主义的道路和预防资产阶级的反革命运动起见,就须还要消灭土地私有权。但是少数派的马思乐夫等反对之,蒲列哈诺夫也作部分的反对,且少数派当时曾占多数——因一九○五年十月的武装暴动失败以后,多数派的执行委员会和受多数派所指挥的工人组织多被解散,党员多被逮捕,所以那时有表权的到会代表,少数派占六十二人，多数派占四十二人——所以竟否决列宁的意见。不过各处的革命进行，还是不服从少数派的中央执行委员会而听从多数派列宁格勒的委员会的指挥。

后来俄皇政府乃采纳内阁总理斯托柳宾的意见，实行新的土地改良法。但他这种只有使地主和富农得到利益，而劳动的农民群众就没有福气享他的好处，他对于中央俄罗斯有革命性的小农的政策，就是于西比利亚和土耳其斯坦等处收集许多好的土地，定了优待的条件，以奖励他们移住。列宁当时就说：这种方法不但不能改善农民的状况，而是使他的生活日趋于恶劣。"他又说："在俄国农民的面前只有两条路：保留许多地主的经济，使他逐渐地变成资本主义的经济或用革命的方法以破坏地主的土地占有权。"斯托柳宾是极力要使俄国向第一条路走，保护地主的经济使不至于消灭。而列宁为农民群众的利益计，所以竭力主张破坏他。他说："我们应反对地主形式的资产阶级进化而赞成农民形式的资产阶级进化。"他对于移民的意见，以为移民法，还是不能够解决农民问题，只有混乱那边的租税法和惹起其他民族的仇恨心。他又说："若只于欧俄和地主的遗迹上而行改良，那就是使俄国的农民增加地主和专制政府的压迫。"

一九一四年俄国和德国开战后，农民问题就沈[沉]寂下去了，没有照原定的计划进行了，一切社会运动俱陷于很困难的地位，大部分的社会主义者，俱染了"保护祖国"的爱国毒，完全忘记了本阶级的利益，而愿意牺牲一切以保护本国的资产阶级。法德大部分的社会民主党及俄国的少数派和社会革命党，统统是向着这条路跑的。独列宁极力反对这次的战争，告诉劳动群众，须立时起来，将各国间的战争变成各国内部的战争，劳动者和剥削者的战争，即所谓"以战争反对战争"。他曾说："这次各帝国主义者强盗式的战争，欧洲的人民一定蒙着很大的损失，也就是资本主义破产和社会主义的革命即要爆发的时期。"不久，在专制的俄罗斯，因为食粮的不足和战场上的失败，遂发生了二月的革命。

一九一七年二月革命爆发的时候，列宁还在国外，四月三日晚上才回到列宁格勒，次日即在多数派大会上演说，他的题目，就是"革命的无产阶级的责任"。其中有说："我们应该从第一步——政权在资产阶级手内——来走第二步——无产阶级和贫农应该夺取政权。……没收地主的土地，并没收一切的土地交给贫农和农民代表的苏维埃管理，且于各大产业之中而建设公众的大经济。"他的意思，以为如此，则一方面农民有了组织，就可以免去内部的纷乱；他方面就可以消灭地主的经济势力，免得他们有所凭依。五月二十二日，他在列宁格勒旦夫利欠斯基王宫内所开的全俄农民代表——实在其中以地主富农及商人占多数——大会上，用很简单很明了的口号来表明多数派的政策和革命的目的，于是一般素来被惑于少数派的谣言的农民始大大觉悟起来，群众于多数派的旗帜之下而听他指挥，各处农民的暴动——驱逐地主、占领土地等——日渐澎涨[膨胀]，但是克伦斯基的临时政府，还在那边一方面继续地制造保护私有财产的法律，而他方面则派兵去镇压农民！

十月二十六日——俄旧历——临时政府推倒之后，即公布两个很重要的命令：和平令和土地公有令，这就是列宁按照当时工农兵的需要而发的。这个土地令，就是说废止土地私有权，没收地主、皇族和教堂等的土地，在立法大会未召集以前，应交给区土地委员会及县农民代表苏维埃管理，该机关等应按照农民提出要求，斟酌执行。但列宁以为这个土地令系临时的性质，苏维埃政府应立即制定更详细的土地法，于是新的土地法乃于一九一八年二月公布。

一九一七年革命初起的时候，全体农民，俱能结合起来以反对他们共同的敌人，列宁当时就说："在现在土地尚未夺回，敌人尚未推倒的时候，所以有这种现象，到了他们得到了胜利，利益的冲突就会表示出来，那么，这种关系就不能维持下去，所以贫农及乡村的无产阶级应立即起来组织独立的团体，以保护本阶级的利益。"他又告诉城市的工厂工人说："凡是有觉悟的工人，俱不应该忘记了自己在乡村内作工的困苦的弟兄，应该帮助他们独立组织本阶级的职工会，引导为改善自己的生活状况而奋斗，为保护自己阶级的利益而奋斗。"他又说："贫农和乡村的无产阶级是苏维埃政权在乡村内的底柱。一九一八年春，依列宁的主张又创设了乡村的苏维埃经济，使一般贫农和乡村的无产阶级俱受农业专门家的指挥加入工作，以为周围农民的模范，并且还时常告诉他们，应和临近的农民发生很密切的关系。"

当土地改革法开始实行的时候，投机的富农即将较好的土地占领了去，列宁于是即建议于全俄中央执行委员会，用法律来规定组织贫农委员会。恰巧这时——一九一八年夏捷克人——白党——占据了俄国出产粮食的中心点，而投机的富农又将粮食囤积起来，故意提高价目，于是粮食大起恐慌，是时列宁为维持苏维埃政权计，为供给红军、城市的居民及贫农计，乃不得不采取军事共产制，将农民的余粮一律征收。

贫农委员会当和富农争斗终了之时，又开始和中农挑衅，那时列宁很注意此事，一九一八年秋间全俄苏维埃大会时，即议决解散贫农委员会。一九一九年三月第八次共产党大会时，又采纳列宁的意见，议决对待中农的议决案。他的提议中有说："在经济落后的俄国，乡村中的中农是有较坚固的经济基础，所以无产阶级和他们必须有长时间的协作……中农不属于剥削者，因为他们不是从他人的劳动得到利益。社会主义的国家必不可失了这个小生产阶级。……苏维埃政权不应对待他们有什么强迫的举动。否则，只有增进他们反新颖的心理，致得不好的结果。……社会主义的国家，对于农民的帮助应该竭力推广开去，最主要的即须以城市的工业品供给中农，且宜偏重于改良农村经济的工具、种子及提高乡村的文化，改良农民的生活条件。……地方苏维埃应找出可能的方法给贫农和中农以实在的助力。

俄国因为和德国战争以后，即继以□地主资产阶级的内国[国内]战争，再因为各帝国主义者的种种反苏维埃运动，致使国内的战争又特别地延长下去，所以农村经济，完全破产，同时农民因为他们所收获的粮食，除出自己所需要的以外，俱须交给国家，而国家那时又因工业的大破坏，已无能力将工业品供给农民，以交换其农业品，农民于是又不愿意多余耕种，故一九二〇年遂发生了大恐慌；是时白党又乘机煽惑，农民暴动的消息于是时有所闻。一九二一年三月第十次共产党大会，乃采纳列宁的提案，议决废止食粮征收法——又名食粮均配法——而采用食粮纳税法。于是农民所收获的食粮，除了一小部分的租税，所剩留下的，他们就可以自由处理他，所以他们因此俱竭力去耕种土地,而工人和农民间的联合乃也因之而巩固。一九二三年四月第十二次共产党大会,又由列宁提议,通过租税划一法——此时列宁已在病中。

当食粮政策改变的时候,列宁就很注意的分析协作社的发生和发展,所以第十次共产党大会上曾同时议决组织协作社。以后又时常说:"共产党应去学习经营商业,以从事于协作社。因为协作社是和私有资本奋斗的一种最有力量的机关。"他在病中又发表了两篇关于协作社的短文,但是这两篇短文的影响实比资产阶级的学者所做的几册大厚书还要大得多。他曾说:"快去组织农村经济协作社,因为他是对于农民渡到社会主义里去的许多桥梁之中的一条。"又说:"倘若协作社——消费,农业经济及工业等——现在已经普及于全体人民,那么,我们两支[只]脚已俱踏于社会主义的基础之上了。协作社对于乡村的重要点还是在于提高农民的科学程度,若农民的科学程度不能提高,那就无论什么社会主义俱是达不到的。"他对于提高农民科学程度的问题,曾时常有注意到,所以他在病中的时候,还提出改善农村学校和农村学校教师的意见。他曾说:"国民学校的教师是可以使农民和无产阶级的联合更见巩固。"

第十二次共产党大会,曾将农民问题列于第一项,他们以为工业和农业应该使他同时发展,所以当时就有所谓"剪刀政策"。那就是提高农产品的价格而减低工业品的价格,使城市和乡村接近,使工厂和旧田野有实实在在的联络,也就是使无产阶级和农民有很密切的联合以期共同努力来建筑这条过渡到社会主义去的大桥梁。上次全俄苏维埃大会,又议决组织农村经济银行以帮助农民及改善税法以减轻农民的负担。这次大会列宁虽然没有到会,但是这些议决案,就是因为他们没有忘记了列宁所说的"我们若没有农民是无论何时俱不能达到共产主义"一句话。苏维埃政府以后的农民政策自然还是照列宁所指导的路继续的进行。

列宁不但对于俄罗斯的农民有很大的意义,就是对于全世界的农民也有极重大的意义。他于第三国际第二次大会时,曾提出一个农民政策的纲要。不过此处为篇幅所限不能将他介绍给读者,所以只好请读者自己去参看俄文本共产国际第二次大会的记录,或中文本成则人先生所译的第三国际议决案及宣言。以后他又提出一个"工人农民政府"的口号。这个口号就是号召全世界被压迫的农民和无产阶级联合起来去和他们自己的剥削者奋斗。去年所组织的国际农民苏维埃,也就是列宁预先已确定他的基础。唉!列宁死了,而列宁的伟大事业还是继续地进行,不但共产党,就是工人和农民,俱将继续他的事业为自己的自由及建设将来的共产主义社会而奋斗。

(《新青年》不定期刊第一号,1925年4月22日,署名 谢文景)

46.《列宁与青年》(《新青年》不定期刊第一号,4月22日)

《新青年》不定期刊第一号刊登任弼时的《列宁与青年》,全文如下:

列宁死了,而列宁主义永存!列宁主义是被压迫阶级求解放的武器,是全世界共产革命成功的唯一工具,是资产阶级———一切统治阶级——催命符。简言之,列宁就是替人类建设真正平等自由社会的首创者。列宁主义就是达到真正平等自由社会实现的工具。

青年是老年的替代者,是社会的建设基础。某一阶级的青年,乃为拥护本阶级的后备军,所以资产阶级对于自己的子弟恒教养以怎样维持资本主义的阶级教育,无产阶级对自己的青年子弟,亦教养以为本阶级解放的政治教育,以培养自己的新基础而达到解放的目的。各阶级利益根本不同,故各阶级均有自己不同的教育对象和教育方法及形式。

列宁在自己一生革命工作中,虽然没多的时光去参加青年工作,但是他对于青年人的作用,认识得异常明白,对于青年教育所指明的对象、形式、方法,没有再确切的了。他时常对一班青年说:

"现在年近五十的老辈,他们一世,未见得能看到真正的共产主义社会之实现,但是现在年仅十五六岁的青年,他们一定是能够目睹共产社会的而且是参加共产社会建设的一分子,不过这辈青年,应当要明白他们自己终身的责任,就是在乎这个新社会的建设!"

我们从这一小段谈话之内,就可以知道列宁对于青年的认识和希望以及他所指明出来的青年应有的责任。列宁并未尝把被压迫的青年,尤其是青年工人与工人阶级分开;他以为对于青年,总要多加原谅,特别注意加以指导和培养。他说:

"无产阶级成年人的政党,一面须指导群众作阶级斗争,同时又应教育群众,因之须处处应特别严格,然而青年组织本来是处于学习地位,他的责任,就是要从青年中给社会革命的政党预备能工作的人材,因此对于他们,须特别设法帮助其发展,对于他们所做出来的错处,总须十分忍耐的去纠正他,须让步的感化他,而绝对不应以极严格的手段去对付。"

列宁接着又说:

"有许多年长的人,往往不会对付一班青年幼辈,我们应知道,青年幼辈去接收社会主义,绝对不会像他们的父辈一样的方法、形式、条件和环境。因此,我们应当要主张青年人有组织上的独立权,这也并不是我们要表白我们不像第二国际改良派的那样害怕青年组织的独立,而是在事实上确有独立组织之必要,因为他们没有独立的组织,不能够培养很好的社会革命者,换言之就是不能够推动社会主义向前发展。"

当欧洲青年运动非常幼稚的时候,列宁与李卜克内西、卢森堡极力做宣传青年的工作,因为那时西欧军国主义异常发展的时代,列宁看见当时的社会民主党的势力极弱,又近于妥协,所以他乃主张从青年中间着手,教育青年以革命的教育,使他们仇视资本主义统治阶级和资本主义国家的军国主义,那时他在青年出版物上作了如此的文字宣传,西欧青年活动,得他的帮助不少。

当一九一四——一九一八年欧洲大战决要发生的时候,全欧人民均为战争所包围,此时列宁对于青年运动特别注意当时在瑞典、挪威、荷兰、瑞士以及其他各国的社会主义者,为消免战事,初则主张改国家常备军为民警,或是人民普通的武装,后来见武装之不免危险,大家都一味主张解除一切武装,对于这个问题,在欧战发生后二年——一九一六年，列宁做了一篇反对的论文。他说：

"我们现在尚生存在有阶级的社会，除开推翻统治阶级，实行流血的阶级斗争，是另无别途，所以我们的口号，应当是武装无产阶级、武装占领生产机关，解除资产阶级的武装。"

列宁知道帝国主义是要强迫青年去为他牺牲的，平时资产阶级是绝对禁止青年接近政治斗争，但是对于自己有利益的事业，他便拼命的武装青年，去作保护自己的牺牲品，如欧战时的德国，便征募十六岁的童兵，其他各国亦有如此之现象。列宁知道在资本主义制度之下，要讲解除武装，也是一句欺人的话，我们唯一的希望，就是怎样在军队中去作宣传，须将资产阶级的军队，变成无产阶级的武器，以反对资产阶级本身，实现无产阶级的革命。列宁又说：

"现在军国主义之发展已成为社会之普通现象，帝国主义就是互相争夺土地瓜分世界残惨恶战的主动，世界各国无论是中立国，或是弱小国家，在最近的将来，必然都会军国主义化，在这种情形之下，无产阶级应当怎样呢？如果只一味反对战争，主张解除武装，那就恐怕是极大的错误，在这种情形之下无产阶级，应当对自己的子弟说：'你快要年长成人，给你以武器，赶快去学习军事常识，这是我们无产阶级必需要的科学，叫你武装学习军事常识，并不是要你去打你的兄弟们，杀外国的工友们，好像现代的战争和反对社会主义者教你们去打仗一样，而是教你去反对本国的资本家，去抵抗一切压迫贫苦和为资本家利益的战争。我们要得到真正的自由，就纯靠自己去战胜资本家，解除资本家的武装，绝对不是和平方法可以达到目的。'"

列宁对于青年，素来不取冷淡任意的态度，但是又不故意的夸奖，并且时常劝戒[诫]过于夸奖青年的人，以为过于夸奖是有害于青年的。他说：

"我们不应当过于夸奖青年，但是有许多年老的同志，时常忘记这点重要，随意去虚伪的夸奖，这是有害于青年本身的！"

列宁知道青年的作用和责任，但是他更能指明青年人在某种环境或时代的作用和责任，俄国十月革命之后，他在俄罗斯少年共产党第三次全国大会上说：

"我们可以说现在俄国青年人目前极大的责任，就是怎样去建设共产主义社会，因为在旧式资本主义社会里长大的成年，最多能将建筑在阶级压迫上面资本主义旧制度根本推翻，或者能够勉强建立一个新社会制度的骨格[骼]，帮助无产阶级和劳动群众保持政权。建立一个基础，而靠这辈新生的青年在这个没有人与人间压迫的新条件和环境的基础上去努力建设新的共产主义社会。"

这就是指明在苏维埃联邦共和国底下，青年目前的根本责任。列宁的意思，以为青年要能尽他的责任，就纯靠自己去努力"学习共产主义"，但是列宁随着提醒青年不要把学习共产主义像资产阶级青年学习一样，仅仅明白书本和杂志上一点皮面的共产主义常识，知道几个新名词而已，而且要从共产主义奋斗中方才可以求得真正的共产主义。他说理论是从事实中产生出来的：

"当然，我们脑筋里所想要'学习共产主义'，就是要懂得那些共产主义教科书、小册子和旁的著作上的纪[记]载的学识，但是仅作如是想象，那就未免不够。倘若我们学习共产主义,就仅只要懂得那些书本上所记载的,那么就容易变成共产主义的一知半解者,这倒对于我们有莫大的损害,因为这样由书本上研究主义的人们,他们不会将所得的智识联贯起来去应用于事实,这非共产主义所真正需要的。

"从旧式资本主义社会遗留给我们一个最不好而最可怜的病根,就是书本与实际生活隔离,因为我们知道书本上,多半是纪[记]载一些不可靠的东西,因此仅从书本上去了解共产主义,这是一种极大的错误。……没有实际工作和奋斗,从共产主义书籍中所有的书本智识,也是等于没有多大的价值,因为也是像资本主义旧社会理论与实际隔离的书本一样没有分别。"

列宁这段话就是警戒一班青年,不要纯靠从书本上学院主义式图书馆内闭门研究理论。凡是一种理论和科学总要能适合于社会上的需要,我们研究一种理论或科学如果不能有益于社会,这是等于不认识个人与社会的关系,而有碍人类社会之发展。同时要明白,理论与科学并不是从脑筋造起来的,而是由于时间空间经过许久所得来经验的结晶体,所以我们要求适用的智识和科学就须要注意日常生活,从日常奋斗中去寻求。这是唯物论者的观点,亦即列宁所具体揭破资产阶级黑暗教育,指导青年的科学研究方法,以期人类社会能迅速发展的要道。

资产阶级为求保持资本主义制度之永存,不独教化自己的子弟,使他去继续维持将来的政权和旧制度,并且想许多教育方法,使一班非资产阶级的青年也能作他永久的奴隶,不致反抗自己,故资产阶级的学校和教育之本质,均是建筑在自身利益的奴隶教育上面,而美其名曰"爱惜平民""普及教育",以遮饰一班不识之徒,其实平民受了这种教化变成了资产阶级的永世奴隶犹不觉。列宁对于资产阶级所设学校有以下之批评。

"……旧式学校(指资产阶级的)时常表白自己是造就人材、培养科学智识的机关。然我们知道这是一种骗人的话,因为旧式社会是建筑在有阶级——被压迫级阶和压迫阶级——的基础上的,所以一切旧式学校当然是根据于阶级利益和精神的,所给的智识,仅有利于资产阶级和他的子孙,因为每种教材都是依着他的利益而编定的。"

"在这些学校受教育的青年工农子弟,也不过是为了资产阶级的利益,资本家要教育他们无非是培养一班很驯服的奴仆,使他们能善于工作多出利润,同时不致[至]于反抗自己……。"

这种批评是很值得我们注意的,资本主义垄断思想确是一种可怕的现象,他们不仅垄断本国内的青年思想,并常常到国外去作垄断思想的事业以为帝国主义侵略的先锋,中国教会学校,即为美国侵略中国之表现。

但是我们要明白,某种新社会和制度之产生,并不是与一切旧有社会和制度毫没有继承关系突然创造出来的,而是从旧社会和旧制度化身的结果。所以我们对于旧制度虽然根本反对,然而对于旧社会所遗留的科学和文化,也有可采用地方,因为那些科学与文化是一种人类历史产物,我们要革新旧的设施必须根据旧有的产物而加以去取的选择。列宁又告诉我们说:

"无产阶级的科学和文化,并不是从天上突然掉下来的,也不是那些自称无产阶级科学和文学专家脑袋里乱想出来的,而是由资本主义压迫社会之下,人类所集储的智识有系统发展出来的结果。【"】

"我们时常听到有许多青年或是新教育家,毁谤旧式学校,说他是一种废物……我们就对他们说:我们应当择其善者而取之——共产主义者应当要收罗人类所创造的智识,方才能够考察整个社会统体。我们收[搜]罗在脑袋里,而〈并〉且要取他来分析批评,去掉不需要的成分而使自己有丰富实际的智识,这才可以算一个真有学问的人。

"倘若一个人要研究一种主义,而仅利用那些陈语套话,而不加以详细思索考虑,不溯源寻根,也不加以批评,那么这个研究主义的人就未免太含糊了,这种只顾外面的人,终久是要失败的,我们平常总要有这种态度和精神:倘若我知道,则总要觉得还不足,必需更近一层求其能多得,如若有人说他是一个某某主义者,用不着再加研究,这样的人将来是没有用处的!"

我想这几段话正合现在中国一班浪漫色彩青年的思想和行为,这就是一种不顾实际的空想者,或是害了夸大狂病的想像,也确是普通青年一生所必经过的历史表现,然而要不注意改变,对于个人恐终久难免失败,对于社会是一种不真诚的表现。

列宁时常注意青年的道德观念,本来道德的真意义在资本主义社会没有存在的余地,因为阶级的利益不同,统治阶级所有的道德观念即为保全资本制度,不侵犯私有财产,不反抗资本家……这完全是如保护资产阶级的法律一样,是对付无产阶级的工具。无产阶级本身利益不同,故其道德观念也显然与资产阶级相反。列宁指出青年无产阶级的道德观念:

"……我们所说的道德:就是破坏一切统治阶级的旧社会,结合无产阶级的劳动群众,建立新的共产主义社会。"又说:

"无产阶级道德,就是联络劳动群众去反抗一切压迫,反对一切有私有财产,因为私有财产是霸占社会劳动,压迫旁人的表现和工具。"

这种无产阶级道德观念对于资本家,当然是有莫大害处的,所以他们时常诬骂无产阶级不讲道德。列宁又解答为甚么无产阶级不讲资产阶级道德的原因:

"我们反对资本家所倡的道德,因为资本家所采用的道德,是从《圣经》里面选出来的,我们当然,是不信什么上帝的,我们从来知道贵族神甫资本家都会利用"上帝"的"道德"去压迫人家而取得利润。有时资产阶级的道德是一种理想或半理想的空话,其实也和上帝的《圣经》一样,这种理想的空洞的道德我们是反对,我们承认这是一种欺骗行为,这是想要为资本家或地主保护利益来愚弄工农的一种方法。旧社会是根本建筑在阶级压迫上的,我们的道德就是要破坏这样的社会,要联络我们的劳动阶级。"

"总之,列宁的道德观念,完全是立脚在被压迫阶级利益上头,他承认资本主义社会的道德是保护资本家和其制度,他便明说无产阶级道德,也不过是一种保护自己利益的工具,是求共产主义实现的无产阶级道德观念,他所主张的教育学说科学也都是站在无产阶级利益上面的。这也就是他要讲"学习共产主义"的方式。

青年人因受旧社会洗涤的程度较成年人少，所以他们的思想是容易纠正，加以青年富于感情和革命性，所以在社会是应当有极大的作用，社会之进步及新社会创造良好与否的责任，都是摆在青年肩上不可轻易放的，因此青年对于社会问题须特别注意和参加，并须集中其力量有统系的参加，方能真正帮助社会。因此列宁复说：

"无产青年是新社会的建设者，他们的肩上负有莫大的责任，但是青年人要在社会上能得人们的信仰，必须自己有组织完善纪律严肃的团结。"接着又说：

"无产阶级青年组织，应当是极有力量的团体，他对社会上一切事业，都须有帮助并须要站在领导的地位。青年团体所办的事业要使工人能够一看就可以知道是对于他们有益，指导他们到自由之路的，那怕工人还没有相信主义或并不赞成主义，然而总要能使他们看到青年团体所办的事业便表示要来亲近才好。"

要有团结才能为社会服务，我想这是至理明[名]言，谁都不敢否认，但是现在我们中国的青年界是否有团结，这也是非常明了易见的，这也就是中国青年界放弃责任的表现。

我们上面所写的看来，就可以知道列宁对于青年的注意。列宁应然没有长时期亲身参加青年活动，然而他时常把无产青年看做是无产阶级全体的一部分，所以他在某种时间和空间，都能将青年归并于全阶级的活动，并能指明青年活动所应注意之特别点，以期适合于阶级斗争的全股。

总之，列宁对于青年是抱有莫大希望的，而青年则应能容受他的期望去研究他遗留给我们的宝贵品——列宁主义，要知道这是求解放的唯一武器。

中国青年界！列宁指教你们的方针，你们觉得怎么样？

(《新青年》不定期刊第一号，1925年4月22日，署名 任弼时)

47.《列宁主义概论》(《新青年》不定期刊第一号，4月22日)

《新青年》不定期刊第一号发表了瞿秋白的《列宁主义概论》①。这是根据斯大林的《论列宁主义基础》而改译的第一篇中文对列宁主义全面系统诠释的文章。全文如下：

列宁主义是一个很大的题目，假使详细的论述起来，必须要整部的巨著；对于世界革命的大理论家及大实行家，自然应当有很详尽的研究，我们这篇文章，不过是研究列宁的第一步——先做一概括的简要的说明。

列宁是马克思主义者，然而他应用马克思主义实行十月革命，成立世界上第一个社会主义国家，他的革命理论，本来与马克思主义绝无二致，不过他应用马克思主义

---

① 此文后来收入瞿秋白自编的《瞿秋白论文集》中，标题改为《列宁主义概说》并加了附标题"改译施达林著之《列宁与列宁主义》"，文字也作了一些修改和校订。修改的《列宁主义概说》，见《瞿秋白文集.政治理论篇》第三卷，北京：人民出版社，1989年，第22~49页。

于世界范围内的实际的阶级斗争,而能有如此的成功,是列宁的特点。因此,有人说,列宁主义是应用于俄国客观情形之马克思主义。这一说固然有几分理由——列宁确是能应用马克思主义理论到俄国的特殊的实际状况上去,而且是应用得非常之好。——然而假使列宁主义仅仅是应用于俄国的马克思主义,那就成了俄国一国的现象;列宁主义决不止只有这一点意义。又有人说,列宁主义是革命的马克思主义,以别于其他改良派机会派,如第二国际的马克思主义。这一说亦只有一半是对的。因为马克思主义本来只有革命的,就是只有列宁主义是真正的马克思主义。机会派、改良派、修正派的理论,已经违背了马克思主义的革命原则,早已成为非马克思主义了。列宁主义是马克思主义,而且是唯一的马克思主义。决不能说列宁主义是革命派的,其他马克思主义是改良派的,仿佛马克思主义可以分成革命与非革命两种似的。然而列宁主义始终不就是马克思主义,列宁主义之中有许多成分是马克思主义中原来所没有的,或者虽有亦很不详尽,还未发展的。这是什么缘故呢?因为马克思和昂格士所处的时代,是欧陆资产阶级革命的时代,是商工业资本主义的时代,所以当时依实际阶级斗争的经验,自然只能造成无产阶级革命理论的大纲,而不能及其细目;一切策略上的指导,还只是预备无产阶级革命,而并未研究到执行无产阶级革命及独裁制的种种更具体的问题。马克思和昂格士将资本主义社会澈[彻]底的研究过,创造出无产阶级社会主义的革命理论的大纲。随后资本主义逐渐发展到帝国主义,到财政资本主义的时代,无产阶级的斗争便日趋于实际执行革命及独裁制的工作。列宁的理论,正是根据于马克思主义,再从这种实际工作中的经验里锻炼出来的,——所以对于帝国主义时代,世界革命已经可以实际开始时的具体策略问题,如无产阶级独裁制与农民阶级,无产阶级社会革命与殖民地民族革命之关系等问题,便有格外详尽的研究,发见许多新的原则。因此,可以说:马克思主义是无产阶级革命的理论,然而是无产阶级革命前的,工业资本主义时代的社会革命思想之大纲;列宁主义呢,便是无产阶级革命时的帝国主义时代的马克思主义——执行无产阶级革命的实践的原理。

(一)列宁主义之历史的根源

列宁主义生长成熟于帝国主义的时代。帝国主义是"垂死的资本主义"。帝国主义时代,资本主义社会的发展,已经使他内部的一切矛盾冲突到了极点,不得不爆裂而开始无产阶级的世界革命。这些矛盾冲突之中,最重要的有三种:

第一、[,]资本与劳动之冲突。帝国主义的意思,本是指资本主义国家里发现种种独占式的托辣斯、新狄嘉、银行以及极大的财政资产阶级的时代而说的。工人阶级要反对这种万能的大资本家——大银行家,因为他们力能左右全世界的金融,垄断全世界某种〈某种〉工业,简直是困难到万分。以前通常的斗争方法,如工会、如协作社、如选举竞争等,简直已经绝无用处。总之,资本集中到极点,劳动者已经绝无回旋的余地,一切和平方法不但不能争得甚么新的权利,并且连已得的权利也不能保障。于是除革命以外,没有第二条路可走。

第二、[,]帝国主义列强及各国内财政资产阶级内部的冲突。帝国主义的国家都要向外发展,于是互争殖民地——以求推销国内的商品,采取尚未开发的原料,剥削殖民地的廉价劳动。各帝国主义国家之间这种恶斗必然要引起帝国主义的战争。历次战争的结果，削弱帝国主义者的势力，使无产阶级革命时机愈趋愈近，时时可以爆发。

第三、[，]列强帝国主义者与殖民地弱小民族之间的冲突。帝国主义固然侵略殖民地，然而他既要输入商品、采取原料、剥削劳动，他便不得不使殖民地相当的资本主义化。于是殖民地上也发现无产阶级（工厂工人）、现代式的智识阶级，发现通商大埠、工业区域。殖民地弱小民族里的这种变化，自然要引起民族的自觉，爆发出民族解放运动——殖民地弱小民族的经济发展，便日渐与帝国主义国家处于绝对冲突的地位。

这种时代，世界革命——列强国内无产阶级的革命与殖民地民族革命的爆发，已成不可终日必然发现的现象。而在俄国，恰好又是这些冲突汇聚得最紧凑最剧烈的地方：俄帝国与德奥的冲突；俄帝国与土耳其、波斯及中国的冲突；大俄罗斯人与俄帝国境内许多被并吞的弱小民族的冲突；俄国资产阶级虽没有普遍的发展，却已直接进于托辣斯、新狄嘉的独占形式，对于工人的压迫异常残酷；俄皇地主贵族阶级又还存在，自身渐渐的资本家化，极猛烈的剥削农民。俄帝国政府，处于这许多冲突之上，自然要比各国纯资本的国家，比封建制度已经消灭的国家的政制，格外专制压迫，方才能镇压得住。而且俄国大资产阶级要与德奥英法资本家竭蹶相竞，便不得不努力增加军备，同时借着外债经营工业，——于是俄国政府又成了英法比等债务国，间接剥削俄国人民的代理机关；亦就因此，不得不与西欧各国共同压迫中国、波斯、土耳其，以便竭力榨取利润以自救。俄国在革命前，国内既然是资本与劳动的冲突和地主与农民的冲突相联结错综，国外又一方面要竭蹶争先以与西欧诸国相斗，别方面要压榨弱小民族。——正因为俄国是西欧最后起的资本国家，便将西欧帝国主义的重任完全担负起来，成了世界帝国主义的关键。凡是反对俄皇政府的，便不能不间接反对全世界的帝国主义。这种各方面剧烈斗争的漩涡里，无产阶级的革命运动，当然处于最积极的领导地位，——受着几十重直接间接的压迫的俄国农民与工人，自然猛勇直前的行向革命，而且必然是世界的革命——一切改良派机会派的爱国社会主义、和平社会主义，决骗[偏]不信群众。这种革命运动的实际工作中，锻炼出来的列宁主义。列宁——俄国无产阶级的使命，是开始世界的社会革命，有极大的革命的农民阶级以及许多弱小民族，做革命斗争中的同盟者，以反对俄皇及俄国资产阶级并且进而反抗国外的列强帝国主义及世界的资产阶级，更要联合全世界的无产阶级及各殖民地的弱小民族。——因为非如此，连俄国革命也不能有最终的胜利，必受列强资产阶级的摧残。于是列宁和俄国无产阶级的使命，便成了世界的，——而列宁主义也就根据于此，成为帝国主义时代世界社会革命的原理，把世界革命里一切实际问题都汇合起来，找着政治上经济上策略上的总原则。

（二）列宁主义之方法

第二国际处于一八四八年革命与一九一四年欧战之间，那时代，西欧的无产阶级只能在资本主义的社会制度之下，勉力进行和平方法的斗争。等到欧战前后，资本主义的发展早已进于帝国主义的阶段，而第二国际的社会党，还守着旧的方法。当然，为适应这种种资本主义制度下的冲突之爆发起见，首先便要矫正第二国际的谬误的斗争方法，才能建立——恢复真正的革命的马克思主义，以便引导无产阶级群众执行革命，给他们以理论上的根据及政策上的指导。

第二国际派理论上的第一种谬误：便是以为无产阶级争取政权，必须等无产阶级本身成了一国内的多数。列宁主义却不同。——在帝国主义——资本主义世界内部的各种冲突爆发的时候，即使无产阶级在这一国内还是少数，何以不应当利用这些时机，譬如大战争或农民阶级的暴动等，亟起取得政权呢？马克思在一八五〇年时，曾经说：假使德国"农民战争"重又爆发，那末，无产阶级革命的事业，正未可限量。一九一七年俄国的无产阶级，已经比当时德国的工厂工人多得好几倍，并且适值俄国农民问题亦爆发起来，当然可以实行无产阶级革命。机会派的社会主义理论，确是谬误不切事实，而且是以阻碍无产阶级直起实行革命的勇气。

第二国际派理论上的第二种谬误：便是无产阶级自身没有行政家管理家，足以治理国家，虽得政权，亦不能持久。照这学说，差不多应当先在资本主义统治之下，养成一班无产阶级行政家，提高无产阶级文化之后，再能去争取政权。这是绝对不可能的事。何以不可先取得政权，然后再施行政治的经济的技术的种种教育，以提高群众的文化程度呢？机会主义者在理论上，也是无可回复的。何况，现在革命后的俄国，这种文化运动昂进的速度，异常的可惊，更有事实来矫正第二国际派的这种理论了。

第二国际派理论上的第三种错误：便是以为政治的总同盟罢工是不适用的，恐怕要破坏国家经济生活太甚，恐怕工会的罢工基金枉费了；因此，工人阶级的政治斗争方法，唯一的主要的——还是国会里的选举竞争和立法运动。政治的总同盟罢工在革命潮流紧急的时代，恰好是最有力的方法，是以工人阶级的实力与资本家政府相斗，诚然不错，这方法是在国会的民主主义以外的，然而正唯这种方法，才能推翻资本国家。机会主义者不知道：国会里的社会党运动，本只能当作国会外的工人运动的辅助方法；他们却把他看做最主要的斗争。无产阶级甚么时再能革命呢？依靠国会中的立法运动，想进化到社会主义！——实际生活已经屡次帮着列宁主义证明这种学说的荒谬了。

至于第二国际的政策和党的组织，也受到列宁主义的矫正不少。第二国际的各国社会党，组织上本来就是很散漫的，除出党众共同运动选举时，党员对于各党的政策，差不多都是不实行的——各人只顾各人自己的生活，没有严格的纪律和负责的党的工作。因此，各社会党首领，如考茨基等，虽然有口头上很革命的议案和口号提出来，而实际上并不执行。再则，譬如一九一二年白柴尔国际会议时，各国社会党还发宣言，一致反对帝国主义的战争，而到了一九一四年，欧战发生时，社会党议员大家都投票赞成战争了。只有列宁主义的多数党，是言行相符的；亦就只有多数党，正能将帝国主义的国际战争变成阶级的国内战争。

列宁主义理论上实践上的方法，都是马克思主义里所原有的：他是批评的革命的方法，决不是死板的"社会主义理论"的公式。而且列宁主义的方法，更是马克思主义的具体的实行的更详尽切实的原则。

（三）列宁主义与理论

往往有人以为列宁主义，仅仅是实行中的马克思主义，所以列宁主义对于理论，很不看重的。这实在是很大的错误。理论是各国工人运动经验的综合。当然革命的理论必须和革命的实践相密切联结起来，否则理论便成空谈。然而实行革命运动而没有理论，也就要变成盲目的妄动，不相适应，绝无全盘规画的行动而已。所以列宁说："没有革命的理论，决不能有革命运动。"（《怎么办》）譬如马克思主义的唯物哲学，或者可以说是纯粹的理论问题。昂格士说："每次新的发明，必定要使唯物哲学改变新的形式。"这是无产阶级革命思想的职任。果然不错，二十世纪初年，发见了许多柏格森、马赫等的心理派、新康德派、新经验派的哲学；可是同时也就发现了化学、物理、生物学上的新公律。列宁便在《唯物论及经验批评论》一书上综合这些理论，根据科学加以批驳，而筑成唯物哲学的新壁垒。可见列宁主义非常之重视理论，而且能实行整顿理论的重大职任。列宁说："只有先进的理论所指导的政党，能尽革命运动中先进的斗争者之责。"——如今俄国共产党真正实践了这一遗言了。

马克思主义重视分析客观的经济环境，能够以社会科学的公律解释社会现象的原因。机会派却利用这一方面造成一种"自然说"。俄国当初有所谓"经济派"的马克思主义，他们以俄国客观环境，资本主义还没发达，工人运动自然只会是经济斗争，决不能勉强进行政治斗争——反抗俄皇，要求民主共和等。列宁自始便反对这种学说。马克思的唯物主义说：哲学不但要解释客观世界，而且要变更客观世界。改良派的社会主义家却只行了一半。本来无产阶级的革命党，研究分析客观状况之后，应当设法利用这客观环境进行自己的革命工作——换句话说，便是，既然看见自然而然发生的工人运动以及一切政治经济的现象，便应当引导这些运动到自觉的有规画有组织的道路上去，便应当支配这些政治经济现象，使无产阶级的斗争力和觉悟力日益增进，以至于夺取政权，而实行无产阶级独裁制。所谓"自然说"的机会主义却不如此，他们一切都透过于客观状况。西欧各国社会党里，也有这种"自然说"，——就是所谓"生产力论"，譬如欧战时，各国社会党引导工人阶级去赞助帝国主义战争，这显然是社会党之变节。然而这些社会党的理论却说：因为某国某国的生产力没有发达到社会革命的时期，工人阶级自然而然不会变更这次战争成国内战争。社会党这种透过的理论，绝对不是马克思主义，不过是机会主义罢了。实际上这种生产力论，完全不合事实。

列宁主义的无产阶级革命理论，便和他绝不相同。最注重的，当然是在于分析客观的自然的生产力状态之后，还要定出规画去进行革命运动。然而就是客观的分析，列宁主义也比机会主义切合实际得多。理论的真确与否，对于革命的实际运动非常之重要；理论若与实际相结合，他自身也就成为革命运动里的一种很大的实际力量。所以西欧共产主义的革命运动，必须首先攻破这种机会派的"生产力论"，——使无产阶级群众深信自己的力量，明了客观的时势，知道各种政局社会变动中的关系，不但知道各阶级现时的相互关系，而且知道最近的将来，这些关系应当如何变更，——那时才能行向胜利的道路。

（四）列宁之无产阶级革命论

列宁之无产阶级革命论根据于三个界说：

第一界说——列强资本主义国家内财政资本统治一切社会生活；纸币及一切有价证券的发行，已[以]至于总握全社会的金融；输出资本到国外弱小国家内，经营实业或放兑国债，以攫取当地的原料，遂成为帝国主义的根源之一；极少数财政资本家的万能专制；——凡此一切，都使工人阶级不得不奋起反抗不能忍受的资本主义压迫；而独占式的托辣斯和新狄嘉等制度里大资本家的寄生性质，日益明显，无产阶级革命便成现代社会之唯一的出路。因此，列强各国内无产阶级的革命运动日趋剧烈。

第二界说——因有列强输出资本于殖民地及弱小国家的现象，所谓"势力范围"日益扩大，以至于全球；于是资本主义便成了世界的整个的经济制度——所谓"先进国"里的少数银行资本家对于全球大多数民众，行施财政的剥削和统治；——凡此一切，一方面使各国社会和各国领域都变成世界经济的某一部分，变成这总机体里的某一机件；别一方面，将全世界分成两个敌对的营垒：少数先进国家的压迫者剥削者，大多数殖民地和弱小民族的被压迫者被剥削者。因此，各殖民地及弱小民族反对帝国主义的革命运动日益兴起。

第三界说——各帝国主义国家之发展极不平均；已经攫得殖民地及势力范围的，还在尽力扩充，没有攫得的，又在千方百计的图谋；于是各资本主义国家之间的明争暗斗非常剧烈，除了诉之于武力之外，绝无其他恢复均势之可能；——凡此一切，都使资本主义方面，自己削弱其势力，而无产阶级及弱小民族之联合革命，易于进行。因此，帝国主义之下，战争必不能免；而欧美无产阶级革命与东方之弱小民族革命要相联结，而成反帝国主义的统一战线。

列宁综合这些理论称"帝国主义为社会主义革命之前夜"。（以上均见列宁所著的《帝国主义》）

根据这一种的客观的分析，列宁的无产阶级革命论，当然与向来关于无产阶级社会革命的理论，不能相同，机会派的社会党之"生产力论"，诿过于客观状况里的生产力尚未成熟，所以说现在还不能社会革命，何以他们对于上述的那些客观事实，却又都没有看见呢？足见机会派理论的错误，就因为他们不愿意革命，以致于连这种很明显的客观状况，都不肯去看。列宁主义不但有充分的革命意志，而且有很充分的客观分析。

根据这三个对于世界经济状况的界说，列宁的无产阶级革命论，便和第二国际派素来的论点不同。

向来总是看某一国的经济状况，某一国的客观条件，来决定这一国是否能有无产阶级革命；向来总是看某一资本主义国家内部的发展，是否已经达到阶级斗争的爆烈点——无产阶级革命的程度。现在这一观点是不够了。应当知道：无产阶级革命，是世界的帝国主义制度内，各种矛盾冲突的发展之结果；无产阶级革命首先爆发于某一国，不过是世界帝国主义的战线，首先在这一国破裂罢了，不过是世界无产阶级革命的战线，首先在这一国建筑起来罢了。

所谓世界的无产阶级革命，当然不是说各国无产阶级同一天同一时，突然不约而同的暴动；——无论如何不会有这样巧的事。然则，世界无产阶级革命从那一国开始呢？

向来的答复是：——工业比较的最发达，无产阶级占全国民众里的最大多数，文化程度最高，民主主义最盛的国家里，可以开始无产阶级革命。

列宁的理论以为这种答案绝对不对——不必一定要工业最发达的国家里，才能开始无产阶级的革命。资本主义已成全世界的经济机体。世界的资本主义已经发展到帝国主义的大战争时期，全世界经济状态、生产力以及其他客观条件，都已经成熟，可以发现[展]无产阶级革命。这整个儿的世界资本主义制度，当然要在帝国主义势力最弱的地方，开始破裂。无产阶级当然要在资本主义锁链最脆弱的地方，突围而出。一九一七年时，俄国资本主义最弱，俄皇政府最残暴，绝无精神上的威信，同时，俄国无产阶级却有最强固的革命政党，有数千万受地主压迫的农民做他的革命同盟军，所以无产阶级革命竟开始于俄国，并且得着胜利。

以后呢？亦许在印度开始继续十月革命的无产阶级革命。为什么？因为印度已经有新生的很强固的无产阶级，有民族解放运动做他的革命同盟军，而且英国帝国主义的统治，异常的严酷，为印度一般民众所切齿痛恨，不但是工人阶级而已，——同时，印度的资本主义比较起来还很幼稚，资产阶级的力量很弱。亦许在德国亦会开始。因为德国现在亦在各国帝国主义剥削之下，自国的资产阶级，因为战败之故，已经很弱。然而德国的文化程度和印度不同，这两处假使要有无产阶级革命，两者之间当然有许多差异之点。总之，无产阶级革命，决不一定要在工业最发达的国内，第二国际派往往计算某国内工人占百分之几十，农民占百分之几十，如此来决定这一国能否有无产阶级革命，这实在是枉然的。固然，无产阶级的多寡，对于革命之后的一切建设事业及革命的过程，不无影响，然而决不能以一国内的无产阶级分数，来决定无产阶级革命能否实现。

再者，第二国际派还有一种理论，以为资产阶级革命与无产阶级革命之间，一定要有一长期的阶段：资产阶级先革命，资本主义因之发展；无产阶级在这时期再积聚自己的力量，预备将来再起革命，而推翻资本主义。其实，在法国大革命时，世界的资本主义刚刚是兴盛起来的时期，所以资产阶级革命之后，要经过好几十年或一二百年，再到无产阶级革命。现在呢，在世界范围内，资本主义已经到了垂死的时期，即使有实业不十分发达的国家，还要经过资产阶级的民主革命，这些资产阶级革命也就一定和无产阶级的社会革命同时并进，而且可以急转直下的变成无产阶级革命。列宁于欧战时，已经说当前的革命对于俄国，正是这种民主革命与社会革命并进，而且是民主革命急转直下以至于社会革命的过程："无产阶级将要力争政权，力争共和制度，力争没收大地主，并且在这反对军事封建的'帝国主义'（俄皇政府）以求解放资产阶级的俄国的斗争里，努力引导'非无产阶级的平民群众'来参加。这种反对俄皇及地主而解放资产阶级的俄国之运动，无产阶级立刻利用他来完成社会主义的革命，

以与欧洲无产阶级相联合，——当然不是利用他来帮助乡村中富有的农民，以压迫农村工人。"（列宁——《反对流说》一九一五年）

可是，同时列宁又反对杜洛茨基派的革命无间说，——杜洛茨基在一九〇五年，便以为革命简直是社会主义的革命，不必经过民主革命，不必注意农民的资产阶级式的政治经济要求。列宁主义，在于集中一切革命力量（农民的小资产阶级式的革命要求，当然亦在其内，而且是最重要的一部分），充分发展他们的革命性，以辅助无产阶级的革命。而杜洛茨基派的"革命无间"说，却以为只要进行革命，得到政权之后，即刻可以实行纯粹的社会主义政策，不必管小农私有者的要求——均分地主田地等；如此，革命便会无间断的发展到社会革命了。其实，这种政策，使农民群众与无产阶级革命相隔离，无产阶级革命反而不容易成功，因为资产阶级亦会利用农民来反对无产阶级。

革命无间说，其实并不是杜洛茨基派的什么新发见，马克思在一八五〇年《告共产党联合会》书里，便已经说到这种民主革命可以急转直下变成社会革命的意思。所以列宁反对杜洛茨基派，并不在于革命的无间断与否，却在于革命时注意小农资产阶级的要求与否。况且马克思当时所说的，也和杜洛茨基的革命无间说不相同：（一）马克思在一八五〇年时，并不曾主张德国可以直接实行无产阶级革命；（二）马克思主张，竭力推进资产阶级的各派，使他们一个一个的倒下去，一直到无产阶级取得政权为止。

再则，向来以为无产阶级革命，一定要同时有好几国无产阶级起来革命，才能得到胜利，胜利之后，才能站得住，其实帝国主义时代，资本家方面自相冲突的地方很多，列强和殖民地的利益相矛盾——他们的力量很不稳固，很不能统一，所以无产阶级尽可在各国内革命成功，而且成功之后，还能站得住，再进而辅助其他未革命国家内的被压迫阶级。帝国主义势力的自身削弱下去，也是无产阶级革命胜利的一个前提。列宁说："历史上一切革命，二十世纪俄国的三次革命也在其内，已经证实了一个革命的根本公律：单是被剥削与被压迫者觉悟到不堪忍受旧式的统治而想变革他，还是不足以成功革命；若要革命成功，必须剥削者与压迫者自身，也实在不能再照旧生存，照旧统治下去。只有'下层的人'不肯，'上层的人'不能再照旧生活下去，那时革命才能胜利。换句话说：革命若无全国的（压迫者与被压迫者、剥削者与被剥削者）共同的总危机，必不可能。所以革命若要发生：第一，必须使大多数工人（或者至少大多数觉悟的、有思想的政治上积极的工人）完全明白改革的必要，能以生命为革命而牺牲；第二，必须治者阶级受着政治的危机——这种危机能使最落后的民众也要参加政治斗争，于是政府的威力减削，而革命党便能很快的推翻他……"（列宁——《左派的幼稚病》）

然而推翻资产阶级，一国的工人的力量是做得到的，至于完成社会主义，那就至少非联合几国先进的无产阶级不可。——因为社会革命的最终胜利，在于组织社会主义的大生产，必须有好几国先进的无产阶级，共同规画世界经济，要利用资本主义时代一切科学技术的发明，要享有一切重要的生产事业，煤、铁、电、交通等。所以列宁说，革命已成功的无产阶级国家之职任，在于"实行这一国内最大限度的经济改造，同时即以发展并辅助世界各国内的革命运动"。(列宁——《无产阶级革命》)。

(五) 无产阶级独裁制论

无产阶级独裁制论，可以分三方面来说明：一、无产阶级独裁制是无产阶级革命之工具；二、无产阶级独裁制是无产阶级对于资产阶级之统治；三、苏维埃制度，是无产阶级独裁制之国家的形式。

一、无产阶级独裁制是无产阶级革命之工具。无产独裁的问题，首先便是无产阶级革命的内容问题。无产阶级革命是否要用强力，是否只限于和平方法，是否必定要依着民主主义的形式，要全国大多数举手投票赞成了，再去革命？当然是要用强力的。无产阶级革命成功之后：第一、[，]必须以强力镇压已推翻之剥削阶级，保障自己已经取得的权利与自由；第二、[，]必须进行革命事业到底，进行到社会主义完全胜利才止。因此，必须要有无产阶级的独裁制，就是必须要在革命之后成立特别的组织，以执行上述的两种职任。列宁说："从资本主义到共产主义——是一个历史上整个的时代。这一时代未曾终了以前，剥削者总有恢复资本主义统治的希望，既有希望便要尝试。剥削者第一次大失败之后，居然被人推翻了，真正出于他们意料之外，他们还不信自己的失败，他们想都不肯想到会有这种失败，于是用尽十倍百倍的气力，切齿痛恨忿怒咆哮地要来恢复他们'天堂'的旧观，恢复他们的家庭，——他们过得这样舒服的生活，如今一班'普通平民的混蛋'居然破毁了他，使他们破产、穷困（或者反而要来做'普通'劳动……）。这些剥削者之后，还会拖着许多群众的小资产阶级——几十年来的历史，证明这些小资产阶级，又是很动摇不定的，今天可以帮助无产阶级，明天便可以看见改革的困难而吓退，工人阶级初次失败一下，或是小小的挫折，他们便恐慌起来了，惊惶起来了，倒来倒去，一忽儿帮无产阶级，一忽儿又帮资产阶级。"(列宁——《无产阶级革命》)。

资产阶级是要尝试复资本主义的辟的。他们的确也有复辟的根据，因为虽然他们已经推翻，始终还比无产阶级力大量。他们的力量：第一在于国际的资本及各国资产阶级间的声息灵通——各国无产阶级同时革命，只能算是难得的例外，事实上终还是一国先革命，这一国胜利的无产阶级，始终比较的是孤立的。第二在于剥削者推翻后，始终还有许多剩下的金钱及种种动产，组织上管理上军事上的经验，高等教育的智识阶级生活偏近于资产阶级，当然在革命初期，也还帮助他们，以及其他……初得政权的无产阶级是没有这些优点的。第三在于群众的小资产阶级习惯和小生产制度；小生产制度在革命后还保存着不少（小农及手工业），而小生产的私有制发展起来，便又是资本主义。所谓消灭阶级是一二百年的经济改造事业；地主资本家可以没收或赶掉，然而这还不是消灭阶级。小生产者若不完全消灭，阶级还是会发展出来；然而消灭小生产者却不是一赶可以了事的，必须渐渐的改造经济、发达大生产，同时进行协作式小商品生产；如此，便一定要有长期的组织上政治上很小心很有规画的工作。

因此种种，革命胜利之后，必须有无产阶级独裁制来保障革命之胜利：镇压资产阶级的反革命运动，防止小资产阶级的动摇和扰乱。列宁说："无产阶级独裁制是绝无妥协绝无悯惜的阶级战争，是新阶级反对很强有力的仇敌，反对那资产阶级的战争——资产阶级推翻之后，正用着十倍的气力来袭击呢……无产阶级独裁制是决死的斗争，流血的、不流血的、强力的、和平的、军事的、经济的、教育的、行政的种种方法，以反对旧社会的力量及流毒之斗争。……无产阶级独裁制时代，无产阶级要训导几千万万小农民和小生产者，要驾驭许多旧时代遗留下来的官吏，资产阶级的智识者，使他们服从无产阶级国家及无产阶级的指导，战胜他们中间的资产阶级的习惯及遗传性……同样必须要在长期的斗争中，历炼并且教育无产阶级自己，——无产阶级自身是从资产阶级里出来的，当然不会骤然间脱离那些小资产阶级式的成见；这决不是天神的魔力，决不是口号、命令、议决案所能除之于一旦的，必须经过长期的反对小资产阶级影响的斗争过程"。（列宁——《左派的幼稚病》）。

二、无产阶级独裁制是无产阶级对资产阶级之统治。少数派及一切机会主义派总以为社会主义的实现，只要推翻一个政府，改组一个内阁，便可以开始。其实英国劳动党政府，或德国社会民主党政府，决还不是无产阶级取得政权。资产阶级的民主主义还存在的时候，他们还是可以利用这些所谓"劳动"党"社会"党，实行他们的统治。欧战后，英德两国的实例，非常之明显；虽然有了劳动党内阁，虽然有了社会民主党政府，然而丝毫社会主义的建设事业不能开始，工人阶级仍旧受资本家的剥削。何以故？因为资产阶级还有参政权，还有一切剥削他人自由，还有一切造谣欺诈的自由，还有发财自由，尤其重要的，他们还保存着照旧的享有大生产的工具及资本的私有权。所以无产阶级或社会主义的政权，无产阶级独裁制，决不能根据于资产阶级的秩序——普运[通]选举、国会立法等的秩序上发生出来，必须在破坏崩裂这些秩序的过程中，必须推翻资产阶级，没收资本家及大地主，将最主要的生产工具及资料收归公有，——必须经过无产阶级之强力的革命；无产阶级独裁制便是革命的政权，以强力制服资产阶级。无产阶级独裁制，实在就是不受旧社会法律之限制，而依据于强力，并能得普通劳动者及被剥削者群众之同情及赞助的无产阶级对于资产阶级之统治。（列宁——《国家与革命》）。

因此，我们可以得着两个结论：第一结论——社会革命后的政治制度，决不能是所谓完全的民主主义，全民的民主主义，贫人富人完全平等。"无产阶级独裁制应当是新式的民主主义国家；对于无产阶级及一切无产者既是民主主义，对于资产阶级便是独裁的政制……"（《国家与革命》）。资本主义下的民主主义，决不会是人人平等的；单就物质力量上说，参政运动里的报纸、印刷工具、纸张、房屋，都属于资本家，他们能操纵一切，结果名为民主，而实际上是大资本家主治国家。所以社会革命之后，要保障最大多数无产阶级及农民的自由和政权，便必须剥夺资产阶级的政权和自由。无产阶级独裁的政制，是无产阶级的民主主义，是大多数被剥削者的民权，镇压那少数的剥削者，限制他们的权利。第二结论——社会主义决不能从资产阶级社会里，依据资产阶级民主主义，用和平的方法发展出来。社会主义必须经过社会革命，实行无产阶级独裁制。首先便要破坏那资产阶级的国家、军队、法律、官僚机关、警察组织，然后才能剥夺资产阶级的政权及自由，而建设无产阶级独裁制的国家机关；

然后无产阶级再能实行社会主义的建设事业，而不受阻碍。尤其是现在帝国主义时代，大资本家享有一切大生产的工具及资料，力能操纵全国的金融、交易、生产、交通，以至于全国的官署、法律、警察、军队、国会、舆论、选举运动，——除出强力拆毁这一资产阶级国家的机器以外，别无他法可以开始行向社会主义。所以无产阶级革命独裁制的第一条件，便是破坏资产阶级的国家制度。当然，等到有好几个强国都已经革命，在国际关系上，变成了许多无产阶级国家包围几个资本主义国家的形势，那时亦许这几个资本主义国家内的资本家"自愿"对无产阶级大大的让步，那时革命的强力程度，或者可以减低些。然而这还在很远的将来。最近一期的各国革命，是决不能避免强力破坏的。

三、苏维埃制度是无产阶级独裁制之国家的形式。无产阶级独裁制之胜利，就是镇压住资产阶级、毁坏资产阶级的国家机器，以无产阶级民主主义，代资产阶级民主主义。这是无可疑议的。可是用甚么样的组织，来实行这些重大的工作呢？资本主义之下发展出来的无产阶级组织，根据于资产阶级国会制度发生出来的那些旧形式的组织，当然是不够的。于是有一种新形式的组织从革命斗争的过程里发展出来——就是苏维埃。苏维埃的制度，比较起旧的组织，譬如工会等类，起来，有许多优点：第一、[,]苏维埃包括的范围最广，可以把一切工人完全组织起来；第二、[,]苏维埃是唯一的最群众的机关，包含一切被压迫者和被剥削者：工人、农民、兵士、水手，而无产阶级政治指导极容易实行；第三、[,]苏维埃是最强有力的革命机关，从群众的政治斗争及暴动反抗的过程里发生出来，足以摧折财政资本阶级的经济政治力量；第四、[,]苏维埃是最直接的群众自己的组织，所以也是最民主的组织——群众得以充分发展管理政事的能力，进行破坏旧国家和创造新国家的工作。苏维埃政府，便是各城乡地方苏维埃联合起来的国家组织。苏维埃里所组织的群众，正是革命前受地主资本家压迫剥削的阶级。这些阶级，即使在最民主最平权的国家里，名为民主主义，而实际上用种种奸猾的方法，使他们不过投一投票，再也不能实际上去管理政事。苏维埃里，却只有当地一切工人及农民，——（剥削别人劳动的没有选举权）——按职业、工厂、村落，自己派出代表去组织，直接议定并执行当地的政事，这才是平民真正的自由，真正的参政。所以苏维埃制度是国家组织的新形式，原则上根本与资产阶级的民主主义及国会制度不相同；这种国家，不是剥削及压迫劳动群众的工具，而是解放他们的利器，——并且是实行无产阶级独裁制的机关。

（六）列宁主义与无产阶级的政党

社会主义及社会革命，既然是资本主义发展的必然的结果，那么，资本主义下所发生出来的无产阶级，负着实行革命独裁制和建设社会主义的重任，怎样去尽这种职任呢？——无产阶级必须要组织自己的政党，去尽这种从鼓起革命运动，指导革命以至于实行无产阶级独裁制，进行社会主义建设的一长期间的职任。列宁主义对于无产阶级政党——共产党的定义，极为重要，可以分下列几层说明：

第一、[,]党是无产阶级之先进的战队。无产阶级发生于资本主义之下，觉悟的程度当然参差不齐的；所以必须有先进的一部分组织政党，来指导全阶级的革命运动。工人阶级的最觉悟的一部分，能见到全阶级的利益，不限于一职业、一工厂或一地方，能见到历史的发展趋势，能见到各阶级间斗争的复杂形势，至少能觉悟到斗争的必要，并且积极的实行斗争，——这种代表工人阶级的分子，自然是工人阶级斗争的先锋队。所以无产阶级政党必定要知道革命的理论智识，必定要能引导工人阶级往前斗争，应付各阶级间斗争的复杂变化的形式；再则，必须与党外群众密切相关，成为工人阶级最积极先进，同时又是最亲密的一部分。

第二、[，]党是工人阶级有组织的战队。党不但是阶级之先锋队，并且是阶级之有组织的战队。革命的政党既要指导工人阶级的斗争，那就自身必定先要有组织，使工人群众感受到斗争中的有规画、系统、集权、分工等的训练。俄国社会民主党之多数派及少数派分裂的时候，最初的争执，便在这组织问题。当时少数派首领马尔讬夫说："随便一个罢工工人，都可以算是党员。"这便是根本上的错误。党的本身尚且没有组织，党员与非党员都分不出来，如何能有规画的指导群众呢？所以党的组织必须很严整，并且有很严格的纪律。

第三、[，]党是无产阶级的阶级组织之最高形式。无产阶级的组织，除了政党之外，还有许多，譬如职工会、协作社、工厂委员会、妇女团体、青年团体、文化教育团体、报纸、国会的劳动系、革命运动时的武装队等。然而党应当是一个中心组织，因为他有斗争中必要的经验和智识，能定出一切运动的总方针，而且因为他向来的口号，使群众信仰他的政治指导，所以更能影响其他组织，而实行这种斗争中的总方针，——如此，工人阶级的斗争，才能得到统一的指导。机会派及少数派总爱说工会、协作社等，应该脱离党的关系而"独立""中立"；其实这是使无产阶级的运动解体，指导没有中心，斗争没有总的方针。

第四、[，]党是无产阶级独裁制的工具。党诚然是无产阶级各种组织的最高形式，然而党的自身，决不是目的；党应当是无产阶级手中的工具，用以夺取政权，建立并巩固无产阶级独裁制。没有真正代表无产阶级利益的政党组织，无产阶级必定无从取得政权，并且保卫革命胜利后的无产阶级政权。

第五、[，]党应当代表革命的统一意志，内部决不能再有许多小团体或小组织。党的职任既在夺取并巩固无产阶级独裁制，那就他自己必定要团结得非常之紧，有铁的纪律。所谓铁的纪律，便是要有统一的意志，全党党员行动绝对的一致。当然不是说，党内不应当有意见的争执、批评和讨论。铁的纪律，正要预先有详细谨慎的讨论和批评，然后大家共同服从多数的决议，这才是自觉的自愿的服从，而不是盲目的机械式的服从。可是，既经议决之后，批评和讨论既经充分辩明之后，意志的统一和行动的一致，便是全党党员的天职。否则，决不能有统一的党，更无所谓纪律——无产阶级先锋队的战斗步骤，尚且自相参差不齐，怎能指导群众，怎能克服强大敌人呢？

第六、[，]党应当肃清内部的机会主义派的分子，方能巩固。无产阶级并不是锢闭自封永久不变的阶级，因为资本主义发展的影响，小商人、小农民、智识阶级，这些逐渐无产阶级化的分子，自然会加入到无产阶级的队伍里。同时，工人阶级的"上层"，职工运动里的职员或国会里的工党议员等，亦会妥协而站到资产阶级方面去；——在这帝国主义时代，列强能以剥削殖民地劳动者所得的利润，增加自国高等工人的工资，这些高等工人"劳工贵族"，列宁所谓资产阶级化的工人，最容易倾向于机会主义。这些小资产阶级的分子或资产阶级化的工人，往往渗入共产党里；无意的有意的他们能紊乱党的革命策略，使机会主义侵入；——所以必须时时防避这种倾向，绝无悯惜的反对这种分子，以至于开除他们。这样，无产阶级的政党才能巩固，而不迷失自己革命的道路。

无产阶级必须有这样的革命政党，方才能尽自己社会革命的使命，实行无产阶级独裁制，引导全人类入社会主义之域；无产阶级必须有这样的政党，方才能在这帝国主义的时期，推翻那强有力的敌人——世界资产阶级。

这篇文章所说，只是列宁主义的大概，还有列宁主义与民族问题，列宁主义与农民问题等的重要理论，因为本号另有专篇，所以没有重复赘述。

(《新青年》不定期刊第一号，1925年4月22日，署名 瞿秋白)

48.《列宁主义与杜洛茨基主义》(《新青年》不定期刊第一号，4月22日)

《新青年》不定期刊第一号刊登瞿秋白的《列宁主义与杜洛茨基主义》，如下：

俄国一九一七年十月革命之前，俄国无产阶级的政党——社会民主工党之中，早已分成多数派及少数派，这是大家所知道的。然而除这两派以外，杜洛茨基一直自成其为一派，介乎多数派与少数派之间，直到革命时杜洛茨基方加入多数派——共产党。列宁之多数派是唯一的无产阶级的革命的共产主义派，一切哲学上经济上政治上的理论，策略上的原则，党内组织的原理以及实际工作的方法，都是自成系统一线到底的。向来多数派与少数派之间的争执，以致〈于〉与杜洛茨基派的争执，都不仅是某个政策或某一口号的不同；推其结果，都是由于根本原则上的差异。各派最初分化时，表面看来，所争的大致是"小小的"问题，而后来逐渐演化起来，才试得出多数派确是无产阶级政治思想的最正确的指导者，少数派渐渐的退化到机会主义，以至于反革命，而成为资产阶级左派在劳动平民中的政治奸细。杜洛茨基派与列宁派的争执，也很可以含着这种趋势。现在杜洛茨基已经负责辞去军事委员，这是革命后他第一次最大的趋于机会主义的倾向之结果。然而俄国共产党的组织力，必定可以防止杜洛茨基的恶倾向，而重新统一自己的政策。所以现在这一争执已经没有实际的政治上的危险。然而我们还是很应当来研究一下列宁主义与杜洛茨基主义根本理论上的异点。

俄国帝制未颠覆以前，多数派认为当前的革命是资产阶级的革命，——关于这一理论，多数派和少数派并无不同之点。然而资产阶级的政治革命在当时的俄国，从政治局势上推测起来，可以有种种不同的形势。——无产阶级的政党，应当运用自己的策略，造成利于急转直下以进于社会革命的形势。——这是某一派别是否有主观的革命意志的关键,其实,亦就是这一派别是否明了客观的社会各阶级的相互关系,而能忠实于最革命的社会阶级与否的关键。——因此,关于当时这一资产阶级革命的性质问题,多数派的理论便和少数派不能相同了,这是多数派与少数派的分水岭。多数派以为当前的资产阶级革命是农民的资产阶级革命;所以多数派的政策,便是在这一革命之中无产阶级与农民携手,取得政权。(列宁之无产阶级及农民之革命民主主义的独裁制说)。多数派策略的根据,实出于列宁对于俄国农地问题的学理的研究,——列宁所著《俄国第一次革命中之社会民主党的农地问题政纲》,便是这一研究的成绩之总汇。列宁对于这资产阶级民主革命的前途,曾经逆料他的大致的趋势,以为革命的结果,俄国经济里的资本主义发展,可以有一种急遽的"美国式"资本主义化,——就是说,农业方面,封建式的地主消灭,而发现农业资本家,像美国的所谓"Fermer"。

少数派呢,对于这种科学的研究结果,极端忽视,只知道照抄法国大革命的老文章,不顾及将来资产阶级性的革命中之农民;——农民的革命运动,亦是一种资产阶级革命,他们却绝不顾及,而只是主张俄国资产阶级革命当然属于俄国当时"已有的"城市资产阶级。少数主义的根便在于看不见农民对于农地问题的乌托邦思想里却有进化的原素在内,可以成为革命中之一动力;他们只守着当时第二国际的死理论,只见着农民思想里的反动方面。

少数主义与多数主义的分歧,实由于对于俄国的社会阶级关系,各有不同的见解,因此双方的策略不同,政治运动里的"联盟方法"也就不同。少数派主张无产阶级政党与自由派(资产阶级)联盟,以反对帝制派(地主阶级)。多数派主张无产阶级政党与农民阶级的政党联盟。事实上的结果,从一九○五年以来:一方面是"少数派——自由派——地主阶级"的联盟;别方面是"无产阶级——农民"的左派联盟(当时在帝国议会的时代便是所谓劳动派)。

对于农民的关系,是多数派与一切种种少数派(杜洛茨基派亦在其内)之分水岭。杜洛茨基当时的见解,叫做什么"革命无间说"(Permanentrevolution)——便是主张无间断的永久的革命。革命无间派(杜洛茨基及柏尔胡斯)在一九○五年的时候,曾经主张"跳出"当时环境,一直行社会主义革命——他们的警句是:"皇帝不要,政府是工人的。"

杜洛茨基的理论大纲是:资产阶级与无产阶级的斗争关系(注意——他没有把农民阶级算在内)日益激厉[励],——其势在工人阶级一方面,必然要成立工人政府,实行种种社会主义的政策。他的意思,以为工人反抗帝制,同时就不得不与资产阶级冲突;帝制如果颠覆,这一冲突便变成争取政权的斗争;那时工人阶级如果得胜,其势决不能不实行社会主义,实行纯粹的无产阶级独裁制,否则无从镇压资产阶级,亦就无从防止帝制的复活,成就利于大资产阶级的君主立宪;如此,反对帝制的革命一开始,便要急转直下,无间断的直至社会革命方止。然而他忘了俄国农民阶级的重要,俄国无产阶级在当时的革命中,正值农民要求瓜分地主田产,确立"自由的""平等的"私有田地制度等之农民式的资产阶级革命运动很急的环境里,当然要联合他,先行完结那扫除封建制度的事业。所以列宁主张：那时——一九〇五年的革命里，胜利的趋势只有这两阶级的联盟，组成两阶级共同的革命民主主义政制，对于地主阶级和大资产阶级，同样可以并且应当厉行独裁政策，镇压他们的反革命阴谋。——这革命仍是资产阶级性的，因为小农经济的要求，仍是保存私产，经济生活中之改革，仍是限于扫除封建式的地主制度，而并不是根本推翻资产阶级式的私有制度；然而对于帝制派、地主阶级、大资产阶级，则工农两阶级联合组织政府以镇压之。所以说是"无产阶级及农民之革命民主主义的独裁制。"杜洛茨基对于这一说不肯赞同，认为不能实行。他说："无产阶级一执政权，依其阶级地位的逻辑，便必然要以国家制度来经营国民经济。"(《杜洛茨基，我们的革命》集，一九〇五——六年的文稿，第二四八页。)他又以为"即使执行极低限度的工人要求——并不成其为社会主义的——譬如八小时工作制、供给失业者的生活等等政策，资本家也要反对，他们同盟罢雇、停闭工厂………以对付革命政府，其时工人阶级'只能没收工厂，至少在最大的企业里，实行国营或市营的生产事业。'(同上，第二五六页。)无产阶级与资产阶级中间的斗争，其必然的结果，便是这样无间断的继续发展革命——从资产阶级的民主革命急转直下而成为无产阶级的社会革命；那时的'农民呢，自然只能和工人的民主政制相结合'，而不会倾向资产阶级反革命的。(同上，第二五三页。)可是，亦许农民会在这一革命里挤轧无产阶级，而取而代之罢？然而这是不可能的事……因为农民阶级绝对不会有独立的政治作用。"(同上，第二五九页。)

照杜洛茨基的理论看起来——"农民阶级之与无产阶级相结合"，是俄国无产阶级胜利时自然会实现的一种现象，而不是这种胜利的必要条件。并且，杜洛茨基还否认农民阶级的独立的政治作用。杜洛茨基派的革命无间说的"精义"，便在于此。

多数派的政见，便不相同。列宁在一九一二年的时候，还说，客观上俄国农民阶级里发生出来的农村资产阶级，使俄国资本主义的发展"染着农村的色彩"——这是非常之可能的事。俄国当时实在有两个资产阶级：一个是"很少数已经成熟或过分成熟的资本家"，一个是"大多数绝未成熟，却努力趋向于成熟的小私有财产者及一部分中等私有财产者，其中一大半是农民。"列宁当时的这种分析，便使多数派和杜洛茨基有不相同的结论："俄国政治解放运动的历史，实在就是这两种资产阶级倾向相斗的历史。……相斗的结果，俄国固然同样是变成资产阶级的国家，然而两者之中，必定有一方面得胜；那时的俄国或是完全成为大资本家的色彩，或是完全成为小资产阶级的色彩，——至少两者之中，也必定有一方面占优势。对于佣雇的工人，这一斗争是很有关系的；假使无产阶级是觉悟的，他必定努力加入这一斗争，力求农民倾向自己，而倾向大资本家。"(《列宁自由主义与民主主义》)。帝制制度下，贵族地主大商人，也能偷着几分自由，变成资本家，变成实业家。这种已经发财的大资产阶级，他对帝制是不满意，他也反对帝制，然而他的要求。只要政府容许他参政，只要社会上有相当的自由，有宪法，有"人权"，他的工业能够顺利的发展就够了。这一阶级的政治思想，当然只能到所谓自由主义(Liberalism)。他不但不必一定要推翻帝制，而且已经站在上等阶级的地位，还可以利用已有的经济势力，压迫政府，使政府对他让步，使帝制政府轻轻的不知不觉的变成他的工具——君主立宪制度。他很不用革命。那农民阶级以及一般的小资产阶级却恰相反背，他们必须得到更宽泛的自由，尤其必须完全消灭封建式的田地制度——没收地主田产；那就非革命，非实现共和的民主主义不可。然而农民的小资产阶级性是很显然的，无组织，不觉悟，或是倾向于盲动的激烈行动，而绝无明了的政纲，或是陷于封建旧习，而甘心屈服。自由主义派的政策往往也可以欺蒙得过农民，或恐吓得住农民。所以当时的无产阶级的政党，便有指导吸引农民阶级到自己的政治旗帜之下的天职。况且，农民阶级的经济要求，虽然同样是资产阶级性的，可是始终与大资本家的不同，当然更与无产阶级的不同；所以农民的政治作用，并不能说绝对不独立。

俄国资本主义的发展，事实上固然没有完全实现上述的形势，——农民资产阶级式的俄国并未实现，地主资产阶级式的俄国却直接变成了社会主义的。然而那种趋势，在当时不能不特别注意，在现时也还应当用心。俄国社会革命之后，大地主是没有了，资本家是没有了——还剩两种阶级：一是工人阶级，一是农民阶级；经济上的发展仍旧可以有两种形式——工人阶级倾向于社会主义的建设事业，农民阶级却倾向于小私有经济的扩大（长成资本主义）。所以即使现时的俄国，也还有变成"美国式"的农业资本主义的可能——便是从农民私有经济里发展出来。乡村中富农的经济势力，很可以危及无产阶级独裁制。

因此，杜洛茨基说"农民绝对没有独立的政治作用"，的确是不合"互辩律"（Dialectio)——因为他只看见已有的农民阶级，而不注意在发展中的农民阶级，——而事实上（互辩律上），却从农民阶级的内心，尽在发生出资产阶级来呢。

至于农民阶级与无产阶级相结合，是否像杜洛茨基所说："等无产阶级胜利之后，农民阶级自然只能倾向工人的民主主义（即无产阶级独裁制）？"还是农民阶级之倾向无产阶级，是无产阶级胜利的必要条件呢？换句简单话说：是无产阶级胜利了，农民阶级方和他结合呢；还是农民阶级和无产阶级结合了，无产阶级方能胜利呢？

固然，大多数农民群众，在十月革命时，还是赞成"社会革命党"（小资产阶级的改良派社会主义），他们在立宪大会选举的时候，投社会革命党的票。然而，第一，十月革命前农民已经倾向无产阶级的政党——农民子弟所组织的旧俄军队和农村田地委员会的赞助革命，反抗克伦斯基的农民暴动，凡此一切，都是赞助多数派"田地分给农民"的口号之表现。十月革命之后，各省革命的地方政府，也都是在当地农民及军队信仰无产阶级政党之后，才能巩固的。既如此，可见不是农民阶级看见无产阶级胜利之后，再来和他"结合"的，不是无产阶级消极的坐待农民阶级倾向过来的；而是农民阶级受无产阶级的吸引，积极的赞助他和大资产阶级斗争，所以无产阶级得以胜利的。第二，农民阶级之所以结合无产阶级，而赞助多数派，并不是屈服于"工人的民主主义制度——无产阶级独裁制"。农民对于无产阶级的信赖，是无产阶级以妥协的代价去换来的，——暂时抛弃多数派自己的农地问题政纲，而采取社会革命党的农地政纲；且而容纳农民方面所提出的政治条件。

可以说：列宁主义和杜洛茨基主义的不同，不在于主张"革命无间断的转变"与否，而在于这两点：一、无产阶级政党是否认农民阶级绝无独立的政治作用；二、无产阶级政党是否当注意吸引农民阶级，使他积极赞助自己。

列宁派的政策，是：无产阶级不死守着自己社会主义的原则，而以小资产阶级式的农地政纲，赞助农民阶级的利益，帮他和封建地主斗争，——这样去换取农民阶级赞助无产阶级反抗资产阶级的社会主义政策。换句简单的话说，便是：无产阶级要努力帮助农民阶级反抗封建地主，农民阶级方才肯帮助无产阶级反抗资产阶级。杜洛茨基派的政策便不同：他们以为无产阶级只顾可以独行其是——执行社会主义政策，不愁农民阶级不自然而然的倾向到无产阶级方面来，因为反正农民阶级并无独立的政治作用。

无产阶级与农民阶级联盟，力求引导农民阶级，使其革命性充分发展——这是多数派策略的根本原理。一九一七年革命中，这一联盟的动力，第一便是：田地制度的改革——这一大激变，虽然是一种革命政策，却不是社会主义的，而是资产阶级民主主义的，不是反对资本家的，而是反对封建地主的；——不是以田地收归公有，实行农业中之大规模的共同生产和共同分配，而是均分封建地主的田地，取消不平等的地主与农民间的身分限制，废止不以公平买卖为原则的佣役制度，而造成平等的小农经济，使农业中开始"自由竞争"之可能。这等革命政策，俄国无产阶级毅然赞助农民阶级去实行，——当时在革命后公布的田地令，并非多数派自己的社会主义的农地政纲，而是所谓社会革命党的小资产阶级民主主义的农地政纲。

可以说，这一政策，纯粹是无产阶级为农民阶级的需要而实行的，并非为自己的社会主义要求而执行的。虽然如此，那没收地主的政策，同时便与银行界的财政资本以一大打击，——因为这些地主的田地，都在各银行里抵有押款。所以那资产阶级民主主义性的政策的另一方面便含有社会主义的性质——转变而成社会主义的政策。不但如此，地主田产的没收，又是否认私有财产的"天经地义"之示威。再则，当时这"劳农同盟"之动力，第二便是：多数派力争停止帝国主义的战争。历史的突变，竟使农民不但从帝国主义的战场上退出"同盟罢战"；而且转身加入赤军，以拥护自己的资产阶级民主主义的利益——田地，从事于三年之久的国内战争。这就可见那时农民已经确见多数派的"变帝国主义战争为国内战争"的主张，是正当的，因为除此之外，绝无取得和平的别条道路。历史的事实，不断的使农民之资产阶级民主主义的利益与无产阶级之社会主义的利益相结合。俄国之资产阶级革命"转成"社会主义革命的道路是如此。这一转变之历史的规律性及其意义，当然不能单从资产与无产两阶级之相互关系上考察出来，而应当从三个阶级——资产、无产、农民——的相互关系上考察。否则，与俄国的客观情形决不符合。

杜洛茨基的革命无间派，在一九○五年便说："皇帝不要了，政府是工人的。"列宁却在一九一七年四月论及工人政府时，还说：

"我们有一种愿望：现时农民运动的时期还没有过完，这一资产阶级民主主义性的革命还没有完结，然而我们却想'跳过'这一革命，而进于社会主义的革命。这种愿望，是否有堕入主观派的危险呢？

"假使我是说的：'皇帝不要，政府是工人的'，这就确有主观派的危险。然而我说的是：现在只能有'工人、雇农、农民、兵士代表苏维埃'的政府，而不能有别种政府（这里资产阶级政府不说在内）；我说，现时的政权从古池夸夫、黎沃夫（当时的内阁）手里，只能转移到苏维埃，而在苏维埃内恰好农民占多数，兵士占多数，小资产阶级占多数——这所谓'小资产阶级'是马克思主义的科学术语，不是指生活程度、职业关系或社会地位，而是指他们的阶级性质而说。

"我可以自己保险，我这一提案里，绝对没有跳过还没过完的农民运动及一般的小资产阶级运动之空想【。】绝对没有想现时就以工人政府'攫取'政权的儿戏，绝对没有任何一种的白朗起主义的政治投机……"（《论策略书，全集》十四卷第一册）

固然我们知道，随后列宁常常称苏维埃为工人政府，为无产阶级独裁制，然而他在那个时候，认为"工人政府"的口号是不适当的，因为有忽视农民，空想"跳过"农民的意义。俄国是农民众多的国家，无产阶级革命的策略应当特别注意农民。农民国家中进行社会主义的第一步，应当有相当的方法。列宁说：

"俄国大多数农民能不能赞成糖业新狄嘉收归国有，由工人农民监督着，使糖价便宜呢？当然能够的，因为这对大多数人民有利的。这一种办法，经济上有没有可能？当然有可能，因为糖业新狄嘉不但已经经济上渗入全国范围的生产机体，并且在俄皇时代便已经归'国家'监督，不过那时国家的官吏，是为资本家阶级服务的罢了。民主主义资产阶级的农民国家里，这种一切糖业大公司收归国有的办法，是不是社会主义的呢？不是的，这还不是社会主义……再问一问：譬如糖业收归国有，或统一全国银行等类的办法，在民主主义的农民国家里，是否增加还是削弱无产及半无产阶级的势力、作用及意义呢？

当然是增加无产阶级的势力。因为这类办法，不是小经济的；这种办法的可能，实是现在的'客观条件'所造成的……实行了这类办法，再进而向社会主义，便是完全可能的事；如果再有西欧各国工人从旁帮助俄国工人，那就俄国过渡到社会主义，真正变成了不可免的事，而这种过渡的成功已经有保障了。"（《根本问题中之一，全集》十四卷第一册。）

对于统一全国银行、田地国有等办法，列宁也一件件详细证明：就算在民主主义的农民国家里，也可以行的，要紧的是不去侵犯农民的利益，而去保护他的利益。列宁的论断，从不离开俄国现实的阶级关系，他所提议的第一步的社会主义办法，都求适合农民的民主主义的利益。

可见，列宁的"无间断"的革命说，不是要无产阶级反抗资产阶级而斗争时跳过小资产阶级的农民而直接实行社会主义和所谓"工人政府"，而是合乎历史的一切阶级发展律，无产阶级在每一阶段努力执行现实上可能的社会主义职任之最大限度，同时保存并且巩固自己与农民阶级的联盟。这是俄国无间断的革命中，列宁派的策略的精义。杜洛茨基派的革命无间说，却只见着推翻资产阶级后的无产阶级之"阶级地位的逻辑"，——仿佛无产阶级在封建军阀或帝制农奴的政制之下，既然参加民主革命，当然已能反对资产阶级；民主革命胜利，无产阶级的政治势力累加增高，直接便要进于社会革命，提出纯粹社会主义的要求，可以不顾农民，单独向资产阶级进攻，如此，便会实现急转直下的无间断的革命。——何以故呢？——杜洛茨基回答道：因为无产阶级的阶级地位，使他不得不直进而要求实行社会主义。这便是死公式！这公式的意思：因为工人没有私有财产，因为工人只知道自己的利益在于国有大生产事业——农工业都要如此，所以农民是否要均分田地，是否暂时只能经营私有的小经济，不去问他；总而言之，因为工人是无产阶级，所以他只知道要社会主义，不管农民要民主主义，——参加民主革命时（更不用说实行社会革命时了），便只要提出社会主义的要求，不必去联络农民，——假使实行这样的策略，农民很可以反动而趋向于自由主义的大资产阶级（未必见得像杜洛茨基所说自然而然服从工人政府），工人阶级势孤，其势非失败不可。这样，那就资产阶级的反革命真可以成功，而革命中断了——那里来的无间断的革命呢？这是杜洛茨基主义的根本错误。

少数派因忽视农民而主张联络大资产阶级，因此便要消灭无产阶级的独立，而使他屈服于反革命；杜洛茨基派亦因忽视农民而不顾农民利益，因此便要激使农民反动，使无产阶级孤立，而助长反革命的势力。所以杜洛茨基主义，亦是一种少数主义，亦是一种机会主义。

(《新青年》不定期刊第一号，1925年4月22日，署名 瞿秋白)

49.《在伟大的墓之前》(《新青年》不定期刊第一号，4月22日)

《新青年》不定期刊第一号发表蒋光赤的《在伟大的墓之前》，全文如下：

在茫茫人海中沉落了一朵光明闪灼[烁]的浪花，
在克里母宫的城下长卧着一个今古无比的伟人，
历史故意地遗留下这一堆黄土——永远的纪念，
也不知要引起了许多悲痛、哀感、凭吊和歌吟！

我不以死为人生的悲剧，
我最可惜造福人类的人不能长生；
纵让全世界无产阶级号天痛哭
也哭不醒最亲爱的、无知觉的墓里人！

列宁啊！你生前有改造世界的天能，
你的死难道也如昙花泡影的永逝？
你或者安安稳稳地卧在克里母宫的城下，
远观世界革命的浪潮，近听赤城的风雨？

列宁啊！你的功业如经天的红日，
我要歌咏你罢，我又何从歌咏起？
你的墓是人类自由的摇篮，
愿你把人类永远摇到自由乡里去！

录自《新梦临列宁墓》

一、去年今日

时间真快，如风车也似地飞转，不觉又是一年了。

今日是列宁——全世界无产阶级革命的首领，去世的週年纪念。在这一年之中，我总常常想到那列宁死后的悲哀，那永远不可忘记的悲哀。去年今日我在莫斯科，今年今日我在中国，空间的距离不可谓不远，时间的距离也不能说太短。但是那列宁死后的景象，那列宁殡葬时的炮声，那工人、农民、学生……的悼歌，那用笔墨言语形容不出来的严肃、沉痛，宛然在我的耳里、眼里，紧紧地固着在我的心里。

我还记得列宁死之前一日——大约在晚上罢？——我同几位朋友——他们都是外国人——谈论到历史上的人物谁个伟大些，谈论到十月革命的成功，谈论到列宁的天才与无产阶级革命，谈论到列宁与被压迫的东方，并且谈论到列宁的夫人克鲁布斯加牙，她如何地与列宁同受甘苦……把列宁的一生都谈论到了。我们说到列宁的病，——列宁的能好不能好，列宁的病是革命的不幸，我们的不幸……大家都呈现着无限的悲戚！可恨的病魔！可恨的那行刺列宁之社会革命党的女党员！可恨！……

当时我们没有一个人说列宁要死，我们不愿意说，我们不忍说。我们都是无神论者，我们不是上帝的信徒，但是我们却暗地里祷告，祷告列宁的病快些好，快些好！

我说一句实在话，我从没有关心过别人的病像关心列宁的病一样亲切，——列宁是谁呢？列宁的病为什么值得我这样关心？不，我说错了。全世界爱自由的人们，主张人类解放的人们，被压迫的人们，都如我一样关心列宁的病，他们也祷告，祷告列宁的病快些好，祷告列宁永远康健！但是列宁的病为什么值得他们这样关心呢？这不必问，他们自己会说出这个理由来。

我们希望列宁的病快些好，祝列宁永远康健，因为他是现在世界中最有用的一个人，因为他指导我们到光明的路上去，因为他是社会革命的象征。但是希望是无用的——千千万万人们的希望战胜不过自然的法则，"脑髓之呼吸的中心停止动作——绝顶睿智思想的中心窒息了"！这的确是一件憾事！为什么在科学无能为力的地方，怪事是不会完成的呢？

列宁不应当死，列宁更不应当早死！但是列宁死了，列宁更居然早死了！

列宁死了！……

今日是革命首领去世的週年纪念。我今日虽在上海，但不能不想起去年今日的莫斯科：

"列宁死了！"——有一个朋友对我说。

"什么？"

"我得到确实的消息，列宁已经死了。"

我听了这个消息——好一个不幸的消息!——莫明其妙说什么话好,似觉顿时神经失了作用。但是还自语自问地想:

"这个消息不的确罢?这个消息是不应当的确!……"

各机关都悬起哀悼的黑边的红旗了。街上往来人们的面孔上,都呈现着很深刻的悲戚。他们中多数的衣袖上缀着一块黑边红心的布条,我后来也得到这么样一块布条缀在衣袖上,——这是说列宁已经死了!列宁真正地死了!

二十二日列宁的灵柩从哥尔基村运到莫斯科来,哥尔基村的农民在后面成群结队地哭送。全俄中央执行委员会会长加里宁,第三国际会长季诺维埃夫,《真理报》主笔布哈林……亲自到车站去抬灵柩,无数万的人们望着灵柩落泪,有的竟放声哭,——为什么哭呢?父亲死了,焉得不哭!灵柩抬到劳动同盟社安放,政府为着要使革命的首领与民众更亲近,为着要使工人、农人……与革命的首领为最后的辞别,为着革命的首领永远留在群众的脑海里,议决开放三日,使人人得睹列宁死后的面貌。

这几天莫斯科的人比寻常至少要多一倍。各地派来工人的代表,农民的代表,红军的代表……几弄得没有房屋可住。他们从那俄罗斯的内地来,他们代表全俄罗斯的工人、农民、一切群众致奠于首领的灵柩之前,表示无数万万人们的心灵对于人类的导师之哀悼。他们冒雪而来,来到莫斯科与他们所谓亲爱的伊立伊奇(列宁的名字)做最后的晤面。他们大约有无限的伤心罢,或者这种伤心是世界上最深刻的伤心。

我住莫斯科三年,从没遇过这几天气候的寒冷!寒度降至零下四十,街上几无行走的可能。但是各地的代表,莫斯科的群众,为着要晤列宁的一面,为着要在灵柩前表示哀悼的心情,居然不怕寒冷,在街上成行成队地排着,至少也要三个小时,才能达到灵柩安放的所在。天气既这般的寒冷,在冰天雪地里站立三四个小时,若无很激烈的热诚,很坚强的忍耐,很结实的信仰,谁也不能够啊!冻僵的也有,冻得说不出话来的也有,冻倒了抬到医院里去的也有,——我亲眼看见了许多。他们为的是什么?他们为什么要这般受冻?他们要看列宁,他们情愿地受冷!

一队一队的经过列宁的灵前,人太多了,没有停立久看的可能。大家眼里含着泪——不,有的竟放声哭,那心肠慈弱的女子更不待说了;口里唱着悲哀的悼歌,这悼歌真表示出人间最伟大的、最深邃的悲哀。

在无数万人们的泪海中,在无数万人们的哀歌中,我们看出列宁的伟大,我们看出历史上再没有更比列宁伟大的一个人。

二十七日,红色克里母官的城下,埋葬了一个今古无比的伟人。

列宁埋葬在无数万人们的泪海中,埋葬在无数万人们的哀歌中,——埋葬在无数万人们的心灵里。

这是去年今日的事。

时间真快啊!如风车也似地飞转,不觉又是一年了。在今年的今日,我想起去年今日的事情,想起那无数万人们送葬的情形,想起那时候天气的奇冷,想起那列宁的灵前堆积如山的奠花,想起那难以言表的悲哀,更想起那白发老妇人克鲁布斯加

牙——列宁夫人的演说……〈。〉

二【、】苏俄的创造者

哦，我的亲爱的母亲！苏维特的母亲！
哦，美丽的、快乐的时代之摇篮！
你是自由的、光明的海岛，
你是巨钟，做唤醒奴隶的狂喊。

你脱离了那蒙古的、亚细亚的、
万恶沙皇的、奴隶的铁锁；
你抛却那市侩的、惧怕革命的怀抱，
来过这公道的、共产的生活。
——择译沙度维叶夫《俄罗斯》二节——

哦，是的！新的俄罗斯是美丽的、快乐的时代之摇篮；新的俄罗斯是自由的、光明的海岛。

哦，是的！旧的俄罗斯处在蒙古的、亚细亚的、万恶沙皇的制度之下；旧的俄罗斯是黑暗的、野蛮的帝国。

我们把新的俄罗斯与旧的俄罗斯比较一下，我们不得不喊新的俄罗斯是最可爱的，新的俄罗斯是自由的、光明的海岛！我们想想过去，看看现在，望望将来，不禁觉得过去的俄罗斯之令人惧，现在的俄罗斯之令人爱，将来的俄罗斯之更令人希望。

我是亲爱的苏维埃俄罗斯呀！在茫茫的世界中，我只在你这块土地上找得点公道、正谊，我只在你这块土地上看见劳农的群众们脱离了奴隶的生活，我只在你这块土地上听不见那资本家、地主、贵族、军阀的恶声。苏维埃俄罗斯不是诗人幻想的乌托邦，不是毫无缺陷的共产社会，不是那宗教天国，……但是劳农的祖国，是世界革命的发源，是被压迫人们的护符。

但是追溯苏维埃俄罗斯之由来，苏维埃俄罗斯产生的过程，我们就不得不想起那已经死了一年的列宁——革命的首领，人类的导师，苏维埃俄罗斯的创造者！不错，历史不是个人所造成的，——十月革命是无产阶级的革命，其成功当然不是列宁一个人的力量。说列宁是苏维埃俄罗斯的创造者，似觉有点不妥当。但是，我们要知道，若每个人能澈[彻]察历史的进程，顺应群众的心理，代表群众的愿望，——使自己变成为群众的象征，使自己变成为群众的集体，则说他即群众，群众即他，有什么不可以呢？十月革命是无产阶级的革命，但是列宁是无产阶级的化身；苏维埃俄罗斯之能产生，是因为劳农的努力，但是列宁是一个总指挥，列宁一身具有劳农的睿智，他能引导劳农到成功的路上去。

我们说列宁是苏维埃俄罗斯的创造者，又有什么不可以呢？

我们一提到苏维埃俄罗斯，就联想到列宁，一提到列宁，就联想到苏维埃俄罗斯，这的确因为列宁与苏维埃俄罗斯有不可隔离的关系。那无数万的工人以列宁为父亲，那无数万的穷农以列宁为救主，——在群众的意识中，已经坚固地承认列宁是苏维埃俄罗斯的创造者了。

我们提到列宁，提到苏维埃俄罗斯，又不得不联想到被全世界资产阶级咒骂的过激党——共产党了。共产党是列宁一手所创造的党，是在列宁指导之下，从事建设苏维埃俄罗斯的党；现在列宁虽死了，这个党还是照着列宁主义，进行列宁所未做完的事业。现在可以说，没有共产党，即没有苏维埃俄罗斯，共产党是苏维埃俄罗斯的砥柱，是劳农的罗盘。

共产党是无产阶级的代表，但是我们要知道，它是列宁一手所造成的。

俄国社会民主党第二次大会——在一九〇二年——一般的情绪均有将劳动政党变为资产阶级德谟克拉西政党的趋势；当时列宁见着这种危险，毅然反对著名首领马尔托夫的主张，以为无产阶级的政党应如铁一般的结实、统一，它的党员应守无产阶级的纪律。结果，俄国革命的社会民主党——多数派就从此时形成，将来十月革命的首领列宁亦就在此时预定了。

列宁极力与少数派主义奋斗，极力使多数派的政党在不公开的状态中巩固，极力主张指导罢工的运动为劳动阶级谋利益。在第三次大会中，列宁已经很明确地预定第一次革命——一九〇五年革命之不能避免。

一九〇五年革命失败后，在反动的政潮下，一般从的革命分子发生颓废的情绪，许多的社会主义者或遁入秘密的天国里，或滚到资产阶级的怀抱里，或为神秘哲学的探讨，——总而言之，他们失望了，他们不愿再革命了。

但是列宁却高声地呼喊：

"一九〇五年的革命被压迫下去了；但是革命还未消灭呀！"

在一九一二年至一九一四年之间，因着列宁的努力，多数派已形成很坚固的、很实在的工人政党。少数派时时刻刻背叛劳动阶级的利益与资产阶级为无耻的妥协，而多数派却未曾一秒钟不为无产阶级革命而奋斗。

帝国主义国家分赃的大战爆裂了！……

应当反对资产阶级的战争之社会主义者至此抱什么态度呢？

有的失了魂魄，无所措手足；有的直接背叛了社会主义，滚入资产阶级政府的怀抱；有的置之不问，依违于两可之间。他们帮助劳动阶级的互相残杀，他们为资产阶级的祖国做忠仆，他们把什么阶级利益，劳动阶级无国家，全世界无产阶级联合起来……抛到那九霄云外去了！

他们……社会主义者！

仅仅一个列宁是无产阶级的救星！他深明了帝国主义战争的内容，他宣言不但反对战争，不但承认资产阶级战争对于劳动有害无益，并主张将资产阶级战争化为无产阶级对于资产阶级的战争——无产阶级革命。

欧洲的大战真给了俄国的劳农以无穷的痛苦！

面包呀……土地呀……和平呀……工厂呀……

在这一种喊叫的声中，列宁指示了劳农一条超生的道路——推翻资产阶级的统治，把政权拿到劳农自己的手里来！

那违背劳动阶级的少数派,那自称代表农民利益的社会革命党,他们在二月革命登上政治舞台了。但是他们上了台之后,所给与劳农的是一些什么呢?工人要求的是工厂,而他们所给与的是帮助资本家压迫工人;农民要求的是土地,而他们所给与的是惩罚扰害地主安宁的农民;大家要求的是和平,而他们所给与的是帮助资产阶级继续战争;大家要求的是面包,而他们所给与的是枪弹。这是他们的罪过呢,还是他们的不聪明?

他们不能代表劳农的利益,无论如何,是不可讳言的了!

只有列宁,只有列宁的党能够偿还劳农的愿望!

"一切政权统归苏维埃!"

列宁喊出这个口号,多数派遵照这个口号进行,一切农民、工人跟着走,于是结果开了一朵十月革命的鲜花!

从此俄罗斯成为苏维埃共和国,俄罗斯的劳农跃上统治的地位,一切土地、工厂……都夺回到劳农的手里。

哈哈!只有列宁,只有列宁所手创的党——共产党能够偿还劳农的愿望!

俄罗斯的劳农从黑暗的地窖里跳上光明的大道,脱离了奴隶的羁绊,而得到自由的生活,这虽然是自己努力的结果,但是也大半由于列宁,由于列宁的党之指导得力罢。俄罗斯的劳农当然永远忘却列宁不了,当然永远把列宁埋葬在自己的心灵里!列宁的死引起全世界劳农的哀悼,但是俄罗斯的劳农比较着更多流些热泪,更为伤心,更为沉痛!这并不是因为列宁于俄罗斯的劳农厚待些的原故,而是因为俄罗斯的劳农比较任何一国的劳农感受列宁的恩爱更为直接些。

新俄罗斯是美丽的、快乐的时代之摇篮,而列宁是此摇篮的奶娘。

新俄罗斯是自由的、光明的海岛,而列宁是此海岛的开辟人。

海岛的开辟人呀!你将与海岛以并存!

三【、】世界革命的大旗

你的心是人类的洪钟,

你的心是红的、活的大旗。

哦,世界鹏鸟呀!

你飞腾时羽翼掩了大地。

你雄立在那山之高巅

向那全世界的无产阶级狂喊:

"万国劳动者联合起来啊!

来!来随我开辟那幸福的乐园!

来!来随我向这旧的世界决战!"

——择译卡金《列宁》一段——

倘若列宁之死仅能引起俄罗斯的劳农之哀悼,倘若列宁之死仅能博得俄罗斯之热泪,则我们将不能说列宁是世界革命的首领,是全人类的先师了。但是列宁之死却引起了全世界劳农之哀悼,博得了全世界劳农之热泪。列宁死的消息传出后,我们无论在地球的那一个角上,都听着人们的哀悼,都寻着人们的泪痕。

"列宁死了!

亲爱的列宁死了!

⋯⋯⋯⋯"

但是同时随着这种哀悼流泪的音流,我们又听见欢笑、愉快、诅咒的声波,——这是全世界旧的势力、旧的阶级、旧的分子对于列宁死了的表示!

倘若列宁仅被俄罗斯的资产阶级、贵族、神父⋯⋯所诅咒,而他的死仅引起俄罗斯的资产阶级、贵族、神父⋯⋯之欢笑、愉快,则我们又不能说列宁是世界革命的首领了。世界革命是对于世界的旧制度总推翻,世界革命的首领是消灭旧世界的催命大将军,——列宁自然要为全世界的资产阶级、贵族、神父所诅咒,列宁之死自然要引起全世界的资产阶级、贵族、神父之无限的快乐。

于是全世界劳农的悲哀与全世界统治阶级的快乐同一高的程度!

在这两种悲哀与快乐并行的声中,我们深深地认识,认识了列宁对于人类的意义,认识了列宁是一个不可比拟的伟大⋯⋯

十月革命虽然发生于俄国,但是十月革命的意义则不限于俄国,它是全世界革命的开始。十月革命如法国大革命一样,法国大革命开辟了资产阶级统治的世界,十月革命则开辟了无产阶级统治的世界;虽然十月革命未完成世界无产阶级统治,未把全世界的资产阶级推倒,但是它开始了世界革命,它还在继续着前进,全世界资产阶级消灭之时,就是它完成的最后。倘若谁个说十月革命是俄国一国的革命,与世界没有什么大关系,则就未免不了解十月革命的真价值。世界经济的、物质的发展将全世界无产阶级合成一个整体,再不能有严密的国界的、地域的分别。所谓全世界无产阶级的革命,到了现在,不但是需要的,而且是可能的。本来接着欧战,世界革命是应当爆发的,我们的列宁先生也曾如此预料。不料十月革命爆发后,各国无产阶级因物质条件的防阻,思想的未完成,不能为即时的响应。这的确是一件很可惜的事情。

但是十月革命是世界革命的开始,十月革命虽未能一时完成世界革命,但它绝不能终止进行,绝不能缩小自己的职任。我们想起十月革命,不得不想起列宁,想起列宁,又不得不想起共产国际——指挥世界革命的总机关。那为世界革命、无产阶级和社会主义的叛贼的第二国际,已经失却自己指挥的作用,于是有所谓共产国际的实现,这个共产国际就是在列宁指挥之下所成立。共产国际是世界革命的总机关,而列宁是它的大旗。共产国际的职任在于完成世界革命,而列宁——大旗的作用在于号召被压迫的群众,做人类解放的象征,规定世界革命的方向。这一面大旗令全世界统治阶级和一切仇视新世界的人们见之丧胆,令全世界被压迫的民众和一切厌恶旧世界的人们见之兴奋。

哦!好一面照得天红地赤的大旗!

列宁生前因为做了苏俄的人民委员长,不能兼做共产国际的会长,但是这并没有什么紧要,谁个也晓得列宁是共产国际的指导人和化身。我们试一读他的演说,他写与各国工人阶级的书信,我们可以看出他在世界革命运动上有如何大的作用。他不但对于欧美先进国的工人阶级尽力地帮助,并且对于落后的国家,被压迫的民族,也是一样地热烈,也是一样地代他们筹划,俾全人类能够达到解放的目的。

列宁真是全人类的福音啊!……

不幸十月革命未能即时完全世界革命,列宁只能做苏俄的人民委员长,不免关于社会主义的建设、措施,都只能限于苏俄一块土地。但是列宁从未将苏俄看为一个最终的目的,或以为将苏俄治好了就算完事。他水[永]远将苏俄看做东西革命运动的连环,世界革命之一个必要的大本营,全世界无产阶级战胜资本统治的根据地。列宁以为只有把苏俄巩固了,终能使全世界无产阶级运动有所依持;但是在别一方面若全世界无产阶级的联合机关无势力,则苏俄自身亦将不能保存,因此列宁用自己全身、全心、全力量巩固共产国际。只有如此才能达到劳动阶级解放的目的,只有如此才能促成新的世界之实现。

哥尔基说:"……我还继续地想,如我前二年所想一样,对于列宁,俄罗斯不过是开始全世界之一个经验的材料。"

是的!对于列宁,俄罗斯不过是开始全世界之一个经验的材料!

若列宁的眼光只限于苏俄,列宁的愿望只限于解放苏俄境内的劳农,则列宁将不能成其为列宁了。不错,若某一个人愿望将自己一国内的劳农解放,则已经是很伟大,很令人敬佩;但是我们不能拿这个范围来论列宁。列宁的行动、主义,是以全世界为标准的,他的愿望是解放全人类,他在人类史上所做的事业,谁也不能够同他做比拟。他所给与全世界劳苦群众的东西,将永远不被忘却,将永远如日月的经天,如江河的行地。他的肉体虽死了,而他的精神将永远地活着,将永远会溶化在人类心灵里。

列宁本身是人类解放的象征,是世界革命的大旗。大旗所放射的异彩将永远炫耀于人们的眼底深处。历史既然产生了一个列宁,列宁既然为人类做了不朽的事业,列宁实无死的可能。也或者那克里母宫城下所掩埋的棺木已经朽了,那棺木内的尸骨已经化了,但是列宁还没有死啊!

列宁不死,列宁永远地不死!

说到这里,我又想起那冰天雪地莫斯科城中的一个小学生。大约是列宁死后的第二天罢?我看见我们寄宿舍隔壁住的一个小学生——他或者十三岁,很聪明,很可爱的一个小孩子!——他没有从前那样高兴似的。我就问他:

——你为什么不高兴呢?

——你现在难道高兴么?

我被他这一反问,倒觉不大好意思了。

——不,列宁死了!……

他听了我的话后,沉吟了一回,说道:

——不错,列宁死了,我很为之悲哀。我的父亲昨天竟哭了。今天他拿了一块大红布,在上面写着:"列宁是世界革命的大旗,列宁主义是达到人类解放的工具。列宁永远地不死!"他写过之后,又解释给我听,我现在还想着我父亲所说的话。你是不是……？我父亲说,列宁不但是我们俄国人的,并且是东方人、西方人、中国人、印度人的。你听见他死了,你也不高兴吗？

我听了他这一番话,我不知道拿什么话来回答他。现在离列宁之死,已经一年了。际此週年纪念的日子,使我更不得不回忆那冰天雪地莫斯科城中的一个小学生所说的话……

四【、】黑暗的东方之红灯

在克野母宫城下

会聚着无数万无数万人们……

全世界都低着头,抬在肩上,

送这红色的伊立伊奇的灵柩[枢]。

在那鞭笞底下呻吟的黑奴

大约现在在那热带的地方痛哭；

那久处于压迫之下的中国人

也将怀着无限的、深沉的忧愁。

亲爱的列宁啊！

你死了,

你居然一逝悠悠！

——译自俄国某诗人哀列宁之一节——

好一个黑暗的东方！

除开一部分日本人,凡是东方的民族,没有不受那所谓文明的、白色的种族之欺凌剥削。无数万万东方殖民地或半殖民地的劳苦群众,简直是欧美资产阶级之压迫的对象,——欧美资产阶级用他们的力,饮他们的血,吃他们的肉,统治他们的土地,蹂躏他们的文化……无恶不作、无微不至。

可怜被压迫的东方！可怜东方的劳苦群众！

资本主义的发展使先进国的资产阶级不能以仅仅剥削本国劳苦群众为满足,并且剥削本国劳苦群众有一相当的程度,不能太超过范围——,这种状况使先进国资产阶级一定要另寻财源,一定要在国外开辟殖民地。可怜经济落后的国家,文化不发达的民族,就因此变为欧美资产阶级之侵略的目的物了！所谓文明人有诡诈的外交政策,有锐利的枪炮,有美妙的机器,有欺骗的知识,当然容易将幼稚的、愚蠢的民族征服下去。野蛮人？当然不能与文明人相比,文明人对于野蛮人可以任意残杀、蹂躏、抢掠、压迫……总之,一切黄色民族、黑色民族、非白色民族,都是不开化的民族,都要受白色的、开化的民族的处治。

我们不必远溯美洲开辟的历史,非洲被瓜分的事迹,只要打开欧美资产阶级近百年来侵略亚洲各民族(日本除外)的图画一看,就觉得这一幅图画是用欧美资产阶级的枪炮、欺诈、抢掠、残忍和亚洲民族——中国、高丽、安南、缅甸……——的肉血、性命、财产、痛苦所制成的！

现在除一个高丽、日本的殖民地，为日本资产阶级剥削的对象，其余那一个不在欧美帝国主义者的支配范围内？

无数万万的劳苦群众日在奴隶牛马的状态下过生活，日呻吟于帝国主义者的鞭笞下。唉！好一个黑暗的东方！

但是十月革命如响雷一般，不但解放俄罗斯领域内无数弱小民族，并且惊醒了一切东方被压迫的民族，指示出他们求解放的道路，——欲求民族的解放，必要推翻帝国主义，必要与无产阶级革命联合向资本主义世界攻击。于是埃及觉醒了，印度觉醒了，土耳其觉醒了，中国也觉醒了。现在国民革命、民族解放的呼声浸溢于被压迫的东方，东方向着光明的路上走。但是我们说到十月革命对于东方解放运动的影响，又不得不说到指挥十月革命的主帅——我们的先生列宁了。

本来第二国际的首领何尝未注意到民族问题，但是他们所注意到的是开化民族，而亚洲或非洲的未开化民族是不值得他们垂念的。欧美资产阶级的领袖，如威尔逊，又何尝未说过什么民族自决，但是这不过是他们的慈悲心陡发，或者是他们要说几句好听的话给被压迫的民族听听，拿出一个宽心丸给被压迫的民族吃吃，在实际上，他们真愿意民族自决么？倘若弱小民族都自决了，则他们自身——帝国主义者还能生存么？

我们且看一看被压迫民族的首领——列宁——对于民族问题的态度。

在俄国共产党（从前的多数派）形成的初期，列宁已将殖民地和民族问题提出；在当时一[以]至于到现在，谁个也没有他对于这个问题的注意，谁个也没有他对于这个问题的明白。一九〇〇年，列宁在《火星报》著一论文《中国战争》，在此论文中，他指示出欧美资产阶级压迫中国人民的真相。

"中国人对于欧洲人的攻击由何而生？……不错，中国人仇视欧洲人，但是因为什么呢？中国人之所仇视的，不是欧洲的民众，中国人与他们没有接触过，而是欧洲的资本家和服从资本家的政府。中国人能不能不恨这一些人们——他们到中国去只知道榨取、欺诈、抢掠、压迫、剥削，尽做一些残害中国人民的勾当？……"

在满欧洲的资产阶级狂喊中国人野蛮，用枪炮轰击中国人的时候，我们的革命首领独为我们劳苦的群众声辩，独为我们被压迫的民族揭露帝国主义的黑幕。列宁之为弱小民族的救星，大约不自十月革命后始了。列宁对于帝国主义国家压迫弱小民族的行为，始终尽量地指责、反抗，从没有一次放松过。十月革命轰然一声，把俄罗斯境内东方之弱小民族的锁扣完全解去，——可怜他们处于旧俄沙皇政治之下，也不知受了许多的摧残，许多的痛苦！十月革命后他们才能享得民族平等的权利，他们才能得到抬头的机会。怀古思今，他们对于十月革命的首领诚抱着无涯的感谢！也不怪列宁死了的消息一出，那高加索的山人，土耳其斯坦带小花帽子的回民，那西伯利亚的土人，……他们如丧了考妣，他们的悲哀不减于本俄国的劳农群众。

列宁的愿望当然不仅在于解放俄罗斯境内的弱小民族。共产国际成立后，他在大会中特别规定无产阶级革命与殖民地解放的关系，欧美的先进的无产阶级应极力帮助弱小民族脱离帝国主义的压迫。在他所指导的苏俄政府对于东方的政策，没有一处不是帮助被压迫民族反对帝国主义的侵略,没有一刻不号召被压迫民族起来做解放的运动。啊!也难怪东方的劳苦群众视列宁如圣人一样,视列宁如救苦救难的天神,他们对于列宁之死,如欧美的劳苦群众一样,抱着无限的悲哀,洒了许多的热泪!

三年前,俄国《新闻报》主笔威林斯基旅行中国中部某地遇一苦力,——当时苦力知道他是俄国人,微笑着向他表示对于列宁的敬意。

——他从什么地方知道列宁呢?——威林斯基问他的翻译。

——人人都晓得列宁,从前有过孔夫子,现在就是列宁——苦力很郑重地这样回答。

中国的苦力把列宁比成孔夫子,我们由此可以知道列宁在中国劳苦群众中的势力了。

在那印度穷乡僻壤的深处,有一个小侍童沙弥,受够了主人的鞭笞,一日忽然外出,数日不回。后来回来了,主人问他到什么地方去了,他回答道:"我受够了你的鞭笞,想到那救世主面前去,他住在那很远的冰天雪地里,他给饥饿的人们面包吃,他完全不虐待自己的侍童。他的名字叫列宁。……"

这是东方劳苦群众普遍地对于列宁的想像。在这一种想像中,我们已经看出列宁变成为神话传说的英雄了。

东方劳苦群众总有一日脱离黑暗的压迫,列宁就是在天空高悬着引导他们到光明道上的红灯。

最后我引用巴古迫悼列宁大会中回教徒代表色哈加迷之一段演说——做为本文的结束:

"……列宁终生只有一个目的:解放全世界劳苦群众脱离资本家的压迫。列宁之死实使全世界劳苦群众抱着无限的悲哀。在列宁的墓前,我们应当说,只有你鼓起了民族觉悟的火光,只有你燃着了民族解放运动的红灯。

"你的名字将永远在我们之中生活着。我们永远尊重你的事业,永远与你的仇敌奋斗!"

(《新青年》不定期刊第一号,1925年4月22日,署名 蒋光赤)

50.《列宁年谱》(《新青年》不定期刊第一号,4月22日)

《新青年》不定期刊第一号发表蒋光赤的《列宁年谱》,如下:

乌拉基弥儿·伊立伊奇·列宁为俄罗斯共产党领袖,十月革命指导者,苏联第一任人民委员长。去岁逝世,哀耗惊动全世界,无产阶级如丧考妣。今将其一生大事按年简述于后,他日有暇,当为之详传也。

一八七〇年

四月十日(俄旧历,即新历四月二十二日。下仿此)生于新比斯克省。父为新比斯克省国民学校组织人。

一八八六年

一月十二日父死。

一八八七年

中学校毕业,秋入加赞大学。

十二月五日,因参加学生运动,被学校开除,并被解送至加赞省柯枯斯金诺乡村。

一八八八年

七月十一日,拒绝复进大学校。

九月,警察禁止列宁出国。

秋,居住加赞,研究马克斯[思]学说,与学生团体有结合。

一八八九年

夏,拒绝学校考试。

一八九三年

居住撒麻喇。为撒麻喇马克斯[思]主义者小组之一员。著《农民生活中之经济运动》一书。秋,至彼得格勒(现改名为列宁格勒)

一八九四年

加入社会民主党之宣传组。组织中央劳动团。

著《国民之友是什么及他们如何与社会民主党争斗》。

一八九五年

四月末,出国,与蒲列哈诺夫、阿克色洛德、撒苏利奇相结合。

九月,回国,办妥转运秘密印刷品事。

组织"劳动阶级解放同盟",筹备出版秘密报纸《劳动新闻》。

十二月九日晚,警察逮捕"劳动阶级解放同盟"会员,列宁入狱。

一八九六年

狱中着手著《俄国资本主义之发展》。自狱中寄出《俄国社会民主党党纲草案》。

一八九七年

二月末,充军至西比利亚,限期三年。

一八九八年

六月十日,与克鲁布斯加牙女士结婚。

秋,《俄国资本主义之发展》一书完成。

一八九九年

四月,在彼得格勒,《俄国资本主义之发展》出版。

一九〇〇年

一月二十一日,充军期满。

筹划恢复社会民主党中央机关报《劳动报》未成。议决列宁与比得列梭夫出国藉"劳动解放团"之助,刊行社会民主党报纸。

五月二十一日,与马尔夫托同被捕。

五月三十一日，被释放。

秋，《火星》开始出版，列宁为编辑员之一。

一九〇一年

为《火星报》指导者，克鲁布斯加牙为《火星》编辑部书记。

一九〇二年

二月，与德国社会民主党人结识，与罗萨鲁森堡会面。《怎么办》一书出版。

四月，与妻克鲁布斯加牙至伦敦，因《火星》移至伦敦出版。研究，进行党纲及章程草案。

一九〇三年

是年反帝政运动甚激烈，列宁提议赞同自由派提议，共同刊一反帝政报纸，被社会民主党否决。

在全俄社会民主党第二次大会，列宁坚持革命的马克斯主义：一、列宁要求每一党员均应参加党的工作，仅积极的革命工作者能为党员；二、提议建立一真正指导党的机关；三、主张党纲仍旧。

一九〇四年

俄国第一次革命开始。

列宁被选为中央执行委员会之一员。

五月，著《一步向前两步向后》，指摘少数派之趋向投机主义。

六月，退出中央执行委员会。

十一月，刊行《前进报》——多数派之机关报。

十二月二十二日，《前进报》第一号出版。

一九〇五年

俄国第一次革命爆发。

列宁着手第三次大会之预备。

积极参加第三次大会之工作。为中央执行委员会之领袖。

六月，《民主革命中社会民主派之两种策略》在日内瓦出版，此书说明无产阶级应在将要爆发之革命（一九〇五年革命）中为主力；运动之目的……非将政权转入自由派之手，而应建设劳农之民主独裁。

八月——九月，列宁鼓吹推翻帝政之暴动。宣传无产阶级武装。

十一月初，列宁回国。

十一月，在多数派之公开报纸《新生活》、《奋斗》工作，极力揭露维节内阁之反动政策，自由派资产阶级之妥协趋向，少数派之投机主义。

极力为武装暴动之预备。

十二月，武装暴动起，列宁在彼得格勒鼓吹工人组织援助莫斯科之暴动。

一九〇六年

四月，极力与立宪主义及少数派主义奋斗。

在社会民主党联合大会上，列宁为一副报告者：一、关于农民问题，主张国有化之原则；二、关于在现在状况之下无产阶级之阶级的职任问题，指摘少数派所用的方法之谬误；三、关于对国会态度问题，主张拒绝参加。

五月，向彼得格勒工人报告俄国社会民主党联合大会之经过。

七月，刊行多数派之秘密机关报《无产者》，并为之编辑；极力攻击革命党中之颓废的趋向。

十一月——十二月，极力攻击所谓"工人大会"，少数派之投机主义政策及蒲列哈诺夫。

全俄社会民主党大会之后，列宁为多数派之首，制定竞争选举之进行大纲：不与立宪派合作，而单独实行无产阶级之策略。

一九〇七年

一月，列宁主张参加第二国会之选举，欲藉之揭露自由派资产阶级之反革命性，民粹派团体之小资产阶级性及少数派之投机主义。

四月——五月，列宁指导国会中多数派代表之工作。极力参加社会民主党伦敦大会之工作。

六月，大会后，列宁回俄，住于芬兰。

七月，在社会民主党第二次临时大会，列宁不赞成拒绝第三届国会选举。

八月，在第二国际在斯徒嘉特之大会：一、将自己对于职工会运动之提议转交与罗萨鲁森堡；二、与罗萨鲁森堡共同提议，于帝国主义战争爆发时，即开始社会主义革命。大会后，返俄住芬兰。

十二月，列宁再出国。

一九〇八年

俄国反动潮流大盛。列宁移居日内瓦。

八月，至伦敦。

攻击波格旦诺夫、鲁纳卡斯基及巴札诺夫之经验批评主义。

秋，转至巴黎。

十二月二十一日，参加社会民主党在巴黎之临时大会。

一方面极力攻击取消派，一方面又极力反对撤回国会代表派。

编辑《无产者》。

一九〇九年

列宁住巴黎。

五月，在巴黎开多数派之临时大会。与撤回国会代表派分裂。在反对撤回国会代表派与取消派之见地上，与蒲列哈诺夫接近。

《马克斯主义与经验批评主义》一书出版。

一九一〇年

一月——二月，中央扩大执行委员会开会，列宁极力指导此次工作。加入《社会民主派》为编辑。

赴第二国际在柯平刚更之临时大会，在协作社委员会工作。

十一月，创立《劳动报》。

一九一一年

列宁建议取消社会民主党中央执行委员会的国外办事处，发起召集临时大会改组中央执行委员会。

夏，列宁在巴黎党校授课：一、经济学；二、马克斯与资产阶级经济学说；三、农民问题；四、社会主义之理论与实际。

一九一二年

列宁进行党的复兴之工作。

一月六日——十七日，列宁为社会民主党在普拉加大会之主席，当选为中央执行委员会领袖及第二国际之代表。当选为《劳动报》编辑主任。

四月二十二日，在彼得格勒《真理报》第一号出版，列宁为该报发起人及指导人。

五月九日，在社会民主党巴黎支部报告林拿罢工事变之意义及党对此应有之策略。

一九一三年

列宁指导第四届国会中多数派代表之工作。

住加里西亚。

八月二十六日，多数派名单在五金工会选举通过时五金工人致贺电与列宁，以之为工人阶级之真正领袖。

九月二十五日——十月一日，在加里西亚之白都纳乡村，多数派开谈话会，讨论民族自决问题，公开组织问题，罢工运动问题，对于民粹派态度问题……列宁为指导人。

一九一四年

六月十八日，俄社会民主党在布留赛开联合大会，此会为第二国际所召集。列宁领袖多数派要求承认中央执行委员会为唯一指导党的机关，取消少数派之组织委员会。

世界帝国主义战争开始，列宁极力攻击社会主义爱国派。奥大利政府将列宁逮捕，后列宁逃至瑞士。

列宁提出《关于战争之意见》，交意大利瑞士社会民主党临时联合大会讨论。列宁主张以国内战争制止帝国主义战争，并以为沙皇政府若战败，则对于俄人民为小罪恶。当时深信德社会民主党不致可决政府对于战争之军费案。及得德社会民主党可决军费案时，乃云，"第二国际死矣！"

十月，列宁赴蒲列哈诺夫在拉桑所开宣传保护祖国主义之演讲会。

一九一五年

列宁极力攻击社会爱国派及帝国主义战争。

二月十四日，列宁委立特温诺夫赴协约国社会主义者在伦敦所开之大会，并携一宣言："大家必需断绝与自国帝国主义政府任何种关系，应与奥德革命社会民主派亲善合作。"

二月二十日——三月三日，多数派国外支部在倍恩开临时大会，列宁为指导者，报告多数派最近之职任。

列宁在瑞士工作。

极力进行国际革命社会民主派之联合。

九月五日——八日，列宁为奇穆瓦德会议左派之代表，主张号召交战国无产阶级进行国内战争，因之与列德波尔冲突。列德波尔讥其远离祖国而高呼国内战争。列宁自谓现所处之地位与马克斯草定《共产党宣言》时同，终有亲身指挥国内战争之一日，而不畏任何之艰辛。

一九一六年

二月五日——八日，列宁参加倍恩会议，议决召集第二次奇穆瓦德会议，讨论取消战争之方法。

列宁与拉柯夫斯基在倍恩社会主义者大会，指出进行社会革命之必要：战争后，无产革命为不免之现象。

四月二十四日——三十日，秦泰尔会议开幕，列宁为左派之首领，开大会建议应适用消灭战争之最激烈方法：总同盟罢工、怠工、武装暴动。

列宁在倍恩及秋立黑报告：一、俄国社会民主党之农民问题党纲应重行改正，将自治化改为国有；二、社会民主党在俄国之最近职任（工民加入军事工业委员会为一大错误）。

著《帝国主义为资本主义最后新阶段》一书。

极力在瑞士工人中宣传革命的国际主义。

一九一七年

俄国第二次革命发生。

三月，列宁领袖旅外俄国国际主义者商量返俄。

四月三日，列宁回俄至彼得格勒。第一次向民众声呼："世界社会革命万岁！"出席全俄苏维埃代表会议。

四月四日，列宁提出草案：一、抛去社会民主派之片段政策，改着共产主义之革命衣装；二、在革命运动中，俄国应当放弃资产阶级议案制度之管理形式，将一切政权交与劳农代表议会。

三月二十四日——二十九日，列宁指导开全俄社会民主党多数派大会，议决案为：一、即速宣布不割地赔款之和平；号召战线上军士互相亲善；二、农民为有组织地占领地主之土地；在旧地主土地上面建设大模范的经济；三、俄国社会民主党之根本职任为建设第三国际。

五月二十二日，列宁在农民代表第一次大会演说：一、占据土地；二、贫农有组织之必要；三、组织模范的集体经济。

六月，在少数派与社会革命党指导之下，第一次全俄劳兵农苏维埃大会开幕。列宁有演说。

七月三日——五日，《真理报》被抄，政府下通缉列宁令，列宁被迫复过秘密之生活。在秘密情状之下，仍指导党的进行，为党的各机关报撰文。

列宁企图推翻克伦斯基政府，将政权交于有组织的劳农群众之手。曾向同志云："即速抓政权，否则迟矣！"

八月——九月，列宁住芬兰，此时完成《国家与革命》一书。

九月——十月，列宁函社会民主党多数派中央执行委员会，谓时机已至，应即速推翻临时政府，将政权交于苏维埃。中央执行委员会不赞成，列宁遂冒险至彼得格勒组织暴动。

十月十日，中央执行委员会开会，列宁出席，议决在第二次苏维埃大会时夺取政权。

十月二十五日，彼得格勒起武装暴动。政权转于苏维埃之手。第二次苏维埃大会在列宁指导之下开会。

十月二十六日，发表土地与和平之命令。人民委员苏维埃成立，列宁为委员长。无产阶级胜利。

一九一八年

八月三十日(新历，下仿此)，社会革命党暗杀列宁，列宁受伤。

一九一九年

三月三日——七日，第三国际第一次大会开幕，列宁主席。

一九二二年

列宁病势沉重。

一九二四年

一月二十一日，列宁病逝。

(《新青年》不定期刊第一号，1925年4月22日)

51. 旅俄诗集《新梦》介绍(《新青年》不定期刊第一号，4月22日)

《新青年》不定期刊第一号介绍了蒋光赤的讴歌十月革命和社会主义制度的旅俄诗集《新梦》。《新梦》是现代中国文学界的"一个响雷、一盏明灯"。次年《新梦》由新青年社作第三次印刷发行，改为横排本。

5月
1日(星期五)

52.《列宁的幼年》(《晨报副刊》1925年第九十六期，5月1日)

《晨报副刊》第九十六期，发表吕漱林的《列宁的幼年》，全文如下：

富拉基米尔依立赤乌里亚□夫(列宁原来名姓)降生于一八七〇年四月二十三号

（距今五十五年前）。四月二十三号适为氏之五十五週年诞生日；故哈尔宾俄报"Tribune 将氏之三岁时小照印出并略述其幼年生活之大概及其姊氏（M. Ueianoffa）所作《列宁童年时代之工作》一文。兹特将此小照及附文中之重要者摘录一二以飨阅者。

列宁乳名"Voiodia"幼极慧，甫冲龄即肄业于 Simhirsk Gymnasium，每试□为全班之冠，在此校卒业时方十七岁，即获得金质奖章。

列宁在幼时即注意于革命，尝视之为毕生事业。当一八八七年之春，列氏随其家族居于卞善，将拟有彼得格勒之行时，忽接其长兄亚历山大因谋刺俄皇，事发，被刑噩耗，彼奋然对其家人曰："错了，我们是不走那条路的，我们是不应当走那条路的了。"

当列氏随其家族居于撒马尔村（Samara）时，每当清晨早茶后，彼即摒挡一切的书籍，字典，草本子等，独自一个跑到花园的一个僻隅里去用功去。他的用功方法，并不是只念死书，他是处处抱研究态度的，凡遇有重要之处，必摘录其大纲。有时其姊氏去和他讨论一切，辄为其所难，以至瞠目结舌莫知所对。

列宁在高等学校卒业后，就考入嘉善大学。这时他的爽直，沈[沉]静，和锐利的性情已经固定了。他每当群众集会时，从没有过争先发言，盛气凌人的举动；他都是当别人辞穷意竭的时候，才起始发表他的简洁，清利，一些合乎 Logic 的滔滔不绝的惊人之论；所以，他说的话，虽然时常为极端的，但结果在群众之前表决时没有不赞成他的……伟人之所以能成功，我们于此也可见一端了。

四，二十八。晚三井学舍

（《晨报副刊》1925 年第九十六期，1925 年 5 月 1 日，署名 吕漱林）

2 日（星期六）

53. 《驳斥对于苏俄的谤言》（《政治生活》第三十八期，5 月 1 日）

《政治生活》第三十八期，刊登乐生的《驳斥对于苏俄的谤言》，全文如下：

帝国主义者的各国机关报纸，平时很爱对于苏维埃俄罗斯，制造种种的谣言。他们造谣还以为未足，有时把苏俄的消息，故意牵强附会的乱说，加以诽谤。本来是苏俄的好消息，拿到帝国主义者的嘴里说出，便变成坏的。本来是平常的，拿到他们嘴里说出，便变成奇异的。这种伎俩，与他们在电影营业里，故意把装成鬼怪一般人唤作"布尔塞维克"，以欺骗小孩子，是同一用意。

不仅帝国主义者如此，帝国主义的机关报纸与通信社不过是最高的指挥机关罢了。附属于这些机关的，还有最多小资产阶级的喉舌，也同样造谣或牵强附会的，对于苏俄的政治或经济消息，加以诽谤。

小资产阶级肯如此为资产阶级的帝国主义努力，特别是半殖民地的中国之小资产阶级肯如此努力，自然是国际帝国主义者所欢喜嘉赏的。最近有两件□于这种事实，本是由苏俄自己传出来的消息,而结果在中国被人利用,牵强附会的作了一阵反宣传。这两条事就是:(一)苏维埃联邦此次选举结果,无党派的工农当选者比去年加多;(二)经济委员长宣言政府现正进行对于商工及实业家大行减税的计划,并说苏联的建设,希望私人资本的参与。对于前者,反对派的巧妙宣传说:"共产党的选举失败了!"对于后者,反对派的宣传更是神奇,他们说:"苏俄公认资本制度!"

我们对于前一问题,觉得无容置辩。因为这不过是中国人学习英美日法帝国主义机关报的新闻伎俩,鹦鹉学舌似的讨帝国主义的欢心,无关于实际。因为他们并不值得:(一)此次选举使无党派的工人农民当选者加多,是掌握政权的共产党预定的政策;(二)这个政策的主要意义是,使较多的无党派的工农参加政治,巩固无产阶级性的政府之政权,扩大多数工农受政治训练的机会;(三)这次选举在各乡乃至各城市,提出被选名单时便有意提出多数无党派的工农,并没有所谓各党各派的自由竞争;(四)这个政策运用的结果胜利了:无党的工农当选之比例成份增多,明明表示工农阶级听信共产党的政策,踊跃参加政治,拥护政府;明明表示"共产党与无产阶级的利益以外,没有其他利益!"

资产阶级的德谟克拉西主义者!小资产阶级的急进派人物!你们这样努力攻击苏俄,诽谤苏俄,已经有了七年多的历史;这七年多的历史,完全证明你们是失败了。各资本主义国内的无产阶级运动,殖民地与半殖民地的被压迫民族革命运动,七年来一天一天的继俄罗斯十月革命而兴起发展,紧跟着你们。攻击与诽谤苏俄的谣言而逐日长成。你们的言论可以得帝国主义者的欢心,但是欺骗不了劳动者!你们又以为落后国家的幼稚无产阶级为可欺么?但在事实上愈是在经济落后的国家里,在遍全世界的反帝国主义联合战线上,劳动者不但不会为你们所欺,只有反怜悯你们受帝国主义者之引诱,在殖民地民族革命的行列里,常常至于落伍。

你们一般的夸张的言论,多半是关于经济问题。当你们谈到经济问题的时候,愈能强词夺理,便愈觉得高妙中肯了。因此,所谓"苏俄公认资本制度"这一句话很得意的在最近一致宣传起来。本报热诚的读者,□多数来函催促,希望本报对于此种宣传有所驳斥。本报记者虽以为应读者之要求,这是应有的工作,但在客观事实上分析起来,我们以为:第一,对于帝国主义自身及其鹰犬所有的言论(如国内各种外字报纸),是值不得费力辩论的;第二,对于纯粹反动——反革命的言论,也值不得辩;惟有第三,于某种似是而非的论调,特别是小资产阶级的自由派或急进派的论调,不能不稍稍加以纠正,一方面为的是杜绝谣言之传播,另一方面则是必须考验这般自由急进的人物,其论调的立足点,是站在反革命的营业以内呢,还是站在营业以外作游击队或"便衣侦探"?

所谓"苏俄公认资本制度"的一句创造话,是根据苏俄商务委员薛因曼最近一次的演说。但商务委员薛因曼,是怎样说的呢?他说:"政府愿意容忍私人资本,但希望资本家安于通常的利润而不贪图暴利。同时,对于私营商亦当设法减少课税轻其负担。"我们从这几句话里,实在找不出什么奇异之点,而能得到所谓"苏俄公认资本制度"的结论。我们当知道容忍私人资本这件事实,在苏俄并不是新奇的:在新经济政策实施之下,早就有这种主张。从新经济政策的本身以观察私人资本的地位,便可以明了在无产阶级执政与国家管理生产的过渡期中,私人资本并不是社会经济的上层组织,如在资本主义的国家里一样。苏俄生产的管理,完全在国家权力之下;列国的资本家并不能借投资而有侵略的企图,如对于殖民地之侵略企图一样。英国式的自由主义者,法国式的急进主义者,甚至于北美合众国的共和派,为了太忠心于资本主义的缘故,虽对于苏俄有种种的企图,但震与苏俄劳农政治组织之严密,都自觉其企图是不可能了。半殖民地的中国小资产阶级自由派,你们更何所为而何所企图?

资本制度的护士不是别人,最有力的便是这般小资产阶级自由派。因此,他们得到了"公认资本制度"这个名词。就得意忘形。但是无产阶级听到这个名词,也哈哈大笑。无产阶级并不消极的否认资本制度之存在;现社会是资本主义制度的社会,不是否认可以了结的。惟有无产阶级才勇于承认一切,又勇于破坏一切,所以无产阶级担负了人类历史最后的使命。中国的小资产阶级如果说:俄罗斯的新经济政策,原不过是吸收外□开发富源的老政策;俄罗斯的无产阶级就会回答说:请你们把这个老政策拿到道威斯计划管理的德国,列强共同侵略外国银行□操纵的中国,同样采用。假使不能采用呢,那便这个经济政策仍然是新的,惟有在劳农阶级□政之下才能办到。全世界无产阶级所拥护的共产主义,并没有想在革命后二十四小时内就完成。

共产主义并不是怎样可恐怖的东西,土地,矿山,工厂,作坊……一切归生产者所有,现在苏维埃联邦的工农,并没有违背这个原则。十月革命以后,土地归还农民,这并不是"公然允许农人私有土地",更无所谓"收拾农人阶级的欢心"。一九二一年以后采用新经济政策,这并不是"抛弃了共产主义",更无所谓"以利权让与为取得外国政府正式承认的交换条件"。近□年来,苏俄的工农生产日益进步,农产的麦□,满溢于世界市场之上,这是事实,所谓"生产减少,经济组织陷于绝境"者,请拿出证据来!

(《政治生活》第三十八期,1925年5月1日,署名 乐生)

54.《马克思主义概略》(《中国青年》第七十七、七十八合期,5月2日)

《中国青年》第七十七、七十八合期刊登任弼时的《马克思主义概略》,如下:

资本主义愈发展,帝国主义所造成的矛盾和冲突愈激烈,马克思的名称,亦愈见扩充其传播的范围,马克思主义愈为全世界被压迫群众所注视。马克思的名称和主义为何这样引人注意呢?他的主义是怎样的,而且怎样产生的呢?

马克思是无产阶级革命的哲学理论者,同时他又是革命的实行家。他在一八四八年以前,即投身于革命事业,参加西欧各国的革命运动,为各国政府所不容。他组织了第一国际,并亲自指导一八七一年巴黎公社的事变。总之,他一生事业,都是为着全世界无产阶级的利益而奋争。他发明了人类社会发展的定律。创立了科学的社会主义。

马克思主义的由来

我们知道社会上一切结构和思想哲学,都是根据一种物质的反映而产生出来的,我们绝对不像那班不顾实际的唯心论者和空想家把社会一切的造成都归之于神通的幻想。因此我们所要说明马克思主义的产生,并不是凭他一人的意造,而是有一种客观环境,为他的主义形成之背景!

(1)英国的经济:英国因其地理环境及生产工具发展的迅速,所以资本主义的形成,较西欧各国为早而完备。马克思在《资本论》序言中说:工业比较发展的国家,足以给工业落后国家发展的榜样。所以他发明经济发展进程和定律,亦即多半取材于英国,他并根据英国的经济著有《经济学批评》一书,和其他关于经济学的著作如《资本论》之类。

(2)法国的革命:法国是财政资本主义的国家,在工业上,比较英国落后。因其为经济生产而落后的国家,资产阶级图自身发展的革命,同时又因他们与压迫劳苦群众而激起反动,这种现象与事实较各国为多,如一七八九,一八四八及一八七一年的革命,即其显例。在这种行动的革命过程中,容易看出各阶级间的分化与其利益的冲突。因此马克思从法国革命的经验上,完成其阶级斗争的学说。

(3)德国的哲学:德国在十九世纪初叶,工业资本的发展更是落后。国内经济组织还是处于封建式的分权状态,同时各贵族君主对于人民的压迫非常残酷,因此形成了各种求自由解放统一的哲学。然这类哲学多是各种形式不同的空想和唯心的论调。马克思根据这种哲学考察当时及过去的世界环境,乃形成他统一的历史唯物论。

马克思主义就是根据英国的经济;法国的革命;及德国的哲学而产生的。他将这三种原素汇合起来再加以他那精细的头脑之分晰[析]剖解,乃完成他的学说:马克思主义。

马克思与达尔文

达尔文的生物学,发明了动植物的发展律,打破一般唯神论者在自然界的论调:——世上一切人物都是由上帝一手造成的……〈——〉承认世上一切动植物是由生存竞争,经过长时期生,死,消,灭的演化而得以存在,并不是有一种超出自然界的力量支配他们。他这种唯物的观点,恰与马克思研究的结论相同。不过前者的范围狭小,仅以有机物的动植物为其研究之对象,后者乃更将扩充于社会现象的研究。两者的研究对于人类社会都有莫大的供[贡]献。

在一八五九年达尔文的《物种原始》一书出世,同年马克思的《经济学批评》亦出世,在这部书的序言内,马克思述明他对于历史唯物论的观点,一八七三年马克思的《资本论》出版,当时马克思赠送达尔文一卷,达氏读后,给马克思回信说:

"在你送给我的著作中——《资本论》——有许多光荣和可佩服的地方。我极诚恳的希望能够详尽的明白社会经济之各种重要问题,庶不愧对此宝贵的赠品,虽然我俩所研究的范围完全不同,然都是努力传播有益于人类社会的智识的。最敬佩你的达尔文"。

由上面我们看这两位历史上的科学家，对于人类社会观点的认识，可谓殊途同归。他们对于社会诚有无限量的供[贡]献。达尔文的生物学，研究动物界的发展，是有机物进化的结果，而马克思的社会学，研究人类社会的发展，使我们明了人类历史发展的过程及其将来的出路。

达尔文的进化论，说明现代的动物界，是由生存竞争中产生出来的。所以动物为求自己的生存，必须求其适合于环境，——自然界。譬如北极的狐狸，必须有白色的温厚的毛，乃能保温暖而防仇敌。在水中的鱼鳖，必需有坚固的鳞翅，方能容身于水内。总而言之，为求生存的动物界，必定要使自己的五官适应环境，方足为自己存在的条件。马克思的革命进化论说明人类进化中形式与普通动物不同，不是单靠人类自己的五官去适应环境，是利用人类与自然界之间的武器——生产工具——以屈服自然界于人类之前。譬如人若畏寒冷，则取兽皮以衣之；如若畏禽兽之残食，则筑室以防之，如饥饿则用刀斧枪炮，取得其他动植物以求饱；如遇黑夜，则用油灯，或电光以烛照。这就是马克思说人类与普通动物界进化不同，而人类远超于普通动物界之原由。这种与普通动物界不同的进化，因人类间不同之特点。形成人与人的压迫关系及不容于时代的革命行为。这即为马克思比达尔文进一步发明社会科学之证据。

唯物论哲学

马克思按人类与禽兽不同之点，形成他的唯物论哲学。当时西欧各国的哲学，多半是唯心的或是不完备的唯物论。〈——〉唯心论者说一切社会上的物质，都由一种神通或是由理智所思索所形成支配的；一切实质都是思想的反应。换言之，即以精神为物质之父，马克思的论据则适相反，他认物质为精神之母。以为一切社会上的结构，宗教，哲学，艺术，文化，不过是由于物质反映之结果而已。精神无物质不能生存，但物质无精神能够生存。换言之，物质先精神即生存，而精神不过是物质的产物。当时以唯物论者，虽然承认物质为精神之要素，然为说近于机械，不能总和社会的历史过程及当时的环境。换言之，不能以辩证的方法，去剖解历史的过程及当代的社会现象，马克思的唯物论，则不仅能根据唯物的观点，以解释人类发展历史过程及当代环境的真象，亦能依此而推测其前途之发展。马克思的唯物论在一切社会科学中要占主脑的地位，他是各种科学去研究各科现象的总和，他是指导各种科学怎样去研究本科内一切现象的科学方法。而每种科学不过是研究本科局部现象的工具。

辩证论

唯心派的学者，既承认一切实质都是精神的反映，——上帝所造成的——因此就说所有一切实质，自古迄今，保有其原有状态，而毫不起变更。上帝造成了多少的人物山水，这些人物山水，没有受上帝的命令，是不敢变更其形式与数量的，所以自古存了多少实质，现在依然是多少。及至达尔文出世后，方证明动植物界，是应着环境继续不断的变更，由达氏学说中之物竞天择适者生存的结论，已将这种唯神论调打得落花流水了。不过那时达尔文仅承认动植物的发展，是渐次的进化，并无突变的现象。反是德国唯心论者黑格尔在他的唯心哲学中之一部，承认世界上一切物质，是由进化而进于突变的，经过一次突变之后，更继续者进化的程序。他曾举例：如一个年轻的女人嫁给了一个男子，与男子结合之后，怀了妊，这受妊的胎，在女人的腹内渐次进化式的长成，经九个月后，已长成人了，乃突然冲出，这即为突变——革命。经此突变之后，复由进化的形式长成大人。黑格尔还不能将这种原则，应用到社会的发展，马克思则根据他这种理论推而及于社会发展的形式；承认进化与革命是同时并存的。他说，在生物界的突变，与在人类社会中的革命，是经过一个和平发展时期所必然的现象。

凡是一种物质的发展，都有一定力量为之推动，而这种动力的种类非常复杂，凑合起来，乃形成一种质量。譬如我们用一个炭[碳]素的原子（C）与两个水素（H_2）及酸素（O_2）的原子混合起来，成为新性质的蚁酸。又如由资本家，无产者及其他小资产阶级组织的社会成为资本主义性质的社会组织。欲求同性质的蚁酸增加，或资本主义发展，则必需其构成的成分的数量，成正比例的递加。如其构成成分的数量变化，则其质量亦随之变化，即质量因数量之变化而变化。如若求蚁酸有一倍的增加，则需使各种原子的配合方法为（$C_2H_4O_1$）方可使质量不变。如将构成蚁酸的酸素原子不变（O_2）而炭[碳]素与水素的原子各加一倍（C_2H_4）三种原子混合的形式为 $C_2H_4O_2$——乃等于醋。此即证明数量变化，质量亦与之俱变。社会的变更亦然。假设资本主义社会为一种社会的性质，我们可以分晰[析]新质量的社会——无产阶级专政——怎样经过数量的变化而形成。

在资本主义社会最初形成时期，资产阶级和小资产阶级的数量较无产阶级为多，力量亦大。后因技术的发明，大工业发展，资本渐次集中——各托纳斯、新提加，财政资本是发达——使小资产阶级渐为经济的压迫而变为无产份子，势力较小的资本家在资本竞争条件之下，亦趋于破产。因之无产阶级数量上，随资本主义的发展而增加，及到无产阶级的力量比资产阶级的力量愈加愈大的时候，无产阶级乃实行夺取政权的手段，——无产阶级专政。——原有资本主义社会因其无产阶级的数量增多，乃变更其原有社会组织——无产阶级专政。——原有资本主义社会因其无产阶级的数量增多，乃变更其原有社会组织——社会性质——为新的社会制度——新的社会性——无产阶级专政。这个转变的形式可列表如下：

1 第一种社会的性质（资本主义社会）之构成是 $\dfrac{资}{劳}$（无产阶级处在资产阶级之下）

2 第二种社会的性质（无产阶级专政）之构成是 $\dfrac{劳}{资}$（资产阶级处在无产阶级之下）

在这两种社会之间，须经过一种突变——革命——的形式。但要达到革命的时期，无产阶级必需在资本主义性质内社会——第一种形式——经过进化的过程，而发展自己的力量。进化的时期是很久远的，而革命的过程则短促。

各种矛盾的力量汇合而形成的固定关系，乃为质量。倘若这种矛盾的力量变更其固有关系，则其质量亦起变更。人类历史依据这种辩证之分晰，可分为四种不同之社会性质：

奴隶社会制度——第一种性质 $= \dfrac{奴隶领主}{奴隶}$

资本主义社会制度——第二种性质＝$\dfrac{资产阶级}{无产阶级}$

无产阶级专政的社会制度——第三种性质＝$\dfrac{无产阶级}{资产阶级}$

共产主义社会制度——第四种性质＝$\dfrac{人类社会}{自然界}$

在共产主义社会以前的社会性质，均为社会被自然界所屈服：＝$\dfrac{人类社会}{自然界}$ 只有在共产主义性的社会之下，人类方屈服自然界于自己。

总之，马克思的辩证学，是证明人类社会是次第依其矛盾力量之变更而更换其性质的。由一社会——即一质量——变到另一社会，必需使构成社会的矛盾，经过长时期的进化而变更至数量，以形成突变——革命——在新性质的社会内复酝酿其矛盾的力量，而培养新突变的基础。但是我们要知道，在这种数量变更所引之质量变更定理之下，有阶级的矛盾力量，同时还有一种人类社会与自然界的矛盾存在，阶级矛盾的存在，是妨碍人类征服自然界的障碍物，——他使生产工具不能充分的发展，——在共产主义社会之内，则阶级消灭，人类社会中再不会有矛盾的表现，那时只有人类与自然界的冲突了。

价值论与剩余价值

资产阶级的经济学者，为蒙蔽一般人，对于资本主义生产的分晰[析]，故意造出一种拜物教的学说。他们说资本主义社会的交易，是物与物交替。这种形式的交易中间，并没有何种不利于劳动者的地方，他们这样使人不易明白资本主义生产所含的压迫工人之原素。马克思明明指出这中的黑幕内容，并认一切交换商品的中间，完全是一种劳动量的交换，是一种人与人的劳动关系。他发明一切商品的交换价值全是由人类劳动所造成的，而这价值是依劳动力消耗之多少而转移者。以揭破资产阶级经济学者，确定价值为永远不变之黑幕。

根据价值的原则，发现资产阶级的生存，完全是在于压迫劳动阶级吸引劳动者的血汗。换言之，纯恃刮削劳动者的剩余价值——剩余劳动——以图生存。劳动者在资本主义社会内也变成一种商品，资本家按其恢复劳力所必要的劳动价值——一日所须要的饮食费用——而买到劳动者的劳力，去为他在工厂中生产，本来恢复劳力的必要劳动时间为六小时者，则资本家强迫工人要他每日工作十小时或至十二小时，由是可以获得一半劳动时间为自己生产剩余价值。资本家因为市场上的竞争，求资本雄厚不致失败，对于工人榨取之手段更酷，加时减资，增高机器旋转的速度，都是压迫工人的方法。总之剩余价值是造成资本势力之原素，而挟有资本之资本家，为求资本更雄厚则求剩余价值之心愈切，而压榨之手段愈严。被雇佣的劳动者，因其无统治生产的地位，自己又没有阶级觉悟，在第一时期，不得不饱受资产阶级的虐待。资产阶级在经济上既占有统治地位，故在政治上亦形成他们的势力，他们有国家各种司法行政的机关，所以工人在没有觉悟时，只能完全屈服于资本的势力。

阶级斗争与无产阶级专政

自私有制度发生以来，各时代的社会结构，无不含有统治与被统治之两大阶级。马克思在共产党宣言上说"一切过去的历史，是一部阶级斗争史"。自资本主义推倒封建制度以后，有许多近视的社会主义者，以为资本主义社会制度，可以为人类造出真正的平等自由的幸福，许多空想家，做了一些批评资本主义的工夫，或是向资本家提出各种解除劳资间的不平现象的提议，他们终久[究]为资本家所利用而失败了。马克思对于新社会——资本主义社会——看得非常清楚，他说：从封建社会的废址上发生的近代有产社会，也有免不了的阶级对抗，不过造出新的阶级，新的压迫手段，新的斗争形式，来代替旧的罢了。……我们的时代，就是有产阶级时代，他的特色就是把阶级对抗弄简单了，社会全体现已渐次分裂成为对垒的两大营寨，互相敌视的两大阶级：就是有产阶级和无产阶级。

在资本主义制度之下，资本渐次集在少数人手中，一班小资产阶级及资本势力较弱的资本家，都受大资产阶级之排挤而堕落到无产阶级的队伍中，由是，无产阶级的数量日渐增加，同时因受少数资产阶级压迫之赐，使他们有了阶级的觉悟和组织，在质量上又渐进步。资本主义发展到最后时期变成帝国主义，使国际间的形式随着亦起变更，帝国主义发展的结果，造出劳资冲突更激烈；宗主国与殖民地间对抗愈凶恶，帝国主义国家间的战争更残酷，这促使全世界的无产阶级和被压迫民族团结起来。无产阶级的数量和质量都增加，当然不容现有社会制度之保存，而必趋于求根本改造，——无产阶级革命，——使无产阶级得到统治的地位，再以政权去屈服资产阶级之余孽，而从事经济方面根本改造，以达到平等自由的人类共产主义社会。对于无产阶级专政之必要与功用，马克思与恩格思说：……劳动阶级的革命，第一步是在使他们跑上权力阶级的地位，也就是民主主义的战胜……就达到第一步，劳动家就用他的政权渐次夺取资本阶级的一切资本、将一切生产工具，集中在国家的手里，就是集中在组织权力阶级的劳动者手里；这样做去，那全生产力就可以用最火的速度增加了。起初的时候，少不得要用强迫的攻击手段对付私有财产权和资本家的生产方法才得达到目的。这种手段从经济方面看去，似乎不充足而且薄弱，但运动继续下去，必能强盛起来，对于用社会组织再加以一大打击，结果就成了生产方法革命不可避的手段……

从上面看来，无产阶级专政，是马克思主义——共产主义——成功，由资本主义到共产主义必经之过渡时期中之必须产物。有许多自称马克思主义者，只承认马克思的阶级斗争，而否认无产阶级专政，这都是变节的马克思主义者。列宁说：谁是承认阶级斗争，同时又承认无产阶级专政的，方可算为真正的马克思主义者。

国家政权是一切统治阶级的执行机关，是统治阶级以权力去屈服被统治阶级的武器，这种权力是自社会上发生阶级时始产生，只有有产阶级的社会方能存在。倘若阶级消灭，则政权当然亦随之消灭。无产阶级专政，亦即无产阶级利用权力去统治资产阶级之武器，不过无产阶级专政与资产阶级专政有不同之点：就是无产阶级取得政权，除用以对付敌人以外，还要极力图社会生产力之充分的发展，使全社会上的人们，都参入劳动生产过程，换言之，即消除生产过程中人的特殊地位，而求其一致，使社会上在再不有因利益不同的阶级分化，使一切生产与分配组织管理机关以处置之，以使昔日统治人类的机关改为统治物质的设备。

共产主义社会

马克思根据唯物论以分晰[析]人类社会乃发明社会发展的趋势，由资本主义的经济发展必进而至于共产主义社会之实现，这种共产主义社会成了历史上的必然产物。当马克思去世之前半世纪，西欧资本主义国家的大生产，异常发展，如新提嘉，托纳斯的大规模生产组织到处发生，同时财政资本的发展速度；亦极迅速。无产阶级的生活日苦，而其觉悟日高，由此，马克思知道这种资本集中的结果；自然的造成了无产阶级革命及共产主义实现的客观条件。无产阶级取得政权消灭阶级分化之后，乃为共产主义社会实现之开始。在共产主义社会，人类的使命，非自己压迫自己之无礼行为，而是要以集体生产为条件，集中人类的力量，去对付自然界。换言之：人类的使命，乃为求生产工具的充分发展，去解除以前自然界阻碍人类发展的一切障碍。用发展技术的方法，去减少人类生存必要的劳动时间，将余暇的劳动时间，用之去发展艺术，科学，文化，以及种种有益于人生之技艺。使人类在共同大规模生产之下，以满足人生的各种需要，达到各尽所能各取所需之乐境。家庭组织和男女关系，妇女地位和儿童的生活，当然都根据平等的原则根本改变。生产力发展，文化程度提高，则一切以前之不利于人类的行为，当不致发现。全世界人们不分民族与种族的界域，达到世界统一的大同人类生存之美境。共同一致与自然界奋斗。这就是真正共产主义社会之写真。

马克思主义与列宁主义

马克思主义与列宁主义，两者间并无何种分别，不过是两个时代的产物而已。有许多人说马克思是发明无产阶级革命理论的著作家，而列宁不过是实行马克思主义的实行者。这种说法，是错误的。我们要知道，马克思主义不过是在列宁主义以前半世纪资本主义还没有发展到帝国主义像二十世纪一样之环境而产生，列宁主义仍继续马克思主义在帝国主义最发展，矛盾最显著，而且有了无产阶级专政的国家的环境之下的产物，更进一层将马克思主义按着新有的环境而扩充其范围而已。俄国施大灵说：列宁主义是帝国主义及无产阶级专政时代的马克思主义。换言之：列宁主义是普通无产阶级革命的理论和政策，尤其是无产阶级专政的理论和政策。列宁是革命的实行家，指导十月革命，组织第三国际。而马克思亦曾指导巴黎公社，组织第一国际。马克思主义与列宁主义并没有什么不同。

马克思主义是研究学问的工具

我们研究一种学问，必定要自己有一种确定的观点，同时我们应知道无论研究任何学问，必定要认清学问与社会的关系。倘若我们研究学问而没有确定的观点，又不认清与社会的关系，那便所研究的学问，一定是前后没有系统，或是不合于社会上的需要。这种研究学问的人，不独无益于本人和社会，或反妨碍社会的发展。即如唯心论派的主张，他们以精神理智为研究的出发点，以为理论总在一切事实之先，没有理论，就不会有事实。对于各种不容易理解的现象，就说有一种宗教性不可理解的神秘居其中，以阻止真正的科学的研究，这就是使科学不能发展的障碍。马克思主义并不否认一切理论，他并且看理论——尤以科学社会主义的理论——对于社会的发展有莫大的助益。列宁也曾说："没有革命的理论，便讲不上有什么革命的运动"。不过马克思指示我们要明白理论的背景，换言之，认一切理论，并非出于玄空，而是根据一定的社会经济之背景。他说明研究理论的方法如下："倘若你要研究历史，那么就不要只顾历史上的单独现象，或是一点空玄著述，而要更进一层，注意分晰[析]现象与著述所根据的背景；因为理论并非由天而降，而是由人间和土地上生长出来的产物。当你观察一切社会结构，那就不仅只看到制度的怎样，而要明了此制度的经济基础，剖解当时构成社会制度的生产和生产关系。因为一切法律，政治的结构，以及社会思想的形式，都是根据这种生产力和生产关系而成的"。由他说的这段话中，我们得到一个正确的观点，就是要知道一切现象之发生，都是有一定的根据，——都是唯物的，同时这种现象，都与人间是有不可脱离的关系。因此我们可以说：马克思主义是给了我们一个研究学问的方法——工具。但是我们要知道工具不是随便可以乱用，乱用的结果，也是等于错误。要明白这种工具是非常精细的，若用之过于激烈或和缓，则将有过左或右的危险。所以我们用他的工具，必定要精密小心，像马克思自己研究资本主义分晰[析]各方面的结果才发明科学的社会主义一样。马克思主义与无政府主义工团主义以及其他改良派唯心论者的学说其所以不同者，乃在马克思研究的方法切实，研究的结果，确能合于社会之实情和需要，不像那班空想家之玄妙。

马克思主义的宇宙观

唯神论的哲学在人类社会中有了几十年的历史地位，当科学愈幼稚的时候，他的统治势力愈大，他的势力之消长，纯是依着科学的进退为转移。自达尔文学说成功，方将唯神论驱出自然界的范围。然他在社会上的魔力，仍然不少，自从马克思主义完成后，——尤其是唯物辩证的一部分哲学——社会上的唯神论〈精神〉派与空想家，为之动摇，在不久的将来，他们将要被逐出人世之外，他们的哲学地位，不久即将完全让与马克思的哲学，他们的势力，从此要告一个历史的结束。

马克思的宇宙观就是：以物质为一切之原则，而这种物质是依据自己的矛盾而向前发展的，经过和平的发展以后，必需有一种突变——革命——来调和他的发展程序。

马克思的宇宙观，是人类社会和自然界中的科学柱石，是社会发展的推动力。

马克思主义是将社会主义的理论建筑在科学的基础之上。是研究无产阶级胜利方法和条件之科学。

我们只有用马克思主义的宇宙观，去研究一切学问，方才可以得到一个正确的解答。

(《中国青年》第七十七、七十八合期，1925年5月2日，署名 任弼时)

10 日（星期三）

55.《杜洛斯宣言遵守列宁主义》(《晨报》，1925 年 5 月 10 日)

《晨报》刊登《杜洛斯宣言遵守列宁主义》，如下：

预备先入政界再作活动

莫斯科八日电。杜洛斯基本日郑重宣言本人愿诚心遵守"列宁主义"，承认无产阶级专政之苏维埃制及对外贸易专制乃社会主义的社会构造之必需条件，并认共产党所持之注意农业利益政策，不能作为承认商业自由凌驾社会主义之解释。外报载杜氏倾向资产阶级德谟克拉西及主张贸易自由之说法，杜氏皆指为谣言。

一般舆论对于杜氏之宣言大为注意，咸谓杜氏现易布置妥协，预备重入社会。闻杜氏暂在经济界或教育担任某种职务，然后再行活动。据各界对杜氏热烈之欢迎以观，可知杜氏势力未曾少减，此节极属重要云。

(《晨报》，1925 年 5 月 10 日)

13 日（星期六）

56.《社会主义底派别》(《民国日报》副刊《觉悟》"社会科学特刊"，5 月 13 日，6 月 8 日)

6 月 8 日，《民国日报》副刊《觉悟》"社会科学特刊"刊登李汉俊先生讲演、季永绥①笔记的《社会主义底派别》，如下：

谈到社会主义，内容极其复杂。种种异样的名词，都包在社会主义一名称之下，极其容易弄得人混杂不清。今天讲的"社会主义底派别"这个题目，就是为要把这些名词弄清楚。

社会主义，有属于空想的，有属于科学的。所谓空想的社会主义，就是只在理想中描写一个圆满的社会，来期望它实现，而对于能否实现的实际问题是不过问的。至于科学的社会主义就不同了。科学的社会主义，并不预先想象一种社会组织，来期望它实现；乃是用科学的方法研究过去及现在的社会，由这研究的结果，发现现在资本主义的社会组织必然溃灭，代兴者必然是社会主义的社会组织，因期望它及早实现，以免人类多受无谓的苦痛。现在普通所说的社会主义，是专指这科学的社会主义而言。

讲科学的社会主义，当然从马克斯讲起。现在无论哪一派社会主义，论其渊源，无不出于马克斯底学说。马氏底学说于理论方面有唯物史观说，经济学说，阶级斗争

---

① 季永绥（1899—1978），福建人，1924 年加入中国共产党。时为武昌师范大学社会历史学系学生。

说;于政策方面有社会民主主义。唯物史观说是关于过去社会组织变化的原因和经过的研究,是关于过去的理论。经济学说是关于现在资本主义经济组织的研究,是关于现在的理论。社会民主主义是关于实现社会主义之方法的研究,是关于将来的理论。阶级斗争说就像一条金线一般,把上述三大部分得根本穿拢起来,使它变做一个整系统的学说。

马克斯在唯物史观里面说,物质的生产力是一切社会组织底根本基础,一切社会组织都是随物质生产力底发达而进化。所以一切过去的历史都是有了发生的原因,才发生;有了溃灭的原因,才溃灭;既不是偶然的,也不是错误的。同时,决没有一个社会组织能够永久不灭,都是到了相当时期溃灭了,又由更进化的社会组织来代替。

但是生产力是物质的条件,社会组织是人与人间的关系;物质条件的生产力底变化,决不能直接传到人与人间之关系的社会组织。社会组织变化的根本原因,虽然是在生产力底变化,而其成就还得要人底发动的行动。所以生产力底变化与社会组织底变化中间,又必有一个"人底发动的行为"来做传导变化的媒介。这"人底发动的行为",就是所谓阶级斗争。于是阶级斗争得学说就发生了。在马克斯底意思,自从原始共产社会破裂以后,社会就有两个以上的利益相反的阶级底对立。当生产力发达到与旧社会组织发生冲突的时候,就必有一部分人因这冲突咸[感]受痛苦,而要求打破旧社会组织。而同时又必有一部分人,因旧社会组织底存在得到利益,又主张维持现状。这两派人互相争斗,主张打破现状的阶级制胜的时候,旧社会组织就溃灭,新社会就出生,过去一切历史的变迁,都不外如此推演。

马氏又拿这种眼光来观察现在资本主义的社会组织,看他与生产力有发生冲突的现象没有,看他有发生阶级斗争的情形没有。他观察的结果,知道现在的资本主义的社会组织已经与生产力发生冲突了(其显著的例子就是经济恐慌),阶级斗争也发生了(即资本阶级与劳动阶级间的争斗);并且知道劳动阶级底势力,随着生产力在资本主义底下的发展而增大,终必有压服资本阶级,打破资本主义的社会组织的一日,譬如从前劳动者各个散处,境遇又不一致,总不能团结起来,成为有力的战团,到了现代,资本主义产业发达的结果,不但把从前散处的劳动者成千成万地聚到大工场里面了;并且使熟练归于无用,使他们底境遇和利害,以及感情,都渐趋于一致;他们底团结也就因此容易起来。不但如是,因资本主义产业底发达而发达的交通机关,又代他们散在各地的团体造成容易连结的机会:一处有了事,各处马上就可以响应,使他们自然生出广大的阶级觉悟,自然容易做成大团结,来制资本主义社会组织底死命。所谓资本主义不但造出了制自己死命的武器,并且又造出了使用这武器的人;其溃灭自是必然的,不可免的。譬如在武昌,断水问题,无论如何不会发生,就是像今年这样天干得把一切井都干完了,断水的事都不会有。因为一出城就有江,而这江水是由一个一个挑水夫挑进来的缘故。这些挑水夫,都是各个独立,利害关系各各不同。在这种情形之下的挑水夫,决不会全体罢工,教武昌全城的人受断水之厄。因为有一个人不挑水,其余的人还是照常挑,并且还要以为少一个人挑,自己可以多挑些,多赚几文钱。但是这在汉口,就不然了。汉口人吃的水都集中在一个大自来水厂，自来水厂的工人都是聚在一起，各人底工资也都没多大差别，生活程度也都差不多，做的事也差不多，所以感情容易一致；并且各人底工资不会因厂里面加多了人而减少，也不会因厂里面减少了人而增加，人多人少都无关系；既是聚在一起，感情容易和洽，互相间又没有竞争的必要，因之同盟罢工也就容易了。但汉口因为有自来水厂，井也填了，挑水桶也没有了，挑水夫也没有了。如果他们真是同盟起来罢了工，一时打井也来不及，眼望着江水就在前面，一时也找不着那些挑水夫和挑水桶把他挑来；那么，汉口人就只好望着长江底水滚滚流，而渴死了。自来水厂是资本主义的产业成就的，自来水厂工人底力量也是资本主义产业成就的。资本主义不但造出了制自己死命的武器，并且又造出了使用这武器的人。所以马氏就断定了现在资本主义社会组织必然的溃灭，并且断定了这溃灭是由其实力随生产力底发展而增加的劳动阶级来成就。

马氏既在理论方面知道一切过去的社会组织都是以阶级斗争为媒介，随生产力底发达而进化，又知道现在资本主义的社会组织与其生产力间的矛盾和资本阶级与劳动阶级间的阶级斗争也正在进行；其必然的结果，自然要生出他的社会民主主义的政策来。社会民主主义就是要促进劳动阶级对资本阶级的阶级斗争，使现存社会组织与生产力间的矛盾及早消灭的主义。而现存社会组织与生产力间发生矛盾的资本原因，又在生产机关为少数资本家私人底所有。所以社会民主主义就是主张用劳动阶级底力量来把现在少数资本家私人手中的生产机关，拿来归社会共有。这个主张，是马氏社会民主主义底根本之点。至于阶级斗争应当采取若何形式？生产机关归了社会共有之后，如何管理经营？生产品如何分配？马克斯并没有什么详细的讨论。即使有点主张，也并不重要；因为这些问题是要看时看地方而定的缘故。所以自从马克斯底学说出世以后，因要应用这学说底时和地底不同，就生出了许多派别。所以有人说，马克斯底学说是一个大池子；从前一切的空想的社会主义都流入这池子里面去，后来又有许多派别的科学的社会主义由这池子里面流出来。但社会主义底派别无论如何不同，而立在马克斯学说底理论上，主张用阶级斗争来实现生产机关之社会共有的这一点，都是一致的。

在这里，我们又有几句话，不能不请诸君注点意。所谓生产机关，就是指矿山，森林，土地，工场，机器，原料品，半制品，以及交通机关等类——除了劳力以外，凡为生产那能够供个人直接消费的生产品上所必需的一切物件。社会主义所主张共有的，就是指这生产机关而言，并不是主张连个人私用的物品都归共有。有许多人并不知道社会主义底主张，就信口开河，说社会主义是主张一个人穿的衣服，人人都可以抢来穿；一个人吃的饭食，人人都可以抢来的吃：这简直是胡扯。社会主义之所以主张生产机关归社会共有，就是为使人人都能得到劳动的机会。像现在一切生产机关都归少数资本家所私有，资本家就只晓得用来肥己，只晓得增加工人底工作时间，以图少用些工人，而生产品底数量并不因之减少。所以就有许多人被排斥于工作之外，想要劳动，而没有劳动的地方。如果生产机关，真如社会主义之所主张，归社会共有了，就可以供想要劳动的人自由使用，人数无论如何多，决不会有人得不到劳动的机会;反是人越加多,每人工作的时间反可以减少,社会主义底根本意义,就在这里,望诸君不要因俗人之见而生误会。

总之,社会主义是立在马克斯学说底根基上,主张用阶级斗争来实现生产机关社会共有的。至于用怎样形式的阶级斗争来实现生产机关底社会共有?生产机关归了社会共有之后,如何管理恰当?生产品如何分配?则因时因地不能一致,因之派别亦生。

社会主义底派别,可以由两方面来讲:一,理论方面;一,实际运动的方面。在实际运动的方面说,重路的派别,就是德国底社会民主主义,斯巴达卡斯专[团],俄国底波尔色维克(或共产党),法意底工团主义,美国底 I. W. W. 和英国底工行社会主义。由理论方面说,可以分为政策上的派别、理想上的派别、分配上的派别了来讲。所谓政策上的派别,就是因实现生产机关为社会公有之方法不同而生出来的派别;社会主义在这方面的主张,可有两派:即议会政策和直接行动;所谓理想上的派别,就是因管理经营都归了社会共有之后的生产机关的方法——即对于将来社会制度的理想——底不同而生出来的派别;社会主义在这方面的主张,可有四派:(1)民主主义底第一派,(2)无政府主义,(3)折中派,(4)民主主义底第二派。所谓分配上的派别,就因生产品底分配方法之不同而生出来的派别。社会主义在这方面的派别,可有两派:即集产主义与共产主义。我们现在由理论方面着手,带叙实际运动上的派别;如是,则两方面用[容]易明了,比较又容易讲。

(一)政策上的派别

(1)议会政策——如德国底社会民主主义或独立社会党,英国底实[工]行社会主义。

这派主张借资本阶级的议会底立法,来实现生产机关底共有和将来的社会制度。换句话说,就是主张选举多数社会主义同志到议会,使他们同志在议会中占得大多数,假资本阶级国家底力量在政治上和立法上实现社会主义。他们是要借法制逐渐改正,一而二,二而三,一步一步地达到最后目的。现在代表社会民主主义的独立社会党,和英国底工行社会主义,就是属于这一派。这一派的好处,在无须流血的革命,并且在社会主义未实现以前,劳动阶级多少也能得到改良。

(2)直接行动。

这派不主张借社会主义的同志在议会里面的活动来实现社会主义,是主张劳动阶级直接与资本阶级争斗,以实现社会主义,这派又分经济的直接行动和政治的直接行动两派。

(A)经济的直接行动——如法意底工团主义,美国底 I. W. W.。

这派不靠议会,不作政治运动,只靠劳动阶级直接对资本阶级一天一天的奋斗,渐次获得自由,以至于达到最后的目的,所以又叫作"渐进的直接行动派"。这派的终极目的,是总【同】盟罢工(General Strike)。在总同盟罢工未实现以前,用种种零星罢工来直接对付资本阶级,渐次获得自由,获得胜利,渐而酝酿成为总同盟罢工,一举而破坏现在资本主义的经济组织,以实现社会主义。这派平时所使用的方法,就是同盟绝交(Boycott),记号法(Notation),示威运动(Demonstration),同盟罢工

(Strike)；而他们最喜欢用的就是Sabotage。所谓Sabotage，就是工人进到工场里面，或完全不做工，或慢慢做工，甚或故意破坏机器，或损坏原料品或生产品，使资本家受有形或无形的损失。这派所期望的最后的总同盟罢工，究竟能不能实现？我们无从证其能，亦无从证其不能；但在主张这一派的人，却相信这种零星罢工进行的结果，终必要酝酿到总同盟底实现。这总同盟罢工，在这一派的人，名为社会的神秘（Social Myth），法意底工团主义，美国底I.W.W.，就是属于这一派。这一派底好处，在无须依赖知识阶级底援助，在无须等待无产阶级占得全国人口底大部分，并无须等待全体无产阶级底觉悟。但社会却不免有许多损失。

（B）政治的直接行动——如俄国底波尔色维克，德国底斯巴达卡斯团。

这派靠劳动阶级来革命，一举而握得政权，实行劳动阶级独裁政治，以实现社会主义。其不依靠社会主义者在资本阶级议会里面占得绝大多数，而依靠劳动阶级直接的革命，与议会政策相反，而与经济的直接行动相适，所以也叫作"直接行动"。但又与经济的直接行动之绝对否认政治运动，专靠劳动阶级底经济运动，以期最后的总同盟罢工来实现社会主义的不同；而靠劳动阶级底政治运动，握得政权，实行劳动阶级独裁政治来实现社会主义，所以叫作"政治的直接行动"。再经济的直接行动是以总同盟罢工为目的，为实现社会主义的终点，所以要一天一天做着小革命，一步一步地进行；政治的直接行动是以劳动阶级独裁政治为手段，为实现社会主义的起点，所以要一举而颠覆资本阶级的政府，建立劳动阶级的政府；所以又叫作"急进的直接行动派"。俄国底波尔色维克、德国底斯巴达卡斯团，就是属于这一派。这一派底好处，在使劳动阶级能够站到从前资本阶级底地位，使社会主义能够早点实现；但不能免于流血和破坏，并且最初的基础也不稳固，要时常现出摇动。

（二）理想上的派别

（1）民主主义底第一派——如德国底社会民主主义或独立社会党。

这派主张以国家所有一切生产机关，以民主主义的中央集权政府来管理经营生产上和分配上的事业，现在代表社会民主主义的德国独立社会党，就是属于这一派。

（2）无政府主义——如注[法]意底工团主义，美国底I.W.W.。

这派以国家及政府为万恶之源，以国家所有生产机关，政府管理经营生产上和分配上的事业，为国家替代现在资本阶级的地位，来成了一个大资本家，劳动阶级还是工钱奴隶，不能得到自由；并且这种政府容易成为官僚主义，与现存资本主义的社会没有两样。所以这派主张自由联合的劳动团体来所有生产机关，管理经营生产上和分配上的事业；不承认有国家，不承认有政府。法意底工团主义和美国底I.W.W.就是属于这一派。

（3）折中派——如英国底工行社会主义。

这派反对由国家所有生产机关，中央集权政府管理经营生产上和分配上的事业，与无政府派一样；但同时又反对自由联合的劳动团体单独地所有生产机关，并管理经营生产上和分配上的事业。他们说像民主主义第一派的那种组织，容易使消费者压迫生产者；但像无政府派的那种组织，又容易使生产者压迫消费者。像民主主义第一派的那种组织，容易堕落到官僚主义，劳动者不能得到自由和自治；像无政府的那种组织，虽然能够使劳动者能够得到自由和自治，但在生产上和分配上又缺乏统一的计划，各劳动团体也容易发生自私自利的情形，相互间容易发生竞争。所以这派主张以国家代表消费者，以劳动团体代表生产者，由国家和劳动团体来共同所有生产机关，共同经营并管理生产上和分配上的事业。英国底工行社会主义就是属于这一派。

(4)民主主义底第二派——如俄国底波尔色维克、德国底斯巴达卡斯团。

这派说，到了社会主义的社会，不劳动者就不得食，要得食就要劳动；所以消费者就是生产者，生产者就是消费者；代表消费者的国家，就是代表生产者的团体；代表消费者的国家与代表生产者团体底对立，只在空想上能够想象，在理论上和事实上都是无可想象的事。同时只承认有劳动团体，不承认有国家，不承认有中央集权的政府，这也只能在空想上成立，在实际上和事实上都是不能成立的。主张只有劳动团体的人，自必也承认有一个劳动团体底总联合体，这劳动总联合体又必有一个中央委员会，这中央委员会对于各劳动团体又必有相当的强制权；不然，各劳动团体各自经营产业，怎能调节生产上和分配上的不平衡，又怎能免除各团体的自私自利和相互间的竞争。既然有一个劳动总联合体，这劳动联合体，在尽人皆为生产者的社会，不就是一个国家么？劳动总联合体既然有一个有相当强制权的中央委员会，在尽人皆为生产者的社会，不就是一个中央集权的政府么？这一派主张一切劳动团体应当联合起来组织一个坚固总联合体，而这总联合体又当有一个集权的中央委员会，而这总联合体就是国家，不承认在这劳动总联体底中央委员会之外或之上另外还有一个国家；这劳动总联合体底中央委员会就是国家底中央集权政府，不承认在这劳动总联体底中央委员会之外或之上另外还有一个国家底中央政府。所以这派主张一切生产机关归劳动总联合体所有，一切生产和分配归劳动总联合体底中央委员会管理经营。这又与第一派之主张立在劳动团体之上的国家所有生产机关，立在劳动团体中央委员会之上的中央政府管理经营生产上和分配上的事业的不同。照这一派说，一切生产机关归劳动总联合体所有，就是归全体劳动团体底共同所有，就是归全体生产者——消费者所有，就是归全体人民所有，就不是国家代替资本阶级的地位成了一个资本家，只是一切人民都成了资本家，又成了劳动者。生产和分配归劳动总联合体底中央委员会管理，就是归全体劳动团体共同管理，就是归全体生产者—消费者管理，就是归全体人民管理，就不是中央政府代替资本阶级的地位，来掠夺劳动者，只是人民自己掠夺自己。是这样，民主主义的精神也可以贯足[彻]，官僚主义也不会发生了。俄国底波尔色维克和德国底斯巴达卡斯团，就是属于这一派。

(三)分配上的派别

(1)集产主义

这派主张货币经济，主张用相当方法来调节各个人底收入。换句话说，就是各个人不直接受物件的分配，只取得某种形式的货币底收入。凡人要消费物品的时候，须把自己底收入拿一部份出来去购买。所以这派所主张的分配平等，并不是消费上的平等，只是收入上的平等。而这平等又可以分为主观的平等与客观的平等两种。

(A) 收入底主观的平等——如圣西门派的空想社会主义。

所谓收入底主观的平等，就是按照各人底技能力量来决定各人收入底多寡。圣西门派的空想的社会主义，就是属于这一派。

(B) 收入底客观的平等——如德国底社会民主主义或独立社会党，现在实行中的俄国波尔色维克，英国底工行社会主义。

所谓收入底客观的平等，就是不问技能力量如何，对于一切□□人一律给以同等的收入。现在代表社会民主主义的德国独立社会党，现在实行中的俄国波尔色维克，英国底工行社会主义，就是属于这一派。

(C) [(2)] 共产主义

这派主张自然经济，消除一定价值量的收入概念，对于各个人的收入不调节，只调接[节]立即消费，或者连消费都不调节，换句话说，对于各个人直接分配物品，不采用何等形式的货币。所以这派所主张的分配平等，并不是收入上的平等，只是消费上的平等。而这平等又可以分为客观的平等和主观的平等两派。

(A) 消费底客观的平等——如巴伯夫派底空想的社会主义。

所谓消费底客观的平等，就是不问年龄男女健康与否之差别，各人对于同一物品分得同一数量。巴伯夫派底空想社会主义，就是属于这一派。这一派与收入底客观的平等好像没有差别，其实有天渊之差，消费底客观的平等，是不论年龄男女健康与否差别，各人对于同一物品分得同一数量，至于收入底客观的平等则不然，是用货币单位测定收入，各人虽是平等，但个人要把所得收入如何使用，使用多少，并用以取得多少消费品，取得何项消费品，都是各人底自由。

(B) 消费底主观的平等——如理想中的俄国底波尔色维克，法意底工团主义，美国底 I. W. W.。

所谓消费底主观的平等，就是各人应个人底需要直接使用物品，即"各取所需"。法意底工团主义，美国底 I. W. W.，就是属于这一派。俄国底波尔色维克最后的目的，也在这里。

由理论方面观察的社会主义底派别，大概如此。同时实际行动上的派别，也可以由此明白了。譬如德国底社会民主主义，在实现社会主义的政策上是主张议会政策，在将来社会制度的理想上是民主主义底第一派，在生产品底分配上是主张客观平等的集产主义。我们就可以知道他是主张多数社会主义的同志到议会里面去，逐渐变更法制，使同志在议会里面占得能够变更宪法的大多数了；实现一切生产机关的国有，由民主主义的中央集权政府来管理经营生产上和分配上的事业，对于一切人分配某种形式的货币(如工奖券之类)底平等数量。这一派可以叫做民主的集产主义或集产的民主主义，亦可以叫做国家社会主义。

(《民国日报》副刊《觉悟》"社会科学特刊"，1925 年 5 月 13 日，6 月 8 日)

24日(星期日)

57.《共产主义与共产党》(《政治生活》第四十、四十一、四十六、四十七、四十八期,5月24日)

《政治生活》第四十期开始,第四十一、四十六、四十七、四十八期连载刊登了《共产主义与共产党》,全文如下:

共产主义是什么呢?要知道共产主义是什么,必须首先知道一般人对于共产主义的误会,明白了那些误会,然后才能够知道共产主义究竟是怎么一件事。那些误会是什么呢?

第一要知道共产主义决不是什么共财主义。自古来就有什么"共财帛共患难"的说话,现有许多无知识的人,一听说共产主义,便误会是共财主义,就是大家财帛共有的意思,也就是有钱大家用有饭大家吃有衣大家穿的意思。所以天津警察长杨以德会说:"如果实行共产主义,你要抢我一顶帽子,我便抢你一件衣服、[,]那还成何世界!"因此,也有人毁谤共产主义是抢产主义。其实共产主义决不是这样。共产主义固然是主张财产公有,固然是反对财产私有;然而共产主义所说应该公有的财产,是指全社会可以产生财务的一切资本,如土地工厂机器原料之类,并非指你我身上几件衣家中几担米荷包裹几块钱;所谓公有,乃是说归社会公共的机关公有,绝对不由个人抢归个人私有私用。文明的共财主义,也不过是在私有财产制度之下,你我私人的财帛通融,不分彼此的一种义气,和根本改变全社会财产制度的共产主义无关。至于不文明的共财主义,更是在私有财产制度之下,彼此个人抢夺过来私有私用,这才真是抢产主义,和共产主义更是相反。共产主义是要把全社会可以产生财务的一切资本归公,免去私人间的竞争和冲突,使全社会的财务产生,都在通盘计算之下进行,比现社会产生财务的力量更有大量的增加,可以供给人人的需要,这才是全社会的幸福,不只是最大多数的幸福。抢产主义也有二种:现在自由竞争财产私有的社会,全般都可以说是一种文明的抢产主义,所以有人说"财产即是赃物";更有一种不文明的抢产主义,即是盗贼,他们抢去的财产即赃物,并不用做产生财务的资本,他们若抢遍了全社会,便是破灭了全社会的生存;所以我们说抢产主义和共产主义更是相反。

第二要知道共产主义也不是均产主义。许多有知识的人,也把共产主义和均产主义大弄不清楚。其实,共产主义和均产主义有两个不同的要点:均产主义实是均富主义,主张均产主义的人,只感觉得社会上贫富不均的现象不好,如孔子说:"不患贫而患不均",就是这个意思,而他们未曾看出贫富何以不均的原因(财产私有制度)【,】所以他们以为若设法把社会上的财富按个人平均分配了,没有贫富之分,自然天下太平了。他们这样均富的结果,纵然社会上人人的财产一时都平均了,只是人人都成了小有产者,并非废止私产。人人平均的财产都还是私有的,人人自由竞争起来,一得一失，不久便要失了平均，共产主义主张废止私有的财产，便没有这个弊病，这是均产主义和共产主义不同之点一，假使人人财产能够日久维持平均，那么全社会的财产永远分散，不易集中起来经营大规模的产业，社会进化因以阻滞，共产主义主张财产共有，便没有这个弊病，这是均产主义和共产主义不同之点二。

第三①要知道共产主义也和无政府共产主义不同。无政府共产主义，他们的宗旨虽然也是废止私有财产；然而用什么方法才能够废止，由私产社会到共产社会之政治的组织及经济的组织应该怎样，他们都不曾说到。他们是空空的鼓吹反对私有财产，反对一切政治组织，反对一切法律的理论，仿佛是资产阶级人人都信相了他们的理论，自然会自己放弃私有财产权，统治阶级人人都相信了他们的理论，自然会放弃政权，这样的笑话，简直比梦想还不如，因为梦想虽不是事实，而其大部分还有成为事实之可能。不但如此，他们当中，竟有极力反对劳资间阶级争斗的人，竟有极力反对劳工阶级有强大集中组织的人，这种人们实在是资本家所欢迎的；因为没有阶级争斗，没有劳工阶级强大而集中的革命运动，资产阶级永远不会倒，私有财产制度也永远不会废。又有一派无政府工团主义，他们虽然不反对阶级争斗，却反对一切政治及国家，他们不明白政权及国家机关乃是阶级争斗之最重要的武器，资产阶级拿了这个武器才能制止劳工阶级，劳工阶级必须夺得这个武器才能销[消]灭资产阶级。共产主义者，看清了阶级争斗是由私产社会到共产社会所必走的一条大路；并且看清了政权及国家是阶级争斗中最后必争的武器；这就是共产主义和他们不同的地方。

共产主义的目的，是要实现无私产无工银无买卖无货币无阶级无国家公同生产公同消费的共产社会。然而只这目的，还不算是共产主义的全体，如何实现这个目的，乃是更重要的问题。共产主义实现这个目的之步骤是：

第一步，团结无产阶级(产业工人及贫农)，发展无产阶级对于资产阶级的争斗；因为除了无产阶级的团结，没有别的力量可以对付资产阶级。

第二步，爆发无产阶级对于资产阶级及资本帝国主义的革命——夺取政权；因为私有财产制度是资产阶级存在的条件，非革命不能废此制度。

第三步，建设无产阶级专政(即是不许资产阶级参与政治的意思)的国家，保障无产阶级的革命胜利，镇压资产阶级的反革命；因为无产阶级的革命虽然得了胜利，而资产阶级在社会上多年的势力并未消灭，无产阶级革命胜利后，若只有经济的组织而无政治的组织，而不抓住政权及国家机关，以镇压资产阶级的反革命，资产阶级便要乘机恢复其政权及国家机关，再来统治无产阶级。

第四步，无产阶级利用政权，没收土地银行交通机关矿山工厂，以及可以产生财务的一切资本，归为国有，使全国的工业社会化，使资本主义的生产制及私有财产制逐渐减少，至于完全消灭。

第五步，全社会工业化，全社会劳动化，全社会产生财务的力量发展到可以供给

---

① （继本刊第四十一期）这一篇东西不独给予了人们一些知识，也给予了人们不少的释疑。只因篇幅与文字时效关系致缀登载，殊深抱歉。拟自本期起陆续登出，俾读者诸君得窥全豹。（通）

人人所需要而有余,实行共产主义的分配法,废除工银制度,废除买卖与货币。

第六步,实现无阶级无国家只有经济组织而无政治组织的共产社会。总而言之:共产主义是要发展资本主义社会里所必然发展的阶级争斗,以实现继资本主义社会而起的共产主义社会。

什么共财主义,什么均产均富主义,以及什么无政府共产主义,都是近代资本主义还未曾大发达以前小资产阶级的思想,那时资本主义刚才初步发展,劳资两方面还未显然分成阶级,那时还看不出资本主义及财产私有的真实作用及其罪恶,所以他们都没有依阶级争斗的力量根本推到资产阶级和消灭资本主义及私有财产的计画。共产主义乃是随着近代资本主义之大发达而发生的,因为近代资本主义之大发达,已经把全人类分为劳动家与资本家两大阶级,已经把全社会中零星散碎的财产集中到几个大规模的生产机关,作成了财产公有及公同生产的基础;已经把成千成万的劳动者集合在一个生产机关里做工,使他们自然感觉得有公[共]同生产的可能,并感觉得这生产机关里一切资本(机器房屋土地原料等)。有由私有改归公有的必要;已经一面集中劳工成了强大的组织,一面又尽量向劳工们暴露资本主义及财产私有的罪恶;共产主义就是在这些情状之下发生的。因此,我们知道资本主义的社会之后,必然是共产主义的社会。因此,我们便可以明白资本主义发达以后的共产主义,和资本主义发达以前的共财均产等主义不同,乃是当然的事了。

(未完)

(《政治生活》第四十、四十一、四十六、四十七、四十八期,1925年5月24日、31日、8月12日、19日、26日)

6月
1日(星期一)

58.《托洛茨基主义或列宁主义?》(《新青年》(不定期刊)第二号,6月1日)

《新青年》不定期刊物第二号出版,发表斯大林著,郑超麟译的《托洛茨基主义或列宁主义?》,如下:

同志们!在同志加美聂夫的详细报告之后,留给我说的东西已不多了。我现在要专答辩同志托洛茨基及其朋友所传播关于十月革命,关于在革命当中同志托洛茨基的作用,关于党及关于革命的准备等等。我也要说托洛茨基主义是不能与列宁主义相容的,最后我又要说到党对于同志托洛茨基最近的著作的责任。

一、十月革命的真相

在党员中间,人们特别热烈地传说中央委员会一九一七年十月曾宣布反对暴动。人们时常说十月十日中央委员会多数起初曾反对暴动,但突然有一工人进来就把会场的空气转换了。这工人曾说："你们反[对]暴动，但我告诉你们，即使你们反对暴动，暴动仍然是要举行的。"中央委员会感动了，于是乃决定暴动。

这个不仅是一个简单的谣言，里得(John Read)在其所著的《十日》里面曾说及此事，里得此时还不是本党的党员，他坠入了苏哈诺夫(Soukbanov)的诡计中。此种记载曾为托洛茨基的友人在他们所著各种小册子中，譬如同志西尔经(Syrkin)在其近著关于十月革命的小册子中，屡屡采用过。

同志托洛茨基近著发表后，愈加促成这些谣言的传播。无须乎证明这些无稽之谈是不近情理的，也无须乎证明这些中央委员会会议中绝没有这么一回事。我们以前未曾注意到这些传说，以为这是党内反对派及党外的人惯用的无聊的发明。对于里得的错误，我们也未曾把他看得重要。但是在同志托洛茨基最近的行动后，就断不能把这传说置之不问了；因为人们要利用这些传说，去训练青年且不幸已收了些功效。所以我应以事实来打消那人们所传播的这些谣言。

我们拿一九一二年十月十日中央委员会会议的记录来看。出席者：季诺维埃夫、列宁、加美聂夫、斯达林、托洛茨基、斯威得洛夫、乌利茨基、得热尔任斯基、郭仑泰、布不诺夫、索可尔尼可夫、洛莫夫。议事日程为："现在情势与暴动"，讨论后把列宁的动议来通过(关于暴动的)，此动议由十票对二票通过。由此看来，中央委员由十票对二票已决定直接准备暴动。当时举出列宁、季诺维埃夫、加美聂夫、托洛茨基、索可尔尼可夫、布不诺夫六人组织政治局，指导暴动。

事实便是如此。

这些事实推翻许多传说，打破中央委员会曾宣布反对暴动的传说，打破中央委员会因对暴动问题意见不同而起分裂危险的传说。从这记录中又很明白看出直接暴动的敌人——加美聂夫与季诺维埃夫——已加入政治局来担任指挥暴动。然则决裂已不成问题了。

托洛茨基以为在十月中本党几有和社会民主党员相等的加美聂夫、季诺维埃夫的右派，假使是如此为何本党能避免决裂，又为何这些同志能以指导暴动的政治局委员资格在党内占重要位置？人人知道列宁对于社会民主党的态度是很强硬的，列宁决未宽恕过党内有社会民主党倾向的同志，更不许他们占重要位置。

成问题的同志是多数党老党员，他们是站在多数主义普通基础上面，关于根本问题的见解是一致的，譬如关于俄国革命的性质、革命的原动力、农民的作用、党的组织的基础等等。若是没有这些一致的见解，则免不了决裂。这些同志和中央委员会多数意见的不同，决不至于引起分裂，只过几日就消灭了，加美聂夫同志和季诺维埃夫同志是列宁主义者，是波尔札维克。

我们现在说一说同志托洛茨基在十月暴动中的作用的传说，托洛茨基朋友热烈的传播托洛茨基是暴动的创意者与唯一的指挥者。

这些谣言特别是同志托洛茨基著作的编辑者同志伦斯列(Lentsner)散布得最起劲。托洛茨基不提及党的作用，又不提及中央委员会与列宁格勒委员会在暴动组织中的作用，而把自身放在第一把交椅上，自己自觉的或不自觉的帮助这种谣言之传播。

我不否认同志托洛茨基在暴动中的作用之重要，但我应该说他在这中间没有也不能有特别的作用，他不过以彼得格勒苏维埃委员长资格来执行那时党的意志而已，党则一步一步的指挥他。苏哈诺夫一类小资产者自然觉得奇怪，但是事实，真的事实完全证实了我刚才所说的话。

试看十月十六日中央委员会会议的记录。出席者：中央委员会委员，彼得格勒委员会代表，军事组织代表，工厂委员会代表，工会及铁路工人代表；此外还有同志克理伦柯、学特满、加李宁、胡洛达尔斯基、习里亚蒲尼可夫、拉起斯及其他。议事日程："暴动的实际组织"。列宁的动议由二十票对二票通过，有二票中立。人们决定组织一中央机关担任暴动的实际组织。此机关由斯威得洛夫、斯达林、得热尔任斯基、布不诺夫、乌利茨基五同志充任之。此委员会依照中央委员会命令来指导实际工作。

你们看见：中央委员会这次会议发生了一件"恐怖"事实，即指导暴动实际组织的中央机关并未邀请所谓暴动的"创意者""主要行动者""唯一指导者"托洛茨基参加。

托洛茨基在我们党内是较新的党员，不能在党中及暴动中有特别的作用，他不过如一切负责任的战士一样执行中央委员会及其各机关的意志而已。知道多数党组织的人就不难明了他不能有何种别的作用；若托洛茨基反对中央委员会的意志，他不能对于事变的进行发生何种影响。人们所谈他在党中有特别的作用，这不过是胡说而已。

这不是说十月的暴动没有创意者，他的领袖及首倡人是列宁。列宁关于暴动的动议已为中央委员会所采纳，他当时虽迫得在秘密的条件中生活，任托洛茨基怎样说，但他终是暴动的真正首倡者。否认他的作用，将是很蠢的，很可笑的。

事实只是如此。

有人说这是不错的，但是同志托洛茨基在十月革命当中很勇敢地奋斗，这可否认的么？他在十月革命当中很勇敢的奋斗这是真的，但很勇敢地奋斗的不只他一人，例如左派社会革命党此时也一块儿和多数党人努力工作，我敢说在暴动胜利时期中即在敌人已经孤立及革命势力不断的扩大的时期中，很勇敢地奋斗是不难的。在这种时期即落后的人也能变成英雄。可是无产阶级的争斗不是时时进攻，也不是时时得着胜利，也有退守或失败的时候；真正的革命者不仅在暴动胜利时期应该努力，就是在退守及失败时期也是一样。

左派社会革命党在十月革命中援助了多数党，他们也是很勇敢地奋斗，但在不勒斯特里多夫斯克的时期、这些"健儿"是如何的狼狈，德国帝国主义的进攻又把他们抛于黑暗的失望中。托洛茨基在十月革命当中曾作很勇敢的奋斗，到了不勒斯特里多夫斯克时期，革命暂时不胜利期间，就没有勇气及坚决心，只得步左派社会革命党后尘，当时的情势很严重，必须有特别的勇气，才能退守及时缔结和约，以避免无产阶级的军队遭敌人的打击，而保存农民的后备军，经过一定时间的休息，即可用新的力量去攻打敌人。

依托洛茨基的意见，十月时候的根本教训，便是不要走出正轨；这是不对的，因他的公式只有部分的真理。真理，全部的真理是不仅在革命时期不应走出正轨，当革命失败以及敌人强迫我们退守时期也应该不动才行。十月不过是无产阶级革命的开始。若开始就走出正轨，实是不幸的事，但是若在取得政权后，到革命经过困难时期而走出正轨，则更是不幸的事。革命后保存政权与夺取政权同样重要。同志托洛茨基在不勒斯特里多夫斯克时期，在很困难时候又是当我们将失却政权的时期，既然走出了正轨，那么他便不配说加美聂夫与季诺维埃夫在十月革命中的错误。

一、党与十月革命的准备

听着同志托洛茨基的说话，可以使人相信多数党在三月与十月之间已是智穷力竭；列宁为内部纠纷所困，感受许多阻碍，若没有同志托洛茨基在那里，谁人知道十月革命怎样结果！听着同志托洛茨基说及关于党的话，似乎有些趣味，因在他所著书第三卷的序言中我们见着"党是无产阶级革命的主要工具"，又见着"若无党或站在党的旁面，或者这党不是真正的党，无产阶级革命不会得胜"。照他这样说，便以上帝的智慧也不足以解释：若"主要工具"不好我们的革命如何会胜利？

我们现在试把十月革命准备的历史约分为三个时期来看。

(一)党的新方针的时期(三月—四月)

这时期重要事实是：(一)俄皇制度之推翻；(二)临时政府(资产阶级专政)之成立；(三)工兵代表苏维埃(工农专政)之出现；(四)双重的政权；(五)四月示威；(六)政权的第一次恐慌。

这时期的特点，就在资产阶级专政和工农专政同时并存，且这个时候，工农专政信任资产阶级专政，信任其和平的倾向，自由地放任政权落在资产阶级之手而自己就这样变成了资产阶级的附属品。这二个专政间之严重的冲突，此时还未曾发生。此时却有一个所谓"接洽委员会"。

这是俄国历史上最大的变动和吾党历史上所不能忘记的转湾[弯]点。直接推翻政府这一旧的革命前的根本原则是明了而确定的，可是这原则已不适合于新的斗争条件。现在已经不能够直接走去推翻政府，因为政府和在爱国派势力下的苏维埃已经有了联络，照旧原则使去，吾党将担起一种势力不均的斗争：反对政府，同时又反对苏维埃。

可是，我们也不能够采取维持临时政府的政策，因为这是帝国主义的政府。在这新的斗争条件里，吾党采取新的方针，这是必要的，吾党(其大多数)暗中摸索地向这新方针走去。吾党采取了一种政策，使苏维埃在和平问题中逼迫临时政府；吾党未能立刻决定前进一步，从工农专政的旧口号，到苏维埃政权的新口号来。这种不彻底的政策，为的是使苏维埃在具体的和平问题中看出临时政府之继续帝国主义的本性，且即以此使苏维埃离开临时政府。可是，这是很错误的立足点，因为这立足点产生了和平的幻想，给爱国派利用了去，并使群众的革命训练愈加难做。这错误的立足点，那时我要与吾党其他同志共同负责的；我完全放弃这错误的立足点时候，仅仅在四月中旬，采取了列宁的提案以后。(托洛茨基同志称季诺维埃夫同志为"希尔费丁派"(Partisad No Hilfeiding)，但大家都很知道，当时季诺维埃夫同志完全站在列宁的观点。)新的方针是需要的。列宁在他有名的"四月提案"里，就给吾党以这新的方针。我不细说这提案了，因为这是大家每个人都知道的。那时吾党和列宁中间有分歧的意见么？有的。这意见分歧闹得很久么？不多过二星期。彼得城城党部会议（四月后半月）采取了列宁的提案，这就是吾党发展上之转湾[弯]点。全俄的四月会议（四月底）不过推广彼得城决议于全国范围，团结吾党之十之九于党的统一的立足点。

现在，七年已经过去，托洛茨基同志把波尔札维克党人旧时的意见分歧重新提起来，他把这分歧的意见说得像波尔札维克主义内部有二个党在那里斗争。可是，第一，托洛茨基同志，这里，把事情万分张大了，其实波尔札维克党渡过这意见的分歧，绝未感受一点损失。第二，吾党将是少数人的机关而非革命的党，假如吾党不容许党内有稍微不同的意见，——这中间，大家都知道，我们过去，譬如在第三国会时代，也有分歧的意见，然而这并不妨害了吾党的统一。第三，托洛茨基同志现在既愿热烈地提起波尔札维克党旧时的意见分歧，问一问他自己那时的立足点是怎样，这或者也不是无益的罢？托洛茨基同志的著作的所谓编纂者，伦斯列同志，宣传说托洛茨基同志的《美洲来信》（三月），"完全超越"于为列宁的"四月提案"根据之列宁的《远方来信》（三月）。所谓"完全超越"就是这样说的。托洛茨基同志并不驳斥这无稽之谈，而且似乎以感谢态度承认了。可是，第一，托洛茨基同志的信"完全不同于"列宁的信，无论在精神上或在结论上，因为《美洲来信》完全表现出托洛茨基同志的反波尔札维克口号："皇帝不要了，政府是工人的！"这口号是指明革命不要农民。只要比较这二种来信，我们即可知道。第二，在这种情形之下，怎样能够解释，回国之后，列宁需要与托洛茨基同志分立呢？谁不知道列宁不止一次地批评过托洛茨基同志的口号："皇帝不要了，政府是工人的"，以为这是打算"跳过正有生气的农民运动"，这是以"工人政府夺取政权为儿戏"？在列宁的波尔札维克的提案和托洛茨基的反波尔札维克的公式，连那他"夺取政权的儿戏"，这中间能够有甚么共同之点呢？伦斯列同志，于许多关于我们的革命的神话之外，为甚么还要冒险地再加上托洛茨基的《美洲来信》"超越"于列宁的有名的《远方来信》这一神话呢？

这些神话的中间，有一种流传很普遍的，即说托洛茨基同志是内乱中胜利"唯一的"或"主要的组织者"。同志们，为真理起见，我应该宣言：这神话完全不合事实。我绝不是否认托洛茨基同志在内乱中的重要作用。可是，我应该十分坚决地说：我们的胜利的组织者之无上的光荣绝不属于几个人，而属于我国先进工人之大集合体——俄国共产党。试举几个例来看，这或者不是无益的。你们知道苏维埃共和国的重要仇敌，是高洽克（Koltohak）和田尼庚（Denikine）。你们知道我国能够自由呼吸空气仅仅在战胜这二个仇敌以后。历史告诉我们，我军肃清这二位将军，高洽克和田尼庚，是违反了托洛茨基同志的计画方才做到的。你们自己看：

（一）高洽克【。】事情在一九一九年的夏天。我军进攻高洽克，向乌发（oufa）前进。托洛茨基同志在中央委员会会议上提议停止白河（乌发前）阵线的进攻，让乌拉（our）到高洽克手里，我们从东方战线抽回一部分军队而派遣到南方战线去。会场起了热烈的辩论。中央委员会不同意于托洛茨基同志的意见，觉得我们不能到让乌拉及其工厂和铁路到高洽克手里，因为那里他容易恢复元气，拉拢富农而再占据窝瓦河流域。我们必须先驱逐高洽克过乌拉岭到西比利亚平原去；仅仅在这个时候，我们才好移动军队到南方去。中央委员会拒绝了托洛茨基同志的计画。托洛茨基提出辞呈。中央委员会不许他辞职。总指挥华泽底斯（Vatsetise）赞成托洛茨基计画的一人，辞职了。嘉米纳夫同志代替他当总指挥。从那时起，托洛茨基同志就不直接参加东方战线的工作。

（二）田尼庚【。】事情在一九一九年秋天。进攻田尼庚不能得手。围绕马孟多夫（Mamontov）的"铁环"是分明熔化了。田尼庚占领了顾尔斯克（Koursk）。田尼庚向奥勒尔（orel）攻来。托洛茨基同志从南方战线被召回来参加中央委员会会议。中央委员会承认现状是很可虑的，并且决定派遣新的军事人员到南方战线去，而撤回托洛茨基同志。新的军事人员要求托洛茨基同志"不干涉"南方战线的工作。托洛茨基同志不直接参加南方战线的工作。南方战线的一切行动，包括我们占领罗斯多夫（Rostov-Sur-Dn）和奥德萨（Odessa）在内，托洛斯基同志都没参加。

让他们设法推翻这些事实罢！

(二)群众的革命动员的时期（五月—八月）

这时期重要事实是：（一）彼得城的四月示威和"社会党人"参加的联立政府之正式成立；（二）俄国重要区域五月一日示威高呼"德谟克拉西和平"的口号；（三）彼得城的六月示威高呼重要口号"打倒资本家的阁员"；（四）前敌的六月进攻和俄国军队的失败；（五）彼得城的七月武装示威，立宪民主党阁员退出政府；（六）反革命军队从前敌召回，《真理报》编辑部被捣毁，反革命与苏维埃斗争，克伦斯基领率的新联立政府成立；（七）吾党开第六次大会提出准备武装暴动口号；（八）反革命的"国家会议"和莫斯科的总罢工；（九）哥尼洛夫进攻彼得城之失败，苏维埃复兴，立宪民主党人辞职，"督政府"之成立。

这时期的特点，就在恐慌的加重和苏维埃与临时政府间不固定的均势之破坏。——这个均势——且不说他是好是坏——在前时期是存在的。双重政权两方都感觉不便了。脆弱的建筑物，"接洽委员会"，已到了末日。"政权恐慌"和"政府庸懦"这二句是那时最通行的话。前敌的危机和后方的解体，增强了极端派的势力并缩小爱国派向双方求妥协的机会。革命的动员令下了，因为反革命的动员令也下了。反革命自己又推动革命前进，激起新的革命怒潮。政权交给新阶级这一问题变成了当时最紧迫的问题。

那时，吾党内部有分歧的意见么？有的，不过不管托洛茨基同志怎样努力宣传党内有个"左派"和"右派"，但这意见分歧纯粹是事务的性质。——这就是说，假使没有这种意见分歧，那一般说来将没有活的党的生活和行动的党的工作。

托洛茨基同志宣传说，彼得城四月示威引起了中央委员会内部的意见分歧——这是错误的。对这问题，中央委员会是绝对的一致，他斥责一派同志的谋画打算在这波尔札维克党人在苏维埃和军队中皆居少数地位的时候拘捕临时政府。假使托洛茨基同志著述十月革命的"历史"，不是根据苏哈诺夫，而是根据实际的文件，那么他将不

1657

难相信他所信以为真的是错误的了。

托洛茨基同志肯定说,"列宁倡议"的于六月九日举行示威的计划,被"右派"的中央委员指为"轻躁"——这是绝对错误的。假使托洛茨基同志的著述不是根据苏哈诺夫,那么他将确实知道六月九日的示威运动是得着列宁的完全同意才延期的,列宁在彼得城委员会的有名会议,还有一篇大演说,赞成这个延期(见彼得城委员会的记录)。

托洛茨基同志说到中央委员会内部因七月武装示威而惹起了"不幸的"意见分歧——这是完全错误的。托洛茨基同志简单地想像中央委员会几个指导的委员"应该把七月这一幕看做有害的轻躁举动"。托洛茨基同志那时还未加入吾党的中央委员会,他仅是我们在苏维埃的一个代议士,他自然会不知道中央委员会只把七月示威看做试探敌人的手段,中央委员会(和列宁)并不愿也不想,在主要的几个苏维埃尚在爱国派手中的时候,把示威改成了暴动。波尔札维克党人中间,有某几个人实在因七月的失败而流涕,这是十分可能的。我知道譬如那时被捕的波尔札维克党人中有几个准备离开我们的队伍。可是,因此便做出结论攻击几个所谓"右派",所谓中央委员,那就未免太曲解了历史。

托洛茨基同志宣言,在哥尼洛夫叛变时候,吾党高级人员的一部分,发现一种倾向,主张与爱国派联盟,主张维持临时政府——这是错误的。这所说的自然是那些最"右派"的分子,他们搅扰了托洛茨基同志的清梦。托洛茨基同志是错误的,因为我们有许多公开的文件,譬如那时党的中央机关报,这些就驳斥了托洛茨基同志的宣言。托洛茨基同志举出列宁写给中央委员会的信,其中有个警告,反对维持克伦斯基。可是,托洛茨基同志不了解列宁的信,其意义及其目的。列宁在他信中有时故意前进一步,提醒那易于发生的可能的错误,并预先批评这些错误,其目的乃是使吾党预先看着这些错误而设法避免,他有时或放大了"微细的情况""把苍蝇看做象",这也是同样的目的。党的首领,特别是他处在秘密生□的条件,是不得不这样做的,因为他应该看得比他的同伴远些,并应该提醒每个可能的危险,甚至"微细的情况"。可是,从列宁的这种信中(他的这种信是不少的),做出"不幸的"意见分歧的结论,并利用起来,这乃是不了解列宁的信,不认识列宁。这个,应该可以说明托洛茨基同志有时空费心思了,简单一句话说,在哥尼洛夫叛变的时候,中央委员会内部一点意见分歧都没有。

七月失败以后,中央委员会和列宁中间确实发生了意见分歧,关于苏维埃命运的问题。大家知道,列宁要集中党的注意力到苏维埃外的武装暴动,他要人留心不要被苏维埃所诱惑了,因为他以为苏维埃被爱国派利用坏了,现在已成了一件空的东西。中央委员会和吾党的第六次大会采取了更慎重的政策,决定说那以为苏维埃复振无望是没有根据的。哥尼洛夫的叛变证明这决议是正确的了。总之,这种意见分歧对于吾党并无现实的意义。随后,列宁也承认第六次大会的政策是对的。有趣的,即托洛茨基同志不抓住这一意见分歧,并不把他放大到"神奇的"规模。

一致的和巩固的党,站在群众的革命动员的中心——这便是吾党在这时期所处的地位。

(三)暴动的组织的时期(九月—十月)

这时期重要事实是：(一)德谟克拉西会议的召集和与立宪民主党人联盟思想的消灭；(二)莫斯科和彼得城的苏维埃走过站在波尔札维克党人的一边；(三)北方苏维埃的大会和彼得城苏维埃决议反对派遣军队到前敌去；(四)吾党中央委员会决议暴动和彼得城苏维埃的"军事革命委员会"成立；(五)彼得城卫戍队决议武装拥护彼得城苏维埃和军事革命委员会系统的组织；(六)波尔札维克武装势力的进攻和临时政府阁员被捕；(七)彼得城苏维埃军事【革】命委员会取得政权和苏维埃第二次大会创立"人民委员会"。

这时期的特点，就在恐慌的迅速地加重，政府人员的手足失措，社会革命党人和孟雪维克党人的孤立无援及摇动分子的成群结队走过波尔札维克党人一边，这时期革命策略有一新奇的特点，是应该指出的。这特点就是革命每次的，或差不多每次的进攻，都出于自卫的形式。拒绝派遣军队，这无疑是革命进攻严重的步骤，但这进攻乃在保护彼得城以抵御外敌可能的进攻之口号底下进行的。军事革命委员会成立，这无疑是对临时政府进攻的更严重的步骤，但这进攻乃在组织苏维埃对军事机关行动【的】监督之口号底下进行的。卫戍队公开地走过军事委员会一边来和苏维埃委员统系的组织，这无疑地是表明暴动开始，但革命进这一步乃在保护彼得城苏维埃以抵御反革命的可能的进攻之口号底下实现的。革命把自卫的外衣遮盖了自己的进攻行动，这为的是吸引那些不决定的摇动的分子到自己一边来要容易些。这便可解释这时代的演说、论文和口号表面都带着自卫的性质，而其内容仍旧是猛锐进攻的意义。

这时代，中央委员会内部有分歧的意见么？有的，而且不是不重要的。关于暴动问题之有分歧的意见，我已经说过了。这些分歧的意见完全可以在十月十日至十六日的中央委员会记录上看得出来。我以前说过的，现在可不必再提了。现在我必要提及这三个问题：参加临时国会问题，苏维埃在暴动中的作用问题和暴动时间问题。这所以必要，也是因为托洛茨基同志很热烈地自己烘托在触目的位置，"无意地"曲解了列宁对于后二问题的观点。

临时国会的问题无疑是有严重的性质。临时国会的目的究竟在那里呢？在乎帮助资产阶级，把苏维埃放在脑后而建立资产阶级国会的基础。在这复杂的革命环境底下，临时国会能够尽这种职任么？——这是另外一个问题。事变证明这目的是不可实现的，而临时国会自身表示哥尼洛夫式的叛变之流产。可是，孟雪维克党人和社会革命党人创立临立国会恰无疑是为这个目的。在这条件底下，波尔札维克党人参加临时国会有什么意义可言呢？这也不过是造成无产阶级群众的错误，认不清临时国会的真面目，这大约便可以解释列宁为什么在他的信中要用很大的热情去驳斥那些主张参加临时国会的人。参加临时国会，这无疑是严重的错误。可是，像托洛茨基同志所说，以为主张参加的人，进临时国会去的目的是在组织的工作，是在"指导工人运动""于社会民主党范围之内"，这也是错误的。这完全不是事实。假使这是对的，那吾党自不能够以公然退出临时国会为改正错误的手段。吾党活动和革命能力亦在乎他转瞬间即能改正这种错误。现在,且让我来改正托洛茨基同志著作的"编辑者",伦斯列同志,报告波尔札维克党团会议解决临时国会问题中间的一个微小的不确之点。伦斯列同志报告说这会议上有二个报告者——加美纳夫和托洛茨基。这是不确的。实际上有四个报告者:二个主张对临时国会怠工(托洛茨基和斯大林),二个主张参加(加美纳夫和诺更)。

说到托洛茨基同志论列宁对暴动形式问题的观点,那他就更糟了。托洛茨基同志以为照列宁意见吾党在十月应该"不理苏维埃"而自夺取政权(见《列宁论》七十一页)。托洛茨基同志,随后批评这附会于列宁的无意识思想,而结果却以高傲的态度说:"这是错误"!托洛茨基同志这里关于列宁的话并不是事实,他曲解了列宁对于苏维埃在暴动中的作用之观点。我们能够列举多数的文件,证明列宁主张夺取政权须经过苏维埃,而切不可不理苏维埃。托洛茨基同志为甚么偏要创造这段过分奇异的神话附会于列宁身上呢?

至于说到托洛茨基同志"分析"中央委员会和列宁对于暴动时间问题的观点,那他也未尝不糟。谈到十月十日中央委员会有名的会议,托洛茨基同志竟肯定说在会议上"通过了一个决议案,以为暴动应在十月十五日以前举行"。(见《列宁论》七十二页)这就是说中央委员会已经指定十月十五日为暴动时期,随后自己又打破这成议,把暴动延期到十月二十五日。这是真的么?不是的。中央委员会在这时期共通过了二个关于暴动的决议案——十月十日的和十月十六日的。我们试看这二个决议案。

十月十日中央委员会的决议案:

"中央委员会承认俄罗斯革命的国际形势(德国舰队的暴动,全世界社会主义革命风潮竭力在全欧洲的发展,帝国主义间为扑灭俄罗斯革命而缔结和平之危险)。军事状况(俄国资产阶级和克伦斯基一伙必定把彼得城卖给德国人),以及无产阶级在苏维埃中取得多数,这些连着农民暴动,民众对于吾党的信仰(莫斯科选举),以及第二次哥尼洛夫叛变之明显的准备。(派遣军队离开彼得城,哥萨克骑兵召回彼得城,哥萨克骑兵包围明斯克及其他。)"以上这些都把武装暴动列入于议事日程。

这样承认武装暴动是不可避免的和完全成熟的,中央委员会告诉党的各种组织要指导这暴动,并以此观点讨论和解决一切实际的问题(北方苏维埃大会,派遣军队离开彼得城,莫斯科人和明斯克人的进攻等等)。

十月十六日中央委员会联合负责同志会议的决议案:

"本会议完全同意和拥护中央委员会的决议案,号召一切组织和一切工人兵士到细密的和有力的武装暴动的准备到维持中央委员会因此而创立的机关,并表示完全的信心,确信中央委员会和苏维埃能指定适当的进攻时间和合用的进攻方法。"你们看托洛茨基同志的记忆力,关于暴动时期的和关于中央委员会的暴动决议案的,竟这样的不行了。

托洛茨基同志肯定说列宁并不看重苏维埃的合法地位,说列宁不懂得十月二十五日全俄苏维埃大会夺取政权的重大意义,说所以列宁便坚持须于二十五日以前取得政权——这是完全错误的。这是不的[正]确的。列宁主张十月二十五日以前取得政权,有二个原因。第一，因为反革命随时都可出卖彼得城，日渐提高的暴动风潮将消沉下去，因此每一日都是可贵的。第二，因为彼得城苏维埃公开地规定并公布暴动日期（十月二十五日），是一种错误，这错误只有一个办法能够改正，即实际的暴动爆发在这法定的暴动时期以前。这大约便可解释列宁在他的信中为什么要用很大的热情去驳斥这拜物主义的日期——十月二十五日。事变证明列宁完全是对的。大家知道暴动是在全俄苏维埃大会以前开始的。大家知道实际上政权是在全俄苏维埃大会开会前取得的；而政权还不是苏维埃大会取得，乃是彼得城苏维埃军事革命委员会取得哩！苏维埃大会仅仅从彼得城苏维埃手中接受政权过来。这便可证明托洛茨基同志长篇大论关于苏维埃合法地位的意义完全是白费的了。

活的和有力的党，站立在暴动的和推翻资产阶级政权的革命群众前面——这便是吾党在这时期所处的地位。

以上便是辩白关于十月革命准备的那些神话。

托洛茨基主义呢？列宁主义呢？

我们上面说过了托洛茨基同志及其朋友因十月革命及其准备而传播出来的许多不利吾党和关于列宁的神话。我们已经辩白过和推翻过这些神话了。可是，现在有一问题：托洛茨基同志何乐而传播这些关于十月革命及其准备、关于列宁及其党的神话？托洛茨基同志何乐而为此新的文字进攻，攻击吾党？当现在吾党不愿意争辩，吾党忙于迫切职责，吾党需要缜密的工作以恢复经济而非需要为旧问题作新斗争的时候，——托洛茨基同志这种进攻究竟有甚么意义、责任、目的呢？托洛茨基同志何乐而迫吾党向后转去作这新辩论呢？

托洛茨基同志说为"研究"十月革命，所有这些，都是必要的。可是，假如没有多方攻击吾党及其首领列宁，那便不能研究十月革命么？假如十月革命的"历史"自开始以至结局都在诋毁暴动的主要行动者，都在诋毁这暴动的组织者和指导者——吾党，那这"历史"还有甚么意义呢？不是的，这里事情不在乎十月革命的研究。人们研究十月革命，不是这样。人们著述十月革命历史，不是这样。这里，明显地别有一种"存心"。而这种"存心"，大家知道，即在乎托洛茨基同志在其文字的进攻中还有一种（还有一种！）愿望，希图准备相当的条件以托洛茨基主义暗换列宁主义。托洛茨基同志亟需攻击吾党，吾党的中心人物，暴动的指导者，为的是从对党的攻击过渡到对列宁主义的攻击。攻击列宁主义是必要的，为的提托洛茨基主义出来，当做"唯一的""无产阶级的"（你们不要笑！）思想。所有这些自然要（自然要！）借用列宁主义的招牌，为的把这种暗换的过程弄成"不显露的无毛病的"。

这里，便是托洛茨基同志最近文字的进攻之真义。

因此，托洛茨基同志这种文字的进攻分明就提出托洛茨基主义问题。

那么，甚么是托洛茨基主义呢？

托洛茨基主义有三特点，使他与列宁主义不能相容。这些特点又是甚么呢？

第一，托洛茨基主义是革命无间论。在托洛茨基主义的解释之下，革命无间论是甚么？这是不把小农看做革命势力的革命。托洛茨基同志的革命无间论，照列宁的话,是"跳过"农民运动,"以夺取政权为儿戏"。他的危险在那里呢?在乎这种革命,假使真要实行起来,结果必至失败,因为这种革命使俄国无产阶级与其同盟者——小农,分离。这便可说明为甚么自一九○五年起列宁主义即开始与托洛茨基主义斗争。以这斗争的观点,托洛茨基同志怎样判断列宁主义呢?他把列宁主义看做是含有"反革命性质"的一种理论(见《一九○五》二八五页)。这种疯狂的诋毁列宁主义,建立在何种基础之上呢?在乎列宁主义始终坚持无产阶级和农民专政的观念。可是,托洛茨基同志不以这种疯狂的诋毁为满足。他进一步肯定说:

"列宁主义的整个建筑物目前是建立在虚诞和假冒之上,并带有破坏的毒恶元素。"(见一九一三年二月二十五日托洛茨基同志给齐赫氏的信)

第二,托洛茨基主义不信任波尔札维克的党,党的整一性,党对于机会主义分子的憎恶。托洛茨基【主】义在组织问题上是革命者和机会主义者并合的理论,机会主义的各种各色的派别都可容纳在一统一的党里头。你们应该知道托洛茨基同志的有名的"八月联盟"的历史;在这联盟里,马尔多夫派和撤回派、取消派和托洛茨基派,都和气地合作,——这便表示其为"真正的"党。大家知道,这破砖碎瓦的"党"所有目的即在破坏波尔札维克的党。那时"我们的意见分歧"在那里呢?在乎列宁主义看见无产阶级政党发展的前提就在打破"八月联盟",而托洛茨基主义却看这联盟是创立"真正的"党的基础。你们看见,这仍旧是二个相反的政策。

第三,托洛茨基主义不信任波尔札维克主义的首领,企图使他们丧失信用,使他们减轻声价。我未见过党内有别种倾向可以比得上托洛茨基主义那样努力于使列宁主义的首领或党的中央机关丧失信用。譬如托洛茨基同志这样"有趣的"诋毁列宁,把他形容得是"专门利用俄国工人运动的落后性为职业的一个人"(见给齐赫氏的信),这又何苦呢?这其实还不是托洛茨基同志所有"有趣的"许多诋毁之中最"有趣的"一个哩!

托洛茨基同志肩上既然挑着这样笨重愁苦的行头,他在十月革命运动时候又怎样能够出现在波尔札维克党人队伍中间呢?这因为托洛茨基同志那时放下了(事实上丢弃了)他的行头,把这行头藏起在柜台里。没有经过这道"手续",与托洛茨基认真合作将是不可能的。"八月联盟"的理论,即与孟雪维克党人联合的理论,已经受革命攻击被革命丢弃了,因为在波尔札维克党人和孟雪维克党人武装斗争底下还有何种联合可说呢?托洛茨基同志只好承认这个理论的不适用,是事实。革命无间论也"遇着"同样的不幸的历史,因为波尔札维克党人中没有一个人不想二月革命之后政权必当迅速夺取过来,这里托洛茨基同志也不能不知道波尔札维克党人不允许他,像列宁说的,"以夺取政权为儿戏"。托洛茨基同志只好承认波尔札维克党人为争苏维埃势力而奋斗为争获得农民而奋斗的政策,是对的。至于托洛茨基主义的第三个特点(不信任波尔札维克首领),那自然只好搁起,因为前二特点分明已经消解了。

在这种环境底下,托洛茨基同志能够不把他的行头藏起在柜台里面,并不跟着波尔札维克党人走去么?自然不能!他的背后没有甚么重要的团体,他到波尔札维克党这边来,像丧失了队伍,只成政治的孤立。

从这里得着甚么教训呢？教训是有一个：托洛茨基同志必须丢弃他的旧行头，完全接受列宁主义，他才有可能与列宁派做长久的合作。托洛茨基同志著述十月革命的教训，但他忘记了除了他这些教训之外还有一种十月革命的教训，即我刚才所说的，这教训对于托洛茨基主义有极重要的意义。托洛茨基主义须细味这一十月革命的教训。

可是，托洛茨基主义并未曾受用着这一教训。因为十月革命时藏起在柜台里的托洛茨基主义旧行头，现在重新拿出来，想望可以找得较好的销场。在托洛茨基同志的新的文字进攻中，我□无疑地看出一种企图，回转到托洛茨基主义，"制服"列宁主义，发挥托洛茨基主义的一切特点。新托洛茨基主义不是简单的旧事重提，他改变了面貌，他比旧托洛茨基主义来得柔软得多温和得多，但他根本上无疑地保留着旧托洛茨基主义的一切特点。新托洛茨基主义不愿像军事战斗那样攻击列宁主义，他宁愿拿列宁主义做招牌，在解释列宁主义改善列宁主义的口号底下活动。这因为新托洛茨基主义是柔弱的。新托洛茨基主义的进攻恰值列宁逝世时候，这事实并非偶然。列宁在世时，托洛茨基是不敢做这冒险事情的。

新托洛茨基主义的特点在那里呢？

（一）革命无间论问题【。】新托洛茨基主义无须公然坚持革命无间论。他"简单地"说明十月革命完全证实了革命无间论就够了。从此，他做出底下的结论：列宁主义内中重要的和可以接受的只是大战之后在十月革命时期的一段；反之，大战前十月革命之前的列宁主义是不正确的不能接受的。从此，托洛茨基主义的理论把列宁主义区分为二部分：战前的列宁主义——旧的不适用的列宁主义及其工农专政的观念，和战后的列宁主义——新的十月革命的列宁主义，这是能够适合于托洛茨基主义要求的。托洛茨基主义需要将列宁主义做这样的区分，以为进行上"不会引起反感"的第一步，为他与列宁主义斗争时随后的几步容易进行。但是，列宁主义并【不】是折衷派的理论，不是集合各种各色原素而成，绝不可以分为若干部分。列宁主义是整个的理论，发生于一九○三年，中间经过三次革命的经验，现在像全世界无产阶级一面斗争的大旗向前走去。列宁说："波尔札维克主义从一九○三年就存在迄今，是一派政治思想，是一个政党。惟有波尔札维克主义整个的历史，从他发生以至现在，才能满意解释，为什么在最困难的条件之下，他能够创立和保持那无产阶级胜利所必需的铁的纪律。"（见《共产主义左派幼稚病》）波尔札维克主义和列宁主义——这根本是一样的。这二个各异的名称是一样的内容。所以，区分列宁主义为二部分的理论，乃是破坏列宁主义的理论，乃是托洛茨基主义暗换列宁主义的理论。

不用说，吾党是不能容许这新奇的理论的。

（二）党的问题【。】旧托洛茨基主义借用联合孟雪维克党人的理论（和实际）来破坏波尔札维克党。可是，这理论已经是太丑了，现在再也没有人敢提起了。为破坏吾党，新托洛茨基主义发明一新的、不太丑的、差不多"德谟克拉西"的理论：以党的青年对抗党的前辈。在托洛茨基主义看来，我们一致的整个的党是不存在的。托洛茨基主义一区分吾党为价值不等的二部分：十月前的和十月的。吾党历史十月前的部分,自然,不是历史,只是"史前史",只是吾党不重要的或至多不很重要的准备时期。吾党历史十月的一部分才是真正的历史。那里——"老的""史前史的"不重要的吾党前辈。这里——新的真正的"历史的"政党。不待说,对于吾党历史这种新奇的观察,是着意在破坏吾党前辈和青年的一致,破坏波尔札维克党。

不用说,吾党是不能容许这新奇的观察的。

(三)波尔札维克主义首领问题【。】旧托洛茨基主义公然竭力诋毁列宁,不怕发生何种影响。新托洛茨基主义便比较留心了。他努力进行旧托洛茨基主义的工作,但出之于赞许列宁时候,出之于恭维列宁时候。我以为值得举出几个实例来证明。

吾党认识列宁是一往无前的革命者。但吾党也认识列宁是小心的,他不喜欢走极端的人,他也时常坚硬地斥责那些好趋恐怖手段的人——托洛茨基同志便是其中的一个。托洛茨基同志在他的《列宁论》一书中也说到这一点。可是,照他形容起来,列宁仅仅是"利用每个机会使人感觉得有使用恐怖手段的必要"(见《列宁论》)。这样使人得着一种印象,以为列宁是残忍的波尔维克党人中最残忍的一个。托洛茨基同志何乐而加此不必要的和不确实的过分形容呢?

吾党认识列宁是党员的模范,他解决问题,不喜欢专恃己见,必与人商量,必细心而审慎。这一点,托洛茨基同志在他的书中说到了。可是,读过他的著作,所感觉得反不是列宁,而是一位中国官员,他解决重要问题,在他的寂静的书斋内,焚香祷天默求启示。

你们要知道吾党对解散宪法会议问题怎样解决么?请听托洛茨基同志道来:

"自然应该解散宪法会议——列宁说——但怎样安置社会革命党的左派呢?

然而这位老郎当孙(Nathanson)着意安慰我们。他走来和我们"商议",交换了几句话之后,他即说:

——若是必要时,那么,你们就把宪法会议武力解散了罢!

——勇哉!——列宁欢呼说——公道的,毕竟也就公道的!你们都赞成了么?

——我们中间,有几个是犹豫不敢决的,但我想,结果是都要赞成的。——郎当孙答。"(见九十二页)

历史是这样写的!

你们要知道吾党怎样解决"高等军事苏维埃"的问题么?请听托洛茨基同志道来:"没有老成的有经验的军事专家,我们是不能免除这混乱的——每次来到大本营,我都这样对佛拉底弥儿伊里衣奇(Wladimir IIIitche)说。

——这料想是对的。但他们一定是把我们卖掉。……

——每个派一个委员去监督。

——派二个更好了——列宁欢呼说——但这要能干的委员。能干的委员,我们大概不会没有罢。

高等军事苏维埃就这样组织起来。"(见一〇六[页])

托洛茨基同志就是这样著述历史!

托洛茨基同志何乐而对我们讲这些亚拉伯的故事?为提高吾党首领列宁的地位

么？谁也不肯相信！

吾党认识列宁是当代的伟大的马克思主义者，高深的理论家和有经验的革命者，绝没有白朗起主义的色彩。这一点托洛茨基同志在他的书中也说到了。可是，照他形容起来，绝不是列宁，而是一位短倭的白朗起主义者，他教吾党在十月中"用自己的手腕夺得政权，不理苏维埃，并不要苏维埃知道"。我已经说过，这样的形容丝毫不合事实。

托洛茨基同志何乐而造此荒唐？这里不是"略略"诋毁列宁的企图么？

以上便是新托洛茨基主义的特点。

新托洛茨基主义的危险在那里呢？在乎托洛茨基主义的根基很能够变成非无产阶级分子的中心点和联合点，这些分子倾向于削弱破坏无产阶级专政。

你们一定要问：往后呢？吾党对托洛茨基同志新的文字进攻有何种办法？

托洛茨基主义现在出现，是为着减轻波尔札维克主义的声价并掘断其根基。吾党的责任在埋葬托洛茨基主义，使他丧失了成一派思想潮流的资格。

人们说起压迫反对派并说起分裂的危险。这是蠢想！同志们！吾党是巩固的和有力的。吾党不容许任何分裂。至于压迫，我是坚决地反对的。现在我们所需要的并不是压迫，而是发展思想的斗争，攻打这复活的托洛茨基主义。

我们不愿意并未挑起这文字的辩论。托洛茨基主义以反列宁主义的进攻迫着我们做这辩论。同志们！我们已经准备着呵！

(《新青年》(不定期刊)第二号，1925年6月1日)

21日(星期日)

59.《列宁之死》(《国闻周报》第二卷第二十三期，6月21日)

《国闻周报》第二卷第二十三期，发表子宽的《列宁之死》，全文如下：

列宁既逝。俄人以药保存其尸，纳诸玻棺，陈于俄京莫斯科。美国女小说家哈斯德近至俄游历，特往参谒并纪载其事。其言约略如次：

克里门宫(俄政府所在)宫墙之畔，有地名莫斯科之红色场，列宁今日之归宿所也。场中有木屋，基广而顶削。列宁之柩，即置其中。各国之国家建筑物，常具有一种庄严气象，是屋则无之。惟其所敷血红之色泽，乃别饶奇丽。屋基以石砌成，登阶入室经深邃之甬道，始达置柩处。甬道中墙壁，亦髹以红色，经行其中，几疑置身于粗大之道管中也。列宁去世迄已年余，然尸体颜色如生，双目微闓，骤视之，状若倦极熟睡，不类陈死人。又若尚有壮志未竟，将待体力稍苏，起而为之者然。据闻殓尸所施之术，远出埃及旧法之上，尸体可永久保存云。

(《国闻周报》第二卷第二十三期，1925年6月21日，署名 子宽)

7月
5日（星期日）

60.《莫斯科之精神》(《政治生活》第四十四期，7月5日)

《政治生活》第四十四期刊登了杜纳斯基著，东离译《莫斯科之精神》，全文如下：

——为纪念伤害被难工人学生而作——

英国有产阶级底领袖言论机关太[泰]晤士报，说中国的普遍群众运动里头，含得有莫斯科的意味。是的，我们在此时也预备同意这个保守派机关的话。如此，在中国发刊的英国报纸以及英伦三岛的议论就加上中国罢工的工人与罢课的学生一个布尔扎维克的帽子。这种可惊的发现，我们也在相当的范围里承认是对的，当然哪，中国的工人们不愿意被日本军警枪杀，以罢工为抵制，很愤怒的从工厂跑到大街上去。这不是十足的证明染了莫斯科的意味了么？其次，中国的学生热烈的对工人表示同情，也一致的罢课，从事反对外来的强暴。照学生本身看来可又不是布尔扎维克化了么？我们莫斯科人，都极愿意容受这种谴责和秘密的发现。我们只想加一点意思，说是传播莫斯科精神的得力使者，在东方的无过于资本阶级的政治家与新闻记者自身。其实，假使要问一个没有受过教育的苦力，甚么是布尔扎维克？英国有产阶级的报纸就解释说，凡是不愿意被英国日本枪杀的中国工人都是布尔扎维克，过激派。而且每一个中国学生要是向受苦的工人伸出他们同情亲爱的手臂来，也是过激派。每一个中国农民也是过激派，要是他不愿意身受外国势力临到他的土地上做他的主人。这才是全世上反动的报纸对于"布尔扎维克"所下的单绝的定义哩。

我们看再没有比英国在东方的宣传，更好，更有力，更迷眩的么？我们更要问问：我们为什么在东方或在西方能有一些神秘的机关[，]它一手拿着莫斯科的金钱，一手拿着炸弹与毒药？谁也会知道太[泰]晤士报与其同类在全世界所做的宣传工作没有一个其他宣传机关能赶得上他们的千分之一。假定有所谓莫斯科宣传员告诉一个被压迫的中国民众说：莫斯科的政策是为解放被压迫的阶级与被压迫的民族的。听话的人，一定不会相信，因为他曾经屡次受了外国的欺骗了。但是他一定会相信的，并且十分相信这句话，当他从莫斯科的深仇，英国保守派记者方面听到之时，像中国工人这样衣不蔽身食不终口受凌辱遭践踏，开始觉得到自己是一个人，具有人的尊严之时，他就听见说他自己受了莫斯科宣传者的诱惑。当他与旁的工人联合一起，共同防护他的极初步的人权时，又听说，这是染了莫斯科的意味。当他到大街上去要求保护他的生存与向上权力的时候，他又听见叫道"这是布尔扎维克主义"。

因此，中国的苦力在外国巡捕及各国具有巡捕心理的新闻记者指导之下，一步一步的受革命的教育。更为使这种政治教育深刻的入于中国人心起见，中国工人与学生在五卅大屠杀以后，成千累百的被英国巡捕拖到牢狱里去。如此初步政治教育就完成了。从此以后每个中国人就会知道所谓"莫斯科的精神"即是被压迫者在与压迫者抗争的程途中所具的革命的协力精神，反过来说，上海英国牢狱里头的空气就是大英帝国自由精神的结晶。

我们原想言止于此，因为资本阶级报纸的宣传已经将莫斯科用最巧辩最有力的方法描写十足，再也用不着我们多言了。但是我们正同保守派论战时，自由派，劳动党政治家，如麦克唐纳之流却极正确的听了去。他们说，保守党一班人常是替布尔扎维克主义做工夫。这话是完全对的。保守派或说是反动派——现在一切资产阶级的政党都是反动的——形成了一种极大的历史势力依附于资本阶级并代表其利益。麦克唐纳是对的。他说资本若没有势力，那就在东方或西方一定不会有布尔扎维克主义。但是只要有资本的权力与压制的锁链存在，莫斯科精神会到处蔓延，到处深入。

自由派及孟雪维克为抵抗莫斯科并找一个对上海事件的妥协方法起见，主张关于中国问题开一个国际会议，闭着眼睛不看看参与这个会议的人，就是在上海发命令杀学生与工人的绅士。也许麦克唐纳对于这个会议有办法提出的。若是没有，我们就有一个建议。这个建议极其简单。

中国人的房屋属于中国人自己，在未敲门之先没有人能够进去，而且屋主人他有权利迎进他的朋友撑走他的仇敌！

这是我们第一步的办法。你们一定不会赞成，因为按照你们的脾味的，因为这充满了爆发性的莫斯科精神。正是这个道理，这个办法能深入于每一个被压迫的中国人的心里并每一个诚实的英国工人的心里，最大的内心势力就藏在其中，上海的学生为工人之死是死在这个办法的口号之下。他们的鲜血，流在上海大街上的，将莫斯科精神传染到群众心里去了。这种精神正普遍的传透了，不知不觉的入于人心。这种精神要传播到全世界，征服全世界！

(《政治生活》第四十四期，1925年7月5日)

61.《共产主义者的民族问题》(《政治生活》第四十四期，7月5日)

《政治生活》第四十四期刊登了叔华的《共产主义者的民族问题》，全文如下：

共产主义为甚么被资产阶级咒骂呢？因为这个怪物横身怀着锋锐的钢刀，不惟在行动上要将资产阶级的统治地位推翻，能使天下的奴隶变做主人，在理论上还要勾去了资产阶级的灵魂，使他失去一切为自己利益而辩护的立场。换句话说，这个怪物用他的钢刀入了资本主义的腹心，已将整个的资本主义毁灭无余了。

在许多理论上，共产主义的见解固是站在凯旋的旗帜之下，不用多说，就是这个民族问题，资本阶级虽把他用表作为攻击共产主义者的利器，给共产主义者定下"卖国""媚外"的罪名，但共产主义者仍是可以在民族问题前面，唱着凯旋之歌，很得意的欣喜他战胜了资产阶级。因为在共产主义者认为他所卖的"国"，正是他处心积虑，朝夕为谋所要卖的他的敌人资产阶级的"国"，他所媚的外，正是他相依为命，能为他敌人之敌的，无产阶级和弱小民族的"外"，资产阶级所供[贡]献于他的罪名原来就不是这吗[么]一回事。

资产阶级对于民族问题的真实用意,本来是为要使民族界线的永久存在。已经胜利的资产阶级要借祖国光荣民族伟大的美名,博得一般国民的赞助而去侵略别的民族。即尚未胜利的资产阶级,为期望他将来侵略别的民族的缘故,不得不挑拨民族间的感情。资产阶级更把民族问题拿来维持他统治地位的利器,所以他在无产阶级的脑海中拼命造成民族不同的境寰,使无产阶级发生民族的仇恨,使无产阶级乐为他们驱使,自相残杀,这样在民族间为无产阶级筑起万丈高墙剪断了全世界无产阶级和弱小民族的联络,资产阶级就好一个一个的来处置,一刀一刀的刮剥!

我们更进一层看,资产阶级的民族问题,他们虽口头高唱入云,如果与他们自己的利益有不相适合的时候,他们自己就也常常取消,绝没有坚定的民族信仰。卖国的勾当,媚外的行动,他们也任意实行。欧战以后,德国受了协约国的征服,无产阶级为要解决德国的问题,要求一个无产阶级革命,这不是带有保卫德意志大多数的民众,反抗帝国主义的意义么?然而德国的资本阶级,因为怕无产阶级的兴起,也不再使用他们保卫祖国的口号了,秋波一转,在经济上与他的最大仇敌法国资本阶级同眠共枕起来;他们首先投降在法国帝国主义之前,恳请法国帮助他们消灭德国的无产阶级革命。巴尔干诸小国的资产阶级,受欧洲资本阶级的强奸已有长久的历史,这样的耻辱,未必还不知道么?欧洲那些大资本家,未必还不是他们的仇人么?然而为要反对无产阶级的革命,他们都奴膝婢颜,甘为他的仇人作胀[伥],缔结起很深的因缘,来反对苏俄。中国的统治阶级军阀和买办阶级大银行家如陈廉伯之流,他们反对共产主义者,反对无产阶级兴起,反对国民党的联俄政策,就大声疾呼的说是"赤化""卖国",但他们自己勾结英美日法帝国主义者,就把中华民族解放的口号放在一边了,从此我们得出一个结论,资产阶级讲民族问题,原来不是为着民族问题而讲民族问题,不过是为着自己的利益而讲民族问题,至于真正在现在的民族不平等下面受痛苦的人,真正能解决民族问题的理论,是他们所不顾的。

但是在狡猾的资产阶级,不仅仅是在民族问题中渗透着多量的毒计,更在理论上建立起狡辩的虚伪理论,以为他们的护符。这个理论,他们很得意的根据,不仅仅是人种的区别,而且有文化的差异。他们以为种族与文化的不同,构成了民族的特性,这样的特殊性质,是资本阶级认为最神秘而有魔力的东西,可以使民族界线永久存在。所以他们常反问共产主义者说:你们不讲民族主义,以为民族界线不同,是可以冶于一炉么?如民族的特性是应当保存,而且他的特性也是自然永久存在的呵!国际主义!世界大同!不是你们的空想么?这就是不值我们一顾的资产阶级的空立理论。至于中国的资产阶级,更一方面死死宝贵着中国旧日的文化糟粕,反对国际主义,一方面以为中国的民族地位低落,是整个的别的民族的压迫,只有发达民族间的仇视观念敌忾心理,总可以拯救中国的民族。

资产阶级的荒谬见解,是不能使我们甘拜下风的,为要从他们的迷雾中引救出一般被欺骗的人们出来,不能不略事驳斥。共产主义者认为人类是经济的动物,其感情完全是生活条件的反映,因之绝没有此群与彼群相互成一固定的相仇和相爱的关系的事实，更明显的说，只有实际的经济生活决定他互相扶助或互相轧铄的感情，没有单独的感情可以决定他的关系的。凡人类的相爱相仇，都是在某种生活条件下产生的现象，不是固定的现象。

我们的理论既然如此，于是认定民族问题的解释，只有我们能得着圆满的答案。比如依照民族主义者——尤其是国家主义者——的说法，民族无融合的可能，立刻可以发现他们的理论在事实这样矛盾起来：现在的世界，怎样会有不同的民族，其资本阶级为对付无产阶级起见，而可以联合战线，一致向自己民族和其他民族的工人屠杀进攻呢？各民族的无产阶级和弱小民族，怎样会互相同情起来，一致的反抗自己民族和其他民族的资本阶级的帝国主义呢？若照我们的解释，这个现象并不矛盾，因经济生活条件利害相同的这一群人，自然会互相亲密的结合起来，与经济生活条件利害不相同的那一群人作战。资产阶级为着他们都是站在专利和掠夺的经济等地位上，所以他们不依资产阶级学者所说的自己民族应该相爱的定律，而要将自己的工人同别的民族中之受掠夺者一样看待，压迫他们。别的应该始终仇视的民族，而反要在某些有利于己之点与之互助起来，无产阶级也是一样，为着他们都站在被掠夺的地位上，不能不反抗自己民族和别的民族的资产阶级，而联合别的民族之受压迫者，资产阶级的学者先生们！这时讨厌而饶舌的共产主义者的论调，不会是断你们喉头么？

我知道资产阶级的学者，将面红筋涨的说：你们只能说出这一点来，那最有根据的民族文化不同的高妙理论呢？你们总不会解答得出，胜利是我们的！资产阶级的民族问题万岁万万岁！！

是的，在历史上的人类社会，是分划为若干群，而这些群不仅仅是有黄白红黑的色的区别，在文字语言上也各不相同，政治上同一时代也有酋长制度，贵族制度，共和政体的差异。道德上也有只许男子看女子不许女子看男子，或男女可以互相看的区别。宗教上自然有拜自然界，拜祖宗，拜上帝一神的区分的。但是谁有证据能说某个民族，自他那由猿猴进化为人的那些高曾远祖直到现在，他们都保存着一个丝毫不爽的血肉特性，而是一样的社会制度，一样的不许女子看男子或男女可以互相看等等政治的，道德的，风俗的，宗教的精神呢？于是我们可以知道民族的文化不是有个血肉关系从民族本身上建立起甚么固定的特性，而是随时代变迁的了。

民族的文化究竟随着甚么变迁和他怎样变迁，这也不是唯心者所能解释，只有适用资产阶级所骂的"马克司主义"宗教才能解释得出来，马克司的唯物史观说，人类社会的一切都是随着下层的经济基础而变迁，因之在每一段社会的生产力不同，构成了下层不同的经济基础，每一个不同的经济基础，才建筑起了不同的政治法律，社会意识——宗教，哲学，道德，艺术……这一切的人类的造作物，都是他的文化，所以文化的不同，就是各时代的生产力的不同之所形成。至于各民族的文化之差异，也逃不脱这个定律，乃是由各民族的生产力前进的阶级的不同，形成其经济构造的形式不同，而一切的一切也才有不同的表现。

生产技术由石器时代进到铜器时代，由铜器时代进到铁器时代，更有人称现在已到电气时代。这种生产技术的发展可以表明生产力的发展，由此各时代的不同的生产力，形成社会的经济构造的不同，所以人类社会经济构造，也由游牧社会进到农业社会，由农业社会进到工商业社会。更在这各时代不同的经济基础上面建寻起政治法律社会意识的不同，故例如政治方面。也由原始共产制度进到酋长制度，再进到封建制度，更进到共和政体。但生产技术的进步是向着一条直线走的，所以经济构造的生产形式也随着一条直线前进。政治法律社会意识自不能不依照这个直线前进，于是各民族的文化均在同一直线上进展，绝没另走一条道的可能。在每一时期有各民族文化不同的表现，完全因为各民族在一根直线的生产力上所达到的阶段不同，不是其他的关系。而这些阶段是任何民族所曾经过或正在经过的，因之如将各民族全部历史相比较，均找得出相同的文化。举例来说，即如欧洲的先进国虽然走到了铁器时代，但经过铜器时代和石器时代，所以他的社会经济构造也同样有游牧的农业的社会，政治上有部落的酋长制度封建制度时期，不过在现时比较起来，则他们已进到铁器时代而为工商社会共和国政体国家，中国少进一步尚在半铜器时代半铁器时代，社会经济基础也在半农业半工商业状况中，政治则为半封建半共和时期罢了。至于蒙古青海等更正在游牧的封建的状况中。由此可知民族文化的不同完全因于经济的进化之程度的不同，不能认为是民族的特性，更不能如资产阶级的肉麻论调，各自尊大自己的民族，鄙视别的民族的文化，根本不研究一个民族的文化进步之迅速，与地理的，气候的，生产的及其他种种客观察环境有关的。

既然现在不同的民族所有不同的文化，不是民族特性而是经济构造的差别所形成，则我们用一个假设的推论，如果全世界的社会经济基础完全趋于一致，各民族的文化尚有差别没有呢？我们知道资产阶级的学者必然不敢答复，因为如果说没有，我们便马上说文化的不同既然没有，民族界线永久存在可以不必。照现在资本主义社会，都已在那些经济落后民族强立起大机械的生产形式来，要同化他们的经济状况于自己的社会，何况共产主义社会更互相扶助的将全世界经济组织建设成一律的形式，文化尚有甚么不同的现象？我们将见将来除掉了民族间种种不自然的限制，彼此互通往来更为自然，就是黄的白的红的黑的颜色的区别也会消灭，高鼻孔与倭[矮]鼻孔也会平均起来。你们资产阶级的老祖宗所传下来的神明胄裔的衣钵，就不能不化为乌有了。

我们从上面的理论中看出共产主义对民族问题有三个要点：

（一）共产主义者认为民族问题决不是久远的问题。因为民族间无永存一个界限的可能与必要。共产主义者提出民族问题的口号，根本不立足在民族文化的不同的观点上，而是立足在有被压迫民族的观点上，到了被压迫民族完全解放之后，共产主义者口角上再不有民族的泡沫存在，所以他为抵抗帝国主义起见，在东方的各被压迫民族中始有民族自决的呼号，在西方的帝国主义国家间，绝口不谈民族问题，去离间无产阶级的世界联合。

（二）共产主义者讲民族问题，是将民族问题寓之于阶级之中的，因为共产主义者在现在社会的分析，以阶级的见解为立场，所以他的民族问题是从两不相同的阶级中讲起来的，在本阶级间绝不容有民族问题发生。有了被压迫的民族处于被压迫阶级中，才以民族的口号引起弱小民〈民〉族中各阶级对帝国主义的反抗，更以此引起各弱小民族的联合，于是共产主义者的民族问题反是以国际主义为原则的，因为弱小民族的革命是世界性的，狭义的民主主义绝不能使他自己得着解放。

（三）共产主义者的民族问题之解决方法，是从根本的经济基础上下手的，而担任改造经济制度的是无产阶级，所以共产主义者以无产阶级革命的方法来解决民族问题。我们知道在现社会中民族问题的产生与无产阶级问题的产生同一来源，因为有资本主义的发展才诞生了无产阶级问题，因为有了资本主义最后形式的帝国主义发展才诞生了被压迫民族问题，弱小民族与无产阶级的共同仇人都是帝国主义，无产阶级革命不成功帝国主义是不消灭的，在帝国主义的铁蹄下的弱小民自然不能得着解放。即有时能乘着机会解放一部分民族，而帝国主义又能新造成弱小民族，正如土耳其虽能乘欧战略得解放，而新的德意志殖民地又产生一样。可见在帝国主义存在时期，资本主义不打倒，民族问题不能得着释决。无产阶级革命成功，弱小民族自然解放出来，因为在无产阶级统治之下没有掠夺的强盗，根本不需要压迫其他民族。

资本阶级的学者如果知道了上面的理论，也应该羞愧自己的武器的无用，无论你们如何反对共产主义，只不过是表示你们将来的呻吟，没有法子可召回为你们已被共产主义这个怪物勾去了的灵魂。至于中国国家主义派的怪论，说甚么讲国家主义可以鼓动民众的同仇敌忾一致对外，其实更再蠢没有的，因为鼓动民众反抗帝国主义并不须（需）要国家主义，即令可以鼓动起来，但你们将中国从地球割下，拒绝其他民族中之真为好友者的帮助，一派敌气冲走了自己的友军，中国民族就真能解放了么？你引起无产阶级普遍的仇外，是于自己有利么？如果不照共产主义者对于民族问题的见解来解决中国民族问题，结果不过使帝国主义永久统治中国，这个"排外""卖国"的口号，敢当着我们回答你们的敬礼了。

(《政治生活》第四十四期，1925年7月5日，署名 叔华)

6日（星期一）

62.《反帝国主义唯一的策略》(《工人之路》第十三号，7月6日)

《工人之路》第十三号发表苏兆征的《反帝国主义唯一的策略》，全文如下：

▲坚持罢工
▲团结全国各阶级力量
▲联合世界一切被压迫者

帝国主义的机关枪大炮，已把全中国各阶级的民众烧得热血沸腾了！帝国主义越加屠杀，就是把他自己的罪恶暴露得更加明显，即是越加告诉我们要反对帝国主义。帝国主义屠杀底事实，摆在我们眼前，我们不仅耳闻之于上海，青岛，汉口各处；沙基的一场惨剧，是我们身亲目见。所以现在所发生的问题，已经不是"要反对帝国主义"的问题，而是"怎样反对帝国主义"的问题。这个问题就是现在各界纷纷所讨论的

"反帝国主义的策略"。

这几天来，很有些人发表似是而非的主张，他们的主张约有两个：一个是主张"单独对英"，一个是主张"不反对美国"。他们所提出的共同理由，就是说："现在中国力量太薄，不好惹起许多可怕的强国"。主张不反对美国的还有一个特别理由，就是说："美国很同我们中国要好，我们不要反对他"。言外还存有一种"希望美国帝国主义特别能主持正义，帮助我们中国"的意思。

希望帝国主义主持正义，这固然是"向虎乞肉"的梦想，说美国同中国要好，其实也一样的在那里作梦；若果他们不曾听过美国道威斯的计划，不曾见过美国兵在杨树浦杀同胞，这还可恕，若明知之，而仍在提倡不反对美国，替美国辩护，这大概总是别有作用，怪不得人说是"美国帝国主义走狗"。

现在中国的力量太薄弱，这是很对；但这所发生的是"怎样集合我们的力量"底问题。若说现在力量不充足，便不要反对一切帝国主义，那么我们只好听帝国主义共同去屠杀。况且，我们不反对一切的帝国主义，帝国主义已明白地联合先向我们进攻了！上海事变，起于日本帝国主义残杀工人，成于英帝国主义开枪轰击，美法帝国主义亦一样的结成联合战线。事实上已不容我们不起来反对。若说某一帝国主义杀了同胞少，我们便避开某一敌人不反对，甚者竟想去同他妥协，希望他出来说公道话，这岂不是天大笑话！

我们应该明白：帝国主义间虽有时互相冲突，但他们侵略的目的是一致的，故他们对付我们被压迫民族反抗也是一致的，帝国主义与反帝国主义二条战线当中绝对是没有□妥协地。若想效法范睢"远交近攻"的策略——与某个帝国主义妥协，而专反对某个帝国主义，这不但事实上万万不可能，而且将贻害于无穷。

对付帝国主义的策略没有许多，止有一个，这个策略简单的三句话就是：

"团结自己实力，联合我们的战线，作持续的奋斗！"

更详明的说出来就是：团结全国各阶级，联合世界上一切被压迫民族与被压迫阶级，持续的向一切帝国主义进攻。目前尤要；坚持罢工，以断绝帝国主义之手足。

我们的敌人是一切帝国主义，尤其是英美日法四大冠。我们对付的总策略只有上边所说一个，而且亦惟有这个策略，才能根本打倒帝国主义，解放中华民族。

(《工人之路》，1925年7月6日，署名 苏兆征)

30日（星期二）

63.《列宁主义与官僚主义》(《晨报副刊》第一千二百二十二号，7月30日)

《晨报副刊》第一千二百二十二号发表鲁智的《列宁主义与官僚主义》，如下：

现在有一部分热心社会的青年们，以为官僚主义是封建制度的特产。其实在任何国家组织里定脱不了官僚主义的色彩。列宁在十月革命前，曾批评官僚主义道："一切资产阶级国会与治法国家的历史，曾明白地告诉我们说，内阁改组毫没什么意义，因实权全在官吏手里。他们与地主资产阶级有密切关系，所以总带着反民主主义的色彩"。(《列宁的官僚主义论》第三四页)

列宁以为无产阶级革命的责任，就在破坏旧的官僚国家，而组织新的无产阶级国家。在这种政治组织里面，布尔雪维克是唯一的专政者。所以他说，布党党员二十四万人，很可拥护贫民的利益，去统治全俄罗斯。(同上，第二十九页)他以为首领，政党，阶级与群众，并不站在一条水平线上，而有他们的从属关系，他在共产主义的幼稚病一书里，曾老实报告俄国的政治组织道：

"有组织的无产阶级利用苏维埃实行专政，由布派的共产党从中指导，据最后一次大会的统计(一九二〇年四月)，党员达六一一，〇〇〇人。党员数于革命前与革命后，增减颇烈。现在较一九一八年与一九一九年，党员数已大有减少。我们很怕扩充党部，因野心家与骑墙派均想混入政府党，我们对于这一般人，只有实行枪毙他们。"(同上，第一一四页)俄国是布党统治的国家，所以该党内部的组织，是一个有趣的问题。他继续说道：

"党部每年召集开会(每千党员推举代表一名)，由被选之中央执行委员十九名指导，一切问题让莫斯科极少数人主持，如所谓的组织部与政治部，是由中央执行委员会全体会议推出，每部有委员五名。这就是真正的最高的'少数专政者'(oligarhho)所以我国的重要政治与组织问题，并不由国家机关解决，而须听党部中央执行委员会指挥。"(同上，第一一五页)职工会在这种政治组织下，当然也无独立活动的可能，列宁该书里，又说道：

"党部直接依赖职工会，据最后一项大会的统计(一九二〇年四月)，会员已达四百万人，形式上均非党员。实际大多数职工团体，如全俄职工会总部等，均由共产党人主持，执行党部的命令。"(同上，第一一五页)

由此我们可以知道，列宁的无产阶级国家，还是一种宝塔式的政治组织。最高的专政者是中央执行委员会。他们利用普通党员，去统御苏维埃与职工会。然后再由苏维埃官吏与职工会雇员，去管理全俄的无产阶级与贫农。列宁自己也承认，这点与立宪民主党相同。他说：

"我们也知道，普通苦工与女厨等，现在尚不能为国家服务。我们在这点上，与立宪民主党，勃拉斯谷夫斯基(Breshrovkij)，赞立且尔(ceretel)等相同"(同上，第三一页)

我们在这种地方，似乎已看不出苏联政府与普通政府的异点。不过布党领袖们却说，无产阶级组织的是廉价政府。列宁说："一切国民经济，犹如邮政等组织，技师，监察者与会计等，及其他一切职员，所领薪金不得超过'工人工资'，并在武装无产阶级的指导之下——这是我们的目前责任"(《国家与革命》第五一页)

十月革命后第一年，苏联政府因利用专家，致根本破坏了他们的原则。当时列宁也说，要利用专家，只有两个方法：第一，仍依照资产阶级的旧例，给他们很高的薪金;第二,采用无产阶级的习惯,自下而上监察一切,使专家不得不服从。但布尔雪维克到底采用资产阶级的办法,仍用高价去收买专家。一九一九年三月时,专家的薪金已超过工人五倍。

一般旧官僚因为有利可图,所以都愿为苏联政府服务。列宁在第八项共产党大会上,也不得不承认道:"俄皇官僚渐加入苏维埃机关,推行官僚主义,并传染给共产党人,有些野心家还弄到党票。我们从门里赶他们出去,但他们又从窗里爬入。"(《官僚主义论》,第七五页)

其实苏联政府全靠这种方法,去维持他们的政党专政。特别利用许多俄皇时代的军事专家,去破坏自由组织的军队。列宁曾说道:"你们知道,现有白党军官一万人,为我们服务。他们虽仍为资产阶级的友伴,但我们如不用他们,恐红军也组织不起来。"(同上,第一一〇页)

直到一九二一年春天时,布党内部因官僚主义,发生很大的争论。有一部分劳动党员,目睹苏维埃政府,不但没有破坏旧国家,且有官僚主义的趋势。因此特别组织劳工反抗团,要求将生产事业归工会管理。但列宁对于放弃一部分政权,曾极力反对过。他说现在苏维埃与共产党,虽已发生官僚主义的倾向。但因此就解散国民经济委员会,未免是过度的让步了。

现在我们研究的问题,就是自命的劳农政府,为甚也发生官僚主义呢?列宁回答道:"我们的国家机关,除粮食人民委员会外,大都是旧时的遗物,并没十分的改变。他不过外部涂了些色彩,其他仍是旧国家机关。"(同上,第一八一页)

读者一定要怀疑道,为甚无产阶级政党,也采用旧的国家机关呢!其实我们研究历史过程知道国家与官僚有密切关系。因集权政府必须利用官僚,去拥护少数特权者的利益。所以我们如去调查各国京城,便可发现政治中心地方,总是最坏的官僚巢穴。列宁在无意中,忽然说道:"我想各地的情形,总比中央好些。因官僚主义均集合于中央,所以莫斯科在这点上说,真是我国最坏的城市。"(同上,第一二九页)

无论那里国家组织里,官营企业总是腐败的。有一项,列宁听说对外贸易人民委员会发生官僚主义的弊病。他就向中央执行会提议说:"据我的意见,除全俄中央执行委员外,莫斯科各机关职员,须在莫斯科最坏的监狱里,拘禁六小时,对外贸易会会员,须监禁三十六时。"

列宁非常反对官僚主义,常说须把这些官僚监禁起来,但同时他明白这是无用的。因官僚是国家组织的产物;[,]他说:"苏维埃法律是很好的,因他有反对官僚主义的可能,至于其他资本主义国家里,工农并没这种权利。但现在谁利用这种可能呢?差不多没有一个人!不但农民如此!就是大多数共产党人,也不会应用苏维埃法律,去与官僚主义奋斗。或是俄国的特殊现象,如贿赂官吏等!究竟什么防[妨]碍?这种奋斗?我们的法律?我们的宣传?不是【,】法律上写得已很多!那末为甚奋斗没有成功呢?因为只是宣传,决不能达到目的,故要完成这种工作,仍须得民众的援助。"(同上,第一四二页)

列宁也与资产阶级学者一样,以为消灭官僚主义,须提高教育程度。他说:"实际要去除这种毒物,不在军事胜利与政治改造,而在提高教育程度。"(同上,第一四三页)读者一定以为所提倡的教育,就是布党自称的无产阶级文化。但列宁在种种失败后,已不敢愚弄俄国民众了。他说:【"】有些人大倡'无产阶级'文化,其实我们在开始的时候,只需有真正的资产阶级文化。"(同上,第一八五页)所以他主张派许多人,到欧美资产阶级国家,去学无产阶级的治国方法。他说:

"派些有学问者与忠诚的人,到德国或英国去,搜集这类书籍,并研究这个问题。我所以说到英国,因恐美国与加拿大等处,尚不能递寄邮件。""组织委员会,规定考官的科目。凡工农监察委员会与中央监察委员会的〈时〉候补员,均须经过一番考试。"(同上,第一九一页)

……

一九二五年六月三〇日

(《晨报副刊》第一千二百二十二号,1925 年 6 月 30 日,署名 鲁智)

7月
31 日(星期四)

64.《列宁党与农民问题》(《晨报副刊》第一千二百三十六号,7月31日)

《晨报副刊》第一千二百三十六号发表鲁智的《列宁党与农民问题》。

9月
2 日(星期二)

65.《马克思与中国》(《政治生活》第四十九、五十一期,9月2日)

《政治生活》第四十九、五十一期,刊登《马克思与中国》,全文如下:

这是李亚诺夫(Riaznnor),对于马克思主义有深入研究的历史家,为马克思著"中国的革命与欧洲的革命"所作的序文。在此外国帝国主义与国内军阀兽行无忌的时候,得读马氏关于中国,问题的著述,应为读者所乐为。我们希望,我们能按期在本刊上继续登载此类的著作,特开名著介绍一栏。

中国与东印度市场之重要,在《共产党宣言》里面已经指出,是欧洲资本主义发展的原动力之一。英国的资本主义由印度向中国开始进攻,"东印度公司"利用它垄断中国商业的专利,把印度的鸦片销行到中国来,一八三三年时,它把商业专利的权力放弃,以便全英国的商人都有向中国贩售鸦片的机会,当时中国政府想禁止鸦片之输入，于是引起战争，即所谓鸦片之战。马克思在他所著的资本论中认此次战争——鸦片之战，为十六世纪以后，欧洲的长期商业战争，和向东方的商业战争之一，且有同等重要。英国人为了基督教与所谓文明之传播的光荣，焚烧了中国许多城市，屠杀中国无数人民又于一八四二年强迫中国订立了南京条约，开放了五个通商口岸，即广州，厦门，宁波，上海，福州；且迫着承认了许多赔款，同时，香港也到了他们的手里，这便是大英帝国主义在远东最重要最强固的基础，此约甫成，中国继续又和法国，美国订立了许多不平等的条约。

这次中国的失败，予彼根深蒂固自十七世纪以来即统治中国的满清一个严重的打击，当时农民苦于苛税，对满清大感不满，尤其在东南一带外国资本主义侵入的地方，更感压迫，更觉愤怒，智识分子，小学教师，城市官吏以及受外国压迫而频破产的小商，都加入这种反抗满清的暴动。

当窎远的欧洲正高涨一八四八年革命潮流之时，中国农民中秘密会社之活动和新教派之宣传特别得势。欧洲教士不知不觉地在中国农民中激励了一种运动，为他们所想不到的。他们用其从贵族客座中学得的圆滑的和平的基督教做宣传，在这发酵的农民土地内，反惹起了旧时战斗的基督教精神，——这种基督教不仅要求人类在天上平等，即在世间亦当平等。这消息传到欧洲，最初是由一有名的德国教士顾茨拉夫（Gützeab），他即最早翻译圣经成汉文的人。

马克思在他的国际状况研究里面（一八五〇年一月），曾经考察了加利佛尼金子之发现，对于世界市场的影响，并且预言太平洋将来的地位，与地中海之在古代，及大西洋之在晚近的地位一样，有同样的作用。马克思对于顾茨拉夫当时新奇的报告，有下段的说话：

"中国的人口逐渐而有秩序的增加，早已使现存的社会秩序与中国大多数人民不相容纳了。随后英人又来到中国取得在五口经商的自由。成千成万的英美轮船都向中国开往，不久，中国布满了价格低廉的英美货品。中国的手工业者不能和械器工业抵抗竞争。不可动摇的老大帝国，于是进了恐慌时代。赋税收不起来，全国民众全归于流落贫困的运命，且也不能俯首服从了，不停的起来反抗，至于侮辱杀害许多国官吏与教士了。中国当时的境地，任何时都有猛烈的革命发生之可能。而且在生活不安的人民中，已经发现了许多人，高谈阔论的谈论到社会上的种种不平：某种人富厚，某种人贫乏——要求财富之从（重）新整理，甚至于取消私有财产。后来这一位可敬的顾茨拉夫离别了二十年之后再回到文明的欧洲的时候，听到了社会主义之说，并且调查内容，待到经人解释之后，他不觉大惊说道：

"然则我终不曾与这种凶恶的怪论脱缘吗？然而这正和中国一般人民所讲的一样啦！"

"中国的社会主义之与欧洲的社会主义相匹对，诚然有似于中国的哲学与黑格尔的哲学相匹对一样。然而有一件快意的事实，即是这个最老最难摇动的帝国，在八年的期间，因英国资产阶级大批货物侵入与军火的输进，已经迫进了社会革命的门限，这对于文明是有重大影响的，是一件可喜的事。在最近的将来，欧洲反动派通过亚洲，来到中国万里长城的时候，在这个万代保守，万代反动的国家的大门上，他们不期的撞见了这样一块招牌：

"中华民国

自由，平等，博爱。"

德国人呼为中国使徒的顾茨拉夫牧师，传给欧洲人以各种的那次运动是"太平天国"大暴动的先声。这次暴动的中心人为洪秀全个人，由顾茨拉夫的新旧约全书的翻译，狠能了解得基督教教义，自一八五一年起，他可成了暴动的农民群众的领袖。一个个的城池都先后到了他们的手中。一八五二年三月为洪氏所建立的太平天国首都的南京亦已攻下。当时的人都以为只须几个月的工夫，太平天国便可取得北京。但是南京的占取，即为太平天国运动的最高点。

一八五三年六月十四日。在纽约论坛上面，马克思发表了一篇论文，就是对这事作的，这时欧洲的〈的〉反动大得胜利，"共产主义联盟"（L'Union des Commnnistes）被解散了。马志尼（Mazzini）及其同志所组织的"米兰暴动"（一八五三年二月），马克思所尊的革命运动的先锋的，也失败了。马克思对于远东革命运动的开始，表示深切的同情与致敬。欧洲之死气沉沉与几世纪沉寂无闻的中国之觉醒是人人都可看见的，文明的欧洲，推翻帝制以后，正热心从事于美国式的恢复秩序。马克思后来在资本论中说："我们要记得，中国跳舞起来以激励其他的人，恰好正当其他国家表面上处在完全宁静状态的时候"。

由洪秀全天王所组织的国家，有一种纯粹替天行道的特点。攻取北京的希望失败以后，太平天国想利用英人与满清间之冲突，在东南建设他的天下。一八五六年，初有中国与英国之战，不久有中与英法之战，那时太平天国曾被大不列颠帝国所利用。他们最初之所以成功，本因他们反抗外族的羁绊——满清的羁绊——，后来他们因为要保护他们的替天行道的国家，与更贪得险恶的外人勾结。因此他们的运动起初是革命的，后来变成了反动的，而失却了群众的同情。太平派首先帮助英人打胜了中国北方，但英人后来不但不助他们，反而帮北京摧残太平的革命。

马克思继续，小心地注意中国的变动，在一八五七—五九的纽约论坛中他的论文攻击那些开路的航行家"的功绩，且对于中英商业的统计，作了一个分析。

马克思的《中国的革命与欧洲的革命》这篇论文，在原则上说明以英国资本主义输入的影响，"亚洲式的生产方法"将急剧的混乱，而迅速解体，他又希望将来欧洲的革命，可以在摇动的东方得到靠山，所以他却后悔从前，太重视了英国资本主义之破坏势力之迅速及其程度哩。

一八五八年马克思写给恩格斯的信说："资本阶级社会的真正责任就是在建设一个世界的——至少是在各重要地点上建设的——市场，和一种建筑在这种基础上的生产。因为地球是圆的，加里佛尼与澳大利亚之殖民地化，以及中国与日本之开放，完成了这种事业。一个最重要的问题，就是：在欧洲大陆上将来的革命，是不可免而且狠迅速的带了一种社会主义的特性。将来如果资本主义社会在一个更大的领土上继续着发展，这种革命，不会在这个局促的地角上压灭吗？——特别关于中国一方面，由一八三六年的商业的分析,就已得着了下列的断定:一,从一八四四年到一八四七年的英美输出之增加,不过是一种虚张声势的战术,在后来的十年间,在平均数上,还无所变更,但从中国输入到英国与美国则有猛烈的增加;二,中国的五口开放与香港之被掠夺,并没有旁的结果发生,不过将广东的商业点移到上海罢了,旁的口岸不算在内。这个市场失败的主要原因,据我想,是由中国入口鸦片□增之限制,与中国内部的经济组织,——零碎农业。破坏这种组织,并非短时间能成功。"

"亚洲式生产方法"之固定性,必须经过几十年欧洲资本主义的侵入,才能撼动,中国的"万里长城"工业生产品之低廉价格——经济动力——由许多新兴的战争中得到政治的帮助,在这些战争中,青年的日帝国主义是不肯居人后的。旧事农业与工业间之不可解的关连,——"亚洲式的生产方法"之保存的秘诀——也破坏了。中国的农民社会开始起了变化,产生许多苦力。移民出国在某期间内中国本是一种节制办法,但处现在渐表现其不能抵抗这逐渐毒化的"无产阶级传染病"英。日资本家感于中国的工价低廉,竭力从事于一个大的"民族"工业结果。由这种工业所"组织"所"训练"之无产阶级,乃预备着为贫民与城市及乡间被掠夺者之首领。半世纪以来马克思所忧虑的问题,已肯定的由历史解决了。欧洲的革命,不受东方的恐吓。东方也是一样,资本主义已找到了他的掘冢人了。当旧的欧洲呈着安静巩固的时候,"熟睡"的中国,已被苏维埃俄罗斯的例子所传染,而舞着加尔马鄂儿(Carmagnole)的歌舞,欢呼着顺风!顺风!

附注:(Carmagnole)为法兰西大革命时一种时髦的歌舞。

(《政治生活》第四十九、五十一期,1925年9月2日)

10月
13日(星期二)

66.《苏俄劳动代表访日记》(《工人之路》第一百一十一号,10月13日)

《工人之路》第一百一十一号发表的《苏俄劳动代表访日记》,全文如下:

▲日本当局严密防范

华东通讯云、考察中国劳动情况之苏俄劳动代表等、已于二十日到日、颇受各劳动团体之欢迎、是日出迎人员、有日本劳动组合评□野田三田村白井河田诸氏、及海洋统一协会、海员组合、(,)以及其他之组合人等,据全俄劳动会议中央执行委员勒薛夫氏自述此行之旨趣、□□吾□此来目的、在考察中国劳动界之运动情况、在上海广东一带之各劳动团体互相接洽、彼等能脱离素来之压迫、以谋生活之改善、其运动热□之处、实出于吾人预料之外、而彼等对于帝国主义所持之强硬态度、不能不令人惊讶、然中国之劳动者、若无世界的有统一的劳动团体之援助、殆不能操永远胜利之左券，其中一部份的劳动联盟，已有加入第二回赤色劳动团体会议、其他之团体、亦渐有加入之倾向矣、日本劳动团体中、虽主义杂多、团结不便、但无甚悲观、何以言之、盖以劳动团体、既非政党、尤不似抱一定主义纲领者、无可同日语也、要之对待资本家皆取同一之步调、能齐集于劳动战线而有奋斗之决心、亦云善矣、至近来外间屡传苏俄有倾向资本主义之现象、此为无根据之风说、现在俄国其执政者及产业方面、一切俱受劳动者之支配、因此劳动者之生活及势力亦渐巩固矣云云、又彼等到日后、曾向各报发出宣言、□录于下、"当此全世界劳动运动史上运动进行极重要之际、在此期间、吾等劳动阶级不能不与各国劳动阶级互相提携、吾蒙[等]为完成此目的、故特遇访、即在去岁访俄之英法德各国劳动代表、其主要着眼亦不外乎欲完此伟大之目的、未几英俄委员会即告成立、此实为□显著之事实也、盖吾等劳动者、苟欲互相研究世界各国劳动之实在情况、势不能不努力联络、务使世界之劳动者、皆有不可分离之团结、此种目的之完成。在部分上已渐有效果、尤冀逐渐扩张范围、俾世界上之劳动阶级、咸能达此目的、换言之、即是脱离资本主义而为极密之之团结、望全世界劳动阶级共起而□之。"

（《工人之路》，1925年10月13日）

23日（星期五）

67.《共产主义与中国》（《晨报副刊》）

《晨报副刊》刊登蒲兰谢的《共产主义与中国》，全文如下：

这篇是美人蒲兰谢（Paul Blanshard）与苏联驻华大使加拉罕会见谈，内容大有足资我们参考的地方、故特译载于左。原文见九月二——三日美国国民周刊。

记者附注

苏俄驻华大使加拉罕是一位顶有广力的人物，在世界外交上没有一个人能赶得上他。在我们现时赤化神话中，他差不多也是一个主角。这位世界革命的大怪物曾经受过欧洲Dougherty. Birkenhead. Poincare 一流政治家的虐待，最后居然高坐北京了。他被人看做魔鬼，刽子手，不公正的策略家，中国的救主，弱者的保护者，外交的天才家。加拉罕在容貌上，绝没有一点像种种□评语，或许除了魔鬼以外——是一个很美的魔鬼。今年仅仅三十六岁。漆黑的胡子，橄榄色的皮肤，温和和高大，行动和谈话也很平和。

他是一个训练出来的国际主义者，家系本是亚尔麦尼亚贵族，后来变成俄国共产主义者，圣彼得堡大学的出身者，自从蒲列斯德·里德甫斯基（Lrest. Litovsk）以来，在俄国外交上是个大人物。

加拉罕的谈话是他使人觉得很欢悦的部分。他不像普通外交官那样沉默。他谈了一个半钟头，像一个真实主义者。

我们谈话的焦点在大恐怖问题——共产主义政府征服远东问题。谈话上了劲,渐渐地对于西方所要问的三大问题也□了一个大概。现在共产主义征服远东,究竟已达到甚么程度?中日俄三国同盟支配远东,究竟有无希望?中国内乱究竟是否与共产主义以将来支配远东的机会?

关于第一问题即现在共产主义征服远东究竟已达到什么程度,加拉罕说:

当然我们没有必要提醒你们报纸所描写的共产主义在东方情形。报纸描写我们,完全直接取材于意大利喜剧里的丑角的。他们说我们偷偷地爬上称台,一手抱住一袋金钱,一手拿着一把刀剑。我们煽动一切不平,罢工,变乱。

对于这种描写,这里有一个重要的反对。帝国主义者继续住在喜剧世界中,总有一天在他们证实工人为政权而奋斗,是一件严重的事实之前,他们的运命已经呜呼哀哉了。共产主义如果能在东方长大,那就只因为东方人民要取得他们所要的东西。英国国民好像还没有知道这个事实。他们相信他可以奴隶他人国家,杀尽他们人民,攫取他们富源,收买他们军官。于是又对世界宣言那个国家诸事良好,看不见共产主义者的金钱了。

张伯伦的外交含有许多喜剧的内容,他找得了很实用的丑角在俄国。他的分析是浅薄到非常危险。他的态度有一点发狂。英国帝国主义者现在处于非常苦战的地位。帝国主义者不能于他们现有的毫无损失,承认他们的罪孽。

中国有可注目的共产运动吗?没有。纵使我们有多少影响在这里。我们觉得很可夸奖的。我们不想隐蔽事实。我屡在各大学及青年会演说,但中国共产运动非□□微不足数,并且从俄国来的煽动者,罢工运动者也非常之少。广州军队在或程度以内,受俄国赤军军官军事的训练的援助。我们在中国的地位,可以说不过是工人斗争的后卫,却不是前□。中国国民尚在奋斗初步应有的权利,这些即在资本主义国家亦皆早已得到的。中国现在自是急速进步。

现时工人学生的运动——这些运动是将来决定的战斗的预备——,有两件事很值得注意的。第一运动是国民的,并非地方的。这是全国工人的唯一基础之上与学生联合起来做勇壮的动力。有几点很像一九〇五年的俄国革命——这次革命便是以后革命的先锋。第二中国国民运动的目标,是很明白地决定了。团匪乱事是空泛的排外,现时国民运动有一定的目的物。

最近中国北部所发生的事件,很适于加拉罕所形容的状态。现时中国难关是在中国人运动,不在共产主义者运动。

究竟中国人运动共产主义者运动有何重要的因果关系,都没有公开的事实,虽然英国机关在各地方搜集了许多材料供给张伯伦演说。汉口两个共产者被地方官吏处死刑了。京沪学生工人的领袖对于他们受莫斯科津贴的风说,非常愤慨。没有一个共产者羼入他们群中的。他们领袖纯粹是中国人。全北京传诵的标语:

学生运动不是共产主义,不是反对宗教,不是排外,是对于人道的呼声。

中国自由主义者有亲俄的倾向,因为俄国在世界上是一个毫无拘束援助中国的国家。中国共产主义者有四分之三是赞成凡尔赛和约的威尔逊主义者。即在中国共产党也没有一点共产计划在他们政治的主张里面。英国工党尚且反对威尔逊的十四原则,说是无希望的资本主义。他们标语的八大特质,从中国人看来,有两种意义,(一)打到军国主义,(二)打倒外国帝国主义。

俄国的外交政策虽在中国获得了友情,可是中国社会没有实行共产的建设的准备。在都会的工人虽略有阶级的意识;在广大的农业区域中的数千万农民还没有实行第三国际的计划的可能性。共产主义在中国人经济生活中,再经过了数十年还是和今天一样,是毫无疑义的。

我们第二问题中日俄三国同盟支配远东,有无希望,加拉罕从他的经验,大谈特谈。加拉罕是解决日俄间最纠纷的库页岛问题的指导者。他取下挂在壁上的大地图,指示我日本如何在满洲扩张势力。在这地图上,有几道红线,可以看出日本在中国领土内所已经建筑或正在计划建筑的铁路。他说:

有几点是日俄政策的冲突地方。最重要的是日本对大陆的态度。日本所谓亚细大同盟,就好像一个饥肠辘辘的人与一块面包同盟。

我们有许多不同的地方。他把中东铁路来做中心,扩张势力。请过来,看看这范围。齐齐哈尔在满洲之北,靠近中东铁路,这线从满洲到海参威。中俄共同管理中东铁路是非常重要的,如此才可以免受侵略,因为这条铁路是西比利亚血派的一部,如果日本支配了满洲北部,俄国到海口的路线就被切断了。日本正在计画各种在北满的铁路,齐齐哈尔铁路便是其一。这条路不但把中东铁路截断了,而且日本任兴安岭一带可以获得主宰者的地位。其他各种铁路的计划,差不多都在兴安岭的周围。

日本在东满方面也有种种铁路的计划,想在宁古塔地方把中东铁路切断了。向俄国国境前进,使万一有事,日本于最短时间内,可以集中兵力在这方面。我们已经非正式提出抗议,日本似已中止进行了。在名义上,日本政府自身虽没有直接建筑这几条铁路,可是承造的南满铁道会社是受日本政府支配的。

除了在满洲的战事上的冲突之外,日俄之间还有不少经济上的铁路运输及发展的冲突。日本如果自由在满洲谋经济的发展,那么俄国在铁路上所有的利权,就得不到利益。

不,在日本对中国采取这样侵略的政策之下,中日俄三国同盟以亚细亚人统治亚细亚,是不可能的。泛亚细亚主义是报纸上的空谈。在事实上,若非亚细亚各国互相服从正义,俄国是反对"以亚西亚人统治亚细亚"的。"日本的亚细亚"其祸害等于"英国的亚细亚"。如果日本能够变更对华政策,中日俄三国或有联合的可能。这种同盟或许不至以反抗西方帝国主义为目标;但这要看美国的态度如何了。我们已与日本缔结协定,因为日本已有一半可以和我们提携。美国不肯与我们一半合作,我们觉得非常可憾。美国在华如今还只是日英的爪牙。

现时日本在远东外交上,比英国占更重要的地位。日本用极温和的辞句,经济上丝毫不受损害,至少把中国人一半的愤怒平下去了。他们报纸立刻对中国人表示亲切和友情的态度。上海事件消息一到日本,日本政府便立即取消检查报纸。贤明的东京外交家知道这件事非轮到他的手里不可。如果英国要不受中国的制服,非求日本的援助不可,而对于日本的援助,非有重酬不可,两国合起来便可以支配远东。英国万一失败,日本可以抚慰中俄,缔结新远东协商。

许多大恐怖的牺牲者虽然承认加拉罕关于中国共产运动的现在弱点及汛亚细亚同盟的困难,可是依然相信中国内乱状态是与共产运动以绝好的机会。他们监视苏俄在或政党背后的操纵。他们尤其因为反对某军阀的结果,信赖与某军阀相敌视的某军阀。加拉罕对于这一点说是:

我对于中国内乱怎样观察?中国无时不有内乱的危险。你们问有无日英及甲军阀与苏俄及乙军阀对战的可能性,据我看来,若就苏俄而言,是不可能的。甲乙军阀开战时,各国的同情表示,或许有这样的分界。日本向来极力帮助甲军阀,但英国对他反觉冷淡。可是现时英国狠需要一个救他困难的人,甲军阀是地方的中国高尔捷克(Krlchak 是前数年在西比利亚方面白党的首领)甲军阀是很愿意当高尔捷克,如果日英两国宣言帮忙他。但中国人自己不能不解决这内争。如外国在或政党背后,实行干涉,那就等于延长纷乱而已。从历史看来,中国除了自力足以取得之外,没有一物可以从外国取回来的。而各国也除了被强迫尊重中国之外,向不尊重中国。

在华亲英报纸极力宣传俄国欲利用中国军阀来贯彻他的目的,但事实上日英两国向来利用中国军阀来做他的爪牙,俄国倒没有代表者参加中国的内乱。今天俄国在华的竞争者,没有再厉害过于英国的植[殖]民者,他们始终强硬反对中国青年,结果他们把中国人民都放在共产主义者的掌中了。对英宣战是今日中国人强硬的要求。学生工人的示威运动集中在英国蔑视公理这一点。中国共产党正欲乘这机会打倒英帝国。但在现状之下,英国势力尚足以支配那"木偶政府",延长他的总决算的日期。

我出俄国大使馆时,偶见俄国的赤旗与美国的星旗正相对着,在东交民巷空中飘扬着。中国人相信俄国所说的国际关系的公正及对被压迫民族的亲交,美国也曾经说过的。加拉罕是正做弗兰克标(Benjamin Franklin)所应做的事情。他死的时候,我们要建碑纪念他。可是现在我们不愿意同他说话了。

一九二五,七,十九。
(《晨报副刊》,署名 蒲兰谢)

29日(星期四)

68.《阿玛那——一个试验共产制度的社会》(《晨报副刊》,10月29日)

《晨报副刊》刊登张慰慈的《阿玛那——一个试验共产制度的社会》,全文如下:

共产制度并不只是一种无产阶级专政的制度,也不只是没有钱的人瓜分有钱人的财产的行为。我拿出一毛钱来,换你袋里的一块大洋,这是一种最下级的共产制度,是那般最没有出息人物利用共产的名义,实行侵夺别人财产的行为。真真的共产主义却是一种很高尚的理想，其目的是想打破现今社会上种种的不平等状况，实行一种公平的制度。各人各尽其能力在社会上做种种的事务，各人又依照各人的需要，从公共的财产中取用各种物件，这是理想的共产制度。

在历史上，共产制度确已试验过好几次了。有许多是完全失败，有许多确有很大的成绩。历史上试验可以证明这共产制度不是绝对不行的；如有相当的环境，相当的人物，人民之中又有多少团结力，及适当的组织，这共产制度也许在事实上是可实行的。我这一篇东西并不是讨论共产制度在学理上的根据，也不是说明那种理想的共产制度，更不是发表我个人对于共产制度的意见。我所要写出来的，只是几年前我曾经亲眼目睹的一个试验共产制度的小社会，及其中的一切情形，如经济的，政治的，和个人生活方面的状况。这个社会是在美国中部埃爱瓦邦 Lowa，叫做阿玛那 Amana。

这个社会约共有一万八千人民，占据二万六千英亩土地，分做七个村庄，大都是德国人。在最初时候，约在十八世纪初期欧洲宗教革命时代，有一部分德国人民独立的自成一派，组织一种宗教的社会。以后因为不能容纳于俄国教会，他们就于十九世纪中期迁移到美国，在东部纽约邦内居住，过了几年，他们又向西迁移，到了现今他们所居住的地方。但是他们最初所组织的社会只是一种宗教性质的社会，共产制度直到了以后在美国才加入的。所以这个社会还是一个共产化的宗教社会，并且其主要的团结力量是属于宗教方面的。

每一个村庄的中间各有许多房屋，约从四十所到一百所，工厂和草棚等都在村庄两头。每村庄又有一个教堂，一个学校，面包房，牛奶棚，邮政局和杂货铺。

住房都是两层楼的木房或砖房，格式都是一律的，很简单的四方的房屋，连木头上的油漆都没有的。这种房屋的外面是很不好看的，幸而在夏天时候，各房屋的周围都有葡萄架子绕得满满的，所以还不至于讨厌。各处的花草却是极多的，在夏天时候确是很好看的。当初这般人设立这个社会的用意原想脱离这万恶的世界，到那荒野的美国边界地方，创立一种新的社会，去过他们的清净的生活。但无论何如，你想逃出这世界总是逃不了的，你自己虽则可以同了你的朋友到僻静地方过你们出世生活，你们虽则还可以挂出一块牌示"请大家不要注意我们让我们过我们的生活"，但外边人民决不肯让你们安安稳稳的过日子，你愈不愿意人家来看你，来看你的人愈多。如果你们试用了什么特别的制度，过一种与众不同的生活，外界人民更不肯干休，他们总得要约了几个人，带了一付照相机，一支铅笔和几张纸，今天也来，明天也来，非把你们的情形调查清楚不可。这几年来因为从外边来参观人一天多一天，所以他们也不得不在个各村庄里边设立一个客栈，一方面可以容纳那般不速之客，又一方面可以做一笔买卖；他们自己是实行共产的，但对于外边的人，却老实不客气，什么都要钱的，并且又是要得很多的。他们对于外边来的人是不大欢迎的，所以你想去调查他们的制度和生活是不容易的。我记得那年我同几个朋友到这地方去的时候，第一个遇见的人就这样的问我们；"你们是不是那种最讨厌的新闻记者，这样要问，那样要问？"我们说："不是，我们是大学堂的教习和学生。"他就回答说："这是没有什么区别，并且是一样的坏。"

以后我们遇见几个他们的人,想问他们几句话,他们总是千篇一律的回答一句"不知道。"这样的情形当然也不能怪他们,他们这种脱离世俗的观念差不多已经训练了七代之久了,他们是不愿意与外界发生什么关系,他们更不愿意把他们的内容告诉外人。他们只晓得过他们孤独的共产生活,他们决不肯像俄国共产党那样去宣传他们的政策和制度。他们的观念是根据于耶教圣经,并不是发源于马克思学说或列宁的"过激"主义。

他们的政治制度也不采用那种极端的民治主义,他们的政治思想却趋向于一种强有力的中央集权制度,治者开诚布公的执行政权,被治者心悦诚服的服从权力。

管理全社会的权力是在一种十三个人所组织的董事会手里,这十三个人是每年由人民从全体长老之中举出来的。这董事会执行宗教和政治两方面的事务,所以政教是不分的。董事会又于每年十二月第二个星期二从其会员之中举出一个会长,一个副会长,和一个秘书。这般职员大概又是每年连任的。董事会每月轮流在各村庄开会,议决一切关于内部和对外的事务。每年六月董事会公布一种账目,该社会所有的动产和不动产均详详细细的列举任账目之内。如有重大事情发生,董事会也许召集一个全体社民的会议,但他们总觉得这样的全体会议是没有用的,所以很少召集的。他们总设法使全体社民明白各种事情的状况,但同时却把执行事务的权委托于几个最有能力的人,不使全体社民参与,发生种种没有意识的讨论。

这是一种很好的政策。美国别处从前也有许多同样的试验共产制度的社会,只因他们的制度太民治了,每人总觉得有发表各人的议论的职务,又因为大家说话说得太多了,什么事务都不能办了,其结果就使这许多社会一个一个的失败。阿玛那社会所以能够维持这许多年数,现在还是很兴旺的,其主要原因是因为他们情愿牺牲民治制度,实事求是的由几个人去执行一切事务。这一层确是很值得注意的。

每一个村庄是由一般叫做"长老"管理的,其人数是从七个到十九个。他们并一定是年岁最老的人,就是在宗教方面资格最深的人物。各工厂的工头和其余人民有时候也能参与各该村庄里的事务。每村庄又各有各种账目,与全社会的公账各别的;各村庄须依照董事会的议决,执行一切事务。到了每年年底,各村庄须把一切,目交给董事会查验,但每一个村庄的账目无论有过余或亏损,该村庄或各人所应领得的物件数目还是一律的。

所以这一种制度差不多也是一种联邦式的制度,每村庄对于内部事务有一定的自治权,但同时却受董事会所节制的。有许多人民□觉得这种制度未免近于贵族式的,其中治者和被治者差不多变成一种阶级。但这种制度在学理上无论怎样的不合于民治主义,但在事实上确已证明其优胜的地方。

依照宪法所规定,每一个社民在进会的时候,须把他所有的财产,无论是动产或不动产,交给董事会,作为共产,再由董事会给他一张收据,并在公账上寄[记]上他的账。每个社民除了衣食住养病和养老由公家供给外,每年还能从公账中领到一笔维持费,其数目是由董事会依照各人的需要。各别规定的,大约是从二十五块美金或五十块。但每人所领到的并不是现洋,只是村庄杂货铺里边记上一笔账,每年可以去领值这许多钱的东西而已。每人日常所做的工是没有工资的。这一万八千社民差不多可以算有一种一致的观念,为别种同样的社会所没有的。这是因为他们有一种共同的宗教,又经过了七八代的训练,所以才能如此。外边人民想加入他们的社会也颇不容易。第一,他须经董事会严格的审查,审查合格以后,尚须经过一个试用时期,试用以后,他如果真能证明他的诚心诚意,他还须把他所有的财产交给董事会,然后再经过一种极慎重的和极复杂的礼节,他才能真是一个社民,关于社民的种种规则当然是很严格的,社民如果不守规则,须逐出社的。婚姻问题和家庭制度是共产社会中的重大问题,特别是那种宗教式的共产社会对于这婚姻问题尤其难于解决。因为圣经上是明白的说明:"凡未曾结婚的人总是注意于精神方面,想怎样去尊敬上帝;但已经结婚的人却注意于物质方面,想怎样去取悦于他的老婆。"所以他们对于这个问题着实讨论了许多时候才决定实行那婚姻制度。当初他们从纽约邦迁移到埃爱瓦邦的时候,他们有一种特别的风俗,就是凡已订婚的男女须分离一年,到了一年末了的时候,他们如果还是很互相爱恋的,他们才能结婚。结婚的礼节又是很慎重的,借以使他们两个少年男女晓得这不是一件儿戏的事。照现行的制度,一个男子非到二十四岁,一个女子非到二十岁,是不能订婚的,并且订婚的事还须得到长老的许可,订婚一年以后,才能结婚。这种规则当然只是为审慎起见才规定,因为他们结婚以后并没有像我们所有这样大的责任,他们是不用化一个钱去养活他们老婆的,衣食住都是公家供给的。

他们是极端信仰宗教的人,所以结婚以后,就得到死才能分离,离婚是绝对不准的。并且就是夫妻之间死了一个,那一个想再醮或再婚也是很不容易做到的。

一男一女结婚以后,公家就指派他们两间房屋。他们如果有父母的,往往就同他们父母同住。所有的家具大都是本地人工所□的,但现在也有工厂的出产品混杂其间。他们的家庭确是很有趣味的,并且是很特别的,差不多可以算是两种极不相同的主义——个人主义和共产主义——的出产品。这是因为条顺民族的个人自由观念,再加上他们爱恋家庭的趋向,使他们能够保持一种家庭的独立。

每一个家庭住居在一所公家的房屋,但各人在家庭中的生活却又绝对自由的。每人又各有多少日用的物件,也是公家供给的。他们的房屋大都是一样的,每所房屋中只有卧室和坐起间,但没有厨房厅和客堂。在每一个家庭中,各人各有各的卧室和坐起间,每人在他自己的房间中差不多想什么就能做什么,绝对不受别人的干涉。每个村庄中总有好几个食堂,在每处吃饭的人数约从十六个到五十个。

每日三次饭都在这公共地方吃的。

以上所述只是这一个试验共产制度的社会的大概情形。凡到这地方去过的人总不免有一种感想。据我个人的观察看起来,这个社会差不多是一个宗教的极乐国。他们主要的团结力还是宗教,他们的共产制度是以后到了美国才实行的,并且他们又不死守共产主义老祖宗的成规,如果应该变通的地方,他们总是变通办理的。他们这社会之所以能够维持了这许多年数大半是因为他们能于共产制度中加入了许多个人主义的观念。他们一方面能够发展各个人的个性,一方面各个人又能只知全体社会的利益,而不计较各个人的私利。此方在这几十年之内，他们社民之中着实发明了许多机器，和别种东西，现今全美国都知道某种东西是阿玛那人发明，但那一个发明这种东西的人却没没[默默]无闻，未曾得到一些报酬。这样的情形在别处确是做不到的。

  至于在政治一方面，他们的共产制度之所以能有成效完全是因为他们没有采用那种民治的制度。他们社会中那几个当权的长老确是很专制的，长老决定怎样做，就须怎样做的。所谓全体社民的大会是绝对没有的，普通社民除了从长老之中选举董事会之外是绝对没有别种政治的权利。但这般当权的长老确能尽心极力，为全体社会谋幸福，自己毫没有一些的私心。这就可以见得一种制度的好坏，一小半是靠这制度的本身，一大半还得要靠那执行这制度的人民。人民不好，无论那样的制度都是不行的。共产制度将来是否能够大规范的实行还是一个问题，但无论如何，像现今的那种自私自利的人民，绝对不能实行共产制度的。各种各样的制度的成绩都是人为的，共产制度的成就更得要靠人民的牺牲，顾全大局而不顾私利，服从公道而不闹意气，有自治的能力，不争名不争利，同时又能各尽个人的能力，为社会全体人民服务。这样的人民决不是几年之内可以训练出来的。但没有这样的人民，共产制度就很难有成功的希望。

（《晨报副刊》，1925年10月29日，署名 张慰慈）

11月
4日（星期三）

69.《筹备十月革命纪念会》(《工人之路》第一百三十三期，11月4日)

《工人之路》第一百三十三期发表的《筹备十月革命纪念会》，全文如下：

  十一月七日系苏俄革命纪念日（俄历系十月故称为十月革命节），苏联工农经二十余年的奋斗，实现了三月（一九一七年）革命，但资产阶级的克伦斯基政府，终不能停止参加帝国主义的战争，不能给工人以经济上的利益及政治上的自由，不能把土地分给农民，于是兵工农的苏维埃更加扩大，更加巩固，政权移归苏维埃，十月革命于以成功，十月革命成功后，帝国主义者联合封锁，内部白党又到处骚动，但卒以工农之勇敢奋斗，使国基日益巩固，进行共产社会的建设，十月革命成功后，不但尽力援助西方无产阶级的革命，并努力帮助东方的革命，成功了土耳其的革命，再努力帮助中国的革命，取消一切不平等条约，由是中国革命的进行更快，俄国共产党的导师列宁曾著论说中国民众之必能醒觉，并称中国民众领袖孙中山先生的伟大，中山先生亦说列宁先生之必能成功，遗嘱上面亦谆谆以联合苏联共同打倒帝国主义为嘱，可见中俄之关系，现闻国民党中央党部，中华全国总工会，省港罢工委员会，对外协会，省农会，青年军人联合会，广州学生会，妇女解放协会等卅余团体特发起筹备纪念大会,并且成立筹备处,借中央党部为办事地点,并定四日下午二时在办事处,开第一次筹备会,并征求各社团加入筹备云云。

(《工人之路》,1925年11月4日)

5日(星期四)

70.《苏俄十月革命纪念会筹备情形》(《工人之路》第一百三十四期,11月5日)

《工人之路》第一百三十四期发表的《苏俄十月革命纪念会筹备情形》,全文如下:

筹备苏俄十月革命纪念会情形,经志昨报,昨中央党部召集各团体在中央党部开第一次筹备会议,到会团体有中华全国总工会,中央党部,陆军军官学校,工人代表会,第三军军官学校,统一广东各界代表大会,南郊商民协会,商民运动讲习所,广东总工会,〈第三军军官学校,〉惠潮海各界联合会,广州学生联合会,省教育会,香港学生联合会,一中学校,一中青年学社,广州市商会,青年军人联合会,八属各界联合会,市党部,对外协会,广大学校,第二军特别区党部,香港总支部,省港罢工委员会,党籍校长联合会,革命青年联合会,省农会,新学生社,工专学校,工专学生会,商民协会,妇女解放协会,关于筹备事宜,议决如下,(一)组织"广祝苏俄十月革命纪念筹备会",其组织法分为总务,宣传,交际,游艺,纠察五部,即席举出中央党部为总务,青年军人联合会为宣传,广州学生联合会为交际,新学生社为游艺,省港罢工委员会为纠察,其余各团体自行认定担任各部干事,(二)每日办事时间由上午十时至下午四时在中央党部为办事地点,(三)经费由出席各团体酌量分担外既由中央党部负担,(四)开会地点,决定在广大操场,并举行大巡游,晚间在广大礼堂演剧,及各种游戏助兴。

(《工人之路》,1925年11月5日)

7日(星期六)

71.《苏俄革命纪念日之庆祝》(《工人之路》第一百三十五期,11月7日)

《工人之路》第一百三十五期发表苏兆征的《苏俄革命纪念日之庆祝》,全文如下:

今日为苏俄十月革命八周纪念日,国民党中央党部中华全国总工会省港罢工委员会等团体,特发起庆祝大会,地点在文明路广东大学操场,时间本日正午十二时,闻各工会已预备红旗传单等物,罢工委员会则已通告各工会一律参加,今日到会之群众必十分热闹也,又俄代表鲍罗庭亦定今日下午四时在省议会欢宴各界云,[。]

(《工人之路》,1925年11月7日,署名 苏兆征)

72.《伟大的列宁》(《工人之路》第一百三十五期,11月9日)

《工人之路》第一百三十五期刊登伯良的《伟大的列宁》,全文如下:

"谁是列宁?列宁是十月革命的著作者。"
"什么是十月革命?十月革命是世界革命的起点。"

我们由这两句轰动一世的名言看起来,我们便很明白认识列宁的伟大了。我们知道十月革命成功的原因是很多的,农民工人的奋斗,共产党员的努力,红军的勇敢,都是十月革命成功的最大原因,假使没有伟大的首领列宁先生的指导也是空的。

我们纪念十月革命,我们不要忘记了伟大的首领列宁先生,我们要向着十月革命的大道前进,我们更要用列宁主义作我们的武器。在这个伟大的纪念日,我们高呼:

十月革命万岁!
列宁主义万岁!

(《工人之路》,1925年11月9日,署名 伯良)

73.《十月革命与中国民族解放运动》(《向导周报》第一百三十五期,11月7日)

《向导周报》第一百三十五期发表陈独秀的《十月革命与中国民族解放运动》,如下:

受了帝国主义侵略八十余年的中国,为什么欧战后渐渐才有了有意识的民族运动?这是因为:(一)在客观上,一方面中国的工业乘欧洲大战机会一时有了相当的发展;一方面大战后帝国主义者因弥补战中的损失,加紧向中国等经济落后的民族剥削进攻,促起了反抗。(二)在主观上,苏俄十月革命触动了中国青年学生及工人革命的情绪,并且立下了全世界各被压迫的国家及各弱小民族共同反抗帝国主义之大本营。

苏俄十月革命之内容是:(一)城市工人打倒资产阶级而得了自由,(二)乡村农民打倒地主阶级而得了自由;(三)俄国境内的小民族打倒俄皇及资产阶级的统治而得了自由;(四)全俄人民脱离西欧帝国主义的羁绊[绊]而得了自由。前二者是阶级运动,后二者是民族运动,合起来便是整个的世界革命之开端。这两种革命运动,在苏俄同时并行,不但没有妨害,而且正因为工农阶级奋起得了政权,对外拒〈小〉绝与帝国主义的协约国合作,对内取消前俄帝国主义的政策,即强迫民族同化于大俄罗斯的政策,因此民族运动才得到彻底的解决,否则若照当时资产阶级的克伦斯基政府政策,至今全俄人民仍旧屈服在帝国主义的协约国羁绊之下,俄国境内诸小民族仍旧屈服在资本主义的大俄罗斯政府威权之下,这是毫无疑义的。

工农解放民族解放这种双管齐下的苏俄十月革命,他自身的成功并影响到世界革命,后者更胜过前者。盖自十月革命后,多年不能解决的俄国境内诸小民族问题,得到了彻底的解决,苏俄更进而援助近东远东诸弱小民族与被压迫的国家(如中国土耳其波斯埃及阿富汗等),建立了全世界被压迫者共同反抗压迫者——国际帝国主义〈,〉之大本营;这些事实已足证明苏俄十月革命,在民族解放运动上比在工农解放运动上更为成功。

按道理讲起来,现在全世界凡是被压迫的阶级以及被压迫的民族和国家,都应该联合起来在这世界革命的大本营援助之下,共同打倒国际帝国主义,大家才有出路。中国民族解放运动,当然没有例外,也应该顺着这个世界革命的大潮进行;可是还有许多不了解世界大势的人们,竟不是这样想法。在一班深受了英美帝国主义教育毒的博士们,不但不承认帝国主义的侵略是中国根本大患,并且不承认世界上真有什么帝国主义,仿佛是共产党人捏造的名词;因此,中国也自然没有民族解放运动之必要。这班人我们不必去论他。又有一班人很明白中国有民族解放运动之必要,并且明白非打倒帝国主义中国民族无由解放;可是他们以为中国民族解放运动,只好完全依赖自己的力量,不必联络苏俄,因为联俄有三个危险:(一)是联俄中国便要实行共产了;(二)是联俄中国便要被俄国侵略甚至于被俄国占领了;(三)是联俄则帝国主义者更要严厉的对付中国了。他们因为怀疑联俄有这三个危险,遂至甘心退出全世界被压迫者反抗帝国主义的联合战线,使中国的民族解放运动处于独立地位,这正是帝国主义者之所愿,而是中国之不幸呵!他们所怀疑的三个危险,现在略为解释如左。

第一、苏俄许多主要人物固然是共产主义者,苏俄实际政治固然也有若干小〈小〉部份采行了共产主义的政策;然而决没有不问青红皂白,随意推行于任何国家的道理,因为共产主义不是一种宗教,决不能不待其国内自然发生而可以从外国宣传出来的。至于苏俄援助各弱小民族及被压迫的国家,这和共产运动更完全是没有连带关系的两件事。苏俄所援助的波斯与阿富汗,都还是专制君主的国家,难道也是共产运动吗?苏俄又曾援助蒙古,难道游牧的外蒙也能实行共产制度吗?苏俄确实援助广州政府,然而除了帝国主义者及其走狗陈炯明等造谣以外,广东可曾采行一点共产制度呢?

第二、旧俄罗斯本是一个帝国主义的国家,苏俄若要侵略中国,自然是继续旧俄政策,和其他帝国主义者作同样的行动,取同样的态度,他为什么对土耳其对波斯对阿富汗对中国,都放弃了旧俄所得一切特权,使一切帝国主义者异常恐怖呢?苏俄如果也是一个帝国主义者,便自然要站在帝国主义者那一边,决没有站在被压迫的民族这一边做反帝国主义联合战线运动的道理。所谓赤色帝国主义这一名词,乃帝国主义者捏造出来离间被压迫民族和苏俄的结合,如果苏俄真是赤色帝国主义,我们便不必怕赤化了,帝国主义者也不必恐怖我们赤化了。在经济上说起来,苏俄方在刻意消灭资本主义,那里还有成为帝国主义侵略中国之可能,因为帝国主义乃是资本主义发展之最高形式;在政治上说起来,联合被压迫民族共同打倒帝国主义乃苏俄立国之方针,"对被压迫的民族只予不取",乃列宁之遗训,他们对土耳其对波斯对阿富汗等,都不曾违背此遗训,岂有单要侵略中国之理。

  第三、中国自来不曾联俄,帝国主义者对付我们不算不严厉了,反之土耳其波斯阿富汗,正因其民族运动得着苏俄援助而发展,帝国主义者遂有所顾忌而让步;即以中国近事而论,帝国主义者虽然大叫五卅运动是赤化,然而他们正因为中国有了赤化的五卅运动,终不得不于关税会议有相当的让步,尤其是他们对于联俄赤化的广东,五个月以上的总同盟罢工,几乎使香港变为荒岛,广东政府竟不许经过香港军商船进口,日船违令进口,政府军枪杀日本船员二名,日领只得一面向政府道歉,一面请求抚恤死者每人二千元,英日帝国主义者竟未能以一枪一弹害广东。这是因为:(一)帝国主义者间的冲突甚烈,已没有向我们联合进攻之可能;(二)一切被压迫的民族与国家之民族革命,都有乘机奋起之势,帝国主义者已没有以武力消灭此革命大潮之可能;(三)各帝国主义的国家内,随时都有阶级革命爆发之可能,帝国主义者若以武力压迫苏俄及一切被压迫的民族,必为工人阶级所反对,尤其是运输工人足以制其军事运输之死命。并此诸因,我们可以看出帝国主义者严厉的以武力对付中国政策已不适用,他们今后的政策乃是:(一)以金钱军器收买中国军阀,替他们破坏中国民族运动;(二)教唆中国的反革命派,大喊其赤色帝国主义和反共产,以破坏中俄联合;(三)以小恩小惠收买中国商人及英美博士们,使他们协同军阀官僚阻挠工人、农民、学生运动之发展。我们敌人不但在国外并且在国内,他们都根本不要中国有民族解放运动,并不是因为联俄,帝国主义者才要严厉对付中国。

  我们若明白上述三个联俄的危险都非事实,同时便自然明白全世界被压迫者反抗帝国主义的联合战线之必要;并且同时便自然明白所谓"反苏俄"是破坏国外反帝国主义联合战线之口号,所谓"反共产"是破坏国内反帝国主义联合战线之口号。因为国外反帝国主义最烈的便是苏俄,国内反帝国主义最烈的便是共产党。

(《向导周报》第一百三十五期,1925年11月7日,署名 独秀)

74.《十月革命、列宁主义和弱小民族的解放运动》(《向导周报》第一百三十五期,11月7日)

《向导周报》第一百三十五期发表郑超麟的《十月革命、列宁主义和弱小民族的解放运动》,全文如下:

(一)十月革命——世界革命的开始

  十月革命是帝国主义阵线的第一次大破坏。十月革命不仅是俄罗斯无产阶级联合农民革命的成功,而且是世界革命的开始。十月革命爆发在发展的帝国主义时代,在回光返照的资本主义时代。这时代资本主义固有的矛盾性日益显著造成了革命不能不爆发的局势。这些矛盾性当中最显著的有三点:第一资本和劳动的冲突,第二帝国主义国家间的冲突,第三宗主国和殖民地——帝国主义和弱小民族的冲突。这三点矛盾性程度的轻重随各国特殊情形而不同;但在俄国,则这三点矛盾性比在任何国家表现得格外显著且互相凑合起来直迫得非爆发革命不可。俄国资本家一向便和俄皇政府勾结,以最残酷的手段压迫剥削劳动者;俄国的侵略政策一向是很凶暴的,勿论旧俄境内各弱小民族被俄皇底下的殖民者蹂躏践踏无所不至,即境外如土耳其波斯中国等亦被俄皇军队占领受其荼毒,俄国而且是欧洲帝国主义的储藏库,不但让外国资本在境内自由采取燃料和金属品,并且能供给一千二百万兵士参加战争:帝国主义大战,俄国即是主要的挑动者。这样显著的矛盾性凑合在一个国家里,革命那能幸免?这便是十月革命所以爆发在俄国的原因。

但这三点矛盾性之表现并非俄国独有的现象,乃是资本主义发展的必然现象,乃是全世界的国际间的现象。十月革命已纪念其第八周年,而资本主义世界的这三点矛盾性不仅没有消灭而且日益显著。

于是世界革命将不可免的因这三点矛盾性而爆发。十月革命是世界革命的开始。

世界革命既然是资本主义矛盾性发展的结果,在这主要的三点矛盾性之中,我们便很明显地看出世界革命一方面是无产阶级革命,劳动反抗资本的革命,他方面又是民族解放革命,殖民地弱小民族反抗宗主国帝国主义的革命。十月革命既然是世界革命的开始,则这革命不仅对于无产阶级有很重大的意义,即对于殖民地民族也有很重大的意义。前者的意义是很明显的,而后者的意义则需要加以说明。在殖民地的弱小中国,提起十月革命对于殖民地弱小民族之意义,尤是是需要而切实用的。

(二)列宁的民族解放论

"谁是十月革命的著作者?——列宁"。要知道十月革命对于弱小民族解放运动有何种影响,我们首先必须研究列宁关于民族殖民地问题的理论。

列宁的理论在一切民族殖民地问题的辩论中开一新纪元。自由派的资产阶级和改良派的社会党人,他们也有他们的民族解放论。他们的民族解放论是欺骗弱小民族的,而列宁的民族解论则才是代表弱小民族的利益。列宁的民族解放论和资产阶级改良派的民族解放论根本不同,其最显著的差异之点有二。第一、资产阶级改良派所谓弱小民族只指白色人种的而言,如爱尔兰匈牙利波兰芬兰等,亚洲非洲等有色人种的解放运动,他们是没有想到的;列宁则恰相反,他把民族问题和殖民地问题联合成一个问题,以为殖民地问题只是扩大的民族问题,殖民地有色人种需要解放甚至比白色弱小民族之解放更加迫切。第二、资产阶级改良派把民族解放运动看做一种独立的运动,与资本的统治,帝国主义的推翻,无产阶级的革命等问题毫无关系;列宁则恰相反,他把民族解放运动和无产阶级革命联合起来,以为民族的不平等是资本主义社会种种不平等中之一种,真正的民族解放必须无产阶级革命成功,但西方无产阶级革命的成功也需要殖民地弱小民族反帝国主义之解放运动的赞助,民族殖民地问题是无产阶级革命总问题中的一部分。

由这二点根本的见解,于是列宁主义的民族运动策略便根本与其他各派的民族解放论不同。列宁主义的民族解放策略所根据的,综括有下列几条原则:

（一）世界是分为二个营垒的：一方面，少数文明的民族握住差不多全部的财政资本而剥削其余的人类；他方面，占有人类最大多数的殖民地弱小民族则受压迫剥削。

（二）受财政资本压迫剥削的殖民地弱小民族成了帝国主义势力的广大的储藏库和无限的源泉。

（三）只有用反帝国主义的革命斗争，殖民地弱小民族才能够脱离这种压迫剥削。

（四）主要的几个殖民地弱小民族现在已经走上了民族解放运动的轨道，这运动必然要惹起世界资本主义的恐慌。

（五）先进国无产阶级运动的利益和殖民地弱小民族民族运动的利益要求这二种革命的运动联合战线以反抗共同的敌人——帝国主义。

（六）先进国无产阶级的胜利和殖民地弱小民族的解放，如果不形成并固结一共同的革命战线，则将是不可能的。

（七）共同的革命战线之形成，只有压迫国的无产阶级直接地坚决地赞助殖民地弱小民族反抗宗主国帝国主义的独立运动，才有可能，因为"压迫其他民族的民族是不会自由的"。（马克思）。

（八）这赞助就在保护实行各民族有脱离宗主国自建独立国家的权利之原则。

（九）这原则若不实行，则将不能实行联合各民族为一整个的世界的经济——社会主义胜利的物质基础。

（十）各民族间的这种联合只是自愿的，建立在各民族间互相信任上的和亲爱关系上的。

在以上十条原则之中，我们很明显地看出列宁根本主张无产阶级必须联合殖民地弱小民族，必须直接的坚决的帮助殖民地弱小民族。怎样帮助呢？承认各民族有脱离宗主国自建独立国家之权，并赞助此原则使之实现！这种承认这种赞助绝不限于口头上发表几篇宣言，而是要压迫国的无产阶级切实的承认物质的实力的赞助。这种承认这种赞助绝不仅是为殖民地弱小民族的利益而兼是为无产阶级自身的利益。

以上便是十月革命的"著作者"——列宁的民族解放论。

（三）十月革命所给与于殖民地弱小民族的

以上是列宁关于民族殖民地问题的理论，而伟大的列宁的"作品"——十月革命，则把这"理论"实现了。无产阶级的共产主义的波尔扎维克的理论，不是为着装饰的欺骗的，而是为着实现的。

十月革命实现了列宁主义的无产阶级专政的理论。十月革命也实现了列宁主义的民族解放的理论。十月革命给与于先进国无产阶级是很大的很多的，十月革命给与于殖民地弱小民族亦是很大的很多的。

十月革命究竟拿什么给殖民地弱小民族呢？

首先是旧俄辖下的殖民地弱小民族得着解放。十月革命苏维埃政府成立后，即于十月十五日发表一篇《俄罗斯民族权利宣言》，这宣言中有很重要的四条说：一、俄罗斯民族一律平等，一律有主权；二、各民族有自决权，其范围扩大至于能自由分离而建立独立的国家；三、所有民族的宗教的特权和界限一律废止；四、居住俄罗斯境内之民族小团和种族团体都有自由发展之权。根据这篇宣言，于是成立现在的苏维埃社会主义共和国联合。这联合是自愿的，建立在各民族间互相信任上的和亲爱关系上的。现在，从前受俄皇帝国主义压迫剥削的殖民地弱小民族都解放了；在苏维埃社会主义共和国联合之内，各民族在政治上经济上文化上都是自由的互助的发展。

其次是帝国主义铁蹄下的殖民地弱小民族的民族解放运动得着精神的物质的帮助而发展。十月革命成功创立了第三共产国际。共产国际不仅指导了先进国的无产阶级运动，而且指导了殖民地弱小民族的民族解放运动。共产国际在民族运动中的指导，又完全是根据列宁主义关于民族殖民地问题理论的。共产国际成立到今这六年半以来，给与殖民地弱小民族以无限的助力。全世界民族运动的怒潮已愈加增长帝国主义对于共产国际的仇愤了。

在中国，十月革命之后二年，"五四"运动崛起排斥当时侵略中国最凶狠最露骨的日本帝国主义。从那时起，以前含糊的不敢得罪外国人的中国民族运动才改变过来，成了明确的自觉的反帝国主义运动。中国民族运动首领得着十月革命的经验，经过几年苦痛的奋斗才多抛弃了旧时唯心的资本阶级德谟克拉西的幻想，而毅然决然援引那组织在共产国际旗帜底下的西方无产阶级为中国民族解放运动中真正的友军和不可缺少的同盟者。今年"五卅"运动给帝国主义以一大打击，使帝国主义发抖，但"五卅"运动中的领导者中国无产阶级之阶级觉悟，中国共产党的组织和宣传，推而至于国民党的改组，都直接或间接是共产国际的理论和组织所助成的。这都是不可遮掩的事实。

不但中国如此，中国之外其他如埃及土耳其波斯印度爪哇朝鲜及近日的摩洛哥等，到处无产阶级组织起来有了明确的阶级意识和民族意识，到处无产阶级都具有领导本国民族运动的能力，到处共产党活动为帝国主义的死敌，到处民族运动左倾给帝国以重大打击——这些，推究其原因，都是十月革命成功，第一个无产阶级专政国家成立，共产国际创设起来，先进国无产阶级为完成世界革命而帮助殖民地弱小民族之结果。几个月前自由派资产阶级在巴黎召集了一个殖民地联合会议时，曾有一位旧时当过议员的资产阶级政治家在会议上公然宣言说：殖民地民族现在已经抛弃法兰西资产阶级德谟克拉西的幻想了，他们解放的唯一道路只是波尔扎维克主义。

殖民地弱小民族应该在列宁主义旗帜底下奋斗。共产国际同时又是殖民地弱小民族的解放者。在积极方面，殖民地弱小民族既然从共产国际，十月革命之产物，得着许多理论上组织上的赞助；在消极方面，无产阶级专政国家之成立和存在又使帝国主义有所顾忌不能对殖民地弱小民族肆意压迫剥削，于是便让世界民族运动更多发展的机会和可能。但同时共产国际及其各支部以物质和实力帮助世界民族运动的发展，也是不可遮掩的事实。我们无须乎一件件事实证明共产国际的活动，我们只就国际帝国主义外交家的愤语和新闻记者的言辞以及各国反革命党的宣传看来，便可明了共产国际对于殖民地弱小民族解放运动不仅与以理论上的和组织上的赞助，而且与以物质上的和实力上的赞助。他们的所谓"苏俄的阴谋"究竟是什么意义呢？他们的所谓每次运动中都可找到"苏俄阴谋"的痕迹，这究竟又是什么意义呢？这岂不是说明共产国际及其支部十分关心世界民族运动，每个机会都不肯放过吗？然而共产国际现在所以成了国际帝国主义怨恨的中心，十月革命所以受一切反动势力自纽约财政资本家至中国研究系的唾恶咒骂，也就因为这个原故。

（四）所谓"赤色帝国主义"

自从纽约财政资本家以至中国研究系——这一切反动势力本身就是帝国主义或其走狗；他们代表国际帝国主义利益，用大炮机关枪或其他暴力阴谋向殖民地弱小民族进攻，同时他们又翻转过来，反诬那帮助殖民地弱小民族做反帝国主义运动的苏联为"赤色帝国主义"。譬如强盗入〈人〉室，被人发觉邀集邻人协同拘捕，于是强盗反大呼说这些邻人也是强盗，同他们是一样的；帝国主义及其工具目前所用的，便是这班强盗的诡计。这种诡计可以离间苏联和殖民地弱小民族的联合，削弱民族运动的势力，以便尽量压迫和剥削。

首先，"赤色帝国主义"这个名词便不能成立。"赤色帝国主义"指的是无产阶级革命建立的新国家吗？那是不通的。创立或传述这名词的人，自己便不懂得或至少假意不懂得什么是帝国主义。帝国主义是资本主义最后的阶段，帝国主义是"财政资本为争夺商品销场原料产地投资处所而使用的侵略政策"（布哈林——《共产主义的ABC》）。这个国家是否帝国主义的国家，必须看这个国家是否资本主义的国家，必须看这个国家的政权是否操在少数财政资本家手里，像现在的英美日法等国家一样。苏联是资本主义推翻后正从事社会主义建设的国家，苏联的政权是无产阶级专政，革命前遗留下来的资本家现在是被统治被压迫的阶级，没有任何政治上的自由。"赤色帝国主义"这个名词是不通的。

其次，苏联并未曾对殖民地弱小民族使用侵略的政策。在苏维埃社会主义共和国联合之内，从前的殖民地弱小民族现已得着自由；其它一切殖民地弱小民族得着苏联精神上物质上的帮助以发展民族解放运动，同时不但未曾感受苏联的侵略，而且在俄皇时代缔结的种种不平等条约现在都已无条件地取消。中国便是一个明显的例。中国民族运动的首领孙中山先生已屡次声言世界上以平等待我之国家只有苏联了。

最后，红军并不能为"赤色帝国主义"存在的证据。自纽约财政资本家至中国研究系的"赤色帝国主义"理论之最大论据，便是说苏联既不侵略为什么需要红军呢？他们不明白红军不是民族侵略的武器而是阶级自卫的武器。实际上，据最近的调查，红军数目不过是五十二万九千人，比法国军队少十八万三千人，比包围苏联西方诸小国如波兰罗马尼亚波罗的海沿岸小国军队的总和也少十七万人。他方面又须于必要时援助各国无产阶级之最后的争斗。

任世界革命的敌人们咒咀罢！俄罗斯的被压迫者已开始世界革命了，完成世界革命的使命便落在世界被压迫者的身上——先进国无产阶级和殖民地弱小民族的身上。

（《向导周报》第一百三十五期，1925年11月7日，署名 独秀）

75. 苏俄十月革命纪念专号(《武汉评论》第二十八期，11月7日)

《武汉评论》第二十八期"苏俄十月革命纪念专号"出版，刊登《中国国民党湖北省党部为苏俄十月革命纪念宣言》《纪念苏俄革命》《十月革命与中国民族运动》《苏俄十月革命后八年来奋斗的经过》《十月革命与东方被压迫民众》等文。

76.《中国国民党湖北省党部为苏俄十月革命纪念宣言》(《武汉评论》第二十八期，11月7日)

《武汉评论》第二十八期刊登《中国国民党湖北省党部为苏俄十月革命纪念宣言》，如下：

今日——十一月七日——是苏俄革命的八周纪念，在全俄各处——尤其是莫斯科，一定有万人空巷的游行，高唱革命胜利之歌，庆祝这个伟大庄严的纪念！

这个纪念值得我们夸赞的，不仅是苏俄的工人阶级夺得政权，铲除资本主义制度下所有的一切罪恶；就是对于全世界被压迫的民众——帝国主义者国内被压迫阶级和一切被压迫民族——都有重大的意义，因为苏俄革命成功以后，激起了全世界革命的怒潮，帝国主义者国内被压迫阶级和一切被压迫民族，从这个光明灿烂的历史诏示中，寻着了自救的新途径。

我们中国，不待说，是东方被压迫民族之一，全国各处早被各帝国主义者踩躏得血迹淋漓，"五卅"以后，更不堪回首，全国民众要求的自由解放。各帝国主义者反执着不平等条约，以为侵略的护符；全国民众渴望的是统一和平，各帝国主义者反扶助封建军阀，演成分立的局势。全国民众反对保障不平等条约的关税会议，而关税会议居然在北京开了！全国民众痛恶杀人盈野的军阀战争，而奉直战争。居然在近日起了！

在最近外交史上，证明了苏俄是我们唯一的友邦；他自动的退还了庚子赔款，他自动的取销了领事裁判权，他自动的抛弃了俄国租界……总括一句说：他实行了扶助被压迫民族的政策，将旧俄帝政时代压迫中国的一切不平等条约，根本废除，缔结了一个平等互惠的中俄协定。"五卅"以后，对我国民众的反帝国主义运动，更表示深切的同情和实际的援助，他确实成了反帝国主义的先锋！他确实成了一切被压迫民族的救主！然而这都是苏俄革命成功之赐，我们既从各帝国主义罪恶中认识了苏俄，就不得不重视这个苏[俄]的革命纪念！

努力于民族革命的本党，当前的仇敌，也就是苏俄及全世界被压迫民众的共同敌人——帝国主义者。我们为遵守先总理的遗训，为完成历史的使命，应该与苏俄及全世界被压迫民众，联成整个的全世界革命的大队伍。等到全世界被压迫民众得到解放，同时我们的民族革命，也就成功。所以苏俄革命的成功，不是苏俄一国的胜利，而是全世界革命的一部分解决；苏俄革命的纪念，不单是苏俄应该庆祝，全世界被压迫的民众，在这一天，应要该起来欢呼。那末，我们不独要重视这个苏俄的革命纪念，都还看作我们自己的革命纪念一般。

(《武汉评论》第二十八期，1925年11月7日)

77.《纪念苏俄革命》(《武汉评论》第二十八期，11月7日)

《武汉评论》第二十八期刊登任宣的《纪念苏俄革命》，如下：

一九一七年俄罗斯有两次革命：一是"二月革命"，一是"十月革命"。

"二月革命"本来是工人兵士的胜利，推倒了俄皇，可是被资产阶级帕克伦斯基等从中取巧，骗卖工人兵士，轻轻地将俄皇政权夺取到自己手中去，掉转头来很残暴的虐杀工人农民，因此酝酿了个工人农民轰轰烈烈震撼全世界的"十月革命"。

"二月革命"自有资产阶级，厂主，地主等去纪念他，我们要纪念的乃是"十月革命"。

十月革命，含有三种性质：无产阶级对于资产阶级的革命；农民对于地主贵族的革命，被压迫民族对于压迫的大俄罗斯民族的革命，上述三种性质的革命，在中国都有迫切的需要，所以我们应当热烈的纪念他。

十月革命，使西方各资本主义国家的无产阶级，得了一个最大的刺激，更与东方各弱小民族一个绝大的暗示，所以我们应当热烈的纪念他。

十月革命，沟通了工业国家无产阶级的社会革命与殖民地或半殖民地的民族革命，成为一个整个的世界革命，十月革命的成功，是世界革命，成功的第一声。所以我们应当热烈的纪念他。

十月革命后，苏俄以援助全世界无产阶级与弱小民族求解放为职志。所以我们应当热烈的纪念他。

十月革命后，苏俄自动的放弃了以前在中国的一切特权，援助中国民族的解放运动，反对帝国主义继续侵略中国，揭破帝国主义侵略中国的各种阴谋，所以我们应当热烈的纪念他。

我们热烈的纪念苏俄"十月革命"，应当取法苏俄十月革命的精神以实现中国的"十月革命"，更应当发挥这种精神以成完全世界的"十月革命"。

(《武汉评论》第二十八期，1925年11月7日，署名 任宣)

78.《十月革命与中国民族运动》(《武汉评论》第二十八期，11月7日)

《武汉评论》第二十八期刊登遒耕的《十月革命与中国民族运动》，全文如下：

今年的十一月七日，是苏俄革命第八周纪念日。苏俄的无产阶级，在这一天，一定歌唱欢呼，张灯结彩，庆祝他们的胜利与成功。全世界被压迫的人们，主张人类解放的人们，也一定对于这个伟大的纪念日，一同致其热烈的庆祝之忱，因为苏俄革命，是全世界革命的起点，是全世界被压迫民众解放的明灯。

自一九一七年十一月七日——俄旧历十日二十五日——以后，俄罗斯的沙尔，贵族，资产阶级，神父及其他一切旧的势力，旧的分子，都根本扑灭了！大俄罗斯民族压迫其他弱小民族的长枷大锁，都完全打断了！俄罗斯的政权，统归苏维埃，俄罗斯竟改换面目，成功新俄罗斯了！竟成功自由的，光明的乐土了！

苏俄在此八年中，费了无限的精力，经历了无量的艰辛，才能制止白党的叛逆，才能抵御帝国主义列强之封锁，才能得着这样锦丽光荣的历史。

十月革命，激起全世界两大新动力：一种是无产阶级的经济革命，一种是弱小民族的国民革命。在资本主义又统治的国家里，被压迫的工农群众，已经结成极坚固的营垒，站在第三国际的大旗下，向资本阶级进攻，革命怒潮，日益澎湃。殖民地和半殖民地的民族解放运动，年来也有新的发展，帝国主义的国家，已经丧魂落魄，手忙脚乱起来。

好一个沉闷黑暗的中国，好一个甘心忍受欧美帝国主义的枪炮，榨取，欺骗，压迫的中国，居然也被苏俄十月革命的怒潮，于安逸睡眠的状态中，觉醒过来，国民革命，民族解放的呼声，现已弥漫于国中。

我们在这一天，一面纪念十月革命，一面还要检阅我们的武装，侦查我们的敌人，以定我们作战的策略。

看啊！我们的敌人，正多着呢！

第一是醒狮派　醒狮派是不脱离封建思想的知识阶级。他们不了解社会进化的原则，不了解现代民族运动的特性，他们认定国家为经济的单位，不懂得全世界的经济关系，已经成了整个的，所以他们闭着眼睛，揭出闭关自守的国家主义。他们口里也有时攮出外抗强权的微弱声响，但他们的对象，却不是帝国主义，并且对于帝国主义四个字，讳莫如深，以为一经说出，就是共产，赤化的嫌疑犯。他们不懂得无产阶级革命和民族革命为推倒帝国主义之两方面，在战略上，有联合之必要。他们不懂得，中国民族运动，为人类解放之一部分，因此，他们反对苏俄，反对联俄，反对苏俄援助中国，他们视苏俄为最可恐怖的国家，与帝国主义之嫉视苏俄，没有两样。这种天生的奴隶，拿什么资格，来谈主义，来讲爱国！

第二是国民党右派　代表中国国民革命的国民党，他的党员，因经济背景之不同，于最近一年内，显然分化成为左右派。左派是遵守党纲的，革命的。右派是违反主义的，反革命的，右派的党员，加入国民党，原意并不在革命，是在利用机会，投到军阀和帝国主义的怀里，以遂其获取地位及贪图金钱之私愿。所以他们反对国民党革命化，反对国民党拥护工农利益，对于真正的国民党员，不惜离间，中伤，暗杀，如果这样的恶劣分子，不从国民党内，严格的淘汰出来，中国的民族革命，怎能有成功的希望呢？

第三是东方文化派　半殖民地的中国民众，要想推倒国际资本帝国主义，要想运用自己的力量，建设平等的，自由的国家，非先把数千年来的传统思想排除不可。东方文化派，就是这种工作上的死对头。在东方文化派中，如梁启超，张君劢，张东荪一系，是拿西洋玄学鬼的面具，放在他们所贩卖的旧古董上面，借以欺骗青年，麻醉青年的。如梁漱溟一系，是倡文化输回说，弄得一塌糊涂的。如章行严一系，是倡农村立国论，想把中国演进的历程，停滞在宗法社会状态之下的。我们的民族革命，是想在政治上，经济上，求得解放，但是在根本上，还须求精神的解放，不要迷恋于小生产制度下的旧文化，精神上做了古人的奴隶。东方文化派，在中国思想界，颇有不可侮之势力，我们要促成民族解放运动，早日实现，当然不能让他们信口鼓吹罢！

  中国的青年！中国被压迫的民众！看啊！我们的敌人，正多着呢！听啊！苏俄成千成万的男女青年，今天高声唱着世界革命歌，打倒法西斯蒂歌，农工神圣歌，我们在这一天，应当作如何感想？而我们的国内，充满了杀气，充满了怨声，帝国主义者，毫无忌惮地厉行他的屠杀政策。万恶的军阀，则以人民为刍狗，正在执行第三次奉直革命。

  中国的青年！中国被压迫的民众！看啊！最近英，美，日，法等帝国主义，正在钩心斗角，扩充他们第二次世界大战杀人的武器，而我们的中国，有立即被人蹂躏蹂蹋的危险，我们对于今年的十一月七日，应当有怎样的感想呢？

  中国的青年！中国被压迫的民众！起来！起来肃清一切反动的分子！起来参加中国的国民革命！

（《武汉评论》第二十八期，1925 年 11 月 7 日，署名 遁耕）

79.《苏俄十月革命后八年来奋斗的经过》(《武汉评论》第二十八期，11 月 7 日)

《武汉评论》第二十八期刊登寰澄的《苏俄十月革命后八年来奋斗的经过》，全文如下：

  十月革命最重要的意义，最伟大的成绩，就是把有产阶级推倒以后，政权握在工人阶级的手里！

  俄国从一九一七年的十月革命（十一月七日）成功以后，一直到了现在，已有八周年了，在此八年之中，俄国无产阶级奋斗的经过，以及将来世界革命的必然结果，我们实在有细细一数的必要。

  （一）十月革命后的第一种困难

  无产阶级的苏维埃握了政权以后，首先就把土地，作坊，工厂，银行，都收归国有，实行八小时的工作制，并且切实使工人和农民武装起来。

  但是攫取政权比较维持政权要容易的多，那时苏维埃共和国才产生，自己的基础还未巩固，被迫于德皇的武力而与德国订极损失国家权利的条约，因各帝国主义者之四面进攻，经济封锁，与协约国脱离政治关系，从此以后，苏维埃共和国不但与世界各国脱离政治关系,并且经济关系,亦相继脱离,其结果,是使苏俄在军国主义的欧洲大陆上面,居然成为完全孤立无援助的国家。

非但政治与经济完全处于孤独无助的地位,并且落在缺乏武力,缺乏军械的状况之中,新创而且幼稚的苏维埃共和国,处此最困难的情形之中,不得不出于暂时求和之一法,以便从事休息,巩固内部的势力,组织强有力的赤卫军,保全革命的产物,俄德和议,就是社会革命进程中遇着困难而表现的一个好例。

在俄德媾和的期间里面,从一九一八年一月五日至十六日在德,法,意,波兰诸国中,发生了俄国无产阶级所希望的革命运动,然不久就被帝国主义所消灭了,德国的政权,仍暂落在社会民主党的手中。

一九一八年中季,协约国利用社会民主党右派的反动,实际帮助白党在西伯利亚与远东一带起来谋变。

同时列强实行向欧俄与远东进攻,此种举动,正给白党可以起反革命而推倒苏维埃的一个良好机会。在那个时候,无产阶级,还没有把自己的政权,保护巩固,而国家的实力,也没有充分的恢复,国家内部且常有风潮,当时到处的小资产阶级把"政权交给地方"的口号,淆混群众,且叛徒常思暗杀,因此无产阶级的首领——史越特洛夫,乌利斯基等都先后被刺而死,甚至于一九一八年八月三十日,我们最伟大的首领列宁导师,亦因被刺而受伤。

但是俄国无产阶级,受了上面所述的种种困难,非但不能挫折其丝毫志气,并且因此反大家精神百倍,勇往直前和反革命者作坚决的奋斗,以求最后的胜利。

(二)共产主义的军事时代

十月革命成功以后,生产工具,以及物品之分配,均由国家办理,商业的自由竞争,完全禁止。只有劳动的人民。能得着面包,并且会向农民征收剩余的面包,以供给红军和工人。

那时因革命的关系,城市里面的工厂。(,)大部分停闭,所以生产力大为减低,而日用品亦因此大缺乏,城市的工人没有工业品去换农民的面包,国家没有面包供给工人和红军,而农民却有多余的面包。况且此时各帝国主义的国家利用这种困难情形,尽量帮助白党的蠢动,图谋推到苏维埃共和国,使劳农政府不得不暂取共产主义的军事行动,以解决食粮问题。

当时德国完全拒绝了俄国的驻德使领,而东部西比利亚,西部高加索,阿西尔和后巴尔干地方,以及土耳其斯坦各处的白党先后蜂起,各国的侵略者,亦相继思逞,于是一九一九年的春天同时对苏俄下总动员令。

忠勇善战的红军,把敌魁的田尼金,兰格尔驱逐于黑海之外,在列宁格勒城肃清了□全义的余孽,而占据西伯利亚的高尔恰克亦被红军痛击,势渐不支,向乌克兰退去,而西伯利亚遂为所有,红军的所向无敌,因为一方面他们为共产主义而战,他方面又切实得工农群众的援助,所以很快的收了大功。

在一九一九年以内,世界无产阶级革命的趋向,颇有一波未平一波又起之概。匈牙利和保加利亚诸国的创设苏维埃共和国,德国的时起革命,而很大的工潮,差不多世界各处都常常发生。

总而言之,这种革命发生的原因,大半都是由世界无产阶级革命大本营——第三国际所造成的。

到了一九二〇年春天,差不多国内的战争,都被苏维埃的势力所征服,于是苏维埃才得开始注意于经济上的整理,以及国事的建设,所以把一部分的红军,改编为"劳动军",执行国家目前迫切的一切工作,不幸此种计划,又被波兰进攻一事所扰乱。原来波兰军队,于很短期间以内"在一九二〇年"进占乌克兰以及俄国的许多大城,而俄国的红军,又不得不出去应战。是年十月俄波和约告成,于是俄国的内乱除远东以外,总算完全肃清。

远东地方,因地理上与政治上的关系,与日本帝国主义和白党的奋斗较难,所以为缓冲起见,曾创立了一远东共和国,一直到了一九二二年十月二十五日红军才占领了海参崴,而远东共和国因此就归并苏维埃联邦以内,在远东的内乱,亦完全宣告终结——全俄从此统一!

(三)实行新经济政策的原因

经过长期间的国内战争和国外战争,对于苏维埃俄国的经济地位——完全受了根本上的打击,在此数年以内,城市的工厂,差不多大多数除出制造军器以外,没有工夫制造别的日常生活品,所以农村间的农具,很为缺乏,而农民除他所出产的面包,按期按数供给于城市里面工人和红军以外,而不能由城市里面得到他们乡村中所需要的工业品,结果乡村和城市间的经济关系断绝,农民和工厂间的交换关系脱离,所以农民有不愿供给面包的表示。

同时反革命派,每当其败退的时候,就尽量施行他们的破坏手段,把所有可以生产的工具,毁灭殆尽,使苏维埃经济日处于困难境地。一九二一年的春天,乡间的农民——因不能得城市里面工业品的接济,所以表示不满意,而各地农民之起而暴动作反革命之事者,亦常有所闻。

这样一来,非但乡村里面的农民很受痛苦,即城市里面的工人,对于面包的供给亦不能得到满意,在此情景之中,苏维埃俄国不得不把他的经济形式改变,使乡村和城市间能够自由交换,以便满足农民和工人的需要,于是新经济政策,就实现于苏维埃俄罗斯了。

以唯物史观的眼光去观察,新经济政策,是工业落后的国家,物质条件中必然的产物。我们可以分做几层来说:第一。俄国的工业非常幼稚,即没有经过欧洲大战和革命时期的破坏,所生产的物品,不够人民的使用,舶来品每年实在不少,要是不用金钱。资本家是不肯供给商品的,并且在这种经济状况之下,要实行共产主义,自然是事实上做不到。第二。俄国的机械,大部分来自欧美各资本国家,在现时资本社会的经济制度之下,不用金钱贸易的方法,资本家是不供给机械的,倘若机械的来源断绝,俄国要发展工业是很难的!第三。俄国经过欧洲和革命时期的七八年战争。国家的财富扫荡净尽,既没有资本可以来恢复工业,那更没有发展工业之可能!实行新经济政策,可以借外国资本来发展工业,根据经济集中的原理,以吸收一切的私人资本，因为国家的财力薄弱，不能将所有的生产工具都操在国家手里，所以只有将大工业归国家所有。小生产发还私人。资本社会的经济组织，由工业恐慌，自然而集中，由此国家可以用经济的力量，将小生产业渐渐吸为国有，并且私人的资本绝没有国家资本浓厚，资本家与资本家之间，继续不断的竞争，竞争的结果，发生工业恐慌，小工业不能维持而倒闭，大工业因此而更加扩大，苏俄可操必胜之券，以经济的势力，打倒世界的资本家，从上面看来，新经济政策，是社会革命的一种手段，是社会革命过程中所必由之路！而一般疯狂的帝国主义者以及不懂得俄国内幕的人，说俄国的新经济政策，是俄国革命之失败，回复到资本主义社会。这完全闭着眼睛说瞎话！

(四)施行新经济政策四年来的成绩

新经济政策的意义既如上述，那末新经济政策实施以来的成绩又怎样呢？自从施行新经济政策之后，迄今四年有余，在这四年多中，苏俄的生产力，得了可惊的进步！

俄国经过了欧洲大战的打击，再加之革命期间，外受资本国家的围攻，内受白党的扰乱和破坏，又加以一九二一年天灾之惠临，国内生产几乎破坏殆尽！一九二〇至一九二一年，俄国是处于极困难的状况中，劳农政府根据于实际情形改变其革命的手段，实行新经济政策，现在将实行新经济政策后，生产的增加，作百分比例如左：

煤炭在一九二二年至一九二四年的出产。比较一九二〇年至一九二一年要增加百分之十三，煤油的出产，要增加百分之十三。在今年所出产之煤炭和煤油，自用之外可尽量输出外国。

乡村经济的改良，也一天进步一天，一切播种的农场，在一九二四年的收获，比较一九一三年为百分之七九·六之比，几及大战以前的生产状况。全俄农产物逐年生产之增加，可以将下列的百分数来分析起来：一九二二年至一九二三年，增加百分之一八·七，从一九二三年到一九二四年增加百分之九·一，在一九二三年，苏俄输出国外的面包达二万万四千万布特(一布特为十二磅)农产物之增进，乡村经济之改良可想见了。

在国家生产业工人数目之增加，工资之提高，生产力之增长，有几处地方几与欧战以前相等！工业品日渐丰富，几乎全部停止的生产业，迄今差不多恢复本来面目了！与欧洲各资本国家，大部分发生经济的关系，而资本主义国家不得不承认苏维埃政权！

苏俄钱币已统一，新纸币(启罗王次)已很得人民的信仰，有时且超过金币的价格，被世界各资本主义国家所嫉妒的苏俄，而他的纸币却互相争用，差不多可以通行于世界各国。

工人农人的消费协作社非常发达，国家商号生意，既兴旺，国内商业的经济权操纵在国家手里，私人资本日渐消灭，真有日暮途穷之势！

从上面看起，苏俄实行新经济政策之后，国家的经济地位日渐稳固，工业农业，一天发展一天，经济集中于国家之手，将来新社会的建设，就此大踏步向前进行！如此可见新经济政策过去的成绩，与将来的重大意义了！

(五)结论

　　苏俄这八年来，没有一天不在奋斗之中，先后不知道经过多少次的血战！十月革命暴发之后，内与白党奋斗，外受帝国主义的压迫，一直到一九二二年，全俄才统一，才得从事内部的整理，开始做新社会的建设。俄国无产阶级与白党和帝国主义的战争，差不多经过五年之久，兵灾战祸之外，还要加上天灾，饥寒交迫，差不多到了从来未有的困难状况。但是俄国无产阶级，虽在这种困难状况之中，依然是奋斗的精神更加百倍奋斗的手段也愈用而愈灵敏，因时势之要求而实行军事共产，以解决食粮问题，因新经济政策以发展实业，为将来新社会——共产社会——建设之预备，新经济政策施行之后，苏俄的经济地位渐固，世界的经济场中，显然产生两个对峙的团体，苏俄与各资本国家，因苏俄的经济渐形稳固，社会的事业着着进行，政治的组织，随便那一个"文明"资本国家都不及他，资本家没有法子，不得不承认苏俄维埃的政权！

　　苏俄的革命完成，不仅是俄国无产阶级的光荣，也是全世界无产阶级的光荣！无产阶级祖国——苏俄，已占有全地球六分之一的地土，无产阶级得此根据地，有这个斗争的炮台，与资产阶级斗争得到进一步的胜利！不特如此，苏俄且极力援助世界被压迫的弱小民族去做反对帝国主义的民族革命，土耳其之新兴，波斯，阿拉伯，印度，中国以及巴尔干半岛诸邦的民族革命运动，得着苏俄的援助实在不少！

　　从此我们可以明白，苏俄经过许多的奋斗，且继续不断的奋斗，并不是仅为了俄国无产阶级，却为全世界的无产阶级以及被压迫的民族！俄国无产阶级从奋斗中所得到的经验，正可以做我们中国和一切被压迫民众的借鉴！尤其是中国大多数的工农阶级，内受军阀和资本家的压迫，外受帝国主义的侵略，比十月革命前俄罗斯人民所受的更是厉害多少倍；因此我们以为一切被压迫民众，要想求得解放，只有接受俄罗斯十月革命的精神！继续努力于十月革命的工作！

(《武汉评论》第二十八期，1925年11月7日，署名 寰澄)

80.《十月革命与东方被压迫民众》(《武汉评论》第二十八期，11月7日)

《武汉评论》第二十八期刊登武源的《十月革命与东方被压迫民众》，全文如下：

　　十月革命在人类历史上可算是开了一个新纪元给了全世界被压迫民众革命的一条大道。它一面是无产阶级的革命，即俄罗斯的无产阶级打倒了俄罗斯的资产阶级；一面是民族的革命，即乌克兰，鞑靼，高加索等被压迫民族打倒了大俄罗斯帝国主义，现在当这十月革命的八周年纪念日，我们回想到八年前，遂不能不钦佩仰慕俄罗斯的工人阶级，在列宁旗帜指挥之下，向俄皇和资产阶级进攻，经过了许多艰难困苦，才推翻残酷的旧制度，建设崭新的苏联，完成了他的历史使命。

　　十月革命的产生，是经过长期历史的预备，并不是俄罗斯一部分无产阶级的聪明或是偶然所致的现象。我们知道他是有以下的来源的：1. 他是得了全世界工人阶级革命的经验。2. 他是为残酷的资本制度惹起全世界经济混乱的矛盾之厉害所致，[。] 3. 他是因为工人阶级有整个的世界经济计划之要求。由此我们可知十月革命是人类历史上必有的产物。从前有很多反革命派造谣说他不合历史的规律，至多只能存在半年或一年的话是何等的可笑呵！

现在苏联的基础之巩固已非那些资产阶级的国家所能动摇的了。我们看去年季诺维夫在共产党第十三次大会的报告中新经济政策三年总计一节，很明显的苦[哭]诉了我们现在苏联的巩固和发展。他说："我们的经济地位已由大学预科进到本科一年级，现在正在预备着到二年级去。……生产力之增加，从一九二二年到一九二三年，增加到百分之一百八十四，从一九二三年到一九二四年增加到百分之二百九十七……"由此我们知道苏联的存在和他的发展，即是资本主义日近灭亡的征兆，残酷的资本制度将到末日，全世界被压迫阶级的胜利已不远了。

十月革命的胜利，是怎样完成的我们知道他是有胜利的条件：他有了一个历史上惟一无二的共产党作领导。共产党是能看清资本主义之发展引向何方去的，他能懂得世界的真实政治情形和工人阶级的利益，他能向工人阶级说明劳资情形，而领导工人阶级为完成历史的使命向资产阶级进攻。他有了无产阶级独裁制以执行其使命无产阶级为着实行共产主义制度，为着消灭资产阶级横暴反抗的势力，故应该把所有的权柄和势力集合掌握在手里。不然，不能推翻旧社会，没有争斗和极严厉的改体，资产阶级是不会让出他们的地位的。无产阶级专政，不仅是降伏敌人的武器，而且是经济改造的标杆，破坏私有财产而代以社会财产，非他不能成功，他是得了农民的帮助，农民占全世界人口大半数，要解决无产阶级的问题，必须解决农民的问题，马克斯说："无产阶级革命之成功与否，是要看农民站在何方才能断定……"由此可知农民之重要。俄罗斯的工人阶级得列宁的指导，与农民联合，得了农民很多助力，故能将旧社会推翻。

苏联现在四方八面伸出他的慈爱的手拯救全世界的被压迫受痛苦的人们，对于东方各殖民地或半殖民地尤其极力帮助被压迫的民众作民族解放运动，以期达到各民族的独立，我们可□苏联是解放东方被压迫民族的救星，十月革命，是解放东方被压迫民族的先声，苏联的势力越大，东方被压迫民族的解放越快。

东方各国是各帝国主义者互相竞争的良好市场，东方民族是各帝国主义者宰制下的奴隶牛马。我们试展开地图一看，自巴尔干半岛而埃及而土耳其，亚利伯，波斯，阿富汗，印度，缅甸，暹逻，南洋群岛，直到中国，高丽，占全地球三分之二的广大区域，那一国不是英美日法诸帝国主义者的殖民地，他们将东方各殖民地当作最后的牺牲，以苟延其残喘。东方各民族之被压迫，受宰制，经济不能发展，文化落后，这都是国际帝国主义者的恩赐！东方被压迫的民众要求解除全身的铁锁桎梏，非一致的联合起来与十月革命胜利的苏联工农和全世界被压迫民众握着手齐向国际帝国主义进攻不可，尤其是现在中国的被压迫民众非与全世界的被压迫民众联合工作，则不能完成打倒帝国主义和军阀的使命。

(《武汉评论》第二十八期，1925年11月7日，署名 武源)

9日（星期一）

81.《庆祝苏俄十月革命八周纪念盛况》(《工人之路》第一百三十六期，11月9日)

《工人之路》第一百三十六期发表《庆祝苏俄十月革命八周纪念盛况》，全文如下：

十一月七日为苏维埃俄罗斯联邦共和国十月革命成功纪念日，于是日之前一晚（即六日）俄国同志特约广州市工农各界在教育会演讲俄国十月革命之经过，主讲者为俄同志尼罗夫外并由国民党中央执行委员会及各界发起庆祝苏俄十月革命八周纪念大会，筹备情形，已纪昨报，查七日大会情形如下，会场布置——是日会场在广东大学操场，首门以生花组成"庆祝苏俄十月革命八周年纪念会"之长方横纸，左右遇番旗分裂，会场内横空悬着大红布书曰"东方被压迫民族与西方被压迫民族联合起来打倒帝国主义"长可一丈余，场之东西均搭演讲台一座，台上左悬着青天白日旗，右悬着工农旗，四围遍插红旗，书着"苏俄是东方被压迫民族的老朋友""俄国十月革命打倒了土豪大地主资本家"与各种标语，台之前横挂了一幅大红布书曰"苏俄十月革命纪念会"，场内分各界集合场，开会情形——正午十二时开会，中国国民党代表汪精卫，中华全国总工会代表李森，青年军人联合会代表胡秉□，革命青年联合会代表，省农民协会代表彭湃，叶□臣，各界对外协会陈信明，统一各界代表会代表为主席团，开会秩序，（一）奏乐，（二）李森先生宣布开会理由，略云各位同志今天为甚么纪念苏俄十月革命呢，在表面上看来苏俄革命与我国没有什么关系，其实有极大之关系，为甚么呢，因为苏俄革命其宗旨是解放世界被压迫民族的，所以苏俄十月革命成功，即世界被压迫民族解放之先声，苏俄是我们被压迫民族"反帝"之先锋，所以这个纪念不但为苏俄革命成功纪念日，且为我们被压迫民族许有了解放之纪念日，（三）汪精卫先生，俄代表鲍罗庭，共产党代表阮□仙先生，中国国民党代表□平山先生，陈信明先生，广东省农会彭湃先生，罢工会黄金源先生，商民协会叶□臣先生等，先后演讲，（择至要的录后）（四）高呼口号"中俄大同盟万岁""苏俄十月革命成功万岁""中国革命成功万岁""罢工胜利万岁""世界革命胜利万岁"（五）散会巡行。巡行路径——由广东大学起出一文德路—惠爱中路—永汉北路南路—天字码头—靖□门——德西路—太平门—西瓜园—散队，沿途燃放炮竹，情形甚为热烈，下午五时俄代表又在大东门省议会宴请各界代表到者四百余人，由汪精卫先生主席，鲍代表有极长之演说，至八时半乃尽欢而散。

俄代表鲍罗庭演说词——各位同志及国民，今天为俄十月革命八周纪念你们这样踊跃参加庆祝，现在我代表苏俄以诚恳之态答复同志，各位同志，除开苏维埃没有如广州之地方以纪念俄国革命之纪念日，广州为中国国民革命之主脑为革命之策源地，为最干净之地，为太平领袖生长之地，为反帝国主义之地为推倒满清政府之首领生长之地，为反对帝国主义大规模之地，所以此地就有各界人民纪念苏俄八周纪念之庆典，各位同志，现在中国革命与从前俄国革命有很多相同之方地，八年前俄尚受双重压迫，一帝国主义之压迫，二本国皇帝之压迫，那时的俄国还为帝国主义及皇帝之国家，而非人民之国家，及人民起来革命把帝国主义及政府推翻之后，我国遂以独立，而打倒帝国主义及政府之后，即把政权交回人民，所以民族民权主义在此实现了，民族主义要推翻帝国主义压迫，民权主义要把政府交与人民的，同志们：我们尚未能实现社会主义，八年中我们依照社会主义之原则做去，但现在尚未实现，因为第三主义非一国家单独能够实现的，须要有几国家一齐实行，然后可能的，若你们贵国打倒帝国主义及其走狗之后，你们与世界上之国家一齐实现第三主义，同志们，俄国革命在八年当中非常之困难的，其中有四年尤为之痛苦，与帝国主义奋斗那时，帝国主义利用俄国反革命派，及以海陆军队助之，把俄国四方八面包围，使俄之货物不能出口，而外货不能入口，英法日美及其他国家一齐联合而反抗我们，但我们在此奋斗之中，非孤立的，还有人助的，是何人呢，各位好朋友你们知道中国革命领袖——孙先生助我们的，当俄在困难奋斗中，孙先生给列宁一电报，内说你们安心与帝国主义者奋斗，我们帮助你们，列宁接了这个电报，感激不已，我们无论现在及将来都不会忘记的，凡国家之中总有一阶级，这阶级必反抗其资本家政府而帮助我们的，即是农工阶级，中国农工阶级所以亦助我们，我们无论现在及将来亦都不会忘记的，孙先生代表中国人民帮助我们，我们可以说反帝运动是中俄大家一齐做的，这是中俄友谊之地方，我们自推翻帝国主义之后，迫帝国主义者以平等待我们，然这个奋斗终于胜利而牺牲很大，各位同志，你们将来亦必能达到此目的——自由独立，但你们现在每人均须具有爱国心，争本国人民自由，以实现民族主义，我已与你们一齐做了数年之工作，当我初来时，孙先生在河南，斯时他年纪尚未老□，但他痛心至容貌憔瘁，为什么呢，孙先生斯时想人民自由，实现民族主义，以政权交与人民，实现民权主义，解放人民经济，实现民生主义，但总不能实现，以有军阀阻梗也，孙先生为军阀所包围，不理孙先生之国民革命，只图金钱，故孙先生向人民宣言，唤起全国工农商学，使他们一齐归于孙先生旗帜之下，而成强固之政府，不为帝国主义所摧残，由此看来政府□有实现孙先生主义之可能，但终归于人民之团结，孙先生生时不能实现，遗留他之方针政策由我们实现之，这一年来你们提出打倒帝国主义，得了很多之胜利，各位同志更加你们努力，等到我们九周纪念日比现在热闹一百倍，等到你们要打倒帝国主义打倒军阀与俄之现在情形一样实现中俄为革命同盟者，及十周纪念日广州及全中国变为非常之隆盛景象，是我所希望的，我们的口号是——中国革命万岁——中国国民革命团结万岁——所有被压迫民族联合万岁——苏维埃政府与中国国民革命政府团结友谊万岁。

（《工人之路》，1925年11月9日）

16 日（星期一）

82.《共产主义与中国》(《晨报副刊》，11月16日、18日)

18 日（星期三）

83.《中国民族运动与劳动阶级》(《政治生活》第五十八、六十、六十一期，11月18日、12月10日、12月17日)

《政治生活》第五十八、六十、六十一期发表了赫莱尔著，东篱译的《中国民族运动与劳动阶级》，全文如下：

> 此次运动的特质
> 除了庚子年义和团之变而外，中国从没有像最近几个月以来，成为全世界政治注意的中心的。伦敦与纽约，东京与莫斯科，全都十分小心的观察上海与香港的运动的发展，十分关怀的探听中国一切的事变。
> 只有十分重要的战事，才能引起这样普遍的注意。既然这次中国只不过是三十万工人的罢工（其中上海占二十万，香港占十二万），但是真值得受普遍的注意呵！为什么全世界的报纸，常常的把上海消息载在重要的地位呢？为什么英帝国下议院的人物与上议院贵族等都那样勤于开大会开委员会，讨论上海罢工问题，面空气那样的紧张呢？为什么苏联的工农，全世界的无产阶级，对于上海的工人，表示那样亲切的同情呢？
> 要解答这些问题，并不只在于说：中国在最近几年来，已成为国际政治根本问题互相冲突，互相勾结的会合点，这是陈话，还不是新的事实。新的事实乃是：中国的群众，已经正式形成为民族的群众，在大的国境里，自南至北，自东至西，是整个的，是行动一致的。新的事实乃是：民族运动之领导者，已经不是急进的知识界及学生群众，如过去五年中的情形，而是工人阶级。亦且新的事实乃是：工人罢工是全民族解放运动的重心，无产阶级在这次运动中的占最高地位的事实，是全民族所承认的。
> ……
> 政治的新形式与劳动运动的复兴
> 有一件事是要注意的就是在一九二四年的秋天[，]北京政变直系蒙重大失利而下台，吴佩孚，全能的狄克推多被迫逃入扬子江流域，而段祺瑞执掌中央政权了。新政府是立于两大敌对的军事势力以张作霖冯玉祥为代表的均势之上的。段政府很巧妙的维持这里均势。现政府的弱点是没有大部直接受自己指挥的军力；但是正因为军事上的弱点才有政治上的长处。正因为段祺瑞没有兵力不能不靠冯张，冯张的势力彼此不

能消灭对方所以与段祺瑞谋妥协成为现在的局面。

吴佩孚与他的义父曹锟的失败以及弱小的段祺瑞登台使劳动运动与国民革命运动都得到极好的发展的机会。段祺瑞政府自称曰临时政府，即间接自认为非法的。段祺瑞从前为亲日的安福派首领，人民狠[很]厌恶他，一九一九年至一九二〇年的狂热的民众运动极明显的表现此种倾向。可是段祺瑞是一个聪明的政治家，他在握权之始即倡召集国民会议之说，想建立合法的政府。同时为赢得人民的同情起见，拉国民党的几个右派分子入阁并且延请国民党首领孙逸仙氏入京。

这自然是敷衍的办法。在反动的段祺瑞与革命的孙逸仙之间对于国内及对外政策的根本问题绝对不会有一致的主张。但是素以广东为根据地的国民党，他们的政治活动却有开展到他方的可能了。孙逸仙的北上途中几个月的期内，关于国民会议及国民会议预备会议的主张以宣言和演说的宣传在中国北部中部获得极大的成功，尤其是增长北京上海的国民革命运动。

政治的重新局面也立刻影响到劳动运动。

被迫而从事秘密工作的矿工与路工组织开始活动而且伸涨了，被封的工人学校及其他组织一一重新恢复并且建设新的机关。在从前做的组织与宣传的活动照以后的发展看来，精力不是白花的；一等到逆境过去，立刻就有一种新的热浪在政治空气中波动着，在前三年所播的种子现在开始着花了。在京汉罢工失败后的被摧残的劳动运动，复活了。这还不算，一九二五年之始中国最落后的工人——纺织业工人——的坚强的运动尽量的发展了。

纺织工与他们反抗资本家凌辱与剥削的运动

中国的劳动运动，从活动力与组织方面观察，自然到现在还是路工，海员及矿工占第一位。自然，过去的期间也有孤独的纱厂工人罢工，但是都是为时甚短而且因缺乏组织的原故，结果总是失败。纺织工组织落后的主要原因是女工与童工的充斥。可以说在许多规模极大的纺纱厂内百分之九十是女工。在丝厂内，女工的成分还得多些，常常为百分之九十九。工人的一般为儿童。

这可以说明上海，中国实业最集中的地力，有全国实业无产阶级的三分之一的人数，一直到近来没有在中国劳动内做出显著的成绩来。中国五十万工人中纱厂工人（十六万）丝厂工人（八万）几占一半。此外码头工人十万也是不容易组织起来的。所以仅能在去年政变之后，乘新的政治形势之便与中部北部的国民革命运动的兴起，落后的上海无产阶级才开始活动。

去年下季上海纱厂工人间才有工会组织的诞生。最初组织的是日本纱厂的工人，此等厂中男工成分比较的多。组织起来了的工厂共有四个而为上海纱厂工会的支部。

日本资本家立即觉察到此种工会组织有大害于他们，便即开始决心妨害它们的存在。日本最大的纱厂公司——内外棉业会社——有十三个纱厂在上海，两个在青岛，就渐渐的以妇女替代男工，且同时加增工作时间，一方又借故开除一切活动分子。二月间就引起一个大大的罢工，凡属于这个公司的工厂都蔓延着这种风潮。虽然一切帝国主义的报纸对这个罢工造极多的谣言，虽然有种种的恫吓与阻害，虽然有腐化罢工首领的种种恶谋,虽然有日本公使的公然的干涉,但是这次罢工的进行却极为猛烈,经过十一天的斗争,得到了一部分的胜利。

这一次的胜利,使工人眼中的工会增长无穷的价值,所以在最短期间内工会运动发展极快。工会份子由二千增加到一万人。

两月以后青岛日本纱厂工人又罢工。日本资本家在那块容易借用武力压服工人的土地,决定对工人施以巨大的打击。他们所用的方法惨酷到了极端:枪杀,鞭挞,围捕群众,断绝饮食等等。此外更调日本兵船到埠以惩治中国工人。

上海日本纱厂工人得到了这种消息以后,立即举行第二次罢工,以为他们青岛同胞的声援。日本资本家也照着青岛日厂主的先例以对付工人。冲突起了,日本工头杀死中国工人一名,伤者三十。

五月卅日,上海个人学生为抗争日本纱厂惨杀中国工人事,举行了一个和平的示威运动。而这个示威运动的群众在英界南京路突遭英国巡捕的枪杀,死者甚多。这是上海惨案的起端;而后来在各国都喧闹的极生动的。这里声浪引起民族运动的高涨,直到现在不平的空气□弥漫于全中国。这一次的爆发完全反映出过去十年间民族与劳动运动的酝酿。在那个时期,各种运动起伏无定,开始由一九一九年五四运动学生加入政治舞台作积极剧烈的运动为发端,继以幼稚的中国无产阶级的活动,为一九二二年春季香港海员罢工及一九二四年上海罢工,继而经过一时期的反动局面,这些运动被迫为秘密的进行,以预备第二次的斗争。本年夏季的运动就是斗争的发端。香港上海的罢工为最重要的表现。

上海香港罢工的结果

上海二十八万工人罢工三个月之久,其间最显著的现象是民族和劳动的两道潮流,混合成一泻千里的巨泊。

罢工工人对于日本的交涉非常之有利。比如中国海员工会与日本轮船公司的交涉,其条件像罢工海员一齐复工,罢工期内工资全给,将来再议加薪等等,表示获得极大的胜利。纺织工人的复工也获得很好□条件,日本纱厂终于屈服。

这并不是日本资本家和日本政府——代表日商同中国方面办复工交涉的是上海总领事——已经惹出乱子而又多方活动的,同时又矛盾的任意认许这多让步。英国蓝皮书中驻华领事所称的;[,]雇主的天堂已在中国趋于消灭。日本雇主所可尽力榨取,毫无反抗,日本工头所能任意鞭挞,毫无回响的中国工人,开始造反了,反对日本资本家了。而且比这更坏哩!中国工人更进一步组织工会,设立同业联合会及上海总工会,这些会不独非承认不可而且要迫资本家后退。

中国工人的这种胜利极为日本的资产阶级所深恶痛绝,这不消说得使日本劳动运动的革命一派也得影响而强固它自身了。

日本在三个月罢工及货物被排斥所受的损失确数不得而知。不过按照从前一九一九年排货的结果,日华贸易跌至从前的百分之四十。在现时排货更激及罢工甚烈的自然要多的。这除了一般的政治动机而外,日本现在的"宽仁政策"也以此为出发点。

日本这种重大的让步的态度使英国资本家对付罢工的力量非常之减弱。英国所受的损失更骇人听闻。兰克歇尔 Lancashire 纺织业的出口量锐减，太平洋岸英国船只全部僵滞都是好例。伦敦太晤士报香港通信员的估计，说罢工的损失香港一日二十五万镑。直到现在香港总共的损失总在数万万以上。破产等于家常便饭，每天都有。即使是最稳固的洋行也日在风雨飘摇之中，势力大减。惊惶的香港英商就急电伦敦，要求立刻将军队集中香港以打倒中国过激派，莫思科强盗，这些强盗在广州横行霸道，铲除文化与文明，使中国万劫不复。可是伦敦不大让香港政府这么作。自然也从印度调生力军，也从马尔他连飞机，然而伦敦实际上是毫无动作的。而且伦敦还正谋不忠之举，似乎倾向于妥协，向"反抗的奴隶们"讲和，让步哩。

英国的孤立

在这次运动中英国彻头彻尾的主张强硬对付。但是她又在对华的行动内一方表示干涉，一方却露出趋向和平的端倪。香港前总督史它普斯的免职就是一个好例。史氏是主用笞刑以惩"暴徒"的创始者，他的大名充塞于每个帝国主义强权论者的心中，享受欣赞，同时是英国惨绝人道对待殖民地的凶神的象征。这一位谲诈多智的帝国主义者原来就不把中国劳动运动当作一回事、[,]但是终于左迁到查美加去了。就使是英国机关报纸的论调，经过了三个月的恐吓与迫害中国人后，也改变了口气。我们试比较几种英国著名报章杂志的前后论调就可以知道。

上海字林西报是英国的半官报，它在讨论上海总商会谋妥协时，说除非上海的学生与"暴徒"无条件的降伏，否则总商会的和平的企图是徒劳无功的，虽则总商会的这种举动很赢得外人的赞许。六月内英报主张如此。七月内字林西报解释所谓"暴徒的降伏"是给他们以死刑。而在香港则总督史氏不恤加活动的工人以死刑，替字林西报作例证。

可是在八月的末了，当沪，港，粤罢工的战线仍固守时，英国的兰克歇尔及太平洋岸的香港蒙罢工与抵货的极重大的损失，几乎难以支持，英国报纸的论调又改变了。八月六日的伦敦"中国快邮与电报"杂志，一个极接近于英国政府殖民部的杂志，极诉苦的说："外交家只顾辩论与消磨贵重的时光，不晓得抵制英国货物的运动已使平常的对华贸易低减到百分之二十。"

至少在英帝国主义者看来，英国与列强的交涉是没有多大的成功。一切联络美，法共同抗华的企图完全失败了。日本虽然有一时紧跟着英国跑，但是后来为自己的切肤利益打算，撇下了英国以与中国妥协。

英国的孤立在一时是具有光荣的历史的。巴美斯顿 Lord Palmerston 当权时代，英国不是极力向"光荣的孤立"进行么？现在事实上是孤立了，但是她却不愿意，却以为离"光荣"太远。英国政府正徘徊无路，要找"舆论"来解决对华问题时，最凶猛的香港银行家与船业资本家，上海工部局及英商会，他们都是英帝国主义对华侵略的主要分子，却要找一条妥协，让步之路。

"中国快邮与电报"周刊很郑重，兴奋的于八月二十七日发行的周刊上说道："英国政府认识中国所受的苦痛及立时要脱除的那一些苦恼。"这个周刊又说道："大家承认从前与中国所订定的条约太老了，应该修改，而领事裁判权应该修正以便适合新的中国更为明显的事实。"

大家看看伦敦报界的态度，是怎样的改变了，开始见着光明了！

而这种巨大无比的启明工作是，平凡无知的中国苦力，上海香港，沙面的罢工者，码头小工，海员，纺织工，在上海总工会及广州全国总工会指导之下所作成的！

在前线上的工人阶级

上海总工会在罢工之始即着手组织，立即被各方承认为劳动运动的中心。它的势力与影响不仅仅笼罩上海，即对于全国也有深厚的影响。总工会有不少的困难与亟待解决的事件，不仅仅各工会，各工人团体间有事件要处理，它还要对付各方面。地方军民长官找它，帝国主义者集矢于它，它却一条条的处理，应付。它又为上海工商学联合会的主要分子。上海总工会不仅仅在工人间发展了宣传与组织的工作，而且借它的日刊，对于工会工作政治工作有所进展，更有通信社每日以稿件给中国各报纸以造成群众对于国事的真正舆论。上海总工会在劳动运动中的成就真是一时无两。虽说工人多半没有训练，头一次加入运动，但是它却处之裕如，这一半是该工会首领的能干，一半也是工人群众对于他们完全信仰的缘故。

香港罢工虽然是直接随着上海来的，但是它的意义却别有所在；这个罢工纯粹是政治的，它是中国工人阶级用革命的方法做民族解放的斗争的表现。

我们在太平洋沿岸再找不出一块更容易破英国帝国主义者统治的土地。一群大资本家，背后有在香港总督指挥下的适当武力，他们在这个岛上可以为所欲为毫无限制。可是他们有一层苦痛；只需六小时的输渡，就能达彼岸广州（广州是广东省会，广东人口有四千万）。国民党政府在那里，那里是反抗帝国主义的发源地。那里有国民党军，劳动运动自由发展。"香港政府痛恶那块地方，说是赤化的暖床，英国人的大害。"香港工人一方面恨香港的专制和压迫，一方面完全希望广州政府的胜利。所以上海屠杀一起，他们立即响应，这不消说得是广州政府与香港工人合作的力量了。

香港罢工为中华全国总工会所指导，由广州市民群众及政府资助，罢工委员会所以能够应付种种困难。

香港罢工限于一个小岛，此地军事与政治方面皆归总督一人全权独裁。罢工对于英国资本家的损失比上海利害的多（上海方面日本直接受大损失）。而且香港英人正要想一个方法止息风潮，以期惩一儆百，树之模范。而且香港的英人势力特别集中，想得到就做得到，所以他们就开始工作了。但是枪杀，体刑，驱逐出境，等等惩罚不能遏止罢工风潮；补充菲力宾人，白党，从澳门去的工人以期破坏罢工，无效，无效！而且使香港无论那一业的华人一齐加入罢工团体。

经过几个月的奋斗，香港毁了。香港政府因为不能破坏罢工就开始要求干涉，武力的干涉，占领，至小的限度完全封锁，罢工的大本营与策源地——广州。可是不行，保守党政府心下何尝不想出兵，但是，终于没有成功！英国的内部与外交不容许有这一类的行动，中国民众不容许有这种行动，攻击广州即攻击全中国，中国民众形成一个整个的民族了。

新的，自由的中国的诞生

家族和地方的观念在中国人的心中仍是很强固的存留着。但是从旧中国的怀抱里。新中国产生出来了。因为国家趋于近代工业化，所以她本身也随着现代化起来了。都市的加多，铁路的发展，人口的集中，文化的宣传，报纸的推广，智识阶级的兴起与无产阶级化，最后，最要的产业的无产阶级的出现，它的活动以及它的政治组织与工会的发生，都是发掘旧的中国的基础的利器，都使中国能整理旧有的社会力量，修正旧有的社会关系，使中国人自己所说的；重新估定旧有的价值的一句话能够实现。

同时在旧的传说的习惯之上，发生了加强了民族统一，民族一致的感情，以及反抗外国人宰制和殖民化中国的怒潮。到处听见废除一切不平等条约的呼声，那就是说反抗外人——帝国主义宰制中国的工具。中国要独立，自由，主权完整。这种怒潮的高涨真是一日千里，无人能够否认。即使是最顽固的帝国主义者也深深的感觉到了。上海字林西报的驻北京访员在七月中旬通信说：「废除不平等条约的口号，从前完全为国民党所单独提倡的，可是在现时即使是最顽固的中国人在三月以前骂人家说这种口号是野蛮人的说法，也站在主权恢复运动的一边了。

一九二二年香港海员罢工及一九二四年海员罢工是开始写民族运动的第一页。接着就是本年六月的活动。工人阶级占主要成分。不独小资产阶级，资产阶级承认工人的地位，中国每一个人也承认的；段祺瑞政府也曾发给十五万元给上海罢工工人，十万元——广州政府经手给香港罢工工人哩。

中国无产阶级，数目如此之少——差不多不到二百万产业工人在中国，而中国人口在四万万以上，组织如此之幼稚，而能成就这样伟大的使命，这真值得注意与惊奇呀！

商业与工业资产阶级

但是，我们若是从阶级的势力方面观察，就觉得现在的情形很近似俄国未革命前的地位。就只因为在中国矿业，铁业，铁路，输船及纺织，银行各业外国的势力占主要成分，就只因为如此，中国资产阶级就脆弱的了不得。中国实业家常常作刚白度—买办—事业。因为如此资产阶级在民族解放运动中更失掉了重要的性质。这很明白的只有纯粹的工业资产阶级才有变为民族解放运动主动者的可能，而买办阶级只有替帝国主义作奴才的本分。这是中国资产阶级到现在还没有产生一种固定的政治组织，有一定的政治计划与主张，甚至于还赶不上日本和印度的资产阶级的缘故。但是他们却借着新兴的工商业势力，在政治上操纵小资产阶级，以与帝国主义者妥协，如国民党右派一部分，如上海总商会一流是他们的代表。他们成事不足，坏事却有余哩。

农民，劳动阶级与小资产阶级

农民构成中国人民的最大多数，照理应该早加入了奋斗，但是还没有实际加入。只有广东有农民组织。别的省分里农民间意义暧昧的政治表现只是土匪一类的事。

中国城市的小资产阶级人数甚多，他们是小商人，贫穷的工匠以及无产阶级化的智识分子——这些人成为国民党的主要成分。现时事实所表现的就是这一些人民跟着无产阶级一齐的前走。商，工业资产阶级就经济的理由——买办与外国资本家间的共同利益——就政治的理由——对工人阶级的新兴的组织与觉悟的畏惧——都立刻的离开国民革命运动,自然而然的投降到帝国主义的大营里去。小资产阶级与中等阶级他们仍然是忠于民族运动的,他们同急进的智识阶级一样除了随着劳动阶级攻打帝国主义而外,没有别的道路可走。

中国工人阶级天然富有革命性。他们说干就干。他们打破地方的观念促全国的民众团结起来成一个民族。而且这与工人阶级在奋斗中愈发形成了自立的组织绝无矛盾之处。

我们可以相信,在现时,在最近的将来,中国小资产阶级一定是随着工人阶级作打倒帝国主义的运动,这个运动一定愈趋愈烈,比从前俄国小资产阶级反对俄皇还要利害。

奋斗的将来

农民虽然人数甚多,但是他们对于民族运动的尽力恐怕比俄国的农民要小的多。中国没有大地主阶级。农民自己的利害冲突也甚为复杂。

在这种情况之下所以中国工人阶级在革命内最重要的地位。所以代表中国工人阶级,中国工人组织的中国共产党责任异常重大。虽说奋斗已经有了不少的成绩,但是我们只可以说这不过是中国革命运动的开始。在向着自由之路进行将中国工人阶级一定要遇着不少的失败与试探。但是就本年六月的事变看来,中国工人阶级不独能受得住打击,并且有最好的应战方略。由此可以证明中国工人阶级在将来一定能完成他们历史的使命。中国工人阶级所以能值得全世界重视与同情的地方在此。

(《政治生活》第五十八、六十、六十一期,1925年11月18日、12月10日、12月17日)

12月
8日(星期二)

84.《共产主义的论据》(《晨报副刊》,12月8日)

我们以下还要详述共产主义战后之发展,并以科学的态度,对于赞否两方的意见加以严正的批评,本期限于篇幅,暂且搁笔于此。

(《晨报副刊》,1925年12月8日,署名 勉己)

19日(星期六)

85.《列宁主义的理论及实际》(《中国青年》第一百零六~一百零九期,12月19日、26日、1926年1月2日、9日)

至1926年1月9日,《中国青年》第一百零六~一百零九期,连载斯达林著,谷二译的《列宁主义的理论及实际》,如下:

第一章　列宁主义——马克斯主义的开展

列宁主义的基点——这是一个很大的题目。要详细去解释它，需得一大本书，甚至几大本书。所以本书的讨论是不能完备的。至多只能指示列宁主义基点的纲要。但是这一本小册子也可以有些效用。

解释列宁主义的基点，亦不就是去解释列宁的哲学，因为列宁是一个马克斯主义者，列宁的哲学当然□是马克斯主义。然而要阐明列宁主义，不一定因此便必须自马克斯主义说起。因为阐明列宁主义是要指示列宁事业中的特点，列宁所新加进马克斯主义的材料和一切特别与列宁这名字有关系的东西。这书所述列宁主义的基点，就只是本于这种意义的。什么是列宁主义？

有些人说！这是马克斯主义应用于俄国特殊情况之下。这个定义自然是有些真理的，但只含一半真理。列宁固然曾把马克斯主义实施到俄国情况之下，并且应用得非常得当。

但是倘使列宁主义只是马克斯主义应用在俄国情况之下，那么，列宁主义变成一个纯粹民族性的，纯粹俄罗斯性的东西。

列宁主义不只是俄罗斯性的东西，它是国际的。所以上述定义是太狭窄了。

有些人以为列宁主义是一千八百五十年代马克斯主义者的革命思想的复活。说这种话的人【，】他以为在一千八百五十年代以后，马克思主义是曾经变温和而失了革命性的，不管这意见把整个的马克斯主义硬辟成革命的与和平的两部分的愚蠢，这□定义虽则十分不切当，中间也有一部分的真理。马克斯主义的革命性被第二部国际机会派闷死后，确实是由列宁重新使他活动起来的。不过这仅说中了一点地方。列宁主义究竟不仅是马克斯主义的复活，在现在资本主义新形势之下，和无产阶级的阶级争斗中的列宁主义，使马克斯主义向前进一步的开展。

那么列宁主义是什么呢？

列宁主义是帝国主义和无产阶级革命时期中的马克斯主义，就大概说，他是无产阶级革命的理论和策略。特别是无产阶级专政的理论和策略。马克斯和恩格尔生于革命时代以前，那时帝国主义尚在胚胎时代，无产阶级还只在预备革命，无产阶级革命还不是直接在实际上所急要的事。列宁——马克斯和恩格尔的门徒——生于帝国主义澎涨[膨胀]与无产阶级革命发展的时期。在这一个时期，无产阶级已在一个国家胜利了，用革命毁灭了资产阶级的民主主义，开创了无产阶级民主主义时期即苏维埃的时期。

我们说列宁主义是马克斯主义的开展，就是这个意思。

大家常常看重列宁主义特有的战斗性和革命性，这是很对的。但列宁主义的这种特性由于两个理由产生的：第一，因为列宁主义是从无产阶级革命之中起来的，所以那革命性自然容易保存着。第二，列宁主义是在反抗第二国际的机会主义的战斗中长大加强的，这种战斗无论在现在或将来都是战胜资本主义的主要条件。我们不可忘记在马克斯恩格尔的时代和列宁的时代之间，第二国际的机会主义曾经无限制地独霸一时,这个机会主义是必须反抗的。打倒机会主义是列宁主义最重要工作之一。

第二章 列宁主义的历史底根源

列宁主义已经在帝国主义条件之下,生长确立起来,这时资本主义的矛盾已达到最紧要的关头,无产阶级革命已成为急不可缓的实际问题,工人阶级革命的筹备已经完毕,对资本主义直接进攻的时期已经开始。

列宁说,帝国主义,是临死的崩坏的资本主义。为什么?因为帝国主义把资本主义的矛盾推到极顶,接着革命自然便要发生。此种矛盾之中有三点特别重要。

第一,是劳工和资本家的冲突。在帝国主义独占之下,托拉斯,新地加等制度银行和金融贵族,在工业国家□有无上的势力。要抵抗这种势力,工人阶级通行的如工会合作社,政党及国会竞争等方法,已是十分不够用了。帝国主义摆在无数的无产阶级军队面前只有两条路,若不愿为资本所屈服,仰资本家的鼻息苟延残喘,以至生活日渐堕落,就只有另行采用新的战具,与资本主义直接冲突。这样,帝国主义引导工人阶级到革命的路上。

第二个矛盾是各个金融团体与各个帝国主义的列强互相抢夺原料生产地,与外国领土的冲突。

帝国主义是要输出资本到原料生产地的,是要倔强竞争以谋垄断这些原料生产地的,而且新起的金融团体与强国为要搜寻殖民地,而已拥有殖民地的先进国不肯放弃他们的赃品,亦自然互相冲突起来。这种资本家相互间的争夺必然蕴酿着帝国主义互争地盘的大战。因互相战斗,帝国主义一般的力量也变衰弱,这促进无产阶级的革命并且实际上逼迫革命的爆发。

第三个矛盾是少数强暴的"文明"国家,和弱小国及殖民地间的冲突。帝国主义的意义就是在数万万殖民地半殖民地人民头止[上]加最无耻的剥削,和最无人道的压迫。他们剥削压迫的目的,就是要从这些地方掠得最多量的利益——但因要去侵掠这些地方,帝国主义者,必须建筑铁道、工厂、工场、构成工商业的中心都市。由此无产阶级就产生,当地智识阶级也养成,民族精神也觉醒了,民族解放运动也澎湃起来了,这都是这种"政策"不能避免的结果,显然使殖民地半殖民地革命运动的势力加强起来。现在这种运动对于世界无产阶级有极重要的意义;因为他使一切殖民地半殖民地,由帝国主义后备军的地位,变成无产阶级革命的后备军,资本主义的地位,自然大受影响。

以上是资本主义主要的矛盾,他使从前很走运的,资本主义走入背时的路上。前次帝国主义的大战争,把各种的矛盾并在一块,使无产阶级的革命斗争加速而容易胜利。

换言之,帝国主义已经使革命成为实际的必要;并且,已经造成攻击资本主义城垒的优胜地位了。

这个就是产生列宁主义的国际形势。

你们或者要说,这都是说得很好的,只是这与俄国有甚么关系呢?俄国不能算是帝国主义的重要地方啊!列宁的工作是在俄国做的,而且是为俄国做的,为什么俄国

□列宁主义的产生地【?】为什么俄国是实现无产阶级革命的理论和实际的地方呢?

因为俄国在几方面是帝国主义各种矛盾的焦点。

因为俄国所怀孕革命的种子比任何国要多,而且她只有从革命一条路能解决这些矛盾。沙皇底下的俄国,实际是各种压迫具备的地方,资本家的,殖民性质的,军阀的,一切野蛮方式的压迫。

资本万能的淫威,联合起沙皇的专制,对于非俄罗斯族,加以惨酷的国家主义的压迫,对于土耳其,波斯,中国全境,从事经济的侵略,与沙皇武力的宰制。列宁称沙皇主义为"封建军阀的帝国主义",确是不错的,沙皇主义是帝国主义最反动的结晶。

并且沙皇底下的俄国是欧洲帝国主义强大的后备军。她不仅使外国资本得以自由侵入。(俄国重要经济事业如煤矿石油冶金等是在外国资本势力之下,)且能供给几百万的大兵给西欧帝国主义者。在前次大战中,俄兵流血于战场者,一千二百万人,可是为要保障英法资本家无限制的利益的原故。

复次,沙皇主义不仅是在东欧的帝国主义的看家狗,而且做巴黎,伦敦,柏林,白勒塞等处,银行放款者的巨额利息的收账人。

末了,沙皇主义是西方帝国主义瓜分土耳其波斯中国的好伙伴。俄罗斯□是欧战中的与协约国合作的么?他不是战团中主要人员么?

因此沙皇主义和西方帝国主义之利益便是一般的帝国主义的利益。旧时资产阶级的俄国,既供给了如许兵力,如许财力,西方的帝国主义,会甘心失去这东方有力的帮手,而不想尽方法,连反攻俄国革命军在内,以保护维持沙皇主义么?当然,不会甘心放手的。

那么,如果要攻击沙皇主义,非同时攻击帝国主义不可;如果要真正铲除沙皇主义,那便在把它推倒之后,非把帝国主义亦一样推倒不可。于是反沙皇主义的革命必至引到成为打倒资本主义的革命。俄国的共产党,除此以外无别路可走,只有这条路能希望到国际形势之变化,能保证俄国资产阶级政治之不能复活。

此所以俄国能产生列宁主义,俄国共产党的领袖列宁成为列宁主义之创造者。

俄国和列宁所处的情形,和一千八百五十年代德国和马克斯与恩格尔所处的情形相仿佛。那时的德国和二十世纪初年的俄国一样,也是怀孕着资产阶级的革命。马克斯在共产党的宣言上说:"共产党的视线,最注意德国,因为德国是正在要发生资产阶级革命的时期;而这个革命将发展于欧洲文化最进步的条件之下,而且要得着比十七世纪英国,十八世纪法国,更大大发达的无产阶级的参加,所以德国资产阶级革命不过是无产阶级革命的先声。"换言之,那时革命运动的中心,已转移到德国。

同样,二十世纪初叶的俄国,亦正在要发生资产阶级革命的时期。但欧洲的文化更进步了,俄国的无产阶级更发达了,各种事情都使人相信这个革命将酝酿,而随着即要发生无产阶级的革命。在一千九百零二年,当俄国革命尚在胚胎时期,列宁在"做什么"一本书里已说:

"历史赋与俄国的马克斯主义者一个急要的工作,一个各国无产阶级应做的工作中之最革命的工作。这事业之成功,就是,把欧洲亚洲反动势力之最强有力的保护者铲除,这将使俄国的无产阶级成为世界的革命的无产阶级的前锋。"

换言之,革命运动的中心已转移到俄国了。

我们知道革命的过程,已经完全把列宁的预言证实了。

做成了这样的革命,而且有了这种无产阶级革命之理论和实际,这还有什么奇怪呢?

无产阶级的领袖列宁成为这种理论和策略的创造者而且成为世界无产阶级的领袖,这又有什么奇怪呢?

此书总共十章,将陆续译登本刊。

第三章 方 法

我已经说过在马克斯英格尔和列宁时代之间,延展着一个第二国际的机会主义当权的时期。说透彻一些,这时机会主义统制一切并不是形式的,而是实质上如此的。形式上,第二国际被所谓正统派马克斯主义者,如柯祖基等领导着。而实质上,他们的重要工作,都是向机会主义路上走的。他们这些机会主义者,是小资产阶级性的,使自己适应于资产阶级方面,而所谓正统派者,则为要与机会主义者保持一致的态度以求党内的和平,又使自己适应于机会主义者,这样,机会主义便把"正统派"和资产阶级的政策绑在一块,无可分离了。

这是资本主义比较和平的发展的时期,是所谓战前时期(Pre-war)。此时帝国主义的矛盾还未曾显露到极点,经济的罢工,和产业组合还多少能享受常态的发展,社会□还能在选举竞争及议会中得着极大的胜利,法律方面的争斗,还被视为神圣,还有许多人想用法律手段推倒资本制度。总之此时期第二国际之社会党,已脑满肠肥,不复主张革命,不复主张无产阶级专政,不复主张群众的革命教育了。

他们将一贯的革命理论变成不与实际的革命争斗相关的零碎,而自相矛盾的理论与抽象而不合事实的独断论调。在形势上他们往往引用马克斯的理论。但他们的用意只是要将马克思理论中的革命精神剥夺干尽。

革命的政策变成了不成形□滥调,琐屑的政策,议员老爷的手段。有时亦有一两个革命的口号和决议,刚提出便搁下去了。

党的训练亦不注意研究自己的错误,以学习真实的革命策略,只知学习逃避烦难问题。遇着这种问题必定用缩小范围的方法,或通过一不痛不痒的议案便以为了事。

这就是第二国际的态度,工作方法,和战术。

然而现在我们已走进了一个新世期——帝国主义战争和无产阶级革命的时期。以前旧战术已经显然不合用于这金融资本万能时代了。

第二国际的全部工作和方法,必须重新审查一下,除去他的滥调狭窄议会联合政策,社会爱国主义,社会和平主义。我们必定要检查第二国际的军械房,把一切锈钝的,不合用的武器弃掉而重新铸练新武具。没有这一步预备工作,是绝无和资本主义作战之可能的;没有这一步工作,在未来的革命战斗中场上,无产阶级有缺乏适当武装或革命甚至绝无武器之危险。列宁主义便担负了这个审查工夫。重新刷洗了第二国际的武库。

列宁主义的方法便是产生并养成于此种情形之中。

用这个方法有甚么效用呢？

第一可以把第二国际的教义在民众革命战争争斗的锅炉里，实际经验的锅炉里试□一番，那便是说，要回复求理论与实际的一致，因为只有这样才可养成具有革命理论的真正革命的无产阶级政党。

第二可以把第二国际社会党所有政策，考验一下，不是考验议决案和口号而要考验他们的行为，因为只有这样才可以护得无产阶级群众的信仰。

第三可以改组党的全部工作使他革命化。使群众受革命争斗的训练与预备，因为只有这样群众才可以担当无产阶级革命的工作。

第四可以使无产阶级政党批评自己，把自己错误的经验训练自己。只有这样党的将领和真正的领袖才可以养得成功。

这就是列宁主义方法的基本和要点。

怎样实行这个方法呢？

第二国际的机会主义者有许多教义，他们的政策联系于这些教义上面，我们可选几个来研究一下。

第一个教义：无产阶级在未占全国大多数时不可而且亦不应夺取政权。这一句话完全是机会主义者的无稽之言，因为这句话于理论上及实际上都是不能证实的。

列宁说，我们姑且承认这句话罢！假使无产阶级在一国人口中是少数，而当战争或农业恐慌时，能团聚广大的工人群众；为甚么在此时不应夺取政权呢？为甚么不利用国内和国际顺利的机会来攻破资本主义的阵线而促成它的崩溃呢？马克斯不曾在一千八百五十年左右说过，德国无产阶级革命者能得农民变乱的帮助，可以得着优势的地位么？当那时德国的无产阶级比俄国在一千九百十七年还比较少些。

俄国革命的经验还没有把这第二国际的人认为至可宝贵的教义，证明是对于无产阶级一钱不值的么？群众的革命争斗的经验不是已经把这不合用的教义件件的打倒了么？

第二个教义：无产阶级在没有足以担任组织治理国家的学者及专门家则不能维持政权；所以必须先在资本制度之下造成这些专家才可以去夺取政权。

列宁说，我们姑且承认这话。但我们何故不应立刻夺取政权，创造有利于无产阶级发展的环境，以提高工人群众的文化程度而由工人中迅速造成这些组织家与治理家呢？俄国的经验没有证明这些工人阶级领袖在无产阶级政权之下，比资本主义政权之下，更容易养成而且所养成的质量更好么？群众的革命争斗的经验不是已经很足以把这种机会主义者的教义完全否认了么？

第三个教义：政治的总同盟罢工，是无产阶级所不当采用的，因为这于理不合（参观恩格尔的批评）而于实际上很危险。（因大罢工必扰乱国家经济生活历程且用尽了工会的积金）议会争斗是无产阶级争斗的主要方式，政治的大罢工是不能取而代之的。列宁主义者说,亦好!但第一,恩格尔所批评的是指无政府主义者要把经济的大罢工代替无产阶级的政治争斗而言,何以见得恩格尔是反对政治大罢工的呢?第二何以见得言议会战斗是无产阶级争斗的主要方式?革命运动的历史不是已经表明议会战斗,仅为一个学校,仅为议会以外无产阶级争斗的组织上的支点,在资本主义制度之下劳动运动的主要问题还是必须用实力来解决,用公开的争战,□同盟罢工无产阶级群众的大反乱来解决的么?第二,何以见得我们想把政治的大罢工来代替议会战斗?主张政治大罢工者在甚么时候,甚么地方曾经想欲以议会外的战斗来代替议会的战斗?第四,俄国革命不是已经证明政治大罢工为无产阶级革命的最大的学习场所,并且是在攻打资本主义营垒之前,动员和组织革命群众的唯一方法么?果然如是,为甚么还要怜惜经济生活的解体与工会积金的用罄呢?革命经验不是也把这些机会主义的教义否认了么?

因此列宁说革命理论并非几个独断的教义。革命的理论只能由直接接触民众实际的革命运动的经验规定出来,(参观"左翼共产主义")因为他应当有益于实际,用实际经验解决一切问题。(参观"人民之友")而且必须为实际经验的结果所证实。

至于论到第二国际社会党政治标语和议决案,我们只要回想那"以战争反对战争"的有名口号,便可以明了这班社会党政策的假伪和堕落,他们把他们的反革命的工作,隐匿在革命的口号与议决案的背后。谁不记得在欧战将开始时巴斯尔会议中第二国际以反乱的恫吓欲制止帝国主义的战争,发表"以战争反对战争"的严重口号?但不过一下,战争一起,巴斯尔的决议案便抛在废纸篓中去,而反鼓吹工人为资本主义祖国之光荣,而自相残杀起来了。这不是很明白,革命的口号决议案若并不预备实现出来,即是不值分文的废话吗?只要拿列宁主义者化帝国主义者的杀戮成为阶级内战的政策,与第二国际在大战中的卖阶级一比□,便可以知道机会主义的卑劣与列宁主义的伟大。这里我们可以引用列宁抨击柯祖基只知以口号决议案而不以实际工作评判党的错误所著的"无产阶级革命叛变者柯祖基"文中的一段:

"柯祖基犯了小资产阶级的老毛病,他幻想着以为提出一个口号,就会使事实有些故意。资产阶级民主主义的全部历史都是利用这虚幻的把戏,以欺骗人民。资产阶级民主主义者总是而且将来亦总要提出各种口号,所成问题的,便是要试验他们说话的忠实程度,要把他们所说的和所做的两相比较一下,不要满足于高尚的空想,和江湖式的夸张,须在口号中求实际的阶级的满足。

我不必详论第二国际社会党之畏怕自动评判自己与他们的喜欢隐匿自己的错误,逃避一切烦难问题,自己以为他们党内没有一件缺点等传统观念,使他们的健全思想不能发达革命训练亦不能进步,与他们党员这种态度,列宁在"左翼共产党幼稚病"书里已经笑骂他们了"一个政党对于自己错误的态度是他的诚意与对于其所代表的阶级与工人群众能否负责的最重要,最可靠的测验,公开的承认错,未考查其原因,分析当时客观的环境,精确考察各方面的报告批评,便说这是一个严正的党,便说是能够尽自己的责任训练阶级与群众的党的记号?"。

有人说自己批评是于党有危险的,把自己的失错表露出来,足以给敌人攻击的武器。列宁以为这种反对是不成问题而且也是毫无根据的。当一千九百另四年共产党还弱小幼稚的时候，列宁在"向前一步"的小册子里曾说：

"他们（马克斯主义的反对者）见着我们所讨论的未免太高兴了，想利用书中所说我们党内几个错失缺点，以达到他们的目的。但我国的马克斯主义者，久经战场的训练，决不为这种论调所惑，仍要自己批评和宣布错失，在工人阶级运动渐次壮大时，这种错失自会渐次消灭"。

这就是列宁主义方法的要点。列宁方法的实质，本来已存在马克斯的教训中间便是马克斯自己【所】说，他的方法是批评的和革命的。

列宁的全部方法，正是充满这个批评的革命精神。但这个方法不止是马克斯旧法的复活，而且还是马克斯批评的革命的方法他的唯物辨证法的实施和发展。

第四章 理　　论

一、理论的重要

有些人以为列宁主义是"实行"优于"理论"，不过把马克斯主义的论断实现成为事绩而已；所谓列宁"主义"是不大顾及理论的。蒲勒哈诺夫曾几次讥笑列宁"忽略"理论，尤其"忽略"哲学。在许多列宁主义的实行者中间，理论不为重视，他们专门埋头做实际工作，无时间顾到理论，这种对于列宁和列宁主义的奇怪意见，是根本错误的。一般实行家的不顾理论，和列宁主义的精神，大相径庭，在实行上有很重大危险。

理论是各国劳动运动的经验综合而成的。理论若不以革命的实行为根据，即失其存在的理由，而实行若不导之以革命的理论则如在黑暗中徘徊政路，异常危险。所以理论果能与革命实际融洽一炉，则理论是劳工运动的最大力量；因为理论能给运动以自信，指导，和各个事实的关系的解释；只有理论能指示目前及以后运动上的步骤和方向。列宁曾好几次说："没有革命的理论就没有革命的运动"。理论的极端重要——尤其对于担任世界无产阶级前锋的本党，必须在国内国外最复杂的情形之下工作者——列宁比任何人懂得透彻。他预知本党的特别职任，在一千零二年已慎重丁[叮]嘱说"只有为急进的理论所领导者然后可以当战阵的前锋"，列宁对本党这预言已实现，他的对于理论的意见，当然特别有价值了。他视"理论"极端的重要，所以亲自为唯物哲学，把自因格尔斯以来科学上一切进步，苦心推论，又把一般马克斯主义派的反唯物倾向，批评得精密无遗。因格尔斯曾说"唯物主义每经一重大的新发现，必重加新面容"。

列宁在他的伟大杰作《唯物主义与实验的评判》书中给唯物主义以时代的新面容。反之，蒲勒哈诺夫，虽喜欢责掊列宁忽略哲学，他自己未曾真心诚意做同样的工作。

二、"自然篇"

所谓自然理论就是机会主义的理论，照这理论，劳工运动可以一任其自然不必要一个党来做工会阶级的向导前锋。

这理论和工人运动的革命性质是十分矛盾的。这理论简直主张工人运动只要在资本主义所能许可的要求范围以内活动，不可向资本主义根本攻击。换言之，就是向量少阻碍的线上行动，代表产业组合的陈腐观念。

自然论不承认所谓自然运动应当有有觉悟的，有秩序的性质。它不要一个党在前面领导工人阶级，唤起群众觉悟，它以为运动中的觉悟份子只可跟后面不可妨害运动的自然。可见这理论蔑视运动中觉悟份子的责任。它是机会主义的理论基础。

在实际运动上，这理论发现于俄国的□次革命，其提倡者经济学派否认在俄国组织独立工人政党的必要，反对工人阶级对于沙皇的革命争斗，反而提倡产业组合的政策，总之，他们无非使工人运动服在自由主义的资产阶级底保护及领导之下。

经《火星报》的反驳和列宁在"要做什么"里透彻动人的批评所谓追随派的理论之后，始把这般经济主义推翻并且创立俄国工人阶级真正革命运动的理论基础。

没有这争斗功夫，在俄国简直没有成立一个独立工人政党参加革命运动的希望。

但这"自然理论"不是俄国独有的。它播布甚广，第二国际各政党，大同小异，都信奉这理论。要之，这理论不过是第二国际的领袖把"生产力"的理论污辱更改而成的，无非借此强辩种种错误□调和个个人。叙述些人人都明了的事实，而以仅仅解释它为满足。马克斯说，唯物理论不以解释现世界为限，当进而变更之。但柯祖基及其伙伴却不想做变更世界的事，只要能应用马克思公式的上半——解释现世界——就十分满意了。这是"生产力"理论许多曲解之一。在巴斯尔会议里，第二国际的政党，对大战的爆发，曾以"战争反对战争"的口号来恫吓。但一到帝国主义的战争果然开始时，各政党就把"战争反对战争"的口号去掉，代以"为帝国主义的祖国"而战的口号，这口号的变更就丧死了几百万的工人。但他们还说：他们是没有犯过失，他们没有欺骗工人阶级的，各种事情是照自然之程序发生的，"国际"只是太平时代的组织，不是战争的工具。"生产力的平面"在当时既是如是，舍战争外另无别法。所以照柯祖基的解释，一切罪过应推在"生产力"头上。

党有怎样的责任，在运动中是怎样重要呢？但"生产力平面"的力量如是其强，党的努力还有什么用处呢？诸若此类，马克斯主义已被曲解，诬蔑，假马克斯主义的名，行机会主义之实。欧洲的机会主义等于俄国第一次革命前列宁所竭力攻击的俄国的所谓"跟随派"。

很显而易见的，西欧真正革命的政党的创立之前，必定先要把这些错误理论消灭。

三、无产阶级革命的理论

列宁主义的无产阶级革命的理论根据三个基本的原理：

第一条原理：在资本主义发达的国家，金融资本把持一切，在本国经营股票债票，输资本至原料产生地，建立帝国主义的基础；于是金融资本势力万能，资本主义独占，得以吸收民脂民膏，毕露其贪欲无厌的性质；使资本家的"新迪开""托拉斯"更为人民所难堪，工人阶级对资本主义的愤恨，益为增加；逼得群众进行无产阶级革命，为其唯一的生路。

结果就是：在资本主义国家，革命危机四伏，形势急切，无产阶级对内——在祖

国内的无产阶级战线上——增加了很多导火线。（参观列宁的《帝国主义》）

第二条原理：对殖民地及属国，资本输出增加无已，"势力范围"扩大，全世界殖民化，因金融束缚及殖民压迫的政策，人类大多数被少数所谓"文明"国家的资本世界统一梦所宰制——这些事实把世间各民族的单独经济连成一片，叫做"世界经济"把全地球的人口划分为两大派——剥削压迫殖民地，属国半独立国的少数"文明"资本主义的国家站在一边，对面站着众多无数的殖民地及弱小民族受迫而奋斗欲脱离资本的约束。（参观列宁的《帝国主义》）

结果是：殖民地革命，由外面进攻帝国主义。

第三条学理：因各个资本主义国家前后发展不平等，有些国家竟把势力范围殖民地等独占把持，有些国家还没有分着赃，两派互相争斗。帝国主义的战争是恢复分赃平衡的一个方法。所以帝国主义是三面受攻。帝国主义的力量不得不大受打击，无产阶级及殖民地的反帝国主义运动因而易于联合了。

所以在帝国主义之下战争是不可能避免的，东方应当和西方无产阶级革命联合起来组织世界革命的联合战线，反对一切帝国主义的联合战线。

从这些推论，列宁得一个总结论："帝国主义是社会革命的前夕。"

因此，无产阶级革命的观点，性质，范围和计划是和以前不同了。

以前人们分析无产阶级革命的前提大都着眼于某国某地单独的孤立的经济情形，现在这方法已不适用了。今日人们必须着眼于各国，至少多数国家的经济情形，换言之即必须观察"世界经济"的情势。实在，国家或单独的民族经济已不能成为独立的经济单位，他们不过是的连锁上的一节，所谓"世界经济"者，就是用殖民政策，金融宰制等方法压迫地球上大多数民族的帝国主义。自夸为高等文化的资本主义已变成帝国主义了。

以前的习惯是讨论某某国有没有无产阶级革命的客观的条件等等。现在这种观点是不适用了。今日我们必须研究世界整个帝国主义的经济制度下的革命的客观条件。当世界经济大局的革命条件已完备时，则少数在工业发达程度上认为未成熟的国家，是不足以阻碍世界社会革命的。

再，以前，人们常常论这个或那个工业发达国家的无产阶级革命，好像有单独的机运一般。这观点也是不适用了，今日我们必须说无产阶级世界的革命，因为资本国家已经联合成功一个连锁，各国革命运动者应当联合战线对付帝国主义的联合战线。

以前人们常认无产阶级革命为一个国家内部的特别变化的结果。现在这观点是不适用了。我们必须承认无产阶级革命为帝国主义世界经济制度自相矛盾，发达的反应。是帝国主义世界连锁阵线破坏的结果。

何处将首先革命？在何国可将资本主义的阵线首先打破？

以前的答案是：在工业最发达，无产阶级占大多数，文化最高，民主主义发达的国家。

否！列宁的革命理论回答。资本的阵线不一定在工业最发达的国家首先击破。但首先击破的一定是帝国主义连锁的最弱的一节，因为无产阶级革命是帝国主义连锁阵线的最弱处的破坏。所以工业上比较其他资本主义国家不甚发达的国家，也有首先革命，打破资本主义阵线的可能！

在一千九百十七年帝国主义的阵线恰巧在俄国是顶弱。在俄国，这阵线破碎了，无产阶级领导的民众革命得着被地主剥削压迫的农民的赞助，又因为革命的目的是反对为全民众所恨毒的，代表帝国主义的，最可恨的沙皇主义。虽然俄国在资本主义发达的观点上比不上英国法国或美国，但帝国主义的阵线欲在俄国为最弱。

这阵线，其次将在何处破坏？必在最弱的地方。像在印度，就未必不可能的。为什么呢？因为在印度有虽幼稚而善战的无产阶级，并得着大家所公认力量的，极大的民族解放运动为联盟。因为在印度革命的目的是推翻绝无人道，为被压迫被剥削的民众所痛恨的外国帝国主义。

同样，这阵线的连锁可在德国破坏，因为在印度的革命情势也渐发现于德国。自然，因印度和德国工业发达程度的迥异，会使德国革命的结果和进行大不相同。

所以列宁说：

"西欧资本主义国家向社会主义演进，不在各国社会主义运动的按步发达，而在经过国家对国家的剥削，即在帝国主义战争中胜利的国家对被征服国家的剥削。另一方面，东方诸国已因这第一次的帝国主义战争，毅然决然进行革命运动彼。□等已牵入世界革命运动的漩涡。"

简单言之，帝国主义连锁的阵线，必在最脆弱的一环先破坏，而不一定在资本主义最发达，无产阶级占大多数，农民最少的国家。

在某一国家的无产阶级成分的统计中，对于无产阶级革命问题，往往不能解答，就是为这缘因。□，第二国际的统计家，不懂帝国主义的意义，畏怕革命如洪水猛兽，自然给统计以过分的重要了！

第二国际的人们常常申说——至现在还这样申说——：在民主的资产革命与无产阶级革命之间有一个深潭，至少须经长时期——数十年甚至数百年——始能走过，在这长时期中，让已得政权的资产阶级发展资本主义，无产阶级积聚自己的势力，预备与资本主义决斗。当这帝国主义时代，这理论全失科学的论据，反足表现资产阶级借此隐藏反革命的阴谋。因为现在是帝国主义当权，包含着剧烈的冲突和战祸，先前所称为"隆盛"的资本主义已成为死僵僵的，而革命运动汹漫全世界，帝国主义扶植各种反动势力，联合贵族专制政治甚至封建农奴政治，迫使西方无产阶级革命势力与东方民族解放运动有联合团结的必要。——这个联合战线，尤为需要，因为要扑灭封建政治，舍反帝国主义的革命斗争外是不会成功的。——无可疑虑的，当帝国主义时代，在一个稍为工业化的国家，中产民主革命的终局，必变成无产阶级革命；俄国革命史，已把这理论的准确充分证实而不容异议了。所以在一千九百另五年俄国第一次革命的前夕，列宁在他的小册子《两个策略》里，称中产民主革命和社会主义的革命是俄国革命的自然的两幕，其不可互相分离，犹之一个链环上的两链节！"无产阶级应当努力督促民主革命，达到极尽点，集合人民群众，借以一面破灭贵族政府的阻力，一面防止本性摇动不定的资产阶级变叛。然后力行社会革命，集合半无产份子，借以一面破灭资产阶级的阻力,一面防止农民和小资产阶级的摇动叛变。这工作就是新"火星"报一派在他们论辩上及议决案上十分引为自任的"。

我不必再述列宁晚近的著作,因为,以后资产革命化为无产阶级革命的理论,解释得更清楚,已成为革命理论的基柱之一。

有些共产主义者,信列宁至一千九百十六年始抱此意见,在此时之前,彼尚谓俄国革命的终局,不出资产阶级范围之外,政权移到资产阶级,不会到无产阶级的掌握。此种意见好似已流入共产党报纸,其实这意见是完全错误的。

我只要引证一千九百另五年列宁在第三次布尔什维克党大会的演说词,便可明白,在这词中列宁描摹无产阶级及农民的专政。换言之,他认民主革命的成功,为继续战斗的工具,非保持秩序的工具。

复次,我可引述一九另五年《临时政府》篇中,列宁述俄国革命的发展说:"本党领导群众,务使此俄国革命运动,不以数月了之,必使其拖延至数年,务使此运动不因当局细微的让步而完毕,必须达到完全推倒政府的目的"。

列宁继述此革命与欧洲的关系,"假使我们的运动成功,则革命潮流必风起云涌,弥漫全欧,欧洲工人不能再忍;对资产阶级的反动,必继起革命,认定目标,于是革命的冲动必由欧洲再反响至俄国,革命时期,因能缩至数年而完成"。

我可再引述一九十五年列宁写的《反对潮流》!

"无产阶级为夺取政权,为共和国,为耕地公有,为非无产阶级的人民将资产阶级的俄国从封建军阀或帝国主义所谓沙皇政治中解放出来,而奋斗,而参加革命。为无产阶级的利益起见,脱离沙皇宰制及大地主的淫威,非为助富农压制农工,实为联合欧洲无产阶级完成社会革命"。

最后我可引述《无产阶级革命与反叛者柯祖基》里那有名的一段!

"革命进行的事实,完全证明我们推论(即指前述的两个策略)的正确。起初,无产阶级联合农民群众,并行反抗皇室,大地主,以及一切中世纪的陈迹(直至此,全是中产,民主,资产的革命)。然后,联合贫农,半无产者,以及一切被剥削者,由工人领导会攻资本主义以及他的农村代表者——富农,商业投机者,于是完成社会革命。第一步革命与第二步革命之间,不同的只是参加革命份子中无产阶级和贫农的成分。于两步之间强加隔墙,不过是欲牵强附会马克斯主义,实行自由主义而已"。

但既如上述,列宁何以反对"永久"的主张呢?

因为列宁要充分应用农民群众的革命欲望,和革命能力,借以根本铲除沙皇政治,而过渡至无产阶级革命。而主张"革命"无间者,不明了俄国革命运动中农民的地位的重要,轻视他们的革命力量,以致阻碍他们脱离资产阶级的宰制,而失其帮助无产阶级的能力。

又因列宁以无产阶级夺得政权为革命之完成。而主张"永久革命"者以夺得政权为革命之开始。不知如此做法,他们已忽略农奴制的仍旧存在,轻视农民革命力量的伟大,因而有碍农民集合于无产阶级势力之下。

所以列宁反对主张"革命无间"的一派,并不因为他们要永远革命,——这点列宁从来未曾不赞成。——只因为他们轻视无产阶级最伟大的后备者革命农民的地位。

"永久革命"不是新意见,一千八百五十年马克斯在《对共产主义同盟会的演说词》,就早已发明,俄国的"马克斯主义者"就是根据这点,但经他们变换地位之后,这理论就失其实用,经列宁的巧心整理之后,这"永久革命"的理论,始现真相,而成革命理论基础之一。下面的就是马克斯列举共产主义者,在资产阶级民主革命中所应提出之要求之后,对于革命无间的议论:

"小资产阶级的民主党员,希望于上列要求得到胜利时即停止革命,而我们的利益,和我们的工作是:非到一切有产阶级——无论大小——都放弃政权,无产阶级争夺政权已完全胜利,世界各主要国的无产政权能统领其无产阶级的大多数,和生产的主要工具已集中在无产阶级的掌握时,当力使革命永久延长"。

第一这就是说:马克斯,不和俄国的所谓马克斯主义者一样,并未主张以无产阶级政权的建立,而直接为一八五〇年德国革命的开始动作。

第二马克斯仅主张于依次扑灭资产阶级各派别,无产阶级能力发扬,革命的曙先[光]照耀各国之后,于是以无产阶级攫得政权,为革命的完成工作。

所以,俄国的所谓马克斯主义者,不但已轻视农民在俄国革命中的地位,并且把马克斯"永久革命"的意见曲解,而失其效用。

这所以列宁嘲笑他们的理论。

这所以他称这理论是半门雪维克主义。□说:"他们从布尔札维克主义者借革命奋斗精神,和无产阶级夺取政权的理论,而从门雪维克主义者,借得否认农民重要的理论"(参观《反对潮流》中《革命的两条路》一篇)。

以上所述就是列宁对于资产阶级民主革命化为无产阶级革命,和利用资产阶级革命为无产阶级革命直接过渡的意见。

请再细说:从前大家认为革命不能在一国单独胜利,因为欲打倒资产阶级非合全世界或多数先进国家无产阶级的力量不可,这观念已与事实不符合,现在无产阶级的胜利,必须先在一国成功,因为在帝国主义盛行的时代,各资本主义国家,无平等均衡的发展,再加以社会内部的矛盾,必然引起战祸,使各国革命运动澎涨[膨胀],以致无产阶级在国家参差的成功,不仅可能,并且是必须(需)的,俄国革命是个铁证。旧理论之中,只有说明无产阶级打倒资产阶级有必要的条件,此等条件不具备,无产阶级不能取得政权的一部分是应当保留。

列宁所说的这种条件,是:

"一切革命证实的,尤其是二十世纪俄国的三次革命所证实的革命的基本定律如下:为革命的胜利,仅仅是被剥夺者和被压迫者懂得旧生活不能再忍而起要求革命,这是不够的,必须剥夺者也要不能照旧度日,照旧统治。只有当群众不满意于旧政治,统治者不能照旧统治时,革命方能成功。换言之;革命非当全国普遍的逼迫危机,剥削者与被剥削者均感困苦时候不可。照这真理,要革命必须第一,工人的大部分(至少工人中有思想的,已觉悟的,能政治活动的大部分)充分明了革命的必要,愿以生命牺牲。第二,统治阶级必须适当政治厄运之下,使最下层的群众能注意及政治,这种平素麻木的劳苦被压迫的群众,一时触动而参加政治者立加数十倍数百倍,——这就是每次真正革命的现象,然后声势宏壮,力量伟大,足以挫抑政府而推倒之(参观《左翼共产主义》第九章)。

但在一个单独国家,推倒资产阶级建立无产政权,尚不足补社会主义的全部胜利。因为社会主义的主要工作,即社会主义的生产组织,尚须完成。没有多数先进国的无产阶级的共同努力,我们在一国能否切实的获得社会主义的胜利呢?当然不能!一国的无产阶级能推倒其资产阶级,这是历史所证明的但依照社会主义规程实行社会主义的生产组织而要成功,那末,一国的努力是不够的,尤其像俄国那样的农村国家,如要胜利必须得多数先进国无产阶级的援助。所以一国的革命胜利的责任是去发展帮助他国的革命,他的价值不是独立的而是专为辅助及促进他国无产阶级革命使其成功。

列宁曾把这意极概括地说:"一国革命胜利的责任,是尽力于唤起,辅助,和发展他国的革命"。

记者按:斯达林此书,已由广州某君译出,题为列宁主义初步不日可以出版,本报为节省篇幅计,从下期起停止登载,即希爱读诸君购买译本可也。

(《中国青年》第一百零六——百零九期,1925年12月19日、26日,1926年1月2日、9日)

本年

86.《资本制度浅说》[著作(目录,序,全文)]

上海书店出版,日本山川均著,施存统译。《资本制度浅说》共83页,定价2角。目录:第一章 资本主义的生产;第二章 经济组织底变迁;第三章 经济组织进化底法则;第四章 生产者和生产机关底分离;第五章 劳动力成了商品;第六章 生产和消费底矛盾;第七章 资本制度底浪费;第八章 人类浪费的制度;第九章 社会的生产和个人的所有底矛盾;第十章 生产力和财产制度底冲突;第十一章 私有财产主义底动摇;第十二章 社会生活底危险和不安;第十三章 生活底改造;第十四章 自己改造底努力;第十五章 社会底改造;第十六章 斗争的生活。

序:

我们日常生活着的社会,是资本主义的社会;但是我们对于这日常生活着的资本主义的社会,多不求了解;糊糊涂涂地过去了。

我觉得我们人类有两桩事非常奇怪:(一)一天忙忙碌碌,无非为满足人类生理上的要求(食欲和性欲),但对于自己生理底构造、作用及其特质,却不甚明白;(二)一天忙忙碌碌,无一非社会的关系,无一能脱离社会,但对于社会底构造、作用及其特质,却毫不清楚。这样两桩重大的事——占人类生活之全部的大事,我们反糊里糊涂地过去,不求了解,岂不是世上绝大可惊可怪的事么?

关于生理的智识,我们虽然知道的很少,但多少总还有点是正确的。但关于社会的智识,则我们从前即使从教员,从父母,从朋友那里有所知道,也完全是靠不住的。而同时这恶社会底恶环境又天天压迫我们,使我们每一个人都陷于困苦、悲惨的境地。因此,我们目下需要社会的智识比生理的智识要紧迫千万倍。

那些处于现社会有利地位的官僚富豪,没有了解现社会的必要,我们不必管他;但是我们这些处于现社会不利地位或将陷于不利地位的人,为自己求生存起见,是不能不对于现社会有正确的理解的。

这本小小的册子,即负此种使命而生。原著者也是一个被压迫的人,所以对于现社会格外观察得正确。关于资本制度底由来、本质、矛盾、趋势,在这二万字内说得这样平易明晰而得要,据我所知道的说来,再没有比这还高的了。我十分相信,这本小册子出版以后,一定要受许多被压迫的人们底欢迎。

此书曾在一九二三年三月觉悟上载过一次,此次是修正出版。译笔极求通俗,但可惜我底笔太钝,不能如我之意,此层深望阅者原谅。

一九二三年一月七日俄国革命纪念日施存统。

全文:

第一章 资本主义的生产

一 奇怪的世界

大约离今百年前,法国有一人名叫傅利叶。他年幼时在马尔赛一个粮食店做工,有一天那粮食店要将从停泊马尔赛港的船舶输入的小麦投弃到海里去,他被命去做这事底监督。当时法国正遇凶荒,缺少小麦;多数穷人,都以马铃薯来代面包吃。可是那些粮食商人,却还为抬高小麦价钱起见,将输入的小麦匿藏船中;以致小麦腐烂,着人投弃海中。一方面有多数要小麦而无小麦可吃的人,他方面又有特意将输入的小麦使其腐烂而投弃海里的人;这究竟是什么一回事呢?傅利叶看见这样奇怪的现象,就起了一个疑问:以为现在的社会组织一定有了什么缺陷。从此之后,他就牺牲他一生去研究理想社会底组织。

其实,这是我们平日常见的眼前事实,不必特意追溯到百年前的法兰西去的;不过我以为不可思议的,只是一般人对于这样奇怪的事实,不曾发生傅利叶所起的那种疑问。

二 这是经济之道

福田德三所著的国民经济学讲话里面,有下面这样一段文字:

"……有一年,中国上海及其他的市场,人参底价钱非常低落。……于是不晓得从哪一个的计策,就将那宝贵的人参在仁川埠头烧却了许多。这事若从"物"这一点来讲,那是很不成话的;因为将这东西做药,是非常有效用的。现在将这样有用的东西毫不顾惜地烧去,在不知道的人定以为是浪费,不经济,其实反是很合于经济的。怎样说呢?因为买人参的人听见了仁川埠头烧人参这件事,就赶紧来买,因之不几天上海底人参市场就回复转来,剩下的人参都很高价地买[卖]出去了。这样一来,高价地卖那烧剩的人参就比低价地卖全部人参利益还要大了……"

世上要想吃人参而不能得到人参吃的人很多。这时偏偏有许多现成的人参烧掉。这叫做"合于经济"之道。研究这种经济之道的,叫做"国民经济学"。

就以日本近事来说:从去年夏季以来,因为所谓市况不良,在七月间,单是三菱公司一家底仓库,销不脱的"滞货"就上十四万万元;在国民正苦于日用品暴腾的时候,有一万五千万元的棉织物做仓库底基石,有一万八千万元的白糖溶解在仓库里。这种事,只要我们用心想一想,就可以知道同那法国多数国民正在以马铃薯代面包吃的时候,反有人将装在船内的小麦投弃海里的现象完全一样。

三 资本家为利润而生产

近年来美国有六七百万失业劳动者,英国有三四百万失业劳动者。这是不是因为生活必需品太多了弄得无工可做呢?不是的,决不是的。"俄国有饥馑;然而英国亦有饥馑!"英国几百万劳动者,正困迫于饥馑之中。那么,好像赶快生产生活必需品就好了;然而事实正与此反对,劳动者虽有做工之志仍无做工之地。

从去年市况不良以来,就是日本,亦有如下的现象:纺绩公司缩短了工作,机织工场停止了作业,因之有很多劳动者流于失业。若问这是不是因为日本国民已有了多余的纱线和织物呢?那是决不然的。我们大家都晓得:不缩短工作,不停止作业,奋发努力地制造起物品,是国民全体底利益。然而资本家反缩短工作,停止营业,究竟是什么缘故呢?这不用说,因为纵使生产了,于资本家亦得不到利益底缘故。明白点说:就是在这时候,从资本家方面说起来,生产还不如不生产有利益,多生产还不如少生产有利益。今天的经济组织,生产这事,并不以国民全体或社会全体底利益和幸福为目的来行,是以资本家或企业家底利息和收益为目的来行的。所以到了资本家或企业者觉着了不制造物品比制造还有利益的时候,纵使在社会全体底利益和幸福上非常需要那种物品,他们亦毫不顾惜,立刻就中止其生产的。这个恰同在烧弃人参比售卖人参还有利的时候,就以烧弃人参为"合于经济";在将输入的小麦任其腐烂比搬到陆上出卖还有利的时候,纵使社会有多数人正在饿死亦毫不踌躇地将小麦投弃海里那种事一样。

第二章 经济组织底变迁

一 制度不好之故

以上那种现象,是不是因为各个资本家和企业者他们为人不好之故呢?那又未必然的。也许有人大叫"征伐奸商","取缔暴利";但我们要晓得:在今日的经济组织底下,这就是"合于经济"的行为;讲究这种事情的,且有所谓"国民经济学"那样漂亮的学问，有许多伟大的学者专门埋头研究彼。所以假使这里有一个博爱的资本家，采取违反这种法则的事业经营方法，那么这个资本家一定不久就会竞争失败，从事业界里排斥出来。

这样说来，问题就是如此：这不是各个资本家和企业者底好歹或公德心有无那件事，是这种经济组织究竟好坏这件事。

二 好的组织和坏的组织

那么，要说一个经济组织底好坏，其好坏底标准在何处呢？这就在于能率如何这件事。换句话说，就是在于那个经济组织有如何有效地供养社会全人员的能力或是有如何经济地供养社会全人员的能力。我们可以说在供养上（使社会全人员有衣穿、房子住、粮食吃）能率高的经济组织是好的经济组织，能率低的经济组织是坏的经济组织。从太古以来，人类社会底历史，就是经济组织种种变迁的历史；彼底变迁方法，常是能率更高的经济组织替代了能率低的经济组织。

三 原始时代的共产制

原始时代的人类，获得生活资料的方法——生产方法，为主的是捕拿天然动物为食品的渔猎。这个时代，每人一天劳动底结果，只能维持佢自己一人底生活，此外差不多一点剩余都没有。因此那以横取别人底劳动结果来生活的事，纵使想做亦是做不到的。所以那种思想，在当时的人，无论谁底脑子里都没有涌现过。总之，掠夺他人劳动这种事，在这个时代是不可能的。照这样说来，在人类底生产力极低的时候，纵使叫别人做奴隶令其劳动，也不过只能生产那奴隶本身底生活资料，在奴隶所有者——主人——一点利益亦得不到。这个时代，即所谓原始共产制度的时代。诚如或人所说：当时的共产制度，与其说是财富底共产，不如说是贫乏底共有。

四 奴隶——最初的榨取制度

渐次，人类又发明了饲养天然动物的牧畜事业；又从那做动物饲料的牧草里发见了谷草，拿来栽培起来；于是农业就发生了。自从农业一发生，人类底劳动就很显著地增加了生产力。这样一来，每人一天的劳动，除了生产本人一天的生活必要品以外，还可以生产了一些剩余的东西。

到了人类底生产力增加到能够生产剩余东西的时候，榨取别人劳动的事始成为可能。所以从前那种把因种族和种族底战争而捕虏来的人统统杀掉的法子就不用了；此后改换方针，务必使他们活着，使其做奴隶而劳动。奴隶制度，现在固是谁都不承认了；但在当时，却是更进步的生产形态呢。

五 农奴制度

可是一到了农业进步（即人类底生产技术进步），劳动底生产力更增加的时候，奴隶制度就渐渐成为不经济了。奴隶底劳动，其能率远低于自由人底劳动，并且还要需人监视。例如雅典，为监视三十万奴隶底劳动，除四万五千名奴隶警察以外，还要许多武装的监视者。还有一层，奴隶跟着成为社会底重要生产力的程度，反抗主人的程度也就渐渐增加。这个反抗，最初不过是一种个人的突发的行动，后来就成了很大的反乱，要危害社会固有的秩序了。

结果，奴隶制度就变成了农奴制度——可谓缓和的奴隶制度。

农业底技术一进步。土地就成了主要的生产机关，随之可谓"土地资本主义"的封建制度就发达起来，土地也就集中于大小领主底手里去。于是农民就不是像从前那样同家畜一样的所有物了，他不过是附属于土地的间接的奴隶了。这样，奴隶制度就成了农奴制度，农民就成了半自由的劳动者；而劳动底榨取，亦比在奴隶的情形更间接，因之就不像先前那样露骨，已成了婉曲的了。这样看来，封建制度，是以半自由的农民底劳动为基础的农业制度，是比奴隶制度能率更高的经济组织。

六　都市和手工业

在这个时候，手工业渐渐发达起来了。那些不甘于农奴生活有气概的青年，都做了独立的手工业者，移住于领主权力完全不及或领主权力较弱的地方；因之都市就到处发达起来。手工业成了新生产方法，在社会上渐渐带了重要的性质；随之都市底手工业者就渐渐脱却领主底支配而独立，有时领主亦进而给与他们以多少特权，促成都市和手工业底进步。

手工业者是各有小规模的工作场，各有简单的器具和原料的独立生产者。他们应用自己底劳动力于这些器具和原料（即生产机关）上，产出种种手工品。所以他们生产出来的东西，当然归自己所有。这样看来，手工业者，一面是劳动者，他面又是生产机关底所有者（今日的资本家）。至于在以自己底算盘去经营事业这一点，则又具备今日企业家底性质。所以劳动和生产机关（今日的资本），在手工业的时候，是归在同一个人底手里的。

其结果，所谓"劳动全酬权"这个思想，在实际上就实行了。就是在自己底生产机关上应用自己底劳动，其生产物全部归自己收得。所以自己底劳动果实归自己收得这私有财产主义底精髓，是成了中世纪的手工业，开了最美丽的花的。

人类劳动底生产力，因发生手工业而显然增加了。然而就是这手工业制度，从今日生产技术更进步的时代看起来，亦已完全变了不适宜的制度了。

七　近代的机械工业

蒸汽机关一发明，应用大规模的机械组织来实行大量的生产的日子一到，生产机关要归每个生产者所有，要归一个生产者应用那种事实，就断然不可能了。因之每个生产者领有工作场、生产要具和原料的手工业制度，就成立了不适宜的东西了。

机械组织的大生产制一实行，这手工业制度势必要倒坏，并且手工业制度和伴彼而生的种种制度如果不倒坏，就不能应用生产力更高的大规模的机械组织的工场制度于生产。所以在先前因彼是能率最高的生产方法来实行的手工业制度，到了生产技术更进步的时候，倒反成为妨碍生产力更向前发达的东西了。

于是这手工业制度就渐渐衰微下去，代彼而兴的就是现在的机械工业制度。我们叫这制度为近世的资本主义或工业资本主义，又换一句讲，就叫做资本主义的经济制度，简单说是资本制度。

第三章　经济组织进化底法则

一　唯物史观

从原始时代的共产制度崩坏以来，各种各样的经济组织，或兴或倒，从无固定：一度应人类社会底必要而发生□生产制度，后来亦变成不必要的东西；一度有功效的制度，后来亦成为有害的东西；一度供养社会比较适当的制度，后来反变为无力供养社会的制度；一度曾助过人类社会进步的合理的制度，后来反变成阻碍社会进步的不合理的制度。从古到今，人类社会所经验过来的任何经济组织，在这一点都完全相同。无论什么经济制度，都不是永久有效的制度。无论什么经济制度，都没有不是曾经有效过的。所以无论什么经济组织，到了相当的时候，如果不将彼打破，生产力及人类社会底进步，就要成为不可能；即使不至于不可能，其进步总要大大地受阻害。马克思指这个时期叫做"社会革命的时代"。他说：

"社会底物质的生产力一达到了其发达底一定阶级，就要同从来的生产条件——这条件表现在法律上的，就是从来的财产关系——冲突。这些财产关系，曾经做过生产力发达的形态，现在却一转而为生产底桎梏了。于是，社会革命的时期就开始。经济的基础一变化，那巨大的上部构造全体，就要慢慢地或急速地随着革命起来。"

二　马克思底说明

我们将马克思底话嵌上实例一看，就可以明白了。比方说社会底物质的生产力发达到手工工业这个程度，生产机关就归独立的手工业者所有，而这个生产机关又决定了一定的生产条件——即由独立的手工业者(老板)和所雇的职工及依同业组合规则所定的定额收来的艺徒来利用生产机关的那种生产条件。而这个生产条件采取了法律底形式，就是当时的财产关系。所以这个新生产条件，比起以前的奴隶制度及农奴制度来，实是可说是更发达的生产力底形态；可是社会底生产力更加进步，达到了用机械来生产的程度，这个新生产力和从前的生产条件，就起了冲突。如果从来的生产条件不革除，这新生产力就决不能充分发展。这旧的生产条件成了新生产力底障碍物那时候，就是社会革命的时期；于是旧的生产组织就为新生产力所破坏，其结果，能率更高效力更大的经济制度，就代之而兴。

三　资本主义怎么样？

那么，现在的资本主义的经济组织怎么样呢？这个制度：当一般民众苦于无衣可换的时候，反去限制布帛底生产；当我几百万人民要劳动的时候，只因资本家无利可得即中止了生产。这些事情，难道不是明明白白证明这个经济组织已成了生产力底"桎梏"了吗？

今日欧洲各资本主义国家，没有一国不焦恼于经济上的再兴问题。能否解决这个问题，实是欧洲资本主义底死活问题。所谓经济上的再兴，要之亦不外乎生产力底增加而已。

欧洲各国，有几百万人有志劳动而得不到劳动底机会，反被强制不得不息惰。这样看来，今日欧洲底资本主义，已经无力利用这几千万人底生产力了。这岂不是已经到了一个时期——我们应该冷静地考察"我们现在正在生活着的这个社会底经济组织究竟有没有供养社会全体的能力"么?

第四章　生产者和生产机关底分离

一　第一个矛盾

我们现在不可不冷静地考察现在的经济组织。我们必须考察现在的经济组织是好的经济组织？还是坏的经济组织？换句话说，我们要问究竟是否有供养社会全体的能力的经济组织？

现在的经济组织，普通叫做资本主义的经济组织或叫做资本制度。那么，这资本制度底本质——彼底根本的特征在什么地方呢？第一件就是生产者和生产机关底完全分离了。

二　机械工业和无产者

今日的机械工业，是中世纪手工工业底承继者：在手工工业底时候，是用小规模的器具来生产的；在机械工业底时候，不过用由许多器具组成的机械来生产罢了。可是器具一变了机械——即生产技术一变化，其结果，经济组织就完全从根柢上起了一大变化。在手工业底时候，已如前面所说：器具、工作场和原料等物——即生产机关——是归各个应用自己底劳动力于这生产机关上的独立生产者所有的。换句话说，生产机关和利用生产机关的劳动力，是属于同一个人的。但一到了今日的机械工业时代，因生产机关需要莫大的金额，所以每个生产者各自领有生产机关就做不到了。

还有在机械工业底时候，一组生产机关，须同时应用几十几百几千那样多数人底劳动力才利用得来，所以如果生产者各自领有自己的生产机关，那么机械工业就无成立之望了。所以今日的机械工业，正惟因为有了单有劳动力而无何等生产机关的人——即无产者，才能成立。马克思在资本论里这样说着：

"……那个人化而散在许多人手里的生产机关，变成社会的、聚积的生产机关；多数的小财产，变成少数的大财产；并且从人民大众底手里剥夺了土地，剥夺了生活手段，剥夺了劳动机关：——这种可怕可痛的大众底剥夺，正是资本历史底序幕。"

所以资本制度底第一个特征，就是应用生产机关的生产者和生产机关完全分离而归于两种人所有。一面有领有生产机关的人，一面有除了自己底劳动力以外什么都没有的生产者。不用说，就在今日，亦不是绝对没有应用自己底劳动力于自己底生产机关上的独立生产者；但那是过去的遗物，不是资本制度底特征。

三　阶级对立

生产者从生产机关分离的结果，社会就分裂成利害相反的两个阶级。不用说，在资本制度以前的社会，阶级底区别亦是有的。可是那时的阶级区别，例如士、农、工、商、贵族、平民那种阶级区别，已不是今日所谓社会的阶级了。所谓社会的阶级，不是他底门第或血族的关系，是以他在社会底经济组织里所占的位置如何来决定。换句话说，是以他在社会底经济组织这大机械里当做机轮而行何种作用来定。再具体地说，就是以其人用什么方法获得维持生活的收入那件事来定。

获得收入的方法，原有许多种类。但在生产者从生产机关离开的资本制度底下，获得收入的方法，原有许多种类。但在生产者从生产机关离开的资本制度底下，获得收入的方法，推究其极，却只有两个方法：——一个是从生产机关底所有而得收入，一个是由出卖唯一的所有物劳动力而得收入。

社会随着这两个代表的生活方法，分成两个代表的阶级——就是分成领有生产机关的资本阶级和除了肉体上精神上的劳动力以外一无所有的无产阶级。

四 支配和被支配

社会底多数民众，虽有生产底第一要素劳动力，然实际应用这劳动力的生产机关，却为他人所有。

在今日这种大机械工业的社会里，单有劳动力（即作工的力）一样东西，虽一根线亦生产不出的。因为要将劳动力应用在机械和原料上面，一切物品才能生产得出，所以单有劳动力一样东西，是不能穿亦不能吃的。所以除了劳动力以外一无所有的无产者，只有屈抑于占有机械和原料——即生产机关——的资本家之下。

所谓社会的阶级，就是经济上的支配和被支配的意义。就是一方的阶级，在经济上支配别的阶级，他方的阶级，在经济上被别的阶级支配的意义

可是经济上的关系，不久就成为政治上、法律上、道德上、思想上的关系而出现。即经济上的支配和被支配的关系，不久在政治上、在法律上、在道德上、在思想上，亦造出同样的支配和被支配的关系。所以阶级底区别，不久就成了政治上、法律上、道德上、思想上的支配和被支配的关系。

五 根本的特征

这样生产者从生产机关分离的结果，资本主义的社会，就裂成利害相异、目的相异、思想、道德、心理等等莫不相异的二大阶级。我们一讲到"社会"，总是指一个有同一目的的共同生活体而言的。可是资本主义的社会，因资本主义本质所生的结果，现在实已失却一个共同生活体底实质，并已呈现出两个社会——相敌对的两个社会——的样子。

这样说来，生产者从其生产机关分离出来这件事，实在即是资本制度底出发点，并且是最根本的特征，也是最重要的本质。其他一切资本制度底性质和特征——包含资本制度里的种种不合理和矛盾，都是从这根本的特征和矛盾出发的。

第五章 劳动力成了商品

一 得了自由的劳动者

生产者从生产机关分离出来的结果，人类底劳动力就成了一个商品。世上虽有"劳动神圣"这句话，然在资本制度下面，人类底劳动力不过被人们当做同衣服、帽子同样的一个商品，在市场上卖买罢了。支付这商品的代价，就叫做工钱。

"一方面有购买他人劳动力而欲借彼以增加为自己所有的价值总额的货币、生产机关和生产资料底所有者；他方面有出卖自己劳动力的自由劳动者。他们在两重意义上，都是自由劳动者。他们不像奴隶和农奴那样成为生产机关底一部分，在这意义

上，亦是自由劳动者；他们又不像小农那样自己有生产机关，在这意义上，也是自由劳动者。所以他们是不受何等自己生产机关之累的完全的自由人。"

二 资本制度没有商品劳动即不能存立

马克思说明资本主义的生产所以能行的第一个条件，已如上所述。

马克思在年青时的著作当中，写有"资本制度底下劳动者是商品"那样的话；但这是不注意的写法，他后年的著作当中，就明明白白写作劳动力是商品了。在奴隶制度时代，得买卖奴隶底身体，所以那时劳动力算不是商品。可是一到了资本制度的社会，劳动者不但不是商品，并且是很完全的自由民；在法律底面前，不论是劳动者或是资本家，都是"一切平等"的。可是事实上则不然：劳动者因为应用其劳动力的生产机关握在他人手里，所以势必为维持生活起见，将自己底劳动力卖给生产机关底所有主。而生产机关底所有主——资本家，正同在市场里购买原料和煤炭一样，随时可以在最便宜的市场买入所需要的相当分量的劳动力——成为商品的劳动力。只有这样，那以收益为目的的生产才能经营；所以如果没有成为商品的劳动力，资本制度是一天也不能存续的。

三 第二个矛盾

但是到了现在，劳动者对于将自己底劳动力同衣服、帽子一样地当做商品去卖这件事，早已不能满足了。他们如奴隶不能满足自己身体当做商品一样，更进一步反对自己底劳动力当做商品。"劳力非商品"这一句话，现在即从劳动者口里亦可以听见了；但这决不是在资本制度的今日，劳动力非被待遇作商品的意思，是劳动者对于劳动力当做商品的现状表示抗议和要求的呼声。世界各国底劳动动运，亦不外是要废止"劳动力为商品"的运动罢了。

这种劳动者底要求渐渐强盛起来，大多数劳动者不承认劳动力当商品在市场上出卖的时期一到，资本制度就不能一日存续下去。所以在资本制度里面，是有下面两个矛盾的势力——一个是不得不以劳动力为商品的"必要"，一个是要废止商品劳动的强烈的"要求"，互相斗争着的。

第六章 生产和消费底矛盾

一 奴隶和劳动者

因为劳动力成了商品，所以资本家就能够以同买原料同样的观念，在市场里买得叫做劳动力的商品。这劳动力底代价，就是工钱或薪水。

资本家为什么在市场上买来原料呢？就是因为在原料上应用了劳动力而制造出新商品，可以获得比支付原料更大的货币价值。资本家所以在市场上买进劳动力，其动机完全同买原料一样；就是因为将这劳动力应用在原料上而制造出物品，可以获取比支付的工钱还更多的金钱。

所以今天的资本制度及其从反面看的工钱制度这两个东西，是以"人类底一天劳动得生产比维持本人一天的生活还更多的东西"（即有剩余生产力）那种事实为成立的基础的。古昔奴隶所有主所以饲蓄奴隶，就是因为奴隶有剩余生产力之故。今日资本家所以雇佣劳动者，亦就是因为劳动者有"生产比工钱以上的东西"的能力之故。在这一点，今日资本家支付工钱于劳动者，同往昔奴隶所有者给食物于奴隶，完全根据同样理由。所以我们指今日的工钱制度，叫做工钱奴隶制度。

不论奴隶制度或工钱制度，彼等底目的，都在于剩余生产底榨取。奴隶所有主，因奴隶本身是商品，所以能够任意从奴隶身上榨取剩余生产物；但今日的资本家，却正与他相反，因劳动者是"自由人"，其劳动力是商品，所以能够更巧妙地更婉曲地并且很"人道"地成就了同样的目的。所谓资本制度比奴隶制度的"文明"，就是这个缘故。

二　生产过多

我们现在假定劳动者一天以二元钱卖劳动力给资本家。资本家将这劳动力应用（即消费）于自己所有的生产机关（原料和机械）上。结果，除了原料底代价和机械底缺损，还生产纯十元的物品。在这个情形，劳动者当做自己劳动力底代价而得的一天的工钱，不过只能买回自己一日间所生产的物品五分之一。其余的五分之四，都归到资本家手里，算作利润了。这些物品，究竟卖给谁呢？消费者底大多数是劳动者。可是这些劳动者，每天虽造出十元的物品，却只能领取二元的工钱。这个正同每次汲进五杯水于提桶里仅倒出一杯那件事一样；所以任凭怎样大的提桶亦总有时要满溢出来。所以这个资本主义的经济组织，是常常循环着那物品多余，从所谓市场的提桶里满溢出来的时期的。经济学者名此为生产过多的状态。

三　经济界底恐慌

经济上底恐慌，大抵是呈现出生产过多的状态；去年日本市场底状况，恰达这个时期：物品多余，没有买主，所以织物工场底闭锁，纺绩业底工作缩短，继续不断地发生。这就是因物品多余而限制生产额。但这究竟是否国民全体对于纱线和织物有余呢？那是决不然的。多余的只是那些棉纱业者和织物业者底仓库；至于多数国民，是仍旧苦于生活必需品缺乏之中的。这样看来，所谓生产过多，实在不是"生产"过多，只不过是劳动者底消费力（购买力）过少罢了。

通常说恐慌每十年发生一次。可是现在，却因为一方面信用机关发达到全世界，一方面生产愈益成了投机的行为；所以恐慌就未必正确地每十年发生一次。并且恐慌底样式，亦大大地变化了。那急激的破裂大都变做分散各地的继续长时的市况滞钝了。不过任凭恐慌底症状起续了种种的变化，而其病根总是一样的。比方梅毒这个病，不管彼在面上也好，生在脚上也好，急性也好，慢性也好，然而梅毒总是梅毒。在今日的生产组织里，所谓恐慌这个经济组织底病，不管彼取何种形式，是必然有一个时期要袭来的。

四　战争为什么发生呢？

工业越进步，对于生产所必要的资本底比率就越增加；随之对于资本总额的利润底比率就减少。因此，资本家为自己保存起见，就有越生产更多的东西越从劳动者榨取更多的东西的必要。可是越多生产越榨取劳动者，"生产过多"那个破裂时期就越早一天到来。在这样资本制度里面是有下面两种矛盾不相容的势力在那儿活动着的：一种是越加扩大生产的必要的力，一种是不许无限制扩大生产的力。资本制度底生产，是以他自己底作用来破坏、来打灭的。

因为要避免那"生产过多"的必然的运命而无限制地扩大生产，所以殖民地底竞争和外国市场底争夺就发生了。而其结果，却都酿成国际战争。因为战争是财富底破坏，所以不论胜负，都有一扫充塞市场物品的效果。在这一点，战争可以做恐慌底代用品。战争完了的时候，同恐慌过去时一样，事业又再现出活气来，如狂风暴雨后的快晴。这样说来，恐慌和战争，倒是救济穷极无路的资本制度的唯一救星；然而财富底破坏一超过适度，资本制度所受的打击就不能恢复。俄罗斯在欧战中途已达到这个时期，所以俄罗斯底资本制度就归于灭亡了。欧洲其他各国，若再继续一年战争，恐怕亦要陷于同一的运命。所以他们就急急讲和了。

恐慌和战争，是隐匿在资本制度内脏的致命的危病，而且是以最露骨最急激的形式表现出来的症状。因为财富多余，所以多数国民变成失业者而失却谋衣食之道——这种事情，是资本制度以外任何社会都不能想像的奇怪现象。

第七章　资本制度底浪费

一　强制的怠惰

资本制度，现在仅仅靠着战争和恐慌这两颗救星勉强维持住彼底存在了。这样，资本制度的生产，每经过一定的期间就要行一次莫大的财富底破坏，借此而仅得勉强存在；因此我们实在不能不说彼是一种可怕的浪费的制度了。资本制度亦曾做过有能率有效力的经济制度，如我们前面所述；可是到了现在，从社会全体底立场看起来，实在是已经成了极不经济的制度了。

每一次恐慌底发生，每一次慢性恐慌——市场疲滞期袭来，就有很多劳动者失业，被迫行强制的怠惰。我们虽有要劳动的意志，但因生产机关归他人所有，得不到劳动底机会，所以莫大的劳动力竟完全任其浪费了。

二　产业底预备军

这种劳动力底浪费，虽以在恐慌的情形最显明表现出来，然而就在平时，资本制度若没有这种劳动力底浪费亦是不能存续的。在资本制度下面，并不是先有了一定的需要然后去生产的；彼底生产，或多或少总带些投机的性质。所以随市场底变动，生产亦就不绝地动摇及伸缩。每逢生产一伸一缩，就有许多劳动者一时跑进工场，一时又忽然成为失业者彷徨于道路。如此，资本制度的生产，为能自由膨胀、自由伸缩起见，不绝地有许多劳动者做产业预备军漂泊于劳动市场这件事是必要的。这不用说，对于经济社会全体说，是很可宝贵的劳动力空费底意思。可是资本主义的生产，没有这个不经济和浪费，是不能一日存续的。

三　经济的无政府状态

在资本制度底下，并不是为供养社会全人员，这等物品有这些必要，才运用这些生产机关和劳动力去生产这等物品的；彼是没有什么计划，没有什么统一——即所谓经济的无政府状态。而支配生产的，只不过是各个资本家要收最大利益的欲望。这就是所谓自由竞争。结果，资本制度的生产，除了由强制的怠惰——失业——迫成劳动力底浪费以外，还有许多可惊可怕的浪费。

四　无益物品底生产

在资本制度下面，因失业而浪费了莫大的劳动力，我们姑且暂时丢开不说；就是现在正在劳动的劳动者中，实际从事社会必要的生产的人亦极少数，多数劳动力却都浪费在无益之地。彼底证据，就是欧洲大战争时，各国政府虽令多数劳动者抛弃从来的事业去从事军需品制造，而社会上必需品底制造仍不因此而有丝毫减少。这就是平时将多数劳动力使用于无益之事的证据。

五　必要生产底限制

此外为充满资本家、大富豪底个人的必要或欲望而使用的人，亦达到很可惊的数目。这些人虽然也做点事体——为资本家、大富豪个人而做点事体；然而那些事体，在社会全体是完全不必要的，所以这些也同样是劳动力底浪费。

在资本制度下面，因为不是生产有必要的物品而生产有买主的物品；所以为那些于社会全体很不必要的奢侈品或积极有害的物品底生产，用了那样莫大的生产力。而这一切生产力浪费底结果，必要品底生产亦就受了很大的限制。这些生产力，本来应该运用在生产必要不可缺的物品上的；然在资本制度下面，纵使这些必要品非常缺乏，莫大的生产力亦要浪费在无益的生产和无益的勤劳上面。有了这等的浪费，而社会全体所必要不可缺的物品底生产就受了这等的妨碍。

六　竞争底浪费

生产力底完全浪费，我们现在姑且搁着不说；现在单就用在必要品生产上面的劳动力来说，在今日的生产下面，亦是行着可惊的浪费和不经济的。就是生产同一物品，有许多互相竞争的公司；这些公司，各有各底建筑物，各有各底动力，各有各底计算，各有各底收买原料和销卖制品的机关。又各用各底专门家去研究生产技术。所以即使发明或发见了节约原料或节约劳动的法子；而别的公司，为同样的发见或发明，亦要费去同样的经费和劳力。就如日本底纺绩业，因互相争夺女工底结果，为募集完全不熟练工的女工，也情愿化去每人从七八十元到百元以上的募集费。

关于这资本家互相竞争，有一个很有趣的实例。一八九五年美国组织制钉工场底合同时，全国底制钉工场，共有生产需要额四倍钉的机械。又美国威士忌酿酒公司底合同成功时，发见八十个酿造所中，只有十二个就足应需要。白糖业亦是这样：四十个精糖工场中有十八个破了产，剩下的当中有十八个集合拢来，组织了"托辣[托拉]斯"，而其中又闭锁了十一个，只要七个工场就可以充分地生产需要额了。与此相同的事情，凡是行着"托辣[托拉]斯"或合同的时候，是常常经验到的。

这是说明什么呢？不用说是说明在资本制度下面因生产无统一无计划只任求利的资本家底竞争的结果，已经不能充分地利用工场及机械——即生产机关了。

就从这一件事看来，我们也就可以晓得资本制度已经没有能力充分利用生产机关和劳动力——即社会底生产力了。

七　商业底浪费

这样在很浪费和不经济中造出来的物品，一到了交换流通的境域，其浪费和不经济更加可怕得厉害。

今日化费在商品流通——商业——上的莫大的资本和劳动力，大部分是无用的冗费；在社会主义的经济制度下面，当然可以节省。无论什么地方，都有大小的都会；而这些都会里并檐而立的商店及其从业者底百分之九十九，都可说是做那于社会无何等必要的事的。许多人见了那立在街道两旁为浪费制度的商店，都毫不以为怪，足见在资本制度下面，浪费已成了日常普通的事了。

八　广告费和贩卖

为售卖生产物而用的浪费当中，最厉害的是广告底费用。我们就美国来说，一八九九年，新闻杂志底收入为一万万七千五百八十万金元；一九〇九年，增加到三万万三千七百六十万金元：十年之间，增加了百分之九二。而在一八九九年，广告费占新闻杂志全收入底百分之五四·四；一九〇九年，却增到百分之六〇。再拿英国来说，当组织了肥皂工场底合同时，日日新闻因一年要减少二百万元的广告费，就反对合同。据后来的调查，合同底结果，新闻底广告费，一年减了五百万元。

新闻的广告费，不过是广告费底一小部分；除了新闻杂志的广告以外，到处都有损害天然风景的招牌广告和极其奢侈的电气装置的广告。我们看了这些广告，就可以知道资本制度底贩卖方法，是怎样浪费的了。广告费比实际的生产费用还多的物品，在现在决不算什么希[稀]奇的事。我们若于广告费以外，将雇用许多贩卖员，制造定价表和说明书等都加算起来，就可以明白资本制度底商业是如何高价的了。而这些费用，结局都是需要者(消费者)付出的。

九　资本制度底不经济

资本制度所以代了以前的经济制度，是因为彼曾是更有效地能利用社会底生产力的制度。可是到了今日，资本制度却已不能充分利用社会底生产力了。不仅如此，今日的制度，实已成了可怕的浪费和不经济的制度了。

这样看来，资本制度实是物质上浪费的制度；并且是人类浪费、精神浪费的制度。想到这层真是越发可怕了。

第八章　人类浪费的制度

一　好社会底条件

资本制度，不仅是物质上不经济，就是精神上也是极不经济的。换句话说，彼不仅是财富底浪费，同时又是人类自身底浪费。

社会底目的在个人呢，还是个人底目的在社会呢？——这个问题底困难，正同决定卵先于鸡呢，还是鸡先于卵呢，那个问题一样。不过，我们如果问怎样的社会可说是好社会，我想回答："给与一切人们以发展各自个性的最大机会的社会可说是好社会"；这是任何人不能有异议的。可是资本主义的社会，却是最蔑视个性发展的社会，亦是最破坏个性独立的制度。

二　使一切人成了商人的社会

在今日的社会里，就是有艺术才能的人，也不能真将其一身献给艺术。有学问才能的人，也不许真将其一身埋头于学问里。这是什么缘故？就是因为在今日的经济组织下面，一切人都须在做艺术家以前，做科学者以前，甚至于做父亲、做母亲、做妻子、做朋友以前，必定要先做一个商人。总之，在今日的社会里，不能制造何等可以用货币计算的东西的人，在社会里是得不到生存机会的。

文艺家或艺术家，他们自以为是献身于比什么还尊贵的——比人生还尊贵的"至高无上"的艺术而制造艺术品的。然而实际上，他们一面制造艺术品，同时实在又在制造商品——等于衣服的那种商品。不过他们自己不觉得这一层罢了。艺术家如果只制造单有艺术上价值的东西，不制造可以用货币计算的价值——即不制造得满足有购买力的人底需要的物品，他们就一日不能生存。工场劳动者很清楚地识别着自己是在制造商品。艺术家却茫然自昧地在所谓书斋的工场里制造商品。两者底相异，只在这一点。工场劳动者老老实实承认自己底生活是被这种资本主义底法则所支配的。所以他们反抗资本主义。书斋里底商品生产者，却还自以为是在"至高无上"的艺术中生活着的。所以他们不反抗资本主义。可是艺术家于未做艺术家以前在为商品底生产者和为商品底交易人而行动的范围里，是先做了商人的。

不管大学教授也好，邮政局事务员也好，小学教员也好，商店店员也好，如果他们底勤劳单有益社会，他们就不能一日生活。他们除了做有益社会这事以外，还须要做可以用货币计算有价值的勤劳。

所以资本主义的社会，一切人都是被逼挤入制造可以用货币计算的价值这唯一的狭窄而险峻的道路的。而其后面又有"饿死"这可怕的鞭笞追赶着的。

三 恶平等的社会

这样看来，资本主义的社会，对于社会里一切人，并非平等地给与生存机会的。这不平等底结果，将一切人都装入商品生产者这唯一的模型里，阻碍其个性和天分底发达；在最坏的意义上说，的确是给与一切人们这种平等的。

马克思曾经有如下的话，骂德意志底旧资产阶级，说他们"一切花花绿绿的科白都不像，终日收集产业树上的黄金的林檎，不避将真理正义或名誉同羊毛白糖或芋酒去交换"。资本主义的经济制度，已将一切东西都变成同白糖芋酒同样的商品了。就是人类底劳动力及人类自己，亦一律平等地化成商品了。

社会全体因资本主义妨碍吾人所具的天禀和个性底发达而受的损失，我想一定是不能计算的大损失。我们对于这种巨大的损失将怎样呢？

四 不适者生存的社会

辩护资本主义的人，动不动就这样说：今日的社会，是自由竞争的社会；[;]自由竞争底结果，即适者生存，社会才有进步。不错，今日的社会，即精神方面，也是行着竞争的。但是有许多人，是两脚被缚着或是两手被锁着站在竞争场里的。这是自由竞争么？这明明不是自由竞争，实在是最不自由、最不公平、最不合理而有害的竞争。

所以今日这个社会，那最善适应这种不公平不合理的社会状态的人，就得生存着而为"适者"，那在社会全体进步上最有用的人，反不能生存着而为"适者"。若从谋社会全体进步的见地上说，则今日的社会，适者反被赶落，而"不适者"却得生存。有许多青年，都只因为没有生在有相当财产的家庭里，以致没有开发其天分才能的教育机会。可是佢们若偶然生在富豪家里，就不仅有享受教育的特权，并且一生有在社会上占优越地位的特权。

这是很可怕的人类浪费和不经济。其结果，就是社会全体的进步和幸福为其牺牲；所以资本制度不能不说是很高价而奢侈的制度。

第九章　社会的生产和个人的所有底矛盾

一　个人的生产和个人的所有

如上所说，资本主义的经济制度是包含种种矛盾和种种不合理的；而这些矛盾和不合理，都从那根本的矛盾——生产者和生产机关分离那个矛盾出发的。

这个根本的矛盾，一面表现出今日社会里看得见的种种矛盾和不合理；而他方面又陷入了资本主义的经济组织到底不能用资本主义自己底力量来解决那个根本的矛盾。

我们前面已经说过，在行手工业的独立生产者底时候，每个职工都是将自己底劳动力应用在自己底生产机关(原料和器具)上的；那做成的生产物，亦同样归自己所有的。这就是生产机关底所有是个人的，利用这生产机关的方法——即生产方法亦是个人的。所以这样做成的生产物底所有，亦是个人的。简括地说，始终一贯是个人的。

二　生产机关底性质已社会化了

可是一到了资本主义的机械工业时代，大规模的机械和工场，就决不能每个劳动者都有一个的了；到了现在，就是大资本家，有的亦已不能一人所有了。讲到原料，亦同这个一样。所以像股份公司那样的组织就出现，一组生产机关，归了少数人底集合的团体的所有。至于更大的生产，则有由几个公司合同起来占有生产机关的。亦有国家占有生产机关的。这就是说机械工业上生产机关底所有，已经不是纯粹是个人的，在某种程度上已经成为集合的了。若说生产机关底所有已成了社会的，那又决不然的。现在不过是纯粹的个人所有正向社会的所有进行的时期，实际上还是少数一定的个人私有的。总而言之，这些生产机关不适于纯粹个人私有这件事，总已在事实上证明了。这就是说今日生产机关底本身，已带了社会的性质了。所以不适于个人私有。可是资本主义这东西，是筑在私有财产主义底基础上面的。所以今日生产机关底性质和今日的财产制度(即私有主义)就发生冲突。

三　生产机关底利用亦社会化了

我们现在要问利用这生产机关的方法是怎样的呢？不用说，以一个人底劳动力是不能利用的。即以一个老板使用五六个职工或徒弟，亦决不能利用的。所以现在生产机关底利用，到处都成了集合的、团体的或社会的了。

比方这里有一个用蒸气罐或发电机来运转的纺绩机械。要利用这个纺绩机械，非有几百或几千劳动者协力行集合的团体的劳动不可。即一个打棉机下面，亦有几十个劳动者行集合的劳动。一个混棉机下面,亦有几十个劳动者行集合的劳动。一个梳棉机下面,亦同样有几十个劳动者工作。至于纺机底下面,则有几百几千劳动者行集合的工作。这不仅说明在一个动力下面有几百几千的劳动者行集合的劳动,实在是说从混棉部、梳棉部至装货部,各部门底劳动者之间,都行着经济学者所谓的分业和协业的。在这些部门当中,有一部门停止工作,全生产底工程都要停止。在各部门劳动者之间,实在有这样不能分离密切的有机的关系的。

然这里有几个由一个动力来运转的工场。有纺绩工场,有织物工场,有制铁工场,有机械工场。而在这各种机械组织下面活动着的这一团劳动者和那一团劳动者底工作之间,亦是或多或少,有一种有机的关系的。纺绩工和铁工,好像没有什么关系;但从社会的生产这广泛的立场看起来,是同一工场内底分业和协业那样地,亦不外是一种更广泛范围的分业和协业罢了。

四 生产方法和财产制度底矛盾

这样说来,在资本主义的经济制度下面,虽以财产私有为基础,而在生产机关底所有这一点,却已开始破坏纯粹的个人所有了。至于利用这生产机关的方法——即生产方法,则已成了集合的性质了。换句话说,现在已成了多数劳动者集合地社会地应用生产机关才能行生产了。

那么,现在这种由集合的社会的劳动生产出来的物品,成了怎么样呢?这是彻头彻尾归了个人所有的。社会地生产出来的物品,成了个人的所有。生产是社会主义的;所有是个人主义的。再换一句话说,制造的期间是社会的,据有的阶段是个人的。这就是资本主义的经济制度、生产方法和所有方法是互相矛盾互相冲突的。

第十章 生产力和财产制度底冲突

一 失业问题底意义

生产方法和所有方法(即财产关系或财产制度)矛盾冲突的结果,就是使生产力不能再增进了。

资本主义的生产,因生产过多或恐慌或其他的事情受了很大的限制,我们前面已经说过了。总之,今日社会中所以发生因物品有余而致市况不顺,因物品有余而致多数人饥饿那种奇怪现象,完全因为生产方法和所有方法矛盾冲突之故。

比方现在英国有四百万失业者困于饥饿之中。要想救助这些人,除了将这四百万人底劳动力用于制造物品以外,没有别的法子。就是英国底社会有增加生产的必要。可是实际上却不能这样做。这时,资本家虽行生产,亦赚不到钱。因之资本家就不去增加生产了。换句话说,生产力虽有余,然因有了"生产出来的物品不能达到需要彼的人们底手里而归于一定的人所有"那种财产制度,所以只好眼睁睁地看着不能利用这生产力了。总之,生产力虽要向前发展,而为这财产制度的外壳所障蔽,竟一点也不能发展了。

二 魔鬼和术士

资本主义的经济制度,一面是有愈益增加生产力的必要的。可是要增加生产力,是要用种种大规模的机械的,因之生产底方法,愈益成为社会的了。然这个生产方法一达到或[某]种程度,如果还要增加其生产力,那么,就要同那财产制度的外壳冲突了。

资本主义,是如马克斯所说的那样:"仅仅不过在百年光景的阶级支配里,已做出比过去一切时代合拢来还更富多更巨大的生产力了。"可是到了现在,资本主义却已没有能力统御、利用这巨大的生产力了。这个正同那术士念咒召来魔鬼反而失却制御之力的事一样。

三 生产力底障害

为资本主义底基础的财产制度的壳里,已经不能容许这生产力底芽子再成长再发达了。现在的问题,不是芽枯,就是壳破;二者无一,是决不能解决的。马克思对于这个问题,这样说道:

"在社会手里的生产力,已经不去促进资本家财产上所必要的条件了。不但如此,生产力反成了比这些束缚生产力的条件还更有力的东西。所以每次生产力要冲破这束缚的时候,就要将资本阶级的社会全体陷入无秩序状态,危撼资本阶级财产底存在。……"

四 资本制度底功罪

资本主义的经济制度,是比以前任何经济制度底能率都还高的生产制度;人类底生产力,在资本制度下面,才遂了空前的大发达。所以资本制度就能够代封建制度或手工制度而兴。

可是到了现在,那资本制度底外壳里,已经不能容许新生产力底嫩芽再前行发展了。就是新生命和旧制度已发生冲突了。

第十一章 私有财产主义底动摇

一 私有财产是近来的现象

我们现在必要考查这束缚生产力底新嫩芽成长的壳子底性质。

有的学者,说私有财产这观念是动物都有的根深蒂固的本能。大多数人也以为私有财产底权利,是人类先天的权利,是太古以来不变的制度。然而事实却正同此相反,私有财产这东西在人类社会里发现,还是比较新近的事。人类在过去几十万年乃至几百万年间——即人类从出现地球上以来大部分的年间,都是不知私有财产为何物的。

二 私有财产观念底基础

要问私有财产底起源在哪里,第一就要说到人类对于每天穿着的衣服,或每天狩猎使用的武器,先发生了私有的观念,说"这是我底东西"。这些物品是日日附着自己身上的,差不多已看做自己身体一部分了。所以这个时代,人死了是将那个人生前所有物一同葬送或是烧弃的。这个观念再一变化,就成了这样:由自己劳动底结果而生的物品,应归自己自由处分,即是自己底东西。要问私有财产底根柢和以私有财产为正当底理由在哪里,就是"由自己底劳动生产的属于自己"那个根本观念。

诚然，这个观念，在或种程度内，确是正当的。总而言之，在必须要决定某个物品属于谁的时候，我们决定属于那由自己底劳动制造出这物品的人，在或种程度算正当的思想。比方说，在独立的手工业者，是将用自己底劳动力于自己底生产机关而制造出物品的。而其生产物，明明是自己底东西。这是义理很明白的，差不多没有可以怀疑的余地。如果应用自己底劳动力于自己底生产机关而制造出来的物品，反归了他人所有，那才是奇怪的事啦。

三　劳动全酬权和私有财产主义

这个思想再一变，就成了那个"自己劳动底结果须全部归自己所有"的劳动全酬权思想底基础。有人以为劳动全酬权的思想是社会主义的思想；其实彼不但不是社会主义的思想，而且是可谓私有财产主义底极致，私有财产主义之花的思想。在生产机关底所有和利用这生产机关的方法均彻头彻尾是个人的那种独立手工业为社会主要生产方法的时代，那私有了生产物的私有财产主义，正是代表适合这种经济生活的正义观念的好制度。

可是现在怎么样？现在生产机关底性质已变成社会的了。那利用生产机关来生产物品的方法，亦变成集合的社会的了。在独立的手工业者，在自己工作场所做成的物品是自己劳动底结果那件事，是一目然可以明白的。在那时，既没有丝毫可疑的余地，亦没有谁可插嘴的地方。可是今日机械工业底生产品怎么样呢？自己劳动的工场底生产品，不能当做"自己劳动底结果"底证据。

四　根据这原则的分配已不可能了

我们如果拿了一尺织品去问是谁人劳动底结果，也许有轻率的人回答，说是机织工女劳动底结果。这确是事实，但只是事实底一半。

我们亦承认，那个织品是机织工女劳动底结果。不过我们如更进一步去想一想，就可以知道其中是含有在赤道太阳底下的棉田里印度劳动者底劳动的；也含有运输棉花到日本来的船坞人夫和船员底劳动的。并且还含有几千万可怜的做纺棉事业的纺绩工女——仅仅十五六岁即被诱拐出来，于一二年内消尽其一生健康而被弃在陋巷里的那种悲惨人们底牺牲。

其次，这纺纱的纺绩机械，恐怕又是由英国某大铁工厂铁工底劳动所做成的。此外又含有染料工底劳动，交通劳动者底劳动。头脑劳动者底劳动也有。在几百尺地底黑暗中劳动的矿夫底劳动也有。

这样说来，谁能指这一块布断定是自己劳动底产物呢？如果因这是集各种各样劳动者底劳动做成的，叫诸君各自从这块布里拿去自信应属自己的部分，怎么样呢？恐怕就是一根线，亦是谁都不能说这是应属于我的罢。为什么呢？因为人们领有自己劳动底结果这件事，是私有财产主义底基础，私有财产主义底理由。而在现在这块布上，这个根本的基础已经完全消灭了。

五　私有财产观念已不能存在了

总之，就是这一点点布，亦是许多劳动者集合的产物，是应该归于集合的所有的。如果其中有一个强有力者出来，说这是我底私有财产，将这一块布夺去，这是明明违反这时候的正义观念的。这就是违反那适合生产状态——物品行"集合的生产"的生产状态——而生的正义观念。在直接参与那个物品底生产的劳动者占了那个物品,尚且要说他违反正义;那么有一个不是直接参加生产或是完全没有参加生产的人出来,将那个物品横占为自己底私有物而去,岂不是明明白白毫无疑义地蹂躏正义么?

这个好像是平常的当然的事情,其实是一个极重大的问题。怎样说呢?因为彼是含有私有财产主义底基础已破坏了的意义。

所以现在那要求适合"基于这新生产方法的新正义观念"的新财产制度底思想就出现了。

如我们前面所说,所谓私有财产主义这财产制度,在个人主义生产时代,是正确代表正义观念的制度。即私有财产主义,不是虚无飘渺的观念,在彼底下面是有个人主义的生产那种确实的事实(经济上的事实)做基础的。因为这样,所以私有财产制度就确立起来发达起来了。在这个私有财产的外壳里面,人类底生产力已大大地增进了。生产力增进了,生产方法也就随着越发成为集合的、社会的了。

可是生产成了社会的生产底结果,那私有财产主义底基础(在这制度下面活动的经济上的事实)就消灭了。随之私有财产主义这观念,亦完全成了没有经济上的基础的虚无缥渺的观念。于是就有许多人对于私有财产主义底制度和观念,都起了怀疑了。

六　国家和私有财产主义

近来国家或政府,为社会全体底利益,或为对于一部分资本家的资本阶级全体底利益,实际上已用种种形式侵食私有财产主义或限制私有财产主义了。这种事在现在,是谁也不以为怪,谁也没有大异议了。例如处罚谷米底占卖和干涉商人底零卖价钱那件事,亦不外是给私有财产主义以限制罢了。就从这一方面讲,我们也可以知道私有财产主义底神圣,已大大地受怀疑了。

七　新正义观念

这样看来,资本主义的经济制度,是这私有财产主义的外壳和在这外壳里成长的新生产力已呈了互相矛盾冲突的状态。其结果,就是基于旧经济上的事实的正义观念合基于这观念的财产关系或财产制度和新经济上的事实合反映这事实的正义观念,成了互相对立。今天成为世界各国劳动运动底根柢那种强烈的要求,也不外是要求那适合"从新经济关系产生的新正义观念"的新财产关系;而其背后,则潜伏着这种事实。这并不是单在脑子里制造出来的思想;这思想底前面,是先有了事实上的变化来引发的。

第十二章　社会生活底危险和不安

一　生产底动机是利润

我们前面已经说过,最好的经济组织,是能最有效地最经济地供养社会全人员的制度。但是在资本制度下面,生产底目的,是个人底利润;社会全人员得到衣食,不过是偶然的结果罢了。我们前面引用过的福田德三底著作里，亦有这样的话：

"在今日的生活里，离开企业来思考生产，差不多是不可能的……在企业生产里底意义，土地、资本、劳动这三样东西，是很不相同的。这些东西，不可以说单是一个要素或一个要件。原来今日生产所以起的根本的动力，在于企业；其他的要素，是有了企业才有意义的。"

二 民众底生活是偶然的结果

所谓企业，不外是以获得利润为目的的生产。所以资本主义的经济制度，生产底动机和目的，都是利润；并不是以较善地供养社会全人员为目的的。换句话说，彼底生产，不是因为多数人民饥饿非供给食物不可而生产的，亦不是因为多数人民寒冷须供给衣服而生产的。那些都不能成为今日生产底目的。还有许多禀赋很好将来可以大贡献于社会的青年，只因生在贫穷家里那种偶然的事情，就不能获得开发其天赋才能的教育机会而终致于枯萎。为养育这种有希望的青年而生产，亦决不是今日生产底目的。

三 这是适合生产目的的

因此，虽然有多数国民困于饥饿之中，只因资本家没有利益，就不从事生产。不但如此，像那样特意地把输入的小麦投弃海里，特意地闭锁运转的工厂，缩短生产的工作，从今日生产底目的和动机看来，确认为必要的行为。

有人看见这种行为，就大骂这是暴利，那是奸商。但是今天的社会，生产底目的原是个人底营利。从这生产底目的看起来，这种行为，实在不能不说是很适合目的的正当行为。所以一方面承认今日的经济制度，一方面又大骂这是暴利，那是奸商，实在是矛盾之极的可笑的事。

四 危险底自觉

这样，今日的社会，生产底目的是个人底营利，不是供养社会全人员。而社会全人员所以勉强得活的，实在是其偶然的结果。大家试想一想，社会全体底生存权，系于利润收获者摇动□定的意志上，那是何等危险的事！这不是比千钧一发还危险吗？近二三年来，什么"自觉"哪，"觉醒"哪，都已变成了流行语了。青年亦大呼特呼"自觉呵"，劳动者亦大呼特呼"自觉呵"，妇女亦大呼特呼"自觉呵"！但究竟"自觉"什么呢？即使觉醒了一切事态，若没有觉悟这个危险物，那种人底自觉，要不外是梦里所见的幻觉罢了。

第十三章 生活底改造

一 思想底动摇

明白觉悟这危险物的人，也许是很少。然而没有一个人不无意识地或半意识地感着这个危险和从这危险生出来的威胁。今日的社会，确实充满了由这无意识和半意识底作用而起的种种事实。现代无产阶级底解放运动，是起于这个危险底明白的自觉的；今日思想底动摇和社会底不安，亦不外是对于这危险的无意识的或半意识的反应罢了。

二 向较善生活的憧憬

这种经济生活上的不安定，在多数人头脑里，不过映为漠然地向较善生活的憧憬罢了。比方脚上有一处不好。可是痛的处所在哪里，却不晓得。而其原因是什么，亦很不明白。不过总觉得还有更健康更幸福的状态。虽是漠然去寻求，□实在是难止的要求。这是多数人民底心理状态。佢们对于应当进行的方向和目标，是没有明白判识到的。不过我们可以说求新生活的强烈的要求，是现代社会底显著的特征。

三 生活改造底两个方法

改造生活底方法，究极不过只有两个方法。就是一个是改造自己的，一个是改造自己底生活条件的。换句话说：就是一个是改变个体的，或一个人的人类，一个是改变这一个人底生活组织。

这两个方法中哪一个方法是对的呢？这是要由现代生活底烦恼原因在什么地方那件事来决定的。如果今日社会生活底不满和缺点，是基于人类没有三头六臂那种生理的原因，那么改造生活，势必除了改变为个体的人类外没有第二个法子。但是如果那种缺点不是□理的原因而基于社会的原因，则个人底改造，毕竟是无意识的玩意儿罢了。

四 个人改造呢，社会改造呢？

什么"自己改造"、"自己革命"等语，从二千年前以来，时时有人提倡，时时有人呼喊。可是到了现在，那为个体的人类，为生物的人类，既没起过大变化，亦没起过大革命。反之，那为个体的人类底共同生活条件——社会底组织，已经发生几次大变革了。人类底生活，亦曾几次由这变革发生根本的革命了。

第十四章 自己改造底努力

一 拥护现状的人生观

如果改造生活底方法在于改造个人，那么我们事实上就不能不抛弃改造生活的希望。如果今日这种充满□惨和不合理的生活，是因为我们没有三头六臂或□没有七目八耳之故，那么我们就只好闭目而忍受这种运命了。所以那些以拥护现在的制度和秩序为利益的阶级和感染这种心理的人，对于现在的生活底悲惨和不合理，总是不肯看做是从"社会的原因"发生的"社会的现象"，只是看做同日蚀月蚀一样的"自然的现象"的。

二 哲学和文艺是回避的手段

有些比那闭目去忍从运命的人有气概有勇气的人，和没有忍从运命的决断和勇气的人，总想极力改造自己。佢们极力想在这资本主义的社会组织中建设起自己独住的清净世界或蜗牛之壳。

然而事实却如黄金之神是万能之神那样，资本主义的组织是普偏[遍]的组织。如菩萨无不知之处那样，现在的社会，没有资本主义不去的处所。资本主义，不是七零八落的东西，彼是一个包括一切的组织网。就是现在社会里一件最小的事情，亦不能逃出这个密网之外。有人想逃于哲学。有人想逃于文艺。又有人想逃于"新村"。

并且有人自信已经很巧妙地逃脱了。这些人不知道现在的哲学,现在的文艺,现在的"新村",实在都是这巨大的资本主义网底一线。

三 哲学的思索是顺应资本主义的努力

所以那些要想借哲学的思索来解决问题和以为可以解决问题的人,实在不是解决问题,只是回避问题。佢们以为在哲学上一整理好了,那个问题就整理好了。佢们已忘记了自己是从要想解决实际生活上的问题出发的,现在只以头脑里便宜的解决为满足了。不错,佢们也许已解决了"哲学",但一点没有解决"生活"。于是那将现在的社会生活任其自然而在自己头脑中寻求问题底解决,毕竟不外乎归着到要发见肯定或承认现在的社会生活的理由和口实的努力罢了。

这种解决和这种努力,只可以说对那辉耀夺目的东西闭着眼睛。眼盖之外,依然有那辉亮的光照耀着。这不是使那辉亮的东西没有,只是想出了忍受底方法罢了。这不是改造了资本主义的生活,亦不是从资本主义的生活里逃了出来。这只是使自己底生活顺应资本主义。

所谓社会生活,是人与人底关系;决不是我们头脑里底幻物。我们不可没有思想。但是不当闭起眼睛乱想,是要大张眼睛想的。那些要想由思索、瞑[冥]想、哲学、宗教来解决问题的人,实在是对于资本主义的经济制度这□明亮的事实没有张开眼睛的勇气的人。所以其结果,随时都是问题底回避,不是问题底解决。

四 理想生活底游戏

比着稍为正直的人或是更空想的人,即邀□同志去试验理想的生活。五十年前美国一时流行的"理想村"或"新村"底试验——理想生活底游戏,就是这一类事。这些人们,不仅在头脑里去求问题底解决,并且求之于同别人一处的共同生活上。在这一点,的确可算□进一步的办法。换句话说,这些人们,已经暗暗承认解决这个问题不是靠自己一个人底哲学的理解可以做到的,是要靠改变自己与别人(人与人)底共同生活(即社会生活)上的关系和形态(即社会组织)才能做到的了。

可是这些人们,对于这仅仅张开一只眼睛所看见的事实,尚不肯凝眼去看以求完全明白彼。实在佢们是无意识地感着那明白看见底危险的。所以佢们一面虽然半无意识地承认新生活底条件在于改变共同生活上的关系,而在实际上,却是对于现在的社会组织毫不触犯,只想在其中造出一块理想的小区域就完了的。可是任彼里面围了怎样坚固的外廊,亦同是在这资本主义王国底版图之上,同样受资本主义法则底支配的。所以这种努力,除了告诉人们以这种努力底无益以外,没有丝毫社会的价值的。彼底无□义,正同酒醉了变了自以为逍遥资本主义以外的疯子一样,其有害且更过之。

第十五章 社会底改造

一 经济组织底改造不可能的么?

还有一个改造社会的方法,就是舍了改造自己而改造自己底生活条件。这就是改变社会生活底组织。而我们社会组织底基础,就是经济组织。

可是有人却这样说：改造经济组织这件事，是理想家底空想，到底是不可能的。资本主义的经济组织，诚有种种不合理和缺点。但是，我们底父母，不亦是生于这个制度里死于这个制度里么？我们底祖父母，我们底曾祖父母，不都是同样地生于这制度里死于这制度里么？

二　纺车和纺绩机械

在三十年前，普通的人家，大抵总有一部纺车。那用纺车纺纱的声音，大概总还有许多人记得。可是三十年后的今天怎么样？纺车这东西，无论到怎样的乡下，即屋角里也不多得看见了。

假使在三十年前，有人向那摇纺车的老婆子说，三十年后这纺车要变做纺绩机械，恐怕伊一定要哈哈大笑，说那是疯话。可是现在，我们身上穿着的棉布，却已经都是由纺绩机械生产出来的了。并且什么人都不以这种变化为奇怪的了。

三　老婆子相信纺车底永久性

这样看来，三十年前的老婆子，是相信纺车是人类永久用以生产纱线的唯一方法的。伊们以为如果将这纺车弄坏了，人类就不能造出什么纱线了。可是到了现在，这个纺车却已同那五百年前千年前的珍奇物品了一样地陈列在博物馆里去了。

纺车和纺绩机械——这是很大的变化。可是用心一考察，这个变化，还含有更重大意义的变化呢。

四　纺绩机械已将社会组织一变了

在用纺车纺纱的时代，每个家庭都有纺车；家庭底一员，将从田里取来的棉花纺成纱线。这个纱线，又由姑娘儿织成布以供一家底使用。这样，布底一切过程，从生产到消费，都是在以家族内部来行的。但是一到了纺绩机械时代，事情就大变了。在纺绩机械底场合，第一是有所有纺绩机械、工场和原料（棉花）的资本家。第二是有在其下面劳动的男女劳动者。第三是有买这棉纱来使用的消费者。而这面纱生产出来到了消费者手里，又有各种商人。[，]还有银行家。换句话说，因人类在棉布底生产上所站的关□而分社会的阶级。在纺车底场合，做成的棉布是全部归其家族所有的；而在纺绩机械底场合，所生产出来的棉布，却不是全部归生产彼的劳动者所有的了。其实劳动者只领受那当做工钱的一小部分；而资本家却从其中取了资本底利息和企业底报酬，公司底董事从里面取了赏得金，事务员取了薪水，商人取了商业利润。在这种情形底下，要想将棉布本身来分配，当然是不可能的，所以用货币形式来代替用以分配各阶级人们之间。即这里已发生分配问题了。关联这分配问题而起的，有工钱问题、劳动问题。

这样，纺车变了纺绩机械这件事，虽仅是生产棉布的生产技术上的变化，而生产技术变化底结果，却发生经济组织、社会组织上的变化。即生产、分配及消费生活资料的行程和组织，都完全改变了。随之从前没有的种种阶级就发生了，从前没有的种种问题就起来了，从前没有的种种社会现象就现出了。即社会底经济组织已完全改变了。许多人看见从纺车到纺绩机械的变化，都没有一点以为奇怪。但是经济组织、社会组织，实已随着这个变化而从根柢上起一大变化了。

五 经济制度是变化的

我们既然晓得纺车的经济制度已变化了,那么纺绩机械的经济制度要变化这件事,当然没有什么不可思议的了。那以为今日资本主义的经济制度是永久不变的,正同三十年前的老婆子相信纺车底永久不变一样。那以为现在的经济组织,现在的社会组织一倒,人类就不能生活的人,亦同那以为人类没有纺车就不能纺纱的人一样。

第十六章 斗争的生活

一 正义是变化的

我们已经晓得今日的社会生活里有许多不合理,有许多缺点和弊害了。并且已经晓得这些事情已不能使我们底正义观念满足了。

无论怎样时代底人类,都有其正义底观念。在这一点,千年前的人类和今日的人类,丝毫亦没有两样。可是以什么为正义这正义观念底内容,却是常常变化的。不仅变化,有□竟完全相反。五十年前违反正义的事情,现在反适合正义观念了。在百年前为正义,到了现在变做与我们底正义观念根本不相容的,却有好几个。

二 正义是跟着生活条件变化的

正义观念底内容之所以变化,推究其极,是因为我们怎样生存的这社会生活底方法变化了之故。我们底正义,毕竟就是较善地生活的意思。所谓较善地生活,不是一个人较善地生活,是社会全体较善地生活。这是我们底正义要求;违反了彼就是违反了我们底正义观念。所以怎样能够获得较善的生活——这种事情发生了变化,则我们底正义观念底内容,亦势必发生变化。

三 支配阶级底正义和被支配阶级底正义

所以一个社会如果分裂做利害完全相反的两个阶级,那个社会就势必发生两个不同的正义观念。

或种经济组织(例如资本制度)如果还是进步的、成长的新经济制度,还是适合新生产力的制度——在这个时代,资本制度底经济,还是颇有效地有供给社会全体的能力的。不用说,这个时代,社会亦是分成利害相反的两个阶级(榨取者阶级和被榨取者阶级)即支配阶级和被支配阶级的;然因此时两阶级间底对立和矛盾,还没有十分显明,所以在一般上,支配阶级(要维持现状的阶级)底正义观念,是支配住被支配阶级(要打破现状的阶级)底头脑的。

四 新兴阶级底正义

可是一到了这个经济制度已过了顺利的时期,不但不去助长生产力反而变了新生产力发展底桎梏的时代,那代□这新生产力的新兴阶级,就渐渐发生了独立的正义观念。例如同盟罢工那样行动,虽然从前一般人都认做罪恶,然而现在却相信那是当然的权利了。

这样一来,这利害相反的两个阶级间,就有各不相同的正义观念互相对立。从这阶级底正义观念看起来,维持现状是第一个正义。但是那代表新生产力而正从社会下层抬起头来的新兴阶级,一到了阶级成长,阶级成熟的时候,就不肯盲从代表旧制度和旧秩序的反对阶级底正义观念而受其支配，渐次确立起新兴阶级特有的独立的正义观念了。并且要求"适合这新正义观念的生活"的(即能较善地生活)新社会生活底组织。于是新正义就同旧正义冲突了。

人类社会底进步，常靠这新正义底胜利。为什么呢？就是因为新正义观念是代表这新生产方法的，亦就是代表能使社会全体获得较善的生活那种事实上所起的变化的。

五　生活就是斗争

生活就是斗争。但是向新生活的斗争，并不是与自己底敌人相斗的斗争，是对于那违反新正义观念的环境和维持这环境的种种势力的斗争。向较善生活的斗争，不是借欺瞒、回避，使自己顺应环境，是使那如何生活的社会生活底状态顺应新正义观念。

一九二六年

1月
1日（星期五）

1.《苏俄农村的妇女》(《中国农民》第一卷第一期，1月1日)

《中国农民》第一卷第一期刊登亲民的《苏俄农村的妇女》，全文如下：

妇女约占全世界人之半数，农民妇女又占女界中之最大多数。若农民妇女无团结，无组织，无学问，无奋斗精神。则农民革命的力量失其半。反是，则革命的事业必迅速成功。

妇女无团结的原因，都从习惯，教育，风俗上来。尤其是为家庭束缚男女太不平等所致。不独中国为然，世界各国亦每每如是。"自家要去革命，但不愿其妻子同去革命"。就各国的革命党人犹未能免此，惟苏俄不在此例。

苏俄为农民革命的先进，亦为男女平等，农村妇女解放的先进。所以我们可以把他来做标准。今特举一两件事，借以引起我们的注意。

俄国政府提倡农村妇女运动，无微不至，宣传讲演之外，又办一个"农民妇女月刊"。其中都是农妇的稿章，影片报告，请愿书，及其他讨论有益利于农民妇女的问题的。

我们要知道革命以前，俄国○妇的苦况，远过于其他各国。他们真是奴隶之奴隶。不但终日工作不息，而且每每受尽田主的凌辱，及顽醉凶暴的丈夫的虐待。因为俄皇时代〈，〉的农民百分之九十九不识字。受了地主之冤屈，却借饮酒来排解并将妻子打写[骂]泄气，故此每饮必醉，每醉必打。农人既然痛苦，而农妇更加苦上加苦了。

妇女们不只工作与男人差不多，他们又是国民之母，他们的地位是至尊重的。所以苏俄革命成功之后，第一步便是解放妇女，以前一切的缚束。"农民妇女月刊"内中多述是妇怎样享受新得的自由，他们怎样热心去组织自己的团体。今年四月号是农妇大会的特刊。那会代表都是乡下农妇。开会时有列宁夫人及加李宁（苏俄人民委员长他是一个老农）与他们共同讨论。大会的目的一方面是要农妇们切实参加革命运动，一方面使他们明白其所固有的政治，经济，教育及其他平等权利。另一方面又使他们互相交换智识与经验，和发明所有各项要求。

现在苏俄每次选举，农妇必参加。其中得选为审判监察，教育委员者甚多。农村妇女最多从事于教育方面。乡下学校，皆设有"列宁书房"一间。此书房皆为农妇所组织与管理。每晚，工作既完，农妇多聚集于此，或看报纸。[，]或学习。[，]或研究政治,农务等事[。]

重男轻女,是旧社会的一种痼习,不可以一日尽除。因此,革命后农民一时尚不欢喜与妇女们立于平等地位。每见妇女们组织,开会或谈论政治,必从旁挪[揶]揄,加以嘲笑。

从来宣传者尽心解释,而且妇女们智识日增一日,家庭之间亦受其影响,所以农民逐渐觉悟,不复如前轻视其妻女了。政治经济之外。俄农妇多热心组织俱乐部,幼稚室及其他有益于卫生,文化的机关。

于此可见农民妇女的程度,于家族社会前途,于农民本身利益,关系甚大。所以中国农友们快快要以平等待遇其妇女,且劝她们团结起来。一齐加入农民协会,则解除痛苦之期,当不远也。

(《中国农民》第一卷第一期,1926年1月1日,署名亲民)

16 日(星期六)

2.《列宁主义与中国青年》(《中国青年》第一百一十期,1月16日)

《中国青年》第一百一十期刊登仁静的《列宁主义与中国青年》,全文如下:

中国在去年五卅以后,经过了一次民族革命的高潮,这样大的民族运动,普遍发展到全国,以至最落后的工人和农民都参加,构成宏伟的奇观。这是中国希[稀]有的运动,从这次运动中,无产阶级反抗帝国主义之坚决猛勇,和帝国主义应付之张皇失措,我们更相信打倒帝国主义不是空想,而是人民实际生活中的必然要求,民众伟大的潜势力的觉醒,自能贯彻这种主张。换言之,五卅是打倒帝国主义工作的预先排演,五卅以后,人人都知打倒帝国主义不是理论的问题,而是实行的问题,帝国主义在中国之倾覆,直是最近的事了。打倒帝国主义,工人阶级是主力军,这种理论也在这次运动中,显豁的证明。

中国的革命运动成熟了,已由宣传鼓动的时期,踏入实行的时期。全国的青年,都有了革命的意识,民众的生活受军阀与帝国主义摧残,其心理亦日趋于革命化。五卅运动虽因奉系军阀勾结帝国主义的联合压迫,而一□中落,但南方的省港对英罢工,仍是继续着,它的胜利可以预期,而且全国民众的革命空气,异常紧张,从这次内乱中各地的示威,可以看出他们此时正在小规模的操演,将来不难汇合成一巨流,以冲倒帝国主义的建筑。□我们现在所处的时机,是最乐观不过的。

我们处在现在的时机,应当明了我们的责任。一般革命的青年,应当觉察客观的环境是革命的(军阀之崩溃,及帝国主义无法缓和殖民地之反抗),人民的要求也是革命的(最低的人的生活条件,不靠罢工及斗争,即无法获得);青年在革命运动中的作用很大,他应看清环境的形势,决定他是否投身入革命的漩涡,既投身革命,即应为革命作最善的服务,使我们的解放,得早日完成。我们既加入革命运动了,我们应当怎样作呢？这是每个青年应有的疑问，解答这问题，不是靠我们的主观意志，而是靠客观的环境。社会不是由一人，或者一群人能改造得了的，须得民众的积极赞助，我们的主张才行得通。帝国主义与军阀若没有相当的基础，若没有军队，军舰，警察，法庭，政府机关，报纸，学校，金钱等实力，高等华人（买办阶级，银行家，大商人，留学生）的拥护，知识者与小资产阶级之游移，下层民众之无知识和冷淡，若没有这些条件维持其存在，帝国主义与军阀，也不成其为帝国主义与军阀，我们的革命也不用经过长期的奋斗，流血和牺牲了。我们的敌人势力是如此，我们进行革命，是极严重的事，不能掉以轻心，我们须要用极锐敏的眼光，观察社会各阶级间的冲突与对抗，观察军阀间，帝国主义间，及帝国主义——军阀——高等华人间的冲突，然后利用此冲突，举我们的全力，猛扑其最弱点，取得决定的胜利。我们须用极冷静的头脑，计算民众的实力，民众的组织能力如何；政治觉悟如何；革命经验如何；哪些是民众的朋友，可以联络；哪些可以使其守中立；哪些是民众不可调和的敌人，必须猛烈攻击。我们在民众未有组织能力，政治觉悟，革命经验时，应如何领导他们为本身最小的利益奋斗，培养他们的战斗能力，政治觉悟，以临将来的战争。中国过去的经验已证明靠草莽的英雄，起来率领几支精兵，"精忠报国"，驱除胡虏，以求实现民主主义，只是从满清末年到民国屡试屡败的革命战术了。中国的民众又经过一切废督裁兵，制宪，联治等盲目的和平迷梦，经过这一些政治失败，民众的生活不唯没有得着改良，而且要一天破坏一天。因此，他们最后的觉悟，只有靠自己的力量来解决自己的问题，于是在五四以后，开了一条民众革命的道路。

民众革命，必须有其理论与战术；在混沌纠纷的环境中，教我们看清事变进行的趋势【。】否则，民众革命将陷于暴动，混乱，失望，悲观之境。中国的民众运动虽然幼稚，亦有其理论与策略，不是盲目的进行。举例言之，中国国民党与共产党所提出的打倒军阀，打倒帝国主义，取消不平等条约，召集国民会议，组织国民政府，全世界的工人们及被压迫的人民联合起来，这些口号：在每一时期，均能唤醒广大群众的行动，将群众的力量集中在一个目标。我们之能如此，系因我们根据列宁主义的理论与实际，认清了民众的需要与能力。

列宁主义就是二十世纪的马克思主义，也就是帝国主义与无产阶级革命时代的马克思主义。十九世纪的马克思主义，在各国资本主义发展之后，认识了工人阶级的历史使命，是将来社会的创造者，是人类一切被压迫阶级之解放者，是资本主义下最不妥协的革命阶级，于是为他制定了许多革命的战术——工人之国际联合，政治斗争，无产阶级专政，组织共产党，为他准备了社会科学的武器，——唯物会观，资本论。直到二十世纪，资本主义进化到了最后的阶段，帝国主义，必然的爆发社会革命，客观的革命条件更为成熟，于是列宁主义更具体的规定了帝国主义时代无产阶级革命的战术——苏维埃政权，工农联合，全世界的工人们与被压迫人民联合起来，联合战线——在一般社会主义的叛徒，曲解。侮辱马克思主义之后，继承马克思主义的正统，发扬光大，与那些机会主义者，社会主义的叛徒，奋斗到底。列宁不唯在理论上光大了马克思主义，而且在实行上，在占世界六分之一的俄国实现了工农共和国,在世界上创立了第三国际,在东方帮助了弱小民族的解放运动。列宁主义在实行上有这般的成功,因此更证明他的正确,可为一般被压迫的阶级和民族争解放的南针。

中国的民众运动已到了实行的时期,所以一般的中国青年负有解放中国之使命者应当了解,融化那奋斗成功的列宁主义。中国青年现时应当明了的列宁主义有三点——虽然列宁主义的内容丰富,无所不包,有人称他为人类数千年文化的结晶。

第一、我们应当了解,列宁主义的中心教义是无产阶级获得政权。无产阶级(工厂中的劳动者),因为他们人口集中,是社会中的生产阶级,而且受资本主义压迫的痛苦,其利益天然与资产阶级不能调和。就他的地位,比其他被压迫阶级等于团结,更承继了资产主义所传下的物质文明及先进的思想,所以他的战斗力特别雄厚,为其他被压迫阶级解放运动之领导者。无产阶级获得政权已不是空想观念,它已实现于俄国,无产阶级获得政权后,开发产业,建设共产主义的社会,以他的理想教育,农民及小资产阶级,实现无〈产〉阶级,无剥削压迫的社会。现在俄国农民小资产阶级及知识者的生活状况要比资本主义社会下的生活优裕得多。甚至反动派的时事新报,也不得不说"现在俄人中处境之最优者为农人","其在社会不以共产与非共产而别其职位之高下",如银行中非共产司事要比共产党员薪水多。在共产主义的社会,或者劳农共和的国家,没有侵略,战争,没有罢工,暴动,没有生产危机,只有大规模之发展产业(如全苏俄电气化),以其利益归之全体人民,用不着为帝国主义国家扩□军备,维持巨额的官僚,警察□侦探;也没有一些实业大王,财阀,把持全国的财富,向外无限制的逞其侵略野心,任本国小资产阶级,知识者的教授的薪水,等于工人的工资,一般工人饥寒交迫。工人阶级的解放,也是一切被压迫阶级的解放,小资产阶级不应害怕工人的革命,消极的赞助了资产阶级,以延长他们的痛苦。只有,如俄国一样,工农联合,推翻帝国主义的统治,才能改善他们的生活。

工人阶级是一切被压迫阶级的革命领导者,革命由工人领导而获得胜利,在俄国已成为铁案不移的事实。我们在五卅运动未发生前,也曾屡次说过,中国的工人阶级,也是中国国民革命的主力军。在五卅中,即大商人霍守华也不得不说:"我们要反抗帝国主义,不得不维持工人的罢工";可见□人是打倒帝国主义的先锋军,在资产阶级已直觉到了。中国的国民革命,由工人阶级的勃起,而进行顺利,实有很多类似俄国之处。让我们对工人的革命,不要怀着嫉视与恐怖,不要站在资产阶级,军阀与帝国主义观点上,反对他的成功。为人类的永久和平与幸福,为扫除一切剥削与压迫的阶级,免除一切战争之冲突,由无产阶级革命直至实现无产阶级的社会,实在是人类解放必走的步骤;每个知识者,应当本他的知识,去发现无产阶级伟大的使命,而去加速其实现。让我们不要轻视民众的实力,不要故意的图抵抗大多数民众的意志,民众不觉悟则已,一有觉悟,他非达到他的最后目的,斗争决不停歇。所以一般国家主义者,与国民党右派,妄想把自己的意志,强加于民众之上,限制无产阶级为争生存而行的阶级斗争,他们想以极少数人的能力,来抵抗大多数的前进,未免太不自量,未免太不认识时代的潮流(所谓时代的潮流便是一时代大多数民众,或者其最活动一部份的大多数的意志,倾向的结晶)。

第二列宁教我们认识帝国主义的真性质,及范围;根据他,决定我们的争斗的策略。自有帝国主义,而全世界的经济,成一大系统,各国很难单独的生存;伦敦,东京,与中国关系之密切,互相倚赖,差不多等于上海与中国内地之关系。全世界已由帝国主义的侵掠[略],化为一大国家,分成两大阶级,一边是二万万五千万的压迫者,一边是十二万五千万的被压迫者。中国的革命与内乱,不仅是中国奉直军阀关心,而且伦敦,纽约,东京,巴黎的政府,及银行,都同样的谋影响中国的内乱,使与自身有利。所以郭松龄,打到奉天日帝国主义的巢穴时,日本就要不顾一切的羞耻进兵满洲。将来中国革命成功,谁能担保八国联军之不再出现,一如俄国革命后之协约国联合干涉俄国呢?我们的唯一希望即在联合全世界的被压迫阶级,先进帝国主义国家的无产阶级,和弱小民族,以推翻帝国主义的横暴,以保证国民革命之安全。为达此目的,不是一蹴可能,而是借各种机会来表示全世界的被压迫阶级的团结,首先由小规模的演习,进化到大举的进攻。国家主义者仍旧是闭关自守时代的脑筋,他们的口号不倚赖外力,有时把国外的帮助,当做偶然的,友谊的,而拼命的攻击俄国——全世界被压迫阶级联合的大本营,实际是拒绝国际的帮助(国民党右派虽然口头承认国际的联合,但实际并不如此做)。这些都可称为对国民革命的罢工,撤台对帝国主义的消极赞助。

第三列宁教我们以革命的科学的精神,他教我们要联合革命的专一精神与应变的才能在一块。所谓科学的精神,便是要我们,考察别国的革命经验,研究本国的各阶级,党派,实力之关系。有人骂共产党是主张妥协,其实共产党不是在原则上反对一切妥协的,只是看各种情势,而定我们的方针。比方说,在罢工的时候,因工人之无组织,与厂主的态度强硬,工人一时不得不屈服上工,此种妥协,谁也认为是应该的。比方说,我们与进一步的势力联合,以打倒更反动的势力,我们在这种斗争中,不致陷于孤立,而且力量增加,这种妥协也是应当的。总之,在避免更大的失败,在联合及督促进步势力与反对势力作战,我们有时必须妥协才能增加我们的力量。不过我们不是如一般机会主义者放弃自己的主义,投降卖身给我们的敌人的那种妥协罢了。列宁说:"布尔札维克的全部历史,在十月革命的前后都充满了与别人(甚至包含资产阶级)妥协,用计,委屈的例子"。然布尔札维克不唯不因此堕落,反因此成功,引导工人阶级,达到胜利。这种精干柔曲的策略岂已是顽梗不化的,武断固执的极右派的国家主义与极左派的无政府主义所能望其项背,亦非国民党右派领袖,勾结军阀与帝国主义,向官厅告密的行为所可比拟。

由以上的介绍,我们只指出中国青年研究和学习列宁主义的方向,不仅在书本上研究,而且须在实行上去学习。我们的列宁已逝世两周了,只有靠我们高举列宁的旗帜奋斗,才能继列宁未竟之志。

(《中国青年》第一百一十期,1926年1月16日,署名 仁静)

3. 《列宁主义的革命战术》(《中国青年》第一百一十期，1月16日)

《中国青年》第一百一十期刊登子云译的《列宁主义的革命战术》，全文如下：

以下是列宁著的《共产主义左派幼稚病》的最后一章——结论，题目由译者改定今名。从列宁的这篇文章以及列宁的一切著述，我们都可以看出列宁的文体是很朴实的，他的话句句都是经验之谈，都是我们的革命的教训。所以读者不要粗疏的看过他的内容，应当细心的体会，实际的应用，则译者介绍此文之微意为不虚矣。

俄国一九〇五年的资产阶级革命，在世界史上显示了一最特别的转机：在最落后的资本主义国家，罢工运动居然发展到了空前的程度与范围。一九〇五年的一月，罢工人数比前十年罢工人数之每年平均数要多十倍，从一月到十月，罢工不断的扩大，落后的俄国，因为受了一些特别的历史条件所影响，竟向世界第一次表现被压迫的民众之独立性在革命中不仅为突变的增长（在一切革命中都是如此）；而且无产阶级的重要，比他在人口中占的地位，要大得多；由经济的与政治的罢工混合，直引起武装的暴动；诞生了苏维埃，为被资本主义压迫的各阶级群众行动的新组织。

一九一七年二月与十月的两次革命，使苏维埃在全国都组织起来，发达完成，以至在无产阶级社会革命中获得胜利：以后不到二年，这种组织又普遍发展到全世界工人运动中间，于是它的国际性也显露出来，它负有推翻资产阶级的议会主义与民主主义的历史使命，而为其继承者。而且工人运动史现在指示出，这种运动在各国必须第一步经过与本国的门雪维克主义（即机会主义与狭义的社会主义爱国派）的斗争，第二步再加上与左派共产主义的斗争：在这些斗争中，共产主义的力量才增长，强大，趋于胜利。第一步斗争在各国都发展，没有例外，成为第三国际与第二国际的斗争。第二步的斗争，可在德英意美法各国看出，也是世界的范围（一部份产业组合派，无政府工团主义派，都无条件的接受苏维埃制，但对政党及议会主义的态度，是拥护左派共产主义的错误）。但是，虽然各地的劳动运动实际经过同一的训练学校与战胜资产阶级，而各国的发达，均有其本国自己的形式。先进的资本主义的大国向此路进行，要比布尔札维克主义快得多、布尔扎[札]维克主义需十五年的准备，才成为有组织的政治势力而胜利。第三国际则仅于一年的短期间战败了黄色的社会主义爱国派的第二国际，取得断然胜利，在几个月前他还是比第三国际的势力大过数倍，似乎是稳定而有潜势力，各方得到全世界资产阶级的帮助，物质的（如总长的位置，护照，及报纸，）与精神的。

现在各国共产党的主要责任乃在十分自觉的研究与机会主义及左派固执主义争斗中的根本问题，以及这种斗争在各国进行时，因各国政治、经济、文化、种族、宗教等的差异，有些什么特征。各地对于第二国际感觉不满，日甚一日，因其机会主义，因其不能创造一真能指导的中心，没有国际的战略，以指挥革命的无产阶级为世界苏维埃共和国而奋斗。然我们必须认清这种领导的中心,不是可以仿照一模型铸出来的,也不靠机械式的布置和折衷于几条战略上的规则得来。只要国家的和民族的差异存在于国家间与民族间(这些差异即在世界的无产阶级专政实现之后,也要存在很久),那么,各国共产主义劳动运动的国际策略之统一,便不是去消灭种种属于民族的差异(在现时这是梦想),而是应用共产主义的根本原理(苏维埃政权与无产阶级专政);这种原理在特别的部分,可加以适当的修改,以求其能正确的适应及应用于各国差异的环境。考查、研究、确定、把捉各国的特别形态,以求具体的解决整个国际问题之各方面,在工人运动中战胜机会主义与左派固执主义,推翻资产阶级,建设苏维埃共和国与无产阶级专政——这是各先进国(且不仅先进国)在此历史时机的主要问题。我们的主要工作——获得工人阶级的前锋军,使他们赞助苏维埃政权,反对议会主义;赞助无产阶级专政,反对民主主义;我们的主要工作,已经完成了。现在一切努力与注意,应集中于第二步工作,这一步工作表面观之,似为次要,实则更切实接近于实际的解决问题:这一步工作即是找出从现在到无工产阶级革命的一种过渡形式。

在思想上,我们已经获得无产阶级的前锋了,这是主要的工作,没有他,到胜利第一步路,尚无从走起。但走了第一步,离胜利还有好远。只有先锋军,胜利是不可能的。若是全阶级是个广大民众而对先锋军没有立在直接帮助,或者宽大中立的地位,没有失去帮助敌人的一切可能时,只是叫先锋军加入最后的决战,这不惟是愚蠢,而且是罪过。然而要使其真正全阶级,要使被资本主义压迫的一切劳动群众,立在此种地位,仅仅宣传与鼓动是不够的。群众自己必须有点政治经验。这是一切大革命的根本定律,不仅在俄国,而且在德国现在都证实了的。不仅俄国落后的,不识字的民众,而且德国的文化很高,完全识字的民众,也尚都要因他们自己的软弱无能,时时屈服于资产阶级之前,受尽第二国际的武士所组织的卑鄙政府的痛苦,和不可避免的极端反动派的独裁(如柯尼罗夫之在俄国,开卜之在德国);必须先受尽了这些痛苦后,才感觉无产阶级独裁是唯一的出路,然后才断然的转向共产主义。

国际劳动运动中有觉悟的先锋军——共产党——今日的问题,是在此过渡时期如何引导一般群众到一新的地位(这些群众多数是沉睡的,麻木,无知,与习故蹈常)。若是第一个历史的问题(获得工人阶级的自觉的先锋军赞助苏维埃政权及无产阶级专政)不在政治上及思想上完全战胜机会主义与社会主义爱国派;那么,第二问题的解决——如何引导群众到一新的地位,可以保证先锋军在革命中获得胜利——是不能解决的。若不消灭左派固执主义,不完全战胜和除掉它的错误,也是不可能的。

若是我们只注意获得无产阶级的先锋军拥护共产主义,如此则宣传占第一等的重要地位,虽然带有一切缺点的"学会",也可以给我们一点有用的结果。若是我们注意的是群众的实际活动的问题,是百万军队的意向,和各阶级力在某社会如何分配以临最后的决定的战争的问题——此地仅仅宣传,仅仅背诵"纯粹"共产主义的真理,是没有用的。此地我们所计算的,不是如一个宣传家或一从未领导过群众的小团体计算数千群众,而是计算几百万,几千万群众。此时我们不仅须自问革命阶级的先锋是否有坚定的信仰,而且须问某社会的一切阶级——没有例外——的历史的活动的势力,是否分配适当,因此最后的战争不致早熟;第一、与我们为敌的阶级须陷于很大的混乱,彼此斗殴,十分衰弱,以致不能应付争斗;第二、一切摇动的,徘徊的,不稳定的,中间的如小资产阶级及小资产阶级民主主义的弱点,须暴露于民众眼前,他们亦因物质的破产而致十分羞愧;第三、群众赞助顶有决断,顶勇敢无私的反抗资产阶级的革命行动的情绪,须爆发而且继长增高。如此,革命是成熟了,如此,若我们测量了以上所述的各条件,若选择的时机,选得正当,我们的胜利即有把握【。】

在一方面,邱吉尔(英国保守党)与路易乔治(英国自由党)间的差异——此等政治的标本,在各国都存在,微有不同而已——在另一方面,韩德逊(英国劳动党代表)与路易乔治间的差异,若从"抽象的"共产主义(即未成熟为实际的,政治的,群众活动的共产主义)观点上看,是微小而十分不重要的。但从实际的群众活动的观点上看,这些差异,是十分重要。审量,决定在这几位"朋友"间的不可免的冲突,是否达到完全成熟的时机(这些冲突可以削弱减少这一切朋友结合起来的力量),这是一些不仅愿做阶级觉悟,信仰坚定的宣传家,而且愿做在革命中群众实际的领袖的共产主义者的全部问题和全部工作。我们必须把□于共产主义最忠诚专一的精神,与能接受一切必要的,实际的妥协,让步,狡计,操纵,曲折的才能,联合在一块。为要加速一些韩德逊(即第二国际下的一般英雄,自称为社会主义的小资产阶级民主主义的代表人)的政权的实现与倾覆,为要促进他们的不可避免的实际破产,及启发民众,使之倾向我们的共产主义的思想;为要促进韩德逊——路易乔治——邱吉尔(在俄国是门雪维克——社会革命党——立宪民主党——保皇党)间的不可避免的冲突,争吵,与完全瓦解,而去正确的选择—他们势力瓦解至最高程度的时机,以一齐进攻之势,战败它们,夺取政权,这种专一的精神与应变的才能的联合,是极其重要的。

一般的历史,及特别的革命史的内容,永远要比最进步的政党□最进步阶级的最觉悟的先锋军——所想像的要丰富些,复杂些,变化多端些,活泼"狡猾"些。这是自然的,因为最进步的先锋军所表现的,只是几万,几十万人的自觉,意志,情感,愿望;而革命是在一切人类的官能分外紧张与激昂之时,为几百万,几千万人的自觉,意志,情感,与愿望所作成的。由此我们可以得到两个重要而实际的结论,第一、革命阶级为达其目的,必须熟习[悉]一切(没有一点例外)方式及各方面的社会活动(若等至获得政权以后才完成那些在从前留着未做的工作,即有时有很大的危险);第二、革命阶级必须准备能最迅速不过的使用一方式的活动代替另一方式。

个个人都能同意,若军队不曾准备熟习敌人所有的各色各样的武器,作战工具与作战方法,而即支使之作战则不但是很愚蠢而且是罪过的。但这应用于政治,比之军事,还更确切些。在政治上,我们更不能先知,在将来变化的环境中,何种武器,对我们有用。若我们没有一切作战武器，供我们的支配，则在其他阶级的形式变更，超于我们能力驾驭之外，即时需要某种我们特别不熟练的方式的活动应付时，我们有时须遭逢极大的失败。我们若具有一切战斗的方式，我们一定战胜，因为我们代表真正先进的，真正革命的阶级的利益；虽然环境有时不许我们运用对我们敌人最危险，打击我们敌人最厉害的武器。没有经验的革命家，总以为合法的斗争方法是机会主义的，因为资产阶级（特别在和平的不革命时代）常用这些和平的方法，欺骗愚弄工人，他们以为，只有秘密的斗争方法是革命的。这是不对的。我们只可说那些不能和不愿（是不为也，非不能也）应用秘密方法斗争的政党和领袖，才是机会主义者与工人阶级的叛徒。举例言之，如一九一四年至一九一八年帝国主义战争时代的情形，当时最自由的民主国家的资产阶级用空前傲慢与残暴，欺骗工人，禁止说出战争的屠杀性质的真象。但是那些不能将合法的和秘密的方式之斗争联合在一块的，是庸劣的革命家。当革命爆发之时，做一好革命家是不难的，当时个个人都会由一时的热心，参加革命，因为那是时髦，有时还出于个人利益的考虑。无产阶级在胜利后，要去掉这些假革命家是很费力的，有时还须忍受痛楚。若在环境尚缺乏一直接，普遍，真正群众，真正革命行动之时，我们知做一革命家，靠宣传，鼓动，组织，在不革命的几国里，甚至在最反动的环境中，在一般不能立刻了解革命方法的必要之群众中，拥护革命的利益，这是比较困难得多，而是更有价值。找出，感觉和决定一尚不完全的革命的方针与方法，引导群众到真正的，决定的，最后的大革命斗争，这是西欧与美国现代共产主义的重要问题。

（《中国青年》第一百一十期，1926年1月16日）

4.《列宁主义与无产阶级教育》（《中国青年》第一百一十期，1月16日）

《中国青年》第一百一十期刊登超麟的《列宁主义与无产阶级教育》，如下：

高呼"教育神圣"的人们非难我们共产主义者，说我们只注重卑鄙下流的经济利益而蔑视（？）了纯洁神圣的教育。他们的意见，以为教育是万病皆医的一服药方；只要你有智识有学问，只要你"懂得"，中国就可以救起来了，世界就可以太平了。全世界劳动者所以受帝国主义压迫，因为他们没有智识，"不懂得"，可怜；中国平民所以受军阀摧残，也因为他们没有学问，"不懂得"。教育不普及，甚么都谈不上。现在我们应该努力于纯洁神圣的教育——不管政治问题。共产主义者一天到晚喊甚么"阶级斗争""夺取政权"——这都是胡闹，捣乱，都是"不懂得"。我们，教育家，我们只晓得努力于教育事业，我们要打倒那蔑视教育的"唯物史观"！

教育神圣派的主张——或者说一切非马克思列宁主义的教育学说，因为他们对于教育绝对能支配社会生活这一点，大致是差不多的见解——果真对的吗？当这世界无产阶级唯一的伟大的导师，列宁，逝世之第二周年纪念日，我们愿意拿列宁主义的观点来说明教育的作用，同时亦即是声明我们，列宁主义者的意见，我所以拿"无产阶级的教育"做题目，而不拿"一般的教育"做题目，这乃是因为一般的教育向来是不存在的。自从社会有了阶级之后，一切的教育只是"阶级的教育"。

第一，共产主义者绝不蔑视教育；恰恰相反，惟有共产主义者才能有正确说明教育的作用，才能还他一个适当的位置。第二，共产主义者绝不拿教育看做是甚么纯洁神圣的：教育是"阶级的"。这是根据马克思唯物史观的见解。列宁主义是发展的马克思主义。列宁建设了第一个无产阶级国家，这个国家破坏了资产阶级的教育而建立无产阶级教育的基础。这样，马克思主义的无产阶级教育论，由前理而见诸实行。所以我们应该根据列宁主义，根据列宁自己说过的话，来表明我们的意见。

列宁说："在所有的国家中，无论他怎样的自由，一切学校都是资产阶级为达到生产剥削目的的一种工具。……有些人非难我们，说我们把学校做阶级的学校。可是，他们不知道，自从有学校存在到今，学校便是阶级的"。

这是怎样说呢？学校是最重要的教育机关。我们且拿资产阶级社会的学校来看。资产阶级学者表面上在学校外面挂了纯洁神圣的招牌，但只要我们研究学校的实质，我们即可发现资产阶级的社会的学校有三种根本的任务。第一是训练青年劳动者的头脑，使之服从和敬仰资本主义制度。为这目的，资产阶级准备一大批担任民众教育的人才；这些学校的教师是要经过政府遴选的，即是说，凡思想不利于资产阶级的分子是没有资格到教育界混饭吃的。在学校中又用"教育部审定"的教科书及其他合于"审定"精神的参考书籍，这些著作都趋于拥护资本主义制度的利益；如尊重他人财产，如为国宣劳，保护自己的"祖国"等等。总而言之，无非趁青年劳动者的头脑幼稚，灌输以服从资本主义，认资本主义制度为自然的永久的制度等观念罢了；因为资产阶级不在无形中养成服从的观念，只用国家强迫的权力镇压劳动者被剥削的反抗，其术是有时而穷。第二是从统治阶级的青年中，教养一批"受教育"的人材，继着老年的统治者之后，来统治劳动的民众。为这目的，资产阶级故意限制高等和中等的教育，使劳动者实际上享受不到。劳动者为生活所迫早年即须到工厂或农地上做工，没有经济和时间的可能，去受较高的中等教育和高等教育，因此初等以上的教育事实上变成资产阶级青年的专利品。而资产阶级的教育遂很明显地于其中表现出来。特别是社会科学，最明显表现资产阶级的利益。从这些学校出身的青年就是国家和工厂等的统治者或管理者的候[后]备人，即许有少数劳动青年能得到初等以上学校去，结果亦多经资产阶级教育所同化，而消灭其阶级的觉悟了。第二是改善资本主义的生产，利用科学为发展技术和增加资本家利润的工具。科学在资本主义社会中不仅是资产阶级专利品，而且是少数人的专利品。因为资产阶级的建立"纯粹"科学的学校以垄断科学，同时又建立了实用科学的学校以应用科学智识于生产劳动上面。工业学校中不仅养成了科学技术的人才，而且供给了工厂管理的人才。资产阶级社会学校的这一种根本的任务都证明这样的学校完全"是资产阶级为达到其剥削目的的一种工具"。

不仅资产阶级社会如此，一切阶级的社会都是如此，即无产阶级专政底下的社会亦是如此。所不同的，即资产阶级不肯承认教育是阶级的，而无产阶级则公然承认之。在无产阶级专政底下的教育自然和资产阶级的教育不同；无产阶级学校乃是推翻资本主义，解放全人类的一种工具。而无产阶级推翻资本主义解放全人类的阶级斗争，恰好表现在政权的夺取——政治的斗争。所以列宁说："最重要的问题是教育和我们的政治的关系问题。我们的教育工作万不能沿用非政治的教育的旧观点，万不能离开政治关系去做教育工作。这种非政治的教育思想正流行于资产阶级社会。非政治的教育是资产阶级的虚伪，是欺骗群众的计策。实际上，在一切资产阶级国家中，政治机关和教育工作的关系是很密切的，不过资产阶级不肯承认罢了。我们的责任就在立于资产阶级的真理对面提出我们的真理，并公然承认之"。

可是，无产阶级的教育怎样去适应无产阶级的政治呢？这是要看无产阶级在斗争中所占地位而□的。若在资产阶级国家中，无产阶级尚未取得政权之先，其政治的责任即在如何准备自己的势力，以武装暴动的方法，去推翻资产阶级的统治；此时无产阶级的教育就应从事于训练劳动者，使之在消极方面明白资产阶级教育是欺骗鼓[蛊]惑劳动者的，在积极方面使之明白资本主义社会的结构，工人的地位，共产主义的必然性，以及实际斗争的经验和方法等。如果到了某个国家无产阶级已经取得了政权，则其治政的责任，一方面在帮助别国无产阶级及一切被压迫者的解放运动，他方面在建设社会主义的经济；此时无产阶级的教育除了初期必要的智识之外，还应该养成政治上经济上技术上等等的人才。这便是列宁的国家，苏维埃俄罗斯的教育工作。"苏维埃俄罗斯的教育的确是无产阶级的阶级教育，苏维埃俄罗斯的学校的确是共产主义教育的工具"。

无产阶级教育和资产阶级教育不仅目的和内容完全不同，而且教育的方法亦根本改变。在资本主义社会里，学术为少数人的专利品，而离开了劳动的过程，于是理论遂和实际隔离；这种状况是要影响到资产阶级的教育上面的。列宁说："资本主义旧社会留给我们的有害的遗物之一，便是书本和实际生活完全隔离。书本上所叙述的，大多数都不十分正确，因此，若只从书本上去学共产主义，则所得结果是不能正确的"。然则应该怎样学共产主义呢？共产主义的教育方法又是怎样呢？应该从实际中学去，应该接近实际！"新的共产主义的教育是从反对剥削者的斗争当中学来……人们学共产主义，必须每步都不离开了无产者和劳动者反对旧剥削社会的不断的斗争"。理论要从实际学来，这是资产阶级社会的教育所谈不到的。

列宁并不曾轻视旧智识的研究。列宁说："人们如果以为用不着知道人类几世纪积累下来的旧智识，便可以成为一个共产主义者，那是很大的错误。旧学校中间有些是有害于共产主义的，有些则是有利于共产主义的。……我们应该从旧学校中取出我们所需要的，而丢弃我们所不需要的。……我们不应该简单把这些旧智识拿来就算了，我们应该取个批评的态度"。

从此，我们明白教育的真正作用——在阶级的社会里，只是阶级斗争中的一种工具。无产阶级需要共产主义的教育为推翻资本主义和建设社会主义经济。非政治的教育是资产阶级的欺骗。"教育神圣"更是资产阶级的谬说。

(《中国青年》第一百一十期，1926年1月16日，署名 超鳞)

5.《论列宁——读史达林"论列宁与列宁主义"札记之一》(《中国青年》第一百一十期,1月16日)

《中国青年》第一百一十期刊登孟冰的《论列宁——读史达林"论列宁与列宁主义"札记之一》,全文如下:

一、山鹰

列宁是我们党的一个非常的人物,在我们党中列宁不是一个单纯的指导人,而是一个实际的创设人,因为只有他一个人懂得我们党内部的实质和各种切迫的需要。我们党得列宁比其他战友们,如卜列哈诺夫,马洛多夫总要高一头地。列宁是一个比较高级的指导人——一个山鹰。

一九〇三年由朋友的信中转来了列宁的回信,这是我第一次精神上认识了列宁。从此,列宁是我们党的山鹰这个感觉越发弄坚固了。这封信是很简短的,然而他能够把我们的党的实际情状,加一个大胆而无所畏怯的批评,而且将我们的党在最近期中应做的工作计划给了一个简单明了的解说。只有列宁能够把那样复杂的事情,那样直截,简单,明了而且大胆地写出来,只觉得每句话不是说话而是发射枪弹。

二、谦退

一九〇五年在芬兰会议上初次见到列宁,他也和普通人一样,老早就到了会场,坐在一个角边,和隔坐的人谈话。后来我才明白列宁这样朴质与谦逊,站在别人不注意的地方,不想引人注目,不想把自己很高的地位摆露出来,这一点是表示列宁的最强处,这即是列宁能够成为新的群众的新的首领,成为人类最下层最简单的平常的群众的新首领。

三、论理力

列宁演说中的理论,好似昆虫的强有力的触须,它把各方面都钳着,没有方法脱逃,或是投降或是陷在绝对的陷坑里,两条路你总得走一条罢!

四、没有涕泣

"失败的时候,不要涕泣",这是列宁活动中的一个特色。一九〇六年斯托克贺麦大会,多数派变成了少数。列宁在失败后,安慰他的颓丧的同志说:"同志们,你们不要涕泣罢!我们归来一定会胜利的;因为我们的主张是正当的。"

五、没有骄傲

"不以胜利自骄自满"这是列宁性格上一个特点。一九〇七年的伦敦大会多数党又变成了胜利者。胜利时的列宁和一般得了胜利而自高自大的首领不一样。当时列宁鼓励同志说:"我们最重要的:第一不要因胜利而使脑筋纷乱,自高自满;第二要坚固我们的胜利,使他长久留在我们面前;第三要消灭敌人,因为敌人只是被征服了,而距被消灭的程度还远得很"。我们不要估量自己的力量太多,尤其不要估量敌人的力量太少。

六、合原理

一个党的首领不能够不尊重自己党内的多数意见；多数，是凡当首领者所不能不打算的一个力量。然而列宁从没有变成多数的俘虏，尤其是当这个多数本身没有合原理的基础的时候。俄国共产党的历史上有好几次多数的意见是党的暂时的利益而与无产阶级根本利益相冲突。在这个时候列宁始终是相信"合原理的政策是最正当的政策"，断然起而站在合原理方面而与党的多数相对抗。例如一九〇九——一九一一年间党中发生一种传染病，就是一般党员相率脱党，以为取消秘密组织而组成一个公开的合法的党。此时只有列宁一个人不肯投降于一般的传染病，以非常的忍耐和空前的固执，收拾已被打破残的党力。结果列宁占了胜利。又如一九一四——一九一七年一切或几乎一切社会民主的及社会主义的党都中了爱国的毒气，去为帝国主义的祖国尽义务。此时只有列宁或几乎只有列宁坚决的与社会的狭隘的爱国主义及社会平和主义奋斗，揭穿考次基及格得派的谋叛，指摘骑墙派的革命家之不彻底，结果列宁也成了胜利者。

"合原理的政策是最正当的政策"，这是一个有力的公式，把无产阶级中的较好分子，拉到革命的马克思主义方面来的公式。

七、信用群众

普通的首领们总是患有害怕群众的病，不相信群众有创造力；列宁就不是这样。列宁是最看不起轻视群众的人们，而最深信无产阶级的创造力的人。所以列宁常常教诲我们说："到群众中去学习，仔细地去了解他们的行动，注意去研究群众斗争的实际经验"。

八、革命的天才

列宁是为革命而生的。他真是一切革命爆发的天才，一个革命伟大的指导者。他在革命的变乱中精神焕发，料事如神，能够预先知道阶级的运动和革命路上的大概必经的波折。在我们的党员间常说："伊里伊奇（列宁名字）在革命的怒涛中游泳，犹如鱼在水中一样。"这里有两件事实可以证明列宁的天才。

第一件事实：当着十月革命变动前的时候，几百万工人农民和兵士都被在后方或前线的危机所逼迫，有产阶级下了决心要获得"战争到底"的利益，所谓社会主义者的政党都对反多数派，克伦斯基还企图消灭多数派的公开活动，而且德奥联军还在与我们的军队对抗，西欧的"社会主义者"还和他们的政府打在一块儿。在这样的状况之下实行暴动恐是对于赌博上的孤注一掷吧？但是列宁并不怕冒险，因为他已经知道暴动是不可避免的，暴动是必然要得到胜利的，俄国的暴动会把帝国主义战争变成国内战，暴动会产生苏维埃共和国，苏维埃共和国会变成世界革命的营寨。后来列宁这个革命的预料慢慢地证实了。

第二件事实：这是在十月革命后的最初几天，那时人民委员苏维埃命令终止军事行动与德国人开休战谈判，但是握有军权的杜哈林将军拒绝了这个命令，他所统率的又是最反动的军队。此时陆军士官学校的生徒暴动已成熟，克伦斯基也正向彼得格勒作战，那时列宁对我们说："我们到无线电台去罢！电台可以供我们利用，我们去用非常命令把杜哈林将军免职,命克列林柯同志去代他的司令官,由这个司令部向兵士传达檄文,要他们包围将军,终止军事行动,与德奥兵士结合,而把这个决定讲和的实权放到他们自己手里"。这是何等危险啊!这个不是等于跳向一个不可知的深渊吗?然而列宁却不怕这个飞跳。因为他知道军队希望和平而且会以实力争得和平,除去和平的障碍物。这个巩固和平的方法,会把一切前线的连结"解放",而趋于和平。后来列宁这个革命的预料,也同样很正确的证实了。

(《中国青年》第一百一十期,1926年1月16日,署名 孟冰)

17日(星期日)

6.《列宁主义与中国的国民革命》(《向导周报》第一百四十三期,1926年1月17日)

《向导周报》第一百四十三期刊登瞿秋白的《列宁主义与中国的国民革命》(改译)。

一

现时我们中国的民族解放运动正在扩大深入的过程里。反帝国主义和反军阀的斗争中,举国有一致的目的,便在于争得中国的独立,争得平民的政权。虽然日本帝国主义能够杀掉郭松龄,救张作霖垂危的命运,可是奉系军阀的崩败已经一发不可复止——这是因为民众运动的政治上的力量。中国无产阶级是民族解放运动中的主干,现在他的各种组织都日益巩固起来。农民之中也发现不少革命的组织和运动。工人农民中间的关系日益密切。中国共产党日益强大,最近一年来已经表示他有指导群众的政治运动的能力。中国革命的国民党也逐渐发展;渐渐扫除内部的反革命分子。其他各种革命力量,如学生小商人等也都在团结奋斗的过程中。反革命营垒里的各种力量却在剧烈的崩坏分化——国民军的发生和发展是一个很明显的实例。在他们最近的地位,因倾向民众而渐得巩固。广州革命政府扫除一切反动的军阀和土匪,一切帝国主义的工具和走狗,革命工作有大规模的发展——军事财政政务完全统一,有真正人民的武力,拉夫烟赌等税杂捐完全消灭,工人有罢工结社的自由,农民得着组织上政治教育上的辅助,工农阶级因此而有自由斗争之可能,以保障自己的利益,商民群众脱离买办商阀的操纵利用,免除了许多军阀扰乱的痛苦,觉悟到赞助国民革命的政府之必要——给全国国民一个希望,一个建立全国国民政府的模范。在二三十年扰乱不已的中国里,广州革命政府的发生和巩固,真是全国人民的一线曙光。帝国主义者方面,却只看见他们的恐慌危惧——关税会议,法权会议,五卅重查,赔偿死伤,准捕头辞职等等,虽然完全是欺诈污辱中国的行为,然而他们始终不得不戴起这些假面具来周旋,来缓和中国的革命运动,便足见他们的恐慌。同时,他们当然想离开中国人民,赂买"高等华人",以为再行屠杀压迫革命民众的准备。国际无产阶级及一般劳动者都非常之注意中国民众的斗争,尽他们的力量来辅助——在共产国际指导之下,到处组织"勿侵中国会",反对自己的帝国主义政府侵略中国。

二

列宁是共产国际的领袖,他的姓名是和世界各国民族解放运动永久联在一起的。当然中国的国民革命也是如此。孙中山先生的主义是和列宁的政策相符合的;中山先生曾引列宁的话,说现时世界上是阶级战争不是人种战争,是压迫者和被压迫者的斗争。——再则中山先生曾经说,俄国的新政体不是代议制度而是人民独裁制度,比代议国会制度改良得多。如今列宁逝世的二周年已经到了,中国民众应当记念他,应当考察中国现时的革命运动之发展和世界革命的无产阶级及列宁主义的关系。如上节所述,岂不是完全证实列宁主义对于中国民众的意义吗?因为列宁的主义就是唤起各国被压迫民族,尤其是帝国主义国家里的无产阶级,起来一致反抗并推翻帝国主义。

三

列宁的生平和学说,整个儿的表示他的坚决勇毅,忠实于劳农平民及被压迫民族之革命事业——反对一切压迫者和妥协派修正派,这些妥协派修正派永久是帝国主义者资本家的佣仆,他们的政策妨碍劳动平民的坚决斗争,实是为世界资本主义服务。

中国民众现时的反帝国主义斗争还只是初期的发展,还很幼稚。没有多大的经验,因此,不免有许多犹豫,许多动摇不定的政策。对于帝国主义者回心转意(如美国主持正义或者如戴季陶所谓"日本应当回东方来")的希望还没有完全丢掉。还没有分别谁是朋友谁是仇敌的明确的觉悟。我们应当勉力去斗争,去学习,务必要固定我们革命的观点和政策,在这方面列宁是我们的模范。我们革命的组织和团体,应当能像列宁一般,善于指导全国民众,往那不妥协,不犹豫,不受狭义的国家主义之煽惑,不受国民党右派之分裂的一条革命道路上前进。

四

列宁是胜利的十月革命之领袖。列宁和俄国共产党所指导的十月革命,所指导的八年来苏维埃国家的政治,证明了:工人农民的联合能够战胜帝国主义的资本家,能够创造劳农平民自己的国家。十月革命的胜利,赤军扫除反革命之成功,八年来经济改造的成绩,都足以鼓起各国一般民众的勇气去反抗帝国主义,中国的工人农民及革命的智识阶级应当利用十月革命的经验;他们应当以同样的精神去力争中国的民权化,中国的独立解放,造成革命的国民政府,使能代表一般劳动平民的利益,解除他们所受的一切痛苦穷困。

五

列宁是无产阶级的组织者和领袖,他领导无产阶级推翻资本主义的政权,建立无产阶级独裁制,为共产主义而奋斗。十月革命的成功是世界革命的开始。东西各国的共产党和共产国际,应当联合团结一切劳动平民的革命力量和被压迫民族,一致反抗帝国主义而推翻他,推翻世界各国的资本主义,因为如果不是这样,不但无产阶级不能得着解放,就是弱小民族也始终不能脱离压迫。现在的土耳其便是实例。周佛海最近说中国国民革命只是打倒帝国主义的在华势力而不是推翻帝国主义。其实,一方面如果各殖民地都能打倒帝国主义势力,那时帝国主义必然推翻——周佛海等是否赶紧想法去维持他？别方面，如果各殖民地的民族解放革命都只是国内的斗争，互相联络，当然更不联络国际无产阶级（因为这样，帝国主义必被推翻，与周佛海主义相反）——那时每个殖民地和半殖民地的力量，又连打倒帝国主义的势力也不够。所以各殖民地半殖民地国民革命发展的最终结果，始终要和列强无产阶级的社会革命汇合而成就世界革命，推翻帝国主义和各国资产阶级的统治。那时世界的一般劳动平民——工人农民等的大联合，才能完全解放自己，进于真正的平等自由互助，实行世界的经济改造而实现共产主义。中国共产党是共产国际的中国支部，他是中国无产阶级及一般劳动民众的领袖和代表，他指导无产阶级一切经济的政治的斗争，使他们和国内一切革命力量和民治主义派联合，以实行共同的反帝国主义和反军阀的斗争，力争中国民族的解放独立和中国平民的革命的政权。他的目的是解放世界上一切劳动平民和被压迫民族，以进于共产主义。

六

列宁指示出工人阶级的最终目的是苏维埃政权和共产主义，同时他时时刻刻指导先进的工人，应当集中自己的注意及力量，于最近的最紧要的革命责任。俄国第一次一九〇五年革命的时候，列宁指导俄国的工人，应当和农民群众联合暴动，推翻俄皇政府，组织临时政府，以国民会议为最高机关，而建立革命的民权的政治。列宁对于现时东方各国的工人，屡次说明努力赞助并领导国民革命运动的必要，因为推翻帝国主义和民族解放是最迫切的革命责任。列宁说，中国工人战胜帝国主义而解放自己的民族——这对于西方列强的无产阶级是非常之大的帮助，使他们容易推翻帝国主义的资产统治，而完成世界社会革命的全功。因此，中国的工人阶级和共产党时时刻刻记住这一紧要迫切的革命责任，而用全力联合一切革命的民主主义的力量，使成一伟大的反帝国主义联盟。

七

列宁是从来一切社会主义者之中，第一个主张国际无产阶级应当赞助东方劳动平民的民族解放运动。列宁主义者——全世界各国的共产党，便实行这一原则，这一列宁的伟大的遗嘱。譬如法国共产党是法国唯一的政党——承认革命的摩洛哥和叙利亚有完全独立的权利，而帮助他们反对法国帝国主义的政府。英国的共产党努力在工人群众中宣传赞助印度的以及其他殖民地的革命运动的必要，对于中国的五卅屠杀，急激提起抗议，反对英国的帝国主义政府（英国工会最近在史加波罗开的职工会全国大会，曾经有对于这一问题的议决案）。共产国际、赤色职工国际、农民国际、国际赤色济难会、国际工人救济会屡次赞助中国的革命运动，尤其是在五卅屠杀的时候。少数派改良派修正派的第二国际和黄色职工国际（亚摩斯德丹），对于中国及一切被压迫民族的革命运动都不肯给丝毫事实上的帮助，他们至多空口说几句同情的话，而时时跟着帝国主义者在自己机关报上描写中国、印度、摩洛哥、叙利亚、埃及、土耳其等民族的"卑怯、欺诈、骚扰、或者仁慈容忍礼让等类的特别文化特别天牲[性]"。

八

列宁和列宁主义的政党以事实证明他忠于赞助被压迫的民族，赞助他们反抗帝国主义，使得彻底的解放。就以苏维埃社会主义共和国的联盟里来说：乌克兰、白俄罗斯、亚尔美尼亚、乔治亚、亚奏白裳、土耳其斯坦、乌兹卑克、吉尔给兹、罢史吉尔、鞑靼等等弱小民族都有自己的国家，都完全自愿的完全自由的联合起来而成苏联。十月革命成功之后，这些弱小民族，因为和俄国无产阶级团结在一起，已经完全推翻俄国的帝国主义的资产阶级，而得着解放。苏联并且完全放弃俄皇政府对于土耳其、波斯、中国、富汗等国的特权，取消了一切不平等条约。苏联实在是一切东方民族反帝国主义的民族解放斗争中之忠实的友军。中国劳动平民在反抗帝国主义的斗争里，应当以苏联为模范，来组织革命的政权——就是使中国境内蒙古、西藏、满洲、回回等民族，完全以自由平等的原则，加入革命的中国。中国的平民决不能承认汉满巨商及官僚对于蒙古等民族的特权，应当反对他们的压迫剥削这些弱小民族。中国革命的平民应当承认这些民族的完全自决权，尤其要帮助国民革命的蒙古以自由平等的原则，和他联合一致反抗帝国主义。只有这样才能得到胜利。譬如最近唐努乌梁海民族表示愿意加入苏联，何以会有这种现象，正因为不但中国的军阀政府压迫他们，而且国民党的民族自决主义（见第一次大会宣言）也没有广泛宣传，还有一班国家主义派，保皇党的研究系，官僚军阀御用的政客，帝国主义驱使的外交家，拼命狂叫"保持中国对于蒙古等民族的宗主权"。弱小民族当然不愿意受这种压迫而要联合"以平等待他的"国家。如果国民党及一般国民有明显的革命的民族问题的政纲，这些弱小民族自然自愿加入中国国民革命的联盟，而后将来革命政府时各族的联邦共和国才有巩固的基础。

九

列宁主张一切劳动者的革命，同时便十分注意引导一般被压迫的妇女，女工，农妇来参加革命的斗争。苏联国内妇女已经得着完全解放，并且对于妇女权利特别有法律上政治上教育上的保障。苏联内部的东方民族里，妇女解放已经有很大的成绩，她们已经脱离了以前的奴隶地位，而享受和男子同等的权利。再则，列宁亦是第一个主张革命运动里，应当特别注意青年自身的利益，使他们不但为革命服务，而且为自己而格外努力于革命。我们中国革命者的职任，就在于广泛的引导一切被压迫的妇女和青年来参加政党、工会、农民协会的工作，这样必定能格外增加革命的力量，而加速反帝国主义和反军阀的斗争之胜利。

十

从最近几年各国政治经济的状况尤其是中国的情形看来，确已证明列宁主义的正确，有许多人总是宣传用和平的方法，阶级妥协的方法，可以得劳动阶级的解放。这几年来，尤其是欧战以后国际联盟的劳动会议各国的所谓左派或劳动党政府，完全证明这一说法的错误。列宁说这些改良派实际上是资产阶级的走狗，他们只有延长资本主义帝国主义命运的本领。现在早已证明这句话是确切不移的了。列宁说，劳动的完全解放，只有劳动者的武装革命能够达到。十月革命的胜利正是因为共产党指导劳动者组织自己的武力，组织赤军，工人农民自觉的参加这种军队，能为自己阶级——大多数民众——而作战，所以能扫除资产阶级的反革命，战胜帝国主义者的武力侵略。

中国国民革命,也须组织自己人民的武力,才能完全胜利。只有巩固的革命势力大同盟(无产阶级、农民、革命的知识界及一般被压迫平民之大联合),组织了国民的武装势力,那时中国民族解放的革命才能有彻底的胜利,代表大多数人民利益的国民会议的政府才能成立巩固,一切不平等条约才能废除!

(《向导周报》第一百四十三期,1926年1月17日,署名 秋白)

18日(星期一)

7.《广东各界筹备纪念李卜克内西列宁同志》(《工人之路》第二百零五期,1月18日)

《工人之路》第二百零五期刊登《广东各界筹备纪念李卜克内西列宁同志》,如下:

本月十五日为世界革命先烈德国李卜克内西及卢森堡女士悲壮死难七周年纪念日,二十一日为解放全世界被压迫民众而奋斗革命领袖俄国列宁先生逝世两周年纪念日,广州学生联合会为振群众之革命精神起见,特联合各界发起纪念大会,于昨十七日在统一会开各界代表会议,到会者有学联会陈志文对外协会陈与华省教育会陈信明广州工代表陈世宗党籍校长会黎勇庄中央党部谭植棠青年联合会梁植光新学生社梁浦海一中青年学庄林礼让平教协进会袁德韵香港学生联合会黄剑美陈国安港青年社谭湖卿莫伦白广大学生会毕磊琼崖革命同志大同盟嘉部妇女协会冯明兄。先由陈志文宣布开会。并提出计划,次由众推谭植棠,决议案如下(一)定名,广东各界纪念李列宁筹备委员会(二)分配工作决定。总务部主任中央党部,宣传部主任学联会,游艺部主任,平民教育协进会,布置部主任香港学联会,交际股党校长会妇女协会琼崖革命大同盟,文书股广大学生会,会计股统一会,庶务股省农会省党部市党部,募捐股省教育会学生联合会商民协会广大学生会,纠察股省港罢工委员会,宣传部副主任广大学生社青年军人会广大学生会中华全国总工会,游艺部副主任小学教职员联合会党校长会,布置布主任广州工人代表会一中青年学社香港青年社,(三)办事地点,广州学生联合会,(四)经费,预算八百元,一由募捐册□捐,二由各团体认捐,(五)委员常会,决议第一次筹备委员会议,时间星期二正午十二时,地点广东统一会。

(《工人之路》第二百零五期,1926年1月18日)

19日(星期二)

8.《纪念列宁与李卜克内西的宣传大纲》(《工人之路》第二百零六期,1月19日)

《工人之路》第二百零六期刊登《纪念列宁与李卜克内西的宣传大纲》(广州《民国日

报》1926年1月20日，21日转载了该大纲），全文如下：

李卜克内西是德国革命的斯巴达卡斯团的领袖，是国际少年运动的开创人，他生于一千八百七十年，自在柏林大学卒业后，一面当律师，一面即为工人阶级利益而开始奋斗了，一九〇七年李卜克内为他的"军国主义"讲演录发行被捕入狱，一九〇八年被举为普鲁士议员始出狱，入议院后，曾向着德皇猛力进攻，后来更被劳动者举为国会议员，一九一四年他和十二个议员在国会中反对德皇军费案甚力，又波兰德意志之役，他在战场上通告波兰政府主张放弃侵地，言条件与交战国讲和，他这种民族平等的观念和目无军阀德皇的气慨[概]，已足令我们仰慕不已，后来德政府第四第五两次军费提案，他同卢森堡等最少数人曾极力反对通过，痛诋德皇，反对帝国主义的战争，结果社会民主党把他们除名，一九一六年他借五一示威运动，作反帝国主义战争的广大宣传被政府逮捕入狱，监禁两年。一九一八年德国革命爆发，始出狱，惟政权落在社会民主党手里，所以他又与卢森堡几次率领巴达卡斯图谋打倒社会民主党政府，不幸战败就擒，一九一九年一月十五日为社会民主党阴谋枪毙于解送道途中，他和卢森堡都是被压迫阶级的战士，为反帝国主义而被害的，为青年工农奋斗而死的，他们都是很悲壮的失败者！

列宁的历史　列宁是历史上两个伟大姓名——马克斯列宁——之一，他是共产国际和青年国际的创造人，俄国共产党的领袖俄国人民委员会的委员长及全世界无产阶级和全世界被压迫民族解放运动的福星和导师，他在一八七〇年生于俄罗斯之瓦尔加阿之布尔莞城，一九二四年一月廿一日因操劳过度，死于莫斯科，葬于十月革命的红场，从此便不能见着我们伟大慈祥的世界革命的领袖了。他生了五十四年，从十七岁起，即开始为无产阶级和被压迫民族谋解放，鞠躬尽瘁，一直干到一九二四年，三十七度春秋。列宁为无产阶级和被压迫民族利益而奋斗无少懈。中间虽然俄皇亚力山大杀了他的哥哥，一度被捕，一度流放于西伯利亚的雪窟中，两度亡命于芬兰队士德比法英诸国，曾遭帝国主义军警之驱逐几及于难，革命后在莫斯科曾被反革命的走狗所刺，列宁于每一次挫败中和失败后即都更能振刷他的精神，向着著书立说外，且能在行动上联络国际同志及国内工农群众更为有力量的奋斗。苏联占全世界六分之一的土地和一万万三千万人口的苏联能冲破资本主义的重围，得到真正的自由解放，都是列宁领导着全苏联及全世界工农群众艰难困苦与经济派，社会革命党，无政府党，少数党，俄皇，俄国资产阶级，第二国际的社会民主党，帝国主义，法西斯□反革命派奋斗的结果。

列宁与工人阶级，列宁是苏联工人阶级的导师，亦是全世界工人阶级的导师，苏联工人阶级之能够抢取政权打倒帝国主义在俄国的势力，推翻俄皇资产阶级，铲除一切反革命，使无产阶级的政权日益稳固，无产阶级国家日益发展，全世界无产阶级革命运动日益扩大，无不是得到世界革命的利器——列宁主义，——和列宁党——共产党——的指挥的结果。列宁与农民阶级，占俄国全人口百分之八十的，农民群众受着俄罗斯大地主和俄皇四百多年的压迫与剥削，能够一旦得到土地，得到自由，得到解放无不是列宁的功绩，将来各国农民的解放也必须遵照列宁主义，对解放农民问题的政策方完成功。

列宁与学生，列宁也是一个学生出身，他虽然没有专门做学生运动，然而十月革命的结果，将苏联的教育刷新起来，一洗从前资产阶级奴隶教育而代以新社会的共产主义教育，使全苏俄的青年学生在自然科学、社会学智识上比之其他各资本主义国家的奴隶教育高出几千万倍，使最大多数的青年学生在极污浊的资本主义社会中知所适从，很快的就走上一条光明大道——世界革命，现在我们学生群众渐进的或积极的走上革命的道途，接受了一些世界革命影响，这都是列宁对我们青年学生的贡献。

列宁与兵士，在资产阶级国家中的兵士，言论行动一概不得自由，简直变成了人们养的马□一样，在无产阶级国家里面的兵士，则每人都可发表□为本阶级谋利益的意见，而且同是国家的主人，权利义务完全平等，长官对于士兵不得有一点压迫和剥削，长官与兵士在形式上有各种等级之分，而在实际上则毫无一点隔阂和不同的利益，这就是列宁对于兵士的赐予。

列宁与被压迫民族，被压迫民族不但受帝国主义者剥削与压迫，而且还受着资产阶级及其走狗社会民主党的欺骗，剥削和压迫，假使没有列宁起来排斥社会民主党对于民族问题的主张，承认所谓欧洲开消民族尚有统治殖民地半殖民地野蛮，民族之必要，在现时殖民地民族只有教育独立之可能，而代以民族自决和各民族一律平等的列宁的民族问题的主案，则我们被压迫民族恐将长久受帝国主义的压迫与剥削以死，故自十月革命以来，不但在大俄罗斯人统治下的各种弱小民族得到完全解放，即土耳其民族解放运动亦得到苏联的帮助底于成功。这就是说明列宁对于民族的解决是实际的而不是口□而实不至的如第二国际的先生们，列宁为使民族问题得到彻底的解决和无产阶级革命得到很快的进展，以完成世界革命，所以他决定而且已使西方无产阶级和东方被压迫民族合起来了，齐向帝国主义者进攻，使东方被压迫民族解放运动和西方无产阶级革命运动，平均发展起来，很快的结束帝国主义者的寿命，土耳其的革命和去年中国上海事变中，西方无产阶级，农民群众及吾国被压迫民族都联合起来帮助中国革命，反对帝国主义者对中国人民的屠杀与压迫，使帝国主义者终于不能以武力对我而反向我们让步，愈足以证明列宁主义对于世界革命及殖民地半殖民地解放运动政策之正确，中国能够取回苏俄抢去的特权。治外法权，租借地，之团结起群众进攻帝国主义，统一了广东奠定了一个全国革命的基础，完全是受了列宁主义的指导，和国际共产党国际无产阶级在精神上和物质上的帮助使然。

李卜克内西是反帝国主义和反帝国主义战争最得力的战士，是代表我们国际少年利益而奋斗的先烈。观他已死七周年人然而他的革命精神和他的革命事业将与我们革命群众同其发展与生存，我们革命少年革命群众是要完成李卜克内西未竟之志的，我们对于李卜克内西之死，怎能不深深地纪念着他[,]至于伟大的列宁，我们实在爱慕不置，我们不但是爱慕他领导，俄国工农群众，实行革命得到了解放，尤其是爱慕他领导着，国际无产阶级，和国际被压迫民众图谋世界革命以解放全人类，工人们，农人们学生们，兵士们，和一切被压迫的民众们，列宁是我们大家的领袖，列宁是我们世界革命的导师,列宁逝世已二周年了,白色恐怖,黑色的势力尚包围着我们,我们应如何承继列宁的事业,接受列宁革命的教训与策略。实际团结起无产阶级,和被压迫民族与帝国主义者,决一最后的死战,以纪念我们的列宁,我们的高呼,

  列宁万岁!
  列宁主义万岁!
  无产阶级与被压迫民族联合万岁!
  世界革命功成万岁!

(《工人之路》第二百零六期,1926年1月19日)

20日(星期三)

9.《悼列宁》(《工人之路》第二百零七期,1月20日)

《工人之路》第二百零七期刊登金高的诗,名为《悼列宁》,如下:

  我想起了列宁,
  我哭也哭不出声;喊也喊不成,
  你是为全世界的劳苦兄弟争幸福,
  你是为全世界的劳苦兄弟而牺牲,
  在无产阶级的解放路途里,
  多得你□下了一大段工程。
  我们正在随你进前,
  把自己千层痛苦解除清净,
  谁知事不如人;
  竟在未来安乐天里落下了一颗明星,
  劳苦兄弟椎胸大哭;
  资产阶级捧腹笑喜,
  哭,是哭未来共产主义社会少了一个建设者,
  喜,是喜现在资本主义社会多了一日生存命,
  任你是哭还是喜;
  只有我们努力快做未完的事情,
  你哭是没用,他喜我不惊,
  列宁肉体虽死,精神永生,
  死了一个列宁;还有无数的列宁。
  我们革命事业,惟有走入红波里。
  把社会上的罪魔打倒。我们才得安宁。

(《工人之路》第二百零七期,1926年1月20日,署名 金高)

21日(星期四)

10.《列宁逝世二周年纪念告被压迫的民众》(文献,1月21日)

中国共产党、中国共产主义青年团发表《列宁逝世二周年纪念告被压迫的民众》,全文如下:

工人们,农民们,及一切被压迫的民众们:

两年前的今日,是我们全世界工农阶级和一切被压迫民族永不能忘记的一日,因为这是我们全世界工农阶级和一切被压迫民众的首领、教师、同志列宁离开我们而去世的一日。

列宁是全世界工农阶级和被压迫民众的救主,列宁主义是全世界工农阶级和被压逼[迫]民众,从在资本帝国主义统治压迫之下,求解放的唯一的武器。列宁手创能够领导俄罗斯工农阶级取得最后胜利的一个政党——俄国共产党,把俄罗斯的沙尔、贵族、资产阶级、地主、神甫……等一般压迫工农阶级的魔王根本扑灭了,把大俄罗斯民族压迫其他弱小民族的锁链完全打断了,并且为工农阶级和一切被压迫民族创造了一个劳农社会主义苏维埃联邦。不但如此,他并且替全世界的工农阶级创设了一个共产国际。把全世界工农阶级的先进分子都联合在这一个国际之下,进行指导解放全世界工农阶级和一切被压迫民族的工作。

全中国的工人、农民和一切被压迫的民众,你们所受国际帝国主义和其工具军阀之剥削与压迫,比任何地方更要利害。你们要想根本脱离此种奴隶地位,只有站在列宁旗帜之下,实行列宁主义,与全世界工农阶级联合起来去消灭世界资本帝国主义。

最近日本帝国主义悍然出兵奉天,武装干涉中国,并且亲自动手杀死反奉将领郭松龄,使军阀张作霖因受日本帝国主义之援助,得以有苟延之势。沪案重查之结果,更可明白看见,国际帝国主义对中国仍然取一种进攻形势。

全中国的工人、农民和一切被压迫的民众们,你们要想根本避免在帝国主义和其工具军阀铁蹄下牺牲的危险,你们只有快快起来,努力了解列宁主义,实行列宁主义,因为只有列宁主义才是你们自己解放自己的唯一武器,才是消灭帝国主义和一切压迫阶级的唯一武器。我们在此列宁逝世二周纪念日子里,应该高呼:

打倒世界资本帝国主义和一切压迫阶级!

全世界的工农阶级和被压迫民族解放万岁!

列宁主义万岁!

中国共产党　中国共产主义青年团

(《中共中央青年运动文件选编》,北京:中国青年出版社1988年版,第91~92页)

21日（星期四）

11. 列宁纪念号（《政治生活》第六十五期，1月21日）

《政治生活》第六十五期（列宁纪念号）刊登《列宁主义与马克思主义》《列宁主义与新经济政策》《列宁主义与俄罗斯共产党》《列宁与中国革命运动》《列宁与苏维埃社会主义共和国大联合》《列宁之死》《列宁的家世与他的事业》《列宁对于自己的记载》《列宁纪念的几叚[段]感想》《列宁主义的战死者——李卜克内西与卢森堡》《列宁主义之理论与实际》等文。

12.《列宁主义与马克思主义》（《政治生活》第六十五期，1月21日）

《政治生活》第六十五期刊登希祖的《列宁主义与马克思主义》，全文如下：

> 普通对于马克思主义与列宁主义的解释，常常容易发生以下几种错误：
> 第一种错误，是以为马克思是《资本论》的著作者；列宁是十月革命的创造者；明白说，就是马克思是无产阶级革命的理论家；列宁是无产阶级革命的实行家。他们把理论与实践分成两截，他们不知道理论是要能回答实际的问题，理论是要能指导实际的行动，理论是实际革命经验的总合。没有实际的革命行动，不能有正确的革命理论；如他们所说，所谓理论，充其量亦只是研究室中的一种陈设，与实际行动不生关系。
> 没有行动，就没有理论；同时没有革命的理论，也就没有革命运动；因为指导的方法错误，当然不会得出革命的结果。所以我们不能说马克思仅仅是理论家，而列宁仅仅是实行家，这种分法显然不承认于马克思主义之外，有什么列宁主义。我们知道，在事实上，马克思不仅是《资本论》的著作者，并且是第一国际的著作者；列宁不仅是十月革命的创造者，并且是社会革命理论的发扬光大的人。
> 第二种错误，是以为列宁主义，就是马克思主义，仿佛两者并无差别。然而列宁主义，并不简单就是马克思主义，列宁主义之中，有许多成分是马克思主义中原来所没有的，或者虽有亦很不详尽，还未发展的。这是因为马克思所处的时代，是欧洲资本主义正在发展的时代，是商工业资本主义的时代，无产阶级革命的条件还没有具备，不过伟大天才的马克思，已经洞见资本主义发展的矛盾，社会革命之必然到来，共产主义之必然实现，因造成无产阶级革命理论的大纲，但对于许多实现无产阶级革命更具体的问题，则尚未研究到。列宁生长在资本主义最后阶级的帝国主义时代，无产阶级革命已经到了爆发的时期，所以对于许多具体执行无产阶级革命无产阶级专政的问题，便有格外详尽的研究，发现许多新的原则。所以列宁主义的根抵，虽与马克思主义并无二致，然而他还加上许多新的成分，并不简单就是马克思主义。
> 第三种错误，是以为列宁主义是革命的马克思主义，以别于其他改良派机会派的

马克思主义。这一说也只有一半是对的；因为马克思主义，本来就是革命的，去了革命的本质，使无所谓马克思主义。修正派改良派的见解，已经违背了马克思主义革命的原则，已经不是马克思主义了；列宁主义是马克思主义，并且是唯一的马克思主义，不能把马克思主义，分成革命的与非革命的两种。

第四种错误，是以为列宁主义，是应用于俄国的马克思主义，假使列宁主义，只是如此，便失了指导世界革命的意义，便只是俄国一国的现象？然而列宁主义，绝不只是集合俄国革命的经验，还有世界革命的经验；绝不只是指导俄国的革命，并可指导世界的革命。

从上面的分析，我们对于马克思主义与列宁主义的解释，第一：不可把理论与实践分离，把马克思单看成是无产阶级革命的理论家，把列宁单看成是无产阶级革命的实行家，第二：列宁主义是马克思主义，然而不简单就是马克思主义，还有代新增的内容。第三：列宁主义，是唯一的马克思主义，马克思主义，无所谓革命与改良的分派，换句话说，就是改良派理论不能称为马克思主义。第四：列宁主义不仅是应用于俄国的马克思主义，并且是可以应用于世界。

以上我们再就马克思主义与列宁主义的关系，略为申说：列宁是马克思主义者，他的研究的方法，他的革命的理论，本来与马克思主义绝无二致。他的差别，只是马克思主义是无产阶级革命前，工业资本主义时代的社会革命思想之大纲；列宁主义是无产阶级革命时，帝国主义时代的马克思主义。在马克思的时代，无产阶级革命成熟的条件，还没有具备，只刚在发展，对于许多执行无产阶级革命更具体的问题，当然不能详细发挥。在列宁的时代，资本主义已经发展到他的最后一阶段的帝国主义，帝国主义现时所包含的之大矛盾：资本家与工人的冲突；帝国主义相互间的冲突；帝国主义与殖民地间的冲突；已经使得资本主义到了非崩坏不可的时期，革命的火花，已经照红了世界，列宁生长在这世界革命爆发的时代，更集合了自马克思以来所有革命的经验，特别是俄国三次革命的经验，因此他的内容，是比马克思主义更为丰富；如对于无产阶级专政问题，对于无产阶级革命中的农民问题，对于殖民地问题，民族问题，对于无产阶级革命中党的作用问题等等，均发现许多新的原则。所以每个忠实于革命的人，不仅要懂得马克思主义，更要研究列宁主义。

马克思主义的发展，我们可分为三时期：自一八四六年发布共产党宣言至马克思的逝世，为第一时期；这一时期，是无产阶级革命理论的马克思主义健[建]立时期。自马克思死后，至一九一四年欧洲大战起，为第二时期；这一时期，马克思主义被一般改良派机会派所修改，已经失掉了马克思主义革命的本质，不成为马克思主义了。自一八九〇年以后，至现在为第三时期；这一时期的发展，是在第二时期的发展中即已成长起来，他极力与改良派机会派倾向斗争，阐明马克思主义革命的本质，领导这个运动的，便是列宁，可说是马克思主义的光复时期。列宁主义出于马克思主义，没有马克思主义，便无列宁主义；然而另一方面，没有列宁主义与改良派机会派的斗争，也就没有马克思主义；因为马克思主义，早被改良派机会派湮没死了。

（《政治生活》第六十五期，1926年1月21日，署名 希祖）

13.《列宁主义与新经济政策》(《政治生活》第六十五期,1月21日)

《政治生活》第六十五期刊登老土的《列宁主义与新经济政策》一文,如下:

引　文

　　列宁主义是扩张大了的马克思主义,是二十世纪的马克思主义,是帝国主义时代的马克思主义;假如马克思主义是说明科学的社会主义的基础的,那么,列宁主义是说如何在这基础上去实际建设共产主义的社会的;假如马克思主义关于无产阶级对资产阶级的斗争和无产阶级革命及无产阶级专政,是决定理论的纲要和实际的方向的,那末,列宁主义就是决定同一纲要的发挥和指示同一方向的策略的。在形式上,有时感觉到马克思主义和列宁主义是相反的,然而在实际上,若把环境的变迁,详加考察,就可以发见他们是相成的。以上这些话仿佛是在本题的范围之外,然而实则仍未离本题,因为凡是要说列宁主义的,离开了马克思主义,便无根据,不明白马克思主义和列宁主义的关系和区别,便不免流于瞎说胡道,至少要变成没有条理。这是解说列宁主义的人不能不采取的手段,不能不走的通常道路,所以列宁主义与新经济政策这个问题,也不能不用这个手段,不能不走这条道路。

　　什么是新经济政策?新经济政策并不是像反对共产主义的人说的投降于普通资本主义的政策,也不是像有些赞成共产主义的人不加研究随便乱说的最新社会主义的经济政策。所谓新,是在俄罗斯革命史上,对于由一九一八夏间到一九二一春间所行的"军事共产主义"的经济政策而言,实则新经济政策的实行理论在一九一八年春间即未行军事共产主义的经济政策以前,早已成为俄国共产党内之议论焦点(见列宁著"关于实物说"及"五年间的俄罗斯革命与世界革命的预测"二文),所以假如一九一八年夏间俄国不受白党和国际帝国主义者相勾结的军事攻击和经济封锁,则俄罗斯未必会行军事共产的经济政策,那末,也说就会没有所谓"新"经济政策了。要想明白新经济政策的内容最好把俄国十月革命后的经济政策史看一看。十月革命后到现在,在大体上,俄国经济政策,经了三个时期:第一期从十月革命后到一九一八年夏间,在这时候,俄国工农政府的政治上的工作目的是在夺取政权,脱离大战而讲和,破坏帝政时代的封建地主式的政治组织,所以和这个相应的经济政策,主要的,只在取消关于土地及银行的私有财产权(土地及银行国有)而一般工业及商业不过仅照国家资本主义的方针,少加节制。第二期从一九一八年夏天到一九二一春天,在这时期,农工政府的政治的主要目的在维持国家的存在,对于内面的反革命及外面的帝国主义者的进攻,极力抵抗奋斗,而在经济状况上,俄罗斯承四年余的大战的破坏之外,又加以受帝国主义者有意的经济封锁,所以生产能力,非常薄弱,若不用武力强制经济分配,则越会使一般食用不足,军队也会解体。所以和这个相应的经济政策就是军事共产主义的经济政策,把一切大的和中等的动产及不动产的私有产业,都收归国有,禁止自由卖买，集中一切生产品，归国家分配。第三期从一九二一起到现在，在这时期内外战事，已告终结，政治上工作的主要目的在巩固政权，其方法在恢复经八年间的破坏薄弱已极的经济生产力，所以在经济上不得不设一个建设的经济政策即新经济政策。这个新经济政策的内容就是：（一）大生产国有，交通事业国有，对外商业国家经营，银行国有，土地国有，家屋国有或市有，（二）国内商业自由，（三）特许私人经营工商企业，（四）特许外商经营各种事业，（五）农业实物税及农业单一直接税。简单说来，新经济政策就是国家资本主义的经济政策。但是应注意的是：资产阶级专政的国家资本主义和无产阶级获到政权的国家资本主义，二者进行的方向是不同的，前者向少数资产阶级的利益进行，而后者则向多数无产阶级的利益进行（见列宁一九二一年演说"俄国共产党的策略"）[。]

俄国为什么要行这样的新经济政策呢？这是本题的要旨，说明这个，就是说明列宁主义与新经济政策的关系，因为新经济政策，本是列宁根据他的理论，力争奋斗而后成立的。这个问题，又可分为四个小问题：

（一）国家资本主义是不是和共产主义的社会建设相冲突？知道马克思学说的人，都知道共产社会的建设，和资本社会的建设一样，应当有一个前进时期即物质的基础的聚积时期；犹如资本社会建设以前，必先聚积充分可以运用的资本一样，共产社会建设以前，必先集中大生产，发展高度的生产力。这是不容否认的真理，问题只在如何行这个聚积。在资产阶级政治下面实行吗？抑是在无产阶级专政下面实行呢？这个在马克司主义上是没有断言的，所以现代的马克司主义者中发生争论。列宁主义断定地说：只有无权阶级政权下面，才可以实行这个聚积，因为在资产阶级政权下面，无论生产如何集中，他终是以多得利润为目的的，所以不能发展生产力到建设共产的社会时所必须的高度。事实上，国内及国际独占市场盛行之后，各国生产技术进步的速度，便逐渐减少了，就是一个证据。若说无产阶级政权下的国家资本主义，结局也会变成一个通常的，以利润为目的的资本主义，那不但是一个杞忧，而且实是毫不知道无产阶级政治组织和实况的人的话。所以国家资本主义的新经济政策是可行而且该行的。

（二）农业国是不是可以行社会革命，是不是可以建设达到共产社会的基础事业？马克思主义曾暗示：社会革命和共产社会的过渡的建设，应该在工业非常发达，工人阶级占全国人民的多数的国家，才有可能。所以马克思死后，工业不十分发达，工人不占多数的国家，是否可以行社会革命及建设到共产社会的过渡基础的问题，成了马克思主义间的争点。列宁在俄国革命未成功以前，就主张肯定说，认为马克思的暗示，不是绝对的而是相对的，因为革命成功的要件，不是单一的而是复杂的，所以不是局部的，而是全体的，所以工人数目之外其他条件例如被革命阶级的腐败，政治上的危机，经济上的恐慌等，也都是必要的。列宁这个话，果然经俄国革命证实了一半，即农业国的俄国可以实行社会革命而可告成功；其他一半，即农业国也可以建设到共产社会的基础一层，虽然还未完全证明，然而苏联无产阶级政权的巩固和经济力的迅速恢复，已足知其大体了。而且农业国既行了社会革命，就应该设法建设到共产社会的基础,否则革命变成无意义:[,]所以列宁主张新经济政策。

(三)农民是否可成为到共产社会的建设上的分子?这一点也是从来马克思主义者根据上述工人占多数的国才可谈达到共产社会的基础建设的原理,常加否认的。列宁对于上述原理,既不赞同,所以对于这一点,也持肯定论,以为农人的个人主义,可以用农村电气化,农业合作社农村苏维埃等方法,逐渐集体化,所以他并非共产社会建设上的障碍。所以在新经济政策下面,农民只会逐渐变成一个共产社会经济的共同建设人,而不会变成资产社会式的小资本家。所以新经济政策,在对农民方面说,也是该行的。

(四)小生产者(小商人及私人小工业)及特许大生产者的存在是否足以倾覆向共产社会的建设?照从来的马克思主义者所说,在无产阶级专政时代,应该把前者压抑,把后者禁绝,因为他们都是反向着共产的社会走的。列宁以为问题没有这样简单,这个问题,要依环境的不同详加分析,因为无产阶级专政的国家的经济发达程度,本已不同,而无产阶级专政时期,又是一个很长的整个的时期,所以不能笼统地就下断语。像俄国那样,从原始渔猎牧畜及农业经济算起,手工业的小市场经济,初步资本社会经济,国家资本主义经济,社会主义经济五种都有的国家,要想建设到共产社会的经济基础,非大大地借助于小生产者及特许大生产者不可,因为在这样的经济状况中,国家在经济生产上的力量,是很有限的。并且借助他们,并没有危险,因为第一政权在无产阶级手里,第二主要生产机关也在无产阶级专政的国家手里。不但没有危险,而且因为他们事实上是在国家的有秩序的经济计划之下,而行生产,在事实上,只可以发挥他们在生产上的长处而不能发挥短处,所以还能使他们经济生产力,比在资本社会里,尤为发达迅速。所以从这一点说,新经济政策也是应该行的。

以上四个问题,都证明新经济政策虽是马克思主义理论上应有的结论,然而能够把他明白指出或引伸[申]而光大之的,却是列宁,所以新经济政策不是马克司主义的,而是列宁主义的。

(《政治生活》第六十五期,1926年1月21日,署名 老土)

14.《列宁与俄罗斯共产党》(《政治生活》第六十五期,1月21日)

《政治生活》第六十五期刊登史密的《列宁与俄罗斯共产党》一文,如下:

俄罗斯共产党创建了苏维埃联邦。在帝国主义与"沙"专治政体之后紧接着一个第一次出现于世界的劳农共和国;先前最危害我们的敌国突然一变而为绝对不含恶意,尽力帮助我们的密友。苏维埃联邦是世界无产阶级与农民的大营,是一切被压迫阶级和民族的救星,特别是对东方弱小民族,尤其是中国,苏联极愿与以莫大的助力。指导苏联的政策的是俄罗斯共产党,而创造俄罗斯共产党的是列宁。他定下党的政策,终他的一生他为这些政策而奋斗。列宁是受损害的人类的援助者;列宁是世界无产阶级与一切被压迫民族的领袖与导师。这个导师所怀抱的理想与所成就的工作数世纪以来实为空前的伟大,只有我们孙中山先生差堪与他比拟。俄罗斯的广大的共产党现在已逾百万党员,并指挥着镰刀与铁锤国徽之下的一万万四千万民族的命运,可说是世界上惟一强大的政党,而它的创造者是列宁。列宁创造这个党的工作,不能用多少天计算,也不知费了多少年的时光。他用他的笔奋斗,用他的口奋斗,用他的行动奋斗,直至他的死日为止。他锻炼一个党,一个无产阶级的党,一个无产阶级工人的党以加入党前的革命里,与封建势力,资产主义和帝国主义苦斗而克复它们。他开始与一般患空想有幻觉,以为俄国可以不经过资本主义阶级而建立社会主义的人们奋斗,他的大著《俄国资本主义的发展》就是给这班人以致命的打击;其次他与党内"经济派"的趋向奋斗这一派想抹杀无产阶级在斗争中的一切政治要素。但是他对党的最重要的工作是在革命运动发展的最初的时期,他明明白白的指示出农民应该参加革命。他坚持革命的成功应该而且必是无产阶级与农民的一齐参加。他的口号按照着革命的三个阶段:与一切农民合作打倒沙与封建势力,与贫农合作——使中等阶级农民中立——打倒资产阶级;与贫农中等农合作做最后社会主义的建设。当有人怀疑党的原则时,他主张党的分化,将那些不预备着奋斗到底,或甚至于反对革命的人一齐驱逐出去。所以在一九〇三年就分裂了——布尔扎维克党的真基础于是开始建立。当一九〇五年革命的最末次,悲壮的莫斯科无产阶级在十二月内武装暴动失败时,列宁并不像少数党所宣称这次暴动"无多大影响"一样,他说工人要准备着;应该预备第二次的武装暴动,莫斯科暴动不过是革命的力量第一次的试验罢了。无产阶级及无产阶级党的失败,是不要紧的;失败一次得一次有用的教训。列宁在一九〇五年失败之后就预备新的争斗。帝国主义的世界大战起后,他向各国无产阶级所用的口号是化帝国主义的战争为内乱呵!"

一九一七年俄国资产阶级的二月革命成功。列宁回国,而且公开的被认为无产阶级革命的领袖。当时的口号是"一切政权归到苏维埃",列宁坚持无产阶级应该握得政权。十月革命成功,共产党是新船的一支舵。掌舵的人是列宁。他领导着党从被一切帝国主义与白党联合的强兵包围之中杀出。当胜利获得而西欧革命有待之时,他引着党向新经济改造的大道走去,果然到现在几乎完全成功了。

列宁曾经著了许多极重要的书使共产主义的理论丰富。如《国家与革命》就是其一。但是列宁的最伟大的工作还是以铁的纪律贯彻到党内去,锻炼出坚钢一般的党来,这就是无产阶级政党惟一的实物。

列宁死了。他辞世已经二年了。但是死的是他的身体,他的伟大的精神到现在还活着,他在党内活着。列宁逝世后党内首以他的名字举行一次征集党员大会,四十万新党员在他的名字之下加入党了。俄国共产党的四围有共产国际所属的支部遍于世界各国,中国共产党是其中的一个。伟大的领袖列宁,他的精神也存于中国共产党内。中国共产党遵守着列宁的教训永矢无沦!

(《政治生活》第六十五期,1926年1月21日,署名 史密)

15.《列宁与中国革命运动》(《政治生活》第六十五期,1月21日)

《政治生活》第六十五期刊登魏琴(即维经斯基)的《列宁与中国革命运动》一文,如下:

一

列宁,世界革命的领袖,他的名字是特别的与东方民族解放运动及中国劳动阶级解放运动发生密切的关系的。一九二四年一月廿一日的列宁之死,引起中国劳动群众之间的深切的悲悼。在列宁逝世的第二周年我们应该将这个革命的伟大的领袖,被压迫的劳动阶级的导师的生平和教训都重新复习一番,才不枉他教我们从事不顾一切的决战,从事普遍的反抗帝国主义的争斗的苦心。

二

由他的生平,由他的教训,列宁同志曾给了我们许多极好的榜样:他的坚决不可变的态度,他的工农革命勇猛前进百折不回的努力,他的对于一切压迫阶级及其谄媚者——妥协派常常在劳动阶级之间散布混淆的空气常常迷惑世界革命之路——的绝不调和的厌憎。中国被压迫阶级在现时正向着他们的解放运动第一时期走去。在这一时期内他们慢慢的得着经验。反抗帝国主义的战士间还有不少的踌躇者和摇动的人。还有不少的错误观念希望着帝国主义如美国之流来帮助中国民族解放运动的。也还有许多的混淆的思想分不清国民革命的真正友人与敌人。我们革命的组织者与领袖们还没有知道贯彻他们坚决与不调和的精神于他们的工作内去。我们应该很坚决的不妥协的战败我们的敌人,同列宁一样——将我们的一切希望放在一切革命组织的力量之上,发展并加强我们的一切组织,与被压迫的群众生联结关系。

三

列宁——是一九一七年十月革命胜利的首领与组织者。列宁与他所领导的俄国共产党,已经表示出由革命的努力与八年的争斗,工人与农民的联合能够推倒帝国主义与资本主义,而且他们能够由自己的力量在无产阶级与它的共产党指导之下,建筑一个被压迫群众的新国家。一九一七十月革命的胜利,红军对一切帝国主义武力的克服,八年来苏维埃共和国经济改造的巨大的成功,都能够激发一切被压迫够[的]劳动阶级,能够鼓舞他们以胜利的勇气与把握以打倒帝国主义。我们中国工人,农民,革命的知识阶级都应该学习俄国十月革命的教训。我们应该很坚决的为中国国民革命运动的胜利而斗争,为获得我们国家的独立,为组织一个新的革命的国家,能够适应劳动群众最切要社会的需要,而争斗。

四

列宁——是无产阶级推倒资本主义的权力,争得无产阶级专政施行共产主义的种种斗争的领袖与领导者。他所领导的一九一七年十月革命运动是世界无产阶级革命的开始。一切共产党在西方与东方各国的,及联合它们的斗争势力的共产国际都应该凝结一切劳苦阶级的力量以从事于推翻资本权力的斗争。中国共产党——是全世界共产国际的中国支部。是中国无产阶级以及与乡村城市的劳动群众联结的势力的领袖与代表。它领导工会的组织与斗争,它领导政治活动,它联结无产阶级与国内其他的革命民主势力以从事于反抗帝国主义与军阀的斗争,为中国独立及人民的革命的势力而奋斗。

五

列宁同志——于显示工人们以苏维埃权力与共产主义的最后目的之时,教导进步的工人们要在每时每刻集中他们的注意力于主要的,最切近的革命工作。所以一九〇五年第一次俄国革命的时候,列宁同志告诉工人们与一切农民们做一致的动作——为推倒"沙"政府,为建设一个革命的民主政权成立一革命的临时政府与开始召集一个人民的会议——宪法会议。列宁同志无疑的,恒久的告诉东方的工人与农人——其中自然有中国人——以他们争斗的基础的,和最切近的目的。最有效的工作是参加,援助,与领导一切国民革命运动,以反抗帝国主义者而求得国家的独立。列宁同志曾经指示出如果获得对帝国主义者的胜利以及国家的独立,中国劳苦群众必将给西方的全体无产阶级的推翻帝国主义统治的争斗,为全世界劳苦群众最后的解放运动,以莫大的帮助。所以中国进步的工人与中国共产党应该时时记在心头:中国革命最切近的与主要的工作,将他们的全力贯注到与一切民治的革命势力共同奋斗的强有力的联合战线上去。

六

列宁同志是领导西方的工人出全力以援助东方劳苦阶级作国民解放运动而争斗的第一个人,他的弟子们——全世界各国的共产党——都时时依照着列宁的这种基本的志愿进行,法国共产党是法国里头惟一的政党,它要求叙里亚和摩洛哥的反法帝国主义的民族完全独立,在国内以革命的行动帮助这些民族的运动。英国的共产党也普遍的在英国工人阶级之间宣传扶助英国殖民地的民族争独立之必要(见萨卡保纳产业组织联合大会及通过的决议案)。共产国际,农民国际,职工国际,国际济难会及国际工人后援会——都对于中国这次反抗帝国主义运动加以极大的援助。第二国际与它的亚姆士特丹产业组合机关,拒绝一切救援,而且在他们的刊物上对于中国解放运动加以种种谰言,而同时佯为对中国事件与以同情。

七

列宁与他的党已由事实表现出他们的工作是向着从帝国主义的锁练[链]之下,解放出被压迫的民族的。在苏维埃共和国内,一切从前被"沙"政府压迫的民族都得到解放了。如乌克兰,白俄,亚美尼亚,乔治亚,亚柴巴颜,土耳基斯坦,乌拉克斯坦,特及金斯坦,基尔池,巴洗克,鞑靼,叶库,蒙古布里,以及其他的民族都自动的组织共和国,而加入苏维埃联邦。自从十月革命成功之后,东方民族免除了被俄皇国有产阶级侵略及割据的危险。苏维埃政府抛弃了一切在土耳其,波斯,阿富汗及中国的特权与不平等条约,苏维埃政府是东方各民族为民族解放斗争的真朋友及联盟。中国劳苦阶级,在从外国帝国主义压迫之下解放出来的斗争中,应该从俄国学得榜样——怎样组织国家的政权,使她建立在全中国民族的自由与平等之上。蒙古应该自决,因为她已经创立了她的革命的政府,而且于反帝国主义的联合战线之下,蒙古一定与中国携手做共同的运动。

八

列宁同志对于召集一切劳苦群众反抗压迫者之时,对于劳动的妇女(女工,农村妇女)加入革命运动及自身解放运动也非常之注意。苏维埃共和国已经将劳动的妇女从枷锁之内解放出来,并且颁布许多法令保护她们的利益。联邦东方的小民族解放妇女运动得有了极大的成功,从前那些地方的妇女地位是与奴隶相等的。中国的解放运动对于妇女解放这一层要极端注意。我们要使中国劳动的妇女加入各种斗争。

九

列宁很正确的将一切在劳动群众之间撒布和平胜利的种子的认为卖阶级贼。列宁曾经宣言过,只有劳苦群众武装的暴动才能得到最后的解放。十月革命所以能成功的,就因为它自始即以武装的力量发动,嗣后又从工人与农人之间组织了红军,在共产指挥之下作战。红军胜过了一切俄国反革命派及帝国主义者的军队。中国之革命的成功亦只能由国民革命的武力成功之后,这种武力为革命民主的权力而争斗。

只有全国一切革命势力(无产阶级,农民以及革命的智识阶级)与国民的武力的坚固的联合,方能得到国民解放运动的胜利!

列宁主义万岁!

中国国民革命万岁!

(《政治生活》第六十五期,1926年1月21日,署名 魏琴)

16.《列宁与苏维埃社会主义共和国大联合》(《政治生活》第六十五期,1月21日)

《政治生活》第六十五期刊登之章的《列宁与苏维埃社会主义共和国大联合》一文,如下:

CCCP"苏联"——帝国主义列强众矢之的的苏联,全世界的劳动者,特别是东方被压迫的弱小民族,都非常高兴地望着她,羡慕它的胜利和它的伟大的力量。

谁都知道这被帝国主义嫉视的苏联是俄国工人阶级及其领袖列宁所手创的。

列宁在创造这自有史以来所没有的统一国家的作用是什么呢?苏俄的工人阶级在其先锋俄罗斯共产党及其首领列宁指导之下怎样解决了资本主义国家里不能解决的民族问题呢?列宁在苏联内能决民族问题的见解和作用是怎样的呢?

要解答这些问题,应看列宁的工作和苏维埃大会及俄国共产党大会的议决案,这些议案通是列宁积极参加并且列宁的草案大半是马上采用成立的。

在俄皇"沙"制之下,民族问题是什么现象呢?极端的压迫,少数民族的专横,强制压低其文化而特别是要使之俄罗斯化。

因为要使这些民族减少对于"沙"的压迫的反抗,"沙"政府常常用某一弱小民族压迫别一更弱小的民族,甚至于施以极残酷的掠夺和屠杀。

鞑靼人之于亚尔美人,立陶宛人之于斯人,以及其他,都是如此,民族问题在"沙"政府下是无法解决的。

列宁对于解决民族问题的见解,是与俄国革命之发展同时长进的。但是列宁的一贯的意旨是:"民族自决。"(注意,不是资产阶级代表威尔逊所唱的民族自决)

我们现在也用不着细述这个问题发展的阶级,而只是说明列宁及俄罗斯共产党在无产阶级专政及苏维埃权力之下如何采用这个议案。

苏维埃政府公布着,独立的民族有独立政府的权利。在苏维埃政权下的这种政策,根本和一般帝国主义国家及"沙"制下的政策相冲突,根本改变过去大俄罗斯里面民族间相互的关系。素受压迫的民族在工农政府之下,有绝对的自由,因是而建立了全苏联民族的劳动者的信用和拥护。

苏维埃政权在其初存在之第一日便给帝国主义列强以一个大的打击,仅仅这一点劳动者一致的精神,已足保证十月革命的成功。这是谁都明白的。这一点一致的精神——民族间兄弟手足的信用,充分的维持了苏维埃政权,和帝国主义者作坚忍的争斗以为自己的权利与自由。只有这样苏联中民族的大联合,不仅免掉大战后之破产,不仅克服一般反革命的将军们,不仅赶出了英,法,美等帝国主义者于境外,而且巩固了,发展了,这劳农政府。

各个民族独立自由而联合政府形式在军事上,经济上及内政上仍然是整个的一个统一的政权。

这个议案是俄罗斯共产党第十次大会上在列宁指导之下确定的,有些人代抱杞尤,狠[很]替这好像分裂的苏联危险,或者帝国主义将再加以封锁与其他的压迫;第十次大会上曾规定下列的议决案:

"……苏维埃共和国联邦之存在系为共同防御帝国主义国家之压迫,一方保卫苏维埃共和国,公同的利益,一方坚固军事和生产的力量,再则生产上经济上之互助,均由苏联政府集中统治,这便是保障公共幸福和抵抗帝国主义强盗和民族压迫的唯一途径。【"】

"各民族的苏维埃共和国,惟有紧紧地团结在一个大联合之内,乃能保持其存在并克服帝国主义势力之联合,否则只有失败。"

这就是列宁与俄罗斯共产党的决定。

苏维埃社会主义共和国大联合八年的存在,狠[很]明显的证明列宁及俄罗斯共产党解决俄国民族问题之正确。列宁所指导的这个政策之结果,在全苏联内凡"沙"时代文化,经济非常落后的地方,至现在已在全世界第一个劳农国家里面充分的表示其进步,提高了。

列宁在垂死之时,在"好了些,少些,不错好了些"宣言上面写着:

"……争斗的出路,关系于俄罗斯,印度,中国……这些大多数的民族。这些大□的民族,在最近几年,为其解放与自由而奋斗,有非常迅速的发展。在这严重的意义上面,毫无疑义的将为全世界斗争的终结。"

中国的劳动者在为被压迫民族解放的伟大的战士及全世界劳动者的领袖死去的纪念日，在正和帝国主义及其走狗积极争斗的今日，回忆上面列宁的话，不是没有意义的。

效法苏维埃社会主义共和国大联合的例子——这是为求解放中国政治，经济，民族的争斗的最高的一课！

十月革命有两结果：一对世界资本帝国主义说，是无产阶级社会革命之成功；一是对俄国一国内说，是民族革命之胜利。

苏维埃社会主义共和国大联合C.C.C.P.（英文SSSR，简称"苏联"）是一九二二年十月三十日才宣告组织成立[，]它是由四个苏维埃社会主义共和国组成：（一）R.S.F.S.R.——苏维埃社会主义俄罗斯共和国联邦；（二）Y.S.S.R.——乌克蓝社会主义苏维埃共和国；（三）B.S.S.R.——白俄罗斯社会主义苏维埃共和国；（四）Z.S.F.S.R.——高加索社会主义共和国联邦。四个共和国基于平等权利，亲善的原则联合成C.C.C.P.——我们简称"苏联"[。]此四共和国无论何时都有自由退出苏联的权利。

这四个共和国中，有两个简单的共和国及两个共和国联邦：R.S.F.R.与Z.S.F.S.R.是也。所谓共和国联邦者，即联邦内又系合若干民族的共和国及各特别民族之自治区而成。如R.S.F.S.R.内有十一个自治社会主义苏维埃共和国（鞑靼几尔几士叭什基尔土耳其斯坦……等共和国是）及十个自治区（华兹，卡尔墨兹，却华什……等自治区）[。]而Z.S.F.S.R.内有三个主要的高加索共和国：亚才尔伯章（巴古城在内）亚尔孟亚和格鲁叙亚。总之全"苏联"及R.S.F.S.R.与至S.F.S.R.都为共和国联邦或简称联邦，因为每个共和国非由一个简单的政府〈，〉所组成，而系若干政府所联合。

C.C.C.P.自一九二二年十月二十日宣告组织成立，自此后，只称"苏联"而不称苏俄因苏俄仅苏联之一部份而已。苏俄苏白俄苏乌克蓝，苏高加索，此"四苏"结合于一个联合政府之下者不外：一、内部经济的，二、国内和国际的，三、苏维埃政权本身之存在和强固的三个意义。

经过八年国内国外战争之后，各苏维埃社会主义共享国在经济建设的利益上决定联合主要经济的和财政的原素以改善享其用，促其进步。在国际的观点上，C.C.C.P.为必要。国际资本主义之进攻无时或息外交，战争，通商诸事，经过C.C.C.P.而成坚强之联合战线。再则苏维埃政权，统治各苏维埃共和国，基于工人阶级与农人之联结，基于劳动与协力以抵抗资本家，这种协力（或云连带责任）需要一个最固的团结和全体劳动者之坚强的联合。由此联合足增长各苏维埃共和国的力量。在最近或较远的将来，凡有以苏维埃社会主义共和国称者，亦得自由地加入C.C.C.P.苏联之内。这可谓之苏维埃式合众国。

按民族问题在俄为最复杂之问题，全俄有百余种民族，语言，经济都相同，一万万三千万人口中，大俄种只八百万，经济情形：大俄多半是工业，其余则牧蓄经济有之，农业经济有之，经济落后，文化程度亦低，故民族问题之在俄，半世纪不能解决,到现在乃很简单的以实行联邦制而解决了。

这个问题与农民问题及巩固苏维埃政权问题都有密切关系,在革命的路上是极重大的问题,C.C.C.P.办法,可为世界模范,秦诺为也夫云"民族问题正当的解决,是革命成功之百分之五十"[。]

"一切权力归苏维埃"是列宁所发出的深入人心的口号,民族问题是列宁主义精髓之一,我们中国人,在今日高唱民族解放革命运动的中国人,事实上有形无形的都是列宁主义的信徒,在纪念这世界革命——内中即有民族革命伟大的领袖的今日,应当彻底明白这些理论与事实,以求自身的解放!

(《政治生活》第六十五期,1926年1月21日,署名 之章)

17.《列宁之死》(《政治生活》第六十五期,1月21日)

《政治生活》第六十五期刊登巴马特的《列宁之死》一文,全文如下:

在一九二四年一月二十一日,像青天白日里发霹雳一般,列宁之死的消息传布了。我们伟大的革命指导者已经没有了。列宁——世界被压迫者之争斗的象征,已经在现世生命中找不出了!他的死亡的损失,除非从被压迫人类中他的工作表现里观察,是不会懂得的。现世界没有一个人享受普遍的爱戴有如我们的列宁。便是在人类历史里,也没有一个人物在国际的阶级上,做出一番伟大的事业,有如我们的列宁的。

列宁是被亿兆人所崇拜的

现世界上,没有一国,没有一种语言文字,在里面,列宁的名字不被振动,不被崇拜。基督教的运动似乎已拥有千百万信徒了,这些信徒们相信救人类只有基督教义,可是佛教,回教以及其他的教的信徒们又怎样呢?他们自然反对基督教义。然而这些信徒们,他们向来受压迫于英,法,德基督门徒的"爱"的人,现在也抬起头来,看见列宁,看见他们所谓的"莫斯科人"了。

列宁正是为了那般基督教徒帝国主义的奴隶占有者争斗,为黑种人,棕种人,黄种人的利益之解放而奋斗的明星。他同时也就是为白种工钱奴隶从资本制度里夺得自由的指导者。在这里,我用不着叙述我们伟大的死者之功绩,也用不着列举出他在被压迫民众解放中的工作。因为这个还需要一枝更健全有力的笔来写。我在这里只不过为指明列宁是怎样被崇拜的一个指导者,全世界被压迫者的一个救星,地球上每一国,每一种民族,亿兆的人们——都是知道而且信仰的。

列宁在五大洲被压迫群众的脑中

当列宁将没时,远东中国北京的大学里面有一次投票的群众心里测验,问题是谁是现代最伟大人物,结果是列宁。在荷属东印度的许多学校里,小学生们知道列宁的名字,比知道"他们的"皇后,荷兰女王威海弥的名字要强得多。在某军营里,有一套电影名叫"红魔"的,表现一个黑奴的事。这个黑人生长非洲,无家可居,住在一颗[棵]大的棕树下。有一个"白种的主人翁"把他发现了,用鞭子抽他,迫他作工。他忍受不堪了,最后逃走成功,辗转而至苏维埃俄罗斯。他投身于红军里。在军营的寝栅里,挂有马克斯,列宁,托落[洛]斯基的像片。有一天晚上,他睡中做梦,梦见"家乡",梦见再受鞭笞的痛苦。他惊醒了,立刻从床上起来,跑到三个领袖的像片下,大呼说:"你们是为要使我们得自由的!"

这个并不是乱说的。列宁名字在刚果(Congo)尼罗(Nile)出名,正如在北冰岛与中国或者甚至如在德国一样,确是事实。黑暗的非洲被鞭笞而工作之黑人群众里,列宁这个名字成为一种亲切的福音,正如在被罗时开(Noske),蛇客提(Seeckt),德国的野蛮将军炮弹下之工人,与在宾革东(Pinkertons)虐待下受苦的美国工人一样。实际上,恰好像北京的学生叫他为世界的伟人,非洲的黑奴,印度与中国的苦力,亚洲,澳洲,欧洲,美洲的一切被压迫的民众承认他为领袖。列宁确已经预备下一条道路——从奴役与痛苦到自由与幸福,从野蛮的世界到极乐的世界之路。

在每一个苦人穷所住的小茅屋里,在每一个工钱奴隶销[消]耗劳动为资本家制造剩余价值的工厂里,在地球上每一个国家里,从北冰岛到南非洲,从伦敦到上海与东京,从柏林到罗马,从巴黎到纽约与墨西哥,从君士坦丁堡到布里诺斯亚利斯,——到处,凡是被压迫被奴役者之所在列宁的名字都在他们的脑中。

列宁是俄罗斯农民的圣人

我们很难于有一个最好的方法来说明列宁是怎样被俄国农民所尊敬。直而言之,列宁对于他们,是一个"圣人"(A Saint)他们把列宁叫着"父亲列宁",与俄国的工人叫列宁的小名"依里依奇",或"道哇里徐(同志之意)依里依奇"一样亲睦。然而依里依奇现在没有了,千百万的农人都嚎声大哭!这些千百万曾被压迫被剥削的农民都追问:"列宁,我们的列宁,真是死了吗"?他们还不敢相信,他们好像不懂得这个恐怖消息。可等到消息证实后,大家都说列宁确是死了,确是死了。"现在呢?现在我们的领袖没有了,我们将怎样呢"?

俄国工人和农人的群众都很容易地答复了这个问题——"让我们承继列宁的精神而继续工作!让我们广布列宁主义的精神于世界现在,此后,比以前还要更加努力"——我们此后到要看看全世界的资产阶级,怎样胜利!他们的走狗,社会民主党徒们,怎样背地里摩拳擦掌乘机陷害工人!注意这般东西!与这般东西奋斗,叫他们在我们面前发抖!

列宁死而列宁主义活着

列宁死而列宁主义永远活着,这是人人都该知道的!

列宁主义的生命就是千百万革命工农人的生命。可怜的第二国际内的动物,他们会说列宁的生命与工作是恶魔,而当列宁死后,又拍电吊唁,惺惺作态,他们此后应该看见世界的工农继续列宁之工作,信奉列宁主义以作战,直到最后的胜利……

一切的文字都觉得太软弱了,不够描写列宁之死所加于工农群众的打击,同时这个打击便已变为一种新的力量,储蓄在广大的男,女,老,少,乃至疾病残废的群众中。这个,曾在遍全世界许多的游行队,示威运动,及追掉会里表现出来。这种表现对于第二国际的首领们,是一个很响的巴掌,这个巴掌之响声波振全世界;叫那些以为列宁死了,列宁主义也没有了的人,惊骇失措。资产阶级与社会民主党徒们相信列宁死而他们的日子到了的,完全是幻想。他们难道没有听着,现在,此后,还要更加努力!无论如何我们必得胜利!我们对于为自由而争斗之牺牲要更加预备。只有列宁主义能够拯救我们!

列宁主义坚固了俄国共产党

莫斯科怎么样?俄国共产党在列宁死后不会瓦解么?绝对没有这回事!各地的社会民主党与斗失维克党人们听着:列宁之死反倒使俄国群众凝固变成了铁一样,俄国共产党里,目下只有一个共同的倾向——列宁主义。党里的反对派现在已宣言,从此后只有一个新的中央局的主张,这个中央局便是列宁的。托落[洛]次基说:"列宁之死使我们成为整齐一致的党,再没有辩论了;因为,从今以后党里只有列宁主义者。"

在摄氏表零下三十度的莫斯科的雪的街道里,千百万的群众游行,白雪飘在身上,脚踏在雪中,大家结队到工会大厅里与依里依奇辞别去。雪夜的风拂着,然而从工厂里,学校里,兵营里,只看见人们走出来;结着队,没有旗帜,也没有叫口令的,只见大家陆陆继续的往前走。他们之中的每一个都是想最后一次见见列宁。并没有什么好奇心驱使他们到工会大厅去,只是一个对于列宁的诚实的爱与敬,他们要表现的是对于列宁主义的忠诚。

工人的领袖与大不列颠的皇帝

我于此不免想起那曾经死了的大英国皇帝——她同时也就是几万万被压迫的印度人与黑人的皇帝——葬仪的事,无妨拿来比较一下。一九一一年夏日伦敦城里"振天动地"的事件发生了。皇帝的御棺出葬,奢丽万状的仪仗摆满了全城,空前无比。葬仪所经之处,到处都筑起新的台站,为供一般"好奇家"赏玩的需要,且可以使他们较为看得舒服。这些台站上最便宜的座位是价值十磅!有些临街的窗门,只要稍微能够看见葬仪经道的都在内,可以租借与人,价值从一千磅到三千磅以上!这样昂贵的代价,只为的是要看看所谓的御棺,一件没有用的东西,睡在里面的是一个暴君,几万万英国与印度工农之压迫者,围在前后的是她的侍臣,卫队,牧师,皇族铁甲军,贵族地主,以及金子的马车,与棺材一般的华丽……所有的活人都与棺材里那东西一样——死尸!

一九二四年一月的莫斯科却正相反;列宁的尸身从车站里迎了出来,没有金子的马车,更没有黄衣绿袍的执事,只简简单单的一批工人和农人,穿着俄国式的长靴,披着牛革或羊皮的短衣,把列宁的棺材捧在手里。我还记得在我旁边走的一个农人,伊穿的是一双短面的皮鞋(读者要记着:这时候是零下二十余度),跛脚的人,也扶着杖在队伍里蹒跚的走。列宁的棺材上面覆的是一幅红布,大家用手抬着。没用杠杆,也没用绳索,用的只是几件工人农人的外衣系着,他用他们的外衣,护着他们的"人民委员",护着他们的领袖。

大街上站满了民众(读者要记着:这是零下二十余度的雪地里)拥挤成群;穿着

污秽工衣的工人,从工厂里跑出来,奏追悼歌,徐徐的,沉默的,把我们的领袖送到坟地去了……

没有激烈的演说,也没有虚浮感情的言论,只在盖满了雪的大坪里,四邻的街巷中,乃至高高的屋脊上,站满了民众,默默地低着头,唏嘘的哭。周围临街的窗里,小孩子们贴紧他们的小鼻子在冰冻的玻璃片上,往外窥着。少妇和少女们,静静地低着头啼哭。从少年共产团的俱乐部里,远远送来追悼歌的哀音,时时可以听着……

这里并没有三列直冲以划分平民与贵族路线的骑兵。这里只有工人,农夫,红军,很自然的列成了途中的路线。一个工厂的工人走了出来,参杂在另一个工人的队里,而自然保守着秩序。彼此都是同志一般,没有争的嚷的。彼此都是要去送列宁,没有一个在队外不加入行伍的。这时候没有礼拜堂的钟声,只有工厂汽笛的号鸣。这种号筒是表示召集工人为生产努力以代替对于死的领袖之悲痛。这是一种好的葬仪音乐,对于把我们从工钱奴隶而解放得自由的领袖,只有这种音乐是适用的。

没有激烈的演说,也没有虚浮感情的言论,但有战斗的口号,从依里依奇为我们遗留下的他的徒门们口中发出。没有装腔作势的伪哭泣式仪式在礼拜堂里,但有强大的群众示威运动,布满了全城。在千万柄的红旗上,没有一句祷告的文词,尽都是勉励的句语——像这样,便是列宁的简单葬仪,便是苏维埃联邦无产阶级对领袖祭吊的形式。

我们不是感情主义者,但乍闻列宁之死也不免堕泪:这种泪不过是列宁之死的大损失的一点最小的表示罢了。在列宁养病的村中住居且常与列宁见面的农人们,一听列宁的死,便立刻失声大哭,有一位久经战斗的红军中的高级军官,接到政府公报时,不能卒读,眼里注满了泪,呜咽不能成声。然而我们并不是感情主义者,这些只不过是对列宁的爱与敬的一个证明。

我们给列宁的死纪念碑

既然他现在是死了。既然他的精神又永远在我们之中活动着。我们全世界无产阶级一定要给他树一块纪念碑,这块纪念碑必须要能够经久不坏,胜过一切的岩石。这块纪念碑不是别的,就是:——世界革命!这块碑要从痛苦与奴役里把人类解放出来,绝不是一切岩石的碑坊所能及的。

在他的坟前,我们立誓从此更艰幸的工作。如此,他的生命的目的与他所创始的工作才能够赶早的成就。

这是我们唯一要努力的。我们必须要努力,必须在列宁主义旗帜之下努力,直到最后,把红旗插遍了全世界,插遍在所有资本社会暴厉恣睢的土地里!"

(《政治生活》第六十五期,1926年1月21日,署名 巴马特)

18.《列宁的家世和他的事业》(《政治生活》第六十五期,1月21日)

《政治生活》第六十五期刊登亚希诺夫的《列宁的家世和他的事业》,如下:

列宁于一八七〇年四月十日生于新毕尔斯基城。他的父亲做过国民学校之校长，他在九岁的时候进了新毕尔斯基城的中学校，学业进步的非常迅速，他的校长这样的奖励他说【,】"乌礼雅诺夫(列宁的真姓)是很聪明很精细，常常考第一的学生，并且毕业的时候，曾经得过金奖牌"。没想到他没有毕业以前，在一八七七年，因为没有杀成亚利山大第三的原故，他的哥哥亚利山乌礼雅诺夫就被政府绞死了。从此时候起，瓦拉吉米儿伊礼祺(列宁的真名)就起誓要打倒他哥哥没有弄死的那个怪物。

运动劳动界的起源

瓦拉吉米儿伊礼祺自己常常想道："借什么力量，可以打倒帝制派呢？最后他研究嘉尔马克思的学说，就得他的回答了；就是'要彻底打倒帝制派和资本主义，只有劳动阶级是唯一的力量'。"他的这种见解，就是认定在民众以内只有劳动阶级是打倒帝制派和资本主义的先导。但是对于他的这种见解，俄罗斯的智识级阶［阶级］都是讥笑他的，他根据这种见解对于智级阶识［智识阶级］的首领罗海米夫斯基给了第一次文字上的战争。一八九四年四月间的伊礼其著一本《谁是人民的朋友，他们怎样反对社会民主派》这本书就成了马克思主义的青年福音，一八九三年，瓦拉吉米儿伊礼祺，跑到列宁格勒城和劳动界的团体发生关系，他一点也不嫌他们脏，一意的想要把他们组织起来。他第一次亲笔发出的传单，到现在仍然保存着，可是看起来非常的有趣，也是非常的宝贵，因为这种传单，只有四张，并且都是伊礼祺他亲笔写的。那时候他不但没有印刷的机关也没有许多可以散传单的人们，可是他深信必能和劳动阶级发生密切的关系，并且能够得着他们的欢心；他抱着这个极大的热心，就跑到小酒店，小茶室里面，和脏的劳动者谈天，想法子揣摩得他们的心理，研究他们的状况和利害，他就根据这样的工作重新发布传单，重新组织团体，在一年里头，对于列宁城各工厂里面，都发现了马克思主义的工人团体。

组织第一次委员会

那时候列宁很了解这种工作不独仅仅在列宁格勒活动，应当在俄罗斯各地发展，他就声言和解放工人团合作，瞒过警察，就跑到外国去了。他在外国和蒲烈哈诺夫发生关系，并且研究法国德国的工人运动，于一八九五年九月在他自己的皮箱里面，满带了犯禁的各种书籍，就回到俄国，组织第一次的委员会，叫做"列宁格勒解放劳动阶级同盟会"。他和蒲烈哈诺夫要好，要发行一种第一次工人新闻，叫做"工人事情"那时候他写了一本小书，叫做《关于惩罚》，这本书很显明的解释了马克思主义，可是现在没有人注意他了。那时候他根据惩罚之事实，说明经济的压迫和政治迫威，有联带的关系，并且叫民众有这样觉悟是很重要的，对于这种工作，列宁尽了他全付力量，他就不分昼夜在工人街里去宣传。

他的被捕和流放

从列宁跑到外国的时候起，警察就常常监视他，一八九五年十二月九日把他和他朋友都逮捕了。到一八九七年二月时候他仍然在监狱里面，没有定他的罪名，可是他没有停止他的工作。这个时候俄国社会民主党的第一次党纲编好，和各种传单都送到监狱外面去，又从事他的大著《俄国资本主义之发展》。一八九七年二月判定了三年流刑，送到西伯利亚的米努甚斯基县淑深斯考村里面。在流放期内做成了很多文学作品和很注意工人运动，在各种作品里面，有两本书是很重要的：一个是《俄国社会民主派的工作》【,】这本书在那个时候直到现在，都是很重要的，那时候俄国的马克思主义经济家们主张政治的问题，应当由维新的资产阶级们去奋斗，而劳动阶级应当奋斗于增加工资就行。在这本书里面，列宁给了他们这样的答复："我们如果得不到政治上的自由，在俄罗斯不可组织工党，这话是错的【,】在这个帝制派这样虐待，压迫的时候，我们应当立刻组织社会主义独立的劳动阶级党，来反对帝制派和资产阶级，这怕无人能否认罢。"另一本书就是把《俄国资本主义的大发展》做完了。在这本书里面很显明的证明在俄国绝不能免去资本主义的发达的过程。

列宁在被流放的时候，又和别的马克思主义者战争，那时候自由派(进步派)的首领斯特，鲁威，士敢，巴拉诺夫斯基等人，也深知对于反对帝制派，除去劳动阶级以外，没有别的势力，所以他们很愿意接近马克思主义。但是他们把马克思的革命精神去掉，变成了妥协的运动。列宁深知道他们是，暂时来和我们合作的，将来他们一定是和我们相背的。所把[以]他说过："到现在我们的敌人是帝制派和资产阶级，可是从此以后，我们又添了一个敌人，那就是妥协的马克思主义派。我们是随从真正革命的马克思主义，所以我们应当谢绝妥协的马克思主义。"

火星报的发行

列宁的流放满期以后又跑到外国再和解放工人团合力发行著名的火星报，这个报在工人运动和共产党的历史上，立了很大的功劳。借他这报的力量，建设了共产党的基础而共产党也借着他的力量发达起来了：这个报又指示了劳动阶级怎样加入收治运动的方针，到现在还没多大的改变哩。

俄国社会民主党第二次大会

一九〇三年和火星报有关系的革命家召集俄国社会民主党第二次大会。这个大会对于党务增加了很大的进步，同时内部的派别也表现出来了。因为在这个大会里面讨论党规和火星报主笔的关系发生了激烈的争论，大数多服从列宁，剩下的少数服从玛兰托夫这就是后来分成多数党和少数党的起点。那时候对于此种争论大家认为无关紧要，说列宁是喜欢多事，但是他这种争论的重要过几月就得到显明的证明，到现在更显明了。这个大会以后列宁著了一本书叫做《进一步退两步》，来比喻少数派的错误。从这个时候，火星报入了少数派的手里，列宁另组织多数派的机关报叫做《乌皮罗特》(就是前进)那时候快要到一九〇五年革命的时代民众已经晓得不久必有一番大变动，并且会在劳动阶级方面，发生很大的问题：就是"劳动阶级随着自由派的资产阶级呢？"还是借着革命的精神的和农人携手打倒帝制派和资产阶级呢？"对于这个问题列宁这样说：【"】解放劳动民众的重要工作如果必定是工人阶级能够站在农人民众的前面叫他领导着农人民众对于专制派和资产阶级做总攻击，叫工人阶级监督着不叫他们发生何等背向，不叫农人民众受着自由派〈自由派〉，少数派的趋向和他们的惑煽，那么，革命才能成功的。"这种方针是列宁同志还在国际情形对于俄国的革命不仅没有想到能成功民主革命，而且是更受有想到成功无产阶级社会主义的革命时候所决

一〇五年以后

列宁同志所希望的革命方针，发生在一九〇五年，被帝制派政府得到资产阶级的合作和世界资本的协助把他扑灭了。工人的阶级被他们压倒了，农人的暴动彼[被]他们打下了，党务也被迫到地底不秘密工作去了。从这次革命失败以后，反革命的势力越发利害了。对于这次革命少数派认为错误，工人阶级则也认为自己太快的错误。但是列宁这样说："你们没有了解这次运动的意义！这个实在是伟大的革命，因为一面是莫斯科的工人用武装来做了暴动，一面是列宁格勒的工人议员的苏维埃初次产生于世，叫各国的工人也都见了它的眼光，由这一点就可证明革命，是一定要成功，苏维埃一定要胜利的【。】"这次革命失败以后资产阶级的势力就发达起来，可是党务方面连书籍新闻都不能发行了，此种情形由一九〇七年延长到一九一一年，在这最困难时代，列宁仍然热心党的组织和进行，这是对于革命的运动立了伟大的功绩那时候他又对于马克思的主义的哲学，编成了一部名著。《马克思主义与经验批评主义》。

世界大战以前

自从一九一二年勒拿全厂工人被杀死以后，又发生了革命的新运动。党务的进行也由地底下跑出来了，那个时候刊行二种新闻：一个叫做子维子达(星)一个叫做帕拉夫达(真理)到现在还是著名于世界的，工人的民众越发集合于党旗的下面，到一九一四年在好些城市里面，已经发生工人和警察冲突的事情。

列宁和世界大战

但是这样涌起的革命风潮倒被世界大战隔断了。因为工人阶级的领袖们大半为民族主义所迷惑，把革命的精神弃掉了而从事于资本主义的世界大战。只有列宁没有变了他真正革命的方针，他在这个时候，不但是反对资产阶级和帝国主义，连他昨天认为的朋友像国际工人运动的首领高斯基哥德们，也都被他反对。因为那时候他们也是赞成世界大战，列宁对于战壕里面的工人和农人却提出口号说："倒过你们的武器，打倒你们的资产阶级，不然没有别的挽救的方法。"他又根据马克思所说"世界上的无产者联合起来"的口号，联合各国的真正革命家们，在瑞士的慈墨尔瓦勒特和铿塔儿两处方地，召集过国际社会主义的会议。

二月到十月

一九一七年二月革命发生以后列宁立刻回到俄国，他头一句说："工人和农人朋友们！你们被骗了，兵士朋友们，你们被骗了！你们仔细□一察临时政府，你们就晓得这个是战事的政府，这个政府是遵着英法帝国主义的命令行事的，你们不要相信他，你们的工作是应该取销[消]这个政府，把政权拿到你们的手里头。应当把已经被平和社会主义家们利用成为欺骗民众工具的工人议员苏维埃，变成民众革命运动的工具，叫它成为拿到新政权的工具，那才是对的。"可是这样重要谈话的用意，那时候民众还没有彻底的明白。因为资产阶级和平社会主义家们的新闻，对于列宁散布了许多破坏的谣言，可是列宁的彻底的主张完全披露了资产阶级们欺骗民众的黑幕，所以数百数万劳动民众了解列宁的主张来服从共产党。又在克林斯基政府时代，正要逮捕列宁的时候,他就跑到芬兰避难,对于共产党中央执行委员会写了许多信件,声明工人阶级拿到政权的时期快要临到。根据他这样巨大的眼光,指导成十月的大革命就是世界上唯一的工人阶级当权的苏联政府,也就产生于俄罗斯了。

当权

从这个时候起,列宁同志除去曾经做过学者宣传家首领以外,倒成了世界第一次工人阶级国家的指导者,由他这样伟大的事业证明不独可以打破资本主义的基础也可以建设真正社会主义的社会,列宁一身的生活完全牺牲在这种伟大的事业,连他全身的精灵和心血也都耗尽在劳动阶级的革命运动内面!

我们伟大的领袖的精神不死!

按【:】本文为蒙古同志亚希诺夫所写,而直接从蒙古文翻译出来的,我们很谢谢他给这样好的一篇传记——记者

(《政治生活》第六十五期,1926年1月21日,署名 亚希诺夫)

19.《列宁对于自己的记载》(《政治生活》第六十五期,1月21日)

《政治生活》第六十五期刊登记者的《列宁对于自己的记载》,如下:

俄国共产党第十次大会的时候,所提出问答表里面,列宁自己填写了这么一张:

一、何时生人？一八七〇年。

二、康健如何？康健。

三、知道何种言语？英,德,法文,但不甚善,意文很不好。

四、知道俄国的何处最详细,并且住过几年？知道窝瓦河一带地方,在那个地方生长,住到十七岁才离开。

五、在俄国何种党会里面加入过？除去一九一七年七月以外,都完全加入过。

六、在外国去过〈等〉？在西欧几国：一八九五年,一九〇〇年——九〇五年【,】一九〇八年——九一七。

七、有何种军事训练？毫无。

八、学业呢？一八九一年在圣彼得堡大学法律科毕业。

九、到一九一七年做过何种事业？除工作外,还著了许多书。

十、有何种专门学识？无。

十一、一九一七年除去党务,职业,政事,工作以外做过何种事业？除去指定以外只做过文字。

十二、现在属于何种职工联合？在杂志职工联合。

十三、一九一七起做何事？人民委员会委员长。

十四、何时加入俄国共产党？一八九四年。

十五、曾否入过他党？如果入过,究竟是何党？无。

十六、曾否加入革命运动,如果加入是在何时及何处。何机关？一八九二——八

九三萨马拉，一八九四——八九五圣彼得堡，一八九五——八九七监狱，一八九八——一九〇〇叶尼塞省，一九〇〇——九〇五在外国，一九〇五——九〇七圣彼得堡，一九〇八——九一七在外国，起初在社会民主党秘密团，后来组织俄国社会民主党以后，就做了党员。

十七、做革命运动时曾受过压迫否？一八九七年被捕，一八九五——八九七年被捕，一八九八——九〇〇年西伯利亚一九〇〇被捕。

十八、在监狱内住过多少时候？几天加十四个月。

十九、受流放或徒刑多少时候？三年。

二十、逃难外国？九年或十年。

(《政治生活》第六十五期，1926年1月21日，署名 记者)

20.《列宁纪念的几叚[段]感想》(《政治生活》第六十五期，1月21日)

《政治生活》第六十五期刊登鸿的《列宁纪念的几叚[段]感想》一文，如下：

本刊六五期的出版，恰当列宁逝世的第二周年，为使读者多明了列宁的为人和他的主义对于俄国，世界，和中国所发生的影响起见，我们出了这一册专号贡献给六千个长期阅看本刊的读者。因被经济所限制，我们对于浩如大海的列宁主义不过是取出了一小瓢似的，真真渺小得可怜！以后我们定在可能的范围内尽量的介绍一切，以答读者的热烈的期望。

本刊出世刚一年多，读者合京内外已有六千余位。我们切盼每个读者对本刊的主张加以批评和讨论，各人发表自己的意见，以质疑，辩难，我们极愿据所知详细答复。总之只要是关于本刊的一切，文字也好，体裁也好，或是由本刊所引起的其他一切问题也好，我们欢迎种种意见的发表！

在列宁同志逝世的第二周年，我们不禁联想到我们的其他死者！外国的不消多说，只如本月十六日就是德国李卜克内西及卢森堡同志的死难日，几年来接着死的，不知道有了多少！中国的呢？反动派如民生周刊之流都说中国共产党在每次的争斗战内总是站在后边，让人家死去，对于这一类的谣言我们不愿意辩驳，只拿事实给大家看就够了，从一九二一年黄爱同志被杀起，中国劳动运动史的第一页才染上红通通的鲜血，从此以后为劳动阶级的政治与经济斗争而被杀的，站在国民革命的前线上而被杀的，截至刘华同志饮弹之日止，数目在一百以上；而五卅以前，中国的共产党员不到二千，虽然现在已经发达到了五千以上。中国共产党的历史呢？也不过只五六年的光景。二十人□□□有一个为革命而殉难的，其余未死的同志，无时无地不可为革命而死！死难的诸同志我们将来预备出一专号来纪[记]载，现在只说一个大概：(一)一九二一年黄爱同志在长沙被斩首；(二)二七之役林祥谦同志被乱刀砍死，施洋同志被枪毙；(三)前年广州双十商团惨杀工农游行群众以及商团叛变之役，同志死者数十;(四)同年双十节,上海国民大会黄仁同志被右派□毙;(五)去年五卅惨案以捕房枪毙学生为发端,何秉彝同志死难;(六)广州沙基惨案,同志死者十余人;(七)国民政府东征之役,同志死者数十;(八)李慰农同志在青岛被张宗昌枪杀;(九)黄静原同志在安源被方本仁枪杀;(十)高克□同志在石家庄被李景林枪杀;(十一)韩玉由、王长保同志去年八月被郑州豫丰纱厂厂主穆藕初雇流氓打死;(十二)刘华同志去年十二月在上海被孙传芳枪毙。在纪念列宁同志的这一天我们也哀悼其他,我们的死者!

　　死也是应该的!照一切反动派的意见。据《民生周刊》说共产党人只晓得手执红旗到俄国使馆领津贴;国魂夏梦如说共产党是卖国卖身;现代评论的燕树棠说共产党专门以破坏北京学校而拿津贴为能事;醒狮的曾琦余家菊一班人说共产党受俄国贿赂,学生一月分大洋二元五……总之他们反对共产党的惟一理由是共产党员被人家收买,受人家贿赂来做卖国的勾当。甚至于《晨报》还劳汪精卫、蒋介石立出每年受俄国津贴各一万元的预算表!虽然汪,蒋并不是共产党员。共产党对于这一类的话辩驳么?不!不!他们说共产党受贿了,共产党说没有,他们又一定说有,共产党既不能在法庭告他们一状请求追缴收据,闹过水落石出;他们自然更乐得含沙喷人,肆意诬蔑;而且这一类的谣言他们也是有师承的:日,美,英,法等帝国主义,在关内在关外对于凡是反抗帝国主义,主张劳动阶级解放,弱小民族独立的政党都一概加以赤化的罪名,赤化可不就是受了□贿赂了么?曾琦一班人拿不出证据来说共产党受贿,他们可是一定能从帝国主义者方面引许多话来作护符的;而且即使是帝国主义者在中国不说反帝国主义的人们赤化,受贿;但是他们本国的共产党如法国的党极力主张摩洛哥,叙利亚独立;英国的党极力主张殖民地独立,这岂不是大逆不道,即使是在曾琦们眼中也是国家主义(夸大狂的变相的帝国主义)不相符合的么,法,英的帝国主义者能够说他们国内的共产党不是赤化,不是受了贿吗?曾琦一班人不会说:"天下老鸦一般黑",由英,法共产党得贿一事看来,中国共产党也一定受贿了吗?中国的士流阶级,所谓绅士派最爱钱;中国的习惯表面上却又最忌人贪不正当的财货;所以资产阶级政敌诬人的手段总是说对方受了贿,怎样怎样,这多少总使他的政敌受影响,何况曾琦他们说中国共产党受贿正投中国的统治级阶及帝国主义者所好,绝不负丝毫法律的责任呢?革命的党死且不怕,时时准备着为劳动阶级的利益争斗而死,为国民革命的争斗而死,为世界革命而死,死且不怕,怕诬蔑么?列宁同志主张与德国停战议和的时候许多人骂他受了德国的贿,所以对德国屈服,列宁同志丝毫不响,结果呢?德国革命爆发了。污蔑是无损于共产党的丝毫的!

　　共产党卖国的罪状,说是将蒙古送给俄国人,同时将广东也送给俄人了。因为蒙古独立了,广东国民政府受俄国的许多帮助。关于第二层我们只举土耳其、阿富汗、波斯等国受俄国极大的帮助以完成打倒帝国主义的工作等项作例证,更请大家看看广东,广西现在的情形,就可以不为他们那些谣言所惑。我们只问广东的政治局面是不是比任何一省好些?人民的自由是否比任何一省好些?广东的政权是否在国民政府的手里?鲍罗庭是国民党的顾问,他的建议若好,中央执行委员会采择施行,不好就不用；怎能说得上他是大权独握呢？说到广东大学的事，我们只看邹鲁现时在北京干的甚么把戏，好好的一个国民党，他硬要另外分家，出资在另一处所组织所谓党部？这种人不是反革命么？国民政府能容留得下么？蒙古独立是蒙古民族的脱离帝国主义与军阀的压迫的自卫行动，他们的代表曾在中国国民党第一次代表大会声明过，说是假使中国国民革命成功，蒙古也可以做中国联邦之一员。我们同情蒙古的行动，他们也同土耳其，阿富汗一样，自己有强固的政党——蒙古国民党——自己组织政府，一切行政都上了轨道，俄国的驻兵早已撤退干净了；试问我们凭甚么不许蒙古民族有自决的行动？当然哪，帝国主义者不是再看肥肉了，国家主义者不能再圆夸大狂的大帝国主义迷梦了！咒诅罢，只管咒诅！被压迫的劳动阶级要解放，被压迫的弱小民族要独立，列宁主义是这样的。我们不要做帝国主义的迷梦了！

　　我们的旗帜——列宁

　　我们的武器——列宁主义

　　我们的任务——全世界革命

(《政治生活》第六十五期，1926年1月21日，署名 鸿)

21.《列宁主义的战死者——李卜克内西与卢森堡》(《政治生活》第六十五期，1月21日)

《政治生活》第六十五期刊登子文的《列宁主义的战死者——李卜克内西与卢森堡》，全文如下：

　　一九一九年的一月十六日，德国有两个可敬可爱的青年，指导德国的无产阶级，积极作反对帝国主义的战争，与乎反对卖阶级的德国社会民主党，而卒被无耻的社会民主党人所惨杀。他们算是一对失败的牺牲者。——这就是我们的李卜克内西与卢森堡二同志。

　　李卜克内西，德人，生于一八七一年，卢森堡，波兰人，生于一八六五年，后入德国籍。他们生长的时代，正是德国军国主义兴狂的时期，帝国主义相互间的冲突，日益剧烈，卒之发生一九一四年的欧洲大战，□使无数的无产阶级，为了他们仇人的利益而牺牲。而另一方面，则号称马克思正统派的德国社会民主党，一天天离开了马克思主义而右倾，日渐与资产阶级妥协，暴露他们卖阶级卖工人的罪恶。李卢一生的事业与奋斗，就是在这样的一个客观环境底下形成的。

　　当欧战尚未爆发时，帝国主义战争的惨酷以及社会民主党卖阶级的罪恶，还没有充分表现，他们即已站在无产阶级的利益上，一方竭力说明帝国主义的战争，对于劳苦群众是丝毫没有利益，并且认清无产阶级的国际性，号召全世界的无产阶级，来一致反对这种战争，喊出"以无产阶级革命，作为消灭军国主义之唯一方法"的口号。一方绝于社会民主党之投机，右倾，在理论上行动上，无不尽情无余的反对攻击。

　　欧战爆发了。第二国际下的各国社会党，竟如疯狂一样，不惜抛下素来的主张，而高唱"保护祖国"的口号,德国社会民主党,且公然在议会投票,赞成政府的预算案。李克卜[卜克]内西是一个国会议员,他虎踞着议台,在议台上揭破帝国主义的一切丑行与罪恶,他们更到处作反对战争的宣传与运动,二人都曾为此下狱。他们领导着一班革命的不满意于社会民主党的同志,组织了"斯巴达卡斯团"(现在已蜕变为德国共产党了。)积极做反对帝国主义战争与反对社会民主党的工作。

一九一八年六月中旬,德军失利,同时又因为受俄国十月革命的影响,不久即爆发了革命。但是这个革命是失败了。德皇退位以后,乘机窃得政权的,就是德国社会民主党,在社会民主党的执政期间,他的反动,以及与帝国官僚及外国帝国主义勾结妥协,来压迫劳动平民的事实,更日益昭彰。德国的革命,算是失败了,在这个时期中,李卢及其所领导的斯巴达卡斯团,到处做反抗的运动,示威,暴动,然而没有成功。一九一九一月,柏林又发生了一次暴动,被捕枪毙者多人。李卢亦被捕,一月十五日,在中途被社会民主党人所惨杀。——这就是所谓的社会民主党人的行为。

我们已经说过,李卢是一对失败的牺牲者。但这不但不足以损害李卢的精神及其伟大;这反足以使德国的以至于全世界的无产阶级,从失败里认识了真理。

我们知道:无产阶级的利益,是一致的。无论哪一国的无产阶级都是在资本家的工厂里做工,出卖他自己的劳力。他所得的工资,仅仅不过是培养他的"劳动力"的最低费用的价值。无产阶级的敌人,就是资产阶级。他是被资产阶级以及社会民主党人欺骗了遮盖了,阶级觉悟的意识,而被"保护祖国"的口号所蒙蔽,自己残杀自己队伍里的人。我们反对帝国主义战争的意义,不是在战争的本身,残酷不人道,(就是说,根本反对一切战争。)而是在这种战争,于无产阶级,丝毫没有利益;而且消灭了工人阶级觉悟的意识,减少工人对于资本阶级的反抗,而变为对于自己同阶级的人的残杀,因为延长资本帝国主义的存在。列宁领导着俄国无产阶级,喊出变"帝国主义战争为国内战争"的口号,成功了十月革命,俄国的无产阶级得着解放了。然而全世界的尤其是德国的无产阶级,却还仍旧生活在水深火热之中,空空的受了大战的无限损失与牺牲。——这不能不说是第二国际下的黄色社会党人之所赐!

其次,欧洲的无产阶级,在主观上从前常常有一种改良的妥协的心理,而不愿采取彻底革命的手段。再加以受了社会民主党人的影响,从前□有大部分工人,在他们领导之下。然而德国的现状,当能使全世界的尤其是德国的无产阶级,有所觉醒。德国的革命,因为社会民主党妥协改良政策的结果,资产阶级没有铲除,无产阶级没有握得政权,社会民主党,对内与帝制官僚资本家勾结,对外与国际帝国主义妥协,弄成现在一个共管的局面,受痛苦的,终觉是德国无产阶级。这与"政权属于苏维埃"的苏联一比,其相差不啻天渊。

革命的民众:我们要在纪念李卢的今天,继续着李卢的精神;要在他们的失败的原因里,寻出我们的真理!

现在新的帝国主义的战争,正在酝酿而快要爆发,并且是以太平洋及中国为中心。一方帝国主义军阀资本家及其走狗,积极向工人进攻。压迫工人,屠杀工人领袖的事件,更是层出不穷。革命的民众,怎样应付这个局面呢?学着我们的李卢,学着我们的列宁,起来,起来喊我们的口号:"反对新的帝国主义的战争"!"变帝国主义的战争为国内革命"!"反对一切妥协改良主义"!"革命的同志,集中到共产党共产主义青年团的旗帜底下来"!

(《政治生活》第六十五期,1926年1月21日,署名 子文)

22.《列宁主义之理论与实际》(《政治生活》第六十五期,1月21日)

《政治生活》第六十五期发表赵世炎的《列宁主义之理论与实际》,全文如下:

列宁主义的时代

现在我们生存的时代,便是列宁主义的时代。什么是列宁主义的时代呢?列宁主义时代便是当帝国主义横行与国际无产阶级及被压【迫】民族举行革命的时代;更切实的说,便是无产阶级专政的时代——这个无产阶级专政的制度,虽只实现于苏维埃联邦,但其意义是全世界的。什么又是列宁主义呢?列宁主义便是无产阶级革命期间内的,帝国主义时代的马克思主义;再解释起来说,便是在帝国主义时代执行世界革命,把世界革命里一切实际问题都集中汇合,找出政治上经济上策略上的总原则。谁又是列宁呢?列宁便是"十月革命"——世界革命之开始——的著作者,全世界无产阶级、农民群众,及被压【迫民族的】领袖与导师。现在,列宁——是我们的旗【被压】迫民族的帜;列宁主义——是我们的武器;全世界革命——是我们的任务。

理论与实际

要说明列宁主义的理论与实际,应当从列宁一生的著作中,从"十月革命"的事实去找。迄现在止,从所有的列宁主义的论文与书籍里,我们只能得较好的,但还没有绝对完备的对于列宁主义理论与实际之全部无漏的解释。共产主义者除根据所知的列宁主义,而从事实际的革命工作外,在我们之中的任何人,还说不出,写不出完全的列宁主义来。但是列宁主义的理论,早已供给我们十分丰富的知识,列宁主义的实际更指示我们许多奋斗的榜样与略战[战略]。而且列宁主义的理论和实际没有方法能够分开。在理论方面,列宁主义就是马克思主义,而且是惟一的马克思主义。在实际方面,列宁主义包有世界一切革命问题之全部。所以,在我们的职务上,要求能了解列宁主义,要求对于列宁主义没有违背或误解,最切实的便是认识目前革命问题,且为革命工作。列宁主义,本来生长成熟于帝国主义的现代——绝不会离开我们。我们于任何时【候】要求知道列宁主义的理论与实际,最重要的便是能知道此一时的革命问题的理论与实际。

无产阶级革命开始以后

自一九一七年俄罗斯"十月革命"爆发,无产阶级的革命已经开始了。从那时起,便是无产阶级革命开始以后——从兹后以便是我们革命时代。第一件,在这个时期里的我们的敌人——帝国主义者是怎样?"列强帝国主义者封锁俄罗斯,看苏维埃俄罗斯像瘟疫发源地一样,企图使之与资本主义世界隔绝。那般矜夸自己的组织是德谟克拉西的人,却盲昧于其对苏俄的仇恨而至于不自觉自己是很可笑的。……然而惹起资本家中间的龃龉,因而无形中帮助我们的,不仅是他们对苏维埃的——目的仇愤,而兼是他们中间可鄙的冲突。"这是列宁于一九一九年论《第三国际》时说的。果然,从无产阶级革命开始以后,帝国主义者除痛恨苏俄外,便是自己相互间的冲突。这些冲突构成的客观条件,帮助了许多地方的革命运动之发展,——帮助了匈牙利的革命、德国的革命,保加利亚的革命,土耳基波斯的革命,以及中国现在的革命运动。这些革命运动,本是无产阶级革命开始后的许多革命运动;无产阶级革命成功于苏联,故帝国主义者痛恨苏联,认〈为〉苏联是"革命罪恶"的渊薮。故列宁主义的著作——十月革命——证实了确实是世界革命之发端。"指导世界上最革命的运动,指导无产阶级推翻资本统治的运动之政党的国际的联合,现在找到了一个空前的巩固基础:许多苏维埃共和国——这许多共和国在国际上代表无产阶级专政及其对资本主义胜利的生命。"这亦是列宁说的,即是无产阶级革命开始苏联的责任和性质。

可是又有人惑疑,为什么共产主义的革命,能先在俄国实现?于是便有人说:俄国"强行共产","现已失败"。这是第二件,无产阶级革命开始后,是否可以期望成功的问题。

史达林论《列宁的无产阶级革命论》说:"无产阶级革命,是世界的帝国主义制度内,各种矛盾冲突发展之结果;无产阶级革命首先爆发于某一国,不过是世界帝国主义的战线,首先在这一国破裂罢了,不过是世界无产阶级革命的战线,首先在这一国建筑起来罢了。"而列宁自己亦曾说:"第一个实现无产阶级专政,组织苏维埃共和国的国家,为甚么是欧洲之一个最落后的国家呢?我们不至于错误,如果我们说俄国跳过资产阶级德谟克拉西,到民主主义最高形式,到苏维埃或无产阶级德谟克拉西,这一个'突变',与俄国的落后地位,成了一种矛盾;然而这矛盾,恰好正是西欧人所以特别难于了解苏维埃意义的原因之一。……全世界工人群众从本能上就认识了苏维埃的意义,是无产阶级斗争的工具,和无产阶级国家的形式。……无产阶级专政实现,首先表现俄国落后的地位,和它跳过资产阶级德谟克拉西这一个'突变'中间之'矛盾',这是奇怪么?如果德谟克拉西〈新西〉新的形式之实现,不给我们以一些矛盾,那才是奇怪哩!……从不同的资本主义国家,过渡到无产阶级专政,能够按照同等的步骤,或和谐的比例么?答复这个问题将无疑义地是否定的。在资本主义世界中,从没有同等的步骤,从没有和谐的比例,而且也不能够有。……全世界历史是定准要走向无产阶级专政去的;但所走的决不是平坦的,单纯的,一直的道路。"这个解释可谓明了了。所以最后列宁说:

"苏维埃,或'无产阶级德谟克拉西',已产生在俄国。如果拿它比较巴黎公社,就看出它跨过世界历史上的第二步了。工农苏维埃共和国是世界上第一个巩固的社会主义共和国。这个新的国家模型是死不了的。它现在已经不是孤独的了。"

遍于世界的列宁主义的基础

总括列宁主义的内容,举其最重要者,便是:(一)无产专阶级革命论;(二)无产阶级专政论;(三)无产阶级国家论;(四)无产阶级政党论;(五)农民问题;(六)

民族与殖民地问题；（七）社会主义经济的建设；（八）职工运动与工会之机能。此外还有：妇女问题；青年问题；协作社问题〈等〉……都含有丰富的理论，与实际的方略。这些理论，管辖了世界问题之全部；历史的永久的劳动解放史，要以列宁主义为中心。因此而遍于现世界的一切经济的政治的，社会的与文化的现象，全是列宁主义的基础。

我们可以再说一遍：列宁主义就是马克思主义；马克思主义就是无产阶级革命的理论。然而马克思主义是无产阶级革命实现前的理论——工业资本主义时代的社会革命思想之大纲。列宁主义便是正当无产阶级革命实现时代的马克思主义——资本帝国主义时代执行无产阶级革命的实践的原理。更从历史的根据说：马克思主义，是"英国的工业"，"德国的哲学"与"法国的革命"三者之汇合；而列宁主义则是"资本与劳动之冲突"，"帝国主义列强资产阶级之冲突"，与"帝国主义列强与殖民地弱小民族之间的冲突"三者之汇合。列宁主义有些地方确实比马克思主义更发展了，因为遍于世界的马克思主义原理的基础已经变动而发展了。所以列宁是历史的中心，亦是现世界的中心。

现世界是什么？第一，从工业最发达的英国及资本最雄厚的美国，到奴隶劳动役使苦力的亚洲和非洲，布满了劳动与资本的冲突，罢工次数日以百千计，人数日以千万计，除列宁主义的革命外，无第二条路可走。其次，资本主义最高峰的帝国主义，因扩张市场，互争廉价劳动，互争殖民地而冲突，除帝国主义的战争外，无第二条路可走；走入战争，便会走入列宁主义的革命。复次，殖民地与半殖民地及一切弱小民族，因帝国主义侵略之结果，于是也发现无产阶级（工厂工人）与现代的知识界群众，发现通商大埠与工业区域；与这些发现同时的，便是民族的自觉，因自觉而爆发民族革命运动；运动的爆发，因为得无产阶级为之领导，亦必然的走入列宁主义的革命。

所以现世界是列宁主义。苏维埃社会主义联邦已经建立而巩固；欧美及日本各帝国主义国家之革命运动，爆发不已；帝国主义的新战争日益酝酿成熟；被压迫民族反殖民地之革命进展，更是高涨，令帝国主义者惊骇了。列宁主义得有全世界，对劳动解放及民族解放的革命指导，没有遗漏。

工农群众因列宁主义而抬起头来

一个马克思主义者，绝不忘记：无产阶级的阶级觉悟，是从阶级争斗中逐渐得来。列宁引导了俄罗斯的工农群众，由斗争而夺取了政权；又指挥了全世界无产者之国际联合——组织世界革命的大本营第三国际。全世界的工人与贫农，齐举目认识列宁主义，而一致奋然兴起了。无产阶级与贫农群众，是唯一的革命阶级，亦即是最后的阶级。这个阶级的历史使命，就是要从"是自己"的状态，变为"为自己"的状态；而这个"为自己"的状态，即是为建设共产义主[主义]的社会。自从有列宁主义以后，工农阶级"为自己"的觉悟已深，已入行动之域。工农群众已抬起头来，执列宁主义之旗。

"我们都还记得或听是我们的父亲说：几十年前工人初进工厂做工时候，总以为工厂养活工人，厂主是工人的恩人。那时工人不明白资本家剥削他们。所有资本主义国家的工人，初时都是这样想。从原始无知的不觉悟的状态过渡到认识自己地位的状态。此时罢工就开始了。工人开始感觉自己有力量。劳动运动跟着罢工的增多而起来，晓得，抵抗敌人，已经是向前的大进步。劳动运动初期，工人所有注意力都集中在缩短工时，增加工资……上面。工人再不超过这种倾向的观念了。可是又到了一个时候，工人这个第二期的阶级觉悟已不够用。大工厂主，因自己的帝国主义倾向和银行家联合起来，并以瓜分地球为目的而开始战争。这个战争杀死了一千万人，残废了三千万人，结果缔结了'白列斯特'和约和'凡尔赛'和约，然后工人更进一层觉悟，明白是受欺骗了，战争是资本家为自己利益才鼓动出来的。这一层道理，工人明白了，于是乎发生工人革命，完成'十月革命'的暴动！"列宁，一九二〇年在全俄纺织工人大会上演说俄国工人的觉悟。

"农民要想从资本的压迫底下解放出来，只有倾向于工人运动，共同为建设社会主义的制度，没收土地及其他生产机关——工厂，矿山，铁路等归于公有而奋斗。"——（一九〇一）

"农民的革命运动已开始了，各省俱听到农民焚毁地主的房屋和没收地主的谷类及家畜的消息。——城市的工人运动已于革命的农民中得到新同盟者。"——（一九〇五）

"……在农民面前只有两条路：保留许多地主的经济，使他逐渐地变成资本主义的经济；或，用革命的方法以破坏地主的土地占有权。"——（一九〇六）

这是列宁所说的关于工农群众的几个段片[片段]。列宁主义随时教训无产阶级与贫农以怎样革命，怎样胜利；工农群众在任何地域，任何时期，全没有逃出列宁主义的范围。于是在事实上，在资本主义的国家里，只工农阶级是革命的；而在被压迫民族的国家里，只有工农阶级勇敢奋斗，站在前锋，领导国民革命的运动了。

帝国主义与列宁主义之战

但是列宁主义所建设的苏维埃联邦，现在只占有地球陆地面积六分之一；其余六分之五的土地，还为帝国主义列强所统治。我们生存在列宁时代，但帝国主义还有庞大的势力。我们需要战争——革命的战争。

现代的战争，一切战争的总形式，便是列宁主义与帝国主义之战。在这个战争里，我们若不相信列宁主义的胜利，便会是帝国主义的胜利，其间没有中立的余地。列宁逝世已两周年了，我们只有寻找列宁生前的教训，以继续走入列宁自己所辟的战场里：

"西欧帝国主义的列强，一部份是有意的，一部份是无意的，为要使我们倒转后退，为要利用俄国的国内战争，以破坏俄国内的一切，不惜用尽了种种方法。他们以为虽然不能将俄国的革命制推翻，也要使她难走入社会主义之路。"……

"现在国际情状形成如此了：德国为列强所征服，一切其他旧欧洲国家，因为他们能够利用这个胜利，而对于自己被压迫的阶级，略表示让步——这个让步却使革命运动迟缓下去，而造成若干相似的'社会和平'。"

"同时，许多东方的国家——印度，中国……因为这次帝国主义战争，完全更变了自己经济的状况。他们的发展完全变为普通的欧洲资本主义的步骤。他们已溅入世界资本主义发展的范围,此种发展不得不促进世界资本主义的恐慌。"

"……东方因帝国主义战争的结果,已漫溢了革命运动的潮流,已[已]陷入全世界革命的漩涡里。"

"我们对于此,到底用什么策略?很明显地要这样:用最大的力量,很谨慎地保护我们的劳动政权。全世界正在转入极激烈的运动——这种运动一定要产生全世界社会主义的革命;因此,我们无所用其畏惧。但是在我们一方面又有一点弱点,就是帝国主义者能将全世界劈为两个营寨,他们极力压迫文化的资本主义发展的先进国——德国,使她不能重兴起来。而在别一方面,全东方被帝国主义的列强置于艰难困苦之下,其物质的或军事的势力,无论如何,不能与任何一个欧洲小国的物质或军事力量相比较。"

"我们在将来与帝国主义列强发生冲突时,能不能保得安全,我们能不能希望,西方帝国主义国家,与东方帝国主义国家的冲突,第二次给我们以缓冲的机会,如第一次西欧反革命,帮助俄国反革命,而卒因东西反革命势力的冲突——日本与美国的冲突——遂告中辍。"

"对于这个问题,应如此回答:这个问题之解决,要以许多环境为转移。资本主义自会得地球上之最大多数人口训练到奋斗的方面走,我们在此也就预见这种奋斗的出路。"

"中国,印度,俄罗斯占全球之最大多数,奋斗的出路当然要以此等国为转移。在最近许多年中,这一部分大多数的人民很快地溅入为争自己解放的运动,我们由此可以断定社会主义的胜利可以完全保证了!"(列宁,一九二三年三月,论《帝国主义反苏俄》。)

中国革命问题是列宁主义的问题

列宁主义与帝国主义之战,在我们相信的既是列宁主义的最后胜利;而列宁自己亦说"社会主义的胜利可以完全保证"。更因为帝国资本主义发展与冲突之结果,将地球上大多数的人口训练到战场,对资本主义作战;而作战的形式,因"中国,印度,俄罗斯占全球之最大多数,奋斗的出路当然要以此等国为转移"。我们是中国人。我们谈世界革命问题,亦谈中国革命问题。中国革命的问题,当然是列宁主义的问题。

中国革命的问题,就是列宁主义的民族问题。中国共产主义者(或称过激派,或称赤化份[分]子)早已确定这个观念,而且已在列宁主义的民族问题原理下,奋斗到了现在的成绩。因此,在要说什么是列宁主义的民族问题之先,应当明确的辨明几种不清楚的错误的观念。第一,"反对阶级斗争的民族主义",那明明是资产阶级的民族主义,表面上说的是反对阶级争斗,实际上却是只许资产阶级压迫无产阶级。戴季陶的"民族国际"或"纵断国际"是组织不起的东西;中山先生三民主义中最可宝贵的民族主义,在理论上虽不十分充实,但中山先生终身为民族解放的革命行动则是正确的;中山的民族主义,只能根据大多数人民的革命的阶级的利益来观察与解释。季陶见国民革命中无产阶级势力之发展,因而引起小资产阶级性的幻想,欲提倡资产阶级民族主义,结果是不会成功的,因为事势所不许可。这种为事势所不许可的情式,在列宁主义的民族问题原理下,便是因为资本主义是世界的,无产阶级是国际的,被压迫民族的奋斗,必须联合与其受同压迫的无产阶级,——那个阶级,正是日日在阶级争斗中。

第二,"国家主义"!?"全民革命"?!不知是从那里来的那些东西!反革命的假词调"国家主义"与"全民革命",那明明是披上黑衣带上黑帽,在资本主义被无产阶级震慑时,情急了而变成的凶恶的状态,用以专门残害工人的"法西斯蒂"。"国家主义"如果不是民族主义,那就可以直称为"狭义的爱国主义";不,简直称"法西主义"才恰切。一国之中,利益若是有全民的,而无阶级的,便没有革命。不,实际上"国家主义"者所呼号的"全民革命",不过是自觉的或不自觉的拥护资产阶级的利益而不要革命罢了。"国家主义"与戴季陶主义,"殊途而同归"!

但在事实上没有多大防[妨]碍。中国革命的问题,可以依列宁主义的民族问题来解决。帝国主义者自身间已有许多失败,又在中国的革命运动里着着失败。那些高呼苏联为"赤色帝国主义"的,只不过因帝国主义者失败时情急的授意;无产阶级专政时,不必自称为"德谟克拉亚西",而直称为"专政";但资产阶级被人呼为帝国主义时,却将原名词加诸无产阶级,在原本是赤色的无产阶级头上,盖上帝国主义的帽子——这明明是帝国主义尚未死灭时的现象。

在这种情形之下,列宁指示出下列各点——

(一)"帝国主义时代之特点,在现在的时候,在于把全世界分成两部份:一大部份被压迫的民族,一小部份压迫的民族——占有巨大的财富与武力。差不多全世界上四分之三的民族屈服于压迫之下,波斯基、土耳基及中国虽然非完全殖民地,但为帝国主义的武力所征服,遂成依赖的国家。"——这是民族问题的来源。

(二)"……帝国主义战争后的世界状况之下,各民族间的关系,国际间的情势,是以一小部分与苏维埃运动和苏维埃国家的奋斗而规定的。倘若我们把这个忘却了,则我们将不能认清民族与殖民地问题,无论我们怎样把话说得很远很大。只有把此点认清之后,共产党才能解决一切强国与弱国之间的问题。"——这是共产党主义者解决民族问题的标准。

(三)"……在压迫与被压迫国家的资产阶级之间,已经表现出亲近的现象;或者在多数的情形之下,被压迫国家的资产阶级一方面虽然帮助民族运动,而同时却与帝国主义的资产阶级妥协,共产压迫革命运动与革命阶级。"——这是说明在民族革命中的资产阶级之态度与行动。(是活活的为五卅运动中,中国资产阶级之写照!)

(四)"……我们共产主义者帮助殖民地的资产阶级的解放运动。仅当这种运动真正是革命的,且运动的代表者不阻碍我们组织农民和被压迫群众的时候。"——这是我们参加国民革命的态度。

(五)"在落后的国家中,应极力免除非真正共产主义革命的解放运动,纠染着共产主义的色彩:共产国际要帮助殖民地与落后的国家之革命运动,是欲使落后的国家之无产阶级政党的分子,在自己特别职任的意识上,团结而训练;这一种特别职任是在本民族中与资产阶级的德谟克拉西假面具奋斗。"——因此,我们绝不当以为国民革命,即是共产革命;更不当忘却在国民革命中的特别职任。

(六)"在一切殖民地与落后的国家之中,我们不仅要组织先锋队的中心,党的团体,不仅宣传农民苏维埃组织的思想,趋向将它适用于资本主义前的条件,而且共产国际要规定一理论的原则——落后的国家因先进国无【产】阶级的帮助,能转入苏维埃的制度,经过一定的发展的阶段到共产主义,避免资本主义发展时痛苦的阶段。"——这一点指示[我]们,如何达到共产主义之路。

(七)"世界政治的环境现在将无产阶级专政放在议事日程上面,一切世界政治的状况都集中于中央的一点:全世界资产阶级反对苏俄,而苏俄应当将全世界先进的工人的苏维埃运动,及被压迫的殖民地民族深信非与革命的无产阶级联合反对帝国主义不可之解放运动,统都拉在身边而指挥之。"——这便是敌人所狂叫的"赤色帝国主义",实际只是如此!

(八)"……要使各国家与各民族的无产阶级与劳动群众联合起来,共同做革命的斗争,推翻地主与资产阶级。因为,只有这个联合,才能保障对于资本主义的胜利;若不推翻资本主义,则一切民族的平等与阶级的消灭是不可能的。"——这是列宁主义民族问题的总原则。"①

(完)

(注)最后所引八段,都是列宁在第三国际第二次大会中演说,及起草的决案中之语。

(《政治生活》第六十五期,1926年1月21日,署名 士炎)

23.《中国民众纪念李卢列的意义》(《武汉评论》第三十七期,1月21日)

《武汉评论》第三十七期发表《中国民众纪念李卢列的意义》《列宁主义概述》《列宁主义与中山主义》《列宁主义与中国革命》等文。

刊登任宣的《中国民众纪念李卢列的意义》,全文如下:

自资本主义发展到最高形式——帝国主义以后,将全世界的经济关系,揉成了整个的,同样,世界的革命运动也成了整个的,因为全世界已横断为宗主国与殖民地或半殖民地两组国家,宗主国无产阶级的社会革命与殖民地或半殖民地弱小民族的民族革命,总汇起未[来]成为整个的世界革命。弱小民族的民族革命,固大有助于无产阶级的社会革命,同时无产阶级的社会革命,对于弱小民族的民族革命也有绝大的影响。

---

① 最后所引八段,都是列宁在第三国际第二次大会中演说,及所起草的决议案中之语。

中国处于半殖民地地位，民族革命运动，经过五卅以后各地惨案的刺激，已高涨起来了，并且在革命运动的过程中，已经了解了而且实行了中国民族革命在世界革命运动中的职任，已经切实提出了全世界被压迫民族与被压迫阶级大联合的口号，已经接受了全世界被压迫民族与被压迫阶级热忱的帮助。

中国民族的革命运动，既是走上了革命运动的正轨，既是正在努力尽他在世界革命运动中之职任，他们在这样一个最悲壮最伟大的纪念周——李列纪念周中，应如何奋发，如何被感动，如何勇敢前进！

李卜克拉西与卢森堡女士，是德国无产阶级两个最伟大的领袖，他们的全生命完全贡献于无产阶级，他们领导德国的无产阶级不断的为求解放而奋斗，他们不遗余力的攻击〈出〉卖阶级的社会民主党的投机主义与妥协政策，他们毕竟为无产阶级革命而牺牲性命，他们毕竟被无产阶级的残酷敌人德国谢致孟政府与社会民主党伙同用奸计枪杀了。他们的失败，不仅是德国无产阶级的失败，亦即是延缓了世界革命的成功，也可说是中国民族革命中减少一部份有力的援助。所以中国民众对于李卜克拉西，卢森堡的认识，不能认为单统[纯]的德国无产阶级的领袖，他们的死不仅是德国无产阶级的损失；因此，纪念李卜克拉西，卢森堡，并不仅是德国或欧洲无产阶级应有热烈的表示，中国民众纪念他们，实含有更深远的意义。

至于列宁的伟大，更不是我们几句话或一篇颂扬的文字所能写得出的。他是十月革命的创造者，他是全世界革命的领导者，他根据马克斯主义实际应用于帝国主义时代，成功了全世界无产阶级革命的一部分建立了世界上第一个社会主义国家。他比较一般社会主义者超越的地方，尤其是他对于民族问题的主张之正确，本来在改良派的第二国际，也有所谓民族问题的主张。可是他们所重视的民族只限于欧美白种人而遗忘了占全世界大部份的有色人种；他们对于殖民地的民族，采用欺骗政策，使之永远服从宗主国的统治，他们反对殖民地的民族解放，并谓落后民族只有在宗主国统治之下，才有和平的幸福与进步之可言。他们常用保护祖国的名义拥护本国资产阶级的政权，压迫殖民地的民族解放运动与工人运动。所以依第二国际的主张决没有解决民族问题的可能。列宁的民族问题的主张则完全与第二国际的相反。他所谓民族是指全世界一切有色无色人种的，并且特别重视殖民地的被压迫民族，他主张殖民地的民族对于宗主国应由革命而分立而自建国家。他主张帮助殖民地的民族解放运动，联合被压迫民族共同反对帝国主义，他并更进而主张联合被压迫的民族运动与被压迫的阶级运动共同推翻国际帝国主义。这是列宁在理论上超越之点。十月革命建立了苏维埃俄罗斯以后，列宁对于民族问题的主张更加坚定。对于弱小民族以"只与不取"为原则，其实力援助被压迫民族解放的事实【，】在各殖民地民族与帝国主义斗争中都可以看得明白。这是全世界被压迫民众永远尊崇爱慕纪念不忘的。即如中国被束缚于帝国主义不平等条约锁练[链]之下，不能动弹，而苏俄则自动的无条件的放弃帝俄时代在中国攫取的一切特权及一切不平等条约【，】以实行其援助中国民族解放的愿望之第一步。这是中国民众愿意竭诚接受的。尤其是中国民众纪念列宁特别热烈的原因。列宁逝世后之第二周年中世界革命之火焰，正在地球上到处燃烧着，帝国主义者正在那里发慌抖战[颤抖],全世界被压迫的民众们!中国被压迫的民众们!努力!努力!奋进!奋进!完成列宁世界革命的伟大计画,打倒帝国主义!扫除一切人类的魔鬼!大帅列宁正望着我们拍掌大笑呵!

(《武汉评论》第三十七期,1926年1月21日,署名 任宣)

24.《列宁主义概述》(《武汉评论》第三十七期,1月21日)

《武汉评论》第三十七期刊登寰澄的《列宁主义概述》,全文如下:

列宁主义形成于帝国主义状况中,在此时资本主义的矛盾已达于最高点,无产阶级革命已成为直接行动问题,即由酝酿革命的旧时代转向直接攻取资本主义的新时代,所以列宁主义。[,]并不是一种特别的科学,而是俄国共产党的战略和政策以及其组织形式,是列宁在数十年的革命奋斗过程中所得来的经验的总和,所以我们要懂得列宁主义,必须明了以下几个重要问题的理论。

(一)列宁主义的历史根源

列宁称帝国主义为"死期的资本主义"。因为帝国主义已达到了资本主义矛盾的最后界限,过此以外便开始世界革命。我们从这矛盾中可抽出三个极重要的矛盾。

第一个是在劳动与资本间的矛盾,帝国主义是在产业国家中,用强力垄断的托辣司,新提加,银行,所形成财政资本的统治。此时工人阶级对于他的斗争,已经不是用通常的方法——职工会,协作社,议会的党派,及议会斗争等—所能对付。立在千百万工人群众面前的问题,便是若不愿再和便利于资本家的老方法周旋永久投降于资产阶级,便应取得新的武器,帝国主义遂使工人接近革命。

第二个是在各财政资本团体间,各帝国主义列强间,为争原料争土地而酿成斗争的矛盾。帝国主义要求输出资本于原料产生地,为企图垄断这个富源而引起残酷争斗,为再分割已经分割的世界而斗争,特别凶暴的形式,是由新的财政资本团体,新的列强,企图"太阳下面的地□"反对老的列强而互相勾结侵略。在各资本主义列强间的这个残酷斗争,合着必不可免的结果,即酿成帝国主义战争。由这个战争,同时致帝国主义相互势力的衰弱,一般资本主义阵线削减,把无产阶级革命时代更弄近了,革命成为实际的必要。

第三是在地球上少数统治的文明民族与数万万殖民地人民间的矛盾,帝国主义是数万万殖民地属地人民凶暴的割削者,与无人道的压迫者。榨取最高利润,是他剥削殖民的目的。但帝国主义剥削这些地方必须在那里建设铁路工厂制造□工业及贸易的中心。这个政策的必然结果是:无产阶级的出现,本地智识阶级的发生,民族自觉的奋起解放运动的壮大。要证明革命运动在一切殖民地属国发展的事实,是极明显的。这些事实对于无产阶级非常重要,他掘断了资本主义的阵地使原为帝国主义的殖民地后备军,变成无产阶级革命的后备军。

上面所说帝国主义的重要矛盾把老的繁荣的资本主义变成死期的资本主义。

过去帝国主义战争的意义,即是造成这些矛盾当中,战争汇集了一切的矛盾,成一结束,更快的更容易的引到无产阶级革命。从这样国际的状况中而产生的列宁主义,决不是偶然的事实。

(二)无产阶级是能负历史使命的唯一阶级

我们知道社会的力量是无产阶级,它在政治上必然有其独立的主张不依靠其他的任何阶级,我们更从历史事实的证明,无论在任何革命中间,一定有一个能负担历史使命的阶级。一七八九年法兰西的大革命和中国一九一一年的辛亥革命,都是资产阶级为主体,因为当时只有资产阶级能指挥,其他一切阶级,为其他一切阶级的领袖来担负这个历史的使命。为什么无产阶级在当时不能负担这个使命呢?因为当时社会经济发展的客观条件,还没有能使阶级充分分化的可能。它不能超越历史的过程来负这种历史的使命,总之某一革命必有某一个阶级为主体以引导其他阶级是能担负历史使命的阶级。革命派与非革命派;列宁主义与非列宁主义的区别的地方就在这一点。无产阶级能担负历史使命的阶级,不仅是俄国而且是适用于全世世[界]。

(三)无产阶级专政与国家的理论

马克思的功绩,并不是发现了阶级争斗的理论,而是他占在阶级争斗的原则上发现的无产阶级专政,因为阶级争斗的理论在马克思以前已有许多人说过了。

无产阶级专政与其他阶级专政一样用政治的权力来压倒他的敌人。我们知道在资本社会里,资产阶级的力量,就是因为他掌握了政权,所以无产阶级要推翻资产阶级也就同样的要夺取政权,才能成就他的力量,而且还要实行无产阶级专政,才能征服资产阶级。

在一八四八年马克思和昂格思所著的共产党宣言,就肯定的说:"无产阶级需要一个独裁的政治",要作政治争斗,但究竟向什么方向走呢?联合全世界的无产阶级走向社会革命。

资本主义发展到最后一个阶段,一方面资本集中到几个人手里,另一方面工人的数量一天比一天增加,生活一天比一天困苦而组织亦一天比一天坚固强大,觉悟亦一天比一天增高,在社会上成了一独立庞大的势力,结果资本主义再不能延长下去,无产阶级即起来推翻资产阶级的统治而代以无产阶级专政。

无产阶级专政是社会革命的一个过程,无产阶级革命之后,资本家的力量并未马上消灭,而且他时时想用武力来恢复他的统治,因此无产阶级专政就是消灭资产阶级的根蒂,巩固共产社会基础的一个必要工具。

无产阶级专政与其他阶级专政一样。专政的解释,是一个阶级很果断的占在政治的权力上来保护他的利益,限制其他阶级的自由行动,这是与意大利的法西斯蒂党专政以保护资产阶级利益同一作用。

无产阶级国家里面的一切组织,如军队警察审判厅,学校等等,凡资产阶级国家所有的他都具有,而且在形式上亦莫有差异,只是目的不同而已,然则在无产阶级专政国家之下亦有德模克拉西的存在么?有的,不过他的意义却与资产阶级国家的德模克拉西不同,他是工农的德模克拉西,是苏维埃的德模克拉西,即是一切言论出版集会等等自由，在苏维埃政权之下，只有工农的德模克拉西与资产阶级国家里面，只有资产阶级的德模克拉西是一样。

什么叫着国家呢？国家之由来，不是自人类社会存在以来就有的在原始社会里，曾经过几千百年的共产社会，在他们的中间是平等的，是共同生活而且很密切的，因此无所谓阶级，更无所谓国家，后来经济关系变化人与人之间利益不一致，于是发生阶级和阶级争斗，国家就是阶级争斗不可消灭的矛盾的产物。

我们从国家形成的过程中去观察，就知道国家的成立，不是偶然的，也不是生成的，它是建业在经济发展的基础上面，因此有不同的经济基础，即有不同的国家形式，由宗法社会族长统治的形式而封建社会以至于资本社会。在封建社会里的农民生活莫有统一的要求，所以产生封建诸侯的国家，及至工商业渐次发展，资产阶级需要一个中央集权的政府，所以产生统一的王国，但国家的形式无论怎样变更而国家的作用始终是统治阶级宰制其他阶级的工具。

(四) 列宁与民族问题

列宁在一九一六年所作的《社会主义的革命与民族自主》的那篇文章里面有两段话，很可以表示他对于民族问题的根本观念这篇文章的第四段[段]上说道：

居于压迫民族中的无产阶级不当束缚于一般的虚浮的资产阶级的口号。应当反对侵略主义，主张一切民族平等。帝国主义的资产阶级所谓国疆同题，即是压迫弱小民族的问题，无产阶级对之不应默而不言，无产阶级不能不反对国内各弱小民族所受的种种压迫，这个意义即是为"民族自建国家权"而争斗的意义。无产阶级应当力求殖民地主弱小民族的政治独立之自由。如果不然，则无产阶级的国际主义，便成了一座空中楼阁，而被压迫民众与压迫民族的无产阶级中间相互的信仰与一致的团结，也决没有希望；倒与那些改良派柯祖基派相像了！他俩何尝不是说民族底自主，然而对于压在自己国家下的各弱小民族，则一字不提，难道我们承认他们是应当如是的吗？

这篇文章第六段[段]上更说道：

半殖民地的国家如中国、波斯、土耳其等等，把那些国家以及各殖民地的人民合起来计算约在十万万以上的人数，这些国家之中资产阶级的民族主义运动，有的渐渐的在开始运动。有的运动已经开始了而尚没有成功，社会主义者不宜绝对的无代价的去希望殖民地的解放，应当很坚决的维持那些国家中资产阶级革命份子的民族运动，并实际的帮助他们的奋斗，帮助他们反对压迫他们的帝国主义的争斗。

将上面所引的两段[段]议论，归结起来可以得着三个重要之点：第一民族问题的解决，除非是弱小民族在政治上得到独立的自由和民族自建国家的权利，才能算得真正的解决。第二无产阶级应当打破狭义的爱国主义，脱离改良派的牢笼，实践无产阶级国际主义的信条，团结弱小民族去反对帝国主义，使一切民族得到平等。第三无产阶级援助被压迫民族不是一种消极的希望和不负责任的高调，应当坚决的维持被压迫民族中革命份子的民族运动和实际的帮助他们反对帝国主义的争斗。再总括来说：现代帝国主义时代的民族问题之解决法乃是以国际无产阶级的力量合着弱民族的民族运动的势力成就反帝国主义的战线来夺得弱小民族的自建国家权与政治独立的自由权。

民族问题在俄罗斯工人阶级中第一次的争论是火星派（注一）与明德派（注二）的争论，到一九○三年俄罗斯社会民主党第二次大会的时候，明德派竟因此脱党。一九一三年俄罗斯会民主党中央执行委员会，对于民族自主有一个决案，可是这个决案大遭卢森堡的反对，遂引起列宁与卢森堡的一场大辩论。其余如谢敏科夫斯基，优里格尾支等，关于民族问题之解决法，均相率攻击列宁不遗余力，列宁先后应敌二十年，直到一九一七年革命以后，列宁主张的正确方白于世界，列宁与民族问题的关系有这样的一个长期的历史，那内容之复杂自不待言，如果要详细的来介绍恐怕不是一篇短短的文字所能担负的，因此只能择几个要点来说明。

伟大的列宁和其他优秀的社会主义者相比较所差别的地方，并没有多少，列宁和人不同的处所，使人惊服的处所，就是他能融化马克思主义的革命的理论应用到实际方面，布哈林说："马克思主义即是变换世界之理论的实用和实用的理论，谁也不能够和列宁一样懂得这个革命的马克思主义的实质。"本来在马克思主义的理论方面列宁不得比柯祖基、普列哈诺夫他们更高一筹，或者有些地方还不如他们那样的渊博，不过他的特点就是能够把理论和实际综合起来将理论看做世间的实际，将实际看做实用的理论，因此成就了他的列宁主义。

(《武汉评论》第三十七期，1926 年 1 月 21 日，署名 寰澄)

25.《列宁主义与中山主义》(《武汉评论》第三十七期，1 月 21 日)

《武汉评论》第三十七期刊登新民的《列宁主义与中山主义》，如下：

列宁主义与中山主义，都是二十世纪时代的革命主义。所不同者，一是无产阶级的社会革命主义，一是弱小民族的国民革命主义。不过现在社会的经济组织，都已形成整个世界的经济组织，只要是真的革命主义，就不会有冲突的所以列宁主义与中山主义的精神完全一致。

列宁主义对于民族问题，认为是无产阶级革命的总问题之一部分。弱小民族的民族问题之能解决，只有与无产阶级革命发生关系，而西欧革命之胜利，一定要借助殖民地之革命的解放运动，被压迫民族对于帝国主义的奋斗。因此。提出下列两个相反的口号，以为社会革命家实行工作之目标。在大民族中的社会主义者，应主张"自由分立"坚持被压迫国家之脱离宗祖国之分立；小民族中的社会主义者则主张"自由联合"，反对小民族的闭关主义或孤独主义。这两点正是与中山主义之民族主义，要"联合世界上以平等待我之民族共同奋斗"，以达到"中华民族之独立和自由"者，完全相同。

无产阶级专政，是列宁主义的要义之一。是一面作压服资产阶级反对的武器，一面作改造社会经济的杠杆和历练并且教育无产阶级自己，专政之国家最适当的形式，是苏维埃制度。所以无产阶级专政是由资本主义过渡到共产主义社会之过程。这又与中山主义底要义之一的实现其主义所分的步骤的军政时期和训政时期相当。因为军政时期是要扫荡一切反革命之势力，并宣传革命之主义于民众的。训政时期则□导人民使知其活动方式，以便做革命之建设。所以列宁主义与中山主义在实行的手段上，也是一致。

最容易为人所误会而认为列宁主义是与中山主义冲突的：是共产主义之目的，在废止私营制度；民生主义之纲目，在节制资本，平均地权。这是不了解民生主义之真髓的人，才能发生这种误会的。节制资本，平均地权，并不是一个社会政策，如像资本阶级用来缓和劳动阶级底革命心理，希以延长其资本社会的社会政策，乃是借以引进中国社会走到共产主义，社会的途经的路。因为民生主义底根本作用，是要解决"人与人争"之大问题的。但是要解决人与人争的大问题，又非到了共产社会，大家都有面包和饭吃，不能免去人与人争。所以共产主义和民生主义是不但不相冲突，并且还是一个好朋友。"共产主义是民生的理想，民生主义是共产主义的实行"，这不就是民生主义底创造者中山先生自己所说的话吗？原来民生主义之发生，是由于中山先生亡命欧洲，考察各国政治风俗，并结交其朝野贤豪，始知仅有政治革命，"犹未能登斯民于极乐之乡"，才发明之以与民族民权鼎力而为三。故其所以有民生主义，根本就是表示要有由国民革命到社会革命之觉悟的。不过中国为产业落后的国家，要接近于共产主义，就不能不赖国家的力量开发产业。即是要以国家的力量，才能扩张大生产以反抗小生产；扩张进步的生产以反抗退后的生产；扩张机器的生产，以反抗手工的生产，才容易造成共产主义的经济基础，才容易走进共产主义的社会。这正是与现在实行，新经济政策之苏俄，要用国家资本主义的方法来促进共产社会的生产力，是同一意义。所以民生主义之节制资本，平均地权，并不是一种资本家的社会政策，乃是一种想把中国引上共产主义的社会的国家资本主义。不然，请问："民生主义是共产主义的实行"这句话，又是怎样解？汪精卫先生说："民国元年同盟会改组国民党，当时的党纲是一种社会政策，是一种普遍的政党，所以孙先生，就表示不愿干总理一职。(见广州民国日报载汪精卫去年十二月廿九日在孙文主义学会成立演说词)。由是可知以民生主义来解说列宁主义与中山主义背驰的人，实在是莫大的错误，实在不了解中山主义。以共产党主张共产主义来，做反对加入国民党的理由，实在是中山主义底叛徒！

中山主义与列宁主义之要义，大概可包括于上述三点——民族问题，无产阶级专政及民生主义——之中，总说一句话，都是在一条革命的道上走的。我们被帝国主义压迫的中国人民和无产阶级革命胜利后的苏俄人民，应该怎样呢？"我愿表示我热烈的希望，希望……两国在争世界被压迫民族自由之大战中，携手并进，以取得胜利"这不是去年三月中山先生临危时，致列宁所创造的苏维埃社会主义共和国的遗书末尾的一语吗？我们这两个民族的人民，个个都要努力无条件的接受这两句话，才能做个列宁主义者！中山主义者！

(《武汉评论》第三十七期，1926年1月21日，署名 新民)

26.《列宁主义与中国革命》(《武汉评论》第三十七期,1月21日)

《武汉评论》第三十七期刊登达夫的《列宁主义与中国革命》,全文如下:

列宁主义是什么?俄国施达林说:列宁主义是帝国主义极盛时期和无产阶级革命时代的马克司主义。更明确的说:列宁主义是无产阶级革命的理论与策略。尤其是无产阶级专政的理论与策略。由此我们可以知道列宁主义是有两个重要的特点:第一个特点便是列宁主义是资本主义发展到最高形式的帝国主义时代之产物;第二个特点便是列宁主义乃无产阶级革命——十月革命——的过程中所陶养成的实际理论。

在马克司时代——十九世纪中期——资本主义还没有发展到极顶,无产阶级亦还未十分发达,至于殖民地问题亦还没有成为十分紧要的问题。然而到列宁的时代便不同了,资本主义已经发展到最高度,将世界上的殖民地瓜分殆尽,而彼——帝国主义者——视殖民地简直为他们天生的剥削物,踩躏压迫,无微不至;这样,自然要发生殖民地的问题——民族问题——了。列宁对于这个问题的意见是怎样呢?简单的说,他便是主张民族自决——民族解放,而其策略便是各殖民地弱小民族与宗主国的无产阶级联合打倒他们共同的敌人——国际帝国主义。因为他认定现在的世界是被资本主义分成这样的两个敌对的营垒:一边是站在压迫地位的统治阶级,另一边便是受压迫阶级压倒的殖民地弱小民族与无产阶级;这殖民地弱小民族与无产阶级同时要从压迫阶级——资产阶级,帝国主义——的高压底下解放出来,便应互相联合起来以增长他们战斗的实力,这个联合便是他们能够得到胜利与否的关键。无产阶级,对于民族解放运动,应有积极的赞同和援助;因为无产阶级革命之胜利,必要借这种殖民地弱小民族之反帝国主义的革命的民族解放运动的帮助。这便是列宁主义对于民族问题的解释。

中国的革命运动,与各国的民族解放运动一样,都不过是整个的世界革命运动中之一部分。无论照理论上讲或实际上讲,都只有照着列宁主义所指示的路经(径)——全世界弱小民族与无产阶级联合——走去才能得着胜利。

关于远在亚洲东南隅的中国近代的重大事变,列宁是异常注意的,观他对于辛亥革命所发表的言论便可见一般[斑]。他说:"四万万落后的亚洲人得到自由了,对于政治生活已经有觉悟了。可以说,地球上全人口四分之一已经由沉睡转到光明、活动、奋斗的路上了。此事对于文明的欧洲是不发生关系的,甚至法国至今还未正式承认中华民国。欧洲这种冷淡的态度,用什么可以去解释呢?原来在西方各处都受帝国主义的资产阶级之统治,这资产阶级四分之三已经腐朽,对于任何一个野心家,只要争得反对工人之严厉方法及一个卢布有五个戈壁的利息,都愿把自己所有的文化卖去。这个资产阶级把中国只不过看成一块肥肉,这肥肉自从被俄国亲热的拥抱了一下之后,现在也许要复日本,英国,法国等撕碎了罢!"

他对于列强扶助中国反动的袁世凯事又曾发表了以□的言论:"欧洲资产阶级居

然拥护亚洲的黑暗势力。……掠夺中国,帮助德模克拉西之仇人,中国自由之仇人。……中国的新外债(指袁世凯□□后大借款。)是反抗中国德模克拉西的,因为欧洲帮助袁世凯,他原来是□备实行军事专政的一个人。欧洲为什么帮助他?就是因为可以分点利润。中国借了二万五千万卢布的债……假使中国人民不承认这笔债呢?那时光进的欧洲就要大声疾呼什么"文明""秩序"及"祖国"了!那时就要装着大炮与野心家黑暗势力的好友袁世凯联合去压迫这"□□亚洲"的共和国了!"

列宁这样说了,但是他手创的苏联与第三国际是怎样的实行呢?不看别的,只看"五卅"惨案以后苏联如何对于中国民众运动表深挚的同情与积极的援助及第三国际如何号召各国的无产阶级起来攻击本国政府对于中国民众运动之高压政策,便可知道他们是正在忠实的秉着列宁的遗训前进;另一方面亦就证明列宁主义之成功。

所以我们联络苏俄,无产阶级,弱小民族,不但不是恐惧,而且简直是中国革命前途所必经的道路。

只可恨亦可笑一般反革命的醒狮派,到现在还要排斥中国与苏俄及一切革命势力联络的革命策略,而主张中国这个"国家"要在世界上"单独"的革起命来,他们这种目光短小如豆的不明世界进化法则的糊涂的言论,出于他们资产阶级的士大夫之口,本毫不足以为怪;不过他们还野心勃勃的想把工农群众及一般被压迫民众拉拢来同他们去实行(?)什么"国家主义"的革命,以造成他们资产阶级的德模克拉西,来变相的压迫工农。反革命的人们!你们休矣!中国工农群众及一般被压迫的民众只有照着列宁主义的路经(径)才能得着解放,他们是决不会受你们的骗的啊!

(《武汉评论》第三十七期,1926年1月21日,署名 达夫)

27.《在列宁二周纪念日谈中国国民革命》(《共进》第九十九期,1月21日)

《共进》第九十九期刊登志颖的《在列宁二周纪念日谈中国国民革命》,全文如下:

一月二十一日是列宁的忌日,从一九二四年到一九二六年整两年了,现在他的二周纪念日又到了。

我们知道列宁遗留全人类的,不但是十月革命,而且是全世界被压迫民族能得着真正解放出路的惟一的主义——列宁主义。因此我们受着帝国主义侵略沦为半殖民地的中国,在这国民革命高潮中,应当将这伟大的领袖,无产阶级的导师的生平和教训留念在民众的脑海里。而本着他的精神与帝国主义者和军阀搏战,以求国民革命早日实现。这是我们在列宁死后第二周年纪念的意义。

列宁的生平,是革命的生平;列宁的教训,是无产阶级联合打倒帝国主义与资本主义夺取政权,实行共产社会的教训。在共产党指导下之苏联政府,就是由工农阶级组织而为被压迫民众谋利益的政府。一九〇五年革命以后,列宁被帝制派政府得到资产阶级的合作知世界资本的协助,把他扑灭。工人的阶级被他们打倒,农民的暴动被他们打下，党务也被迫得不能秘密工作了。从这次革命失败后，反革命的势力越发利害。连党务方面的书籍新闻都不能发行，这种情形由一九〇七年到一九一一年，而在这最困难的时候，列宁对于党的组织和进行仍然热心努力工作，卒于革命运动成立了伟大的功绩。我国的国民革命领袖孙中山先生在前清十几次的失败，逃亡海外，受反革命派的压迫，本能达到推倒满清政府之目的，而在今日又给我们最后的教训是：必须唤起民众及联合世界上以平等待我之民族，共同奋斗然后才可达到废除一切不平等条约而致中华民国于自由平等之目的。

　　列宁曾无疑的告诉东方的工人与农民以他们争斗的基础和最切近的目的。最有效的工作是参加、援助、领导一切国民革命运动，以反抗帝国主义者而求得国家的独立。列宁又曾经指示出如果获得打倒帝国主义的胜利与国家的独立，中国劳苦群众必将给西方的全体无产阶级的推翻帝国主义统治的争斗，与全世界劳苦群众最后的解放运动以莫大的帮助。所以中国革命最切近与主要的工作，就是将我们的全力贯注到与一切民治的革命势力共同奋斗的强有力的联合战线上。这就是孙中山先生毅然决然的改组国民党的原因，中山与列宁他们是很好的同志，他们的工作虽有不同——一是国民革命一是无产阶级革命，而在解决全世界被压迫民族的观点上，是在一条道走的，不过有前后不同罢了！所以国民党是带有世界性的，不是关上门就可以达到国民革命的。一般不明世界情形的国民党右派和国家主义者，反对联络与以平等待我们的民族携手实在是不明世界的局势，不明世界革命的理论和策略。我们站在国民革命的立脚点上，应当不顾一切的否认帝国主义者及其走狗——军阀官僚——离间国民党内部团结的谣言，反对国家主义者不明世界情势的谬论，而受他们诱惑的青年，我们应当以很诚恳的态度向他们解释，使与我们向同一的道上去努力扩大革命的势力：这是我们受了列宁和中山两位领袖的遗训最切要的工作之一。

十五，一，二十一，于北京。
(《共进》第九十九期，1926年1月21日，署名 志颖)

28. 纪念列宁特刊(《工人之路》第二百零八期，1月21日)

《工人之路》第二百零八期出版"纪念列宁特刊"，刊登系列纪念文章，包括《列宁逝世后二周年之国际政治经济状况》(施塔林①在俄共产党大会中报告)，《列宁传略》《列宁主义领导之下的俄国共产党》等。

29.《列宁逝世后二周年之国际政治经济状况》(《工人之路》第二百零八期，1月21日)

《工人之路》第二百零八期刊登《列宁逝世后二周年之国际政治经济状况》(施塔林在俄

---

① 即斯大林——编者。

共产党大会中报告），全文如下：

莫思科二十日电，施塔林在俄共产党十四次大会发表政治报告，前述国际形势，略谓战后世界财权操于美人，欧洲资本主义者，徒赖美国财力，对战后困难已略可应付，彼辈现复继续增加捐税，剥削工人，侵略殖民地，压迫不能独立之民族，因而被压迫者之革命劳力日增，国内之革命危机亦日迫，然彼辈竟谓凡此现象，皆布尔沙维克所有，是未免过于尊重吾人矣，美国欲赖杜威斯计划，予德国以俄市场自由发展权，使俄复为农业殖民地，冀德国赔偿力增加，但施行结果，徒将促成德国革命。

罗加诺条约，意在确定凡尔赛和约后新形势，俨若普法战后德国之对法，使德国永难复兴，然普法和约订后，法联俄，德联奥，其间虽经设法粉饰和平，如海牙和会之美，终酿成欧洲大战，罗加诺条约，亦不过使欧洲新战祸愈为迫近而已。战胜国之互相嫉视，业趋成熟，各国皆谋增加军备，自非为对德而增，英美在反对废止偿债上互相妥协，但在煤油竞争上互相冲突，对中国，英主强暴，美欲暗侵，双方亦不相下，英法冲突甚多，重要者摩洛哥及叙利亚问题，美日在太平洋方面亦互相敌视，结果所谓协约国之和平，乃暗怀战祸可能性之武装和平而已，苏联在琴诺亚会议开会时，即力倡裁兵，但当时不论第二国际或其他自命为和平主义者，皆不赞助苏联之议，然则彼等之和平诚意可知。

苏联无论在国内国外，地位皆日趋稳固，被压迫民族莫不拥护苏联，各国工人阶级亦反对资本主义者对俄侵略，苏联与资本主义国能继续相安，一则因美国不欲其投资地之欧洲发生战争，次则因资本主义者必须有俄国方能挽救经济危机，俄国对外贸易今年最为发达，美棉之输入，及粮食向德英输出，即其大宗。

旧债问题，尚属归案，西欧诸国，谓俄国战前，及大战借款达一百三十万万卢布，但因欧洲纸币低落关系，及除去邻边诸国应摊之数，俄国所欠实数约七千余万万，然俄国因英美法等国侵略，损失却逾二百万万，苏联一九一七年宣布取消旧债，没收工业，原定法律此时不能废止，但吾人固已愿根据互相有利之原则，与英法切实磋商旧债，及以取消欧战债务为条件，借租借办法以满足旧业主矣，此乃俄国与麦多那交涉时俄国之态度，至今仍未变动，伦敦协定，因美国深虑废除欧战债务之故，或将归于失败，至于各国诬苏联及援助第三国际，自属绝无根据，无论在东在西，吾人无所用于特殊宣传，各国工人来俄直接考察，东方民族深明吾人之民族共存原则，以及俄国之放弃领土，皆属吾人无尚之宣传，而英国之保守派及其殖民政策，尤属大英帝国之致命伤。个人的暴动，及对个人之谋害，与共产主义者，无论在理论上或实际上皆不相容，彼以为共产党对欧洲政府人物欲予谋害及参预炸毁苏非亚教堂者，可谓绝对误谬，第三国际之行动，概属国体的行动，光明磊落的群众革命运动，此乃各国人民所应了解者，苏联对中国民族自由运动深切同情，各国对中国革命运动皆欠了解将来必至自累，吾人甚□日本不至如是，无论统治满洲之权谁属，如取破坏日俄关系政策，终必归于失败，苏联所努力者，乃促进和平，揭露罗加诺会议及如国际联盟一类机关之内幕，根据国家专利原则促进对外贸易及增进与弱小民族关系，苏联经济政策，在使苏联处于独立的经济分子之地位而趋于发展，无论发展之速率何若，实业仍须根据农业之发展以确定，输入输出，皆不应强予增加，输入激增则金融发生变动，输出激增则农产品价格增高，去年度出入相抵达一万四千四百万卢布，明年可望缩至一万万卢布，现为防范西方各国变像的封锁计，农产品应有积贮，工农两业生产，去年度约为战前七成，明年可望达九成五，国家工业与合作社工业，较私人工业略发达，工业预算总额为五十万万，约合一九一三年百分之七十四，工业利赢达三万一千五百万，革命以前之工业设备业已完全利用，此后农业既有发展之可能，则未来工业发展，须赖增建新厂及大规模改革旧厂，故此后实有注全力使国家工业化之必要，工人数目已达七百万，较去年增加一百五十万，失业者减至七十一万五千，较去年减五万，工业上需要合格之工人四十三万，至今尚未募足，各界人民生活较前充裕，实际工价约合战前百分之九十六，无产阶级及农民对政治活动亦较前注意，此盖由于施行现行农民政策之结果，现行政策，乃使无产者及穷农与中等农民间之团稳结固，国家即赖此种政治基础之引导，循以国家工业为基础之社会主义道路前进，以前对于粮食增进过度预算，至使农产及对外贸易计划皆须缩减，证明农民积贮计划之误算，关于农民政策问题，党中领袖之意见分为两派，一派过于忽视富农地位之重要，一派过于重视富农经济力增张之危险。后一派之意见，因以错误的统计为根据而生，吾党对此分歧，应毅然予以消弭。施氏报告关于组织问题，党员由四四六〇〇〇增至一〇二五〇〇〇，就中工人占五三四〇〇〇。列宁格勒党部建议一年内使工业工人百分之九十进党，俾党员增至五百万人，殊不知此类工人中多属新自乡间而来之青年，对布尔沙维克主义尚欠了解，故此议实蹈不重实际之弊，吾人虽无西方之援助，仍可臻于胜利。彼对社会主义胜利怀疑者，实因畏惧艰难。吾人对于以往所为之错误勇于承认，同时亦不能否认在社会主义建设上所得超乎国际的重要之成功云云。

(《工人之路》第二百零八期，1926年1月21日)

30.《列宁传略》(《工人之路》第二百零八期，1月21日)

《工人之路》第二百零八期刊登《列宁传略》，全文如下：

列宁之幼年时代，列宁于一八七〇年四月十日生于瓦尔加河之衫布尔斯克城，虽生为贵族，但因他的父亲生于农家，故原为农民，他们兄弟姊妹因看见有几百万悲惨的民众在专制政治底下呻吟着，表示十二分的热情，结果遂使他们献身做劳动者和农民的解放事业及教育事业。

列宁之学生时代，一八八七年，列宁以优美成绩毕业于术布尔斯克中学，同年其长兄亚历山大因谋杀俄皇亚历山大第三被处死刑，给与列宁对于革命以一个深刻之印象，不久列宁入加山大学，因参加学生底革命运动被革除，一八九一年，列宁考入彼得格勒大学为校外生，但不久又往沙马拉。

列宁之出亡时代——列宁到沙马拉后，即联络那里的马克思主义者，两年后，列宁返彼得格勒，集合少数马克思主义者，组织一个小团体，作宣传运动，这是他为人所注意，一八九五年，他组织"劳动阶级解放社"：借这团体名义，在俄国举行第一次罢工，反抗当局，印散宣传品，同年末该社被解散，列宁被捕，因于狱里很久，列宁在流刑期满回俄，因为当局不许他住在大都会及工业地或大学所在地，所以他又亡命于西欧，在瑞士联络同出亡的马克思主义者，组成《火花》杂志，在俄国革命史上，演了极重要任务，在这时的列宁，已为全欧警察所追逐了，有时迁到茂尼希，有时迁到不律塞，有时迁到巴黎，有时迁到伦敦，最后乃定日内瓦为永住之地，其妻克鲁普斯娅，常用尽精力填写那些用看不出的药水写的暗号简讯，几至毁坏他的健康。

列宁与多数党——此后列宁遂一跃而成俄国社会民主党之首领。该党遂亦为多数与少数两派。当一九〇五年在伦敦开第二次大会，两派正式分裂，列宁为多数派之首领，与火花杂志脱离关系，另组织《前进报》，对于少数党极力攻击，预言少数党之政策，势必与革命派分裂，而反与资产阶级携手，一九〇五年，多数党举行大会，举列宁为中央委员会委员长，并主办无产阶级报，宣传武装暴动与无产阶级专政。

一九〇五年的革命与失败——一九〇五年多数党举行大会的时候，适俄国第一次革命起事，列宁于是回俄，直接参加革命工作，不久革命失败，列宁又逃亡外国，一九〇六年往芬兰，七年往瑞士，八年到日诺瓦，是年八月入伦敦，一九〇九至一九一二年往巴黎。

第二次出亡时代——这时列宁同季诺维埃夫等，在日内瓦发行两种杂志，一名"社会主义党"，是宣传用的报纸，一名"无产阶级"，是稍带研究性质的杂志，当时列宁除了过非常穷迫的生活以外，又为疾病和营养不良所苦，尤其在巴黎亡命之时，他的生活，非常悲惨，在一九〇八年到一九二〇年的沉滞时代，列宁的精力，自然只有向着研究学理的一方面，他一方面是热烈勇敢的战士，一方面又是深沉冷静的学者，一九一〇年他所刊布的《唯物哲学和经验主义的批评——反动哲学之批评》[便]是这可惊的努力之结果。

一九一〇年之劳动运动复活——一九一〇年格里西亚劳动运动复活了，这年戈尔斐茨工场的罢工劳动者之虐杀，演成了复活的起机，列宁一派，即在彼得格勒发行《星报》，在莫斯科发行《思想月刊》，都是列宁主笔的，这的时[时的]国会中已有多数党的议员，列宁同时领导各种会议，并指挥国会里党员之活动。

欧洲大战时代——欧洲大战勃发了，帝国主义的战争，开始成为事实了，列宁因为第二国际的领袖先生们走去赞助帝国政府的军事费，他于是说："第二国际死了！"到了一九一七年九月斯脱克霍姆会议，便明白议决创立"第三国际"，列宁终完成了最后之大胜利，当时列宁在西欧工人中所试验之革命事业，为"以总罢工为武器，深弭战争，武装暴动，将帝国主义战争变为内战"。

瑞士亡命的生活——当欧战起时，列宁几被奥国当局所逮，但得逃脱，而来居瑞士，他在柏恩时，借了两间房子，同住的有他的妻和妻母共三人，没人每餐饭钱仅八十。

一九一七年革命之成功——一九一七年俄国二月革命起，列宁经过许多困难，于四月四日之夜，始和三百俄人的亡命者，坐"封印的客车"归还彼得格勒，列宁归俄后，即开多数党和少数党的联合会议，他这时极力主张即乘机将资产阶级革命变为社会革命，克伦斯基政府欲加以逮捕而未获，十月革命复起，列宁不独在理论上任指导之责，并在前线担任指挥，于是世界上最伟大的社会革命成功了，一九一八年革命政府遂由彼得格勒移往莫斯科。

列宁执政时代之生活——革命成功后，列宁被选为俄国人民委员会委员长，居于克丽姆宫，列宁把社会生活里所适用的严格的规律，同样地应用于自己的生活上，蔬菜的汤、薄的黑面包块，茶，粥，这是斯穆尔尼（共产党本部所在处）的人们的伙食，也同样是列宁和他的妻和妹之常食品，斯穆尔尼底革命家，每天工作十二点钟或十五点钟，而列宁每天的工作，从十五点钟□则十八点钟。

列宁遇刺后的生活——一九一八年八月三十日，列宁在弥赫尔孙工厂，向一万五千劳动者演说，演说完后，出了工场，刚刚坐上汽车，就被反革命暗杀的枪弹所中伤，那是流血非常之多，万分危险，当时民众异常愤激，立即用一严厉的手段去报复反革命者与帝国资本主义者和王党，列宁知道了，乃向民众请求宽恕他们的罪，列宁在危惊状态的时候，医生命他摄取一种滋养品，但是列宁，虽经许多朋友尽力劝导，也一点不听，凡在规定食粮类以外的东西，断断不肯上口，后来大体恢复了，虽健康上不无减少，然工作的努力如旧，一九二二年至一九二三年，列宁患病，至一九二四年一月二十一日竟奄然长逝，当无线电将此消息传出后，全世界的无产阶级及弱小民族无不黯然神伤。

列宁之政策——自一九一七年起，直至与世长辞，列宁继续担任俄国人民委员会委员长，当十月革命后，俄国外被封锁，内被饥荒，列宁独主张实行新经济政策，使俄国经济地位渐趋稳固，一面实行苏维埃大联合运动，使俄国政治地位日益巩固，至列宁对外政策之原则，则不外造成反帝国主义的阵线，援助被压迫民族离帝国主义之压迫，我们知道近东病夫之土耳其，已仗苏俄之力而得脱离帝国主义的羁绊而独立，今后我们远东病夫之中国，应当与苏俄结合，做成反帝国主义的阵线，以谋中华民族底独立和解放。

(《工人之路特号》第二百零八期，1926年1月21日)

31.《今日之李列纪念大会》(《工人之路》第二百零八期，1月21日)

《工人之路》第二百零八期刊登《今日之李列纪念大会》，全文如下：

本月十五日为德国□□团领袖李卜克内西，为反抗帝国主义被□□纪念日，廿一日则为世界革命领袖列宁纪念日，各界团体已纷纷筹备追悼，本市亦由国民党中央党部，中华全国总工会，省□□工委员会，学□会等国会筹备，情形已志昨□，□□空军□工会□学校各团体发通告后，已□□□□□□□，□传员通知会员明日举队参加，筹备会已在广大操场搭演台三座，大门正中高挂"纪念李列大会"等红布横额，各街道皆横白布街招，其纪念册则不下数十种，预料今日必十分热闹也，兹录筹备会筹备情形如下。

△开会时间已定于今日（廿一日）正午十二时，文明路广东大学大操场开大会，

内分三个演讲台，中台由中央党部及青年军人联合会主席，东台由全国总工会及省农会主席，西台由广州学生联合会及商民协会主席。并请汪精卫，谭平山，陈公博，谭延恺，朱培德，蒋中正，程潜，甘乃光，吴玉章，孙科，孙夫人，伍朝枢，鲍罗庭诸先生莅会演讲，是晚并在广东大学大礼堂及雨操场开游艺大会及影俄国革命影书云。

△通告各界团体函——迳启者，一月十五日至廿一日为"李列纪念周"【。】李卜克内西及卢森堡女士是为国谋解除工农阶级的痛苦而革命，被德国帝国政府枪杀于前七年一月十五日，列宁是为解放全世界被压迫的民众而奋斗的革命领袖，他死于前年一月廿一日，我们四万万同胞皆在帝国主义压迫之下，三万数千万同胞皆为工农阶级，现在急切需要打倒帝国主义，及打倒军阀压迫，我们对于为我们谋利益为我们谋解放悲壮而死之先烈，应该表示十二分的哀诚来纪念他们，我们纪念的意思，不是像一般普通的集会而已，我们更须振刷精神，努力团结，向前奋斗，以继续先烈之伟大的工作，使全国同胞得解放，进而使全人类皆能得到解放与自由，敝会决定于本月廿一日（星期四）正午十二时在文明路广东大学开纪念李列大会。晚上并开游艺会，素仰贵团体热诚革命，届时务□全体一致踊跃参加，以表哀忱，无任盼等，此致□□团体，广东各界纪念李列筹备会启。

△致教育厅局函——列宁先生率领苏俄民众所创造之苏俄，对中国消极方面，曾取销苏俄所订之一切不平等条约，积极方面，对于吾党致力国民革命会予以精神上及物质上之援助，彼对于全世界被压迫之民族，亦予同样之援助，故列宁先生可称为全世界革命首领，彼前年逝世之日，孙总理曾亲自发起追悼及纪念，本会兹定于本月廿一日十二时，在广大礼堂开会，纪念列宁先生及李卜克内西、卢森堡女士，三位世界革〈有〉命家，谨请当局通告各学校□□放假一天，并通告全体教职员及全体学生参加纪念大会，无任盼□，专此顺颂公安，（并□通告一纸□查阅）纪念李列筹备会启。

△致第二次全国代表函——迳启者，一月十五日至廿一日为"李列纪念周"是纪念李卜克内西卢森堡及俄国列宁，李卜克内西及卢森堡女士，是为国谋解除工农阶级的痛苦而革命，被德国帝国政府枪决于前七年一月十五日，列宁是为解放全世界被压迫的民众而奋斗的革命领袖，他死于前年一月廿一日，我国四万万同胞，皆在帝国主义列强压迫之下，三万数千万同胞皆为工农阶级，现在急切需要打倒帝国主义，及打倒军阀之压迫，我们对于为我们解放为我们谋利益的已死之先烈，应该表示十二分的哀诚来纪念他们，这个纪念的意思，并不像一般普通的集合而已，我们更须振刷精神，努力团结，向前奋斗，以继续先烈之伟大的工作，使全国同胞得解放，进而使人类得解放与自由，因此敝会特定于本月廿一日十二时在文明路广东大学［开］纪念大会。素仰代表诸君热诚革命，届时敢请全体一致参加，并希派出代表莅场演讲为盼，此致国民党第二次全国代表大会，广东各界纪念李列筹备会启。

（《工人之路特号》第二百零八期，1926年1月21日）

32. 《纪念列宁》(广州《民国日报》,1月21日)

广州《民国日报》刊登献声的《纪念列宁》、曙风的《列宁死后之世界》等文。
献声的《纪念列宁》,如下:

自一九二四年一月二十一日我们的世界革命伟大的导师离开我们而去之后,倏的又□二周年了!世界被压迫的民族,还是呻吟于压迫阶级铁蹄之下。帝国主义者尚依然猖獗,而我们的导师已不可复见,这种损失,这个"一月二十一日"的损失,是如何地不幸?而我们度这一日,更是应该如何地纪念;不要轻易放过!

我们为甚么要纪念列宁?就是因为列宁的功业,是帮助无产阶级反对资产阶级,是帮助被压迫民族反对压迫民族,他鞠躬尽瘁,奋斗三十七年,以至他最后撒手之日,还是为着无产阶级和被压迫民族来努力;他实在是无产阶级的慈母,被压迫民族的明星,而是资产阶级及一切压迫阶级的对头。所以,我们一切被压迫民族应该热烈地来纪念他,并热烈地来纪念这个"一月二十一日"。

人家说:"列宁是俄国的革命领袖,并不是中国革命的领袖,我们纪念他,不必怎样热烈",这些话是完全错的。因为,列宁并不只是俄国革命的领袖,而是全世界革命的领袖;并不只解放俄国的被压迫民族,而是解放全世界被压迫民族,我们中国是一个被压迫的国家,我们中国是正需努力革命的时候;所以,我们更应该纪念这个为我们谋解放而牺牲的先烈。

不过,我们在纪念列宁的时候,尤其是应该要想到,俄国的同胞,已经接受列宁的指导而冲破一切帝国主义者压迫的重围了;而我们中国在今日,却是受帝国主义进攻最烈的时候,——五卅以后连续的惨案——比较起来,是如何地不幸。所以,我们纪念这一天,不只应该表示深刻的悲痛而更应该十二分的努力!

(广州《民国日报》,1926年1月21日,署名 献声)

33. 《列宁死后之世界》(广州《民国日报》,1月21日)

曙风的《列宁死后之世界》,如下:

列宁生着的时代正是资本主义发达到了末期,成为帝国主义的时代,可是列宁死了的时候,帝国主义还没有完全断气。列宁生时是一个反帝国主义的首领,可是帝国主义的寿命,如今稍为长过列宁,然而我们不可不知道,列宁主义的寿命终久必定能长过帝国主义。

列宁生着的时代是一个帝国主义的时代,也是一个反帝国主义的时代!如今列宁死了,世界上的人的活动何如呢?我们可以代答一句,假如,这一个时代,还未完毕,那么列宁的主义必定还是继续发生动力,而且每年加【倍】,直至,这时代完结为止。

我们是中国人,列宁是俄国革命领袖。我们中国人何以纪念远我们千万里的俄国革命的领袖?诸君,睨而视之,犹以为远,其实并不远!并不远!列宁之近在我们旁边,也即如孙中山近在我们旁边。没有两样。因为自从世界经济系统国际化了之后,就荒芜如南非洲之萨哈辣大漠,也逃不了野心四溢的帝国主义的权力的干涉。在今日,世界的事情,已经没有所谓"远",没有所谓"近"了!只见有一个经济系统国际化,人与人之关系日益亲近的世界。

这个观念如果在大家的心目中明白了,世界大同之日可说不远。

帝国主义自己以其辽远之经营,鸿国大略的侵夺,航运飞行之快捷,造成人与人之间连日益亲近即是世界革命之种因。

今日,对中国的人民,我只要求他们觉悟得,你如果,把一柄"在波明成制造"的小刀子,拿在手上玩弄的时候,你渐渐参悟得到,远在万里,渡流一月的英国的工业成绩品,怎会一旦贩卖流通到一个未开发国的黄人之手。你就知道,今日,世界无论远近都是一样同你亲近。你就同时觉得列宁,与孙中山,如何是一样同你亲近了!

但是这两个,亲力亲为的反帝国主义的导师,都已逝世了。然而帝国主义还未曾死却。以后的时日,岂不还是反帝国主义的时代么?假如这个时代未完结,列宁和孙中山的主义,永远发生动力。

(广州《民国日报》,1926年1月21日,署名 曙风)

34.《列宁忌日——谈革命》(《晨报副刊》,1月21日)

徐志摩在《晨报副刊》上,针对陈毅写的《纪念列宁》油印讲稿,发表《列宁忌日——谈革命》长文,对陈毅的观点提出批评。陈毅随之以通信的形式,分五个部分批驳徐志摩的文章,刊登在2月4日《京报副刊》上(见下文)。

21日

35.《纪念我们的领袖李列》(《工人之路》第二百零八号,1月21日)

《工人之路》第二百零八号"纪念李列特号",刊登《纪念我们的领袖李列》,全文如下:

资本主义一直发展到近代的帝国主义,正是最后的时期,也是垂死的挣扎时期了,他极力剥削无产阶级,却激起了无产阶级的反抗,惨酷无情地剥削弱小民族,却激起了半殖民殖民地人民的革命运动,每一个冲突与矛盾,都刻骨露出资本主义之末路,无法可以维持,最后便是资本主义国家间因争市场之一场大战,造成空前之大屠杀,操纵的是国际间之少数资产阶级,而受害的却为大少[多]数之工农。大战时一切在前敌之青年军士，断肢折臂，肝脑涂地的固完全为青年之工农，战时一切负担与战后之恢复，更是完全取□于工农，因此代表工农阶级利益之政党对于帝国主义之战争，无不极力的反对，纵冒绝大牺牲而不辞，当帝国主义国家之互相冲突，或危机四伏当中，这正是革命的好机会，领导工农革命的党，马上武装起来将革命爆发，了却帝国资本主义的命，造成和平幸福之新社会。

无论任何工友都不要忘记我们伟大的领袖，李卜克内西，列宁伟大的李卜克内西与列宁便是为无产阶级的牺牲者领导者，但可惜李卜克内西同志已死去七周年，伟大的列宁同志也于前年此日死去了！

李卜克内西是德国斯巴达卡斯团的领袖，是国际青年运动的发起人，一九一四年欧洲大战爆发李卜克内西代表青年与工农的利益在国会反对帝国主义的战争，反对增加军费，最后被捕入狱，德国革命后即行释出，一九一八年德国革命虽然成功，然政权仍落在社会民主党手中，仍是瞒骗工农压制工农，李卜克内西不断的率领斯巴达卡斯团向前奋斗，卖工人阶级的社会民主党十分嫉忌他，暗中□派人行刺，一九一九年一月十五日便是李卜克内西与世长辞的时候了！

列宁同志，是苏联十月革命的创作者，是全世界工农和被压迫的领导者。他的名字想无人都不知道的了。苏联十月革命的结果，把苏联六百万的工人，和占有百分之八十农民，从俄皇官僚，地主，资本家之下解放出来。建立工农的国家，实行无产阶级的专政，从此达到人类自由，和平，幸福之社会，真是开历史未有之先例！

伟大的领袖列宁同志完成了十月革命，创造了苏维埃俄罗斯大联合，给予全世界工农及一切被压迫者以勇气及物质上之帮助，并且创造了第三国际，做全世界革命的参谋本部，号召东方被压迫民族与西方被压迫阶级要为解放而奋斗，建立了列宁主义，做一切被压迫者实际斗争的指南针，与其主义。

资本帝国主义到现在仍然一天一天的动摇，危机与恐慌，仍然到处〈的〉发现，伟大的领袖，李，列虽已弃我们而逝，但其精神，教训，□□已交与吾人，被压迫的民族与工农更要学习列宁主义，实行列宁主义，彻底推翻资本主义，达到最后之胜利！

(《工人之路》，1926年1月21日)

22日(星期五)

36.《悼列宁》(《工人之路》第二百零九期，1月22日)

《工人之路》第二百零九期刊登星的诗《悼列宁》，如下：

泰山颓了
楔木坏了
人类的明星没了
谁不悲哀？

谁不痛哭?
但是
汹汹的赤潮却日益高涨
冲破了资本主义的根基
鲜红的赤徽视着朝霞
越现出列宁主义的光辉
人类革命的大道。
我们也不必悲哀
我们更不用痛哭
死的正是我们领袖的肉体
生的却是我们主义——列宁主义,
假如尔是列宁主义的信徒
便应该拾起眼泪,
拿起列宁主义的武器,
毁灭狰狞凶恶的社会!

(《工人之路》第二百零九期,1926年1月22日,署名 星)

37.《列宁是世界革命领袖》(《工人之路》第二百零九期,1月22日)

《工人之路》第二百零九期刊登梦醒的《列宁是世界革命领袖》,如下:

同志们!今天为解放全世界被压迫民众而奋斗革命领袖列宁先生两周年的忌辰,在两年以前有世界革命领袖来指导我们,现在没有了。

去年□□等处血泪未干,而汉案继起!目前工人领袖黄静原刘华两同志,又被帝国主义走狗枪毙了。

同志们!被压迫同志们!起来罢!唏嘘叹息!是无济于事呵!要知道我们在此忍气吞声的时候,正是抖擞我们的精神,激起我们继续列宁先师的遗志,共同向革命路上去的好机会呀!

列宁先生,生于一八七〇年,他平生所受的痛苦,实过于他人,每日的工作,当在十五点钟;或十七点钟以上,他其所以努力工作的,不过是想实行共产主义的制度罢了。

先生当病的时候,医生命他增加食一种滋养品,但经许多朋友尽力劝导,他一点也不听,凡在规定粮食类以非的食品,断不肯入口,后来身体健康了,仍旧照常工作,故他当对人说:"革命家的生活,不能高于民众上面"。

至革命成功后,先生被选为俄国人民的委员长,他把社会生活里所适用的严格的规律,同样地应用于自己的生活上面,每日所食的,也不过是蔬菜汤、黑粉面包而已,不幸他一九二四年今日,竟溘然与世长辞了。

我们应该承继列宁先生的事业和教训,向一切军阀和帝国主义,作一最后的战争,那末共产主义的目的,就不难实现了,我们也不愧为列宁先生的信徒了。

(《工人之路》第二百零九期,1926年1月22日,署名 梦醒)

38.《李列纪念大会盛况》(《工人之路》第二百零九期,1月22日)

《工人之路》第二百零九期刊登《李列纪念大会盛况》,全文如下:

世界革命领袖列宁昨廿一日为逝世后第二周纪念,德国无产阶级革命领袖李卜克内西及卢森堡为逝世后第七周年纪念,广东各界团体事前筹备举行纪念大会情形经已迭载报端,查昨天气严寒细雨,而各界民众均一样热烈,依时(正午十二时)赴会,团体五百余,人数凡十余万,会场(广大操场)中间为军政警集合地,西边为商学集合地,东边为工农集合地,均建搭演讲台一座,台上高悬列宁、李卜克内西、卢森堡三先烈遗像,伴以中华民国国旗及工农旗,四围遍插红旗标语,台前悬着一大幅红布,横顿书着:"李卜克内西卢森堡是德国无产阶级的伟大领袖,李卜克内西卢森堡之死是被德国资产之走狗社会民主党所仇害,一九一九年德国无产阶级之失败由于失掉了指挥革命的领袖(李卜克内西、卢森堡)列宁说民族问题是被压迫的民族共同反帝国主义的国际问题,要战胜帝国主义则殖民地国家应要赶快驱除自己的封建制度落后的经济问题,列宁万岁"。下午一时开会,秩序(一)开会(二)推举主席(军政演讲台主席丁惟汾,工农演讲台主席戴卓民,谭植棠,商学演讲台主席蓝莘堂,蒋介石)(三)奏乐(四)恭读总理遗嘱(五)主席宣布开会理由(六)报告李列卢历史(军政台由高语罕报告,商学台由恽代英报告,工农台由国□报告)(七)演说·中国国民党政治委员会顾问鲍罗庭,国民党中央执行委员谭平山,全国总工会邓中夏,国民党商民部长甘乃光,广东省农会阮啸仙,第一军军长蒋介石,代表邵力子,广州学生联合会陈志文,中国共产党代表,共产主义青年团代表,相继到各台演说,并有台下演讲队十余队自由演说,其声浪错杂相闻(八)高呼口号,"打倒世界资产主义和一切压迫阶级""中国国民革命成功万岁""列宁主义最后胜利万岁"革命呼声如雷贯耳,最后游行而散,昨晚广东大学雨操场仍有游荡,所演者无非关于革命之事实,借以兴起群众之观感云。

△鲍罗庭先生演说词 各位同志,我们今天为什么跑到这里来纪念列宁先生呢,各位同志假若你们由广州北上而上海而北京而满亚利,再上你们更可以见到列宁同志奋斗成功的地方,社会主义苏维埃联邦世界上穷人的国家,世界上很多人都是穷的,工人由朝做到晚,农民由朝做到晚,但是他们工作的结果是归给谁呢,是归给很少数的地主资本家——压迫他们的人,俄国旧时也是一样旧时俄国的土地工厂也是工人农民没有分,而有少数资本家去垄断,农工每天做到晚,但是仍是衣不蔽体,食不充饥,资本家大地主并且勾结皇帝及帝国主义联合向他们压迫,列宁同志此时看到工农

的苦痛，看到少数人去压迫剥削多数人，如是他便联络革命份子起来向国内资本家大地主俄皇帝国主义进攻，解除多数人的压迫，列宁同志此时发生一个口号，打倒少数剥削工农的人，俄国的工农群众从此也渐渐觉悟起来了，如是大家联合起来照列宁同志的口号去做，列宁同志领导他们卒将俄国少数压迫阶级的人打倒，但是此时帝国主义却通通嫉恨起来了，如是通通来封锁俄国，这种封锁比香港政府封锁广州厉害许多，不过帝国主义始终得不到成功，帝国主义不能成功的理由，是因为俄国革命的民众能联合起来，团结一致间他们反抗，列宁同志此时更看到英法德美等帝国主义国内的工农也是一样苦痛，也是同俄国前时一样黑暗，他们英法等国的工农不是我们的敌人，而是我们的朋友，全世界的无产阶级应一致联合起来，列宁同志发出这口号之后，世界的无产阶级也就一天比一天团结，他们通通联合起来，如是成了一个团体叫做第三国际，这个团体有许多各国的革命领袖，但是他们都是回去反对他国内帝国主义，而且许多因此而被捕禁在监狱中，前十余天伦敦政府又捕了十余人去了，他们十余人不是犯了什么罪，被捕原因，是因为带了第三国际的徽章，这些事实，并不是英国帝国主义如此，其他帝国主义都是如此，列宁同志告诉我们革命的方法并不止此，列宁同志说要打倒帝国主义，一定要东方被压迫民族与西方被压迫阶级联合，这样的联合战线，便能将帝国主义打倒，现在东方的伟大领袖孙中山先生既与我们联合一块，孙中山先生指导下的国民党也是联合一气来共同向帝国主义反攻了，这个反攻，便是世界革命的开始，各位同志，今天是列宁同志死的日子，我们在这大纪念日当中要下一个大决心，做世界的大联合，大家携手去打倒帝国主义，打倒帝国主义然后人类才能得到快乐，被压迫的工人联合起来——被压迫的农民联合起来——被压迫的民族联合起来——我们革命的同志在两个伟人领袖旗帜之下联合起来。

　　△邵力子先生的演说词　我们今天在这伟大的纪念日中有许多感想，我们记得在第一次大会时接到列宁逝世的噩耗，我们总理即说，列宁虽死，但他有他的共产党严密组织共产党，列宁的主义是不会死的，许多帝国主义者听到列宁死的消息，大多数都是额手交庆，说他死了，俄国共产党一定会分裂下去，但是我们看看俄国国内的经济一天一天的巩固，确实是如总理所说列宁是不死，我们正在庆祝俄国革命一天一天成功的时候，很不幸我们的总理又是逝世了，当我们总理逝世时帝国主义又是非常喜欢，说中国国民党一定会分裂，然而现在广东革命基础却一天一天巩固，尤其是第二次全国代表大会现很热烈的开下去，帝国主义的希望又归失败，这是什么原故，这也是我们总理的精神，还没有死，总理时时引列宁的话说，世界上十五万的人类当中，假使被压迫者能联合起来，世界革命一定可以成功，蒋介石同志也时时说广东能统一，中国一定能统一。这些话，并不是蒋同志看大容易，实在是因为总理主义既深入人心，复杂紊乱的广东能统一，中国自然可以统一，俄国社会革命本来是条件是未成功，但他的革命既经成功了，中国现在客观的条件，既具备了，所以中国革命也一定得到成功。

（《工人之路》第二百零九期，1926年1月22日）

23日(星期六)

39.《列宁主义的革命战术(续)》(《中国青年》第一百一十一期,1月23日)

《中国青年》第一百一十一期发表子云译《列宁主义的革命战术》(续),如下:

举英国为例。我们不能知道,也没有人能预言一真正无产阶级革命何时在英国爆发,及引起和煽动现在还酣睡的民众革命的导火线是什么。所以我们的准备工作必须"四脚都钉上马蹄铁"一样。或者,是一议会的危机,"击破这一条冰河";或是混乱的殖民地与帝国间的对抗一日一日的更深刻,剧烈;或是第三种原因,均不可知。我们不说那一种斗争将决定英国无产阶级革命的命运(这在共产主义者心中是无问题,是最后决定了的)!我们所说的是那种斗争将引起现在酣睡的无产阶级群众直接向革命移动。我们不要忘记,譬如在资产阶级的法兰西共和国,从前的革命情势,无论由国际或国内方面观察,比现在要低落百倍;但只要发现像在反动军阀的几千不诚实的诡计中的一件(得来弗斯案),"意外的""微小的"导火线,即能推动人民向国内战争去。

英国的共产党必须不断的,勤奋的,毅然的利用议会选举,英政府帝国主义的世界政策,对爱尔兰殖民地政策的一切偶发事件,社会生活的其他方面及其所及之范围;依新共产主义的第三国际的(不是第二国际的)精神工作。……西欧与美国的共产党必须学着创造一新的议会主义,与平常的,机会主义的,攫取位置的议会主义完全有别。新议会主义必须是共产党用以发表其政纲的,必须是一真正无产阶级与无组织和无知的穷民合作的,要把它做到像在各个工人的家中,个个农业无产阶级的茅屋及散居的农民中间,分散传单。他们应当深入最卑贱的茶馆酒肆,插足入一切平民的会社及偶然聚集的中间,向他们讲演,不要高深,亦无须照议会的样式,他们不应当一刻想到在议会中占一个"位置";他们的唯一目的是各处唤醒人心,吸引群众,照资产阶级自己说的话追究资产阶级,利用为选举所创造的机关,召集的选举会,及向人民发的传单,向群众宣传布尔札维克主义;在资产阶级统治之下,只有在选举竞争时才有如此的可能(自然除掉大罢工时不计,彼时为普遍煽动而立的相类似的机关,可以更强烈的为我们利用)。在西欧与美国如此做,自是十分困难,但我们必须如此做,因为没有辛苦与劳力,共产主义的问题即不能解决。我们必须工作以解决一切实际问题,这些问题一天一天的复杂,一天一天的渗入各部分的公共生活,带着资产阶级的势力,逐步占领各领域。

在英国,同样,我们必须将在军队中间及在帝国下被压迫被剥夺了平等权利的民族(如爱尔兰,殖民地)中间的宣传鼓动及组织工作,放在一新的基础之上(不是社会主义的,改良主义的,而是共产主义的,革命的)。因为一切领域内的社会生活,在帝国主义时代，特别经过了一次大战，使人民都感着精疲力竭，使他们都睁开了眼睛，认识真象（即千万人的战死与残废，都为的是决定德国或英国的强盗，谁能抢掠较多的领土）！这一切领域内的社会生活，是特别充满了燃烧的材料，创造出许多冲突，恐慌和增加阶级斗争的原因。我们不知道，也不能知道这无数飞在各国天空的火花，为世界的政治经济恐慌所煽动，哪一个将引起大爆裂（换言之，能特别唤醒群众）。所以我们必须利用我们的新共产主义原则，培植各部分的努力，无论其如何陈旧，腐败与似乎无希望；不然，我们即不能应时势之要求，不能包容广大，不能熟习斗争中各色各样的武器，不能准备我们战胜资产阶级（他负创造各方面社会生活之责，但现在已糟踏了这些生活，用纯资本阶级的样子糟踏[蹋]了他们）；也不能准备我们在胜利之后，做眼前的共产主义的改造社会的工作。

在俄国无产阶级革命及其胜利（这是资产阶级及一般俗物所不及料的）以后，此革命在世界范围内进行时，全世界是较前不同，资产阶级也变了。资产阶级为布尔札维克主义吓得瞠目结舌，为其激怒，几乎到了发狂的程度；所以他们一面加速事变的发展，一面集中其注意猛烈摧残布尔札维克主义，因此他们在许多别的方面，松懈虚弱了好多。各先进国的共产党员，必须在他们的策略中注目于这两种环境。

当俄国的立宪民主党及克伦斯基大张旗鼓攻击布尔札维克时（特别在一九一七年四月及六月至七月），他们是太做过火了一点。几千万份资产阶级的报纸为反对布尔札维克发出各种的咆哮，无异帮助着吸引群众研究布尔札维克主义；除了报纸外，全部公共生活，正因资产阶级的"热心"，也集中于讨论布尔札维克主义。现在，各国的大富豪，在全世界的范围内也照着这样做，值得我们极热诚的感谢。他们攻击布尔札维克主义，也如克伦斯基辈一样热心，他们也一样做过火，因此也如克伦斯基一样帮助我们不小。当法国资产阶级把布尔札维克主义当选举运动的中心问题，把比较温和及摇动的社会党也骂作布尔札维克；当美国资产阶级，完全失去头脑，捉拿几千几千人，认其犯有布尔札维克主义的嫌疑，造成恐怖的空气，公布布尔札维克密谋的警告；当英国的资产阶级（世界上最镇静的），不管他如何聪明有经验，作出极端蠢笨的事情，组织极有钱的"会社"，作反布尔札维克的斗争，特别为这问题，发行许多书籍，加雇许多学者，牧师，煽动家专门反对它；——我们要向这些有价值的资本家，鞠躬敬谢，他们为我们工作。他们帮助我们，使群众对布尔札维克主义的性质及意义发生兴趣。他们并不能别样作，因为缄默的不理布尔札维克主义，就窒息了它；他们如此做，是失败了的。

但同时，资产阶级只看见布尔札克主义的一面，——暴动，暴力，与恐怖；所以他努力专在那一方面准备抵抗与反对。或者在某一事件，某一国，或短或长的时期，他能成功于一时；我们必须计算此种可能，我们没有丝毫畏惧资产阶级在此点可以成功。共产主义从社会生活的各方面积极生长，他的嫩芽，普及于各地没有例外，他的"传染"（用资产阶级及其警察最得意的比喻）是深深的侵入机体，完全盘据在那里。若是很小心的停止一个出路，那么传染一定会找别一个出路，有时是最不及料的出路。让资产阶级去谵语，发狂，做蠢笨事，预先向布尔札维克报仇，努力扑灭印度，匈牙利，德国的更多些的，几百几千几万昨日的及明日布尔札维克主义者。资产阶级如此做，正如被历史宣布死刑的各阶级做的是一样。共产主义者必须知道无论如何，将来是属于我们的；所以我们必须联合最强的信赖革命斗争的情感与最冷静清醒的头脑，计算资产阶级的疯狂的行为。俄国革命，在一九〇五年受极重的失败；俄国布尔札维克在一九一七年也受打击，一万五千以上的德国共产党员被雪得曼诺斯克联合资产阶级与帝制派军官，用聪敏的挑战与狡诈手段，杀死；白色恐怖，在芬兰与匈牙利凶焰正炽。但在这一切事件中，在各国，共产主义仍是生长；他的根柢如此之深，不是压迫所能减弱的，反增强了他的势力。我们还需一事，即可更稳当坚固的引导我们胜利——即各国各处的共产党员须觉悟他们的策略，必须表现其最高度的弹性。共产主义现正发展可观，特别在先进的国家；所缺乏的一事，便是这种觉悟，与能在实行上应用它的技能。

对第二国际的领袖，如考茨基，包尔等，一般尽力于社会主义的，博雅的马克思主义学者所发生的事，可为一有用的教训。他们都了解弹性的策略之必要，他们学习了而且教给人马克思主义辩证法（他们在这方面做的工作，在社会主义著作中，很有价值，值得永久的保存）。——但他们到应用辩证法时，做了大错误，在实行上表现出不合于辩证法；此看不清各种方式的迅速变换，及在旧方式中，常充满了新的内容。他们破产的主要理由，是他们的眼睛只钉住在社会主义及工人运动生长的一固定形式，他们忘记这是一偏的，他们怕觉察到由客观条件所产生的突变之不可避免，他们只记得背诵那人人皆知的"三个比两个大"。但政治似代数而不似算术。实在说来，社会主义运动旧方式常装着新的内容——在一数目之前，出现了新的记号，一个"负号"——而我们的无知者尚顽强的告诉自己和别人，说"负三"还比"负二"大。

共产党员不要犯同样的错误，说正确一点，同样的错误（不过左派共产党犯得在别一方向）应当愈速愈好的将他去掉，使身体少受点痛苦。不仅右派而且左派的固执主义也是一种错误。自然，左派的错误，对共产主义现在的危险，比右派的固执主义（社会主义爱国派及考茨基主义）要小千倍；但这种左派共产主义是将出世的一新潮流的原因。因此，此病在某条件下是容易医治的必须极力开始诊治。

旧的形式已经破裂，因为在其中（反无产阶级的，反动的）发现出新的内容达到了异常的发展。从国际共产主义的发展观点上看来，我们现在强有力的工作内容（为苏维埃政权，为无产阶级专政的工作），必须在各种新的，旧的，形式中表现。它能而且必须征服一切之形式（不仅新的，而且旧的也在内），使其充满新机；征服旧形式，不是使新旧形式调和，而是使我们能锻炼新旧形式，成一最后的，决定的，不屈的获得共产主义胜利的武器。共产党员必须尽其各种努力引导工人运动及社会之发展，向最直、最快的普遍的实现苏维埃政权及无产阶级专政胜利的一条道路。这是不可争的至理。但是要小心再走上前一步（虽然是同一方向的一步），至理即会变成错误！如德国和英国的左派共产主义者，他们只承认一条直的道路，不承认用计，合作与妥协——这已是一错误，能给共产主义最严重的害处。右派的固执主义，只黏附在仅承认旧形式，没有觉察到新内容，所以完全破产。左派固执主义无条件的否认几种旧形式，没有看见新内容是各处经过各种形式发芽生长的；共产主义者的义务是熟习一切形式，学习用最高速度，以一方式补足别方式，将我们的策略，适应于一切变化之中(这些变化不是由我们阶级及我们的努力发生的)。

世界革命被世界帝国主义战争的恶毒，残暴，及战后的地位，给以有力的推进；革命是蔓延得深而且广，且有可观的速度，各种形式交互递换，内容丰富，实际的有意的排斥一切固执主义，所以有各种希望能迅速的医治国际共产主义运动中左派共产主义幼稚病。(完)

(《中国青年》第一百一十一期，1926年1月23日)

24 日(星期日)

40.《团开封地委组织部十一月份工作报告(节录)》(《河南革命历史文件汇集》(甲2)，1983年)

团开封地委组织部十一月份工作报告(节录)，如下：

……

D、宣传工作

(一)训练班

一月十八日起至二十二日止，每日上午九时至十二时，下午一时至四时，皆为上课时期。其所讲题目如下：

1. 资本主义社会之本质；

2. 资本主义社会之发展；

3. 资本主义社会之出路——无产阶级革命；

4. 无产阶级革命与国民革命；

5. 无产阶级革命之组织；

6. 党的知识：

a、阶级与党；

b、党的组织；

7. 列宁主义概略。

以上各题自均由李楦，求实，若飞诸同志作出提纲一一讲述，结果还好！

(《河南革命历史文件汇集》(甲2)，1983年内部印刷，第107页)

27日(星期三)

41.《张家口团组织地方十五年一月份报告(节录)》(《河北革命历史文件汇集》(甲),1997年7月)

张家口团组织地方十五年一月份报告(节录),如下:

......
三、宣传
　　A. 对内的:
　　1. 教育工作——因为工潮的影响,及地芳[方]的不负责,教育遂停顿了,唯现在已经预备妥当,与 C. P. 合办一训练班,二十八日开班。其次就是大同的教育工作,这次秉衡同志去的,对教育和训练工作,也收到了相当的效果。文字方面,发了一种李卢纪的传单。至于各特支的教育工作,仍为各书记担任。
......
　　B. 对外的:
　　1. 反日示威运动大会——在这大会中,参加的学生三十或四十人(扶轮、培植两私立学校),工人二百人,余者为市民,共有三百余人。在大会中,我们的宣传有口头的,如杨同志及穆同志的演说;文字方面:有西北青年互助社传单一千份,我们的传单约三百份(共三千份,余者,散到各处),大会宣言五千份。
　　2. 这次经济斗争中的宣传,口头方面:在每次开会有政治报告或演说。文字方面:发传单两次(工会中的),说明为什么罢工,及对工友们的传单,共约八百份。
　　3. 列宁纪念日的公开大会,到会近百人,有三人演说,及电影。文字方面,有政治生活列宁纪念号,约八十份,及工会三日刊的特号三百份。以外在大同方面的纪念,情形颇好,到会者,约八十上下,作一公开的演说,及化装演说、双簧等,散放传单,共三百余份。列宁与青年工人画报二百余份(采取于"青工列宁号"),历时约四小时之多。
　　4. 刊物的散放,凡渠兄所寄来的,没有余剩的,只有不足的时候,现在收费。
　　5. 对青工方面,正筹备开补习班,在工会中已通过,正在进【行】办理当中。
......

(《河北革命历史文件汇集》(甲),1997年7月内部印刷,第 504~505 页)

27日(星期三)

42.《列宁是什么》(《工人之路》第二百一十四期,1月27日)

《工人之路》第二百一十四期刊登《列宁是什么》,如下:

列宁是：俄国共产党的首领

列宁是：第三国际的创造者

列宁是：是无产阶级的救主

列宁是：被压迫民族的导师

列宁是：世界革命的指导者

列宁是：全人类空前的伟大人物

(《工人之路》第二百一十四期，1926年1月27日)

28日（星期四）

43.《列宁逝世二周年纪念大会纪事》(《政治生活》第六十六期，1月28日)

《政治生活》第六十六期刊登健攻的《列宁逝世二周年纪念大会纪事》一文，全文如下：

这是何等的庄严！我们被压迫的民族纪念我们世界革命领袖和民族革命导师的大会就在他——列宁——逝世的两周忌日举行了。这是何等的有意义，比那些帝国主义，资本家，军阀，和被征服统治的不觉悟的资产阶级举行虚伪的仪礼，假挥几点假慈悲的眼泪有意义的多，也重大的多。我们特将此有意义的纪念会记载下来，深深给同志们一个海老天荒不能忘的印象。

全世界无产阶级不能忘的日子自然是一月二十一日，这个日子是领导我们的先觉离开我们，将世界革命担子搁在我们肩上的日子；尤其是我们在世界革命中地位落后的半殖民地中国民众，国民革命没有成功的时候失掉了同情的导师的日子。所以，这天的纪念会实在是我们后死者为继承大业而集合的《善后会议》—《怎样努力革命》的讲演会。今年北京的大会的情形，就明白的表现是这样。

徐继龙先生主席，报告开会，向会众致辞道出五点，他先说道：

"今天是列宁先生逝世的二周纪念。这个纪念的意义异常重大，是表现中国民众对他有一个永久的纪念。自从列宁先生逝世，我们就对他有过纪念；由逝世而一周年，由一周年而二周年，由二周年当至于无穷，直到中国国民革命达到与世界革命战线联合，共同打倒帝国主义时候还不休止。"

大家掌声表示了群众的希望也如徐季龙先生所说的希望同样而且热烈。他又说：

"列宁先生是苏俄一九一七十月革命的指导者，也就是世界无产阶级革命的导师。他的生平历史自然有很多记载可以看到可以知道。我们不但知道他是苏俄革命和无产阶级革命的领袖与导师，他实在是世界革命的先觉，民族革命的导师。这是我们第一要纪念的。

其次，因为纪念列宁先生，我们也想到我们的领导我们国民革命的先觉和导师，——这就是我们的孙中山先生。列宁先生和中山先生，他们是朋友，是同志。他们虽然生长在两个国土里，但是他们是志同道合的；不幸，他们都已经死了！我们不但纪念列宁先生，同时也是忘不了中山先生。我们要一般的纪念列宁先生和中山先生！我敢说到会的都是中山主义信徒。我希望大家诚恳的纪念列宁先生犹如纪念中山先生一样。所以今天纪念的意义更加重大。

我们要与世界革命联合战线，去打倒帝国主义，就要明白列宁先生的主义，明白他所启示的道路。我们国民革命的路程便是到联合战线的道路。现在我们的反对英日帝国主义，和目前北京的反日进兵南满与反奉倒张的联合战线，都是这种革命的联合的象征。我们要有这样奋斗精神，和这样革命的事实，才有纪念列宁先生的资格！——才有纪念列宁先生的同情！——才有纪念列宁先生的必要！

列宁主义和中山主义不无异同。列宁先生的事功与中山先生的事功也不无异同。但中山先生生前就已经自己宣布，他们的主义实在是同样的，一同在一条战线上进攻的。那么。中山主义的信徒与列宁主义的信徒就该联合一致奋斗去。在这所谓'一致百虑同归殊途'的状况之下，还要硬讲什么列宁主义与中山主义异同的就不配来纪念列宁先生！

我们讲主义与讲学问，讲别的东西不同，必须有真正的信仰。真正的信仰，现在无论列宁主义信徒中山主义信徒都要有。这有四点：——

第一要能实行；

第二要能始终如一；

第三要能牺牲；

第四要能够真知。

——这四点缺失了一点就不能成为一个信徒。现在有些朝秦暮楚的人，只想在政治上讨生活，金钱可以动摇，威力可以屈服，感情可以激变，谬论可以诱惑，顶不好的是怕死怕吃苦而变了节；这种人不配当做一个信徒！如此的老年人衰朽了的自不足道，可是有些青年迷误了也不少！今天纪念的重大意义，便是要我们自家努力成为一个真正的信徒，无论中山主义与列宁主义。这才有纪念的价值！"

他这五大点很受群众的热烈同情，就是群众接受了革命主义——列宁主义与中山主义——的真理。开会辞说完了，主席宣布了我们在这个大会上同时也纪念列宁主义的战死者——李卜克内西和卢森堡。全场起立静默五分钟，那悲壮的哀乐呜咽般的把我们的心抓住，大家都看着这伟大人格的先师的遗容。这是我们民众极诚挚的同情的仪式。静默之后，唱起我们革命者的国际歌，雄伟的声浪简直将群众的血管澎湃的非常之紧张，精神更加兴奋了！

我们先师指导之下成功的苏联的代表，驻华大使加拉罕，他接着向群众发表了一席话，伊凤阁翻译成华语：

"同志们！去年的一月二十一日我曾经在这个地方讲演过。这也许已经成了习惯，每年都会由我们的好朋友在这天请我来讲一次话。去年我们曾经说过，中国的民众革命运动一定要发达。这一年来的事实已经证明这是实在的了；所以我们今天可以断言中国国民革命运动一定可以达到目的；并且民众运动的发达也已经到了极点。但是就现状上看来，我们所希望的目的和事实还相差的很远。

我们分析国民革命的内容，约略可以分成四部分：——

(1) 帝国主义，

(2) 国内反动，

(3) 民众革命的组织，

(4) 国外帮助。

关于帝国主义方面，应该研究他的内容和外表。在外表上看起来，他们的势力已经日渐薄弱。一二十年前他们可以随便在中国横行蹂躏，弄成世界上十分之二的人来任意支配宰割十分之八的人。近来却已经变了情形，就是殖民地里，也不能自由宰割了。这个实在的内容，我们不能知道十分详细，要等各帝国主义的秘密的文卷，关于侵略上的种种为私利的文卷宣布了，才能够明白。我们只好且就外表的大□上看，即如五卅案件，他们已经不能如从前一般的随意处置。最近的调查事件，法国就先不愿再干下去。这明明表现各帝国主义自身的利害各有冲突。美国的调查委员大骂过激派，归罪到过激派；其实并不是什么过激派与他们有的仇恨，也不是什么过激派伤害了他们，总不过他们自身利害冲突，要这样借口，又如这次关税会议，结果将来也没有什么大了不得，也因为他们各个的利害关系不同，不能有很好的协议结果。最近京津的战争，依了所谓辛丑条约交通应该照常，天津附近不能打仗，事实上如何？虽然他们也提出过抗议，并没有切实际积极的反对，内中就是因为他们各个有各个利害关系，不能相合一致。这都是不平等条约给中国人的痛苦，中国人要离开他才能有希望；可是帝国主义本身，他们确已不能联合再继续的来压迫中国了。

现在中国国内的军阀和军队确也与从前不同了。除去那些反革命的军阀，他们想借武力，图自己的荣利；现在有些觉悟的，他们已经很愿意和民众去接近了。军队呢，也和从前不同；例如广州军队已经有很好的组织，兵士自家都能明了他自家的责任是为保护人民的利益，不是供一二人谋私利的牺牲，都算是真正的民众组织的军队。这都算是民众的武装。

国外呢，除了苏俄的帮助，也有了许多的同情；不但是无产阶级；也不但是工人，也不但是些团体，也有些知识阶级的。国中的团体组织更有进步，力量更加增加，自然帝国主义和官僚是要不高兴，要反对，破坏，摧残；然而团结仍旧的坚固而有力。

前日美国派来的调查法权的推事在清华学校演说，领事裁判权外国人可以放弃，只要中国有得强有力的政府。他们屡屡这么说，可是中国每有强有力的民众运动，便设法阻碍；因而中国强有力的政府，也不知道何年何月可以成功了。例如广东政府之下的军队已有了觉悟,组织的很完密,财政也渐渐有了头绪,他们偏偏要运动陈炯明出来反动。并且有人要说,苏俄为什么也有人在那儿帮助?不错,我们不否认这个。我们认为于苏俄是很有体面的!苏俄在那儿帮忙的人,他们都是对革命有经验有研究的人。我们去的人,并非像中央政府请的些帝国主义的顾问一样;他们只是为了自家国家来做顾问。我们的人并不为自己的利益,实在是为帮中国的忙,好好的组织,好好的整理的。这是我们的光荣!这位推事又说,不平等条约与中国国内军阀争乱没有关系。在他以为应该先把内部问题弄好,决定了态度再谈。我们敢说这是不对,那与外国帝国主义不能脱离关系的。大概五卅事件就是你们忍受他们压迫的表现。他们这话不能成立。外国人来干涉原因为不平等条约的缘故,不平等条约与帝国主义解离不开。这位推事教你们学生应该先研究国内的关系。其实像他美国脱离英国,我们也可以说,他们为什么不先研究研究美国内部情形?那不知道他是作何感想?但是我们在他们美国的杂志上看到这样的议论,至少可以证明并不是过激派说的话,是他们帝国主义国家的人说的;那段话的大意可以做我们的结论:

'现在已经是时候了,欧美各国对中国的态度应该平等待遇,而且诚恳的与待遇他国一样,不然,将来的情形必然要破裂。目下就是暂能以武力压迫,将来却必须失败,那就悔之晚矣。今日不应该加压迫。各国为在中国的利益不宜失此时机,应尽量的同情于中国民众不可!'

我们希望他们能够实行。我们可以说,这是国民革命的胜利,所以就可以说——中国国民革命万岁。"

……

"因列宁先生想到中山先生。我们就可以比较的看他们。中【山】先生的人格伟大,无论是他的朋友,他的信徒,他的仇敌,都没有不承认的。列宁的人格伟大,也无论是他的朋友,他的信徒,他的仇敌,都没有不承认的;在俄国的人民非共产者,他们往往反对共产,却对于列宁个人非常崇拜。他们的革命精神,两人也有相同之点:列宁遇到反动不灰心不失望,中山先生亲自说过二次革命失败亡命东京的时候,手下人人灰心,先生以为革命党人并没有损失,不必灰心,再干好了!这样,列宁精神就是中山精神,就是革命者的精神!我们应该服膺这种精神!

列宁主义是帝国主义时代无产阶级革命的理论与策略。中山主义是帝国主义时代被压迫民族革命的理论与策略。在理论上,中山主义与列宁主义是可以联合成一贯,策略上也是能联贯一致的。所以,列宁主义者可说就是中山主义者;中山主义者也就是列宁主义者!他们的主义同是革命的主义。假使中山先生在俄国,他一定是个列宁;假使列宁先生在中国,他也一定是个中山!他们主义表面看起来不同,实在是他们环境的不同。中山先生与列宁的目的相同,可是惜乎环境不让他实现得如列宁那样成功!他最初想联合菲列滨,先帮助他们革命成功,再来实现中国的革命。中国国民党最初有日本的革命党人。这都是他主张联合世界革命的表现,与列宁的主张相同。他们主张以党治国,列宁主张以无产阶级的党治国,中山主张以国民党。党的制度是集权,两两相同。何以列宁能够在俄国革命中表现出他主义的成功,而中山先生不能呢，这全是环境的不同，我们的经济落后。他们两人的思想和人格的伟大，全无异点。

前年广州大会追悼列宁，中山先生演说，非常沉痛。他说，'列宁死了，俄国决不危险，因为他们已经有了很完密坚固的组织。假使我死了，你们看中国如何？我们的党如何？'我们听了非常悲伤。他当时的遗言，现在如何？他那时就教我们好好组织，就把革命责任交给了我们！即如把共产党加入组织，就是他自己将国民革命与世界革命的关系，亲手给连接起来了。他的主义，我相信现在还没有把光华发扬得出来，将来全世界的革命成功，才是中山主义的胜利！我们那里好分出什么此疆彼界来，谁是中山主义者，谁是列宁主义者？现在无论列宁主义者或中山主义者都不应该两下分离！等到中山主义胜利的时候，也就是列宁主义胜利了！在坐的同志们，你们不管是列宁主义信徒，中山主义信徒，应该紧紧的连合起来！"

这样的盛大的庄严的充满生机的革命的纪念会就在六点钟上下，夜气将沉的时候，随着雄伟的国际歌少年国际歌的声浪散了。散会的时候，大家更高呼了口号，声震屋瓦，群众的热烈精神更加增涨[长]。

打倒帝国主义！

打倒军阀！

第三国际万岁！

世界革命万岁！

列宁主义万岁！

(《政治生活》第六十六期，1926年1月28日，署名 健攻)

44.《汕头列宁纪念大会致苏俄电》(《工人之路》二百一十五期，1月28日)

《工人之路》二百一十五期刊登《汕头列宁纪念大会致苏俄电》，全文如下：

广州国民政府总顾问转苏维埃联邦共和国中央执行委员会并转全俄民众公鉴，世界革命的领袖被压迫民族的解放者孙中山先生的最亲爱的同志列宁先生逝世二周年纪念日，我汕头市工农学商兵各界人民举行盛大之纪念会，到会者数万余众，除向列宁先生行至诚之敬礼外，并一致通告拥护中国国民党的联俄政府，与你们合力共作，致力打倒国际资本帝国主义及其走狗军阀，诱全世界被压迫者之解放，我们高呼工农学商兵联合起来，全世界无产阶级与被压迫民族大联合万岁，打倒军阀打倒国际资本帝国主义，中俄联合万岁，中华民族解放万岁，世界革命成功万岁，孙文主义万岁，列宁主义万岁，汕头各界纪念列宁逝世二周年大会叩□。

(《工人之路》第二百一十五期，1926年1月28日)

1月
31日(星期日)

45.《苏联经济状况与其应行政策》(《工人之路》第二百一十八、二百一十九期,1月31日,2月1日)

至2月1日,《工人之路》第二百一十八、二百一十九期,连载施塔林报告《苏联经济状况与其应行政策》全文如下:

莫思科特讯:施塔林在俄共产党十四次大会报告苏联一九二四至二五年经济状况及应行政策,其要点分录如左:

(一)苏联的政策,应本乎能使苏联在本国市场基础之上变为经济独立国之方针而行。此项政策,应持续至联苏为资本国所围绕,如是则彼续渐放弃资本主义及成形社会主义的经济组织之各国,将以苏联为中心,党政策所坚持者,即阻止使苏联依附于世界资本主义制度。

(二)苏联应设准备金,以备发展工业,农业,输入贸易,以及救济失收等意外支用,目前国家时富值一百十七万万金卢布,私人(二千二百万农民在内)财富仅值七十五万万金卢布,社会主义的成分之占优势,于此可知。

(三)一九二四至二五〈年〉度苏联国民经济概况如下,农业生产统计,战前为一百二十万万卢布,一九二四至二五年度为九十万卢布,合战前百分之七十五,一九二五至二六年度拟增至一百一十万万卢布,即战前百分之八十二。

工业生产统计,战前为七十万万卢布,一九二四至二五年度为五十万万,合战前百分之七十一,本年度拟增至六十五万万,即合战前百分之九十五。

电气化计划,当局对之特别注意,一九二一年,国家电气化事宜委员会即拟就增设电力厂计划,共设三十处,全部电力由一百至五百万启罗瓦,工程期限十年至十五年,建设费八万万元,革命前俄国只有四二〇〇〇启罗瓦之电力,苏维埃政府执政以来,已增加一五二三五〇启罗瓦,本年度内拟增加三二六〇〇〇启罗瓦,电气化全盘计划,预料十年内可以完成,电气机器工业,已超过战前状况,本年拟使其较战前增加百分之六十五至七十。

国家及合作社工业与私人工业之比例,一九二三至二四年度国家及合作社工业之生产,占全生产百分之七六・三,私人工业生产,只占百分之二三・七,一九二四至二五年度,前者增至百分之七十九・三,后者减至二〇・七,本年度拟将前者增至百分之八十,后者减至百分之二十。

国家预算,一九二五至二六为四十万万金卢布,约合战前百分之七一,加进地方预算,约合战前百分之七四・六,税捐在收入项内已续渐减少。

国家工业赢余,一九二三至二四年为一四二百万卢布,国家取用七二百万卢布,一九二五至二六可增至一二一五百万卢布,国家取用一二三百万卢布,余概拨作发展工业之用。国内贸易(地方贸易除外)赢余,一九二三至二四年为三二百万,一九二五年前半期为二二百万,此额乃货价低落之结果,国家提取一〇百万。

对外贸易赢余,一九二三至二四年为二六百万,国家提取一七百万,一九二四至二五年为四四百万,国家提取二九百万。

银行赢余,一九二三至二四为六百万,国家提取一八百万,一九二四至二五年九七百万,国家提取五一百万。

合作社赢余,一九二三至二四年为五七百万,农业合作社四百万,此两项统计,较实际统计为低,因水倡托公司扣除其一部作为水该企业之支用。

对外贸易发展情形,一九二三至二四年统计约合战前百分之二一,一九二四至二五年统计约合战前百分之二六,一九二三至二四年输出达五二二百万卢布,输入达四三九百万卢布,全部贸易为九六二百万,输出超过输入八三百万,一九二四至二五年,输出五六四百万,输入七〇八百万,全部贸易为一二七三百万,输入超过输出一四四百万,此年度输入超过输出之故,并非因购入粮食,盖本年因农事失收所购进者,抵值八三百万,比较只占极小部分也,一九二五至二六年之对外贸易计划,输出务求能超过输入一万万卢布云云。

(四)工农业互相关之问题:工业状况,已恢复战前线水平,此后之发展,纯在技术方面,如改良既有工厂,建设新工厂之类,此种发展,需要大宗资本,故发展速度,不能与去年度相较,农业尚未消失其为俄国基本产业之可能性,农民农事状况提高,生产有相当之增进,故在目前技术基础之上,于一时期内,农业尚可争激进展,在上述情形之下,党中工作应接下列各项进行:

一,设法在较高的技术基础之上,发展社会主义工业,提高劳动力,减低生产价,增进资本流转速度。

二,使煤,油金为工业之生产,以及铁路运输,臻于国中全部工业新需要之水平线。

三,特别发展地方工业,因集中的大工业不能完全适合全国一一万四千万人民所需要之种类,振兴地方工业,既可发展地方潜力,复可援助工业之提高。

四,提高土壤生产力,提高农业技术的水平,发展技术的种植,使农业趋于工业化。

五,借群众合作及农事状况之提高,使中落农民参加社会主义建设事业。

(五)右列贸易统计,业证明国家贸易较私人贸易为增加,战前国内贸易总额达二百万万卢布,一九二三至二四年只及战前之半,一九二四至二五年增至战前百分之七十,一九二三至二四年总额中,国家贸易占百分之四五,合作社贸易占百分之一九,私人贸易占百分之三五,一九二四至二五年总额中,国家占百分之五〇,合作社占百分之二四·七,私人占百分之二四,此项统计,证明国家及合作社贸易增进,私人贸易减少,如单就大批贸易统计,两年中国家占百分之六二及百分之六八·九,合作社占百分之一五及一九,私人占百分之二一及一一,单就杂货贸易计算,国家资本在两年中占百分之五七及四四·三。

（六）工人数目之增加：一九二四年四月一日，全俄工农两业工人共达五千五百万名，农工一百万及失业工人七十六万在内，一九二五年十月一日，增至七千万名，农工一百二十万及失业工人七十一万五千在内。

（七）工人工资，及生活保险等费之增加，每名工人平均工资，一九二四年四月时为三十五卢布，合战前百分之九五，工人每日生活费，由〇·八八卢布增至一·二一卢布，每日工作之生产由四·八卢布增至六·四卢布，合战前百分之八五，一九二三至二四年工业工资为八〇八百万，一九二四至二五年超过一二〇〇百万，一九二五至二六年可达一七〇〇百万，一九二四至二五年度，保险费四二二百万，一九二五万至二六年度可增至五八八百万，受保险利益之工人，可由六百七十万增至七百万名。

（八）政府对穷农之拨助：一九二四至二五年府，政府助穷农一〇〇至一〇五百万，防止农收不良用款一〇八至一一〇百万，防止旱灾七一百万。

（九）对各阶级间互相关应持之政策：

一，保障无产工人，穷农及中等农民之团结。

二，保障无产工人之领导地位。

三，对富农及城市中资本家，在政治上使其孤立，在经济上使退后。

（十）对于贪官污吏，应继续严加纠察，并使劳动阶级□加入纠察之奋斗工作。

（十一）新资产级阶创有共产党改革及资产阶级团结之理论，根据此项理论，彼辈以为共产主义国将变为民治主义国而拥一人为皇帝，此类谬妄之论，实不值一驳，共产党并未改革，亦决不至改革，盖共产党之组成，并非依赖须改革之成分云云。

（《工人之路》第二百一十八、二百一十九期，1926年1月31日、2月1日）

1月

46.《共产主义的ABC》(著作(目录)，1月)

布哈林和叶·普列奥布拉任斯基合著的〈的〉《共产主义的ABC》，由新青年社出版。全书共180页，定价大洋2角。

全书五编35章：第一编 资本主义制度：第一章 商品经济，第二章 资本家阶级垄断生产机关，第三章 雇用劳动，第四章 资本主义的生产关系，第五章 劳动力的剥削，第六章 资本，第七章 资本主义国家，第八章 资本主义制度的主要矛盾点。第二编 资本主义制度的发展：第九章 小生产和大生产的斗争（个人劳动私产和资本家不劳动私产的斗争），第十章 无产阶级的依赖地位、劳动后备军、女工和童工，第十一章 生产的无政府状态、竞争和恐慌，第十二章 资本主义发展与阶级 阶级冲突的加烈，第十三章 资本集中与资本集合是实现共产主义制度的条件。第三编 共产主义与无产阶级专政：第十四章 共产主义制度的特点，第十五章 共产主义制度下的分配，第十六章 共产主义制度下的管理，第十七章 共产主义制度下生产力的发展（共产主义的优点），第十八章 无产阶级专政，第十九章 夺取政权，第二十章 共产党与资本主义社会的阶级。第四编 资本主义发展怎样达到共产主义革命(帝国主义战争和资本主义的崩坏);第二十一章 财政资本,第二十二章 帝国主义,第二十三章 军国主义,第二十四章 一九一四——九一八年的帝国主义战争,第二十五章 国家资本主义与阶级,第二十六章 资本主义崩坏与工人阶级,第二十七章 国内战争,第二十八章 国内战争的形式及其耗损,第二十九章 全般解体呢?共产主义呢?第五编 第二国际与第三国际:第三十章 工人运动的国际主义是共产主义革命胜利的条件,第三十一章 第二国际的崩坏及其原因,第三十二章 保护祖国口号与和平主义,第三十三章 社会爱国派,第三十四章 "中央派",第三十五章 第三共产国际。

《共产主义的ABC》是布哈林和叶·普列奥布拉任斯基合著的,由两部分组成,第一部分理论部分;第二部分无产阶级专政和共产主义建设。中文本的《共产主义的ABC》只翻译了原著的第一部分。《共产主义的ABC》是为配合1919年俄共(布)八大通过的新党纲的宣传和进行系统的共产主义基本理论教育而写的通俗读物,因深入浅出、通俗易懂,颇受读者欢迎。1920年列宁在全俄苏维埃第八次代表大会的报告中,曾给了这本书以很高的评价。列宁指出:"我们已经有了一个党纲,普列奥布拉任斯基和布哈林两同志在一本篇幅不大但是极有价值的书中作了极好的解释。"该书多次再版,有20种语言文本,成为畅销书,对于马列主义在苏联和世界各国的传播起了很重要的作用。

47.《共产主义的ABC》出版广告(《新青年》不定期刊第二号,6月1日)

《新青年》刊发《共产主义的ABC》出版广告:

"共产主义的怪物"已经徘徊到中国了。中国共产党便是这"怪物"变化的肉身。我们眼见着帝国主义军阀资产阶级结成黑暗的同盟以猎获这"怪物";我们又眼见着几万万的工人和农民起来站在这"怪物"的旗帜底下为自己的和民族的解放而奋斗。

"甚么是共产主义?"——这就是一切中国人眼前最迫切待解答的一个疑问。

这本书——《共产主义的ABC》——就解答这个疑问。

这本书告诉我们:资本主义是什么,资本主义为什么要崩坏而达到共产主义的革命,共产党所要的是什么,共产党将怎样达到他的目的。——这不仅是赞成共产党革命的理论和策略的人们所应该读的,这而且是一切加入"反共产"的黑暗同盟的人们所应该读的。

(《新青年》不定期刊第二号,1925年6月1日)

48.《共产主义ABC问题及附注》新书预告(《中国青年》第一百五十期)

《中国青年》第一百五十期刊发《共产主义ABC问题及附注》新书预告:

《共产主义的 ABC》是脍炙人口的一部书，是初步研究共产主义的最好课本。

本社因为要使该书读者便于作深刻研究起见，已译就《共产主义 ABC 问题及附注》一书。现已付印，不日出版！定价每册大洋五分。

(《中国青年》第一百五十期)

49.《共产主义的 ABC》广告(《列宁主义概论》广告)

《列宁主义概论》书末《共产主义的 ABC》广告：

共产主义的宣传与行动，在中国已有六年的历史，但究竟什么是共产主义？

明白的人很少。此书出版已有二年半，印过四版共四万五千本，在中国近年出版界中当然是少见的现象，可知此书已尽过不少力量，帮助革命民众去了解什么是共产主义了。方今革命风潮普遍而深入，且有急转直下日益左倾之趋势，此书之功用自然将随之更大。

(《列宁主义概论》广告)

50."《共产主义的 ABC 问题及附注》出版了！"的广告(《中国青年》第一百五十九期)

《中国青年》第一百五十九期刊登"《共产主义的 ABC 问题及附注》出版了！"的广告：

因为出版愆期的缘故，小小的一本书，到现在才得与读者相见，这是很抱歉的。但现在已出版了！我们不希望别的，只希望有新思想和要求新智识的新青年们，能借这本书的帮助，而更有效的研究共产主义。

价洋三分。中国青年代售处均可购得。总发行所 汉口长江书店。

(《中国青年》第一百五十九期)

2月
4日(星期四)

51.《答徐志摩先生》(《京报副刊》，2月4日)

《京报副刊》刊登陈毅的《答徐志摩先生》，如下：

(一)引子。

一月二十一日我寄了一篇油印稿给徐志摩先生，为的使列宁纪念能在善于反宣传的晨报上吐露一点消息。果然引起徐先生一篇《谈革命》的妙文，词旨渊懿，极尽讽刺挑拨之能事。我以前据我友钟天心保证他是一个不含党派色彩的人——另称诗人或诗哲——我对徐先生还表示一点相当的敬重。现在不然了，他坐在研究系的报馆里，拼命宣传共产主义，染了晨报的恶习，他完全研究系化了。可见环境于人之关系是很重大的，徐先生自己或者会否认盲从了任何党派。但是"不识庐山真面目，只缘身在此山中"，徐先生实不能有以自解。我对于徐先生指教我的地方，我十日来忙得很不曾回答，今晚抽一点时间写这几句，与其说是与徐先生辩驳，毋宁说是促徐先生猛省。假若诗人不会懂得俗人（我）之言，我也只好倒霉，无论有无反□，我都管不着了。我现在既要干我自己的事，走自己的路，而且常常想引一般群众走上我这条路上来，我的工作便是宣传工作。痴愚的我或者在此把捉住一个宣传诗人的机会，无论结果为正为负，都可渊验我宣传的功夫，作我第二次宣传的参考。哈！我真乐得写这一篇文章。

（二）共产党与国民党。

这个问题还有许多著了不少的书去解释，说好说坏各不一致。徐先生也不免把着话头，"截取一章"而挑拨两句。他推论到孙文先生是俄国籍人，我们便可领教诗人笔下的锋芒与阴险。但是这有什么妨害？中国的民族一定在国民党与共产党的合作之下要得解放，这不是我在说大话，而真是历史的必然。他们自然要为这历史的使命而奋斗。而且现在正奋斗着，两个政党——或说两个主义的结合走他们的第一步的荆棘的道路——的结合在事实为必需，在事实可以证明。只有合作的事实能在革命工作上表现彼此的奋斗精神挽救了民族的命运。外面的污蔑挑拨不但无用而且应是接紧一步的合作。即或两个政党的党员间或有冒昧的不肖举动曾挑拨起不和的感情，但不过与舌齿间的咬嚼一样，何关大体。万一即如我那篇文章有语病，偏重了某方，那只是我一时的笔误的不肖原无损于大体，而且我每日在翠花胡同八号，在中山主义空气之中工作着更可以保证。我知道反国民革命的人们，是不乐意有如此现象要乘机挑拨离间。我不管他，我劝一般同志们在革命工作用功夫不必管□话。这是我平素工作的态度。但是终日以"风花雪月"面具有神秘耳朵的徐先生未必便能了解这个。休矣！向一个不投臭味的人说空话，岂不是自讨没趣！休矣！但我为了宣传终不能说下去！

（三）"认识你自己"！

这是一句说通了的话，我可以转赠徐先生。我要请问这"自己"怎么认识法？像徐先生那样认识法，不过是继续贵系张君励先生"忽而主义"的道统的认识法我绝不赞成。我敢说要先认识了环境才能认识自己。正如要先认识了徐先生所处的晨报馆然后才能认识徐先生，才能赏鉴徐先生的文章。反之对于鄙人也是一样要先认识了鄙人现在工作的环境——民族革命与无产阶级革命的关系——才能认识鄙人，才能认识鄙人的文章，才配说批评。平白地以浅陋的主观见解，以教训的口吻对付一个不曾相识的人，胆敢开口便骂别人为"而是盲从一种根据不完全靠得住的学理，在幻想中假设一个革命的背景……"遂骂别人为"弄弄火捣些小乱子"的小儿。徐先生像这样的一个不可教训的个人主义者真值得我来教训你了。

我认识我自己，我更认识我的国我的世界。我敢说我能作一篇自传，为别人所不能及的我的自传。我从农村跳入当铺里当学徒,由当铺出来走学校,小学中学专门工业学校而后到欧洲成为一个产业工人,恍惚又在洋学校见识一见识,回来仍然到田间受债主,土豪,劣绅,军阀,洋奴等人物压迫,自己当然可以沉默了事,或者抱着一个女人老于山林,但是为了一般民众,自己完全不能沉默,尤其要完成自己不能起来奋斗。但是有这样的决心,中间都经过几次周转,第一是在与军阀周旋的时候,第二是在沉没于文学生活的时候,前者当然是积极堕落,后者何尝不是消极堕落,想以眼泪或笔墨来取悦权贵,至多办到替弱者表同情罢了。幸而有觉悟或笔墨来取悦权贵,至多办到替弱者表同情罢了。幸而有觉悟,知道一个人不能完成了社会,决不能完成自己。要完成自己只有从抛弃个人主义起。所以这时候我能将一切抛丢营我的党的生活。不瞒你说我营党的生活不久,个人主义的余毒还未除尽,时时发出一些可笑的感想。至于徐先生的文章一入我目未有不大笑者。这里虽然唐突诗哲,也只好"改日登门请罪"了!

(四)我恭请徐先生到内地去旅行一次。

上海滩上有一个新闻大家,也是研究系化坏了的,他一向都是主张社会主义便是说主张把产来共一下子。不幸他到内地旅行一次,便得了教训,他看见了许多贫苦的人,转来时才不主张共产了。徐先生大概未到内地去的原故罢,因为他与那位恐怕一样的隔膜。他能到工农中去游学一次,至少曾变更主张,或者共产或不共产。这个陪□或许不像,但他们俩却是得了研系一派家传,眨眼不顾事实,悬想一种应该怎样办的□应来否认由经验而得来的革命教训。列宁主义是什么,不过是一部能最后解放工农阶级的理论与策略。只要有了一个工人一个农人,假若他是有生存在世界上的权利,他当然应该起来圆自己生活的改进,一个如此,十人百人千人万人都如此,他们当应该联合起来干他们自己的事。我们的工作不过促进他们觉醒而已。这种工作自然是为资产阶级小资产阶级先生们所反对。徐先生所代表的机关(晨报)当然会要不赞成。但是我更要吓你一跳,国民党本年度的工作计划特别注重工农运动,眼见拥有五十万党员的革命政党走向民间了。徐先生你怎样办呢?快造一段新开来抵制罢!可怜的人!坐在资产阶级的碑墓上,坏了你一世的聪明!

(五)列宁!纪念列宁!

徐先生,你不要怕他,他或者能够救你。列宁的声威虽与耶稣可以抗颜而行,但是他俩绝不相同。耶稣是一个武器,权力阶级的武器,所以愚弄苦人们的。列宁也是一个武器,苦人们的武器,苦人们用以防卫自己的。所以凡是苦人们或愿意投降到苦人们面前□诚为苦人奋斗的人们,没有不崇拜列宁,因为他真能够解救他。所以徐先生说他是一个制警句编口号的圣手,是千对万对的。这句话却泄露出徐先生笔下的文艺的才能,能够说得这样真切。这里我不能不颂扬你。但是你要知道口号与警句后面没有不是包含着无数的理论,策略。口号和警句发出以后便一定要引起实际革命的行动。你既然懂得他是个编口号制警句的圣手,你何不去探索他的意义,参考他的行动。你既是一个不可教训的个人主义者,你当然要有你个人主义的不可屈挠的坚强,你何以怕他"铁的手铁的心"呢?你的个人主义能在他面前低头这也许你可以再生的好消息！你勉力罢！

"青年人！不要轻易诅咒俄国革命，要知道俄国革命是人类史上最惨刻苦痛的一件事实"，这个事实且因为徐先生的老板一干子东西不知道历史教训，拼命助纣为虐要造成第二回，我也不能不出马来抵御了。徐先生不要责备共产党人铁的心，铁的手，你且看帝国主义与军阀的实力，与学士文人们的刻薄的刀笔罢。不要以为做文章是好玩的，以为趁热闹弄弄水弄弄火捣些小乱子是不在乎的。

徐先生！请了！我深深抱歉，我深深惭愧，请了！

可与言而不与之言谓之失仁，

不可与言而与之言谓之失言。

——仲尼

(《京报副刊》1926年2月4日，署名 陈毅曲秋)

17日(星期三)

52.《团济南地委关于寄书事致曾延信》(《山东革命历史文件汇集》(1924—1933年)，1993年3月)

团济南地委关于寄书事致曾延信，如下：

曾延兄：

今特向兄请求的二件事，望速即允许所请，照办为盼！

(一)《共产主义ABC》，此地很少，急需的很，望为寄下五十本来。

(二)《共产主义与共产党》请求寄给一百本。

祝努力！

齐兰

二月十七日

(《山东革命历史文件汇集》(1924—1933年)，1993年3月内部印刷，第22页)

20日(星期六)

53.《甘地与列宁(通信)》(《中国青年》第一百一十四期，2月20日)

《中国青年》第一百一十四期刊登恽代英的《甘地与列宁(通信)》，如下：

代英：我到春晖去的事情，曾告诉过你。你告我们一切农村运动的方法。到了那里我们大大失望。我很惭愧！那里同学们一个都不能合作。我和农民接触虽不少，然而言语相互不懂。我请问"言语有什么方法可以使他们懂得呢(除掉他们的土话)"？

寄来《压迫下的呼声》一篇，是论春晖学潮的〈，〉请你援助我们全体同学受无从报复之冤，帮助我们揭穿经子渊的压迫欺骗手段。

关于甘地先生的著作(译华文)有些什么？请甘地和列宁一个是以人格感化，一个是以武力解决？而目的在反抗害人类社会者则同，到底谁比较好？

仲岩

仲岩：十分对不住你，未能发表你的这一篇文字，而且这样迟缓的答复你的信。农民运动自然是本地人好做本地事，若是在异乡做事，语言是很难相通的。不过亦不是没有办法：第一自然是勉强学习异乡的方音，然而这还不是一时的事；第二是学习本地的成语，研究本地各种风俗习惯制度等，若能习熟本地一切事情，说话时多用本地材料，那便纵方音不同，亦是容易懂的。至于春晖学潮，我以为经子渊要掩护自己与一般无政府主义者意见之冲突，甚至于还有些要掩护自己用人之不满，于是不免有压迫欺骗学生的地方，或者是不能辞其咎的。不过学校中除了学生自己能够团结起来为自己的利益奋斗，这些教职员间之不称职与派别冲突，总是不可免的。听说现在匡日休等所办立达学园又发生了这些问题呢！春晖的教育，在我们本来便有些怀疑，匡日休等虽讲甚么人格感化，然而我们只看你找不出一个可以合作做农民运动的人，请问预备感化这些人做甚么用处？男女社交公开，自由恋爱，我们通通都赞成的，不过只知讲究这些，丢却一些社会问题，这便完全是在帝国主义军阀之下闭起门来讲无政府主义一样可笑的事情。你问甘地与列宁谁比较好，我相信自然是列宁比较好。列宁不专是靠武力解决，他决不是张作霖吴佩孚一类的人，他最注意民众能够自己团结起来为自己的利益奋斗，要无产阶级觉悟团结起来夺取资产阶级的政权，他没有一点空想，切切实实的引导俄国无产阶级走上自由解放的路上(自然无政府主义者要造俄国许多的谣言，或是根据苏俄负责人员自己提出各种兴利除弊的材料，摘其中所说应当改正之弊端，作为他们攻击苏俄的根据；然而只消多看几种讨论苏俄实况的材料，便尽够证明他们的无聊)。至于甘地呢！他正如我们的戴季陶一样，只知哭丧着脸劝这个劝那个，但是反对民众自己团结起来为自己的利益打倒统治阶级。他们反对直接的革命行动，扰乱破坏一致前进的革命战线，他们自己纵然出于好心，但他们在客观上帮助了统治阶级，减弱了革命的势力，使反革命势力得着了发展的机会。但是他们——懦弱的善人，等到反革命势力已经鸱张了，便躲到后面去：戴季陶便宣言以后不与闻政务党务，甘地亦宣言退休一年，两个中国与印度的懦夫，真是东西辉映啊！甘地！他配得上与列宁比较吗？我们根本不相信什么叫人格感化。我们不是说人格感化不了几个人；但每每只足以感化被压迫者使他们不反抗，并不能感化压迫人者使他们不压迫。这种感化的哲学，只是使老虎好吃人，为被吃的超度，使他不怨恨老虎而已。

代英

甘地的著作未闻有译作华文的，我所知只有青年会所出《甘地小传》(?)与商务书馆东方文库中的《甘地传》。

代英

(《中国青年》第一百一十四期，1926年2月20日，署名 代英)

25日(星期四)

54.《俄国革命前后社会阶级状况的变迁》(《东方杂志》第二十三卷第四号,2月25日)

《东方杂志》第二十三卷第四号刊登了张慰慈的《俄国革命前后社会阶级状况的变迁》,全文如下:

在中国现今的状况之下,过激化的势力将来是否能得到最后胜利,完全要看中国人民,特别是中等阶级,是否有抵抗的能力。我并不是说中等阶级是社会上最优秀的分子,所以应当永远把持一切权力的;我所要说的,只是在现今的社会组织,中等阶级要算是一个社会中的台柱子。并且在西欧各国,中等阶级所占的重要地位也可以算是他们应得的权利,从前封建贵族的势力是他们所打倒的,专制君主的权威也是他们所推翻的,就是现今各国那种民治政体的成立,也完全是他们的功劳。现在虽则有很多人民对于中等阶级,(特别是资本家,因为资本家也是中等阶级人民,)有种种不满意的表示,但他们在民治主义发展一方面的功绩,确是很大的。关于这一层,凡读过欧洲历史的人总应当晓得的。西欧各国的中等阶级又各有一种很坚实的内部团结力,确有能力抵抗各种各样的势力。因此劳工党和社会党的势力,无论怎样的大,现在还没有机会去打倒中等阶级在社会上所占的特殊地位,至于将来是否有这种机会,此刻当然没有人敢预料。西欧各国在几年之内没有赤化,就是因为有中等阶级的抵抗能力。

过激主义——本应称鲍尔希维克主义,为省字起见,就把他叫作"过激主义"——在俄国能够得到胜利,虽则其原因也是很复杂的,但俄国中等阶级人民的不中用确是一个很重要的原因。俄国的中等阶级在历史上未曾有过什么功绩,俄皇的威权也没有打倒,所以人民对于他们是不能信任的,他们又大都是一般自私自利的人,只顾自己,不顾全体,绝对的没有团结力。我们不明白革命以前俄国社会阶级的状况,我们就很难明白俄国为什么这样容易的过激化了,我们如果要预料中国将来是否有过激化的危险,我们只须看看中国现今社会阶级的状况。所以这几年来苏俄社会阶级状况的变迁很可以使我们得到一种极大的教训。

在从前专制时代的俄国,社会上最有势力的阶级有三种:(一)贵族,(二)有钱的中等阶级,〈和〉(三)官僚。其中最重要的当然是贵族,俄皇自己往往说:"我是俄国第一个贵族。"这贵族阶级又大都是大地主,全俄国开垦的土地差不多有三分之一都是他们所有的。但无论从经济方面着想,或从政治方面着想,这般贵族却不是立于同等地位的,因为其中有最大的大地主,和极小的地主;并且其中还有一部分的地主是属于维新派的,他们晓得注意于耕种方法的改良,他们的观念又是趋向于进化的,甚而至于民治的方面。不过一班新派的地主和那般守旧的地主比较起来,也不见得怎样的开通,以后他们到了政治的舞台上,他们的观念也是一样的守旧。

这其中也有一个主要原因。在从前专政时代,俄国政府的政策是想兼顾工商业和农业两方面的利益。为提倡工业起见,政府就不得不采用那种保护的关税政策,但这却又与农业的进步发生了阻碍,使农民不能利用那种较好的和较贱的外国农事器具和机械。那时候俄国专制政府已抱定提倡工业的决心,就不得不处处为工业方面着想,至于农业方面的利益实不能顾全了,但同时对于那般地主,还想了种种方法赔偿他们的损失。这样的政策就使当时地主贵族有自行分裂的趋向,其中有一部分自然是很愿意享受政府给他们的种种特权,舒舒服服的过他们的快乐生活,但另有一部分却很不满意,他们很不愿意享受这不应得的特权,攻击政府那种偏向于工业利益的政策,并且极力想在地方上活动,希望能够接近农民,领导农民。所以在当时的俄国,贵族之中分做两派,一派叫做"贵族的贵族",又一派是地方的贵族。一派是极端反动的,专制的,一派是自由的,趋向于立宪主义方面的;一派是盲目的忠心于俄皇,一派是带有民治的彩色,有时候甚而至于还想同革命党拉拢。第一派的领袖都是那时候右党的首领,第二派的领袖都和那时候的立宪党发生关系的。

但革命以后,在那种反革命发动时候,俄国贵族方面那种自由派和反动派的区别差不多于忽然之间就消灭了,在专制时代的死仇就忽而变为联盟,都想帮助这一个或那一个军阀,去打倒过激派的势力。到了军阀失败时候,这般贵族也都同归于尽,所以在现今的俄国,这一个阶级是完全消灭了,就是现在国外的那般俄国旧贵族也是毫无能力,决没有恢复他们旧势力的可能。俄国革命以后的几年历史,在我们或欧洲人的眼光看起来,当然是出于意料之外的,为什么专制时代的死仇敌能联络起来,为什么从前趋向于民治方面的贵族不能和民众同力合作,建设一个民治的政府。这其中的原因实在也很容易说明。俄国革命是乡下农民的革命,是从社会上最下级人民发动起来的。那次革命把一切土地所有权,除了农民耕种的土地之外,一概取消。那般趋向于民治主义方面的地主是很不中用的,无论从政治方面,或经济方面,都不能确确实实的做些事出来,能够得到农民的信仰。俄国农民又世世代代对于他们的地主是很仇恨的,现在他们的仇恨心又推广了范围,包括所有的一切贵族和地主,有时候差不多把所有未曾做过工的人都看做贵族,都是他们的仇敌。几百年被压的俄国农民忽而到了他们翻身的日子,他们就显出他们的本来面目,一方面是争公理争正谊,又一方面是抱定报仇的宗旨。同时俄国那般自由派的领袖对于当时状况又有一种错误的见解。那时候经过了三年的战争,人民的人生观当然受了极大的影响,人民生命的价值是低落了,人性中的一部分兽性就发现了,但俄国的领袖人物却不明了这其中的特别原因,从他们的眼光看起来,俄国人差不多都变成了野兽,所以就不得不用武力去驯服他们。因此,那时候发生了许多军阀,每一个军阀都想做拿破仑,旧时的贵族也都依附于这样这类军阀之下,至于那般趋向于民治主义或社会主义的智识阶级也深信这般狄克推多的能得胜利。所以在人民的眼光中,这一般人物都已失了信用,以后军阀失败了,他们也就跟了军阀同归于尽了。

俄国的中等社会阶级也有种种的特点。在专制时代,他们也出过多少风头,他们对于那般地方贵族反对得很利害的。俄国的资本主义是根据于帝国政府所定的计画而发展的，中等社会阶级的政治特点也就受了这种资本主义的影响。俄国政府用尽种种方法，如保护的关税政策，还有种种直接鼓励工业的政策，使资本主义能在俄国存在。俄国的中等阶级确有他们的不成文宪法，他们有他们的证券交易所的委员会，有他们的工厂厂主会议，还有各种特别委员会，参与草拟政府的工业法律。他们的势力确是很大的，有种种方法，能使政府不得不依照他们的意思，制定法律，执行政策，但这种方法却都是不正当的。所以那时候俄国有人说："俄国的中等阶级差不多对于什么事都能有法办到的。"俄国的资本主义有一种根本上自相矛盾的特点：在全国的经济和生产方面着想，资本主义所占的地位是无关轻重的，但同时俄国的资本主义却比德国，甚而至于美国，更加集中。所以那时候俄国有几个工厂的设备要算是最完备的，但俄国却还是一个工业不发达的国家。在政治方面，俄国的中等阶级也是很孤独的。俄国的自由主义不是他们提倡的，又因为这自由主义是根据于那般地方贵族和趋向于民治方面的智识阶级的观念，他们是差不多反对的。中等阶级在俄国守旧派一方面也没有什么势力，这一方面的势力是在大地主和高级官吏手中。中等阶级又没有内部的团结力，永未曾组织成立一个有势力的党派。即使偶尔有几个工业领袖，他们有极强健的个性，还有政治上的兴趣，在他们反抗强暴势力和专制政府的论调中，甚而至于表同情于革命党，但这般人物在那时候如同失路的孤鸟，无论怎样的大叫而特叫，没有人能听得懂的。

　　所以俄国的中等阶级既不能引导那般被压的民众，又不能得到智识阶级的赞助。那时候俄国资本主义无论怎样的发达，但其根据，就是那般工作的农民，却早已不稳固了。各处的农村日渐衰败，各项工业品在国内的销路也日渐减少。但俄国工业品的销路是注重于国内，不注重于国外；成为在国外市场，俄国是不能和德国英国日本的工业竞争的。无论那一国的资本主义，一定有多少消极的破坏的性质，同时还有多少积极的建设的性质；但在俄国的资本主义，破坏的性质特别多，建设的性质特别少。因此在俄国赞成资本主义的人，除了资本家自身外，差不多可以算是没有，反对资本主义的人却多得不了，这一层就能说明为什么那时候俄国的智识阶级大都是趋向于社会主义方面的。所以到了革命以后，过激派得势时候，中等阶级只有束手待毙，毫无抵抗的能力。差不多没有争斗，他是已经打倒了。那时候的过激派也莫明[名]其妙的为什么这样的容易得胜。但当时的情形确是跟了俄国历史上的事实来的。

　　欧战发生以后，俄国的工业资本家更须依靠国家了，同时他们的盈余却大大的增加。在战争时代，全国的生产能力差不多都于无形之中消耗了。各农村所需用的工业物品，如铁器，和农业器具之类，都减少了。耕种的器具不完备，农业的出产也减少了，又加以那时候乡下成年男子须到前敌去打仗，农工也减少了，农业的出产更不够了。那时候德国把俄国围住了，俄国不能把物品运出国境，当然有许多物品存在国内，但因各农村的人口和器械逐渐减少，又加以种种不生产的消耗，所存的物品也不久就吃完用完。粮食的恐慌就立即发现。在最初时候，俄国政府还以为粮食的缺少，是因为农民不愿意把五谷交换那种折价的纸币，所以就把五谷收藏起来。因此，政府就把所有的五谷收为国有，同时又定出种种官价。但粮食的恐慌反而因之有增无减，耕种的田亩也减少了。各工厂所用的原料也一天不够一天。交通也阻隔了，燃料也不够了，全国的经济组织差不多从此就停顿了。人民的生活程度却大大的增加了。这次的欧战把那贫穷的俄国最后的财源消耗殆尽。

无论什么事都是有一个限度的。打仗也不能永远的打过去，总有一方面到了精疲力尽时候，总得要叫救命，停止战争，这当然是经济力最薄弱组织最不完备的国家。在欧战时候，这个国家就是俄国。俄国一九一七年三月的革命就是这样的一种表示。

在当时看起来，俄国的革命非但是那时候扰乱状况的表现，同时却还是解决这种扰乱状况的一种方法。在最初时代，这次革命差不多可以算是不流血的革命，一切破坏性质的行动也没有发现多少。那般民治派的工人差不多毫不争执，把政权交托中等阶级执行，中等阶级又和社会党联络起来，组织了一个混合政府。在当时的状况之下，社会上各级人民都须同力合作，才能救济那扰乱的现象，恢复一切秩序。但到了这危急存亡的时候，俄国的中等阶级却又露出他们的本来面目，他们实不能，同时也不肯，为公共事务尽力合作的。非但从全体利益方面着想，就从他们自己的利益方面着想，俄国中等阶级在那时候的一切行动实在是很可以批评的。俄国的资本家差不多把他们自己的利益和俄国资本主义的利益脱离了关系，所以只晓顾全自己个人，决不肯为全体，为主义牺牲几些私利。大多数的资本家因为从前过惯舒服生活，无时无刻不在政府的保护政策之下行动的，他们是没有独立的能力，同时也决不愿意放弃专制政府给他们的种种特权，反而在最扰乱的时候，自己单独奋斗去维持全国的经济组织。他们也明知从前的特权是保持不住了，但是要他们负责去奋斗，可是不愿意的。他们在无可奈何的时候，想来想去，只有逃走的一种法子。在过激派未曾当权之前，俄国的资本家早已预备收拾了他们的事业，把一切财产变成现款，汇到欧洲各国去做各种投机事业。过他们的富家翁日子了。俄国资本逐渐运往外国，所以那时候俄国临时政府也不得不设法抵制，限制国外汇兑事业。这就可以看出俄国中等阶级人民的本来面目，他们虽则在表面上，处处离不了种种爱国的口头语，但他们确是很贪心的，很短视的，不肯顾虑全国利益的。以后到了抵抗过激党的反革命发动时候，俄国的资本家也不肯拿出钱捐助军费，但他们却很希望那般反革命领袖出来救他们的。所以俄国的中等阶级是自愿脱离俄国的政治和社会舞台，自愿让出地方帮助过激党的成功。但俄国中等阶级对于过激势力虽没有抵抗的能力，俄国中等阶级社会的经济组织却有抵抗的实力。

旧时代的地主贵族是完全打倒了，这是因为他们并不是经济社会中不可缺少的分子，他们在农事生产方面是无关轻重的。全国农业的担负是全在农民身上的。但工业的情形却并不是这样的简单。在工业方面，资本家是容易推翻的，但在现今的俄国状况之下，想进行工业事务而同时没有资本家可是困难万分的。俄国工业本来是在幼稚时代，所有的无产阶级非但没有教育，并且又是没有工业上的训练，他们在经济方面实在没有自治的能力。过激党曾经试验过各种各样的政策，但都没有效果。在过激党初当权的时候，各工厂的工人委员会有管理工厂事务的全权，但其结果却在各处发生无政府无组织的状况；苏俄政府的政策改了又改，末了变成一种极端集权的组织，关于工厂事务都由几个人从上边发施号令下去，不过无论怎样的改变政策，改来改去，总是改不出好结果来。各工厂的出产大大的减少，在经济方面只有亏损，没有盈余，国有工厂制度的结果只使国家预算案列入一笔很大的支出。俗语说得好，"江山易改，本性难移"，你把"本性"从前门赶跑了，他还是从后门偷进来。所以到了后来苏俄政府也晓得从前工厂中的那般经理是工业上所不可缺少的人物，因此，到处去寻觅，请他们回来，经营他们的工厂，但各工厂却还是政府的财产，只由政府租给那经管人而已。但这种办法也没有什么好结果，所以最后一次就不得变通办理，共产主义的政府也不得不牺牲共产主义的根本原则，承认一种半国家半私人的资本主义。这是共产主义在生产方面的结果。

  在分配方面，共产主义的失败比之在生产力方面更糟。实行共产主义的苏俄政府能把所有的财产收归国有，但无法禁止人民方面种种杂乱的买卖，法律条文完全不能发生效力，犯法的人民发觉以后就须受死罪，但私人的买卖却不能禁止。种种的投机事业到处皆有。货物的缺少又增加投机家的盈余，但其大部分却是贿赂政府官吏的。在一个时候，俄国所有的人民差不多都变为投机家，并且什么事都能作为投机用的。就是政府各机关间的互相交易也免不了有一种投机的性质，回扣和贿赂差不多是到处通行。所以那时候有人讥笑苏俄政府，说他们的国有政策只在一种事业方面有了成绩：这就是"投机"。换句话说，公开的资本主义是打倒了，但秘密的资本主义却跟了发生出来，并且这种秘密的资本主义又是奇奇怪怪，我们所梦想不到的。实行共产主义的政府所打倒的只是那种旧式的中等阶级，在共产制度之下，却发现了一种新式的中等阶级，其中的人物是从各方面收集拢来的，甚而至于那当权的共产党人也有在内的。

  这种新的中等阶级和那旧的究有什么区别呢？究竟是好些呢？还是坏些呢？这个问题实在不是简单的几句话可以答复的。总而言之，这新的中等阶级确是生活甚强的，他们并未曾得到过政府的保护，政府的宠爱，但是过惯压迫的生活；他们并没有为政府的帮助所损坏过，却是生长于极困苦的环境中，心志坚决，实非从前那般中等阶级人民所比得上的；他们对于苏维埃制度中的各种情形懂得非常明白；他们是很发奋的，很冒险的，很奸滑的，敢作敢为的。但他们却没有从前那般中等阶级人民的那种坚实性，那种自治力，和那种可靠的特质。这是不能怪他们的，因为他们是在那种赌博的空气中得法的。他们也没有像从前中等阶级人民那样文雅，其中有大群目不识丁的强盗，和最下等人民中的那种暴发户。从他们职业的性质上着想，这般代表秘密资本主义的人物都是强盗世界的人民；所以他们对于商业信用方面那种最简单的原理原则，也不能明白的。旧时候中等阶级人民至少有几种范围很狭的，但是永久的道德习惯；新式中等阶级人民是完全不受习惯或道德束缚的。他们是社会上的一种势力，但是很残忍的很凶暴的。将来他们也许能够改组俄国的经济制度，但现在，他们却没有建设的能力。

  旧时代中等阶级人民都趋向于守旧一方面，所以当然变为反革命派，但他们是没有胆量的，往往处于被动的地位。至于这般新的中等阶级人物，他们是没有政治的根本原则，他们对于革命的态度有两方面。在一方面，他们希望革命的完成，设立一种中等阶级式的稳固社会，他们已经得到的财产也可以从此有了保障。在又一方面，他们的财产确是以不正当手续得到的，在革命时候"抢强盗"的时代，他们得到极大的利益，他的手是在人家房子火烧时候烘热的，所以他们实在说不出口，财产是神圣不可侵犯的。他们所利用的是革命时代的口号，他们所注意的是抢夺的权利。他们是生长于苏维埃制度之下的，所以在主义方面，他们是承认苏维埃制度，但同时他们却想在暗底下，改变这种制度。但他们却也不能单独的去改变这种制度，他们如想达到这个目的，非得一个助手不可。因此，在政治方面，他们是依附于过激主义，看重他有建设强有力的狄克推多权势的能力，并且对于他近来能够逐渐脱离革命时代的热诚，把狄克推多的真面目显出来，是非常满意的。他们还想更进一步，使这种情形变得更快一些。简单一句话，他们的希望就想把过激主义变成一种俄国式的拿破仑主义。

所以在共产制度的苏俄，社会上并不是没有阶级的，一种中等阶级已经很显明的发现了。但其中的人物却不是旧时的中等阶级人物了。中等阶级既已发现，地主阶级能否也同样的，更换了人物，重行发现呢？这样一种阶级是否已经在胚胎时期了？有许多人说，苏俄除了那种秘密的资本主义之外，还有一种秘密的地产所有权同时存在。这样的话也不是完全没有根据的。苏俄政府把土地收为国有，把房屋收为市有以后，人民在地产方面还有一种秘密的买卖。那般旧地主的所有权已经剥夺了，如有人愿意化几个小钱卖他们的契据，他们又何乐而不为呢？至于那般买主，他们大都是暴发户，冒险性极大的，投机心极精敏的，他们把契据买下来，希望将来再发生革命，或别种意外的事情，到了物归原主的时候，他们的投机生意就做着了。就是在国外，凡看相俄国森林，矿产等的人或公司往往觉得值得设法去寻觅那旧业主，化了几个钱，就可以得到他们的契据。但这类的买主可是不能成为一个社会阶级；因为人民都是依照他们进款的来源不同而分做社会阶级的，俄国那般秘卖地契的人所得到的钱实在是微乎其微，差不多等于零数，买主所得到的只是将来的希望，差不多是一种彩票性质的契据。所以我们可以说俄国的大地主阶级是完全消灭了；俄国的中等阶级是改换了人物，在最初时候，他们的行动是秘密的，以后势力增加，共产式的政府也无可如何他们，到末了新经济政策实行后，他们总算变为合法的了。

帝制时代俄国的第三个台柱子是官僚。官僚分做两种：政府的和宗教的，因为那时候俄国的宗教是国教，凡教堂里教士的薪俸也是政府给的，他们也与普通官吏同样的在俄皇直接管理权之下。政府的官吏又分做军事的和民事的两种。过激党自以为把旧时所有的政治机关完全打破，把平民去充当各种各样的职使，简单一句话，他们以为已经把国家的机关都民治化了。但官吏的平民化和行政机关的民治化完全是两件事，决不能混而为一的。过激主义在最初的短时期之内把所有的权力交托各地方执行后，就立即改变方针，实行一种中央集权的狄克推多制度。过激党非但没有打破俄国的官僚制度，并且又把这制度的范围推广到了极点。他们把工商业收归国有后，差不多就把从前私有事业中的一切雇员都归入官吏的范围之内了。无论什么人只须有多少教育或技术的资格，并且在国家文化或经济需要方面有用处的，就须由政府支配在各机关做事，因此就官僚化了。这种办法并不是政府机关的民治化，这只是把所有文化和经济职务都变为官僚的职务。假定在最初时候，这种种职位都是由一般新人物充当的，但他们却不久就立即学到一种官气，凡是旧官僚的种种恶习和腐败情形又发现了。新官僚的腐败却替旧官僚开了方便的路径，他们在最初时候是很反对的，现在却看见他们从前所见惯的事情重行发现，他们就也很愿意的带[戴]了共产党的假面具，加入新官僚的团体。

俄国官僚的人物改换了，他们的性质自然也更改了。旧式官僚是庄严的，把例行的事务是看得很重要的，他们虽则不惯用他们的脑筋，没有自动的能力，但他们却是可靠的，很专门的，资格极深的。他们确是很好的属员。那般新官僚的心理却是完全不同的。在革命以前，他们与实际的生活离开得太远，其中最上等的人物只是一般理想家，其余的人物大都只有了几些浅薄的智识，没有别种的训练。假使旧式官僚往往不合时宜，不懂时代的潮流，只知保守成例，那般新官僚却不管死活的对于什么事物都去试验，把全社会翻了一个身，他们的精力是很大的，但因没有本领，没有才具，什么事都做不成。其结果就是弄得乱七八糟，不像一个样子。为救济这种扰乱局面起见，过激党也就不得不去寻觅那般已经驱逐出去的专家，不得不依靠他们。这不但是在民事方面是这样的，就是在军事方面也是这样的。有很多的红军军官都是帝制时代的军官训练出来的。这般新官僚和新中等阶级当然是互相关切的，他们更加希望拿破仑主义的能实现。

在宗教一方面，过激党第一步入手办法是把政教分离，因此，所有的教士是完全驱逐出官僚的范围以外了。过激党的目的是想完全推翻宗教，所以正式宣告，宗教是人民的毒药，用了国家公款鼓励种种反宗教运动，并且利用饥荒的口实，强迫教会和寺院把所有财产拿出来赈灾。但过激党所得到的结果却与原来的用意完全相反。俄国的旧教士早已失了他们势力，他们在社会上是无声无臭毫没有关系的，但经过了这次过激党的压迫，他们却反而警醒了，俄国教会觉得这是危急存亡的时候，非得奋斗一下不可。过激党对于智识阶级本来的用意时很好的，所以把他们改变为国家的官吏，但他们自由创造的精神却从此消灭了。过激党对于教士本来的用意是很不好的，把他们驱逐出官吏的范围以外，但他们却从此就回到那自由的智识的阶级中去了。俄国教会本来是已经死了，现在却像打了一次吗啡针以后，又活起来了。所以过激党也不得不另想方法，与一部分教士得到谅解，保护他们。无怪我们到了反宗教的实行共产制度的苏俄京城莫斯科，每星期日的上午只听得教堂里边不断的钟声。

贵族，财阀，和官僚是帝制时代社会上的三个大柱子，他们的利害关系是相同的，所以是很有联络的。革命以后，社会上另外三种人民占了重要地位，这就是革命的智识阶级，城里的劳工，和乡下的农民。智识阶级当然最能关心于全国利益，但过激党是最暴烈的分子，往往不顾全国利益，为所欲为，使国家几次三番的经过极危险的时代，所以俄国智识阶级中大部分人民是很反对过激党的，他们对于革命行为是很害怕的，对于人民，是很失望的，对于民治主义，是失了信仰。但他们却失败了，并且又出了最重的代价。以后过激党把所有的财产收归国有，他们生活的来源就断了。以后过激党又强迫他们服务，把他们变成新政府的官僚。以后又因政府的减政主义，再把他们驱逐出来。俄国智识阶级的经济状况要算是最苦最可怜的。他们为生活起见，把志气消磨完了，自信力也没有了。

在革命以前，俄国工人的数目是不多，但其势力却甚大，这是因为俄国工业状况的特别原因发生的。俄国工业虽不大发达，但是集中的，所以工人都是集中在范围极小的区域内，所以他们能实行别处所不能实行的无产阶级专政的制度。在欧战时期，俄国的工人死去大半，但同时却因战时工业的需要，又从各处召集拢来一班新工人。他们都是没有经验的，未曾训练过的。这般人都是过激党的党员。到了过激党的工业试验时期，所有的工厂都停止工作了，工人也都离开城市，回到乡下耕种去了，那时候政府如果不先事预防，所有的工人差不多都要跑回，无产阶级专政的制度恐怕要没有无产阶级参与其间了。苏俄政府就不得不担负种种损失，使各工厂继续开工，养活这般工人。一大部分工人差不多变成政府的食客。有一部分工人或者拿工厂的出产品，或者利用工厂中的器具，做成许多东西，偷到市场上去卖大价钱。过激党的工人还有一种特权，能到粮食区域去贩卖粮食。还有一部分工人就加入那一种叫做"收集粮食的队伍"，直接或间接的抢夺农民的粮食。所以那时候的工人就变成小商人，投机者，或强盗。这是最坏的时期，现在的情形已经好得多了。

在革命时代，劳农得到的利益要算是最大，他们的田地是加多了，他们对于地主是不用支租钱了，并且在那无政府时代，赋税也不用出了。各处的田地又均分于农民，所以他们的境况是大都相同的。但同时过激党毁灭了市中的工业，到了无税可收的时候，他们就注意到农民方面。照那时候的规定，每一个农民只准留住他自己需要的粮食，把所有的"剩余"的都交给国家，农民的抵抗方法就是少耕几许，没有剩余的粮食。政府在无可如何的时候，就不得不用武力去强抢，农民的答复差不多就完全停止耕种了。苏俄政府又进一步，宣告耕种为人民对于国家应尽的义务，但农民还是抵抗，其结果就发生农民革命，和全国的饥荒。政府有的是枪炮，但一个人无论怎样去用他的枪炮，他决不能永远的坐在枪炮之上。俄国农民虽则目前失败，但最后的胜利却在他们一方面。农民也自知全国的生产是在他们手里，苏俄政府实在是无可如何他们的。以后苏俄政府在城市中实行了新经济政策，对于农民也采用了新政策，其中最重要的特点就是：（一）规定一种新的土地所有权制度，（二）一种新的赋税制度。土地国有的根本原则还是维持的，但关对共产制度的试验却废除了。从此以后，农民得到土地以后，这块土地能终身为他所有。至于赋税一层，农民须把他收成中确定的百分之若干交给政府，其余的数目可以留给自己用。所以现今农民的状况已经是好得多了。

这是几年来俄国社会阶级状况变更的大概情形，不明白这种情形，决不能懂得苏俄的政治，更不懂得什么叫赤化。

（《东方杂志》第二十三卷第四号，1926年2月25日，署名 张慰慈）

55.《各国无产政党议会运动的成绩》(《东方杂志》第二十三卷第四号，2月25日)

《东方杂志》第二十三卷第四号刊登何作霖的《各国无产政党议会运动的成绩》，全文如下：

一九二四年至一九二五年间，芬兰，意大利，丹麦，德意志，法兰西，瑞典，挪威，英国，美国，比利时等欧美著名的国家，差不多都举行总统选举了。在这个总选举的期间内，中等阶级认为是绝好的机会，想借此把他们所谓"赤色的恐怖"扫除净尽；于是和一切的反动团体，共同合作，对于无产党，劳动党，社会党，明白的或暗中的加以压迫和妨害。试举几个例来说。譬如德国，乘国会解散的机会，一齐检举共产党议员，并且搜索他们的家宅。他如匈牙利，罗马尼亚，南斯拉夫，莱多尼亚，西班牙，立陶宛等国，对于共产党员的运动和投票，往往想加以妨害，使他们的投票，发生困难。可是统观他们的结果，则中等阶级和军阀们所预期的胜利，并没有实现，反之，各国的所谓"妖怪"，依然是在那里"跳梁"。因此各国的政府与反动团体，往往以除去"妖怪"为名，大施其"白色的威胁"，去压抑一般的群众。又保加利亚等国，高唱总选举结果，中等阶级胜利，无产阶级失败，盖借官厅的威权，实行其干涉和压迫的手段，这也不过是表面上的成功，其实共产党等仍然继续的阴谋活跃呢。

就欧美各国无产阶级的议会运动来说，自从英国工党内阁出现后，各国的无产阶级的气势，突然增高。后来丹麦，瑞典等国劳动内阁亦继续出现，于是无产阶级的议会运动，更觉具体化了。兹将欧美各重要国家的无产党在国会中所占的议席，列表如下，我们把他比较一下，便可知各国无产阶级议会运动的成绩，和在议会中的势力了。

(甲)欧美各国议会中无产党议员的数目

国名	议员数	社会党	共产党
英国	六一五	一五一	一
美国	五三一	二	〇
奥大利	一六五	六八	
比利时	一八七	七九	二
保加利亚	二五〇	七九	二
捷克斯洛伐克	二九四(捷克五九，德国三〇，白俄一)	九〇	二九
丹麦	一四九	五五	
芬兰	二〇〇	六〇	一八

续表

国名	议员数	社会党	共产党
法国	五八四	一二〇	二九
西班牙	四〇八	七	
荷兰	一〇〇	二四	一
立陶宛	七八	八	
莱多尼亚	一〇〇	三一	
德国	四九三	一三一	四五
挪威	一五〇	八	六
波兰	四四四	四一	二
罗马尼亚	三六九	一	
瑞典	二三〇	一〇四	五
匈牙利	二四五	二四	
意大利	五三五	二五	一七

（以上根据一九二五年九月初的报告）

此外莱多尼亚尚有右倾的社会党议员七，挪威有劳动党议员二四，瑞典有独立共产党议员一，意大利有多数派议员二二。就上面的表看来，以各国社会党议员数目的多少论，其次序是一英国，二德国，三法国，四瑞典，五捷克斯洛伐克，六保加利亚，七比利时，八奥大利，九芬兰，十丹麦……以共产党议员的数目论，其次序是一德国，二法国，三捷克斯洛伐克，四芬兰，五意大利……

（乙）欧美各国总选举对无产党议员的投票数

国名	对社会党议员的投票人数	与全投票数的百分比	对共产党议员的投票数	与全投票数的百分比
英国	五、五五一、五四九	三四	六八、九八九	〇.四二
奥大利	一、三一一、八七〇三五	二三、一六四		〇.六七
捷【克】斯洛伐克	一、五九〇、〇〇〇（捷克）六八〇、〇〇〇（德国）	——	——	——
丹麦	四六九、九四九	三六.五	六、二一九	〇.四八
芬兰	三五四、六七二	二八.九	九一、六六四	一〇.五〇
西班牙	五〇、〇〇〇	——		
立陶宛	一〇、二〇〇	一〇.〇		

续表

国名	对社会党议员的投票人数	与全投票数的百分比	对共产党议员的投票数	与全投票数的百分比
莱多尼亚	二四二、〇〇〇	三一.五	——	
德国	七、八八〇、〇五九	二六.〇	二、七〇八、一七六	九.〇〇
挪威	八七、〇〇〇	九.〇	五八、〇〇〇	一.三八
波兰	八九四、一〇三	一〇.一八	一二一、五七一	一.三八
瑞典	七二五、八四四	四一.〇	六五、二八三	三.七〇
匈牙利	二七二、三五九			

(以上根据一九二五年九月初的报告)

| 比利时 | 六七二、〇〇〇 | 三四.八 | 三、一六五 | 〇.一五 |
| 荷兰 | 四六九、九四九 | 三六.五 | 六、二一九 | 〇.四八 |

(以上根据一九二四年的报告)

　　上表因为比利时荷兰两国无产党议员最近的投票数，无从查得，所以只好根据一九二四年的报告。至于美国和法国的社会党，于投票时往往与他派联合，票数不明；他如意大利罗马尼亚等因为没有可靠的材料，因此都未列入。依各国社会党共产党的投票数计算，其次序是一德国，二英国，三捷克斯洛伐克，四奥大利，五波兰，六瑞典，七丹麦，八匈牙利，九芬兰，十莱多尼亚……

　　按上面的表看来，各国的无产阶级在议会中虽然还没有占得优胜的地位，但是已经有相当的势力了。况且现时各国无产阶级的议会运动，异常猛烈，将来的前程，真是不可限量啊！

　　日本的无产阶级，因为受各国无产阶级议会运动的刺激，近来也奋起而从事实际的运动。争持多年不能解决的悬案——普通选举法，居然经议会通过，定为法律，于下次总选举时实行。无产阶级历来所希望组织的社会党和无产党，亦有着〈着〉进行的趋势。

(《东方杂志》第二十三卷第四号，1926年2月25日，署名 何作霖)

27日（星期六）

56.《共产党宣言原序三篇》(《政治生活》第六十八期，2月27日)

《政治生活》第六十八期刊登乐生译《共产党宣言原序三篇》，全文如下：

I

共产主义者同盟，一个国际工人的联合，他在当时情形之下，只是一秘密的组织，于一八四九在伦敦召集了一次会议，到会署名之人，写出一篇详细的含原理的且合实用的党的纲领。这就是这个宣言的来源，其抄本送到伦敦去出版，即在二月革命前数星期。第一次在德国出版以后，原文至少在十二种以上的，翻版在德，英，美诸国，英文译本是一八五零年在伦敦赤共和党报上发表的，为马克发兰，爱伦女士所译；在一八七一年，美国便至少有三种以上之译本。法文译本是一八四八年六月暴动前不久出现于巴黎的，最近复见于纽约社会主义者报上。现在又有人正在预备一种新版。波兰文译本在第一次德文版出后不久发行于伦敦的。俄文译本是十九世纪六十年代中于日来弗出版的。在原文出现后不久，又曾有丹麦文的译本。

无论在最近二十五年来事物怎样的变迁，这宣言中所陈的普通原理，在今日仍然是正确与当初一样。有些部份是应稍改进的。

如宣言中所说，这些原理之实际的采用，本要随时随地凭借于当时的历史的条件，因为如此，故为篇二章末尾所述之革命之推测计算问题，不应当看得过于重要。那一部份有不少之点在今日应该改述一遍。照着近二十五年大工业之澎涨及工人阶级组织之发达看起来，又照着些实际的经验，看起来，头一个便是二月革命，其次，就是无产阶级第一次握得政权时间，经过两月巴黎共产团，这个纲领在今日有些地方算是陈旧了。一件事又特别被共产团证明，这就是："工人阶级只夺得国家这副机器以求达到自己的真正目的，那是不够的。"(参看：法兰西内乱，国际工人协会总委员的通告，这个观点在其中说明甚详。)这本是显明的，社会主义学说在现在很不完全，因为他曾断至一八四七年止；而且，同样的，如共产党与各党之关系(第四章)中所述之要点在现时虽仍然正确，其详细之点却近于陈旧，因为政治的状况已经完全变迁，而历史的进化已将其中所举列的好多党派消灭了。

现在呢，这宣言已经变成一种历史的文卷了，我们没权利再来改变他。将来重版时或者可以添一篇导言，以作一八四七年与今日之桥梁；此次的再版却是过于匆促，没有给我们以这样的时间。

伦敦一八七二年六月二十四日
马克斯，恩格斯！

II

很不幸的我单独来签名于这此出版的序言。马克斯，——所有的欧美的工人阶级应当比对任何人都更怀念的一个人——马克思，现葬在高门的坟坪中，在他的坟上，草已变青了。自从他死以后，这里便没有将宣言重改或补充的问题。因为这个，我想觉得更需要明白的，提起如下之说明。

这宣言的主要的内部的观念就是，为要能知道经济的生产与社会的组织，他在每一个历史的时代中，必然发出的，作成该时代的政治与文化历史的基础；在以后(自从土地的原始公社的财产制度之瓦解)所有的历史，便都是阶级斗争之史，治人阶级与被治阶级之斗争，支配阶级与被支配阶级之斗争，在许多不同的历史的发展步骤上；但这种斗争现在已是达到一个步骤，在那上面，被治与被压迫阶级（无产者）不能够从治者与压迫者阶级得着解放，倘若没，在同时，而且在任何时，便整个的统治的阶级斗争的社会得着解放——这种观念是一贯的，独有的属于马克思。

（见后面注）

我曾经屡次说明这个，但现在是需要将他放在这宣言的前面。

伦敦，一八八三年六月二十六日。

恩格斯

（注）这个观念我曾在英文版序言上说过，在我的意见，他是指出一种历史科学与达尔文对于自然科学所供[贡]献的，有同样的进步——我们两人对于此点在一八四五年以前已经结识了数年。我得着的"英国工人阶级情形"一书可以表明我自己在这个观念的趋向上是到了何种态度。但当一八四五年二月我与马克思再遇于不律塞尔时，他已经这将个观念完全工作成了，他并曾向我说明，也差不多有如我上面所述一样。

III

自从前面序言写成之后，一种德文新版觉着需要，且须在这里重说一番其间经过的事实。

俄文的第二种译本，译于一八八二年，出版在日来弗；马克思与我曾为之同作序言。不幸我将德文原稿迷失了，现在我还得由俄文转译出来，这是对于原文不甚好的：

共产党宣言俄文第一次译本，巴枯宁所译，约在一千八百六十年代出版于哥洛哥儿印刷局。在当时，一个这样工作的俄文的译本对于西方殊饶有文学的兴趋[趣]。现在则不然了。当宣言第一次出版时（一八四八年一月），无产阶级运动的行动之场是非常窄狭的，在这最后一章"共产党与各党派之关系中"指出非常明显。特别可注意的是俄国与美国在宣言中没有叙及。因为在当时，俄国是欧洲反动派之最后强有力保持者，而美国的移民饱吸了欧洲无产阶级之余力，这两国供给了欧洲以各种的原料，同时又供[贡]献他以工业产品的销售的市场。于是这两国如出一辙地支持了在[欧]洲的社会组织。

"现在一切却是变迁了！这是很恰巧的，欧洲的移民使北美洲的农业有巨大的发展，而其结果的竞争动摇了欧洲大小地主的基础。"

这便因为如此，在同时，使美国能够包办他的工业富源之开发，而这样尽力的逐渐的做去[法]，便使西欧的工业垄断权快快的消灭了。这两种状况，对于美洲自身，依次的做成一种革命式的反动。农民的大小地主们，美洲全部政治的基本，在大农业开始的竞争之下，渐渐的消灭，同时，在工业中作成了第一次的无产阶级的队伍，聚集在资本大集中之旁。

"再让我们看看俄国。当一八四八——八四九革命时，欧洲的君主们，与有产阶级一样,看见了俄国干涉政策中的唯一反对正当对于自己力量有觉悟的无产阶级的妙法。他们把'沙'举为欧洲反动派的首领。现在呢,他却被拘在加其纳,为革命的囚犯了,而俄罗斯已是欧洲革命运动的先锋。

"本宣言曾宣告有产阶级的财产之最快的明显的消灭。但是,在俄罗斯,他用资本制度激烈发展,且照有产阶级土地产业构成组织之旁,有一半的土地是农人的公共产业。

"于是这个问题便是要知道:是不是这种俄国农人的公共产业,他是由最初土地之公产变成的形式,可以达到土地产业的最高的共产的形式,或者他须随着如西欧历史的发展去解决?

"现在惟一能够对这问题的答案是这样:倘若俄国革命是西方工人革命的一个先声,并且都可以成功,则现在的俄国的公共产业可以供作一个共产主义革命之出发点。"

伦敦,一八八二,一,二一

一种新的波兰文译本在此时出版于日来佛。丹麦译本在社会民主书局出版,可惜不甚完善;有此重要的部份,仿佛是围困了译者,被略去了,且在许多地方可以查出其忽略之点,而就大体看来是很可惜的,假使译时能够再注意些,便是一个完善的译本。

在一八八六年出了一种法文新译本于巴黎社会主义者报上;这是直到现在的最好译文。

在同年不久又出了一种西班牙文译文,初是载在马得利社会主义者报上,后又印成小册,由马得利海门哥德街八号社会主义者报馆经理部发行。

我说一件怪事,在一八八七年时一种亚美利安译本送到君士坦丁一个印刷局主人处去;这位奇妙的主人在当时不敢印刷一种有马克思名字的小册子,他求译者自署名为作者,但被译者拒绝了他。

嗣后又有些美国的译本,多少有些不恰当,重印于英国。最后在一八八八年才出一种正确的译本。这是我的朋友莫尔沙米儿的工作,在出版前我们两人又同校正过一遍,定名共产党宣言。英文校正版,恩格斯注释,一八八八年发行。我已经于这次的版加了一些注释。

本宣言有他自己的历史。在最初出现时,他受了科学的社会主义的当时很少数的先驱的欢迎(这在第一篇序言中所述之各种译本可证明)接着便是由一八四八年六月巴黎工人失败事件后的反动势力迫着至于退步;最后又由一八五二年十一月哥洛尼共产党员"被法律"判罪事件至于消灭。自从二月革命后工人运动之普遍现象不可再见,本宣言又到了一个退步。

当着欧洲工人阶级再举努力以向支配阶级进攻的时候,"国际工人协会"便产生了。他的目的是团聚欧美工人阶级成为一支大军。因此他不能离开了本宣言所陈的原则。他应有一个纲领,而这个纲领并不对于英国的工联,法国,比利时,意大利,西班牙的蒲鲁东主义者,德国的拉萨尔,推之门外。这个纲领——国际组织的基础——是马克思所作,其精到处亦为巴枯宁及一般无政府主义者所承认。

为曷如像宣言中所陈述断案之决然的成功,马克思特注重工人阶级的知识发展从行动与辩论之联合中得来。反对资本制度的争斗之过程与变迁,其败多于胜,足以使一般战士觉着万应灵膏之不可恃而转变他们使之得以知道工人阶级解放之真实条件。马克思实在是说得对。一八七四年的工人阶级,在国际组织解散以后,与一八六四年组织初成时完全两样。拉丁诸邦的蒲鲁东主义及德国所谓的沙列安主义是死去了,便如最保守的英国工联也到了这步田地,在一八八七年时,他们的斯瓦斯亚会议的会长可以用他的名义说:"大陆的社会主义对我们失其恐怖。"一八八七年的大陆社会主义与宣言中的原理本没有什么不相同。而宣言的历史在某一点上又与自一八四八年后近代工人运动历史互相吻合,至于现在则是结果最为传播,社会主义学说之最国际化,自西伯利亚以至加列佛尼亚,万国亿兆工人之公共纲领。

而且在此宣言出版时,我们不能称为社会党宣言。因为当一八四七年时人们对于社会主义有两种解释。一种是各样乌托邦式的党徒如英国之欧文主义者,法国之傅立叶主义者,两者到现时都不过是垂死的学派。另一种便是那些药师们,他们想用他们的各种的万应灵膏及各种的弥补方法以拯救社会之痛苦而不甚牵动资本与利润。这两种人都站在工人阶级运动之局外,而只从"知识"阶级中寻找靠山。恰在反面,我们这个工人的党确信单纯的政治变动之不足,非将社会作根本改变不可,于是自称为共产主义者。于是共产主义非常发展,纯粹地自然,而有时也略为粗暴;但他也有力够了,致产出两种乌托邦式的共产主义——在法国的哥伯的"幸福邦"、在德国的魏提林派。在二[一]八四七年社会主义代表资产阶级运动,而共产主义代表工人运动。在欧洲大陆,社会主义至少是一种过去的装饰品,而共产主义却完全两样,而在我们既然很清显的知道"工人的解放必须是工人阶级自身的工作",我们不当有迟疑在命名的选择上。自是以后,我们也绝不觉着还当更改。

"全世界无产阶级联合起来!"——只有很少的声音回答了我们,当我们发出这句话于世界,已在四十二年前,即第一次巴黎革命,无产阶级为其利益而暴动之前日。而在一八六四年九月二十八日西欧大陆各国大部分的无产阶级就团结于光荣可纪念的国际工人协会之中。这个国际自身共活了九年。但由他创始而继续永有的组织仍生存着,而且较前更雄厚有力,这在今日便是一个最好的证明。因为,当我写这个的时候,欧美的无产阶级正在练习他们的力量,第一次成为一枝[支]军的动员,同在一个旗帜之下,且有同样的急切目的:八小时工作制的合法的每日作工时间,这是在一八六六年日来弗的国际会议及一八八九年的巴黎劳动会议所再宣告的。今日的情况便是指示与各国的资本家与地主,全世界的无产阶级已经团结起来了!

唉!倘若马克司尚在定能说这是些事实呵!

伦敦一八九〇。 五一日。 恩格斯

(一)拉沙列尔,在私人方面,对于我们常常自命为马克思的弟子,因此,他当是很明显的站在本宣言的会场上,但他的门徒却不然,他们对于生产协会的纲领还不敢脱出国家信托事业之范围,他们又分全国工人阶级为依靠国家的工人及自己依靠的工人。

(《政治生活》第六十八期,1926年2月27日)

3月
4日(星期四)

57.《论无产阶级的文化与艺术》(《文学周报》,3月4日、21日,4月4日)

《文学周报》自第二百一十六期开始,至第二百一十七期、二百一十九期,刊登俄国脱洛斯基(托洛斯基)著,仲云(樊仲云)译的《论无产阶级的文化与艺术》。此文于1927年2月15日《莽原》第二卷第六期,4月10日第二卷第七期,4月25日第二卷第八期,以《无产阶级的文化与无产阶级的艺术》(特洛茨基著,李霁野、韦漱园译)的题名发表;于1927年6月10日,在《中央副刊》第七十七号,至七十八、八十~八十三号再度发表。《文学周报》的全文如下:

一 何谓无产阶级的文化?

此种文化能有其存在的可能否?

历来凡在支配阶级,常有其自创的文化,因之亦自有其艺术。如东洋及古代的奴隶文化,欧洲中古时代的封建文化,以及支配现世界的资产阶级文化:征之史乘,俱斑斑可考。由此以推,无产阶级将来亦将有其自创的文化与艺术,这是可以预卜的。

但此问题,复杂异常、决不止我们一瞥所见的那么简单。在社会上,奴隶所有者手握支配之权,已几千百年;封建主义也是如此。资产阶级的文化,姑假走[定]自其勃发的初时,即自文艺复兴时代以来,到了现今,历时已五世纪;然其烂缦[漫]成熟,却在的十[十九]世纪,说得确切点,便是十九世纪后半期。惟历来一种新文化的形成,常以支配阶级为中心,由历史而观,且非有悠久的岁月不可。至其完全成就,则恰在那支配阶级的政治势力日趋衰颓的前期。

照此看来,无产阶级果能有充分的时期以创造其"Proletarian"文化么?无产阶级,我们若以之与奴隶所有者,诸侯王,及资产阶级的支配时代来加以比较,则自独裁执政以来,为时实甚暂。所以对于社会主义的进展,我们的意见虽怎样乐观,而社会革命的时期,从大体言,决非数月数年所能致,而为数十年之事,——但所谓数十者亦非指百年,千载以上,当然不是。可是在此时期,无产阶级能创造新文化么?这确是应有的疑问,因为在社会革命的时期中,全是阶级间的血战,一切只求破坏,殊鲜新建设之除[余]裕。质言之,无产阶级的精力,几全用在势力的获得,保住,增大,使之得适于生存的必需及将来的战斗。但在此革命期间,无产阶级必能尽量发现其阶级的特性，而有计划的文化建设的完成，亦必在此短促的时期中。同时在他方面，新支配者的地位既经巩固，无政治及军事的恐惧，且于文化的创造情况亦渐顺利，于是所谓无产阶级者逐渐散为社会主义的民众，失其独特的阶级性，而所谓无产阶级乃消灭。因此，在此独裁执政期间，其新文化的创造，必能即就最大的历史范围而建设，这是确然无可疑。其后，此在历史上无可比拼的独裁执政又趋倒坏，于是文化再开始建设，那时阶级的特性必将消失。这粗看起来，一般人或以为无产阶级的文化不仅现今无存在的可能，如此恐永远将无其存在，然实则决不如此。原来无产阶级之谋获得势力，意在从此永远铲除阶级的文化，而为人类的文化导其先路。但是这层，一般人却常不置意呢。

二　资产阶级与无产阶级的文化的进路

无产阶级文化，在名词上适与资产阶级一语相对待，所以我们随意的谈话，常易引起毫无批评的对比，而判断其历史的运命。实则把历史事实，浅薄而任意的加以对比的方法，与马克斯主义初不相通；因此，资产阶级与劳动者阶级，其在历史的轨道上，实可说无真正类似的地方。

说起资产阶级文化的发生，盖在他们一再革命以获得政权之前的数世纪。他们当毫无权力还是第三阶级的时候，对于文化的全领域即已尽其长育的责任。这在建筑方面尤明白的可以看出。如峨特式(今译哥德式)的教堂，当然不是由宗教的灵感的冲动，倏忽之间便尔造成，如柯伦的大教堂、其建筑雕刻实不啻采集人类自穴居时代以后的经验而成；并且其间还包括表现其本时代的文化的经验，即本时代中的社会构造与技术。基尔特的前期资产阶级，便是峨特式建筑的真正创始者。迨后，资产阶级日益发达，日益强固，即渐趋富有，于是便意识的，能动的，由峨特式创造自己的建筑样式，但已非为教堂，而为自己的广厦了。我们由此根据，且来推论古代罗马建筑与回教的建筑。因为要与那时新都市共同生活的情境及要求相适应，于是遂有文艺复兴式(意大利十五世纪二十五年代)之造成。在建筑专家，对于此种建筑的影响，其受自峨特式者系如何，受自古代者系如何，其式果与何者相近，他们大概当能知道。但是文艺复兴式的创始，却在那时文化上业已成熟的新社会阶级，在他们自以为力能脱去峨特式拱门之轭，足以审视峨特式与此以前的艺术，当作材料而自加处置，依据自己的艺术目的而利用过去的技术之一瞬间。凡一切艺术的发生，盖莫不如是，惟无产阶级艺术则不然。盖此种"自由"艺术，因为富于柔性，即与功利的目的及物质的关系比较稍轻，所以其形式上变换的理论没有像建筑术那么朋确[明确]，合乎逻辑。

溯自文艺复兴与宗教改革时代，资产阶级造成一种精神的及政治的情状，使自己得更适于封建的社会，到了大革命时代，在法国获得政权，其间物质的与精神的势力之长成，历时实不下三四世纪。法国大革命与由此而发生的战乱，文化上之物质的水平虽一时大为降低；但其后不久，资本家的支配势力即成为"自然"而"永久"的。

资产阶级文化之发达与成形，其基本的过程大概如此，全由其自己为支配阶级的特性而定。他们之在封建社会，不特与之结亲密的关系，尽收社会上的财富而自为物质的发展；且更收智识阶级使为己助，以创造其文化的基础(学校，大学，专门学校，报纸，杂志。)这都是他们在未握得政权前便早已着手了。至如德国的资产阶级，以具有过人的技术，哲学，科学，艺术，而乃一任国家政权握于封建的官僚阶级，直至一九一八年，德国文化的根基渐将崩颓之时，始决然收归己有：这确是大可注意的。

于此有人或者要说：在奴隶所有阶级，其艺术的造成费时至数千年，而资产阶级的艺术则数百年便已完成。既如此，则无产阶级何故不能于数十年间完成其艺术？生活之技术的基本，在现今既与前大不相同，当然其所费的时间也无需相同。这个议论，初看似乎很对，但实则有背问题的真义。当然，新社会的发展，当经济，艺术，文化的生活，感到前进的冲动时，于是始有生长之象。其在现今，我们似只能对此时间逞其幻想。譬如有一个时候，我们可以不因每日的面包而焦思渴虑，在社会上有公共食堂为我们预备精美之食物，任人选择；有公共的洗衣处为我们洗濯优美的衣服；其间儿童之人都健康活泼，于科学艺术等基本要素之吸收，得与获得蛋白质，空气及日光相同；其间电气与无线电等不如今日之有限，凡机关一开，便能取之不尽用之不竭；其间，徒糜[靡]饮食无所事事者，将绝迹于世，解放的人类之自我主义，——多伟大的力呀！——将俱集其全力于宇宙的认识，改造。——夫惟在如此的社会，故其文化之动力的发展，乃无论过去一切，都不能与之比并。但此种事情，其实现之期则在久长的困苦的奋进时代之后，现今殊还远在我们的前面。所以我们所说也只能尽此奋进的时期。

三　无产阶级专政与文化之关系

不过，目前的时代，难道尚不足为动力么？这已是达到最高度了。但其动力系集中于政治。战争与革命，固是动力，但其耗损技术与文化实太巨大。诚然，因着战争，我们曾产生了许多技术的发明。但是因战争所生的穷乏，却担[耽]搁了此种发明之实用，而革命生活的可能亦因之延缓。如无线电，如飞机，及其他许多机械的发明，都系如此。惟在他方面，革命行动亦为将来之新社会立其基础。但只有用旧社会的手段，用阶级斗争，用暴力，毁坏，绝灭，方才能够。所以现今，无产阶级革命，倘若仍旧不来的话，人类真要以自己矛盾而闷死了。此次革命实拯救了社会与文化，不过其所用的是惨酷的外科手术。所有积极的能力都集中在政治与革命的奋斗，其余一切都被弃在后面，其有妨进行的则践踏蹂躏无稍吝惜。当然这样的进展，其中有干潮亦有满潮。如初为战时的共产主义，后乃代以NEP(新经济政策)，将来如有必要，更须变化以通过各个阶段。不过在根本上，无产阶级专政到底不是产生新社会的文化的组织，而为一种因此而奋斗之革命的战斗的制度。这是我们所不容忘怀的。一九一四年八月二日，资产阶级文化如狂的威力，演成流血遍世界的帝国主义的战争，将来的历史家，也许便以此为旧社会的最高点罢。至人类新历史肇始，则大概当在一九一七年十一月七日。故综观人类进化之基本的阶段，我们可分定如下：原人在有史以前的"历史"；根据奴隶制度而生的古代史；根据农奴制度的中古时代；自由榨取制度的资本主义;最后便是社会主义的社会,由此再循序【渐】进于自由的Commune(自治团体)。总之,无产阶级世界革命之二十年,三十年或五十年,在历史上也许将为由此制度变为他制度的最苦斗的时期,但在无产阶级的文化上,决不能为一独立的时代。

现今,在这几年的延期之间,关于此事也许在我苏维埃共和国可得到若干影象[像]。此种文化问题,在我们已成为议事的日课,我们现今,计划问题常直及辽远的将来,人们由此,当不难想到无产阶级的文化罢。不过文化的建设,虽是怎样重要,现在却只好搁在欧洲与世界革命之下。所以我们还是和从前一样,只是前进的军队,现在正遇到一日的休息。我们须洗涤衣服,我们须修剪须发,而最重要的我们还须揩拭自己的快枪。现在我们经济与文化的努力,实不过战争暇时调整我们自己之事。重要的战争正在前面,也许相距已不远了。我们现在,还不是新文化的时代,不过到了新文化时代的门口。所以我们第一当政治的掌握旧文化的诸要素,在必要的最低限度,为将来之新文化辟开一条大道。

这一层,我们若一思其国际性,当能更加明白 Proletarian 之〈之〉在现在,依然是毫无财产的阶级。因为如此,所以于资产阶级文化的要素,是已载入人类之财产中的,不能尽量吸收。不过我们要知道无产阶级,至少是欧洲的无产阶级,亦应有改革的时期。当十九世纪的后半,他们碰到了自己改革的时代,他们虽没有直接代谋国家权力的意思,却在资产制度之下,得到适于发展的正当条件。但是,第一层因此改革时代(议会主义及社会改革),是与第二国际的时代大概相合,劳动者阶级在历史上所需的时间,其十年之数,约当资产阶级所需的世纪数,第二层,无产阶级在此预备期间,尚不能成为富人,把物资的势力都聚集在手中。反之,我们从社会及文化的观点来说,无产阶级反日趋困穷。资产阶级既得了政权,便用其时代的文化以为武器。而无产阶级得势之后,所资以为武器的只是想征服文化的迫切的要求。申言之,业已获得势力的无产阶级,其最重大的事业便是把一切从前非为自己尽力的文化机关,如工厂,学校,出版事业,新闻事业,剧院等等,都收入自己手中,而为自己的文化开出一条大道来。

我们在俄国,因为文化的传统,非常贫乏,而因近十年来的事变,物质的破坏又很剧烈,所以事情实为困难。我们自获得政权,自经过了六年间维持政权巩固政权的奋斗,到了现今,我们的无产阶级遂不得不倾其全力于最初步的物质条件的创造,竭力使能与文化的初步相接近。到了我苏俄执政的十年纪念,俄国全国也许没有人仍是目不识丁了罢。

说到此地,或者以为这样未免把无产阶级文化的观念,说得太泛。无产阶级的文化,虽或不能完全发达但无产阶级,仍能在未溶解为共产主义的社会以前,在文化上印上自己的遗迹。这个驳论,从将来所谓无产阶级文化的地位说来,殊不能不认为一种非常的退步而值得我们的注意。当无产阶级执政的时代,其在文化必将留有遗迹,这当然不消说得。但是,虽然有此种事实,却并不即是无产阶级的文化。我们所谓无产阶级的文化,是指一种遍于物质及精神的全地面之智识与艺术的完金[全]发达及和合。有几千万的人民,对于书算都茫无所知,一旦能豁然贯通。这在历史上不能不说是一桩重大的新文化事业罢。此新文化的要点便是非为少数特权阶级而存在,系一种贵族的事物。这是一种遍于民众全体的文化。于是由量而移于质;因文化数量的发达,水平亦随之而高,结果便完全变更了文化的性质。不过此种过程,一定要通过历史的阶段始能展开。要是一旦到了成功之域,那末无产阶级的阶级性必能渐次减去,而无产阶级文化的根本也必能扫除以尽。

但是,那些劳动阶级的上层人物怎样呢?那些思想的先锋怎样呢?或者不可以说在此狭隘的范围内,无产阶级文化是已在发生了么?我们不是有社会主义的学校么?不是有赤色的教授么?把问题用这样抽象的方法来说,其中当然发生错误。照这所说,似乎无产阶级文化,可以用实验的方法创造起来。但实则文化的组织,其组成之所在,系在一阶级中的智识阶级(Intelligentsia)与其阶级的一般人民,相互发生关系的地方。如资产阶级的文化——不论技术的,政治的,哲学的,及艺术的——都由资产阶级与其发明家,领袖人物,思想家,及诗人等之相互作用而始组成。正如由读者而后有作者,有作者而亦有读者一样。在无产阶级也是如此。因为他的经济,政治,文化,都只能建设在民众之创造的活动上面。所以无产的智识阶级,其在目前的最大任务,不是那毫无根基的抽象的新文化之组织,而为教人以具体的文化养成事业,——换言之,即一种具备民众的基础(这也是现所有的文化的要素)的有组织有计划的事物。我们要是与某阶级毫无关系而思创造阶级的文化,那是绝对的不可能。我们创造文化,若与劳动阶级合作,与他的历史的特质有密切的关系,则其所成,至少必须为社会主义的。照此方法,故社会的阶级性不特不致增强,且反直接与革命的成功成正比例,日以溶解而消灭。至无产阶级专政之解放的意义,实只为一种短时期的手段,先行开辟道途,为一种超阶级的,以全体共同一致为基础的社会,建立基本工作而已。在劳动阶级发展的过程上,我们要来明白的解释教化的时代观念,则与其从阶级上着眼,最好还是一考历史上种族的兴废。各种族当兴废交替之际,则新兴者常继承衰者,把过去文化的蓄积收为自己之财富;而在此种手续以前,则新兴者必须经过一时期的学习,改造旧有的文化使与自己适合。这样,故所造成的文化多少必与前者不同。但是此种改造工夫,却不能说是新的创造,——即新的文化价值之创造,这只是一种初步而已。由此以观,在某种程度,劳动者将来的气运,也可说是如此,现今似正努力于自成一新时代的创造工作。不过我们应加一句说,无产阶级在未满其文化的学习时期前,实已不是无产阶级。再:我们也不应忘怀,第三阶级的资产阶级的上层,从前曾在封建社会的檐宇下满了他文化的学习期;可是当他还在封建社会的【檐】字下时,他已文化的超过支配阶级,在未得政权前便为文化的指导者了。不过这情形与无产阶级,尤其是俄国的无产阶级,却有点不同。因为无产阶级在未能娴熟资产阶级文化的要素以前,他们就有掌握政权的必要;换言之,他们因为社会不准其与文化相亲近,所以才不惜以革命的武力推翻资产阶级的社会。他们竭力想把国家的机关改造为有力的抽水机,以止一般民众文化的饥渴。这真是一桩历史上异常重要的事业。不过,无产阶级文化这句话,若不以游戏的庋态[态度]出之的话,这决不能说是一种特殊的无产阶级文化的创造。所谓"无产阶级文化","无产阶级艺术",等等,其中十之三是毫不带批评意味的用以指示将来共产主义社会的文化与艺术;其中十之二则用以指示独特的无产阶级团体现今已获得了与无产阶级文化不同的要素;至其余一半,即十之五则代表一种言语与概念的混合物,非我们所能明白解释。

最近有一个例子,可以见得"无产阶级文化"一语在应用上的不正确,无批判,而容易误解;但此不过百中之一而已。"经济的基础和与此相适合的上部的构造",薛查甫(Sizoff)说,"形成各时代(封建的,资产阶级的,或无产阶级的)的文化的特质"。由此以观,无产阶级文化的时代,与资产阶级实同其意味。但实则此处所谓无产阶级时代,只指从一社会的文化制度到他制度,即资本主义到社会主义的短的过渡时期而言。在资产阶级未曾确立其势力以前,也有这样一个过渡时代。不过资产阶级革命,目的在使自己的支配得以确立,结果卒著了成功;而无产阶级革命则不然,目的在以极短的时期内消灭这无产的阶级之存在。至此期间的长短则全视革命成功的如何而定。现在我们乃抹却此事实,而把无产阶级文化时代,与封建及资产阶级文化等量齐观:这难道不是怪事么?

四 何谓无产阶级的科学?

由上所述,我们难道便没有所谓无产阶级的科学?像唯物史观;像马克斯的经济评论,难道还不能代表无产阶级珍贵的科学的要素?

当然像唯物史观,像劳动价值论,具有助于无产阶级,实远过普通所谓科学。就在《共产党宣言》一篇中,其真正科学的存在,便比历史及历史哲学的教授们凭模糊影响[印象]之谈所编辑的文库丛书来得多。但是我们能说马克斯主义便是无产阶级文化的产物么?我们能说马克斯主义,不仅在政治的斗争早有应用,同样在广大的学术事业上也早应用了么?

马克斯与应格尔(Engels)俱出身于小资产阶级的民主主义,当然他们一生所浸渍的不是无产阶级,而为小资产阶级的文化。要是那时若无起而为罢工,奋斗,苦恼,革命等运动的劳动阶级,则以历史无此种需要,当然没有科学的社会主义。而他们的宣言虽说是对资产阶级文化决死战,但其理论的基础却完全建设在资产阶级科学的与政治的文化上面。普遍的资产阶级的民主思想,因为在资本主义矛盾律的压力下,其最勇敢正直而眼光远大的代表人物遂以资产阶级的科学为武器,进而否定一切。这便是马克斯主义的起源。

无产阶级从马克斯主义中获得自己的武器,但不是顷刻间事,即在现今,还不能完全到手。这件武器,现在差不多完全用在政治的目的上面。如辨[辩]证的唯物论的实用与其方法论的发展,则仍须待之将来。只有在社会主义的社会,马克斯主义才不为偏[片]面的政争的武器,而成为一种科学创造的方法,成为精神的文化之最重要的要素与器具。

总之，凡是科学，多少必反映着支配阶级的倾向。而其目的若与克胜自然相关愈切者，（如物理、化学，及一般的自然科学）则其超乎阶级而贡献于人类也愈大。否则，若其目的与榨取的社会的机械主义相关（如政治经济学），或抽象的将人类经验加以普通化（如心理学，但其意为哲学的，非实验心理学的，）或专供资产阶级自私的嗜好，则关系愈切者，其贡献于人类智识的全体者也愈少。在实验科学的范围内，因其普通化的程度之不同，于是科学的确实性与客观性也有种种的等级。普通资产阶级的倾向，常在方法论的哲学，在世界观（Weltanschauung）的较高的球面上，自由的发展。因此，这个科学的建筑物，实应从下至上，也许还应由上而下的加以扫除，因为我们有先从上层入手的必要。不过有一层应注意：无产阶级在承继资产阶级的一切科学用之社会主义的建设以前，应以批评的态度加以修改。正如空想的道德家所言：无产阶级在建设新社会以前，应上登共产主义伦理之巅，观察一切。惟在事实上，无产阶级于科学及道德，固应根本加以改进；但此事只能待之新社会建成以后，虽然所建的是很粗简的。可是这样，我们却陷于困境中了。我们怎能以旧科学旧道德建设新社会呢？于此我们遂有稍用推理学的必要，——便是我们常浪用在抒情诗，在营业簿记，在菜汤，在粥中的推理学。在无产阶级的先锋，则于着手办理以前应有一种预备，即若干科学方法，使不致被困于资产阶级观念之轭中。此种科学方法，他们并须能利用，现在已有一部分归其掌握了。他们曾在各种情势之下，经过许多争战，以确定其根本方法。但是距离无产阶级的科学还是很远。不过革命的阶级，在其所谓党（Party）者，未决定是电子及伊洪的假说，是弗劳特（Freud）的精神分析论，是新数学上所发现的相对论等以前，决不能停止其斗争。诚然，无产阶级在获得政权以后，便不难占有科学而加以修改。但是言之匪难，行之惟艰。无产阶级决不能将社会主义的建设迟至新科学家（大半还穿着旧时代的短裤在奔跑）把智识的器具及道途检查清楚之后。凡显然是非必要或虚伪而反动的事物，无产阶级无论如何应该舍弃，另从现代科学的方法与结论中，辨别其所含的反动阶级之合金，而用之创造的地方。而此种方法，因为在以社会主义为目的的统制下，必能渐次抉择学说的方法与结论而运用之，故其实际的结果亦必大有可观。到了那时，生长在新环境中的科学家当已有了。故无产阶级现在，第一应把社会主义的建设竭力提高，即在未能由上而下的淳清科学以前，应尽量与以物质的保证及文化的满足。由上所言，其中当然不含反对马克斯主义的批评事业的意味。此种批评的事业，现有许多小团体及学校正想力谋实现：这确是必要而能有结果的。不过我们并应扩大范围使之渊而深。且有一层也不可忘怀：我们在估定现今的实验努力，与历史事业的一般标准相比较时，应记住马克斯主义对事物的见解。

五　劳动诗人与劳动阶级

由上所述，谓即在革命的独裁时代，在无产阶级中亦能有伟大的科学家，发明家，剧曲家，诗人的产生，但是这话有例外么？不，决无例外。不过我们若把无产阶级文化的名词，加之劳动阶级的代表人物之上，无论他们的成就是怎样有价值：总难免是草率。我们决不能把文化的概念变为个人日常生活的零碎银钱,而以发明家或诗人个人的无产阶级的护照,断定阶级文化的成功。盖文化为形成全社会,至少是治者阶级的特色的智识与能力之有机的结晶,包括且深入人类事业的各方面,联结使成为一种组织。由个人的成就,于是文化的基础乃日崇高,水平乃日上升。

但是此种有机的相互关系,在我们现今的无产阶级的诗文与全体劳动阶级的文化事业间,果有其存么?这很显然,是毫无所有。现今的劳动家个人或团体,其所接触的艺术都是由资产阶级的智识中人造成,他们在智【识阶级】时只能以折衷方法利用其技术。不过,这可是为的要表现其内部无产阶级的世界不是呢?事实上却完全不是这回事。无产阶级诗人的作品,大概缺乏有机性,他的产生,实单由艺术与通常文化发达的深的相互作用。我们虽然也有天才的无产阶级的作品,但不能说是无产阶级的文学。不过为他们的根源的东西,却是相同。

当然,在现代的作品中,包含许多根牙[芽]及源泉,将来的文化俱将于此导其源流,以为后人追溯之资,正如现今的文艺史家由易卜生的戏曲追溯到中世纪宗教的神秘剧,由表现派及立体派追溯到教士的绘画一样。艺术的组织,与自然的组织同,凡百都连为一体,无有例外。但是,从实际的以观,则现代的无产阶级诗人的作品,与造成将来社会主义文化之预备条件,即使民众全体都向上发展的计画,实不相合。

杜步父斯科伊(Dubovskoy)因在一篇论文中发表了些意见,致大受一般无产阶级诗人之非议。杜氏所说,其中虽含着点可怀疑的思想,且未免稍酷,但却是不可易的真理。他的结论说:无产阶级的诗文实不在"铁工派"(Kuznitsa),而在各地方匿名作家的工厂报纸上。他的说法虽然是逆定理的,但却属事实。由他的论调,也许有人要说:那末无产阶级的沙士比亚与歌德,现今正赤着足在小学校中游戏罢。固然,工厂诗人的作品,就其与人生环境,及工人阶级的趣味说,确是非常生动;然而其不能称为无产阶级的文学则与铁工派一样,不过能在文字上表现着一点无产阶级文化分子抬头的行动而已。这实是二而一的事物,我们在前面业已说过。质言之,劳动者的文士,以及各地方的诗人,他们为将来的播种起见,于是耕耘土地,由此以造成文化的工事。可是文化与艺术的收获,其具有完全价值者,则为社会主义的,而非"无产阶级的"。

普来脱尼夫(Pletnev)在一篇有趣的论无产阶级诗法的文字中,曾吐露他的意见,以为无产阶级诗人的作品,其艺术的价值如何姑置不问,我们就其直接关系阶级的生活一点而言,已有特殊的意义。普氏并举出,无产阶级诗人之心境的变化,说:其中含着无产阶级生活与斗争的普通发展情状,以为无产阶级诗歌之例证。由此证明,他并确说无产阶级诗歌的产物——虽不是全体,却是大半——实为重要文化与历史的纪录。但是其意思中却不指艺术的纪录。"我们姑假定此种诗是贫弱,形式陈旧,且于文辞几完全不知的",普来脱尼夫在论一由歌颂革命的奋斗而著名的劳动诗人时,说:"但敢问此劳动诗人可就是表明无产阶级诗人之产生么?"固然,贫弱而乏色彩,甚至文辞不完,此种诗歌,亦足以反映一种诗歌与一阶级政治发展的过程,在黎明期的文化上具有无限的意义。但是贫弱不文的诗歌,到底不能成为无产阶级诗。为什么呢?因为他本不是诗。普氏论文中,其最有兴味的是:他追溯与劳动阶级革命的发展相伴而生的劳动诗人政治进化的陈迹,指出一般无产阶级作家,近年以来,尤其是新经济政策实行以后,渐与阶级相分离。普氏以为"此无产阶级诗的危机"与夫同时发生趋于形式主义及小资产阶级的倾向,完全是我们党中忽视诗人的原故。于是结果所至,诗人们"因为不堪资产阶级的观念的巨大压迫,遂不得趋于屈服或渐行屈服"。这种说法,当然是理由不足。试问我们间现今所存的是何种资产阶级的观念的巨大压力?我们说话,不应夸张过实。我们党中对于无产阶级诗人所尽的力,究竟是否多于从前:这问题现今且搁过不谈。但即此一端已不足解此种诗歌所以缺乏反抗能力的疑问,正如缺乏反抗能力不足以形容激烈"阶级的"行为(像铁工派宣言中所说的)一样。原来当革命以前及革命的第一期,一般无产阶级对于作诗都不认为一种艺术自有其独特的法则,他们以为这只是一种发抒自己困苦的命运或表现自己革命的情感的东西。近几年来,内战的情势渐见缓和,他们这才明白诗是一称艺术,是一种技能。由此可知无产阶级在艺术上初未有何等文化的基础,有基础(不论好的坏的)的只是资产阶级。由此更可知这并不是党部或领袖人物"援助不力"的原故,这只因为民众没有艺术的预备;盖艺术与科学一样,非有预备工夫不可。我们的无产阶级,对于独裁制的巩固虽有充分的政治的文化,但艺术的文化却一点也没有。所以当无产阶级诗人往来于战线之际,他们的诗歌,像上面所说的只是革命的纪录。后来一逢着了技能与艺术的问题,他们便只好以自己的手段来尝试了。由此可知这并不是忽视的原故,根本的原因实在深远的历史事实。不过这话的意思,也不是说劳动诗人一过了此危机,便完全失其无产阶级的本色。不,他们经过此危机之后,也许反更能强固。但是我们不能因此,便承认现代的劳动诗人团体,遂能为伟大的新诗立永久的基础。在辽远的时代,这大概也不过是一种特质。而至此辽远的时代,则也有应通过的危机。为什么呢?因为在劳动阶级未成熟的文化上,实存着无数的偏见与各种不同的文化,纠纷重重,非一时所能廓清。

文学的技术之研究,即此一端,便非有必要的时期不可,可是时期也不短。且在一般未有文学技术的人则尤为困难。我们可以说多数的无产阶级青年作家,他们并不是此技术的主人,质言之技术反是他们的主人。至在那具有天才的作家,则此不过系一种发育上的疾病。但是,他们若不想去征服此技术,则势必至变成模仿做作,毫无生气,甚至惹人厌恶的东西。所以若从此以为资产阶级艺术的技术,在劳动者是毫无所用,那是极大的错误。但是有许多人却陷于错误中呢。他们说:"不管是痘瘢满面的,只要属我们自己,都请用以给我们罢。"这是一种误解。盖痘瘢的艺术,即已不能称为艺术,所以决不是劳动阶级所需要的。至于他般[们]相信此痘瘢的艺术的,就其轻视民众而言实有重大的意义;他们正如那于阶级势力毫无确信,只是望风而靡的政治家一样。有一般[班]愚人,便跟着此种政治家瞎撞,相信有这样一种简单的虚伪的无产阶级艺术而不疑。实则这并不是马克斯主义,这只是一种略经假装,合于

"无产阶级的"观念的反动的国民主义,凡是无产阶级艺术,决不是二等货色。谁都有学习的必要,决不能因为其中含有危险而置之不学;因为若是必要,则即学自敌人也是应该。真的,谁都应该学,而像"无产阶级文化的组织"(Proletcult)之要义,我们决不能以其创造新文学的速度为判断标准,我们应以其对于由上而下的,劳动阶级文学标准之提高究有何种助力为断。

"无产阶级文学"(Proletarian literature)与"无产阶级文化"(Proletarian culture)这两个名词,因为常易误把将来的文化,压入现代狭隘的范围中:非常危险。不但如此,并常易弄错我们的视野,比例,标准,而最危险的是养成狭隘的党派的傲慢性。

但是,我们若把"无产阶级文化"这名词取消,那末用什么以代 Proletcult 一词呢?若是则我可以说:Proletcult 意思就是无产阶级文化的构成,换言之,即竭力奋进以提高劳动阶级文化的标准。这样,对于 Proletcult 的重要意义,才毫无所遗。

六　铁工派的宣言

铁工派(Kuznitsa)的无产阶级作家,在他们的宣言中说,"格式即阶级";因此,若作家而自外于社会,那便不能创造出自无产阶级真性的艺术的格式。由此宣言,我们乃知所谓铁工派的组织,倾向,都属于无产阶级,所以能创造出无产阶级的艺术。

"格式即阶级"。可是格式非与阶级同时并生。凡一阶级格式的形成,其间经过繁复的手续。所以若有一个作家,因为自己是无产阶级,是忠于其阶级的艺术的,遂立于十字街头大喊道:"我的格式,是无产阶级的!"这是多么滑稽的事呀。

"格式即阶级"——不仅艺术为然,而政治为尤甚。无产阶级惟在政治的领域中能真正创造其自己的格式。何以故呢?我们不能全由三段论法以为证明:如每阶级都自有其格式,无产阶级为一独立之阶级,所以能组织其无产阶级的政治的格式。我们决不能如此!他的内容不只这么简单。无产阶级的政治,其形成的手续,真是煞费苦心,经过经济的罢工,经过为集会自由权的奋斗,经过英法乌托邦学派,经过劳动阶级在资产阶级民主主义指挥下的革命的战斗,经过共产党宣言,经过社会民主党组织之成立(虽其格式系属于他的阶级),经过社会民主党与共产党的分裂,经过共产党为联合成单一战线的努力,然而将来还有许多阶段横在我们的前面,必须通过。无产阶级当其遇着了最重要的生活的要求,便须将所能自由处置的全部精力注在政治的格式的造成。此时,在资产阶级方面则历史的发展在社会生活的全领域中,比较平稳。于是便日趋富有,能结为团体,哲学的或美的教育自己,渐渐熟习政府的权力。反之,经济上穷困异常的无产阶级,其自决的全部行动,偏于一面的带着革命的及政治的性质,便在共产党中达到了自己的最高表现。

现在,我们如欲将艺术发生的状态与政治的状态加以比较,则此时我们所处的阶段,正是民众运动现着微光,而一般智识阶级与少数劳动者竭力在谋乌托邦制度的建设的时候。所以我们衷心的希望铁工派诗人能有贡献于将来的艺术,若不是无产阶级的,至少亦当为社会主义的。不过在此最初萌芽的时代,便将"无产阶级艺术"的表现的专利权让给铁工派,那未免是极大的错误。铁工派的行动,其对于无产阶级的关系,正与"雷夫"(Lef),与"克鲁格"(Krug)①及其他团体谋革命的艺术的表现一样。质言之,我们现在,殊不知那一种贡献,将是最大的呢?

例如有许多无产阶级诗人,曾经受着未来派的影响,这是确无疑义的。多才的加秦(Kazil)把未来派技术的要素加以同化。倍徐门斯基(Bezimensky)要是没有马耶科父斯基(Mayakovsky),也许没有人去注意他,但他确是一个有希望的作家。

铁工派的宣言,于叙述现状,文笔艰涩,且其中颇多非议之语,如:"当革命时代的新经济时期,其艺术的情状正像大猩猩的怪脸。""有钱则什么事都可办到。……我们再没有倍林斯基(Belinsky)了。昏黑罩满艺术的荒野。因此,我们要高呼革命,我们举起红旗。……"等等,真不一而足。他们把无产阶级艺术,骄夸的或说是将来的艺术、或说是现代的艺术。"凡是一阶级的石柱,造成艺术,只能照着其自己的像,这样才能肖似。如他的独特的语言,——声音,色彩,形像,都是繁复多面的……由其简单、明确的优点,才能发挥洋洋洒【洒】的格式。"但是,若果如所言,何来艺术的荒野?又何来罩满艺术的荒野的昏黑?此种显明的矛盾,我们一看便可明白。宣言的作者把苏维埃政府所拥护维持的艺术,(即满布昏暗的荒土),与大画布大规模的无产阶级艺术加以对照;但是此种艺术因为没有倍林斯基这样的作家,因为有"几个同志,本是我们的政论家,熟于拉车辕之术"的代替倍林斯基,所以到底不能得必要的承认。但是,我敢不顾车折辕断的危险说,铁工派宣言所述,只是小团体的夸大精神,并没有深及阶级的救世主义(Messianism)的精神。铁工派自以为是革命的艺术之惟一的宣传者,其态度正与未来的[派]、印象派,及舍拉冰派(Slrapion Fraternity)等等相同。但是那种大画布,大规模的艺术,那种可资纪念的艺术,果在何处呢?呀,果在何处呢?质言之,一个本是无产阶级诗人的作品,不论怎样加以评判——精密的严格的个性的评判,实是他们的必要,——总不能说就是无产阶级艺术。我们决不能掉文弄墨以自欺。所谓伟大可资纪念的无产阶级艺术,这实不足为信。试问是在何处?是怎样的?并且何故如此?原来现今的无产阶级诗人,大都出身学徒,并曾受各派的影响,其中尤以未来派为最甚,我们可以不用形式派的显微镜方法,便明白的看出。可是这话并不是责备,因为这本不是恶德。不过值得人纪念的无产阶级的格式,决不能借宣言而创造的。

我们的作者说没有倍林斯基。我们如欲证明铁工派的作品是含着狭隘的智识阶级及小学派的气分,则此短短的一句话,——"世无倍林斯基其人",实是最好的物证。当然,此处的所谓倍林斯基不是专指个人,而为代表俄国社会批评时代,指导旧文学的人物。但是我们那铁工派的友人似乎没有注意到此,我们现在,因为无产阶级民众在政治界的出现,已无其存在了。就重要的一点说,普来哈诺夫(Plekhanov)系马克斯主义的培林斯基,是此时代的著作家的最后代表人物。培林斯基之历史的职务,便是借文学以打开社会生活的通气洞。文艺批评家之着手政治,便是此种预备。但

---

① 系一九二二年创立于莫斯科的著作家团礼[体],批评家伏伦斯基为其会长。

是，此在培林斯基及末期急进的代表政论，不过是一种暗示，到了我们，遂成为十月革命的血肉，实现为苏维埃。要是培林斯基，齐尼斯奇夫斯基(Tchernischevsky)，杜勃罗鲁北夫(Dobrolubov)〔,〕丕沙来武(Pisarev)，米加罗夫斯基(Mikhailovsky)〔,〕普来哈诺夫，在各自的时代，是提倡社会文学的人，——或者深一层说，是最初文学的提倡社会生活的人，那末我们现今的社会生活，且是政治，新闻，聚会，建筑等等的，岂不足以表示我们自己的趋向？我们现今，已把自己的全〈个〉社会生活置之建设者——马克斯主义之下，由他的光明，照出我们争斗的过程，并由各方面的考察，可以看清我们的一切制度。在此种情形之下，培林斯基派所表示的只是智识阶级的独立团体，完全是敬神的左翼国民运动派——Ivanov-Razumniks——的样式：这是可慨叹的。"世无培林斯基其人。"但是培林斯基不是文艺批评家，他是其时代社会的指导者。要是维沙林培林斯基(Vissarion Belinasky)能生于现今，他也许——我们不要抹杀他系出自铁工派——是政治部(Politbureau)①之一员。勇敢强悍，也许还能驾车奔驰呢。他不是说，他的性质欲如狼之号，以发挥其动人的音乐么？

七　世界主义

此小团体的诗歌，当其想克服其孤立状态之时，不觉而堕入"世界主义"(Cosmism)平淡的浪漫主义中：这本不是偶然的事。照此主义的意思，大致谓我们视世界全体当为一整体，自己便是此整体之主要部分，不仅具有支配将来地上世界的期望，且有统御全宇宙的希冀。当然，此种态度真是堂皇伟大。我们从 Kursk，从 Kaluga，我们最近已克服全俄，我们现今正向着世界革命前进。我们难道从此终止于"惑星"(Planetism)的边界！我们应立即把无产阶级的箍儿束住此世界之桶。难道还有比此更简单的么？这是最便当熟手的事，将来终能成功的。

世界主义看上去像如非常大胆勇敢，革命而无产阶级的。但其实世界主义当中含着想避去世上艺术的纠纷而遁居星球的一种意义。因此，世界主义遂一变而为与神秘主义相同的事物。所以我们如欲把星的王国置于自己艺术的世界，而不顾其有天文智识与否，努力进行：这实是烦难的事，并且，也不是顷刻可致的。但是一般诗人之所以成为世界主义者，则其故非由于星河的居民叩门而求答复，实由世上问题使他们难于为艺术的解答，于是遂意欲跃入他世界。不过自称为世界主义者这句话，正如摘星天上难于捉摸，因为宇宙的空间比星的地位要广大得多。愿他们都能明白，否则此怀疑的倾向便将以星球间稀薄的事物填塞自己的意见与艺术的成绩。结果把世界主义者导入一种事物最微妙的境地，即业已有许多诗人长眠者的圣灵(Holy ghost)之所在。

现今投掷在无产阶级诗人前面的网罟，因为诗人们都是年纪很轻，有些竟不出二十，所以更为危险。其中大多数人虽以革命的胜利，对于诗歌有一种热忱。但是他们还没有达到一般人所造成的境界，他们不过张着天生的翼被暴风吹扬着而已。但是此

---

① 政治部设于俄国共产党中央委员会内，为苏俄最重要的政治机关，一切设施，俱由此出，脱洛斯基亦为其中之一员。

种原始的狂热,其力却亦足影响资产阶级作家,而引起他们的反动,——神秘及其他狂醉的反动。至于真正的困难与尝试,则直到革命的节奏缓和了,当前的目的益为模糊了,再不能自行游泳只知乘波以进吞吐灵感的水沫了,结果到了不能不彷徨四顾,踌躇踟躅,于是始行发生。接着你想从此脱去宇宙!至于地球呢?这在世界主义者看来,正和神秘主义者一样,只是到天上去的跳板。

现代的革命诗人,最紧要的是精神的锻炼,——而道德的锻炼,尤为才智之士所不可或缺。现今所必要的是坚固而合于事理的世界观,是具有充分的事实与艺术的情感的世界观。我们不能从新闻报章上为真正的了解,我们必须深深的感知所生存的时代之断面的根底,我们并须明白过去的人类,其生活,工作,争斗,希望,失败,成功等等果为如何。天文学与宇宙学便是最好的事物。但是,第一我们不可不明白人类的历史,各种的法律,坚固的事实,以及现代生活的情景与个性。

八 台米安·培特尼

这是可以奇怪的事:一般造成无产阶级诗歌抽象的形式的人,普通常被人称为革命的俄国诗人,负此头衔以没世。其中一人,台米安·培特尼(Demyan Biedny),我们要想知道他的倾向及社会的根本,实无需复杂的社会方法。并且我们由其一端,可以推知全体。他本不是接近革命,承认革命的诗人;他只是以诗为武器的布尔什维克。但他独特的能力之所在,便即在此。在他看来,革命事业并不是创作的材料,而为处置其自己的最高当局。他的创作,与世上一切艺术一样,不但是最后的分析是供献于社会的,且从诗人自己的意识上亦为主观的供献于社会的。这自他担任最初的历史的任务以来,即已如此。他长养于党中与党的发达同其生活,他自始即与其阶级同此感想,于是发为诗歌,公于世上,或为精巧之民歌,或为忧满[懑]愤激之歌辞。像随意呻吟之句,无论在愤怒,在厌恶中都不可得而见。他厌恶世界上最革命的党派。他的作品,有些固已成功为伟大的艺术,但其中亦不少报纸的,短时的,第二等的事物。他不但在爱普罗(Apollo)要求其圣洁的牺牲时,从事创作,并且每日还须应中央委员会的需要。总之,就全部而言,他的作品到底足以代表一派非常独特的文学。至如各小家的诗人,喜欢讥笑台米安·培特尼,称他为新闻的小品文作者的,我要请他们在记忆中想一想,当此最重大的时代,可有如他这样以诗歌直接与工人及农民,与红军,与无数的民众发生如此大的影响的。

台米安·培特尼并没有探求新形式,实在他是着重在利用纯洁的旧形式的。不过此种旧形式,在他的作品中是经过洗礼而复活,为传达布尔什维党的思想之无上机械。台米安·培特尼,他自己并没有造成党派,也许将永不会造成罢。质言之,他自己反是被称为俄罗斯共产党所造成,因为这样重大的时代的必要已不再来了。我们要是能不拘于无产阶级文化之形而上的见解,能从无产阶级所必要的,所阅读的,所吸收的,以及使之活动,并提高其文化的标准而预备为新艺术的根基的这种种见地来观察此问题,那末台米安·培特尼的作品,实是无产阶级的民众文学,即一般觉悟的民众所必需的文学。若此而不能称为"真正"的诗,那末其中必有更真于此者在!

斐狄南·拉萨耳(Ferdinand Lasslle)已是历史上的人物了,他有一次写信给侨居伦敦的马克斯与应格尔说:"我要是能够把'可能'的事情实现其一部,我即搁笔不再述我所知,亦所甚愿。"而台米安·培特尼则与此语意相同的说:"关于革命事业的,新式而复杂的作法,我极愿让给他人,这样,我自己便得用其旧的作法,为革命事业而努力。"

(《文学周报》第二百一十六期、第二百一十七期、第二百一十九期,1926年3月4日、21日,4月4日)

10日(星期三)

58.《社会主义与科学方法》(《东方杂志》第二十三卷第五号,3月10日)

《东方杂志》第二十三卷第五号刊登金侣琴的《社会主义与科学方法》,全文如下:

欧战以还,世界史上顿开一新纪元。德国废君主而为共和,俄国革专制而行共产;于是平民主义社会主义之潮流,汹涌滂沛,一日千里,大有席卷全球之势。即在吾国,思想界上亦顿生特异之变化。如民生主义,如平民主义,如集产主义,如共产主义,宛如雨后春笋,一时并起。报章杂志无日不有讨论社会主义之文字。此欧战初罢时之情形也。四五年来,讨论研究之文字渐少,表面观之,似不如乡者之热闹远甚。然而暗潮之进行有加无已。且急进之人颇有即时实行社会主义之决心,而社会之状况,国际之形势,以及实行后之结果如何,均非所计也。

就他方面论,其不知社会主义者,又视社会主义为毒蛇猛兽,皇皇然惟赤化是惧,不屑乞灵于严刑峻法,以阻遏其运动之蔓延。然而天下之事,有一动力,即有一反动。思想之为物,至柔而亦至刚者。阻之愈力,则其传布亦愈速。故严刑峻法非徒无益,反速其传布尔。然而国际情势异常复杂,一方面有共产主义之俄国,一方面有资本主义之英美等国。俄国当革命之后,一意以鼓动世界革命为目的,而于东亚方面,宣传尤不遗余力。英美等国则政权犹在资本家之手,故于社会主义之运动,防制又无所不用其极。我国处此两大之间,颇有左右为难之势,偶一不慎,祸机立至。故无论就国内,或国际立论,社会主义实成为今日中国之一大问题,可无疑也。

就一问题而欲谋适当之解决,则对此问题必需有充分之知识。信仰社会主义者固需了解其学理上之根据,而反对之者亦必知其目的之所在,方能定迎拒之方针。不了解而信仰,是为盲从。不研讨而拒绝,是为顽固。盲从顽固,其失则一。故无论赞成或反对,对于社会主义之学说,要非有精密之研究不可。

虽然,社会主义之研究范围甚广。例如学理上之根据如何,事实上之障碍如何,实行前之准备如何,实行后之结果如何;凡此种种,皆有研究之兴味与价值者。本文请就学理上之根据稍稍论述，而其他诸点暂不及焉。

社会主义本有所谓空想的社会主义与科学的社会主义之分。而关于科学的社会主义之著作，亦已汗牛充栋。然而就不佞观之，感情之文字多，而理智之文字少。严格的用科学方法以研究社会主义者，可谓凤毛麟角也已。年来余颇致力于科学方法，一切问题皆欲以科学家之态度研究之。全凭客观的事实，不参主观的成见；庶各方结论可期一致。较之冥想空论，聚议纷纭，而终于无结果者，似胜一筹也。

社会主义之学说在经济学上乃一分配问题。虽其形式各有不同，有集产有共产，有主阶级斗争者，有主职业联治者；然其改正今日社会之分配不均一点，则为各派同一之目标，要无疑义。然则今日社会之不均究至若何程度，亦今日一切要之问题。不仅社会党人，即经济学家，统计学家，亦无不致力于此。

分配之不均固为公认之事实。然而所贵乎科学方法者，在能以确切之定律，表示实际之现象。月晕则风，础润则雨，虽老农亦能知之；然其根据，仅凭直觉，初无科学必须之理法贯乎其间。故老农之言，究与气象学家有别。社会党人对于社会不均之呼吁，仅有直觉，而无科学法则，犹是老农之气象报告，而非科学家之言也。

科学法则简而不繁，非空想而尚实证。……且就一般人观之，马氏之书晦涩难读，劳氏曲线一目了然；其于了解之难易上，亦迥乎有霄壤之别也。

然则何谓劳伦氏曲线？劳氏曲线如下图，此项曲线表示财富分配之状况，最为合宜。横线为人口之百分数，而纵线则为财富之百分数。社会之财富如其完全平等，则此线成一直线，即如 MN。贫富状况如其不等，则此线凹进，而成曲线。社会状况愈不平等，则凹进愈甚，而距此直线亦愈远。故此直线可谓理想之境界，即社会党人所梦想之社会，而曲线则今日之实际状况也。此项曲线为劳伦氏所倡道，故统计学家称之曰劳伦氏曲线。吾人如有人口财富之详细统计，绘入此图。即得。此表示财富状态最简单之一法也。

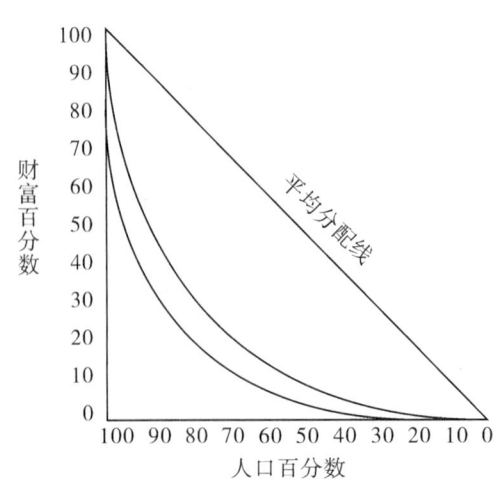

其根据财富之分配状况而归纳成科学定律者,则有巴莱多氏(M. V. Pareto)之公式。巴氏尝就各国人民之所得状况,而作一科学的分析。所得之数额以纳税人之报告为准(因外国均有所得税)。其研究之范围甚广,如英如德皆在其列,而所得结果咸能一致,是即今日著名之巴莱多定律也。

请用一例以示其研究方法之一斑。依英国之法律,所得分为五大类,而第四类之范围最广(参阅拙著《英国所得税论》商务版)故巴氏即就英国与爱尔兰之所得而研究之。以 x 代表一定所得之镑数,以 N 为所得在 x 镑以上之人数。其所根据之统计为一八九三——九四年之所得,如下表:

x 镑数	N	
	大不列颠	爱尔兰
150	400648	17717
200	234185	9365
300	121996	4592
400	74041	2684
500	54419	1896
600	42072	1428
700	34269	1104
800	29311	940
900	25033	771
1000	22896	684
2000	9880	271
3000	6069	142
4000	4161	88
5000	3081	68
10000	1104	22

将此事项绘于下图,则得一直线。图中 X 轴为 x 之对数,Y 轴为 N 之对数,虽此各点不尽在一直线上,然其直线趋势甚为显著。尤可异者,英国与爱尔兰之经济组织以及风俗习惯无一相同,而此所得分配之直线几成平行线。即其他各国之研究,结果亦相去不远。此图尺度系用对数表示。若改为通常尺度,则得一向下倾斜之曲线,其公式为

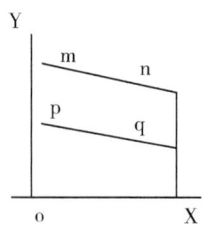

$$N = \frac{A}{X^a}$$

是即巴莱多财富分配之公式也。此外福维尔(Foville)就普鲁士,意大利而研究之,爱沙尔(Essarts)就奥地利而研究之,亦均得同一之结论。最近美国方面亦有国民收入之研究,其结论亦大体相同。惜原书不在案头,无从征引耳。

然则此公式之意义何如?式中 A 与 a 为常数,x 为一定所得之镑数,N 则在 x 镑以上之人数。x 愈大则 N 愈小。其义即所得之额愈大,则得之之人愈少,换言之,享巨额所得之人为数极少,而大多数人之所得其数实甚微也。然则此公式何由而来?请得而一论之。其所根据之根本方程式为

$$D_x y = -\frac{my}{x} \tag{1}$$

m 为正数之时,此方程式之所表示乃一向下倾斜之曲线。就此式而求其积分,则得

$\log y = -m \log x + c$

换言之,即

$\log y = -m \log x + \log c$

$\therefore \log y = \log c x^{-m}$

故曲线之方程式为

$$y = c x^{-m} \tag{2}$$

依积分原理,曲线下之面积即代表一定所得范围以内之人数。今设求 x 与 ∞ 间之面积,则

$$z = \int_x^\infty c x^{-m} dx = \left[\frac{c x^{1-m}}{1-m} \right]_x^\infty$$

若 m 大于一,则

$$z = \frac{C}{(m-1) x^{m-1}}$$

设以 a 代表 m-1,以 A 代表 c/m-1,则得

$$y = \frac{Aa}{x^{a+1}} \tag{3}$$

$$z = \frac{A}{X^a} \quad (4)$$

(4)式为巴莱多定律最简之公式。A 与 a 为常数，而 z 则为所得在 x 镑（或 x 法郎）之人数也。若欲求 x1 镑与 x2 镑间所得之总额，则可以 $\int_{x1}^{x2} xy dx$ 而求其积分，即得。

$$\int_{x1}^{x2} xy dx = \int_{x1}^{x2} x \frac{Aa}{x^{a+1}} dx$$

$$= Aa \int_{x1}^{x2} x^{-a} dx$$

$$= Aa \left[\frac{x^{1-a}}{1-a} \right]_{x_1}^{x_2}$$

$$= Aa \left(\frac{x_2^{1-a} - x_1^{1-a}}{1-a} \right)$$

$$= \frac{Aa}{a-1} \left(\frac{1}{x_1^{a-1}} - \frac{1}{x_2^{a-1}} \right) \quad (5)$$

而在 x1 镑与 x2 镑间之人数，则可以 $\int_{x1}^{x2} y dx$ 求其积分，即得。

$$\int_{x1}^{x2} y dx = \int_{x1}^{x2} \frac{Aa}{x^{a+1}} dx$$

$$= Aa \int_{x1}^{x2} x^{-(a+1)} dx$$

$$= Aa \left[\frac{x^{-a}}{-a} \right]_{x_1}^{x_2}$$

$$= Aa \left(\frac{1}{ax_1^a} - \frac{1}{ax_2^a} \right)$$

$$= A \left(\frac{1}{x_1^a} - \frac{1}{x_2^a} \right) \quad (6)$$

但此定律于极高极低之所得，通常不能适用。若在最大之所得，则上列(5)(6)两式括弧中之第二项可以不算，则

在 x 镑及在此以上之所得总额 $= \dfrac{Aa}{(a-1)x^{a-1}}$

在 x 镑及在此以上之人数 $= \dfrac{A}{X^a} = N$

故在 x 镑以上之平均所得为 $\dfrac{Aa}{(a-1)x^{a-1}} \div \dfrac{A}{X^a} = \dfrac{Aa}{(a-1)x^{a-1}} \times \dfrac{x^a}{A} = \dfrac{a}{a-1} x$

巴莱多所根据之统计类皆十九世纪中叶末叶之状况，去今已有四五十年之久。时过境迁，其公式或已不复适用于今日，亦未可知。然据蒲莱教授之说，则巴莱多之方

程式配合于一九一一—二年之所得统计，依然适用。其于五千镑至五万五千镑之范围以内，巴莱多之公式完全适合，五万五千镑以上之部分，则计算之人数比实际之数稍高耳。其表列下：

所得之范围(单位千镑)	实际人数	计算人数
5~10	7411	7546
10~15	2029	1890
15~20	787	790
20~25	435	424
25~35	382	411
35~45	186	199
45~55	107	103
55~65	56	70
65~75	37	50
75~100	55	118
100及以上	66	83
总计	11554	11700

所得总数：计算 166000000 镑

实际 145000000 镑

$a = 1.5$

$\log \lambda = 9.618$

吾国今日若有财富与所得之翔实统计，则用复对数纸绘之，配以直线，复求 A 与 a 二常数，其结果当与巴莱多之定律相合。惜吾国统计尚付缺如，此项考证只有待诸将来耳。至于 A 与 a 之计算亦不困难。其最简单之一法，即在复对数纸上任择 x 二数，例如 x1 与 x2；N 之值亦得二数，假令为 N_1 与 N_2，则之值即可以下式求之。

$$a = \frac{\log N_1 - \log N_2}{\log X_2 - \log X_1}$$

请仍以一九一一—二年英国所得统计一表为例而说明之。假令 $x_1 = 5000$，$x_2 = 45000$，则 $N_1 = 11554$，而 $N_2 = 321$，以此代入上式，即得 a 之值为 1.63。其式如下

$$a = \frac{\log 11554 - \log 321}{\log 45000 - \log 5000} = \frac{4.06273 - 2.50651}{4.65421 - 3.69897} = 1.63$$

但此式系假定上述之定律适用于一切所得而言。然实际上在最大之所得，此律不能适用。故 a 之决定以用下式为佳。先就 x 任择三数，假定为 $x_1 x_2 x_3$。然后以 a 之各值依次代入下列方程式：

$$f(a)=\left(\frac{1}{x_1^a}-\frac{1}{x_2^a}\right)\div\left(\frac{1}{x_1^a}-\frac{1}{x_3^a}\right)=\frac{\text{从}\ x_1\ \text{镑至}\ x_2\ \text{镑之人数}}{\text{从}\ x_1\ \text{镑至}\ x_3\ \text{镑之人数}}=k$$

k 为已知数,可从统计表中直接计算而得。然后假定 a=1.5,a=1.55,a=1.60, a=1.65 等逐次代入此方程式。待 f(a) 值与 k 相去甚近,即以此为 a 之值。a 既求得, 则 A 之值,亦一算即得矣。

此外尚有一法,则用 x_1 镑至 x_2 镑范围内之平均所得,即上列(5)(6)两式相除之结果。其式如下:

$$x_1 \text{ 至 } x_2 \text{ 间之平均所得} = \frac{a}{a-1}\left(\frac{1}{x_1^{a-1}}-\frac{1}{x_2^{a-1}}\right)\div\left(\frac{1}{x_1^a}-\frac{1}{x_2^a}\right)$$

财富分配之状态既如 $N=\frac{A}{x^a}$ 之定律,则社会之不均已无疑义。就此点而言,社会主义确有不可磨灭之真理,未可遽以洪水猛兽斥之。俄国之政策虽不无过激之处,然谓李宁之徒为自私自利者,亦非笃论也。

社会主义之学说确有科学上之基础,既闻命矣。然则改正此不平状态之手段当用何种:急进乎?渐进乎?取阶级斗争之政策乎?抑取互助合作之方法乎?此问题虽已逸出本文范围以外,然亦今日切要之问题,吾敢以一言答之。改正不平状态之业,苟舍急进办法与阶级斗争莫由,则吾亦主急进与阶级斗争。苟其不然,渐进办法亦可奏效,互助合作结果正同,则吾取渐进,吾取互助,而急进非常之手段非所敢知矣。

此文方属稿,适蔡孑民先生归自海外,沪报载其谈话一则,有涉及社会主义者,其见解正与鄙见不谋而合。即录于左,以为本文之结论可也。

"共产主义素所赞同。惟手段则同情于克鲁泡特金之互助论,而反对马克思之阶级争斗。此因中国历史不同,生产机关不完全之故。且国际环境亦有所不许也。"

(《东方杂志》第二十三卷第五号,1926年3月10日,署名 金侣琴)

59.《苏俄最近的婚姻问题》(《东方杂志》第二十三卷第五号,3月10日)

《东方杂志》第二十三卷第五号刊登何作霖的《苏俄最近的婚姻问题》,全文如下:

俄国自从无产阶级举行大革命,由劳动者农民组织劳农政府以后,世界各国对于这个空前未有的大怪物,都抱着惊疑的态度,因此一时谣言鳌起,其中最令人注意的就是说俄国实行"打破家庭"和"妇人国有",但是实际看来,并没有那么一回事。"家庭"固然没有"打破"而"妇人"也并非"国有"。我们试把俄国一九一八年一月制定的婚姻法和家族法研究一下,便可知道了。

俄国一九一八年制定的婚姻法,概括的说来,可分下列数点:(一)要结婚的男女,预先到所管官厅用口头或书件通告结婚的意旨,经官厅判明两人无法律上的障害后,即将他们的婚事登记,发给婚姻证明书。(二)要结婚的男女,若重婚或互为直系尊卑，或为异父同母，异母同父的兄弟姊妹时，不许结婚，即令当时许可，若把事实判明，即为无效。又未经一方应承或应承而在人事不省状态，或强制成婚，此种婚姻，亦作无效。（三）夫妇有同居义务，关于财产的权利，各有区别，夫妇不得互相承受遗产，死者遗产中劳动必要器具等物，得分配于亲类。（四）夫妇互相担负同等扶养之义务，若一方陷于不能劳动状态时，他方必须赡养。若对手方无扶养的资力，则由国家任其责。（五）夫妇合意离婚或仅有一方希望离婚，均成为离婚的理由，双方意思互缺一致时，则成诉讼。又依亲族法的规定：（一）凡结婚而未通知官厅之双亲所生之子，与已通知官厅所生之子，有同等权利。未婚妇人怀妊时，至少须在三个月以前，对住在地之民事登记所，将受孕时期，及孕儿之父亲的住所通告。有夫之妇与夫以外之男子交结受孕时亦同。登记所接受此项通知时，须将此事实通知该孕妇所指定为父亲的男子。在此人不承认为事实时，在两星期内有起诉权利。若此人认为事实时，裁判所即命令他分担怀胎分娩及扶养小儿各项费用。若与此妇人有关系不止一人之时，裁判所亦命令他们共同担负此项费用。（二）父母有扶养不能劳动之子女的义务，子女有扶养不能劳动之父母的义务。但受政府扶养时，不在此限。（三）子女对于父母的财产，父母对子女的财产，都没有权利。（四）离婚之时，父或母，谁应养育子女，养育费如何分配等事，依父母双方协议决定。双亲关于子女教养的协定，若遇与子女的利益不相一致之时，裁判所有向该父母请求法律规定之扶养费。

照上面所举的婚姻法和亲族法看来，可见所谓俄国实行"打破家庭"和"妇人国有"的话，都是不可靠的。据最近英国《孟鸠斯特导报》莫思科的报告，苏俄政府于去年秋间向全俄执行委员会提出一种新法律，主张废除婚姻的登记手续，因此问题，全国发生极大的争论，这种法律，将来能成立与否，刻下仍未能决定，但观[关]于现在苏俄国内的情形，和农民的激烈反对，恐怕将来未必能够成立呢。兹根据该项报告叙述如下：

去年秋间苏俄政府于全俄苏维埃执行委员会开会时，所提出的立法大纲，其中有一部分是新订的亲族法。这个法律对于婚姻，取销一切登记与不登记之法律上的区别，实际上即是废除婚姻的制度。自从消息传出后，这个新的法律遂成为苏俄各地争论极烈的问题。苏俄议会因为反对的人很多，于是决定把这个法律的最终决定期间，延长至夏季，待各方面可以把这个问题从容讨论。

现在这个问题讨论得很起劲。莫思科和俄国其他较大的中心地点，几乎每星期至少都有一次公开辩论。赞成新法律的人，以前任军事委员脱洛斯基（Trotsky）为最著；他以为取销登记婚姻与未登记婚姻的区别，可以使未婚的妇人，与法妻同样要求抚养子女的一切权利，这样便可以对于母亲和儿童，实行保护。反对这种法律的人，以俄国内务委员拜洛波洛铎夫（Byeloborodov）为最著；他以为今日俄国家庭关系的组织，已经日渐弛缓，如果施行这种新法律，使家庭关系的组织，更加衰弱，则无家可归的人和被弃的儿童，必然大增，于是这个极难解决的社会问题，就由此发生了。

苏维埃议会的农民代表，反对这种新法律，尤为剧烈。他们认这种法律与农民的情感绝不相容，且极不适宜于乡村的状况。

"这种法律,即是承认多妻制与多夫制为合法,使俄国变为一个大家庭,各人可以互相匹配"——这是反对新法律的农民的流行语。

俄国公家律师克利兰古(Krilenko)激烈的反驳农民的话,他说:

"多妻制与多夫制在新法律之下或者会发生,但是国家并不设任何限制,以阻止他的发展;因为这种制度的发展,不是法律手段所能禁制的。老实说自由恋爱,就是社会主义国家的最终目的啊。"

这种新婚姻法的运命,究竟如何,现时仍然不能决定;但是因为共产党里面的人物,意见歧异,便可反映出来苏联家族关系的不安定和混乱的状态,并且可以反映出来俄国到现在还没有找出一种满意的制度,代替已经被鄙弃的"中等阶级"家庭生活的习惯。

苏俄的家族法,显出两种有些少矛盾的特质,他承认结婚,离婚和再婚,男女皆有绝对的自由,但是同时他又规定:凡为父亲的,于离婚时,须负扶养儿童之责。因此,至少在理论上,这个法律是用一种严厉的经济上惩罚,去维持包含儿童的婚姻。

由上面的情形看来,可见信奉马克思和安格尔的共产党,主张以家族为中等阶级制度,应该打破的理论,与其他共产党主张国家必须担任管理及保护儿童之有同样势力的理论,互相冲突。现时这两种理论还没有得到满意的适当办法;但是从大体上说,似乎是趋向于和解方面。

现在有一般人都承认关于结婚和离婚的限制太宽,以致发生种种荒谬的事情。有些地方的富厚农民,为避免干犯禁止使用佣工的法律起见,往住于收获的季节,娶几个"夏季老婆"(summer wives);更明白的说,就是当收获的时候,娶几个农家女作老婆,帮助收获的事情,等到事情完结之后,就立即离婚。

现在有一部分年纪较大的共产党员,发表言论,警告一般学生界,反对他们浪费精力和体力,去从事于放荡的生活。再苏俄现在的法典,是规定父母与儿童及夫与妻的互相义务,于必要时须予以供给,这样看来,理论上虽然反对家庭的束缚,实际上是承认的。而且苏俄现在的经济上能力,还没有十分巩固,不能负得起那重大的义务,供给一般无依的儿童和不能劳动的男女,所以"必须打破家庭"之学说上的理论,因此就使人不大相信了。

(《东方杂志》第二十三卷第五号,1926年3月10日,署名 何作霖)

60.《欧战产生的两大主义》(《东方杂志》第二十三卷第五号,3月10日)

《东方杂志》第二十三卷第五号刊登何作霖的《欧战产生的两大主义》,如下:

欧洲大战的结果,产生两种互相对抗的主义,就是俄罗斯的鲍尔希维克主义(Bolshevisin)和意大利的棒喝主义(Fascism)。鲍尔希维克主义即共产主义,是反对资产阶级的,棒喝主义是维持资产阶级的,这两种主义的根本相异之点;其相同的地方,就是二者都主张以党治国,不承认言论的自由,不行公平的议会政治……现时信奉这两种主义的人,都竭力向各国宣传,这两种主义,现在已经有变为"国际化"的趋势。试举例来说,棒喝主义在欧洲方面,现已逐渐兴盛,除了他的"祖家"意大利之外,如英吉利,法兰西,荷兰……等国,亦次第发生;至于共产主义的发展,似乎比棒喝主义还来得凶。欧洲各国,几乎没有一国没有共产党的足迹据最近法国《奥论报》(L'Opinion)所载,共产党现时在美洲方面异常活动,共产党的势力,布满全洲。由此看来,将来的世界,或者就是共产主义和棒喝主义竞争的世界,这两种主义决斗的时候,就是全世界大革命的时候了。棒喝主义的活动情形,从前已经大略讲过,现在把共产党在美洲活动的情形,叙述如下:

共产党老早就在美国组织了一个劳动党,这个党完全受莫思科第三国际执行委员会的命令的,他一共有一万五千党员,其中有六千是芬兰人。该党由苏俄政府供给款项,发行日报十四种,周刊及月刊数种,其中主要的出版物,就是芝加哥劳动者。他的策略,就是使本党参加工会,以图改变一般农人和小地主的信心;并且想煽动军队。最近夏威夷群岛发觉一个共产党的秘密机关,这个机关一共有十八人,其中有六个是兵士。他们的口号是"劳动者享有夏威夷"。自从共产党被美国的法律严厉监视后,第三国际即训令该地的党员,组织种种非法的和合法的团体,而以非法的团体实际操纵一切。第三国际驻美代表鲁丹堡(Rutengerg),浮士德(Foster),佐列士基(Zlotnitzki),最近已接得宣传费美金三十四万元。他们的进行,大抵从中国人,墨西哥人和黑人的劳动阶级着手。共产党一致同意黑人竭力援助第三国际。第三国际执行委员会委员捷克逊(James Jackson)也曾说过:"无产阶级中受极恶待遇的是黑人,所以黑人是最好的革命分子。"去年十月二十五日,在芝加哥召集美洲黑人会议,而美洲共产党第一次大会,亦于去年九月二十日在古巴举行。

共产主义在加拿大方面亦着着进步,据苏俄报纸所载,共产党宣传员现在旅行加拿大各地,宣传共产主义,并在矿山及工厂内组织共产党秘密团体。加拿大现在已经满布讲授李宁主义的共产党学校了。此地共产党有宣传的杂志多种,如劳动者(The Workers)是英文的,La Lutte是法文的。该党竭力与各工会联络,鼓动罢工,在失业工人里面尤为活动,并且组织了好几个苏维埃。他的正式的党纲,概括在各决议案内,认可英帝国各劳动党所采纳之植[殖]民地与领地应予独立的原则;赞成英国工会愿与俄国工会联盟的态度;并要求努力使各种产业变为社会化。

最近国际工会联盟执行委员会发出美金五千元,接济加拿大瓦斯各铁亚省(Nava Scotia)罢工的矿山工人。该党于加拿大的青年中,宣传共产主义极有进步。加拿大工会议会及共产党代表坎市威尔(Jerome Kaynswell)去年正月到莫思科的时候,极力主张加拿大共产党应加入第三国际,与其他共产党享有同等权利,而且在执行委员会获得一个投票权,因为从前加拿大代表在该会是仅有咨询权的。坎氏更要求给予经费十二万五千卢布,订立莫思科加拿大间的永久盟约。上面的提议,除末尾两项外,已经一九二五年三月六日莫思科执行委员会通过。此外并拨金卢布一万元,援助加拿大矿山罢工工人,以坎氏为加拿大矿工及钢铁工出席第三国际的委任代表。

墨西哥是共产党在中美及南美活动的主要根据地。自从一九一〇年以后,革命的景象，遍布全国，主持其事的，大抵是农民，农民组织土地均分同盟，与共产党联合。墨西哥乡村自治区同盟大会(The Congress of the Mexican League of Rural Commenes)于票决加入莫思科农民国际(Moscow Peasant International)的时候，主张有组织全国农民团体的必要，赞成与莫思科农民国际一致，宣传破坏资本主义；并宣言这是允许满足劳动者一切要求的唯一团体。

阿根廷共产党曾经举行过五次大会。据说最落后的印第安族，如阿娄坎尼亚人(Arancanians)，也尊敬李宁的名字。有一位莫思科的代表说，柏达哥尼亚的印第安人(Patagonian Indians)以重价购李宁的像片，因此苏俄又增了一宗新出口货了。于举行李宁逝世一周纪念时，阿根廷的共产党和工会在布安罗士爱斯(Buenos Aires)某戏院内举行一次联合大会。场内张挂红旗，以示哀悼，舞台中央，更设一个伟大的李宁像片。

秘鲁的共产党领袖莱加巴莱(Rècabarré)竭力使该地的地方劳动团体与莫思科工会理事会联络，鼓动群众，反抗政府，后来莱氏被人暗杀。乌拉圭的共产党，亦正在进行活动。

智利自从政府禁止太拉比卡省(Tarapaca)首府依吉巨(Iquique)的共产党和无政府党的报纸出版后，劳动界大起暴动，政府遂对太拉比卡省及邻近安托法加士他省(Antofagosta)宣布戒严。当时铁路职员及运输工人皆参加运动，智利北部交通完全停顿，军队与罢工工人冲突，发生流血惨剧。政府开除共产党学校教员，军务总长下令禁止于公共场所悬挂红旗。第三国际会长徐诺维夫(Zinoviev)在《意卫士铁亚报》(Izvestia)上报告，智利的布党示威运动及罢工，加入者约有数万工人，并且说这种运动，现正向秘鲁及墨西哥方面发展呢。

(《东方杂志》第二十三卷第五号，1926年3月10日，署名 何作霖)

25 日

61.《马克思主义者的列宁》(《新青年》(不定期刊)第三号，1926年3月25日，存目)

《新青年》(不定期刊)第三号刊登布哈林著，郑超麟译《马克思主义者的列宁》的第一至第三部分，《新青年》(不定期刊)第四号刊登该著作的第四至第六部分。

62.《国民革命运动中之阶级分化——国民党右派与国家主义派之分析》(《新青年》(不定期刊)第三号，3月25日)

《新青年》(不定期刊)第三号刊登瞿秋白的《国民革命运动中之阶级分化——国民党右派与国家主义派之分析》，如下：

中国民众革命运动的开始，可以说是从五四时代起的。帝国主义的发展，欧洲各国的向外侵略征服殖民地，是资本主义进程中不可免的现象。资本主义的国家，如英、如法、如德、如俄日等,内部生产力的增加和阶级斗争的剧烈,渐渐的动摇资本主义的生产关系——私有财产制度。于是资产阶级便不得不力求扩大自己商品的市场和原料的来源,就是掠夺殖民地,以维持自己阶级的统治地位。他们侵略弱小民族——资本主义文化还没有发展的国家,他们可以独占那地的市场,垄断那地的原料,因为这些地方自己既然没有工业当然不能和帝国主义竞争。因此,他们可以得到超越的非常的利润——比本国市场内多至百倍的利润。可是,这种殖民地政策的施行:一、不能不引起帝国主义各国之间互相的冲突,二、不能不使侵略的国家逐渐的资本化。这两种结果,原是帝国主义自己所造成的,便足以致帝国主义的死命。社会革命的爆发便在这帝国主义内部崩溃的过程里发现;帝国主义的欧战是列强冲突的表现,是争夺殖民地的战争,可是战争的延长和破坏,使全社会中大多数群众不能再忍受资本主义的统治,农民、小资产阶级、智识阶级等都倾向于无产阶级而造成革命的形势。俄国的十月革命便是因此发动,又加以内部农民问题民族问题等类种种矛盾冲突的汇集而成功的。便是英美法日各国在欧战后(一九一九年至一九二〇年),也都经过一个可怕的革命危机。至于殖民地的资本主义化,对于帝国主义国家尤其是致命伤,他们的种种殖民政策经济政策,无一不是遏制弱小民族的工业发展;可是弱小民族内部假使商业经济极不发达,大多数人民安于农业的自足经济,那时,资本主义国家便无从畅销他们的商品,无从多量吸收原料;所以弱小民族与帝国主义国家接触,便自然而然,至少在商业方面,逐渐的资本主义化,商业资本的积累(所谓"资本之最初积累")必然发生工业资本,这时候,帝国主义的侵略便和殖民地弱小民族间的资产阶级发生冲突了。何况,帝国主义列强为夺殖民地而互相战争时,正给殖民地以发展自己工业的机会,宗主国的生产完全集中于军事,殖民地的生产和原料,当然只能自己经营自己应用;那商业里(买办,洋货商)积累的资本,久受宗主国资产阶级政策的束缚和遏抑,到此便不能不急速的投入工业生产。这便是国民革命的经济基础。于是社会革命开始的时代,便是殖民地弱小民族里国民革命开始的时代。帝国主义之前的一时代里,后进的资本国与先进的资本国相竞争(如俄国彼得大帝变法,日本维新)的过程,和现时殖民地弱小民族的向帝国主义革命的过程是断不能相混的。即前一过程,即使有革命,也只是纯粹的资产阶级革命;这后一过程,便含着多量的无产阶级的性质在内——在国际范围内,这不过是世界无产阶级革命的一部分,在一国范围内,虽然性质上还是资产阶级的,而在革命力量上,却大半须以无产阶级为主力军。

中国国民革命运动的发端,正在于五四时代,这里原因看上述的经济分析便可以明了。五四时代的新文化运动,他在政治上的成绩,影响于多数民众最大的,只是"国货"两字,这一运动的资产阶级性质,和五四前后中国资产阶级,确有一期的大发展的事实,便已经完全证明了。可是资产阶级的民主革命,反对宗法封建军阀的革命,内部必定含孕着无产阶级革命的种子,各国革命史都是实例,中国何尝又能除外——其中的理由非常明显:资本主义发展之中,资产阶级的经济力固然集中而强大,无产阶级的增多与团结也必然相伴而行,天下那里有没有工人的工厂呢?况且这种资产阶级的民主革命运动,在殖民地上,如中国的五四运动,事实上思想上都是受世界革命潮流的冲动——一九一七至一九一九年,中国新思想的勃兴,谁又能否认俄国革命、德国革命、英美大罢工、劳动问题的世界化①等等的影响呢?那时的青年和学生,差不多个个人都注意报上世界革命运动的消息,个个人都想谈几句劳动问题,社会主义。这些社会主义的思想,当然是很笼统模糊的,然而就在这一源流里生长出中国无产阶级的政治思想——共产主义。《新青年》杂志的左倾与其共产主义化的过程,便是明证。当初五四运动时的新文化思想——反对孔孟、反对旧礼教、白话运动、妇女问题等等,都是中国资产阶级发展所需要的。同时,社会主义、共产主义、无政府主义以及劳动社会问题的研究热与上述各种运动混流并进。这是很明显的资产阶级与无产阶级以及小资产阶级的联合战线,反抗宗法封建社会——这种联合战线,第一、当然不是自觉的;第二、当然增加中国革命运动的新力军,以救辛亥革命后垂危的国民党。实际上这些思想上的新潮,只是资产阶级民族自觉的先驱和后盾,所以主要的政治力量,仅仅只产生"外抗强权,内除国贼"的口号。可是在当时的环境里,这种社会力的伸张,确是一大进步,可以使国民党,孙中山先生等"俯就"新潮,甚至于俯就马克思主义——《建设杂志》、《星期评论》、《孙文学说》等等,都是在这时候出世的。

五四到五卅,这六七年确是中国历史上的一个时期,有重大的政治上文化上的意义。五四时代,大家争着谈社会主义,五卅之后,大家争着辟阶级斗争——从北京、上海到广东,从北京大学教授、戴季陶(中国"第一批马克思主义者"之一!)到所谓"中兴名将"的曾左李②国家主义派。这是甚么缘故?原来,中国社会在欧战之后,一方面资产阶级发展,别方面无产阶级发展;社会上新力量产生的初期,共同联合战线反抗宗法军阀社会,涌起国民革命的巨潮,随后的发展,便是两阶级互争革命的指导权和国际上联盟军的争择之过程。这六七年中国国民革命的实际进程,却是从模糊笼统的联合战线进而至于明显的自觉的,从资产阶级"爱国主义"进而至于无产阶级的革命主义,从资产阶级联美制日的希望进而至于联世界无产阶级的国民革命。这种过程,到五卅运动而得了极高的发展。国际关系上,在这六七年中,资产阶级所希望于巴黎和会、华盛顿会议的,着着落空;而无产阶级的新国家苏联,不但事实上废除领事裁判权等,并且进而切切实实赞助中国国民党的发展。国内斗争里,在这六七年中,中国无产阶级运动长足的进步,四五年来的罢工运动已经使无产阶级的三分之一(至少数)组织在工会里,每次在民族斗争里,表现他的力量;国民党改组一年,在党内刷除买办官僚的分子,在广东给买办和土豪阶级(商团民团)以极大的继续的打

---

① 此处指1917年的俄国十月社会主义革命,1918年的德国革命,第一次世界大战后英美等国发生的工人大罢工,当时劳动问题成为许多资本主义国家的严重问题。
② 19世纪60年代,曾国藩、左宗棠、李鸿章勾结洋人,镇压太平天国革命,维持了清政府的统治,被称为清王朝的"中兴名将"。此处指曾琦、左舜生、李璜,均为中国青年党创始人,是力图维持中国半殖民地半封建状态的国家主义派的主要代表人物。

击；并且军阀之中亦起分化。无产阶级在这国民革命过程中，确已占得多份的优势，到五卅时候，广州国民政府①的成立，上海工商学联合会的领袖五卅运动，尤其是无产阶级指导下之联合战线发展的最高点。资产阶级看着无产阶级的势力足以导国民革命于胜利，看见国民革命的进行中资产阶级要牺牲自己的私利——其实不过是容许工人农民组织和斗争的自由，极普通的民权，——于是开始反动而求争回革命的指导权以消灭革命。同时，帝国主义者尤其害怕这种运动的彻底发展，正在努力"工作"，做反对所谓赤化苏联的宣传，离间挑拨资产阶级。于是资产阶级的社会思想，也发现自己的"阶级觉悟"而努力于反对阶级斗争和国家主义的宣传，国民党右派的形成，实际上是与帝国主义者联合战线。这里阶级分化的现象是非常之明显的，半年来思想界里的反动潮流，从主义上策略上革命领袖问题上以及道德文化上所发生的争执，都是这一现象的表演。可是，同时中国革命运动的进展，使无产阶级政党和国民党的主张，如反帝国主义和军阀的斗争，废除不平等条约和国民会议的运动等，都因而渗入普遍的群众里去；中国社会一般的革命化的过程，当然影响到政党界与思想界，革命的小资产阶级及智识阶级也就逐渐显现他们的左倾；——最近半年来北京方面有《猛进》杂志②、《莽原》杂志③，上海方面有《洪水》杂志④等等；至于国民党内如柳亚子、朱季恂、甘乃光、陈公博等居然形成强有力的群众的左派，汪精卫蒋介石等革命倾向之确定更不用说。思想界与政党界左右分化的过程，显而易见是随着国民革命运动的进展而日益激厉的，或者以为国民党右派和国家主义派的兴起是中国社会反动的表征，其实不然，这种反动正足以证明中国革命进展急速——使帝国主义者不得不于军阀以外另找一种比较"灰色"的工具；使资产阶级不得不急起直追的攫取革命思想的指导权。

中国革命是国民革命，然而国民革命的进行可以有两种方式：一是由资产阶级来指导——对于帝国主义做局部的抵御，利用所谓列强之间的冲突而苟延残喘，想镇压劳动民众的阶级斗争，处处与军阀帝国主义者妥协而希望以反对赤化取媚外人，求得些须的恩惠；一是由无产阶级来领导——对于帝国主义整个儿推翻，利用帝国主义与世界无产阶级的总冲突而进行革命斗争，发展国民革命中之阶级斗争成分，集中最大多数民众的革命力，以求肃清国内一切买办军阀土豪等帝国主义的工具和劳动平民的压迫者。现时左右派斗争的具体问题是如此，并非如表面上看来是共产与反共产的争执。然而右派——国民党右派及国家主义派——故意装着不知道自己造作一个共产做对象——其实是帝国主义的谣言，他们却偏偏当真的来攻击。

如果要反对共产主义，便应当明了共产主义的意义。如今思想界的右派却都是信

---

① 广州国民政府，1925年7月1日，由原大元帅府改组而成，汪精卫任国民政府主席。
② 《猛进》杂志，政论性周刊。1925年3月在北京创刊。
③ 《莽原》杂志，鲁迅编辑的文艺性刊物。1925年4月在北京创刊。
④ 《洪水》杂志，创造社主办的刊物之一。1924年8月在上海创刊。

口胡说。譬如邹鲁、孙镜亚等类的国民党员,曾琦等类的国家主义派便都是如此。他们或者说广东政府立刻就在实行共产,或者说共产党是要中国社会回到原始共产制度(《醒狮》①第六十八期)。广东政府是否共产,现在不值一驳。中国共产党要实行的是原始共产制度吗?这不过是曾琦等自暴其不学与荒谬,不值得去说他。至于比较有研究的戴季陶先生和《独立青年》②杂志的灵光③先生,也是同样的不了解共产主义四字是何所指。季陶说中国共产党的主义不适宜于中国;灵光说中国共产党要抄俄国的老文章。他们说这些话的时候,是否知道中国共产党的主义究竟是甚么?我想,他们一定知道的,他们一定知道中国共产党并不会主张明日便使中国社会里实现共产制度;可是他们因为要反对中国共产党,故意一口咬定的这样说。这里我们可以找着丝毫的客观态度吗?当然不能够!

我们应当分清楚共产制度与共产主义的区别。共产制度是说全人类社会之中阶级已经消灭,一切生产分配由社会经营,个人只须依照社会的计画去参加工作,便能得到社会的一切供给——衣食住娱乐科学等等。共产主义是说从现在社会——帝国主义的列强,商业资本宗法社会的弱小民族殖民地,以至于菲洲、西伯利亚等处的原人社会——怎样过渡到共产制度的种种式式政治经济教育等的方法:政党的策略,革命中的阶级关系,经济文化等的政策,革命后的国家制度等等。他们右派说共产主义不适宜于中国,即不能实现于现时的中国,如果是指共产制度而言,那么,不用说在中国,便是在已革命的俄国,将来革命后的美国,也不能立刻涌现。如果指的是共产主义,那么共产国际对于各国都有相当适应于当地经济状况并与世界各国革命运动相联络的政策。他们应当对于中国共产党的具体政策加以详细的虚心的研究,才有开口批评的资格。中国共产党根据马克思列宁主义,对于中国经济状况有周密的研究,以前《新青年》《前锋》杂志④曾经登过不少这类的文章;因此中国共产党确定进行革命以达共产制度的第一步政策:(一)中国资本主义发展的初期,适值世界帝国主义猖獗侵略中国的时代,亦就是世界无产阶级社会革命的时代,中国的无产阶级小资产阶级和农民以至于资产阶级,都处于帝国主义军阀双重的压迫之下,因此,中国无产阶级应当努力实行国民革命,引导一切平民参加民族解放斗争——中国的国民革命当然就是世界的社会革命的一部分,因为中国民族的解放,便是国际帝国主义势力的削弱;(二)这种国民革命的斗争里,无产阶级和农民应当以自己地位的改善和政治自由的取得为目标,因为解放大多数中国民众才能算得民族的解放;(三)凡是遏制劳动民众的斗争自由,剥削劳动民众的利益之一切势力,都应当和他奋斗,都应当推翻,那么,中国资产阶级如果压迫剥削民众,阶级斗争便是国民革命中不可免的,如果他们因为要压迫剥削民众而与帝国主义者军阀妥协或联合,那么,劳动平民的阶级斗争不

---

① 《醒狮》周报,国家主义派的机关刊物。1924 年 10 月 10 日创办于上海。
② 《独立青年》杂志,1926 年 1 月创刊,配合《醒狮》周刊,鼓吹国家主义。
③ 灵光,国家主义分子。曾发表《评共产主义者的谬误并论中国的经济政策》等反共文章。
④ 《前锋》杂志,中国共产党中央机关刊物。1923 年 7 月 1 日在广州创刊,由瞿秋白任主编。

但拥护自己阶级利益，而且就是拥护民族利益——更加必要；（四）这种革命的进行和胜利，必须联合世界无产阶级及其他被压迫民族，因为只有这样，我们中国的力量才能排斥帝国主义的势力，而中国、印度、安南、朝鲜、南美等排斥帝国主义势力，同时，英日美法意等国内无产阶级反抗帝国主义的资产阶级，这种革命的胜利自然就是打倒帝国主义，资本主义在那时便当然根本推翻；（五）帝国主义国家内资本主义推翻而开始建设社会主义的时候，弱小民族，及殖民地上的幼稚的私人资本主义便根本无继续发展之必要与可能，亦可以由劳动平民组织的国家执行有规画的发展经济实业计划，以渐进于社会主义和共产制度。这种政策，是否适合与[于]中国的国情？用不着理论上来回答。中国共产党加入国民党之后，中国共产党开始劳动运动之后，这四五年来中国社会的发展，革命运动的进行，直到五卅的大开展，全国工人农民小商人的积极参加政治运动，废除不平等条约的呼声普及穷乡僻壤，便是老老实实的证据。广东国民政府成立，农工阶级因得着多量的自由而赞助革命政府，还在继续不断的和地主买办阶级奋斗，以巩固革命政府的基础，广东一般人民现在能免除苛税杂捐的重负和反动军阀的压迫，便是这建筑在阶级斗争上的国民革命的结果。苏联、土耳其、蒙古、印度、埃及、叙利亚、英法工人等革命势力对于广州政府的赞助和同情，便是革命政权确定而不受英国帝国主义摧残的保障之一。这种政策是否抄俄国的老文章，更不用详细的解释了。醒狮派和邹鲁派当然每况愈下，已经和买办阶级的冯自由派不能互相区别，他们除反对苏联反对赤化而外，本无别种任务，只是信口造谣，说广东是俄人统治是实行共产，说共产党是否认国家等等。广州的事实，最近国内外（引者注：后改为一九二六年一月）国民党代表的第二次大会，甚至于得到华侨及香港华商的赞助，已经为一般人所公认。中国共产党首先提出国民革命的联合战线，提出反对帝国主义解放中国民族的口号，诚意的和国民党左派，革命派的孙中山主义合作——这第一阶段的中国共产党政策当然和国民党的革命主义相符合。

何以能说共产党否认国家！可见醒狮派的态度，还不仅是曾琦等无知荒谬不学的结果，并且是有意混朦事实，出于造谣中伤的用心。至于戴季陶灵光等也是无的放矢，还有些人，或者接受共产党政策而故意反对共产党。适足以表现他们主义的资产阶级性质。

国民党右派和国家主义派所反对的既不是共产制度——共产主义的终极的目标，当然便是共产主义适用于中国情势的政策。这些政策之中第一个重要问题，便是阶级斗争。资本主义开始发展的中国；自然而然工人阶级的运动也随着开始；尤其因为中国是半殖民地——帝国主义的资本家既在实行对于殖民地劳动者的奴隶制度，中国的资本家又因处于帝国主义强力的压迫与竞争之下，不必能如资本先进国的余裕可以及早让步赂买部分的劳工贵族，亦是拼命的向劳动者压榨，以求利润，——中国工人阶级对于这种双方两重的剥削，自然不能不开始斗争，而且这种斗争一开始便是革命的阶级斗争，绝无改良主义的阶级妥协之可能。中国工人阶级开始斗争的期间，所争的不过是增加些工资承认工会和罢工的自由——罢工期间的工资；减少工作时间的要求实际上也还很少；开始斗争的方式何尝不是"和平"的谈判？然而资本家的政策，都是非常狡猾无信，残暴狠毒，次次必须以罢工的斗争才能解决问题。阶级斗争本来是资产阶级自身的行为。如今资产阶级向无产阶级斗争，右派却叫无产阶级不准回斗，岂非纯粹站在资产阶级方面！右派常说，要劝告资本家，诱发他们的仁爱性——仿佛共产党只是鼓动工人斗争，而又反对资本家仁爱。这种劝告，事实上是否收效？——中国几千年的孔孟仁爱学说，是右派自诩为中国的国民性的，何以中国资本家都变成孔孟化外的人，而且变得如此之速呢？中国劳工运动的历史事实具在，现时工人阶级所处的实际地位具在，何以能说阶级斗争不适合于中国国情？七八年前说中国没有大资本主义，或者可以说得过去，而五卅之后，上海、香港、汉口、河南、安源、天津等处，百万余工人的罢工事实还想否认吗？工人阶级默无声息的替资本家用汗血去赚钱，资产阶级的学者思想家政治家或者还可以装着不看见，信口乱说中国没有工人——没有工业资本，如今工人阶级已经有实际的行动，震动世界的大罢工，资产阶级的学者等等还能装聋装瞎吗？共产党不但不反对资本家仁爱，而且只有共产党能够使资本家仁爱，——只有工人阶级的阶级斗争能够使资本家仁爱。譬如去年十二月商务印书馆的罢工。工会方面前三天提出条件，要求答复，然而资本家不理，一定要等到宣布罢工，军警压迫开枪鞭打而工人不屈，而后资本家"仁爱"起来，假猩猩[惺惺]的哭起来，退职俸金的条例答应了……这是一个证据。五卅以前，国民党右派和国家主义派都是反对阶级斗争，甚至于说农民协会工会等的保护政策都是赤化（那时骂广东政府的口头禅，谢英伯冯自由等反对广州中央的"证据"）；如今右派和国家主义派除反对阶级斗争之外，也赶紧谈起劳工立法，谈起劝资本家仁爱来了。假使不是工人阶级最近几年来的斗争，戴季陶先生的仁爱说，《商报》①陈畏垒君的劝告说（一月二十四日），《独立青年》杂志的宣言，《醒狮》国家主义派的"解决国是办法"——处处不敢不提起劳工利益的口头禅，——恐怕还未必见得实现罢？而现在谈得格外起劲，更是因为五卅运动中工人阶级的斗争力量之充分表显。这是第二个证据。再则，中国工人阶级在五卅运动的时候，罢工要求承认工会，以几十万人的斗争力量，逼使段政府不得不拟议工会条例，上海总商会②也不得不代行电请；等到帝国主义者和军阀摧残了工人运动，工人的大规模的斗争被停止了，段政府和总商会便不肯"仁爱"，不肯提起工会条例了。这是第三个证据。

国民党右派和国家主义派总说工人阶级的斗争足以把资产阶级吓得反动，分散国民革命的联合战线。这尤其是笑话。难道中国工人阶级应当忍受中国资本家的剥削，同时却又能反抗外国资本家的剥削——参加国民革命？中国资产阶级要利用工人的力量争民族的解放，便应当牺牲自己的目前利益：工人反抗外国资本家的剥削，当然也反抗中国资本家同样的压迫；中国资本家不能自动的减轻压迫，便只有受反抗。假使

---

① 《商报》，1921年由汤节之等在上海创办，是一家以广东公所、宁波同乡会商人为经济支柱的资产阶级报纸。

② 上海总商会，1912年1月成立的上海工商资本家团体，领导权主要掌握在大资产阶级手中。

中国资本家因受反抗而竟反动，以至于勾结军阀帝国主义，那就工人阶级的阶级斗争，尤其必要。总之，中国资本家地主，只有两条路：一是【对】工人农民让步，不禁止阶级斗争，因而取得民族解放——关税自主权、国家的统一、军阀的肃清、苛税杂捐的免除；一是宁可受帝国主义的压迫和军阀的虐使，而勾结他们来压迫工人——自己忍受军阀的扰乱市场，勒捐饷项，帝国主义者之扼制——如领事裁判权，关税协定权①，租界管理权等。前一条路是现在广东的资产阶级小资产阶级等所走的；后一条路是上海资产阶级所走的：广东工人农民的阶级斗争（工会的发达，资本家剥削的限制，工人罢工斗争的自由，农民协会的组织，农民自卫军的战斗）是革命政府的基础，而如今广东一般商人资本家地主，已经能免除苛税杂税，自己建筑黄埔商港；上海的资本家却宁可受帝国主义者的统治，电气业由他们垄断独占，五卅时租界当局停止供给华厂电气时，中国资本家赶紧出全力帮助帝国主义者用种种勒迫欺诈的手段摧残罢工，仅仅因为不肯牺牲停电期间的工资！

再则，如上海孙文主义学会的《革命导报》②宣言，如《商报》一月廿四日的社论，总是说："中国工人只受外国资本家的压迫，战斗的目标也只外国资本家"，或是说，"以阶级斗争助成民族独立运动，吾人亦不能无异辞……民族独立要求，意义有在麦饼米饭以上者"。诚然不错！可是，阶级斗争的意义不但在"麦饼米饭"以上，并且还在民族解放以上；现时中国工人阶级的所以能懂得废除不平等条约等等，正因为他们实行了阶级斗争，正因为这是中国共产党首先提出的阶级斗争之最低限度的目标，正因为中国国民革命是世界范围内中国无产阶级和世界资产阶级的政治的经济的斗争。国民党右派要反对国内的阶级斗争，要否认民族解放与阶级斗争有一方面的共同意义，并且要工人的战斗目标限于外国资本家——正足以见他们完全只代表中国资产阶级的利益；他们"努力工作""站起来"和赤化及阶级斗争奋斗，反对中国共产党，用种种手段欺蒙无产阶级，说中国"任何阶级"（军阀，买办似乎也在内）都有共同利害，实际上是叫工人去反对外国资本家的压迫而不要反对中国资本家的剥削（去年上海、天津、郑州、安源等的华厂工潮，已是中国资本家剥削压迫的明证——他们还要说没有！）——正足以见得他们努力从事于"阶级斗争"，站在资产阶级地位来反对工人的阶级斗争。他们自身的发现于中国，他们自身的政治态度和政策，正是中国共产党政策和共产主义适合中国情势的最有力的例证。国民党右派和国家主义派呵，你们如果要证明马克思列宁主义的不适于中国，要证明共产主义是不合事实的理论，那么，你们对于中国共产党最有力的打击，便是停止你们自己的存在，消灭你们自己！

国民党右派的内部，正和中国资产阶级买办阶级的内部一样，是决不能一致的；虽说他们反对赤化，和帝国主义也可以结合联合战线，可是他们各派相互之间仍旧有

---

① 关税协定权，帝国主义列强利用武力和强权强加给旧中国政府的片面关税制度，给外国输入中国的商品规定值百抽五的很低的税率。

② 《革命导报》，上海国民党右派孙文主义学会主办的刊物，1925年11月创刊。

许多不同的矛盾的观点和政策。去年国民党右派中央委员的西山会议,完全受邹鲁谢持等买办阶级派之统治——他们勾结冯自由等之所谓国民党同志俱乐部①,对于戴季陶等右派中较左的,施行绑票,提到俱乐部中,加以殴打恐吓,强迫签发宣言。所以继承西山会议的所谓上海中国国民党中央委员会,事实上是邹鲁派的,而还不是戴季陶式的,戴季陶因此而宣言辞职。去年十二月十四日(见《民国日报》②十二月二十四日)这一所谓"中央"的告国民书,公开的骂共产党是依赖苏俄,说苏俄是另一属性的帝国主义;对于联合世界无产阶级和被压迫民族共同作战,简直完全不提起,只说"必先取得中国在世界的平和地位,然后才配进行实际的援助弱小民族"。然而戴季陶先生最近的表示(致楚伧的信),却明确说:"现代之帝国主义成为一国际的组织,反帝国主义之工作非一民族之力所能成功,故……凡信仰先生(中山)之遗教遗嘱者,必须重视此点,对于先生与革命之苏俄友善,及与一切被压迫民族联合,与世界各国之革命的民众提携之旨,尤不可忘。至对于同在革命道途之友党……亦宜尊重同仇之德义,相见以诚,不为无益之猜忌,无理之攻击。"此中的分化,又更显然。嗣后上海孙文主义学会的《革命导报》宣言还是说:"他们(左派)只是消极的反对国际帝国主义这一制度,国民党之反对帝国主义,乃积极的扶植中国农工商兵士各阶级之利益的发展,联合殖民地半殖民地各被压迫民族在同一战线上促进帝国主义之崩坏。"这可与戴季陶先生不同了:第一《革命导报》宣言中有许多"无理之攻击";第二,戴先生认帝国主义为国际的组织,必须"与世界之革命势力切实合作之以图我民族独立之成功,而促世界革命之实现"(见他复广州孙文主义学会电)。《革命导报》说国民党左派和共产党是消极的反对帝国主义,这竟是抹杀许多事实——共产党四五年来的实际斗争,迹近造谣诬蔑;他们自己承受了联合被压迫民族促帝国主义崩溃之政策,却还反过来攻击最先提议这一政策的人,实在有点可笑。可是善变的周佛海,从马克思主义者变成孙中山主义的修正派的周佛海,更退后了一步,竟说国民革命不是根本打倒帝国主义,而只是打倒帝国主义在华的一切势力(见他《论国民革命与社会革命》的演讲和《革命导报》上的《释打倒帝国主义》)。这不但和戴季陶先生不同,并且与《革命导报》宣言自相矛盾。这种政见已经与《独立青年》和《醒狮》完全相同,不过肯用帝国主义四个字罢了。醒狮派国家主义者动辄高呼外抗强权,认打倒帝国主义为共产党一党的口号,"非国民革命之所宜采"(见曾琦《对于开除共产党后的国民党之三大忠告》——《醒狮》第六五期。)《独立青年》宣言也说:"我们要认清我国的问题,是我们中国的问题,不是国际的问题,是应由我们中国人自起而解决的问题,不是要联合全世界那一阶级来打倒他一阶级的问题——如共产党所主张的甚么打倒帝国主义的问题。"

邹鲁、周佛海派的上海右派国民党中央和《独立青年》《醒狮》等派的国家主义,

---

① 国民党同志俱乐部,即辛亥同志俱乐部。1924年12月,章太炎、冯自由、田桐、居正等联名发表《护党救国宣言》,反对国共合作,重行集合团体,是为国民党护党委员会。次年初定名为辛亥同志俱乐部。

② 《国民日报》,原为国民党上海执行部的机关报,当时已为西山会议派所控制。

总是反对打倒帝国主义——而只说要抵抗外国的侵略。无产阶级当然抵抗帝国主义的侵略,可是同时认清必须打倒国际的帝国主义,而后中国才能根本免除侵略;资产阶级却不愿打倒资本主义所产生的帝国主义。这些右派的资产阶级性是非常明显的。其实中国民族如果真能排斥一切帝国主义的在华势力——他和土耳其的经济上的国际地位大不相同——必然与帝国主义以致命的打击,各国无产阶级得此援助,必然群起革命,推翻世界的资本主义,那时帝国主义自然要根本打倒。周佛海等难道还赶去救护这一帝国主义吗?各国无产阶级革命,必然互相联合起来——这是反乎所谓国家主义的,国家主义派势必努力反对的了。这结果,岂不是国民党右派和国家主义派是列强资本主义——帝国主义的很恭顺可靠的保护人!

不但如此,中国民族同时要反抗各国帝国主义的侵略——各国帝国主义如有巩固的国家主义足以蒙蔽国内的劳动平民,他们便有可靠的军队,教徒,军事上的技术能力,加上外交阴谋,资本势力,中国民族用甚么力量能抵抗这种侵略!国家主义派反对联合各国无产阶级,孙文主义学会也是如此(《革命导报》宣言只说被压迫民族)。这种主张适足以为帝国主义所利用,证实他们的"黄祸"谣言——法国总理白里昂①便以"防御"摩洛哥人屠杀白人的理由欺骗法国工人,使他们不反对出兵摩洛哥。中国国民革命必须联合被压迫民族,必须联合世界无产阶级共同作战,才能有充分的革命力量;必须努力宣传世界的阶级斗争,使各国无产阶级自己起来反抗帝国主义政府,同时帮助中国的国民革命,才能得到根本的解放——所以中国国民革命的进行中,反对各国国家主义,是联合世界一切革命势力所必须的工作。

至于联合被压迫民族和苏俄的革命运动问题,邹鲁派的国民党"中央"既是包藏着攻击苏俄的用心,并说先求中国独立,然后再能援助弱小民族。邹鲁等也曾和醒狮派一样,说广州革命政府受俄人的统治,况且他们的"援助"弱小民族也和《醒狮》《独立青年》等派一样,主张改蒙古西藏为中国的行省,反对民族自决。先论联俄问题,这里有一个很可笑的现象:他们尤其是醒狮派,反对"帝国主义"的名词,可是却说苏联是赤色帝国主义。苏联是否帝国主义,有事实可以证明——试看如上海汉口天津广州等处的苏联领事早已没有领事裁判权,最近那右派的所谓中央却说苏联要以陆路通商条约为废除领事裁判权之交换条件,这岂不是造谣伎俩?他们攻击广州是俄人的统治,现在已经不成问题,香港的华商及一般人都已经看见事实的证明;俄国人在广东的唯一"罪状",大概只是帮助国民政府练成强有力的革命军,弄得香港的英帝国主义者无从侵略。他们最近宁可和张作霖及日本帝国主义者联合战线,对于中东路风潮反对苏联,仿佛中兴名将于曾左李之外,又添了一位咱胡子也姓张的张作霖了!苏联是无产阶级的国家,中国的国民革命运动,即使站在民族的观点,也应当和他联合,利用他和各国帝国主义的冲突。帝国主义者所最恐惧的,便是中国民族与苏联联合战线,而国家主义派所最反对的,也是这一联合战线;大家想想,他们对于帝国主

---

① 白里昂,今译白里安(Aristide Briand,1862—1932),时任法国政府总理。1926年曾获诺贝尔和平奖。

义的功绩多么大！对于与被压迫民族联合战线的问题，孙文主义学会①形式上是赞成了；邹鲁派的国民党"中央"却要先"独立"而后"援助"。真不错！日本现在先独立了，所以讲起大亚细亚主义，国家主义派亦很赞成，只是不要日本来行，而要中国来行（《醒狮》第六六期曾琦答孙文主义学会）。这种中国帝国主义的阴谋显然暴露。《独立青年》，更反对蒙古西藏的民族自决，因而反对联邦，要使他们变成中国的行省（《独立青年》创刊号《联邦与中国》）。蒙古自决问题呢，国民党右派——连孙文主义学会也在内，以及《醒狮》派、《独立青年》派，都因此问题而说中国共产党是"亲俄卖国"，要"求中国为俄国的第三国际的附属品……促成俄国发展到帝国主义"。国民党右派显然违背孙中山主义——第一次国民党代表大会的宣言，明确的承认蒙古等民族的自决权，主张各民族自由结合的中华民国。其实，单由民族革命国民革命的观点上来论——就是《醒狮》和《独立青年》也不能不承认这种革命，——中国内部的民族问题，只有汉族采取绝对自由的民族自决的原则，才能解决；如果蒙藏民族自己要坚持联邦制度，中国国民革命的政党，都可以让步——只有这样，才能使弱小民族倾心于革命的中国。各种右派的民族问题政策，正足以恐吓蒙藏，使他们和中国离贰，或者愈益倾向苏俄或者受帝国主义的利用；他们几百年来受中国大商阶级及满清贵族的侵略，自然有许多过分的怀疑和不信仰。列宁主义说："民族自决直到分立国家"，这种原则，已经结合许多民族而成立伟大的苏联；孙中山主义说："各民族自由联合的中华民国"，只有这一原则才能结合巩固的"五族共和"。

国家主义派《醒狮》《独立青年》等，往往说共产党的打倒帝国主义是社会革命的口号，"共产适是以召共管"。这一说法，刚巧和辛亥革命前保皇党的康梁派②之"革命适足以召瓜分"太相像了，这可不是偶然。所谓共产是甚么？难道是中国共产制度的实现，那么，中国这种落后国家里共产制度尚且实现了，帝国主义当然早已不存在，又何从来的共管呢？假使是说共产主义政策的实行，各劳农阶级的阶级斗争，中国无产阶级与世界及苏联劳动平民的联合战线——在他们目光中，甚至于说国民党左派的政策，如辅助劳农，平民的组织，不禁止妨碍他们的阶级斗争，和苏联及各国革命平民相联络等，也认为共产主义，——假使所谓共产是说的这些政策，是说的现时中国达到共产制度的革命途程（这里所谓共产主义并不名不副实——如灵光君在《独立青年》第一号所说的），那么事实上已经证明"共产即召共管"的论调之荒谬。这些政策，不是广东国民政府所实行的吗？事实上这些政策正是救广东出于共管现象的唯一道路；而上海北京等处的五卅经验中，都证明不能实行这些政策，适足以成就帝国主义的共管事实：五卅案司法重查，关税自主经列强一致否认等等。至于理论上，他们以为中国只要利用列强的冲突，便可求得独立，常常举土耳其来做例子，用不着联

---

① 孙文主义学会，1925年11月国民党右派在广州组织的反共团体。主要代表人物是戴季陶、王柏龄、贺衷寒等。
② 康梁派，指康有为、梁启超所领导的以拥护光绪皇帝载湉进行维新变法为宗旨的政治派别。

合世界无产阶级和被压迫民族。这一理论的错误是很大的:第一、譬如土耳其,在欧战以前,同样有英法德俄各帝国主义势力的冲突,何以不能独立解放。——因为帝国主义之间的冲突,是有一定限度的,他决不能帮助自己所要侵略的国家解放。第二、土耳其的革命成功,因此显而易见是苏联革命胜利,第三国际成立之后,英法共产党的工人反抗帝国主义的侵略政策和苏联政府的实力赞助之结果。第三、中国经济上的国际地位和土耳其完全不同,当然更比维新前的日本不同。维新前的日本是处于资本主义初初发展成帝国主义的时期,列强的"海外侵略"还有较阔大的战场,他们因互相冲突而放任日本资本主义发展,还有如中国等处的市场可以侵略。土耳其在经济上对于帝国主义的存在,现在也不占举足轻重的地位,他的独立,不足以致整个儿帝国主义制度之死命。中国现时既处于帝国主义末期的时代,帝国主义的命根差不多全在中国而且中国本身有最大的富源,最多量的廉价劳动,最优越的商品销场。因此,中国即使不行"共产主义"政策,仅仅民族革命,也足以促起列强的联合战线。共产主义的政策正足以破列强国内的民族的国家主义的联合战线,使这种帝国主义的联合战线,各国资产阶级的联合战线灭杀大部分的力量,不足以行共管。何况,五卅运动的经验里(见本号《五卅运动与国民会议》),证明帝国主义的联合战线只能到一定的限度,过此限度,便必然互相冲突;中国方面民族解放运动愈彻底——民族革命政策愈共产化——他们的联合战线愈软弱而至于破裂。

国民党右派——邹鲁派国民党"中央"和上海孙文主义学会,如今说共产党是勾结一派军阀以打倒别派军阀(见右派中央及《革命导报》宣言)。这在国家主义派口中,还仿佛是假清高的论调,在右派口中,真不知是何居心,有何颜面!邹鲁等勾结杨希闵刘震寰的事实谁都知道;当共产党反对这种右派政策,反对依赖军阀的时候,右派说共产党是离间国民党的"友军"(卢永祥等)——前年双十节,黄仁同志还因此而被"人"凶殴致死。共产派反对这种残杀行为时,叶楚伧等还要为"人"辩护,不肯开除。如今却说共产党勾结军阀!——何等的……!国家主义派(《醒狮》)说共产党勾结军阀,竟指出上海国民党市党部督促冯玉祥为国民会议奋斗的电报做证据。国民党左派及共产党的政策是看清现在军阀的崩溃和分化,主张平民召集国民会议将一切倾向民众或表面上赞助民众的军阀,放在平民的国民会议之统治之下,使他们无可遁形。帝国主义者反对冯玉祥蒋介石等,说他们是赤化军阀,正是要恐吓他们,使他们离开民众。国家主义派也帮着慢[谩]骂冯蒋联俄卖国。国民党右派最近已不敢反对国民军,对蒋介石更从来不敢"开罪",然而还空口的说共产党勾结军阀。他们这种行为何等的"对内一致"——与帝国主义者一致呵!冯玉祥等的国民军,当然还包含着不少反动成分,其中有吴佩孚的余党,有犹豫畏怯,冯玉祥式的政策。可是人民方面,只有督促着国民军往革命道路上走,才能肃清他内部的反动分子和反动政策;决不能将所有中国的武力一概视作军阀而反对之,都送给帝国主义者御用。人民与武力的结合,是孙中山先生的革命策略,这一策略的运用,一方面是造成国民革命军和武装工农平民,别方面是将现有的军队、兵士、下级士官以至于忠实于革命的"将军",置于人民的统治及指导之下。这种策略运用得不好,弄得国民政府受军阀的挟制操纵,如以前杨希闵等的所作所为,国民党左派和共产党以至一般人民都要反对,并且要力求肃清这些势力的。我们对于国民军,亦是这样主张。至于蒋介石等,现时的国民革命军,恐怕唯一的"罪状",便是遵照人民的意志,肃清了反动军阀,停止了拉夫,勒派饷项,擅收租税杂捐等的事罢了。国家主义派要反对这种军队,何不直说反对国民革命的成功呢?

奇巧不巧,《革命导报》居然说:"他们(左派)之反对军阀,目的在利用少数军阀,以促成名义上的劳农专政实际上的寡头政治。"共产党在国民革命时代并未主张无产阶级独裁制,这是谁都知道的;右派的这种攻击,和其他攻击一样是故意自制其"共产主义政策"来做对象,这是因为他们没有在理论上驳难共产主义政策的能力,所以只好以造谣的伎俩来中伤。共产党所主张的——国民党左派当然也可赞成——正是在国民革命时代必须革命的,各革命党联合的,对于保皇党帝国主义党军阀党买办党土豪党,对于一切反动势力的独裁制——国民革命的革命派独裁制。一切革命没有独裁制便完全是空想:难道革命胜利之后,还能容许反革命派的自由,以便他们推翻革命?至于《醒狮》《独立青年》等,更宣言反对一党的专政,可是《独立青年》第一号《民众势力与军阀势力》一篇论文说:"由真诚了解民治主义者,抱我入地狱长期牺牲之决心,分途羼入各机关团体,加以切实之整顿,有力之指导,严固之组织。"这不是政党作用又是甚么?如果这些机关组织内,推而至于一国内,有买办军阀等反革命分子,不服从所谓"有力之指导",那时怎样呢?难道照德谟克拉西的原则,应当放任?——推而至于国家的政治,应当由国内一切阶级,所谓全民:军阀、买办、土豪、人民等等的"联合政府"来治理?真正的民权主义,只有拥护保障真正平民的政权。至于无产阶级一阶级的独裁制,诚然不错,是共产主义,可是这一共产主义政策的实行,事实上当然只在社会内其他阶级,如资产阶级,完全变成反革命的时候。中国共产党,现时认为国民革命时代中应当实行对于军阀买办等帝国主义的走狗之革命独裁制。这是中国唯一的出路,这种政策,已经为孙中山先生的革命的国民党所接受(国民党第一次大会宣言)。灵光君对于无产阶级独裁制怀疑,他以为:"无产者的志愿是在乘机得到一些财产……所谓成功,不是共产革命成功,而是他们个人的致富成功"(《独立青年》,灵光《质郭沫若……》)。又说,共产党有什么"不投降便打倒"的政策,这和误解劳农专政是寡头政治是一样的。灵光君不曾研究一研究:俄国现时——革命胜利后第八年,无产阶级是怎样"团体致富"——大规模的社会主义生产、工人农民的俱乐部、协作社、公共寄宿舍等;他也不曾研究一研究:俄国现时的选举制度,各省各县及中央的国家职员有多少农民工人(这些都有统计和事实可以复按的,最好要不以耳代目)。至于说中国工人幼稚,——甚至于如《商报》上的姚公鹤,说女工高呼打倒帝国主义和废除不平等条约,都是出钱买她们来的,——这种对于劳农平民的不信任,实是智识阶级傲慢与无知的结果。俄国工人农民当初也是很无智识很幼稚的,而革命斗争的经验和共产党的工作,使他们现在做了苏联的主人。就是中国的女工,受着帝国主义者的压迫和五卅斗争中的经验,也有一部分比以前的智识能力长进得多了。假使说这都要用钱去买,岂非大笑话;五卅时期上海大街小巷都贴着打倒帝国主义的标语,大半都是一般普通人民所写的,难道都是钱买来的?这种意见,简直认农工民众中,永无增进智识的变化,显然是不切事实的。"不投降便打倒"和"寡头政治"的说法,尤其是"海外奇谈"——欧洲的帝国主义者和投降资产阶级的社会党也往往这样的骂俄国共产党,事实上俄国政治的实际状况和各国共产党的政治行动,都可以证明这完全是谣言。共产党不但不抱着"不投降便打倒"的原则,而且处处都是引导革命派的统一联合;譬如广东政府里的汪精卫蒋介石,现在更加上胡汉民,甚至于伍朝枢、孙科,他们何尝投降了共产党,而并没有被打倒;上海最近的国民会议促成会①(固然仅仅只有左派而无共产党,然而共产党是赞助他的)。极力与孙文主义学会去合作,只见右派拒绝,却不见左派打倒他们。总之,社会革命时代无产阶级独裁制之可能与必要,正和国民革命时代革命派的独裁制之可能与必要是一样的,现时都有具体的事实证明。

中国最近几年来的国民革命运动,尤其是五卅运动,已经有很广大的发展,资产阶级的阶级意识——所谓"民族精神"或"国家主义",也就因此而发现出来,国民革命运动里的阶级分化和阶级斗争已经确有明显的表示。虽然戴季陶先生、上海孙文主义学会、邹鲁周佛海派的国民党"中央"、《独立青年》派、《醒狮》派等相互之间互相矛盾,尤其是对于帝国主义及联合世界革命势力的问题上:季陶先生赞成和世界无产阶级联合,上海孙文主义学会只赞成和被压迫民族联合,可是还要促起帝国主义的崩溃,周佛海则便反对打倒帝国主义,国民党右派之中已经互相违背"党的纪律";国家主义派更连帝国主义的名词也不肯用,他们内部也有冲突:孤军社②(《独立青年》)和醒狮社共同署名答复共产主义青年团的信,居然在《独立青年》杂志和《醒狮》周报上发表的互相不同,听说中间经过曾琦个人擅自的削改(这真是寡头政治)。——然而这不过是聪明的和愚笨的,远见的和近视的,不愿受帝国主义利用的和宁愿受买办阶级指导的种种式子的资产阶级政见之冲突。他们比较有一共同的目标:消灭无产阶级的政治觉悟,破坏共产党的政治势力,以民族或国家的笼统名词欺蒙无产阶级,以口头上的保护劳动社会政策诱惑无产阶级,使为己用而专擅国民革命的指导权。这种"指导",像我们上面的分析,其势必定使国民革命失败或妥协:以反对阶级斗争而灭杀劳农平民参加国民革命的势力,以反对联合各国革命势力而巩固帝国主义的国家。

共产党的政策和共产主义,正因此而不得不加劲发展,否则,共产党的失败,不

---

① 国民会议促成会,是中国共产党、国民党左派和其他进步力量,当时为推进国民会议运动,反对段祺瑞御用的"善后会议",在上海、南京、广州、北京、天津等全国各地成立的联合战线团体。1925年3月举行了全国代表大会。
② 孤军社,以陶希圣、萨孟武等人为主要核心的小团体,以创办《孤军》杂志而得名,鼓吹国家主义,与《醒狮》杂志相呼应。

仅是无产阶级斗争的失败，而且同时也是中国民族解放运动的失败。中国民族解放的唯一道路，只有和无产阶级携手共进，在无产阶级之政治领袖之下，结合革命的联合战线。中国现时正是格外需要共产主义之宣传，不但对于工人农民，而且对于一般人民，甚至于资产阶级和买办阶级；使他们知道人类历史的演进，最终的目的地，必然是共产主义，共产主义的政策——从国民革命以至于社会革命的，不过是革命的，亦就是所谓"赤化"的政策罢了，并没有甚么洪水猛兽似的可怕；使他们知道，世界以及中国无产阶级的力量必然日益发展，资本主义的末日，中国国民革命和世界社会革命的胜利，不久，便要临到；他们那无谓的顽蛮的抵抗，只能帮助帝国主义压迫自己，没有别的好结果。共产主义的发展在中国今日决不太早，只嫌太迟而太缓——以至于增加资产阶级许多愚妄自欺野蛮残狠的枉然的顽抗和梦想。

中国国民革命中的阶级分化虽然开始，然而因为中国的经济状况——使资产阶级知道别无出路，不能得到帝国主义的让步，使小资产阶级知道自己的犹豫畏怯只是造成帝国主义巩固其统治之机会与可能，——这种分化的结果，只能使大多数革命青年和劳农阶级，在经验上更加确定自己的革命意志，巩固无产阶级的政治指导，使小资产阶级等逐步觉悟，因而逐次巩固一般平民阶级的革命联合战线；只有极少数的反动"领袖"将来完全倒到帝国主义军阀买办土豪的怀里去，变成明显的反革命党。

一九二六·一·二九
(《新青年》不定期刊第三号，1926年3月25日，署名 瞿秋白)

30日(星期二)

63.《列宁传略》(《工人之路》第二百七十五期，3月30日)

《工人之路》第二百七十五期刊登奇英的《列宁传略》，全文如下：

毅力坚持天过天，罢工胜利在眼前，日中无事来消遣，就把南音唱一篇，唱吓列宁佢一生，佢生于俄国佢父出自农田，因为做过参议官员家贵显，生其姊弟五个共气枝连，佢年少在家经有一个定见，觉得人群受苦万万千千，悲惨呻吟真正贱，就献身劳动想救佢地出火坑连，到佢十七岁个年，佢兄遭惨变，又以超群成绩毕业优先，乃兄见得俄皇残暴，蛮横□罕见，主谋暗杀被株连，列宁此际得到一个全经验，永不遗忘志□坚，不久又试大学将书来习念，但系未曾一月又被革命除焉，因为参加运动遭憎厌，个的贵族专横恶到显。列宁见得唔方便，一直去左沙马拉慨地方，又隔两年。马克思主义者佢就联埋来训练，至到一八九五年，有个劳动阶级解放社发现，同盟罢业着先鞭，印发标语宣传均普遍，列宁努力勇往无前，后至俄皇骇怕防生变，列宁被逮狱中□，佢苦况画□仍自勉，又定充军条罪，充到近住我国北边，十里荒凉冰结面，无聊孤苦不堪言，佢勇不特不会减消，仍著稿件，共同文字寄返本国作传宣，主将劳动解放才方便，经济慨斗争事显然，重有政治奋斗慨精神，仍要勇健，经济即日系减低时间,与共加我地工钱,改良待遇尤难免,至治斗争,到政首有我地慨政党为先到集会要任得人民从我地意见,出版结社,要得,个自由权,故此就要努力助他,来实现,勿个改良□口,革命就总总遗言,个□俄国人民都□□,就系将来伏线,解放佢的自己出生天,这是宣传功力显,□□□□□□□□□□□□□□□。

(《工人之路》第二百七十五期,1926年3月30日,署名 奇英)

3月

64.《帝国主义政策的基础》(著作,目录)

中国国民党中央执行委员会宣传部刊行,巴夫洛维奇著,朱则译《帝国主义政策的基础》,共218页。目录:汪精卫序,第一讲 关于帝国主义的特质之哲学上的理论——舍耶的理论,第二讲 历史派之说帝国主义的特质,第三讲 马克斯派之说帝国主义的特质——考茨基说帝国主义是工业资本的政策,第四讲 喜尔科丁的理论——帝国主义发生时银行和最近时期的银行——银行资本透入工业——财政资本,第五讲 考茨基之说财政资本和工业资本——北明翰和曼彻斯特,第六讲 列宁的理论——帝国主义是资本主义的最后阶段,第七讲 帝国主义是组合的冶金工业的政策。

4月

5日(星期三)

65.《团南昌、九江、吉安地委联席会报告(节录)》[《江西革命历史文件汇集》(1923—1926年),1985年]

团南昌、九江、吉安地委联席会报告(节录),如下:

……

(2)宣传及练[训]练:

a、对内的训练:一、对候补的同学,特设一训练班,每礼拜开会一次,所讨论者为革命理论及实际方法;二、对正式同学的训练:①理论的讨论;②实际工作的批评。理论讨论为指定看书,然后将看书所得的报告再由组长或书记提出问题交同学讨论。工作批评于常会每礼拜批评一次。

b、对外的宣传:1、文字方面代售关于我们团体的书籍,如明星书社代售《新社会观》等是。刊物(出版)有《江西青年》、《第一师范校刊》、黎明中学的校刊及"五卅"时的《血花》反段及非基"二七"纪念与运动的传单。2、口头宣传及反段运动非基运动等均曾组织[至]讲演队。

(2)宣传和训练:

a、对内的训练:

1、责成每同学看必要书报；
2、每礼拜开会一次讨论所阅书报，由地方派人赴会加以指正。
b、对外宣传：
1、每次政治运动发生均起来应付，如发宣言。
2、刊物，有《浔光》、《九江学生》、《九江青年》三种。
3、列宁纪念、"二七"纪念等日，本团均发有传单
……
3、表同情于我们的——商会。
(2) 宣传和训练：
a、对内训练：
1、指定同学看书，《中青》、《新社会观》等。
2、分配实际工作。
b、对外宣传：
1、推销书报——《唯物史观》、《马克斯主义浅说》、《新社会观》、《中青》、《向导》等书可销百余份。
2、刊物——《吉州学生》(定期刊物)、《吉光》二期(临时刊物)。

(《江西革命历史文件汇集》(1923—1926年)，1985年印刷，第388~391页)

13日(星期二)

66.《新青年》月刊第三期广告(《向导》第一百五十期，4月23日)

《向导》第一百五十期刊登《新青年》月刊第三期广告：

《新青年》又出版了一号了！

《新青年》第三号已于三月廿五日出版。这一号里，关于中国的，有五卅运动、国民会议、戴季陶主义、国家主义等的论文；关于国际的，有一篇对洛迦诺会议为历史的系统的研究和一篇印度同志所作论印度革命运动的文章；而《共产主义的ABC》的著者论文亦是研究马克思列宁主义之宝贵的名著，不可不读的。这一号共有十万字，目次如下(略)。

(《向导》第一百五十期，1926年4月23日)

4月

67. 长江书店(消息)

毛泽民从上海抵达汉口，创办了长江书店，由苏新甫任经理。1927年1月书店附办长江印刷所，设在汉口济生路福生里。长江书店出版《向导》、《群众》周刊、《中国青年》

以及《汉口青年》、《妇女生活》等七十多种各革命团体的进步刊物，重印新青年社、中国青年出版社的进步书刊，出版代售《共产主义的ABC》、《马克思学说》、《马克思主义者的列宁》、《资本主义稳定与无产阶级革命》、《无产阶级之哲学——唯物论》、《社会主义讲授大纲》等书。书店在广州、成都、重庆、长沙、南昌、安庆、万县、九江等地设有分店。7月20日，书店被武汉国民政府查抄。8月4日，书店在《汉口民国日报》上刊登"停业启事"。

5月
1日（星期六）

68.《社会主义与农业问题》(《中国农民》第五期，5月1日)

《中国农民》第五期发表W. P. Miljutin原著，邹敬芳译的《社会主义与农业问题》前二章。内容如下：

第一章　绪论（资本主义社会的都市和田园对立）

在种种方面：经济发达底积极方面，其初期的阶段，已经在社会主义的社会秩序下面，表现出比较明了的形态了。因此：其发达的根本原则，也可以较易领会。

但是：关于农业方面的新社会形态及其法则之开展历程的完成，比起在工业方面来，实要迟缓，而且困难些的，关于这一点，就是使研究农业发达之法则的人们，往往陷于错觉的起因。

经济发达的法则，在工业方面，业已现出比较明了的形态了，因此其法则的推断，也多少基于其生活来行，在农业方面，像这样的事，是全然不能够承认的。

关于农业问题的论争，尤其是关于农业的发达，是向那方面推进底问题的论争，不但是争论的人们底见解，各不相同，而且连农业发达底客观的条件，也要使之难于认识。

这桩事可以从过去的全体经济发达底关系来说明他。在中产阶级的资本主义的社会中间，都市工业和农业，是有狠深的裂痕，所以时常有斗争和竞争的事情出来。这个历程，是从支配阶级——农业方面的地主，工业方面的资本家闹出来的。

资本主义的秩序全体，是由互相斗争而且竞争的各团体成立的，这桩事情，就算资本主义的特征，资本主义社会的经济，是不能够说做统一。所谓有意识的整理；管理而组织成的统一的经济，是没有的，而且不能够存在的。

"国民经济"是由掠夺心狠强的有产者和独占家来代表的。在生产及交换方面，又在采用技术的及实用改良的方面，所操作的事，就是竞争，就是竞争，就是利润追求。

这样的空气，为资本家存在计，是必要的。对于这个东西供给有利的地盘的，就是在都市和田园中间，工业和农业中间，自然的，人为的所造作出来的特殊关系。

地主和资本家，同样拼命来榨压农民和劳动者来成富人的。这种努力，他们无论那一个，都是一致相同。但是，到了一度想要实际实现的时候，他们必然开始格斗起来。地主党员互相团结，来反对企业家，企业家方面，也同样反对地主。资本主义的世界历史，无论甚么地方，都往往充满了顶猛烈地这种斗争的故事。

都市和田园的社会构造，也是同样的大不相同。在都市方面，劳动者阶级的增加，是非常的迅速，在田园方面，那薄有田产的农民们，是占人口的重要部分。

这辈农民们，在经济的方面，固然是被大地主们阻碍住，就是在技术的进步方面，也和他豪[毫]无关涉，远远里落在后方了。但是，从数字上说起来，是占优越的多数，所以所有田园的一切生活上面，都明明白白有着狠大的影响。

最后；都市和田园经济生活底自然的技术的条件，也是各不相同。在生产方面，田园中间是很难应用机械到土地上的，反是，都市就完全有最完全而精巧的技术底支配权了。

这个就是从前摆在经济学者前面的根本问题；就是演成争论底动机的总条件了。

所谓根本问题：就是工业的发达方向和农业的发达方向，是同样的呢？还是大不相同的呢？这个根本法则能够决定以后，那末，社会主义的实际、理论，以及纲领。才只能够树立。俄国社会主义的变革，是先从组织的意识的指导制度下面之统一的国民经济问题起首，使之具体出现的。

在社会主义的社会秩序下面，国民经济是统一的。因此，为一般的福利计，为满足一般人的欲望计，为谋社会主义发达来达到最要的任务计，为求最好的结果计，无论甚么经济政策，在工业及农业方面所当实行的是甚么——这个问题，就是我们为求农业经济的发达，无论到一种甚么程度，都是要凭客观的，科学的了解之后，才能决定的。

第二章　关于农业发达方向的争论

试注意到经济学的理论；我们就可以在这方面，发见关于农业的本质。有两个根本的见解，是从古到今常相争论的。

第一的主张，就是经济发达的根本法则，对于工业也好；对于农业也好，本质都是相同的。同时，结果固然也稍稍有点差别。但是，本质总是相同的。再无产阶级，无论在都市也好，在田园也好，都是具有指导的组织的力量。

在工业方面，无论是谁，都是知道大规模生产的发达历程——即集积及集中的发达历程，是完全"明了而决定的"进行。这个发达历程，在二十世纪初头，是取独占的资本底态度——即发达到最高度的托拉斯和行会的形态的。

同志列宁说："工业的伟大发达和一切大规模的急遽集积历程，就是属于资本主义最显著的特征。"

在工业方面已表现这么显著的现象了，农业方面固然没有那么明了，但是〈;〉也可以这样观察：总是和他相类似的。因为生产力和经济关系的发展，经济生活"统一性"底结果,就是在农业方面,也是到了大规模生产来征服小经营;完全的机械来驱逐原始的劳动;商品交换来驱逐自然经济。经济学劈头就不可不把这个发达历程加以考虑的。

柯祖基(Karl Kautsky)常常在对于达维(David)的辨[辩]驳中间、曾经指示这个理论底历史的道程。重农学派以来的古典学派,普通都是大经营的优越,把大经营放在小经营的上面。但是,自前世纪中叶以来,这派人的理论,已开始变革了——即中产阶级的理论,是表同情于自耕农民的。七月革命的意义,好像就是这方面的转回点。自社会主义的理论说共有财产制有代替私有财产制的必要以来,自由主义的经济学者,就试行挑拨小自耕农民来反抗他。像傅立叶(Fourier)和涡文(Owen)们这样的空想的社会主义者,是辨[辩]护农业大规模的生产,国民经济的"统一性",以及田园和都市——工业和农业底结合的。譬如傅立叶说:在凭各家族来劳动的我国土地耕作制度下面,结局各农民是想尽全力来反抗一切合理的方案的。

其次:傅立叶是说将来的国家,给予农业的地位,要比工业优越些。因为他想:"和农业同在一水平线上的工场工业,在共产制度下面,不单是农业的一个补助机关;而且还是隶属于农业的。"(引用一九一九年莫斯科出版〈科〉的《傅立叶选集》,俄译本七一~七六页)

在十九世纪的中叶,路易柏郎(Louis Blanc)嘉白(Cabet)以及其他两三位先生都是辨[辩]护农业大规模生产的。

马克斯主义,站在十九世纪及二十世纪经济发达的一般视线上,是可以说是农业理论底科学的完成。

关于农业问题方面,马克斯的根本原则如左:

(一)农业大经营的发达以及所有地的集积,是不可避免的。小规模生产,无论在农业也好,工业也好,都是同样隶属于资本主义的大经营下面的。

马克斯(Karl Marx)以为:小所有地在性质上,是和社会生产的劳动力,社会的劳动形态,资本底社会集中的发达,以及大规模的牧畜及科学之高度应用,不大相容的。

柯祖基极力说:"农业底发达,正是对于大经营供给科学及技术丰富的补助手段。至于要把农业成大经营,是要和耕作者的专门教育并行不悖使之在一切方面都能够维持优越地位,这是毫无疑义的"。(Karl Kautaky: Die Agrarfrage, Stuttgart 1899, S, 105)还有其他著名马克斯主义的理论家,关于农业问题方面的根本论文,所述的也是和前面相同。

(二)农业也要在商品交换的范围以内。因为这样,所以生产和信用关系等,也在田园中间发达。

同志列宁说:"中农阶级,也是隶属于市场的,至于大农经济和贫农;以及农村无产者的经济,那更不消说了。所以观察农民经济,蔑视了市场,交换,商品生产底优越而增大的职能,那劈头就错误了。……商品交换及商业,侵入农业内面的结果;农业成了专门的,这个专门的,越发发了。……"(Lenin; Die Agrarfrage in Russland am Ausgang des 1I. Jahrh underts, nussisch, S. 63.)

农业之一般的发达历程，引起了下面所讲的第三个原则。

（三）使村民一定的阶级分裂。——即田园无产阶级，中产阶级，以及田园有产阶级的分裂。同时阶级争斗，也在田园里发达，从阶级斗争所产生的一切结果，也同时出来了。

从阶级争斗所产出来的结果，不外下面所讲的几点：（一）社会的变革，是不可避免的；（二）在农业方面创造出新的形态；（三）田园中无产阶级及半无产阶级的组织。

以上所说的，就是马克斯主义者的著作中间所讲的原则。这类著作中间最重要的；要算柯祖基和列宁两人的著作了。

农业关系的发达，固然是狠迟的，但是，因为和工业同走一条路的关系，所以也是得到同样的结果——无产阶级的独裁制，无论在都市也好；田园也好，在社会变革的时机，都是有一般的，组织的；促进的力量。

这种理论，就是劳动者阶级革命运动的表现。

不过，这种理论，对于别派的社会主义，是断然有争斗的。这一派，对于资本主义的社会，是立于反对的立场，但是；在本根本方面——生产手段的私有和商品交换，是开弓不放箭，不大攻击的，换一句话来说；就是活动于无产阶级和有产阶级中间的小资产阶级一派。

这个小资产阶级的理论，在各种标语的下面，社会主义的运动，老早就活跃起来了，尤其是恰好在社会主义过渡期的中间，都普及了。

据这第二派的见解，是以为农及田园关系的发达，和工业方面的发达，完全不同的。因为这样；工业的发处[达]，就是小规模农业的基础。

英国的宪章党是农业小经营的同情者，法国蒲鲁东（Pronahon）以及他的信徒，也是同样辩护农业小经营底优越的。这种说法，当十九世纪末年，在小资产阶级的社会主义者及改良的社会主义者中间，尤其是特别尊重。

这派思想家，在西欧方面，就是有名的有维。他在现在，居然做劳动者阶级的敌人，在德国参加了压迫共产主义运动的人了。

在俄国方面拥护小农经营的，大概就是社会革命党和社会民主党了。在这方面季诺夫（Tseher naw）和柏雪诺夫（Pevehechonon）的著作，都可以看做这一派底见解的典型。有维说："我们当努力把农业大经营，变做自耕农的小经营，这是一种极有价值的目的，毋须乎踌躇。"

有维又说："现在看做农业政策纲领底一段落之农业劳动者'生产合作'思想，当然可以非难的。……我们要把大经营的土地，分给小自耕农的要求，放在农业劳动者的第一位。这桩事，真真里能够使农业无产者感动。"（E. David: Sogralismus und Laindwirtschaft, Berlin 1903. S. IIff.）

我们在这里，实没有加甚么注解或说明的必要。在我们的前面的，有维持所有的原则，并且因此定下一切的纲领。不消说，保护固然是先要给小有产者，但是，说起所有的原则来，是要把能够努力而且可以达到的理想，当做一切实际活出的基础。

有维是从生产的立场来论列小农经营的优越，并且加以解明的。他主张小农经营，在集约的土地耕作底方面，对于最合理的生产，是最有理的前提。

这类的见解，又为自 W、W（译者按：系匿名的著者。）起到季诺夫（V. Tschernow）止一般的理论家，充分的表明而且拥护了。

又这理论，在社会主义的理论方面，为实现社会主义而来斗争，究竟有共同点没有？战争的经验，无论那一国，都是一样，没有例外，凡信奉这一说的人，在颠覆资本主义的秩序，而且想要实现社会主义而来开始实际的斗争且有进步的一千九百十四年到一千九百十八年的时候，都已经自己证明他们是资产阶级的，无产阶级的秩序底拥护者了。固然，在这点也和其他一样，他们并不坚实和固执的。他们脱离社会主义和无产阶级，同时也时常一反一复的脱离资本主义底坚实的信奉者。像达维和季诺夫这类的人，以及追随他们的党徒，都是时常从右到左，或从左到右来活动的。

又除外以外的事，实在没有可以期待的理由。

这理论，是不能够指示社会一定的过渡阶级——在社会的发达中间，不能够指示自己所行动及努力的一定向。不过是小资产阶级的，非组织的团体底小资产阶级的财产关系之表现罢了。

指示这个改良主义潮流之一变象的，在俄国方面，要算季卡觉诺夫（A. W. Tschajanow）马卡罗夫（N. P. Makarow）李卜尼可夫（A. A Rybnikow）布鲁克司（Brulskus）及其他比较幼稚的学者这一派人来代表。说起他们的理论来，就是反映自耕农的真正倾向——他们特别是组织产业协作的实际的思想家。

从这个立□讲起来：这一说比较季诺夫（Viktor Tschernow）以及其间的瞬昧理论，实还有一点更为真实的意义。

做他们学说底出发点的，就是各自耕农经营。因为据他们的意见，以为各自耕农经营，对于农业的发达，是最有利的地盘。小自耕农的产业协作，对于各小自耕农经营，是有给予技术和生产物底组织的贩卖以及信用供给一切利益的可能性。

季卡觉罗夫说："我们把自耕农经营，看做俄罗斯将来国民经济秩序的基础，所须要注意的，就是自耕农经营，从他的性质上说起来，是和资本主义所组织而经营的，完全不同。自耕农经营，第一就是家族经营，他的全秩序，就是由从事耕耨的家族中间人数和人的年龄之相当，以及因其消费的必要和〈他〉他们的劳动到底相互关系来决定的。"（A. W. Tschajanow und N. N. Makarow: Wesen der Bauernwirtschaftund das agrarregime , moskan 1918 russ S. I und 2.）

他们的见解，就是以为：农业的目的，在对于各自耕农经营，获得最大的收入。

立在这个基础上的这一派人的经济政策，是离开一般的经济历程，单只表明独立的小所有者的利益为限度，这个限度，本来不管在小资产阶级的圈内也好；在社会主义组织的范围内面也好，都狠适合的。就这点讲起来：到某种程度止，小所有者依然存在，单就现在的实际方面理论，这一派是狠坚强的，又生产手段的社会化，生产物调节的独占化，由国家来分配生产物等等关于将来的发达方面，这一派人是讲的狠弱的。柯夫曼批评这派的话，也有几分正当。他说："他们所叙述的议论，全部都是取材于达维，不过他们把议论的某一部分，特别鼓吹，所以弄得不合理的夸张。"(Kaufmaun：Agrarfrage in Russland，russisch，S，207)

我们要是把这种学说放在国民经济生活全体的基础上来看，并且从把协作组织的过小经营做目的〈的〉立场，来观察农业的发达，这种学说的性质，是空想的，马上就知道了。把迟迟没有发达的国民经济形态，成了理想化，这个理想化，也不过是一种感伤的神气垧在内面。

从这个理论的立场讲起来：像国民经济的统一，农业和工业的融合，劳动底社会的团体组织等等，都是完全不成问题的。

说起一切的理论来，谁都知道不过是确定一般的法则和发达倾向的。无论是谁？就是最大的学者，也没有能够预定某种事件在将来所取的具体形态底道理。

我们从已[以]往到现今止，关于农业发达所观察的理论，不过仅仅能够确定其发达底一般的法则而已【,】至于我们从实际生活的经验讲起来：实可以使内容成熟。不过就以前所作底一般的法则，由现今的实际经验来试验他。

因为试验的结果，已经指示过生活，一方从科学的说法是正确的，他方的说法，是错误的。从生活的实际，已经确证事物的发达，是把社会活动的发达做起点，再进而从各个人所豫言的方向来进行的了。

就是马克思主义的理论：由我们的经验而且从日常生活试验的结果，在实际上是最完全准确的。

信赖小生产者的话，无论从政治的见地说来也好，从技术的观点看来也好，都是错误的。改良主义派的理论，已经证明是和公共的生活底进步，完全相矛盾的。

俄罗斯的社会革命，就是飞越这理论的。

我们就后面具体的例子看来，这种说法，是空想，是旧式，我们反对他，非难他，是完全正当，已经明白了。

俄罗斯社会革命的实际，就是对于理论上的推论，也是完全供给了一点新的基础。在农业方面的新共同形态的发达，也明明指示过在现今社会所称为"村落"的广大领域之一般的发达方向了。

（第二章完）

(《中国农民》第五期，1926年5月1日)

69.《中国共产党五年来之政治主张》(著作，目录)

《向导》周刊社出版《中国共产党五年来之政治主张》一书。全书共178页，定价1角。目录：

第二次全国大会宣言
第一次对于时局的主张

为吴佩孚惨杀京汉路工告工人阶级与国民

告汉军兵士

一九二三年五一节敬告工友

第三次全国大会宣言

第二次对于时局的主张

第三次对于时局的主张

第四次对于时局的主张

第四次全国大会宣言

第四次大会对于列宁逝世一周纪念宣言

为孙中山之死告中国民众

一九二五年"五一"告中国工农阶级及平民

为反抗帝国主义野蛮残暴的大屠杀告全国民众

告五卅运动中为民族自由奋斗的民众

五卅二周月纪念告上海工人学生兵士商人！

为南京青岛的屠杀告工人学生和兵士

为坚持罢工告工人兵士学生

全国被压迫阶级在中国共产党旗帜底下联合起来呵！

为总工会被封告工友

对反奉战争宣言

为郭松龄倒戈告全国民众

为日本出兵干涉中国告全国民众

为吴佩孚联奉进攻国民军事告全国民众

中山先生逝世周年纪念日告中国国民党员书

为段祺瑞屠杀人民告全国民众

70.《中国共产党五年来之政治主张》广告(《向导周报》第一百六十三期)

《中国共产党五年来之政治主张》广告：

这是一本集子，包括中国共产党所有宣言告民众书等。读者在这本集子中，可以看见中国共产党无论在那一时期，都是站在民众前面，中国共产党的政治主张正是广大民众最迫切的要求。中国共产党是中国民族解放斗争之前锋。初版一万份已售罄，再版增订本不日出售。　定价大洋1角。广州国光书店代售

(《论北伐》夹页广告，1926年9月)

5月
30日(星期日)

71.《马克思的中国民族革命观》(《政治生活》第七十六期，5月30日)

《政治生活》第七十六期刊登猎夫的《马克思的中国民族革命观》，全文如下：

马克思批评当代历史事实的论文，是无产阶级研究马克思的人们绝好的材料的宝藏。我们现在要想根据马克思主义就中国现在的民族革命运动寻求一个显明的分析，最好是一读马克思当时关于中国革命的论文。从此我们不仅可以得到他的公式，我们更可以看出他怎样的应用他的研究的方法，以解剖那赤裸裸的历史事实，整理那粗生的材料，最后我们便可以得到一个明确的结果。

前年莫斯科无产阶级政治论坛，曾有一度勃兴了研究中国太平天国的革命运动的狂热，拉荻客在真理报上发表论文，谓太平天国的变乱，恰当马克思生存的年代，何以遍在马克思的著作里，找不出关于此事的评论？近者美国出版的"工人月刊"载有马克思"中国及欧洲的革命"一文，这是非常重要的材料，足见马克思的著作，还有很多埋没在图书馆的故纸堆中的，真是可惜！马克思这篇论文是一八六二年八月在纽约日报发表的。原来马克思充该报的外国通信员，是一八五一年至一八六二年的事，而太平天国的年代，恰恰是由一八五〇年至一八六四年，正与马克思在纽约日报上发表论文得到年代相值。这一篇论文，说明太平天国的变乱实为大英帝国主义侵入中国后第一次中国国民革命的大运动，并且指出中国的革命将要影响于英国，经由英国影响于欧洲的关系，这实在值得我们的注意研究，尤其在中国国民革命运动普遍全国，英国发生空前未有的大罢工的今日。以下便是马克思论文的译述。

"一个探求支配人类运动原理的深玄的想像家，惯称两端相接的法则，为支配自然界奥秘的原则。在他看来，俗谚所云'两级相遇'者，在人生的每一方面，都是一个伟大而有力的真理，这一个原理，哲学家用之，可以执简驭繁，如同天文家用 Kopler 的法则或 Nowton 的伟大的发见(引力的法则)一样。"

两级相遇，是否是那样一个普遍的原则？姑勿深论；而此原则之显明的表现，是可以在中国革命似将影响于所谓文明世界的结果看得出来的。说欧洲人民的未来暴动，和他们的为共和的自由与政府的经济的未来运动，其系于现所经历于此天朝帝国者将远胜于现存的任何其他政治原因，抑且胜于俄罗斯的威胁，以及从而发生的全欧战争之似有可能，这似乎是奇而妄的推论；但此并不谬妄，只一细察此事的实状，便可洞明无余了。

不管什么是他的社会的原因，不管他们听的是什么宗教的朝代的民族的形式，他产生了慢性的变乱，过去约十年间存在于中国，现在集合起来，成了一个可惊的革命。他的暴发的机会毫无问题是那强制输入麻醉毒品□作鸦片的东西于中国的英国大炮所给与的。在英国炮火之前，满洲皇统的权威，扫地无灵了；天朝永世的迷信，全然打破了；封锁未开与所谓文明世界未曾接触的孤立，骤被侵入了；东西交通的开发，从此以后，在加利佛尼亚州及澳洲的黄金的诱引之下，很快的进行。同时这个帝国的银钱，——他的生命膏血——开始流出于大英帝国的东印度了。

一八三〇年以前，中外贸易的平准，还是中国方面站在有利的地位。银货不断的由印度不列颠北美合众国输入于中国。一八三三年以后，特别是一八四〇年以后，则银货由中国到印度的输出，几乎耗竭了这个天朝上国。于是中国皇帝严令禁止鸦片贸易，但是所得的还答，是对于他的法度与以更强的抵抗。除去直接的经济结果以外，关联于鸦片密输的贿赂出行，将中国南方各省国家官吏的风纪完全腐化。如同把皇帝看作全国的父亲一样，皇帝的官吏，亦被看作是对于各该属系县邑的维持亲长关系者。但此父权的威力，是维系国家全局惟一的，道德纪纲，渐为以默许鸦片密输自饱私囊的官吏的腐败所蚀毁了。此种情形，曾多见于发生变乱的南方各省，鸦片遂适如其分以获得了制御中国的主权，而皇帝及其官派十足的臣仆，乃以丧失其所自有的主权了。这好样历史于他把中国全民族从其遗传的愚昧中拯救出来以前，先使他们沉醉一回似的。

英国棉花的输入，从前几乎没有，英国羊毛的输入亦只有少许。至一八三三年以后，则二者输入于中国，很快的增加，这是由东印度公司把对华贸易独占转移到私人商业的时期。至于此等物品大规模的输入中国，乃在一八四〇年以后，这是其他各国特别是我们自己的国家（北美合众国）在中国贸易亦获得一份的时期。这个外国制造品的引入，影响到本地的产业，同他从前曾经影响到小亚细亚，波斯，印度，一样。在外国竞争之下，中国国内有许多纺者织者，都遭受了很大的艰苦，而社会生活，亦随着外货入侵的程度呈出不安的景象。

一八四〇年不幸的战争以后，赔款必须付给英国。那巨额的不生产的消费的鸦片，随着鸦片贸易而生的贵金属的流出，外国竞争对于本地制造品的破坏的影响，公共行政的腐败情形，产生了两件事物：旧税益加烦累，新税又见增设。这样，在一个一八五三年一月五日由北京发出的皇帝诏令里，我们可以察知有些命令颁布给武昌汉阳等处以及南方各省督抚，令他们减轻或延缓人民的纳税，特别是无论如何不许强取以逾定额。诏令上说，倘不这样，则"贫若人民将何以堪？"诏令上又说："则当举国艰忧之时，如此吾民或□□于□吏□□之祸矣"云云。这样的辞语和这样的宽假，我们犹忆在一八四八年头曾从奥地利亚听见过，那是日尔曼的中国。

所有这些集合起来从着中国的财政道德产业及政治构造而行动的崩解的动因，在一八四〇年英国的炮火之下，领受了完全的发展。这个炮火，打落了清朝皇帝的威灵，强迫了这天朝上国与俗野的世界相接触。完全的孤立，是老大中国保藏的原状，那个孤立必须依英国的媒介来—强制的终结。分解必定随之而起，这与谨藏在封固的棺中的木乃伊，不论何时，—与空气相接，立即分解，一样是确然的。现在呢，英国已经造成了中国的革命，问题是那中国的革命怎样的迟早将其反响及于英国，经由英国以及于欧洲，这问题是不难解决的。

一八五〇年以后，读者常被唤起，使其注意及于英国制造品不平行的发长。在那最可叹的繁荣中间，不难指出一个逼近产业危机的显明征候。虽然有加里佛尼亚州和澳洲，虽然有浩大未曾前闻的移民出境，苟无任何特别事变，在一个相当时顷，迟早总有一天，市场的扩张，不能齐驱并驾于英国制造品的扩张。这种不相比齐，必要造成一个新危机，其确定与过去所曾经历者全无异致。但是假如大市场中之一忽然变成缩狭，那么危机之到来，亦必因之而加速。目下中国的变乱完全有此影响及于英国。开新市场或扩大旧市场的必要，是英国茶税低减主要原由之一，期于以茶的增加的输入，谋对华制造品的增加的输出。现在每年由联合国 The United Kingdom 输出到中国的价值，在一八三四年，东印度公司所享有的贸易独占权废止以前，总额只为六〇〇·〇〇〇磅；在一八三六年，总额达于〈于〉一·三二六·三八八磅之数；在一八五四年(此年代疑有误)又增加到二·三九四·八二七磅；至一八五二年，则达于约三·〇〇〇·〇〇〇磅了。至于由中国输入于英国的茶的总量，在一七九三年，尚未超过一六，一六七三三一两；但在一八四五年，达于五〇，七一四，六五七两；在一八四六年，则又达于五七，五八四，五六一两；现在(一八五一——八六二年)已超过六〇，〇〇〇，〇〇〇两以上了。

上季的茶收获超过前年的额，不下二，〇〇〇，〇〇〇两，已经为上海的输出表所明示。这个超过，有两个情由可以说明：一方是一八五一年终的市场情形很是低减，多量剩余下来的过剩物品，移入于一八五二年的输出；在另一方，是那关于茶输入的变更的英国立法的近顷报告，传到了中国，使所有的有利的茶，都以极贵的价钱，上了预备市场。但是关于来季的收获，则情形大异了。这可以从伦敦某大茶庄的通信中，摘录下来的下列语句证明：

"在上海，恐惶已达于极点。金价涨了百分之二十五，银的缺乏至于一点亦不能不见得以还付英船对于中国应付的税款，这于出港许可是必须的。因此阿尔阔克 Alcook 君曾同意于负有对中国官吏交还这些税款的责任，而以东印度公司的票据或其他认可的担保的领收为质。设若着眼于商业的最近的将来，则贵金属的缺乏，乃为最不利的景象之一。固为此种空虚，适值于他们的使用最是需要的时会，以致茶系的购买者深入内地影响于他们的购买，为此等购买，须以正在腾涨的金银块付价，以致那些生产茶丝者得以尽操纵的能事。"

"历年此季，开始办理新茶以为常。可是在现时除去保障人身与财产的方法而外，什么亦谈不到。一切交易都已截止。……设若在四五月中不能应用那些保护茶叶的方法，这黑茶绿茶一切纯良种类均包含在内的早期收获，将成为同在复活节尚未成熟的小麦一样的损耗。"

现在保护茶叶的方法，一定不是英美法等国的舰队驻在中国海中可以给与的。可是因为他们的干涉，这些却很容易产生像那可以切断产茶内地与输茶海港间一切交易的纠纷情形。如此则于现在的收获，一个价格的腾起是可以预期的。(投机已经在伦敦开始了。)即于次季的收获一个大的缺乏，亦是同样的确定。不宁惟是，中国人亦同在革命的震动时期中的一切民族一样，虽然准备着将他们手下的那一切笨重物品卖与外国人，而如东洋人在大变动的恐怖中所惯作者然，亦欲置之于贮藏。故于茶丝的取债，除硬货的钱币外，则多不愿受。英国于是乎可以预期他的主要消费品中之一的价格的腾起，金银块的流出，出售他的棉花和羊毛制品的一个重要市场的缩狭，即那一切威胁商业社会沉静精神的事物的乐天祝咒家的"经济学派"，亦不能不作如下的语句了：

"我们不要自信觉得一个为我们输出品去到中国的市场，其广大一如从前。……我们对于中国的输出贸易将遭蒙损害，满切斯特 Manchester 及古拉斯哥 Glasgow 的生产，将有一个减少的要求，这是最可能的。"

切勿忘记了像茶那样一种必需的物品，像中国那样一个广大市场的缩狭，将适合于一个西欧的歉收，从而发生麦谷和其他农产品价格的腾贵，于是缩狭了制造品的市场。因为每一种首要的生活必需品价格的腾涨，依一个相当的对于制造品的需要的低减，相为消抵以保内外的平衡。迩来大不列颠各处，时闻关于收获减色的叹声，"经济学派"关于此问题有云：

"在英伦的南方，不仅有些土地尚未耕种，并有许多已种的田，亦呈出恶象，或则谷实的发育不良。预定种小黍 Wheat 的濡湿下田，正在发生损害的征候，已极明显。种□菜 Mangol-wurtzel 的时期，现在可以说是已经空误了，种植的很少。而那预备植种芜菁 Turnjp 的田时，看看亦迅将过去，为这样一种重要的收获的任何充分的预备，亦没有安置妥当。……燕麦的耕种，被雨雪妨害了不小。及时下种的燕麦很少，迟种的燕麦，少有能得丰厚的收获的。……在许多区域内，饲养的羊群间的损失，其价值亦不在少。"

谷以外的农产品价格，比去年的增高百分之二十至三十，甚且有百分之五十者。在欧洲大陆，谷较在英伦腾高，而在比利时及荷兰，则菜麦 Rye 高涨了一倍。小麦及他种谷物，亦从其例。

在这种情形之下，因为普通商业范围的大部分，已为英国的商业所荡尽。我们可以很稳当的卜知中国革命将掷其火星于现在产业制度积载过多的地雷上，而致此长期准备的总危机的爆发。这个广播海外的总危机，将为欧洲大陆的政治革命所紧接。中国送来骚乱于两方世界，而两方列强方由英法美的战舰载着所谓"秩序"到上海与南京。这是一个伟壮的奇观。这些将要援助那动摇的满洲皇统的秩序贩客的列强，忘记了对于外人的憎恶并驱逐外人出此帝国，从前只是中国的地理的人种的位置的单纯结果，而自满洲鞑虏征服此邦以后，几成为政治制度了么？在十七世纪末，那互相竞敌，争着与中国通商的欧洲各国间的纷乱轧轹，给了满洲所采行的排外政策一很大的助力，是明显无疑的事实。此外这个新朝因恐外人或将袒右那当中国人民被征服于鞑虏的上半世纪间在大多数华人间存在的不平，而益促其采行排外政策也更剧。根于这些顾虑，当时外人遂被禁止而不许与华人交际。外人只准经由一个离北京及产茶地方甚远的都市，广州与华人通商。而外人的通商，又只限于与行商交际。行商是政府特许公开的从事外国贸易的商人，为的是使其余的人民得以避免与那可憎的远人相接触。无论如何，西方各国政府对于中国的干涉，此时只能致中国革命愈益猛烈，愈益延长商业的停滞而已。

同时关于印度有须注意的，是那个世纪的英国政府，足有他的□入七分之一，是靠着售卖鸦片于华人的，同时印度人的大部分，又□着在印度鸦片的出产，以需求英国的制造品。华人对于鸦片的使用的非难，并不减于德国人的禁绝淡巴菇 Tobacco。但是因为这位新皇帝知道赞助罂粟的培植及在中国自己境内鸦片的预备，很明显的将立刻予印度的培种鸦片事业，印度的岁入以及印度斯坦的财源，以绝大的打击。此种打击，虽不能立刻即为与此有关的利害关系所感觉，经过一个相当的时期，将必显其效用，将必加厚并且延长这普遍的财政危机。这危机是我们已在上文卜定其运命的。

自从十八世纪开始以后，在欧洲未曾有过激烈的革命而不先朕[联]以商业和财政的危机者。此理证之于一七八九年的革命与一八四八年的革命悉无二致。这是实在的，不仅仅我们每天看见那些统治的权力者与其人民间，国家与社会间，各阶级间，冲突的胁迫征候，一天一天的加多；便是现存的各强国间的冲突，亦似乎将要达到图穷匕见的程度，最后谈判的机运亦且若现若隐了。在欧洲各国的都城中，每日都有关于普遍大战的飞书相告，一到次日，此等消息，又复消灭了。似乎又有个半星期的平和的确保了。虽然，我们的确知道，欧洲列强间的冲突可以达到无论如何的极度，外交界的情形可以显出无论如何的危迫，由于这个国那个国的些个狂热的党派，无论如何的运动都可以企图；可是那些王公的忿怒，人民的愤慨，都一样的被那繁荣的呼吸销[消]沉下去。战争与革命，都一样的不能令欧洲争开起来，除非是一个普遍的商业的和产业的危机之结果。这个危机的信号，与凤常一样，必要发自英国，他是世界市场中欧洲产业的代表。

注意政治的关系是不必须的。就以英国工厂有未曾前闻的扩张，英国的公开政党全然瓦解，法国的全部国家机关变成了广大的诈骗投机卖买的商馆，与地利亚的财政濒于破产，招人民仇恨的错误层层叠叠到处都是，反动的列强间的利益冲突，和那曾经一度显露于世的征服世界的俄罗斯迷梦，等等事实看来，在这些时候，那样一个危机，必定产生。

我们读了马克思这篇论文以后，应该很明确的认识出来中国国民革命是世界革命一部分的理论和事实。在世界革命的运动中，中国和英国所居的地位，最为重要；因为英国是世界市场中欧洲产业的代表，中国是英国帝国资本主义销售商品的重要市场。中国国民革命运动的扩大，就是英国帝国资本主义销售商品的市场的缩狭；这个缩狭，可以促起普遍危机的迫近，加速世界革命的爆发。这种英国帝国主义对于中国的压迫，造成了中国革命；中国革命更以其影响还答于英国，经由英国还答于欧洲，造成了英国革命，欧洲革命，乃至世界革命的关系；在马克思生存的时代，就是太平天国动乱的时代，是如此；即在今日，中国全国爆发了反帝国主义运动的时代的亦还是如此；直到世界革命完成的那一天为止，总是如此；不过这种关系的暴露，一天一天的明显，由中国革命以趋于世界革命的倾势，一天一天的逼近罢了。中国国民革命运动的主潮，自从太平天国动乱以还，总是浩浩荡荡的向前涌进，并没有一刹那间的停止。帝国主义对于中国民族的压迫，只有日益增加；故中国民族之革命运动，亦只有从之而日益强烈。现在怎么样了？帝国主义者与从前一样，否，现在更有百倍于从前，日惟用其驻华军舰载来所谓"秩序"，——大屠杀，由上海而广州，而九江，而汉口，乃至北方的北京，天津，济南，青岛，旅顺，大连，到处都有中国民众被屠杀于他们所谓"秩序"之下的血迹，即到处都有中国民众反抗列强的斗争。因为对于压迫的还答，只有反抗；对于他们镇压我们的"秩序"的酬应，只有我们反抗他们的骚乱，这便是革命。依"礼尚往来"的礼让，这个骚乱亦必然的要输运到欧洲去，输运到一切帝国主义的国家去。帝国主义者倘如横来干涉，中国民众的运动，马克思说的好，这个干涉，只能使中国的革命运动日趋于凶猛，只能致列强在中国的商业日趋于停滞。屈指一算，现在距马克思作这论文的时候，已经七十三年了。中国的革命运动，一天一天的扩大，欧洲的危机，一天一天的逼近。最近两年间，中英两国无产阶级政党的发展，大有一日千里的势子；在全世界各民族的无产阶级革命运动竞赛中，有首屈一指的进步。现在与中国国民革命运动普遍全国的今日同时，英国工人号召了一个几百万人参加的空前未有的大罢工，正如铜山东崩，洛钟西应，这是不是英国资本阶级以其用军舰装来的"秩序"，由中国换去的骚动？这是不是中国革命的火星，已经进入欧洲产业制度积载过重的地雷上，将要产生一个大爆发？那逼在眉睫的革命的历史事实可以证明。

（《政治生活》第七十六期，1926年5月30日，署名 猎夫）

6月
10日（星期四）

72.《苏俄共产党内讧的真相》(《东方杂志》第二十三卷第十一号，6月10日)

《东方杂志》第二十三卷第十一号刊登了从予的《苏俄共产党内讧的真相》，全文如下：

苏俄共产党——自今春大会以来，实际上已改为全联邦共产党——是现在俄国专政的政党，最近各国报纸上纷纷传说共产党发生内讧，已趋分裂，但是数阅月来，俄国方面却并无什么变动。原来这只是一种政见的争执，多数的既然得胜，少数失败的也只好服从了。并且，像这样的事，苏俄共产党自革命以来，即不一其例：如对德和议问题，实行新经济政策问题，劳动组合问题等等，尤以对德和议问题，赞否两方争执最烈。那时外有德国苛刻的议和条件与最后通牒，内部媾和派（李宁即其领袖）与主战派（布哈林，脱洛斯基，拉迭克等）各不相下，形势真是危险得很。后来，李宁毕竟以在共产党大会获得多数的赞成而胜利了，主战派亦遂没有说话。这是李宁生前的事。他在一九二四年一月死后，同年秋，在党内又发生激烈的争执。脱洛斯基因为所著《十月革命的教训》内，有否认党干部之意，于是两派发生纠纷，结果脱氏去职，而共产党卒无事。大概历来的纷争，都是李宁派与脱洛斯基派的对抗。但最近第十四次的共产党大会，却与脱氏无关，完全系李宁派内部徐诺维夫与斯塔林两方因农民政策的冲突。

今年一月,第十四次共产党大会,徐诺维夫一派因在国际方面(一)世界革命有顿挫之势(如德匈两国革命的失败,英意两国革命之无望,)(二)国际资本主义虽受大战的创伤,渐有恢复之象;而国内方面则(一)俄国就技术上言到底还是农业国,(二)新经济政策的弊端在都市及乡村上日渐显著,于是怀疑俄国单独实现社会主义的不可能。他们以为新经济政策虽是到社会主义的路,但就其自身而言,却反是向资本主义而后退。由这新经济政策之实行,于是软化思想,日益张大,大有使无产阶级的政权陷于危境的危险性。要预防此种危险,实际上只要能够谨慎小心便得,把新经济政策扩大了,有什么用呢?(此扩大的新经济政策即共产党的新农民政策,详待后述。)

共产党中占多数的布哈林,斯塔林一派,以为徐氏此种主张系消极的怀疑主义,对于国民必将发生不良影响:

"俄国由其经济的事实之所昭示,确是一步步的向着社会主义的建设而前进。新经济政策,其所含的意义,决不止仅向资本主义后退。照李宁的意见是包含(一)退却,(二)重整军势,(三)反攻,三种行动;是一种伟大的战术。由此战术,乃能在将来获得胜利。"

这是两派关于新经济政策的性质的主张的要点,此外还有与新经济政策相关的国营工业的性质问题——国营工业的性质,到底是社会主义的呢,还是国家资本主义的呢?反对派代表凯美纳夫以为现在的国营工业,从所有权关系方面看来,(意指由无产阶级管理而言,)固然是社会主义的;但从人的关系说,(即劳力之组织,支薪的形式等,)却不是社会主义的。故统而称之曰社会主义的事业,殊未免抹杀事实。但斯塔林一派则谓俄国的国营工业决不能分而为二,国营工业的劳动者,他们自己就是事业的主人及管理者,故与在资本主义时之以薪俸而受人剥削者不同。总之,不论从所有权这点而言,或从人的关系而言,都可以确当的说是社会主义的事业。

但是这两个争点,并不算是重大,两派纷争的焦点实在农民政策问题。俄国国民,大半都是农民,故两派政策的争执,影响于国家的运命,殊非常重要。什么是农民政策问题呢?换句话说,就是斯塔林与徐诺维夫两派对于各阶级的农民(富农,中农,贫农)的不同的政策。在去年四月党干部会会议决有所谓新经济政策扩大案即:(一)土地租借之许可,(二)农村中劳力雇佣的许可,(三)关于制定谷价的行政的强制权,此后废置,(四)税制之整理,(五)由促进农产使商品化的各条项的实施,以增进农村的生产,图国家经济更大的发展;同时并实行一种政策,将在农民中人数占其大半的中农使之离去中立状态加入无产农民方面。这是斯塔林一派的主张。徐氏一派则绝对的反对此扩大案,以为这不过增加了富农的势力,将来由他们与都市的资产阶级的结合,必致陷无产阶级的政权于危殆之境;所以最好还不如树立以贫农为中心的政策,以抵当富农的势力。

考徐氏所论的要点,如土地租借与劳力雇佣的许可,以及其他扶助农村资本主义发达的政策,固然具着一面的真理,不能否定,如富农因此不得自由的榨取贫农了,自然反革命的势力也无从养成。但在无产阶级执政,土地业已国有的今日的俄国,却只是一面的真理,不能说是完全的真理。故布哈林的意见,以为今日的俄国,论情形并不是富农将土地租与贫农,而为贫农将土地租与富农。贫农自国家方面分得了土地,但因为农具家畜等的缺乏,耕作能力自不免受到制限。因此之故,一般贫农自不得不将所得的土地,以微少的租金秘密租与富农,并将其劳力亦贡效于富农,这都是贫农最大的障害,在现行法律上是严禁的。新政策的实施,便是改正贫农的障害,并且也是他们所切实希望着的。再由新政策的实施,在俄国农民的三阶级中占最大多数的中农,便可从经济的恐慌中得到了救援,并且还有一种吸引力,使他们离去中间的状态为左袒无产阶级的人。固然,新政策的一面,有增大富农势力的可能性,但是只要对此有适当的对抗政策,便得。质言之,这在今日的俄国,真是在现实的必要上是最相适应的政策了。

徐诺维夫,凯美纳夫,李宁夫人等以为新政策的实施,其所有的利益,还不及弊害的大,始终持着反对的态度;但是其后票决结果,竟以五五九对六五的绝对多数,通过新政策决定实施。徐维诺夫这一派是失败了。赞成徐氏提案的六五票,大概都是李宁城的议员,原来徐氏向为该城苏维埃的议长;但据近来电讯,这次他是落选了。不过宣传活动的网布满世界各国的第三国际,我们要知道徐氏还仍旧是部长呢。再凯美纳夫向为共产党中央委员会的秘书长,这次闻调为内外贸易委员长。此外,反对派议员对于议案,因为已经通过,都一致表示接受。俄国第十四次共产党大会的所谓内讧便是如此,现在总算告一段落了。

(《东方杂志》第二十三卷第十一号,1926年6月10日,署名 从予)

30日(星期三)

73.《团广东区委关于九个月来工作的总报告》[《广东革命历史文件汇集》(甲种本)(1926),1983年]

共产主义青年团广东区委"关于九个月来工作的总报告"指出:对团组织的训练计划,应要求"各支部则指定《马克思主义浅说》《共产主义ABC》《新社会观》《唯物史观浅说》等书籍叫各同志看,候支部会或小组会议时则提出讨论"。

《团广东区委关于九个月来工作的总报告》,全文如下:

这个报告是从中央扩大会代表回来粤区报告后至现在,即去年十月二十七日至三十日召集全区代表大会成立新区委到现在的工作概况。在此九个月中的工作概况,可分为三个时期来说,由去年十月二十七日至今年三月八日为第一时期,由三月八日到五月二十日为第二时期,由五月二十日到现在为第三时期。谨将每个时期的工作重心点,简单的报告其概况,因各个重心工作都另有详细报告,无庸再赘。

第一时期——发展组织时期

这时期的组织是区委与广地分开的,而工作重心是注力于发展组织,所以此时期的工作可以说是发展组织的时期。今将此时期的工作特点分别报告如下:

A. 关于组织方面

(1) 区委本身的变动：自去年扩大会代表回粤后即召集全区委代表大会，于十月二十七日至三十日开于广州，并遵照中央训令将广地与区委分开组织，确定粤区今后工作方向，即选出张善铭、赖玉润、杨善集、周文雍、韦启瑞等五人为区执行委员，郭瘦真、蓝裕业为候补执行委员，成立新区委。惟成立仅二十天之久，大校即训令调区委书记张善铭到军队中工作，因即决定改组，将工作分配为：书记兼组织赖玉润、宣传郭瘦真、学委书记黄昌〔日〕葵、经委仍旧。及至十二月十六日大校又严令"东江已下工作极其重要"，调赖玉润同志到东江工作。此时区委只存善集在校，瘦真在汕早被大学扣留，文雍因做大学工作，甚少到区委做工，启瑞出发乡村做农运简直无到区委。因此决定调广地书记杨善集主持区委工作，所有组织、宣传工作均付缺，如只找三、二个比较明白的同志帮做组织宣传工作而已。总之，此时区委的负责人调动得非常厉害，没有一个月能够组织健全的，这是区委本身组织的一个特点。

……

B. 关于宣传方面

(1) 公开宣传：在此时期无论何种群众大会固有C. Y. 代表演讲，就其他各种团体开大会差不多都有C. Y. 代表出去公开演讲，尤其是罢工工人中为最，且受欢迎的表示。在李、列纪念周那一天，我们找了一帮二十岁以下的工人及学生同志组织数队演讲队，分配演讲的题目，并教他们怎样去演讲，擎起C. Y. 粤区的白底红字旗，在大会场中四围演讲及唱《少年先锋歌》，散会后又随同大队出发巡行，且高呼："我们的旗帜——列宁；我们的武器——列宁主义；我们的任务——世界革命"口号，及唱《少年先锋歌》，此时一般商家看见好像很害怕态度。

又在李、列纪念大会未开前，曾召集了广州市的儿童纪念李、列大会一次，是时除了省港罢工及广州各工会工厂中的青工外，还有许多国民学校小学生及街坊儿童数千人到会，我们也有许多同志做此工作，结果成绩甚佳。

(2) 编小册子：此时共编有五本小册子，即"入团须知"，"怎样介绍同志"，"训练材料"，"支部书记必读"，"C. Y. 与青工"。至推销刊物的统计，候宣传部另行统计报告。

(3) 训练工作：以前的训练工作，只派人参加支部会议，指导各种工作，在支部会中提出关于主义上政策上的讨论，其次则召集负责同志，或新同志作个别的训练，后因新同志陡然增加，工作日忙，便举一批一批的同志作数点钟的详细谈话，解释入团须知，同时举办初级训练班，及派人到支部做主义上、政策上、组织上的有系统的报告。

此外，做了数个有系统的讨论提纲交新学生社负责同志，发给新学生社各支部讨论，并挑选理论比较明白的同志去代表新学生社执委去参加指导及解释。

……

Ⅱ、关于宣传方面

在区委改组后一月中，宣传工作只有两个工作比较可以报告的，其余都是零碎不成的技术工作，不在此报告。两种工作是什么呢？

(1) 改变宣传训练的政策：以前的对外宣传无论在文字上、口头上都是空泛不切于实际的材料，所提出的口号不但全国可以适用，有时全世界都可适用(如打倒国际帝国主义，全世界无产阶级团结起来等)。因此决定通告各地以后无论文字上或口头上的宣传，都要按照各该地之群众的日常生活实际情形来宣传，口号不能提出过高，要适合该地群众之需求才好。

对内训练工作，除机械式的开办训练班外，要特别多注意于实际工作的个别训练，只有从实际行动上去训练同志，才能使各同志有长足的进步。

(2) 开办党校：以前的训练工作，只在广州一隅，各县负责同志除时去函指导并寄训练材料外，别无他法。因此最近期便与党合办一间党校，由六月一日起到七月一日止，党校学生定四十人，由各地方、特支派出比较明白而参加过实际工作的同志调来作党校学生，党派［校］结束后，则派回各该地方做内部教育训练工作。教员由大学特委员担任，每天最少上四点钟课，其余时间则分派参加各支部会议或复习。党校学生则同在一块住宿，设一教务主任管理学校一切事及学生日常生活的工作，并单独组织一个党校支部。此外，选出广州地方各支部书记及负责任的同志去旁听，旁听者则不同住党校，作为旁听生。

(3) 其余关于"五卅"运动，六月二十三【日】的"沙基惨案"之宣传，宣传部另有详细报告。

(《广东革命历史文件汇集》(甲种本)(1926)，1983年内部印刷，第282~305页)

7月
7日(星期三)

74.《读者之声》(《向导》周刊第一百六十一期，7月7日)

《向导》周刊第一百六十一期刊登《读者之声》，为海帆、德连两先生给《向导》编辑部的信，要求周刊多介绍马克思主义的著作，周刊记者回信。如下：

记者：
自五卅而后，上海商务印书馆罢工数次，以致经理者发生恐惧，马克思主义之书籍，因此，亦电令各分馆停售。这种秦始皇焚书坑儒的方法，竟出于文化中枢之商务印书馆，良可慨也！

我常阅贵社所出版之向导周报，对于实行共产主义的途径与手段，阶级争斗的原因与实质，略知其概念而已，若再进一步的追求，即就无书可看了。马克思主义的书呢？停版了！虽然人民出版社尽量印了一些马克思列宁几位先生的著作，然而，在几块峡石锁着的四川里，找得到几种？据我这常搜缝穴的，也找不上十种。可怜中国的学术到了这般境地！若说到曾琦先生身上，他倒十二万分喜欢这类书绝迹啊！他好把他陈古的"国家主义"的书，在商务印书馆卖□卖版权，以补共产主义版权的实缺！

自然，商务印书馆是一种商业而带资本主义的性质，停版不卖，倒是他们一种打算，我们对于他们也无足责。不过贵刊立于共产主义上而宣传，单靠贵刊一种就能成功，这是未必的事。我想贵刊应继续做翻译的工作，对马克思列宁等学说的书，重新翻译，以应宣传，使一般从古墓内钻出的古董先生，略知一二，免在旁面肆口谩骂。

最后我祝贵刊遍于全国以至于世界！祝你们最后的胜利，也许是我们共同目的的胜利！

海帆五月七日于成都

此篇不是斥贵刊在宣传上不能生效，乃是要求重印共产学说书籍以应宣传耳。若云贵刊不能生效，那末，我则不能因读贵刊有所进求了。请务误会！再者，我有几个问题不能不请教的，即是：

一、在内地手工业发达，而机械工业方才萌芽的时候，如何能产生阶级斗争呢？

二、在中国现状，许多人以为无资本主义可言，因而共产亦无从说起，此理合否？

三、国民党与共产党是否根本相容，且至于永远？

四、一部份国民党员是否因恐共产党夺国民党而代之而开除共产党？假定属实，共产党有夺民生主义而代之的必要没有？

海帆附识

向导记者：

向导是谋被压迫阶级被压迫民族解放的各刊物中最得民众同情及信仰的一种刊物。现在我因热烈希望于被压迫者普遍觉悟起来，做革命工作，以我主观的见解来说，这个指导被压迫者的责任，若不托在你们身上，是不可能的，况且你们自己亦自认为民众革命的指导者，所以我就敢将希望于你们的一些意思，说一说：

一、同情及信仰向导的主张及言论者，在事实上常有不知从何处做起，在学理上常有不能作有系统研究等情形。

这个情形，不但我个人如是，即读过向导的友人们及在向导通信栏内，亦常有这种问题发生。然向导本系一种对民众作普遍宣传的刊物，这个责任，固然不能卸在向导本身上的，但你们既然自认是革命者之指导者，即应注重上层的工作，组织一个介绍学术的团体，（闻你们已经有了这种团体的组织，果然则甚佳！）充分介绍书报（现在你们所介绍的书报果属不少，但是觉得还不够供社会的需要）。如马克思、列宁及其他革命者，苏俄的新经济的组织及帝国主义的侵略压迫等书籍，使同情及信仰向导者，可作进一步研究工夫。

还有点附属意思要说明的：一、已经出版的应作有系统的整理，二、未出版的应力避直译法。

二、对于知识幼稚被压迫最深而不能看读向导及其他革命的刊物的工农阶级，应另出专刊宣传。

工农阶级是民众内占最多数的被压迫阶级，希望革命的成功，必须使他们自己觉悟起来，担任革命工作，才可以的。现在的工农阶级，不但没有主义的观念，即常智常识亦是不够的，所望革命的成功，离事实果然还远，但是欲使工农阶级的普遍的同情及信仰，亦是不很容易做到的事；所以希望你们，即应注重下层工作，组织工农阶级的专刊，作普遍的宣传、组织、训练，并提高他们的智识，及改良他们的生活、工业、农业并器具。

六·十一　　　德连于黄埔军校

海帆先生由成都给我们一封信，德连先生由广州给我们一封信；他们二人虽然相隔千万里，但这二封信含蓄的要求是差不多一样的，即他们要求我们多介绍马克思主义的著作。我们敢说：这是中国革命民众目前最迫切的呼声之一。

中国革命民众目前已很普遍地感觉着马克思主义研究之必要了。马克思主义是一种学说，这种学说与其他学说差异诸点之一，便是指出理论与实际之一致，理论是从实际产生出来的，而实际是不能离开理论的。我们看见中国革命民众目前要求马克思主义理论之迫切，我们，马克思主义者，我们就知道此要求是中国目前之实际所反映出来。

马克思主义是整个的宇宙观及人生观，是研究总的人类社会形成和发展的理论，特别是研究近代资本主义社会形成和发展的理论。这理论是从资本主义社会中无产阶级阶级斗争的实际产生出来的。这理论说：无论在那个地域，只要社会发展到了资本主义，便必然产生无产阶级，便必然发生资产阶级和无产阶级的阶级斗争，便必然无产阶级日益强大起来，执行解放一切被压迫人类之使命，以专政的方法推翻资产阶级的统治，而建立无产阶级的共产大同社会。中国已经有资本主义社会——这是事实。中国马克思主义者很久以前就已预言中国无产阶级将强大起来，成独立的政治势力领导全国一切被压迫民众为求自由而奋斗。那时一般人正高呼共产主义不适合于中国的所谓国情，马克思主义不能应用于东方精神文明的中国！曾几何时，中国的事变，自二七以后尤其自五卅以后，无产阶级的奋斗及其势力，完全证实了马克思主义者的预言毕竟不错。从此马克思主义的价值已为全国革命民众所共喻，于是马克思主义理论遂为革命民众目前迫切的要求，而此要求显然是反映近年来中国无产阶级斗争及中国民族解放运动发展之实际。现在除了公开的帝国主义走狗或闭眼瞎说的所谓国家主义者之外，谁还能说共产主义不合于中国国情，马克思主义不能应用于中国呢？

目前中国革命问题中重要的问题之一，便是怎样去满足革命民众对于马克思主义之迫切的需要。自然，如海帆先生和德连先生所说。薄薄十六页的本报是不能满足此种需要的，因为有系统地介绍马克思主义，有系统地应用马克思主义研究中国社会生活之各方面，这种任务当然非每周印行十六页如本报者，所能负担得起。所以马克思主义研究的杂志之整顿，马克思主义名著之译述和介绍，中国各方面问题之马克思主义的研究和著作，皆是急不容缓的事；这种工程自然异常浩大，非一朝一夕所能成就，而且也须要求研究马克思主义的人参加和合作。现在，新青年社同志正积极担负起这烦重的任务。中国思想界最有历史威权之新青年杂志正在积极整顿中，务能按期出版；新青年社已出《共产主义的 ABC》一书，其他名著，如斯大林的《列宁主义概论》，布哈林的《历史的唯物论》和《马克思主义者的列宁》，列宁的《国家与革命》，《共产主义左派幼稚病》等，正在准备中；最近将有《中国革命问题论文集》一书出版。我们自然还不敢说这些就能满足革命民众之革命理论的要求，但我们已经敢说这些可以满足此要求之一部分了。此外我们对于前时出版的名著亦将加以整理或重译，而于新译之书当然力求通俗浅近为多数人所能了解。最近上海出版之马克思《通俗资本论》译本亦是研究马克思主义的良善之书。

现在可以答复这二封信中另外的一些问题了。德连先生主张应出浅近刊物在大多数识字无多的劳动群众中宣传——这自然是我们应该努力的。海帆先生的四个问题可以简单答复如下：

（一）内地机器不发达，但社会的不平等仍然明显地排在我们面前：仍然是压迫者站在一边，被压迫者站在另一边，即仍然有阶级斗争。我们切勿误会以为阶级斗争只是资本主义社会的特殊产物，其实"一切过去社会的历史都是阶级斗争的历史"。

（二）中国有铁路，有雇佣几万工人开掘的矿山，有飞机，有无线电台，有汉冶萍，有招商局，有大银行，有银行公会，有托辣斯，有纱厂联合会，有上海总商会，有上海二十五万工人的大罢工，有代表百余万工人的全国总工会，有共产党，——谁还敢说没有资本主义？

（三）中国共产党是中国无产阶级的政党，中国无产阶级必须与全国一切被压迫的革命民众携手才能解放中国，亦才能解放自己；所以中国共产党允许其党员以私人资格加入有革命历史而又正在做革命工作的国民党；但在国民党中的共产党员是不忘记自己的使命的，是不忘记自己是代表中国无产阶级利益的。但因无产阶级解放要民族独立之后才有可能，所以共产党员在国民党内诚意合作努力奋斗以至于中国解放革命完全成功。这二党在民族革命未成功之前应该能相容合作，但在这中间，共产党是特别为工农的利益而奋斗的。

（四）共产党的使命既然是要联合一切党派共同革命，而不是自己孤独革命，便没有夺国民党而代之的必要。诬共产党夺取国民党因而做所谓护党运动，力排共产党员于国民党之外的人，乃是破坏革命的联合战线，妨碍革命的进行，实际上即延长帝国主义统治之寿命，亦即是反革命者。

记者

告青年学生！

主笔的同志：

不会作文章的我，因着广东学生界的风潮和国内学生的反动，多久就想写封信在贵刊上寄给我亲爱的同学们。今天要算忍无可忍，非写出来不可了。你如果觉得有登载的可能时，请勉强的录了上去，庶不负我今日的劳笔罢！

彝初　一九二六年五月廿五日于孙大

最亲爱的青年学生们：

我始终承认中国的青年学生是革命的。我的理由是：（一）每个学生都是受着资本主义最高期的帝国主义侵略中的优秀知识分子，本身因着每次所受帝国主义侵略的结果，激起了爱国心和良心的驱使而趋于革命。（二）我们后面的家庭都是直接被"阀"字的"伟人"（？）们和间接的帝国主义侵略的结果，而沦为被压迫者被剥削者而破产的——不过较之其他不能升学的，好一点罢！

中国的革命史，每次无不有小资产阶级的知识份子学生们参加着。国民党的成分，虽然没有一个很完善的成分表公布出来，我敢说学生们要占大多数。以历来的革命工作论，国内各处的国民党没不是几个觉悟的智识分子为之主持。革命的广东学生军可说都是被帝国主义侵略而失业的学生们集成的。以我湘的学生论，数年来在革命旗帜下工作者"源源不绝"一批一批的来着。所以我们在事实上〈的〉证明：青年学生不独是可革命者，而且是革命中的主要分子。

最伤心和最痛心的，就是革命的我们，在觉悟之途，没有找着正确的道路，盲目的爱国心被反动者所利用，而成为今日学生中的反革命！在中国历史中有大不可言的意义的"五四"何尝不是全学生觉悟的表现？当时的奋斗精神和不怕牺牲的热诚那里去了？

中国革命势力的高涨，帝国主义者和一切反革命者没有一个不看得很清楚于他们是大不利的。他们之不惜牺牲以大批款械帮助反动军阀的张吴击败国民军延长内乱，执政门前的大屠杀，想以威吓解散革命政府的香港封锁广东……就是他们很明显的看着革命势力高涨的忙迫表现。

近来他们的勾当愈弄愈奇了。他们看见以武力压迫革命运动不独无效，复激起全民众的觉悟。他们于是把很美观的精巧的吸魂的假面具戴上了，去欺骗全民众，使你们受骗者还不自觉。

革命的青年学生们！我们是负着中国历史使命的次殖民地改造者！我们是负着世界历史使命的创造真和平者，我们是真正的革命者。为保全着我们的本来面目的革命青年，我们应当很慎重的找寻革命大道。敌人们正等着机会利用我们来分散解体自己的势力了！不要把自己当作敌人的工具啊！不要把世界革命的党和我们的好友——共产党，当作仇敌而被敌人利用着。谁是我们的朋友？我们决不能以感情的说法，我们只认得革命的是我们真诚朋友，其他我们是不问的。尚意气的同志不是革命者。努力醒觉起来参加革命战线，铲除我们的敌人！

本校以往的事实，虽免不了党的暗潮，我敢说将来都要作革命工作中领导者的我们都能彻底了解"革命者是我们的朋友"的一句话，总可以算暗潮结束了。革命的青年们，我是以十二分的诚心向着你们说的。我满腹欲言的话，因我不善于做文章，只能就此算了罢！

民众势力整个的联合是反帝国主义斗争中最锋利的武器；帝国主义者镇压民众反抗的手段，最厉害的，就算分裂民众势力的整个联合。学生在中国，大体说，是革命的，但因学生只是一般的社会集团，而不能算做一个阶级，所以学生群众中间比较无产阶级易于受帝国主义的离间而起分裂。五卅运动以来，应负分裂学生群众之责任者，是国家主义者和国民党右派的孙文主义学会分子。他们口头喊各阶级联合一致，而实际上正致力于分裂学生群众的工作！全国青年学生同志们，听了彝初君沉痛的号呼之后，应当愈加团结，切勿再受敌人的离间，而使革命势力分裂。

记者

（《向导》周刊第一百六十一期，1926年7月7日）

11日(星期日)

75.《莫斯科红的职工国际对各国分部及全世界工人阶级的呼告》
(《工人之路》第三百七十四期,7月11日)

《工人之路》第三百七十四期刊登《莫斯科红的职工国际对各国分部及全世界工人阶级的呼告》,全文如下:

△请援助英工人
△全世界无产阶级联合起来

英国的矿山工人,自经过右派的叛变左派领袖的降服之后,继续罢工,现在与英国的矿山工人作对的,有全体的英国资产阶级,英国政府和他的全副行政机关,前那一般破坏总罢工的工人领袖,他们都是联合一致的在一条战线之上,以求压服矿山工人的意志,矿山工人那一边,只有世界上□般富有阶级团体性的工人,是有共同奋斗的决心,我们知道,英国的共产党和那少数运动,是极力帮助矿山工人的罢工,我们亦知道,立于英国这两派以外的工人,亦不遗□□的尽他们援助的义务,然而英国以外的情状,便有许多不堪问的了,那谙斯提担的国际协会,和那国际矿工协会,还未曾积极的开始济助,便把他们的济助工作停止了,我们对于英国矿山工人的奋斗,是决不能袖手旁观的,我们红的职工国际和各国的分部,不论怎么样,总要把我们的济助工作,继续做去,英国矿山工人的奋斗,就是我们自己的奋斗,男性的工人们和女性的工人们,我们若是不惜牺牲英国的矿山工人以自□于英国的资产阶级,我们便是工人全体的公敌,我们若是接济英国煤炭或其他燃烧原料,那么我们和那破坏总罢工的是有同等的罪过,我们若是对于那百万的英国矿山工人,停止济助,便是破坏我们阶级团结,我们在这个英国矿山工人继续罢工的程期中,都要万众一心的团结起来,以助成我们英国兄弟最后的胜利。

(《工人之路》,1926年7月11日)

12日(星期一)

76. 中共第四届第三次中央执委会扩大会议(消息,7月12—18日)

至18日,中共第四届第三次中央执委会扩大会议举行,在《关于宣传部工作决议案》中指出,中央政治机关报《向导》,应当加增鼓动的性质,使能反映中国革命民众的日常斗争而与[予]以指导。中央理论机关报《新青年》务须按月出版,适应革命的思想斗争之急需,同时增加中国经济的研究及工农运动之历史的理论的论述,增加C.Y.问题的讨论和研究,使它成为C.P.及C.Y.中央的共同出版物。规定出版理论译著,继续出共产主义 ABC 的书籍，出版《革命常识》对中国革命最重要的问题进行通俗的解释。

25 日（星期日）

77. 新青年社书报目录（《新青年》（不定期刊）第五号，7月25日）

《新青年》（不定期刊）第五号"世界革命号"，刊登《新青年社书报目录》（广州国光书店代售）：

书目	定价
中国革命问题论文集（上下二册）	一元
中国革命汇刊一至五集	每集六角
社会科学讲义一至五集	每集五角
各时代经济原[元]素表	二角
新青年月刊一至五号	每号三角
新青年季刊二至四期	每期三角
共产主义 ABC	二角
新社会观	二角
资本制度浅说	二角
少年共产国际	二角
京汉工人流血记	二角
劳动运动史	二角
第三国际议决案及宣言	一角
唯物史观浅释	二角
社会科学概论	二角
共产党的计划	二角
俄国共产党党纲	三角
中国关税问题	一角
不平等条约	一角
论北伐	八分
显微镜下的醒狮派	一角二分
共产党宣言	一角
陈独秀先生演讲录	一角
马克斯主义浅说	一角
关税问题与特别会议	八分
青年工人问题	五分
唯物史观	八分

将来之妇女	八分
反戴季陶的国民革命观	五分
青年平民读本一至三	每册三分
列宁传	二角
前锋二至三	每册二角
孙中山先生遗言	五分

(《新青年》不定期刊第五号，1926年7月25日)

8月
31日（星期二）

78.《列宁与共产主义青年运动》(《中国青年》第一百三十一、一百三十二合期，8月31日)

《中国青年》第一百三十一、一百三十二合期，发表 F. G 著、D. Y 译的《列宁与共产主义青年运动》，全文如下：

把列宁对青年运动的态度与经过，很详细地写出来，此地尚非其时。在一九〇三年俄国的社会民主党开第二次大会的时候，列宁已经叫他们注意到学生群众与社会民主主义的关系。从那时候起直到欧战时代，无产阶级青年运动逐渐逐渐的变成社会民主党中革命宗旨之负担者，尤其是他们的反军国主义的宣传。在大战时代，这个现象，更为明显。那时候共产主义青年国际，方从围绕着它的感情热烈的，找寻真理的，彷徨浮动的青年群众中产生出来。正在这个时候，列宁指出许多成年人的错误，指出青年们应该有一个独立的组织，青年运动才云开天青，需要准确的理论。列宁说：

"成年的人们是常常不懂何者是把青年人引到社会主义组织之下的最好方法。这些青年人一定要从别一条路被迫而接近社会主义。路经方式，环境，都与他们父亲辈不同的。"——列宁《少年国际》

大群走入生产的青年，换句话说，就是青年工人群众，他们从欧战里不自觉地生活过来。对待这些青年的方法是与对待亲身参加欧战的冒过生命的危险的工人不同的。"所以我们必定要在各种事件里，为党形成另一独立的组织，这个独立不但是机会主义者惧怕的，而且是顺着自然的。因为，假使不完全分开，青年们将不能变成好的社会主义者，更不能预备领导将来的社会主义而向前进。"——列宁同上。

这组织之独立是一切青年运动的先决问题。（中略）

共产主义青年的组织于是变成一个"训练青年工人去参加共产党的战斗的团体"（Schatzkin 语）【，】这个组织是要发展到青年工人里面去的，而的确现在也已发展得很广大。

然则什么是这个青年的组织的责任呢？列宁说"他们的责任是去学习"。他在俄国共产主义(R. Y. C. I.)青年团的第三次大会上有篇演讲,解释这句话。

"倘使学习共产主义仅把在共产主义的书籍和小册子里所有的东西贯通了就算数,那末,不久我们就可有不少说大话的共产主义者。因为这些人是不善于应用所得到的知识【,】而且也不能照着共产主义真正需要的那样行动。"

"资产阶级统治之下遗传给我们的最坏的观念之一,是把书本与实际分得漠不相关。没有工作,没有争斗,从共产主义的文章中得到的智识是无价值的,因为如此干法,只能使实际与书本的鸿沟隔离得更加远。"

共产主义青年的组织到底不是一只学堂,青年们要同时争斗,同时学习。

"青年人们只能拿这个法子学习共产主义,把他每一步所得的教训和永续不停的无产者工人团体对于剥削他们的社会之争斗连合起来。"

然而在资产阶级国度的青年们必须整个担负起无产阶级的重要工作,如推翻资产阶级,唤醒群众对资产阶级的仇恨,启发阶级觉悟,结合无产者的力量。

"共产主义青年团的义务是要将他们的实际活动如此形成,俾能结合青年,获得他们,组织他们,训练他们使成共产主义者。"

青年的重要责任之一是把无产者的力量集合起来反对战争。在欧战之时有许多不明了的观念,在这革命青年的团体里盛行。他们喊出"解除武装"的笼统口号【,】因为他们不懂得列宁所说的话:"顶要紧的事件不是单单防止战事的爆发,但是利用战争所制造出来的危机去促成摧倒资产阶级的工作","化战争为和平是不够的,我们的目的是要把资本主义化成社会主义"。列宁还说:

"无产阶级不能把所有的兵器完全化成废物,除非他们已把资产阶级的武装解除掉了;无产阶级只能在这个时候不用兵器,无论如何不能再早……"

因为

"一个被压迫的阶级而不去拼命的学习如何使用兵器,如何保有兵器,则这个阶级是应当被虐待做奴隶的。"——列宁与金诺维夫《逆流》

共产党在资产阶级军队里的全部工作是基本于这个认识——只要回想到从前反对占领鲁尔的战争。

无产阶级得到政权后,共产主义青年运动又有了新的使命。

"这一代在资产阶级社会里面生长的工人,至多只能建设一个秩序与社会,这个秩序可使无产阶级与工人保守权柄在手里,而成立一个坚固的基础,在这基础上面,他们可以在新的环境之下工作,人与人间之剥削是没有了。"——列宁《青年人》。

青年们应该分派到这些工作,因为他们不像"在旧社会里生长的每一个人,同母亲的乳一起喂给他一个观念,就是说将来做一个奴隶,否则便做管理奴隶的人"。

"为要去把人类抬高而免去受工作剥削,就需要年纪轻的一代,每个人成为自觉的个人,在不宽恕的,有绝律的争斗中,反对资产阶级。在这个战争里,可以训练出真的共产主义者,他们的训练与教训的每一步,一定要同他们的争斗并合起来,而且隶属于争斗。"——列宁《致青年人》

"做共产主义青年团的一员,意思是把他的工作和他的能力完全为公众服务。就在这里包含着共产党的教育。"

更进一层：

"共产主义青年团必定是敏捷的军队，他能帮助每件事，而且表现出蓬勃的生气。"——列宁《致青年人》

如此，在无产阶级的国家，共产主义青年团兼做争斗的工作以及日常的无产阶级建设工作。——这批青年人变成共产主义的负担者，他们的组织要把在共产党里所得到的无产阶级的革命经验，传到新的后代的群众中，这一代走入阶级争斗的战场是在战争与革命之后。

列宁给与青年人的遗物，是在无产阶级群众中工作而学习。

"共产主义青年团必须把他们的教训和工作，与工农群众的工作并在一起"【,】因为：

"只有与工人农人一样工作，才能使人成为真正的共产主义者。"

(《中国青年》第一百三十一、一百三十二合期，1926年8月31日)

9月
27日（星期一）

79.《苏联工人生活（续）》(《工人之路》第四百四十八号，9月27日)

《工人之路》第四百四十八号发表的《苏联工人生活（续）》，全文如下：

(一)出品的迅速和优美：红口纺织厂成立很久，工人约万余人，女工占十分之四，仍无童工【,】器具精良，工人须很觉悟，因之出品很迅速，物质坚美，销售很广，常有制造不足的恐慌。

(二)工资和时间：红旗纺织厂为俄皇资产阶级的私产，自十月革命后工人阶级专政，大生产收归国有，因此红旗纺织厂亦为苏维埃所有，于是改良机器，废除一切压迫待遇，如管理制及卫生工资和减少时间等。在资产阶级国家工人生活工资时间却非常苛迫大家都知道的，用不着我来说。红旗纺织厂自收回国有后，废除管理制，由工人自己选举出来的工人管理之，所以他与工人亲若兄弟，定八小时工作，工资最高八十卢布，最低亦有五十卢布；因此工人之生活非常畅快，真正得到解放！

(三)工人俱乐部：工厂参观毕指导员引我们入俱乐部，宏达广大，可容万余人，电影琴棋书画，应有尽有，琴声抑扬胸怀为之一畅，将悬列宁及其他伟大革命人物的肖像。伟壮可敬，老的小的男的女的，在内同作各种游戏，这是何等畅快呵！

(四)工人学校：有工人处，相距不远，一为工人补习学校，一为子弟学校，工校所授功课深浅不同，可是内容则大同小异，大部为政治常识，经济学，工人阶级的责任，所以俄国工人都有政治常识和了解工人阶级的责任。

(五)工人医院:工人疾病时,得在此医院医治。所取药费和看□房屋与被褥及食品,均十分适合卫生,看护周到。我所参看医院,有疾病的工人问我们中国工厂有医院否?说到此处,使我下泪,不能答复。

(六)工人戏园:演员为本厂工人;每星期演一次,演的大都是资产阶级压迫和剥削工人的状况,使他们明了资产阶级的残暴,园内可容千余人,情未值星期日不能目击他们演戏的精神。

(七)工人花园:广约七八□,中有高大凉亭,亭内置圆棹[桌]一,椅八,当有二□工人在那里弹唱饮茶自得其乐。其旁有桃李柳柏各种的树木,绿草如茵,男的女的席地而坐,谈笑唱歌,令人欣羡,园内栽各种花卉,香气扑鼻,亭左为一□场,有各种□戏工人踊跃比赛,园中有工人继续不断的散步,这正是极乐世界。

(八)工人浴池:工人散工后有很清洁的浴池供他们的沐浴,这对于工人的健康尤为重要。

(九)消费协作社:专为工人消费而设,社中备有日常用品,价廉物美,工人持物去买,价格更为便宜,因之工人能得真正的利益,不至受小商的剥削。

(十)寄宿舍:凡是红旗纺织厂的工人,均居住于此寄宿舍,不取房金,分男女寝室,大小不等,最小有夫妇二人的寝室,房屋清洁,被褥一致,每间置有电灯火炉桌椅及日常用器具,非常便利。

(十一)工人育儿院:为养育工人儿女的地方,房屋清洁,空气很好,有看护儿童的妇女,院中布置各种游戏和玩物,儿童活泼可爱,三五成群,作各种游戏,儿童着〈衣〉红线色的衣服,院中儿童大小不一,怀抱者有之,携手者有之,六七岁的儿童,往往并队唱歌,吓,这真是共产主义的后备军!

(十二)生产委员会:为计画全厂生产的方针,由工人选举有科学智识及富有经验者为委员,委员十五人,每月会议一次,考察生产的好坏,加以改良,因之红旗纺织厂生产品,生产既迅速而性质又精美。

结论:参观纺织厂使我们既能明了俄国工人真相,同时□给我们莫大教训。工人阶级要得到解放,只有团结自己力量向万恶的资产阶级奋斗。自己握的政权,才能真正的解放,才能达到红旗纺织厂的工人底同样生活。全世界被压迫被剥削的工人阶级,尤其是处在牛马待遇下中国劳动的快快醒来!团结一致!打倒国际帝国主义和帝国主义的工具——军阀,以及资产阶级,以谋得最后的解放!

一九二六,九,一,祝□于莫斯科

(《工人之路》,1926年9月27日)

9月

80.《俄国新经济政策》(著作,消息)

民智书局发行,三民出版部出版,王国源译述的《俄国新经济政策》,正文60页,标

1922

价大洋 3 角。

81. 《俄国新经济政策》广告(《汉口民国日报》，1927 年 4 月 30 日)

《俄国新经济政策》广告：

▲欲知俄国社会状况者不可不看此书▲欲发展农工经济政策者不可不看此书▲欲知农工运动者不可不看此书▲欲研究共产主义者不可不看此书。

(《汉口民国日报》，1927 年 4 月 30 日)

10 月
3 日(星期日)

82. 《孙文主义与列宁主义之比较观》(《黄埔潮》第十一期，10 月 3 日)

《黄埔潮》第十一期开始连载游步瀛的《孙文主义与列宁主义之比较观》，共七章：第一章 导言。第二章 孙文主义与列宁主义的历史观；第一节 孙文主义与列宁主义的历史观，第二节 列宁主义的历史观，第三节 结论。第三章 孙文主义中之民族主义与列宁主义中之民族解放主义。第一节 民族之起源与形式，第二节 民族主义之发生，第三节 民族主义之必要与近代民族运动的概说，第四节 孙文主义中之民族主义，第五节 列宁主义中之民族解放主义，第六节 结论。第四章 孙文主义中之民权主义与列宁主义中之独裁政治。第一节 民主政治的历史演讲述略，第二节 孙文主义中之民权主义，第三节 列宁主义中的独裁政治，第四节 结论。第五章 孙文主义中之民生主义与列宁主义中之共产主义。第一节 人类经济生活演讲的鸟瞰，第二节 现代经济生活的趋势——共产社会，第三节 孙文主义中之民生主义，第四节 列宁主义中之共产主义。第六章 孙文主义与列宁主义革命的策略。第一节 以党建国，第二节 党的基本势力，第三节 建国的三时期。第七章 孙文主义与列宁主义比较研究后的感言——总结论。

15 日(星期五)

83. 《十月革命与东方》(《向导》第一百七十八期，10 月 15 日)

《向导》第一百七十八期刊登陈独秀的《十月革命与东方》。全文如下：

我们要懂得十月革命的意义，不可忘记了当时的世界情况。在国际资本帝国主义的大战中，欧洲的帝国主义者，两方面都只以保卫祖国相号召，独有帝国主义的美国威尔逊举起"打倒德意志军国主义""民族自决"这两个旗帜出来号召，颇得了许多人的同情，许多资本主义国家内的自由派和许多殖民地半殖民地的民族派，都对威尔逊怀了多少幻想。这时只有无产阶级的首领俄国列宁，他看破了威尔逊的虚伪与无能，他坚决的主张非发起各国国内革命不能打倒军国主义，非推翻帝国主义不能实现民族自决。其结果威尔逊的巴黎和会，打倒了一个军国主义的德意志，救出了英法意比等许多军国主义的国家，民族自决更成了一句废话；列宁的十月革命，却实实在在以无产阶级的国内革命，打倒了俄皇的和克伦斯基的军国主义帝国主义政府，实现了芬兰波兰及其他国内少数民族之民族自决——独立或自治。这种历史的事实，曾经明白的告诉了我们列宁和威尔逊之不同，列宁的见解正确而伟大和十月革命之世界的意义，都已经不是还有讨论余地的理想了。

从十月革命到现在，已经有整整的九年，在这九年中，苏俄仍旧是继续列宁的十月革命工作：援助全世界的民族解放，推翻全世界的军国主义帝国主义。

欧美资本帝国主义者，知道十月革命之世界意义对于他们的危险，始而武力对付，继而用经济封锁政策，这两样都不曾收效，现在遂改用吊膀子政策，甜言密[蜜]语劝苏俄"回到西方"。

"回到西方"是什么意义呢？就是说抛弃十月革命之世界的意义，换句话说也就是停止援助东方民族革命运动，回向欧美各资本帝国主义的国家妥协合作。苏俄内部，近来有一小部分右派分子也主张回到西方，他们以为东方民族中，如中国人并不大感觉得帝国主义宰制之痛苦，反以苏俄援助他们革命为多事，有野心，在另一方面，苏俄却以援助东方民族革命运动结怨于列强，为苏俄自身利益计，应该改变以前政策，停止援助东方民族运动，与西方资本主义的国家妥协，以便从这些国家中得到苏俄经济发展之物质的援助。苏俄中大多数左派分子却不赞成右派这种意见，以为是违背了列宁的十月革命之世界意义。

当真中国人都不大感觉得帝国主义宰制之痛苦吗？苏俄中右派分子的意见是不对的。中国的革命派不用说，就是一般商人，近来也都感觉得帝国主义宰制之痛苦，并且已经起来做反抗帝国主义之行动，如反抗棉花出口，反抗帝国主义干涉中国的纸烟捐和商标，主张关税自主，主张修改不平等条约，主张废止领判权，主张收回会审公堂与租界等，已成了全国商人普遍的运动，而却未曾有一次真正商人反对苏俄，因为在他们的经济生活发展上，天天都感觉到帝国主义者当面的压迫，而不曾感觉受苏俄压迫的事实，真正商人不同流氓政客，因此他们不能无病而呻。中国人中反对苏俄而不反对帝国主义的人，不是占全国人口最大多数的商人工人农民，而是一小部分军阀和无职业的流氓政客【，】如左表：

（一）军阀；

（二）军阀的走狗（如交通系安福系研究系联治派复辟派国家主义派及民党右派冯自由章炳麟徐绍桢黄大伟等）；

（三）帝国主义的走狗（如洋行买办耶教徒及民党右派马素童理璋等）。

这三种反革命派确是不感觉帝国主义宰制之痛苦，反大叫苏俄援助中国民族革命有野心。然而他们却不能代表中国最大多数人民的意见。他们以为帝国主义与军阀非中国之患,中国大患只是苏俄所援助的国民革命;他们希望力量还弱的国民革命军得不着国内国外任何援助,好让帝国主义所援助的奉直军快快打平。他们都立脚在帝国主义和军阀的利益上面,他们反对苏俄援助中国反帝国主义与军阀的国民革命军,这也是当然的事。

还有一班人,他们都非立脚在帝国主义和军阀的利益上面,也并不反对苏俄,而他们以为我们应该用自己的力量来革命,不一定要依赖苏俄的援助。革命应该用自己的力量,不一定要依赖外援,这个意见并不错,并且我们应该尽可能的这样做,这是毫无疑义的事。不过若因有苏俄援助可以增加我们革命发展之速度,似乎也没有理由应该拒绝,更无理由因此而反对苏俄。

反对苏俄的人,硬说苏俄援助中国革命是有他的野心,而非善意的援助。说这样话的人,他完全不懂十月革命之世界的意义。试问苏俄因援助中国国民革命军曾经得到些什么没有?苏俄援助中国,若是由于他的野心而不是立脚在十月革命之世界的意义上面,他尽可继续旧俄政策,援助奉天或直系以达到他的野心,又何必援助中国的国民革命呢?国民革命的势力得胜,能容忍任何国家的侵略野心吗?奉张对俄大使说:"奉俄近邻,你【们】为什么不〈帮〉帮助我而助很远的广东?"吴佩孚对俄领事说:"我为中俄协定很尽力,我是中国最有权力的人,你们应该来帮助我,派些顾问到国民军那里有什么用?"奉直军阀并不是不要苏俄帮助,正因为得不着苏俄的帮助才反赤。苏俄为什么不帮助奉直军阀而帮助国民革命军,这便可以充分证明苏俄是立脚在十月革命之世界的意义上援助中国,而非由于侵略野心。

苏俄十月革命之世界的意义,关系东方被压迫的民族革命运动,非【常】重大,可是欧美的资本帝国主义者力劝苏俄回到西方,恰好中国的反革命派也拒绝他来到东方,东方的革命派应该起来怎样对付这个问题呢?

(《向导》第一百七十八期,1926年11[10]月15日,署名 独秀)

11月
7日(星期日)

84.《我们对于十月革命应有底认识》(《人民周刊》第三十期,11月7日)

《人民周刊》第三十期发表《我们对于十月革命应有底认识》《人类的新史——"红十月"》《布尔扎维克应夺取政权》等文,以纪念十月革命。

卓宣的《我们对于十月革命应有底认识》,全文如下:

霹雳一声,震惊全世界底俄国无产阶级革命——十月革命,在今年十一月七日(即俄旧历十月廿五日)又满九个年头了。

好愉快啊！朋友们！——我们被压迫底民众，快快起来纪念这个解放我们的福音——世界无产阶级底第一个胜利：十月革命啊！

这个十月革命，虽是产生于俄国，发动于无产阶级，然而实实在在是全世界一切被压迫阶级和民族听庶欢欣鼓舞，一致纪念的，现在当此九周年纪念之际，我们应该把他深深地回想一回想，分析一分析。

（一）十月革命底意义

首先我们要知道十月革命是甚么。十月革命是由俄国共产党率领无产阶级和广大的一切被压迫民众打倒大资本家和大地主而夺取政权底流血争斗。所以十月革命是一个社会革命。做这个社会革命底人民，是俄国底无产阶级和贫苦农民劳动农民，——其中有为前大俄帝国主义压迫下各民族底无产阶级和贫苦农民劳动农民。在这个社会革命后，各民族使各自组织了一个新的苏维埃国家，由工农兵代表会议掌握政权——这个政权称为无产阶级专政，是用以压迫大资本家和大地主（农工兵之敌人）而建设社会主义（代表工农兵利益而谋全社会之解放的）底工具。不久，由这样的国家联合起来底社会主义苏维埃共和联合（简称苏联），便占了全球六分之一地面，而屹立于帝国主义世界中。

从此可知十月革命包含得有下列三个意义：

（一）解放俄国被资本家所掠夺所压迫着底工人，成为苏维埃国家底主人翁；

（二）解放俄国被大地主所掠夺所压迫着底农民，无土地者得有土地，贫者得有帮助；

（三）解放俄国被大俄帝国主义所掠夺所压迫着底被压迫人民，并一面废除国债使全俄脱离西欧帝国主义之经济束缚，一面放弃在国外底所得权利使国外被压迫人民脱离大俄帝国主义之种种经济的政治的和军事的压迫。

这样看来，那末，十月革命还不是俄国工人革命农民革命和民族革命底结晶么？是的，这正是社会革命底本性和社会主义底特色。

但是我们还要明白，社会革命是世界的。因为资本主义世界化了，一方面全球俱为有产阶级所统治，他方面千万的万万的工人，农人和被压迫人民又同样地到处受着了残酷的掠夺压榨之苦，要求解放。的确，现在的帝国主义时代，是社会革命时代。俄国底十月革命实在是世界革命之开始。所以俄国底十月革命，已经超出了民族范围国家界限，而含得有一个世界革命底意义。只要看：十月革命后，世界革命底声□□于全球；指导世界革命底在□国际共产党——第三国际——又应时产生；十月革命底著作者——列宁成为了全世界无产阶级和被压迫民族底旗子，便可得着不可非难的铁证。

所以十月革命是解放工人农人和被压迫民族底世界社会革命在俄国开始爆发底第□个霹雳。

（二）十月革命底成功

这样的革命，工人农人及被压迫民族底仇敌阶级——俄国内外的帝国主义者，是必然要来加以压迫的。但是国内的敌人，一天一天地败亡，而国外的帝国主义底第一步政策——武力进攻，却又为铁一般的布尔塞维克（俄国共产党）率领其所代表之有觉悟能争斗底工人和农人所打败。国内的敌人一平服，国外内的帝国主义就不轻于放手，亦必要停止武力进攻，采用经济封锁底第二步政策。无如俄国底工农，又能在布尔塞维克指导之下，协力抵抗。这时候，就是在帝国主义封锁外底大困难，如一九二一——二二年之□荒，亦在革命人民铁底意志之前，失去其阻碍底作用。到一九二三——二四年代，封锁苏联底帝国主义亦不得不软化，争先恐后地去与他通商，并给以法律上之承认。这个法律上之承认，与苏联之独立存在毫无关系，然而是帝国主义让步底证明。这时他抛弃了经济封锁而采用外交欺骗底政策。到一九二五年，各帝国主义以英国为首领，又在向他下包围，缔结洛迦诺条约。这个条约，好比欧洲封建阶级在其完全崩溃之前底神圣同盟一样，是一种反俄联合底政策。可是这个政策之失败，亦如从前旁的政策之失败然，是无奈苏联之何的。

　　苏联打倒了内外敌人，便是十月革命，第一步成功。党内外敌人肃清之后，□□与苏联是最主要的问题，就是发展生产。聪明的列宁，在这个时代，定出了一条非常宽大平坦的到社会主义之路——新经济政策。新经济政策不是目的而是手段。自从一九二一年施行以来，生产壹年进步壹年。纵然在一九二三年有工业生产和农业生产不协调底"剪刀"危机，在一九二四年有农业歉收底灾荒，亦不能阻止经济之发展。我们试看他们生产数字之加大，便可知晓。农产（由土地产出未经人工制造的）在一九二二——二三这个周年底数量，等于战前百分之六六·八，而在一九二五——二六，则达百分之八八·一。工业产品在一九二二——二三这个周年底数量，等于战前百分之三七·四，而在一九二五——二六，则达百分之九五；有些工业，且超过了战前。商业不论国内国外，俱随生产而进步，比前发展得多。财政方面，则卢布之价，在一九二三年买壹点细微物品都动须若干万万的，到现在巩固极了；而国家预算，收支亦能平衡。讲到社会主义的经济成份，则比资本主义的经济成份大得多。现在私人企业共三二三八五五个，其利润（非纯利）虽约在三一九〇〇〇〇〇〇和五八五〇〇〇〇〇卢布中间，然国有工业，私有工业及协作社之纯净利润，在一九二四——二五这个周年为一〇二五〇〇〇〇〇〇卢布，而一九二五——二六，则更将达一五八六〇〇〇〇〇〇之巨大。国有工业占有全国生产工具百分之八二，在大工业方面为百分之九九。所以财政人民委员部内底专门家古特列（□□）在计算之后，承认国有经济之发展，超过私有经济。而布哈林在今年十月廿日说："……一方面国家工业和一般工业超过了农业；他方面经济中底社会主义成份又超过了私人资本。这是第十四次大会（去年十二月）和今年各次中央银行委员会讨论和计划社会主义建设之所由来。现在居然在开始努力于社会主义经济之发展了。从此可知新经济政策不是对资本主义让步底形式，而是对资本主义建设底方法；不是社会主义失败底证明，而是社会主义建设底道路。"

　　不仅经济发展，政权更是非常巩固。共产党在去年十二月有了一〇二五〇〇〇人，而青年工人有百分之五十是加入了共产主义青年团的。岂止共产党为世界上底第一大党么？工会人数更发展无已，会员之数量和质量俱超过英德诸国。工农协作社之组织，由一九二三年一月一日到一九二四年一月一日，增加了四倍半，而从一九二四年一月一日至一九二五年十月一日则又增加到百分之九十。其社员到第八周年时，连加入协作社者之家人计算，数达三千万。工人底工资，一九二二年等于战前百分之四二，到第八周年纪念等于战前百分之八十，而大城市底工资，还超过了百分之二十。教育事业非常发达。科学的组织，一天多一天，而由工农人造成底专门家，亦为数不少了。至于工人帮助农人底团体，救济外国革命牺牲者底组织，促进技术底会社，识字运动团，非宗教同盟，小儿救济，游戏会，书报室，音乐会，等等不一而足，且发达异常。今年英国社会党人（第二国际的）佐治南北乃（□……□）再到俄国游历时，觉得所见均与一九二〇年那次不同，曾经惊叹了一声："新生活到处涌现出来了！"是的，新生活到处涌现出来了！

总括起来说一句，敌人把苏联没法子，而苏联内部建设正式开始，国际地位非常巩固，它要一周年一周年地向社会主义方面走。若以此种现象与法之佛郎跌落，内阁更迭，英之总同盟罢工，波、西之军事的政变种种现象相比较，实在是一个在天上，一个在地下。不仅这样，十月革命的确要由已经获得初步之成功，以至获得最后之成功咧！

（三）十月革命与世界革命

十月革命的意义是世界革命底开始，所以在十月革命后，各国革命运动，非常发达，而俄国革命党人更站在世界革命底旗帜之下，努力呼号。十月革命底成功，是世界革命底发展，所以在十月革命巩固中，帝国主义终于败退，而革命人民如工人农人和被压迫民族则纷纷起来。十月革命实在是世界革命底发动机，宣传家和领导者。不止如此，十月革命还给与了世界革命以宝贵的经验和发展革命运动底教训。

十月革命底关系既然如此，所以在十月革命后，世界形势为之改观，人类历史从此走进了一个新的时代。我们试把世界形势看一看：

（一）地球上有了一个占全地面六分之一这样广大的无产阶级国家。这个国家内部有经济政治和社会各方面底巩固，外而在帝国主义世界中国际地位日益增高。它的基础，不仅有国内底工人和农民，还有国际无产阶级和世界被压迫民族。——这两种人与苏联是互相依赖的，而苏联却因他们之拥护，得着了保障，其力量愈加充足。

（二）在十月革命过后一年多，即产生了一个指导世界革命底机关——共产国际（第三国际）这个国际成立不过七年多，而支部遍于全球。没有那一洲那一种那一国没有共产党的。聚各洲各种各国之革命党人而集中其力量，一致其行动当然使世界底革命运动之发展和成功，都有把握。而各国共产党之努力革命，成为各□□资本主义或封建余孽之死敌，更是大为一九一四年以前社会党所不及。

（三）各国为改良派所欺骗了的工人，在十月革命之后，通同睁开眼睛，向着革命方面走，成立了一个赤工会国际，联合战线底政策，统一工会底运动，的确揭破了改良的社会党底欺骗和妥协，促进了他们的崩溃。在这种情形之下，改良的英国工人党与革命的俄国工人结合，成了这种政策和运动底先驱。去年德比法与捷瑞（典）等国工人继英国工会代表游俄之后，纷纷到俄去视察，增加了他们不少的革命奋发和对于苏联之拥护。今年威迫英国帝国主义底总同盟罢工，竟在资本主义"稳定"中爆发了。

（四）为第二国际所不注意底农民，在第三国际指导下，动作起来了，他们得着十月革命底教训，只有无产阶级才足以使他们获得完全解放。于是为着工农联合政策，农民国际成立了。各国农民运动有了负专责进行底世界机关，所以发展得很迅速。

（五）东方被压迫民族，从摩洛哥到朝鲜，没不因十月革命之刺激而兴奋。十月革命把俄国境内底被压迫民族如小俄罗斯，白俄罗斯，乌克兰，高加索等解放了，至今各自成国；而文化，语言，政治，一切俱由本民族自决；当然给与东方被压迫民族以榜样，使它从事实上去认识社会主义。并且十月革命后，苏联对于被压迫民族□取援助态度，首先放弃了前俄帝国主义在土耳其波斯中国等地底既得权利而与订平等条约；其次便竭力援助其解放运动。土耳其和蒙古，因俄之援助而成功；中国革命亦因俄之援助而发展，以至有五卅底大运动和五卅以后底胜利。这当然是使被压迫民族革命潮高涨底重要因子。

因为这样，所以从摩洛哥到朝鲜，从蒙古到瓜哇，有风起云涌一般的民族革命。其最显著最猛烈的，则有里夫之抗法，西，埃及之反英，亚剌伯之暴动，朝鲜之大示威，中国之反帝国主义。

这样看来，十月革命不是世界革命底号炮么？有了十月革命，就必然有世界革命；有了十月革命底成功，就必然有世界革命底成功。

十月革命万岁！

世界革命万岁！

这是我们纪念十月革命所不可分离的两个口号。

（四）十月革命与中国革命

中国是被压迫民族，他的革命，是民族革命（国民革命），亦是世界革命底一部分，自然不能说与十月革命无关系。反之，有很深的关系。一般地说来，因为十月革命含有被压迫民族性和解放；被压迫民族使命，十月革命的产儿——苏联要援助被压迫的中国人民获得解放；中国人民自己也应该倾向着苏联，去结成朋友，求得十月革命底教训。特别地说来，无论苏联也好，中国也好，在反帝国主义底政策上，利害上，应该绝对联合。苏联一方面负有世界革命前锋队和领导者底责任，应该站在一切革命势力之前，与帝国主义争斗。要完善这种责任，非空言可能，只有实际地联络被压迫人民。他一方面，苏联底本身又有世界帝国主义作它的对头，欲求能够抵抗，必须厚其势力。欲厚其势力，不单是联络国际无产阶级，还要联络被压迫人民。在这两个意义之下，苏联对于在散居世界十二万万五千万被压迫人民中，应该特注意于□□聚居一国底四万万中国人民。

但是要怎样才能够与中国人民联络呢？这种联络，不是一时的敷衍，而是要共同上战线的，所以必从实际上着手。因此，苏联便第一步放弃前俄在华所得之八大权利，结成中俄协定，同时还要与中国底革命党联络，与革命政府联络，给以物质方面精神方面的种种援助。不说别的，单是因这种联络而得到底十月革命之教训，已经收效很大了。至于国民党之改组，五卅之反帝运动，广东革命基础之巩固，皆不是偶然的。任何一个有觉悟的革命者，都可以看得出这是孙中山联俄，联共及工农三大政策之结果，而联俄一事底关系，尤为不小。那末，十月革命不是与中国革命以大的兴奋，补助和教训么？

在中国人民方面，因为中国受了世界帝国主义底掠夺和压迫，已变作国际殖民地去了。加之，内而军阀又成为帝国主义忠实走狗。【，】于是受压迫益甚。如果寻求解放，非与世界帝国主义宣战不可，非至少赶走世界帝国主义出中国之外不可。但这是一个浩大的工作。就策略上说，应该同我们利害一致，成为世界帝国主义之对手底苏联，结成朋友。何况苏联是世界上被压迫民族底援助者，已经有事实为世界上底人——无论被压迫人民也好，帝国主义也好，所一致承认呢？所以在中国人民方面，也有与苏联缔结朋友关系的必要。

这种革命势力底结合，完全基于互助平等底原则，而没有丝毫谁勉强谁底可能。所以这种国际的反帝国主义的联合战线，并不是中国人民不求自助而去依赖外援。而苏联之帮助，也是一本十月革命之意义，而不是〈甚〉什么侵略。不过因为帝国主义最怕的就是革命势力底联合和集中，所以要用"赤化"和"赤色帝国主义"等名词来施行其离间政策罢了。一般为帝国主义做宣传家底人，当然也藉此反俄。这是人民所应深加拒绝的。说联俄即是受侵略，试问俄曾侵略过谁？曾侵略过中国甚么权利？除了他对中国革命与种种援助外，至今二三年并无所得。不信，问一问那些反俄宣传家，早就说苏俄进兵中国……究竟是不是为事实所否认？至于说联俄就是实行共产，试问联俄已二三年了，是否在实行共产？说联俄就遭帝国主义底压迫，试问在未联俄前，中国是否就不受帝国主义压迫？

英法联军，八国联军，□一条通牒都是为联俄而后有的么？反之，联俄以后，革命势力浩大，而后帝国主义才有所谓关税会议，法权会议和租界允设华区。这倒是不可否认的事实。

（五）最后的结论

被迫压的人们，苏俄之存已有九周年，我们对于它已有九周年的认识了。我们应该在这九周年纪念的时候，回想过去，计划将来，与苏联作更巩固的同盟，不为一切反革命宣传所摇动。我们应该知道中国革命的伟大首相孙中山所定的政策是不错的，是中国人民得到解放的一条大路。现在我们应该高声欢呼：

中俄人民联合起来！

十月革命成功万岁！

中国人民解放万岁！

（《人民周刊》第三十期，1926年11月7日，署名 卓宣）

85.《人类的新史——红十月》(《人民周刊》第三十期,11月7日)

《人民周刊》第三十期发表尹常的《人类的新史——红十月》,全文如下:

"历史翻了壹页,苏维埃的新篇开始了"

——托洛慈基

一、世界革命行程中之三时间。

《红十月》的著作者——列宁曾在他的一九一三年所发表一篇很有名的论文(《马克思主义的运命》)中把一八四八年法国二月革命以后的世界史分为三个时期:(一)自一八四八年至巴黎公社(一八七一);(二)自巴黎公社至俄国第一次革命(一九〇五);(三)自一九〇五至现在。我们知道苏维埃的明星会第一次隐约出现于一八七一,第二次重现于一九〇五,第三次才照耀于一九一七,而成功"红十月"的新史。所以我们纪念一九一七的同时便思念到一八七一与一九〇五。

从第一时期至第二时期中间的世界历史有如何的标记呢。列宁说:

"第二时期与第一时期之不同在于他的'和平性态',在于没有革命。西方已于此完成了资产阶级的革命东方则还尚未达到。"(四十四页)

依此见解来视察一九〇五至一九二六我们可以截然明白说:一、这个时期在资本主义国家是无产阶级革命而实施社会主义的时期;二、在殖民地是国民革命时期;〈以及〉三、无产阶级革命与国民革命之联合时期。因为自一八七一以后无产阶级革命的中心已由西欧移到俄国了,从此使西方革命势力与东方革命有比较接近之机会。这两大革命势力之联合一面是资本主义之报丧钟,一面又是全人类解放之先兆。

在第一时期与第二时期(即一八四八至一八七一与一八七一至一九〇五)之革命口号是:"世界无产阶级联合起来!"在新时期的革命口号则是:"世界无产阶级与被压迫民族联合起来!"这个新时期酝酿于一八七一发端于一九〇五而成熟于一九一七的"红十月"。所以在某种意义下我们又可以说,自一八七一至一九一七之间是"红十月"的怀胎期,在此胎期内有两件事值得注意的:

(一)一九〇五年的革命是第一次由无产阶级领导其他阶级对封建统治权攻击的革命;他由此唤醒了东方民族特别是中国民族的奴隶梦,并同时为西方无产阶级提出了夺取政权的方法。

(二)一九一一年在东方老大帝国内爆发了旷古未有的辛亥革命。

"一九〇五"的失败在于没有与农民联结的好,同样辛亥革命之失败,也是因为当时的革命党没有注意到农民问题。然而一九〇五之失败教训,俄国共产党早已了解着,在一九一七年用农工联合的口号成功了红十月,而中国的革命党也已暂暂感觉着农民问题之重要了。

"红十月"已经有九周岁了,凡是有觉悟的被压迫的人们,都来替这九周岁的孩儿庆贺,但是我们不但要庆贺他,我们还要诚心诚心[意]地来培养他爱护他,因为他不单是俄国工农的"红十月"【,】而且是全世界十数万万被压迫人们的"红十月"。

二、到社会主义之路

"红十月"是我们人类的福星,是一切求解放人们的领导者。虽然自他产生以来有社会主义的叛徒——第二国际派来咒诅他,有资本帝国主义来不断摧残他,但他始终还能一天一地地丰满肥润,始终还能领导一切被压迫者到社会主义之福境。

有人测□他不过岁而死,但他已活到九岁了。在这九年间我们见着:

(一)资本帝国主义包围封锁他之武力终归失败;

(二)资本帝国主义为经济困难所迫将要相继承认他与他通商缔好;

(三)在资本主义范围内之经济总是混乱的下降的、[,]在他们范围内的经济反而是平衡的上升的。

有人咒诅他瘦弱不振会降服于资本主义,但我们见着他大踏步走向社会主义之路:

(一)在经济方面,现在全国社会化之生产(即国有生产)已达百分之六十,有些大工业中已完全操于国家之手。全国四分之一人民已加入国有的协作社内而四分之三国内商业为协作社所有。至于国外商业,银行,信托事业以及铁道等统统是国有的,这些都是社会化之基础到共产主义之必由之路。

(二)在政治方面,民主化之程度年有加进!几十万的男女工人和男女农民的群众,不断地参加行政共同完成社会主义之事业,不断地使苏维埃与群众融化以期达到无治之境。

(三)在社会方面,工人农民之少年先锋对于识字教育,对于农业电气化,对于无线电,化学以及反对宗教的组织已有惊人之成绩。

又有人说他是新生的赤色帝国主义但我们见着他:

(一)开始便对于旧日帖服于欧帝国主义下百余种弱小民族一概给以自决之权,其次对于国外的在〈,〉国际帝国主义所压迫下的弱小民族首先抛弃日旧之不平等条约。

(二)不但如此,他还积极的实力援助所有被压迫民族脱离资本帝国主义与封建余孽之束缚,引之上世界革命之正轨:——由国民革命而社会革命以期仝[全]进社会主义之境。

一九〇五年革命以后列宁早就说:"东方已经决定被索入于世界革命运动之漩涡中了。"

东方(特别是中国)的革命,是一面反对国外资本之压迫,一面反对本国的封建权威的。在这个时候,东方革命的胜利,除了组织工农使有革命的权利先行求得政治上之自由,社会主义是不可想象的。〈仝时,〉在资本主义国家中之社会革命之完全胜利,不先联络弱小民族共同毁灭帝国主义在殖民地之势力也必不可能,这是新时期的历史所"决定"的。

所以任从世界的反革命派——自国际联盟第二国际以及中国的国家主义(？)派——如何造谣，如何咒诅，如何说"东方的祸"说"苏维埃帝国主义"，然而在"红十月"所指导下的两大革命势力始终是联结巩固的，始终是同到社会主义之路的。

三、被压迫民族之同盟者

一九一三年列宁对于中国革命之进步庆祝我们道："全欧的统治者，全欧的资产阶级都与中国的反动力量，中世纪式的遗迹联结着了。然尚在对方面，少年的亚洲，即是说：在亚洲生长的数百万劳动者在所有先进国的无产阶级本身也有一个极稳固的仝[全]盟者。世界的任何力量都不能阻过他的胜利：——仝[那]时解放欧洲的人民与亚洲的人民的利胜。"

自"红十月"降生以来，这种"仝[全]盟"有了第三国际之统辖已经愈加巩固了。最近在国民革命进展当中有各国劳动组织实力反对其本国帝国主义对中国之屠杀，有英□空前未有之大罢工，有国民党叠次在大会中确定联俄联共的政策……我们在【这】些事实中看来，深信这种"仝[全]盟"确是"任何力量"都不能"阻遏其胜利"的。

因此我们对于"红十月"的纪念用不着别选祝词，还请孙中山先生在地下为我们回答列宁："……此自由大联合是不朽的列宁遗【产】与被压迫民族的世界之真遗产。帝国主义的难民将借此以保其自由……"

"……希望国民党在完成其由帝国主义制度解放中国及其它被侵略各国之历史工作中与你们合力共作。"

"……希望不久即将破晓，斯时苏联以良友及仝[全]盟国而欢迎强盛独立之中国，两国在争世界被压迫民族自由之大战中携手并进以取得胜利。"

（孙中山先生致苏俄遗书）

（《人民周刊》第三十期，1926年11月7日，署名 尹常）

86.《布尔扎维克应夺取政权》(《人民周刊》第三十期,11月7日)

《人民周刊》第三十期发表列宁著，李春蕃译《布尔扎维克应夺取政权》，全文如下：

十月革命之日期，是列宁同志定的，在那个时候，差不多没有人主张立即武装革孟扎维克之命，只有列宁同志主张着，革命之成功。[，]证实了列宁同志之主张之正确。这篇就是列宁同志致俄国共产党中央及莫斯科彼得格勒地方委员会主张立即武装革命的信。可说是俄国革命之极有历史价值之文字。(春蕃附注)

布尔扎维克党，既已得了彼得格勒和莫斯科两都城的苏维埃之工人代表和兵士代表之多数，就能夺取政权，也应该夺取政权了。为什么他们能够夺取政权呢？因为：第一，两都大多人兵士与群众接近的同志商定。

我之要点，是我党现自己开会这会一定——不管其愿意与否——决定了革命之运命。必要向我党党员，解说我们为什么发出动员令，在彼得格勒和在莫斯科（及其附近城市)□动,夺取政权,和推翻政府。我当应该想法,使不在机关报公开发表,而我党党员又□明了。

布尔扎维克是不能等候"形式的"大多数的。若是在那里真在形式上得了大多数才发动,那就幼稚了。柯仑斯基及其党徒,是不等的,但预备攻□彼得格勒。〈正〉正是民主派会议这种可怜的蹰踌,必引起彼得格勒和莫斯科之全体的工人。假若我们现在不夺取政权,历史是不宽恕我们的。

没有机关怎样办呢?我们有机关,就是苏□的活动的革命分子,已有充分的力量,足以号召群众,打破反对的阻力,夺取政权而保有之。

第二,布尔扎维克党立即提出德谟克拉西约和议,没收土地给农民,恢复备受孟扎维克所摧残的德谟克拉西的□□与自由,就能建立一个没有人能推翻的政府。

大多数人民,是左□我党的。有自五月六号以至八月□□号和九月十二号的事件证实之。我党在两都底苏维埃占获大多数,就是人民趋向布尔扎维克之结果。且社会革命党称孟扎维克党之游移□定,这两党中国际主义分子底势力日大,也为我党也得了大多数人民之赞助之明证。

民主派会议,不是代表大多数人民,而不过是小资产阶级协调之回光返照。是故,会议之□□并没有证明什么,对我党毫无影响。我们将彼得格勒或莫斯科之市政府之□□与苏维埃选举比较起来,□莫斯科之选举与八月廿一号的大罢工比较起来,就知道领导群众的革命分子,大多数是倾向那里了。

民主派会议,欺骗农民,不给他们和平,也不给他们土地。

仅有布尔扎维克的政府,能讲是农民之希望。

布尔扎维克能够夺取政权,我们是知道了。但,为什么布尔扎维克党现在就夺取政权呢?

因为:彼得格勒再降服,我党夺取政权的机会,就因之大减。

现在,哥伦斯基和其党徒,带有一队军队,我们绝对不能使彼得格勒能不降服。

我党也不能"等"人民大会,因为哥伦斯基和其党徒,一打败了彼得格勒之反抗,就将常常延搁其召集。□备我党□得政权,就能担□人民大会一定召集。那么,我们将痛责他党之□愤人民会议□而我们中事实来证实我们之主张。

且,唯有以迅速的行动,才能终结英德帝国主义者单独讲和。

人民对于孟扎维克党和社会革命党之蹰踌不决,已很□□。我们只要在主要都市得胜,就会吸收农民到我们这面来。我之所谓现在,并不是说"此时""此刻"就暴动起来。究竟要在哪一日,可以由那些与工维埃和德谟克拉西团体。正正现在,在英德单独讲和之前后,国际的情形是利于我们的。在现在对人民提出和议,即是胜利。

现在同时在彼得格勒和莫斯科(谁先开始是没有什么重要的,或者莫斯科先)夺取政权,我们一定胜利。

(《人民周刊》第三十期,1926年11月7日)

87.《十月革命与中国革命》(《楚光日报》，11月7日)

《楚光日报》为庆祝苏联十月革命9周年，特设十月革命纪念增刊，董必武发表《十月革命与中国革命》。全文如下：

九年前的今日，我们革命的先进国——苏俄，仗它民众的努力与他们的领袖——列宁先生的指导，居然把个庞大的俄罗斯帝国颠覆了，好像一声春雷，把全世界被压迫的民族从麻痹昏睡中唤醒。全世界帝国主义者见了这样惊心动魄的举动，始而瞠目咋舌，继而痛心疾首，污以强盗、土匪、过激种种不伦不类的名词。然而痛恨尽管痛恨，污蔑尽管污蔑，十月革命毕竟开世界革命的先河，毕竟为全世界被压迫民众解放的起点。从此全世界有了六分之一的土地脱离了帝国主义的领域，有了十分之一的被压迫民众脱离了帝国主义的羁绊——这当然给帝国主义以一个最巨大的创伤，同时却予各国被压迫的弱小民族以求自由解放的指南针，尤其给予中国革命以极深厚的影响：

第一，我们都知道中国的乱源，是帝国主义者要在中国争夺市场，因而勾结它们的走狗——军阀作恶捣乱，破坏统一和平，把个完整统一的中国沦为四分五裂的半殖民地，把中国的人民陷于流离失所悲哀惨痛的境况。中国要想求自由解放，除了国民革命以外，除了向帝国主义者作猛烈的进攻以外，当然没有更走得通的道路了。然而帝国主义者的厉害，正与它的残酷成比例。它有庞大的海陆军，它有高度发展的资本，它有精良巧妙的杀人工具，非联合全世界一切被压迫的民族，站在一条联合战线上，哪里挡得住它的淫威？十月革命以后，世界反帝国主义的战线，陡然扩大了，反帝国主义的势力，陡然膨胀雄厚了。中国革命的民众，从这时起，渐渐睁开了眼睛，毅然决然加入反帝国主义的战线，向帝国主义与其走狗——军阀进攻了。所以十月革命的成功，至少催速了中国革命的实现。

第二，中国以前从事革命工作的人，多半偏重上层的改造，而忽视民众的组织。辛亥革命，虽然颠覆了清朝统治，而民众的势力太薄弱，民众的组织太不完备，不能够拥护革命政府而铲除反革命势力，所以不久便与反革命派妥协而终于失败了。俄国十月革命，是世界被压迫民众自由解放的先声，也是世界民众势力表现发展的起点。中国从事革命工作的人，经了这番的教训，才认识民众的势力了，才晓得要〈得〉自由解放、和平统一，必须唤起全国被压迫的民众共同努力奋斗了。所以十月革命，在方向上，在方法上，都予中国革命以深厚的影响。

第三，一个国家，要想从严重的压迫之下解放出来，必须有独立奋斗的精神与勇气。专等他人做好了饭来享现成的，结果必要饿死。苏俄十月革命，始而受帝国主义的冷淡、讥诮，继而遭它们的压迫、排忌。然而它的革命民众长期的努力与斗争，终于克服了这些冷淡、讥诮、压迫、排忌，终于使这些帝国主义者仓皇失措，而不得不出于承认之一途。俄国现在的地位，可以说都是它的革命民众努力奋斗得来的。中国革命的青年，看了这件事实，不期然而然地都振奋起来了，自重心与自信力都油然而生了。【近】年来风起云涌的学生运动、爱国运动，前仆后继地向帝国主义者及其统治势力肉搏血战，可以说都是十月革命给予他们的精神上的影响。

近来革命军的势力，由珠江流域扩张到长江流域来了。帝国主义与军阀，大有日暮途穷之势了。革命前途，总算可以乐观。然而民众势力的膨胀，毕竟跟不上军事势力的发展——这里面潜伏着不少的危机。希望全国革命青年，在庆祝十月革命的欢欣鼓舞之余，不要忘了它所给予我们的许多教训，实行到民间去，向广大的群众做宣传的工作，才不负我们庆祝十月革命的本意。

(《楚光日报》，1926年11月7日，署名 董必武)

9日(星期二)

88.《苏俄政争与列宁主义》(《顺天时报》，11月9日)

16日(星期五)

89.《强俄的恢复》(《晨报副刊》，11月19日、26日)

《晨报副刊》11月19日、26日刊登美国P. Hibben著，李树峻译的《强俄的恢复》，全文如下：

因为国会的再度召集，对俄承认问题又提了出来。二十一个国家已经依法承认了苏维埃。只除了美国这个重要的政府仍在反对其他世界所走的实际的道路。

参议院外交委员会主席波拉氏(William E. Eorah)，几年以来就主张在维持美国利益的或【某】种保留条件之下可以承认俄国，已经再度表示他将提出对俄承认事件于国人之前的计划。所以现在将适当其时，去重新考察苏维埃最近政治的和经济的发展，而且特别在俄国顺着政府管理一切的道路上所作了出来的惊异的进步。

我不在俄国已经三年了，而我于去秋(一九二五)在那里再度参观所遇到的变化很是惊异。我们在美国必须毫无例外的去改变我们所有关于俄国的观念：我觉得这似乎是很清楚的。我们对于彼所有的印象，还是六年或七年以前所得到的。当时那或是或不是一个真的，但是现在无庸讳言已经不能真确了。

要作一种对于俄国在这六七年间所遭遇的比较，应当观察美国于一八六五年与一八九〇年间同样短期间中所有的进步，并且评判他的结果。在这个期间里，藉了一种高的保护关税的利益，在美国所发生出来的无数私有工商业的联合，和过去数年间，在俄国政府垄断一切国外贸易的保护之下所突然崛起的国有工商业的联合，就实际的结果看来，并没有丝毫的区别。我们的制度产生了 Carnegie(美国钢铁大王)，Hill(银行家)，和 Rockefeller(煤油大王) 一类的富豪：俄国的制度并没有产生这样一类的。

不过那是一个很小的区别。对于群众的大部，我们之所谓消费的结果是完全一样的——出产的标准，高贵的价格，个人生产的排斥和消费群众受得生产最便宜而大有利于制造者的货物缩减到了一种最低的限度。

让我作一个例证。俄国乌克兰农民纺他们自己的麻，织他们自己的布，作成一种耐久而优美的短衫并且刺了活泼艳丽的□花，这个时代已经过去了。他们是毕生继续的艺术的工人。如果现时在俄国试卖一件，你将遇到一种冷笑与回答："哦，不！没有钱去买那些东西。他们过于耐久了。因此，一个农夫若干年才穿了一件！现在我们有几种短衫是列宁格勒麻布托辣斯——最近的机械工作，几千工人所制造出来的。"并且给你一种廉价的摸拟农夫制造品，印着一种标准的图案代着编花，质料同纸一样的不能经久。肆主告诉你说："你看，那是更便宜的。买他们的农夫比买旧的种类还多。"你问："但是，因为他并不这样耐久，他究竟是更便宜么？"肆主耸了他的肩胛回答说："农夫可以时常得到一个新的短衫。并且因为他很少浣洗那种旧的，那是格外卫生的了。"

而且各种别的东西也是如此。俄国的农夫是艺术家。他制造一种货车在春秋两季里抵当俄国崎岖险阻的道路。他徒手铸造那货车的单独金属的部分——车轴，螺旋钉，螺旋套。全部物体是手做的，而且做的很好，在长期的冬季里当时并没有□秘的工作。俄国政府说："那些是全错了的。俄国的农夫并不能在一个冬天充足的制造这些货车供给俄国全部的需要。我们必将输入美国的货车直到我们建设我们自己的工厂用几千人来制造货车。"政府供给每个农夫一辆货车并不是没有遇到的可能。所以市上充满了价廉的，机器制造的，按标准输入的货车，合式的漆了红的颜色，能够有俄国农夫手制货车十分之一的耐久。

今日的俄国地方是一种福特（Henry Ford，汽车大王，美国之第一富豪）的极乐世界。在几方面里，他有他的利益。例如织物事业，供普通消费的织物没有来到俄国会曾有七年之久——从一九一四年到一九二一年。只有军队在战争期间有衣服穿，而且一九一七年革命以后头几年的时候即便军队也没有这样的优待。人民几乎到了离奇的□楼。妇人没有长□，不是因为没有巴黎时代的幻想，只因无可购买。薄的棉花外套补了又补，而且终于妇人同男人一样的采用了皮衣与高靴，因为这些东西至少是耐久的。

于是来了伟大织物托辣斯的组织，而且在美购买几百万元的棉花为这些新开的工厂供给生【产】的原料。有一亿三千五百万人必需供给一切的东西从□衣到外套。去制造这些东西用别的方法比了大量的生产显然是出乎问题之外的。而且现今在莫斯科，或列宁格勒，或敖得萨你可以看见几排长列的群众，在大织物托辣斯任何零售店的窗外的街上，很忍耐的等候了几点钟，才能得到去买即便很少几码布足的机会。现在俄国布的饥荒的危急恰似一九二一年面包的饥荒。在乡村的铺点里，那是很可怜的。地方的协作者得到一捆或两捆最便宜的棉纱而且即刻有农妇们从几里以外走到城里去买他。买到五分钟的时候那就没有了。所有俄国的列车拥满了群众，他们拿了他们所有的积蓄，走到莫斯科或列宁格勒，整天的站列在一个织物零售商店的外边，购买所有他们能够携带的布疋,而且带着回到六成八百哩以外的乡村里——而且在这种企业得了一种很大的利益。

或许有人要问:为什么俄国不输入他们所需要的东西。这同样的问题能够放在美国人民的身上,不过我们知道关税保护着美国的制造者抵制在国外所能购买又好又贱的货品。在俄国也是这样,不仅是关税,而国外贸易政府的垄断保护着大的政府托辣斯制造一百三十五兆俄罗斯人非需不可的物品。即有输入品到了俄国,但那也是为政府所管理的,而且此管理输入的政府也注意到那些输入的物品不可使他自己的工厂失了职业。俄国尤其是一个工人的,被工人管理的,而且为工人而设的政府;因此输入替代制造的意义就是几千个工人必将失掉了工作。因为这些工人的本身就是政府,他们允许任何事体这样损害他们自己的利益当然是不愿意的。

国家的佣工

在这种情形有□种显然的危险。例如,显而易见的:假使俄国或任何别的政府正从事于从烟草到皮鞋的各种物品的制造品,而且经营世界最大国家正式银行业务以外所有的特别银行业务,因此为国家直接或间接所雇的男女佣工将大超出乎任何而只是想像的职工数目之外。那是俄国今日的确的情形,而且因为政府或政府工商业活动的扩张与发展,那种情形正是继续增加哩。

虽然只要他愿意的任何人能够在俄国任何地方去自由建设任何种类的工厂,很少有去试验的。那些已经试验了的人们自己觉得遇到了一种竞争,在这种竞争之外美国托辣斯在他们竞争时代的□□□□是小孩的玩戏。希图在俄国作一个独立制造者的人不能输入原料也不能输入机械,除非经过为他种目的之政府代理商店——例如纽约艾慕稻(Amtorg)贸易公司。他的政府的竞争者不仅享受了特别的利益——有时甚至于折减入口税在一种俄国政府特别希望发达可以遇到国家或种直接需要的商业里——但是他们也能够得到他们所需要的资本,从政府财政的机关里,比独立的私有制造者所能得到的有较好的条件。况且,工作的时间与制造工人的工资为这个工人共和国家的根本法律很严格的限制了,因此一个独立的私有制造者没有方法可以得到雇贱工或使他们逾时工作的利益。

不要以为政府怎样与私有企业竞争的这些详情的任何一点是完全秘密的在背后破坏那些愿意去掌管而发展他自己在俄国的工厂的人们,也不要以为那是出自任何伤害的动机为政府想铲除独立的投资家所命令的。那些全是在苏维埃经营商业的普通而明确的情形,而且俄罗斯人是冷淡于实行的。其结果是:谨慎的资本家见到在俄国有一种投资的机会——而且在俄国有很多这样的机会——把他的提议送给苏维埃政府而不亲自唐突的出马。假使他的提议十分重要,于相当的时候他可以会见现在俄国政府主要□□委员会长杜洛斯基。假使这资本家是聪明的,他可以使苏维埃参与他的商业,他供给资本而俄国政府供给特别的权利——□断的或相似□断的企业必可担保可能的利益。

政府和投资的股东

因为苏维埃政府最后的目的是在从这样的协作里得到他的收入而不像美国公司与

个人的税收方面着手的，见到这计画的商业的成功有一种切□而重要的兴趣。政府没有和带着计划接见他的资本家订结秘密的合同——没有折扣或任何那类的事体。政府因为他在企业里的份子对抗着远虑的资本家的金钱，只是放平了政府的机械，为在世界任何地方原料或必需品的购买，为这些货品通过政府铁路达到工厂的运输，为制造者与佣工间可以发生的任何困难的解决等等。资本家觉得他需要电力去开他自己的工厂格外便宜么？苏维埃供给他一个电力的地基，这是无容辩论的。俄国政府有他自己的方法去处理这样好像 Muscle Shvals（美国 Alabama 州 Tenneddee 河之瀑布）的难题。在十或十五或二十年的期间——让许的期间——无论矿产或动力地基或工厂的财产完全属于"混合的公司"，在这个公司里政府是一个股东而投资的资本家也是一个。契约时期完结的时候，财产的全体带着所有添补的器物都转给苏维埃。这不能说是不公平，因为如果在十五年的期间，藉政府的后盾资本家已经得他的投资数目□百分之三十五，他已经得了若干借于他所有的投资而且另外得了一种固定的利息。

从苏维埃方面看来，那的确是希望外国的投资家去作的。苏维埃政府并不想在俄投资的那些人亏本，但也不想他们有不能遵照他们的希望而行的失败。因为那种理由给了很多的余地来规定让许的条件，使投资家在他的投资上得到圆满的利益，但是也有一个条件订在后边：下金卵的鹅须要□终，因此投资家可以老是用他的脑筋和精力。四年以前一个美国的公司到了俄国，美国人和俄国的官使都想这必是一种很好的营养业。当他不能证明成功的时候，苏维埃给了美国公司别的让许，补偿了百分之三十于"混合的公司"（一半俄国政府和一半美国的资本），为对于有信用投资俄国的美国人表示公平。

由此看来便可明了：苏维埃政府以公共的利益倾全力帮助任何他有股分的企业——因此如果资本家不赚钱苏维埃也是不能的——的时候，独立私有的制造者，可以发生在俄国经营他自己的营业和政府竞争的观念，结果必至于帮助苏维埃，就因为他的命运密切的关连于俄国政府的命运。为谋俄国统治的和平的发展，此种以各国有力者为后盾的方法，远胜于写信鼓励各地鲍尔学维克的金诺维埃夫（Zinoviev）的方法。因为现在俄国事业的首领很是一些实行家如美孚油公司或国立市银行或美国钢铁公司的首领，他们把他们的托辣斯放在苏维埃政府和外国投资家的公共利益里，当一种帮助他们的政治的方法而不为狂妄的宣传。不相信这样的那些人——而且在美国有很多人仍旧相信俄国宣传的极端妄谬——是犯了蔑视苏维埃领袖的智能的根本错误。实在，经营现在俄国事物的人们，和一世纪前者在美国建设大工业，财政，运输和商业联合的人有许多相同处，而且有很相同的心理。五年以前在俄国不能尽力按照这样广大的联合区发展的人们已经不在俄国政府，只是办新闻或讨论第三国际或作别的事体对于实际的难题并不需要组织能力之应用的。

其实可以证明的，有许多的主义从现在的俄国流传到别国里。但那并不是像我们和苏维埃俄罗斯所接触的那种主义。那每每可以在新闻的经济□内找到，而且包含了像这样的记载：联合美国公司，他曾于一九二四年得到一宗六十万美金的利益，刚刚接到了在美国所买价值三百五十万美金货物的发票；去年苏维埃织物公司赊了五千万

1939

美金的棉花,其资本为柴思(Chase)公立银行和保证信托公司所供给;Harriman的利益业已与俄国政府所共有,为开发世界最大的锰矿,而且为实行这种的权利付了一百万元的现金;国际收割机械公司定了一种合同等到八年以后担任在俄国的制造;勒拿金矿让许,在莫斯科以为是俄国所经营该项事业最大的一件的,已经到了美国人手里,等等。这是一种宣传政策,但是使苏维埃政府稳固的宣传政策。即如一个代表的俄人评论道:"假使我们根据一种相互利益的基础和美国人作圆满的营业,那便是我们所需要的所有的宣传政策。如果我们不公平待遇那些来和维埃经营事业的人,宣传政策也将不能帮助我们了。"

因为有数千的俄国贸易代表在柏林,伦敦,纽约和其他地方为俄国买卖货物,有同样的几千百人在莫斯科,列宁格勒,Kharkov,St□lingrad与全俄地方生产,搜集并运输俄国所出口的东西而且在俄国利用并分配俄国所输入的东西。这些贸易的职员是否为共产党,却没人过问。他们熟悉并且他们能够练习他们的职业么?他们是诚实而且纯洁么?他们能维持新工商业俄罗斯的锐进的发展么?这些是为莫斯科宏大的衙署,并在列宁格勒有几千从事于俄国恢复事业人们的工厂所发出来的唯一问题。载着此等男女人们的自动大四轮车,忽忙的笨穿于街市;街市的两轮马车,城外的列车和出租的汽车和饱满拥挤起来——那或将变为芝加哥丕特斯波格(Pittsbnrgh)。所有的几十百千都是一些雇员属于苏维埃,或因有的宏大的政府的"托辣斯",或为国家所管理的增加的"混合公司"。不仅他们的面包和牛油依赖苏维埃政府,而且他们的前途,他们发展的机会和安适与快乐的生活。这些是俄国有希望的青年男女。如果他们不能担当他们的工作,他们不久就要去职。向前的进步于他们太决了。自然他们都帮助现在的当局,无论同他们是否为共产党的党员,因为现在的当局供给了他们在生活上成功的机会。他们的忠诚毫不是政治的。那是那一般人最重要的忠诚,他们生存的本身和现在俄国政府的是有密切的关连的。

苏维埃雇员的忠诚

现在还有许多的俄国政治家在巴拉加(Pragure)或巴黎甚至在纽约和华盛顿,宣称俄国的人民正要临到一种的叛乱反抗他们所谓"鲍尔雪维克党"的。但是这并不能适用于苏维埃的雇员。那显然是毫无理由的:一个人起来从事革命反抗他的生计,如果那生计是一个很好的。一九一七年九月列宁著云:"所有中等社会国会服从制度(Bourgeois Parlia mentarianism)的历史宣泄了内阁变迁有很少的重要,因为一切有效的工作,一切的行政是掌握在大队的职工的手里。"以所有俄国广大的,永久发展的而且这样极度集中的营业,俄国现在必将真的——而且将来也更真的——像从前列宁所诋毁的任何的"中等社会国会服从制度"。因为现在,如列宁所语预言的,这个职工的大队,由各方实际的意义看来,苏维埃的政府,所由组成的几千百的男人与女人不能和苏维埃政府不睦,却是赤心诚意的帮助他,因为毕竟那是他们的政府。

因此,在一种长久继续的范围,兼从内部与外部,各种势力并非趋向于颠覆,却是巩固俄国的苏维埃，使他们更能保存且更稳固更保险。好像几千条细线捆着 Guliver（见 J Swift 所著之 Guliver, sTravels 为社会政治方面散文讽刺体的旅行记），所以现在，藉了伸到俄国各地方面接触俄国生活各方面的千条纱线的速织，苏联便结成了一种耐久的织物。这些纱线并不是那些政治的束缚，可以而且有时候为人用武力打破的，却是一种经济的维紧，没有人可以破坏而能生活，而且没有人将要尝试去打破如果他没有受迫到不可忍耐的极端。

有个重要的成绩减轻了共产党在俄国直接的工作。该党并不强迫或引诱在俄国的男女人们去作党员。只是去注意：织这苏维埃国家广大义务的织线的飞梭并不停止而且所织的织线不便大部人民的元素和国内生活的状态不包含在这个模型里。现今的农夫还只是淡淡地束缚在这个制度里而且这是在那般严厉的实行家，共产党领袖，眼前的切肤的难题。假使他们能够成功地把农夫纳在他们事务计画的范围里，在地球没有一国能够驱逐他们或者打消他已经建设而活动的机械——至少在我们的时代。

俄国政府是一个分部政治——大队的竞争的分部政治为列宁所恐惧的。不过，在这个分部政治的血管里，仍然流着有感觉，明确目的的鲜血，担任为共产党员对于政府作公开的严厉的批评的职务，到了一种任何世界其他地方现在所不能知道的程度。没有进行的方针为心理的惰性所固定，而不能被那般追随的人作即刻与猛烈的改革，假设这种需要与适宜发生了！而且只要这些改革是可能的苏维埃的俄罗斯必将不能变成一个笨拙的——或是一个破坏的——机器。倘使造成俄国革命的那些人在他们的清渐[晰]的头脑里坚持他们的目的他们将继续指导为他们所制造成功而最纷乱的机械，于一种确定目的的灵巧的方法。那又是将要支配他们——他们将支配他的。我们在美国可以想他们是在错的轨道上——却至少他们是在轨道上。

我们所最忧虑的，——而且也是俄国人将要忧虑的，如果他们知道了——是将遇到一付什么天地假使那些知道他们怎样作的人们渐渐的死去了，如列宁 Nogin, Vorovsky, Hoorgin 和 Skiansky 已经死了，又如□病而且怠【慢】的翟趣林被驱逐了，换上那般既不知道又不注意他们怎样作的人们，从列宁所挟惧的职工大队的阶级里面。那是为俄国并世界其他部分一个重要的问题。

从我到俄国的时候我曾揣想那件事体，后来有一天我在莫斯科寻得了一个答案。我去拜望我三年以前我所认识的一个人——一个较年轻的人，一个政客。[，]而且是一个文人并不是一个政客。三年以前他不仅蔑视共产主义共产党；并且竭立[力]设法表明他是一个科学的人并且和统治的团体没有相同的地方。他的服装和态度全是智识阶级的样子，不同于穿皮短衫的工人。当我造访于他的公署的时候，我对他的书记说我要见（X 教授）。穿过了隔壁我能听得她说："X 伙计，（'Tovarishch X'）一个美国人见你。"我因为这个字是共产党员的称谓，并不像在革命初期所乱用的一种称呼。当我被引入教授的办公室里，我仍然是很奇怪的看见他坐在他的书案的后边，穿了一个工人的皮短衫。在他的肘间的□上是一个列宁的肖像，而在对面别有共产党秘书史塔林（Stalin）的□□。在这教授的面前，我致了我的怀疑于俄国的前途。

他说:"你不必忧虑,现在有四十五万个党员□三年前他必说:'共产党',而且三十万在候补单上。准入的那些人被允许的时候,并不是恰当他们的热度表现了,却是当他们了解革命意义已被证明的时节。在这些党员请求者的后面,有少年共产党同盟,The Komosomol,一百万的会员,从十六到二十一岁。将来并不全体被许入党,那却是一个贮藏所。而且在 Komosomol 之后有五十万先锋队(Pioneers)【,】十六岁以下的男女儿童,为供给 Komosomol,犹之乎 Komosomol 为供给共产党。你不必忧虑。我们已经准备进行了。"

新青年

将来是莫斯科少年共产党的时代。

费了好些功夫我观察他们到 Tverskaya 开赛会带着他们的焕发的旗帜,唱着他们的新时代的歌。国学校的儿童以至于专门学校的男女生群拥于列宁墓周的红方卫 Red Squre。他们演说高谈阔论,却富有高尚的目的;他们摇旗而且作势好像他们少年的手里已经操了苏维埃国家森严的机械的权衡。他们没有一九一七年那般人的暴厉的精神,那般人曾经在皇帝的西伯里亚的牢狱里。所谓 Kathageu 的,学习了他们的艰苦的课程。只有热心和诚挚和希望,并一种学习的大愿望。

有人必将盲目的否认关于俄国或从俄国发生出来的危险。但是有一个而且同样的危险——在俄国尝试的经验将要失败而在他后面留下一混乱,必将世界文明,颇于近顷为世界大战所震撼了的,苦于抵抗了。所选择的并不在今日的新俄罗斯和适合于世界上其他地方所预想的别种俄罗斯之间;却是间于今日的新俄罗斯,和在有世界六分之一的土地与十分之一的人口的国里,一种社会与经济的完全崩溃。

俄国将来的中坚分子底这般较幼的青年。那些较老的、严肃的、狂暴的革命的人物——他们备尝艰苦而且把他们的伤痕影响到他们的公共事业里,已经渐渐死去了,他们的工作告竣了。代之而起的有那些人,他们并无有坎坷的纪念而且他们能够平和地为前途建设。在他们的手里俄国是平稳的——较现在还要平稳。

(《晨报副刊》,1926 年 11 月 19 日、26 日)

21 日(星期日)

90.《苏联工人增加工资标准》(《工人之路》第四百七十八号,11月21日)

《工人之路》第四百七十八号发表的《苏联工人增加工资标准》,全文如下:

△按生产增加率增加
△社会主义国家有规划的经济一般

莫思科五日电,苏联劳动委员会向政府提出平定工资计划,内容系决定增加冶金化学与矿工以及其他工价较低等工人之工资。据劳动委员长对此□之解释，苏联自一九二三年以后，工人工资即逐渐增加至百分之六七。惟因采按件给资制，故巧匠所得极多。至今工资之平均率已不能再行增进，只能将工资较低之工人工资酌予增高，惟工资增加，市场中货物亦须同时增加，若不顾生产情形，徒事增加工资，则商业发生困难，金融亦将紊乱，及使工资实际减少，如是不独工人地位不能增高，全劳动阶级且将受其影响，故经群密之核算与□处，认定目前只能只使工资平均增加百分之十，同时并须深切注意生产之增加云。

莫思科五日电，苏联一九二四至二五年度国有工业共值四〇六〇百万卢布，一九二五至二六年度复增至六七八〇百万卢布，约增加百分之四十三。此外如煤炭，则增加百分之五十三，冶金及电气工业增百分之十七，森木板等业增百分之七十二，如将目前工业状况与战前统计比较，煤业达战前百分之九十三，油业百分之九十一，棉业百分之九十；就中较低者为铁业，约合战前百分之五十，熟铁百分之七十，国有工业共用工人四十万名，较一九二四至二五年度增百分之二十八，一九二五至二六年度国有工业所得□除共万四万五千万卢布云。

（《工人之路》，1926年11月21日）

11 月

91. 为苏俄十月革命纪念告同胞（文件，11 月）

湖北妇女协会为苏俄十月革命纪念告同胞，① 全文如下：

同胞们！

今天是苏俄十月革命的纪念日，是全世界被压迫民众从黑暗进到光明的第一步，也就是全世界资本帝国主义崩坏的开始，他在全人类的解放上有无上重大的意义。

在半殖民地的中国同胞们！我们应该怎样的燃烧着我们痛苦的烈火来纪念这个光荣的十月革命呵！

十月革命是苏俄的纪念日，那末我们为什么要来纪念呢？因为苏俄是中国唯一的好友，换句话说是全世界被【压】迫民族的好友！苏俄自动的取消了对中国一切不平等条约，替全世界被压迫阶级建设了打倒帝国主义的大本营！所以全世界被【压】迫的同胞在今天都是一致的来纪念十月革命。

尤其是我们中国的女同胞，应该更进一步的起来纪念苏俄十月革命！因为十月革命以前的俄罗斯妇女也是同现在中国的妇女一样【是】受压迫的，一样的在苦痛里坐着，一切都不自由。可是现在就不同了！现在他们无论在经济上、政治上、教育上都得与男子享同等的权利，这都是十月革命后的胜利呵！似此我们中国的妇女怎能不更

---

① 原件无年代，此年代是根据本文内容判定的。

加起来纪念呢?亲爱的女同胞们!对于我们切身利害的十月革命纪念日,我们应该举行一个轰轰烈烈游行,表示我们的力量,同时影响世界的革命,使我们被压迫的民族早日得着解放,也就是妇女早日得着解放。

1. 苏俄革命成功彻底的解放了妇女的束缚。
2. 苏俄自动取消了对中国一切不平等条约。
3. 苏俄是中国唯一的好友。
4. 拥护国民党联俄政策!
5. 湖北全省被压迫的妇女团结起来!
6. 武汉全体被压迫的妇女团结起来!
7. 苏俄革命万岁!
8. 中俄联盟万岁!

(《湖北革命历史文件汇集》(1925—1926年),1984年内部印刷,第456~457页)

11月底

92. 关于中国问题决议案(文件,11月)

共产国际第七次扩大执行委员会会议关于中国问题决议案,全文如下:

一 帝国主义与中国革命

(一)中国革命是破毁资本主义稳定最有力最重要的原[元]素之一。最近两年来,帝国主义在中国受了严重的失败,其结果将影响世界资本主义的恐慌,使之更加剧烈。国民革命军北伐胜利的结果,实际上扫除了帝国主义在半个中国的统治。

为中国广大群众所拥护的广东革命军之往后的胜利,将战胜帝国主义,完成中国之独立及革命的统一。这种统一,必能增加反抗帝国主义影响的力量到许多倍。

孙传芳阻挡广东军队前进的失败,使帝国主义列强相信,利用本地军阀做破坏国民革命的工具的传统方法,现已不能完全适合实际了。同时,帝国主义列强之互相竞争,使他们不能联合而实行公开的武力干涉。帝国主义正在找寻适应现在局面的新方法,这种新的政策,就是趋向于承认广东政府。美国帝国主义将为这个政策的发起者,即英、日两国,也以为承认广东政府在政治上是可允许的。然而,这不过是外交手段,其幕后还隐藏着帝国主义者反革命的阴谋毒计。

(二)帝国主义在中国的基本势力,即实际上垄断全国一切财政与工业(垄断盐税,抵押关税;铁路、航路、交通、矿山、重工业,——这些多属于外国资本)。倘若帝国主义能够保持这个坚实的基础,帝国主义将在中国获得稳定资本主义的柱石。中国人口之多,使中国成为无尽藏的市场。倘使有投资所必需的政治保障时,中国是投资最有利的场所。巨量的中国原料贮藏,简直没有动过。所以,帝国主义将用拼命的力量,打破那有推倒帝国主义的危险之中国革命。倘若用引起内战的传统方法,使用可能的武力干涉的方法，都不足以消灭革命，则帝国主义将分裂那循着革命道路发展的民族解放运动。

虽然帝国主义列强之间互有冲突，但武装干涉的可能性，还是存在的。外国的干涉，在中国有特别的方式。在现在情形之下，帝国主义者宁取组织内战和接济反革命军队，以压迫革命的干涉形式。现在，帝国主义正企图联合吴佩孚、张作霖、孙传芳等军队，以阻止国民革命军的前进。这种反革命的联合战线，必在帝国主义指导之下形成，且得帝国主义的帮助的，这是很明显的事。中国革命的胜利，给帝国主义者以如此重大的打击，使帝国主义者不得不用尽方法来消灭他。

(三)从中国革命的外面情形的观点上来看，因其有反帝国主义性质，故中国革命，已成为世界革命的不可分离的一部分。此外，还有利于中国革命之发展及其深入的几个重要情形：

(甲)帝国主义各国在中国互相竞争，软弱了国际帝国主义的阵势。

(乙)世界资本主义的恐慌。

(丙)西欧无产阶级运动之发达。武装的干涉中国，必遭帝国主义国家工人阶级的反对。

(丁)殖民地民族革命运动之发展，且因中国革命进展的影响而更剧烈。

(戊)苏联无产阶级独裁制之存在，它在地理上又与中国很接近；中国和帝国主义列强的经济、军事、政治等重要中心，在地理上却相离较远。

二　中国革命之社会力量及其结合

(四)民族革命运动的发展，非常迅速，参加这个革命运动的各种社会势力之结合方式，也很迅速的(并行的)起变化的过程。中国国民革命，发展于很特殊的环境中，故其现状，较之十九世纪欧洲的资产阶级革命和一九〇五年的俄国革命，都不相同。

最显著的特点，是中国受国际帝国主义牵制的半殖民地的地位。另一个特点，表示中国革命异于十九世纪资产阶级的民权革命的，即中国革命发生于世界革命的时期，而为消灭资本主义制度的国际运动中之不可分离的一部分。——这一个要素，是决定中国革命的历史，及参加革命的社会力量之结合的。

中国革命中阶级力量的发展，是在非常落后的中国经济背景里。其原因则为工业资本主义低度之发展，农业经济尚用原始技术，大多数中国人生活程度奇特的低微，以及许多半封建制度的残留等。这种半封建制度的余迹，正在被革命军的压力所破坏，而引起城乡劳动群众的斗争。

现时中国经济情形的主要特点，就是中国经济的成分，可比杂色的荷包，从财政资本以至宗法祠族制度的经济关系之余迹，都时时存在，其中占优势的，乃是各种形式的商业资本，及城乡的小手工业和小工业。

这就使中国民众之阶级分化不明显，并使国民革命之社会政治力量的组织程度不甚高。

同样，亦有重要意义的，即从一九一一年革命以来，中央政府机关的崩败，在近几年日益加甚；国内大部分土地都成为中国军阀之军事政治组织的统治。

中国军阀，代表一种社会政治的力量，现在统治了一大部分的中国。中国军阀之特质，就是它虽系武装组织，而同时它利用半封建性的整个国家制度，而成为中国之资本最初积累的分子之一。中国军阀的国家组织之存在，建筑在中国半殖民地的地位，中国地域的闭塞，中国经济的落后，以及乡村有很多的人口过剩等原因之上。

现时中国民族革命运动发展，着重在土地革命之上。中国的乡村经济，就是一幅图画：许多半封建的经济关系之余迹与正在发展的资本主义原[元]素，互相密切地交缠着。

中国一般经济之非常落后，又细小又分散的土地私有制，很多数量的农民是佃农与半佃农，大小农业经济都用原始技术，多量的农民人口的过剩，同时，农产贸易之发展，以及乡村中阶级分化的进程，如此，愈使乡间情形，更为复杂，形成中国土地革命路上的许多障碍。

中国乡村间的阶级斗争，因客观环境的关系，其发展有以下的倾向——反对外国帝国主义，反对国内军阀，反对大地主的残余，反对土豪劣绅，反对商业重利的资本，以及部分的反对富农领袖。

(五)中国革命运动发展之连续的阶段，可以各种社会力量的改变结合来证明。在第一个阶段里，民族资产阶级和资产阶级的知识分子，为主要推动力之一，他们在无产阶级和小资产阶级队伍中找助手。

第二阶段，革命运动的性质改变了——它的社会基础，亦转变到另一方面的阶级的结合。斗争的方式，发展得更新而更革命。工人阶级在中国斗争场上出现，成为最重要的政治原[元]素。

经济罢工发展成为反对帝国主义的政治斗争，于是有世界的历史的重要意义。无产阶级和农民(他们很积极为自己利益而奋斗)，小资产阶级，以及一部分资本主义的资产阶级等相结合。这类力量的结合，在政治上的表现，适合国民党和广东政府中所有的结合。现在，革命运动已到了第三阶段之门，正是阶级的新结合之前夜。在这阶段里，发展运动的主动力，将是一个更有革命性的结合，——无产阶级、农人及城市小资产阶级的结合，而离开一大部分大资产阶级。这个意思，并不是说整个的资产阶级将要离开民族解放斗争的战场，因为除中小资产阶级以外，甚至一部分大资产阶级的力量，在某时期里，将和革命同道。

可是，在这个阶段中，革命运动的领导权，将日渐落在无产阶级身上。

在此时期，是从民族解放运动过渡至新的革命局面，大资产阶级看见反帝国主义战斗，在无产阶级领导之下进行，超过了它的控制，客观上危害它的阶级利益。于是它(大资产阶级)企图夺取革命领导权，以达破坏革命之目的。它谋影响革命运动，以资产阶级国家主义(民族主义)的思想，反对阶级斗争的思想。

（六）反革命力量之形成，与革命的阶级力量之结合，是同时并进的。这个反革命团结之进程，与帝国主义的政策，有密切关系，并受其影响的；犹之中国革命势力之发展，是与世界革命（苏联与西方无产阶级）有密切关系，并受其影响的一样。

张作霖、吴佩孚、孙传芳等，企图联合他们的力量，以压制胜利的革命运动。这个反革命的团结，是受了帝国主义的影响和帮助而造成的。大工业资产阶级表现日益动摇，倾向与外国资本协调，而承认其统治。帝国主义看见军阀不能作消灭革命运动的有效工具，于是用和平方法，在民族革命势力中，找寻他的同盟者。帝国主义者，企图叫醒民族资产阶级，使之脱离革命战线。并为使民族运动内增加帝国主义代理人的势力起见，于是那些迄今还站在民族革命斗争之外，或甚至仇视革命的某部分大资产阶级，甚至军阀，开始转变到国民政府方面。这种举动的目的，是从革命的联合（无产阶级、农人、城市小资产阶级）的手中，夺取革命领导权，以阻碍革命的发展。这些反革命举动的主谋者，便是国际帝国主义。

在这过渡时期，历史上必然的，大资产阶级必定日渐离开革命；当此时际，无产阶级应该很广泛的利用现时在事实上还作反帝国主义反军阀斗争的各种资产阶级。

另一方面，无产阶级及其政党，应该在策略上利用离开革命的各种资产阶级间的冲突，犹如利用各帝国主义间的一切冲突一样；但是决不要忘记无产阶级的主要目的，而要在利用敌人的各种冲突之时，使战术上的应付和策略上的步骤，都能一贯的奔赴这些主要目的。

三　中国革命的前途

（七）从敌我两方的阶级结合的观点上来看，中国革命的前途非常清楚。虽然中国革命发展之现在阶段，从历史上说，是资产阶级民权革命的性质，但是它必然要带着广泛的社会运动的性质。中国革命的结果，不一定造成使资本主义发展的社会政治环境。中国的革命的进程，是在资本主义衰落的时代，是消灭资本主义和建设社会主义的总斗争之一部分。革命国家的结构，将视其阶级基础而定。这个革命国家，不会是纯粹的资产阶级的民权国家，而将成为无产阶级，农民以及其它被剥削阶级的民权独裁制的国家。它将成为过渡到非资本主义（社会主义）的发展之时期中的革命的反帝国主义的政府。

中国共产党决定要用全力去实现过渡到非资本主义的发展之革命的前途。否则，倘若资产阶级胜过无产阶级，资产阶级居于领导地位，则中国实际统治权又将落入在外国帝国主义之手；虽然，这个统治或者是另一新方式的。

（八）中国革命往后的发展及革命之前途，第一须看无产阶级的作用。最近两年来的事实证明，只有在无产阶级领导之下，才能组织斗争的民族革命的战线。只有在无产阶级统率之下，反对外国资本统治的斗争才能胜利。这是决定中国革命的策略的根本原则。

操有中国大部分地域的政权的封建军阀，是代表反动势力，且是帝国主义的经纪人。本地资产阶级，若看作一阶级，则其发展比较少，且幼稚。经济比较强有力的一部分资产阶级(财政资产阶级与买办),在商业上、财政上与外国资本主义的关系非常密切,从未参加各种反帝国主义的斗争。工业资产阶级曾和民族革命运动同道,至今它还带着纯粹的资产阶级德谟克拉西的性质。可是在革命初起时,它就要避开或怠工了。小资产阶级(小资产阶级的智识分子、学生、手工业者、小商人等),在中国是革命的群众。他们从前演过重要的作用,此后也将如此。但他们不能独立行动的,他们必须或者依靠资产阶级或者依靠无产阶级。当资产阶级离开革命,或进而反对革命时,则被剥削的中等阶级,便将落在无产阶级的革命影响之下。这种情形之下,中国革命在现时阶段中的革命动力是:无产阶级、农民和小资产阶级的革命的联合,并且在这一联合之中,无产阶级是统率的动力。

四　国民革命与农民

(九)在现时革命发展的过程阶段里,土地问题开始紧急起来,成为现在局面的中心问题。那[哪]个阶级能够毅然攫住这个问题而给以彻底的答复,这个阶级就是革命的领袖。中国现在的环境,只有无产阶级是能够实行彻底的土地政策的唯一的阶级。彻底的土地政策之实行,乃是反帝国主义胜利及革命往前发展的先决条件。

中国军阀的势力,一方面靠外国帝国主义的帮助,另方面则靠本地地主阶级的奥[支]援。军阀的统治,建筑在奴隶式的半封建制度之上——军阀官僚的政府机关,地主、劣绅、商业重利资本等的压迫和剥削几万万农民。发生这种制度的原因,因为那些无土地或缺少土地的农民,他们不得不去受地主及重利盘剥商人等的奴隶待遇,及为城市和军阀供给几百万苦力和士兵。推翻帝国主义的压迫,消灭一切封建社会关系之残余,解放中国民族,国内社会关系之革命的改革,这些事都相互联接着,成为中国革命的整个的责任。

要完全推倒军阀,占人口大部分之农民的经济与政治斗争,必须使之发展成为反帝国主义斗争的一部分。以为加紧乡村间的阶级斗争,可以削弱反帝国主义联合战线的顾虑,是不对的。过去国民军之败,并不是反革命势力强大,乃为不满意的农民暴动所打败。可见现在摆着这个危险。[,]不去勇敢地接近土地问题,以拥护农民群众客观的一切政治与经济要求,这才是革命的大危机。如果因为犹豫,且误给资本家一阶级单独协作,而怕把革命的土地问题放在民族解放运动政纲的主位上,那便是错误的。这不是无产阶级的革命政策。共产党必须免去这个错误。

(十)现在情况的特质,就是过渡性,此时无产阶级应当选择它自己的将来:或与大部分资产阶级联合,或与农民强固其同盟。倘使无产阶级不能提出农村政纲就不能把农民拉进革命斗争,而失去它自己在民族解放运动中的领袖地位。如此则直接或间接在帝国主义影响之下的资产阶级,必将从[重]新起领导的作用。假使这个可能性,在现在情形之下实现,就是加强外国资本在中国的地位——使帝国主义的稳定。

如果不能使民族解放运动和农村革命合而为一,则广东国民政府将来不能保持政权,革命将来不能进展至完全战胜外国帝国主义与国内反动派。乡村阶级分化的增长，加紧了农民群众与剥削阶级间之争斗。共产党必须十分注意乡间的阶级分化及从此而起的剧烈斗争；共产党应为农民运动的指导者，并提出相当的政治经济口号，以助农民运动之发展。

（十一）中国共产党应当承认"土地国有"为无产阶级的农村政纲之基本要求，但在现时，必需按照中国各地的特殊经济政治情形而分别的应用农村策略。

在农民运动中，关于政权问题，中国共产党应当努力赞助推倒乡间的劣绅土豪的官僚政权，以革命政府之下级机关代替旧的半封建的官僚政权。这种乡间的革命政权，须是能执行革命政府的命令及拥护大多数农民利益的。农民应当参加县政权机关之创造。

在国民党政府管理下的境界内，农村革命的政纲，须有具体的方式。中国共产党与国民党必须立刻实行下列办法，使农民到革命方面来：

甲　减租至最低限度。

乙　除去加在农民身上的各种名义的杂税，而代以划一的农业累进税。

丙　对于大多数农民群众所负担的税额，须为之作最高度的整饬和减少。

丁　没收属于反动军阀的寺院地产，及对国民政府作战的买办、地主、劣绅等之土地。

戊　担保佃农永久租借他所耕种的土地，并由农民协会与革命政权的代表决定最高限度的地租。

己　广东政府必须竭力拥护农民的利益，特别保障农民，使不受地主劣绅重利盘剥者的压迫与束缚。

庚　解散民团和其它种种地主的武装队伍。

辛　武装贫农和中农，使乡间一切武装力量，服从革命政府。

壬　政府给与农民组织——农民协会在内——以最高度的帮助。

癸　组织国家低息借钱的机关，坚决的反对重利盘剥。并帮助这一类的农民组织及其它互助组织。

子　国家帮助合作社及互助机关。

（十二）共产党的任务，就是要使广东政府实行上列的办法，亦即是使农村革命进到更发展的阶段的过渡办法。实行这个极重要的任务，必须建设在共产党领导之下的农民委员会。在革命的发展过程中，农民委员会必能获得实行上述各种要求所必需的威信和力量，并能加紧斗争，提出更彻底的要求。农民委员会就是国民政府与国民军在农村的基础。

在仍被反动军阀所管理和〈政〉统治的地方，共产党的任务，须领导农民作反对封建制度、军阀及帝国主义的斗争。在这些地方，革命的最正确的工作，是使反动军队解体。共产党要利用一切自然发生的农民组织，如红枪会等，须在其中巩固党的影响。

（十三）农民对革命的态度，大都因革命军的行为与表现而决定的。由革命军表现的好坏，农民判断新政权的性质。所以农民对新政权的态度，决定于革命军自己的行动，决定于革命军对农民与对地主的态度，决定于革命军准备帮助农民与否等等。固然，革命军到处受农民热烈的欢迎。但这个热烈程度，不久时间即冷淡，这也是事实。长期的困难的军事行动之要求，在农民身上增重了新负担。倘使领导农民运动的共产党与其它革命分子，能够应用正确的彻底的农村政策，去补偿农民暂时的新负担，则农民必将继续热烈的帮助革命军。革命军可比农村革命之导旗，须在农民群众中种根基。

五　共产党与国民党

（十四）获得影响于农民群众的必要，也能决定共产党对于国民党及广东政府的关系。国民革命政府的机关，是接近农民很实际的道路。故共产党必须利用这机关。在新得解放的省份里，必将建设如广东政府的国家机关，共产党及其革命同盟者的任务，是加入新政府的机关，使国民革命的农村政纲有实际的表现。这就是利用国家机关，以没收土地、减税〈、〉并给农民委员会以实力，如此，在革命政纲的基础上，逐渐进行改良。

（十五）根据上述的及其它许多同样重要的理由，共产党离开国民党的观念，是错误的。中国革命的整个发展过程，它的性质及其前途，均需要共产党留在国民党，并加紧在其中的工作。为着加紧共产党在国民党里的活动，以推进革命运动往前发展起见，共产党应当加入广东政府。自从广东政府成立以来，其实权操在国民党右派之手（六部长中五个是右派）。虽然事实上广东政府若没有工人阶级的拥护不能存在，而工农运动，即在广东省，亦尚须战胜种种阻碍。最近的事实证明，共产党应当加入广东政府，以帮助左派反对右派之懦弱而动摇的政策。广东政府辖地之广大的伸张，使共产党参加国民政府的问题，比任何时候更成为必要。

（十六）中国共产党应使国民党发展成为真正平民的政党——包含无产阶级、农民、城市小资产阶级，以及其它能坚决反对帝国主义及其经济人的被压迫者之坚实的革命联盟。因此，共产党必需照以下几点行动：

甲　有系统的坚决的反对国民党右派及戴季陶思想，反对他们想把国民党变成资产阶级的企图。

乙　形成左派，而与之亲密合作，并不企图以共产党分子代替左派之领导工作。

丙　彻底的批评在左派右派间之摇动，在继续革命或和帝国主义妥协之间摇动的中派。

六　中国革命的责任及革命政府的性质

（十七）列宁曾说："民族解放运动，在世界革命时期以前，是总的民权革命运动的一部分，现在，苏维埃革命已在俄国胜利，世界革命时代已经开始，民族革命运动成为世界无产阶级革命之一部分。"

中国革命之党纲及由此而产生的革命国家的结构，应从这个总意来决定。阶级分化的过程，即随有革命运动的发展，证明了这个总意。广东政府虽然是资产阶级民权性的，但究其根基和客观上，则包含有无产阶级，农民，城市小资产阶级等革命联合的民权独裁制之萌芽。小资产阶级民权运动在中国之所以是革命的，因为它是反帝国主义的。广东政府之所以是革命的,第一亦应有此反帝国主义的性质。因为中国的革命及由革命而产生的革命政府,第一均是反帝国主义的,故必须打击帝国主义在中国的势力之根基。取消不平等条约与收回租界,尚不足削弱帝国主义之地位。必须从经济上打击帝国主义势力的基础,这个意思,就是革命政府应当逐渐没收属于外国资本的铁路、租界、工厂、矿山、银行、企业等。如此做法,才能即刻扩充资产阶级民权革命的狭路,而走入到革命独裁的过渡阶段。

因此,以为这个革命的第一阶段,是小资产阶级性的,故中国革命的目前任务,仅限于(一)推翻帝国主义,(二)消灭封建余孽,这是错误的。中国革命若不超出资产阶级政权范围之外,是不能推倒帝国主义的。在现有条件之下,无产阶级领导农民,参加革命斗争;在无产阶级指挥之下,消灭封建余孽的运动,必须变为领导农村革命。为了这些特点,中国革命的责任:

甲 铁路与水上交通之国有;

乙 没收外国租界地性质的大企业、银行、矿山等;

丙 由革命政府实行彻底的急进的农村改良政策,以实现土地国有。

七 共产党与无产阶级

(十八)要在革命中占领导的地位,无产阶级必须坚强其政治的经济的阶级组织。共产党的第一个任务,就是组织和训练无产阶级,使它能尽这个历史使命。中国无产阶级数量之少及其幼稚,须以有组织的力量及明确的思想补偿之。

共产党的基础,是现在代表几十万产业工人的全国总工会与铁路总工会及海员总工会。共产党最紧急的任务,是吸收广大的工人群众,以强固这些组织。在二年来之国民革命争斗中,工人阶级开展了很大的力量。在实际争斗里,它已获得革命运动的领导。在这些经验及成绩的基础上,工人阶级的组织,应当按照下列各项,以求更强固发展:

甲,创造群众的产业工会,以产业为基础联合一切工会,强固全国总工会;乙,加紧群众的工作,巩固工会上级指导机关与中国工人群众的关系;职工联合会之中,吸收手工业工人、小企业工人以及文化教育工人等;丙,更加注意工人经济斗争,这种经济斗争,应当变为政治斗争;规划罢工运动的策略,组织互助和罢工基金;帮助和创造协作社等;丁,作反对改良主义的方法之斗争,以加紧工人群众中的教育工作;戊,加紧中国职工运动与世界职工运动的关系,对于远东各国的职工运动,特别须密切联络。

(十九)为吸引工人阶级群众到运动里来,并加强他在革命中的地位起见,中国共产党应当宣传下列的要求之实行:

甲 革命的工农组织的活动完全自由。工会公开,颁布最进步的工会法,承认罢工权。

乙 劳工法。八小时制,每星期休息一天,规定最低工资。

丙 社会法。卫生监督及劳动条件卫生及劳动条件之检查;改良住房;疾病、衰老、残废、失业等的保险;保护女工童工,禁止女工夜作;禁止雇用十四岁以下儿童做工。

丁　创造检查工厂的机关。

戊　取消罚金及肉刑制度。

己　撤退工厂里各种驻兵及警察等。

庚　救济失业；扩大工会在失业者中的影响；工会中设工人职业介绍所。

(二十)在革命的现在的阶段中，尚有一个很大的后备队，尚未完全利用他们的革命力量，这就是被帝国主义破产的城市手工业工人群众，他们是反对外国资本的。代表无产阶级先锋的共产党，必须组织并吸引这些群众，使参加[之加入]国民革命运动的总潮流。并且共产党应为这些分子获得下列几点：

一，减轻租税；二，组织手工业工会；三，组织劳动协作社。

八　中国共产党的组织责任

(二十一)中国共产党是一个有组织的力量。它有领袖，它锻炼出中坚分子，它领导群众。现在中国共产党的工作，已经有很广阔的范围及稳固的组织形式。最近半年以来，中国共产党又大进了一步，扩充了许多党员，且多为工人分子。

共产党的农人分子不多，但共产党在农民中，现在已经有继续不断的日益增长的工作。

放在中国共产党面前的目前的重要任务之一，即是扩大、加紧、改进并增强党内的教育训练工作。

党做了许多组织共产主义青年团的工作。中国共产主义青年团近来增加了数量，并在好多种工作中，亦很活动。青年是中国革命的大的力量。革命的学生、青年工农，倘使他们在共产党的思想和政策影响之下，很能成为促进革命的一种力量。没有人比青年更深切感觉到帝国主义的压迫，也没有人更激烈的知道必须和这些压迫战斗。这些环境，中国共产党应充分注意，应该促起共产党增加对青年中的工作的。

党的基本工作之一，是争得党的公开存在。

(二十二)应当发展新党员，应特别注意工业区域。对于新党员的工作：或组织短期训练班，关于党纲和策略问题的专门谈话，使他们参加相当的支部，练习日常工作，经过支部而参加党的一切工作。

党的组织，从中央至工厂支部或街市支部，必须坚决的实行党的集体指导。往后还须加紧努力，吸引较好的工人同志，使做党的指挥工作。强固和增加党的中坚分子，还是很重要的工作。对于支部书记、群众机关党团的领导者，及省区委员等中坚分子，要特别注意造就和训练。中央与区委要有经常的特派巡视员，这人可以从各方最好的工作者之中选出来。

为做乡村的工作起见，巡视组织员，也须特别造就。

使党的低级组织，支部及党员大会等，增加活动与独立性。

巩固党团，特别是工会的、农民协会指导机关的及国民党等的，一定要使之加强。对于党团的工作，党须有系统的坚定的指导。

九 帝国主义各国共产党的任务

(二十三)在帝国主义国内的共产党的最重要的任务之一,是用一切方法以拥护中国革命。拥护中国革命的运动要用下面的方式举行:

甲 反对武力干涉中国的煽动。对无产阶级群众解释外国武力干涉中国的危机。帝国主义在中国鼓动内战和给与军阀以经济与武备的帮助之事实,应该揭破。

乙 要求外国海陆军从中国撤退。

丙 在驶华外国海陆军中宣传。

丁 鼓煽立即承认广州政府为中国真正的国民政府。

这些要求要在各种集会和反对侵略的示威运动中提出,社会民主党的工人群众与无党者,也要拉他们加入这个运动。

(《中共中央文件选集》第2册,北京:中共中央党校出版社,1989年,第666~682页)

11月

93.《农民问题》(著作,目录)

出版新青年社丛书,布哈林著的《农民问题》,共60页,定价大洋1角。目录:第一章 导言,第二章 无产阶级和农民是社会的和经济的范畴,第三章 资本主义"有机"时代的农民问题,第四章 工人阶级将近夺取政权时的农民问题,第五章 工人阶级夺取政权以后的农民问题,第六章 目前的农民问题,第七章 农民问题与共产党;第八章 在农民中的工作与对农民团体的态度;第九章 结论。

94.《农民问题》广告(《向导》第一百七十九期封底,11月25日)

《向导》第一百七十九期封底刊登《农民问题》广告:

这是共产国际扩大执行委员会【主】席〈上〉布哈林关于农民问题的报告及其起草的议决案。这本小册子,乃是农民问题之有系统的理论的叙述。农民问题是中国革命中目前最重要的问题之一,凡是关心中国革命问题的人,都应注意农民问题,都不可不读这一本小册子。

目次如下:

农民问题的报告

总答辩

农民问题的议决案

导言——无产阶级和农民是社会的和经济的范畴——无产阶级夺取政权前的农民问题——无产阶级将近夺取政权时的农民问题——夺取政权以后的农民问题——目前的农民问题——农民问题与共产党在农民中的工作与对农民团体的态度——结论。定价大洋1角。

(《向导》第一百七十九期,1926年11月25日)

12月
6日(星期一)

95.《论党的出版物与文学》(《中国青年》第一百四十四期,12月6日)

《中国青年》第一百四十四期刊登列宁著,一声译的《论党的出版物与文学》(今译《党的组织与党的文学》),全文如下:

　　社会主义的无产阶级必须考虑工人政党底文学底根本原理,使这些原理能够发展,更□这些原理用最完全的形式表现出来。这些原理是和资产阶级的习惯相反,和商业化的资产阶级报纸相反,和资产阶级文学底野心冒险家底个人主义相反,和资产阶级的"光荣的自由"相反,和金钱底□□相反。

　　这些原理包含的是什么东西呢?无产阶级文学不但不是个人或一伙人谋利的工具,而且它不应带一点个人性质也不应脱离无产阶级底管治而独立。没有"非党员"的文学家;也没有文学的超人。

　　文学活动应当是无产阶级工作底一部分。它应当是工人阶级前卫军所推动的大机器当中底一个轮齿。文学应成为党的工作底一部分组织的,计划的,统一的〈,〉与革命的。

　　"比较能使真相明显",是一句德国的格言。我把文学和机器底轮齿相比较也机[是]如此。一定有不少气得发昏的知识家对此□种观念要悲哀的喊叫。据他们说,这种观念会把自由的□意志竞争",自由的批评,自由的"文学努力"等等降低,破坏〈,〉与机械化。他们底哀叫只不过是资产阶级智□的个人主义的表现。

　　很明显的,文学是一件最不容易机械地去使用的东西;它不能容易地被排列或服从于大多数的决定。在这种情形中,我们无疑的应当容许一大部分自由活动的机会给与个人的创造力,给与个人的志向,给与兴感和想象,在形式和内容上。

　　这都是无可非难的,它只证明一件事:就是党的工作当中关于文学方面的,不能机械的和别种无产阶级活动一律。

　　这种观念绝不会破坏这个真理(知识分子和资产阶级的民主主义者也许觉得奇怪而不能了解),就是:文学的工作应当极严格地隶属于其它的党的社会主义工作。文学家应当无条件加入党。出版的设置,书店,阅书室,图书馆,一切和文学有关的东西都归党底管理。

　　有组织的社会主义无产阶级应当监督和管理这些工作;它应当把工人底生命的精神灌注于文学中,并且把商业资产阶级视文学家是靠卖文为生的人视读者为出钱的顾客的观念抛去。

自然我们不幻想这种文学观念底改变马上就会成功,特别是久被"亚洲"的书报检查所压坏又被欧洲资产阶级所腐化的俄国文学。我们也还不能希望有一个能武断地解决一切事如议决案底形式的万应灵药。论点不在这里。我们所注意的是:有阶级觉悟的无产阶级须要知道这里必遇到新的一个问题,用一切可能的方法去解决它。

从书报检查的锁链解放出来以后,我们不要再做资产阶级商业底俘虏。我们要创造一种文学但不受警察底约束,而且不受金钱底支配,自私的野心,尤其是资产阶级的无政府个人主义底约束。

这最□几字将为许多读者诽笑的对象。"天呀!——"一般"知识自由"底热心信徒一定要这样喊出来。"天呀!一件小事私事如文学的创作你们也要始屈服于群众。你们把哲学,科学,趣味底鉴赏等高深问题也要工人来投票表决。这是你们摧残精神底工作自由——主要的个人底自由。"

不要害怕,朋友们!

第一,这只是关于党底文学,关于文学在党内底地位和〈是〉党底管理。每个人都有言论和著作的自由,一点也没有限制。但一切自动组织的团体(共产党也是其中之一)也有自由去开除它底会员——在团体中宣传反对团体的意见的会员。一个自动组织的党,如果不注意地去解决去决定这些宣传反对它底意见的反对派底地位,它必将沦于灭亡。最先是精神的灭亡,后来是物质的灭亡。至于确定什么是赞成或反对的意见,则我们有党纲做标准,例如:策略议决案,党的法典,以及国际社会主义运动底经验,无产阶级自动组织的全部经验。

我们底党渐渐成为群众底党;我们快要成为一个公开而合法的组织,在这个时期,很多不中用的分子(在马克司主义者观点上),甚或有少数的基督或神秘家,要加入我们底党。但是,我们有极强的消化力;我们是坚强如金刚石的马克司主义者。我们会把一切思想昏乱者同化。但我们必然要把一切观念不清的分子无情地洗刷出党。

还有,我们可以告诉朋友们说资产阶级个人主义者所谈论的"绝对自由",只不过是纯粹的伪善么?

在用金钱底力量去维持的社会中,工人群众缺乏生活底要素的社会中,没有真正的自由。资产阶级环境向你要淫书做看"神圣的戏剧艺术"底材料,你岂不受着这种环境底约束么?

绝对自由是资产阶级底或无政府主义者(因为无政府主义是资产阶级理论底变形)底神话。资产阶级的作家艺术家和女演剧员底自由,不过是"不依赖"底假面具,里面藏着以谄媚求酬金的真正依赖。

我们马克司主义者把这副伪善的面具扯破,揭露这种荒谬的观念,并不是就要走到"超乎阶级"的文学(超乎阶级的文学只有没有阶级的社会——社会主义的社会——才有实现的可能),只是要反对附属于资产阶级的所谓自由的文学。我们所要的文学是隶属于无产阶级的文学。

1955

这种才是真正的自由的文学，因为腐败和野心在这里没有地位。对于被压迫者底社会主义的理想与同情，将给这种文学以新的力量和新的基础。

这种才是自由的文学，因为它的题材不是□于酒色的女英雄几千百个肥头大额的笨伯，而是给万万的工人——国度的主要角色。

这种才是自由的文学：它用革命思想底最新颖的发明和社会主义无产阶级底工作经验去使它底内容丰富。

那么，做做这种业艺罢，同志们！在我们面前有一个伟大而困难的工作：我们必要创造一个丰富□文学，同时又要严格地受社会主意[义]工人运动底约束。

只有这个□作做好以后，社会主义文学才能名副其实，只有这时候文学才能做纵出底功业，只有这时候文学才能隶属于真正的革命阶级底运动，不受资产阶级底束缚，它□在资本主义社会底制度下面。

(《中国青年》第一百四十四期，1926年12月6日)

96. 革命青年必读的书十种(《中国青年》第一百四十四期，12月6日)

《中国青年》第一百四十四期，封底刊发革命青年必读的书十种：新社会观、共产主义ABC、陈独秀先生演讲录、唯物史观、共产党宣言、中国共产党五年来之政治主张、中国革命问题论文集(上下二册)、反戴季陶的国民革命观、向导汇刊第四集、中国青年汇刊第五集。

本年

97.《苏俄之极东政策》(《国闻周报》第三卷第二十期，本年)

《国闻周报》第三卷第二十期发表日本布施胜治著，冷观译的《苏俄之极东政策》一文，全文如下：

布施胜治为日本大阪每日新闻记者。久游俄国。为日人中最通晓俄事之一人。兹篇为其近著。足资研究国际大事者之参考。□为译述如次。

记者附识

一 列宁死后之斯他宁

余最近妄次访问俄国与几多之苏菲埃领袖相见。其中最合吾深刻记忆者为一九二〇年之列宁。一九二四年之杜洛斯基及去年之斯他宁等会见是也。

虽其后几月如矢。而此三人物之风采。则迄今犹有跃然如在目前之感。尤以去年七月一日余在俄国共产党本部与斯他宁握手之际。斯氏谓"吾亦亚细亚人也"一语。在余实为万不能忘之一游俄纪念也。

向来苏菲埃革命上最多使人联想及之者为列宁。齐诺维夫。加各列夫及杜洛斯基四人之名。盖列宁为革命之正宗。齐加两氏则为列氏门下之二大高弟。杜洛斯基则为列宁旗下非嫡系之首领也。惟列宁已死两年。此二年间最初之一年。不过齐加两氏对杜氏之竞争。其次年杜氏退后。一时劳农俄国之天下。一若归入齐加两氏之手。实则两败俱伤。列宁死后第三年之今日。苏俄之实权。已归于向在外国。不甚知名之斯他宁手中。余去年访俄之时。所以□斯他宁之人物特感兴味。求得与彼面晤之机会者。亦因鉴于当时彼已具伟大之潜势力。有将现于表面之倾向。以为若晤此人则可以接触苏菲埃政策之真相。果也斯他宁对吾之质问。——吐露其毫无忌惮之意见。

近来苏菲埃之巨头。皆不轻与外国人会见。尤以斯他宁为顽固的主义者。在今以前。从未与非社会主义者之新闻记者晤面。然而一旦许予会谈则必披沥所信[言]。语之无遗。无或瞻顾。且斯氏语吾之民族政策的抱负。更为苏菲埃当前政策之最大胆吐露者。其后不到半年。所开全俄共产党第十四次大会。果以绝对多数。承认斯他宁所领袖多数派之政策。举齐加两氏之少数派主张一蹶而去。斯氏遂成名实双符之"第二列宁"。斯他宁之胜利。原因何在乎。劳动者及苏菲埃役员之薪给问题。中产农民之待遇等等国内关系之几多问题。固未始非其原因之一部。而同时其对外政策之为一因。又无可疑。余于此所欲论列者。主在于斯他宁之胜利与苏菲埃对外政策之关系。

二 斯他宁派胜利之真因

齐诺维夫为第三国际之总裁。执国际共产革命运动之牛耳。以对西欧列强之劳动阶级宣传革命为主。斯他宁则握苏菲埃民族政策之机枢。专担任东洋弱小民族之解放运动。

从共产革命之本义观之。应以产业发达之西欧列强为革命战争主要之攻击正面。然而此项正面攻击之第三国际运动。迄多以失败而终。匈牙利之革命三日而止。奇诺维夫等最用力之德国。亦以李布克莱西之被杀。卒至兴登堡之反动时代。英国法国则竟无由下手。近年第三国际惟于巴尔干及波罗的沿海之小国时有煽动。终亦到处受反动势力之逆袭。布加利亚及厄斯脱危亚因去□梭菲亚及列瓦尔地方之暴动事件,失去许多共产党战士。今则此类小国反将成为列强攻击俄国之根据地焉。

然而东洋之正面。从共产党革命之根本目的看来。则产业发达落后。无产阶级。势力微弱。在革命战争之全局。当然应推后其攻击之举。乃此面斯氏等画策所及。则弱小民族之解放运动。欲将风靡于亚洲大陆。其结果足以牵制实行尚远之西欧列强成为所谓"对西本攻击正面"之"补助攻击正面"。于是俄国共产党世界革命运动中齐氏担任之对西欧。"本攻击正面"已见蹉跌。斯他宁担任之东亚。"补助攻击正面"反著著奏功。因此共产党大会上齐斯两人之胜败。就世界革命作战观察。可认为西进派失败而东进派胜利。

三 斯他宁之世界革命战略

十月革命列宁有两大失败。一位欲合农业国之俄国立行共产制度。又其一则欲一气呵成而试行世界革命。

列宁以马克思学说之直系自任。有时过于拘执马克思主义。失于狂热的主义者之举动。甚至曲解马克思主义之根本原则。□□□□。漠不介怀。如以农业国之俄国而欲立行共产制度。正反对马克斯主义原则之"共产制度惟产业熟达之国家始得实现"而事猛进。其举行世界革命之强袭则又误信"仅有一国之社会主义国家断难长久。必举世皆成赤化然后可以保证其成功"之一原则。欲一气呵成。将俄国革命。延长及于全世界。然而两者皆事与志远。农业国共产主义化之计划固顿挫于半途。世界革命之强袭……于是在最近二三年尤以列宁死后之俄国共产党员间。对于世界革命之大标榜。抱疑惑与失望者次第加增。即彼透红彻底之布尔扎克党亦内行新经济政策。外与列国调和。逐渐淡化其色彩。乃当此之时。竟有反抗此种淡红化之倾向。执世界革命之大旆。大声疾呼。谓列宁主义之终局目的依然在于世界革命。世界革命不特非不可能。且称现代世界大势。明明证实世界革命之可能性云云。抱此坚固之信念者非他。即斯他宁一派是也。

最近俄国共产党大会斯他宁之演说中有一节如下。"现下之世界有五个互相背驰之趋势。即

一、资本主义世界中产阶级与无产阶级之反目。

二、资本主义列强之帝国主义与彼等殖民地独立运动之对抗。

三、世界战争后胜利国与战败国之互相怒视。

四、胜利国之互相争阋。

五、苏菲埃国与资本主义国之对抗。

此种五个相反之势力。每日搏击极烈。其中自一至四。概系资本主义国间之自相争斗。或各自国内之内讧。于此之上。更须加以与苏菲埃国之战争。若在苏菲埃国则内部决无讧事。可以举全力以应敌即资本主义国也。是为确信布尔扎克成就世界革命之原因。"

惟近年欧美列强大战之创痍渐愈。筑就所谓"资本主义之安定状态"。西欧革命战争之"本攻击正面"不得不移于持久之战。而在东方所谓"补助攻击正面"则敌方抵抗力意外薄弱。印度及中国今实猛进强袭之好机会。

苏菲埃联邦所应倾注全力者。正为此东方之正面。此可认为斯他宁等目前世界革命战略要谛之所在也。

四 斯他宁之东方政策与其批评

余于斯他宁氏之东洋民族政策。自革命当初以来。最感兴趣。每访俄国。极有志于研究。去年幸游乌克兰。乔治亚等处。更越里海入波斯。得有机会。实地考察苏菲埃政府国内外东方民族政策。今更就西比利亚蒙古满洲及中国每年实见所及。并合比较研究。于苏菲埃政府之东方政策。当可描画其轮廓也。

苏菲埃政府分东方全局为近东。中东。及极东三方面。即以黑海高加索及里海为根据。对于土耳其及波斯为近东正面。中东正面则以土耳其斯坦作根据。以阿富汗为前哨地。以印度为目的地。极东正面则以西比利亚作根据地。以蒙古满洲为前哨地。以中国之赤化为目的。其间相类似者为中东与极东正面。彼于中东则先生在土耳其斯坦建设乌兹柏克及土耳克门共和国。以为阿富汗赤化之前提。更俟阿富汗赤化之完成

以企图印度之侵略。此与极东正面。先在西比利亚贝加尔一带筑设蒙古布里雅共和国。促成蒙古赤化。然后进规北满洲。徐图中国本土赤化之计画。二者盖同一路数也。

惟近来苏菲埃政府之东方赤化政策。在日本有识者间。渐有真挚之议论。或于苏菲埃之赤化运动。漠然相视。一若蔑视其革命者。或则甚为恐怖。言及"赤化之魔手"辄有战栗之感者。吾人对此两种态度。均不能赞同。以为轻视之固不可而漫然恐怖亦殊足笑。就吾所观测。率真言之。则余不但相信苏菲非政府之东方赤化运动。系出于列宁主义终局目的之世界革命政策。且由实地视查近东中东极东赤化运动之经验上关系。不得不较任何人均重大视之。惟同时不能不窃笑恐怖此项运动者之愚昧。以下所纪。实其最重要之二理由也。

东方之赤化运动。主为被压制民族之独立运动。非严格的意味之共产主义化运动。易辞言之。非以无产阶级为根据在资本阶级相战。乃扶助弱小民族与压制民族抗斗也。

第二之理由则苏菲埃政府之东方赤化乃对英之政策。盖苏菲埃主要之敌固英国也。(以上当然系比较论。不能绝对断定。缘苏俄在东方自应尽力求其赤化。同时对于英国以外之资本主义列国应以警戒的眼光视之。斯又无待赘言。)

所谓"产业发达未熟之国。实现共产制度为不可能"乃马克思主义原则之真理。己[已]于俄国证明。彼在农业国的俄国当过共产革命失败之布尔扎克党。今于产业发达尤逊于俄无产阶级势力更为薄弱之东方诸国(除日本外)欲以立于实现共产主义为目的而作赤化运动。其不□□。应谁不知之。然则东方诸国布尔扎克之宣传。常置重于民族解放运动。而不必尽为主张共产。盖均可疑。即彼苏俄最用力赤化之广东。亦□蒋介石等声明彼等当前之政策。以民族解放为第一义。此中真相。不更明白耶。

第二之理由即"俄国之至敌为英国。"应不必更加议论。实世界识者同一之意见。诚以英俄之利害。在帝政时代。延亘欧亚大大陆。已有地理的不能两立之状态。况至苏菲埃时代。近东中东到处胥有冲突。且不特地理上之冲突范围。随英国势力伸长而更延长于波罗的海沿海。即在主义上亦系两不相容之仇敌。盖苏俄以"社会主义的祖国"自命。英国则为"资本主义国中之最强国"伦敦之政治家。因苏俄之存在。不能高枕而卧。其在俄国。何莫不然。"英国国旗照耀之处。太阳不没"之现状一朝不变。则俄入魂梦应为之不安。惟英国为资本主义世界之霸王。苏俄则握赤色世界之牛耳。两者实赤白双方之力士。力士例须自重。决不轻动。互伺间隙。待时而发。决然交手。恐尚需相当之时间也。

弱于西之俄国。今正欲突破英国在东方大弱点。俄国倾倒其对外势力之全部以对土耳其波斯印度及中国。即以攻击大英帝国最大富源之东洋殖民地。期于制胜其西方"本攻击正面之最后大决战"。不可不认为"世界革命作战之一部"也。

(《国闻周报》第三卷第二十期，1926年)

本年

98.《纪念列宁》(《中国学生》,1926年)

《中国学生》刊登仲雯的《纪念列宁》,全文如下:

一月廿一日是列宁逝世的二周年纪念。全世界的无产阶级都将在这一天表示无限的哀悼与奋勉,加紧他们的革命工作,遵循列宁给与他们的指导以完成列宁主义之整个的实现——世界革命。但是我们以为列宁之所以成其为列宁之伟大,列宁之所以被认为世界解放运动之伟大导师,不仅是因他能够锐敏,正确的指导俄国共产党成功了俄国的社会革命,建设了世界第一个社会主义国家——苏维埃俄罗斯——,尤其是在他认清了国际帝国主义的内容并指示出一个确有把握的解决帝国主义的途径——这途径就是由世界无产阶级与世界殖民地被压迫民族不分种族国界的结成世界革命的联合战线,共同扑灭帝国主义。因此,列宁之死不仅是世界无产阶级的损失,同时也就是世界一切被压迫者的损失。不仅是世界无产阶级应该纪念列宁,一切被压迫民族与殖民地国民,都应该纪念列宁。

中国是世界帝国主义所共同侵略宰割的殖民地,中国的纠纷无处不含有帝国主义在华政治经济的势力相互冲突袭取的背景。因此我们以为中国问题,就是世界问题,决非坚持一种与世界被压迫的阶级和民众老死不相往来的闭关自守的革命运动所能解□的。我们一面固应自己努力猛进以求中国民族革命之实现,一面尤其要与世界被压迫阶级和民族在反帝国主义利害相同,对象一致的关系上结成革命的联合战线以促进帝国主义之灭亡而速成中国的革命。列宁对于用世界无产阶级的革命力量与世界被压迫民族的革命力量联合着来消灭帝国主义,在理论上,在政策上都具有独特旷达的见解,不仅是足以为共产主义者工作的圭臬,并且是世界被压迫民族革命运动的一种有力的参考。因此我们以为研究列宁主义的内容和纪念列宁事业的伟大,不应该认为是所谓中国共产党人的专利,反言之,站在被压压[迫]民族的地位来纪念列宁,不必尽都是共产党人,尤其不应该向帝国主义的走狗,军阀侦探们学乖,随便拿共产党的红帽子给人乱载[戴]。

中国目前需要一种反抗帝国主义,反抗军阀的革命,差不多是为多数被压迫而肯干的民众所公认的。近几年来的一般民众运动,几于完全以反抗帝国主义,反抗军阀做这些运动的中心。至于中国革命的群众为要集中被压迫者的革命力量,促成帝国主义的灭亡起见,我们自应与世界无产阶级与被压迫民族取联合的形势,共同奋斗的一点,则尚有一部份人以为中国的革命,要中国人自动的起来干,而应拒绝一切国外的援助,因为"非我族类,其心必异","倚赖"外力,是堂堂华夏国民之大辱。诚然!中国的革命,若是中国国民不自动的起来努力,而妄想别国人来,替我们革命,则不但是耻辱而且是决不能成功的梦想。但是中国人一面自己努力,一面联合世界无产阶级与被压迫民族的革命势力,在反抗帝国主义目的相同,利害一致的观点上合作奋斗，则应当是革命运动中应有的战略而不能妄斥为"依赖外力"。再者帝国主义之压迫中国，已是形成了他们野心一致，需要相同的国际形势，并且培植了一部份中国的军阀大商买办阶级与帝国主义统成了休戚与共，利害相同的姻缘，在另一方面，德法亟于要革命的工人阶级，与印度高丽亟于求解放的殖民地民族，都一致企盼并赞助中国革命之成功以为世界革命运动之相互声授[援]。五卅运动中日本无产者曾经募集巨款接济青岛罢工的中国工人，德法的工人群众对中国民众之五卅运动，曾表示热烈之同情。我们由此可以看出所谓"非我族类"者，其"心"未必尽"异"，所以我们中国的革命运动，应该与世界无产阶级被压迫民族结成联合战线，共同反抗帝国主义的策略，在理论上，在事实上是不必非难的了。

列宁之所以值得我们纪念，就是他知道并指出了世界被压迫民族革命运动应该和产业先进国的无产阶级联合奋斗以推翻帝国主义的途径，在过去各国民众依循这途径而反抗帝国主义已使帝国主义为之手忙脚乱，不可终日。手创民国的孙中山先生亦是认识联合世界革命势力以谋中国民族解放之必由途径的一人，因之他在第一次国民党全国代表大会明白确定国民党联合苏俄与扶助其他殖民地民族革命之政策，且毅然容纳为右派国民党人所反对的共产党加入国民党以增加国民革命之力量。在他临终之前廿四小时内尚亲笔签字于《联合世界以平等待我之民族共同奋斗》的不朽的遗嘱以为他的数十万替身的国民党员革命的【指】南针。我们由此可以看出世界伟大的革命领导者对于颠覆帝国主义的策略，实有不谋而合的指示。

我们站在半殖民地民族的地位，为我们解放运动之前途计，应该纪念列宁，同时，世界被压迫者为反抗共同的敌人帝国主义计，也应该纪念孙先生，因为这两个伟大的革命领袖，是正确的指出了扑灭帝国主义的途径而引我们到自由之路的。

（《中国学生》，北京：人民出版社，1982年影印版，第34页，署名 仲雯）

一九二七年

1月
6日（星期四）

1.《列宁主义——指导中国民族革命的理论》（《中国青年》第一百五十期，1927年1月6日）

《中国青年》第一百五十期，发表郑超麟的《列宁主义——指导中国民族革命的理论》，全文如下：

团结在列宁主义旗帜之下！加入中国共产主义青年团！学习列宁主义！

世界革命首领列宁逝世到现在已是第三周年了。纪念这伟大的世界革命首领之死，不仅是各先进国无产阶级热烈的参加，而且殖民地被压迫的民众也热烈的参加，尤其是中国的民众。过去的事实，可以向我们证明。今年，在列宁逝世第三周年之际，中国革命潮流比往年尤有突飞的高涨，半年来国民革命军北伐的胜利，广东湖南等省农民运动的勃兴，广州汉口上海各地工人运动的澎涨，以及小资产阶级运动的左倾，都表示中国民族革命运动已普遍于广大的民众，不仅在中国是一件有重大意义的事，即在国际上也是一件有重大意义的事了；于是今年纪念列宁的运动，在中国遂有比往年更加重大的意义：这意义就在我们今年纪念列宁，应该更正确认识并使参加民族革命的广大民众都能认识列宁是世界无产阶级革命和民族革命的最伟大的首领，列宁主义是指导无产阶级革命的理论同时也是指导民族革命的理论，就中国民族革命不仅过去的发展是受列宁主义理论的指导，而且未来的成功也须在列宁主义理论指导之下才有可能。

列宁主义为甚么是中国民族革命理论的指导者呢？要答复这一问题，我们必须了解列宁主义的国际性并知道造成列宁主义的国际环境。

列宁主义是甚么？斯达林说："列宁主义是帝国主义和无产阶级革命时代的马克思主义。"列宁主义根本就是马克思主义，但列宁主义究竟与马克思主义有别，二者中间的差异主要是因为所处的时代不同：马克思主义发生于工业资本主义开始发展的时代，而列宁主义则发生于帝国主义即资本主义发展最高的时代。工业资本主义时代和财政资本主义时代（帝国主义时代），不仅在资本主义发展的阶段上不同，而且在经济组织的范围上也不同：[,]即工业资本主义主要的还是民族的经济，而帝国主义就已打破民族的经济之界限，进而形成世界的经济了。所以，在帝国主义时代，一切都趋于国际化，经济是国际的，政治也是国际的，革命运动也是国际的。因此，国际革命运动条件上造成的革命理论当然也是国际的。所以列宁主义绝不仅仅是指导俄国的无产阶级革命的理论,而且也是世界无产阶级革命的理论。

不仅如此。[,]列宁主义也是指导殖民地民族革命的理论。帝国主义时代的民族革命,与过去时代的民族革命不同。帝国主义时代以前,即经济组织尚系民族的经济而尚未国际化时代,一国的民族革命真正可以说是"民族的"革命。因为无论当时各国间经济组织及其他社会生产多少有相互的关连,但这一国发生革命的事实,对于其他各国的影响是比较微弱的。现在,在帝国主义时代,情形就完全不同了。切实些说,现在一国的民族革命,绝不是一"民族的"革命,而是整个世界革命中的一部分,整个世界革命势力中的一部分起来反抗世界共同的反动势力——帝国主义。这一国的民族革命所有努力都是向着削弱帝国主义权力方面进行的。这在殖民地的民族革命说来,尤其明显。殖民地的民族革命所有势力既然都是在削弱帝国主义权力,显然可以看出是无产阶级推翻资本主义,革命的一部分工作;这一部分工作在无产阶级革命上是需要的,无产阶级必须联合并扶助殖民地的民族革命,此种联合和扶助之必要自然成了无产阶级革命理论中——列宁主义——主要的部分之一,因此列宁主义也就成了指导殖民地民族革命的理论。

这样,了解了列宁主义的国际性并知道了造成的列宁主义的国际环境,我们说列宁主义是中国民族革命理论的指导,就不至难于索解了。

但列宁主义对于中国民族革命之理论的指导,具体说来,又是怎样呢?

第一,列宁是第一次明显指出无产阶级革命和殖民地民族革命相结合之重要,列宁主义是第一次建立殖民地民族革命的理论,说明这革命在世界革命中的地位,这革命的出路,我们试想,在第二国际时代,殖民地民族革命的地位是怎样呢?不用说,在先进国无产阶级方面是视为无足重轻的,甚或视为损害无产阶级运动,因为以为殖民地若独立起来,则宗主国资产阶级没有额外利润可以剥削,因之减低了工人改良物质生活的可能。即在殖民地方面,也不能有明确的革命见解,看不清敌人是谁,所有运动至多只向于狭隘的民族范围内去做的,对于宗主国的无产阶级运动常存漠视。甚或以为宗主国无产阶级也是剥削殖民地的。这二方面的模糊见解,至今还有一部分存在,譬如改良派领导下的美国工人和中国的国家主义者。现在我们大家自然都了解这种见解是异常错误的,并且是异常危险的。然而指出这个错误和危险,而给我们以明确见解的,是谁呢?是我们的伟大的列宁!列宁首先以他的帝国主义论告诉我们说,现在社会的经济组织是整个的了,一切社会生活都趋于国际化了,一切社会势力的矛盾也趋于国际化了。压迫者的势力既然有国际的联合,被压迫者的势力当然也应该有国际的联合。其次他以民族问题的理论,一方面告诉先进国无产阶级说,帝国主义的根基是建筑在殖民地上面,殖民地供给帝国主义以原料,殖民地销售帝国主义的商品,殖民地不啻为帝国主义的后备军,若不在殖民地方面打击帝国主义,则一切无产阶级运动将没有重大效果。所以先进国无产阶级应该激起并扶助殖民地的民族革命,这是为殖民地民族的利益,同时也是为自己的利益;他方面又告诉殖民地民族说,你们的敌人是帝国主义,是宗主国的资产阶级,而各帝国主义国家的无产阶级都是你们的朋友,他们是帝国主义的死敌,仅只你们是不能从帝国主义的万能魔王底下求解放的，除非是联合世界无产阶级共同向帝国主义作战。在列宁主义理论指导之下，于是世界无产阶级和殖民地民族觉悟过来，丢弃其过去错误的和危险的见解，而结合起来，向共同的敌人——帝国主义作战。

第二，中国新兴的无产阶级，在列宁主义理论指导底下，自开始参加社会运动以至现在短时间内，即刻由经济的斗争迅速进展为政治的斗争以至于形成伟大的独立的政治势力。中国无产阶级已加入世界无产阶级前敌作战的队伍，在世界革命的意义上，实与俄英法德诸先进国无产阶级有同样的重要。然而，先进国无产阶级自开始参加社会运动以至现在不知经过若干时期走过若干冤枉路，中国无产阶级则在短时期内一直走到现在的地位——这完全是列宁主义理论指导之赐。落后的国家必就要发展资本主义，因之无产阶级必然要形成而发展起来，而无产阶级的经济斗争结果必然要变成政治斗争——这本是马克思主义的理论。然而经过第二国际时代，马克思主义的革命理论已被涂污而隐晦了，假使没有列宁从第二国际泥淖之中救护马克思主义出来，则这种被涂污的理论仍然普遍于广大群众，为无产阶级运动的指导。我们看□在第二国际时代，落后的俄国资本主义能否发展，无产阶级能否担负革命使命等问题之辩论，仍然占革命史上一重大位置，唯有列宁派的马思主义者能有明确的理论，确定指出俄国资本主义必然发展，俄国无产阶级必然成为革命的主力军；现在，中国的经济发展阶段并未高出于当时的俄国，但中国无产阶级，有列宁主义为指导□已经用不着过问中国资本主义能否发展问题，而当仁不让地担负起领导中国民族革命的责任了。同时，在第二国际时代，反对政治斗争的无产阶级运动理论占很大势力，狭隘的学会式的思想深入于无产阶级的头脑中，必须经过数十年的斗争经验加以列宁主义理论的指导，方才逐渐打破此错误思想，而确信经济斗争必然要成为政治斗争。现在，在中国无产阶级面前有列宁主义理论的指导，已经用不着辩论无产阶级政治斗争之是否必要了。中国无产阶级，既然了解自己必然要负担领导民族革命的使命，而积极参加政治斗争，于是其最觉悟的一部分就组成自己的政党——中国共产党和中国共产主义青年团，为有组织的有系统的合理的坦途的战斗。在这里，中国共产党又是按照列宁主义的党的原则组织起来，而且受列宁手创的第三国际直接指导，为其第三国际支部之一，一切的策略都是根据列宁主义的。就中国民族革命联合战线的策略，即党员加入国民党，尤其明显是根据列宁的民族问题的理论。因为中国是半殖民地，因为中国目前的革命不是无产阶级革命，而是各被压迫阶级联合的民族革命。所以应该有个联合各被压迫阶级的强大的政党，先进国无产阶级扶助中国民族革命应该扶助这一政党，尤其是中国无产阶级更应该扶助这一政党，帮助这一政党纠正其过去的错误发展其组织及其势力，并且应该加入这一政党——国民党——内更切实的合作。

第三，中国民族革命运动因此达上了正确的道路。过去的运动，自平英国太平天国义和团以至辛亥革命，根本上都是反帝国主义的民族运动，但这些运动都归于失败或等于失败，其原因自然是代表新阶级的革命势力尚未充分成熟，然而没有明确的革命理论也是一个重要原因。辛亥革命，比较前几次运动，是进步得多了，因为已有新兴的国内外资产阶级和德谟克拉西的智识分子之参加了，但辛亥革命只成功了一个狭义的民族主义——排满，而未认清中国革命的真正敌人是帝国主义。当时，革命军所至以侵犯外人为大戒，以视最近占领汉口英租界的行动。相去真不可以道里计了。"中国革命之父"孙中山的革命理论——三民主义，当时亦未能指导这种运动，民族主义既然只限于排满，民权主义和民生主义亦徒有虚名，实际上连接近他的革命首领自身也多未能了解。这就是过去中国民族革命运动，因没有明确的理论为指导，致屡次陷于失败之说明。但明确的指导中国的革命的理论，自然不是只靠中国民族革命运动的实际就能够产生出来的，因为中国民族革命是世界革命中的一部分，所以必须融合世界革命的实际，才能产生出来。所以必须等待世界革命最高理论的列宁主义到中国来，然后中国民族革命才有明确为理论的指导，才能够走上了正确的道路。列宁主义指导成功了十月革命，"在中国，十月革命之后二年，'五四'运动崛起，排斥当时侵略中国最凶狠最露骨的日本帝国主义。从那时起，以前含糊的不敢得罪外国人的中国民族运动才改变过来，成了明确的自觉的反帝国主义运动。中国民族运动首领（孙中山等）得着十月革命的经验，经过几年苦痛的奋斗，才多抛弃了旧时唯心的资产阶级德谟克拉西的幻想，而毅然决然援引那组织在共产国际旗帜底下的西方无产阶级为中国民族解放运动中真正的友军和不可缺少的同盟者。今年'五卅'运动给帝国主义以一大打击，使帝国主义发抖，但'五卅'运动中的领导者中国无产阶级之阶级觉悟，中国共产党的组织和宣传，推而至于国民党的改组，都直接或间接是共产国际的理论（即列宁主义）和组织所助成的。这都是不可遮掩的事实"。"五卅"运动以后直至现在，各省农民运动的崛起，北伐军的胜利，军阀的解体，帝国主义的"让步"，革命风潮普遍并深入于广大民众——这些归根结底说起来，都是中国无产阶级形成独立政治势力，由其政党——中国共产党执行列宁主义的正确政策，并以列宁主义影响国民党改组和确定新政纲之结果。于此可见，近年来中国民族革命运动新波澜突起急转直下至于现在超过过去几次运动所得成绩，显然是在新有列宁主义为其理论的指导。

不仅如此，列宁主义指出殖民地民族革命运动中，被压迫阶级联合战线的必要，但这种联合战线并不是否认阶级分化及阶级斗争之意思。恰恰相反。列宁主义指出在殖民地民族中，阶级分化仍然是日趋明显的，阶级斗争仍然是不可避免的事实。而且在列宁起草的共产国际第二次大会关于民族问题议决案中明显的指出在殖民地民族革命运动中：

"可以看出有二种日益隔远的运动存在。其中一个是资产阶级德谟克拉西民族主义的运动，这种运动的政纲是在资本主义制度下求政治的独立；其他一个是贫农和工人在各种剥削底下求解放的斗争。第一种运动企图监督第二种运动，而且时常有了成效；但共产国际应该奋斗反对这□监督，并促成殖民地工人群众阶级意识的发展。这样，殖民地革命的第一步应该是推翻外国资本主义。但重要的和必需的任务，还在创立工农的共产主义组织，为的是能够领导工人从事于革命和建立苏维埃共和国。"

中国民族革命现在才走上正确的道路，还未成功的时候。中国民族革命得以走上正确的道路是因为受列宁主义理论的指导，往后完成民族革命，自然亦须在列宁主义理论的指导之下进行。因此中国工农群众尤须牢记上述一段理论的教训。在伟大的首

领第三周年纪念日,我们应该高呼:

  我们的旗帜——列宁!
  我们的武器——列宁主义!
  我们的任务——世界革命!

(《中国青年》第一百五十期,1927年1月6日,署名 超鳞)

14日(星期五)

2. "关于纪念列宁逝世三周年"的通告(文件,1月14日)

中共上海区委发出"关于纪念列宁逝世三周年"的通告:

各级同学们:

全世界无产阶级革命的导师列宁同志的逝世三周年纪念日——一月二十一日——到了。我们天天在他的伟大的指导之下向前奋斗的每一个战斗员,应当怎样利用更好的方法来过这个含有重大意义的纪念日!

虽然列宁同志是已经死了,死了三年了,但他的事业日益发扬而光大,世界革命前途已有很大的进展,尤其是占着全世界革命中重要地位的中国革命运动,近年来更是突飞猛进:

1. 国民政府的势力已占据了中国之半;
2. 帝国主义对于国民政府的存在已不能不苦笑的讨论到承认问题;
3. 国民政府领土内的民众,在政治上都已进了一步,而且逐渐组织起来了;
4. 湘、鄂、赣、粤、桂、闽六省农民有三百万人左右的组织;
5. 全国工人将近有一百余万的组织。

这些新的事实的表现,都足以表示列宁主义指导被压迫民族解放的胜利。我们要保持这个胜利,领导这个革命继续前进,只有坚持着列宁主义的火炬,作我们奋斗的唯一先导。同时扩大我们的宣传与组织,尤其是利用列宁同志的逝世纪念日,使我们党的主义普遍到广大的群众,我们的党员更深入到群众中去,成为广大群众的政党。

枢蔚[区委]现在决定于一月十七日起到一月二十三日止,为"列宁征集周"(在通告邮通迟到的地方,可展至一月二十一日起)。在这纪念周内,各级党部当利用各种宣传机会,尽量宣传并吸收新同志的工作,具体办法:

1. 宣传的要点:要特别说明列宁主义的民族问题和农民问题,这两点是列宁主义补足马克思主义不完备的地方,要说明列宁主义在中国革命之应用(如民族问题、农民问题)。各地委或部委可根据当地客观事实引证说明,不要专读些抽象原理(××书:《新青年国民革命号》、《列宁号》)。

2. 纪念的方法:(1)区委召集各部委各党团活动分子会,举行纪念,并报告列宁主义与中国目前及将来的政治关系;(2)部委要召集活动分子会及支部书记干事联席会,部委派人出席做报告;(3)各支部从十七号起须开支部大会,做列宁纪念的报告;(4)上总召集各产总负责人员及工会组织员及各活动分子会,并通令各工会分头开纪念会;(5)C.Y.区委要召集活动分子会,及令各区域各支部分头开会纪念;(6)此外,各部委各支部要尽量设法召集各种群众会议,纪念列宁并做许多宣传;(7)外埠各地委、独支,都要照样召集活动分子会、支部大会及其他群众大会。

3. 发展组织:这次征集周中,我们既要做许多宣传的工作,同时就当吸收许多新同志。现特规定每一个同志,必要介绍一个新同志入党(能多更好),希望各同志努力做到这个小小的工作。

4. 口号:
(1)列宁是世界革命的导师!
(2)列宁是世界被压迫民族的救星!
(3)列宁是世界工人的领袖!
(4)觉悟的工人应加入列宁的政党——共产党!
(5)列宁是解放农民疾苦的唯一领袖!
(6)学习列宁主义!
(7)拥护中国与苏俄(被压迫者的朋友)之联合!

朱绅①

一月十四日

(《上海革命历史文件汇集》(中共上海区委文件 1926—1927 年),1987 年内部印刷,第 145~148 页)

21 日(星期五)

3. 列宁逝世三周年纪念特刊(《向导周报》第一百八十四期,1 月 21 日)

《向导周报》第一百八十四期,出版"列宁逝世三周年纪念特刊",刊登《列宁逝世三周年纪念中之中国革命运动》(陈独秀)、《列宁论东方民族的解放运动》(魏琴(即维经斯基))、《列宁死了,但列宁主义活着!》(超麟)和《列宁与妇女解放》(白丽)等文章。

4.《列宁逝世三周年纪念中之中国革命运动》(《向导周报》第一百八十四期,1 月 21 日)

《向导周报》发表陈独秀的《列宁逝世三周年纪念中之中国革命运动》,全文如下:

今天(一九二七年一月廿一日)是列宁逝世之第三周年,在这第三周年纪念中,

---

① 朱绅,中共上海区委的代称。

令我们回想到"落后的欧洲与先进的亚洲"这句话。这句话是列宁所作一篇短文的题目，在现在中国革命运动的高潮中看起来，非常有意义；列宁自己也曾说："在这题目的几个字里却含有苦的真理。"

列宁在这篇短文里说："在文明的先进的欧洲，有极发展的技术，有极丰富的各方面的文化及宪法；现在却到了一种历史的时期，使资产阶级因惧怕那渐渐增长和巩固的无产阶级，不得不拥护一切落后的死了的中世纪遗物，停滞不前进的资产阶级与一切停滞不前进的势力联合起来，以保存那动摇不定的雇佣奴隶制度。在先进的欧洲，是拥护一切落后的东西的资产阶级在那里横行。……也许还可以举一个比较显著的例来证明欧洲资产阶级之腐败，如为了财政的分割及资本家利益的关系，欧洲资产阶级居然拥护亚洲的黑暗势力。亚洲各处现在都发生了德谟克拉西运动，并且日见扩大，日见巩固，那里的资产阶级还与人民携手去反抗黑暗势力。"

列宁的意思是说欧洲本来是先进的，欧洲的资产阶级在以前反抗封建贵族做德谟克拉西运动的时候也是革命的，可是现在他们因为对内要压迫无产阶级之兴起，对外要剥削殖民地，便不惜联合国内外封建的黑暗势力而反革命，而落后了；亚洲本来是落后的，可是现在他们居然能够起来做德谟克拉西运动，而反抗封建的黑暗势力，而革命，而先进了。

列宁这篇短文，做在去今十四年，即一九一三年五月，正是民国二年三月宋教仁被刺，四月二千五百万镑英金大借款成立之后，列宁此文中所称"欧洲资产阶级居然拥护亚洲的黑暗势力"正是指英俄德法日五个帝国主义的银行团借款给袁世凯压迫国民党这件事。

列宁若到现在还活着，眼见法西斯的组织遍于欧洲各国，而且在好几个国家取得了政权。眼见欧洲各国的人在中国收买或暗示一切反动分子做反赤运动，眼见欧洲各国政府尤其是英国力助吴佩孚孙传芳张作霖张宗昌等黑暗势力向国民政府国民军进攻，眼见英国兵在上海在广州在万县在汉口在九江继续不断的屠杀中国市民；同时也眼见中国的工人农民学生及革命的军队均百折不回的向黑暗势力反抗，全国中德谟克拉西运动的高潮，比之十四年前，更是扩大而巩固。列宁不但更要自信"落后的欧洲与先进的亚洲"这句话是对的，而且要喊出"黑暗的欧洲与革命的中国"了。

"革命的中国！""革命的中国！"列宁若到现在还活着，必然这样欢呼。可是这里有一个严重的问题，即是：在革命的中国，是否也会走到一种历史的时期，使革命势力中一班有落后的欧洲资产阶级意识者，一方面因惧怕工农阶级及其政党的势力渐渐增长，一方面为帝国主义和国内黑暗势力投机分子和平空气所诱惑，遂至回头和国内外黑暗反动右倾一切不前进的势力联合起来，向前进的工农群众进攻，在赤的营垒内响应外面的反赤运动，以回复到不革命的中国，甚至造成反革命的中国？

这一问题，我们现在还很难同答，因为两方面都有可能。中国革命运动的前途，已经显现出两个不同的趋势：（一）武力与工农群众及革命化的城市小资产阶级结合，打倒国内外一切黑暗反动势力，建立革命的民众政权（当然说不上什么无产阶级专政或工农政府），力图国民经济生活之发展；（二）武力与反革命的大商买办官僚地主土豪劣绅及儒[懦]弱妥协的资产阶级结合，和国内外一切黑暗反动势力调和，在政治上建立压迫工农群众法西斯式的军事独裁政权，在经济上输入道威斯式的资本主义。第一个趋势将以完成革命的中国，第二个趋势将以造成反革命的中国。依照国民政府的现状及国民党的党纲政纲前进，则可实现前者；国民政府及国民党若把右派的势力与友谊看得比党纲政纲及中山先生的革命政策还宝重，若把上农势力看得此右派势力更可虑【,】若不能断然制止国民党的同志俱乐部西山会议上海大会一贯到底的右派思想与政策在党内日渐得势，这些党内的右派势力，会和党外的一切黑暗反动派离散削弱南方革命势力联合起来，危害革命之前进，而实现后者。

冯自由马素彭养光等所领导的国民党同志俱乐部，自始即反对中山先生的联俄联共扶助工农这三个革命政策，安福政府称他们为稳健派，打算牢笼他们以消灭国民党的革命运动，幸而当时的国民党左派领袖很一致的坚决的和这班右派决裂，才保存了国民党的政治生命，虽然中山先生逝世了。从西山会议到上海大会，这些右派在组织上虽然不和同志俱乐部是一事，在思想上却接受了他们的反俄反共反工农运动三个政策。左派领袖们对于西山会议上海大会的右派行动虽然不赞成，虽然说他们是反革命的，至少也说他们是不革命的，虽然尤其反对他们单另组织是叛党；然而一部份人却已渐渐接受了西山会议上海大会的思想和政策；以为不联俄也可以革命，以为反共反赤不是反国名[民]党；以为西山会议分子究竟比共派还是真国民党，究竟是一家人，宁可联合他们以反共；限制工农运动的呼声也渐渐到处都听见；因此我们可以说同志俱乐部西山会议上海大会这些右派分子在组织的运动上虽然失败了，在思想和政策运动上却是胜利了。国民党左派或者还未曾感觉着这样，而国内外一切黑暗反动势力却已经感觉着了：帝国主义者说："如果国民党稳健派得势，于我们并无什么危险。"奉系军阀和安福系都说："国民党倘能排除赤的分子，孙文主义可以容纳。"又说："与俄断绝关系，鲍罗庭以下均须放逐，蒋介石倘能接受此警告，当与其妥协提携，商讨对内对外政策。"又说："对党军只反对俄化，此外可商。"上海的买办阶级说："国民党虽讨厌，然可作为反对共产党之用。"国民党领袖们将如何选择？接受国内外黑暗反动派离散削弱南方革命势力的提议呢，还是继续孙中山先生的革命政策？

我想每个忠实的国民党党员，都不忍忘记了中山先生临终之言："我死之后，我们政治的敌人定要设法软化你们，你们如今不受软化还要继续革命，他们一定要杀害你们。"当时段祺瑞对电通社记者说："予与孙先生所统率之国民党，自应努力相为连络，国民党果以真正之直道而行，予无不愿提携从事，但如向共产各说之邪道而趋，则本人宿所反对也。"姚震也对东方社记者说："孙氏既死，彼国民党者，鉴于由来之经过，即终不免于分裂，然国民党中之稳健派，此时有与吾人握手提携之充分可能矣。"当时日本的报纸也说："此段氏为中心之和平统一，成功与否，胥视其能否与占多数于国民党之稳健派相提携为断。"现在，国民党很危险的试验时期又到了！

所谓稳健派（自有孙中山先生革命运动以来，稳健派这个佳名，即是反对革命者之称），即是反俄反共反工农运动之右倾分子，是否占多数于国民党，是否不受敌人软化而与之握手提携？这不独是国民党的政治生命所关，并且中国革命前途是否会因此中遭顿挫!

或者有人说,我们虽然反俄反共反工农运动,我们仍然要革命:我们反俄,同时也反对帝国主义;我们反共,同时也反对黑暗反动势力;我们反工农运动,同时也反对官僚买办地主土豪劣绅及万恶的资本家。这本是国民党右派和国家主义者的老调,我们听惯了这一片欺人的鬼话,谁也不能相信。即令他们不是欺人的话而真是这样想,也是一个大笑话,试问有没有不分敌军友军一概用机关枪扫射这样滑稽的革命战术?并且在事实上,反俄即是帮助了帝国主义;反共即是帮助了黑暗反动势力;反工农运动即是帮助了官僚买办资本家地主土豪劣绅。

中国社会,现在只有两种对抗的大势力:一方面是革命的工农群众及革命化的城市小资产阶级;一方面是反革命的军阀官僚买办地主土豪劣绅。资产阶级乃介在革命与反革命之间动摇不定;并且他们的力量和政治觉悟都还太弱,只能拉他们倾向革命,不能算在革命的势力之内(即最发展的上海资产阶级,一遇孙传芳的压迫,马上通告各界,声明"其向抱宗旨,除关于商业切身利害外,其他各个言论概不预闻"并且大登其"不与闻政治"的广告。有人询问蒋梦麟先生:什么是中国革命的力量?中国的资产阶级为什么不挺身参加革命争取政权?梦麟先生说:"中国资产阶级的力量还太弱,任何势力能够统一中国不妨害他们的发展,他们都赞成;他们自己的政治理想还是君主立宪。"梦麟先生这几句话,描写中国的资产阶级非常深刻)。在这样状况之下,国民党右派若反对工农运动,其结果势必走到官僚买办地主劣绅那边去;若当真对两边一齐反对,他自己便悬在空中,有何出路?

负有中国国民革命使命的国民党,是中山先生所留给中国一个至可宝贵的遗产。中山先生临终致苏俄遗书说:"我遗下的是国民党。我希望国民党,在完成其由帝国主义制度解放中国及其他被侵略国之历史的工作中,与你们合力共作。命运使我必须放下我未竟之业,移交与彼谨守国民党主义与教训而组织我真正同志之人。"我们希望每个国民党同志,都要谨守中山先生的遗训,继续中山先生未竟之业,造成革命的中国,先进的中国;切勿效落后的欧洲资产阶级,拥护一切落后的死了的中世纪遗物,结合一切黑暗反动势力,使中国仍旧是不革命的中国,落后的中国!

在今天列宁逝世第三周年纪念中,自然令我们联想到中山先生逝世第二周年也快到了;也自然令我们回想到列宁和中山先生对于中国革命之遗言。

(《向导周报》第一百八十四期,1927年1月21日,署名 独秀)

5.《列宁论东方民族的解放运动》(《向导周报》第一百八十四期,1月21日)

《向导周报》发表魏琴(即维经斯基)的《列宁论东方民族的解放运动》,全文如下:

我们的教师,世界社会革命的首领——列宁逝世三周年纪念到了,但他关于东方的许多预言，已渐成为实际了。他的名字，尤其他的思想，已随东方革命运动的发展，日渐深入亚洲广大的群众了。

中国工人农民学生们，久知列宁不仅为世界革命工人的首领，且为反帝国主义反封建残余争民族独立的东方民族的首领，其主要思想，即是：现代人类社会，已经开始由资本主义向社会主义，但必须殖民地民族得到解放，才能完全成这个过程。

中国辛亥革命后，列宁曾发表《先进的亚洲与落后的欧洲》一篇名著，其内容，简直有世界的历史的意义。当时他已经说欧洲资本主义国家日趋瓦解，向反动路上走，增加本国和殖民地工农的剥削，而同时亚洲如当时的土耳其、波斯、中国，已走上革命道路，向德谟克拉西的新形式前进，以解放千百万人的奴隶束缚。

当世界大战时，列宁即大声疾呼世界无产阶级，不应拥护自己本资产主义"祖国"，应开始国内内战，使世界资本主义的恐慌，变为社会革命的开始。

至于对东方受帝国主义压迫的国家，列宁仍主张这些国家的无产阶级应该联合本国人民，反对帝国主义的侵袭并推翻帝国主义压迫的斗争。

世界大战后产生的社会革命——十月革命成功后，列宁即说："民族解放运动，在世界革命时期以前，是总的德谟克拉西运动之一部分；现在在俄国苏维埃革命胜利后，世界革命开始时期，民族解放运动，已经成为世界无产阶级革命的一部分。"

列宁很坚决的以为俄国社会革命胜利后，世界革命已开始，应把东方民族斗争，归入世界无产阶级革命阵线中，因此，也就决定了东方民族斗争的性质和道路。

列宁在一九二〇年第二次共产国际大会，提出民族殖民地问题草案时，曾说：

"国际政治情形，使无产阶级专政成了目前问题，而现在国际政治时事，亦必将集中于一中心点：世界资产阶级反苏俄的斗争。至于苏俄周围，一方面，必然联合各先进国工人的苏维埃运动，另一方面，必联合被压迫民族的民族解放运动。因为这些被压迫民族，在自己的经验中，深知必须和革命的无产阶级联合，必须苏维埃政权战胜世界帝国主义，才是他们被压迫民族的出路。"

以后国际情况的发展，完全证明了这种预言。

事实证明，近来东方民族解放运动，及世界无产阶级运动日渐更和苏联接近。仅从最近数年来土耳其、波斯、高丽等历史证明，亦可见苏联的巩固，即是增加了被压迫民族反抗帝国主义的力量，反之，被压迫民族的胜利，亦必然巩固苏联的国际地位。所以列宁垂死前著的《宁少而好》一文，可谓有先见之明。当时因各国帝国主义企图以武力干涉或封锁，以达消灭世界第一苏维埃国家，列宁说："我们可以避免和这些帝国主义国家将来的冲突吗？是否我们可以希望正在昌盛的西欧和东方帝国主义国间的矛盾和冲突，第二次也如第一次一样放我们过去吗？——第一次，即西欧的反革命，曾帮助俄国反革命向革命进攻，而因西欧和东方的反革命营垒中，因西欧和东方的剥削者营垒中，因日本和美国的营垒中，有种种矛盾和冲突，才消灭了西欧及东方反革命之企图。"列宁在本文末，即回答：

"斗争的前途始终系于占大多数人民的俄国、印度、中国等，只因这大多数人很迅速的参加近几年来的解放斗争，于是世界革命斗争的命运才能确定，而社会主义的最后胜利,已得完全保障。"

所以列宁不仅理论的描写世界革命运动前途,一九二三年时,他已能很实际的,使苏维埃前途及世界社会革命前途,和东方革命运动相连贯。

如果列宁迄今尚在,眼见中国最近二年来革命运动发展的紧张,他必将很热烈的高呼世界无产阶级帮助中国革命。他必将以铁的逻辑及世界无产阶级战斗员的伟大热情,解剖帝国主义反对中国之阴谋,揭破社会民主党戴的和平假面具,而实□帮助国际帝国主义继续统治中国和其他殖民地。可是列宁必将同时提醒工农群众,勿受本国买办资产阶级大地主和军阀等的影响,并将很坚决的高叫中国劳动群众注意,紧防国内反革命。列宁必将警告中国民众应很谨慎的,对待口上左倾的一般军事领袖们,他们已经不高兴正在发展的工农运动,他们不懂且不愿意懂工农运动才是中国民族革命的保障。

我们相信,列宁对于中国无产阶级的农民及一般劳动群众,必将作如此说。因为一九二〇年列宁在第二次国际大会提草案时,已经告诉世界无产阶级及东方民族,说殖民地民族解放斗争中,难免有二种倾向,互相斗争,列宁指示出路云:"可以指出现在有二种运动,正在互相消长:其一,即是资产阶级的民族运动,主张资本制度之下的政治独立;其一,则为贫苦工农们的斗争,主张解放自己,脱离一切剥削。第一种运动企图管理第二种运动,且有一部分成功的;可是共产国际应当反对这类的管理,而扶助殖民地工人群众阶级觉悟的发展。所以殖民地革命的第一条,应当推翻帝国主义,可是最重要的职任,还是组织工农,以便引他们参加革命及创造革命政权。"

比如印度近几年来,如一九二一年——一九二二年,革命运动本来很为紧张,但资产阶级领导革命,资产阶级和英国帝国主义妥协,革命利益遂为所卖,革命潮流遂至低落。故革命中,资产阶级领导工农运动的严重危险,虽然当时东方尚无现在的运动范围,但列宁确早已见到了。

可见列宁早已预见东方解放运动路中应遇的矛盾和困难了!列宁的思想,在中国革命经验中,已渐证实,故去年十二月第三国际扩大会论中国革命前途,曾说:

"如果从两方的阶级结合观点来看,则中国革命的主要前途,确已明显。从历史的讲,虽然现在发展过程中的中国革命,尚是资产阶级德谟克拉西性质的,但这个革命应当为普遍的社会运动性质,中国革命的结果,不一定创造适合发展资本主义的社会政治条件。中国革命发生在资本主义倒败时期,为推翻资本主义和创立社会主义的整个斗争之一部分。既然阶级基础可以决定革命国家的结构,所以中国的新国家决不是纯粹资产阶级德谟克拉西的国家,而将是向非资本主义(社会主义)发展过渡时代,反帝国主义的革命政府。"

列宁论东方革命及其性质的预言,不仅已见诸实际,且为世界政局柱石。布哈林说:东方亚洲革命已开始,中国近年来的运动,不仅继续辛亥革命,亦即是东方亚洲革命之起点。爪哇和苏门答腊的暴动,高丽革命运动之成熟,菲立宾的独立运动及南美洲和墨西哥的将爆发的独立斗争,——这些事实,均是证明世界无产阶级社会主义斗争中,有千百万的新队伍,日渐增加。

世界革命首领逝世三周年纪念日,东方被帝国主义压迫的民众,已经在很坚决的和帝国主义战斗的行程中,列宁主义,就是他们这个斗□的唯一工具,就是他们将战胜敌人的唯一保证!

(《向导周报》第一百八十四期,1927年1月21日,署名 魏琴)

6.《列宁主义是否不适合于中国的所谓"国情"》(《向导周报》第一百八十四期,1月21日)

《向导周报》发表彭述之的《列宁主义是否不适合于中国的所谓"国情"》,全文如下:

列宁主义不仅是解放世界无产阶级唯一的武器,而且是解放一切被压迫民族和一切被压迫民众的唯一武器。被帝国主义重重压迫的中国民族自然只有在列宁主义的旗帜之下,完全接受列宁主义这武器——理论与策略,才可以解放出来。但是有人(尤其国家主义者和国民党右派)却以为中国有中国自己的"国情",列宁主义不适合于中国。

然而列宁主义究竟是否不适合于中国的所谓"国情"呢?这是我们列宁主义者应该切实答复的。要答复这个问题,我们须得切实了解究竟什么是列宁主义,尤其是产生列宁主义的环境和列宁主义在俄国革命中的实际运用。

什么是列宁主义?斯达林答复这问题说:"列宁主义是帝国主义和无产阶级革命时代的马克思主义。恰切点说:列宁主义是无产阶级革命的理论和策略,特别是无产阶级专政的理论和策略。"(见斯达林所著《列宁主义概论》)。斯达林关于列宁主义的定义这个答案是非常之对的,是很科学的。但我们为要使得普通的人们容易了解起见,还可以简单地说:"列宁主义是现代的马克思主义或者现代的共产主义。"

列宁主义的内容究竟是怎样呢?要了解这问题,便须先了解生列宁主义的环境。斯达林说:"列宁主义是在帝国主义条件内生长起来形成起来的,这时帝国主义的矛盾性发展到了极点,这时无产阶级的革命成了直接的实际的问题,这时工人阶级准备革命的旧时代已经过去而到了直接向资本主义进攻的新时代。列宁叫帝国主义做[为]'垂死的资本主义'。为什么?因为帝国主义发展到这时,资本主义的矛盾性就到最后的一点,到极端的一点,过了这界限就开始革命。"

斯达林并且举出帝国主义之极端的矛盾点的主要者:第一是劳动和资本中间的矛盾,即财政资本主义的资产阶级特别严重地剥削和压迫工人阶级,推动工人阶级走向革命。第二是各派财政家和帝国主义列强中间争夺原料产地争夺别人领土之斗争的矛盾,即各帝国主义间争夺殖民地或半殖民地的斗争。第三是少数统治的"文明"民族和几万万殖民地弱小民族人民中间的矛盾,即帝国主义特别严重地剥削和压迫殖民地和半殖民地的弱小民族,逼着殖民地和半殖民地的民族走向反帝国主义的民族革命。

以上这些矛盾集聚起来便形成无产阶级直接进攻资本主义的革命局面。这便是产生列宁主义的国际环境。

斯达林还说明产生列宁主义的策源地——俄国，是帝国主义所有这些矛盾性的集合点。因为"沙尔的俄国是种种压迫的故乡——资本家的压迫，殖民地的压迫和军事的压迫——俄国的压迫是最无人道的最野蛮的形式"。因为"沙尔的俄国是西方帝国主义最大的后备军，不仅因为俄国放任外国资本到俄国操纵国民经济的重要部门如燃料和金属等，而且因为俄国能够供给西方帝国主义以几百万兵士"。"沙尔主义不仅是帝国主义在东欧的看家狗，而且是替西方帝国主义从几万万人民中榨取借款的利息交付巴黎伦敦柏林不鲁塞律的代办者。"因此沙尔主义的利益和西方帝国主义的利益完全一致，反抗沙尔主义的革命斗争必然形成了反抗帝国主义的革命斗争。结果俄国反沙尔主义的革命不能不变成世界革命的一部分，不能不变成无产阶级革命，为世界无产阶级革命的开幕。

列宁主义便是在这样的环境——国际的和俄国的——当中产生出来的。因此，列宁主义，一方面天然成了反抗并消灭世界帝国主义的资本主义的唯一武器，成了无产阶级革命的理论和策略，特别是无产阶级专政的理论和策略；另一方面又天然成为解放被压迫民族和解放被压迫农民群众的理论和策略，即解决"民族问题"和"农民问题"的理论和策略。这便是列宁主义的内容。所以我们以为列宁主义——现代的共产主义，不仅是解放世界无产阶级的武器，而且是解放一切被压迫民族和一切被压迫民众——特别是农民的武器。

列宁主义的产生及其内容既是如此，那末，列宁主义究竟是否适合于中国的所谓"国情"呢？这里便到了应该来看看中国究竟是什么一种"国情"的问题了。现【在】的国际状况，仍然是帝国主义所支配的国际状况，仍然是资本主义的矛盾性达到极点的国际状况。这是无人能否认的。现在的问题只是：中国处在这个资本主义矛盾性达到极点的帝国主义的国际状况之下，中国的所谓"国情"究竟如何，尤其是否与列宁主义的策源地俄国绝对不同。斯达林所告诉我们的："沙尔的俄国是种种压迫的故乡——资本家的压迫，民族的压迫和军事的压迫——俄国的压迫是最无人道的最野蛮的形式。"究竟现时国际帝国主义和封建军阀所统治的中国是不是如此？霸占海关，协定关税，强占铁路邮政和航行一切交通权，自由夺取矿山，强迫划定租界，强置领事裁判，甚至自由屯驻海陆军，自由屠杀中国民众（如五卅屠杀，沙基屠杀及万孙屠杀等），制造军阀战争，凡此种种，难道不是帝国主义对待半殖民地的中国之最无人道最野蛮的压迫吗？！连年战争，破坏一切交通和金融，禁止一切集会结社言论出版等自由，无限制的苛捐杂税，甚至自由屠城屠村（如吴佩孚在河南张宗昌在山东屠杀红枪会事），自由杀戮民众（如段祺瑞的"三一八"惨案，吴佩孚张作霖孙传芳张宗昌等在各地的随便逮捕滥杀等），凡此种，难道还不是封建军阀对于人民之最无人道的最野蛮的"军事压迫"吗？！至于资本家对于工人的压迫，更是显而易见的事，我们只看中国工人的工作时间多自十二小时至十七八小时，工资低至一二角，甚至几个铜板，便可知道工人的经济痛苦了，资本家对于工人的待遇简直是对待牛马一般，我们到处都听见资本家尤其帝国主义的资本家打工人甚至杀工人（引起五卅惨案的顾正红便是被日本帝国主义的资本家打死的）便是事实。至于工人没有集会结社言论出版等自由权那是不用说了。在现时的世界上，资本的压迫，殖民地的压迫和军事的压迫，其无人道，其野蛮，还有甚于中国吗?! 中国民族所受的压迫，真是世界的模范压迫，中国是种种压迫的故乡，是沙尔的俄国第二啊！至说到中国封建军阀对于帝国主义之忠实比之沙尔更超过百倍。它们不仅是帝国主义在中国的"看家狗"，简直是刽子手；他们不仅是替帝国主义从几万万人中榨取借款的利息交付伦敦东京纽约巴黎的代办者，而且简直是将中国一块一块地割卖给帝国主义的卖国贼。另一方面我们看见日本帝国主义差不多完全占领了东三省和山东，长江和西江流域差不多完全成了英国帝国主义的势力范围，但是同时美国帝国主义的经济势力又蓬蓬勃勃地向各方面发展，因此便形成了帝国主义在中国的巨大冲突，中国成了世界帝国主义竞争的最后战场，帝国主义此种冲突反映到中国封建军阀方面，便形成民国十六年来的军阀战争。

由上面的情形表现出来，中国是完全继续着沙尔时代的俄国状况，因此形成了现代帝国主义的资本主义之矛盾冲突的焦点：几万万被压迫民族与帝国主义的冲突，几万万被压迫人民，特别是农民，与封建军阀的冲突，工人与资本家（特别是帝国主义的和官僚的资本家）的冲突，帝国主义中间（特别是日美英间）的冲突。这些矛盾冲突的总和之表现便是现时的"国民革命运动"。

中国的国民革命的斗争，与俄国反沙尔主义的斗争一样，天然成了反帝国主义的斗争，成了世界革命的一部分，将天然要接近而且应该变成无产阶级的革命斗争。

我们现在且问问主张中国的所谓特别"国情"的人们——尤其是国家主义者和国民党右派，中国的国情有什么特别！中国一般民众不是同俄国那时一样受帝国主义的压迫和封建军阀（如俄国的沙尔）的压迫吗？中国的几百万工人和几万万农民不也是同俄国的工人和农民一样受资本家和地主土豪劣绅的压迫吗！自然中国的工人农民和一般民众所受的压迫程度与俄国那时有不同的地方，但是要求解除压迫始终没有什么不同。中国的全民族是否应该从帝国主义的压迫下解放出来？中国一切被压迫民众是否应该从封建军阀的铁蹄下解放出来？中国的几百万工人和几万万农民是否应该从资本家（尤其帝国主义的和官僚的资本家）和地主贪官污吏土豪劣绅的重重剥削和压迫下解放出来？我想若不是帝国主义者贪官污吏土豪劣绅和专门剥削人的资本家地主，或它们的走狗，谁都应赞成这个解放运动。

由我们的观察，由每一个真实革命者的观察，中国的所谓"国情"，简直是俄国第二，是现代帝国主义的各种矛盾点的总合之表征。中国的解放运动，中国的革命将无疑地与俄国革命的形式俄国革命的过程相近（自然不是完全一样），所以中国的革命特别用得着列宁主义全部的理论和策略——自民族问题，农民问题到无产阶〈阶〉级专政的问题。也只有列宁主义的理论和策略能解决中国问题。因为中国情形在现在世界上是第一等的复杂，因此解决中国问题也是第一等困难。现在世界上没有一个国家像中国这样包含着历史上许多时代的成分。资本主义是从英国发生出来，由英国向西走便到美国,向东走则到法国,由法国而德国而俄国,但资本主义愈往东走则愈复杂,因为愈东走,则东方的旧势力——封建制度的势力——愈大,资本主义因碰到东方封建制度之种种历史的复杂关系常呈特别复杂的状态。法国的资本主义比英国复杂,德国比法国复杂,俄国又比德国更复杂,在俄国内差不多同时保存全人类经济发展的一切形态。自资本主义到了中国,与中国四五千年遗留下来的封建制度混合,同时加以帝国主义的特别侵略和特别播弄,使得中国的社会——经济和政治——呈更复杂而奇异的状态。譬如资产阶级的民族的德谟克拉西革命,在英法差不多由资产阶级担任,那时工人和农民的力量是比较小的。在德国无产阶级的作用就更大了,但始终还是资产阶级作领导。在俄国就完全相反了,俄国的资产阶级不惟软弱不能领导俄国的民族德谟克拉西革命到底,反而与封建阶级的沙尔妥协以反对无产阶级,因此,俄国的工人和农民不能不担负推倒封建沙尔的德谟克拉西革命直到无产阶级革命。在现今中国民族德谟克拉西革命的国民革命里,事实表现出来,显然几乎成了俄国革命的历史复演,并且资产阶级更软弱更反动,工人阶级更有力量,尤其是农民一开始便完全与工人一致,这种现象是证明中国社会之特别,同时也就是证明列宁主义之理论和策略特别适合于中国,能全部的适用于中国。

中国是俄国而后帝国主义各种矛盾性总合的地方,同时便是世界帝国主义战线的锁链的最弱的地方,也便是革命最容易爆发而且容易发展的地方,俄国的革命便是前例。斯达林在三年前曾预言世界革命的将来的爆发点仍然是在帝国主义锁链最弱的地方,不是印度,便是德国。但是现在照国际的状况观察,情形却有点变了,我以为中国或者也是一个继承俄国的候补员。但是有人说,从资产阶级的德谟克拉西革命到社会革命,必经过一道万里长城,经过长久的时间,这是说资产阶级的德谟克拉西革命后,还须经过资本主义的长期发展,才能达到社会主义革命。但是这个理论已被列宁打倒了,并且已被俄国革命的事实证明是不对了,所以列宁说,由资产阶级的德谟克拉西革命转变到无产阶级的社会革命,中间不一定要经过资本主义的发展(见列宁的《第三国际第二次大会民族殖民地问题草案》)。

自然我们列宁主义者,承认中国目前的革命是民族的德谟克拉西的革命,还说不上无产阶级直接的社会主义革命,但是这个革命始终是反帝国主义的革命,是世界革命的一部分。并且这个革命绝不限于民族的。德谟克拉西,必然是很快的向社会主义革命的方面走。

现在是列宁主义的时代,是人类社会整个的新时代,是人类社会中不仅无产阶级而且是一切被压迫民众要求最后解放的时代,中国一切被压迫的民众应站在列宁主义的旗帜之下起来争得解放,也只有在列宁主义的旗帜之下学会列宁主义的理论和策略,才能得到解放。依照列宁主义的理论和策略,中国目前国民革命的几个根本原则是:

(1)中国国民革命是世界革命之一部分;

(2)中国的工人阶级是革命的先锋队;

(3)中国的革命应该拥护大多数农民的利益到底;

(4) 完全承认国内一切民族平等；

(5) 永继革命。

我们如果承认中国革命是世界革命之一部分，我们便应激[彻]底地反对世界帝国主义，应使中国的革命与世界革命势力——领导世界革命的苏俄和其他先进国家的无产阶级及其他被压迫民族——亲密地永久地合作。反苏俄和仇视其他先进国家的无产阶级便是反革命。我们如果承认工人阶级是中国革命之先锋队，我们便应绝对尊重工人的利益，如果牺牲了工人的利益，便是牺牲了革命。我们如果承认应拥护大多数农民的利益，我们便须在乡村澈【彻】底打倒土豪劣绅，铲除乡村压迫农民的一切封建制度的余毒。我们如果承认国内一切民族平等，我们便须澈【彻】底承认蒙古和西藏等民族有独立权。反对蒙古西藏的独立权的，当然是反革命。最后要明白国民革命并不是中国最后的革命阶段，国民革命只是到社会主义革命之路，人类最后的真正的解放只有无产阶级的社会革命，只有努力建立人类共产制度的社会。

列宁主义的极终理想，便是要领导全人类由种种被压迫的社会到共产主义的社会。所以我们应了解"永续革命"的意义，要从国民革命作到无产阶级革命。

中国被压迫的民众们要得到真正的最后的解放，只有站在列宁主义旗帜之下来奋斗，来学习列宁主义，来接受列宁主义的理论和策略，使列宁主义成为我们解放自己的唯一武器。

(《向导周报》第一百八十四期，1927年1月21日，署名 述之)

7.《列宁死了，但列宁主义活着!》(《向导周报》第一百八十四期，1月21日)

《向导周报》第一百八十四期发表郑超麟的《列宁死了，但列宁主义活着!》，全文如下：

这是俄国无产阶级三年前痛哭我们的伟大的死者之壮语。而今，经过了这没有列宁指导的三年，全世界无产阶级以及一切被剥削的和被压迫的民众，益加普遍地明白：列宁死了，列宁主义不但活着，而且向前发展。

的确，我们失却伟大的世界革命之导师，已经三年了。导师给我们的遗训，我们永久牢记着，我们而且遵守他的遗训，以为我们行动的准绳，如他在世时一样。在这三年中他的伟大益加为广大的民众普遍认识了。当这纪念导师逝世第三周年的日子，我们应该回头看看这三年来世界革命的进展，看客观的事变是否合于导师所推测，看我们的努力是否完全遵守导师的教训。这是我们每一个革命党人，在这二十世纪最可悲哀的一个纪念日里，应该细心思索的。

自从列宁死后，无疑，在这三年中世界发生大的变化。今日的国际状况及世界革命前途，已经与列宁在世时不同了。

这三年来世界的变化，为简便起见，可以列举底下四点，虽然这四□的变化是相互连系着，而严格区分是不可能的：

第一，资本主义形成暂时"稳定"的局面；

第二，第一个无产阶级专政国家，苏维埃联合，保持存在，而且日益巩固；

第三，历史上最富于保守性的英国无产阶级发生左倾；

第四，东方殖民地民族解放运动，特别是中国革命，有新的重大的发展。

资本主义的所谓"稳定"差不多是从列宁逝世前后开始。帝国主义大战所引起的严重危机，可说，结束于一九二三年十月的德国革命失败。从那时起，西方资本主义国家就没有直接的革命状况，从那时起，被大战破坏的资本主义联系一部分恢复起来，从那时起，帝国主义者及其走狗改良派的社会党人欢欣鼓舞以为资本主义从今稳定了。的确，从那时起，资本主义比战后最初几年是"稳定"了的，但这种"稳定"乃是暂时的部分的，绝不如战前那样，资本主义制度内部的矛盾仍在潜滋暗长且日益加剧，先进国的工人运动和殖民地的民族运动反因之增长起来，革命之火随时都有燃烧之可能。这是帝国主义者和改良派社会党人所视若无睹的，这是列宁主义所明晰认识的。

其实，当一九二三年之初，德国正处于战后恐慌并含孕着直接革命危机之时，列宁就已觉得资本主义有一时期趋于"稳定"之可能了。他在一九二三年春天所著一篇论文里说："国际关系的系统现在是这样：在欧洲，有个战败国。德国，受战胜国羁绊着，又有许多国家，欧洲的陈旧的国家也在内，则因战胜关系，能够给本国被压迫阶级以少许让步，——这种让步却能延缓其国中的革命运动并创立某种类似'社会和平'的状态。"他这种观察到他死后尤其的确了，因为从他死后起，不但战胜国如此，即战败的德国亦因得英格卢撒克逊财政资本援助也创立了这种"社会和平"，即全部资本主义都趋于"稳定"局面了。可见近年来所谓资本主义"稳定"的局面，列宁在世时早有先见，他既然有此先见，所以在同一论文里又约略指出共产党今后应该怎样行动。一九二五年三月，共产国际扩大执行委员会指出资本主义"稳定"局面后，各国共产党对付这种局面的策略都是一本[按]列宁的指导做去的。现在，由事变的发展看来，国际共产党人对于资本主义"稳定"之列宁主义的估量和应付，是十分正确的。因此，这三年来，虽然在资本主义"稳定"底下，革命势力仍然能保持存在且能继续向前发展，可说是国际共产党灵活应用列宁主义的成效，而列宁主义亦因此得新的证实和新的发展了。

但列宁主义应用的成效，在列宁手创的国家——苏维埃联合里说来，尤为明显易见。这个国家是无产阶级专政的国家，是列宁的党指导下唯一的国家。列宁对于这个国家尤特别的注意，——这里我们须提明，列宁之特别注意苏联，不但〈是〉因为它是十月革命最大的猎获物，而且因为它是发展其他各国革命最有力的工具。在无产阶级政权建立上，列宁有重大的作用，这我们姑且不说，这里我们提起来说的，即是他最后二篇论文里关于苏维埃联合社会主义建设的意见，其中协作社问题，工农联合问题，新经济政策问题，电气化问题，国际政策问题，国家机关问题等，都有具体的教训留给后人。原文甚长，我们也毋庸征引了。这三年来，苏维埃联合不但能抵御帝国主义的进攻，而且内部经济日益发展，一九二三年列宁文中尚以为"全面看来，我们的人民劳动生产力现在比战前低得多"。而在现在，一九二七年，则可说苏维埃的生产力大体已恢复战前程度，有几部分且已超过了。中间俄国共产党内虽然起了政治见解上几次的争论，如托洛茨基主义争论和最近的新反对派争论等，但结果仍然是列宁主义的中央胜利，结果不仅未损害列宁党的统一，而且更巩固列宁党的统一。这也可说是俄国共产党，接近列宁的革命首领，灵活运用列宁主义的成效，而列宁主义亦因此得新的证实和新的发展了。

苏维埃联合巩固和发展这一事实，已经就可以打破帝国主义者和改良派社会党人真以为资本主义确然稳定之迷梦，已经就可以证明这"稳定"是何等的脆弱！但打破这迷梦的，还有别的重大意义的事实。英国工人运动之左倾便是这些事实中的一个。英国工人运动之左倾无疑是近年国际上一件重要的事变。这一左倾的过程开始于麦克唐纳尔的登台组织所谓"工人政府"，亦即是开始于列宁逝世之后不久。本来，麦克唐纳尔登台乃是资本主义"稳定"局面的表现，因为英国帝国主义看见德国革命失败，新的"社会和平"时期到来了，于是更"能够给本国被压迫阶级以少许让步"，这种让步就至于让改良派社会党人，麦克唐纳尔汤姆斯等，来组织内阁。英国帝国主义初意是要以这让步和缓民众的怒潮并减杀革命的运动的，但结果，反出乎意料之外，即这种让步不仅未能和缓民众的怒潮，减杀革命的运动，反因之加紧民众的怒潮，增长革命的运动了：素以保守性著名的英国无产阶级，因"工人政府"之成立，而左倾，而趋于革命化。这不仅不是英国帝国主义初意之所料，而且也不是麦克唐纳尔汤姆斯等改良派社会党人初意之所料呵！

这种"奇异的"过程究竟怎样发生的呢？这仍然是由于列宁主义灵活的应用。列宁对于英国工人运动，一向是十分注意的，因此他也注意分析英国经济政治社会等关系，尤其注意英国的工党。英国工人运动，原来是改良主义占绝大势力，改良主义是有经济基础的，其经济基础就是英国帝国主义从殖民地剥削来的额外利润分点给上层工人，造成所谓"劳工贵族"，垄断一切工人运动。这本是列宁主义理论的解释。根据这种解释，则一旦英国帝国主义这种额外利润减少无力分润给"劳工贵族"了，改良主义运动便失却其经济基础，革命运动必代之而兴。所以列宁注意英国工人运动，就准备英国有改良主义失势革命运动勃兴的一日。第二国际一成立，他就坚决主张英国须从速组织一强有力的共产党，一九一九年他答复英国共产党人的一封信中即着力在说明英国有组织共产党的必要。这里，我们应该注意，列宁不仅主张英国须从速组织共产党，而且详细讨论英国共产党应取的策略。英国因为是改良主义最盛的国家，故共产党运动一开始即带左派幼稚病倾向，所以列宁在"共产主义左派幼稚病"中尤注意纠正英国共产党的这种倾向。这倾向主要表现在参加议会运动及对于工人党关系二个问题上面。列宁反复解释议会运动的真正意义，同时尤注意工党问题。他明白指出英国工党是一种特殊的团体，工会会员一概加入，各派不同的政治思想能兼包并蓄在内，且能各保存独立的言论机关，这个党与通常的党是两样的，认真说起来，不是一个政党，而是介在政党和工会中间的一种组织。因此，"共产党可以加入工党，只要能保存批评的完全自由并能施行自己的政策。"共产党应该不断的与工人群众连络，经常的在工人中煽动并参加一切的罢工及其他运动。列宁又指出麦克唐纳尔汤姆斯等固然反动，固然想得政权，固然得政权后将更加反动，但共产党人仍然应该在议会中帮助他们，因为落后的群众仍然是跟着他们走的。他们果真登台，"共产党人应该参加议会，应该从内部帮助群众认识他们的政治真相……不然，便是妨害革命，因为没有工人阶级大多数观点改变之后，革命是不可能的，而这种改变观点，须群众有政治经验，而非仅靠宣传所能奏效"。

我们不惮辞费征□列宁□上的话，无非证明列宁对于英国工人政党的认识是异常明了，而其策略是异常正确的，果然，列宁逝世不久，麦克唐纳尔就登台了，此时英国共产党完全遵守伟大的死者之遗训，在工党中代表真正工人利益提出要求，不断地向群众证明所谓"工人政府"完全是资产阶级的工具，并不能代表工人阶级利益，并不能实现工人的要求。于是英国工人阶级有这一事实的政治经验，遂看破了改良主义的假面具而开始左倾，以至于一九二六年五月初的总罢工，为十七世纪资产阶级革命后英国所未曾有的大骚乱。这也可以说是英国共产党灵活应用列宁主义的成效，而列宁主义亦因此得新的证实和新的发展了。

与英国工人运动左倾有同样意义，中国以及全东方殖民地民族解放反帝国主义运动更可以打破资本主义稳定的迷梦。殖民地民族革命在世界无产阶级革命上的重要，是列宁第一次指明出来。列宁晚年尤其注意东方问题。一九二三年春天他的论文中就说："同时许多国家：东方印度中国等正因此次帝国主义战争完全从其旧巢中被迫逐出来。其发展完全倾向于总的欧洲化。在这些国家中也开始发生欧洲式的发酵。现在全世界都明白这些国家也被牵引入于非进入全世界资本主义恐慌中不可的一种发展。"他的意思是说，东方殖民地国家必然感受资本主义国家的恐慌，因此必然要发生与资本主义国家同样的革命危机，他的预言现在完全证实了。正当他著这论文时，中国发生有极大意义的二七运动，从此"确实说，中国工人的行动已经走到世界无产阶级的组织了！"从二七起，中国无产阶级就形成独立的政治势力，中国共产党巩固而发展，并根据列宁主义策略，建立国民革命的联合战线，因此促成国民党改组，于一九二五年爆发震动全世界的五卅运动，此运动并引起农民的觉悟，一直继续至于今年的一三运动。现在中国事变是全世界最注目的事变，中国问题是伦敦纽约巴黎各方面注目的问题。现在中国革命中不仅有工农积极的参加，而且无产阶级确实占在领导的地位，而农民为革命的基本势力。中国革命而且引起东方其他诸国如印度朝鲜爪哇等的崛起了。列宁关于东方的预言，列宁主义关于民族殖民地问题的策略，完全证实是不错的。因此，也可以说，中国革命运动以及东方革命运动所以如此蓬蓬勃勃，也是中国共产党及东方其他各国共产党，灵活应用列宁主义的成效，而列宁主义亦因此更得新的证实和新的发展了。

综上所说，可见伟大的世界革命导师列宁逝世这三年来所有国际重大事变，在客观上都合于列宁主义的推测，在主观上，共产国际及其所属各党也能应用列宁主义应付新的事变。从此，列宁主义更加充实更加完成——

列宁死了【,】

列宁主义不但活着,而且向前发展!

(《向导周报》第一百八十四期,1927年1月21日,署名 超鳞)

8.《列宁与妇女解放》(《向导周报》第一百八十四期,1月21日)

《向导周报》第一百八十四期发表白丽的《列宁与妇女解放》一文,全文如下:

在这列宁逝世第三周年纪念日,我们应该牢记伟大导师论妇女解放的话。

列宁极端厌恶任何一切的剥削和压迫,不管是资本家对待工人,或帝国主义对待殖民地,或男子对待女子。列宁时时并到处以同等的毅力反对一切剥削和压迫的形式。列宁是世界无产阶级首领中第一个主张消灭家庭中和社会中不平等的人,所以十月革命之后,他立刻号召全俄国人从事实上解放妇女:

"走向社会主义的工人国家之任务将有二层意义:第一层是比较简单比较容易的,即在撤废那些男女不平等的旧法律。"因此,列宁继续说:

"苏维埃政权是劳动者的政权,这政权成立后几个月中在立法上即行了一次大改革。使女子屈服于男子的法律在苏维埃共和国中已完全不存在了。这种法律,乃特意利用女子的弱点,使之处于不平等地位的。这就是离婚法、私生子法等。"

但要妇女解放事业能够切实进行,必须群众自己尤须最切身最受压迫的部分(妇女)参加国家的政治生活和社会生活:

"引导群众参加政治,是不能不引导妇女参加政治的。因为妇女占全人类的一半,在资本主义底下受严重的压迫。女工与农妇受资本主义的压迫,她们甚至在最德谟克拉西的资产阶级共和国中,也是:一、因为没有平等权利,因为法律是不许她们与男子平等,二、成为'家庭的奴隶',从事于最琐小的最愚暗的最烦[繁]杂的厨房工作和一般家务工作。"他又继续说:"我们的任务就在使每个劳动妇女能够接近政治。"他又说明,妇女不能参加政治生活,其主要障碍物,仍是家务工作,并继续说:

"如要完全解放妇女,为要使妇女真正与男子平等,必须有社会的经济,必须女子参加一般的生产工作。"

列宁明显知道要妇女事实上的解放能够迅速前进,必须妇女已积极参加这种运动,所以他号召妇女:

"我们创设模范的住宅饭堂等,这是解放妇女家务工作的办法。妇女在这方面所做工作最多……"

"女工自己应该注意发展这种办法,妇女这种运动就能达到完全改变她们在资本主义社会的旧地位。"

说到妇女在资产阶级国家的地位,列宁比谁都愤慨反对所谓资产阶级德谟克拉西底下男女平权的骗术:

"资产阶级德谟克拉西,口头允许平等和自由。事实上,甚至最进步资产阶级共和国也没有一条法律订明男女完全平等，完全自由不受男子压迫。"

苏维埃政权尽力使男女平等，并铲除妇女所以受压迫的根原[源]：

"男女不平等的法律，在苏维埃共和国中是废除了，特别废除婚姻上家庭权利上和对小孩的不平等关系上的法律。"

听过了列宁以上所说的话，只有野蛮人和疯子才能相信资产阶级报纸的谣言，说俄国妇女地位比较战前更恶劣。

俄国妇女现已取得的地位，正是现在资本主义国家妇女所梦想的，所以列宁说：

"我们现在可以不夸大的说，除俄国外，世上再没有别的国家，妇女有平等权，不处被压迫地位并不做日常的家庭生活。"

中国被压迫的妇女应该十分注意伟大导师的话，照他指示给俄国妇女的道路，走去。

(《向导周报》第一百八十四期，1927年1月21日，署名 白丽)

9. 列宁逝世三周年纪念特刊(陕西《民国日报》，1月21日)

陕西《民国日报》出版"列宁逝世三周年纪念特刊"，刊登《吊列宁歌》《列宁三周年纪念大会宣言》《列宁与中国》等。

10.《吊列宁歌》(陕西《民国日报》列宁三周年纪念特刊，1月21日)

当日刊登于右任的《吊列宁歌》，如下：

在红场谒列宁柩后
列宁已逝中山死
莫斯科城我来矣
遗骸东西并保存
金紫红场更相似
每月排队朝复暮
争看列宁人无数
我亦蹩躠列红场
代全人类有所诉
一片红场红复红
照耀世界日方中
列宁同志何曾死
酒呼口号促进攻
噫吁嘻！东方羁勒束难自解
一党改组君□待

君之主张东方之民久已闻
君之策略东方之民莫能改
何况共同奋斗救中国
中山遗命依然在
转悔当年起义早
方法不完得不保
如今愁苦呼声遍亚东
大乱方生人将老
头白伫伶莫斯科
渐感交并责未了
未了之责谁予肋
至此翻思进一步
为全人类之自由而进征兮
解放东方之大任先无误
惆怅兮将别
歌声兮哽咽
酬君兮全世界豪强之血
献君兮全世界劳民之铁练[链]
奠君兮全世界奴隶之泪
窦君兮全世界历史之灰□
君之灵兮才世界而一视
时不久兮全设
红场歌兮歌悲切

(陕西《民国日报》,1927年1月21日,署名 于右任)

11.《列宁三周年纪念大会宣言》(陕西《民国日报》列宁三周年纪念特刊,1月21日)

《列宁三周年纪念大会宣言》摘录如下:

今天是全世界工人阶级□一切被压迫民族永不能忘记的一天,因为这是我们全世界工农阶级和一切被压迫民族的导师——列宁离开我们而去世的一天。

列宁应纪念的事绩非常之多,其中最重要的便是他手创了个能够领导工农阶级取得最后胜利的俄国共产党,把旧俄的皇帝、贵族、资产阶级、地主神父……〈等〉工农阶级的恶魔根本扑灭了,建设了个真正自由平等的劳农社会主义国家□这是世界革命的根据地,并且他还把全世界工农阶级及被压迫民族中之最□觉悟的分子联合起来创设了个第一国际(国际共产党)【,】进行指导解放全世界工农阶级及被压迫民族的工作。这又是世界革命的唯一的工具。

现在我们中国是东方被压迫而成为奴隶民族之一，工农阶级所受的压迫与痛苦特别厉害。要得到解放，真有□□列宁主义消灭国际帝国主义。是的，我们中国民族解放运动在精神上物质上实受苏俄与第三国际不少的帮助与指导，亦就是受列宁对民族革命的理论之支配。最近中国革命趋势更有长足的进展，所谓国民革命成功已为期不远，这要得到彻底的成功，更非应用列宁主义对民族解放所指示的途径不可，更非得到苏俄与第三国际的帮助与指导不可！

各界的同胞们！现在我们明白了我们今天召集这个大会，举行这很庄严的纪念，并不单是纪念他个人革命功绩之伟大，更不是因为列宁是俄国人而为苏俄友邦表同情，实是为中国民族得到彻底的解放而纪念。这是我们今年在中国纪念列宁的新意义。因此我们要高呼：

被压迫的民众联合在列宁旗帜之下！

中国革命当[党]受列宁主义的支配！

列宁主义万岁！！

推翻国际帝国主义！

中国国民革命胜利！

世界革命早日完成！

(陕西《民国日报》，1927年1月21日)

12.《列宁与中国》(陕西《民国日报》列宁三周年纪念特刊，1月21日)

《民国日报》1月21日刊登《列宁与中国》，全文如下：

就是在他生存的时候，历史已经记载了这位工人阶级国际的领袖在东方被压迫人民的斗争中所占的重大地位。同志列宁的名字成为东方民族从世界帝国主义紧握中解放之记号。同志列宁的名字对于东方的千百万的工人是亲爱而耳熟，因为同志列宁告诉他们脱去他们的奴隶的桎梏。

佛拉其米尔伊利齐(即列宁)创设包括被压迫的东方民族在社会革命里的理论。这理论是根据于在欧美之资本主义发展的程序中所生之经济状况的致[仔]细研究。佛拉其米尔伊利齐之研究资本主义国的帝国主义的策【略】使他得着关于东方民族的革命的地位之无可争辩的结论。

在共产国际第二次大会的时候，列宁代表委员会报□民族和殖民地问题，说："在帝国主义现在时期，对无产阶级和共产国际特别重要的就是详叙经济的事实【，】而殖民地和民族问题【的】解决不要根据抽象的原则【，】要在这些□□的经济的事实上面。近代帝国主义的特殊点就是世界分成一方面极大多数的被压迫民族而他方面极少数的压迫民族，而后者管有极大的富源□□□的军力。人类的绝大多数，差不多有十兆之多，占世界人口□约十五兆□百分之七十，是属于前一项，见者自己是被压迫的人民，他们或完全是殖民地，或是半殖民地如波斯，土耳其，中国，或曾被某大帝国主义国的军队所战败而因此由条约而成为一种附庸于后者的关系。"

这正当苏俄同帝国主义国家□斗恶战的时候，他们想用□□□的围困来压碎苏俄。这些特点是列宁□崩坏中的资本主义和幼稚的社会主义之两个世界战争的时候指出来的。

列宁关于帝国主义和殖民政策的本质之线点，他在二十年以前当他在一九〇〇年十二月《火星报》第一期中做的一篇文章□题目叫做《中国之战》之中已经表示出来，□篇文章是一篇卓绝的社会主义帝国主义的分析。著这篇文章的时候正是俄国的贵族□大资本家梦想在满洲设立"黄色俄罗斯"，所谓有平定中国□匪之真的必要上在着一个很好的借口。

同志列宁的这篇文章是在当资本主义的列强和绝大的俄皇政府正活动瓜分中国的时期中著的。德国占据胶州；英国，卫海威；法国，广州湾；日本，台湾；俄国，旅顺，并在实际上，满洲全部。

列宁以革命的领袖的判词驳倒资产阶级和改良派报纸的新发明，说：中国人民群众的起事，是由于仇视白种，或嫉视欧洲的文化和文明。

"中国人民并不仇恨欧洲的人民，他们对于他们□□什么反对，然而他们□恨欧洲的资本家，和欧洲的为资本家用的政府。他们到中国来只是为获利，他们用了他们的矜夸的文明去欺骗，去抢掠和压迫，他们同他开战强迫他承认输入鸦片之权，鸦片使中国人民愚蠢（一八五六英法联军），他们用传教遮掩他们的活动，对于这些人们除掉仇恨之外还有什么呢？"

列宁把俄皇政府的□权政策，和普通资本主义政府所采用的方法给一个很好的概要。他们并不〈不〉公开地动手瓜分，但是像□□□□夜间里□他们抢掠中国□□□□□□是如果假尸[使]要想抗拒的时候□他们□像野兽一样对着他们□把树林亦烧了，屠杀没有武装的人民。

列宁这篇论□匪□□□的文章，在他的帝国主义绝妙的分析，几乎在全世界社会主义书文中，找不出同样的来。尤其要记住的：就是在这个时候列宁披露帝国主义对于东方各国的政策的重要性质，指出那个政策只"有益于一部分同中国□商的资本家，有益于一部分为亚洲市场生产货物的厂主，有益于一部分从紧急军事的定货获得厚利的店铺。俄皇政府牺牲全人民为这般少数资本家和高尚的欺骗者"。

□□观察一个问题的核心的奇才来披露俄皇政府想从中国群众的流血中救自己于破产，并消灭俄国工人和农民不满意之企图。列宁这些话的真正价值是在他的话能先见这事实，现在已经有丰富历史的材料如许多"□□"公文，俄皇的臣仆，卫德，克洛巴金等的笔录这些公文完全证实列宁的话，这些话并非只是理论的□式，□非□卒□由□，□□□□□实。"

列宁不仅给这帝国主义的政策的分析，他更进一层，他把对垒交绥的口号给广大的平民群众，"起来用全力反对那些人们，他们想制造成民族的仇恨，并因此想从劳动人民对他们的真正仇敌的注意转移过来,这是一切有阶级觉悟的工人要注意的。俄国政府在中国的政策是一个万恶的政策,这政策将完成人民的毁灭,□他的做奴隶更确定和他的痛苦更大。俄皇政府不仅奴隶他们自己的人民,并且他利用他们来奴隶别的人民"。

根据于帝国主义性质和由帝国主义所造成的经济状况之深刻分析的公式,和俄国无产阶级和农民,同中国和东方的劳农阶级反对世界资本主义□共同战争之口号,都是同志列宁的群【众】的救星!同时也是压迫阶级的死敌!

因此,我们更可以相信,中山主义与列宁主义确有能一使□被压迫民族和阶级兴奋猛进的效能;同时也有能使一切统治阶级胆寒发抖的威力!

二、中山主义与列宁主义的时代背景

中山与列宁同生于十九世纪的后半个世纪。(中山生于一八六六死于一九二五;列宁生于一八七〇死于一九二四。)而在这个后半个世纪中,恰好是资本主义发达到最末的一阶级的帝国主义时候。——更正是英国帝国主义吮吸工人将血汗快将肚子涨发的时候!

中山先生在未生前之一百年左右,中国的国外已有帝国主义者积极东侵国内更早为淫昏的满□所统治;至中山先生出世之前后,中国这块奢大的肥肉,已经□被清庭[廷]渐送入□帝国主义者的虎口中去了!从此中国的运命,一天天的被愚懦的满人断送,而帝国主义者的经济侵略的毒计,在辛亥革命以前便早已完成。于是自海禁一开,列强间价廉物美的洋货如潮一般的□□输入,通商大埠,工厂如林,建筑在小农经济上的封建社会,潮形破产。因而社会上的一切风俗习惯和道德,遂发生动摇的现象。同时一切的农民和手工业者,因生产品粗劣,无力与泊来品竞争而失败,无法谋生,只好相□卷入于各帝国主义者的斗争场合中。□□□□。在此时中国的工农群众,已渐陷于悲惨的命运,而我们革命的领袖的内心,已深深的印着下层民众最苦痛影迹,谋工农的群众经济上平等的民生主义,便于内在中深蕴着了。迄到辛亥革命表面上虽然说革命成功。[,]而实际上一切政权仍操于帝国主义者所利用之工具北洋系之手。十四年以来,中国的政局虽然几经变行,其实仍不过是各帝国主义者在华势力之冲突,因而影响及其工具——军阀——改换。中山先生于此,更看清了我们的敌人,不单是中国的军阀和政□,而尤其作祟的是着他们的后台老板——各国帝国主义。所以我们的中山先生所创□的民族主义第一就是要首先打倒帝国主义来谋民族的彻底解放。中山先生又怕政权在少数人之手会作乱,所以他又创造民权主义,主张占全人口十分之七八的工农,实际上要得着政权。于此我们可以看出中山先生的主义完全是客观的环境所反映,同时因为中国的民众,时在各帝国主义者联合宰割和高压之下,反抗的精绪燃烧到了极点,反映民众的需要的中山主义,因而所表现的革命精神,格外充盈!格外猛烈!

至于列宁呢?在他的成年,一方面正是□义移殖财政资本到帝俄,一方面又正是帝俄□图发展争抢殖民地的时候,因此,俄皇政府□成了各帝国主义者间接剥削人民的代理机关,同时又不得不积极扩充军备来拥□它统治地位。这样一来,东方的弱小民族如中国，土尔其，波斯等受它的侵略和蹂躏固不待言，而它国内的工农群众受着层层的压迫和剥削，更是不忍述。翻开一部俄国革命史，农民的大暴动，工人的总罢工，□无党的手枪炸弹，布尔什维克之武装起义赤血渲染成的一页页，无一不表现出时代的黑暗更无一不显示出下层群众革命□□之热烈！我们的列宁处这样一个环境中，悲惨的人间，从幼便已逼着他投到无产阶级群众中去组织他们宣传他们，积极起来打破他们身上锁着的铁链。数十年来的艰苦奋斗。数十年的革命经验凝结融[熔]铸，始□□出这一个不可摇撼的列宁主义。这个列宁主义完全是无产阶级革命经验的溶[熔]晶，同时也是无产阶级革命精神表现之总汇。所以帝国主义者可能不在列宁主义之前发抖了！

有了帝国主义打破中国的小农经济的封建制度和剥削□俄悲惨的工农群众的客观社会现象，然后才有从根本上推翻帝国主义的中山主义和列宁主义【，】所以我们应该明白：一种伟大的主义发生，必然的有它的时代背景。元末时为什么没在中山主义产生？中世纪为什么不见列宁主义的影迹。这不是偶然的天生，□可以寻得出个必然的因果关系。明白了这点，我们讨论某种主义，始不致发出许多不着边际的玄谈妙论！

三、中山主义与列宁主义的理论基础

中山先生说："解决社会问题，要用事实作基础，不能专用学□的推论作方法。"我想凡是研究中山主义的人，都应该注意中山先生这几句旧语，凡是中山主义的信徒，更非深印脑海不可。否则中山主义的基础当无从探知；中山主义的信徒更不能根据中山先生的事实逻辑来作种种实际斗争。我们看得到的中山主义是否是客观环境所需要？换言之：即是中山主义是否建筑在客观的事实基础上。试列举中山主义来说罢，受着列强帝国主义者联合宰割下沦而为次殖民地的中国；□敢说中窗上不该起来谋解放□国际的政局上已断然的□□成两个相互斗争的壁垒——帝国主义与反帝国主义；谁又□□事实上国际的反帝国主义和革命势力不应该联合?! 如此，中山先生的民族主义的产生，很明白的客观事实所反映，闻□说民族主义完全是□客观事实作基础，才成其为民族主□。至于主张政权属于占人口十分之八的工农的民权主义和谋全人类经济上的平等的民生主义那个又敢说客观的事实上还不应该有这个□□?! 除了封建军阀和大商贾□阶级而外。细察中山先生从他数十年革命经验中所创造出来的三民主义，有那一点是空□是玄说！有那点是不适宜于目前中国而仅是想象中的空中楼阁！其实如果我们拿中山先生一生□业的历程考察，还很足以作我这个论证之注释。我们□举一个显明的来说罢：广东扑灭商团事件，是何等的为帝国主义的列强所咒诅！何等的为国内大商贾□阶级所诋骂！非但如此，即在此和未发动之前，就是国民党的同志，□罢以□在联合战线的国民革命中，不应发生如此矛盾的不幸事；大都一[异]口同声的主张用戴季陶□资本家仁爱的性能的最高原则，去说服他们，要他们规规矩矩的投降在广东政府□职之下。那晓得□敏的中山先生，偏像定还是英国帝国主义者所□翼的武装，动摇革命根据地的武装工具！于是独排众议，毅然决然的指挥着忠诚无一的工团军和农民军，实行了一次大不韪的阶级□斗，把反动□商团剿灭了！这次国民革命倒没有破坏，反把英国帝国主义阶级的毒谋打□□摔去了！□这个

□变中，我们研究中山主义的人和中山主义的信徒，应该得一个多么有意义的达示和多么有价值的教训呀！我们只应该知道：中山先生的一切主义和策略，纯全是以唯物的客观事实作阻碍的，事实上□□如何解决便顺此需要去谋□解决，绝不是客观上已有此迫切需□而主观上偏小适应此需□去谋实□。假如中山先生也像唯心派那样，主张去启发资本家天赋的仁罗性能，那末广东政府早已送葬□反动大商买办阶级的手中□了，那里还有今日！

列宁主义又以什么为基础呢□这个问题比较简单。我们都晓得：列宁是科学的社会主义者【，】为马克司的门徒，是正真的唯物史观者，不过在此应还要□几句的，是他不但深刻的了解了唯物史观的精□。同□还答[善]于运用唯物史观的理论。他之所以能出类拔萃高出一切马克司主义者全在这一点，他不像考茨基一样！农民，已有了阶级的分化和工人□已有了阶级觉悟的俄国，在事实上已有无产阶级专政之可能，客观上已有社会革命之必要，而且在实际上苏俄已成了社会主义一步的时候——还在那里拼命的引用死的唯物史观的公式来评判十月革命应该是而且还必须成为资产阶级的革命，痛骂列宁是马克司主义的手淫者。考茨基这个断语若□？历史先生已早将他的厉□驳斥，这□无须多说了。我们细看列宁，他真的不像考茨基□只会读死书。他善于分析和观察客观的事实，然后占□阶级观察上，运用他实际斗争中所得来的经验，果决而严密的□□出种种具体方法。试看他处在第一国际的□领袖肯定的非难苏俄社会革命必然要失败的时候，列宁是何等热烈的指导着工农阶级去夺取政权！何等热烈的拥护无产阶级独裁□！再看他处在托洛斯基派——倡革命无关的主张□为军队的工人政府——在党内高倡的时候列宁又是如何嘲笑他们犯了左倾的幼稚病！是如何坚决的主张工农的大□会！所以我们很容易知道：全部列宁主义纯粹建筑在客观的事实上——纯粹是以客观事实作基础的。

从上看来中山主义和列宁主义的基础，完全是唯物的客观事实。因此我们知道：世界革命的伟大理论家和行动的领导者，他们的主义和策略，都是革命经验的结晶，都为客观环境所筑成。那些唯心派的什么先天的仁爱说，只不过是统治阶级吐出来麻醉被统治阶级的妥协呼声，代□此论的，只不过是统治阶级的驯良走卒罢了！何足以言主义之基础！何足称为一伟大的革命家！

四、中山主义与列宁主义对于民族问题的意见

中山先生之所以被称为伟大的世界革命家之一，中山主义之所以有不可磨灭的伟大价值，全在于他的目光不但注射到中国的民族问题。同时亦注射到全世界的人类，他的主义不但能解决中国的一切问题，同时亦完成世界革命之一部分。他不像印度的甘地一样，只知忍气吞声采那非科学的不合作主义；他也不像土耳其的凯末尔□，只知夸大民族的光荣逆行□大土耳其主义。我们看中山先生知于世界政治经济的问题，是如何用深刻的眼光去观察，如何用□密的头脑去分析。先生在民族主义第一讲中说："自欧战以后，俄国人自己推翻帝国主义把帝国主义的国家，变成新社会主义的国家。世界上又生出一个更大的变化，这种变化，成功不过六年，他们在这六年之中改组内部，把从前用武力的旧政策，改成用和平的新政策。这种新政策，不但没有侵

略各国的野心,并且抑强扶弱主持公道。于是世界各国又来怕俄国,现在各国怕俄国的心理,从前还更利害,□当那种和平新政策,不但是打破俄国的帝国主义。[,]并且是打"(以下缺失)

(陕西《民国日报》列宁三周年纪念特刊,1927年1月21日)

13. 纪念列宁特号(《工人之路》第五百五十三期,1月21日)

《工人之路》五百五十三期出版"纪念列宁特号",刊登有《参加列宁三周年纪念大会通告》《纪念列宁的意义》《列宁不死》《我们怎样纪念列宁》《列宁与工人》《在纪念列宁当中的一个贡献》等文。

14.《列宁不死》(《工人之路》第五百五十三期,1月21日)

《列宁不死》全文如下:

三年前一九二四年的今日上午九时。世界无产阶级殖民地半殖民地的众小民族的唯一大救主,世界尊敬的总领导——列宁先生,已离开他所创造的党,所时时刻刻挂在心怀的十二万万五千万被压迫者而长逝了!在那个时候各国帝国主义者及其走狗,莫不"弹冠相庆",拊掌告慰的说:"好了!追索我们生命的问题□自己死去,我们可以高枕无忧的庆祝斯世了!"

但是,党国主义这□梦话还不到五分钟便完全觉得已成空想。何以见得呢?不错列宁死了,他所创造的党——国际共产党失了一个伟大的领袖,十二万万五千万的被压迫者失了他的大救主,不□□□的□老太□而至小孩子□□□噩耗,□□□□□□,就是世界的被压迫者凡□□列宁□□□的,也□□不真真欲绝!不□和帝国主义的□□□□□□□。

不但没有关系,而且完全相反,不信便请看下列的事实:

列宁死后,他的党和他的信徒,是不是跟着他死□?我们可以很坚决的回答:□但没有死,并且因为领袖导师之死而更加警惕努力了,个个发起□□,拿着他留下的主义战略,忠实地勇敢地向前奋斗;同时还很迅速的增加了许□信徒,搞大了坚固了他□党。

列宁死后,他时时刻刻挂在心怀的被压迫底奴隶们,是不是因他之死便失望了不敢再去奋斗?我们也可以很坚决的回答:不但没□失望,并且更加觉悟了,自欧战后帝国主义者许多好条件都是哄骗他的,只有这位列宁才是真的大救主,现在已死了,应该照着大救主所指示的生路百倍于前的去努力。有事实□?有以前最保守的英国工人,于一九一五年已起来组织□□统一国际职工运动的英俄两国工会职会委员会了;妥协的□工阶级□□色职工国际总竟发生了左倾主张和俄国赤色工会携手了,同年九月英国工会代表大会在斯加波罗开会,大会众众又左倾而采纳英俄委员会之统一世界

1989

工会主张和共产主义的民族问题原则了；一九二六年发生了英国矿工工人经过七个月的大罢工，同时英国全国工人援助矿工的总同盟罢工，以至激动全欧工人停止供给英国的煤炭运动了。还有：摩洛哥的里孚民族经过一年的反帝国主义大战争；叙利亚大马斯克民众革命；印度孟买等处的纱厂工人大罢工。再如我们中国"五四"运动的。上海总同盟罢工的市罢□，及奋斗□半的省港大罢工；以至"澳案""□案"的民族运动；其他一切殖民地人民的民族解放运动，无产阶级的罢工斗争，还纸不联书。这些事实，都是列宁死后，那被压迫的奴隶们，由间接的感受他的主义，听他的党——国际共产党的指导，而百倍于前的向帝国主义及其走狗进攻的铁证。

我们看了上述的事实，可以证明帝国主义的梦想是空想的了吗？这个只好等帝国主义自己去回答。

不过我要警告一切被压迫的奴隶们：我们虽然比从前觉悟了，会在帝国主义者铁蹄下拼命的挣扎；但是，帝国主义者也进一步向我们压迫了。我们□□，他对待本国无产阶级的法西斯残杀主义和利用改良派来从中分化的手段；对待殖民地半殖民地的炮轰屠杀政策和帮助军阀来摧残民众的阴谋；都比前更加巧妙更加残暴的向我们竭力压迫了！现在已变成"道高一尺，魔高一丈"的形式，我们也应该赶快拿出我们的武器——列宁主义来反攻。即凡在帝国主义者铁蹄下的无产阶级和弱小民族联合起来团结起来，集在我们的大救主，列宁所创造的共产国际指导之下一致的反攻。这才是我们自救的唯一生路！

现在我们在这个大救主大领袖——列宁三周纪念之时，应该这样说，便有到我们的革命成功后，纪念他时也还是这样说：

列宁的躯壳虽然死了，列宁的生命，列宁主义和共产党永远不会死的，列宁的身体虽然死了，世界上十二万万五千万的被压迫者心中都生了一个列宁！

(《工人之路》第五百五十三期，1927年1月21日，署名 始开)

15. 《纪念列宁的意义》(《工人之路》第五百五十三期，1月21日)

《纪念列宁的意义》全文如下：

伟大的列宁离开全世界无产阶级和被压迫民族已经三年了！即是说全人类的慈母，被压迫民族的救主，中国的良友离开我们已经三年了！

今天——一月廿一日——就是伟大的列宁的死的纪念日，全世界的一切痛苦民众都十分悲痛来纪念他们的慈母，他们的救主，他们的领袖。我们中国的被压迫的民众纪念列宁，今天已经三次了。我们要问为什么要纪念列宁？纪念列宁的意义在什么地方？这是很重要的。

列宁——人类的慈母

我们□□□虽困苦，或者遇到悲痛□□的当儿，必定很自然的叫一声："唉！母亲！"一般教徒们遇到同样的厄境，也必定很自然的叫一声："唉！吾主上帝。"可是几千年来,我们尽管这样叫母亲,这样叫上帝,而母亲和上帝始终未有和我们稍为减去一点痛苦,我们全世界的一类贫困的人们始终为压迫阶级做奴隶,终岁勤劳,无日温饱,这多么令我们失望呢?在此失望之中,列宁——马克思的信徒,才告诉我们:人类的和平和幸福,一定要共产主义社会实现以后才能得到。要达到共产主义社会,我们首先要组织起来团结起来做世界革命的工作,只有这条路才是人类幸福和平的唯一出路。列宁不但这样讲,并且这样做了,他领导俄国共产党,工人,农民以及一切被压迫的农民来推翻沙帝国主义,实行无产阶级革命,俄国的工人农民被压迫民族便这样得到他们的自由了。列宁不但对俄国的痛苦人民这样做,并且成立全世界革命总机关——第三国际指导全世界的无产阶级及被压迫民族这样做,为全人类谋自由和幸福。所以从前遇到困难的时候叫"母亲""上帝"的人,现在都很自然的叫:"唉!列宁"了!伟大的列宁是人类的慈母呵?

列宁——被压迫民族的救主

资本主义发展到十九世纪已经到崩溃的境地了,可是他得了一个"还魂丹",才能苟延残喘到现在。这个"还魂丹"就是世界的被压迫民族的国家,因为有这些产业落后的国家做他们的□□剩余商品的市场,吸收原料的天国,所以他们得以存在到今日,所以殖民地半殖民地便是帝国主义的基础。列宁十二分明白这个过程和事实,所以他告诉我们说:"被压【迫】民族的解放,一定要被压迫民族的人民与先进国的无产阶级联合起来,打倒帝国主义才能成功!"他并且实际上十月革命后,将百多种在沙帝国主义被压迫下的民族解放出来,组织自由联邦即世人所知的苏维埃俄罗斯。在国际上他和他指导下的第三国际援助波斯,阿富汗,土耳其独立运动,帮助中国的民族解放运动,极为□力。这是我们大家□□道的事实,我们知道了列宁对于民族解放的态度与事实,我们再看资产阶级对于民族解放的态度怎样?在巴黎和会威尔逊高呼民族自决的口号,提出十四条,可是美国还是不准非列宁民族自决,至于法国之于叙利亚,英国之于印度,日本之于朝鲜,非更不用说了,可知资产阶级的民族自决,完全是骗人的东西。小资产阶级的第二国际是帝国主义的尾巴,他只知白色人种的民族,我们黄种,以及黑种棕种的民族,他那顾看得上眼?至于国际主义者不过帝国主义的应声虫而已,近无险矣□由此可以知道只有站在国际的无产阶级的观点上才能真正解决民族问题,换言之,被压迫民族才能得到真正解放。所以列宁便是被压迫民族的救主了。

列宁——中国的良友

我们已然知道列宁是被压迫民族的救主,故他对于中国的民族解放运动特别注意与热心:当庚子八国联军入京的时候,帝国主义者国家口口声声说中国人野蛮造反,就是中国的士大夫学者都说义和团是拳匪作乱,加以种种罪名;列宁这时候在火花报上,尽力揭破帝国主义者的阴谋,尤其是对于沙帝国主义攻击不遗余力,且十分热诚表示他属于义和团运动的同情【者】。在辛亥革命的时候列宁又尽力鼓吹说亚洲人民的觉醒,说先进的亚洲落后的欧洲,也可见列宁对于中国革命的同情了。十月革命成功后,自动的放弃沙皇在中国所得的一切权利,取消沙皇时代与中国订立的不平等条约，撤销领事裁判权，交回租界。□□□□俄国几次向帝国主义叩□求之而不得的，□俄自发的交回给我们，使中国人民更深一□认识帝国主义的□□，又帝国主义的民族解放运动受了苏俄的刺激便一日千里的□□了，一般丧心病狂的人还说，苏俄是赤色帝国主义，足见其□帝国主义的工具了。列宁死了之后，而列宁所指导之下的第三国际和苏俄对于中国民族解放运动在物资上在精神上也尽力援助。□五卅运动经俄国苏维埃接济，在报纸尽量揭破帝国主义的□□，将中国革命运动的实情尽道[快]向全世界人民宣布，并且第三国际革命各国的共产党加以帮助，所以五卅运动得全世界的同情与帮助。他又尽量帮助中国革命的力量的发展，如□民政府及其军队，以及西北军，都在物质上精神上给与极大帮助。使中国革命力量日益发展。所以中山先生听见列宁死的噩耗，在第一次全国代表大会席上挂一横额，亲自写"良友之师"四个字，列宁是中国的良友，中国革命领袖中山先生已经告诉我们了。

列宁死了，但是列宁的精神永存，列宁主义更为打□帝国主义的唯一武器，我们今日纪念列宁，应该明了纪念的意义，更应该执着列宁主义的武器，打倒一切帝国主义！我们高呼：

列宁主义万岁！

中华民族解放胜利万岁！

世界革命成功万岁！

(《工人之路》第五百五十三期，1927年1月21日，署名 记者)

16.《我们怎样纪念列宁》(《工人之路》第五百五十三期，1月21日)

谭奇英的《我们怎样纪念列宁》全文如下：

世界革命的首领，十月革命著作者，全世界无产阶级及一切被压迫民族的救主——伟大的列宁，离开了这个现实的世界，已有了三年了。在这三年当中，西方的无产阶级，已导照着列宁主义去努力社会革命，而东方的弱小民族，也一致的齐集于世界革命旗帜之下，依照列宁的指示，已进行他们的民族革命了。无产阶级革命，被压迫民族革命，这两种革命的□合，就是世界革命。就是要实行列宁主义去打倒国际资本帝国主义的。

列宁主义，帝国主义时代的马克思主义，他为甚么这样的伟大呢？莫不是他覆天载地，森罗景象，一切历史、地理、政治、经济、哲学、科学……都无所不包么？这我们可不管，其实我们工人，伏处于社会中下层的无教育的工人，也管不着这些！可是我们工人阶级，绝对相信我们的列宁并不是个图书馆，博物院的陈列品；我们的伟大的列宁，是一个聪明的，巧妙的，无产阶级队伍的领导者！他的主义，他所发现的一切战略与政策，无论怎样子没有包舍万有，但我们绝对相信，都是我们工人阶级日常生活〈门〉的经验，是适应无产阶级以至被压迫民族解放之要求的。因为他的主义，是帝国主义时代的马克思主义。

马克思主义是什么？马克思主义是科学的社会主义。他不是凭空想象的，是根据社会的进化，历史的定律，经济的变迁，指出资本主义制度的崩溃，社会主义制度的实现，并指明那照耀于历史地平线上的社会主义制度，只能是奋斗的工人阶级的事业，也必定是这个奋斗的工人阶级的事业。他——马克思，研究历史上有"自由民与奴隶，贵族与平民，领主与农奴，行东与备工——总说一句，压迫者与被压迫者，时常立于对抗的地位，明争暗斗，没有止境"，他才发见了阶级斗争说。这是何等的实际呵！列宁主义，就是真正的马克思主义，是处处落在实际的。我们试□件最紧要的来看：由工农兵代表组成的苏维埃，是无产阶级达到共产主义社会必要的政策。这个东西，虽防始于巴黎公盟，怨而俄国工农阶级在一九○五年革命，并未有大学问家或大政治家去教导他们，他们居然创设这个制度。伟大的列宁，就注意到这个，当一九一七年四月四日列宁回国之后，他分析俄国政局的报告，首先的几句话就这样说："俄国的德谟克拉西已莫有了，无产阶级的专政时期到了，资产阶级虽掌握政权，而一切实权完全在工农手中，我们不去帮助资产阶级的德谟克拉西，而自己组织工农兵的政府如同巴黎公盟一样。"这是多么实际！多么适合工农兵的需要呵！我们亲爱的工人同志们！我们为甚么要纪念列宁？因为列宁站在无产阶级和一切被压迫民族的实际利益上，要从国际资本帝国主义铁蹄下解放我们。我们怎样来纪念列宁呢？只有依照列宁的指示，全世界无产阶级和弱小民族联合起来，实行世界革命，打倒国际资本帝国主义！这才算得我们纪念列宁的本意。

(《工人之路》第五百五十三期，1927年1月21日，署名 谭奇英)

17.《在纪念列宁当中的一个贡献》(《工人之路》第五百五十三期，1月21日)

启凡的《在纪念列宁当中的一个贡献》全文如下：

当三年前的今日，是我们伟大的列宁——全世界无产阶级的救主，离开我们去世的一天，在他死后的每年今日，全世界的无产阶级和一切被压迫的人们，都在那里热烈地举行他们的纪念，用他们信仰列宁和要求解放的热诚，去纪念为他们的利益奋斗而死的列宁的丰功伟绩！

无论是那一个，他在今天这个热烈的纪念当中，都不会忘记列宁是一个无产阶级理论的实行家——马克思主义的奉行者，他不但把马克思主义扩大应用于苏俄，救活了俄皇压迫下的苏俄的无产阶级，而且应用他的理论与经验，指示出了全世界无产阶级以一条解放之路！

当国际资本帝国主义横行的今日，一切的无产阶级和被压迫民族，都成为了资本帝国主义残踏底下的奴隶，凡是被压迫的民族和被压迫的无产阶级，只要他对于列宁主义稍微有点认识的人，他便会坚确地相信解放他们的唯一武器，只有伟大的列宁主义，因为列宁主义，是资本帝国主义专权时代的马克思主义。他是有社会历史的来源，用科学的方法，根据客观的事实，去解决社会上的一切问题，指出无产阶级奋斗底出路的所□。

在今半殖民地的中国，民众，尤其是最受压迫的工农，受国际资本帝国主义及其工具军阀的剥削压迫，较之任何民族都要利害，中国的工农群众和一切被压迫的人民，要想解除压迫和剥削的痛苦，要想得到根本的解放，也只有相信伟大的列宁主义，跟着他所指示给我们的出路去奋斗。

我们将怎样去认识列宁主义？我们又将怎样去依照列宁指示给我们的出路去奋斗呢？第一我们要知道列宁主义不是空想的理论。（像一【帮】诽谤列宁主义者所说的那样）而是科学的社会主义，拿到他的主意，可以打倒一切的压迫阶级，苏俄革命的成功，便是足令我们确信的一个明证。第二我们要相信列宁手创的第三国际（即共产国际）以及他的支都[部]——各国的共产党，是解放无产阶级及被压迫民族底唯一政党，苏俄革命成功，便是在他的支部——俄国共产党指导之下而得来的，我们——中国的无产阶级和被压迫的民众，要从今日严重压迫之下解放来；□便应该拥护列宁手创的共产党，在革命的政纲之下团结起来去奋斗！

(《工人之路》第五百五十三期，1927年1月21日，署名 启凡)

18.《昨日罢工代表会纪念列宁之盛况》(《工人之路》第五百五十三期，1月21日)

《昨日罢工代表会纪念列宁之盛况》全文如下：

省港罢工工人代表大会，以今月廿一日，为世界革命领袖无产阶级救主列宁逝世三周年纪念日，特于昨廿日趁该会代表大会之期，举行热烈之纪念，是日假□九总坊省教育会内开会，到会代表千余人，备极一时之盛。正午十二时正式开会，公椎黄侠魂等五人为主席团，首由各代表及主席团起立向先烈遗像行三鞠躬礼，并鹄之默哀三分钟，变由主席团黄侠魂，宣布开会理由，旋请中国共产党广东区代表任卒宣报告纪念列宁意义及列宁与东方民族革命之关系，后有罢工委员会委员长苏兆徵，罢工会干事局长李森，及罢工会委员邵伯明，代表胡少奇相继演说，一时掌声雷动革命空气充满全场，最后乃唱少年先锋队高呼口号散会。

(《工人之路》第五百五十三期，1927年1月21日)

19.《列宁与国民革命》(《人民周刊》第三十九期，1月21日)

《人民周刊》第三十九期，刊登尹常的《列宁与国民革命》，全文如下：

(一)

列宁——一切帝国主义铁蹄下的人所共同崇拜景仰的列宁，不但是俄国十月革命的著作者,还是世界革命的导师;不但是俄国一千五百万劳苦群众的救星,而且是全世界十数万万资本帝国主义下农民的唯一救主。这一层,凡是站在革命战线上的人——不管能应以国民革命的观点或是以世界革命的观点都应该而且必须承认的。

列宁——一切站在革命战线的人所当取法的列宁,已死去三个年头了。在此三年之中,不但列宁所锻炼成铁的纪律的共产党,日益坚固,由这个党所指导下的唯一的社会主义共和国在社会主义之大道上大踏步前进,而且列宁所亲手创造的共产国际——全世界革命运动的参谋部威势日强,而由此参谋部所指导的各国革命运动也一天一天的长足发展,使帝国主义及其工具——从第二国际至一般封建余孽都以反赤相号召。这一层,也是一切革命党人所当深自认识的。

明白了以上二层,然后可以知道谁是列宁,然后可以知道列宁不是俄国独有的人而是世界的人,知道列宁所干的不光是无产阶级革命,他还是要干所有被压迫民族的国民革命,他不单从资本主义之中心,站在资本主义发展之最后一个阶段上去领导无产阶级冲破旧社会之包杀而建设新的社会;他的锐利眼光还射到资本帝国主义铁纲[网]之四国,还注意到此铁纲[网]所包围[,]所卵翼的殖民地半殖民地之封建余孽的国家,还为这些"头"在二十世纪,"脚"在十七八世纪,进退维谷的弱小民族,特别是中国民族,打开一条出路。这一条路碑上写着:"十二万万五千万人联合起来与二万万五千万人战!","被压迫民族与世界无产阶级联合起来向帝国主义战!"。明乎此,然后可以了解"列宁的革命理论"不是什么单"应俄国的社会经济状况而生的革命理论",而是适应现今帝国主义时代,世界各国情况而生的革命理论。当列宁指导俄国无产阶级夺取政权,建设社会主义国家时好似列宁是俄国人;但当列宁帮助土耳其民族革命时则可说列宁是土耳其人,当列宁指导中国共产党加进国民党,改组国民党,使国民党真成为国民革命的党并发出"打倒帝国主义,打倒军阀"口号时,又可以说列宁是中国人。列宁站在马克思主义观点上,不但要无产阶级起来推翻资本的统治,且要所有弱小民族起来推翻帝国主义的统治,联合这两种运动以完成整个的世界革命,根本推翻资本帝国主义制度,解放全人类。最能了解此意义的要算是中国国民革命领袖——孙中山先生。

(二)

列宁是马克思主义的真正信徒,列宁主义是现今帝国主义时代的马克思主义,这就在国民革命的观点上也可以说明白的。把无产阶级革命与被压迫民族求解放的民族争斗联在一块在马克思本身早已如是主张的。马克思是一位天才的革命家,不过他所处的时代比列宁早数十年,因此他对于这个意思只能普遍的比较抽像[象]的指出,不比处在帝国主义时代的列宁看得亲切,做得具体。中国人还正睡梦初醒的时候,马克思早在《纽约论坛》通信上呼出"自由,平等,博爱的中华共和国";他对于爱尔兰人之反抗大英帝国之运动,早已说明一个民族在被别的民族压迫之下是不得自由的。当时他对英国的无产阶级说,拥护爱尔兰被压迫的农工以反抗本国的资产阶级是英国无产阶级的责任。此外对于波兰民族,对于巴尔干民族,马克思一样的主张扶助其独立。然而所有马克思的主张,在列宁,都莫不溶化于血肉之中而为他的全部政策的基础。恰好列宁所处的俄国便有六十多种俄皇铁蹄下之弱小民族,此外还有铁腕[蹄]东侵之下的中国。所以说列宁之伟大不仅在于解放本国的工人,还在于找获客观上必须联盟的同志。第一批联盟同志便是农民,第二批的联盟同志便是世界被压迫民族。列宁之伟大,非止在于懂得劳动者灵魂,还在于他很明晰别种民族之心情,他很了解十数万万的弱小民族所要求的及应该要求的是什么?他能说出十数万万人所要说而不能说的话,能指引这些无数的奴隶所当走而不知如何走的路。

说这一些,他对一九〇〇年中国义和团的事件曾在《火星报》上竭力反对帝国主义之侵略并对俄国农工说明义和团并不是反对一切欧洲人而是反对欧洲的资本家。一九一一年(辛亥年)中国革命后他在《真理报》上说:"四万万落后的亚洲人得到自由了,对于政治生活已经有觉悟了。可以说地球上全人口四分之一已经由沉睡转到光明,活动,奋斗底路上了。"又说:"全欧的统治者,全欧的资产阶级都与中国的反动力量中世纪式的遗迹联结着了。然而在对方面,少年的亚洲,即是说:在亚洲生长的数百万劳动者,于所有先进国的无产阶级本身也有一个极稳固的同盟者。世界的任何力量都不能阻遏他的胜利。同时解放欧洲人民与亚洲人民的胜利。"

说近一些,在十月革命以后,列宁立即指导苏维埃政府,对内把前俄皇压迫下之数十种弱小民族一齐解放——无条件的解放,或分或合由他们自由决[抉]择(不比那所谓"和平的"美国帝国主义者一面以"民族自决"欺人,一而把自己所管束的殖民地一些儿也不放松——譬如菲利滨),对外则无条件的抛弃前俄帝国主义所侵获于中国,波斯,阿富汗等处的权利。单就中国说,在列宁指导下的社会主义共和国,不惟在一九一九和一九二〇年两次发表宣言放弃在华权利,自动地取消不平等条约,以后并且叠次派遣使者与北京政府委曲求全,卒于一九二四年与中国订立一空前未有之平等条约——中俄协定。

不唯如是。列宁在一九二零年共产国际第二次大会上,曾特别提出对于世界被压迫民族解放运动之普遍原则,这个原则当时为世界革命之参谋部完全采纳(参看《第三国际议案及宣言》,成则人译),后来为孙中山先生所最称许而崇拜的。列宁的提□说:"第三国际与第二国际之根本不同点,在于第三国际不但注意到殖民地之解放运动,还注意到那些在财政上,政治上,经济上被强大的资本主义国家所压迫的弱小民族。帝国主义之最令人注目的是:把全世界分割成为一边大多数的被压迫民族,一边少数的富足而有强大武力的压迫民族。那最大多数的,超出十万万以上,几乎达到十三万万人口的弱小民族——假如我们估量地球的人口总共有十六万万以上,那么几乎有百分之七十的人民是属于被压迫的,这些人民有的直接为殖民地国家,有的为半殖民地国家,如波斯,土耳其,中国等,有的或被帝国主义武力战胜,由条约中使之完全丧失其独立性的。"依列宁之意,苏维埃共和国与第三国际,无论如何必须把先进国之无产阶级与所有殖民地,半殖民地之解放运动,联结成为紧紧的一团。其进行之方法则必须:

(一)被压迫民族的解放,只有彻底地打倒帝国主义与彻底地攻击本国的封建余孽——军阀,官僚,土豪,劣绅等等;

(二)被压迫民族,只有与世界的无产阶级在第三国际之下联成一反帝国主义战线才是生路,单纯以一民族利益为依归的革命在帝国主义之下是不会成功的;

(三)帝国主义国家的共产党应尽量帮助其本国所压迫下的民族并承认一切殖民地有完全自决独立权;

(四)被压迫民族内之共产党要与其本民族中之国民革命运动的党努力协作共同反抗帝国主义。

孙中山先生在其致苏联的遗书中说:"帝国主义下的难民将藉此以保护其自由,从以古代奴役,战争,伪私为基础之国际制度中谋解放。"

列宁指出这些"帝国主义下的难民"只有集中所有革命势力在第三国际指导之下才能谋解放的。然而列宁还明白这些"难民",前半节虽与世界无产阶级处在帝国主义时代,而后半节却还披着封建式的农业式的锁炼[链],所以他说:"假如在这些后进国家中之无产阶级政党不与农民运动生一定的关系,没有这种运动之拥护,想来施行革命的战略与政策,都是空想的。"

列宁为革命的利益起见,对于被压迫民族中之所有要求解放的运动——不论是物质上的精神上的——都一概加之拥护并指导;他说:"只要他是革命的,只要这些运动的代表者不反对我们以革命的意义教育农民,组织农民,只要他们不反对我们预备那被剥削的广大阶级之革命行动。"

(五)列宁——一切"帝国主义下的难民"所景仰悲悼的列宁,其躯体已永眠于莫斯科的"红场"了,其精神则要直接贯穿于所有"难民"之赤血中,这种精神——列宁主义不但是世界革命之杠杆,同时亦是"难民"的国民革命之钥匙。一切革命的同志呵!没有列宁主义的世界革命不足以谈国民革命;没有列宁主义的国民革命亦无以完成世界革命。所谓"国民革命是世界革命之一部分"只有在这种意义下才能解释。所有现今革命运动中之事变:若中国之北伐胜利,若英国之罢工,若爪哇之暴动以及其他——均在此种意义下才能得正确解答。所有预期的革命前途——国民革命成功,世界革命成功——也只有在此意义下才能进行。

在中国第一次追悼列宁大会上,我们听着孙中山先生悲壮的追悼词:"君遭千难,我丁百厄,所冀与君,同归一辙。"一切的革命的同志呵!凡是真正的革命党人都应当与列宁"同归一辙!"

(一九二七年一月二十日)
(《人民周刊》第三十九期,1927年1月21日,署名 尹常)

20.《纪念列宁与笃守列宁主义》(《黄埔日刊》第二百四十号,1月21日)

《黄埔日刊》第二百四十号,刊登萧楚女的《纪念列宁与笃守列宁主义》,全文如下:

今天是列宁三周年纪念。我们怎么样纪念列宁?

"列宁伟大"!"列宁不死"!"列宁是无产阶级著作者"!"列宁是弱小民族解放

者"！"列宁是怪杰"！"列宁是英雄"……所有这样的赞美称誉之呼声——不用说，在全世界纪念列宁的人们口中，现在是同时一致的喊着了！

然而这样便能算是纪念列宁么？如果我们竟以为这样便是纪念列宁，那便等于说："关夫子是有义气的"！"孙明先生是会算八卦的"！"姜子牙是曾经斩将封神的"！"赵子龙是杀过了七进七出的"……这样的纪念，即令能够有些印象映在人们脑中，也不过叫人们知道列宁是一个俄国《水浒传》中的李逵，或者吴用罢了！

崇拜列宁的伟大，应该知道他的伟大在什么地方，祷祝列宁不死，应该了解他的主义精髓究竟是什么味道。然后对于列宁之所以为无产阶级革命著作者，弱小民族解放者的功业，才能真实明了，才能师其法〈西〉而继其志；才不至于浪漫的把他当着一个英雄去盲拜；也不至于惊奇的把他当着一个怪杰为之震骇不已。

列宁之所以伟大，所以不死，便在于他有一个他自己的列宁主义。他一生只站在他自己的主义这个圆心——向着四方八面画弧——一点也不肯移动。他一生的事业都处处表现着他的"固执"、"不挠"，而且有时还不免令人感着他好像一个"顽强戆愚"的小孩。他是马克思主义者，他矢志要实行马克思主义，马克思已经在他所特制的显微镜（唯物史观）中，把"社会"和"历史"这两件东西，从"拆散"开来，又"斗拢"去——彻底的看得清清白白，"目无全牛"。谁若不能用"科学"否认马克思所解剖出来的"社会生理之结构"的事实；谁便应当笃守马克思的"阶级斗争"法则，而忠实的努力奋斗。列宁便是有这样的认识，与这样的信仰的一个马克思教徒。他一生只看见"阶级的利害"，绝对的没有一点个人主义的思想；而且他一生只见一种"被压迫阶级的利益"，绝对没有一点对于"压迫者"认为可以宽恕、容忍的思想。因此，所以他从十七岁一直到他死时（五十四岁），彻头彻尾是一个被压迫阶级的忠实战士，也因此所以才有他的彻始彻终的"列宁主义"。

列宁主义，可以用一句概括的话来形容它，便是："无产阶级革命时的帝国主义时代的马克思主义"。它是马克思主义的唯一系之延长，它是扩大的（但不是变质的）马克思主义，它是应用马克思主义于世界范围内实际的阶级斗争上的一个革命体系。列宁从马克思的"社会哲学"和"经济学"的法则上，认识了"帝国主义"是资本主义最后的阶段；建立了它的"无产阶级革命论"。于是他的阶级斗争法则，在实际上便是：

一、在列强资本主义国家内，财政资本统治一切的社会中（即财阀阶级独裁统治之下），劳动者奋起反抗统治者，夺取收回生产工具，建立无产阶级独裁制。

二、在列强资本主义国家箝[钳]制剥削之下的殖民地、半殖民地中，组织多数被压迫、被剥削的弱小民族以与少数先进的帝国主义者相对垒，发生民族解放的国民革命。

三、利用各帝国主义国家间发展的不平均——帝国主义间必不能避免战争，组成欧美无产阶级革命与东方弱小民族革命的联合战线。

这三方面的根据，便是因为资本主义发展到财政资本（即帝国主义）时，不可免的有此三种矛盾。

第一，生产集中成为托辣斯式；同时，无产阶级的生长与团结，也与之成正比例——资产阶级自己制造了第一个自杀的大炮。第二，帝国主义的侵略，一方面使殖民地半殖民地发生民族的意识，一方面因为财政资本输出，引起殖民地半殖民地的资本主义化，也造成了庞大的无产阶级，资产阶级又建筑了第一个自毁的炮台。第三，帝国主义与帝国主义，即托辣斯与托拉斯的斗争，资产阶级又造成了第三授敌人以隙的弱点。架大炮于炮台之上，对准了弱点而轰然爆发——这正是每个改造社会者所应做的革命工作。亦只有这种工作，才能实现每个社会改造者所要做的事业。这好像是一个物理学的定律；不但是真实的，而且是唯一的。所以列宁对第二国际派的"生产力论"——反对那些诿过于"客观状况的生产力尚未成熟，所以'现在'还不能开始打倒帝国主义的社会革命"之说。这种生产力论，实质上只是一种宿命论，只是一种机械的唯物主义。马克思在唯物史观上显[告]示我们说，资本主义发展到顶点时，社会主义便自然到来的话——并不是叫我们袖手闭目静坐着去等它到来。他不过是在理论上告诉我们说"社会主义的实现，一定要有一个生产集中、生产力提高至若何程度的先决条件"罢了！

自然，在没有这种生产上的相当条件的社会里，我们是不能开始社会主义的实行；但却并不是不能开始那以建设社会主义社会为目的革命。生产力的提高和生产集中，固然是社会主义的条件；但这种条件是可以由我们在革命开始后，以无产阶级专政（即劳动者的国家之力）去创造，而且使之速成的。这样的以革命去创造或速成社会主义，才是真正的唯物史观的社会改造者，才是真正的忠于被压迫阶级利益的阶级斗争；也才是真正的所谓"革命"（革命，便是社会进化的自然历程中，使之改变一个方向，由新的方向上，再向前进的工作）。坐待生产力发达，或用任何策略去在资本主义生产制发达生产力，都不是唯物史观而是机械的唯物论；不是阶级斗争，不是革命，而是妥协的"待命"者、"待时"者。待命者、待时者，根本不了解革命是一件要奋斗而且费力的事，他们常常希望"自然"，早些将他们所希望的东西，如生产力论者之生产力送来，或是希望有一个经济的（即费力很少、很容易的）机会，使他们可以获得他们所要的东西。因此，他们便自然成为改良派，成为妥协者，成为投机者，成为所谓"机会主义"。什么希望国际联盟的劳动立法，什么议会主义，什么社会民主主义（即与资产阶级平分政权），便都由此而表现出来，这些人既承认社会主义必须要有高度生产力的条件，同时却又做这样的改良运动——又不去企图创造或是促成高度的生产力，从而妄想在某种机会，某种妥协中去实现他们的理想，实在是矛盾的，而且是唯心主义者。他们在理论上是机械的唯物论，不啻暗示压迫者说，你们被压迫的命运还没有满期，所以你们现在还应忍受，更无异帮助压迫者说我们还应存在，因为客观的条件还需要我们来做那集中生产的工作（许多主张劳资妥协，主张资本家仁爱反对阶级斗争的人，都只是这种宿命论的反映）。他们在行动上是唯心主义者，不啻引导被压【迫】者日夕期望侥幸的苟得之利，根本上懈弛其战斗力。所以此类改良派——第二国际派及一切革命党中的右派——并不是革命的，并不是改造社会的，乃是反革命的，拥护现制度的。

从上面的叙述，我们便可以了解列宁的"固执"，乃正是列宁主义的核心之所使然——乃正是马克思的正统和质素所以能够不坠不变的地方。他对于资产阶级没有一点宽恕，他决然的与普列汉诺夫一派分裂，不畏那"在列宁、季诺维埃夫、康米诺夫三人之外，找出第四个多数党，即赏于王国之半"的讥诮，他悍然独断的主持对德和约，不惜屈辱于德，以消灭帝国主义的战争——使民族的盲目冲突变有意识的阶级的内战。他不顾个人耻辱，毅然坐了"封印的火车"让人家尽管说他是"德探"……都是由于他的这种"固执"，由于他的认识和信仰生出来的"胆"和"识"，以及他那忠于被压迫阶级利益，绝对没有个人思想，绝对不宽恕压迫阶级的阶级斗争观、革命观而来。

列宁不妥协，列宁固执，但列宁却不是个顽固不化的固执者——不是幼稚的左派。列宁的伟大，在固执，尤在"权变"。[，]总以他那"无产阶级政权，建立社会主义，铲绝阶级，实现人类平等"的系统为中心，[。]他常常又应乎客观的环境而百变其革命的策略——但他的"圆心"却一点也不离开他那系统的中心。他那不畏讥诮的独行，不怕屈辱的对德媾和，是他的固执，也正是他的权变。他的最伟大的权变，便是"新经济政策"，他的最顽强的固执，也便是他对于农民运动的见解。日本有产阶级的侦探，布施胜治曾说过："新经济政策，是社会主义更进一步的进攻，并不是它的让步"。新经济政策是唯物史观的革命者与幼稚的左派的分水岭——也正是列宁主义与托洛斯基主义的根本区别处。托洛斯基从马克思【那】学到了"练兵"的方法，却没有学到那"作战"的计划。托洛斯基知道了革命的主力军是近代无产阶级，知道了农民并不能做革命的中心，但他却不知农民是可以做"反革命"的主力的，却不知农民虽不是革命的中心，却是革命战线上必要的侧卫。托洛斯基尤不明白资本主义在目下的重要基础，便是殖民地和半殖民地；而此等地方则皆为农业国，农民是此等农业国的主人——是主观上反对帝国主义，或客观上拥护帝国主义的最大力量。新经济政策用了一只手，将俄国农民从反革命方面拉回革命的阵线上来，巩固创造社会主义——促进共产社会的苏维埃政权，同时，给了世界革命策略上以无穷的意义。这意义，证明了一九一九年的匈牙利劳农政治何以失败，证明了德、奥两国革命后的政权何以落在社会民主党（改良派）之手，证明了德、法两国的大地主为什么也要来组织"农会"。从这些证明中，他教训了我们如何应用"联合战线"策略，如何"争取群众"。

我们可以说"固执"与"权变"，乃列宁之所以为列宁；而列宁主义则为"唯物史观"肯定的社会进步法则上，以无产阶级政权创造社会主义；其战术则为"联合战线"与"争取群众"。列宁有意气，是他忠于无产阶级，百折不挠；列宁有八卦，是他的无产阶级革命论——唯物史观的资本主义最后阶段之认识；列宁能够斩将封神，是他善于运用联合战线，争取群众；列宁曾在资产阶级的重围中，杀过七进七出，是他的固执与权变——尤其是一九一八年的对德和约，一九二一年的新经济政策。

我们纪念列宁，如不笃守列宁主义，则等于"买椟还珠"！列宁主义对于我们的国民革命，最有切要关系的，第一，自然是工农联合战线问题。中国的革命，在实质上，只是个"农民革命"。百分之八十几的"国民"既[即]是农民，而军阀和帝国主义的寄生基础也是农民。帝国主义者以不平等条约，由买办阶级之手，剥削农民；军阀则以其万恶之军政权力，由土豪劣绅地主之手，剥削农民。中国的国民革命，没有工人阶级领导，固然不能进展；但是没有农民参加，则尤不能观成。我们纪念列宁，第一点便当好好的去运用他的联合战线策略，争取农民群众。

第二，我们对于他的帝国主义认识，尤当特别承受——扩大阶级斗争成为世界的战线，然后帝国主义方能打倒；中国的国民革命也才能够成功。我们在革命的过程中，须要时时有权变的应变策略；但我们更要时时固执自己的立足点。幼稚的左派病，我们固应痛切戒绝；而畏葸妥协，旅进旅退，不敢左又不愿自认为右，只朝夕做几句文章演讲，毫不行动，坐待机会，倡仁爱之说以阻碍农工运动的唯心主义者、宿命论者的右派病，尤应深恶痛绝，拒之于千里之外！

我们纪念列宁，我们高呼：

列宁万岁！

列宁主义万岁！

中国国民革命成功万岁！

世界革命成功万岁！

(《黄埔日刊》第二百四十号，1927年1月21日，署名 楚女)

21.《列宁逝世三周年纪念敬告民众》(《战士》第三十二期，1月21日)

《战士》周刊刊登《列宁逝世三周年纪念敬告民众》，如下：

世界革命的导师列宁先生逝世又三周年了。全世界革命的群众，在这三周年纪念的一日，决不能忘记列宁的遗教，决不能不异常兴奋以求完成革命伟大工作。今天湖南民众纪念列宁有这样一个盛大的集会，我们当然是认识了革命高潮的表现，同时还要以左方的话敬告诸君。

列宁是一个什么人呢，他是世界革命的领袖。他是马克斯的唯一继承者。他创造了俄国共产党。他著作了十月革命，他建立了为世界革命大本营的第三国际。他定下了为苏联社会主义建设之指南针的新经济政策。他的生平，销[消]磨于奔走、牢狱、放逐、著述、指挥群众，种种劳苦的革命生涯。他的学说，是帝国主义时代无产阶级革命的方略。他主张无产阶级的社会革命与殖民地半殖民地的国民革命相联络。他反对第二国际派的妥协政策(如赞助国际联盟赞助殖民地等)。他是无产阶级的先驱，也是弱小民族的良友。

我们中国的农工商学群众为什么要纪念列宁呢？第一，中国的国民革命是世界革命的一部分，列宁首先在理论上指出"殖民地半殖民地国民革命与无产阶级社会革命应汇合而成世界革命"这一原则，在行动上使苏联援助土耳其波斯阿富汗蒙古朝鲜及中国之国民革命，使第三国际采取东方各民族革命运动的策略，我们实行国民革命的群众不能忘记列宁。第二，列宁在中国国民党改组以前，即与中国革命领袖孙中山先生互通声气，信使往还，讨论联合革命的策略。在中俄国交正式恢复以前，即声明放弃帝俄时代所得之特殊权利，为废除不平等条约之首倡。现在中俄在革命联合战线上亲密合作，中国国民革命日益发展，得力于列宁者不少。所以中国民众尤其不能忘记列宁。

可是在今日也有许多人正在诅咒着列宁。第一批是曾琦李璜等国家主义派。他们一方面优[仇]视苏联，一方面反对打倒帝国主义的运动，自然是认列宁为敌。第二批是研究系等政派，如时事新报之造谣挑拨，章太炎之号召反赤大同盟，口口声声要排除列宁党。第三批是张作霖张宗昌，张作霖制造中东路风潮，破坏中俄协定，暗地准备将整个满洲断送于日本帝国主义之手，张宗昌招纳苏俄反革命白俄余孽，屠戮革命民众。第四批是西山会议派，他们反对孙中山的联俄政策、排除共产派及汪精卫等，企图消灭国民党革命的政权而建立与英帝国主义妥协勾结的反动政府。凡此各种派别，以及其他军阀买办贪官污吏土豪劣绅，在今日，无不是在咒诅着列宁的。这些咒诅列宁的人，同时就是反国民革命的人，也就是反孙中山主义的人。

在中国如此，在全世界也是如此。全世界弱小民族及无产阶级在今日正追慕列宁奋勇争先以继其遗志，同时反对势力自帝国主义法西斯蒂以至社会民主党，也都在咒诅着列宁。列宁是世界革命的旗帜，无数万的工农以及弱小民族正随着这一面旗帜而前进。

在这纪念大会中，我们的口号是：

(1)拥护中山先生联俄政策！
(2)打倒英帝国主义！
(3)打倒一切反革命派！
(4)打倒张作霖张宗昌！
(5)拥护国民政府继续北伐！
(6)欢迎各国无产阶级帮助中国革命！
(7)欢迎苏联帮助中国革命！
(8)全中国工农商学兵联合起来！
(9)全世界弱小民族联合起来！
(10)全世界无产阶级联合起来！
(11)全世界弱小民族与无产阶级联合起来！
(12)列宁主义万岁！
(13)中俄联合万岁！
(14)中国国民革命成功万岁！
(15)世界革命成功万岁！

中国共产党湖南区执行委员会
一九二七年一月二十一日

（《战士》第三十二期，1927年1月21日）

23日(星期日)

22.《列宁与中国》(汉口《民国日报》副刊《国民之友》,1月23日)

汉口《民国日报》副刊《国民之友》刊登《列宁与中国》。

24日(星期一)

23.《为什么我们要纪念李列卢三先烈呢?》(汉口《民国日报》副刊《国民之友》,1月24日)

汉口《民国日报》副刊《国民之友》刊登英竞的《为什么我们要纪念李列卢三先烈呢?》。

31日(星期一)

24. 著作广告(《向导周报》第一百八十六期封底广告,1927年1月)

自《向导周报》第一百八十六期起,数期在封底刊登广告:

▲马克思主义者的列宁 布哈林著 定价一角
这是论列宁在马克思主义上地位的一本言简而意明的书。布哈林是方今有名的马克思主义理论家,凡要研究马克思列宁主义的人,不可不读他这本著作。

▲列宁主义概论 斯达林著 定价二角
斯大林这本短小精悍的书,现在已被全世界公认为论列宁主义最正确最得体的书了。读过了《共产主义的ABC》之后,必须再读此书,然后对于无产阶级革命理论方能得一简括的概念。书中《民族问题》一章,尤其是注意中国国民革命的人必须要读的。

▲俄国共产党史 季诺维埃夫著 王一飞译 定价 四角
俄国共产党是方今世界革命的前锋队伍,它的形成和发展,对于其他一切革命政党有重大的教训。此书著者是俄国共产党大首领中之一个,尤能将俄国共产党的真正价值指明出来。此书对于中国今日的革命将有大的影响。

▲资本主义稳定与无产阶级革命 布哈林著 陆定一译 定价二角五分
这是最近共产国际扩大执行委员会中布哈林关于国际政治经济状况的报告。全书约八万言,于最近的国际状况有详细的和系统的论述,对于向少国际知识的中国人,

尤其是必要的。

▲无产阶级之哲学——唯物论　哥勒夫著　瞿秋白译　定价三角

研究唯物史观，在中国苦少著本，此书乃俄国著名的唯物史观教授哥勒夫所著的浅题易解的书，译者瞿秋白先生又是国内对于唯物史观有深刻研究的人。译文中于难解之处且加译者注释，书后并附有译者自著的二篇论文。

▲经济科学大纲（上下二册）　蒲格丹诺夫著　施存统译　定价：甲种一元四角　乙种　一元二角

这是一部关于马克思经济学研究上较简便明了的书。这部书编辑系统系依照社会发展顺序，这是与其他这类的书不同的。著者在序言中说："在革命期的动乱之中，比平时格外需要坚实的完全的经济知识。没有这种知识便不能在社会的斗争和社会的建设中，树起秩序统一。"这话对目前的中国说来，尤为真确。

出版预告——

▲马克思主义论民族问题　马克思等著

在中国，民族问题无疑是革命中最重要的问题之一。马克思主义对于民族问题本有特殊的革命的见解，自列宁以后尤形成整个的理论。

本书系集马克思恩格斯列宁斯达林萨发洛夫卜罗衣杜等论民族问题和殖民地运动的论文而成。本书的出版在中国目前自然是很重要的。

（《向导周报》第一百八十六期封底广告，1927年1月）

1月

25. 李列卢纪念特刊（《汉口青年》，1月）

《汉口青年》出版《李列卢纪念特刊》。

26.《列宁主义概论》（著作（目录，全文），1月）

新青年社出版了"新青年社丛书"之一种，《列宁主义概论》（今译《论列宁主义基础》），斯大林著。共156页，定价2角。目次：引言　列宁主义—马克思主义的展开，第一章　列宁主义的历史根源，第二章　方法，第三章　理论，第四章　无产阶级专政，第五章　农民问题，第六章　民族问题，第七章　战略与策略，第八章　党，第九章　工作作风。

全文如下：

引言　列宁主义——马克思主义的展开

列宁主义的基点——这是一个大题目。要彻底解说列宁主义的基点，必须一本大书，或者几本大书。所以我的讲演自不能够彻底解说列宁主义，至多只能够是列宁主义基点之简要的叙述。但这种简要的叙述，能够给彻底研究列宁主义的人以若干必需的根本出发点，我以为也是有用的。

解说列宁主义的基点，这并不是说解说列宁的人生观的基点。列宁的人生观和列宁主义的基点——二者的内涵并不是一样的。列宁是马克思主义者，他的人生观的基点自然是马克思主义。但我们不能因此便说，解说列宁主义应该从马克思主义基点说起。解说列宁主义——这是说，解说列宁工作中那些特殊的和新的，那些是列宁添加在马克思主义宝藏上面的，那些是天然联系于列宁名字的。我在这论列宁主义基点的讲演中所要说的，只在这种意义底下。

那么，列宁主义是什么？

有些人说，列宁主义是马克思主义应用于俄国的特殊环境。在这定义中有一部分的真理，但这定义绝不能概括全部的真理。列宁的确应用马克思主义于俄国的环境，而且应用得十分灵活。但如果列宁主义仅仅是马克思主义应用于俄国特殊的环境，那么列宁主义就纯粹是一民族的仅仅是一民族的纯粹是俄国的仅仅是俄国的现象了。可是，我们知道列宁主义是国际的现象，有其根源在整个的国际发展中，而不仅是俄国的现象。所以我以为这定义是片面而不概括的。

又有些人说，列宁主义是十九世纪四十年代马克思主义革命原素之复活，马克思主义在四十代以后仿佛变成温和了，非革命了。如果除开分马克思学说为革命的和温和的二部分之这呆笨的和凡俗的见解不说，我们也须承认在这十分粗浅而不满人意的定义之中，也有一部分的真理。这一部分的真理就在，列宁的确复活了马克思主义经过第二国际机会主义者所涂污了的革命的含义。但这仅仅是一部分的真理。列宁主义全部的真理就在，列宁主义不仅仅复活了马克思主义，而且更进一步，在资本主义和无产阶级斗争的新条件中，展开了马克思主义。

那么，列宁主义究竟是什么？

列宁主义是帝国主义和无产阶级革命时代的马克思主义。恰切点说：列宁主义是无产阶级革命的理论和策略，特别是无产阶级专政的理论和策略。马克思和恩格斯生活在革命(指无产阶级革命)前帝国主义未曾发展的时代，在无产阶级准备革命的时代，在无产阶级革命尚未成直接的实际的必然的事实的时代。列宁——马克思和恩格斯的私淑[塾]弟子，则生活在帝国主义发展的时代，在无产阶级革命发展的时代，这时无产阶级革命已经在一个国家中取得了胜利，毁坏了资产阶级德谟克拉西并开始无产阶级德谟克拉西的纪元，苏维埃的纪元了。

由此可见，列宁主义是马克思主义向前的展开。

人们时常指出列宁主义之异常奋斗的和异常革命的性质。这是非常之对的。但列宁主义这种特性，可用二种原因来解释：第一，列宁主义是从无产阶级革命中出来，自然不能不深染无产阶级革命的彩色；第二，列宁主义是在与第二国际机会主义激战之中生长起来强固起来，与机会主义的斗争乃是与资本主义彻底斗争的必要的先决的条件。我们切勿忘记，马克思和恩格斯二人与列宁中间，横隔着一个第二国际机会主义唯我独尊的统治时代，与机会主义作剧烈的斗争，不能不成为列宁主义主要任务之一。

第一章 列宁主义的历史根源

列宁主义是在帝国主义条件内生长起来形成起来的,这时资本主义的矛盾性发达到了极点,这时无产阶级革命成了直接的实际问题,这时工人阶级准备革命的旧时代已经过去而到了直接向资本主义进攻的新时代。

列宁叫帝国主义〈做〉"垂死的资本主义"。为什么?因为帝国主义发达资本主义的矛盾性到最后的一点,到极端的界限,过了这界限就开始革命。这些矛盾性最重要的,应该举出三点。

第一矛盾性——这是劳动和资本中间的矛盾。帝国主义是工业国中垄断的托辣斯、新提嘉、银行家和财政巨头的万能魔王。与这位万能魔王作战时,工人阶级通常的斗争方法——工会和协作社,议会政党和议会斗争——是完全不够用的。

向资本乞怜,苟安过活并日趋堕落罢,不然便须拿起新的武器——这便是帝国主义在几百万无产阶级群众面前提出的问题。帝国主义推动工人阶级走向革命。

第二矛盾性——这是各派财政团体和各派帝国主义列强中间为争夺原料产地争夺别人领土而起斗争的矛盾。帝国主义——这就是输出资本于原料产地,就是争夺这产地的垄断权之剧烈斗争,就是重分已经分过的世界,就是新派财政团体和列强为寻求"太阳照地"而异常剧烈的向那不肯放松其猎获物的旧派财政团体和列强作战。各派资本家团体间这种剧烈斗争显然包含着不可避免的帝国主义战争即掠取别人领土战争的原[元]素。这种状况也显然促成帝国主义者的两败俱伤,削弱资本主义的阵势,加速无产阶级革命的进程,实际爆发无产阶级革命。

第三矛盾性——这是少数统治的"文明"民族和几万万殖民地弱小民族人民中间的矛盾。帝国主义——这就是对广大的殖民地弱小民族几万万人民之最无廉耻的剥削和最无人道的压迫。榨取额外利润——这便是这种剥削和压迫的目的。

可是为剥削这些国家,帝国主义必须在那里建筑铁路工厂及工商业的中心。无产阶级之出现,当地智识分子之产生,民族意识之觉醒,解放运动之高涨——这些便是这种"政策"的必然结果。所有一切殖民地弱小民族革命运动之高涨便是明显的证明。殖民地弱小民族的革命运动对于无产阶级是很重要的,因为这运动使本为帝国主义后备军的殖民地弱小民族变成了无产阶级革命的后备军,以此便撅坏了资本主义的基础。

以上,总言之,就是帝国主义主要的矛盾性,旧的"繁盛的"资本主义到此就成了垂死的资本主义。

十年前爆发的帝国主义战争的意义,就在将这些矛盾性集合在一处,加紧并促成无产阶级的革命斗争。

换一句话说,帝国主义不仅造成了革命实际不能避免的局面,而且造成了直接进攻资本主义坚垒的良好条件。

这便是产生列宁主义的国际状况。

人们非难我们说：这是不错的，可是俄国并不是也不能够是模范的帝国主义国家，列宁的工作首先是在俄国〈并为俄国〉，为什么恰好是俄国成为列宁主义的策源地，成为无产阶级革命理论和策略的出产国呢？

因为俄国是帝国主义所有这些矛盾性的集合点。

因为俄国比任何别的国家更多孕育着革命，且唯有俄国能够用革命方法解决这些矛盾性。

首先，沙尔的俄国是种种压迫的故乡——资本主义的压迫，殖民地的压迫和军事的压迫——俄国的压迫是最无人道的最野蛮的形式。谁不知道，在俄国，资本的万能魔王与沙尔主义的专制相结合，俄国国家主义的侵略与沙尔主义对非俄罗斯民族的野蛮压迫相结合，对土耳其波斯中国的经济剥削与沙尔主义占领这些区域的战争相结合？列宁说得很对：【"】沙尔主义是'军事封建的帝国主义'。沙尔主义是帝国主义最消极方面的精华之积聚。【"】

其次，沙尔的俄国是西方帝国主义最大的后备军，不仅因为俄国放任外国资本到俄国操纵国民经济的重要部门如燃料和金属，而且因为俄国能够供给西方帝国主义以几百万的兵士。试回忆一千二百万人的俄国军队为保证英法资本家残忍剥削来的利润，在帝国主义的前敌流血，便可知道。

再其次，沙尔主义不仅是帝国主义在东欧的看家狗，而且是西方帝国主义的代办者，替巴黎伦敦柏林不鲁塞律去从几万万人民中榨取借款的利息。

最后，沙尔主义是西方帝国主义瓜分土耳其波斯中国等时最忠实的同盟者。谁不知道，沙尔主义与协约国帝国主义联盟爆发帝国主义战争呢？谁不知道，俄国是这次战争中的主要分子呢？

可见沙尔主义的利益和西方帝国主义的利益是休息[戚]相关，终于结合起来成整个的帝国主义利益的。西方帝国主义，失却像旧沙尔资产阶级俄国那样强大的东方帮手那样丰富的势力和财富的储藏库，能够默尔而息不想拼命向俄罗斯革命作决死的斗争以保卫和维持沙尔主义吗？当然不能！

但从此可以知道，谁要打击沙尔主义，谁就必然也打击帝国主义，谁暴动起来反抗沙尔主义，谁就应该也暴动起来反抗帝国主义，因为谁推翻了沙尔主义，谁就应该也推翻帝国主义，——如果不是只想打击沙尔主义，而兼是想彻底肃清沙尔主义的一切余孽。这样，反抗沙尔主义的革命，便接近了而且应该变成反抗帝国主义的革命，变成无产阶级革命。

而且，在俄国发生伟大的平民革命，世界上最革命的无产阶级为其领导者，有俄国革命的农民为亲密的同盟者。我们还用得着说明，这种革命是不能半途而废，一经成功便要向前进展，举起反帝国主义暴动之旗的吗？

所以俄国应该成为帝国主义矛盾性之集合点，不仅因为这些矛盾性在俄国带特别丑恶和特别残酷的性质【,】比别的国家容易暴露，不仅因为俄国是西方帝国主义主要的帮手，结合西方财政资本于东方殖民地，而且因为唯有俄国才有真实的力量，能够用革命方法解决帝国主义的矛盾性。

但从此可以知道,俄国革命不能够不变成无产阶级的,不能够不一开始便带国际性,因此不能够不摇动帝国主义的根本。

俄国共产党人,在这状况底下,其工作能够自限于俄罗斯革命之狭隘的民族界限内吗?当然不能!恰恰相反,无论国内的(深入的革命危机)或国外的(战争)环境,都推动共产党人的工作走出这界限以外,蔓延斗争到国际舞台上,刺破帝国主义的创痛,指明资本主义的崩坏是不可避免,打击社会爱国主义和社会和平主义,推翻本国的资本主义并为无产阶级锻炼新的斗争武器——无产阶级革命的理论和策略,以指导各国无产阶级推翻帝国主义的工具。俄国共产党人只能够这样行动,因为只有走这条道路,才能够希望国际状况起了变更,可以保证俄国不至有资产阶级制度复辟之危险。

这就说明,俄国所以成为列宁主义的策源地而俄国共产党人领袖列宁所以成为列宁主义的创立者之缘故。

这里对于俄国和列宁,差不多像十九世纪四十年代对于德国和马克思与恩格斯一样。那时德国孕育着资产阶级革命。正如二十世纪初期的俄国一样。马克思那时在《共产党宣言》上说:

"共产党人特别注意德国,因为德国正处在资产阶级革命之前夜,因为德国完成这革命时是在总的欧洲文化较进步的环境,有发展的无产阶级远胜于十七世纪的英国和十八世纪的法国,德国资产阶级革命因此可以成为无产阶级革命之直接序幕。"

换一句话说,即革命运动的中心转移到了德国。

马克思所指出的这种情况当可作为一种原因,说明为什么恰好是德国成为科学的社会主义的策源地,而德国无产阶级领袖马克思和恩格斯成为科学的社会主义的创立者。

对于二十世纪之初的俄国也应该这样说,而且更可以这样说。俄国在这时代正处在资产阶级革命之前夜,俄国要完成这革命时更是在总的欧洲文化较进步的环境,更有发展的无产阶级远胜于德国(用不着说英国和法国了),因此这革命更有理由可说是无产阶级革命的酵母和序幕。列宁在一九〇二年当俄国革命仅仅开始之时,在其所著《怎么办?》一书中说出底下的话,这并不是偶然的。他说:

"历史提出一紧急使命于俄国马克斯主义者面前,这使命乃是任何国家无产阶级一切紧急使命中最革命的使命。执行这使命,即毁坏欧亚反动的最坚固的炮垒,将使俄国无产阶级变成国际革命无产阶级之前锋。

换一句话说,即革命运动的中心应该转移到了俄国。"

大家知道俄国革命的进展完全证实了列宁这个预言。

经过这样的革命并有这样的无产阶级之一个国家,成为无产阶级革命理论和策略的策源地——这是难于索解的吗?

这个无产阶级领袖,列宁,成为这理论和策略的创立者,成为国际无产阶级的领袖——这也是难于索解的吗?

第二章 方　　法

我在上面说过，马克思和恩格斯二人与列宁中间，横隔着一个第二国际机会主义统治时代。为恰切起见，我应该添加一句说：这里所指的不是机会主义的形式的统治，而只是其实际的统治。形式上，领导第二国际的，是"正统派"马克思主义者——考茨基及其他。然而，事实上，第二国际的根本工作是依照机会主义的政策施行的。机会主义者向资产阶级求妥协，本是出于他们小资产阶级妥协的天性，——"正统派"也向机会主义者求妥协，乃是为与机会主义者"保持统一"起见，为"党内和平"起见。结果，成了机会主义的统治，因为资产阶级政策和"正统派"政策中间的线索已经贯串起来。

这是资本主义比较和平的发展时期，即所谓战前时期，那时帝国主义之突变性的矛盾尚未完全明显呈现出来，那时工人的经济罢工和工会是多少"按照常态"的发展，那时选举斗争和议会党团得着"票权上"的成绩，那时合法的斗争形式高耸入云，人们以为用合法手段便可以"杀死"资本主义——一句话，那时第二国际属下的党肥胖起来，不愿意认真去留心革命、无产阶级的专政、群众的革命教育。

完整的革命理论，被代替以矛盾的和片段的理论，离开了群众活的革命斗争并变成了陈腐的信条。形式上，人们自然引据马克思的理论，但为的是从这理论中排去活的革命精神。

革命的政策，被代替以不着边际的市侩主义，小气的政客行径，议会的外交手段和议会的拉拢政策。形式上，人们自然通过"革命的"议决案和口号，但为的是敷衍迁延执行无期。

当党在自己的错误中学习正确的革命策略，这一方法，被代替以文过饰非，巧妙避开棘手的问题。形式上，人们自然也涉及棘手的问题，但为的是以某种"有弹性"的议决案来终止这些棘手的事件。

以上便是第二国际的形态，其工作的方法，其武器的储藏库。

可是，帝国主义战争和无产阶级革命骚乱的新时代到来了。旧的斗争方法，在财政资本的万能魔王前面，显然表现是不够用的和无力量的。

必须修正第二国际全部的工作，其整个的工作方法，除去其市侩主义、狭隘习气、政客行径、背叛行为、社会爱国主义和社会和平主义。必须检查第二国际全部的武器储藏库，丢开所有生锈的和陈腐的武器，而陶冶出新的武器。没有做过这种先决的工作，绝不能向资本主义作战。没有做过这种工作，无产阶级在新的革命骚乱中将感觉到武装不充足或简直是解除了武装。

对于第二国际的"奥几亚马厩"（Eouries d，Augias）这种普遍的检查和普遍的排除，就是列宁主义的责任。

这便是列宁主义方法发生和形成的环境。

这种方法的要求达到甚么呢？

第一，在群众革命斗争之火中在活的实际之火中，修正了第二国际理论的信条，这就是说恢复那已被破坏的理论和实际间之一致，消灭这二者中间的裂痕，因为只有这样，才能够创立具有革命理论的真正无产阶级政党。

第二，修正了第二国际党的政策，但不是修正其口号和议决案（这些，是不能信任的），而是修正其事实，修正其行动，因为只有这样，才能够获得无产阶级群众和取信于无产阶级群众。

第三，在新的革命的原则上改造了党的全部工作，教育群众并准备群众为革命的斗争，因为只有这样，才能够准备群众从事于无产阶级革命。

第四，无产阶级政党的自动批评，在自己的错误上求训练和学习，因为只有这样，才能够养成党的真正中心分子和真正的首领。

以上便是列宁主义方法的根本和实质。

怎样应用这种方法到实际上去呢？

第二国际的机会主义者有许多理论的信条，他们始终在这些信条周围旋转着。我们试列举其中几条来看：

第一信条：论无产阶级夺取政权的条件。机会主义者说，无产阶级如果自己不占国中的大多数，则不能够并不应该夺取政权。任何的证明都是没有的，因为没有可能从理论上或实际上证实这个不合理的论据。列宁答复第二国际的先生们说，我们假定如此，但如果发生一种历史的状况（如战争、农业恐慌等），即无产阶级虽占人口中的少数，却有可能得以团结广大多数劳动群众于自己的周围，那时无产阶级为甚么不夺取政权呢？无产阶级为甚么不利用良好的国际环境和国内环境以破坏资本的战线并促成总的解体呢？马克思在过去世纪五十年代岂不就是已说过，如果"所谓农民战争之再现"能够帮助无产阶级革命时，德国无产阶级革命就能够"很好"进行吗？大家岂不是都知道，那时在德国的无产者是比较一九一七年在俄国的无产者，要少些吗？俄国无产阶级革命的实际，岂不是证明，第二国际英雄们这一得意的信条对于无产阶级已失却了一切活的意义吗？岂不明显看出，群众革命斗争的实际，打破并推翻这一陈腐的信条吗？

第二信条：无产阶级，如果没有具备充分数量的文化上的和行政上的人材[才]能够治理国家，则不能够保持政权——必须在资本主义条件底下先养成这些人材[才]，然后夺取政权。列宁答复说，我们假定如此，但为甚么不可以翻转来说：先夺取政权，造成便于无产阶级发展的条件，然后大踏步前进，提高劳动群众的文化水平线，从工人中养成多数的指导人材[才]和行政人材[才]呢？俄罗斯的实际岂不是证明，在无产阶级政权底下，从工人中养成出来的指导人材[才]，比较在资本政权底下，百倍迅速和百倍切实吗？岂不明显看出，群众革命斗争的实际不客气地打破机会主义者的这一理论的信条吗？

第三信条：政治的总罢工方法，无产阶级是不应采用的，因为这种方法在理论上是无确定根据的（参见恩格斯的批评），在实际上是危险的（能够扰乱国中经济生活的常态进程，能够虚耗工会的基金），不能够代替无产阶级斗争之主要形式——议会斗争形式。列宁派答复说：【"]好！但第一，恩格斯并非批评所有的总罢工，不过批评某种的总罢工,无政府主义者为代替无产阶级政治斗争而提出的经济的总罢工——这与政治的总罢工有什么相干呢?第二,谁并在何处说过,议会的斗争形式是无产阶级斗争的主要形式?革命运动史岂不证明,议会的斗争仅仅是组织无产阶级议会外的斗争之学校和助手,而资本主义底下工人运动的根本问题必须靠暴力靠无产阶级群众直接斗争靠总罢工靠暴动来解决吗?第三,从那里提起了以政治的总罢工方法代替议会斗争的问题?主张政治的总罢工的人,何处并何时,企图过以议会外的斗争形式来代替议会的斗争形式?第四,俄罗斯革命岂不是证明,政治的总罢工是无产阶级革命最伟大的学校,是在攻陷资本主义坚垒之前夜用以调动并组织广大无产阶级群众的不易的武器吗?这与扰乱经济生活常态的进程和工会基金等种种庸俗的顾虑,又有什么相干呢?岂不明显看出,革命斗争的实际也打破了机会主义者这一信条吗?【"】

其他的信条可以类推……〈。〉

所以列宁说:"革命的理论不是信条"【,】"革命理论要确定成立起来,必须与真正群众的和真正革命的运动之实际有密切的联系。"(见《共产主义左派幼稚病》)〈,〉因为理论应该供实际使用,因为"理论应该答复实际所提出的问题(见《人民之友》),因为理论应该用实际供给的材料来证验"。

到说第二国际党的政治口号和政治决议,则提起"向战争作战!"口号的历史,就足够了解这些党的政治实际之一切虚伪和一切腐败了——这些党是以华美的革命口号和议决案遮掩其反革命工作的。大家都记得第二国际在巴尔(Bale)会议举行盛大的示威运动,以暴动的恐怖恐吓帝国主义者,使之不敢开始战争,并喊出恐怖的口号"向战争作战!",但不久之后,到了战争开始,巴尔会议的议决案就延不执行了,人们给工人以新的口号——为资本主义祖国的光荣互相杀害罢!这是谁也知道的。岂不明显看出,革命的口号和议决案,如果不见诸实行,则一文钱也不值得吗?只要拿列宁的"改变帝国主义战争为国内战争"的政策去比较战时第二国际的背叛政策,就可以了解改良派政客的卑鄙和列宁主义的伟大。这里,我不能不引用列宁所著《无产阶级革命与叛徒考茨基》书中的一段:在这一段里,他严刻[厉]攻击第二国际首领考茨基之机会主义的企图——考茨基评判党,不在党的行动上而在党的纸上的口号和文件上。列宁说:

"考茨基实行小资产阶级庸俗的模范政策,他仿佛以为提出口号就可改变行动。资产阶级德谟克拉西的整个历史就打破这个幻想:为欺骗民众,资产阶级德谟克拉西永远提出无论何种的'口号'。这里所注意的,就在证验这些口号的诚意,就在拿行动去比较说话,就在不以唯心论的和走江湖的口惠为满足,而须寻找其阶级的实质。"

我用不着说到第二国际党惧怕自动批评了,也用不着说到这些党以巧妙手腕遮饰其错误,隐匿棘手的问题,以虚伪自夸的言辞掩护自己的缺点,因此窒息了活的思想并障碍了党在自己的错误上求革命教育的工作了——这种手腕是曾经列宁耻笑过并攻击过的。列宁在其所著《幼稚病》书中论无产阶级政党的自动批评说:

"政党对自己的错误之态度如何,是最重要的和最可靠的标准之一,判定这个党是否认真,是否事实上能够执行其对于本阶级和劳动群众的责任。公开承认错误,寻求此错误的原因,分析其所以发生此错误的环境,细心审察纠正此错误的方法——这便是认真的党的标帜,这便是党执行其责任,这便是教育并训练阶级,以至于群众。"

有些人说,揭出自己的错误和自动批评,对于党是危险的,因为可以给敌人利用去反对无产阶级政党。列宁以为这种意见是不实在的并是完全不正确的。关于这点,列宁于一九〇四年当我们的党尚在幼稚和弱小时候,在其所著《前进一步后退二步》书中,就说:

"他们(马克思主义者的敌人),看见我们的争辩,高兴起来并欢呼起来;他们自然为他们的目的,利用我所著论我们的党的错误和缺点一本小册子中的片段。俄国马克思主义者,在斗争中已经有充分的锻炼,不至于为这针刺的打击所吓住,因怕给他们所利用,而停止做自动批评的工作,并不肯认真揭出自己的缺点了——这种缺点将因工人运动的发展而无抵抗地和不可免地归于消灭。"

以上,综括起来,便是列宁主义方法的特点。

列宁的方法中所有的,在马克思学说中,大体上已经有了,这方法,据马克思的话说,"其实质是批评的和革命的"。列宁的方法自始至终正是充满了这个批评的和革命的精神。但若以为列宁的方法是单纯的复活马克思的方法,那是不对的。事实上,列宁的方法不仅仅是马克思批评的和革命的方法及其唯物的辩证法之复活,而且是此方法之具体化和更进的发展。

第三章 理 论

这个题目,我分为三个问题来说:一、理论在无产阶级运动上的重要,二、自发论的批评,三、无产阶级革命论。

第一节 理论的重要

有些人以为列宁主义是实际优于理论,列宁主义中主要的是实现马克思主义为事实,是"执行"这主义,至于理论,则列宁主义仿佛是不很措意的。大家知道,蒲列哈诺夫时常嘲笑列宁对于理论特别对于哲学的"忽视"。大家也知道,现在很多实行的列宁派是不很看重理论的,尤其是那些一天到晚只忙于实际工作的人。我应该申言,这种对列宁和对列宁主义之奇异的见解,是完全错误的,而且绝不合于事实;实行家鄙薄理论的倾向是违反整个列宁主义精神的,并含孕有妨害工作之大的危险。

理论是各国工人运动经验所综合起来的。自然,理论如果不连系于革命的实际,就变成了无意义的,亦犹实际如果不经革命的理论的指导,就变成盲目的一样。但理论如果是在不断地与革命实际连系而逐渐形成起来,就可以变成工人运动的伟大的力量,因为理论,且惟有理论,能够给运动以保证,以方针,以了解周围环境的内部连系,因为理论,且惟有理论,能够帮助实际不仅去了解现在各阶级怎样行动有何倾向,而且去了解在最近将来各阶级怎样行动有何倾向。没有人像列宁说过而且反复说过底下一句有名的话:

"没有革命的理论，就不能够有革命的运动。"（见《怎么办？》）

列宁比谁都了解理论的重要，尤其对于我们的党，对于担负起国际无产阶级前进战士使命而又处在复杂的本国的和国际的环境里的党。他在一九〇二年即预料我们的党有这一特殊的使命，那时他已经认定必须指出：

"只有受前进理论指导的党，才能够执行其所负的前进战士的使命。"（见《怎么办？》）

我们已无需乎说明，现在当列宁对本党使命之预言已成事实的时候，列宁这一句话已变为特殊的力量并具有特殊的意义了。

底下一件事实，可以明显表示列宁之异常重视理论，这事实即没有人像列宁一样担负起底下一件重大的任务：以唯物论的哲学贯通自恩格斯至列宁这一时代科学上重大的发明并从各方面批评马克思主义当中反唯物论的倾向。恩格斯说："每一新的大发明出现，唯物论便要跟着改变新的面貌。"大家知道，担负这一任务的人，不是别的，乃是著作《唯物论和经验批评论》的列宁。大家知道，喜欢嘲笑列宁之"忽视"哲学的蒲列哈诺夫，也并未敢认真担负起这一任务。

第二节　自发论的批评（或运动中前锋军的作用）

自发论是机会主义的理论，是屈服于工人运动自发状态的理论，是事实上否认工人阶级前锋军即工人阶级政党之指导作用的理论。

屈服于自发状态的理论，是决然不赞成工人运动带革命性的，这理论不赞成工人运动倾向于反资本主义根基的斗争；这理论主张工人运动应该仅仅提出为资本主义"可以执行的""可以接受的"要求；这理论完全主张"最小的抵抗"。自发论是工联主义的思想。

屈服于自发状态的理论，决然反对自发的运动带上了自觉的有计划的性质，这理论反对政党走在工人阶级前面，反对政党提高群众的自觉，反对政党领导运动；这理论主张运动中的自觉分子不要妨害运动自己的进行；这理论主张政党只可追随自发的运动并附着在这运动的尾巴【上】。自发论是减低自觉分子在运动中作用的理论，是"尾巴主义"的思想，是一切机会主义之逻辑的基础。

事实上，这理论出现尚在俄国第一次革命以前，当时这理论的信徒，所谓"经济派"，否认俄国有独立的工人政党之必要，反对工人推翻沙尔主义的革命斗争，在运动中宣传工联主义的政策，一般说来是把工人运动安置于自由派资产阶级领导权底下。

旧《火花报》的奋斗和列宁的《怎么办？》一书中对于"尾巴主义"理论之严刻的批评，不仅打倒了所谓"经济主义"，而且创立了俄国工人阶级实际革命运动之理论的基础。

没有这次奋斗，就梦想也想不到俄国创立独立的工人政党，想不到这政党在革命中的指导作用。

但屈服于自发状态的理论不仅是俄国的现象。这理论极广泛地散布于第二国际所有政党，其散布，不错，是改变一点形式的。譬如第二国际首领常用的所谓"生产力"论就是这样,这个"生产力"论可以说明一切,可以调解一切,这理论指出事实,俟大众都了解后始来解释这事实,并且只限于指出就满意了。马克思说,唯物论不能够只限于解释宇宙,还须改造宇宙。但考茨基及其伙伴并不做到这一步,他们宁愿停止于马克思所说的一句话。底下就是一个例证,证明他们怎样应用这个"理论"。人们说,帝国主义战争以前,第二国际党恐吓说,如果帝国主义者开始战争,则将"向战争作战"。人们说,战争开始时,这些党丢弃了"向战争作战"口号;而实行相反的口号:"为帝国主义祖国作战"。人们说,这改换口号的结果就是几百万工人的牺牲。但如果以为这里头某人是有罪的,以为是某人背叛了或出卖了工人阶级,那是错误的。绝不是这样!所有这些都是当然要发生的。第一因为国际是"和平的工具",而不是战争的工具。第二因为在那时的"生产力程度"之下,别没有其他的办法。"错的",是"生产力"。这是考茨基先生的"生产力论"真确向"我们"解释的。谁不相信这"理论",谁就不是马克思主义者。政党的作用呢?政党在运动中的意义呢?可是,政党怎样抵得住这样的重大动力——"生产力程度"呢!?

这种曲解马克思主义的例证,还可以举出很多。

显然可以看出,这种冒牌的并为机会主义所假托的"马克思主义",仅仅是列宁在俄国第一次革命以前所攻击的"尾巴主义"理论之欧洲式的变形。

显然可以看出,打破这种理论上的曲解,乃是西方创立真正革命政党之先决的条件。

第三节 无产阶级革命论

列宁的无产阶级革命论,从三个根本的论题出发。

第一论题 资本主义先进国中财政资本之统治;发行股票成为财政资本主要之动作;资本对原料产地之输出成为帝国主义的基础之一;财政资本统治结果形成财政巨头之万能魔王;——所有这些使垄断的资本主义之寄生虫本性益加显露出来,使资本主义托辣斯和新提嘉的压迫益加难堪,使工人阶级益加愤怒起来反对资本主义的基础,使群众益加趋向于无产阶级革命,视此革命为唯一的救星。(见列宁的《帝国主义》)

从此得了第一个结论:资本主义国家内部革命的危机日益加厚,"宗主国"中内部无产阶级战线爆发的原[元]素日益增长。

第二论题 资本对殖民地弱小国家的输出之增多;"势力范围"和殖民地带之扩大至于占有全世界;资本主义之变成为世界广大多数民众受少数"先进国"财政羁勒和殖民压迫的一种世界系统;——所有这些,一方面使单个民族经济和单个国家领土变成一大整个的所谓世界经济锁练[链]中之一环,他方面使全世界人民划分为二个对敌的营垒:一是剥削和压迫广大殖民地弱小国家的少数资本主义"先进国",一是反对帝国主义压迫而自求解放的广大殖民地弱小国家。(见《帝国主义》)

从此得了第二个结论:殖民地国家的革命危机日益加厚,外部殖民地反帝国主义暴动战线的原[元]素日益增长。

第三论题 "势力范围"之垄断和殖民地;各帝国主义国家间因已占有领土的国

家和要分沾"赃物"的国家互相为瓜分世界而剧烈斗争致引起不平衡的发展；帝国主义战争成为恢复那已破坏的"均势"之唯一方法；——所有这些使第三战线即资本主义国家间战线之危机严重起来，因之削弱了帝国主义并促成前二战线即无产阶级革命战线和殖民地解放战线联合起来共同反对帝国主义。(见《帝国主义》)

从此得了第三个结论：在帝国主义底下，战争是必然要爆发的，而欧洲无产阶级革命和东方殖【民】地革命联合成整个的世界革命战线以反对世界帝国主义战线，是不可避免的。

以上三个结论，列宁又综合起来，成一总的结论："帝国主义是社会主义革命之前夜。"(见《帝国主义》)

因此，人们对于无产阶级革命问题，革命的性质，其范围，其深度及其一般的推测之观点，也就改变了。

从前，为分析无产阶级革命的前提，人们往往是以某一国家的经济状况为观点的。现在这观点已经不够用了。现在应该以所有国家或大多数国家的经济状况为观点，应该以世界经济为观点，因为单个国家或单个民族经济已经不是闭关自足了，已经变成一大整个的所谓世界经济锁练[链]中之一环了，因为旧的"文明的"资本主义已经变成帝国主义，而帝国主义又是世界广大多数民众受少数"先进国"财政羁勒和殖民压迫之世界系统了。

从前，人们可以说，某一单个国家，或恰切点说，某一先进国，具有或缺乏无产阶级革命的客观条件。现在这观点已经不够用了。现在必须说，一大整个的帝国主义世界经济已经具有客观的革命条件，因此，如果整个系统中革命已经成熟，则在这系统中纵然有几个国家工业上不甚发展，也不会成为革命所不能制胜的障碍物。

从前，人们可以把某一先进国的无产阶级革命看做单独的现象，其对象是其本国资本的战线。现在这观点已经不够用了。现在必须着眼在无产阶级世界革命，因为资本的单个民族战线已经变成一大整个的所谓帝国主义世界战线锁练[链]中之一环了，必须以各国革命运动的总战线来对抗此帝国主义战线。

从前，人们把无产阶级革命看做纯然是某一国家内部发展的结果。现在这观点已经不够用了。现在应该把无产阶级革命首先看做是帝国主义世界系统中矛盾性发展的结果，是帝国主义世界战线的大锁练[链]在某一国家破裂的结果。

革命在何处开始呢？资本战线在何处能先破裂呢？在那个国家呢？

——在工业较发展的国家，在无产阶级占多数的国家，在文化较高的国家，在德谟克拉西较普及的国家——从前人们往往这样答复。

——不是——列宁主义的革命论反驳说——不一定是在工业以及其他较发展的国家。资本战线是破裂在帝国主义锁练[链]较弱的地方，因为无产阶级革命是帝国主义世界战线的锁练[链]中最弱的一段破裂之结果，因此，可以说：开始革命的国家，资本战线破裂的国家，乃是资本主义发展较低的国家，而其他资本主义发展较高的国家则仍是资本主义。

在一九一七年，帝国主义世界战线的锁练[链]，在俄国比较在其他国家要弱些，这锁练[链]就在俄国破裂了,而爆发无产阶级革命。为什么?因为在俄国有伟大的平民革命的发展,革命的无产阶级走在这革命前面,又有几百万受地主压迫和剥削的农民为其亲密的同盟者。因为在俄国反对革命的是帝国主义最丑恶的代表——沙尔主义,是失去一切精神上的权威并受一般民众所深恶痛绝的。在俄国虽然资本主义没有如在法德英美那样发展,但在那里帝国主义的锁练[链]是比较弱些的。

最近的将来,这锁练[链]将于何处破裂呢?仍然是在这锁练[链]较弱的国家。这锁练[链]或者在印度破裂,这是可能的。为什么?因为在印度在新兴的奋斗的革命的无产阶级,这阶级又有决然有力的和决然亲密的民族解放运动为其同盟者。因为在印度的敌人又是世人共知的外国帝国主义,又是失去精神的信用并受印度一般被压迫的和被剥削的群众所深恶痛绝的。

这锁练[链]或者在德国破裂,这更是可能的。为什么?因为在印度活动的动力也开始在德国活动起来,而且,显然,印度和德国中间发展程度上有一大的差异,也不能够不影响于德国革命的进程和出路。

所以列宁说:

"西欧资本主义国家发展至社会主义,并非由于社会主义在其国内为均衡的'成熟',而是由于这些国家剥削那些国家,由于帝国主义战争中第一个失败的国家被剥削又加上了全东方被剥削,他方面,东方也正因为这一次帝国主义战争而确定地加入革命运动,且确定地陷入于世界革命运动的大漩涡里。"《见宁少勿滥》

简单地说:帝国主义战线的锁练[链],就一般的规律来说,应该破裂在这锁练[链]中较弱的一环,无论如何不一定是破裂在资本主义较发展的国家的,不一定要专靠计算工人占百分之几,农民又占百分之几的……

所以在某一国家中无产阶级占全人口百分比之统计,对于解决无产阶级革命问题,在不懂帝国主义而又惧怕革命如蛇蝎的第二国际统计学家,是重视为有特殊意义的,而在现在则失去此种意义了。

其次,第二国际的英雄肯定说(并仍在肯定说),资产阶级德谟克拉西革命和无产阶级革命二者中间有一鸿沟存在,至少有一中国的万里长城隔开,使这二革命中间有一长时间的距离,在这时间的距离中,资产阶级夺取政权,发展资本主义,无产阶级则积聚力量并准备"坚决的斗争"以反对资本主义。这时间的距离,他们往往以为至少也有几十年。我们无须乎说明,这一"万里长城论"在帝国主义底下是没有一点科学根据的,这"理论"只是,且不能不是,资产阶级反革命志愿的一种籍口。我们也无须乎说明,在孕育着冲突和战争的帝国主义底下,在"社会主义革命的前夜",当"繁荣的"资本主义变为"垂死的"资本主义而革命运动正在各国增长之时,当帝国主义联合所有一切反动势力直至沙尔主义和农奴制度也联合在内以致一切革命势力从西方无产阶级运动至东方民族解放运动也【被】迫得联合起来之时,当推翻封建农奴制非向帝国主义作革命斗争则不可能之时,——在此时,我们自无须乎说明,资产阶级德谟克拉西革命,在或多或少发展的国家,在这种条件之下,应该接近于无产阶级革命,前一革命应该转变为后一革命。俄国革命的历史明显证明这一论断是正确的,是无可辨难的。因此，列宁于一九〇五年俄国第一次革命之前夜，在其所著《二个策略》一书中，早就把资产阶级德谟克拉西革命和社会主义革命看做是同一锁练[链]中的二环，是俄国革命进行中整个的连贯的现象了：

"无产阶级应该彻底完成德谟克拉西革命，拉拢农民群众到自己一边来，为的是以暴力打破专制政治的抵抗并麻醉摇摆不定的资产阶级。无产阶级应该完成社会主义革命，拉拢半无产阶级群众到自己一边来，为的是以暴力打破资产阶级的抵抗并麻醉摇摆不定的农民和小资产阶级。这便是无产阶级的任务，这种任务就是新火花派在其关于俄国革命前途的一切论断中和一切议决案中所着意提〈明〉出来的。"

我现在不再征引列宁以后的著作了【，】他后来的著作中，资产阶级革命转变为无产阶级革命之思想，比写在《二个策略》中尤更明显，这思想成为列宁主义革命论的基础之一。

有些同志仿佛以为列宁有这思想只在一九〇六年以后，以前他仿佛以为俄国革命应该限止于资产阶级范围内，政权应该从无产阶级和农民专政机关手中移转于资产阶级之手，而非移转于无产阶级之手。人们说，这种断语而且发生在我们共产主义的出版物上面。我应该说，这种断语完全是错的，完全是不合于事实的。

我能够征引列宁在第三次党大会（一九〇五年）的有名的演说，在此演说中，他把无产阶级和农民的专政即德谟克拉西革命的胜利，不看做是"秩序的组织"，而看做是"战争的组织"，（是[见]《列宁全集》第六卷）

我又能够征引列宁的临时政府一篇有名的论文（一九〇五年），在此文中，他描写俄国革命发展的前途，说党的责任是在务使"俄国革命不成为几个月的运动，而成多年的运动，不仅达到政权统治者方面一点小的让步，而要达到完全推翻这些政权"。在此文中，他展开这革命前途并连[联]系之于欧洲的革命，继续说：

"如果做到这一步，那时……那时革命之火将燃烧欧洲，在资产阶级反动高压底下的欧洲工人将乘时崛起并告诉我们'怎样地做'，那时欧洲革命高潮将反过来影响俄国，于是几年头的革命时代就将变成几十年头的革命时代了。"（同上）

我又能够征引列宁于一九一五年十一月发表的一篇有名的论文，在此文中，他说：

"无产阶级奋斗并将无所顾忌地奋斗，为夺取政权，为建立共和国，为没收土地，为求得资产阶级的俄国从军事封建'帝国主义'（沙尔主义）下求解放运动中有'非无产阶级民众'之参加，无产阶级立刻利用资产阶级的俄国这从沙尔主义从地主的土地政权求解放的运动，并非为帮助富裕的农民向农工争斗，而是为完成社会主义革命〈兴〉，欧洲无产阶级联合。"（见《反潮流》）我更能够征引列宁所著无产阶级革命与叛徒考茨基书中有名的一段话，在这一段话中，他征引上面从《二个策略》中摘出论俄国革命进程的一段话，而做成结论说：

"过去的事正如我们所预言。革命的进程证明我们的论断是正确的。起初，合同'一切的'农民反对帝制反对地主反对中世纪遗制（在这限度内，革命是资产阶级的，是资产阶级德谟克拉西的）。随后，合同贫农，合同半无产阶级，合同一切被剥削者，反对资本主义，连着也反对农村富人、富农、投机商人，在这限度内，革命就变成社会主义的了。企图建立人为的中国万里长城于二种革命中间，企图除开无产阶级准备程度及其联合贫农程度之外再用别的事物来隔离这二种革命，这种企图乃是过分附会马克思主义，乃是涂污马克思主义，乃是以自由主义代替马克思主义。"

以上所征引，我以为已经够了。

人们对我们说，好，但在这种状况底下列宁为什么反对"革命无间论"的思想呢？

因为列宁主张"尽量利用"农民的革命效能并彻底利用其革命毅力，以完全消灭沙尔主义，以过渡到无产阶级革命，而"革命无间论"一派则不了解农民在俄国革命中有重大作用，并轻视农民的革命毅力，且因此妨害农民从资产阶级影响底下求解放的运动，妨害农民与无产阶级相结合。

因为列宁主张无产阶级夺取政权为革命之顶点，而"革命无间论"一派则以为是直接从无产阶级政权开始，殊不知他们这样就隐蔽了一件"小事"——农奴制的余留，就忽视了俄国农民的重大力量，就不懂得这种政策只能够妨害无产阶级征[争]取农民的工作。

列宁因此攻击"革命无间论"一派，但不在"无间"问题上面，因为列宁自己也是站在革命连续而不间断的观点上的，乃在他们轻视了为无产阶级伟大后备军的农民之作用。

"革命无间论"的思想并不是新的思想。这思想第一次是由马克思在其一八五〇年所著有名的《告共产主义者同盟书》中提出来的。我们的"革命无间论"一派所有革命连续而不间断的思想，就是从这文件中得来。我们应该注意，我们的"革命无间论"一派，从马克思取得这思想，从而修改之，从而"腐化"之，使之不能适用于实际的需要。必须有列宁熟练的手来纠正这错误，拿住马克思原来的革命无间论的思想，且以为是为列宁主义革命论的一种基础。

底下便是马克思在共产者同盟中论革命连续而不间断的一段话，马克思列宁共产主义者应该提出的许多革命德谟克拉西的要求之后，说：

"当德谟克拉西的小资产阶级已经大部分取得以上列举诸条要求以后即刻欲结束革命之时，我们的利益和我们的任务就在使革命不间断的继续下去，直至富有阶级失去统治权、无产阶级夺得政权，统治各国的无产阶级不互相竞争，并至少重要的生产力集中在无产阶级手里的时候。"

换一句话说：

（一）马克思并不如俄国"革命无间论"一派的计划，主张十九世纪五十年代德国的革命，直接从无产阶级政权开始。

（二）马克思仅仅主张，一步一步地推翻各派资产阶级权力，而以无产阶级国家政权为革命的顶点，无产阶级夺得政权，然后爆发革命于一切国家——这完全与列宁所教导的一样，完全与他根据其帝国主义时代的无产阶级革命论在俄国革命进程中所实现的一样。

从此可知，俄国的"革命无间论"一派，不仅忽视了农民在俄国革命中的作用，而且修改了(改坏了)马克思的革命无间论的思想，使这思想不适用于实际。

所以列宁嘲笑我们的"革命无间论"一派的理论，称这理论为"独创的"和"新奇的"，并指斥他们不肯去"细想究竟有何种原因能使十几年来的实际生活不受这一新奇的理论之影响"(列宁的论文是在一九一五年做的，当时距"革命无间论"一派之出现于俄国，已有十年了)。

所以列宁认定这理论是半孟雪维克的理论，他说这理论"从波尔札维克学会了号召无产阶级做革命斗争并夺取政权，又从孟雪维克学会了'否认'农民的作用"。(见《反潮流》中列宁所著《论革命的二种政策》一篇论文)

以上便是列宁论资产阶级德谟克拉西革命转变为无产阶级革命和论利用资产阶级革命以"立即"过渡到无产阶级革命的思想。

从前，人们认定在单个国家内革命胜利是不可能的，以为要战胜资产阶级，必一切先进国或至少多数先进国的无产阶级起来共同行动。现在这观点已经不适合于事实了。现在必须认定这胜利是可能的，因为帝国主义时代各资本主义国家发展之不均衡性和突变性，帝国主义内部因突变的矛盾性发展而必然引起战争以及世界各国革命运动之进展，——所有这些使单个国家中无产阶级胜利不仅是可能的而且是必需的。俄国革命历史就直接证明这个。我们只要记得，如果已经有了一些十分必要的条件，则推翻资产阶级的运动就可以成功，如果没有这些条件，则连无产阶级夺取政权的梦想也不会有了。

底下便是列宁在其所著《幼稚病》一书中论这些条件的话：

"革命的根本规律，经过一切革命证实的，尤其经过二十世纪俄国三次革命证实的，就在于：只有被剥削的和被压迫的群众觉悟不能照旧生活下去并要求改革，这对于革命还是不够的；对于革命，必须剥削者自己也不能生活下去并管理下去。只有此时，即'下层'不愿照旧生活而'上层'不能照旧生活，然后革命能够胜利。换一句说：没有全国的(同时影响被剥削者和剥削者的)恐慌，革命是不可能的。这是说，对于革命，第一必须是大多数工人(或至少大多数觉悟的有思想的能政治活动的工人)完全了解革命的必要并准备好了为革命牺牲生命；第二必须是统治阶级发生政治的恐慌，这恐慌牵引最落后的群众也参加政治，削弱政府势力并促成革命者去迅速推翻政府。"

但在一个国家里推翻资产阶级政权并建立无产阶级政权之后，还不是说，已经保证社会主义的完全胜利了。社会主义的主要任务——组织社会主义的生产——还排在我们面前。没有几个先进国无产阶级的共同努力，就能够解决这任务，就能够在一个国家里做到社会主义最终的胜利吗？否，不可能！一个国家的努力，要推翻资产阶级是够用的，——俄国革命历史已经告诉我们。一个国家的努力，特别是农民占多数如俄国的努力，要做到社会主义最终的胜利，要组织社会主义的生产，已经是不够用了，——为着这个，必须几个先进国无产阶级的努力。因此，发展并帮助其他国家的革命，乃是革命已经胜利的国家之主要任务。因此，革命胜利的国家，不应自视为独立的现象，而应自视为促成其他国家无产阶级胜利的助手，的手段。

列宁以二句话表明这个思想说，革命胜利的国家的任务，就在"一个国家尽可能地努力，发展，帮助并激发一切国家的革命"。（见《无产阶级革命》）

以上，总言之，便是列宁主义的无产阶级革命论之特点。

第四章　无产阶级专政

这个题目，我分为三个根本问题来说：一、无产阶级专政是无产阶级革命的工具，二、无产阶级专政是无产阶级对资产阶级的统治，三、苏维埃政权是无产阶级专政的国家形式。

第一节　无产阶级专政是无产阶级革命的工具

无产阶级专政问题首先是论无产阶级革命根本意义的问题。无产阶级革命，其运动，其范围，其成绩，只有经过无产阶级专政才能实现。无产阶级专政乃是无产阶级革命的工具。其机关，其最重要的靠点，一来用以镇压已下台的剥削者之反抗并巩固革命所得的成绩，二来用以彻底进行无产阶级革命直至社会主义完全胜利。革命可以不用无产阶级专政即能够战胜资产阶级，推翻其政权。但要镇压资产阶级的反抗，保持革命的胜利并向前进展至社会主义最终的胜利，则革命，如果在其发展的一定阶段上，创立一特种机关即无产阶级专政为其根本的靠点，就不能做到。

"革命的根本问题就是政权的问题。"（列宁）这里，是不是说只限于夺取政权，占据政权呢？否，不是这样说。夺取政权——这仅仅是事情的开始。在一个国家内，已下台的资产阶级，因有种种原因，将有长时间比推翻它的无产阶级更强。因此无产阶级必须出全力保持政权，巩固政权，使这政权不至于失败。

要达到这目的，必须怎样做呢？至少必须执行胜利后"第二日"提出于无产阶级专政面前的三种主要任务：

（一）打破那革命所推翻所剥夺的地主和资本家的反抗，扑灭他们恢复资本政权的一切企图。

（二）团结一切劳动者于无产阶级周围以进行社会主义建设工作，并进而准备逐渐消除社会阶级的分化。

（三）武装革命，组织革命军队，与国外敌人斗争，与帝国主义斗争。必须有无产阶级专政以执行以完尽这些任务。所以列宁说：

"资本主义到共产主义的过渡时代，是一整个的历史时代。这时代尚未终结以前，剥削者必然还保存有复辟的希望，而这希望就变成了复辟的企图。"

经过了第一次严重的失败以后，已下台的剥削者——本来不料到他们会下台的，本来不相信这个，本来未曾想起这个——于是就以多倍的毅力狂疯的热情万分的仇愤起来战斗，为恢复他们的失去的'天国'，为供养他们的家庭——他们的家庭从前过多么甜蜜的生活，而今则被'混蛋的平民'弄得破产和贫困（或做'简单'劳动……）了。而在剥削者资本家背后，又跟着一大群的小资产阶级，——几十年来各国历史经验证明小资产阶级是犹豫不决和摇摆无定的，今天跟着无产阶级，明天则因革命困难而恐惧，因工人稍一失败或挫折而吓怕，并弄得神经错乱，头脑糊涂，欲哭不能，欲

笑不得,有时在这边营垒,有时又跑那边去了。"(见《无产阶级革命》)

并且,资产阶级的复辟企图是有根据的,因为它被推翻之后,还将有长时间比推翻它的无产阶级更强。列宁又说:

"如果剥削者只在一个国家内被打败了——这自然是普通的情形,因为在许多国家内同时发生革命,乃是希[稀]罕的例外——那么他们仍旧是比被剥削者更强。"(见《无产阶级革命》)

下台的资产阶级的势力在那里呢?

第一,"在乎国际资本的势力,在乎资产阶级国际连系的力量和团结"。(见《幼稚病》)

第二,在乎"剥削者于革命之后必然还将长时期保存许多巨大的事实上的便利:他们还有钱(一下消灭货币是不可能的),还有一大部分的动产,还有相互的连[联]络,还有组织上管理上的习惯,还知道行政上的一切'秘密'(习惯、方法、手段、可能性),还有高等教育知识并接近于高等技术人员(资产阶级式生活和思想的人),还知道高深的军事学识(这是很重要的)"。(见《无产阶级革命》)

第三,"在乎习惯的力量,在乎小生产的力量,因为,小生产可惜还将有很多很多保存着,而小生产又经常地每日地每时地自发地并众多地产生资本主义和资产阶级"。因为"消减[灭]阶级——这并不是说仅仅驱逐地主和资本家——这我们是比较容易做的——这是说兼要消灭小商品生产者,而这种人是不能驱逐的,是不能压迫的,应该与他们和好,他们是可以(而且必须)改造的和重新训练的,但必须经过很长久很迟缓很谨慎的组织工作"。(见《幼稚病》)

所以列宁说:

"无产阶级专政是新阶级反对更强大的敌人之最勇敢的和最残酷的战争,——资产阶级的反抗力,将因其本身被推翻而多倍增大。"……"无产阶级专政乃是一种坚决的斗争,是一种流血的和不流血的,暴力的和和平的,军事的和经济的,教育的和行政的斗争,反对旧社会的势力和传统。"(见《幼稚病》)

我们无须乎说,要在短时间内要在几年中来完尽以上这些任务,是绝对不可能的。因此,我们必须把无产阶级专政,把资本主义到共产主义的过渡时代,不看做是公布"最革命的"法令和文告的一种短促时期,而看做是一整个的历史时代,充满了国内战争和国外冲突,紧张的组织工作和经济建设,进攻和退守,胜利和失改。这一历史时代是必需的,不仅为创立社会主义完全胜利之经济的和文化的端倪,而且为使无产阶级得有可能一来教育并锻炼自己管理国家的能力,二来改造并重新训练小资产阶级以保障社会主义的生产组织。

马克思告诉工人说:

"你们应该经过十五年二十年五十年的国内战争和国际战争,不仅为改变社会关系,而且为改变你们自己并养成你们的政治统治的能力。"(见《马克思和恩格斯全集》第三卷)

列宁发挥并展开马克思的思想说:

"在无产阶级专政底下，必须改造几百万农民和小业主，几万雇员官吏资产阶级智识分子，使他们都服从无产阶级的国家和无产阶级的领导，必须制胜他们中间资产阶级的习惯和传统。"同样也必须"在无产阶级专政上长期斗争之中改造无产者自己；无产者自己所有的小资产阶级成见并非一下即能去除的，也非靠圣迹靠圣母命令靠口号议决案法令等所能去除的，要去除这个，必须靠长久的和艰难的群众斗争，反对无量数的小资产阶级影响"（见《幼稚病》）。

第二节 无产阶级专政是无产阶级对资产阶级的统治

从上面所说，已可知道，无产阶级专政并不是政府人员或内阁等之简单的更迭，仍保存着旧的经济及政治制度，毫未侵犯。各国孟雪维克党人和机会主义者，惧怕专政如蛇蝎并以"夺取政权"的观念替换专政的观念，往往以为"夺取政权"就是做到内阁的更迭，做到希德曼·诺斯克、麦克唐纳尔和享德孙一类人组织内阁，登台。我们无须乎说，这一类的内阁更迭，一点也不与无产阶级专政相同，一点也不与真正无产阶级夺取真正政权相同。麦克唐纳尔和享德孙在保存资产阶级旧制度基础上，登了台，他们的所谓政府，不是别的，只是资产阶级手里差遣的机关，帝国主义伤痕的遮盖物，资产阶级反对被压迫和被剥削群众革命运动的工具。

这种政府是资本【家】所需要的屏风，是当资本【家】遇着不便利或不容易压迫和剥削时候所不可缺少的。自然，这种政府之发现，乃是"他们那里"（即资本家那里）状况不甚佳的征象，但这一类的政府始终仍是变相的资本政府。从麦克唐纳尔政府或希德曼政府到无产阶级夺取政权，其距离好像从地下到天上一样。无产阶级专政不是政府的更迭，而是新的国家，中央和地方都有新的政权机关。这是发生在资产阶级旧国家废址上的无产阶级国家。

无产阶级专政不是发生在资产阶级制度上的基础上，而是发生在推翻资产阶级后旧制度破坏的进程中，在没收地主和资本家财产的进程中，在重要的生产工具和生产机关收归社会公有的进程中，在无产阶级暴力革命的进程中。无产阶级专政是依靠在以暴力制服资产阶级的革命的政权【上】。

国家是统治阶级手里镇压其阶级敌人的反抗的一架机器。在这关系上，无产阶级专政，根本上与其他阶级的专政是没有分别的，因为无产阶级国家是镇压资产阶级的机器。但这里有个紧要的差别。这差别就在，既往一切阶级的国家是少数剥削者对多数被剥削者的专政，而无产阶级专政则是多数被剥削者对少数剥削者的专政。

简单一句话说，无产阶级专政是无产阶级对资产阶级的统治，这统治是不受法律所限制的，是依靠在暴力之上的，是得劳动群众和被剥削群众的同情和赞助的。（见《国家与革命》）

从此可得二个根本的结论：

第一结论 无产阶级专政不能够是"完全的"德谟克拉西，对于一切人的对于富人和穷人的德谟克拉西——无产阶级专政"应该是新德谟克拉西的（对于无产阶级及一般穷人的）和新专政的（对于资产阶级的）国家"（见《国家与革命》）。考茨基及其伙伴的言论，说什么普遍的平等，"纯粹的"德谟克拉西，"十全的"德谟克拉西等，这乃是替资产阶级掩饰这一无疑的事实：被剥削者和剥削者的平等是不可能的。"纯粹"德谟克拉西论，乃是帝国主义强盗所驯养所津贴的上层工人阶级的理论。这种理论的出现是用来遮掩帝国主义伤痕，粉饰帝国主义并供给帝国主义以精神上的力量来反对被剥削群众。在资本主义底下，被剥削者是没有而且不能有真正"自由"的，因为享用"自由"的必需品，如局所，印刷机关，纸料堆栈等，是受剥削者所垄断的。在资本主义底下，被剥削群众未曾真实参加而且不能真实参加国家的行政，因为也许在资本主义条件下最德谟克拉西的制度，政府也不是人民建立的，而是洛希德司丁纳斯洛克费勒摩尔根（都是欧美的大资本家——译者）建立的。资本主义底下的德谟克拉西，乃是资本主义的德谟克拉西，乃是少数剥削者限制多数被剥削者权利并用来反对这多数人的德谟克拉西。

只有在无产阶级专政底下，被剥削者才能有真正的"自由"，无产者和农民才能真实参加国家的行政。无产阶级专政底下的德谟克拉西，乃是无产阶级的德谟克拉西，乃是多数被剥削者限制少数剥削者权利并用来反对这少数人的德谟克拉西。

第二结论　无产阶级专政的发生，不能够是资产阶级社会和资产阶级德谟克拉西和平发展的结果，——无产阶级专政的发生，只是破坏资产阶级国家机器，资产阶级军队，资产阶级官僚机关和资产阶级警察的结果。

马克思和恩格斯在《国内战争》的序言中说："工人阶级不能够简单占领现成的国家机器并开动这机器为自己的目的。"马克思于一八七一年致顾格尔曼一信中又说：无产阶级革命"不应该像过去时代那样从这一手里转移官僚军事机器到别一手里去，而应该破坏这机器……这乃是大陆一切真正民众革命的先决条件"。

马克思信中"大陆"二字，还被各国机会主义者和孟雪维克党人借口去宣传说：可见马克思以为资产阶级德谟克拉西和平发展为无产阶级德谟克拉西是可能的，至少对于不在欧洲大陆内的几个国家（英美）是可能的。马克思，的确，以为这是可能的，他对于过去世纪七十年代英美的这种见解，是有根据的，因为那时还没有垄断的资本主义，还没有帝国主义，英美因其特殊的发展条件，也还没有发展甚高的军国主义和官僚主义。这是发展的帝国主义未出现以前的状况。但随后过了三四十年，英美的状况已根本改变了，帝国主义发展并普及于所有一切资本主义国家了，军国主义和官僚主义也发现于英美了，英美和平发展的特殊条件也已消灭了，——马克思对这些国家的特殊见解自然也就失去了意义。所以列宁说：

"现在，在一九一七年，在第一次帝国主义大战时代，马克思的这种见解就不能存在；英美以前因没有军国主义和官僚主义，成了全世界上代表英格卢撒克逊'自由'的最重要的和最末后的国家，而现在则已完全滚入全欧洲官僚军事制度之污浊的血腥的泥淖中而制服一切压迫一切了。现在，在英美，'一切真正民众革命的先决条件'乃是拆散并破坏'现成的'（一九一四——一九一七年欧洲帝国大战中所制成的）国家机器。"（见《国家与革命》）

换一句话说，无产阶级暴力革命的法则，即破坏资产阶级国家机器以为这个革命先决条件的法则，——乃是世界帝国主义国家革命运动的当然的法则。

自然，在较远的将来，如果无产阶级在重要的资本主义国家中已得胜利，如果现在的资本主义包围形势变成社会主义包围形势，那么，几个资本主义国家走上"和平"发展的道路，完全是可能的，在那里，资本家鉴于国际环境的"恶劣"觉得不如"善意的"对无产阶级大大让步。但这种假设只指远的可能的将来而言。在最近的将来，这种假设是没有何种根据的。

因此列宁说得对，他说："无产阶级革命，若不以暴力破坏资产阶级国家机器并以新的机器替换旧的机器，则是不可能的。"（见《无产阶级革命》）

第三节　苏维埃政权是无产阶级专政的国家形式

无产阶级专政的胜利，就是说镇压了资产阶级，破坏了资产阶级国家机器，以无产阶级德谟克拉西替换了资产阶级德谟克拉西。这是明显的。但要完成这巨大的工作，须靠那一种组织呢？生长在资产阶级议会制度上面的无产阶级组织旧形式，对于这工作，是不够用的；这是毫无疑义的事。究竟是那种新的无产阶级组织形式，不仅能够破坏资产阶级国家并以无产阶级德谟克拉西代替资产阶级德谟克拉西，而且能够变成无产阶级国家政权的基础呢？

这种新的无产阶级组织形式，就是苏维埃。

苏维埃，比较旧的组织形式看来，其优点在那里呢？

在乎苏维埃是最广大的无产阶级群众组织，因为它，且只有它，包括所有一切工人。

在乎苏维埃是唯一的群众组织，这组织包括一切压迫者、被剥削者、工人、农民、陆兵和水兵，在这组织中，群众前锋即无产阶级之政治上领导群众斗争最容易实现，最完全地实现。

在乎苏维埃是群众革命斗争，群众政治行动，群众暴动之最强有力的机关，这机关能够打倒财政资本万能魔王及其政治的附属物。

在乎苏维埃是群众自身直接的即最德谟克拉西的组织，亦即是最有权威的群众组织，最能够帮助群众参加新国家的建设和管理，在破坏旧制度建设无产阶级新制度斗争中最能够发展群众的革命毅力，其自动力，其创造的才能。

苏维埃政权是由各地方苏维埃联合并形成为一总的国家政权——无产阶级的国家组织——苏维埃共和国——这里无产阶级成了被压迫被剥削群众的前锋军，成了统治阶级。

苏维埃政权的实质，就在，从前受资本家和地方压迫的阶级，其最群众的和最革命的组织，现在就成了"整个苏维埃政权整个国家机关之经常的和唯一的靠点了"。而那些群众，"甚至在最德谟克拉西的共和国中"，法律上是有平等权利的，"事实上，则受各种方法和狡计所限制，不能参加政治生活，不能享用德谟克拉西的权利和自由，到现在就经常地无阻碍地因之坚决地参加国家行政了"。（见《列宁全集》第十六卷）

所以苏维埃政权是国家组织的新形式，与资产阶级德谟克拉西的和议会制度的旧形式大不相同，这一国家的新模型，其任务不是在剥削并压迫劳动群众，而是在从一切压迫和剥削底下完全解放劳动群众出来，而是在执行无产阶级专政。

列宁说得对，他说：苏维埃政权一经出现，"资产阶级德谟克拉西议会制度时代就终止了，而开始世界历史的一个新篇幅：无产阶级专政时代"。

苏维埃政权的特点在那里呢？

在乎苏维埃政权是阶级分化社会里各种各色国家组织中最群众的和德谟克拉西的国家组织，因为它在反对剥削者的斗争中帮助工人和被剥削的农民之联盟和合作，因为它依靠在促成这联盟和合作之工作，遂自己变成了多数人对少数人的政权，变成了这多数人的国家，变成了多数人专政的表示。

在乎苏维埃政权是阶级分化社会里一切国家组织中最含国际性的组织，因为它破坏一切民族的压迫并依靠在各民族劳动群众合作，遂促成这些群众团结为一个统一的国家联合。

在乎苏维埃政权，按其本身的结构，使被压迫的和被剥削的群众前锋军即无产阶级易于领导这些群众——无产阶级是苏维埃中最团结的和最觉悟的分子。

列宁说："一切被压迫阶级运动的经验，世界社会主义运动的经验，告诉我们：唯有无产阶级能够团结各种分散而落后的劳动者及受剥削民众，并领导他们。"（见《列宁全集》第十六卷）苏维埃政权的结构，使上述的经验易于实现。

在乎苏维埃政权，因合并立法权和行政权为一整个的国家组织并改变按地域的选举制为按生产单位工厂作坊等的选举制，遂直接连系工人及一般劳动群众于国家行政机关，教他们管理国家。

在乎只有苏维埃政权能够使军队脱离资产阶级的指挥，能够使资产阶级社会中压迫人民的军队变成解放人民使脱离本国和外国资产阶级压迫的军队。

在乎"只有苏维埃的国家组织能够一下确定打破旧的即资产阶级的行政及司法机关"。（见前）

在乎只有苏维埃的国家形式，引导了劳动者和被剥削者的群众组织经常地无条件地参加国家管理，才能够准备消灭国家——在未来共产主义社会，国家是不存在的。

苏维埃共和国，因此，就是长久寻求而最后始找得的一种政治形式，在这种国家内应该做到无产阶级完全的经济解放，社会主义完全的胜利。

巴黎公盟就是这形式之萌芽。苏维埃政权则是这形式之发展和完成。

所以列宁说：

"工兵农代表苏维埃共和国，不仅是德谟克拉西制度最高的形式而且是唯一的形式，能够保证最安全地过渡到社会主义。"（见《关于立法会议的提案》）

第五章 农民问题

这个问题，我分为四个问题来说：一、设问，二、资产阶级德谟克拉西革命时的农民，三、无产阶级革命时的农民，四、苏维埃政权巩固后的农民。

第一节 设 问

有些人以为列宁主义的根本是农民问题，列宁主义的出发点，是关于农民，关于农民的作用，关于农民的重要诸问题。这是完全错误的。列宁主义的根本问题及其出发点，并不是农民问题，而是关于无产阶级专政，关于获得专政的条件，关于巩固专政的条件诸问题。农民问题是无产阶级在夺取政权斗争中寻求同盟军的问题，即只是从属的问题。

虽然如此，但农民问题绝不因之减低其对于无产阶级革命上之严重的意义。大家知道，俄国马克思主义者当中开始认真研究农民问题，正当第一次革命（一九〇五年）之前夜，那时推翻沙尔主义问题和实行无产阶级领导权问题在党的面前严重提出来，那时无产阶级在将要到来的资产阶级革命中寻求同盟者问题，成为十分紧急的问题。□大家也知道，俄国的农民问题，在无产阶级革命时，更加有现实的意义，那时无产阶级专政问题，无产阶级夺取政权并巩固政权问题，就引起了无产阶级在将要到来的无产阶级革命中寻求同盟者问题。这是明显的！谁准备去拿取政权，谁就不能够不去注意寻求真实的同盟者的问题。

在这意义底下，农民问题，乃是总的无产阶级专政问题中的一部分，如此也就成为列宁主义之最重要问题的一个。

第二国际政党之漠视农民问题甚至于直接否认农民问题，不仅因为西方有特殊的发展条件——首先乃因为这些政党不相信无产阶级专政，惧怕革命并不想领导无产阶级夺取政权。谁惧怕革命，谁不愿意领导无产阶级夺取政权，谁就不会去注意无产阶级在革命中寻求同盟者问题；对于他，这问题是无意义的，非现实的。

第二国际英雄们，以为他们对于农民问题之玩世不恭的态度，乃是"真正的"马克思主义之表现。事实上，这里一点马克思主义都没有，因为漠视那样重大的问题即在无产阶级革命前夜的农民问题，即等于否认无产阶级专政，即无疑是直接背叛马克思主义。

问题是这样：在农民生存的某种条件之下，隐藏在农民内部的革命可能性，是否完全用尽了呢？如果不是完全用尽了，是否还有希望，可以利用农民的革命可能性于无产阶级革命？即是否可以将农民，将农民中大多数被压迫者，从资产阶级的后备军（西方无产阶级革命时如此，现在还是如此），改变成为无产阶级的后备军，成为无产阶级的同盟者呢？

列宁主义答复这问题，是肯定的态度，这就是说：承认大多数农民有革命的能力，而且可以利用之为无产阶级专政的利益。俄国三次革命的历史完全证实了列宁主义这个结论不错。

从此得来的实际结论，就是要帮助，必须要帮助劳动的农民群众，去反对践踏和剥削，去从压迫和贫困下求解放。自然，这并不是说，无产阶级必须帮助所有一切的农民运动。这只在于说，帮助那种直接或间接能够促成无产阶级解放运动的农民运动和斗争，帮助那种能够加紧无产阶级的革命磨房旋转速度的水流，帮助那种能够改变农民为无产阶级后备军和同盟者的运动。

第二节　资产阶级德谟克拉西革命时的农民

这一时期包括俄国第一次革命（一九〇五年）至第二次革命（一九一七年二月）中

间的年代。这一时期的特性是农民从自由派资产阶级影响底下解放出来，离开立宪民主党，而转过到无产阶级即波尔札维克党一边来。这一时期的历史，乃是立宪民主党人(自由派资产阶级)和波尔札维克党人(无产阶级)中间竞争农民的斗争史。"国会时期"就决定这一斗争的命运，因为四次国会时期，乃是农民的事实的教训，这一教训明白告诉农民说，他们是不会从立宪民主党人手中取得土地和自由的，俄皇是完全帮助地主的，立宪民主党人是拥护俄皇的，唯一的力量就够帮助他们的，乃是城市的工人——无产阶级。帝国主义战争不过是证实国会时期的教训，使农民确定离开资产阶级以致自由派资产阶级陷于孤立的状况，因为几年的战争证明那从俄皇及其资产阶级同盟者取得和平之希望，完全是幻想而不会实现了。没有国会时期之严厉的教训，无产阶级领导权将是不可能的。

资产阶级德谟克拉西革命中之工农的联盟，就这样建立起来。推翻沙尔主义大斗争中之无产阶级领导权，也就是这样建立起来。这种领导权结果就爆发了一九一七年的二月革命。

西方资产阶级革命(英法德奥)，大家知道，是走另一条道路的。在那里，革命的领导权不属于无产阶级，而属于自由派资产阶级，当时无产阶级太幼稚，没有而且不能有独立的政治势力。在那里，农民能从农奴制度下求解放，不是得之于无产阶级手中而是得之于资产阶级手中的，当时无产阶级数量尚少而又没有组织。在那里，农民与资产阶级一起去反对旧的制度。在那里，农民是资产阶级的后备军。因此，在那里，革命结果，只大大地增加了资产阶级的政治威权。

在俄国，恰恰相反，资产阶级革命现出直接相反的结果。俄国的革命，不是增强资产阶级的政治威权，反是削弱它，不是增多它的政治后备军，反是丧失它的根本的后备军——农民。俄国的资产阶级革命，为其主力的不是自由派资产阶级，而是团结几百万农民在其周围之革命的无产阶级。

这一点就可用以解释，为什么，俄国的资产阶级革命经过比较短促的时间即转变为无产阶级革命。无产阶级领导权就是无产阶级专政之萌芽及其过渡的阶段。

怎样解释俄国革命有这种特殊的现象，为西方资产阶级革命史上所未曾有呢？这种特殊性从何而来呢？

这是因为资产阶级革命爆发在俄国之时，俄国阶级斗争比较以前之西方更加发展；因为俄国无产阶级此时已经成为独立的政治势力，而自由派资产阶级则因惧怕无产阶级的革命性，致失去了一切的革命性(尤其在一九〇五年教训以后)，并与俄皇及地主联盟，反对革命，反对工人和农民。

为要了解俄国资产阶级革命的特殊性，还应该注意底下几点：

(一)将近革命时俄国工业之空前的集中。大家知道，俄国全体工人之百分之五十四是在雇用五百人以上的企业里做工的，而工业发展的国家如美国在此类大工厂做工的工人也不过占全体工人百分之三十三。在这种状况之下，又有像波尔札维克党那样的政党，不待说，俄国无产阶级是要变成全国最伟大的政治势力。

(二)企业里残酷无比的压迫形式又加上了俄皇之惨无人道的警察制度。这样使每个严重的罢工变成了大的政治行动并锻炼了工人的力量成为革命的势力。

（三）俄国资产阶级幼稚的政治势力，到一九〇五年革命以后，竟变为沙尔主义的佣仆，而直接从事于反革命。这不仅因为俄国无产阶级的革命性吓怕了俄国资产阶级使之【屈】就沙尔主义的轨范，而且因为俄国资产阶级直接依靠于皇室的销路。

（四）最残酷的最难忍受的农奴制度之余孽尚存在于乡村中，地主在乡村简直有生杀予夺的全权。这样〈就〉使农民陷入革命的漩涡里。

（五）沙尔主义窒息一切活的事物并任意加紧资本家和地主的压迫。这样〈就〉联合工人和农民的斗争为一整个的革命潮流。

（六）帝国主义战争联合了俄国政治生活之所有【?】这些矛盾性成为深入的革命危机，并给革命以一巨大的冲动。

在这种种条件底下，农民走向那里去呢？农民向谁求援来反对握有全权的地主，反对俄皇专制，反对破坏农民经济的战争呢？向自由派资产阶级求援吗？但这是农民的敌人，四次国会之多年的经验已经告诉农民了。向社会革命党人求援吗？社会革命党人自然比立宪民主党人"好些"，他们的党纲也差不多与农民"相近"，但社会民主党人能够拿甚么出来呢，如果他们只想依靠在农民上面，如果他们在敌人聚集之城市中很少力量？那里有这样一种新势力，无论在乡村或城市都能不顾一切勇往地站在前敌与俄皇及地主作战并帮助农民取得土地避免战争脱难压迫和剥削呢？在俄国是否有这样的一种势力呢？是，有的。这就是俄国无产阶级，它在一九〇五即已表现它的力量，它的勇气，它的革命性，它能奋斗到底。

除此以外再没有别种势力，再不能产生别种势力了。

所以农民离开立宪民主党人而亲近社会革命党人以后，即刻就懂得有服从勇敢的革命领袖——俄国无产阶级——之必要。

以上就是造成俄国资产阶级革命之特殊性的条件。

第三节　无产阶级革命时的农民

这一时期包括二月革命（一九一七年）至十月革命（一九一七）中间的年代。这一时期比较的短，——共总只有八个月；但这八个月，在群众的政治教育和革命训练上看来，可以说等于平常的几十年，因为这是革命的八个月。这一时期的特性是农民更进一步的革命化，农民对社会革命党人失望，农民离开社会革命党人，而重新转过到无产阶级一边来，直接团结在无产阶级周围，认定无产阶级是唯一的彻底革命的势力，能够为国家取得和平。这一时期的历史，乃是社会革命党人（小资产阶级德谟克拉西）和波尔扎维克党人（无产阶级德谟克拉西）中间竞争农民竞争大多数农民的斗争史。决定这一斗争的命运的，就是联立政府时代，克伦斯基时代，以及社会革命党人和孟雪维克党人之放弃没收地主土地政策，他们之主张继续战争，六月之前敌总攻击，兵士之判定死刑和哥尼洛夫之暴动【之时代】。

如果〈从前〉在前一时期，革命的根本问题是推翻俄皇和地主政权，那么现在，在二月革命后的时期，俄皇已经没有了而不断的战争又破坏国家经济致农民陷于破产，则革命的根本问题就成为终止战争的问题。重心显然从纯粹内部性质的问题转到战争的根本问题。"终止战争""从战争抽身出来"——这是破产的国家，尤其是农民之一般的呼声。

但要从战争中抽身出来，必须推翻临时政府，必须推翻资产阶级政权，必须推翻社会革命党人和孟雪维克党人政权，因为他们且只有他们进行战争直至"最后的胜利"。除了推翻资产阶级之外，从战争中找别的出路，是没有的。

这是新的革命，无产阶级的革命，因为这革命推翻了帝国主义资产阶级之最后的极左一派的政权，即社会革命党人和孟雪维克党人的政权；同时又创立新的无产阶级的苏维埃政权，革命无产阶级的波尔扎维克党，以革命斗争反对帝国主义战争而主张德谟克拉西和平的党，并得以掌握政权。大多数农民赞助无产阶级从事于取得和平并建立苏维埃政权的斗争。

除此之外，农民是没有别的出路的，而且也不能有别的出路的。

这样，克伦斯基时期，对于劳动的农民群众，是最大的事实的教训，因为明显表示出：在社会革命党人和孟雪维克党人政权底下，国家不能从战争抽身出来，农民不能得到土地和自由，社会革命党人和孟雪维克党人，与立宪民主党人所不同的只在甜蜜的演说和空口的许诺而已，事实上他们所施行的仍然是帝国主义的立宪民主党人的政策，唯一能够引导国家于轨道的政权只有苏维埃政权。战争之继续进行，不过更证实了这一教训，更加紧革命速度，更推动几百万的农民和兵士群众直接在无产阶级革命周围团结起来。社会革命党人和孟雪维克党人之孤立，乃是不可避免的事实。没有联立政府时期之严厉的教训，无产阶级专政将是不可能的。

以上便是促进资产阶级革命转变为无产阶级革命过程的条件。

俄国的无产阶级专政就这样建立起来。

第四节　苏维埃政权巩固后的农民

如果从前在革命的第一时期，主要的问题是推翻沙尔主义；随后二月革命之后，首先的问题是以推翻资产阶级为终止帝国主义战争的手段；那么现在国内战争终止苏维埃政权巩固之后，第一位的问题就是经济建设的问题。加紧发展国有产业；以受国家监督之商业联合国有产业于农民经济；以自然物纳税法代替食粮征集法，随后又逐渐减少自然物纳税的范围，以至于拿工业制造品同农民经济生产品交换；复活商业并发展协作社，使几百万农民都加入协作社——以上便是列宁所拟定的关于建立社会主义经济基础之一些经济建设的任务。

有些人说，这种任务对于农民的国家如俄国是难于做到的。有些怀疑派甚至说，这种任务简直是空想的是不可能的，因为农民就是农民，农民是由小生产者组成的，因此就不能够利用来组织社会主义生产的基础。

但怀疑派是错误的，因为他们不注意到：有些条件在某种状况底下有重大的意义。这些条件中最重大的是：

第一，我们不应该将苏维埃联合的农民和西方的农民混为一谈。苏联的农民是经过三次革命教训的，是与无产阶级一起奋斗并受无产阶级领导反对俄皇和资产阶级政权的，是从无产阶级革命手中取得土地和和平并因此变成无产阶级后备军的；西方的农民则在资产阶级革命中，是与资产阶级一起奋斗并受资产阶级领导的，是从资产阶级手中取得土地并因此变成资产阶级后备军的。苏维埃国家的农民既然认识其与无产阶级结合政治的友谊和政治的合作是重要的，是可以给它自由的，不待说自然可以认识与无产阶级经济的合作对于它也是重要【的】。

恩格斯说："社会党夺取政权，是最近将来的事。""要夺取政权，党必须从城市走到乡村来，并在乡村占有实力。"（见恩格斯的《农民问题》）他说这段话，是在十九世纪的九十年代，而他是指西方农民而言。俄国共产党人经过三次革命，在这方面已经做了巨大的工作，已经在乡村造成了西方同志们所梦想不到的影响和根基，——这还需要说明吗？怎么能够否认，这样的条件不能够不根本促进俄国工农间经济合作的事业呢？

怀疑派认定，小农是与社会主义建设不能相容的一种原[元]素。但请听恩格斯论西方小农的话。

"我们坚决地站在小农一边；我们将尽可能使小农生活改善，如果他们愿意，我们应帮助他们组织起来。在这情况之下，即如果他们尚不愿意组织，我们亦应尽力使他们能有多的时间细细去想。我们这样做，不仅因为我们认定独立劳动的小农可以转过到我们一边来，而且因为这是直接有利于党的。无产阶级化的农民和赞助我们的农民，其数量愈多，则社会改造的过程亦愈加迅速而容易。我们用不着等待到资本主义生产到处发展至极端的限度而最后一个小手工业者和小农也成为大资本主义生产的牺牲品之时，然后才完成社会改造。为农民利益而使社会担负物质的损耗，这在资本主义的经济看来不过是耗费金钱而已，但这正是善于利用资本，因为这样到全体社会改造时，或者可以节省十倍的必需的费用。因此，在这方面，我们可以对农民大大的慷慨一下。"（见恩格斯的《农民问题》）

恩格斯这话是指西方农民而言。但岂不明显看出，恩格斯这话在无产阶级专政国家比在别处实现得最容易最完全吗？岂不明显看出，现在只有在苏维埃俄罗斯，才能使"独立劳动的小农转过到我们一边来"，而这种必要的"物质的损耗"，必要的"对农民的慷慨"及其他有利于农民的办法，已经在俄国实行了吗？怎样能够否认，这样的条件也能够促进并推动苏维埃国家的经济建设事业呢？

第二，我们不应该将俄国的农村经济和西方的农村经济混为一谈。在西方，农村经济的发展是按照通常资本主义道路的，其时的环境是农民强大的分化：一方面是大田产和私人资本主义的领土，他方面是贫困和雇用[佣]奴隶制度。因此，在西方，分裂和解体完全是自然的。俄国便不然。在俄国，农村经济的发展不能走这条道路，因为苏维埃政权之存在和重要生产工具及机关之收归国有，不允许这样的发展。在俄国，农村经济的发展应该走别一条道路，即几百万中小农加入协作社，而农村中群众协作社的发展又得国家帮助并借款。列宁在其论协作社的论文中，很好的指出，俄国农村经济的发展应该走新的道路，即引导大多数农民经过协作社参加社会主义的建设，逐渐输入集体主义原则到农村经济中来，——最初到消费方面，随后就到农村经济生产品生产方面。

因农村协作社之活动，在农村中所产生几种新的现象，是很有意义的。大家知道，从农村协作社中产生了新的农村生产部门大组织，如麻、马玲[铃]薯、牛油等，这些组织有远大的将来。譬如"植麻协作社"包括许多植麻农人的小团体在内。

此协作社供给农民以种子和生产工具，随后就从这些农民购买一切麻的生产，趸批转售之于市场并保证农民得分沾利润，这样就是经济农村协作社联合农民经济于国家工业。这种生产形式怎样称呼呢？照我的意思，这是农村经济中国家社会主义大生产之家庭的系统。这里我说是国家社会主义生产的家庭系统，是因为与资本主义的家庭系统相类的；譬如在纺织业中，家庭手工业者从资本家取得原料和工具并出卖其所有生产于这些资本家，事实上就是家庭中半雇用[佣]劳动者。以上所举不过是一个例，指明俄国农村经济的发展究竟走那条道路。其他的例，即农村生产之其他部门，我已用不着说了。

大多数的农民不待说情愿走上这条新的发展道路，而不肯走私人资本主义大田产和雇用[佣]奴隶制度的道路，即贫困和破产的道路。

列宁论俄国农村经济发展的道路说：

"一切大生产机关为国家所有，国家政权又在无产阶级手中，无产阶级又与几百万小农联盟，无产阶级又保持有对农民的领导权……所有这些岂不能够说明：由协作社且仅仅由协作社(我们从前认定协作社是市侩的组织，现在在新经济政策时代，于相当程度之下我们仍有权利说协作社是市侩的组织)，就可以建设完全的社会主义社会吗？这还不能算是建设社会主义社会，但这是建设此社会之必要的和足够的条件。"(见列宁的《论协作社》)

列宁接着说明用财政及其他方法帮助协作社之必要，说明协作社在无产阶级专政底下是"组织人民的新原则"，是"新的社会制度"，随后他又说：

"每个社会制度，只有靠某个阶级财政援助，才能产生出来。我们用不着说明'自由的'的资本主义之产生究竟值几万万罗布(引者注：今译卢布)。现在我们必须认识，此时我们应该特别赞助的一种社会制度，就是协作制度；我们而且必须切实赞助这一制度，即是说，通常的赞助是不够的，必须使真正的群众确实参加协作社的行动。"(同前)

以上所说表示甚么？

表示怀疑派是错误的。

表示列宁主义认定劳动农民群众为无产阶级后备军，是对的。

表示执政的无产阶级能够并且应该利用这一后备军，来团结工业和农村经济，来提高社会主义建设，来在无产阶级专政底下建立社会主义经济所必需的基础。

第六章 民族问题

这个题目，我分为二个根本问题来说：一、设问；二、被压迫民族解决运动无产阶级革命。

第一节 设 问

最近二十年来，民族问题经过几次很重大的变化。第二国际时代的民族问题和列宁主义时代的民族问题，绝不是一样的。这二种民族问题，不仅其包含的范围大不相同，即便其内容也大不相同。

从前，民族问题往往只限于狭隘的范围，尤其只限于"文明的"民族。爱尔兰匈牙利波兰芬兰塞尔维亚及欧洲其他民族——这些便是第二国际英雄们所留心注意的被奴服[役]的民族。受民族压迫最深且酷的几千万几万万亚非民族，往往是在他们的视线之外的。白种人和黑种人，"文明人"和"野蛮人"——是不允许相提并论的。第二国际的英雄们帮助殖民地，只限于通过两三个空洞肤泛的议决案，至于殖民地解放问题，则很巧妙地一个字不提。现在这种含糊而不彻底的民族问题已经过时了。列宁主义打破这种民族问题，撤除那介于白种人和黑种人，欧洲人和亚洲人，帝国主义的"文明"奴隶和"野蛮"奴隶中间的墙壁，这样便使民族问题和殖民地问题连结起来。民族问题因此就从分的国内的问题变成了总的国际的问题，变成了解放殖民地弱小民族脱离帝国主义压迫的世界问题。

从前，民族自决权的原则往往被误解了，有时被缩小到成了民族自治了。第二国际一些首领甚至于说，民族自决权就是文化自治权，即被压迫民族有自己文化的设施，至于政权则不妨仍在统治民族的手中。这样，民族自决权的思想，几乎从反对兼并政策的武器变成了赞成兼并政策的武器。现在这种昏[混]乱思想已经过时了。列宁主义扩大民族自决权的定义，解释这是殖民地弱小国家被压迫的民族要求有完全分立的权利，是各民族有独立国家存在的权利。因此，就不能够解释民族自决权就是民族自治，并拿来赞成兼并政策。民族自决的原则，在帝国主义战争时社会爱国派手中，无疑是欺骗民众运动的工具，从此就变成揭破一切帝国主义贪欲和社会爱国派狡计的工具，变成根据国际主义精神作群众政治教育的工具了。

从前，被压迫民族问题往往被误解为纯粹法律的问题。第二国际党只限于冠冕堂皇地宣告"民族平等"，而隐瞒这一事实，即在帝国主义底下这一群民族(少数的)靠剥削别一民族而生存之时，"民族平等"【成为】被压迫民族的一种幻想。现在民族问题中这种资产阶级法律观点已经过时了。列宁主义将民族问题从冠冕堂皇的宣言上拿到地下来，并指出，如果无产阶级政党不直接帮助被压迫民族的解放运动，则"民族平等"的宣言不过是空洞的虚伪的宣言而已。被压迫民族问题因此就变成真实的经常的帮助被压迫民族反对帝国主义求得真正的民族平等求得独立的国家组织的问题。

从前，民族问题被改良派误解为个别的独立的问题，与夺取资本政权推翻帝国主义从事无产阶级革命等总的问题没有关系。人们无形中以为不兴[与]殖民地解放运动亲密结合起来，欧洲无产阶级的胜利也是可能的；以为民族殖民地问题，不用无产阶级革命不用反帝国主义的革命斗争，也可以解决。现在这种反革命观点也已经过时了。列宁主义指出，而且帝国主义战争和俄国革命也证实：民族问题，必须与无产阶级革命相连[联]络且在无产阶级革命基础之上，方能解决，而西方革命要得胜利，亦须与殖民地弱小国家反帝国主义的解放运动结合【成】革命的同盟。民族问题是无产阶级革命总的问题的一部分,是无产阶级专政问题的一部分。

问题是这样:隐藏在被压迫民族民族解放运动内部的革命可能性,是否已经完全用尽了呢?如果不是完全用尽了,是否还有希望,可以利用民族解放运动的革命可能性于无产阶级革命?是否可以将殖民地弱小国家,从帝国主义资产阶级的后备军,改变成为无产阶级的后备军,成为无产阶级的同盟者呢?

列宁主义答复这问题,是肯定的态度,这就是说:承认被压迫民族民族解放运动有革命的能力,而且可以利用之为推翻共同敌人的利益,为推翻帝国主义的利益。帝国主义的机械性,帝国主义战争和俄国的革命,完全证实列宁主义这个结论不错。

因此,无产阶级必须坚决地积极地帮助殖民地被压迫国家民族解放运动。

自然,这并不是说,无产阶级必须帮助所有一切的民族运动。这只在于说,帮助那种能够削弱并推翻帝国主义的民族运动,而非帮助那种能够巩固并保持帝国主义的民族运动。时常发生这种情形:〈即〉某个被压迫国家的民族运动是与无产阶级运动发展利益相冲突的,在这种情形之下,自然谈不上帮助。民族权利问题不是一孤立的和自足的问题,而是无产阶级革命总的问题的一部分,分的问题是要适应于总的问题。马克思在十九世纪四十年代赞成波兰和匈牙利的民族运动而反对捷克和南斯拉夫的民族运动。为什么?因为捷克和南斯拉夫那时是"反动的民族",是俄国在欧洲的助手,是专制政治的助手;同时,波兰和匈牙利则是"革命的民族",反对专制政治。因为那时帮助捷克和南斯拉夫的民族运动就等于间接帮助沙尔主义——欧洲革命运动之最危险的敌人。

列宁说:

"德谟克拉西之个别的要求——民族自决权就是其中的一个——不是绝对的,而是世界总的德谟克拉西运动(现在是总的社会主义运动)之一部分。在个别的具体的情形之下,部分和总体相冲突是可能的,那时我们应该丢弃部分的要求。"(见《列宁全集》第十九卷《辩论的结果》)

可见讨论到个别的民族运动的时候,如果我们不从形式上不从抽象的权利上,而从具体的革命运动利益上,来估量这个民族运动,则某种民族运动中发现发动性是不足为奇的。

一般的民族运动的革命性,也是如此。大多数民族运动之毫无疑义的革命性,与少数民族运动之可能的反动性一样,也是相对的和特殊的。在帝国主义压迫底下,不必定要有无产阶级分子参入运动中,不必定要有革命的或民主的运动政纲,不必定要有德谟克拉西的运动基础,然后才会发生革命的民族运动。阿富汗王公求阿富汗独立的斗争,客观上是革命的斗争,不管这些王公及其廷臣保存帝王的思想,因为这种斗争能削弱打击并破坏帝国主义;同时,那些民主党人"社会党人""革命党人"和共和党人,如克伦斯基齐勒德里勒诺德尔希德曼赤尔诺夫丹因享得孙克莱因斯,他们在帝国主义战争时奋勇的斗争,乃是反动的斗争,因为这种斗争结果是粉饰并巩固帝国主义,是引导帝国主义取得胜利。埃及商人和资产阶级智识分子求埃及独立的斗争,客观上同样也是革命的斗争,不管埃及民族运动的首领是从资产阶级出身并挂资产阶级招牌,不管他们是反对社会主义;同时,英国"工人政府"为保持埃及被压迫地位的斗争,同样也是反动的斗争,不管这政府的阁员是从无产阶级出身并挂无产阶级招牌,不管他们是"赞成"社会主义。我用不着再说其他较大的殖民地弱小国家如印度和中国的民族运动了,这些国家在解放道路上前进一步,即许他破坏了形式德谟克拉西的要求,但也给帝国主义以严重打击,即无疑是革命的行动。

列宁说得很对:被压迫国家的民族运动,我们不应从形式德谟克拉西观点来看,而应从反帝国主义总斗争事实的结果来看,这就是说,"不应看成是孤立的现象,而应看成是世界的现象"。

第二节 被压迫民族解放运动与无产阶级革命

解决民族问题,列宁主义是从底下几点出发:

(一)世界分成二个营垒:一边是少数文明的民族,占有财政资本并剥削地球上大多数人民;一边是殖民地弱小国家被压迫和被剥削的民族,即是地球上大多数人民。

(二)殖民地弱小国家,受财政资本的压迫和剥削,成为帝国主义势力之最广大的后备军和最重要的储藏库。

(三)殖民地弱小国家被压迫民族反帝国主义的革命斗争,是这些民族从压迫和剥削底下求解放的唯一道路。

(四)重要的殖民地弱小国家已经走上民族解放运动的道路,这种运动不能够不引起全世界资本主义的危机。

(五)先进国无产阶级运动的利益和殖民地民族解放运动的利益,要求这二种革命运动联合起来,成一共同的战线,反对共同的敌人,反对帝国主义。

(六)先进国无产阶级的胜利和被压迫民族之从帝国主义底下得解放,若没有联合并巩固的革命战线,则是不可能的。

(七)要联合共同的革命战线,压迫人民的民族的无产阶级若没有直接的和坚决的帮助被压迫民族解放运动并反对"祖国的"帝国主义,也是不可能的,因为"压迫其他民族的民族,自身也不能得到自由"。(马克思)

(八)这种帮助,就是主张、拥护并实行"民族分离权""组织独立国家权"口号。

(九)没有实行这种口号,各民族就不能够联盟和合作,形成整个的世界经济——这是社会主义胜利的物质基础。

(十)这种联盟只能够是自愿的,建立在各民族相互信任和友爱关系上面的。由此,民族问题中发生二种倾向:第一种倾向于脱离帝国主义的政治压迫并组织独立的民族国家,这一倾向是因帝国主义压迫和殖民地剥削而发生的;第二种倾向于连[联]络各民族间的经济,这一倾向是因世界市场和世界经济之形成而发生的。

列宁说:

"从资本主义发展史可以看出民族问题有二种倾向。第一种倾向是民族生活和民族运动之勃兴,是反对一切民族压迫之斗争,是民族的国家之创立。

第二种倾向是各民族间种种关系之发展和频繁,民族畛域之破坏,是资本、一般经济生活、政治、科学等的国际统一之创立。这二种倾向都是资本主义的世界法则。第一种倾向盛行于资本主义发展初期,第二种倾向则表示资本主义已经成熟并走向社会主义社会。"(见《列宁全集》第十九卷《批评的感想》)

对于帝国主义,这二种倾向是不能调和的矛盾,因为帝国主义非剥削殖民地非以暴力保持殖民地在"整个的单位"范围内是不能生存的,因为帝国主义只有靠兼并手段和殖民地侵略才能使各民族相接近。不然就不是帝国主义了。

对于共产主义,恰恰相反,这二种倾向不过是一件事之二面,即被压迫民族从帝国主义求解放之二面,因为共产主义知道,各民族联合成一整个的世界经济,只有遵守相互信任和自愿协调的原则,才能做到;而要建立各民族自愿的联合,必先使殖民地脱离"整个的"帝国主义"单位",必先使殖民地都变成独立的国家。

因此必须坚定地不断地果决地向统治民族(英法美意日等)大强国"社会党人"的爱国主义宣战,他们不愿意反对本国的帝国主义政府,不愿意帮助"他们的"殖民地被压迫民族求解放求分立国家的斗争。

若不向这班"社会党人"宣战,就不能够教育统治民族的工人阶级,以真正国际主义的精神,以接近殖民地弱小国家劳动群众的精神,以真正准备无产阶级革命的精神。俄国无产阶级如果不得旧俄国帝国主义被压迫民族的同情和援助,则俄国革命不会胜利,高尔恰克和田尼庚不会失败。但要取得这些民族的同情和援助,俄国无产阶级首先必须打破俄国帝国主义的枷锁,并从民族压迫底下解放这些民族出来。没有这个工作,便不能巩固苏维埃政权,建立真正的国际主义,并创造各民族合作的伟大组织——这组织就叫做"苏维埃社会主义共和国联合",且将是未来整个的世界经济中各民族联盟之活的榜样。

因此又必须反对被压迫国家中社会党人狭隘的民族成见,他们不愿意丢弃其部落的观念,不了解本国的解放运动和统治国的无产阶级运动有何种关系。

若不反对这班社会党人,被压迫民族的无产阶级就不能够有独立的政策,并不能够与统治国无产阶级团结起来,一致推翻共同敌人,一致推翻帝国主义。若不反对接班社会党人,国际主义也是不可能的。

以上便是,以革命的国际主义精神,教育统治的民族和被压迫的民族的劳动群众之方法。

列宁论国际主义教育之二方面工作说:

"这种教育,在压迫人的大民族和被压迫的小民族,在兼并人的民族和被兼并的民族,能够具体相同吗?

〈既〉显然不能!目的是相同的,即一切民族完全平等亲密合作并逐渐同化,但达到此目的,却显然有各种不同的具体道路。譬如一页书中央有一黑点,要达到此黑点,从书的左边去也是可以的,从书的右边去也可以的。如果压迫人的兼并人的大民族社会党人宣传民族同化而偶然忘记了'他的'尼古拉第二威廉第二乔治朴阴开雷等也是主张与小民族'同化'的(以兼并手段)——尼古拉第二主张与加里西'同化',威廉第二主张比利时'同化'等——那么这位社会党人,在理论上就是书痴子,在实际上就是帝国主义的走狗。

在压迫人的国家,工人阶级国际主义教育的重心必须在主张并要求被压迫国家有分立的自由。不然,便不是国际主义。凡压迫人的民族的社会党人,若不做这种宣传,则我们能够而且应该当他就是帝国主义者,就是昏[浑]蛋。自由分立国家的要求,是十分必要的要求,虽然在社会主义成功以前,这种要求只有千分之一能够取得和实现,但我们仍须提出这种要求。

反之,弱小民族社会党人煽动的重心,应该在各民族'自愿的联合'口号。他能够赞成本国政治的独立,又能够赞成本国加入邻近的任何一国,同时并不防[妨]害他国际主义者的责任。但无论如何,他必须反对小民族的狭隘成见,必须了解部分的利益应当服从总体的利益。

不深研究此问题的人,以为压迫人的民族的社会党人主张'分立自由'而被压迫的民族的社会党人主张'联合自由',是一种'矛盾'。但他只要稍微思索一下,就可知道,除了我们所指出者外,要达到国际主义和同化,是没有而且不能够有其他道路的。"(见《列宁全集》第十九卷《辩论的结果》)

第七章　战略与策略

这个题目,我分为六个问题来说:一、战略与策略——指导无产阶级阶级斗争的科学,二、革命的阶级与战略,三、运动的高潮和低潮与策略,四、战略的指导,五、策略的指导,六、改良主义与革命主义。

第一节　战略与策略——指导无产阶级阶级斗争的科学

第二国际统治时期,恰正是比较和平发展环境里无产阶级军队之组成和训练的时期。这是议会政策时期,以议会政策为阶级斗争的主要形式。大的阶级冲突问题、无产阶级准备革命战争问题,建立无产阶级专政手段问题——当时总是不列入议事日程的。一切的任务只在于利用所有公开发展的道路来组成训练无产阶级军队,利用议会政策来适应一种环境,在此环境内,无产阶级只剩下一点普通反对派的作用,且似乎不得不限于普通反对派的作用。不待说,在这样的一种时期,在对于无产阶级任务这样的一种见解之下,自然是不能有完整的战略和精密的策略的。(Tactque 一词在军事学上本应译为战术,但因策略一译名通用已久,故仍之——译者)。关于战略和策略的片断感想是有的,但战略和策略是没有的。

第二国际致命的错误,不在它当时实行利用议会政策为斗争形式的策略,而在于它过于看重了这种形式的意义,差不多以为这是唯一的形式,但当公开的革命战争时期已经到来而议会外的斗争形式已经列于第一个议事日程之时,第二国际政党反对放弃新的任务,不敢担负起来。

只有到后来无产阶级公开进攻的时期即无产阶级革命时期,推翻资产阶级问题变成了直接实际的问题,无产阶级后备军问题(战略)变成了迫切的问题之一,斗争和组织的一切形式——议会内的和议会外的(策略)——完全确定表现出来了,——只有到这时期,才能确定无产阶级斗争之完整的战略和精密的策略。马克思和恩格斯关于战略和策略的天才思想,从前被第二国际机会主义者所隐蔽了,到这时期遂因列宁的努力而恢复其真面目。但列宁不仅恢复马克思和恩格斯关于这方面之各个理论而已,他而且以新的思想展开并补充这种理论,又联合所有这些理论之种种法则和线索,成为一种系统,以指导无产阶级的阶级斗争。列宁的一些著作,如《怎么办》?《两个策略》《帝国主义国家与革命》《无产阶级革命》《共产主义左派幼稚病》,对于马克思主义的大宝藏及其革命武器的制造局,无疑是最有价值的贡献。列宁主义的战略和策略,是指导无产阶级革命斗争的科学。

第二节 革命的阶段与战略

战略是无产阶级在革命的某一阶段所立下的进攻方针,是支配革命势力(主要的和次要的后备军)所确定的计划,是在这一革命阶级内实行此计划的奋斗。

俄国革命已经经过二个阶段,十月革命之后又到了第三阶段。阶段既不同,战略亦因之而变:

第一阶段(一九〇三年至一九一七年二月) 目的——推翻沙尔主义,完全肃清中古时代的余孽。革命的根本势力——无产阶级。最接近的后备军——农民。主要的进攻方针:使自由派兼帝制派的资产阶级陷于孤立——这一阶级是努力与沙尔主义妥协来占领农民并消灭革命的。支配革命势力的计划:无产阶级与农民联盟。"无产阶级必须拉拢农民群众,彻底进行德谟克拉西革命,以击破专制政治顽抗的力量并使摇动的资产阶级守中立。"(见列宁《两个策略》)

第二阶段(一九一七年三月至一九一七年十月) 目的——推翻在俄国的帝国主义并从帝国主义战争中抽身出来。革命的根本势力——无产阶级。最接近的后备军——贫农。邻国的无产阶级是可希望的后备军。战争的延长和帝国主义的危机,是良好的机会。主要的进攻方针:使小资产阶级德谟克拉西(孟雪维克党人,社会革命党人)陷于孤立——他们是努力与帝国主义妥协来占领劳动的农民群众并终止革命的。支配革命势力的计划:无产阶级与贫农联盟。"无产阶级必须拉拢乡村半无产阶级群众,完成社会主义革命,以击破资产阶级顽抗的力量并使摇动的农民和小资产阶级守中立。"(同前)

第三阶段(十月革命以后) 目的——在一国内巩固无产阶级专政,以此政权为靠点去推翻一切国家的帝国主义。革命越出了一个国家的范围、开始世界革命时代。革命的根本势力——一国的无产阶级专政,各国的无产阶级革命运动。

主要的后备军——先进国的半无产阶级群众和小农群众,殖民地弱小国家的解放运动。主要的进攻方针:使小资产阶级德谟克拉西陷于孤立,使第二国际政党陷于孤立——这些分子是赞成与帝国主义妥协的政策的。支配革命势力的计划:无产阶级革命与殖民地弱小国家解放运动联盟。

战略所注意的,是革命的根本势力及其后备军。革命若从这一阶段进至别一阶段,则战略亦随之而变;在某一革命阶段内,战略是根本不变的。

第三节 运动的高潮和低潮与策略

策略是无产阶级在运动的高潮或低潮即革命的高涨或低落之较短的时期所立下的

行动方针,是以新的斗争和组织形式替换旧的斗争和组织形式新的口号替换旧的口号并集合这些形式和口号来实行此方针的奋斗。如果战略的目的是在战胜沙尔主义或资产阶级,在此彻底进行反沙尔主义或反资产阶级的斗争,那么策略的目的就比较狭小些,因为策略所努力的,并不在赢得整个的大战争,而在于革命的某一高涨或低落时期之具体环境中赢得部分的冲突或部分的接触。策略是战略的一部分,是依附于战略的。

策略随运动的高潮或低潮而变。譬如在革命的第一阶段时(一九〇三年至一九一七年二月),战略的计划是不变的,但策略则经过几次改变。一九〇三年至一九〇五年这一时期,党的策略是进攻的,因为那是革命的高潮,运动继长增高,策略必须顾及此事实。因此,斗争的形式是革命的,是适应革命高潮要求的。地方的政治罢工、政治示威、政治的总罢工、抵制国会、暴动、革命奋斗的口号——这些便是这时期先后改变的斗争形式。斗争形式变了,组织形式亦随之而变。

工厂委员会、农民革命委员会、罢工委员会、工人代表苏维埃、多少公开的工人政党——这些便是这时期的组织形式。

一九〇七年至一九一二年这一时期,党不得不采取退守的策略,因为那是运动的低潮,革命的低落,策略不能够不顾及此事实。因此,斗争的形式和组织的形式不能不变。从前抵制国会,此时参加国会;从前公开的国会外的进攻,此时国会内的进攻和国会内的工作;从前政治的总罢工,此时部分的经济罢工或简直停止罢工。在这时期,党自然须入于秘密状态,群众的革命的组织没有了,代之而兴的,是文化教育的协作社的储蓄的及其他合法的组织。

革命的第二阶段和第三阶段也是一样,在各阶段中,策略改变几十次,战略的计划则保持不变。

策略所注意的,是无产阶级的斗争形式和组织形式,这些形式的变化及其混和。在革命的某一阶段中,随革命的高潮或低潮,高涨或低落,策略能够经过几次的变化。

第四节 战略的指导

革命的后备军约有:

直接的:(一)本国的农民及一般中间分子;(二)邻国的无产阶级;(三)殖民地弱小国家的革命运动;(四)无产阶级专政所已占有的和获得的东西,——其中一部分,无产阶级可以暂时放弃,以便赇[获]买强大的敌人并取得一时的休战。

间接的:(一)无产阶级以外之本国其他阶级相互间的矛盾和冲突,无产阶级可以利用来削弱敌人的势力增强自己的后备军,(二)敌视无产阶级国家之资产阶级国家相互间的矛盾冲突和战争(譬如帝国主义战争),无产阶级可以利用来向敌人进攻或对敌人防御。

第一类的后备军,是用不着多说的,因为这一类的后备军的意义,每个人都懂得。至于第二类的后备军,则其意义就不是时刻都明显,须得说这一类的后备军有时对于革命进程有重大的意义。譬如俄国第一次革命时及以后,小资产阶级德谟克拉西

(社会革命党人)和自由派兼帝制派的资产阶级中间之冲突,在农民从资产阶级影响底下求解放运动中,无疑有相当的作用,这是无可否认的。十月革命时期,各派帝国主义者中间因互相拼命战争,致不能集中力量反对新兴的苏维埃政权,无产阶级遂因之能够出全力组织自己的力量牢巩固自己的政权并准备攻击高尔恰克和田尼庚,这一事实之有重大的意义,更是无可否认的。应该可以想见,现在各派帝国主义者相互的矛盾正逐渐加深,他们中间的新战争已变成不可避免的了,这一事实对于无产阶级的意义,是日加重要的啊!

战略的指导的任务,就在正确使用所有这些后备军,求在革命发展的某一阶段中,达到革命的根本目的。

怎样能正确使用后备军呢?

必须实行若干必要的条件,主要的条件约如下:

第一,当革命已经成熟,工人四面取攻势,暴动即将爆发,而后备军与前锋队之连[联]络又成为胜利的必要条件之时,必须在紧要关头集中主要的革命势力以打击敌人最脆弱的一点。一九一七年四月到十月这一时期党的战略,就是一例。无疑,这时期敌人最脆弱的一点,就是战争。无疑,党就在这问题上面团结广大民众于无产阶级前锋队的周围。这时期党的战略就在引导前锋队举行示威游行,在街上进攻,同时又经过后方的苏维埃和前敌的军事委员会,连[联]络后备军于前锋队。革命的结果证明,这样使用后备军,是对的。

列宁引伸[申]马克思和恩格斯论暴动的话,来说明使用革命暴力之战略条件说:

"无论何时,切勿拿暴动来开玩笑,既经开始暴动,就必须彻底做去。必须聚集比敌人更大的势力,于严重的地方和紧急的关头,否则更有准备更有组织的敌人就将扑灭暴动者。暴动一经开始,必须以最大的决心立即行动并坚定地毫不迟疑地实行进攻。""退守,就是武装暴动的自杀。""应该尽力出其不意突击敌人,利用敌人的军队正在解体之时。应该每日都要有胜利的成绩,无论这成绩是很微小的(如果事情是在一城市内,可说每小时都要有胜利的成绩),无论如何要保存'精神上的力量'。"(见《一个缺席者的意见》)

第二,必须选择发动的时间,暴动开始的时间,这时应该是恐慌已经达到顶点,前锋队已经有决心战斗到底,后备军已经准备好了赞助前锋队,敌人方面已经十分张惶失措。

列宁说:

"'决死的战斗'可以说'完全成熟'了,——如果所有敌视我们的阶级势力已经充分疲乏了,已经充分自相残杀了,已经因战争而充分衰弱了;如果所有摇动的犹豫的迟疑的中间分子,即小资产阶级,小资产阶级德谟克拉西,已经充分失去民众信任了,已经因自己实际上的破产而塌台了;如果无产阶级群众已经热烈地要求坚决的勇敢的革命行动反对资产阶级。就在这时候,革命才成熟,就在这时候,我们的胜利(如果我们确实遵守上面所说种种条件,并细心选择时间)才有保障。"(见《共产主义左派幼稚病》)

十月暴动就是应用这种战略的一个例【子】。

不遵守这个条件,就会发生危险的错误,即所谓"丧失时机",那时党或赶不上运动的进程,或远走在运动前头,而造成一败涂地的危险。一部分同志欲于一九一七年八月逮捕德谟克拉西会议时即起暴动之企图,可以作为这种"丧失时机"即暴动时间选择不当的一个例【子】。当时苏维埃还是动摇的,前锋队还未准备充足,后备军还未连[联]络于前锋队。

第三,必须不犹豫地遵循已定的方向走去,不管这条到目的之道路上有何种困难和阻碍。必须如此,前锋队才不会失去斗争的主要目的,而群众向这目的走时并在前锋队周围团结时,才不会走入歧路。不遵守这个条件,就会发生危险的错误,即所谓"错乱方向"。德谟克拉西会议一停,党之错误的行动,即决定参加国会筹备会,可以作为这种"错乱方向"的一个例【子】。党此时似乎忘记了,国会筹备会乃是资产阶级使俄国离开苏维埃道路而走上资产阶级议会制度道路之企图,忘记了党参加这种机关,能够使在"一切政权归苏维埃!"口号下做革命斗争的工人和农民,走错道路。这种错误,一经波尔扎维克党人退出国会筹备会,就已纠正过来了。

第四,当敌人势力强大,退守成为必然之势,敌人的挑战受之不利,而在各种势力关系上又只有退守之一法才能够避免前锋队的受打击并保存其背后的后备军之时,必须善于操纵后备军,采取适当的退守。

列宁说:

"革命的党应该学得齐全。党已经学过进攻了。现在应该明白,这种学问还不够,应该拿别一种学问来补充,即应该学习怎样能适当地退守。必须明白——革命的阶级而且在自己痛苦地经验上学会了明白——不懂得适当的进攻和适当的退守,是不能胜利的。"(见《共产主义左派幼稚病》)

这种战略的目的,是在延宕时间以破坏敌人的势力并积聚自己的势力,以备以后重新进攻之用。

不列斯特和约,可以作为这种战略的一个例【子】。这次和议使党能延宕时间,能利用帝国主义内部的冲突,能破坏敌人的势力,能保存背后的农民并能积聚势力,准备向高尔恰克和田尼庚进攻。

当时列宁说:

"如果缔结各[个]别的和约,我们在某种时间之内就能够尽可能地退出对敌二派帝国主义集团混战的漩涡,他们中间的敌对和战争使他们无暇反对我们,我们又得有相当时期可以放手去继续并巩固社会主义革命。"不列斯特和约三年之后,列宁又说!

"现在连蠢才也可看出,不列斯特和约固是一种让步,却能强大我们的势力并破坏国际帝国主义的势力。"(见《新时代》)

以上便是正确指导战略之主要的条件。

第五节 策略的指导

策略的指导是战略的指导中一部分,是附属于战略的指导的。策略的指导的任务,就在习练[练习]无产阶级斗争和组织的一切形式,注意正确使用这些形式,求在某种状况之下，取得为准备战略上成功所必需的最大限度的效果。

怎样能正确使用无产阶级斗争和组织形式呢？

必须实行若干必要的条件，主要的条件约如下：

第一，所使用的主要的斗争和组织形式，必须是最能适合当时运动高潮或低潮条件的，是能够促进并保证几百万群众行向革命地位，行向革命战线并分配于革命战线的。

只有前锋队认识旧制度不能保存终必倾覆，这还不够，必须几百万群众也明白这个并表示已准备赞助前锋队。但群众只有在自己的经验上，才能明白这个。策略的任务，就在使几百万群众能够在自己的经济上认识旧制度必然要被推翻，而所使用的斗争手段和组织形式必须能够促进群众在经验上认识革命的口号是对的。

如果党在当时不决定参加国会，如果党不集中力量在国会的工作，并于此工作之上努力奋斗，使群众以自己的经验认识国会是无用的，立宪民主党人的许诺是骗人的，与沙尔主义妥协是不可能的，工农联盟是必需要的，——那么前锋队就会脱离无产阶级，而无产阶级就会失去与群众之联络。没有群众在国会时期之经验，则立宪民主党人的面具不能揭破，无产阶级领导权不能形成。

撤回派的策略所以危险，就在这种策略能够使前锋队脱离其几百万的后备军。如果在一九一七年四月当孟雪维克党人和社会革命党人尚未表露他们是赞成战争并帮助帝国主义，而群众亦尚未以自己的经验认识这二派党人关于和平土地自由等演说都是骗人之时，无产阶级跟着那号召立即暴动之左派共产党人走去，——那么党就会脱离无产阶级，而无产阶级就会失去在广大农兵群众中的威权。没有群众在克伦斯基时期之经验，则孟雪维克党人和社会革命党人不能孤立，无产阶级专政不能形成。所以"不惮烦的指出"小资产阶级政党的错误，并公开在苏维埃内部争斗，这种策略乃是唯一正确的策略。

左派共产党人的策略所以危险，就在这种策略能够使党从无产阶级革命的首领变成空洞无实力的阴谋家小团体。

列宁说：

"只靠前锋队，是不能胜利的。只靠前锋队独任决死的战斗，而全阶级广大群众，尚未站立在或直接赞助前锋队或至少善意中立的地位，则不仅是愚蠢，而且是罪过。要全阶级，要广大的劳动群众及受资本压迫的群众，站立在这种地位，只靠宣传，只靠煽动还是不够的。要做到这一步，必须这些群众有自己的政治经验。这是大革命的根本法则，这种法则现在已由俄国和德国的经验明明白白证实了。不仅文化低的以至不识字的俄国群众，即便文化高的人人都识字的德国群众，也需要由自己的经验，去认识了第二国际英雄们的内阁之无力量，之无气性，之无助手，之为资产阶级佣仆，之卑鄙龌龊，去认识了只有极反动派专政和无产阶级专政二条道路，再没有第三条道路可走，然后才果决地走到共产主义一边来。(见《共产主义左派幼稚病》)

第二，在某个时期，必须从过程的锁练[链]中找出特别的一环，务使拿住这一环，就可掣起全串锁练[链]并可准备达到战略上成功的条件。

这就是说，从党面前的许多任务之中，找出特别的一种任务，务使这一任务解决之后，其他任务能跟着势如破竹的解决去。

这可用底下二例来证明，其中一个是较远的事实（党成立的时期），又一个是较近的事实（新经济政策时期）。

在党成立的时期，无数的小团体相互间尚未连［联］络起来，党内自上层至下层充满了原始性质和小团体习气，思想的复杂成了党内生活的特性，——在这时期，锁练［链］中根本的一环，即党面前的任务中根本的一任务，就是出版一种秘密日报供给全俄国。为什么？因为当时只有出版这一种日报，才可造成党的有力的中坚，能够将无数的小团体结合起来，能够准备思想上和策略上之一致的条件，因此能够建立真正的党的基础。

在从战争过渡到经济建设的时期，工业等于破产，农村经济又缺乏城市制造品之供给，而国家工业和农民经济之结合成了社会主义建设之必要条件，——在这时期，锁练［链］中根本的一环，即任务中根本的一任务，就是发展商业。为什么？因为在新经济条件下，工业和农民经济之结合，只有经过商业才有可能，因为只有用发展商业手段来扩大商品之买卖，工业亦才能扩大，因为只有在商业方面巩固起来，只有拿住商业，只有拿住这一环，然后才能希望工业与农民市场相结合并迅速地解决其他的任务，以便造成建设社会主义经济基础之条件。

列宁说：

"做一个革命者和主张社会主义或共产主义的人，是不够的，必须在每一时期都能够找出锁练［链］中特别的一环，出全力拿住这一环，以便掣起全锁练［链］，以便准备安稳地过渡到次一环去。""在现在这一时期，这一特别的环，就是在国家正确监督之下复活并发展国内商业。商业——这就是在我们社会主义建设之过渡形式中各种事变联成的历史锁练［链］上面，我们应该出全力拿住的一环。"（见《论金的意义》）

以上便是正确的指导策略之主要的条件。

第六节　改良主义与革命主义

革命者的策略与改良派的策略，有什么分别呢？

有些人以为列宁主义反对一般的改良和妥协。这是完全不对的。波尔札维克党人也与别人一样的知道，在某种条件底下，改良和妥协是必要的和有用的。

列宁说：

"推翻国际资产阶级的战争，是比较国家间最激烈的战争，还要百倍困难百倍延长百倍复杂的。既然从事于这种战争，而又预先定下不走曲路，不利用敌人相互间的利害冲突（即许是暂时的），不与可能的（即许是暂时的摇动的不可靠的和有条件的）友军妥协，——这岂不是万分可笑的事情吗？这岂不等于，在未经人迹的高山上旅行的人，预先定下无论如何不转湾［弯］抹［抹］角地走，不向后退一两步，不放弃预定而走不通的方面，不寻求其他一样能够达到目的的方向吗？"（见《共产主义左派幼稚病》）

〈既〉显然看出，这里重要的并不在改良或妥协，而在人们怎样使用此改良或妥协。在改良派看来，改良是高出一切的，至于革命的工作，则不过随便说说，瞒人耳目而已。因此，在资产阶级政权存在条件底下，改良派策略的改良，必然要变成巩固资产阶级政权之武器，变成破坏革命之武器。

在革命者看来，恰恰相反，主要的是革命工作，而不是改良，改良不过是革命的附属品。因此，在资产阶级政权存在条件底下，革命者策略的改良，自然要变成破坏资产阶级政权之武器，变成巩固革命之武器，变成扩大革命运动之靠点。

革命者赞成改良，为的是利用改良来沟通公开的工作于[与]秘密的工作，来掩饰秘密工作之发展，来准备群众革命的力量以推翻资产阶级。

这就是在帝国主义底下革命者利用改良和妥协之真正意义。

改良派，则恰恰相反，他们赞成改良，为的是放弃一切秘密工作，为的是破坏群众准备革命的事业。

这就是改良派策略的真正意义。

以上，帝国主义条件底下改良和妥协的意义都说了。

但到了帝国主义推翻以后，无产阶级专政的时候，情形又少[稍]微不同了。

在某种条件底下，在某种环境底下，无产阶级政权可以迫得暂时离开以革命手段变易现存制度的道路，而走上一点一滴地改造现存制度的道路，走上列宁在《金论》一篇论文中所说的"改良主义的道路"，走上转湾[弯]秣[抹]角的道路，走上改良和对非无产阶级的阶级让步的道路，为的是破坏这些阶级，为的是给革命以休养的时间，积聚势力并准备新进攻的条件。在某种意义底下，我们不能否认，这条道路是改良主义的道路。不过要记得，这里根本一点不同，就在此改良是出自无产阶级政权的，是巩固无产阶级政权的，是给无产阶级以必需的休养时间的，其所破坏的并不是革命，而是非无产阶级的阶级。

在这种条件之下，改良就现出相反的意义。

无产阶级政权所以能够施行这种政策，这仅仅因为在前一时期，革命所得胜利品十分充足，因此可以稍为让步，可以暂时放弃进攻策略而取退守策略，而取转湾[弯]秣[抹]角的策略。

可见，如果从前在资产阶级政权底下，改良是革命的附属品，那么现在在无产阶级专政底下，改良就有其来源【，】在无产阶级革命的胜利品中，在无产阶级手里所占有的储藏库中了。

列宁说：

"改良对于革命的关系究竟如何，只有马克思主义能够下一个恰切的和正确的定义，但马克思只从一方面来看这个关系，因为当时无论那一国，无产阶级都尚未能得到稍为巩固的稍为长久的胜利。在这种状况底下，改良对于革命之正确关系的基础，就是：改良是无产阶级革命的阶级斗争之附属品。……无产阶级胜利之后，虽然只在一个国家，但改良对于革命的关系已经起了新的变化。在原则上仍然是一样的，但在形式上就改变了。这种改变，马克思个人不能推测到，只有在马克思主义的哲学和政策的基础上，才能感觉得到。……胜利之后，对于保持胜利的国家，如果因为经过斗争之后,力量疲乏了,不能再以革命手段行改革之时,改良(在国际上说仍然是'革命的附属品'),而且是一种必需的和合法的休养方法。胜利给我们以这种'力量的储蓄',即许到了我们迫得非退守不可之时,我们有了这种'力量的储蓄'仍旧能够在物质上和精神上好好地支持着不致失败。"(见《金论》)

第八章 党

在革命前的时期,在比较和平发展的时期,第二国际在工人运动中有支配的力量,议会政策的斗争形式被看做是主要的形式,——在这种条件下,党没有而且不能有像后来公开的革命战争时期那样重大的意义。考茨基替第二国际辩护说:第二国际政党是和平的工具而不是战争的工具,因此在战时,在无产阶级革命进攻时期,第二国际政党不能做什么重大的事业。这是十分对的。但表示什么呢?这是表示,第二国际政党不适宜于无产阶级的革命斗争;表示这些政党不是奋斗的无产阶级政党,领导无产阶级夺取政权,而是争选举的机关,只适宜于议会的选举和议会的斗争。这就可说明〈下〉一事实,即在第二国际机会主义者统治时期,无产阶级主要的政治组织,不是政党,而是议会党团。大家知道,在此时期,政党事实上乃是议会党团的一种附属品。不待说,在这些条件之下又是这样的政党来领导,自然是谈不上准备无产阶级革命的。

然而新时期一到,情形就根本改变了。新时期就是公开的阶级冲突时期,就是无产阶级的革命进攻时期,就是无产阶级革命时期,就是直接准备力量推翻帝国主义并由无产阶级夺取政权时期。这一时期在无产阶级面前提出新的任务:〈即〉以新的革命原则改造整个党的工作,以夺取政权的革命斗争精神教育工人,准备并拉拢后备军,与邻国无产阶级结成同盟,与殖民地弱小国家解放运动建立坚固的连[联]络等的任务。以为在和平的议会政策条件下养成的旧社会民主党之力量,能够担负起这些新的任务,——那是等于自己注定自己要失望而败亡。在旧政党领导之下肩起这些新的任务,——那是等于陷入在完全被解除武装的地位。不待说,无产阶级是不肯安处在这种地位之上的。

因此必须要求新的奋斗的革命的政党,有充分的勇气以领导无产阶级为夺取政权而奋斗,有充分的经验以分析复杂的革命环境,有充分的技巧以通过那到目的之路上的障碍物。

没有这种政党,是谈不上推翻帝国主义及建立无产阶级专政的。

这种新的政党是列宁主义的党。

列宁主义的党,有何种特性呢?

第一节 党是无产阶级的前锋队

党首先应该是无产阶级的前锋队。党应该集中无产阶级所有优秀分子,其经验,其革命性,为对于无产阶级利益之无限的忠诚,到组织里面。但要变成真正的前锋队,党应该具有革命的理论,知道运动的法则,知道革命的法则。不然,党就不能指导无产阶级的斗争,领导无产阶级。党不能成为真正的党,如果它只限于登录无产阶级群众所做所想的，如果它追随于自发的运动的尾巴，如果它不能压制自发的运动的惰性及其政治冷淡态度，如果它不能超出无产阶级之微少的利益，如果它不能提高群众直至无产阶级利益的水平线。党应该站在无产阶级前面，应该比无产阶级看得更远，应该领导无产阶级，而不应该追随自发的运动的尾巴。第二国际政党实行尾巴主义，只是资产阶级政策的应声虫，使无产阶级成了资产阶级手里的工具。只有认识其为无产阶级前锋队又能提高群众至无产阶级利益水平线的党，才能领导无产阶级离开工联主义的道路并使之成为独立的政治势力。党是无产阶级的政治领袖。

我上面已经说过无产阶级斗争的困难，说过斗争环境的复杂，说过战略和策略，说过后备军及其运用，说过进攻和退守。这些条件，比较战争的条件来看，即许不更为复杂，至少也不更为简单。谁能够分析这些条件，谁能够指示几百万无产阶级群众以正确方向呢？凡是一种军队，如果不是自己愿意失败，则不能不受一个有经验的司令部来领导。岂不明显看出，无产阶级，如果不是自己愿意供敌人宰割，那能没有一个有经验的司令部呢？但这种司令部在那里呢？这种司令部只有是无产阶级的革命政党。无产阶级没有革命政党，就等于军队没有司令部。党是无产阶级的奋斗的司令部。

但党不仅仅是前锋队而已，同时应该是全阶级中的一部分，与全阶级密切连[联]络着。前锋队和无产阶级其他群众之区分，即党员和非党分子之区分，是不能消灭的；这种区分，除非到阶级斗争本身消灭，无产阶级同化一切阶级以后，才能消灭。

但这种区分如果成了隔离，如果党自己封闭起来而离开无党群众，则党就不成为党了。党不能够领导阶级，如果他不连[联]络于无党群众，如果这些群众不接受他的领导，如果群众对他无精神上的和政治上的信仰。不久之前，我们的党从工人中新吸收了二十万党员。有一件事值得注意，即这些新党员自动的加入还少，多数是由其他无党群众派遣来的，这般群众积极地参加征求新党员的工作，若不得他们同意，则一般说来，我们是无从征求新党员的。这一事实表示无党的广大工人群众，承认我们的党就是他们自己的党，就是他们亲近的密切的党，党的扩大和巩固都是与他们息息相关的，他们而且自愿地以自己的命运信任党的指导。不待说，没有这种精神上无形的线索，将党与无党群众连[联]络起来，党就不能够成为本阶级重大的力量。党是无产阶级中不可分离的一部分。

列宁说：

"我们是阶级的党，因此差不多整个的阶级(在战争时在内乱时，可说完全整个的阶级)，应该在我们的党领导之下而行动，尽可能地团结到党的一边来；但若以为在资本主义底下将有一个时候，整个阶级或差不多整个阶级，都能够提高其阶级觉悟和活动力至像本阶级的前锋队即社会党一模一样，——那是'尾主主义'。现在尚没有一个有理性的社会主义者，不怀疑在资本主义底下，职业的组织(更原始的，觉悟程度更低的工人组织)能够普遍全阶级或差不多全阶级。[，]撇开我们的艰巨的任务不管，这是欺骗自己；缩小这些任务，就等于忘记了前锋队和与之连[联]络的一切群众中间之区分,忘记了我们经常的责任是在日多一日地提高群众至前锋队的水平线。"(见《一步进前[前进]二步退后》,引者注:应为《前进一步后退二步》)

第二节 党是无产阶级有组织的队伍

党不仅是无产阶级的前锋队。如果要真正领导阶级斗争,党兼应该成为本阶级有组织的队伍。在资本主义条件底下,党的任务是异常艰巨和复杂的。党应该领导无产阶级,在内部和外面发展之异常困难的条件底下奋斗;如果环境要求进攻时,党应该领导无产阶级进攻;如果环境要求退守时,党应该领导无产阶级退守,避免强大敌人之打击;党应该给予几百万无组织的无党工人群众,以斗争必须有纪律有计划之精神,以组织和坚持之精神。但党要胜任这些任务,必须自己足为纪律和组织的模范,必须自己就是无产阶级有组织的队伍。没有这些条件,就谈不上党对于几百万无产阶级群众之真正的领导。党是无产阶级有组织的队伍。

列宁在我们的党章第一条,早就确立下党是一种有组织的单位之观念;这条党章确定党是各种党内组织的单位之总和,而党员同时又是党内某一组织的分子。孟雪维克派在一九〇三年已就反对这一条党章,他们提议一种自动入党的"系统",按照这个"系统",凡每个"教授"每个学生每个"同情者"每个"罢工者",只要他们帮助党,即许他们不加入且不愿意加入党内任何组织,也可以给他们以党员的"名义"。不待说,这个新奇的"系统"如果被我们的党采用了,必然使党充满了教授和学生,使党退化成为一种流动的未成形的无组织的"机关",沉没在"同情者"的大海内,消灭了党和阶级的界线,卸去了党的提高无组织群众至前锋队水平线之任务。在这样一种机会主义"系统"之下,我们的党不待说就是不能担负在革命进程中组织无产阶级之作用的。

列宁说:

"照马尔多夫观点看来,党的界线是完全不确定的,因为'每个罢工者'都能够'自称为党员'。这种流动的组织究竟有何种用处呢?用处只在党员'名义'能够大大的普遍。而其害处,则发生使阶级与党相混和的一种破坏党组织的思想。"(见《一步进前[前进]二步退后》)

但党不仅是党内组织之总和。党同时又是这些组织之整个的系统,这些组织之形式联合为一整个的单位,在此单位中,有高级的和低级的领导机关,少数人须服从多数人,实际的议决案一经通过全体党员都须服从执行。没有这些条件,党就不是一整个的组织单位,就不能有计划地有组织地去领导无产阶级争斗。

列宁说:

"以前,我们的党不是一个形式组织的单位,只是许多集团的总和,所以这些集团间除了思想上互相影响之外,是没有而且不能够有其他关系的。现在,我们变成了有组织的党,这就等于创立了权力,等于思想上的威权变成了权力上的威权,等于低级党部的决议能够服从高级党部的决议。"(同前)

少数人服从多数人的原则,中央领导党的工作的原则,往往引起摇动分子的攻击,说是"官僚主义""形式主义"等。不待说,要整个的党有计划的工作,要领导无产阶级的斗争,是不能不采用这些原则的。列宁主义,在组织问题上就是要坚决施行这些原则。反对这些原则的斗争,列宁称为这是"俄国虚无主义"和"封建诸侯的无政主义",非铲除不可。

列宁在其所著《一步进前[前进]二步退后》书中论过摇动分子说:

"俄国虚无主义者特别带有这种封建诸侯无政府主义的特性。党的组织,在他们看来,是一个巨大的'工厂';部分服从总体少数服从多数,在他们看来,是一种'束缚';在中央领导之下的分工,在他们看来,是人变成了'机器的螺丝';党的组织章程,在他们看来,是一件轻微无用之物,是可以完全用不着的。……显然可以看出,他们高喊反对官僚主义,不过用来遮掩他们对于中央机关几个人之不满意而已。……你是官僚,因为你虽受大会委任,但未合我的意思,而且违反我的意思;你是形式主义者,因为你虽依据大会形式的决议,但未得到我的同意;你行动太机械了,因为你虽依靠于党大会'机械的'多数人,但你并未顾及我是否也赞成你;你是专制魔王,因为你不愿将权力交给你的亲热的旧朋友。(注)"

(注)这是指亚克塞罗马尔多夫卜特列索夫等一般人说的,他们不服从第二次大会的决议并指斥列宁是"官僚"。——斯达林注。

第三节 党是无产阶级组织的最高形式

党是无产阶级有组织的队伍。但党不是唯一的无产阶级组织。无产阶级还有许多其他的组织,没有这些组织,是不能够正确领导反资本的斗争的。这些组织就是:工会、协作社、工厂委员会、议会党团、无党的妇女联合会、出版物、文化团体、青年联合会、革命奋斗的团体(在公开的革命进攻时)、代表苏维埃及国家的组织形式(如果无产阶级取得了政权)等。这些组织的大部分,是无党的,只有其中的一部分是直接加入于党或为党的一支派。所有这些组织,在某种条件之下,对于无产阶级是绝对必要的,因为没有这些组织,无产阶级就不能在复杂的斗争环境内巩固其阶级的地位;因为没有这些组织,无产阶级不能锻炼成势力,改革资产阶级制度为社会主义制度。但在这种繁多的组织之下,怎样实现统一的领导呢?怎样能够保证,这许多组织不至于引起领导上之不统一呢?人们可以说,每一个组织的工作都是限于自己的特殊范围,因此不会妨害别个组织的工作。

这自然是对的。但这些组织的工作应该朝着同一方向做去,这也是对的,因为这些组织都是为一个阶级——无产阶级——之利益。试问:谁来决定所有这些组织工作之一致的方针,共同的方向呢?那里有一种中心的组织,不仅有必需的经验能够确定这种共同的方针,而且有充分的权威能够迫使所有这些组织来施行共同的方针,以造成指导上的一致并避免人各【自】为政的状态呢?

这种组织就是无产阶级的党。

党的确是备有为这种中心组织之必需的条件。第一因为党是无产阶级优秀分子之集合,直接与无产阶级无党组织有连[联]络并时常领导这些组织;第二因为党既然是无产阶级优秀分子之集合,就成为良好的学校,训练出工人领袖,能够指导本阶级的一切组织形式;第三因为党既然是训练工人领袖的学校,就成为唯一有经验有权威的组织,能够集中无产阶级斗争的指导,因此又能够改变所有无党的组织为中介的机关,为党和阶级间连[联]络的线索。党是无产阶级组织的最高形式。

自然,这并不是说,无党的组织如工会、协作社等,应该形式上服从党的指导。这只是说,加入这些组织,而决然能发生影响的党员,尽力量使这些组织的工作接近于党并自愿地接受党的政治指导。

所以列宁说,"党是无产阶级组织的最高形式",党的政治指导应该普及于其他一切无产阶级的组织形式(见《共产主义左派幼稚病》)。

所以机会主义主张无党组织"独立论"或"中立论",以致产生了独立的议员,离党的新闻记者,偏[褊]狭的职工运动者和小资产阶级化的协作社运动者,——这种理论是与列宁主义的理论和实际绝对不能相容的。

第四节 党是无产阶级专政的工具

党是无产阶级组织的最高形式。党是无产阶级及此阶级诸组织之根本的指导机关。但不能因此就以为党可以看做是孤立自足的组织。党不仅是无产阶级组织的最高形式,而且是无产阶级手里的工具,无产阶级未得专政前可以用来夺取政权,既得专政后可以用来巩固并扩大其专政。党将不能有这种重大的意义,将不能领导其他的无产阶级组织,如果政权问题不提出于无产阶级面前,如果帝国主义的压迫、战争的威吓、恐慌的发生,不要求集中一切无产阶级势力联合一切革命运动线索至共同的一点,以推翻资产阶级并建立无产阶级专政。无产阶级首先需要党,为其奋斗的司令部,以迅速夺取政权。不待说,如果没有能够团结无产阶级群众组织于自己周围并在斗争中集中一切运动指导权的一个党,俄国无产阶级是不能够实现其革命专政的。

但无产阶级需要党,不仅为夺取政权,尤其为保持巩固扩大此政权,以达到社会主义的完全胜利。

列宁说:

"现在的确差不多每个人都能看出,波尔扎维克党人将不能保持政权至二个半月,不待说至二年半了,——如果我们的党没有最严格的真正铁的纪律,如果无产阶级群众即一切觉悟的真诚的忠实的能发生影响的能领导落后群众的分子,不赞助我们的党。"(见《共产主义左派幼稚病》)

但"保持"并"扩大"专政,这有什么意义呢?这就是说,灌输纪律和组织精神于几百万无产阶级群众;这就是说,在无产阶级群众中造成坚垒和利器以反对小资产阶级腐败和成见之影响;这就是说,加紧无产阶级组织工作,以改造小资产阶级分子;这就是说,帮助无产阶级来训练自己,使成为一种势力,能够消灭阶级并准备社会主义生产组织的条件。但如果没有一个团结和守纪律的强大的党,以上这些都是不能做到。

列宁说:

"无产阶级专政乃是一种剧烈的斗争,一种流血的和不流血的,暴力的和和平的,军事的和经济的,教育的和行政的斗争,反对旧社会的势力和传统。

几百万和几千万人的习惯力量,是最可怕的力量。没有铁做的和斗争中锻炼成的党,没有得本阶级一切忠实分子信仰的党,没有能够分析群众心理并影响群众的党,则不能够有效地领导这种斗争。"(见《共产主义左派幼稚病》)无产阶级需要党,为的是夺取并保持专政。党是无产阶级专政的工具。但从此可以推知,阶级消灭了,无产阶级专政亦消灭了,党也就跟着消灭。

第五节　党是统一的意志,党内不容有党团存在

如果没有一个团结的和铁的纪律的强大的党,夺取并保持无产阶级专政,都是不可能的。但如果没有统一的意志,没有一切党员完全一致的行动,则党之铁的纪律也是不可能的。自然,这并不是说,党内不许有意见上不同的斗争。恰恰相反,铁的纪律不仅容许而且提倡党内的批评和意见的斗争。这更不是说,纪律应该是"盲目的"。恰恰相反,铁的纪律不仅容许而且提倡自觉的和自愿的纪律,因为只有自觉的纪律才是真正铁的纪律。但到了意见斗争已经终止批评已经过去决议已经通过之后,一切党员的统一意志和统一行动,就成为必需的条件,如果没有这种条件,则整个的党及党之铁的纪律,都是不可能的。

列宁说:

"在目前剧烈的国内战争时代,共产党要能够胜任其使命,必须以最集权的形式组织起来,必须施行一种近于军事纪律的铁的纪律,必须党的中央是有权力上威权的机关,具有广大的权限并得党员普遍的信仰。"(见《加入共产国际条件》)

以上是论夺取专政以前的斗争条件中,党的纪律之重要。

同样,夺取专政以后,党的纪律更加重要。

列宁说:

"谁愿意稍稍削弱无产阶级党的铁的纪律,谁就是事实上帮助资产阶级反对无产阶级。"(见《共产主义左派幼稚病》)

但因此就可知道,统一的党及党的铁的纪律,是与党内党团之存在,不能并容的。不待说,党内有党团存在,必至发现几个中央,党内既有几个中央就等于没有一个共同的中央,就等于破坏统一的意志,就等于削弱并消灭纪律,削弱并消灭专政。自然,反对无产阶级专政并不愿引导无产阶级夺取政权的第二国际政党,能够容许这种自由主义即党团自由的,因为这些政党完全无需要铁的纪律。但以夺取并巩固无产阶级专政为使命的第三国际政党,就不能容许这种"自由主义"即党团自由。党是统一的意志,不容许党内任何党团存在,不容许分散党的权力。

因此,列宁在我们的党第十次大会关于"党的统一"一个特别议决案上,解释"党内党团对于党的统一上对于实现无产阶级前锋队统一意志上是危险的,这种统一乃是无产阶级专政成功的根本条件"。

因此,列宁要求"完全消灭一切的党团""速即解散一切根据特殊政纲组成的派别",不然则"无条件的立即开除出党"。(见《关于党的统一议决案》)

第六节　党因肃清机会主义分子而巩固起来

党内党团之发生是由于党内有机会主义分子。无产阶级不是闭关的阶级。因资本主义发展而无产阶级化的农民、小资产阶级、知识分子,不断地加入无产阶级队伍中

来。同时无产阶级中也蜕化出上层分子（主要的是从职工运动者和议员中蜕化出来的，资产阶级拿殖民地额外利润的一部分来收买他们）。

列宁说：

"这一部分资产阶级化的工人或'劳工贵族'，其生活其工资其人生观完全是小资产阶级式的；他们是第二国际的基本力量，而现在又是资产阶级的社会力量（但不是军事力量）。因为这是资产阶级派往工人运动中的忠实侦探，是资本家阶级雇用的工人佣仆，是改良主义和爱国主义的忠实宣传者。"（见《帝国主义》）

所有这些小资产阶级派别，这样或那样混进党来，带来摇动犹豫的和机会主义的精神，破坏和多疑的精神。大体说，他们就是党团和纠纷的源泉，是破坏组织和党内分裂的源泉。前方与帝国主义作战，而后方有这样的"同盟军"，这就等于陷入于腹背受敌的地位——前方敌人进攻，后方内奸捣乱。因此，不顾惜地与这些分子作战并驱逐他们出党——乃是反帝国主义斗争胜利的先决条件。

凡主张以党内思想斗争方法求"战胜"机会主义分子之理论，凡主张在一党范围内消灭这些分子之理论——乃是迂腐的和危险的理论，能够使党陷于疯瘫和慢性病的状态，能够使党受机会主义宰割，能够使无产阶级丧失革命的政党，能够使无产阶级缺乏反帝国主义斗争的主要武器。我们的党不能够走上轨道，不能够夺取政权并组织无产阶级专政，不能够在国内战争中取得胜利，如果在党中保存有马尔多夫丹因卜特列索夫亚克塞罗等分子。如果我们的党能够建立党内的统一和坚固的团结，这首先是因为它晓得在恰当时期肃清了机会主义废物，晓得从党内逐出取消派和孟雪维克派。肃清机会主义者、改良主义者、社会帝国主义者、社会爱国主义者和社会和平主义者——这是无产阶级党发展和巩固的道路。党因肃清机会主义分子而巩固起来。

列宁说：

"自己的队伍中有改良主义者，孟雪维克派，无产阶级革命是不能够胜利不能够支持的。这显然是个重要的问题。俄罗斯和匈牙利的经验就明显证明这个。……在俄国，遇见多次困难状况，如果孟雪维克派、改良主义者、小资产阶级德谟克拉西，存留在我们的党内，苏维埃政权是一定要被推翻的。……在意大利，大家承认，无产阶级快要与资产阶级作决死的战斗以夺取政权。在这个时候，不仅驱逐孟雪维克派、改良主义者、杜拉底派出党绝对是必要的，而且免除那些能够摇动并已现出摇动而倾于改良主义者'联合'的共产党人之重要职务，或者也是有用的。……在革命之前夜及在争求革命胜利之最剧烈的斗争时候，党内稍一动摇，就可以丧失一切，葬送革命，颠覆无产阶级手里的政权，因为这个政权还不是巩固的，因为这个政权所受的攻击还是十分有力的。如果摇动的领袖此时离开了，这并不是削弱了反是增强了党、工人运动、革命。"（见《虚伪的自由论》）

第九章 工作作风

这里所说的，并不是文学上的作风。我所说的，乃是工作里的作风，即列宁主义的实际【工作】里那些特异的和新奇的东西，造成特别一派列宁派工作人才的东西。

列宁主义是一种理论的和实际的学校，由此学校训练出特别一派的党务工作人才和国家工作人才，造成了一种特别的列宁派的工作里的作风。这种作风的特性在那里呢？

其特性有二：（一）俄国的革命热情，（二）美国的实际精神。列宁主义的作风，就在联合这二种特性在党务工作和国家工作里头。

俄国的革命热情，是一种防毒剂，防止迂腐、呆版[板]、保守性、思想的迟钝及崇拜旧传统的奴性。俄国的革命热情——这是一种活泼的力量，激起思想，推动前进，破坏过去，创造未来。没有这种热情，一切向前进的运动都是不可能的。但到实际上来，这种热情如果不与美国的实际精神相结合，则有化为"革命的"空谈之危险。这种危险的例证是很多的。谁不知道，"革命的"幻想病之来源，是在迷信法令能够创造一切改造一切呢？俄国一个文学家，爱伦堡，在他的小说《共产主义的完人》里头，描写一个犯这一种病的"波尔札维克"：他立意要构造一理想的完人，并已……"沉弱[溺]于"这种"工作"。在这小说中，虽然有很多过火的地方，但他的确看清这一种病，这是无疑的。但谁也没有像列宁那样刻薄地和不客气地嘲突[笑]这一种病。列宁指出这种迷信法令万能的病症，是"共产主义的夸大狂"。

列宁说：

"共产主义的夸大狂，这是说，尚未被开除出党的那些共产党党员，幻想以为他们用共产主义的法令，就可以解决一切问题。"（见《在政治文化大会的演说》）

列宁往往以简单的日常的工作，来抵制"革命的空谈"，并提醒说，"革命的"幻想是违背真正列宁主义的精神和文字的。

列宁说：

"好听的话少说些，简单的日常的工作多做些……政治的盲动少做些，要多注意些最简单而切实的共产主义建设事实。"（见《大发端》）

美国的实际精神，恰恰相反，乃是另一种防毒剂，防止"革命的"空谈和幻想。美国的实际精神——这是一种坚定的力量，不知道并不承认有所谓困难，以其实际的坚忍精神铲除所有一切障碍物，凡事一经开始，无论事之本身极为微少，但必须做到底。没有这种实际精神，一切重大的建设工作都是不可能的。但美国的实际精神如果不与俄国的革命热情相结合，则有化为狭隘的和无原则的事务主义之危险。谁不知道，狭隘的实际主义病和无原则的事务主义病，往往害得一些"波尔札维克"变节并离开革命事业呢？这种特别病症，被毕尔涅克描写在他的小说〈俄国的年头〉里头。他描写几个俄国"波尔扎维克"：他们充满了意志和切实果断的精神，非常"起劲地""动作"，但没有前途趋向的观念，不知道"将往那里去"，因此就离开了革命的工作。谁也没有像列宁那样尖刻地嘲笑这一种事务主义的病症。"狭隘的实际主义""无脑筋的事务主义"——这就是列宁主义形容这一种病的话。他往往以活的革命工作并以一切日常工作中必须有革命前途趋向的观念，来抵制这一种病，并提醒说，无原则的事务主义，也与"革命的"幻想一样，是违背真正列宁主义的。

俄国的革命热情和美国的实际精神相结合——这就是列宁主义在党务工作和国家工作之要领。

只有这二种特性相结合，才能给我们以完全的列宁派工作人才，以【及】列宁主义的工作里的作风。

1月

27.《马克思主义者的列宁》(著作(目录，全文)，1月)

新青年社出版《马克思主义者的列宁》，布哈林著，新青年丛书之一种。共62页，定价1角。目录：第一章 马克思恩格斯时代的马克思主义；第二章 第二国际的"马克思主义"；第三章 列宁的马克思主义；第四章 列宁的理论和实际；第五章 帝国主义、民族问题、殖民地；第六章 国家、无产阶级专政、苏维埃政权；第七章 工人阶级与农民；第八章 在我们面前的理论问题。

全文如下：

本党不少党员以及党外的人，往往无疑地认定列宁是工人运动中无比的〈和〉天才的实行家；至于列宁的理论方面，则往往被人忽视了。我以为现在〈正〉到了对这观点加以小的也可说很大的修正的时候。

我以为人们这样忽视理论家的列宁，是基于我们大家共有的一种心理上的错觉。列宁所创立的理论，并未曾经他以几本完成的著作结集并类别起来。列宁所创立的理论，其公式及其论断，在其日常的言论中是很多的，是时常发现的，几乎占有十分之九。这些理论的材料分散在卷帙浩繁的列宁全集中，因此不难了解——惟其因为这些理论材料是分散的，惟其因为这些理论材料呈献给读者前面不是集合的完成的和精粹的形式，所以很多人才认定理论家的列宁远逊于实行家的列宁。

但这种观念，我以为，在最近的将来将被打破，而在较远的将来，列宁将在我们面前全部表现出不仅是工人运动中天才的实行家而且也是天才的理论家。

如果允许我，我可以从我自己的工作中，从我自己的"理论实际"(如果能够这样说)中，举出一个小例。在我的一篇论文里，我曾经充分详细地研究社会主义制度在资本主义系统中的成熟和资本主义制度在封建社会中的成熟二者中间大的原则上差异的问题。我在马克思主义旗帜底下杂志上发表的思想，随后在法学的一般政治的以及其他的著作中，又遇见多少形成的理论。我著成这篇论文，十分真诚地确信我在这小的理论范围里说出了新的前人未曾说过的话——〈,〉可是随后我发现所有这些都包含在不列斯特和会时列宁在第七次党大会演说稿的四行字中间了。我以为我们中从事并还要从事于理论工作的人和现在以另一观点重读列宁著作的人——他们，无疑地，在这著作中将发现许多事物，为我们从前所忽略过的，所不大注意的，所不能了解其理论含容的。理论家的列宁正等待他的"整理者"，将来当这一整理工作做完之后，当列宁所创立而分散于其著作中的多数的新的事物结集成有系统的形式之后，列宁将在我们面前表现其全部伟大出来，成为共产主义工人运动中天才的理论家。我这次讲演的任务就在立下几根支柱，鼓励人们去进一步做研究马克思主义理论家的列宁之工作。

第一章　马克思恩格斯时代的马克思主义

马克思主义，与任何学说一样，与任何理论的结构一样——无论在纯粹理论的范围或在实用理论的范围——均是一种活体，发展而变化，〈马克思主义在变化中，〉其数量方面的变化能够过渡到质量方面的变化。马克思主义，与任何学说一样，能够于一定的社会条件底下起变性的现象；马克思主义并非处于同一的状态而不变的。我以为，现在，在我们这个时期，十分明显可以看出，马克思主义在其历史发展上经过了三大阶段。马克思主义历史发展上这三阶段，恰适应于工人运动史的三大段落，而工人运动史的三段落又联系于总的人类社会发展，首先是欧洲社会发展的三大时代。马克思主义发展的第一阶段是科学的共产主义的创立者〈。〉——马克思和恩格斯——自己历史地形成的马克思主义。这是马克思的马克思主义。这个马克思主义的社会背景绝不是欧洲发展之有机的和平的时期。这是欧洲经过无数震动的时代——其最明显的表示就是一八四八年的革命。

供给理论结构的主要材料，即社会方面替革命的学理装上了火药，乃是欧洲发展的条件及其突变的性质；发生马克思主义的时代，给了这个伟大的无产阶级的学说，以十分奇特的面貌，在新生的马克思主义之逻辑的构成上面，印了一个印象。我们十分明显能够找得那替马克思恩格斯的马克思主义装上革命火药的一些根本的线索：首先是联合抽象理论之伟大势力于革命的实际。我们知道，马克思在其最高的抽象理论上，在其论费儿巴赫的纲要上，即提出底下的几句话，为其哲学的基础："以前的哲学家解释宇宙，我们应该改造宇宙。"自然可以明白，在马克思恩格斯的马克思主义中，这种实际的现实的倾向是有其社会背景的。而且马克思的整个理论也明确表现出破坏性，——这个理论本质，从思想结构的最高层直至其实际政治的结论，都是异常革命的。无论在纯粹理论的范围或在实用理论的范围，这个马克思主义的内容都是异常革命的。对于甚么是马克思主义的精神这一问题，马克思答复说：他的学说不在阶级斗争论，因为阶级斗争论前人已经知道了，他的学说乃在看出社会发展必然要达到无产阶级专政。通常关于马克思主义的【这】一断语，说马克思主义是革命的代数，拿来对马克思恩格斯时代的马克思主义说，是十分对的。这是一架神奇的机器，用来做推翻资本主义制度最有效的一种工具，无论在其理论方面或在其实际政治结论方面，都是很有用的。

第二章　第二国际的"马克思主义"

以上便是马克思主义发展上的第一形态，其第一个历史的面貌。但我们明显知道，往后便开始第二时代的和别一种的马克思主义。这一种马克思主义可以称为第二国际的马克思主义。这个过渡，从马克思的马克思主义过渡到第二国际的【"】马克思主义【"】，自然不是突变的。这是进化的过程，而工人运动思想上的这种进化有其根源，有欧洲资本主义及世界资本主义所经过的进化为其基础。首先是欧洲资本主义。一八四八年革命之后，来了资本主义制度相当的稳定，开始资本主义有机发展的时期，资本主义最明显的矛盾点便移往殖民地去。在那正在增长的大工业的根基上，我们看见生产力有机增长的过程，连着工人阶级的相当的繁盛。在这社会经济基础上，我们看见与此相应的政治【建】筑物——巩固的民族国家——"祖国"。资产阶级十分稳固地高坐在马鞍上面。帝国主义的政策开始了，特别表现在过去世纪之八十年代以后；在工人阶级生活程度提高和"工人贵族"的分出及其迅速发展之基础上面，发现了在总的资本主义机体系统中，由[有]内心的思想上蜕化的工人组织，以渐进进步的方式长大起来，此进步之主要的反映，其最合理的反映，乃在资本的政治头脑，即在统治的资产阶级之政权。这种过程便成了工人运动上流行思想的蜕化之基础。人们知道，思想和实际中间总是有点间隔的。因此，思想上马克思主义发展和纯粹实际上马克思主义发展，二者中间就有了某种不调和的发现。马克思主义变成了二种根本的形式。这种变性之最明显的倾向便是德国社会民主党内部的修正主义的倾向。在恰切的理论公式方面说，我们在别的国家找不到更切合的例【子】。因有许多历史的条件（我此处不能分析这些条件），机会主义的实际的表现，在任何地方都没有比在"哲学家和诗人之国"，那样明显而恰切。在德国，修正主义倾向不但表示离开，且很明显丢弃马克思恩格斯的及以前的马克思主义。其他一派的马克思主义，即考茨基领导的自命为急进派的或正统派的马克思主义，其离开马克思主义的痕迹则〈比较〉不十分明显。关于这一点，我在别处要说，这里，我个人以为，那种观察，即以为德国社会民主党和考茨基的堕落乃开始于一九一四年，是不对的。我以为（现在我们能够肯定），长期领导〈全〉国际之德国社会民主党中的这一派，离开〈了〉真正正统的真正革命的马克思主义，工人【运动】思想发展初期的形态中马克思恩格斯的马克思主义，已经很久了，——纵然没有修正主义者那样急速。

在这时期的开始，发现了理论和实际中间的某种不调和的现象。修正派里最前进的理想家，定下了德国社会民主党的实际，而制造出与此实际相应的理论。社会民主党其他一部分，则仍坚持其理论，但他们的理论已经没有力量且也不很想从实际上去制服〈了〉这些有害的倾向。考茨基一派就取这种态度。可是到了这时期的结尾，当历史严重提出许多最原则的和最实质的问题之时——世界大战开始之时，"一下"表现出：在理论上和在实际上，这二派中间并没有实质的差别。根本上，这二派——修正派和考茨基派——表现同样的倾向，腐化马克思主义，使之——往不好方面的意思说——那产生于欧洲为欧洲这时期的发展特性的一些新的社会条件；这二派表现同样的理论的倾向，丢弃了真正革命的马克思主义。由一般的观点看来，可以说，这二派的差别在乎纯粹修正派的"马克思主义"在其一贯的形式内明显表现其对于国家政权资本主义制度等之宿命论的性质；而考茨基派的【"】马克思主义【"】，则带德谟克拉西和平主义的性质。这个界限是相对的，最近几年就逐渐消灭了，这二派逐渐在同一条轨道上走，逐渐确定地远离了马克思主义。这个过程的根本点就在去除马克思主义的革命性，抛弃了马克思主义的革命的理论、革命的辩证法、论资本主义崩坏的革命学说、论资本主义[社会主义]发展的革命学说、论专政的革命学说等，而代之以凡庸的资产阶级德谟克拉西进化论的学说。我们能够详细指明这种倾向怎样很明显表现在许多理论问题之中。这种分析，我已经部分的在某次国际大会上关于共产国际党纲问题的演说中做过了。这种修正主义的倾向，蒲列哈诺夫和考茨基都有，譬如关于马克思主义理论系统上中心之点之一点：国家政权论。国家【政权】论中有这种修正主义，就可完全明白考茨基派于帝国主义的世界大战中为什么要取资产阶级和平主义的态度。真正马克思主义在国家政权论中的观点，我们都知道。这学说的要点可以这样说：在社会革命的时期中，资产阶级的国家机关破坏了，新的专政——"反德谟克拉西的"同时又是无产阶级德谟克拉西的国家——开始创立起来，这是十分新奇的和特别的政权形式，这政权往后便开始毁灭。考茨基就绝不是这样说；考茨基和一切修正派的"马克思主义者"一样，对于这一点，都解释说，国家政权从这一阶级手里过渡到别一阶级手里，好像一架机器从这一阶级手里过渡到别一阶级手里一样，用不着这一新阶级把一切螺丝折[拆]开，然后依新形式装置〈的〉。从这种理调，便逻辑〈的〉一贯的产生战时的保护祖国的政策。我们于战争开始时，常在〈社会〉爱国派会议上听见这种论断，这种异常幼稚的论断成了保护祖国派的基础，有不小的成效。某个资产阶级国家既然明天要归到我们的手里，自然我们不应该破坏他，而要保护他。这样，我们的任务便完全与马克思所说的不同了。既然不该破坏国家，因为他明天将到我们手里，那么我们便不能破坏军队，因为这是组成国家的一部分，也不能破坏任何的国家纪律及其他。所有这些论调都是一贯的，自然当国家间因相互战争而频于危险之时，考茨基和〈和〉修正派，完全适应于其理论的前提，便要做出相应的实际结论。可见，以为欧战起时，他们是一时的突变的堕落——这种观点是不对的。他们在理论上完全是保护祖国的。我们不过未曾在所谓"正统派"里发现出这种内部的蜕化，所谓"正统派"和真正的正统派是风马牛不相及的。其他如关于资本主义社会崩坏的理论，如关于贫困的理论，如关于殖民地和民族问题，如关于德谟克拉西和专政的学说，如关于论群众斗争的策略的学说等，都是这样。我可以介绍你们去读考茨基的一部著名的小册子——《社会革命》，这本书，我们早就读过了，可是我们现在换一种眼光再读一遍，因为现在从这本书中不难发现许多附会马克思主义的话和机会主义的公式——这些，现在我们都明白了。这些第二国际的"马克思主义者"如看见了资本主义制度上经济关系上一些新的改变，他们如果从其理论的显微镜底下发现了现实生活中的新的现象，那他们〈根本〉就永远用一种观点去观察这些新的现象——工人组织以进化的道路在总的资本主义机体的系统中长大起来之一种观点。

譬如股份公司的新形式发现了，他们即刻就拿来"证明"资本的德谟克拉西化。欧陆工人阶级的状况改良了，他们即刻就做出结论说：革命或许没有需要，而我们能够以和平手段去做一切。怎样根据马克思的学说呢？——只引马克思的话，从复杂的段落或句子之中生剥活割出一二句就够了。大家知道马克思曾经论英国说："在英国，或者可以不经过流血。"这句话便给他们用去说明一切。大家知道，恩格斯曾有一次说点[过]不十分有利于巷战的话。从这里，他们又做出许多结论。这样，一切现象都在[从]工人阶级在总的资本主义系统中长大这一观点下去观察,这一观点在一定条件之内可以说是"国内和平"的观点。革命的马克思主义之中,结果,革命的实质被去除了;于是发生了历史上常见的事实:同样的话,同样的名词,同样的辞句,同样的标语,同样的信条,竟有别样的社会政治的含义。

德国社会民主党曾经成为模范的党,在这党内还保存着马克思主义的口头禅,还保存着马克思主义的信条,还保存着马克思主义的字句的外壳,但完全没有马克思主义的含义,只存下一种学说的字句的外壳而已——这学说是过去世纪中叶社会〈曾〉震动时期所造成的。革命的精神飞往九霄云外去了,在我们面前根本上只剩下一种学说——适应于德国社会民主党,机会主义的工人政党,客观上变节了和被各该国资产阶级国家收买了的政党〈,〉的机会主义的实际的学说。我们而且能够画出一张特种的社会政治地图,表示这些"马克思主义者"变节无耻的程度。这国家在世界市场的力量越大,这国家的地位越强,这国家及其资产阶级施行的帝国主义政策越贪心无厌,工人贵族越大越有力,联系工人阶级于其资产阶级及其国家组织的锁练[链]越坚固越粗大,则这国家工人运动上的理论越更是机会主义的,越更是无耻的,无论这些理论是否带着马克思主义的标语。重复一遍说,我们能够画出这张地图,来十分明显的表示社会政治发展和思想发展(某种状况下,可说工人运动思想发展)中间的联系。

以上便是马克思主义发展上的第二阶段。这个马克思主义的面貌绝不是马克思恩格斯的马克思主义的面貌。我们看见这里有另外一种社会政治结构,我们就有另外一种思想,因为至少已经有了为这思想的另外一个支柱了。这支柱就是最凶残的帝国主义国家的工人阶级,特别是这些最强大的帝国主义国家的工人贵族。

当社会政治上变质的过程表现得最明显,则其一切方面离开真正正统派马克思主义的机会主义理论亦表现得最明显。

第三章 列宁的马克思主义

我现在说到列宁主义的问题了。有人对我说,在红色教授学院的一面旗帜之上,写着:"科学上的马克思主义,策略上的列宁主义——这便是我们的旗帜。"我以为这样区分是不成功的,而且也不适宜于那以"思想战线上的前锋军"自命之红色教授,因为理论从斗争的实际这样分离出来,是绝对不应该的。如果列宁主义是实际——和马克思主义不一样,这恰好就是理论和实际隔离,而这又特别对于像红色教授学院那样的机关是很有害的。列宁的马克思主义显然是特种的理论构成,简单只因为他自己就是别一个时代的产儿。

列宁的马克思主义不能够是马克思的马克思主义之单纯的复演,因为我们所处的时代并不是马克思所处的时代之单纯的复演。那时代和这时代中间有共同之点:那时代不是有机的时代,而这时代更不是有机的时代。马克思的马克思主义是革命时代的产物。列宁的马克思主义是异常骚动异常革命时代的产物。可是大家自然了解,这里,在社会发展进程的本身上,在构成理论材料之经验材料的本身上,在提出于革命无产阶级前面而需要相应的答案和相应的反应的任务上，既然发现了许多新的事物，所以我们现在的马克思主义就不是马克思提出的思想总和之单纯的复演。

我们必须以最坚决态度申言，我们绝不应该拿列宁主义去和马克思主义对抗，我也绝不愿意拿这个学说去对抗别个学说。这个学说乃是别个学说之逻辑的和历史的完成和发展。但我今愿意先提出那为列宁的马克思主义之基础的社会经济政治上的一些新的事实。事实上，在这范围里，我们究竟看见了那些新的事物，为马克思所未曾注意到的，——因为马克思当时没有这些事物呢？我们首先看见了资本主义关系的发展上一种新的阶段。马克思了解在他以前的商业资本时代。马克思了解工业资本。工业资本时代可以算做总的资本主义之模范的形式。你们明白知道，只在恩格斯晚年才开始形成新的提高和托辣斯一类的组织。而列宁所指出的垄断的资本主义，乃是资本主义发展上全新的阶段，带着大改造过的资本主义生产关系。马克思不能知道这个，因为当时并没有这个，有此简单的原因，马克思所以不能够用理论分析而发挥这些现象。

这些新的现象，应该从理论上研究之，用理论发挥而沟通之，使之成了理论上的推论和公式之旧练[链]中的一个新环。这些便是财政资本上的现象，这财政资本所用的帝国主义政策上的现象。创立并固结资本的世界经济组织及其国家组织问题和表现在十九世纪最后几年，二十世纪最初几十年资本主义特殊结构中生出的许多类此的问题——这些便是马克思所不知道，而又应加以理论分析的问题。这是第一类的问题。第二类的问题，乃是与世界大战和资本主义关系之崩坏有关的一些问题。我现在用不着估定资本主义关系崩坏的程度，我用不着指出这关系上的病征[症]，我用不着特别估定西欧目前的经济状况，我用不着说明严重的恐慌或破产，我也用不着拿激烈的言辞来形容这个或那个，——你们仍旧可以十分明白此类的现象是以前所没有的。无论国家资本主义，无论资本主义机体之崩坏和涣散，无论从生产的基础到货币的流通上各方面之日趋于破坏——这些现象都是科学的共产主义之创立者所处时代所没有的。这些现象在我们面前提出了许多有趣的和新的理论问题，随着这些理论问题自然生出相应的实际政治结论，这些结论是建立于理论问题上面，而联系于理论问题的。这一类的现象是很大的形成一【个】时代的现象，马克思和恩格斯都未曾知道。第二类的现象是直接和资本主义关系崩坏时期工人的暴动有关的，——这时期是资本主义国家在其战争中的大冲突之结果，这种战争就是资本主义竞争的特殊形式，为马克思自己及其接近的朋友所处时代所不知道的。现在这些问题便直接联系于社会革命的过程，这些问题也是大的社会现象，完全客观的社会现象，也需要理论的研究，也有特殊的规律性，也提出许多理论的和实际政治的问题于我们前面。我们明白，在马克思那时对这些问题只能给个最概括的观念，而现在的经验材料则给了我们〈以〉许多新的现象，供理论的研究。这便是第三类现象及与此现象有关的问题及与解决此问题有关的实际政治结论。这是第三类的理论的和实际的问题，这些问题是马克思所不知道的，因为那时谁也不知道。最后，还有第四类的现象，这就是与统治的工人阶级时代有关的许多现象。马克思说过："我的学说及其根本不在于论阶级斗争，而在于说阶级斗争必然要达到无产阶级专政。"这就是一条界线。当这个无产阶级专政已经成了事实,那我们自然更进一步,已经跨过了这条界线。马克思学说的本质就在指出无产阶级专政是不可避免的,且亦只限于此①。在那个历史的时期也只能有这样一种学说,因为没有无产阶级专政的真实的事实,亦没有连带的现象为经验的和观察的材料,以供理论分析或实际反应的对象。所以这许多重大现象完全是新的,因为我们自己已经跨过了马克思自己所说的那条界线了。现在我们有跨过这条界线的一类现象。这些现象越新颖,则其在理论上亦当越更新颖;因此观察一切过去时代所没有的现象中所用的观念,亦应该越更奇特。以上便是做工人阶级方面理论观察的对象和理论整理的行动标准的对象之社会经济政治及其他现象之第四类的现象。我这里举出了四类来说。显然这四类的现象不仅形成欧洲发展的大时代,而且形成世界总的发展的大时代。这整个时代,由其复杂性和具体性,含着各种理论和实际问题的大财富,这位辩证法学者和实际家把理论问题的研究和建立在这经验的材料上面之实际联合起来,他已经跨过旧式的马克思主义的界线之外了。

这里,我为不至惹起误会起见,须得申明一点。在马克思主义这个名词底下,我们究竟了解甚么意义呢?在这个名词底下,我们可有二种意义:一是方法论——研究社会现象方法的系统;二是思想之总和——这里包括历史的唯物论,资本主义关系发展的学说等,此外又包括许多具体的断语:这就是说我们不仅拿马克思主义当做方法或理论形成的方法论来看,我们而且拿他当这方法之许多具体的应用。由这应用结果所得思想之总和。由最后一个观点,十分明显看见,列宁的马克思主义的范围比马克思的马克思主义要宽大得多。这是很明白的。因为在旧有的思想总和上面,由新的现象新的历史时代分析之结果,添加了具体问题的新的总和。在这种意义底下,列宁主义是跨过马克思主义界线的结论。但如果我们在马克思主义这一名词底下不解作马克思所有思想的总和,而解作建立在马克思主义的一种工具,一种方法论,那么自然列宁主义绝不是变形的或修正的马克思学说的方法论。恰恰相反,在这种意义底下,列宁主义是完全恢复到马克思和恩格斯自己的马克思主义。

我以为这样便解决了那因术语混用因许多术语在不同意义底下之使用而发生的矛盾。如果现在我们自问,这列宁的马克思主义之历史面貌有甚么特点,那我可以把它看做是底下三种综合。第一,这是恢复到马克思时代,但这恢复不是单纯的而是充当了所有新的事物,即是说,这是马克思的马克思主义及新的社会经济现象分析所得一切结果之综合;这里因此包括新时代给与我们的所有新的事物之马克思主义的分析。第二,这是奋斗的和胜利的工人阶级之理论和实际之综合。第三,这是工人阶级之破坏的和建设的工作之综合,我以为最后这一点是最重要的。

这里,关于第三点,我须得解释几句。正统的马克思主义,即革命的马克思主义,即我们的马克思主义,当然有各种历史时代中各种实际问题在其前面,相应着便

---

① 巴黎公盟只是一种暗示,供给马克思做许多天才的预言的基础,但马克思自然远不能深切研究无产阶级专政问题。

要有逻辑上的思想上的选择，因为实际的问题结果是要决定我们理论上的推论的，并在联结个别的理论之环为一系统为一理论的锁练[链]当中也要受实际问题的决定。当工人阶级和革命的政党正处在夺取政权斗争的地位时候，在一切坚决的思想工作中，到处我们都必然应该加紧打击，并特别分析一切矛盾的方面，我们应该指明资本主义社会之一切根本的不调和，我们应该精密指明，收集，并在理论上阐明这社会各种原素是日益涣散的。这是因为我们所注重的乃在实际，乃在找寻裂痕，乃在以最尖利的器具塞进这裂痕之内。我们面前是破坏的责任，我们需要推翻资本主义制度，因此，自然一切理论之环的首先的选择是在这一方面。我们在理论上注重于提明那在实际上注重加深的一切冲突；需要从总的理论问题穿过中间的环，穿过我们的煽动家，向前进，因为这里，在我们面前是根本的破坏推翻的责任。马克思的一切理论的整个特点就在于建立在这个方向。当工人阶级夺取了政权，在其面前就有了另一种责任，即在工人阶级确定的指导权之下缀合社会整体的各部分。实际的利益提出了许多问题，这些问题在从前是没有利益的，而在现在则要我们注意思索了。我们现在不应破坏，而应建设。这完全是别一种景象，完全别一种观点。我想，我们每个人，当看见了许多事物或〈甚至〉做过了许多对于现实生活的观察，必会说，他有时对于从前用另一眼光所看的现象，现在看来竟得完全别样的景象，——单因为从前他实际上应该破坏某种复合物，而现在他应该建设之，这样或那样缀合之。所以我以为这个潮流找到了其理论表现和理论反映于许多问题上面。这些，在马克思的马克思主义时代是不能提出的。在第二国际时代乃是以资产阶级国家中工人组织长大起来的观点提出；既是用这观点提出，即是说，社会民主机会主义党，提出和平的文化建设为其责任，既然不是为推翻资本主义制度，而是为适应并〈分子〉进化式地改造这个资本主义制度，所以明显的，这种"建设"理论的责任遭了我们〈,〉革命的马克思主义者的反对。因为所有这些所根据的观点，正是我们所要破坏的。可是历史的辩证法是这样的：当我们夺得政权时候，我们十分明白，实际上和理念上别一种景象是不可免的。我们应该一方面破坏，他方面建设。我们应该在自己面前提出一些问题，使之能给我们以破坏旧的和建设新之之综合，这些不同景象在某种整体内的综合。根据这种观点，在理论上列宁给了我们这种综合了。这里，我们非常难于从这范围内形成总的根本的说明，因为这里我们仍然有许多的零碎的文字，分散在浩大的列宁全集里头，特别是在他的演说之中，但我们十分明白，这是马克思主义之长远发展成为理论系统之列宁主义的最新最有意义的一点。当然，在破坏方向上，于理论中已有许多了，但在创造方向则很少能在马克思固有的理论中找得到【依】靠点。这里也是需要从[重]新建立，因此我以为列宁给了马克思主义理论和实际的之最伟大的贡献可以这样说：在马克思，主要的是资本主义发展和革命实际的代数，而在列宁，则是这个代数和新现象(破坏的和建设的)的代数及其数学，即是说以更具体的更实际的眼光把代数公式演成数字。

第四章　列宁的理论和实际

在这些总的观察之后，我愿意引起你们注意于许多理论的和实际的料材[材料]，足为上述诸概说之例证者。我以为，列宁创立的理论所以呈分散的形式，自然是与列宁整个行动中之注意实际有连带关系，而列宁的行动又与我们的时代——实质上就是行动的时代——有连带关系。除非是理论在你的手里成了一种工具，一种武器，你完全占有这种工具或武器，理论的系统，理论的学说，不来束缚你而是被你所占有，——那时，你才能好好地行动。在某次演说里——我不记得在那一次——我曾经这样解说：是列宁占有马克思主义，而不是马克思主义占有列宁，我的意思是说，列宁最明显的特点之一，他的最奇异的特点之一，就在他指出任何一种理论之实际的意义。我们中间有时甚至于常常讥诮列宁把许多理论的问题太看成实际了；可是，同志们，现在当我们已经很多年在革命的汤锅中蒸熟了，当我们已经看见得很多和尝试得很多了，我以为我们这种讥诮应该完全转过来嘲笑我们自己。

因为在这种讥诮中，所表现的不外就是智识者固有的狭隘，"书痴子"的积习，狭隘的专门家的偏见——新闻记者、文学家或多少当研究理论为其本分职业之人的偏见。列宁不高兴说废话而纯粹拿实际去看理论的概念和学说，亦犹他不爱字眼上的争论和专门化的博学一样；我们也时常不高兴这些，而他以此嘲笑我们。这些理论的概念和学说，除了实际的意义之外，是否还有别的意义呢？以马克思主义的观点看来，显然没有别意义。但因我们在某种程度底下是一些专门家，所以有了偏见，而在这关系上列宁〈将〉远走在我们〈,〉沉溺者的前面，因为在他以为分明是讨厌的东西，而我们对之还有点留恋。所以，我以为这种指示——完全指示出任何理论之实际的意义，乃是列宁的马克思主义之异常宝贵的和积极的特点。

连带着还有别一种特点，这一特点若无前一特点则我们是永世不会了解的——这特点可以称为反拜物教性，去除任何理论，信条等之一切拜物教性的外壳。初时我们时常惊讶，列宁那样非常的果敢提出一些理论的或实际的问题。你们试回想不列斯特和会时代。当列宁提出一问题，以为可以从任何强国拿取武器去攻击别个强国之时；这问题激动我们心坎里的国际的意识，究其实，我们的"国际主义"乃根据于理论上不了解我们取得政权之后所有形态改变至若何程度。你们试回想"学做生意罢！"口号，这口号使许多好的革命者失望，但他有理论的根据，并与许多理论问题有连带的关系。只有这种人，这种思想家理论家和实行家，自己具有异常锋利的马克思主义武器，而同时又会把马克思主义看成是一种方法，是在某种环境内确定方向的一种南针，而不看成是呆版[板]的信条——只有这种人才会有这种理论上的勇气——亲切连系于实际之理论上的勇气；这种人十分明了所有新的外表的相互关系，必然应该引起工人政党的工人阶级方面之另一种反应。你们试看列宁怎样以总的形式形成他这种理论。我绝不愿意多多征引以搅混你们，也不带来任何的摘录文字，且也未做过这种工作；可是我应该提起列宁给我们的许多理论。他论错误的最普通的策略之一，便是："很多的错误，就在拿某种历史时机里某种状况里应用得十分正确的口号办法等，机械地移用于别一种历史环境，别一种关系，别一种状况。"这是总的策略之一。我们再看反对派的思想。试拿德谟克拉西问题来看。我们在某种时代都是"德谟克拉西者"，在我们未解散宪法会议前几个月，我们都要求德谟克拉西共和国宪法会议。

当然，然而〈仍然〉只有了解这些口号之相对的社会作用的人，只有了解在资本主义底下我们不能够向资本家提出要求"破坏你们的资本主义组织而给我们工人组织以自由罢！"的人，只有了解我们的工人组织自由不可免地要标出"一切人的自由"的人，只有了解当我们到了新的历史时机和状况必须放弃这个旧的口号的人——才能够改换新的方向。谁不思考这个，谁拜物教化了旧的口号，谁便不能跟着潮流前进，并要走过敌人的壁垒中去。这是微小的例中之一个，但这种例的数量是无穷的。列宁在这里，表现出十分惊人的勇气。

试拿别一个问题来看。这里，我说的是关于革命以后必须有的进化的观点。试拿列宁的"学【做】生意罢！"或"一个专门家比几个共产党人要好些"等类的口号来看。现在我们明了这些口号之实际的意义。这些口号是十分正确的，但要提出来，则非有深刻的用理论分析问题不可。关于共产党干部问题，关于初期非改换方法不能建设的问题，关于资本主义形式社会主义内容的问题……这些都需要先从理论上解决，然后实际发出口号。如果以前每个革命者都看"做买卖""经商""银行"等名词是怪难听的名词，那么要发出"学做生意罢！"的口号来，必须深信许多十分新的而有重大原则上意义的理论之正确。到现在我们才以为毫无意义的事物，在列宁当时则早已十分仔细考虑过了。只有我们的敌人的凡庸的皮面的意识，才以为列宁是斧头削成的人物，像石器时代的雕刻像一样。这实在是绝对错误的。如果列宁发出了简单的俚鄙的口号，如"偷窃那偷窃来的脏[赃]物"之类，使我们的"文明的"敌人惊怖，那么这些口号一定是把当时应发何种口号，当时群众心理如何，当时那些是群众所懂得那些是群众所不懂得的，一一加以理论的分析后之结果。列宁时时刻刻发问：怎样才能吸引最大限度的群众最大限度的人，使他们在反对阶级敌人的争斗中占有力[利]的地位。这是需要很复杂的理论的"思考"的。当列宁说"应该学做生意！"时，我们以为这是很荒谬的。但现在我们则以为是毫无足怪的了。列宁在理论的和实际的范围内每走一步，都是哥仑布式的鸡蛋安置。当哥仑布安置一个鸡蛋时候，显然是最稳妥的，再没有别的方法了。"简单的"口号："学做生意罢！"乃建立在许多先决的复杂的理论问题上面：城市和乡村关系问题，一般交易过程之作用问题，在这过程中商业机关之作用问题等。这并不是从天而下的口号，这乃是把一环又一环都经过思考的整个理论锁练[链]用简单的口号的实际方式表现出来。只有在你一本又一本读过列宁著作并找出列宁思想之确定的方向以后，你才能看出列宁研究这些问题时所经行的思想的道路。列宁所以成一战术家，将一切局势之大的变化都应付得很好，这乃因为他是个伟大的理论家，他能够十分明显分析阶级的关系，把这个关系说出来，构成理论，由这理论做出相应的实际政治的结论。根本上，这里列宁是能够灵活运用马克思主义武器的，——这武器在列宁手里，绝不是死版[板]的，而是活动的，能随实际行动所需要而向各方面运用的。这种马克思主义，老实说，除了为社会革命的利益之外，别没有甚么神圣的作用。这种思想的武器，没有任何的拜物教性，清晰了解任何理论的学理任何辩难任何单个的理论之真义，并知道绝对没有死版[板]的东西。列宁怎样对付思想上的问题呢？当党内或党外发生某种离开马克思主义的理论倾向时，他即刻用实际的办法去纠正,因为他明显地把理论和实际连系起来,明显地扯破了字句的外壳。我上面已经说过:如果在马克思的,是资本主义发展的代数和革命的代数;则在列宁的,就是新时代的代数及其算术。试举一例来看。马克思【在】《资本论》的分析中,关于农民的,是逐渐忽略的,因为农民在资本主义社会并不是一个特别的阶级。这是最高的代数。显然,在算术的演算上,这里需要别的事物。列宁的特点就在联合最高的代数(在数学上是数字通论等)于算术(即以算术演算代数的公式);就在联合大的和小的:在实际方面注意全国的电气化以至于节省任何细小的漏口,在理论方面研究高深的理论问题,从哲学问题起,同时又不放过细小的能危及未来发展的理论上的错误。这种能力,可以看见时代、看见每个琐事,分析观察像"内在之物"这一类的问题,同时又可以了解任何议决案中单个的论证之理论的价值(你们都记得列宁在他的二种策略的一本小册子内有许多页讲到"怎样不应去写议决案")——这种无比的能力,看见政治战术的和理论的棋盘上,所有最大的和最小的,都应该根据工人阶级利益观点和实际政治行动观点排置起来——这种能力就表现出在理论和实际的综合上头。

第五章 帝国主义、民族问题、殖民地

现在我们说到列宁给我们最有意义的新的几个问题。这些大问题之一就是帝国主义问题。列宁论述帝国主义问题在其所著一本著名的著作中,这里我们用不着简单介绍其内容。可是,同志们,我要你们注意底下的一点。你们在关于帝国主义的许多理论的著作中间,决不能找到一部像列宁这部著作那样现实的,因为在他的著作里,所有理论及其统计数目,都与他所做出的实际政治结论息息相关。

这是整个时代之简单的分析,理论的分析。这种分析立刻便十分明显指出工人阶级跟着统治阶级发展跟着帝国主义发展所必由之路。与这总的问题连带而起的,便是民族问题和殖民地问题——这是在任何理论的著作中都未曾解决过的。应该注意,这里,我以为列宁做过理论上很伟大的工作。我再说一遍。我们没有一本书能把这问题整理成系统。可是,我们有列宁的许多著作,十分正确提出这民族和殖民地的问题,列宁对这问题的设问已经完全由我们的实际证明其正确了。这里实际上列宁的学理自成一家【之】言。根本上因为马克思对于许多问题的抽象化之程度是很大的,需要中间加入许多逻辑的环,才能做出直接的实际的结论。

我已经说过,在资本论中分析三个阶级。在资本论中不是我们的真实,那里是抽象的资本主义社会,那里的问题不直接连系于那些事物,像世界经济,各种资本主义[体]的冲突,在敌人手中的国家问题,国民经济生活上国家作用问题等——这就是说,许多更具体的问题,在资本论里是未经分析的。为着引导这理论的系统到实际的行动去,特别是在我们的时代,必须中间加入许多逻辑的环,这些环自己又成了大的理论问题。在机会主义时代凡研究殖民地政策问题的人,除极少数人外,差不多一切都是最明显的修正主义者,他们特别是在殖民地宣传资本主义文化的使徒。马克思有许多单个的批评和许多单个的观察,可是他不能彻底提出这问题,因为那时这问题还

没有以后那样严重。第二国际派根本上也不能这样得[提]出这问题，因为这是那时神圣的资产阶级政策的神圣问题，是丝毫不能触及的。那时注意这问题的，是希尔德白朗德先生们，他们发挥"马克思主义"对殖民地的理论，是为的证明资本主义国家的政策是对的。在这关系上，真正形成起来的列宁派，就做过了一番大革命。列宁派的实际意义现在已十分明显了。不错，在其发展的初期，列宁派这种民族殖民地问题的学理不是时时刻刻把整个观点指示出来，但现在这学理的意义十分正确的了。在我们面前是世界战争时代，这崩坏时代的国家，按照尼采定律，是应该"摧残"的。为摧残这种国家，我们必须赞助这总体的各种崩坏原素：殖民地的分离，民族运动等，——换一句话说，即须赞助一切破坏的势力——客观上削弱资产阶级最有力最合理的铁的国家组织之势力。因此，从这实际的设问，便产出特殊的理论和实际的口号（民族分离权等）。这里也就看出一种征兆，指示在不远将来要发生许多间接的革命，殖民地暴动，民族战争，被压迫民族反□强国求自由的斗争等。所有这些征兆，适应于资本主义关系崩坏总的过程中的许多中间的阶段，自然都是列宁所研究的复杂的理论。我请你们去读【大】战中列宁反对卢森堡的论战文中关于这方面的文字。你们能够惊讶，何以很精细的过度的要点，在我们全体，至少是多数人，到后来成为事实时才能看出的，而当时列宁则早从理论上指明出来了。为什么？因为他是一位巧妙的策略家和战术家吗？他怎样能如此呢？因为他依靠在伟大的理论的预知，而他的预知又是异常慎重由其一切复杂性和具体性分析现在的资本主义关系之结果。其他一个发展的时代亦然，当工人阶级已经夺取政权在手之时必须尽可能去了解旧的列强帝国主义关系崩坏后所【发】生的现象，这些现象，我们应该从理论上去研究，为的实际上消灭之，所有这些都是问题的根本，而完全未经研究的。这些问题的解决，散布于列宁的许多论文之中，我们现在完全能彻底了解其观念，从这些观念，一方面锻炼出攻击资产阶级资本主义社会的武器，他方面则利用无产阶级政权在另一原则上建设新的政治组织，这种组织中最大的便是我们的苏维埃联合。于是我们这里就有【在】新现象的基础上理论和实际的联合，这些现象一方面是崩坏的产品，他方面又是新建设的产品。所有这些都总括在和连[联]系在一个理论的系统里头。这绝不是一件小的事情；这供给我们，在远的将来在最近几十年间，理论的和实际的最重要武器之一。如果我们只要记得，在现在的资本主义关系之总的崩坏过程中殖民地暴动和民族战争将有何种作用；如果我们意想中把革命过程延长到别个大陆去，使之出于欧西之外；——那么我们就可以想见列宁对这问题的理论系统给我们以何等有力的工具，列宁的民族和殖民地问题学理给我们以何等巨大的力量，何等有效的调动群众的方法呵！

第六章　国家、无产阶级专政，苏维埃政权

我想我们应该注意的次一个理论问题就是社会主义革命时代的国家问题。这里，列宁自然没有新的概念，但他的伟大功绩就在他一方面恢复了马克思关于国家及其在社会主义革命时代作用的原来的学理——这里指国家政权破坏论和国家关系之客观历史必然崩坏论，——而他方面具体提出，或者可以说用算术演算出，无产阶级专政问

题,即苏维埃政权为工人专政形式的学说。现在,这方面事情我们已经很明了了,无须再加解说了,因为我们自己,用自己的手,在新的阶级基础上按照新的原则建设了国家;可是我们应该回忆过去,应该拿毫无足怪的现在明了的事物在总的历史关连中在真正的历史发展中来看。如果我们拿关于这问题的旧的"马克思主义的"著作来看,我们这里就看出十分无耻的曲解马克思学说。不但没有一点新的思想可以称为发挥马克思主义的政权论,或马克思主义的法律论,或在过度时代国家法律等变化的问题,而且关于社会主义革命过程的本身,关于社会主义革命后的状况,这里竟没有一个字说到。恢复正确的马克思学说,使这学说具体化,即给工人专政学说以具体的外壳——这乃是无产阶级思想之中心的任务,因为对于国家政权的关系问题,当然是目前中心的问题,是一切问题的问题。对敌人阶级的关系,对其聚集的势力之革命之关系——这首先就是对付这统治阶级之最有力的最集中的最合理的组织——他的国家政权。他方面,大家都十分知道,以新原则改造社会的根本杠杆,改造现存生产关系的原动力,乃是胜利的工人阶级所推动所组织的新的国家政权。这里有许多较次要的问题,理论的和实际的。这些问题的总和完全在列宁著名一本小册子国家与革命里头。可是列宁所发挥的这种学理,绝不是单纯恢复到马克思自己所发挥的观点。这是旧的马克思正统观点与许多新事实构成〈功〉的理论及马克思在世时所不能有的先见之综合。这问题,我已经说过,乃是革命的工人运动之中心问题,乃是当代中心问题,我们现在还不能够彻底估量列宁这本理论的著作之价值。与这问题连带而起的,同时还提出并解决了德谟克拉西问题。德谟克拉西问题已经完全被第二国际派的"马克思主义者"拜物化了,变成信条了,完全隔离其历史的根源了,因此达到绝对错误的历史反动的实际政治结论了。苏维埃政权现在已是我们的最凶暴的敌人资产阶级法律上所承认为一种"现象"的。这观念这苏维埃政权学说之理论的和实际的意义,实在是很大的。如果我们拿口号来看,拿现在流行于一世界之无量数的口号来看,那么是最普遍的口号之一,即是说包括最多数领导最多数组织最多数民众——工人阶级的口号之一,无疑是苏维埃政权口号。你们试回忆列宁出国多年后初次回俄国来的时候,你们试回忆列宁有名的四月提案出来一般人作何感想,当时吾党本身的一部分,而且是不小的部分,几乎以为这提案是违背通常的马克思主义思想!显然,这里一点也不违背马克思主义。恰恰相反,我们现在完全明白,这是马克思学说,正统派马克思主义无产阶级专政论之展开。生活确定证明,苏维埃政权是工人专政存在之最坚固的形式,这种形式对于胜利的工人阶级有许多实际的大便利。但同时,如果我们拿这公认的事理,去比较当时吾党内(竟用不着说我们的敌人了)对于此提案之态度,那么我们就可明了列宁当时所说的话在理论上和实际上有何等重大的意义了。在生活急剧变化时候,时常看见许多新的事物不久即变成毫不足怪的事物。可是当我们对这新的事物做历史的估价时,我们应该忘记了这些新的事物对于我们是习见的;我们应该回忆从前一般人对于这理论的概念之感想如何,对于由这理论产生的实际结论又如何。我再说一遍,这些当时不仅不是公认的,而且反受剧烈的攻击。现在这些都被公认了,这就证明,由无产阶级专政问题之理论的思考,由政权论,由这政权的规律等观点看来,并由实际的观点看来,这里,真正做了一件大事。你们须知道,纵然我说过实际终归是唯一紧要的,但这个不仅是实际问题,这是大的理论问题,因为阶级统治形式的学说对于资产阶级是理论的和实际的问题;资产阶级统治形式问题是值得注意的,在工人阶级方面也是一样;不过在工人方面多倍值得注意和多倍感受困难;[,]因为各种不同的资产阶级国家政权,有若干历史上的承继权,而无产阶级则从没有过这种政权。资产阶级国家很早就建立了。[,]其结构上种种变化,国家机关的改造——都依靠在巨大的长久的传统上面,当国家制度形式建立的时候,重大经验取得的时候……至于工人阶级,则须重新建设,没有先验的证明。这新国家没有国家生活之连贯的形式,这里必须做原则上新的工作。无产阶级专政之具体形式是活的,是坚固的,能够抵抗敌人势力进攻的——这种形式之发现乃是列宁的理论的和实际的功绩,列宁是工人国家的理论家,是这国家的积极的实行建设者,是这国家的指导者,是国际无产阶级中诲人不倦的使徒。

第七章 工人阶级与农民

最后,工人阶级和农民问题。这问题在我们的实际政策上的作用是无需乎多说的。但其他国家革命发展越更迅速,我们就越能看出这问题不仅在俄国是重要的,即使在其他许多国家里也有重大的意义;我们可以说,这问题不占重大意义的国家是例外,是可以屈指而数的。解决这问题的根本原则自然是在一般的马克思主义理论里头。大家知道,解决这问题的方法也是在一般的马克思主义理论里头。我们知道马克思对于德国革命的一种理论,他以为无产阶级革命和农民战争若能同时发生,则对于工人革命的胜利是很有帮助的。马克思预知那种事变是最便利于工人革命的发展。但根据阶级斗争战术上和策略上观点来特别研究这第一等重要的问题,乃是列宁的功劳。自然,这里大部分可以解释为列宁产生长大并首先奋斗,是在这一个国家里,那里,农民问题,因社会经济组织关系,不能不引起人重大的注意。但我们不要忘记,这里重要的不在表面承认这问题的重要,而在实际上十分深刻地研究这问题,从最根本最深刻的理论问题直至实际政治结论。我以为,列宁是马克思主义者当中最伟大的农民问题理论家。在列宁著作中,关于农民问题的文字是最有价值的文字。自从他成了经济学家和统计学家而为自觉的活动时,一开始他就注意农民问题。这里,许多抽象的问题,如"地质[贷]渐瘠"问题"绝对地贷问题"等,和许多实际的问题,即工人阶级和农民间关系问题——都经过列宁很详细的研究和分析。我以为在农民问题上,没有人像列宁所做那样多的和那样重要的工作。再说一遍:如果我们处在别一个时代,如果我们重要的只在于高度抽象的研究,那么我们可以只限于抽象分析资本主义社会,在这社会中,封建关系的遗留如农民是不占重要作用而可以不用分析的。但我们是在现在的时代,我们重要的乃在开始演算代数公式并改变此公式为算术的公式或介在代数和算术间(如果可以这样说)的公式——那么现在我们的问题就在:认识工人阶级在社会主义革命时代应该有其他大群众的阶级为其同盟者,——要认识这个,就须分析农民问题。列宁论工农联合的学说,论这二阶级间关系的学说,乃是列宁对于一般马克思主义学说上特殊的贡献之一。这里有件有趣的事实,即这学说是在两面战线斗争中成立的:一方面热烈反对"平民派",他方面也同样热烈反对特种的自由派的"马克思主义"。在这二面战线上,列宁作理论的和实际的奋斗;[。]而这二面战线的斗争,在政治观点和革命实际观点看来,是很容易解释的,因为这里是解决工人阶级同盟者问题。对于工人阶级,为社会主义革命胜利的发展的目的这问题,是连系于其他一个根本的而为我们所应从理论上和实际上认识的问题的——无产阶级领导权问题。我们必须,在理论上提起怎样能够从自由派及其他一切资产阶级影响底下解放农民出来,并怎样能够使农民联合于工人阶级;使我们方面和孟雪维克派及社会革命党方面相隔离之重大的实际问题,是底下的问题:工人阶级与自由派资产阶级联合呢,或与农民联合呢,或农民高于一切呢?平民派中的急进派提出农民为第一位。自由派的平民派主张与自由派资产阶级联合,资产阶级应该领导农民。孟雪维克派理论主张工人帮助自由派资产阶级。

这些联合论中间唯一正确的是工农联合论,但必须是工人领导农民的工农联合论。这是许多理论之实际的基础。列宁就在观点上观察并提出一切问题,这些问题联合在一个"农民问题"的总名字底下,其中包含历史上的问题以及次要的从属的问题。在这关系上,我们也应该说,这问题在将来还有重大的作用,因为这问题一方面连系于无产阶级领导权问题,他方面又连系于民族殖民地问题。

如果我们站在现在的地球上面,看一看国际势力的分配,看全欧洲,看美洲的工业部分,如果我们拿全部西欧去比较一切殖民地如中国印度以及其他殖民地带,则我们明了,民族革命运动和殖民地运动,这二运动的结合,乃是工农关系问题之别一种形态。因为如果西欧在总的世界经济范围里是一个大城市,一个人口聚集的城市,那么资本主义国家的殖民地带就是一个大乡村。工业国的产业无产阶级登上历史的舞台,结合其势力向资本主义制度进攻,同时也就引导几百万农民并将引导几万万殖民地奴隶到战斗中来,这几万万殖民地奴隶不是别的,只是我们的世界革命中伟大的农民后备军。因此工人对农民关系的问题,这里就牵连到别一问题,即我上面所提起的,即民族问题,民族战争问题和殖民地暴动问题。

这样,同志们,这问题将还有重大的作用。这里根本之点已经列宁派说过了。这里指出的根本的问题,理论概念和实际政策的基础,无疑,列宁已经给了我们了。关于无产阶级的领导权问题,我以为这里用不着说,因为这一理论点,我们大家都已明了,也无需要何种的注释了。

以上,总言之,便是理论的问题和实际的结论,经列宁提出来并研究过的,且经列宁做出总的策略结论的。总的栋梁已经建立起来了,我们必须完成之,我们必须详细研究往后几年发展所供给我们的那些新的奇特的事实。

第八章 在我们面前的理论问题

普通说来,大约有五个根本的理论问题,为列宁所指出而我们必须研究的。

第一是论无产阶级革命胜利后进化到社会主义的理论。一般说来,"进化到社主义"这一句话是被我们十分仇视的一句话。因为这一句话是出于修正派,冒牌马克思主义者或马克思主义叛徒的学说。他们创立了整个的理论,以为革命是无必要的,革命并非由于历史发展的客观进程中发生出来的;以为工人可以用不着革命,因为资本主义条件,遵循有机道路,不经过突变,只靠其内心的发展,就能够过渡到社会主义的形式;以为无产阶级,从各种方向,在经济生活方面和国家行政方面,逐渐伸张其"根柢[底]",这样,到最后,不用革命,不用无产阶级专政,就能够在国家机关中和经济机关中,占据优越的阵势。

这一种理论,我们大家都明显知道,他的名称就叫做"进化到社会主义"。但是,同志们,到了无产阶级专政以后,就开始有机发展的时期了。如果我们已经有了无产阶级专政,那么十分明显看出这一问题的设问就改变了,就根本改变了,亦如其他许多问题的设问一样。所以当我们要说明:无产阶级夺取政权以后究将怎样(我们自然拿单独一个国家来说)这一问题之时,其答案就是:这一国家内部发展到社会主义,是经过进化道路而不能走其他道路的。换一句话说:无产阶级夺取政权以后,就开始真正的"进化到社会主义"了。列宁未曾恰切创成这一理论。但我们能够从列宁著作中征引[引证]无数段落来影证[印证]这种思想。尤其在他最后所著的论文中,譬如在论协作社一篇论文中,他直接说:如果在前一个历史发展的时期,我们主要的倾向是革命的政策,是突变的政策,那么,现在,在我们目前建设的时期,我们主要的政策就是和平的组织的工作。他在这一段中所说的,也就与我刚才所说的一样;然而大家知道,这一思想需要从各方面详细来研究,因为这里面的问题是非常多的。譬如经济形式之进化的斗争问题,国家的发展(起初是向上的,以后是向下的)问题——这也是按照进化的道路。起初我们应该巩固并增强无产阶级国家组织,应该固结无产阶级的专政,以后这个国家组织又按照进化道路开始消灭。第三次的革命,这里是无需要的。反过来说——一切以突变的形式来反对无产阶级专政这一种制度,客观上不是别的,只是反革命。这正因为工人国家乃是一种完全特别的国家,亦如我们的军队一样,其本身就孕育着由进化道路而自己消灭的萌芽的——所以一切发展都带进化的性质。事实上,夺取政权时期以后,无产阶级专政开始以后,这一"进化到社会主义"也才开始【。】这里自然需要有特殊的法则,这一时期矛盾性之消灭,是应该与资本主义时期矛盾性之消灭,根本不相同的。这是由于很简单的原因。因为如果资本主义的发展不是别的,只是资本主义矛盾性之扩大的复生产,即这一时期矛盾性消灭了,到别一时期又再发现出来,而发展中的每一阶段,其一切矛盾性都比前一阶段更加厉害,以至于结果整个制度都陷于破产,——那么,在无产阶级专政开始以后的新的发展时期(我并不是说能够从外而消灭无产阶级专政,譬如在芬兰),则矛盾性之发展,经过相当时间后,就开始消灭;这就是说:那时我们的制度之矛盾性不是扩大的复生产,而是缩小的复生产,我们的制度的这种复生产并且由进化的道路转变至共产主义发展的社会。整个的发展性质,是与资本主义底下完全不同的。我们可以从列宁著作中找得几段出来证实这个思想。这是理论上一种新的形态,带着新的法则,与资本主义发展时期的法则完全不同。由这一新的理论中,也就有了新的实际政治结论出来。

如果拿现时俄国环境中关于新经济政策之十分具体的问题来看，那么完全明显看出，从这些理论的前提必须求得许多结论出来。我们要战胜新经济政策，用关闭莫斯科及各行省店铺的手段，是不能奏效的，必须用竞争的手段，必须增强我们的国家工业和国家组织的权力。我拿很小的一个例【子】来看，但你们看得出，这里是许多簇新的理论的和实际的问题之总和，这些问题，我们从前未曾提出来，因为从前我们的社会地位是破坏者的地位。我们是最坚决的最勇敢的和最彻底的破坏者，破坏某种制度，而现在，我们则是〈某〉彻底的建设者，建设别一种制度了。形态既变了，理论的和实际的问题之总和也就变了。显然，这里与旧的马克思主义传统并没有何种冲突，因为这乃是马克思主义方法继续并应用于完全新的条件，这些条件，在其具体形态是马克思和恩格斯所不知道的，他们就因为没有这些经验材料的原因，所以不能有何种推论出来。

第二是过渡时代的文化问题。列宁关于这一问题的见解也是散见于他的许多著作中的：这里必须举出他在共产主义青年团大会上的演说，他关于专门家的作用及利用专门家问题的文字，他关于共产主义教育的演说，他提出的关于无产阶级文化和旧文化中间相互关系的问题，他关于新文化从旧文化中继承某一部分遗产的论断。这些问题之总和也是应该从理论上详细研究的，这也是现代最重要的问题之一，我以为现在已经可以说，这里，列宁的理论观念之若干的基础已经建立下了。我们必须继续这一工作。这一问题也是完全新的问题，在历史发展上前一时期，谁也未曾提出，谁也不能提出。即便最革命的马克思主义者，即便马克思自己也未曾提出这一问题。这一任务乃是我们最近将来的新的任务。

第三是社会主义各种形态问题。在俄国，社会主义已经从云端里落下地来了，或至少也已接近我们并成为实际政治问题的任务了。我们从前怎样提出社会主义问题呢？马克思又怎样提出社会主义问题呢？马克思在他的一封信中这样说："我们知道出发点和发展的倾向。"这是完全无错误和正确的断语。现在我们试拿列宁关于协作社的最后一篇论文来看，并分析其提出的意见。列宁分析了前人对于协作社的见解以后，说现在政权过渡到无产阶级来，协作社问题的设问就根本改变了：如果我们在无产阶级领导权底下，把农民都协作社化了，那就是实现社会主义。但这一断语不能照同样程度适用于苏维埃英吉利。列宁反复的说——在私人谈话中，在演说中，在论文中及在其他著作中——我们应用这一论断到别的国家时，须得小心谨慎。在社会主义建设上能有各种不同的形态，特殊的性质，因为社会主义是就已有的材料建设起来的。十分明显：各国即将破产的资本主义制度各具有资本主义发展的共同法则；但也无疑：在各国资本主义共同的特点之下，这一国资本主义有一种特殊的组织，而别一国资本主义又有别种特殊的组织。如果资本主义甚至在其崩溃的时期，因其几百年来延续发展的结果，虽经均平倾向之巨大的压力，也仍然不能完全趋于一致，也仍然要各自保存各国已有的特性。——那么，这些特性，在社会主义建设底下，自然也将存在，因为这一新发展的出发点，不是别的，乃是资本主义。

各国的革命既然各有其特殊性，则社会主义的建设自然难免也各有其特殊性。如果农民对俄国的作用是很大的，那么对英国就不能这样说了，因为俄国是有另一种资本主义，另一种社会经济结构，另一种阶级关系，另一种农民。所以，社会主义发展的出发点既然各不相同，则其进化至世界大同的共产制度中间所经过的过渡形式，自然也将是异常不同的。这一问题也是应该从理论上详细研究的，这是根本的问题，从这问题必须求得实际政治的结论。当列宁领导共产国际之时，他曾经警告我们在共产国际工作的人说：无论如何，不要忘记发展中之特殊性，不要把凡事看成是刻版［板］的，要能够分析，要能够看出共同性，同时又看出特殊性——在走往共产主义的进程中，发展中的特殊性往往有很重大的作用。这就是列宁指出的第三类的问题，这些问题大体上是已经解决了的，但我们应该详细的研究并整理出来。

第四是无产阶级专政下的二阶级社会之理论的分析问题。二阶级——这是工人和农民。如果在资本主义底下，我们主要的是分析三阶级的社会（资产阶级，地主阶级，无产阶级），那么现在取消了地主阶级土地剥夺了资产阶级财产之后，工农二阶级问题之提出，在理论上也是很有意义的。当我们逐渐走近具体的道路上来，自然应该有许多重大的修正，从理论上和实际上改变了问题的面目。这一问题是与工农联合问题性质相同的，因为这些阶级不是别的，只是代表某种经济形式的阶级。这些阶级并不是简单的社会势力，没有别的作用，其实每个阶级都是代表其固有的经济形式。如果我们拿农民当作一种社会阶级的范畴，那么我们就不应忘记农民也是代表一种经济形式，能够压服我们，其发展能够走上我们所不愿意的道路，但他方面又能够受我们所支配，其发展能够走上我们所愿意的道路。

因此这里阶级的观点就有其纯粹经济的意义，而各阶级间相互关系的问题同时就是各种经济形式间相互关系的问题，无产阶级对农民的领导权问题同时也就是社会主义工业和农民经济中间相互关系的问题。大家自然明白这个问题之重要，需要理论的分析并值得很重大的注意。

第五是无产阶级专政以后我们现在社会发展进程中发现出来的一切矛盾性及由此矛盾性产生出来的一切敌视我们的倾向问题。这些问题，对于我们，对于我们的党，对于无产阶级，是非常之重要的。无产阶级专政以后，固然一般的发展是由进化的道路，但不能因此就说，那时尤其在无产阶级专政初期，没有十分重大的矛盾——矛盾是有的，在某种时期而且继续增长。如果我说这些矛盾将能够逐渐消灭直至成为共产主义社会，那我【们】是就大体来说，就一般来说。但在其具体的历史时期中，尤其在最初时期，某种矛盾性之发展仍然是可能的。所谓工人阶级有堕落可能的问题，就与这些问题有关。这一问题在政治上对于我们一切人都是异常重要的。列宁在金属工人大会上曾经提出这个问题，在其他的会议上他也屡次提出。他第一个说，文化低的无产阶级有被文化较高的资产阶级侵蚀之可能，资产阶级将以其文化的"和平"力量战胜我们。他直接指出这一点对于我们的确有很大的危险。这一危险的根源，是在我们的发展上之矛盾的倾向及工人阶级自身之矛盾的地位——工人阶级一方面站在社会最低的地位，他方面又站在社会最高的地位。工人阶级这一矛盾的地位又引起了许多别的矛盾，这些矛盾只有经过很长的时期，经过整个的历史时代，才能解决，才能消灭。这些问题是列宁提出的，大体上已经列宁解决了的，但我们必须继续解决下去并从中做出实际政治的结论。工人因为是文化上被压迫的阶级，所以在革命中有内部堕落的危险，应该以反面的倾向来抵制这一危险，即必须分析一切有利的和有害的倾向以及这些倾向间相互的斗争，——这个问题在十九世纪中叶是不能以具体形式提出的，在二十世纪初期也是不能提出。但到了已经积聚有某种经验材料，可以判定这种危险之具体形式以及抵制这种危险之倾向时，则我们能够而且应该提出这个问题。

我现在不能再提起其他比较次要的问题，也不能够提起工人阶级战略和策略之总的理论问题了。我只能限于说，在这实用的范围内，也有其自己的法则，也有实用的马克思主义的法则；譬如在机械学中亦有实用的机械学法则一样。列宁在这方面也做了很大的工作，但他从没有将这些写在一本书里头，细分篇章，遗留给我们。他的共产主义左派幼稚病一书就企图将战略和策略的学说集拢起来，我们现在应该以另一种眼光来读这本书。因为我们必须说，这本书是革命时代实用的马克思主义之概略。这一部伟大的著作，足为我们的根据，去确定工人阶级斗争之战略和策略，去研究此战略和策略。在这方面，列宁又是第一个的能手，因为我们的党从少数人的团体，自一九〇五年走上政治的舞台变为半公开的政党，随就又变成秘密的政党，这样时而进攻时而退守，一直到最后成为统治的政党——这各时代所得的种种经验之巨大的总和，除了列宁之外再没有人能够整理出来。除了列宁之外，谁也未曾经过这样多变的环境这样复杂的应付，无论是资产阶级政治家，无论是马克思自己。这是无可辩难的。实用的马克思主义诸问题之总和中，有一部分是可以联合起来的，这就是党内组织问题。在这方面，我们从列宁的学说中——关于组织问题，党的建设问题，党、阶级、群众、领袖间关系问题等——也可找到十分有价值的理论，既经了几次革命的证实，又充分深入于广大群众的意识中了。列宁主义这里乃是我们的阶级斗争中所得的可靠的成绩，必须等到阶级斗争完全停止，然后能够失去其作用。在这方面，在实用的马克思主义方面，在党部建设及与其他政党与无党群众与其他阶级关系方面——我们再不能得到比列宁主义更好的学说了，因为列宁主义是包括整个新时代，知道其一切的特性，知道无产阶级革命运动之复杂的机械性。我们说，在这方面，我们再不能得到比列宁主义更好的学说了，但自然这里列宁主义的传统仍然是要适应具体的环境的。

列宁最反对把列宁主义变成了信条。他时常以"老"波尔札维克一名〈调〉来骂人，以为他们只会抄袭几年前的旧文章，在私人谈话时，他骂那些人为老□才。他在文字上也时常丢弃学院派的公式，并坚决要求自己及别人，须时时注意在一定的方法论之外，要留心特殊的情况。谁不留心事变的流动，谁不注意特殊的情况，谁就不能做出甚么，无论在理论方面或在实际方面。若没有研究新事变的来源，就不能在新事变中确定方向，因为生活是不断地流动的，是不断地发生新形式，创成新局面和新关系的。分析这些新的事实，乃是理论家和实际家应负的责任，乃是每个马克思主义者应负的责任。列宁比谁都能分析这些新的事实。如果我们考察他的行动，他的理论公式，他的实际口号，我们就可看出他最勇敢最精密去处理这些新的事实。党的政策之大改变及连带而来的批评的方式，就是马克思主义革命辩证法之巨大的例证，有此辩证法,所以不怕境[环]境如何变化,都能够即刻拿无产阶级政党的新的战略和策略去应付。

人们往往拿马克思去比较列宁,并问:谁大些,马克思呢,列宁呢?人们往往又答复说:列宁长于实际,而马克思长于理论。我以为,世间没有一种秤〈称〉能够测量这二位伟大的人物,因为我们不能够测量那由不同的环境生长而又〈演〉【起到】不同的作用的不同种类之二量。不应该这样比较。这样提出问题,根本上就是错误的。但我们可以不错误地说:这二个名字都将指导无产阶级以道路,一直到无产阶级跟着一切阶级都消灭的时候。这是完全无疑义的。现在列宁死了以后,足以安慰我们的,就在于我们记起,我们曾经于伟大的导师不断指导之下,生活奋斗苦战并胜利。

28.《马克思主义者的列宁》的广告(《列宁主义概论》书末,1月)

此书为全世界马克思主义大理论家布哈林所著,题材虽与斯大林之《列宁主义概论》相同,但内容则尤测[侧]重于列宁主义的理论方面,尤其反复说明马克思主义与列宁主义之关系。拿此二书参照读之,可收互相挥发之效。

(《列宁主义概论》书末,1927年1月)

2月

29.《列宁主义概论》广告(《向导周报》第一百八十七期,1927年2月7日)

斯大林这本短小精悍的书,现在已被全世界公认论列宁主义最正确最得体的书了。读过了《共产主义的ABC》之后,必须再读此书,然后对于无产阶级革命理论方能得一些简括的概念。书中民族问题一章,尤其是注意中国国民革命的人必须要读的。

(《向导周报》第一百八十七期,1927年2月7日)

9日(星期三)

30.《列宁与中国革命》(《国际评论》第十九期,2月9日)

《国际评论》第十九期,发表了拉狄克的《列宁与中国革命》,全文如下:

当得到太平暴动的消息后,马克思于一八五〇年一月在《新莱因报》上就写着:"当欧洲的反动派出走,穿过亚洲,直到中国万里长城,直到自古反动的和保守的大门时候,则大概他们将看见在门上写着这几个大字:"中华民国,自由,平等,博爱。"马克思是十二分的注意到太平暴动的进程,曾著了许多论文在《纽约论坛》上发表。第二国际自命为马克思的继承者,恰是相反,对中国问题毫不注意,义和团暴动与国际帝国主义者在中国之横行抢劫及一九一一年的中国革命,都不能推动考茨基、伯恩斯坦这辈人去找到马克思的这些论文。还在二年以前我即很奇怪在马克思的著作中会没有关于太平暴动之记载,在五卅事变后梁尚诺夫同志首先发现马克思关于此伟大的事变之论文。虽然直到今天我们还不能找得马克思关于中国问题的其他的论文,但仅就发见这一篇论文〈说〉也足够证明在中国问题中又是只有共产国际是正统的与唯一的马克思之继承者:"我们可以预言——马克思写着——中国革命就是给现代工业制度的一个火星,加速了久已准备着的大恐慌(在英国——作者),当这恐慌蔓延到欧洲大陆时,在那里就将发生政治革命。这倒是一幅很有趣的图画:当中国引起了西欧的骚扰时,英、法、美各列强遣派军舰到上海、南京及大运河口等处'维持治安'"。

马克思太估量了发展的速率。在那时占世界经济很小地位的中国,还不能使太平暴动在国际上起极大的作用,但马克思所指出的发展之趋向,是绝对正确的。马克思对中国问题这样一种感觉有热烈兴趣的精神,社会民主党是完全忘记了。在马克思死后中国已走进了工业化的过程,同时也即埋下了中国革命之导火线。社会民主党对此伟大的过程,除了考茨基、顾鹤夫、巴尔伏斯几篇文章及几个描写欧洲资本家在中国的野蛮行动之演说外,在大战前的第二国际一切著作与政策中,都不能找出能有认识这伟大的事件之意义的。

列宁在大战以前对于亚洲的问题,还没有什么特别的研究,在他的文集中间欲找到关于那时他论到中国的文章,差不多是很少的。但在他这些论文同第二国际领袖们的论文中间,是有不可超越的鸿沟。这些文章表示出他并不是一个站在旁边说话的人,而是一个革命者,了解这有伟大的世界意义之新发生的事件的。1912年在列宁领导下的多数党的巴黎会议上,对于中国1911年的革命,曾经有过特别的决议。那决议上"肯定了将解放亚洲与推翻欧洲资产阶级统治的中国民众革命运动之世界意义,庆祝中国革命的共和主义者,并表示俄国无产阶级对于中国革命民众胜利的十二分的同情"。这决议又号召俄国无产阶级努力同危害中国革命与拥护中国自由主义者的沙皇制度争斗。

"先进的与文明的欧洲对于中国的复兴是毫无兴趣的,——列宁说——虽是中国的革命是表明四万万落后的亚洲人民之获得自由,是表明他们对于政治生活的开始觉醒,是表明全世界的四分之一的土地从黑暗跑到光明,活动与争斗。"这是为什么呢?列宁继续着说:"这是因为在欧洲资产阶级看来,中国不过是一块可以猎取的肥肉而已。"(《列宁全集》第十二卷三二二页,一九一二年一月八日《真理报》)

了解到四万万中国民众觉醒的世界意义的列宁,从那时起已经想用他的天才的眼光,刺透进在太平洋中沸腾着的革命怒潮的内面的真相,已经想探索中国革命的基本问题了。他在一九一二年六月十五日《尼华星报》上发表的《中国的民主主义者与民粹派》一篇论文,很可以看到他的远见,上面所说的话一直到现在还是为第三国际与苏联对于中国革命的政策的根据。在那一篇文章上他开始把"革命的民主主义的代表","先进的民主主义者"的孙逸仙的观点,把"真正伟大的民众的伟大之理想"的孙逸仙主义的理想，同帝国主义资产阶级的代表的理想与政策相比较。

"请你们把野蛮的，死气沉沉的，亚细亚的中国共和国大总统同先进的文明的欧美共和国的大总统比较一下吧。那里的共和国的总统，他们不过【是】资产阶级手中的一个工具，一个经理人，他们从头上一直到脚上都沾满了血，而且那不是天子与皇帝的血，而是以进步与文明的名义枪杀了的罢工工人的血。那里的共和国的总统，他们是资产阶级的代表，他们在好久好久以前，已经失去了他们一切少年时代的理想，他们的理想是已经被人家强奸透了的，他们把他们全部的身子卖给百万的亿万的富翁与资产阶级化了的诸侯等。

这里的共和国的临时大总统是革命的民主主义者，是完全的福利与英武，是痛恨过去与能抛弃一切陈腐东西的，是不因为要保存他所有的特权，想保持过往，恢复旧观的阶级的真正的代表。

这是不是说，资本主义的西方的信号与神秘的宗教的东方的闪光吗？正是相反。这是说东方最后是跑到西方的路上来了，整千整万的新的人物开始参加为了达到西方所已经达到的理想而奋斗了。在亚洲还有能代表忠实的，勇敢的，彻底的民主主义的，足为法国十八世纪末伟大的宣传家与行动家的朋友的资产阶级。"

说出了中国革命与帝国主义欧洲的绝大不同之后，说出了中国革命的内容为资产阶级革命之后，列宁并不以为满足。他更提出了这样的问题：谁将为这资产阶级革命的负担者？他提出这问题，正象[像]他决定1905革命为资产阶级革命之后所提出的一样，他对于这问题的回答是根本上同少数派不同的：

"这个尚能在历史上尽进步作用的亚洲资产阶级的代表与拥护者就是农民，除了农民之外，尚有自由的资产阶级，他正象[像]袁世凯一样，是最容易变节的东西。他昨天惧怕天子，拜倒在他的前面，今天看到了力量，感觉到了革命的民主主义的胜利，他就可以出卖天子，到明天他因为要同某个旧的或是新的立宪的天子做买卖，就将出卖民主主义者。"

历史完全证明了列宁的预言。自由主义的袁世凯虽是他没有同天子妥协（因为他自己想做皇帝），却同借给他大宗借款的帝国主义者妥协了。他所以能够这样做的原因，是因为革命者如孙逸仙等，在很短的时期内并没有能吸引广大的农民群众的缘故。直到现在，中国农民才在无产阶级的领导之下，抬起头来了。这种事实并没有减少我们的导师的远见，正象[像]工农联合的理想并不因俄国1905年革命失败的事实而减少其意义，它在一九一七年终于实现了。最近几年来中国的一切革命完全证明了列宁对于自由资产阶级的作用的预料。国民党的右派如〈象〉戴季陶等，当他们讲到同资产阶级结成统一战线时，应该想想列宁的警告。

列宁分析孙逸仙于一九一二年所发表关于中国可免去资本主义发展的道路的意见。在欧战以前的环境，列宁以为这种观点是民粹派的见解，他告诉我们孙逸仙的土地国有政纲并不能消灭资本主义，而且反为资本主义打扫清了一条康庄的道路。但他并不忽视用国有土地的方法避免资本主义的民粹派的乌托邦，他告诉了我们这种理想的革命性：

"中国的民主主义者如若没有群众的革命运动的大发展,就不能推倒中国的旧制度,建设共和国。这种革命运动的大发展的先决条件,就是他们对于劳动群众的地位的同情,与对于他们的压迫者与剥削者的痛恨。先进的中国人,一切那些经过这个革命勃兴时期的中国人,他们从欧洲与美洲得到了自己解放的思想,他们更想从资产阶级得到解放,更想为社会主义而奋斗。从这里自然产生了中国民主主义者的同情,他们的主观的社会主义。"

列宁与孙逸仙对于中国革命的基本问题的观点,因世界环境与中国革命的发展,也跟着进展。但上面我们所引用的列宁的话并不因此而失去丝毫的意义。列宁对于孙逸仙一九一一年民粹派的空想的分析,在现在对于我们与中国的共产党党员有绝大的实际的意义。中国革命胜利只有靠工农与城市贫人的联合,这种联合现在是在共产党与国民革命的政党国民党的联合中间表示出来了。

国民党的理论并不是共产主义的理论,但是如若为了获得国民运动的领导权而争斗的共产党党员,不想法去了解孙逸仙三民主义的革命的来源(象[像]我在《孙逸仙的社会政治的观点》论文中所说的,他的理论是一种小资产阶级的民主主义者与革命家表现出同帝国主义,资产阶级的民主派,以及奴役民众的工具争斗的,革命的企图)。那不免是重大的错误。我们并不是在因为三民主义不过是小资产阶级的梦想而把他毫不客气的否定,而是在很耐心的告诉穷苦的群众,共产主义的政纲是更能明显地表示出他们的革命的内容的。——这就是列宁所指示给我们的道路!他在他的论文的末尾,所指示给中国共产党党员的这条道路,是在中国还没有共产党的痕迹与近代的工人运动的时候。他的论《中国民主主义者与民粹派》的一文中结束的几句话是很有深意的:

"在中国象[像]上海一样的地方愈是增加,中国无产阶级也将愈是发展。它当然要组织中国的社会民主党(列宁在那时还不知道而且不能知道我们不久就要抛去社会民主党的称号,因为这名称所包含的实是一种耻辱——作者)【,】这政党固然要批评孙逸仙的小资产阶级乌托邦的与反动的观点,但它更将努力分出,保持并发展它的政治的与农民的政纲中之革命民主的中坚分子。"

战争,凡尔赛和平的到来,世界革命的开□,列宁没有一刻忘记了中国。在战争期间他在瑞士曾经不止一次预言到俄国革命与世界无产阶级同中国革命运动的密切的关系!他更预言到孙逸仙的伟大的革命的作用。欧洲的资本主义世界忽视了在战争期内中国的工业化,与战争使中国革命化的影响,还把这个大国看做一块"砧上肉",因惧怕日本的枪炮,让日本得有机会企图把四千万人民的山东省攫去。这是民主的中国对于英美自由主义的信仰的最后一天,中国学生因凡尔赛和约而起的示威运动,就是中国战后新的革命运动的开始。列宁在那时又重新决定了对于东方革命问题,特别是中国问题的态度。很值得我们东方同志们注意的,他的决定在一九二○年第二次共产国际代表大会,他关于东方民族问题的草案及他的演说中可以见到。

这里列宁有什么新的思想,为他从前所没有说过的呢?第一他提出摆在我们眼前进展的事件之社会性质的问题。于一九一二年在关于分析孙逸仙观点的论文中,他即说孙逸仙的政纲能真正实现到什么地步，这是依靠着国际环境及中国各种势力间之相互关系而决定的。一九二〇年在第二次大会上关于殖民地委员会的工作之报告中，列宁说：

"现在的问题是这样：我们是否承认那种主张是正确的，说在那些现时正在谋解放的及大战后显露有进步的运动之落后国家中，资本主义发展的阶段是必不可免的？我们对于这问题的回答是反面的。假使革命的胜利的无产阶级能在他们中间作有系统的宣传，而苏维埃政府尽量地资以帮助，则在落后国家间资本主义发展的阶段之必不可免的预想，当然是不正确的了。在一切殖民地与落后的国家，我们不仅应当组织独立的战斗的队伍，党的组织，不仅应当作组织农民苏维埃的宣传，及努力使之与资本主义以前社会的条件相适合，共产国际又必须在理论上建立基础：落后的国家只有获得先进资本主义国家的无产阶级之扶助，才能够转到苏维埃制度，再经过相当时期的发展，达到共产主义而免除资本主义发展的阶段。"（《列宁全集》第十二卷一七七页）

共产主义的无产阶级之实际政策的任务，是将要在一切革命发展的阶段上建立"一定的步骤"，经过这个步骤而达到社会主义。列宁在上面所说的意见，是很明显的，扩大了革命运动的范围，而使资产阶级的革命转到无产阶级革命的趋向。大战前，孙逸仙的建国方略只以主张土地国有为止，所以那时他是乌托邦的民粹派，但在现时资本主义根本动摇苏维埃建设发展及资本主义国家和殖民地革命运动高涨的时候，孙逸仙理论已不是民粹派的和乌托邦的了。孙逸仙的土地国有的政纲将扩大而为土地、银行、铁路、大矿产等国有的政纲。它是已经成为进到共产主义的政纲了。

列宁思想的第二种变更（或更正确的说就是列宁观点的确定），是关于无产阶级运动与（资产阶级的德谟克拉西解放运动）相互间关系的问题。〈在〉列宁【在】论到共产党要赞助这种运动的论文里曾说：

"要特别注意……必须坚决的争斗，不使落后国家内资产阶级的德谟克拉西解放运动虚伪的戴着共产主义的装饰；共产国际必须帮助殖民地及落后国家的资产阶级的德谟克拉西民族运动，只能在〔要使一切落后国家内将来无产阶级政党（不仅名为共产主义者的政党）的分子能组织起来，明了他们的特别任务（与他们国内资产阶级德谟克拉西运动争斗的任务）〕条件之下，共产国际必须要与殖民地及落后国家的资产阶级德谟克拉西结为暂时的同盟者，但不要同他们合而为一，而且无论如何要保持无产阶级运动的独立，即使在极原始的形式的时候。"（《列宁全集》第七卷二一五页）

在殖民地委员会的工作报告后，列宁的这些观点更为确定了，他以"民族革命运动"的定义来代替〔资产阶级德谟克拉西运动〕的定义，他的解释是这样：

"毫无疑义的，一切民族运动，都是资产阶级德谟克拉西运动，因为在落后国家的人民，大部分是农民，而农民却是资产阶级资本主义关系的代表。假使我们以为在这些落后国家可以发生〔生出〕无产阶级的政党，而这些无产阶级的政党，不与农民运动发生关系，不实际帮助农民，就能公然在这些国家内施行共产主义的政策与策略，那就有些乌托邦。但是这里可有人反对了。说是假若我们要说资产阶级德谟克拉西运动，那岂不消失了一切改良主义运动与革命运动间的区别。而同时在最近，于落后及殖民地国家中，这二者间的区别是表现得很明显的，因为帝国主义的资产阶级，在被压迫民族当中，是用全力鼓吹改良主义运动的。在剥削人的国家与殖民地的国家的资产阶级间，已经发生相当的接近了，譬如，被压迫民族的资产阶级，虽然有时帮助民族运动，但是他们常常同时又与帝国主义的资产阶级相妥协，换句话说就是常常同帝国主义的资产阶级一同来反对一切革命阶级所有的革命运动。

在委员会上，这种意见完全证实了。并且我们都已注意到这个区别，差不多把所有的'资产阶级德谟克拉西'都改为'民族革命'字样。这种改的意思，就是说，我们共产党员只有在那些时候，必须而且将要帮助殖民地国家内的资产阶级的解放运动，当这些运动是真正革命的，当他们的代表是不会阻碍我们以革命精神，来训练与组织农民及广大的被剥削群众。"（《列宁全集》第七卷二七五页）

列宁对于东方共产党员（其中当然包括中国同志），所提出的战略与策略可以分析为如下的基本的方向：(1)把无产阶级组织在无产阶级独立的政党内；(2)工人农民与都市贫人的联合；(3)扶助民族革命运动；(4)同民族革命的政党暂时联合；(5)批评他们的不彻底性；(6)当他走向同国际帝国主义妥协的路上时，或是当他们妨害我们教育农民与被剥削者去革命时，要同他们争斗；(7)拥护为世界革命中心的苏联；(8)运动的目的不是资产阶级的，而是苏维埃共和国的，它将经过许多过程，许多革命，达到社会主义。

除这些对于东方革命者，特别是对中国同志的指示外，列宁还很正确的指示出资本主义国家与苏联的共产党人，对于东方革命运动应尽的义务。他对资本主义国家内的共产党人说：

"各国的共产党必须直接的帮助被压迫民族与殖民地的革命运动。没有这种帮助，没有这一特别重要的条件，反对对于被压迫民族与殖民地的剥削的争斗，与对于他们的独立的权利的承认还[只]不过是一种空话。"

对于我们苏联的同志他说：

"无产阶级的国际主义要求，已经战胜资产阶级的国家，为了国际资本的推翻，必须有走向最伟大的牺牲的能力与准备。"

列宁所彻头彻尾想过的政治制度，不但是为了苏联的无产阶级与西欧的无产阶级，而且也是为了东方的工人，尤其是中国的工人，因西欧革命的发展的停滞，与革命运动前途的阴暗，列宁注意到了东方。他在他的论文《宁肯少些，但要好些》上说：

"有无数的被剥削的劳苦群众的整个的东方，他们的非人的生活条件，使他们的体力与物力不能同欧洲任何较小国家的体力，物力作争斗。"

那末东方革命运动的前途将如何呢？列宁指出了剥削者内部的冲突，并写道：

"争斗的胜败，归根结底是依赖于俄罗斯、印度与中国的广大的民众。正因为这样广大的民众，在最近几年来如此迅速的卷入解放运动的潮流，使我们对于世界争斗的最后解决将如何的问题，毫没有丝毫的怀疑。正因为如此，所以社会主义的最后胜利已经得到了充分的保障。"

要促进这种胜利，列宁说，我必须"文明化"。在苏联的所谓"文明化"，就是社会主义的建设。在东方，就是工农群众对于我们伟大的教师所遗留给我们，并由坚强的革命争斗所实施出来的那种政治制度的了解。

(《国际评论》第十九期,1927年2月9日,署名 拉狄克)

21 日(星期一)

31.《他们俩——中山和列宁》(《少年先锋》第二卷第十五期,2月21日)

《少年先锋》第二卷第十五期,发表檏生的诗《他们俩——中山和列宁》,全文如下:

他们俩不是同志,
因为:
一个是布尔塞维克的首领,
一个是国民革命的先驱。

他们俩是同志,
因为:
在反对帝国主义的疆场上,
在解放被压迫民众的工作上,
他们俩常在一块儿,
平排着
手牵手
望着同一的目标走去。
去年死列宁,
今年死中山!
敌势正强,
战斗方酣!
两个忠诚而伟大的首领竟别我们去了。
看呵!
太平洋沿岸的弱小民族,
去年哭列宁,
今年哭中山,
为的是他们俩竟别我们去了。
他们俩真别我们去了么?
看呵!
谁是哭他们的谁都变成他们的化身了。
看呵!

十万化身，百万化身，千万化身——
列宁的化身，中山的化身：
他们已经揉着泪儿，
接着手儿，
踏着血迹，
继续不断地望着敌人的冲锋前进，
他们俩的工作是终于要完成的，
他们俩的工作是必然要完成的，
他们俩的精神呢——
是永远不死的！

上面两首诗是萧楪生同志于一九二五年在巴黎作的，曾在巴黎出版的国民旬刊发表。萧楪生同志由巴黎回国后，因工作繁重，积劳成疾，于第二年十月间病死于上海。我们现在把他的遗作转刊于此，为的是纪念伟大的革命导师，同时也表示我们对于楪生同志的遗念。

记者

（《少年先锋》第二卷第十五期，1927年2月21日，署名 楪生）

3月

32.《列宁传》（著作（全文），3月）

广州人民出版社刊行山川均著，张亮译"列宁全书第四种"《列宁传》，定价大洋三角。

4月

15日（星期五）

33.《列宁对于殖民地运动与民族革命以及现时东方革命运动的教训》（《国际评论》第二十八期，4月15日）

《国际评论》第二十八期，刊登译自《国际通信》第九期甘特达洛斯基的《列宁对于殖民地运动与民族革命以及现时东方革命运动的教训》，全文如下：

列宁主义依照以下的原则，来解决民族问题与殖民地问题：

1. 帝国主义的世界已分为两个营垒：一方面是占有财政资本，剥削地球上最大多数人民的少数先进国；另一方面是被压迫被剥削的大多数的殖民地与半殖民地国家。

2. 被财政资本剥削的殖民地与半殖民地（如印度、中国及其他），就是帝国主义广大的财源。

3. 殖民地与半殖民地反帝国主义的革命争斗是解脱压迫与剥削的唯一出路。

4. 殖民地与半殖民地解放运动使世界资本主义益趋恐慌。

5. 各国无产阶级运动与民族解放运动，因革命的利益，必然站在同一战线反对其共同敌人——帝国主义。

6. 不形成和巩固革命的统一战线，先进国工人阶级的胜利与被压迫民族帝国主义铁蹄下的解放，都是不可能的。

7. 先进国的无产阶级应以全力援助被压迫民族，反对其本国的帝国主义。这种援助应在坚决的保障"民族自决"的口号下实行。实行这个口号，就是在整个世界经济中建筑民族平等合作和形成社会主义胜利之物质基础的最好方法。

以上都是列宁主义的根本原则。共产国际第二次大会，在列宁报告后，即采为决议。这次大会根据东方苏维埃建设的经验与殖民地民族革命运动的发展，关于在帝国主义与无产阶级专政的争斗时代中殖民地与民族问题都有普遍的规定。

从那时到现在，殖民地和半殖民地反对帝国主义的战争，不但没有减轻，而且更严重起来了。大战后资本主义的恐慌使帝国主义在殖民地政治的和经济的地盘更加薄弱，在另一方面这些情形使欧洲资本主义政治势力范围和经济基础起了收缩，因帝国主义对殖民地的竞争和彼此之失平衡亦更加严重了。

帝国主义在殖民地势力的衰弱，正是殖民地和半殖民地内地资本主义发展的起点，这种内地资本主义已经解脱或正在要求解脱国际帝国主义统治的束缚，而图发展。一直到现在，国际资本主义要求保障其由商业和工业剥削而来的最高利润与垄断的特权，总想把落后的国家在世界经济连环中孤立起来。同时殖民地民族革命运动提出的"民族独立"和"经济独立"的口号，又是资产阶级发展必然的要素。

各国独立运动中的民族意志，因其历史环境之不同，亦有极不同的形式，共产国际援助一切反帝国主义的民族革命，但同时它绝不忽略一个事实，就是内地资产阶级与反动的封建余孽的合作，使帝国主义时常得以利用封建的横暴，政客官绅的敌对，城市与乡村的冲突，国家与民族宗教派别的争斗，来破坏民族运动（如在中国、波斯、摩洛哥、叙利亚……〈等〉），所以只有建筑在广大群众的基础上，和这些勾结帝国主义的党羽作坚决的争斗，才可领导被压迫民众得到胜利。

在东方许多地方（如中国、印度、叙利亚、埃及）的农村问题，在进行脱离帝国主义羁绊的争斗中，有特别重要的意义，帝国主义的侵入，剥削了大多数农民的生存要素，使之破产。脆弱的工业，只限于一国内几个重要的中心，不能吸收多数的破产的农民。结果，这些无路可走的百姓，只得就地变为土匪、流氓以供强盗军阀的招募，如象[像]中国一样。帝国主义为要以最小的投资，获得最高的利润，特在落后的国家尽量维持其封建时借贷的形式来剥削劳动。在某些地方（如印度），它保留内地封建统治在土地上的垄断，变土地税而为资本的年金，在其他地方如波斯、摩洛哥、埃及等，它经过内地封建大地主的组织，实行预征地租。因此解脱土地租税和封建束缚的争斗，就带有反帝国主义和反封建地主的特性。只有没收大地主土地的农村革命能推动广大的农民群众在反帝国主义的争斗中尽很大的作用。

上面短短的分析，已经使我们知道，东方并不是整个的。站在经济发展的立场上，我们可把东方的国家粗分为三类：

第一类所包括的是那些最落后的地方，完全为资本主义以前时代的条件所统治，工业未发展，也无所谓工人阶级，如：蒙古、摩洛哥、阿富汗、塔努、蒂瓦等处，至今都是牧畜经济生活，在农业方面，尚保留有农村公社的组织，资产阶级可说没有，工人运动当然也不存在，在这里，整个民族都是反对帝国主义的。共产党人在这些地方的任务就是援助统一的民族革命运动。

第二类的特性，就是占经济的统治地位的是农业，同时这些地方又向着资本主义的路线上发展；开始建筑工厂，产业的无产阶级正在生长着，属于此类的，可举埃及、土耳其、波斯、高丽为例，在这些地方民族革命运动的主要动力，多半是代表商业资本的中小资产阶级，这些国家〈内〉的工人阶级组织独立的党，帮助本国资产阶级作反帝国主义的争斗。

第三类，就是印度和中国，这些地方资本主义最为发展，尤其是在战后的几年，我们已经看出了工人运动有力的发展，工人阶级已由[从]一般劳动群众中分离出来，形成了有觉悟的独立阶级。因此共产党也有他的独立的任务，在这里资产阶级不是整个的。大资产阶级，因恐惧工人运动，已经站在帝国主义的一方面，且与之一致了；所以他是反革命的。只有中【国】资产阶级尚未完成他们的前进的使命，在客观上还是革命的，因此，在资本主义加速度发展的中国，工人阶级在革命争斗的领导的地位实有可能。去年上海的罢工，以及印度孟买十五万人的罢工，都是表示工人运动力量的事实。

在东方各地，中国的民族革命运动为最凶猛，站在为和平而争斗的立场上，革命的中国，占远东政治的重要位置，联合社会主义苏维埃联邦共和国将变为远东和平最大的因子，这四万万的中国人民的态度在太平洋的战争中要占第一重要的位置，是帝国主义国家在计划其武装冲突的时候，所必计算到的，中国的工人和农民，为了自己的命运，将来反对帝国主义在太平洋争斗是与十月革命和全世界无产阶级运动的命运相关连的。

此外革命的中国是资本主义解体的重要的因子，在帝国主义国家方面，国外市场问题，重新表现得很严重，所以中国之脱离外资就是给帝国主义制度最大的打击。

在中国大部分的工业出产是集中在外资手里，海关和各种专卖(如盐)的收入是完全操在外人手里。全国的税制几全在外人监督之下，同时中国是广大原料积蓄所，是投资和销售制造品的主要市场。

纵然在历史的立场上，中国现时的革命具有资产阶级德谟克拉西的性质，但它将带有较广义的社会运动性质。中国革命的结果，不一定是建设便于资本主义发展的政治的和社会的环境。在资本主义日就崩溃的时代，中国的革命是消灭资本主义和建设社会主义整个争斗中的一部分。革命政府的构造是要被阶级的基础来决定，它将不是纯粹的资产阶级德谟克拉西政府；它将代表无产阶级农民以及其他被剥削阶级的德谟

克拉西专政，成为向社会主义发展过渡时期的反帝国主义的革命政府。(见共产国际第七次扩大会议议决案)

中国革命的发展与前途，第一依靠无产阶级的作用。最近几年的事变证明了民族革命争斗的阵线，只有在无产阶级领导之下，才能组成反对外资统治的战争，只有在无产阶级领导之下，才可得到胜利，中国革命的策略是要以这个原则来决定。

在共产国际第七次扩大会议对于中国问题的决议中，我们看出中国无产阶级在革命中的作用有下面的说明：

"掌握全国大部分政权的封建军阀是反动势力的代表和帝国主义的雇佣。内地的资产阶级〈比较〉尚不发达，阶级的力量亦很薄弱，大部分的工业资产阶级(财政资本家和买办阶级)在商业和财政上都要与帝国主义有密切的连系；工业资产阶级随着民族革命运动走的时期，只限于民族革命的性质，是纯粹资产阶级德谟克拉西的性质的时期，一旦革命高涨了，它即离开革命，或设法阻挠它，中国小资产阶级(智识阶级、中产阶级、学生、小商人……〈等〉)革命的力量，在过去已有很多的作用，在将来还要继续着这种作用，但它不能单独的进行，它必须跟着无产阶级或资产阶级跑的，当资产阶级离开革命或阴谋破坏革命时，被剥削的中产阶级即跑到无产阶级革命领导之下，因此中国目前革命的发动力，是无产阶级、农民和小资产阶级的联合，而无产阶级可以且必须是这联合中的领导者。"

列宁曾写着：

"在世界革命前的民族解放运动是一般德谟克拉西运动的一部分，现时在苏联革命成功后和世界革命开端的时期，民族解放运动是无产阶级革命的一部分……"

中国革命的政纲和革命政府的构造是可根据这观察来决定的。在革命运动发展的阶级分化中，亦证明了这个观点。广东政府不管他资产阶级德谟克拉西的性质，但在客观上实是小资产阶级革命政府的雏形——城市小资产阶级、农民和无产阶级革命联合的德谟克拉西专政。小资产阶级德谟克拉西运动，在中国变为革命的，因为它是反帝国主义的运动。广东政府是革命的，首先就是因为它有反帝国主义的特性。

因必须反对帝国主义而发生的中国革命和革命政府，应该根本铲除在中国的帝国主义，废除一切不平等条约，和收回租界是不够减弱帝国主义的地位，应该在国际帝国主义的经济基础上着手，就是说：革命政府应该在财政上收取一切铁路、租界、工厂、银行和占有资本的商业与房屋，这样的行动，它将要跳出资产阶级德谟克拉西狭小的范围，而走入革命专政的过渡时期。中国革命如不跳出这资产阶级的狭小的范围，就不能推翻帝国主义，在中国现时的情形，无产阶级将要领导农民作革命的争斗，一个铲除封建制度的运动，在无产阶级领导之下必然也要变为一个农村的革命。(见共产国际第七次扩大会议对中国问题的决议)

中国革命变为远东觉醒群众吸引的中心在荷属东印度反对荷兰帝国主义的暴动中更加证明了，在其他邻近的印度现时似乎有相当的"安静"，但当这些地方工业化逐渐推进印度无产阶级向前步[进]的时候，中国民族革命的反应也是免不了的。

共产国际的任务是要用所有力量帮助中国的革命——资本主义解体的主要因子。

各国共产党应该极力宣传反对武装干涉中国。毫无顾忌地揭破帝国主义在中国的挑拨政策，以及用军事和财政援助中国内地军阀的种种勾当，共产国际在西方的各支部应该为撤退外国武力而组织广大的宣传，同时应该要求即刻承认广东政府为全中国民族革命的政府。

中国工人和农民联合苏联与全世界的无产阶级，就是远东和平和世界无产阶级革命的保障。

(《国际评论》第二十八期，1927年4月15日)

17日（星期日）

34.《怎样研究列宁主义（特载）》(《红灯》第十期，4月17日)

《红灯》周刊发表《怎样研究列宁主义（特载）》，全文如下：

——加入列宁主义研究会——

列宁死了，但是列宁主义活着。

列宁，这不是很普通的名字么？然而列宁的名字在无产阶级的胸中燃起了冲天的烈火。资产阶级听到了列宁的名字至今犹然颤抖。列宁的名字并不是符咒，何以有这样大的魔力？

列宁虽然死了，但是列宁遗下了为无产阶级奋斗的列宁党，遗下了苏维埃联邦无产阶级的政权。列宁的精神永远存在于全世界无产阶级及一切被压迫民族的心中。列宁主义正像当天的太阳，一切魑魅魍魉都无所遁其形迹。

列宁尚生时，列宁主义已到了中国，在中国成立了列宁主义的政党——共产党。中国的革命因为共产党的参加而有突飞的进步。列宁主义是中国革命的吗啡针，提神剂——不，列宁主义是中国革命的指南针，列宁主义把中国引上了自由平等的大道。

除非是一个糊涂蛋，他才会说列宁主义是不值得研究的。除非是一个没有革命性的昏虫，他才会说列宁主义是不必研究的。除非是一个反革命的走狗，他才会反对研究列宁主义。

右派在江西已经打下去了，革命的潮流在江西又重新高涨起来。革命的情绪充满在青年的心里。封建势力与民主势力已短兵相接。较高程度的斗争已揭开第一页。江西青年正需要研究列宁主义。列宁主义是斗争时一个顶好顶好的工具——比机关枪，山砲[炮]，唐克还要厉害多了。

我们不愿做时代的落伍者，我们不愿在青天白日之下闭着眼睛。我们现在发起列宁主义研究会。我们想以"集思广益"的功夫，对于列宁主义作较深的研究。我们自然知道革命的理论是离不开实际的行动的。但是"没有革命的理论便没有革命的行动"，甚而至于还会走到反革命的道路上去。国家主义不是迷惑了许多青年么？西山会议的理论不是把许多并非无望的青年送进了坟墓么？

几年来的革命经验，表现了列宁主义的十分正确。初从右派反动势力解放出来的江西，我们相信许多青年对于列宁主义一定有饥渴一样的需要。来吧！

加入列宁主义研究会！

学习列宁主义！

阐明列宁主义！

宣传列宁主义！

实现列宁主义！

列宁主义万岁！

中国革命成功万岁！

世界革命成功万岁！

发起人

徐光栋　陈长荣　龙润贞　博兆贵　郢婉如　张佩兰　徐向萼　徐鹤琴　黄华清
侯金城　陈之琦　刘　珩　王镇灵　程传香　刘　人　涂石亭　黄在璇　徐先兆
朱企霞　汪　群　王立生　梁伯隆　应起寅　萧芝神　丁键亚　郭善华　袁孟水
廖秉刚　冯　任　王祖翼

(《红灯》第十期，1927年4月17日)

4月

35.《列宁的帝国主义观》(著作(全文)，4月)

青年书店出版巴甫洛维奇著，朱则节译的《列宁的帝国主义观》，定价1角2分，全文如下：

帝国主义是资本主义之最后阶级

列宁同志的理论，对于财政资本的理论，更为深造。就列宁的见解来说，现代资本主义的社会秩序之特质，其最重要的，就是垄断。现代资本主义之垄断的特质，何由而成呢？

在前一时期，资本主义的根基，是自由竞争，许多制造厂，——糖，皮革，织物，钢等制造厂，皆互相竞争各个制造家，都想着在市场独占优胜，顾客日日增多，所以他们就要互相奋斗，要借竞争来宣战，故此自由竞争，是工业进步，货质改良，价格低平之一大原因。在各个国家里头，制造家之制造，例如造镖，都系互相竞争。制造家想着在国内和国外的市场，战胜他们的竞争者，所以要采用新式的机器，购买新发明的器具，最良的材料，又能够达到价廉物美销售于市场的地步。这自由竞争，将使物价低平，物质改良，然而价廉物美，就要靠着工艺的进步，最良的机器之采用，和新发明的用具之施用等等，才能做得到。

所以自由竞争的时期，就是一切工业的工艺上不断的进步之时期。各国所制造的机器，农具，机械，日益精良，比了前者更为坚固，更为快捷，更为低廉。这些竞争，不独在国内的市场才是如此，它也表现于和国外的商店之争斗。

在各国里，都有制造厂和工作场是认为制造那几种货物是最良的。有些工作场，是著名于造机械的，有些工作场，是著名于造那一种农具的，如此诸类，不暇述了。此等工作场，投其货于国际的市场，并且想着在这市场上独占优胜。德国努力去制造货物，比于别的国所制造的，更为美些，更为廉些。这自由竞争，正是前期资本主义进化之特质，而在于现在的社会里，不过是苟延残喘罢了。

在于现在的时期里，则发生别的现象，——有相异的趋势，——这是垄断了。在垄断里□，各制造家都想着防止价格的减低，或大资本家间的竞争。在垄断中，一切制造家，都有组合，例如制糖，则有叫做糖托辣司，糖先迪迦，或糖联行。试举俄国来说，也有糖先迪迦。俄国的糖厂之主人，自行决定，不得互相竞争；他们决定糖的价格，又不得低过他们之所决定的价格。

首先各个最大的制糖者，糖业的君王，订约联合。由是他们对着细小些制造者说道："你们须加入我们的糖先迪迦，并且须依照我们所定的价格来售卖，复次，我们决定各制造者，须依一定的糖额来制造，俾得糖之供给市场，不致多过维持高价的需要。有制糖一百万磅的，有制八十万磅的，有制五十万磅的等等。"许多细小的制造者，都是赞成这样的；但是也有反对加入先迪迦的，他们说道："旧日我们制糖八十万磅，现在告诉我们，只能制一十万磅，我们不情愿这样，我们为什么要减少我们的生产力呢？"由是先迪迦，就对着这般不顺从的人宣战了，所以大制造家，宁愿暂时损失，遂把低过原价的糖，投之于市。这种举动，足以推倒这般忤逆的制造者。先迪迦很明白能力在于自己方面，虽至一个月的损失，也不能推倒制糖的王，但使忤逆的制造者破产，及其结果，则市场全权，将归于先迪迦的掌握，——就是归于大的糖业家的掌握，归于糖业的君主的掌握。这样，一切忤逆的制造者，都要低首下心，并表示其志愿，加入制糖的先迪迦，这是势所必然的了。

因此□国中有糖先迪迦之设立，就没有一个制糖者，能有权力去制造多过糖商大会所许的糖额，并且不得低过大会所决定的价格来卖货。所有盈余的糖，都要焚毁，或投之于河海。总之要破坏，务使市场的糖，不致多过糖商大会之所决定，而糖的价格，也不致减低。

当一国的糖先迪迦，已经成立之后，它想着避免在世界市场的竞争，所以要和别国的先迪迦，如德法英等国的先迪迦订约。

已经订约的先迪迦，自行决定糖的产额和价格，售于世界的市场。所以例如决定俄国售糖于世界市场的，是二百万磅，德国是三百万磅，美国是五百万磅等等。

这些现代资本主义的先迪迦制度，最为表现于煤油托辣司。这托辣司，最初成立于美国，逐渐增加其势力于各国，攫取所有煤油的源泉，归其掌握。因此，高加索的煤油泉，和罗马尼亚的煤油泉，都归于美国的托辣司，美国的先迪迦之掌握了。

一九二七年

美国的钢铁托辣司，也是很著名的，并且在许多国设有支行。

这些巨大的先迪迦制度，最要的，就是发生垄断，发生全世界的垄断，引起各托辣司，若煤油糖钢等，自行分割全球，和引起各种工业成为垄断性。处在这样的情状之下，——就是这些托辣司和垄断的存在，——旧日的自由竞争，制造家各自为谋，不相认识，为争销售而制造，不复存在了。

竞争消灭，则□工艺上进步的基础之动力，也是立刻随之而销[消]灭。生产力的澎涨[膨胀]，和物价的低减，足以表出从前的经济时期之特性。至于工业的发达停止，生产力的发达停止，和价物的低减停止，足以表出现在的垄断时期之特性。资本主义发达的末期，是不再为经济的进步向前进的时期，反为经济的进步衰落向后跑的时期。这现代资本主义的根本上特质，已为列宁同志所郑重的指出，见于他的著述《帝国主义是资本主义的最后阶段》里了。

帝国主义的生长，就是普通资本主义的要素，直接继续发达。但是资本主义发达到最高的时期，才成为资本的帝国主义。在这个时候，有些资本主义的要素，是变为很相反的，在这个时候，由资本主义以至更高的社会经济的组织之过渡时期的特质，完全表现出来。在这程序中，经济的原素，是资本的垄断，替代了自由的竞争。自由竞争，是资本主义和一般货物生产的要素。垄断正是自由竞争的相反，但是我们看见自由竞争，又开始变为垄断，所以有大规模的生产，摧残细小的生产者，大的工业，又被更大的工业来代替，致使生产的集中，达于高点，垄断由此发生，而又继续去生长，□□，先迪迦，托辣司，融合几十家银行的资本，这些银行希望于开始计算利润前收回的暂投资本额是几十万万的。

所以列宁郑重的指出前期资本主义的特别色采，就是自由竞争。

现在发生垄断来替代自由竞争，垄断正是自由竞争的相反，所以我们知道资本主义，因此发生他的刚刚相反者，——他产出垄断来替代自由竞争，垄断出现，各个资本家就不能互相竞争，去改良他的货质，减低他们的物价，——就是一切工业，转归于几个资本家，几间银行的掌握；他们决定货物的价格，并且不许生产有所改良，无论如何改良生产，总是对于他们不关重要的。由是列宁说道：

"同时垄断，虽然是出于自由竞争的，但是垄断仍不抛弃自由竞争，并且和自由竞争并存，而又居乎其上。所以发生许多特别利害的重大的抵牾，激动，和冲突。垄断，是资本主义，渡过更高一级的。"列宁同志〈，〉指出现代社会相识[发生]的趋势，现在资本主义的社会之活动方向。现代资本主义的社会，是发达趋于建立垄断的权势。但是这里不是表明消灭自由竞争，两个相对的现象，是相并存在。但是垄断的现象，我们眼见其发生，并且逐渐发达；至于自由竞争，不过是社会的旧制犹存罢了。这两个现象，相并存在，因此，事势更为利害些。因为有了垄断的组织，大势力的先迪迦，糖煤油和其他的托辣司，又有自由竞争相并存在，所以很容易明白先迪迦，就会互相竞争，而且他们的冲突，是很利害的。因为现在的竞争，不复为各个制造家的竞争，不复为特里封谐夫(Trifouov)司乃得(Schneider)阿姆斯特朗(Armstrong)西多路夫(Sidorov)普特路夫(Putilov)或得米多夫(Demidov)各自竞争，但是大势力的经济组

2085

织，现在加入战争了。现在团体是含着许多银行和制造厂从事于战争的。这些争斗，是很利害的，他们从事于资本主义的战争，初时是国与国的，继则变为世界的战争了。列宁继续说道：

"如果给帝国主义，以一最简短的定义，那么，就可以说帝国主义，是垄断时期的资本主义。这定义是含着最【重】要的特色，因为在一方面，财政资本，是几间巨大的垄断的银行之资本，融合大工业家的垄断的团体之资本；在别一方面，地球的瓜分，是由容易扩张势力于未经资本主义的国家所征服之地方的殖民政策，渡过想在已经完全瓜分了的地方，得着垄断全权的殖民政策。"

列宁在这里，用几个字来表述帝国主义的特质，非常明白，"帝国主义，是垄断时期的资本主义"，或换言之，更为简短些，"帝国主义，是垄断的资本主义"。

我们知道考茨基（Kotsky）的见解，"帝国主义，是工业资本的政策"。又知道喜尔科丁（Hilferding）的见解"帝国主义，是财政资本的政策"。又知道考茨基所改变的见解，"帝国主义，是财政资本的政策，和工业资本进行和平政策相反"。现在除了考茨基的两种见解和喜尔科丁的见解之外，复有列宁的简短的定义，"帝国主义，是垄断的资本主义"。

列宁又说道：

"但是太过简短的定义，虽系便利，因为它侧重纲要，所以如果有人要从这些定义，来演绎有待于解释的现象之最【重】要的特色，那末，这些太简的定义，是有所不足的。因此，要记着普通一切定义之相较的非绝对的纲要，永远不能够包涵完成的现象之全部，所以给帝国主义的定义，要包涵着下列五种根本的特质。"

列宁同志，由是把帝国主义的意义，更作详细的解释。列宁首先所解释帝国主义，就以帝国主义，为垄断的资本主义。这些解释，是侧重我们所研究的现象之根本的特色，故对于我们尤为重要；但是列宁同志，又解释这些简短的定义，是有所不足的，所以有下列五点，来表出帝国主义的特质。

第一点是"生产和资本的集中，已经达于这样高深的程度，垄断因此而发生，现在足以左右经济的生活"。

这生产和资本的集中，何由而成呢？诸君知道昔日工业发达的初期，各工匠都有自己的细小制造厂，自己的细小工作场，从事于制造货品，靴，铁马鞋，家具等，大多接着订单，然后制造。这些工厂，其数很多。间有这些工厂，逐渐扩大，开始掠夺次等主人，其数日益增多，借竞争来摧残较少的工厂，竟能推倒这些工厂，较大的工厂逐渐扩成为制造厂，开始采用最良的机器来生产，采用最完美的工具，所以能够投货于市场，价格较平，而其量之大，是前所未闻的。

细小的造靴工厂，如果每年造靴一万对，每对价格十五卢布，那末，制造厂就造同一的货品，因为自由市场，造出一百万，或二百万对，价格平些，每对自十至十二卢布。处在这样的情景之下，细小的造靴者，不能和制造厂竞争取胜，是显然的事了。

不可胜数的细小造靴者，逐渐破产，他们的用具，长凳，和材料，都不是他们之所有，他们的资本，尽归于他的竞争者，大资本家之掌握。由是资本昔日是分配于多数中小的店，现在则变为集中于少数人的掌握。这程序的结果，各个资本家，自然日益富厚，由是发现了富豪，又有美国式的大富豪（Multimillionaires）。这资本的累积之程序，昔日分散，现在则归于少数人的掌握，就叫做资本的集中。

和资本的集中，它的集中归于少数人的掌握，相并而生者，有生产本身的集中之程序。这生产的集中，就是生产本身有变态，和最多的工人机器等，为固定的工业所雇用的，集中于少数制造厂的掌握。

列宁同志，在他的著述里，举出许多显著的例证，来诠释在现代资本主义的国家里，生产集中的程序。所以在德国里，不到商号总数百分之一的大公司，用了所有的汽力和电力多过四分之三。而占商号总数百分之九一的二百一十九万七千小公司，却止[只]用所有的汽力和电力的百分之七。差不多三万个大公司，掌握一切，而几百万个小公司，却一毫没有。

在近代资本主义的别一个头等国里，在美国里，生产的集中，是更为利害的。有三千个大公司，所雇用的工人和出产的货物，其量之大，是和所有其他的公司合计起来相等。而这些小公司的数目，合共约为三十万。所以美国生产的总数，几乎一半是集中于占商号总数百分之一的大公司之掌握。

这生产的集中，这差不多全国的生产之累积和最多的工人与机器之累积，归于几十或几百最大的公司之掌握，就可以说它引至垄断了。因为列宁曾说过少数的公司，是很容易互相了解的，而在别一方面，垄断的趋势，是依照公司的大发展而发育。

我曾说过垄断，就是替代自由抗衡，自由竞争。少数的公司，已经掌握大权势，——就是为那种工业的至尊，——决定货物的价格和产额，可以在国内和国外的市场来贸易。由是资本家的小团体，就能握着市场的全权，并且能够系统的来定货物的价格，有时甚至低过生产费的。竞争销[消]沉的时候，垄断就取而代之，得着大权，则不再见有价格的减低了。因为现在各个人，各资本家，都不再来互相竞争于国内和国外的市场。在一切工业里，现在托辣司和先迪迦，拥有最大的权势，并且一致的行动，然有时互相竞争者，不过为着特别的事情罢了。

始初，我们看见许多铁匠，锁匠，鞋匠，都系独立的来制造货物。继而得见替代细小的鞋匠的工厂，则有制造厂，一切皮革工业，都系集中这里了。再则得见托辣司，在这里一切皮造货物，都系由这些托辣司这些先迪迦所联合的。至于其他各种工业，都有同一的程序。

昔日铁匠铺，大都是制造铁马鞋的，今则从达成为巨大的冶金和巨炮的克虏伯制造厂。在这里是制造巨大的汽机，汽锅，汽锤，和世界上最大的军器的，这巨大的冶金及巨炮的克虏伯工厂，是起自一间细小的铁匠之工厂。克虏伯的祖父，阿多夫·克虏伯（Adolh Krupp）有一间细小的铁匠铺，他雇佣了五个工人，在这里作工。但是和这细小的铁匠铺相并开设的，有好多相类的小工厂。而克虏伯的工厂，逐渐发达，生产的集中于他的掌握者，始初是一种的货物，继则为别一种，再其次则有第三种第四种等等，竟至成为一间最大的制造厂，把全部冶金的生产，集中于它的掌握，而制造锤汽机军器等等。

由是这克虏伯厂和其他的钢铁工厂联合,所以造成一个有力的冶金的托辣司。然而克虏伯厂之加入,不过是这个托辣司的一份子罢。迟些,这德国的冶金的托辣司,又去和别国的冶金托辣司联合,所以造成一个有势力的冶金的国际,——一个死亡和破坏的国际。

还[这]个国际是因为生产和资本的集中而发生的,生产和资本的集中,达于这样高深的程度,垄断由此而生,它如今在最新的资本主义之经济里,干最重要的职务了。

列宁所指出帝国主义的第二个要点,就是"银行资本和工业资本之镕[融]合,并在这财政资本的基础之上,建立一个财政的寡头政治"。

上次我曾经指出现代的特质,就是银行资本,透入工业,或像布察连(Bucharin)所说的,银行资本和工业资本,共同滋生,或互相生长。这银行资本,透入工业,终则成为几间银行罢了。这些银行,是已经在国中巩固其地位,攫取工业归其掌握。所以例如,在法国里,不过有四五间银行,在德国里,则为自五间至七间银行,在俄国里,则由十间至十五间银行,曾经攫取全数工业归他们的掌握了,然主持各银行的人,不过是二三个财政家,他们管理银行一切事务,结果,是全国的工业,归于及借赖二三十或由四十至一百个人——资本家所管理。由是达到所谓财政的寡头政治,管理全国,并且指挥一国的经济上财政上武力上诸势力了。

"寡头政治"的语词,是解作"几个人的统治""少数人的统治"。

在欧洲国家里,当王权为有地阶级所拥护,成为至尊的时候,就可以说十万个或二十万个男爵——地主,执行国政。及至田奴的制度崩坏,资本主义兴起,中国权力,渐渐移归到大制造家的掌握,由是又可以说由一万个工业家管理国政了。现在我们遇着这样的事情,一切所谓"平民的""立宪的""议院的"国家,实在是寡头政治,少数人的统治罢了。

这是最劣的政体。这寡头政治式的社会,其中之一特质,就是在这体制里,处在它的情状之下,民众对于他们的真正役人者,真正帝王□甚或不知其名字,好多人民,都知道治理其国者,是威廉(Wilhelm)和他的臣子,是佐治(George)和他的路易佐治(Lloyd Glorgo)或是普思赛(Poincare)和克里蒙梭(Clemenlceau)等等,但是国中政权,实在归于不知名的人,主持里昂信用银行,或德国银行的匿名者的掌握,这般人隐匿其名字,不令人知,惟足智多闻的人,例如几个公法学家,时常细心体察国中生活,一国的经济活动,和透悉现代国家的隐情的人,只系这些人,到底能够寻出谁是主持国政者。在世界战争之前几年,有几个法国公法学家,果能寻出法国实际上的帝王,事实上管理国家的人之名字。

现在这财政的寡头政治之大权势,这个统治,足以表出一国现时的经济生活之特性。无论其为威廉第二之半封建的德国,或为君主立宪的英国,"大"共和的法国,或美国,而国中各方的实权,驾驭经济的财政的和武力的势力,都归于少数的匿名者,几个财政的王侯。这些人是管理四五间银行,掌握几乎全数的钱币资本,大部分的生产机关,和那个国中的原料的源泉。

列宁指出帝国主义时期的第三点特质,就是"资本的输出,异于货物的输出,而有特殊的重要"。

列宁同志说过,旧资本主义,自由竞争得势,最特殊的现象,就是货物的输出。新资本主义,垄断得势,顶重要的现象,却是资本的输出。英国在前一时期,支配世界的市场,并且经济上为世长雄,这就是因为它的货物输出,是很多的缘故了。现时资本主义的英国,输出货物,虽是不减于往日,可是输出资本,仍是多些。

现在试把列宁同志,在他的著述里所举出的事实,关于三个大国投资国外的总数,开列于下:

投资外国的资本(以十万万佛郎为单位)

英	法	德
一八六二年 三·六	——	——
一八七二年 一五	一〇(一八六九年)	——
一八八二年 二二	一五(一八八〇年)	——
一八九三年 四二	二〇(一八九〇年)	——
一九〇二年 六二	二七至三七	一二·五
一九一四年 七五至一〇〇	六〇	四四

诸君看看这里的数目,飞涨到怎样呢?英国在一八六二年,投资外国的资本,不过是三十六万万佛郎,而在一九一四年,——就是不到五十年,——投资外国的资本,就是三十三倍于前了。法国投资于国外的资本,在一八七二年,有一百万万佛郎,在一八八二年,已有一百五十万万佛郎,在一八九三年,有二百万万佛郎,在一九〇二年,有二百七十万万至三百七十万万佛郎,在一九一四年,有六百万万佛郎,所以自一八七二年至一九一四年,法国投资于外国的资本,增到五倍。德国投资于国外的资本,也有同样的增加,就是在十二年中,增加之数,几达四倍。

至是,我们可以知道现代资本主义的特质,就是资本输出于国外,日益增多,而且资本的输出,是开始多过货物的输出了。为什么呢?因为同一的资本,常常大宗的输出到很穷的,人民缺乏购买力的国里去。

例如,非洲好多地方的居民,几乎无所需要,穿着烂衣等等,所以不能输出许多货物到那里去。在别一方面,资本输出到那里去,是没有限制的。因为处处可以筑炮台,可以筑于人没有用的铁路等等,所以被兼并的地方,虽一块小土,都可以消费许多资本。资本的输出,结果,必使武力主义大为发达,又扶助帝国主义的政策,和长育现代的帝国主义。

列宁同志所看见帝国主义的第四点特质,就是"资本家组成国际垄断的组合,分割全个世界"。

我已经指出托辣司和先迪迦，最初成立〈在〉于一国里头，例如俄，英，法，等国。糖，石炭，油和铁诸先迪迦，都成立于俄英□等国。这些托辣司和先迪迦，首先分占国内的市场，但是国内的市场，处在资本主义之下，是和国外的市场，有密切的关系，由是俄国的糖先迪迦，联合德国英国和其他国的糖先迪迦，所以造成一个国际的糖先迪迦。其他一国的先迪迦，例如钢煤等，也是如此。

这些国际的先迪迦和托辣司，开设国际会议，这些会议，有时是公开的，所以局外的人，都可以列席。但是好多时，这些会议，是秘密的。

资本家只系借着煽动国家的差异，和鼓舞国中的无产阶级，反抗异己，来保存他们在民众上的优势，所以英国法国或德国的资本家，不便过于公言他们所订立友谊的缔结，以掠夺他们自己国的及全世界的民众之利益者，这是很明显的。所以一九一三年在布鲁塞尔（Brussels）开钢业代表的秘密会议，列席者几有四百个国际的钢铁先迪迦的代表。甚至有产阶级的新闻记者，也没有一个人能够列席这个会议。我自己想着去参与这个会议，但是闻得甚至为法国最守旧的报纸中之一的通讯员，都不准参与这个国际的会议，所以我就止步了。

然则资本家在他们的公开或秘密的国际会议里，所讨论的是什么呢？他们辩论的结果，所以互相同意的是什么呢？

召集国际资本家的会议的根本原因，就是关于资本家的垄断的组合，——先迪迦，托辣司，加德，——自行瓜分世界的问题。会议，就是决定各国分割地球所占的份数，就是决定那个国的——法国英国德国等等——托辣司，所占分割地球之份数。

因此，一九一〇年，国际铁路实业先迪迦的会议，是决定各该国在世界市场所占的份数，以三年为期限：英国占着输出铁轨的份数，定为百分之三十七；德国所占的份数，则为百分之二十等等。一九一二年，又开过一个国际会议，草定下期的新约章。

一九〇七年，两个最大的电气托辣司，就是德国普通电气公司和美国霍斯东及爱迪生（Houston and Edison）公司，订定约章，分割世界。美国托辣司，受得美国和加拿大；德国托辣司，受得德国，奥国，俄国，荷兰，土耳其〈，〉和巴尔干。

托辣司和先迪迦的代表，在会议中，不但决定各人所占分割世界的份数，并且决定货物的价格，所以先迪迦，托辣司或加德，都不能低过这个决定的价格去售卖。

有些有产阶级的著作家，发表意见，说所有这些国际资本家□会议，和平的分割世界，这些国际的加德，将引至避免世界市场上的竞争，和建立国际的和平。这种见解，是不堪评论的。财政团的嗜欲，是无厌的。资本家在他们的国际会议中，关于各国的组合所占分割世界的份数，虽然互相同意，但是现代的资本主义是垄断的资本主义，所以各国的组合，都暗中梦想去攫取全个世界，归其自己垄断，并且想着借优先的机会，去建立一个法国或英国或德国的统辖全世界的帝国。

一九一十年的国际会议，决定法国的铁轨先迪迦，所占输出铁轨于世界市场的份数，是百分之四·五。至一九一二年的会议时，因为法国的代表要求，所以这个份数得达一倍，但是这仍不足以满足法国的冶金家的大欲，所以他们决定借着取得阿尔萨斯洛林，有丰富的铁矿，建立法国的垄断权势于国际铁的市场。

将近世界战争的时候，法国和德国的资本家，组织一个法德托辣司，一个共同掠夺摩洛哥的组合，法国的资本家，占着这特殊的托辣司之限分总数百分之六十二；德国的资本家，占得百分之二十。两方面都不满意：法国的资本家，要得着摩洛哥的垄断权，德国的资本家，所占得的，不过是百分之二十，也想着获得最大的权利。所以虽有法德的组合在摩洛哥，然而德国和法国的邦交，不见进善，反为日益败坏，所以摩洛哥的问题，是世界战争最大的原因之一，这是我曾在拙著《世界战争和黑大陆的瓜分》中说过了。因为这个问题，世界战争，差不多在一九〇五年(坦支尔 Tangiers 危机)爆发了，又几乎在一九一一年(亚加得 Agadiu 危机)爆发了。

摩洛哥先迪迦的历史，正像巴达铁路合股公司的历史，这个公司，由德人比人瑞士人法人共同管理。这些历史，足以表明所有国际的托辣司和先迪迦，不独不能保持国际的和平，反使各国的差异，更为利害些，并且是构成世界战争的最要份子。

现代帝国主义的第五点特色，就是"最大的资本主义的国，分割世界，业已完毕了"。

列宁从苏泮的"地理学"中，引出下列的事实，以表明这种事情。欧洲的国家(美国也是在内)的殖民地，所占的面积是：

	一八七六年	一九〇〇年	增多或减少	
非洲	百分之一〇·八	百分之九〇·四	百分之七九·六	增多
玻利尼西亚	百分之五六·八	百分之九八·九	百分之四二·一	增多
亚洲	百分之五一·五	百分之五六·六	百分之五·一	增多
澳洲	百分之一〇〇	百分之一〇〇	——	——
美洲	百分之二七·五	百分之二七·二	百分之〇·三	减少

这些数目，表明在二十世纪初时，差不多所有地球上未被占领的土地，都已被占领了。非洲或亚洲，就没有可分割的土地了。只可重新分配，就是向别的业主夺取罢了。

三十，四十，更而至五十年以前，实际上，全球仍未被占领，在这个时候，好多国家，进行殖民地的政策，尚用不着和别国冲突，而可以攫取一块小小的土地，或甚至一块大的土地。所以六十或七十年以前，法国独自取得一个国(阿尔及利亚 Algeria)，而未尝和别人交战。后来意大利，也没有和欧洲的国家有所冲突，就可以兼并非洲北部一块大地。德意志也是如此，不致激起世界战争，而能移其精神，注于非洲中部。甚至细小的比利时，也能伸手在刚果，取得一块大地。诸如此类，不暇详述。

所以不久，就没有片土，是不被人所占领的了。自此以后，殖民地的问题，成为一剧烈的国际冲突。德国努力去攫取摩洛哥，但是摩洛哥，是属于法国的势力范围。俄国想得波斯，但是英国也伸手去攫取波斯。俄国法国和英国，都想着去掠取小亚细亚，但是德国已经掌握着小亚细亚一部份了。诸如此类，不必伴[详]述了。至是，我们见着全球的分割，已经完毕了，故此，例如，德国必欲扩张他的领土，那末，他就要和别国开战，才能做得到了。德国要去扩张他的领土，则须和法国或英国或俄国冲突。法国也是这样的，如果要去扩张他的统治，他的殖民地，那么，他须和德国宣战，为什么呢？因为法国的领土，是毗连德国的领土，并且德国在他的殖民地领土之界线，已备有黑兵，头戴着德国的铠胄，手持着德国的来福枪。向着这领土前进一步，不啻是侮辱德国的守备兵，德国的国旗，故此，可〈像〉对德意志帝国宣战了。

侵略欧洲头等国在亚洲或非洲的属地，固然危险，即细小的葡萄牙，或比利时，或荷兰的殖民地，也是不可侵犯的。例如，德国以其所占的殖民地为未足，很想着至少要向弱国掠夺些〈少〉。德国的帝国主义者，以强大的德意志，在非洲所占得的殖民地，比诸葡萄牙或比利时之所占得的，还不多些，觉得耻辱得很。但是这"呼喊不平"虽欲平之，大非易事，因为法国和英国，都是弱小的比利时和葡萄牙的后盾，他们借着保持在黄黑两大陆的"均势"之名，去阻止德国的势力增加，侵害小国。

至是，所有的土地，都是已经度量，权衡，分配了。所以想在欧洲或甚而至在非洲中部地方，把边界位置移迁，这就会发生世界战争的危险了。复次，甚至迁移边界位置，入于非洲的黑肤的王之疆土，就是迁移边界位置，入于虚设的非王之所归服国的领土，也是如此。

故此殖民地的政策，最大的资本主义的国家间最后分割黄黑两大陆，是一定引起世界战争的了。

至是，我们知道列宁关于帝国主义问题的理论之要旨了。可以用下列的界说，来简述列宁的理论："帝国主义，是垄断的资本主义。"列宁举出下列的帝国主义的特质，来伸[声]明这简短的界说：(一)生产和资本的集中，发达到这样的地步，垄断由此而发生，足以左右经济的生活。(二)银行资本和工业资本镕[融]合，所以在这财政资本的基础之上，建立"财政的寡头政治"。(三)资本的输出，异于货物的输出，得到特殊的重要。(四)资本家组成国际的垄断的联盟，分割世界。(五)大资本主义的国家，分割世界，已经完毕了。

帝国主义，是资本主义之发达，到这个时期，财政资本和垄断的权势，已经成立；资本的输出，已经得到非常重要，国际的托辣司，开始分割世界，而且最大的资本主义的国家，分割世界，已经完毕了。

依照列宁来说，帝国主义的很重要的一方面，是寄生的状态。我在演讲之始，曾经涉及这个意思，但是再来多说几句，也是没有妨害的。

在将近战争的时候，有产阶级的社会，已经衰败了。有产阶级，已经尽量的干了他之所能干的事情，所以开始衰败了。关于这个问题，列宁说道：

"我们现在要去研究帝国主义的一重要方面，因为大都数讨论这个问题的，仍未周详。马克斯的信徒喜尔科丁的一大缺点，就是他比于非马克斯的信徒哈布生(Hobson)已经是退后一步的了。我们正说及的寄生的状态，就是帝国主义的一特质。"

"我们已经知道帝国主义之最深的经济的基础，是垄断。这垄断，是资本主义的，——就是，垄断是从资本主义生出来的，并且处在一般资本主义的环境里，货物的生产和竞争，但是无论如何，垄断和这一般东西相冲突，是不断的，不可免的。一切垄断，都发生停滞和衰败的趋势，是不可免的，这就见于甚至临时所设立的垄断的价格，是于减煞工艺上和所有其他的进步之激动力，又见于人为的妨碍工艺上的进步之经济的可能。例如，在美国里□有一个奥恩兹（Oweds）发明了一个瓶的机器，这是改革瓶的制造的。然而德国的制瓶厂的加德，买了奥恩兹的特许权，一概匿之而不用。诚然，垄断处于资本主义之下，决不能完全的久远的在于世界的市场，废除竞争。"

我可以把下列的诠释，来完成这个奥恩兹的举例：

我曾经认识一位发明家，发明制造靛青的颜料之方法，比于在这个时候所用的方法，是较平些。这发明家，想着因为这个促进化学工业的重要方法，所以他的名字，得以显著，而且这新的靛青颜料，就会用着他的名字。但是实则空想罢了，德国的化学的托辣司，买了他的发明，匿之而不用。所以德国的化学的托辣司，不过买了我的朋友的发明，所以就没有一个人能够用这个发明了。处在这种事情之下，一切新发明都不能用之于发达工业，而反去藏匿，所以工业的有产阶级，旧日所作的职业，——就是为鼓励一国的工业前进之要素的职务，——现在已经罢手不干了。

列宁所详论之别的特质如下：

"帝国主义，是钱币资本之巨大的累积，在于几个国家里，像我们所已经知道的，其数达于一百至一百五十千兆佛郎的有价证券。因此，一定发生'食利息'的阶级。或正确些说，是'食利息的'部份，——就是以'截割利票'为生活的人们，不参与各项工作或事业的人们，职业是安逸的人们。资本的输出，帝国主义的最要基础之一，更加使'食利息的部份'，完全离开生产，以致全国成为寄生的状态，以掠夺海外的殖民地，和几国的劳动为生活。"

列宁更继续说道：

"食利的状态，是衰败的资本主义之寄生的状态，这情形不能不放它的回映于一般国家之所有社会的政治的情状，及于特殊的劳动阶级运动中两个根本的潮流。"

英国在现世纪初时，全年从对外贸易输出和输入之所得的，是一八，〇〇〇，〇〇〇镑（约计一七〇，〇〇〇，〇〇〇卢布）。同时，英国从投资于各种企业，置业的资本之所得，食利息部份之所得，是等于由九〇，〇〇〇，〇〇〇镑，至一〇〇，〇〇〇，〇〇〇镑。食利息者之所得，以截割利票为生活的人们之所得，是等于世界上商业最大的国，从对外贸易之所得的，五倍其数。列宁说道，帝国主义和帝国主义的寄生状态的特质，就在这里了。英国虽失了他的工业的大权势，把输出货物的首位，给过工业较为进步些的国家——德国和美国，但是他是富于资本的国家，所以能够保持握着全世界的大权。然而德国和美国资本的输出，也是重要，一年大过一年，所以为着把资本输出到那个地方去〈的〉而竞争，就引起最进步的国家之均分赃物的重新争斗。在别方面，输入资本的国家，要努力去使输入资本的地方，听命于他。

处在帝制之下的俄国，不是独立的国家，他不独受制于法国的资本，并且受制于比国英国德国和美国的资本。复次,这些资本,在俄国都有一定的势力范围。所以国际财政的寡头政治,法国和美国的财政团,这样坚决来反抗苏俄,并且扶助科尔赤(Ksltchak)和登尼京(Denikin)的反革命的军队,其中一大理由,就是不但关于已经投下资本于俄国为可虑,而且恐怕失了一个很适宜于投资的一亿五千万人口的国家。

一个国家由工业的状态,变为食利息的状态,——放债取利的状态,影响到国内的情形,是什么样呢?

现代的帝国主义,引起食利息者,或股东的阶级——就是完全以截割利票为生活的人们——的生长。这些股东,持有股票,正像俗语说过,不播种,也不收割,毫无所事,做一寄生虫的职业,但是无论如何,他们得着一切的需要了。甚至间有食利息的人,拥有股票过多,以截割利票为烦扰,乃储之于银行,银行则截割利票,回给原主,或者依照利票的价值,给款与票主。

从前工业的有产阶级,不计其适当与否,尚做些事业,管理工业,想着提高制造厂的盈利,并增加中国的生产力。但是现在的资本主义的企业家,祖先的工业管理者,堕落于寄生的海里,只系以截割利票为生活,并把他们的入息,完全用于妇女等等。

在这样社会的秩序里,当国家生活于资本的输出之时,这寄生的特性,不能不传染多少于各界人民。在法国英国和德国里,几百万的工人和农民,都是小股东,这自然增加这些被压迫阶级的机会欲,致使他们的利益和统治的阶级之利益一致。法国的工人和农民,持有些〈少〉俄罗斯的或摩洛哥的债票,乃重视和俄国联盟,并且希望法国对于摩洛哥的政策,得着成功。世界战争的结果,工人和农民,确实受害最大,为什么呢?因为银行家已经把最不可靠的股份和债项,给过这些阶级。所以知道俄国的债票,几乎全数分配于法国的工人和农民了。

虽然,将近战争的时候,千百万的工人和农民,颇喜欢帝国主义政策,殖民地的进取。这确实能使它的工业印在农民和工人的心里,不能忘记。所以工人不再是纯粹无产者心理的人。这是金中有低金的混合物了。

现代社会的组织,对于有产阶级,有衰败的影响,资本主义,已经入于衰落灭亡的状态了。社会如果败坏,则统治的阶级,也是衰败,甚至它的最著的代表,也不复能明白包围他们的事情了。这统治的阶级衰败,他们不能辞别现在的事势,其最显著的例证,就是布勒斯特和约,及维尔赛和约。德国的有产阶级,欧洲工业最进步国的有产阶级,如果不是衰败的阶级,则它的代表,对于事务,应该明白些,并不至于强迫俄国立约,而引起德国的破裂了。

布勒斯特和约,是世界上最大的冒险。无产阶级和劳农的有才能的代表,列宁同志,洞悉德国的帝国主义,因为布勒斯特和约的缘故,致促其衰败,但是科尔曼(Kullman)拆尼(Czerdin)和其他最有才干之衰败的阶级之代表,则以布勒斯特和约,为德国的最大的胜利,为德国战胜一切敌人的凭证。这就是德奥两国的最敏锐的外交官之先见了。

法国大革命史,贵族和王权的盲目,——完全不明白国中之所进行,——我们的二月革命史，十月革命史，刻连斯基（Kelrensky）和他的同志，在将近这个突然攻击的时候，所作的职务，都明白地指出一定归于消灭的各衰败的阶级，不能明白周围的事势。

布勒斯特和约，已经表明德国的有产阶级，是衰败的阶级。当布勒斯特会议之际，有许多人指出德国如果战败，则英国和法国的有产阶级，就会强迫威廉的国家，订立和约，比于布勒斯特和约，较为束缚些。俄国的自由党中，有许多乐观者，猜想着法国和英国的政治家，应该比于"愚呆"的德人聪明些，他们不致抛德国人去布尔什维克的抱怀[怀抱]中，他们反会和战败的国订立公平和约，致使德国终成为文化上文明上一有力的工具，和野蛮的布尔什维克争斗，和苏俄战争。

这些希望，全是谬误的。协约国的有产阶级，强迫德国立约（维尔赛），及其结果，适为共产主义生长极合【适】的地方。德国本身被维尔赛和约摧残，以致饥荒，完全充满着布尔什维克的空气。在这个时候，德国的统治阶级，怎能和俄国的布尔什维克剧烈争斗呢？家里发生火警于足下，怎能去救熄邻国的火警呢？

所以在世界战争的前一时期里，有产阶级正是衰败，这衰败最大的原因，是帝国主义的寄生状态之所致。这一九一四年至一九一八年的洪水之前一时期，就是寄生的衰败的资本主义之时期。布勒斯特条约，和维尔赛条约，可作欧美的统治阶级衰败之最好的图解了。

原著者　　Pavlovitoh　　巴甫洛维奇
节译者　　朱则
发行者　　青年书店
实价　　　一角二分

一九二七年四月初版
——来自湖北省图书馆

4月

36.《马克思主义的民族革命论》(著作出版信息，4月)

新青年出版社出版唐杰编的《马克思主义的民族革命论》，收入列宁有关民族问题的著作，其中列宁著的《中国战争》《亚洲的醒悟》《革命后的中国》《落后的欧洲与先进的亚洲》等文章在《新青年》季刊第四期刊登过，此外还收入了《复兴的中国》《工人阶级与民族问题》《社会主义革命和民族自决权》等9篇。

37.《复兴的中国》(《马克思主义的民族革命论》，4月)

《马克思主义的民族革命论》收入列宁一九一二年十一月之著作《复兴的中国》，如下：

文明先进的欧洲厌恶中国的复兴,四万万落后的亚细亚人民已经得到自由,觉醒到政治上的活动,占全地球人口四分之一的民族已从睡梦状态中回复到光明的争斗运动了,但文明的欧洲丝毫不顾,直到现在,甚至于法兰西共和国亦无正式承认中国为共和国,听法国国会对此事件即将提出质问。

欧洲此种洽谈应怎么解释呢?就是因为在帝国主义资产阶级统治下底欧洲已有四分之三算是腐朽了。他将自己的"文明"卖给那些冒险投机者以为压制工人阶级严酷手段,为要赚得百分之五的利率,此种资产阶级视中国为一片捕获品,而此一片捕获品自俄罗斯亲密的抱着蒙古后,德国英国日本恐怕都要来攘夺撕裂。

但是中国的复兴运动总是向前进展的,现在已开始选举国会,这是君主独裁制以后之第一次国会,根据制定的宪法,众议院选举六百议员,参议院选举二百七十四议员。

选举制不是普选制,亦不是直接选举制,只是年龄二十岁以上在选举区域内在住居二年以上者方得有选举权,以每年缴纳直接税二元以上与有不动产价值五百元以上者得有被选举权,先行初选,由初选而复选。

此种选举权明显的表示资产阶级与富农同盟而毫无无产阶级的权利,我们考察中国政党的性质亦能看出这种情形。在中国政党有三:

第一社会党□实际上该党的性质丝毫没有社会主义彩色,如俄国民粹派社会主义者一样,(我们的社会革命党,十分之九亦是这样情形)这是小资产阶级德谟克拉西的党,其重要的要求是中国政治统一,社会工商业的发展(这一句云雾中语亦如我们社会革命党所倡"平均"与"劳动原始"同为渺茫之言),维持国家与国际的和平。

第二自由派□他与社会党联合在一起为国民党,在第一次国会中占多数分子,该党首领为著名的孙逸仙博士,他现在正规划广大的铁路建设计划(俄国民族社会党主义呵!孙逸仙筹划建设铁路是为经过资本主义的运命针)。

第三共和党——(即进步党由"共和""民主"与"统一"三党组合而成)该党在政治上都是骗人的招牌之一,实际上该党是为守旧党,他是依赖大部分官僚大地主和中国北部资产阶级,——即就是那些最落后的。反之国民党是为中国南部工业发达之先进政党,国民党重要凭借的基础是农民群众,他的首领是曾受海外教育的智识分子。中国的自由是从农民的德谟克拉西与自由资产阶级联盟而得,但是没有无产阶级政党的领导,农民能否坚持德谟克拉西的战线以抵抗那待有机会主义即右倾的自由资产阶级——这必须为最近的将来。

38.《工人阶级与民族问题》(《马克思主义的民族革命论》,4月)

《马克思主义的民族革命论》收入列宁著《工人阶级与民族问题》,如下:

俄国是民族最多的一个国家,政府的政策地主的政策依赖资产阶级以贯澈[彻]到底的是一个反动的民族主义的政策。

这个政策的趋向，是反对俄国以内的多数民族，即是全国人口之多数；同时滋萌了其他民族，即是资产阶级的民族主义（就是波兰，犹太，乌克兰，葛路齐埃等）。他们的目的是要努力使工人阶级参加于民族运动或是民族文化运动，但是不要他实行世界上最重要最伟大的任务。

民族问题是要确定的解释，一切有觉悟的工人都应认识清楚。

资产阶级与人民和劳动者共同为争自由而奋斗时，主张各民族得有完全自由与平权；在德谟克拉西制度下先进的国家如瑞士比利时脑威等是个最好的的民族和平共居或民族自由分立之先例。

但是现在资产阶级畏惧工人故与保皇党一类的波列许开维思区联合与反动势力联合，违反德谟克拉西主义，提倡压迫民族，主张民族无平权，并且用民族主义的口号来诱惑工人。

如今只有无产阶级是提倡各民族真正的自由和民族工人的一致。

为要各民族自由和平的共居或是彼此分立组织自己的国家，则必须得实行工人阶级所提倡的完全的德谟克拉西主义，无论任何民族不许有些微的特权，各民族语言亦不得有特权，对于少数民族不许有丝毫的压迫和不公道！这就是工人德谟克拉西的原则。

资本家及地主非要将各民族工人相互隔离不可。但是现在在世界上各国之最高当局者均作不可言的融洽在一起仿佛如一个伟大的"公司的股东"一般，（如同西伯利亚联纳金矿公司一般）所以正教的回回教的，犹太人，俄国人，德国人，波兰人，乌克兰人，凡是有资本的人不分民族的共同来压迫各民族的工人。

在觉悟的工人主张各民族工人在无论是教育职工政治等一切工人□体中得有完全一致之必要【，】让民族立宪党的老爷们去否认或削灭乌克兰民族的平权吧！这是于他最可耻的！让各民族资产阶级提倡虚伪的"民族文化"民族运动的任务等等口头禅以自己【安】慰自己吧！

无论民族文化或民族文化独立的言词如何甘蜜工人绝不会自己分离，各民族工人和睦的在他们共同的团体之下坚持保护他们完全的自由与平权，这就是真正文化进步的一个保证。

工人在全世界创造他们自己的国际文化，此种文化早已有压迫制度的仇敌和提倡自由的宣传者种下了根苗了，旧的世界就是压迫民族的世界，民族互相争搏或民族隔阂的世界；与旧世界相反的，是工人创造的各民族劳动者统一的新世界，在这新世界里绝无特权之余地，亦毫无人压迫人的现象。

39.《社会主义革命与民族自决权》(《马克思主义的民族革命论》，4月)

《马克思主义的民族革命论》收入列宁著《社会主义革命与民族自决权》，如下：

第一　帝国主义社会主义及被压迫民族的解放

帝国主义是资本主义发展到最高的阶段，在先进国家资本已经超过了民族国家的界线，以"垄断"代替了"竞争"，因此创造了实行社会主义一切客观的前提，所以目下在西欧和美国循次得着无产阶级革命的斗争，以推翻资本主义的政府，而夺取资产阶级的财产，这是帝国主义推动群众实行的；此种斗争，因为他将阶级的矛盾更为扩大和严重，人民在经济方面的状况，因信托公司物价昂贵，日渐堕落；在政治方面，亦同样因军国主义的伸张常时［时常］发生战争，反动力的强胜使民族压迫和殖民地的掠夺随着坚固和扩张。胜利的社会主义必须实行完全的德谟克拉西，因此，不但实行各民族完全的平权，并须实行一切被压迫民族的自决权。换句话说：就是政治上的民族自决权。一切社会主义的政党在现在时期和革命时期革命胜利后时期，若是实际的行动不能证明在实际上是要解放民族并与被压迫民族树植自由联盟的关系，则此等社会主义政党对于社会主义完全是背叛的行动，因为没有民族自决权，则自由联盟便是一句骗人的话。

然德谟克拉西亦是一种国家的形式，等到国家要消失时，他亦随着消失，但是在最后胜利的和稳固的社会主义过渡到完全的共产主义时才能达到。

第二　社会主义其为德谟克拉西的争斗

社会主义革命不仅是一种行动，不仅是在一个战线上的死战，而是猛烈的阶级冲突整个时期中在一切战线上之长期的死战，即就是关于政治和经济问题的死战，这些死战只有夺取资产阶级的财产才能完成。若以为德谟克拉西的争斗，会使无产阶级脱离社会主义的革命，或是阻碍和遮蔽了社会主义革命，诸如此类，那就是一个根本的错误；反之，若不实行完全的德谟克拉西，社会主义的胜利便是不可能的，同样无产阶级若不普遍的陆续的做德谟克拉西的革命争斗，便不能准备战胜资产阶级。

若从德谟克拉西政纲抽出一条如关于民族自决权，说是这一条在帝国主义制度之下恐怕不能实行，或是一个梦想。这个错误，亦不亚以上的一个错误。若说是民族自决权在资本主义范围内不能实行，此种论点有二个说法：或是他有一个绝对的意义——经济方面的意义；或是一个相对的意义——政治方面的意义。

说到绝对的意义，在理论上他是一个根本的错误：因为一、若以为在资本主义制度之下，如工人储金和消灭经济恐慌等不能实现，便说民族自决权亦不能实现，这是完全不正确的；二、举例说，如一九〇五年脑威脱离瑞典之事实亦不能驳倒不能实行民族自决权的论者；三、假使德意志英吉利不拘今天或明天稍行变更他们的政治上与战略上相互上之关系，则波兰印度等等，即能立刻实现新国家的组织，若是有人来否认他，这是极可笑的；四、财政资本扩充的趋势极容易收买或贿赂那些最自由的德谟克拉西的共和政府，及独立国之被选举的官吏，财政资本的统治，和普通资本是一样的，在德谟克拉西政治范围内，无论怎样改革亦不能驱除他。他对于德谟克拉西政治的关系完全是独立的例外的，财政资本的统治丝毫不能消灭德谟克拉西的政治意义。盖德谟克拉西的政治乃更自由的广大的和明显的阶级压迫和阶级争斗的方式。所以那些在经济意义上的论断，以为资本主义制度之下不能实行德谟克拉西政治的要求，这是理论上不正确的定义。

就是对于资本主义与一般德谟克拉西政治之普遍的，根本的关系，理论错误的定义。

说到相对的意义，这个论点亦不完满，更不正确，因为在帝国主义制度之下不仅是民族自决权，只能不完全的残缺的实行（例如一九〇五年脑威脱离瑞典），而一切政治德谟克拉西亦然。一切革命的社会民主党所提倡之即刻解放殖民地的要求，在资本主义制度之下除了革命之外，更不能实现。然而社会民主党并不能因此而拒绝这些要求，并放弃这些争斗。这种行动只利于资产阶级与反动势力，社会民主党应该以革命的手段去实行这些要求，不应以改良的方法。不要被资产阶级的合法范围所制限，而是要破坏他；不要以出席国会提出抗议为了事，而是要吸引群众做积极的行动：扩大并煽动这个根本的德谟克拉西要求的争斗一直到无产阶级直接攻击资产阶级。换句话说，直到社会主义革命夺取资产阶级的财产为止。社会主义革命之能引起，不仅是由于发生伟大的罢工或示威运动，或饥饿的叛变，或兵变，或殖民地暴动，即任何政治上的危机，如"特莱甫斯讼案"（该案生于法国，特莱甫斯为法国军官，有诬告他为卖国贼的。该案表示法国军界和宗教界反对犹太的动机），或"蔡俾尔事件"（该案发生于爱耳赛斯城，有二【位】德国军官摧残市民），或是有关于被压迫民族独立，国民自决权等问题亦能引起之。

在帝国主义之下因民族压迫的加厉，社会民主党不但不放弃民族独立自由的争斗（如资产阶级指为乌托邦的），他反而要加剧利用在这上面所发生的冲突，因为这是群众行动的发端，是反对资产阶级底革命的发端。

第三　民族自决权的意义与联邦制度之关系

民族自决权只表示政治上的独立，就是在政治上，得随意脱离压迫民族之自由权。具体的说来，此种政治德谟克拉西的要求是争独立的自由宣传，用民族自决权的方法解决民族独立问题。因此，此种要求并不是将一个大国分成为许多复杂的小国，他只是顺次表示反对各种民族压迫的争斗；若是某一国家的制度，愈近乎德谟克拉西制度而不妨害于独立，则在事实上愈能少发生独立的趋向，因为就经济进步而论，根据人民群众的利益而论，凡是整个的一个大国比较多有利益，而资本主义愈发达则利益亦愈伸张。承认民族自决权并不是等于承认联邦主义，或许是绝对的反对联邦主义，而同时却赞成德谟克拉西的集中主义。不过与其民族不平权，则毋宁是联邦之为愈，因为联邦主义"是达到完全德谟克拉西的集中主义"的唯一道路，马克思虽然是提倡集中主义者，亦宁愿爱尔兰与英国有联邦制度而较英国压迫屈服爱尔兰之为愈。

社会主义的目的，不但是要取消人类小国的分立以及各民族的隔阂，并且是要民族的接近和民族的同化。为要达到这一个目的，故应在一方面向群众解释伦纳尔，鲍威尔所提倡之"民族文化独立"的反动思想；另一方面得要求在实际上解放被压迫民族，万不许只说空话和空虚的宣言，或是将这问题迁延社会主义时代，反之是要极明显极确实的订定一个政治纲领。

特别的指出那些压迫民族社会党的野心和畏怯。人类只有经过被压迫阶级专政的过渡时代方能消灭阶级的区别，同样人类不能避免的民族同化，只有经过一切被压迫民族完全解放之过渡时代——就是被压迫民族能独立自由的时代方能达到。

第四　民族自决权根据无产阶级革命的解释

不只是民族自决权一条的要求，所有我们德谟克拉西党纲的要点，最初在十七八世纪就已经被小资产阶级提倡了，小资产阶级至今仍然提倡乌托邦的纲要，看不见阶级斗争，更不感觉到阶级斗争在德谟克拉西制度下之猛烈，他始终相信有和平的资本主义；这种平权民族之和平联盟的乌托邦，极为考茨基一般人所主张，借以诳骗人民。社会民主党的纲要，其主张应与那些平庸的机会主义之乌托邦完全相反，因为民族之分为压迫民族与被压迫民族是帝国主义时代根本的属性，而且是不可免的。

压迫民族的无产阶级不能像那些讲和平的资产阶级用些普遍的抽象的口吻，去反对侵略主义和赞成普遍的民族平权，无产阶级对于某一国之境界不能漠然视之，因境界问题建筑在压迫民族之上，境界问题对于帝国主义资产阶级是极不痛快的。无产阶级不能不反对，若是要强迫的把被压迫民族放在某国境内。这就是表示无产阶级为民族自决权而奋斗，无产阶级应当要求各殖民地和被压迫民族在政治上得自由分立，否则无产阶级的国际主义只成为虚话。压迫民族与被压迫民族工人之间即不能发生彼此的信任和阶级的同情。而改良派和考茨基派对于民族自决权伪善的面孔，及其对被压迫民族和强迫其他民族为其国家之私有物的隐蔽手段，始终是不能使之暴露。

另一方面压迫民族社会主义家应特别提倡和实行完全的建立压迫民族和被压迫民族工人的统一，即不能执行无产阶级独立的政策，及与其他国无产阶级的同情。因为资产阶级同时做各种诳骗的，诡诈的和反背的行为而被压迫民族资产阶级时常将民族解放的口号作为欺骗工人阶级的口号；在对内政策则利用此口号与统治民族的资产阶级妥协（如在奥国和俄国之波兰侨民与反动势力妥协去压迫犹太人，乌克兰人）。在对外政策资产阶级则企图其帝国主义相互竞争中的某一强国订立协定，借以达到实行掠夺的目的（如巴尔干半岛各小国的政策，诸如此类）。社会民主党不能因为民族解放的争斗，在反对某一帝国主义国家时，在各种情形下会被其他强国乘机利用以遂其帝国主义的目的，就因此而拒绝承认民族自决权。同样社会民主党亦不能因为资产阶级屡次利用共和主义的口号，做政治的欺骗和财政的掠夺，而放弃共和主义。

（注）若说民族自决权机会引起"保护祖国"主义，如社会爱国党在一九一四——九一六年常把各种德谟克拉西的要求（如德谟克拉西的共和主义）和各种反对民族压迫的争斗方式作为"保护祖国"的印证，因此之故，否认民族自决权。这不待言，是极可笑的。马克斯主义承认"保护祖国"，如在法兰西大革命欧洲加里班的战争时；同样否认"保护祖国"，如在一九一四——一九一六年帝国主义战争时。马克思主义是根据各个战争之具体的历史的特性来分析，并不根据某种普通的原则，更不是根据党纲的某一条。

第五　马克思主义和蒲鲁东主义关于民族问题

马克斯准对着一切小资产阶级德谟克拉西主义家说：一般的德谟克拉西要求并非是绝对的而是资产阶级领导人民群众反对封建制度之历史的表显，这些要求在或种环境之下无一不是为资产阶级欺骗工人的工具，所以若从德谟克拉西政治的要求而将他去反对其余的，如此在论理上是根本的错误。而在实际上无产阶级为要保护他自己的独立，为要推翻资产阶级的革命争斗，只有为一切德谟克拉西共和国的要求而屈服自己的争斗。

另一方面，马克思准对着以社会主义革命的名义否认民族问题的蒲鲁东派说：先进国无产阶级争斗的利益是一切事件的前提，国际主义和社会主义根本的原则，就是：压迫其他民族的，不能称为自由民族，在一八四八年马克思根据德国工人运动的利益，要求德国胜利的德谟克拉西宣告和实行被德国所压迫的民族的自由，在一八六九年马克思为英国工人的革命争斗起见，要求爱尔兰脱离英国，并且附加一句话，只要爱尔兰能独立，更无论他将来是否成为联邦。马克思只因为如此的要求，方能正确的教训英国工人得到国际主义的精神，只有这样才能以革命的方法处决现时历史的任务，并反对那些机会主义与资产阶级的改良主义者。资产阶级的改良主义已经过了五十年，一直到现在对于爱尔兰问题还丝毫没有改革。马克思只有照这样的办法，方能驳倒资产阶级的谬论。因他们认民族自决权是乌托邦，认一切经济政治的集中都是进步的现象，马克思只有这样才能贯彻他的主张非帝国主义形式的集中，民族的结合不根据于强迫，而根据于各国无产阶级的同盟。马克思只有这样解决民族问题才能引导群众的革命行动，反对那些空说家和虚伪的承认民族平权和民族自决权者。在一九一四——一九一八年，帝国主义战争暴露了机会主义党和考茨基派的野心及其伪善面孔；证明了马克思政策的正确。马克思政策将来必成为压迫其他民族的先进国之模范。

（注一）有许多人根据马克思对于某种人民的民族运动，有消极的态度（如在一八四八年，对于捷克民族运动是），就想依据马克思的观点来否认民族自决权之必要；如最近有一德国爱国党员伦趋——Die Glocke，在杂志第八号和第九号有这样的文字——但是这个不对。因为在一八四八年，历史与政治上的原因已将各民族分成为反动势力的，与革命的德谟克拉西的。马克思惩罚第一种民族，保护第二种民族，是很合理的。民族自决权乃是德谟克拉西的要求中之一，自然，应将此种要求完全隶属于普遍的德谟克拉西的利益，在一八四八年，和继续的数年中，此种普遍的利益，第一声便是与"沙的主义"的争斗。

（注二）伦趋是德国社会民主党左派的有声誉的一个党员，他与密林克充当莱佛次克国民日报的主笔，是一个经济学和批评家。自帝国主义战争爆发后，他与右派脱离关系而成为爱国社会主义党的首领。

Die Glocke 杂志是钟声之意，这是派伪威思最激烈的一个爱国社会主义党员和德国帝国主义的直接付托人所开办。

第六　对于民族自决权三种形式的国家，关于此项问题，必须分析三种主要形式的国家。

一：是西欧先进资本主义国家和美利坚。在此种国家中资产阶级激进的民族运动早告段落，这些"强胜"民族都是压迫殖民地或是国内异民族的，在这些统治民族中无产阶级的任务,如同十九世纪在英国对爱尔兰的关系一样。

(注)在一九一四——九一六年有些小国家参加战团如荷兰瑞典,他们的资产阶级竭力利用民族自决权的口号以辩护参加于战争,因此,在这些国家的社会民主党也根据这个例证作为否认民族自决权的理由,将无产阶级正确的策略,——就是在帝国主义战争时期否认"保护祖国"的政策,他们以一个不正确的原理来作护符,因此在理论上改变了马克思主义,在实际上是一种肤浅的短视的民族主义,因为他们忘却了有数万万人口的民族被强权民族所压迫。——郭尔泰著了一册很好的书,题为《帝国主义战争与社会民主党》,虽然他否认民族自决权的原则是不正确,但是他利用这个原则却颇为惬当,就是他说:"荷属印度必须立刻有政治的与民族的独立",而暴露了那些不敢提倡此种要求的荷兰机会主义党。

二:是东欧洲各国如奥洲和巴尔干半岛的小国以至于俄国。在二十世纪这些国家的资产阶级德谟克拉西的民族运动特别发达,而民族的争斗亦极烈,这些国家无产阶级的任务非提倡和坚持民族自决权则不能达到他们资产阶级德谟克拉西的改造和扶助其他国家的社会主义革命事业。在这当中最困难的而最重要的任务是压迫民族工人与被压迫民族工人实行阶级斗争的同化。

三:是半殖民地国家如波斯土耳其中国和一切殖民地共有十万万的人口。在这些地方资产阶级的德谟克拉西运动有一部分在开始,有一部分尚未成功,社会主义者不但应当要求无条件的无报酬的立刻解放殖民地,这种要求在政治上就是表示承认民族自决权;并且还应当最坚决的维持这些国家中资产阶级德谟克拉西的民族解放运动的最革命分子,帮助他们以暴动,或乘机做革命的争斗,以反对压迫他们的那些帝国主义国家。

第七 社会爱国主义与民族自决权

在一九一四——九一八年帝国主义战争时代,在先进国发生一个特殊的任务,就是反对爱国主义和民族主义。在社会爱国主义家之中对于民族自决权问题,有二大派别:一是机会主义派;一是考茨基派。考茨基派对于反动的帝国主义战争的意义用"保护祖国"的观念以掩蔽之。

一方面我们能看出资产阶级的极忠顺的仆役替他们竭力拥护侵略主义,说帝国主义和政治上的集中均是积进的现象,而否认民族自决权,说是一个梦想的小资产阶级的乌托邦,在这方面的主要人物是古诺夫,派耳武思,和德国的激烈机会主义家和法波扬党的一部分和英国工团首领之一部分和俄国机会主义家绥姆柯夫斯基,李布猛,郁尔开维等等。

另一方面我们能看出考茨基派——他们最重要的人物就是汪脱尔文特,莱诺脱尔,及其他许多法国英国的机会主义者,他们主张联合那一方面,而在实际上完全与他们相同,因为他讲民族自决权纯粹是口头上的,虚伪的,他们以为政治独立自决的要求太过度(见一九一五年五月十六日新时代杂志)(《Zu Viel Verlangt：Katsky》)他们不主张压迫民族社会主义家必须得有革命的战略,而图谋遮掩他们应尽的革命责任,辩护机会主义的主张以帮助他们诳骗人民,不愿意讲国家的界线问题,和强迫不平权

的民族隶属于自己国家之内等等,

这一派与那一派均是同等的机会主义派,他们拿马克思主义当做卖淫的东西,对于马克思所讲的政策理论的价值和实际的必要,即以爱尔兰问题举例来说,他们实完全丧失了知觉的本能。一点也不能了解。

至于侵略主义局部的问题,他只有在战争关系中才特别重要,但是什么是侵略主义?这极容易证明的。那些反对侵略主义的,或是用承认民族自决权的方法,或是以和平主义为根据借以保护领土、仇视一切,甚至以强力压迫革命者,这都是在根本上与马克思主义是不能调和的,是奸诈的。

(注)古诺夫是德国社会民主党最著名的学者和批评家,他是考茨基所开办之社会民主党的杂志《新时代》的投稿者。

法波扬自一八八三——八八四年在英国成立资产阶级智识阶级的同盟会,他主张一切社会上政治的变更,应用柏拉图的和平宣传社会主义的思想以冀达到目的,此种主张为最激烈的机会主义者始终所服膺。

汪脱尔文特为第二国际的国际社会主义委员会主席,是激烈的爱国社会主义者之一,在大战时参加于比利时的内阁(资产阶级和教会的内阁)充任总长。

莱诺脱尔是法国社会主义党的右派领袖,是最激烈的爱国主义社会主义家,自柔勒死后(法国社会主义党首领)充当中央委员会机关报《人道报》的主笔,以后该报归于共产党管理。

第八　在最近的将来无产阶级具体的任务

社会主义的革命在最近的将来,可以开始,那时无产阶级当前的任务是须立刻保护政权夺取银行及实行其他种种迪克推多的办法,那时候资产阶级尤其是法波扬和考茨基式的智识阶级是必须力谋解散和窒碍革命的发展,给他们一些狭隘的德谟克拉西的目的,无产阶级攻击资产阶级政权的基础时,那些纯粹的德谟克拉西要求能够成为一种革命的障碍物,不过只有一种要求是必须提倡和实行,就是解放一切被压迫民族的要求(换句话说,民族自决权)。这种要求不但是在社会主义革命之下是唯一的必要,而在资产阶级德谟克拉西革命的胜利时亦为同样的必要,譬如在德国一八四八年革命时,或是俄国一九〇五年革命时。

但是也许尚须经过五十年,或是尚不止此,方能发生社会主义革命,那么首先必须给与群众以革命的教育,使工人政党不得有爱国社会主义派及机会主义派发生,而使他们得着胜利,如同他们在一九一四——六年间得着胜利一样,真正的社会主义家,应向群众宣传英国社会主义家之不要求殖民地和爱尔兰的独立,德国社会主义者之不要求爱耳赛司,丹麦,波兰等等民族的独立,不直接煽动群众以革命的行动来反对民族的压迫,不利用如蔡俾尔事件(参看上注)在无产阶级中作最广大的秘密的宣传使他们举行示威运动和革命的群众暴动,俄国社会主义者之不要求芬兰,波兰,乌克兰的独立自由,这一类的爱国社会主义家只是腥血浸染的帝国主义君主国和帝国主义资产阶级的仆役。

第九　俄国的和波兰的社会民主党及第二国际对于民族自决权之关系

在一九〇三年举行大会时，俄国革命的社会民主党和波兰社会民主党对于民族自决权问题发生过不同的意见。在此次大会通过了俄国社会民主党的纲要，虽然波兰社会民主党的主席团提出抗议，反对本纲要的第九条(承认民族自决权)但结果仍然是成立。自那时以后，波兰社会民主党屡次要求取消我们的纲要第九条，或是将其他语句代替之。

在俄国社会民主党是无条件的一定要承认被沙皇所压迫的民族得有自决脱离俄罗斯，这样方可达到他的德谟克拉西和社会主义的目的。因为统辖于俄国的被压迫民族占全人口百分之五十七，共计一万万人以上，这些民族大部分住在边境地方，有一部分民族较大俄罗斯民族更有文化，有一部分民族的政治制度特别野蛮，带有封建制度性质，德谟克拉西的资产阶级革命亦尚未告成。我们党在一九一二年恢复了在一九〇三年已经通过的一个议决案，重新肯定民族自决权，而根据以上所说的理由，更具体的证明他的意义。在一九一四——六年大俄罗斯爱国主义不但在资产阶级之中并且在机会主义的社会主义家之中(如路班诺维漠，普列哈诺夫，《我们的事业》杂志的主笔某等等)颇为猖獗，因此更使我们热烈的要求承认民族自决权，而判定那些否认民族自决权者在实际上就是辅助大俄罗斯民族的爱国主义和沙的主义。我们党声明绝对的不担负反对民族自决权的责任。

波兰社会民主党最近讨论民族问题中有以下的思想(见波兰社会民主党在企米野尔凡尔特会议的宣言)。

在此宣言中，诅骂德国和其他国家的政府，因为他们将波兰的区域当作互相赔款的抵押品，使波兰民族丧失了自决运命的能力。"波兰社会民主党极坚决的极严重的反对将一个国家瓜分。"他们诅骂社会民主党，使他们已经将解放被压迫民族的事业，交给于德皇。他们又主张社会民主党只有参加于将临的国际无产阶级之社会主义的争斗，方能破坏这个压迫民族的枷锁和取消各种外国势力的统治，方能保护波兰民族普遍自由发展的能力，在全世界民族同盟之中成为平等之一分子。他们的宣言，认波兰本民族的争斗是双重的骨肉的残杀。(见一九一五年九月二七日出版的国际社会主义公报第二期第十五页，有俄文译本在国际党与战争丛书——一九一五年第一期第九七页 俄国社会民主党组织委员会国外秘书处发行于瑞士次郁里黑城。)

这篇宣言，总言之，与承认民族自决权的原则可没有什么分别，不过他们在政治上的政治说法则较第二国际大部分的纲要和议决案还更不明显更不确当。当波兰社会民主党在政治生活中企图与资本主义或与将来的社会主义制度相适应时，那么更明显的证明他们不承认民族自决权是大错特错。在一八九六年伦敦国际社会主义大会上议决承认民族自决权，应根据上述原则加以下列说明：

第一：此项要求在帝国主义时代之下有特殊的必要。

第二：一切政治德谟克拉西的要求，即此项要求亦在其内，在政治上均有相对的价值与阶级性的内包。

第三：必须分析被压迫民族的和压迫民族的社会民主党应尽的责任。

第四：机会主义党和考茨基派所承认之民族自决权，按政治的意义是一个空谈的不确切的,是纯粹伪善的。

第五:那些强大民族的社会民主党(即大俄罗斯民族,英美民族,德意志法兰西,意大利,日本等等民族)若不提倡被各该民族所统辖的殖民地之自由分立,则在实际上是与爱国社会主义党完全相同。

第六:一切德谟克拉西政治的根本要求,及为推翻资产阶级政府实现社会主义革命的直接争斗,均须从事于此项要求而奋斗。若是容纳这些弱小民族的观点尤其是波兰社会民主党的观点,到国际党来,那就成为理论上底错误,马克思主义被蒲卢东主义所代替了,因为波兰社会民主党与波兰资产阶级及其诳骗人民的民族主义口号奋斗的结果,竟至无理的否认民族自决权,这些弱小民族的观点,实际上是无形的辅助了最危险的强国民族的爱国主义和机会主义。

附言:最近在一九一六年三月三日出版的 Neue Zeit(《新时代》)考茨基公开的伸展他基督门徒的手,充当最龌龊的德国爱国主义党的代表,并且说,奥君主国不必讲被压迫民族之独立自由,然而俄国的波兰却须得独立自决;这是考茨基对于德皇维廉二世和德国大军阀兴登堡充当一个小伙的好意,也就是考茨基主义之难能可贵的榜样。

这篇全文于一九一六年初登在德国杂志 Vorboto

以后一九一六年十月翻印于社会民主党杂志,签名者为俄国社会民主党中央出版部社会民主党杂志编辑处。

40.《第三国际第二次大会关于民族与殖民地问题的议案》(《马克思主义的民族革命论》,4月)

《马克思主义的民族革命论》收入列宁著《第三国际第二次大会关于民族与殖民地问题的议案》,如下:

一、资产阶级德谟克拉西,照着他的本性,对于一切平等的问题,惯抱着抽象的或形式的态度,对于民族平等的问题也是如此,在人类个性平等一标语之下,资产阶级德谟克拉西声言无产阶级者与私有财产者,被压迫者与压迫者在法律上一律平等,而暗地却以此欺骗被压迫的阶级。平等的思想本身是商品生产的关系之反映,他被资产阶级变为反对消灭阶级的工具以人类个性绝对平等做借口。平等的要求之实际的意思,是在于阶级之消灭。

二、为着符合我们根本的职任——反对资产阶级德谟克拉西,揭破他虚伪的假面具。共产党是觉悟的无产阶级为推翻资产阶级的统治而奋斗的政党,应当对于民族问题;第一,不以抽象的或形式的原则为观点,而以历史的具体的尤其是经济的情势为观点;第二,要把被压迫阶级的利益从普通全国民众的利益的观念分将出来;第三,把被压迫的民族,不独立的,无法律平等的民族,同压迫的民族分开,而与资产阶级德谟克拉西的虚伪相反,——我们要知道这一种资产阶级的虚诈本是财政资本与帝主义时代的特性,资产阶级扰乱民族平等的观念,掩饰殖民地的受压迫。

三、一九一四年至一九一八年之帝国主义战争,在各民族与全世界被压迫阶级的面前,非常地明显把资产阶级德谟克拉西的虚诈揭露出来。所谓西方德谟克拉西的凡尔赛和约,实际上,其压迫弱小民族比德皇及德国军阀在布列斯立托瓦所订之条约还更野蛮,还更卑鄙,国际联盟及一切战争后帝国主义协约国的政策,更揭露了这一种真理;促进各国的,无论是先进国家的或是殖民地的劳动群众之革命的斗争,加速破坏了市侩式的民族幻想——以为在资本主义下,民族的平等与协作是可能的。

四、从以上所解释的根本的原理,可以确定共产国际对于民族与殖民地问题的政策,——要使各国家与各民族的无产阶级,劳动群众联合起来,共同做革命的斗争,推翻地主与资产阶级。因为只有这个联合,才能保障对于资本主义的胜利;若不推翻资本主义,则一切民族的平等与阶级的消灭是不可能的。

五、现在世界政治的环境已将无产阶级专政放在议事日程上面,一切世界政治的状况都集中于这个中心点,全世界资产阶级反对苏维埃俄罗斯共和国的争斗,苏维埃俄罗斯共和国指导的,有全世界先进工人的苏维埃运动,及深信非苏维埃政权的胜利,不足以完成推翻帝国主义之殖民地被压迫民族解放的运动。

因此,在现在的时候,不可仅限于承认或宣言各民族劳动者间的接近,而必须使一切民族与殖民地解放运动同苏维埃俄罗斯结一很坚固的同盟,且照着每一个国家之无产阶级运动发展的程度或每一个落后的国家之资产阶级解放运动发展的程度,而规定这一种同盟的形式。

联邦制度是各民族劳动者完全统一之过渡的形式。联邦制度在事实上已经表示出自己的适宜,如在俄罗斯社会主义联邦苏维埃共和国对于其他苏维埃共和国的关系及对于内部民族的关系【上】。

共产国际的职任在这一方面,是要在发展的过程中,用经验来研究,审察建筑在苏维埃制度上面之初生的苏维埃联邦运动。承认联邦制度为达到完全统一之一个过渡的形式,必须趋向最密切的同盟,同时又要注意:第一,无苏维埃共和国之坚固的同盟,则被全世界帝国主义列强多围绕的苏维埃共和国家是不能保持存在的;第二,苏维埃共和国家间应有很坚固的经济同盟,否则为帝国主义国家所破坏的生产力之恢复与劳动阶级生活的改进是不能实现的;第三,建设全世界经济统一的趋向,在资本主义下已经表露出来,而惟有到了社会主义时代,此趋向才能完成。

六、在国家内部关系之范围内,共产国际之民族政策,不能仅限于形式的,毫无实际上的价值的承认——一切民族皆是平权的;只有资产阶级的民主派是这样形式上的承认,无论他们承认自己是否如此,或称自己为社会主义者,第二国际的社会主义者,总不能做到民族间的实际平权。

不但在共产党的宣传中——在议会内或议会外——要极力揭破资本主义国家破坏民族平权压迫弱小民族的黑幕,指示资产阶级德谟克拉西的宪法之无用;而且要:第一,向群众解释只有苏维埃制度能真正地给民族的平权,开始组织无产阶级,然后团结一般劳动群众与资产阶级奋斗;第二,一切共产党直接帮助殖民地民族及一切被压迫民族的革命运动。若不如此，则反对殖民地民族之受压迫，或承认一切民族皆有自治权，不过是虚话而已，这也就是第二国际政党的政策。

七、口头承认国际主义，而在宣传鼓动的时候，则暗代之以市侩的民族主义与和平主义，——这不但是第二国际政党之普遍的现象，就是从第二国际退出的或自称为共产主义的政党，也有很多是这样的行为。与小资产阶级的民族成见(这种成见在种种形式上表现出来，如人种的仇恨，民族的诬谤，反犹太主义)奋斗，且使之为重要的行动，则将一国家的无产阶级专政(不能支配世界的政治)改为国际的无产阶级专政(至少也为许多先进国家的无产阶级专政能够支配世界的政治)之职任更迫切而重大了。小资产阶级的民族主义宣布承认民族平权为国际主义，而保留着(现在且不必说这种承认是口头的)神圣不可侵犯的民族自利主义；可是无产阶级的国际主义则要求：

(A)一国家的无产阶级的奋斗要以国际无产阶级的利益为标准；

(B)无产阶级已得胜利，资产阶级已被推翻的民族，为着消灭国际的资本主义，要能有巨大的牺牲。

因此，在完全资本主义而有工人政党(的确是无产阶级先锋队)的国家中，与投机主义的市侩平和主义的虚伪(它们将国际主义的观念混乱了)实行奋斗，实为现在第一重要的职任。

八、对于封建的宗法的关系还巩固之落后的国家及民族，便特别谨记以下之数点：

(A)一切共产党应在事实上帮助这些国家之革命的解放运动，帮助的形式应以该国家的共产党之力量为转移。

压迫的国家之工人应当为积极的帮助，因为殖民地依赖压迫的国家工人处甚多，关系也较密切。

(B)应极力与反动的中世纪的神权阶级的影响(如传教会……)奋斗。

(C)特别要帮助落后的国家中之农民运动，反对一切封建制度的统治及遗迹；务使农民运动带有更革命的性质，将农民与一切被压迫群众联合起来，组织苏维埃，同时实现欧洲共产主义的无产阶级同东方的一切落后的殖民地的农民革命运动之大团结。

(D)必须与大回教主义及其他同样的派别奋斗，因为他企图联合解放运动反对欧美帝国主义借以巩固可汗地主神父的位置。

在落后的国家中，应极力免除资产阶级德谟克拉西的解放运动□□着共产主义的色彩；共产国际要帮助殖民地与落后的国家之革命运动，是欲使落后的国家之将来无产阶级政党的分子，在自己特别职任的意识上，有所团结，有所训练；这一种特别职任是在本民族中与资本主义阶级德谟克拉西运动奋斗。

共产国际在落后的国家中，应与资产阶级民主派暂时地妥协或协作，但是绝不能与他们混合，而要保存无产阶级运动之独立性，虽然这种无产阶级运动或尚在萌芽的形式。

在一切落后的国家之劳动群众中间，应极力说明，揭破帝国主义国家的虚诈——

帝国主义国家利用被压迫国家中之特权阶级；表面上建设政治独立的国家，而在实际上，在经济财政与军事方面，则全为依赖帝国主义国家的国家。协约国的帝国主义与犹太的资产阶级勾结，主张光复犹太的故土，在巴列斯坦建设犹太国家，——照表面上是很正大的，其实在巴列斯坦犹太人犹占很小的少数，若犹太国家建立了，不过是把亚拉伯人给英国剥削罢了，牺牲罢了，这实在欺瞒被压迫民族的劳动阶级之最好的一个例证。在现在国际环境之下，除了苏联而外，是没有什么救星的。

九、帝国主义列强对于弱小殖民地之时间很久的压迫，使被压迫民族中的劳动群众，不但对于他们的压迫帝国主义资产阶级怀着仇视，就是对于压迫他们的国家中之无产阶级也没有信任。自一九一四年至一九一九年，各国社会主义首领之叛变，在"保护祖国"一个口号中，极力为自己国家中的资产阶级出力，压迫弱小民族，强掠殖民地，自然要增加被压迫的民族中之劳动群众对于压迫他们的民族中之无产阶级的不信任。消灭此种不信任民族的成见，仅仅在先进国家里帝国主义与资本主义消灭后，而且在落后国家里经济起了大变动之后，才可以达到；否则，这种不信任及成见，是不会很快地消灭了。因此，一切有觉悟的共产主义的无产阶级，对于落后的民族间之民族的感□，特别要十分注意谨慎，有时为着要消灭这种不信任，应然在可能的范围让让步。若全世界无产阶级及一切落后国家中之劳动群众没有自由统一的趋向，则对于资本主义之胜利，绝不能很迅速地完成。

41.《在第二次国际大会之演说》(《马克思主义的民族革命论》，4月)

《马克思主义的民族革命论》收入列宁的《在第二次国际大会之演说》，如下：

同志们，我现在要说的仅限于很简括的导言，然后同志马林详细向大家报告我们在草案中所更改的一切。他报告了之后，做附加草案的同志罗易演说。我们的委员会完全核准了略更改的原有草案及附加草案。因此，我们对于一切重要问题的意见都能够一致。现在我且略指出几点来，使大家注意。

第一，什么是我们草案中根本的重要的思想？这是被压迫与压迫的民族间之差别。我们特别提出这个差别来——与第二国际及资产阶级的德谟克拉西相反。

在帝国主义时代规定具体的经济的事实，解决一切民族与殖民地问题，不以抽象的理论而以具体的实际现象作出发点——这对于无产阶级与共产国际非常重要。帝国主义时代之特点，在现在的时候，在于全世界分成两部分：一大部分被压迫的民族，一小部分压迫的民族——占有巨大的财富与武力。差不多全世界上四分之三的民族屈服于压迫之下，波斯土耳其及中国虽然非完全殖民地，但为帝国主义的武力所征服，遂成依赖的国家。这一种被压迫的与压迫的民族间之差别的观念，不但在从前我所署名印出的草案上面，而且在同志罗易的草案上面【也】处处标出。

同志罗易的草案是以印度及受英国压迫的各大民族立论的，所以对于我们特别有意义。

第二个重要的思想,在现在的——帝国主义战争后的世界状况之下,各民族间的关系,国际间的情势,是以少数帝国主义集团与苏维埃运动和苏维埃国家的争斗而规定的。倘若我们把这个忘却了,则我们将不能认清民族与殖民地问题,虽然我们把话说得很远很大,只有把此点认清之后,共产党才能解决一切强国与弱国之间的政治问题。

在第三层,我想特别将落后的国家中之资产阶级德谟克拉西运动提出一下。因为这个问题引起了许多争论的是:共产国际与共产党应当帮助落后的国家中之资产阶级德谟克拉西运动,在原则上是否是对的;〈在〉这种争论的结果,【是】我们一致地把"资产阶级德谟克拉西运动"改说为民族主义的革命运动,每一民族主义的运动只能是资产阶级德谟克拉西的,这是毫无可疑的事情,因为在落后的国家中之大部分的人民是农民,而农民是资产阶级资本主义的关系之代表。若以为落后的国家中之无产阶级政党,对于农民运动不抱一定的态度,不实际地帮助他,而能实行共产主义的政策——这实在是空想了。

但是,若此处我们仅说资产阶级德谟克拉西运动,则将扰乱改良的与革命的运动之分别。在近几年来,在落后的与殖民地的国家中,这一种分别非常显明,因为帝国主义的资产阶级用尽力量企图在被压迫的民族中发展改良主义的运动。在压迫国家的资产阶级之间,已经表现出亲近的现象或者在多数的情形之下,被压迫国家的资产阶级一方面虽然帮助民族运动,而同时却与帝国主义的资产阶级妥协,共同压迫革命运动与革命阶级。在我们的委员会之中,我们详细地指明,并且以为注意这种差别,而将"资产阶级德谟克拉西"的语意改为"民族主义革命的"。这个改变的意思是:我们共产主义者帮助殖民地的资产阶级的解放运动,仅仅当这种运动真正是革命的,且运动的代表者不阻碍我们组织农民和被压迫群众的时候。倘若没有这种条件,则我们共产主义者应当奋斗,反对改良主义的资产阶级及附属于资产阶级的第二国际的首领。在殖民地国家之中已经存在改良主义的政党,他们自称为社会民主党或社会主义者。在我们的草案中,这种差别表白得很详细,我以为我们的观点现在应当比从前真[正]确些。

此外,我还想将农民苏维埃提出一下。俄国共产党在过去属于俄皇下的殖民地中之工作(如在落后的土耳其斯垣[坦])在我们面前放一问题:如何在资本主义前的条件之下施行共产主义的策略;因为这些落后的国家之特点,就是在它们中还是资本主义前的关系统治一切,而绝对没有纯粹无产阶级运动的可能。在这些国家之中差不多没有工业的无产阶级。虽然如此,我们还是在这些国家之中拿了并且应当拿着指导者的地位。我们的工作指明我们,在这些国家之中,要征服许多巨大的困难;然而工作的结果也指明了我们,虽然有许多困难,还是能在群众中鼓起独立政治运动的趋向,虽然没有无产阶级。这种工作对于我们比较对于西欧的同志更难,因为俄国的无产阶级已经指挥国家的工作。很明显地,在半封建制度下的农民能够领会苏维埃组织的思想,而且实现之于事实,也很明显地,被压迫的群众不仅受商业资本的剥削,而且受诸侯，国家的剥削，自然在自己的条件之下也能适用这种工具——苏维埃组织的思想非常简单，不但能适用于无产阶级的关系，而且能适用于农民的封建的或半封建的关系上面。我们在这个范围之内的经验还不大，但是，当委员会讨论之时，参加了许多殖民地的代表，他们指示了我们：共产国际应当注意农民的苏维埃，不仅对于资本主义国家是一种工具，而且对于落后的，留存着资本主义前的关系的国家亦然，共产党及其共产党接近的分子，应当宣传农民苏维埃的思想在落后的国家殖民地的群众里。共产党应当在可能的范围内竭力建设劳动群众的苏维埃。

此地在我们面前，有很有趣味的而且重要的实际工作。现在我们关于这一方面的经验虽还不大，然而我们渐渐积聚了许多资料。先进国的无产阶级应当帮助后进国的劳动群众，——这件事情是无可争论的。落后的国家之发展能跳出现在的状况，仅仅在胜利的苏维埃国家的无产阶级与这些被压迫的群众以实际的帮助之时。

关于这个问题，我们委员会曾作很兴奋的讨论，不但关于我签名的草案，而且还关于同志罗易的草案。罗易此地将辩护自己的草案已一致地改正了几点。

我们的设问：国民经济之资本主义阶级的发展，对于战争后现在的落后的民族（正在解放的而且进步的）是否是不可免的？我们对于这个问题的回答，是不定的。倘若革命胜利的无产阶级在落后的民族中实行有系统的宣传，而苏维埃国家反用所有的力量以帮助，则资本主义阶级之发展对于落后的民族是不可免的意见当然是错误的。在一切殖民地与落后的国家之中，我们不仅要组织先锋队的中心，党的团体；不仅宣传农民苏维埃组织的思想，趋向将它适用于资本主义前的条件，而且共产国际要规定一理论的原则——落后的国家先进国无产阶级的帮助，能转入苏维埃的制度，经过一定的发展的阶段到共产主义避免资本主义发展的阶段。

对此有些什么方法是必要的，——提前指明是不可能的。[，]自有实际的经验告诉我们。但是这是规定的——最远的落后的民族中之劳动群众与苏维埃的思想很接近；而且苏维埃组织应当适应资本主义前的社会关系；在这一种方向，共产党的工作应当赶快开始。

我还想指出共产党革命工作之意义，不仅仅在自己的国家中，而且还要在压迫民族用以管辖殖民地的军队中工作。

同志克维哥，英国社会党的代表，在委员会中曾说及此。他向我们说，普通工人以为帮助殖民地的被压迫的民众反对英国的主权，是叛逆的，是卖国的。不错，彼狭义的爱国主义所鼓动的英美的工人，贵族，对于社会主义为一巨大的危险，他们是第二国际的柱石；我们在此地见出附属于资产阶级国际的首领和工人方面的叛逆，第二国际也讨论殖民地问题，在巴吉尔宣言中并说得很显明，第二国际政党口头允许要革命行动，但是实际上帮助被压迫民众反对压迫者的行动，我们却看不见。这不但第二国际的政党是如此，就是有些已退出第二国际而愿加入第三国际的政党也是如此。我们关于这一点应高声地声明，并且不能为人所否认。我们看一看，将来有不有否认这种声明的尝试？这一切所说的都伏在我们决议案的原理上，我们的决议案虽然很长，但是我相信，它是有益的，而且在民族与殖民地问题中，它能促进革命工作的组织与发展。

42.《列宁主义在民族问题中底原理》(《马克思主义的民族革命论》,4月)

《马克思主义的民族革命论》收入勃罗依陀著《列宁主义在民族问题中底原理》,如下:

第一编 马克斯—昂格思—列宁

(一)民族问题是附属问题

列宁主义是在帝国主义和无产阶级革命时代的马克思主义;再确切说:列宁主义是一般无产阶级革命的理论和策略,特别是无产阶级专政的理论和策略(此语摘录于史达林著列宁主义概论)。

列宁主义以局部而论,仅就无产阶级的民族政策看来,他是:

一、革命的马克思主义(与投机派的马克斯主义不同)。

二、普遍的是在与第二国际的机会主义争斗中,局部的是殖民地民族问题与第二国际争斗中锻炼过了的马克思主义。

三、是世界经济发展及帝国主义崩坏,无产阶级革命和无产阶级专政发扬时代的马克思主义。

四、在直接夺取政权和建设无产阶级专政过程中巩固和证实过了的马克思主义,以局部而论,是在多民族的国家之马克思主义。

第二国际之历史,就是渐次的逐层的消灭马克思和昂格思的方法学说之革命性的历史。

列宁主义之历史是对于第二国际的内包推及于外延之一个长期争斗之历史,反对第二国际对于马克斯主义以投机的解释,反对以马克斯为资产阶级所利用,反对故意曲解马克思主义而复兴马克思主义革命的方法。

(二)对于民族问题普遍的原则

列宁主义对于民族问题复兴了马克思昂格思学说之革命的实质,马克思主义的根本,是一切政治问题以无产阶级在其与资产阶级争斗中之历史的具体的阶级利益的观点去解决之。

根据以上所说,则民族问题在现时争斗历史的地位上离开了整个无产阶级的利益,是不能单独的自行解决的。

民族问题是依赖的问题,是附属于无产阶级夺取政权维持政权以达到社会主义的根本问题之下。

马克思昂格思在一八四七年发表共产党宣言说:"共产党与其他无产阶级党之所以不同,一方面只因他在各种民族中的无产阶级的争斗,是主张和坚持以普遍的全部的无产阶级利益为准则,而不是单独的某种民族无产阶级的利益;另一方面,他无论在任何期中，无产阶级与资产阶级的争斗，他必是代表全部的无产阶级的利益。"

宣言中又说："工人无祖国。"

在此种纲目可以看出马克思对于民族问题有坚决革命的概念。

共产主义者应代表和指示全体无产阶级的世界运动，这是表示抛弃所谓民族的利益，使之服从于工人运动全部的利益。

如此解决这个问题，与第二国际之所谓马克思主义者如伯坞厄尔，许泼令格尔，蒲特等相较，不啻霄壤；他们根据自己本民族工人利益的观点去解决民族问题，故落于联合本民族资产阶级之地步来代替全世界无产阶级联合的口号，为了"本民族的工人"而与资产阶级共同讲"祖国"。

马克思昂格思对于民族问题在他们各种著作中的出发点，只有一个原则，就是民族问题应该从无产阶级的利益上去观察，而所谓"民族权"是应服从于无产阶级的利益。

这样的观点去解决这个问题，我们再不能找出他们对于或种具体的民族问题有其他的解释。我们试看他们生平的工作，如对于波兰民族问题就可了然。

民族问题既然根据于无产阶级争斗的利益的观点来解决，故解决民族问题，只能以历史的具体的从某种环境之争斗的利益上在争斗发展的某种阶级之争斗力量的相互关系上去解决之。

（三）历史的具体的解决民族问题

在一八四〇年之际，马克思昂格思反对各种斯拉夫民族要求民族独立的趋向；而同时他们却主张坚决的帮助波兰独立运动。

马克思在一八七〇年之际解释爱尔兰问题，那时他要求英国的党插入一条关于爱尔兰脱离英国问题的党纲，那些所谓自称马克思主义者看这几段是为矛盾。

第二国际的投机派极容易了解这个矛盾，他们为保护小资产【阶级】的观点起见，故应用马克思在一定时期内具体的解决或种问题的来解决其他问题，而完全不相符合于其他历史的环境关系，则他们尽量掩蔽之。

他们只根据马克思的词句，消灭了他的革命的性质，故他们绝对不谈马克思在一八七〇年对于爱尔兰问题的观点。

革命的马克思主义之具体的解决这个问题，可以冲破这个所谓矛盾。在一八七〇年间在沙皇俄罗斯下的斯拉夫运动国际的警察趋于巩固——即俄国沙皇专制制度。

此种运动是有损害全部的利益，故马克思主张反对而不加以帮助。

同时马克思昂格思主张必须扶助波兰民族运动，盖此运动能使俄皇专制制度的强权衰落；如昂格思所说："德奥资产阶级与德奥政府的背后有俄皇政府为后盾，因此德国工人运动将受其麻醉，故扶助波兰民族运动，能减少此等恐怖现象。"

列宁亦对于所谓马克思之矛盾加以解释，他说："谁都知道马克思昂格思曾主张一切西欧的德谟克拉西必须积极的帮助波兰独立的要求，这观点因为发表在以前的时代（一八四〇——一八六〇年间时代）也就是德奥资产阶级革命时代，俄罗斯解放农奴时代，故我们以为他是极正确，在那时是唯一的彻底的德谟克拉西和无产阶级的观点；俄罗斯人民群众和大部分斯拉夫人民群众因尚在沉睡里尚无独立的群众的德谟克拉西运动，故波兰民族解放运动有一个伟大的首创的价值，此不仅根据俄罗斯和斯拉夫德谟克拉西的眼光，乃是根据全欧洲的德谟克拉西的眼光。"（见列宁对于民族独立权第七节）

列宁如此揭□马克思对于波兰问题的革命性质的内蕴，而反对波兰社会党的投机派，因为他们向国际提出承认波兰独立的要求而将此种要求作为国际的口号。

（四）民族问题与无产阶级革命

以革命的马克思主义去解决民族问题可使无产阶级在民族问题中的根本口号与全部无产阶级争斗的利益发生矛盾。在全部无产阶级的争斗利益与民族利益及其政策发生冲突时，那末后者应先退步。

按马克思在一八四〇年间拒绝扶助斯拉夫民族运动之决议，便很显明的看出他是如此解决这个问题。

在一八八二年昂格思给裴林虚采隐函中说："我们应当为解放西欧无产阶级努力下功夫，因此种目的是我们根本的目的，而其他目的均须符合一致。我们若是要注意巴尔干国家的运命，倘遇民族解放运动与无产阶级争斗的利益冲突，则我们即须不顾巴尔干。

爱里柴司亦为被压迫民族，若是他们因事前推动革命而惹起德法战争并因此延缓了革命的进攻；那我就可以告诉他们一句话，停止罢！你们须如欧罗巴无产阶级同样有忍耐心，待欧洲无产阶级解放以后，你们亦能得到解放，到那时我们便不许你们停留在无产阶级争斗的道路上。"

列宁曾说：德谟克拉西的独立要求，即民族独立，这不是绝对的，是现代世界社会主义运动全部德谟克【拉】西的一部分，在个别的具体的情形之下如局部的与全部发生冲突，那时则应将局部的抛弃（见列宁对于我民族独立之辩论）。

史达林在第十二次大会之结论上说："这是很显明的我们是共产主义者，我们根本的任务是巩固工人阶级的政权，然后方能解决其他问题，而其他最重要问题就是民族问题，但是这重要问题尚在第一问题之后。"

在一九二〇年我们党议决攻击波兰乃为保护无产阶级专政起见，因有来自西方的危险现象。此种决议是以革命的马克思主义之方法来解决二个口号之间的冲突，一是各民族有独立自由权之口号；一是无产阶级应保护阶级的利益而在局部的是保护无产阶级专政之号口［口号］。

（五）对于民族问题的观点

我们在第八次大会所定之党纲完全根据马克思昂格思和列宁对于民族问题的观点下以判断说，俄罗斯共产党对于民族问题站在历史的阶级的观点。这就是说：

一、我们党站在"阶级的"观点，将一切民族问题作为他对于整个的无产阶级争斗的利益底附属的服从的地位。

二、我们党站在"历史的阶级的"观点上，这就是说一切民族问题的政策须根据当时的环境来解决；须视这个历史的发展是站在什么阶段，是站在由封建制度到资产阶级的德谟克拉西的道路上,还是在由资产阶级的德谟克拉西到苏维埃无产阶级德谟克拉西的道路上。

三、我们党分民族问题为二种,一是革命的民族运动;二是反革命的民族运动。对于革命的民族运动我们当然辅助,而对于反革命的民族运动则竭力反对。

在另一方面观察,民族和民族运动是历史上的一个事实,并且对于阶级争斗有极大的作用,故无产阶级的政党不能忽略他们自己对民族问题的政策。

(六)对于民族问题的左稚病

或有人说:我反对民族,我讲大同主义;但是他不注意于具体的争斗利益,亦不顾虑到争斗在历史上是何种阶段,又不顾虑到民族运动在何种地方,这种人可以说是对于阶级争斗的实现问题,简直是敷衍了事。

对于民族问题如此之偏向,是在马克思时已经有过了的事实,列宁主义会继续着与其这种倾向奋斗,与消失在第二国际胸胚中的倾向奋斗。

在一九〇八年六月二十日马克思给昂格思函中说:"所谓法国少年的代表(不是工人)开始即声明民族主义是腐朽的观念。曾记得我的演说第一句话是说:我的朋友拉发尔盖等否认民族主义,但是他对我们发言却是用那种全场十分之九听众不懂得的'法语'。英国人听到我的话都笑起了,以后我又说:也许他不自觉地来认民族主义,而以法国民族为模范,使其他民族均被他所同化。"

马克思讥笑那些废除民族的共产主义者并同时揭破此种否认民族者有非无产阶级的性质。

他指出此种否认民族在性质上实是承认某种民族有当作模范的权力[利]而不承认其他非模范的民族享有此种权力[利]。

在列宁主义历史上,在我们党的历史上,对于此种方面的马克思主义虽然被投机派所朦[蒙]蔽而又将他恢复。

在一八九六年伦敦国际大会中的波兰社会民主党,在一九〇三年我们党第二次大会均发现过如此的偏论。

波兰社会民主党由卢森堡为领袖要求完全撤消我们党纲关于"民族自由权"之一条,我们党拒绝此种提议,以后列宁在十年以来的著作中关于这问题终是与卢森堡辩论。

列宁同志指明他们的解决问题并无具体的历史的解释,且不注重于民族问题,他们是犯着左稚病,而此种提议极能辅助大俄罗斯民族的利益(因为他自夸是一模范的民族)。列宁著作中说:无论应用什么理由来废除这个条文,实际上是向着俄罗斯民族之可耻的让步;为什么这让步是向着俄罗斯民族让步?因为我们党纲上说了,要脱离大俄罗斯为无产阶级联合的利益为无产阶级同情的利益,而要求承认各种民族有"分立权"(见列宁著民族独立自由权第九节)。

波兰社会民主党有如是左倾的偏见,就是以"民族文化的独立"去反对波兰社会革命党所提出民族的要求,及承认波兰独立的口号。

在我们党第八次大会讨论党纲时,此种非民族的主张亦复发现,如布哈林,辟塔柯夫等演说中提议以民族独立自由权的口号改为各民族劳动者方有独立自由权。

列宁同志剧烈反对此种提议,说布哈林以"未来"视为"现在";并且民族之最大部分尚是在向着资产阶级的德谟克拉西的阶段上,而此种演绎完全不根据于各种民族的内部各阶级混乱的困难现象;必须是:"每一民族得有独立自由权方能促进劳动者之独立自由。"

在此次大会通过之党纲对于民族独立自由权搜入了更明显的一句话,就是"要求承认殖民地和不平等民族有脱离宗主国而建设独立国之权",史达林在第十次和第十二次大会宣布大会通过之党纲,说是:在党和苏维埃的建设中如不估计到民族的现象,将会发生脱离共产主义而倾向于强权国,侵犯殖民地和大俄罗斯的爱国主义等等的趋势。

(七)民族问题与殖民地问题之一致

自共产党宣言发表以后,马克思昂格思不但说"人压迫人",并且"民族压迫民族"。

由此观察马克思昂格思将民族问题从一国的范围扩大为全世界的范围而使民族问题与殖民地问题联络。

革命的马克思主义在决定民族和殖民地问题并合于帝国主义一个根本问题之下时,处决了投机派在工人运动中与资本主义之帝国主义特性的关系。

此种理论第二国际谨慎地隐藏着,第二国际理论家如考茨基,巴乌爱尔,许泼林格尔等,即在帝国主义恐慌时期亦无忆及马克思学说之篇页,苟能参阅或许能帮助他们觉悟到投机派性质的根本点究竟在何处。

他们所讲的民族问题是等于每一国家的单独问题,并不以世界的范畴视之。

列宁主义在这一方面恢复了革命的马克思主义,列宁在所著帝国主义中说:"马克思昂格思数十年来时时刻刻地注视着投机派在工人运动中与英国资本主义之帝国主义特性的关系。如一八五七年十月七日昂格思给马克思函中说:英国无产阶级实际上一天一天地资产阶级化了,这是因为任何民族的资产阶级都仿佛是想要有这样的事实;即资产阶级的贵族及与无产阶级并列的资产阶级化的无产阶级。谈到这个民族(指英国),是压迫全世界的民族,他有了这样的思想,所以自然有一部分的道理在。"

昂格思又一函中(列宁将此函附印于帝国主义一书)有这样一句话:"工人和他们(指激进党说)很安静地利用英国殖民地的垄断,和全世界市场的垄断。"

(八)民族独立自由权之论点

在一八七〇年之际,马克思坚决的主张英国共产党必须在他们的党纲中插入爱尔兰要求独立之一条;即给他以独立自由权。

一八六七年十一月三十日马克思写给昂格思这样一句话:"爱尔兰人必须第一:脱离英国而独立自治;第二:农民革命。"

一八六九年十二月十日给昂格思函中说:"英国反动势力的根源在压制爱尔兰。"

第一国际的总会因同情于马克思的观点,写这样一句话:"若有人民压迫其他人民,乃为自己找锁链。"

在一八四〇年七月九日,马克思写给密叶也尔,福格脱函:"我多年研究爱尔兰问题以后,可以下如此之判断,如果要向权势阶级作一严重的攻击,即只能从爱尔兰下手(此种攻击对于全世界工人运动有存亡的关键)。"

此种对爱尔兰问题之意见,所谓投机的社会党极谨慎的蛰伏着。

列宁常在论文上采用马克思对于爱尔兰问题之函件而根据他作为解释对于独立自由权的革命马克思主义的结论(绝对不是投机派的解释。)

马克思昂格思的此种原则,均是列宁主义在帝国主义恐慌时代关于民族问题之准则和第三国际对于民族问题政策之理由之出发点。

列宁主义对于无产阶级争斗的环境,因为具备一种历史的具体的研究,并且因为他随着一定的争斗时期相当的研究马克思的论断,所以能光复马克思学说革命的精神;盖马克思学说已被人混淆为词句的学说以淆惑和适应于帝国主义的目的,使不让无产阶级参加客观的发展无产阶级革命。

我们党未尝忽略马克思对于民族问题的理论,并且极注意他的理论,列宁史达林等等的著作均是反对第二国际的理论家,反对那些假冒马克思主义者鲍威尔,许泼林格尔等等的理论。

第三国际运用理论上实际上的武器,在理论的战场上为保护党而争斗,为无产阶级夺取政权而争斗,为巩固无产阶级政权而争斗,切磋磨炼更精更锐,他的争斗之敌就是那些故意混淆马克思主义对于民族问题的左稚者。

因有与同盟党争斗与波兰社会革命争斗,与乌克兰社会民主党争斗,与高加索亚美尼民族党争斗,与俄国民主立宪党和社会革命党争斗等等,故方能将革命的无产阶级经过第二国际黑暗时代而光复之。在我们党各大会及一切会议极显明地讨论此种争斗,故列宁主义对于无产阶级局部的民族政策的理论是由于此种争斗中所创造的。(附注:同盟党是犹太工人和在俄国波兰里塔等处的犹太工人团结组织为同盟党,党纲是主张民族应有文化自治要求【,】自己有建设教育权。)

第二篇 帝国主义—列宁主义及民族问题

一、帝国主义之特色及其经济基础之矛盾

列宁主义不仅是从第二国际机会主义下革命的马克思主义之复兴。

列宁主义不仅是在某种历史的环境之下在俄罗斯革命实际应用马克思主义。

列宁主义是在历史上某种时代的马克思主义,是在帝国主义时代的马克思主义,帝国主义恐慌时代的马克思主义。

列宁主义是无产阶级运动发展时代的马克思主义,就是无产阶级受历史的使命以夺取政权为达到社会主义目的的马克思主义。

列宁主义的特质即在于此。

列宁所著的《帝国主义是资本主义最后的阶段》这个题目是表示资本主义发展到新的阶级,从此在资本主义内部深刻的一切矛盾均须向外发泄,并准备了从资本主义过渡到更高的社会主义制度的基础。

"帝国主义是垄断事业和财政资本的统治发展时期的资本主义，在这个时代资本的输出占重要的地位，而国际信托公司即开始瓜分全世界，并且全世界的领土已被帝国主义最发达的国家瓜分完了。"（见列宁著帝国主义）。

在这个定义里，已将资本主义在帝国主义时代下所有一切的主要矛盾均集中起来了。

垄断的资本主义，是发生于资本制度基础之上。

无论何处若有少数的垄断者组织信托公司和新狄嘉楷尔雅操纵了生产区域的根本地点，操纵了供给生产的原料市场，而夺取生产品的消费市场，此种制度与资本主义根本的原则发生不可思议之冲突，因此原则是自由竞争，故垄断者与尚未垄断的企业者——商人和收买原料者——发生必然的冲突。

财政资本的优势渐渐地使一切经济的和政治的机关与少数的财政资本掌握者发生凭借的关系（引列宁语）。

二、殖民地之地位

资本之输出又是帝国主义之一个矛盾。

殖民地是消费生产品和收买原料的市场，实行压迫国家的资产垄断阶级极不愿在殖民地发生资本主义的生产，而欲使殖民地永久成为消费欧洲生产品和供给原料的地位。

"以前殖民地是商品贸易，但是尚无资本主义的生产，现在帝国主义已经变更而是益以输出资本，资本主义的生产，于是便极迅速地移植与殖民地了。"（见列宁对于民族独立自由权之辩论第六节）。

这就是表明帝国主义的资产阶级因不得已而将资本输出于殖民地和建设资本主义的生产，与他在殖民地的利益如垄断消费生产品和收买原料的市场发生了根本的矛盾。

到了这一层继续地发生争夺新市场之必要，于是在世界已经瓜分情势之下难免除重行瓜分之必要，因此发生为争夺新势力范围的争斗，谋以单独强国或少数团体的垄断来统辖全世界，去征服现代的独立国，加紧旧附属国和殖民地的剥削和压迫，使民族问题的关系更趋于决裂等等。

三、帝国主义与被压迫民族之矛盾

在此种帝国主义经济矛盾之基础上复引起帝国主义第三个根本的矛盾，就是少数剥削者压迫者的国家与世界上其他被剥削被压迫国家的一种矛盾。

帝国主义之特征，据我们所看见的就是现在全世界分为大多数被压迫民族及有伟大财富和强大武力的少数压迫民族。最大多数就是十万万人以上（约十万二千五百万）是被压迫民族，若是我们以全地球人口总和为一七五〇，〇〇〇，〇〇〇人计算，则被压迫人口占全地球人口约为百分之七十，此种人民或是在直接的殖民地受制之下，或与附近殖民地相关连的国家，如波斯土耳其中国被帝国主义各强国军队所屈服并根据条约受其牵制。

资本主义国家之间发生阶级的矛盾——无产阶级对资产阶级实际上的争斗，尚须加上压迫民族对于被压迫民族间之矛盾——民族解放运动反对帝国主义的争斗。

资本之输出，就是资本主义生产品的输出，其间已包含着帝国主义一个矛盾，因帝国主义在那些落后的尚未资本主义化的国家产生了无产阶级，准备将来葬送帝国主义。

四、殖民地民族的民族解放运动

资产阶级的主要任务是要保持殖民地仍然消费欧洲生产品而供给生产的原料，因此之故农民的无产阶级化较资本主义国家更为剧烈，大多数的农民群众都丧失了生产工具，在无产阶级化的道路上，遇不着资本主义企业的恩惠，足以容纳这种从土地上解放出来的劳动力到工厂里去。

当帝国主义资本阶级输出资本于殖民地时，即在殖民地建设工厂作坊修船厂而同时产生了无产阶级，因资本的输出（帝国主义时代的天性）在殖民地便形成了组织了消灭资产阶级的埋葬者——无产阶级。

世界无产阶级革命愈发展，则帝国主义资产阶级必不免要行共同分赃的方法，在殖民地实际的和被压迫民众的上流支配者联合起来；另一方面观察，如在印度中国那种上流阶级则更趋向于帝国主义的资产阶级，以便防御本民族的无产阶级运动的发展，而对于本身的民族运动则成为一反叛者。

殖民地的资产阶级由民族解放运动的首领地位变而为帝国主义强国的反革命的同盟者。同时殖民地无产阶级的社会主义运动愈益伸张和发展，无产阶级则成为最大多数农民群众的首领以反对本国的地主和资产阶级。

资本输出之结果，造成了殖民地的强固的无产阶级，实现了殖民地无产阶级与其他落后国家农民的联合。待本国资产阶级在其与帝国主义争斗中消失民族革命精神时，无产阶级则将农民从民族德谟克拉西的资产阶级势力下解放出来并保证无产阶级在农民斗争中的领导地位。

在此种帝国主义时代形成了工人运动中的投机主义派，就是那般社会民主党依赖于工人贵族受帝国主义由殖民地所剥削来的余□而成为帝国主义在工人阶级中的堤障。

五、首创的无产阶级革命必须在俄罗斯

在这个时代产生了列宁主义，产生了第三国际及其首领列宁。

列宁主义是世界无产阶级革命时代的马克思主义必然的产生在俄罗斯。

所有帝国主义在劳动和资本之间，在资产阶级各集团的争斗间，在压迫民族与被压迫民族间底一切矛盾的焦点，都比任何国家都更紧更早地聚集到沙皇的多民族的俄罗斯了。

西欧资本主义国家资本的输出向着俄罗斯是最先和最多，而同时俄罗斯无产阶级随着滋长亦更为迅速。

俄皇专制的俄罗斯有半封建制，有半农奴制，并有广大的民众与丰富的天然物产和无组织的低廉劳动力，因此成为欧洲和美洲资本之唯一出路。

俄皇专制制度为世界帝国主义的堤障，不但是在与欧罗巴生长的革命运动的争斗中，并且是世界帝国主义的资本输入俄罗斯的保障者。

欧洲工人运动愈发展，赤色的怪物则愈成为工人阶级的肉体和血液，俄国资产阶级胆量愈小，愈愿联合地主竭力扶助一切专制压迫的政府。因此，俄国地主和"沙"不但成为本国资产阶级的同盟者，并且成为全世界帝国主义的倡言德谟克拉西与共和的资产阶级之同盟者。

六、俄罗斯无产阶级革命成功之原因

这是历史的事实，而其所以形成，是由于下列之原因。

第一：俄国的资产阶级尚不能忘尘，亦不能施行实验的方法去迷惑工人阶级的觉悟，如设立国会，公开的职工会运动，调和的社会主义和爱国的社会主义各种方法。

第二：俄国资产阶级与地主同盟并无解决土地问题。而在欧洲资产阶级革命时代是解决土地问题而将农民成为资产阶级的同盟者；在俄国则大不然，俄国革命则以农民成为无产阶级的同盟者。

第三：俄国资产阶级坚持着沙皇专制制度的民族政策，将全俄罗斯变为各民族之大监狱，故各民族的心理对于沙皇专制制度的"大俄罗斯爱国主义"者——帝国主义的走狗，引起了一个严酷的痛恨。

帝国主义之一切矛盾都集中在沙皇时代的俄罗斯，并且在"沙"的俄罗斯无产阶级反抗帝国主义者的力量比较特别优胜，盖尚有革命的农民和被压迫民族的解放运动的助力。因此种情形，故无产阶级在俄罗斯，一方面有首创的掌握政权的地位，并即能组织他的迪克推多而维持他的能力。

在俄罗斯方面，有酿成全世界无产阶级革命的可能，因俄罗斯是列宁主义的母国，——就是一般无产阶级革命的学说，特别是无产阶级专政。

在无产阶级过渡的新时代，有当前之新的任务，此新的时代和新的任务形成了列宁主义的特点；即就是列宁主义与马克思主义之区别。"马克思昂格思学说均在革命以前的时代(我们是说无产阶级革命)，那时帝国主义还没有发展，是准备无产阶级革命时代，其时无产阶级尚无直接的革命的必要，列宁为马克思昂格思之门徒而他的学说正在无产阶级革命的发展时代，当无产阶级革命在一国范围之内战胜的时代，就是破坏资产阶级的德谟克拉西而建设无产阶级德谟克拉西——苏维埃时代。这就是列宁主义之所以称为马克思主义的向前进行和发展"(见史达林著对于列宁和列宁主义)。

七、少数强权国与殖民地世界

列宁主义对于民族问题之原则是如何？

第一：无产阶级为夺取政权的直接争斗应当利用帝国主义的矛盾。帝国主义根本矛盾之一，是压迫民族与被压迫民族之矛盾，因此必须分明被压迫民族(就是附属民族不平等民族)和压迫民族(全权民族)而反抗资产阶级德谟克拉西的诓骗，因为他将财政资本的帝国主义时代在殖民地的财政压制的天性蒙蔽，要使全地球最大多数的人口被最少数的强权国所压制。(见列宁对于民族和殖民地问题纲要之稿)

在这一点是对第二国际的民族问题之根本区别，因为他的眼光只专注于欧罗巴洲民族而不顾及于伟大的殖民地世界，所见者只是欧罗巴洲民族间的冲突而已。

第二国际只是提出所谓有文化的和文明的民族问题，并不顾那般无文化的亚细亚的人民，任凭他是殖民地是资产阶级垄断政策上的鱼肉。

八、民族问题是国际的

第二：帝国主义根本的矛盾的剖析，改变了一切民族问题的解释。民族问题不能成立在单独的国家……而是成为全世界的国际的问题。

所以单独的民族问题和单独的殖民地问题决无成立之余地，二者须合而为一，因为二者均是帝国主义内部一致的产物，"小部分有文化的民族以财政资本的统治实行压迫和剥削的制度"。（见史达林著对于列宁和列宁主义）

九、帝国主义战争之性质

第三：由此观察即能判定现代帝国主义战争的性质，此战争是帝国主义为了瓜分世界，为了夺取人民实行帝国主义的压迫和剥削底争斗。

有人问列宁说：现代帝国主义战争是如何？列宁说，"现代帝国主义战争是二个帝国主义强国或是一团强国的互相战争，战争者方面不仅是为压迫异民族，而是为谁能更多的压迫异民族而战争"。（见列宁著《对于民族独立自由权之辩论》第四节）

列宁奋然揭破少数党徒倡反对侵略之口号而仍为侵略性质之实。

当旧的侵略方式仍然能保持其范围，各该资产阶级国家暂时无力量以增进新的侵略时，资产阶级的各国政府曾极欢迎过这个口号。

战争之目的是要维持在战前所夺取的民族压制制度，或是向着其他民族再行扩充。

由此【可】观察"侵略是破坏民族的独立自由，是强迫民族的意志造成国家的新界线"（同上第三节）。

十、民族解放运动之地位与社会革命的同盟

第四：民族革命解放运动是反对压迫阶级反对帝国主义之唯一的道路。这运动是帝国主义的压迫和剥削制度所铸成而回头来反对帝国主义的，如那些尚未达到资本主义之路的国家或为新进的尚无无产阶级或是工人阶级力量幼稚的国家，则此种解放运动不免成为民族的小资产阶级的形式，但他们既然是反对帝国主义，在客观上还是辅助于无产阶级的成功并使他的胜利快临。

只须有一个正确的观念，就是对于全世界分为二方面：一是压迫民族，一是被压迫民族；这样，方能明了革命解放运动和争斗之对于无产阶级革命的发展有怎么样的价值。

"要想社会革命而以为不必在欧洲或是在殖民地爆发弱小民族的暴动，可以不【发】起一部分小资本阶级爆发的革命，可以不产着无觉悟的无产阶级或半无产阶级的群众运动来反对地主教堂君主民族等等的压迫而能得到成功，则此种思想简直是拒绝社会革命的思想。谁要想一个纯粹的社会革命则他将永没有期望，他便是不懂得实际革命的口头革命家"（列宁在一九一六年所著）。

根据解放运动在无产阶级革命时代的作用，应当要求援助此种运动的进展，故无产阶级对于此种运动以同盟者看待。

殖民地和半殖民地是帝国主义经济的和政治的（局部的是军事方面）后备军。

无产阶级在其反帝国主义的斗争中应当使资产阶级失其后备军，要使他成为反帝国主义争斗中的同盟者而变为无产阶级的后备军。

各国共产党应竭力扶助一切为自己的解放而反对帝国主义的民族运动的争斗。

十一、所谓反动的民族运动

第五：无产阶级虽然要扶助反帝国主义的民族运动，但是尚须抵抗仰承帝国主义鼻息之反革命的反无产阶级专政的运动。

我们党在乌克兰扶助民族运动，但是反对临时政府——就是反对全世界帝国主义——而与"拉巴"争斗（拉巴为乌克兰之小资产阶级的民族代表大会），因"拉巴"欲以民族运动与帝国主义的利益及其将军丹尼金彼脱流拉联合起来反对苏维埃政权。

史达林对于此点说："阿富汗国王为争阿富汗的独立而争斗，虽然国王有君主观念及臣僚亦然，但是在客观上观察还是一个革命的争斗，因其实际的争斗是为使帝国主义基础衰弱的蠹蚀。所谓激烈的社会革命家和社会民主党人如克伦斯基采莱吉里，莱诺藉里西耶业藉曼，雀尔诺夫；唐，汉藉尔松，克兰思等，在帝国主义战争时代的争斗是一个反动的争斗；因争斗的结果还是要文饰和巩固帝国主义的胜利。埃及商人和智识阶级为埃及的独立而争斗，虽然这个争斗是由于资产阶级的原动，埃及民族运动的分子均是资产阶级，故均反对社会主义；但以上述原因之故，在客观上观察是为革命的争斗。反之如英国工人政府要使埃及仍然处于受制地位，虽然英国政府的出身是无产阶级，名义上称是无产阶级的党员更无论他们提倡社会主义，亦以上述原因之故而是为一个反动的争斗。"（见史达林著列宁和列宁主义第九八页）

十二、落后国农民革命运动与先进国无产阶级

第六：在落后国家尚未进于资本主义发展的道路，或是方在资本主义发展之第一阶段上而受民族压迫的一部分是农民，对于此点，第三国际第二次大会议上说："在那种落后国家必须特别的扶助农民运动，而不使他在内部中发现反动的封建制度的色彩，必须努力使农民运动站在革命的性质上，使农民和其他被压迫者统一于苏维埃制度之下，因此可以使东方殖民地及其他落后国的农民革命运动与西欧共产党的无产阶级更密切地联络。"

十月革命之教训就是无产阶级联合革命的农民以得到胜利的教训，要是以十月革命推演于全世界，那就是说无产阶级须联合一切殖民地半殖民地和落后国的革命解放运动。

十三、民族独立自由权之联合战线

第七：从各民族——压迫民族和被压迫民族——无产阶级和半无产阶级联合一体的主要任务上就产生了压迫民族和被压迫民族的共产党应尽之义务。

被压迫民族劳动者因在殖民地的受制和压迫之下，故自然的对于压迫民族及其他无产阶级发生一种不信任心，以致被压迫民族劳动者处于闭关的态度而隔离了压迫民

族的无产阶级。

主要的任务是要消除此种不信任的隔膜。

此种任务确定了列宁主义对于民族独立自由权问题的关系。

列宁主义和第二国际投机派的争斗，和与被压迫民族共产党左倾的不承认"民族"二字掩饰他对于受制民族的强权国态度的争斗，这个争斗的基础是无条件的发表一个口号"各民族在政治上有独立自治权，不但使完全脱离宗主，而且使[是]自己组织国家"，只要坚决的实行此种口号，方能将以前被资产阶级所养成的不互相信任心洗刷净尽，而得建树各民族——有文化的无文化的先进的落后的——自动的联合，故压迫民族共产党应竭力扶助他本殖民地的民族革命运动，借以促进自己的资产阶级陷于恐慌地位并使其失败。

无产阶级为抓取无产阶级革命的伟大后备军，应自动的提出一切被强权国压迫的民族得到建设独立国的要求来。

弱小民族从帝国主义下谋解放的道路只有经过无产阶级革命的胜利，只有无产阶级将世界的压迫和剥削的帝国主义战胜以后才能消灭一切民族压迫其他一切民族的现象。

只有无产阶级专政才能保证一切民族自由的存在和自由的发展，由此弱小民族的共产党应有特殊的责任。

他们的任务应当使无产阶级的广大农民群众的民族革命运动联合组织起来。【，】并同时努力打破彼此间不信任的分离，使与各民族无产阶级和半无产阶级得接近联合结为一体。

"没有彻底观察这个问题的人以为这是矛盾——压迫民族社会主义者主张民族自由独立，被压迫民族社会主义者主张民族自由结合。"（见列宁史达林著列宁和列宁主义）

十四、民族独立自由与民族相互结合

第八：共产党虽然无条件的赞成民族自由独立直到分立权的口号，可是共产党并不是站在某种具体的历史的发展阶级上根据无产阶级为社会主义而争斗的利益的观点，以便于利用民族独立自由权的问题与民族独立自由权发生关系。

列宁指示给那些认为有矛盾的人说："提倡各民族独立自由权，和组织政府依然决然的实行独立自由权，与提倡民族混合和接近，这二者之间毫无所谓矛盾而且不会有盾矛[矛盾]"。（见列宁著对于马克思之荒谬和帝国主义之经济主义）

列宁此书又写这一句："若是我们要求蒙古民族波斯民族埃及民族以及一切被压迫民族无全权民族得有独立自由权，这并不是我们要使他分立，我们是要使他们情愿悦意的结合而不是强压的结合。"

列宁又在此书对于民族独立自由权，以妇女自由离婚权作一譬喻说："例如离婚，极明显地表示着我们若不即速要求离婚完全自由，即不能称是一个德谟克拉西主义者和社会主义者，因为若无此种自由，那么妇女是为被压迫太甚，但是这极容易明了，若是我们承认妇女有脱离丈夫之自由，这并不是请一切妇女均须脱离丈夫。"

根据此种理由在一九一三年夏季共产党中央执行委员会和党员宣传讨论会决定这样一个决案："民族独立自由权问题(就是某一国家的宪法须保障民族完全自由的可能和按照德谟克拉西的方式以解决这个独立问题)绝对不容许与这个民族或其他民族独立自由的便利的问题混合为一，此种便利的问题社会民主党应根据社会的发展和无产阶级的阶级争斗为得到社会主义利益的观点〈上〉在各个特殊的环境下单独解决之。

列宁主义局部的关于民族问题，是无产阶级在反对全世界帝国主义时代的一种无产阶级的战略，以期达到无产阶级专政，在这时代要使各民族的农民成为无产阶级的同盟者。"

第三篇　俄国共产党历史中之民族问题

一、俄罗斯无产阶级革命时代之三个阶级

列宁主义是在无产阶级革命和无产阶级专政的准备和发展的过程中而成立的，他是无产阶级革命时代的马克思主义。

俄国共产党历史，第三国际历史，俄国和全世界无产阶级革命的历史，均可以说是与列宁主义相关连的历史。特别是关于民族问题这一部分。俄国无产阶级革命的历史，经过三个阶段。

第一阶段：(自一九〇三年至一九一七年三月)是与俄皇专制制度争斗的阶段。其时组织共产党订立党纲，推演策略，筹划战术，组织团体，教育群众，和准备群众，利用群众革命潮流以吸收大多数人民起作争斗，和利用革命运动的缓和，以资兴奋党人的勇气准备将来更奋发坚毅的进攻。

第二阶段：(自一九一七年三月至一九一七年十月)是资产阶级的共和国时期。其时是彻底的革命时代，是由反对全世界帝国主义的民族革命运动过渡到社会主义革命的时代。

第三阶段：自一九一七年十月起是无产阶级夺取政权，实行无产阶级专政，维持无产阶级专政，建设苏维埃国家军事的防御和创造人民的经济的时代。

本党对于民族问题的政策，与其他各种问题同一符合于俄罗斯革命之根本的三个阶段。

二、各民族无产阶级同盟与统一的党

在第一阶段本党对于民族问题之根本的主张，是须树立俄罗斯各民族工人真正团结同盟的基础。以期推翻俄皇专制制度，这是在此时代重要的任务。

无产阶级有了统一的党，无民族的隔阂，才是各民族无产阶级达到真正的革命联合之唯一的方法。

自一九〇三年订立本党党纲起，历次大会本党为着马克思革命的理论，为着民族自决权的口号，为完全取消民族不平等的待遇，要求各民族语言的平权，和取消各种特权，如标准的国语等，会发生不少的争斗。

"虽然在资本主义社会之下亦有民族的和平，但是此种社会是以压迫制度和贫民竞争为基础，故此种和平只有在完全的德谟克拉西共和国建设之下方能实行，只有在此种建设之下，废止学习国语的强制，设立'方言学校'在宪法中载明任何民族不得

有特权,任何民族不能破坏民族权利,然后才能保证各民族及其语言之完全平权。"

(一九一三年中央委员会与工人代表夏季会议之议决案)

三、国际德谟克拉西主义与民族

先进的无产阶级的政党,坚决的要求实行"国际德谟克拉西主义的原则",此种原则在资本主义制度之下亦能忆及,惟资产阶级鉴于无产阶级运动愈发展,则愈拒绝,而无产阶级则尤须维持之。

我们党同样竭力地主张民族自决权的口号。"至于被沙的君主制度所压迫之各民族的自决权——就是由分立而组织自己的国家之权,社会民主党更无条件的保障此种权利。"(见同上)

由此可以看出共产党在"民族自决权"口号之中树立了压迫民族共产党应尽责任的基础。在上所引用之议决案关于民族自决权的口号,不但是根据于德谟克拉西的要求,并且是根据于大俄罗斯民族自身的利益,因为他们若不消灭沙皇对其他民族的压迫对弱小民族运动的残杀,则无从得到自己的自由和推翻沙的主义。

马克思说:"那人民压迫其他人民,不能称为自由的人民。"

四、反对民族主义与爱国主义

我们党与民族主义和爱国主义争斗,反对"反犹太民族的蹂躏"(见一九○三年第二次大会决议),反对"对民族相互间的煽惑政策",因此种煽惑政策之结果,如不久以前在高加索发生剧烈之惨杀,亚美尼亚民族与鞑靼民族相互间的流血。(见一九○五年九月间本党会议议决案)

我们党指示出民族主义和爱国主义之阶级性,他是迷惑各民族无产阶级之阶级觉悟的工具。

我们党反对"沙的群贼对于波斯民族实行盗窃政策,以阴谋夺取其自由",诅咒"俄国自由急进党辅助沙皇的侵略政策的行为",反抗"俄国沙的主义和反对革命的国会所定制之夺取芬兰民族的权利与自由的法律"等等(见一九一二年一月全国大会议决案)。

多数党颁布以上一切议决案,其根本理由,是要各民族的无产阶级结合起来以与沙和资本阶级做争斗,并使无产阶级铲除那些强国的骄傲民族主义的狭隘及被压迫民族的顾忌心理。因此在我们党的历史上,极显明地可以看出多数党之激烈的争斗,是要使党统一,不准有各民族组织的存在,反对党的建设以联邦为原则。"社会主义者"主张民族自决权,民族平权等口号,自然有些并不是站在无产阶级统一争斗的观点上,而是根据小资产阶级的民族主义者的主张去处民族自决问题。

犹太同盟党的态度就是如此,乌克兰社会民主党及其他亦然,他们要求社会民主党得有联邦原则的组织,因此脱离了无产阶级在社会主义革命的准备时期之根本任务。

根据这个观点在第二次大会上"关于犹太同盟党加入社会民主党问题"的议决是:"若是犹太无产阶级与俄国无产阶级"根据于联邦的原则来改造党的组织关系,那就是各人种有觉悟的无产阶级联合组织的根本障碍,与一般无产阶级的利益,大有损害,特别是在俄罗斯的犹太无产阶级。"

第三次大会(一九〇五年)认定本党对于"开始反对沙皇的公开的革命争斗"得有指导之必要,要求"竭力的与各民族的社会民主党机关调和来做共同的行动,借此可以准备联合各社会民主党在全俄罗斯社会民主党的统一之下。

在党全部的历史上,为民族问题的意见发生过不少的为党的统一的争斗。(一九〇六年伦敦大会关于联合亚美尼亚的社会民主党问题,一九〇八年全俄罗斯会议,一九一二年中央委员会与工人代表会议以及其他等等。)

五、机会主义底"民族文化独立"口号之错误

同时我们党反对"民族文化独立"的口号,因为此种口号是假借"民族独立自由权"的口号,其实不但不能使无产阶级统一并反使之涣散。

"民族文化独立"口号是要求一切教育事业文化事业交诸民族自行管理,国家应将此种事业交给于民族的公民团体处理之。

因此各种民族的工人在某城某地或是在某企业机关工作,一方面因为民族的界线使他们彼此分离;另一方面在"同一文化"的利益上,又使他们与自己的资产阶级结合。

我们党的历史的第一阶段,就是剧烈的反对此种机会主义的趋向,如犹太,乌克兰,高加索的少数党所主张的。

六、左稚病的民族虚无主义之错误

另一方面我们党剧烈反对所谓"民族虚无主义"。我们党关于民族问题的政策,经列宁与卢森堡,雀塔柯夫辩论后确定了将来的争斗的路线。

那种否认民族的"虚无主义",简直[甚至]要求从我们的党纲上将民族自决权的口号取消之。

此种要求就是表示他们只承认一个"模范的"民族大俄罗斯民族享有民族独立权,实际上是大俄罗斯大君主的民族主义趋向的反映。

第一阶段是对俄皇专制制度为民族问题的争斗,那时无产阶级在民族关系之中是提倡德谟克拉西的要求,主张党的统一,使党废除由资产阶级所造成之内部的隔阂。

达到社会主义之路是须经过战胜专制制度,经过民族政策上的德谟克拉西,经过民族问题的德谟克拉西——就是经过"民族自决权";若是无产阶级不准备为德谟克拉西而争斗,即不能完成社会主义的革命(见列宁著对于马克思主义之荒谬)。

我们党提倡民族自决权的口号,反对机会主义者的荒谬主张,反对极左派以虚无主义的观念来否认民族,这都是经过民族问题的德谟克拉西达到社会主义之路底准备。

七、资产阶级政府之所谓拒绝侵略主义与民族自由分立组织独立国

第二阶级:因为阶级力量的相互关系在无产阶级争斗中发生了变化,故对于民族问题的解决亦随之而变迁。

资产阶级的共和国(即临时政府)受着无产阶级的攻击,一经开始而即瓦解,不能不找求少数党和社会革命党的帮助。

无产阶级在这时期是要直接的掌握政权,脱离帝国主义战争唯一的方法,便是将帝国主义战争变为国内战争,这就是他在这个革命阶段上的唯一战略。

大战成为解决民族问题的发源地。

我们党在当时最必要的任务,便是尽量揭破大战争中的阶级性,其目的就是要重新瓜分世界,而因此得以重新支配剥削被压迫民族的权利。

大战的真正意义是在夺取新的侵略地或是维持旧的侵略地。我们党根据俄国资产阶级政府的首相米留柯夫,四月九日公布之宣言,根据资产阶级政府四月十八日发表之照会和根据四月二十二日之附带声明,根据临时政府(即资本阶级政府)对于芬兰乌克兰等区域所实行的政策,我们党在各民族广大劳动群众之前揭破了政府此种示谕为完全不可靠,临时政府示谕放弃侵略主义之政策,不侵犯其他国家,不强迫某种民族隶属俄国的统辖等,那是绝对的不足信。

在一九一七年我们党四月会议之议决案内载有这样一句话:"我们应当分析临时政府拒绝侵略主义在言论上和实际上之两方面。"

我们党要求"取消各种秘密的强盗条约"【,】因为若是要真实的反对侵略主义,则应以革命的方法拒绝"继续前'沙'皇对中国土耳其实行压迫和掠夺的政策"并拒绝"与其他帝国主义强国共同瓜分和掠夺波斯"。

我们党同样要求无条件的拒绝"压迫和强制本国内各民族隶属于俄国底统治",不要使他们仍然禁锢于沙皇的"民族大狱"之中。

因此民族自决权的口号重新确定,就是各民族得有脱离本国组织自己的独立国底权利;并得自行决定加入任何国家的组织。

资产阶级在初起时,因他要反对封建制度,故提出一种德谟克拉西的口号——就是各民族有自己的国家。但是资产阶级到后来背叛了他的口号。无产阶级在资产阶级共和国时代(就是在资产阶级统治时代)将他所假冒的德谟克拉西口号重行提出并要求实行之,就是"俄国以内所有各民族应有自由分立和组织独立国之权"。

我们党主张无条件的实行此种德谟克拉西的要求,这是保证各民族工人得到完全的同情底唯一之路,是无产阶级夺取政权的任务的前提。

为实行这个口号的争斗,是要使各种民族的无产阶级和半无产阶级群众从各该民族的资产阶级和小资产阶级的政党(就是少数党和社会革命党)所提倡民族主义的影响中解放出来,并吸引他们与无产阶级专政的争斗者联合起来。

八、民族自由分立组织独立国与小资产阶级的国民革命运动。

同时解决了在现时革命阶段上的任务,——就是绝离小资产阶级的德谟克拉西主义。

因沙的主义的崩坏掀起了全国小资产阶级民族解放运动的波涛(如芬兰,乌克兰,土耳其坦,鞑靼等)。

坚决地实行各民族得有组织自己独立国的自由底口号,完全解决了压迫民族中之农民和小资产阶级中产阶级萎靡错杂的摇动现象,并绝离了所谓代表他们的阶级利益底小资产阶级的民族主义的社会党。

这个政策，在革命时期夺取了大俄罗斯资产阶级及其临时政府之有力的后备军。【,】并准备将民族运动转移为推动十月革命的后备军。

九、实行民族平等对于无产阶级与半无产阶级之结合。

我们革命的第三阶段，是十月革命以后的时期。这时期基本的任务，就是我们党所主张的保护无产阶级专政的战略，一方面建设苏维埃政权，组织红军和建设人民经济，一方面是将苏维埃共和国变为伸展世界革命的根据地。

这个任务关于民族问题，引起了一个新的定义。在这时期是以无产阶级专政的利益，与他的存在和发展为解决民族问题的出发点。

在这时期关于民族间相互关系的部分，一切基本政策是："各民族无产阶级和半无产阶级的相互结合来做共同的革命争斗，以推翻地主和资产阶级。"（本党第八次大会通过之俄国共产党纲）

夺取政权的无产阶级在最初时即坚决地实行各种德谟克拉西的要求——就是少数党和社会党所粉饰的，在资产阶级专政之下所不能实行者。认定各民族和民族语言得有完全平等，废止统治民族的各种特权，以前对被压迫民族和无全权民族的一切限制悉废除之。

确实的认定和实行各殖民地和不平等民族有分离本国之权。

颁布关于芬兰独立和分立权之命令，和关于乌克兰，亚美尼亚，西塞尔泊章，等独立之命令，关于前俄"民族一体自治权"之命令。

这些政策是十月革命以后的初期所实行的，其主要任务是要破除被压迫国家的劳动群众对于压迫国家的无产阶级由以前所养成的不信任。此种民族问题的解释，在十月革命以后之时期，是十月革命的根本口号的一部分，换句话说：是苏维埃政府的口号，是工农同盟的口号的一部分。因此在第十次第十二次大会议决案上继续发展"正式平权"的口号而以"实际平权"的政策补充之。

十、落后民族之实际的平等地位

十月革命以后关于民族政策，其目前的任务，就是要铲除那些被压迫民族劳动者在政治上文化上，一切落后的现象，使他们在实际上与以前有特权的民族劳动者同样站在一个平等的地位。

苏维埃的政权就是劳动者自己的政权。

落后民族劳动者应当设法使自己夺取政权，因此必须巩固各附近地带之党的组织，实际辅助全俄罗斯的落后民族在政治上经济上文化上的发展。

因有此种所谓根本任务，故我们党要求极慎重的对待被压迫民族和无全权民族，而尤其是他们劳动群众所有的国民感情和一切腐朽风俗，压迫民族无产阶级万不可以忽略视之！

十一、民族平等之根本及民族主义，地方民族主义之错误

从这根本的状态（就是要战胜这个不信任）发生了和党内部的偏向的奋斗：一方面是与大俄罗斯爱国主义的偏向奋斗，另一方面是与地方民族主义的偏向奋斗。

关于这二个偏向是由于革命以前时代各民族所处地位不同之故而产生的，并且妨

害于这根本任务的实现——使各民族无产阶级和半无产阶级接近并消灭不信任的现象。

"民族主义的偏向,其为[危]害足以阻止各民族无产阶级从各该民族资产阶级的影响之下的解放,使各民族无产阶级相互结合在统一的国际组织之中,更为困难。"

另一方面"大俄罗斯爱国主义"的偏向,其为[危]害不但是不能从各地方熟谙民族语言的人民中养成共产主义的干才,使党与民族共和国的无产阶级群众有分离的危险;主要的还是因为他养成了民族主义之更高倾向表现,党将与之严厉的奋斗。(见共产党第十二次大会议决案)

这就是民族平等口号中的根本区别:一是资产阶级的政党和第二国际所解释的,一是夺取政权的无产阶级所实行的。

十二、从自由分立到自由统一

这个政策引用了历史的必要的基础,联合各民族,而成为比较伟大和优胜的国家。

只有坚决的宣传和实行"自由分立"的口号,才有实现"自由统一"的可能。

因资本主义包围和进攻来反对苏维埃共和国,而形成了分立的苏维埃共和国之趋向于统一。

解放民族的"军事政治同盟"是革命的必要借以保护革命之胜利。

自苏维埃共和国从本民主和其他民族资产阶级之中解放出来之后,他只有统一在密切的国家同盟之中,才能保障他们的存在和战胜帝国主义的联合势力;否则一切皆不克战胜之。(见共产党第十次大会议决案)

苏维埃联邦共和国统一的任务,在帝国主义进攻时期,只有据历史上各民族不平等的状况,及其所处的各种发展的阶段,才能解决。

共和国现时之国家统一政策,应该有自己的根本战略的计划,去消灭各民族劳动者所有的不信任心使他们亲密的结合。

十三、苏维埃社会主义联邦共和国之成立

我们的党纲上确定了联邦式的统一【,】认为这是达到完全统一的过程中唯一的过渡方式。

这样解决这个问题的出发点确定了多民族的无产阶级国家的组织方式,是极久长的和极庄严的事业。

十月革命以后的新时期,就是经济建设的和平时期,更指示出联邦统一之必要的意义,因为提高国家生产力的普通任务,只有联合各民族苏维埃国家劳动者的力量才有实现的可能。

"军事政治同盟"成为经济上的同盟,据此成立了苏维埃社会主义联邦共和国。

我们的民族政策经过十月革命的经验以后,缔造了共产国际在无产阶级夺取政权时代之民族政策的基础。

十四、十月革命之世界革命的推论

工农同盟创造十月革命,推以世界革命而论,那就是为无产专政而争斗的无产阶级和为革命解放运动的被压迫民族底同盟。

苏维埃社会主义联邦共和国的同盟,将各民族的和平合作问题完全解决,并成为全世界各民族苏维埃共同联合的象征。

苏维埃社会主义联邦共和国将各民族经济统一的过程中与帝国主义的统一方法所发生之不可调和的矛盾完全解决了,并形成各民族苏维埃统一的强盛的"经济同盟。"

我们的民族政策,将帝国主义的基础压迫,不平等掠夺世界等,完全毁灭了;【,】并兴起被压迫民族的国民革命运动。

在这时期民族问题的解决,当使我们的民族政策是为着苏维埃国家的伸展;愈能防御帝国主义之可能的进攻,则愈能保证帝国主义主要的后备军(就是被压迫民族)之转移为社会主义争斗的无产阶级那一方面来。

43.《社会主义浅说》(著作(目录,编辑例言,全文))

1927年4月初,中央图书局出版唐卢峰的《社会主义浅说》,96页,定价银三角。目录如下:编辑例言;第一章 绪论;第二章 社会主义怎样发生;第三章 社会主义的定义;第四章 社会主义的大体主张;第五章 社会主义的派别;第六章 社会主义史略;第七章 中国的社会主义——民生主义。

《编辑例言》,如下:

一、本书以浅显文字,叙述社会主义的概要,足供一般初步研究社会主义者参考之用。

一、本书取材系选集社会主义近著十数种及孙中山先生民生主义演讲录而成。

一、本书内容分七章:前四章说明社会主义之发生,定义,主张。第五章说明各派社会主义的思想,目的,特质,方法,异同等。第六章说明社会主义史略。第七章说明中国的社会主义。分类叙述,极为扼要,读之可得各派社会主义的基础概念。

全文如下(有删节,编者注):

第一章 绪 论

自从瓦特用了精密的头脑,发明蒸汽机以后,便把人类的经济史割成一个新纪元;嗣后各种机械逐渐发明,而世界万国的物质生活状态,骤然为之大变,这便是所谓产业革命了。产业革命的原因,固然是很复杂的,可是机械的发明,实在是一个最重大最主要的原因,日本幸德秋水说:"吾辈欲举古今来最大的革命家,吾不得不推瓦特其人。"这实在是不错的。

吾们看罢!现在的世界,纺纱,织布,印书,制铁……以及其他一切工艺的机械;铁路,轮船……以及其他一切交通的工具;望之为魍魉,就之为山岳,没有一样不是汽械。这种汽械,驱使自由,转运灵便,只是蓬蓬然蒸汽发生的力量罢了。其法术的巧妙,能力的伟大,倘使起十八世纪中叶的填墓中人来一看,必将骇绝而却步,手足无措了。继此又有电气的发明，法术之奇，应用之巧，更是想入非非，使人惊骇呢。

此种机械发明以后，于我人的生活上发生甚么影响，这便是人类经济生活上的一个重大问题，我们至今还没解决的。机械发明以后，改变生活的情形，中山先生在民生主义的第一讲中，有一个极浅显的譬喻，他说："……在没有机器以前，一个最勤劳的人，最多不过是做两三个人的工夫，断不能做得十个人以上的工夫……平常人的生产都是相等的，没甚么大差别。至于用机器来做工的生产力，和人做工的生产力两相比较，便很不相同……我们拿眼前可以证明的事实说一说：……如果拿挑夫和运送机器来相比较，是怎么样的情形呢？像广州市黄沙的火车运送货物，一架火车头可以拖二十多架货车；一架货车，可以载几百担重的货物。一架货车能够载几百担货物，二十多架货车便能够载一万担货物，这一万担货物，用一架火车头去拉，只要一两个人管理火车头的机器，或者要几个人管理货车，一日便可以走几百里，譬如广东的粤汉铁路，由黄沙到韶关约五百里的路程，像从前专用人力去运货物，一个挑一担，一百人挑一百担；如果有一万担货物，就要有一万个工人，用工人所走的路程计算，一个人一天大概只能够走五十里，五百里路程就要走十天的时间。所以一万担货物，从前专用人工去运送就要一万工人，走十天之久。现在用火车去运送，只要八点钟，一直便由黄沙到韶关。所用的工人，最多不过是十个人，由此便知道用十个人所做的工，便可替代一万人；用八点钟便可替代十天，机器和人工比较的相差，应该是多少呢？……"罗勃涡文氏也说过："五十年前须以六十万人劳力而产生的财富，今仅以二千五百人的劳力得生产之。"机械发明以后，运输的改变如此；其他一切生产事业的改变，无不如此；有相差十倍的，有相差百倍千倍万倍的。所以机械发明以后世界的生产力〈便生力〉便生出一个大变动。

就一般的见解讲起来吾人既得机械的帮助，生产力既十百千万倍于往昔，那末多数的劳动者，一定可以大大的减少他们劳动的时间和分量了。再因为机械的帮助，增加十百千万倍的财富，加以输送机械之助，从世界的这一隅，运到世界的他一隅，可以朝发而夕至，分配贸易，便利达于极点，那末吾人的衣食，一定可以大加丰裕，洋洋乎讴歌太平了。这似乎都在我们希望范围以内，理有必至，势有固然者。可是就事实方面看却大谬不然，世界大多数的人类，依然是糟糠不饱，父母冻馁，兄弟妻子离散；贫穷失业的人，日益增加，是甚么缘故呢？

人力的需要既减少了，而劳动的时量却有增无减；财富的生产既增加了，而人类的衣食却有减无增。既受劳动的苦酷，更忧衣食的匮乏，因此种种事业，虽日益发达，而受教育哩，参政哩，娱乐哩，……一切均不得自由。于是灿烂光华的近世文明，发现了极大的矛盾。大多数的劳动者自幼至壮，迄衰老病死，终身营营然如牛马。犬[大]甚者，欲求一个劳动的职业地位而不可得，终生哭泣于穷途，辗转乎沟壑，不甘饿死的，男的流为盗，女的流为娼，人们却命之曰堕落，视之为罪恶。至于一般生活富裕，起居安适的人，却不是劳动者，反而是那些徒乎安居的游惰者。"满身绮罗者，不是养蚕人。"于此我们便发觉近世文明的两面，一面是灿烂光华，一面是黑暗罪恶。倘徉乎灿烂的天国者，是千万人中的一二人，沈沦乎黑暗的地狱者是人类的大多数，近世文明所造成的景象如此，可以说是公平吗？可以引为满意吗？

不过这并不是近世文明本身的罪过，许多发明家，发明种种机械，其目的原在增进人类的幸福，至于造成今日的景象，或者是在他们意料之外的。近世文明所以形成今日的景象，另有原因在。医生投药，必须先诊察病人的病源；那末现社会那种不可收拾的病象，从何发生的呢？我们要挽救社会厄运，不可不先探寻他的病源了。

第二章　社会主义怎样发生

第一节　多数人类为什么贫穷

病态的社会，最大的症结，在贫穷的人太多，但是现在生产的资财并不缺乏，市场的货物并不缺少，那末人类的大多数，为什么有衣食匮乏之虞呢？这一点我人不可不加注意。说来话长，简单一点讲。没有别的原因，就是世间的财富，不普遍于世界，而堆积于一部；不均分于人人，而垄断于少数人罢了。质言之就是分配不公罢了。

先举个例未[来]证明这种病象，美国是世界最富有的国家，其国富的百分之七十，为全国人口千分之十四的少数人所占有；百分之十二，为人口千分之九十二的少[多]数人所占有；只有百分之十八的国富，分配于人口千分之八百九十四之多数人。英国也是世界上一个富裕的国家，十二万五千的少数人，占有七十九亿巨额的财富；二百万的多数人，却仅有八亿的财产，其比例的相差，已极可惊了；再有总人口的四分之三，却全是无产者。财富分配不平的状态，不使人惊骇咋舌吗？英美二国如此，其他各国，贫富的悬殊，也无不如此。分配的不公平既然如此，无怪世界多数人常沈[沉]沦于饥饿的境域了。

进一层讲，世间的财富不论一粒米，一尺布，决不是降自天，涌于地，一切都是劳动者劳动的结果。既然一切财富都是劳动者劳力的结果，当然应归劳动者所有；但是他们却不能自由享有此自己劳动所产生的财富，而自由消费之，致成"满身绮罗者，不是养蚕人"的现状，这又【是】什么缘故呢？这便是因为他们没有土地和资本。没有土地资本，不能劳动；不能劳动，便不免饿死。不得已他们便不能不牺牲一切幸福，把他们的劳力，廉价卖给有资本有土地者，而从事劳动。土地和资本，为少数人所占有，多数的劳动者只有劳力，他们要使用土地资本，以从事生产，非纳其生产的大部分到资本家及地主的仓库里不行。因此他们终岁勤动，终生劳役，仅能支持其不幸的生命。现在全世界的小农及职工，便在这种情势中讨生活。尚使世界上的资本和土地不为少数人占有，得为多数人类自由供其生产之用，那末彼辈征多额的润利，收法外的地租，以及把低廉的工价，雇用劳动者的人，都无所施其技了。[，]又何致有今天的现象呢？

但是土地资本，以及一切生产机关，是全体人类生活的要件，地主和资本家，何德何能，可以垄断而占有之呢？他们果然也有勤勉节俭者，可是他们所得的，决不是仅由勤勉节俭从事于劳动生产而来的，他们或得之于祖先的遗传，或得之于投机的胜利，或得于利息的累积，或得之于侥幸，狡猾，甚至于欺作和盗取。其财富变为资本，或土地，不过一举手之劳罢了。便利用此安坐以掠夺多数劳动者劳动的结果，再把掠夺得来的财富变为资本或土地，以掠夺更多的财富，这样积累复积累，如滚雪球一般，转辗无所穷止。于是少数的富者益富，多数的贫者益贫，把同等的人类虽然分为资本家和劳动者两个阶级。资本家徜徉乎灿烂的天国，劳动者沈[沉]沦于黑暗的地狱。

吾们既然知道多数人类，所以贫穷不免冻馁，在财富分配的不公平；财富分配所以不公平，在地主和资本家的掠夺；地主资本家所以能掠夺，又在他们占有土地资本，以及其他一切生产机关。所以要根本改造现在的社会，非打倒徒手坐食的阶级，在他们的手中，把资本土地，及一切生产机关收回，公诸社会，杜绝他们掠夺的机会，使多数人类得自由，供其生产之用；劳动的结果，即为劳动者所有，而得自由消费之；那末分配不致不公，贫富不致悬殊，现社会不可收拾的不幸现象，自然可以消减了。

以上的理解，便是近世社会主义产生的根本理由了。

第二节 产业进化的历程

单就上面讲，一般人对于社会主义，一定还容易误解，难旋明了，不得不进而把产业进化的历程，作一个简略的研究。

社会主义的鼻祖马克思，以为有史以来，不问何时何地，一切社会的组织，无不以经济上生产的和交换的方法做基础，政治和文明的历史，也可从此基础，加以解释。社会物质的生产力，进化到一定的阶段的时候，于是和既成的社会状态发生冲突；这便成为社会革命的时期。革命的结果，经济基础当然摇动，所以法制上，政治上，以及其他社会全体建筑物，非一一覆灭不可。生产的和交换的方法变了，那末这个社会的组织，历史的发展，也完全不同了。我们根据这理论来一看产业进化的历程。

（一）小共产制时代　太初的人类，纵鼻横目，与现在的人无所差异的。那时候他们血族相聚，合成部落组成共产的社会。他们为全社会的需要而从事生产，自己也衣于斯，食于斯，他们没有个人，没有阶级，地主和资本家等名词，在他们的字典中是没有，他们所解释不来的，马雷干说："自有人类社会以来，以至今日，殆十万年而九万五千年实为共产制度时代。"所以吾人类在此九万五千年中实在是许多散布于地球上的血族或部落的小共产制度时代。吾人类就在这小共产制度时代，脱离蠢然的境域。

（二）奴隶制度时代　文明依加速度的方法，进步不已，人口渐渐增多。团体渐渐扩大，于是衣食的需要益加繁多，交换的方法益加复难；小共产因此渐渐倾覆，强迫其所房得的敌人，从事生产，因此生奴隶阶级，人类社会的历史，乃生一大变化。奴隶制度，在当时不仅为全社会生产事业的基础。就是埃及，叙里雅，希腊，罗马的一切文明，照耀千秋的，都是此亿万奴隶的膏血所灌溉成功的。

（三）封建时代　奴隶的膏血，天然的财富终必有涸竭的时候，罗马末年，因此影响，以致不足以供骄者淫逸之资，于是攻伐四方，扩张领土，从事掠取，因此内溃外叛，同时并起，产业全数萎靡，劳奴耕织的制度，自然破坏。奴隶制度破坏，而封建制度继起，新陈代谢，经济的生活，依次发生变化，社会的组织，也随着改变，于是劳奴解放，劳工自由，城市益发繁盛交通益发进步生产也益发增加了。

（四）自由都市时代　产业的增，愈形急速，自由都市逐渐发达，封建制度，便渐渐倾例了。自由都市的基础，是同业组合，那时的人，从事于手工业，商业渔猎的人起，一直到僧侣，画家，教员，甚至于农奴；都结成同业组合，互相扶助，分负责任，所以中此纪时还没有今之所谓资本家和地主哩。支持社会生产事业的，就是一般劳动的人。在地方为自由民，或农奴的耕作；在城市则为独立工人的手工。所有劳动生产的机关，如土地，农具，工厂，器械……〈等〉都适合于各个人单独立用，所以为他们各个人所有，而各营自由的生产。

（五）资本制度时代　上面所说那种小规模的生产机关，集中起来，扩大起来，便渐渐的变成现在的资本制度，漫漫[慢慢]的把同业组合的组织破坏。助长中世纪末叶所起的新工商业的活动，使他一天一天的繁盛，就是机械的发明，机械的发明，在经济生活上所生的影响，上面一节已经大略说过。加以新航路的发见，在海外得了很多的市场，市场渐渐宽广，生产力渐渐增加，各种产业，自然更繁盛，更大规模了。这种情形，当时工商资本其本心固未必认为革命的，他们所利导而助成之者，不过求商品的增加，资本的集中，生产机关的扩大罢了，他们要达到这种目的，不惜破坏个人的生产，保护这生产的制度，也连累被颠覆了，不知不觉之间，演成产业革命的历史。

他们但求生产的增加，资本的集中，对交换的方如何，资本的领有如何都不顾间，因此生产变为协同了，而其交换仍不免为个人的；工场的组织虽改变〈下〉，而领有之权，仍不说旧时的形式，结果归于地主和资本家个人的手中。因此发生了许多矛盾的现象，这便是现社会一切罪恶之源。

第一就是阶级的斗争。新工业兴起，瞬息之间，风驰席卷，个人的小生产机关，一起并吞了，就不得不群于集大工场从事社会的生产。但是所有的生产物，是资本家个人领有的，劳动者所得的，不过支持一日生命的凭银。并且地方小农，因为土地兼并的缘故，都到都会中，求凭银以维生活，自由独立的劳动者日益减少。因相互的关系，资本家地主的势力，无限制膨大；求凭银的劳动者，无法限制的日益加多；两者间发生不可解结的冲突。

第二就是〈的〉自由竞争。个人领有的结果，必为自由竞争，至造成经济界的无政府，在个人生产时代，生产物品，以供给自家的消费为至，有余再输到小市场中去。现在却不然了，生产物并不为充自身的消费，而专以竞争交换的利息。且从而扩大市场，求生产力的增加发达，竞争日益激烈，经济社会便陷入无政府状态中。至造成弱肉强食，悲惨无极的世界。

阶级争斗，自由竞争，行得久了，失产者和劳动者一天一天增加起来，必致有多数劳动者，无业可就。多数劳动者自身的竞争，相因而至，致凭银纸落，不得不从事长时间过度的劳动了，资本家于此益可以逞其掠夺的伎俩，因为掠夺，故资本益发增加，愈得改良其器械，从事更多的生产，转辗益得逞他们掠夺的手段。循环相因，于是资本过多生产过多，致起绝大的恐慌。不仅牺牲劳动者，并且要害及社会全体。

因为协同的社会的生产机关之发达，不能和无政府状态的自由竞争并立。[，]所以一般学者不能不否认少数资本家的存在。一方面因为矛盾的冲突，达于极点，已经表示出资本家个人领有的制度，决没有支配这种生产力的能力；又一方面，因为这等生产力无限膨大的压力，势必排除现在制度的矛盾，脱去私有资本的范围，而要求承认其社会的性质。这种大转变，实在是产业进化必然的趋势；[。]马克斯所谓社会物质的生产力，进化到一定的阶段的时候，于是和既成社会状态发生冲突，而成社会革命。现在实际已走进这个时期，不过正在进展中，还没有完全成熟罢了。资本家任你有亿万黄金，有无限势力，不能挽回这此运，而莫可如何的。

新时代到了，爱和平的重幸福的要进步的人们，起来努力罢。

第三章　社会主义的定义

由上讲来，我们可以知道，现在生产和交换的方法，是资本制度发育到极点的现象，在这种现象中，已发见了不可收拾的不幸事实，明示其不可不加以破坏和改造的了。说明这种改造的方法，和必然的趋势，以促进人类社会的幸福的，惟有此社会主义。所以社会主义对于吾人，实在是一种新时代的指示，用以代替私有资本的旧制度，表现出一种新生活的。

既然这样，那末我们对于社会主义，不可不先有一个简明的确切的概念，然后再进而研究他的内容。"社会主义"这个名词，已经流行，可是名词的理解，却还诸说纷纷，有的把他看作同无政府主义对待[峙]的东西，有的把他和无政府主义看作同一的东西。有的只看到社会主义革命的一方面，有的只看作民主主义的一派。

"社会主义"这个名词，原来是从英文Socialism翻译经来的，他的语源是拉丁语Siocus的系词Socialism。这种思想的存在，实在很早，可是切实使用这一句话，却在十九世纪的前半期，他的包含很广，从国家社会主义，到无政府主义，都包含在内。在理想上有民主的集产主义（即集产的民主主义），无政府集产主义（即集产的无政府主义），民主的共产主义（即共产的民主主义），无政府的共产主义（即共产的无政府主义）等种种分别。而在实际的运动上，更有种种的变相，种种的派别，中山先生在民生主义第一讲中说："……关于解决社会问题的学说之多，真是聚讼纷纷，所以外国的俗语说社会主义有五十七种，究竟那一种才是的确，可见普通人对于社会主义无所适从的心理了。"所以要明确概括的说出他的定义，原是不容易的。

日本的社会主义者高昌素之氏，在《社会问题总览》一书中，曾会通各家的学说，下一个最完全可信的共通定义，使世人对于社会主义获得根本的概念，他的定义如下：

"社会主义在使个人不能榨取个人的劳动，以增进社会全体自由幸福的目的，实行将生产机关归诸公有，将生活与享乐各种资料公平分配。"

第四章　社会主义的大体主张

上面这个定义，高昌素之氏自己声明，是能包括全体的，最为完全的，可以使人得到一个根本概念的。现在再把他分析一下，我们对于社会主义的大体主张，一定可以格外明白了。

　　第一物质的生产机关归诸公有　生产机关最要的是土地和资本，土地这样东西，在没有人类以前，早已存在的了，不是地主制造出来的；资本这样东西，是社会协同劳动的结果，不是资本家自己生产出来的。凡一切生产机关的存在，多是社会全体人类生活的要件，并不是为个人及少数阶级而存在的。所以地主资本家独占之权，在理论上本是不存立的。何况独占以后，便利用他来做掠夺社会全体的财富的工具，致破坏社会的幸福，阻碍社会的进步呢？所以社会应该从彼等中收回之。近世社会主义者主张土地资本，应为社会全体人民所公有，使社会全体人民得均占土地资本的利益，再进而主张废除从来经济意义的地租和利息，最重要的理由，就在这里。生产机关和一切产业的管理，既为社会所公有，那末社会全体人民，就是股东，也就是劳动者；社会与人民以适当的职业，人民酬社会以相当的劳动。他们为着社会全体的消费而从事生产，并不是为着市场交换而从事生产，所以生产愈多，那末社会需要愈满足；而且物价不虞低落，生产不忧过多；劳动失业问题，也得到美满的解决了。即使生产过多，亦只要减少劳动的时间去调剂好了，生产机关既收回公有，处于公共生产下面，没有利息，没有地租，自然没掠夺的机会，致有徒手逸居，安坐生活的人。如此既无失业的人，也没有不劳动的人，于事理为至平至公。社会主义，实在是要求此至平至公的真理实现罢了。

　　第二生活和享乐资料公平分配　公共生产的收入，当然要归社会所公共领有，不许个人独占，这是一定的。公共的收入必提出一部分，充生产机关的保持，扩张，改良等等的费用，此外就分配于社会全体，供其消费，这种分配，不但从事于生产者得到利益，就老弱和儿童，以及一切无劳动能力的人，亦得有要求的权利。所以在社会主义制度之下，吾人自生至死，不但对于疾病灾祸衰老的需用，有可靠的保障；就是教育娱乐以及其他一切的需用，也当保持，使各臻美满。因为财富既为社会所领有，各个人就是社会的一分子，理应享到一分的利益，这就是社会主义完成互相保持的要义。至于如何分配，其说不一。伯波氏主张凡所分配的物件，量和质必求其均一；圣西蒙氏主张要以技能成绩的高低做比例，而定酬报的等级。勃朗氏主张照各人的必要而给与之。近来许多社会主义者主张各人分配额，不必求质量的平等，要求价格的平等。在现在还没有一定结论哩。

　　第三增进社会全体的自由幸福　现时社会的堕落和罪恶，细考起来，都是由衣食匮乏，金钱竞争所致，因此家庭的和平，妇人的节操，士人的名誉，均蒙绝大的损害；就是一国一社会的风教道德，亦因此败坏了。我们值得注意的就是监狱中许多囚犯，其罪状在财货方面的，十居八九，便可知道现制度的根本毛病，就在金钱的竞争了。倘使社会主义的制度实现了，生产机关既收回公有，社会收入既得公平的分配，人人有相当的职业，人人有适宜的生活，灭绝金钱的怨敌，脱离了衣食竞争的野蛮境域，那末吾人一切嫉妒，利己，残酷……不良的心理，当可改变；一切罪恶，自然可以一扫而空，社会现象，必大改旧观了。不但如此，劳动既有限制，衣食又不虞匮乏，生活既然裕余，自有余力以专心于其所好的制造及著作，那末人类艺术，一定能日趋美善。再进而探讨幽奥的哲理，研究精深的科学，文化方面，自能大方光彩了，资本阶级既经消灭，不再有贸易市场的竞争，财货生产，得公平的分配，人人各安其生，战争的悲惨灾祸，一定不还[会]发生，世界和平，天下一家的理想，是不难实现的，凡此都是荦荦大者，其他也不必细说了。总之社会主义实行以后；[，]天下当没有为雇主驱使的被雇者，没有受权威压抑的学者，没有束缚于金钱的天才，没有为财货而结婚的妇人，没有因贫穷而不就学的儿童，没有斑白而还要负载于道路的老者。人类的品性因之向上，道德因之高尚，学艺因之发达，文化因之发扬，社会因之进步，和现在的社会相比，有不可同年而语者，这实在就是社会主义的维一目的。

第四消灭个人掠夺个人的劳动　现在社会百害之源，由于社会的生产机关为少数的地主和资本家私有所致，前面已说过，因为生产机关为他们所有，所以他们得以徒手游食，且利用之以掠夺多数劳动者所生产的一大部；致多数人不免匮乏和堕落。这是我人所最不能忍受的。地主没有创造土地，他们却领有土地，资本家没有生产，他们却领有生产的机关。但是真正制造财富劳动者，却丝毫没有管理这些生产机关的权利[力]，他们终日蜜蜂似的忙着，所挣扎的，不过是资本所规定的，以为按照他们工作分量，仅仅可以维持，或者还不能维持生活的工钱，过那朝不保夕的生涯。他们劳动所得结果的一大部分，都给地主资本家掠取去了。地主和资本家却穿好吃好，每天从大厦中出来，往市上买所好的东西，或到游艺场娱乐以外，再利用掠夺所得，改良一切生产机关，从事更多的生产，辗转循环，如滚雪球般，以掠夺各个人的劳动，他们利用各个人的劳动，不仅侵占了现在社会的科学，技巧和合作；把持了一切政治，法律和组织；就是人类千年来的聪明才力的遗产，都为他们盘踞了；致造成现在万恶的社会。社会主义为着要改造现在的社会，要收回生产机关，归诸公有，要公平分配社会的收入，以增进社会全体的自由幸福。所以不可不把这种掠夺阶级打倒。现在我们在理论上已知道掠夺阶级的不应存在；在事实上已知道掠夺阶级的不可存在，为着要实现理想的社会，不可不先施打倒掠夺阶级的手段。掠夺阶级打倒了，生产公有，分配公平的制度，自然可以顺利施行，而自由幸福的社会自然实现；等到新社会实现，自然不再有掠夺的阶级了。

以上是把社会主义的定义分析说明了，我们对于社会主义的主张，应该可以得到一个大体的概念，至于社会主义的派别，分别介绍在下面。

第五章　社会主义的派别

社会主义的派别很多，已如前述，可是我们就历史的考察，可以把他划分做两个时期。就是马克斯以前是一个时期，马克斯以后又是一个时期。社会主义的思想，在古代就有的，到了十八世纪末期圣西门、傅立叶〈……〉等出来，已很明白的讲社会主义了；可是在那时的社会主义，我们命他为空想的社会主义，因为那时社会主义者的见解，和社会的原动力，没有甚么接触，不过在那里幻想一个幸福世界罢。到了十九世纪的中叶，马克斯出世，他研究了许多年数，用科学的方法，建设俨然的城塞，社会主义在哲学社会学经济学诸方面，才得了科学的发展，学理方面，虽然进步；实际运动上，也开拓了新的机轴。所以马克斯的社会主义，是科学的，不是空想的，马克斯的出世，不仅在社会主义上划成一个新纪元；就是在人类生活史上，也划成一个新纪元。因此我们不明白马克斯，不能了解社会主义。

第一节　科学的社会主义

马克斯社会主义，是科学的，这是他最大的特征；他并非幻想自己所希望的理想社会，不是说"想要如此"。他是根据事实，用科学方法证明〈;〉"应当如此""必然如此"。所以马克斯社会主义，不是证明，实在是一种伟大的发见。他的思想，大概如此：

(一)唯物史观

马克斯社会主义的第一个根本原理是唯物史观。唯物史观，是建立于哲学的唯物论上面的，自不待言。他尝研究自古以来社会的经济组织为什么缘故，时时发生变化？他为了这个问题，搜集种种事实，才发见这个唯物史观。他以为社会的经济组织，决不是一二人想这样这样改造，便改造得起来的。社会的经济组织，是跟财富生产力的发达程度而定的。社会的生产力加大了，财富生产的方法，自然也跟着变化，社会的经济组织自然不能不跟着这些变动而改变了。所以在手车纺织时代，就有封建制度，在机械工业时代，就有资本制度，是一种必然的大势，在他的《经济学评论序文》中有几句话："物质生活的生产方法，是限制社会政治的精神的生活过程的条件；人类的意识不决定其存在，却是他们的社会的存在，决定了人类的意识。"这便是说：人类政治的，社会的，精神的生活，是跟着物质生活的生产方式之变化而变化的。唯物史观是一个历史进化的法则，而决定这方法中最重要的，是经济原因(就是生产)。因此马克斯以为无论怎样的社会组织都是一时的，历史的，这个组织，倘使对于社会生产力的发展有利的，那就要维持，倘使对于他有妨碍，那就非破坏不可。根据这理论来观察现在的资本制度，他以为这个资本主义的生产方法，和以此基础的社会关系，在以前对于社会生产力的发展，是很有利的，所以在这个组织之下，财富的生产非常发展。可是现在社会生产力，已发达到另一程度以上，迥非昔比了；所以这个组织，在各方面已渐渐成为束缚社会生产力发展的妨碍物了，所以现在的资本主义，一定要崩坏，社会主义的生产关系，和以社会主义为基础的社会形态，一定要发生出来的。以上就【是】马克斯唯物史观的大意。

(二)剩余价值

马克斯社会主义，除了唯物史观一个根本原理以外，还有一个根本原理，就是剩余价值论。怎样叫做剩余价值呢？马克斯以为劳动者每日卖给资本家的劳力，是一种商品；劳动者除了劳动力是自己所有的以外，别无长物了，没有可以得到衣食的方法了，所以不能不卖去这个商品。这个商品和别的商品一样，是论价卖出售的。价值的贵贱，则视劳动者自身和其家族的衣食住所要的社会的劳动分量而定。资本家为着生产，要购买原料，机械，以及运转机械的燃料，同时又要购买操纵机械所不可少的劳动者的劳动力。资本家买劳动者的劳动力，既支给代价，好像买进别的东西一样，所以他就有任意消费，任意使用的权利，这是于资本家方面极有利益的。譬如一个劳动者，工作两小时，所生产的财富，已和他一日所得工资，同其价值了。可是因为这劳动力已经卖给资本家了，资本家得任意消费，任意使用，常常要教劳动者作八小时至十小时，或超过十小时的工作。这些余多时间内的劳动，叫做剩余劳动，这种剩余劳动，必成为剩余生产物，转变而为剩余价值，剩余价值完全为资本家所得，他们并不再把什么东西给劳动者了。这就【是】资本家得到利润的方法。资本家劳动者两者间这种交换，遂成了资本主义和工银制度的基础，结果资本家永远为资本家，劳动者永远为劳动者。资本家掠夺他人的剩余价值，这种事情，不论在道德上，人道上，都是不可忍不可恕的制度，那末现在的经济组织，自然不可不即刻加以破坏了。

(三) 资本的集中和倒坏

剩余价值给掠夺阶级借了利息，利益，地租〈……〉等美名，尽行掠夺去了。这剩余价值的一部分又变为资本，这资本又生出剩余价值，后来再变为资本，这样生生不已。资本必须日渐增加，积聚在少数人的手中。同一企业者，资本愈雄厚的，生产费愈低，在自由竞争中必占胜利。小企业家必然失败。这样资本愈积聚，经营也愈集中；那末事业数日益减少，资本家的人数，势必亦不能不日益减少了；因为较小的资本家，必被迫赶入无产阶级中去了。工业方面的资本家如此，农业方面的地主，也是如此。可是这种资本制度，根据唯物史观，加以考察，知道他已到了束缚社会生产力的时期，不能使社会生产力再加发展了，因为这种关系，今日的资本主义，必定自然崩坏，社会主义的组织，一定会起而代之，这是必然的趋势。这些理论，在马克斯的名著《资本论》中说得极为透彻。

(四) 阶级斗争

马克斯以为自古以来社会的历史，尽在阶级对峙的中间进行，这与他的唯物史观，骤观之似乎自相矛盾的。但是他说这二者有不可离的关系。因为社会组织固然随生产力的变动而变动，可是社会组织，是由多数人共同建设，共同维持的。社会组织虽然是跟生产力的变动而变动，他的改造，却不能不假手于多数之人。担任这改造运动的，就历史上观察，总在当时的社会组织之下，居于最不利地位的一个阶级，在当时组织之下，居于不利地位的阶级，起而赞成改革，是在人情之中的。那居于有利地位的一阶级，起而反对，也在人情之中。因此社会组织的改造，虽然有必然的趋势，却总不免阶级的斗争。一个社会团体，由独占生产手段之故，至掠夺他种社会团体的剩余价值，是阶级对峙，实发生于社会的根本原因。两者之间，惹起了利害的冲突，所以社会便变成阶级争斗的社会。把这种阶级的区别，全行铲除，就是今日社会改造的目的。过去的历史，可从这个阶级斗争的见地去观察研究，凡是一种革命的发生，在未发生以前的长期历史，可视为酝酿革命，及一个阶级渐次发达，预备自觉的时期，所以社会历史的进行，才可以用科学的方法去观察他。这又是马克斯的重要主张。

马克斯的学说，支配了劳工运动的精神，支配了人类思想感情和一切人生观。他把[以]唯物史观做基础，用科学的方法，说明代表旧经济的资本阶级，和代表新经济的劳动阶级之间，阶级斗争，是决不能避免的。新经济力强大，劳动阶级的势力也强大起来，劳动阶级终究要得到最后的实际的胜利，说到这里，那末马克斯又成了一个劳工运动的指导人了。

第二节　修正派社会主义

近代思想界的倾向，在哲学方面讲，是由实证主义转化到新理想主义的。这与社会主义的流派很有关系的。在十九世纪的后半期，马克斯主义是风行于社会主义的思想界的。可是到了二十世纪的初期，哲学方面，新思想主义渐渐代替唯物主义的位置，因为这种转变，一般社会主义者，对于马克斯的唯物史观，或主张修正，或主张否认，于是马克斯主义成了研究和批评的目标。有些人以为唯物史观是一种宿命论，所以历史的必然性没有成熟的地方，无论何种理想力，不能表现，不免有消极的弊病；遂用新理想主义来做社会运动思想的内容。此时新康德派运动风靡欧洲，所以社会主义随时和康德接近的运动占起势力来了。柏伦斯泰因一派，公然反对马克斯的唯物史观和阶级争斗说，而采进化主义和渐进主义；这是马克斯主义改造说中采稳[温]和手段的，叫修正派。再有一派批评现时资本主义的组织，承认阶级争斗，但却否定议会主义，主张经济的直接运动；这是马克斯主义革命的改造派；就是工团主义。所以马克斯主义就分为左右中三派，中央是纯正马克斯主义，左派是工团主义，右派是修正派。现在先说修正派。

(一)修正派的根本思想

马克斯的社会主义是纯科学的，他以为资本主义的倒坏，社会主义的新社会组织起而代之，和豆荚裂开，里面的豆子落下来，一样的自然的程序。但是事实上，社会并没有向他的目标前进。并且社会主义化，既然是自然的现象，和必然的社会进化，那就应该没有阶级争斗的必要了，但是他却主张阶级争斗，这未免有些矛盾，所谓修正派的主义，就在这些矛盾地方，加以改造，柏伦斯泰因以为马克斯主张社会的进化，和人类的历史的发展，是以物质的要素为原因，可是此外还有精神的要素存在，就是法律，道德，历史和宗教的传统，地理的势力，和别的自然的事情，在[实]在有重大的关系。简单的说，修正派是高唱社会进化上的精神要素，是和唯物史观的社会进化，偏重物质要素的倾向相对立的。这种思想的发生，最大的影响，就是新理想主义的风行。因此影响，就使马克斯的革命主义的面目一变，变而为稳[温]和主义，进化主义了。这种社会主义的理想化，就是修正派的特色。

(二)修正派的主张

修正派因为受了新理想主义的重大影响，所以他们指摘唯物史观，否认阶级争斗，他们以为社会主义的新组织，决不是和马克斯所说的一样，是由劳动阶级革命而实现的，乃是有产业的经营，和管理，由国家的干涉，才能实现的。近世民主主义逐渐发达，进步的国家里面，渐见资本家和所有阶级的特权，移向民主主义的组织，如工场法,地方政治的民众化,劳动组合的解放,劳动标准的公定,都是实例,所以近代国民的政治组织,愈民主主义化,那末政治上大灾厄的机会,就愈减少,因此主张由国家的干涉,可以改良社会组织,使社会主义的新社会实现出来。这就是和纯正马克斯派不同的最根本的一点。

(三) 修正派的具体方法

以上都是理论,不过就这一些简单说明,可以明白修正派的大概了。至于他们所倡的具体方法,虽同一派中,也有许多不同,可是大概说起来,约有下述诸事:

一 发达生产组合,尤以消费组合为重。

二 务必多作成市有及国有的产业。

三 须多组劳动组合——不但当做团体交涉的机关,并且要当做政治的机关。

四 选举权必须扩张到一切劳动者。

五 对于大所得的累进税,要特别注意。

对于修正派有重大贡献的人很多,如马伦,柏伦斯泰因,伦兀,柯伦等;都是这一派的重要人物。他们的见解,虽然稍微有些分别,可是大同而小异的。

第三节 工 团 主 义

上面说过的,修正派是马克斯的右派,工团主义是马克斯的左派,单就这两句话,已可显他的特点了。

(一) 工团主义是什么

工团主义是此刻正在发育中的一样东西,要下个正确的定义,是很困难的,Syudicalism 这个名词,若据他的本来语义说,是各种集合团体的主义政策的意思。是当做劳动组合的意思用的,可是和英国的职工组合主义很不同的。就大体上说来,实为劳动联合主义的一种;其目的在推翻掠夺劳动者利益的资本主义制度,而造成全无政府支配和阶级掠夺的新社会组织;其手段和社会主义相同,主张阶级争斗,其实行方法,不藉议会法律的助力,纯由直接行动;其组织不问甚么职业,只要是劳动者都可以加入的一种团体。

工团主义,就他不取议会政策,而主张直接行动说,很像无政府主义,但是他却承认组织是十分必要,又不相同;就他批评现时资本主义组织,承认阶级争斗,这与马克斯主义是一致的,可是他不用社会全体生活做基础,单以劳动者利益为中心,高唱劳动者霸权主义,这观念又和马克斯不同。所以工团主义实位于马克斯主义和无政府主义之间,可说他是一种混合物;社会主义的部分也有,无政府主义的部分也有。就是在哲学上则采取阶级斗争论,在目的上则采取无政府主义的"直接行动",以造成劳动者联合主义的武器。

(二) 工团主义的特质

工团主义的特质,关于实行,不借国家和法律的力量,要用一种"直接行动";所以他的理想,在新社会组织下面,要废除政治的国家,其唯一的政治形式,就是由劳动阶级实行产业管理政治,所以实际的色彩,不要求把职业结合,而以阶级结合为主。工团主义以阶级争斗为基础,其纲领如下:

一、现存的资本主义不可不扑灭,政治国家的组织不可不推翻。

二、这种大事业只有劳动者自身的奋斗可以成功。

三、但这成功决非由着政治的行动——立法的手段——间接可以得到的,只是由劳动者直接行动的结果——经济战争的直接结果——才可得到。

四、社会不可不由劳动者改造,经济的阶级掠夺和阶级支配,不可不绝对废除。

五、在新社会中,劳动者的结合团体,应该管理整顿一切产业;并且应该处理一般社会的利益;其他任何形式的政治,概不当施行。

(三)工团主义的组织

工团主义主张产业政治,可是按照现在的状况说起来,那种产业政治,要如何方能实现?这种具体方案,好像没有一致的意见。至于实行的组织上,有很可注意的事情,就是联合员都是生产劳动者。工团的机关:

第一是劳动介绍,失业防止,及互助救济的设备。

第二是劳动者及其子弟一般教育的设备。

第三是劳工运动宣传的设备。

照他们的理想,就是把一切政治特权,经济制度,企业与行政的等权威,完全废除。只尊重个人的独立,照自由意志造出经济的联合组织。这就是工团主义唯一的理想目的。

(四)工团主义的手段

这种理想目的,要用何种手段去实现他呢?上面已经说过,其唯一的手段就是直接行动。可是直接行动的内容和方法又怎样呢?工团主义的直接行动,和无政府主义者所讲那种"行为的宣传"之恐怖主义,有些不同,是有广义的内容的,其大要如下:

一、总同盟罢工,这是最显明而且彻底的。

二、怠业运动,近来也很流行。

三、排货运动和记号法,这是为劳动者要表示消费的实力而采用的。不过怠业运动,和排货运动等手段,是工团主义者实际行运动上卑怯而怠惰的方法,在[对]工团主义的前途不免有些不良的影响的。

(五)工团主义的现状与将来

就现在讲,工团主义在拉丁系各国中最为繁荣,法兰西、意大利是他的大本营,大概因为工团主义采用上述的理论和手段,所以在小劳动团体占大多数的地方,容易得势。在英国则变为大规模的职工联合,事实上已和工团主义的根本精神不同,在美国则有IWW。这与西欧的工团主义的现状,也稍有不同。此外在西班牙瑞典丹麦等国,也多少有点势力。至于将来的如何,那末工团主义,此刻正在发育中,自不易断言,不过大战以后,劳动者不安的现象,越发易使劳动者和工团主义接近,那末将来的趋势,亦不难推想了。

总括起来,工团主义就理论方面讲,位在马克斯修正派之左;就实行方面讲,是模仿无政府主义的。所以工团主义,却却介居于纯正马克斯派和无政府共产派的中央。其将来如何,因为他正在发育中,不易断言,可是他最可注意的地方,就是对于劳工运动的实行力。梭勒尔说:"倘使把工团主义当做一种神秘,——并不是空想——点起劳动者的心火,那末实行力就会爆发起来,立刻变成一种大势力,也未可知。"

第四节　无政府主义

无政府主义有两种:一是个人的无政府主义(哲学的无政府主义),一是社会的无政府主义(科学的无政府主义)。个人的无政府主义的特质,在主张个人的绝对主权和自由,惟有完成个人,方能实行无政府主义。始终以自我为主,重在内部生活的改造,发展心意性格。可是他们虽然这样说,却不能适用到实际的运动上。所以个人的无政府主义,决不是社会主义。在社会主义各派别中,并没有个人的无政府主义的位置。在这里要说明的,是社会的无政府主义,并不是个人的无政府主义。

(一)无政府主义的根本主张

无政府主义的根本主张,是在废除社会上一切威权,——尤其是政府——而建设放任个人自由行动的新社会,照他们说起来,不废除政府,便没有真自由;有权支配自己的,只有自己的理性和感情。废除了国家,政府,法律,宗教等东西,使各人依自己的理想和感情自由行动时,真自由真平等的理想社会,便自然实现。

其特质重在改革经济组织,把境遇和事情从[重]新更换,以期实现他们的主义。这种要打破社会经济组织,希望均贫富,消灭阶级特权,和财产制度的观念,实与社会主义相同;不过排斥一切中央政府的干涉,并且要废除政府诸点,是和社会主义相异的。

(二)无政府主义的代表者

社会的无政府主义者,可以蒲鲁东,巴枯宁,克罗泡特金三人做代表;可是三人的思想,也有分别,蒲鲁东主张集产主义,巴枯宁主张破坏主义,克罗泡特金主张共产主义。但是在主张改革社会经济组织,实行无政府主义这一点,他们是共通的。现在不能详细地把他们分别说明,下面只是叙述一个大概。

蒲鲁东说:"现在的社会上,劳动者所以被资本家横夺其所得的大部分,是由于劳动契约并非真真自由的缘故。这样的结果,资本家坐得鲜衣美食。[,]劳动者反而挨饿;各种犯罪行为自然层出不穷了。要矫正这种状态,只有完全废除上下尊卑之别,——尤其是官民之别——建造各人可任意活动,自由生活的社会。"一八六八年万国社会民主同盟在瑞士成立,巴氏曾经说明这同盟的大要,他说:"我们这同盟,宣告主张无神论,希望废除一切宗教,信仰要依据科学,神的正义,当被人的正义所扑灭。我们主张废止政治的、宗教的、法律的、以及掠夺结婚的各种制度。我们这同盟对于一切事物,始终主张把阶级废除,只要是人,无论男女,都要得政治的社会的经济的平等,没有财产继承权,人人对于自己劳动的结果,受同等的分配。土地资本和一切劳动器具,一律归社会公有,委诸劳动者和农工业各团体使用。克罗泡特金是共产的无政府主义者。他反对巴氏的集产主义,但是他的社会观,和巴氏是很接近的。他用了丰富的证明,说明人间只有'互助';他以社会不是一人或数人能造成的,乃是全体人类建设而成的产物,全体人类的事业,是自然长成的;所以无论何人,不可不生产，不可不消费，不可不平等。他的社会观主张'互助'是历史的精神，进化的倾向；而个人的自由，又是进化的倾向，是人类生活的要求。他的理想是'无命令，无服从，无制裁，是绝对自由联合的社会'。"

(三)无政府主义与马克斯主义的异同

再把无政府主义和马克斯主义比较，那末对于无政府主义的概念，一定格外可以明白一些。马克斯主义为要得到自由，很想利用国家，想由民主的国家，行产业联合主义，为谋这主义的实现起见，所以要维持法律和政府。至于无政府主义，以为要得到自由，却要把国家废除，所以轻蔑国家，破坏法律，一切政府行为的种种阴谋，都要摧毁。这是两派根本不同的地方。但就广义说起来，两派的目的，相差本不甚远，只是实行的手段方法，各走极端罢了。

第五节　基尔特社会主义

基尔特(Guile)一语，是由中世纪同业公会发生的。最初创基尔特社会主义的人，是霍令奇和邠第，在一九〇六年《新时代》杂志，他们两人发表论文，提出这种主张，便惹起了许多议论。到了现在，虽然为时不久，在英国的劳动阶级，却成了最有力的新产业组织的哲学了。最近英国言论界的勇将如柯尔，霍卜生及大哲学家罗素，都是这一派的急先锋，运动非常活跃。

(一)基尔特社会主义的目的

基尔特社会主义的目的，在以生产者的同业公会，作为经济组织基础的一种社会制度。就是在一种产业里，把从事于这种产业的一切劳动者，——不论是肉体的和精神的劳动者，高级的或低级的劳动者，——一起联合起来，组织包括全国的基尔特，一切产业，由各部属的基尔特，用民主方法管理；实行这种主义来撤废现行的劳银制度，这便是基尔特社会主义的唯一目的。

(二)基尔特社会主义的要件

基尔特社会主义最重大要件，一面在使生产者自己管理生产，以实现这种产业的民主主义；一面在使社会全体(就是其他一切基尔特)和各个基尔特，共同担任产业的管理，以免生产者的利益，为消费者利益所牺牲的一切危险。简单说起来，就是主张基尔特和国家共同经营产业，生产机关，归社会公有，但由基尔特管理，只是生产者没有绝对的管理权。消费者也可经地方团体，或中央团体，发表自己的要求。他们所主张的基尔特，正确的说起来，是一个总括某生产事业全部肉体劳动者和精神劳动者的大公会，依生产业的种类性质，可分为各种小公会，可是这种小公会，不过是大公会的一部分。

(三)基尔特社会主义的要务

基尔特第一要务，在互相生产，改造产业组织，要求完全撤废劳银制度。基尔特一面代替资本阶级，一面代替国家，对于各种基尔特分子(即是会员)物质上的生活，负完全责任，会员有一切平等和生活保证的权利。某种产业的劳动条件，应如何决定，一律委任那些最明白利益的人去办理。再有基尔特主张继承现在资本家和企业家的产业支配权，施行更有效的生产法，为经济的分配。所以各基尔特之间，要保持密切的关系；而且直接供给生产物于自己公会（就是基尔特）的公会，和分配自己公会生产物的公会，两者之间，尤须有密切的联络。在公会和公会之间，没有商品交换的事情，肉体和精神劳动者打成一片，所以新机械的发明，生产程序的改良方法，一切生产技术的进步和发明，都供全体社会的利用，决没有供特殊资本家利用的事，也决没有和劳动者竞争的事情。

（四）基尔特社会主义的原则

基尔特社会主义的原则，是要求产业民主主义，要由基尔特（即公会）自己管理生产事务，自己任命总支配人，以及使用人，自己与各种基尔特折冲；又用包括一切事务的单位，和国家折冲。所以基尔特社会主义，不反对国家，却反对国家社会主义（就是集成主义），因为他们是①易陷于官僚的，②是国家资本主义的，③是消费者本位的，③要求国家所有权的；所以和民主主义相反。基尔特社会主义，主张要把产业统治权给生产者，然后民众的产业民主主义，方能存在。这一点他与国家社会主义不同，而与工团主义相近，但是工团主义，不承认国家有干涉权；基尔特社会主义，要与国家行共同管理，这是不相同的地方。基尔特社会主义所认定的国家，是尊奉民主主义的国家；而且所谓共同管理，不是承认基尔特以外的团体，干涉内部的事情，他们把国家看做代表公共利益的机关，当然和他协同办理，并且如办理艺术，教育，和国际关系等事情，都要有异种的才能和机关，所以不由生产团体的基尔特直接干与[预]，只留意把适当的才能，用在适当的地方。

（五）基尔特社会主义的利益

最后再把基尔特社会主义的利益说一说：照基尔特的组织，那末各基尔特的分子（就是会员），绝对没有失业的危险。各分子如果忠实地尽自己所分担的任务，当然个个都有受基尔特保证生活的权利，所以各分子的生活，即使一般生产技术，照现状继续下去，现在的劳银额，自然可以获得。就是在资本制度之下所损失的一部分，与资本家所掠夺的利息，地租，润利那种剩余价值，及因改良产业而节省的部分，一概都可以得到。而且基尔特社会主义，对于各分子加以保证，所以今日由国家经营的养老费，各种保险，疾病津贴，以及其他种种设施，将来都由基尔特〈中〉自己办理，而得切实的利益。基尔特社会主义，对产业组织方面技术上的等级，不主张废止；不过要用他来专谋全体社会的利益，与今日用来专谋股东利益的情形不同。管理人和支配人均由各分子选举出来，关于事务的分配，则注意经验和计算。此外各种组织，非常复杂，在这本小册子中不能说了。

总之基尔特社会主义，就是要想折衷集产主义，和工团主义，另造一种特别的东西。所以其主义思想，虽与集产主义工团主义相似，却有差别的地方，我们明白这一点，那末基尔特社会主义的本质，就不难理解了。

第六节　布尔札维主义

布尔札维主义，就是俄国列宁一派人所崇奉的主义，其特色在主张无产阶级的专政，并以此为实现社会主义的唯一手段。现在述其大概如下：

(一)布尔札维主义的发源

Bolshevism一语,日本人为赤色害怕的缘故,故意把他译为过激主义,以便激起人家的反对,其实本来的语意,是不如此的。当一八七六年时,俄国有个秘密团体,叫做"土地和自由",这团体后来分为两派,一派主张阴谋与虐杀,以实现政治革命,这叫社会革命党;一派信仰马克斯主义叫做社会民主党。布尔札维的前身,就是社会民主党,在一八九八年正式成立,这是个标榜马克斯主义的政党。到了一九〇三年在瑞士开第二次大会,党员意不合,分做两派,列宁的一派,主张无产阶级专政,绝对不和有产阶级提携。卜勒哈诺夫的一派,主张在有产阶级国家的政治之下,还要从事政治活动,参与议会政治,和有产阶级提携。党员赞成列宁一派的占多数,便分裂出来,称布尔札维(Bolshevism)。这就是俄语"多数派"的意思,所以布尔札维亦称"多数派",并没有什么过激的意思在里面,日本人译为过激派,完全是中场的作用。

(二)布尔札维的目的

布尔札维的目的,在谋集产主义的实现;列宁曾表明布尔札维的目的,在于社会主义的实现;脱落茨基也极力鼓吹马克斯主义(集产主义),他说集产主义为社会民主党得到政权后的准则,又为未得政权前的标准。

(三)布尔札维的手段

布尔札维派实现社会主义的唯一手段,是无产阶级的独裁政治。他们所以要采这种手段,有两种根据:

一、就阶级争斗上说,有独裁政治的必要。列宁曾经说过:"我们倘使不是无政府主义者,那末我们当这由资本主义,移到社会主义的过渡时期,不得不承认国家强制的必要。"又说:"在有产阶级的独裁政治和无产阶级的独裁政治中间,不能有第三者的立脚地位。"脱落茨基也以为劳动阶级所以要求独裁政治,因为这是社会主义的现行条件的缘故。所以想不用甚么强制和独裁政治,要把资本主义变为社会主义,在列宁等看起来,不过是做梦。

二、就生产技术上说,有独裁政治的必要。据列宁说:"一切大规模的机械工业是社会主义生产力的根源。在这种大工业,指导劳动者的意志,须绝对的严格的结合为一;靠这意志的一致,能够指导几千百万的人民,共同劳作。这种必要,从技术上,经济上,历史上的见地看起来,是当然的;凡是服膺社会主义的人,都承认这个是必要条件。"他又说:"这个指导,若是参加共同劳作的人,有了理想的自觉和训练的时候,那就大概像音乐队的队长,很温和的指导。若是没有理想的训练和自觉时,这个指导,恐怕就成为严厉的独裁政治。

以上就是布尔札维所以要采用独裁政治手段的根本理由。

(四)布尔札维思想的特征

布尔札维思想的特征有五:一是确立劳动阶级专政,二是政治的直接行运,三是彻底行中央集权制,四是国际主义,五是共产主义。

一、确立劳动阶级专政。多数派根本的主张,而且有鲜明色彩的,在要求劳动阶级的独裁政治。布哈林说："由第四阶级的独裁主义,进到共产主义,是我们的呼声。独裁就是铁权,是对于敌人不得不使用的权力。劳动阶级的专政,是一种劳动国家的权力,抑压第三阶级和地主。"由此〈知〉我们可知布尔札维现在所以要主张阶级的独裁政治,不是目的,是一种手段,一种达到共产主义的手段。

二、政治的直接行动。布尔札维所以要采直接行动,也是这个理由,不过他们所采的直接行动,是政治的直接行动,不是经济的直接行动。

三、彻底行中央集权制。布尔札维所以要采用集权制度的原因,实在也在上面所说的几点。他们嫌恶资本主义,严禁土地私有,要把一切所有权,无条件的移归国家,使各种产业社会化;所以在政治方面,必须采用中央集权。许多人把布尔札维看作无政府主义,或是非国家主义,这是一种谬误。

四、国际主义。资本主义既是侵略的,那末对于资本主义国际的势力,无论何种社会,必须求国际对抗方法,那是当然的。资本家在各国是蔑视国境的,他们常常超越了国境,营国际的生活,如银行团,信用联合等是。他们利用这种国际行动,益发驱使劳动阶级如牛马一般了。在这种世界中,非建立社会主义制度,极力支持国际的方针,而和资本阶级国际的行动挑战不可。

五、共产主义。共产主义是布尔札维的目的,前面已说过了。再有布尔札维这名称,在一九一八年经列宁等改为共产党,这是一个显见的明证。所以布尔札维,比诸他种社会主义,有共产的色调。

由上述五个特色看起来,可以明白布尔札维的大概了。

(五)布尔札维与民主主义

布尔札维以为一切民主主义,都是相对的。资本主义的国家,虽然挂起民主主义的金字招牌,但他的内容,不过是有产阶级的民主主义,并不是普遍的民主主义,就是对于有产阶级是民主主义,对于无产阶级是独裁政治。至于现在苏维埃的国家,也不免有了两重的性质,就是对生产阶级,是民主主义;而对于有产阶级,是绝对严格,毫无假借的独裁政治。那末两者之间,有甚么不同的地方呢?布尔札维以为其不同的地方就在靠着后者,才能达到真真的普遍的民主主义。资本主义,是戴了假面具,主张一切阶级的民主政治,但事实上只是一个阶级的政府。至于无产阶级的革命,是老老实【实】〈在〉的组织无产阶级的政府。把这一个阶级的政府做起点,以达到一切阶级的民主主义。

(六)布尔札维与马克斯主义

布尔札维的一派,常以马克斯主义者自任,但是他们采用无产阶级的独裁政治这种手段,是许多马克斯主义者所反对的。不过马克斯曾经说过:"……劳动者革命的第一步,在使无产阶级得到支配阶级的地位,无产阶级陆续从有产阶级的手里,把他们的资本夺回来,把一切生产机关集中于国家之手中,就是集中于成了支配阶级的,已经组织好的,无产阶级的手中,无产阶级从此可以行使他们的政治大权,把全生产力,尽量赶快的扩张出去。"布尔札维根据上面的话,自己以为【是】马克斯主义的忠实的嫡派儿子。但是劳动阶级独裁政治的一层意思,恩格尔晚年已经否认过,而且马克斯主义最重要的一点，在根据他的唯物史观，证明社会主义的必然性，并不重在劳动阶级的独裁政治。所以有人以为布尔札维实在和马克斯主义相差很远的。这两种说法，谁是谁非，现在不能断定，不过我们把布尔札维当作马克斯主义一个重要派别，是不会错的。

(七) 布尔札维的政治

布尔札维以改造社会做他们的基础。第一要事，在组织劳动阶级的国家，所以他们的政治，我们已应知道一个大概。劳动阶级的国家唯一的精神，是确定劳动阶级独裁政治。其政策中有根本政策和应急政策，根本政策最要在使绅士阶级不得干预政治和经济的事情。倘使在改造的时期中，有收纳绅士阶级作生产者的必要，他们也可以劳动者的资格，参与政治。应急的政策，有时用资本主义的方法，有时用社会主义的方法，随机应变，以不失社会主义的特色为归着点。布尔札维承旧俄帝政及克伦斯基时代混乱之后，又受联合军的压迫，及德国的侵略。四面八方讲求种种应急政策，从事应付，已奏成效。绅士阶级无选举及被选举的权利，所以不能参与政治的活动。至于经济的权利，依然享受。现在的劳农政府，最初照这样组织活动，以确定劳动者和农民的权利，实行产业社会化，并且确立了产业和社会生活的基础。以上就是布尔札维政治情形的概观。

马克斯好比一只[个]大熔炉，马克斯以前各种空想的社会主义，到了马克斯出世以后，都被纳入他的大熔炉中熔化了。可是被熔化的矿物，后来就变成许多不同的金属出来，最重要的，在德国为修正派，在法国则变为工团主义，在英国则变为基尔特社会主义，在俄国又变做布尔札维；这是荦荦大者。

至于详细的情形，那末自社会主义发生以来，研究这种学理的学者，不知道有千百家；所出的书也不知道有千百种；其中关于解决社会问题的学说主张，更是聚讼纷纷，莫衷一是，要一一加以说明，在这小册子中是不可能的，只得暂付缺[阙]如。

第六章　社会主义史略

第一节　社会主义的萌芽时期

社会主义这一名称，虽然很新，可是这种思想萌芽，却是很早的。在原始时代，人口稀少，人人都营原始生活，那时并无土地私有制度，行使一种共产主义。到了后来人口渐密，文明渐进，土地越分越少，以前粗率的耕耘，变为集约的耕耘，到那时各人均分得来的土地，遂世袭相传下去，就发生土地私有制度，经济的征服与被征服的社会事实，也随之以生。这个时期，社会主义的思想，因自然的趋势，在一般学者的头脑中，生发一些萌芽了。鲁里亚说："空想的社会主义，实萌芽于古代的云雾中。"所以中国，印度，以及希腊古代的思想家，都可以说是有社会主义思想的人。基督简直可说是一种社会主义，在圣经上说："人若披你右颊，你可转左颊给他再打一下；人若要取你的里衣，你把外衣也让给他好了……"可见古代的宗教常和共产主义提携的。

以上可说是社会主义的萌芽时期。

第二节 希腊时期的社会主义

希腊是政治思想最发达的国家,当时哲学家和思想家的议论,到现在还做政治学哲学的研究基础,所以研究历史的人,把那一时期,特别称为希腊时期。当时雅典大哲学家柏拉图,是我们人【人】知道的。他在他的名著《理想的共和国》一书中,便发挥了社会主义的思想。柏拉图和他一派的人,都主张雅典市民的财产和妻子都归公有,柏拉图根据这种主张做起点,进而提了种种案件。照柏氏的提案,市民或执行政务,或从事哲学的思索,关于生产的劳务,大概委诸奴隶,支配阶级的市民,并无何种私有财产。他们都和斯巴达兵士一样,在公共的宿舍中起卧,在公共的食堂中饮食。因为这种思想,所以他被后来的人推为空想的社会主义者第一人。

这种思想学说,大哲学家亚里斯多德虽然竭力反对,可是无论如何,柏氏的学说,终有永久的价值,在文明史上,永远认为是一种名论的。当时这种思想,后人虽说是空想的,实在也含国家社会主义的性质。

第三节 中世纪的社会主义

中世纪是僧侣占势的时期,一切政治大权,都在他们掌握之中,他们怕工商势力增加,就借了神的名义发挥他们的权力,以压迫一切人民。所以当时的社会,是在教会干涉之下存在的。教会之中,只许僧侣可以财产私有,但却知不许可私有财产这件事,是有自然法则的根据的,便利用这种根据;[,]借天神的名义,许可僧侣可以财产私有;再利用他们的特权,防止他种势力的增加,不许别人财产私有,这不免有"只许州官放火,不许百姓点灯"的专横嫌疑。可是只许僧侣得私有财产,教会中不能说出充足的理由的,所以后来也许可一般民众得私有财产,不过要附带一个条件,那条件说:"许得私有财产的人,并不是把财产供自己享乐的消费,是为穷人和教会保管的,有必要的时候,应该救济穷人。"十二世纪以前的教育,对于财产问题的政策,大概如此。在这里我们在反面可以看得出财产应当公有的意思来。到了十三世纪的时候,工商阶级的势力增加了,富的积蓄盛行了,阿奎纳等竟明目张胆地主张财产私有制度,并且和共产主义者争斗起来了。

在这样的宗教时代,只有鲍尔可称为基督教社会主义者,再有德国的再洗礼教徒,俭尼亚地方的放肆派和和兰同居派等,也是相对的共产主义派。可是这在社会主义一方面讲,都是不关紧要的。

第四节 十五世纪以后的社会主义

一五一六年英人穆尔发表《理想国》一书,表示一个理想的国家,在这里的人民,除了博学的人,可以做学问的事情以外,不可不从事生产事业。[,]并且要相互交替去做农业和工业的生产事业,不论是谁,不能徒手而得衣食。但是每人每日至多只要做六小时工作,所以没有过度劳动的现象。国内没有货币,只是物物交换。至于金银,只在和外国贸易时才有些效用。这部书在当时未曾引起一般人的注意,但是那书是拉丁文做的,学者却很注意,到后来德、法、英、意都有译本,在社会主义方面发生了很大的影响。到了十七世纪意大利哲学家康巴拿,著了一部

《太阳的都市》，发挥共产主义，在那书中说妇人和财产共有，与柏拉图的主张很相像，不过比柏氏尤进步的，就是没有奴隶的存在。各人每日做四点钟事情，其余的时间，都供休养精神和运动之用。同时又有哈林东著了一部《大洋洲》，也发表大同小异的主张。

到了十八世纪，产业革命以后，中世纪同业公会所引率的生产机关，变为有大工场的资本家所指挥的生产机关，资本主义经济组织的私有制度已成立了。同时因为殖民地的扩张，使欧洲大陆，得了原料生产地和商品的大市场，于资本主义越发达了，遂使贫富的悬隔，愈趋愈远；被压迫的劳动阶级，怨毒愈深了。卢梭等先觉者，便替被压迫的阶级，发出一种呼声来了，产生了法国的大革命。卢梭的呼声，其结果错了方向，成就〈是〉了商工阶级对抗封建贵族阶级的革命，不能认为是社会的革命。可是他的学说，对于后来社会主义的思想，贡献的地方是很多的。他说："人类本来都平等的，但是历史上社会制度发达的结果，变为不平等了。这种不平等，发源于私有财产制度。私有财产制度，一经流行，就惹起不平等的现象，后来愈演进愈不安稳，贫者就愈陷于无权力地位。因为保证富人的国法，拘束了贫民的缘故。然而财产原来是根据强力而来的东西，换句话说，财产不过是强者排斥弱者独占货物，国家再来批准他的一种权利，所以国家可以把这种财产废止，矫正财产上大不均平的事情，实在是国家最大的急务。"这样的说法，实和社会主义是很接近的。

在那时正式主张社会主义的，重要的人物，有下列诸人：

一是毛勒里，他在一七五五年发表《自然的宪法》一书，主张集产的社会主义。其要领：（一）各人除自家直接消费品以外，不可占有社会所存的货物。（二）各人专属于国家，应依国费扶养。（三）各人应视其技能体力及年龄，为国家尽相当的职务。各人对于所尽的义务，依生产物的特别法律规定。

二是马布里也主张社会主义，他说："土地私有制度发生以后，财产上生出差异，由财产上的差异，不是发生了利害冲突贫富的悬隔，道德的腐败……种种事情吗？"

三是华尔维，他说："所有权有自然的私法的两种，自然的所有权，发生于人类的欲望，只是'各人为谋生存才使用物质'的权利。私法的所有权，与此相反，并无自然法上的根据；只是由权力得来的东西罢了。若使所得的分量，超过直接满足欲望以上，就是一种害民的盗贼。"

四是巴比，他在《人民保护者》一书上说："社会之中，倘使有人比他人多得财和力，那社会的调和一定要破裂的。社会的目的，在于全体人民的幸福；全体人民的幸福，又在先使那社会中所有的关系，一切平等。"

以上都是法（国）人，前三人只在学理上的研究，巴比是一个实际的运动家。当时的社会主义，虽有这许多人的努力，可是机会未熟，没有多大发展。

第五节　十九世纪的社会主义

到了十九世纪，社会主义才渐渐的发展起来，蒸蒸日上，一日千里了。分述其大概如下。

(一)英国方面

英国因为资本主义的经济组织,突然发展,劳动问题,和社会问题,就惹起许多学者的注意。最初高德文就著一部《政治的正义》,对抗亚丹斯密的那风靡一世,拥护资本主义的经济论原富,非难私有财产制。十九世纪的初期,荷尔和多姆森两人竭力攻击现代经济组织的不合理。一个唱斑[均]田制土地定时分配说;一个主张先造局部的共产社会,以谋逐渐普及于全社会。

涡文也是英国社会主义中极重要的人物,著有《社会新论》,《新道德世界》等书,他说:"人的性格,原不过是境遇的结果,所以人类要求幸福和发达,应该改善人的境遇,努力开发德智。"在《社会新论》里,【他】详述劳动者因工业发达所生出来的惨状。在《新道德世界》里明白主张理想的社会主义的新组织。他不仅在理论方面有很大的贡献,再在美国印第安纳州组织新村,实行他的理想,可是终于失败了。

劳动者不容纳涡文等的主张,和中产阶级共同行动,从事改良社会。后来劳动者又分析出来,组织劳动协会,这是英国有名的改进党。他们以为劳动者是货物生产者,对于货物有最先利用的权利。劳动者要确保这种权利,非取得政权不可。这党的首领是沃乱涅。

沃氏后被政府逮捕,党中失了唯一的指导者,势力大衰,继此而起的是基督教社会主义。他们的主张与他派不同,不用立法或革命的手段,想用教育的手段,求人心道德的进步,由内部的改造,以达到外部的改造。他们的首领是经斯烈和莫利斯等。不过他们太偏于理想,后来也渐渐的政治化了。

此后劳动阶级的生活益加困难,贫富的悬殊愈大,因为富人的骄奢,越发激动了劳动激昂的趋势。到了一八八〇年,近代英国社会运动的先驱,已有产生的形势,一八八四年,社会民主党就出现了。同时又有"费边协会"成立,会员中很多奇才异能的人,如萧伯纳,韦布等;一八八九年,会中发行费边社会主义论文集,这在英国的社会主义上是很有关系的。

至于欧战之后,如劳动党,费边协会,不列颠社会党等……可以做英国社会主义的重要代表。

(二)德国方面

德国的社会主义,所以能够确立社会的基础,全靠马克斯恩格斯诸人。在两人之前,则有拉伯尔泰斯拉。拉氏对于国家构成的意见,完全是反契约说。把国家当做是一个社会的组织体,个人是机关的一部,成就国家的目的,不论谁都应献身努力去做的。所以国民经济的组织,不应从属于不劳而获的资本家,不使一切的个人,做资本家营利的资料,要直接平等隶属于国家。这种理论,给马克斯恩格斯两人以很大的影响。马克斯是个犹太族人,生于一八一八年,在柏林大学得哲学博士学位。他起先想在蒲恩做哲学教授,但后来觉得和他的思想气质不合,因此加入莱因新闻,发挥自由革命的思想。后来这新闻因政府的压迫停刊了,于是到巴黎,在此遇到了蒲鲁东和海涅,后来又和恩格斯相识,思想大变,成为社会主义的阐明和宣传者了。

恩格斯生于一八二〇年,受【过】高等教育,曾在莱因新闻上大发挥其主张。后来在法国与马克斯共同发刊《进步》杂志。攻击普鲁士政府，被逐亡命到比利士。后来他俩共同加入共产主义同盟，一八四七年两人草《共产党宣言》，这在社会主义史上，是应特书的事情。这宣言的内容，大概说：通览古今来的历史，是征服阶级和被征服阶级的阶级争斗，痛论当时资本家的横暴专制，各国劳动阶级，非一致团结起来，不能从这种暴力之下，得到解放。因此劳工运动，开了一个新生面。马克斯的名著《资本论》第一卷是他生前出版的，第二第三卷，是他死了之后，恩格斯替他出版的，这部书，就是打定科学的社会主义之基础的重要著作。

其次有关系的人物是拉塞尔，也是犹太族，生于一八二五年，是一个极有才气实在的人。一八四八年时也在莱因新闻上唱共和说，到一八六二年时才明目张胆鼓吹社会主义，且从事实际运动。和来卜几等组织全德劳动同盟会。

其他如布格勒柏百尔等对于德国的社会主义的活动，也有不少的功劳。

(三) 法国方面

在十九世纪的上半期，法国有两派理想的社会主义，其代表者是圣西门和傅立叶。

圣西门原来是个贵族，在法国革命时，他因为加入人民方面，被政府监禁。他的名著《有产阶级》及《新基督教论》等，从这些著作中，可以见到他的思想。他以为宗教的本义，在谋劳动阶级精神和物质的幸福，更在增进全体人类的幸福。所以主张废除现今自由主义的经济组织，各按各的能力，从事劳动，依据劳动来行分配，产业制度应化为军队的组织。他的主张，崇奉的人很多，如普瑟，罗伦，博罗，俾路〈……〉等都是。他们[手]下的健将，行猛烈的宣传运动，可是社会的实效，仍未见多见，这是因为他们的主张太重宗教色彩的缘故。

傅立叶唱联合的社会主义，他以为人们避去种种不幸的结果，共谋生产力增进，使各人各得自由，发展实力，非设立大规模的大劳动不可。无论何人都有活动的天性，若是这种联合，能十分扩大，那末一切必要的劳动，都可以任意做到，劳动的效果愈大，各人越喜欢劳动。由这种劳动得来的收获，不可不依各人所贡献的资本劳动和才能，行相当的分配。照他的理想，将来社会的单位是一种"共产团"。这种共产团以每千五百人以至二千人的团员所成立的为原则。其中分成许多部，各分担各的业务，一切的组织，都是共和制。三个或四个共产团，互相联合，选举团长；这些联合团，再相集合，依次扩大，合全世界的共产团构成一个大联盟，选举联盟长为世界最高的官吏。

同时又有蒲鲁东，他是一个无政府主义者，他以为要根本的铲除不平等不自由的种种祸害，维持自由平等的幸福的方法，惟有给各人一种机会使得任意的生产资料，自营生产；并使各人的交易，完全自由。社会应设一种信用组织，贷借必要的资本于要营生产的人，不取利息，那末各人都可以做资本家，以前资本家的权力消灭，一切所得都可为劳动者所有了。

此外如卡伯等在法国社会主义方面，都有很大的贡献，可是这些都不免是空想的社会主义。

以上把社会主义的历史,大略说明,从十九世纪的后半期起,各国社会主义,都有长足的发展,变化成上章所述的种种形式,兹不赘述。

第七章 中国的社会主义——民生主义(略)

5月
10日(星期二)

44.《劳农俄国之新政府》(《东方杂志》第二十四卷第九号,5月10日)

《东方杂志》第二十四卷第九号刊登了幼雄的《劳农俄国之新政府》,全文如下:

四月十日至二十八日劳农俄国开第四次联邦苏维埃大会于莫斯科的克里姆林宫。出席者两千五百人,内有决议权者一千五百人。对于赖柯夫的外交内政报告,及嘉里宁的事业,一概予以承认。又提议改正宪法,亦即通过。改正条项,为向来每年一次的苏维埃大会,以后定为每年召集二次。大会又选出全俄中央执行委员会,委员人数增至四百人。中央执行委员会于四月十八日开第一次会议,选举嘉里宁为议长,塞莱夫为书记官长。二十七日又互选二十七人为干部会,并由各共和国选出一人为议长,计六人,即:嘉里宁,彼德罗夫斯基,却尔维耶可夫,慕萨倍可夫,埃太可夫,霍狄耶可夫。

次联邦人民委员会委员长决定如左:

议长 赖柯夫
代理议长 邱尔巴
　　　　 鲁慈太克
　　　　 阔别削夫
外交 姬采林
财政 泼莱哈拿夫
劳动 休密特
最高经济会议 阔别削夫
劳动监督 阿尔日尼基台
递信 斯米尔洛夫
交通 鲁慈太克
内外商业 米可安
陆海军 阿罗西罗夫
国家保安 梅尔静斯基

(《东方杂志》第二十四卷第九号,1927年5月10日,署名 幼雄)

24日（星期二）

45. 在共产国际执委会第八次全会第十次会议上的演说（文献，5月24日）

斯大林在共产国际执委会第八次全会第十次会议上的演说，全文如下：

一、几个小问题

同志们，我应当道歉，今天执行委员会的会议我迟到了，未能完全听到托洛茨基在这里，在执行委员会上的演说。

可是我想，最近几天托洛茨基关于中国问题给执行委员会写了这么多的论著、提纲和书信，我们要批判反对派，材料不会是不够的。

因此，我将根据这些文件来批判托洛茨基的错误，我不怀疑，这个批判同时将是对托洛茨基今天演说的基础的批判。

我将尽可能在论战中排除个人的成分。托洛茨基和季诺维也夫对联共（布）中央政治局和共产国际执委会主席团的个别委员的个人攻击是不值一谈的。

看来托洛茨基想在共产国际执行委员会会议上把自己扮成一个英雄，使执行委员会把讨论战争危机、中国革命等等问题变成讨论托洛茨基的问题。我想，托洛茨基是不值得予以这样大的注意的。(有人喊道："对！")而且，与其说他像个英雄，不如说像个演员，把演员和英雄混为一谈无论如何是不行的。

托洛茨基和季诺维也夫这样一些被执行委员会第七次扩大全会揭穿了他们的社会民主主义倾向的人，痛骂布尔什维克，这对布哈林或斯大林并不是什么侮辱，这一点我就不讲了。相反地，要是托洛茨基和季诺维也夫型的半孟什维克赞扬我而不骂我，那对我倒是莫大的侮辱。

反对派现在的这种派别言论是否违背了他们在1926年10月16日所承担的义务，这一点我也不多讲了。托洛茨基认定，根据反对派1926年10月16日的声明，他有权坚持自己的观点。这当然是对的。但是，如果托洛茨基要硬说声明的内容只限于这一点，这就只能叫做诡辩，不能叫做别的。

在反对派10月16日的声明中不仅说到反对派有权坚持自己的观点，而且说到这些观点只有在党所许可的范围内才能坚持，派别活动应当抛弃和肃清，反对派必须"无条件地服从"党的意志和中央的决定，反对派不仅应当服从这些决定，而且应当诚心诚意地"实行"这些决定。

既然如此，是否还需要证明反对派1926年10月16日的声明已经被他们自己极粗暴地破坏和撕得粉碎了呢？

在反对派的许多提纲、论文和演说中，下流地和极端污蔑地歪曲了联共（布）中央和共产国际关于中国问题的立场，这一点我也不多说了。托洛茨基和季诺维也夫不断地硬说联共(布)中央和共产国际似乎过去坚持而且现在还在坚持"支持"中国民族资产阶级的政策。

托洛茨基和季诺维也夫的这个论断是捏造的，诽谤，故意歪曲事实，这几乎是用不着证明的。实际上，当中国革命还是全民族联合战线的革命的时候，联共(布)中央和共产国际所坚持的不是支持民族资产阶级的政策，而是利用民族资产阶级的政策；后来当中国革命已成为土地革命而民族资产阶级开始离开革命的时候，联共(布)中央和共产国际就用和民族资产阶级进行武装斗争的政策代替了那一个政策。

只要看看这些文件，如第七次扩大全会的决议、共产国际执行委员会的著名宣言①、斯大林的给宣传员的提纲②，以及布哈林日前交给共产国际执行委员会主席团的提纲，就会确信这一点。

后对派的倒霉正在于他们不造谣不歪曲就活不下去。

现在我们来谈本题。

二、农民土地革命是资产阶级民主革命的基础

托洛茨基的基本错误在于他不懂得中国革命的意义和性质。共产国际的出发点是：封建残余是现时在中国推动土地革命的压迫的主要因素。共产国际的出发点是：中国农村中的封建残余和这种残余上面的全部军阀上层建筑及其督军、省长、将军张作霖之流等等，是现在的土地革命借以发生和日益展开的基础。

既然很多省份里农民收入的70%归地主豪绅所有，既然武装的和非武装的地主不仅握有经济权力，而且握有行政和司法权力，既然直到现在一些省份里还有中世纪的买卖妇女和儿童的事情，那就不能不承认封建残余是中国各省的压迫的主要形式。

正因为封建残余及其全部军阀官僚上层建筑是中国国内的压迫的主要形式，正因为如此，现在中国正经历着一个按其力量和规模来说是最伟大的土地革命。

而土地革命是什么呢？土地革命正是资产阶级民主革命的基础和内容。

正因为如此，所以共产国际说，中国目前正经历着资产阶级民主革命。

但中国的资产阶级民主革命不仅反对封建残余，同时也反对帝国主义。

为什么呢？

因为帝国主义及其在中国的全部财政的和军事的力量，乃是支持、鼓舞、培植和保存封建残余及其全部军阀官僚上层建筑的力量。

因为不同时进行革命斗争以反对在中国的帝国主义，就不能肃清中国的封建残余。

因为谁要肃清中国的封建残余，谁就一定要和在中国的帝国主义和帝国主义集团作斗争。

因为不和帝国主义作坚决的斗争，就不能打倒并肃清中国的封建残余。

---

① 指1927年4月14日共产国际执行委员会《关于蒋介石发动反革命政变告全世界无产者、农民以及一切被压迫民族书》——原编译者。

② 见《斯大林全集》第九卷，人民出版社1954年版，第199~207页。——原编译者。

正因为如此，所以共产国际说，中国的资产阶级民主革命同时是反帝国主义的革命。

这样，中国现在的革命便是两条革命运动（反封建残余运动和反帝国主义运动）巨流的汇合。中国的资产阶级民主革命是反封建残余的斗争和反帝国主义的斗争的联合。

共产国际（自然联共（布）中央也是这样）在中国革命问题上的整个路线的出发点就是如此。

而托洛茨基对于中国问题的立场的出发点是什么呢？它是和刚才说过的共产国际的观点正相对立的。托洛茨基不是完全不承认中国封建残余的存在，就是认为这些封建残余没有决定的意义。托洛茨基（自然反对派也是这样）对中国封建官僚压迫的力量和意义估计过低，以为中国民族革命的基本原因是中国关税受帝国主义国家的控制。

请让我引证托洛茨基几天以前送交联共（布）中央和共产国际执行委员会的众所周知的提纲吧。托洛茨基这个提纲的标题是《中国革命和斯大林的提纲》。

托洛茨基在这个提纲中写道：

"布哈林借口'封建残余'在中国经济中似乎起主要作用来为机会主义的妥协路线辩护，他这种企图是毫无根据的。即使布哈林对中国经济的估计是根据经济的分析，而不是根据一些烦琐哲学的定义，'封建残余'仍旧不能替如此明显地促进了四月政变的政策作辩护。中国革命具有民族资产阶级的性质，其基本原因在于中国资本主义生产力的发展受阻于中国关税，受帝国主义国家的控制。"（见托洛茨基《中国革命和斯大林的提纲》）

不仔细看这一段引文就会以为托洛茨基不是反对共产国际在中国革命性质问题上的路线，而是反对布哈林的"妥协政策"。这当然是不对的。事实上在这一段引文中所说的是否认封建残余在中国的"主要作用"。事实上这里所说的是把中国现在日益展开的土地革命宣布为上层的革命，所谓反关税的革命。

托洛茨基在这里所以要把布哈林的"妥协政策"说一顿，其目的是为了掩盖自己背叛共产国际路线的行为。直截了当地说，这是托洛茨基惯用的欺骗手法。

这样，在托洛茨基看来，中国封建残余及其全部军阀官僚上层建筑，不是目前中国革命的基本发条，而是次要的、不大的、只配放在引号里面的力量。

这样，在托洛茨基看来，中国民族革命的"基本原因"是中国关税受帝国主义者的控制，因此，中国革命主要是所谓反关税的革命。

托洛茨基的论调的出发点就是如此。

托洛茨基对于中国革命性质所持的观点就是如此。

请让我指出：这种观点正是张作霖"陛下"的五等文官的观点。

如果托洛茨基的观点是正确的，那就应当承认张作霖和蒋介石也是对的，因为他们既不要土地革命，也不要工人革命，他们所要达到的只是废除不平等条约和实现中国的关税自主。

托洛茨基的观点已经是张作霖和蒋介石的办事员的观点了。

如果封建残余应该放在引号里面,如果共产国际宣称封建残余在革命现阶段上有主要的意义是不对的,如果中国革命的基础是关税不自主,而不是和封建残余及支持这些残余的帝国主义作斗争,那末,中国的土地革命还有什么内容呢?

中国的土地革命和没收地主土地的要求从哪里来的呢?在这种情况下有什么根据认为中国革命是资产阶级民主革命呢?土地革命是资产阶级民主革命的基础,这难道不是事实吗?难道土地革命能够从天上掉下来吗?

在湖南、湖北、河南等等省份里,千百万的农民被卷进极伟大的土地革命中,农民在这些省份里建立起自己的政权、自己的法庭、自己的自卫力量,赶走地主,"用平民手段"①制裁他们,这难道不是事实吗?

如果封建军阀的压迫不是中国的压迫的主要形式,那末,这样强大的土地运动是从哪里来的呢?

如果不承认帝国主义是压迫中国人民的封建主和军阀的基本同盟者,那末,千百万农民的这种声势浩大的运动怎能同时具有反帝国主义的性质呢?

仅湖南一省的农民协会现在就有250余万会员,这难道不是事实吗?而这种会员在湖北和河南现在有多少呢?最近期间在中国其它省份又将有多少呢?

还有"红枪会"、"硬肚"等等,——难道这一切都是捏造而不是现实吗?

难道可以真正地断言以没收地主的土地为口号的千百万农民的土地革命不是反对真正的不容怀疑的封建残余,而是反对想象出来的引号里的封建残余吗?

托洛茨基的观点已经是张作霖"陛下"的办事员的观点了,这难道不明显吗?

由此可见,我们有两条基本路线:

(甲)共产国际的路线——估计到中国存在着封建残余这一压迫的主要形式,估计到强大土地运动的决定意义,估计到封建残余和帝国主义的联系,估计到中国革命的资产阶级民主性质及其反帝国主义斗争的突出性;

(乙)托洛茨基的路线——否认封建军阀压迫的主要意义,看不见中国土地革命运动的决定意义,并且仅以要求中国关税自主的中国资本主义的利益来说明中国革命的反帝国主义的性质。

托洛茨基(自然反对派也是这样)的基本错误在于低估了中国的土地革命,不懂得这个革命的资产阶级民主性质,否认中国千百万人所参加的土地运动的前提,低估了农民在中国革命中的作用。

这种错误对托洛茨基来说并不是新的错误。它是托洛茨基在和布尔什维主义作斗争的整个时期中整个路线的极显著的特点。

低估农民在资产阶级民主革命中的作用这一错误,从1905年起就和托洛茨基形

---

① "用平民手段"系马克思语。1848年马克思在《新莱茵报》上写道:"全部法兰西的恐怖主义无非是用以打垮资产阶级的敌人即打垮专制制度、封建主义和市侩主义的一种平民手段而已。"——原编译者。

影不离，它在1917年2月革命前夜表现得特别明显，而且直到现在也没有离开托洛茨基。

请让我举出几件托洛茨基反对列宁主义的事实，例如举出1917年2月革命前夜的事实，那时我们正走向俄国资产阶级民主革命的胜利。

当时托洛茨基硬说，既然农民中间的分化已经加剧，既然目前我们这里存在着帝国主义的统治，并且无产阶级把自己和资产阶级民族对立起来，那末农民的作用就会降低，而土地革命就不会有1905年所赋予它的那种意义了。

列宁对这一点是怎样回答的呢？请让我从1915年列宁关于农民在俄国资产阶级民主革命中的作用问题的论文中引出一段话来：

"托洛茨基的独创的理论(指托洛茨基的'不断革命论'。——斯大林注)是从布尔什维克方面摄取了号召无产阶级进行坚决革命斗争和夺取政权的口号，而从孟什维克方面摄取了'否定'农民作用的思想。据他说，农民已经分化了，他们已经变质了，他们可能起的革命作用愈来愈小了；在俄国不可能进行'民族'革命，因为'我们是生活在帝国主义时代'，而'帝国主义不是把资产阶级民族同旧制度对立起来，而是把无产阶级同资产阶级民族对立起来'。

"这真是一个'玩弄字眼'(帝国主义这个字眼)的可笑例子！如果说在俄国无产阶级已经同'资产阶级民族'对立起来，那就是说，俄国现在正直接面临着社会主义革命！！那就是说'没收地主的土地'(托洛茨基继1912年1月代表会议之后在1915年所重复的)这个口号是不正确的，那就是说不应该讲'革命工人'政府，而应该讲'工人社会主义'政府！！托洛茨基说：无产阶级用自己坚决的精神也能把'非无产阶级的(！)人民群众'带动起来(第二百一十七号)，从这句话中可以看出，托洛茨基竟糊涂到了何等程度！！托洛茨基也不想一想，如果无产阶级能够带动农村非无产阶级群众去没收地主土地，推翻君主制度，那也就是俄国'民族资产阶级革命'的完成，也就是无产阶级和农民的革命民主专政！

"1905—1915年这整整十年，这伟大的十年，证明了在俄国革命中有两条而且只有两条阶级路线。农民的分化加强了农民内部的阶级斗争，唤醒了很多在政治上沉睡未醒的分子，促进了农村无产阶级(布尔什维克从1906年以来就主张农村无产阶级要单独组织起来，并把这个要求列入孟什维克斯德哥尔摩代表大会的决议)同城市无产阶级的接近。但是'农民'同马尔柯夫—罗曼诺夫—赫沃斯托夫之流的对抗加强了，增长了，尖锐化了。这个真理是如此明显，甚至连托洛茨基在巴黎写的洋洋万言的十几篇文章也'推翻'不了。托洛茨基事实上是在帮俄国自由主义工人政治家们的帮忙，这班政治家们所以'否定'农民的作用就是因为不愿意发动农民去革命！而这就是现在问题的症结。"(见《列宁全集》人民出版社版第二十一卷第398—399页)

托洛茨基公式的特点在于他看见资产阶级，看见无产阶级，而看不见农民，不了解农民在资产阶级民主革命中的作用，——正是这个特点构成了反对派在中国问题上的基本错误。

托洛茨基和反对派在中国革命性质问题上的"半孟什维主义"也正是在这里。

从这个基本错误中产生了反对派的其它一切错误,产生了反对派在中国问题提纲中的一切糊涂观念。

三、屠杀共产党人的南京右派国民党及与共产党人保持联盟的武汉左派国民党

就拿武汉问题做例子吧。共产国际关于武汉的革命作用的问题的方针是人所共知的,而且是很清楚的。既然中国正经历着土地革命,既然土地革命的胜利是资产阶级民主革命的胜利,是无产阶级和农民革命专政的胜利,既然南京是国内反革命的中心,而武汉是中国革命运动的中心,那末,为了保证无产阶级及其政党在国民党内和国民党党外的领导作用,就必须支持武汉国民党,共产党人必须参加武汉国民党及其革命政府。

现在的武汉政府是不是无产阶级和农民的革命民主专政的机关呢?不,暂时还不是,而且不会很快成为这样的机关。但是在革命进一步发展时,在这一革命取得胜利时,它是有一切机会发展成这样的机关的。

共产国际的方针就是如此。

托洛茨基看问题则完全不同。他认为武汉是"空架子",而不是革命运动的中心。对于左派国民党现在代表什么这个问题,托洛茨基回答说:"暂时还不代表什么,或几乎不代表什么。

就说武汉是空架子吧。既然武汉是空架子,那末,托洛茨基为什么不要求和这个空架子作坚决的斗争呢?从什么时候起,共产党人竟开始支持空架子,参加空架子,领导空架子呢?共产党人必须和空架子作斗争,这难道不是事实吗?共产党人拒绝和空架子作斗争,便是欺骗无产阶级和农民,这难道不是事实吗?为什么托洛茨基不提议和空架子作斗争,即使采取共产党人立即退出武汉国民党和武汉政府的办法呢?为什么托洛茨基提议留在这个空架子里,不退出这个空架子呢?这里的逻辑何在?

这种"逻辑上的"不对头是不是由于托洛茨基对武汉指手画脚地讲了一顿,把它叫做空架子,然后又胆怯起来,不敢在自己的提纲里做出相当的结论呢?

或者拿季诺维也夫做例子来说。季诺维也夫在他今年4月提供联共(布)中央全会的提纲中,把武汉国民党估计为1920年时期的基马尔派的政府。但基马尔派的政府是反对工人和农民的政府,是没有而且不能有共产党人的位置的政府。看来从对武汉的这种评价中只能得出一个结论:和武汉作坚决的斗争,推翻武汉政府。

具有人类的普遍逻辑的普通人是会这样想的。

季诺维也夫却不这样想。他把汉口的武汉政府估计为基马尔派的政府,同时提议给这个政府以最有力的支持,提议共产党人不要退出这个政府,不要离开武汉国民党等等。他直截了当地说:

"必须给汉口以最有力的和全面的帮助,从那里组织对卡维涅克们的反击。在最近时期必须集中力量帮助汉口组织起来和巩固起来。"(季诺维也夫的提纲)

谁能懂得呵!

托洛茨基说武汉(汉口)是空架子。相反地,季诺维也夫却断言是基马尔派的政府。由此应该做出结论:和空架子作斗争,为推翻武汉政府而斗争。既然不管托洛茨

基也罢,季诺维也夫也罢,都不敢做出从他们的前提中必然产生的结论,而季诺维也夫甚至更进一步,提议"给汉口以最有力的和全面的帮助"。

这一切说明什么呢?说明反对派纠缠在矛盾里了。他们失去了逻辑思考的能力,丧失了一切前途。

观点糊涂,在武汉问题上失去任何前途,——如果一般说来可以把糊涂叫做方针的话,这就是托洛茨基和反对派的方针。

四、论中国工农代表苏维埃

或者再拿中国工农代表苏维埃问题做个例子吧。

关于组织苏维埃的问题,我们有共产国际第二次代表大会所通过的三个决议:列宁论在落后国家中成立非无产阶级的农民苏维埃的提纲,罗易论在中国、印度这样的国家里成立工农苏维埃的提纲,以及论"在什【么】时候和在什么条件下可以建立工人代表苏维埃"的特别提纲。

列宁的提纲是说明在没有或几乎没有工业无产阶级的中亚细亚诸国成立"农民的"、"人民的"、非无产阶级的苏维埃。列宁的提纲里没有一句话说到在这样的国家成立工人代表苏维埃。并且列宁的提纲认为苏联无产阶级对落后国家的革命的直接援助是在这些国家里成立并发展"农民的"、"人民的"苏维埃的必要条件之一。显然,这个提纲指的不是中国或印度,因为在这些国家里有一定数量的工业无产阶级,并且在这些国家里建立工人苏维埃在一定条件下是成立农民苏维埃的先决条件;这个提纲指的是其它较落后的例如波斯等等国家。

罗易的提纲主要是指已有工业无产阶级的中国和印度。这个提纲建议在一定条件下,在从资产阶级革命到无产阶级革命的过渡时期,成立工农代表苏维埃。显然,这个提纲对中国有直接的关系。

标题为《在什么时候和在什么条件下可以建立工人代表苏维埃》的第二次代表大会的特别提纲,根据俄国和德国革命的经验说明了工人代表苏维埃的作用。这个提纲断言:"没有无产阶级革命的苏维埃不可避免地会变成对苏维埃的讽刺。"显然,在讨论立即在中国成立工农代表苏维埃问题时,我们也应当考虑到最后这个提纲。

如果同时考虑到目前中国的形势和作为革命运动中心的武汉国民党的存在,以及共产国际第二次代表大会的后两个提纲的指示,那末,在中国立即成立工农代表苏维埃的问题是怎样的呢?

现在,例如在武汉政府活动地区内成立工农代表苏维埃,这就是建立两重政权,这就是提出推翻左派国民党和在中国成立新的苏维埃政权的斗争口号。

工农代表苏维埃是为推翻现存政权而斗争的机关,是为新政权而斗争的机关。工农代表苏维埃的出现不能不造成两重政权,而两重政权又不能不使全部政权应当归谁的问题尖锐化起来。

俄国在1917年3月、4月、5月、6月的情形是怎样的呢?当时存在着临时政府,它握有一半政权,而且也许是较为实在的政权,因为当时军队还是支持它的。与此同时,还存在着工农代表苏维埃,它们也握有似乎一半政权,虽然不是像临时政府那样实在的政权。当时布尔什维克的口号是取消临时政府，把全部政权转归工兵代表苏维埃。当时布尔什维克中间谁也没有想到加入临时政府，因为既要推翻这个政府，就不能加入这个政府。

能不能说1917年3月至6月俄国的形势类似现在中国的形势呢？不，不能这样说。所以不能这样说，不仅由于俄国当时面临着无产阶级革命，中国现在则面临着资产阶级民主革命，而且由于俄国临时政府是反革命的和帝国主义的政府，现在的武汉政府则是反帝国主义的和资产阶级民主主义意义下的革命的政府。

反对派在这方面向我们建议些什么呢？

反对派在中国立即成立工农兵代表苏维埃，作为组织革命运动的中心。但工农代表苏维埃并不只是组织革命运动的中心，它们首先而且主要是反对现存政权的起义机关，是建立新的革命政权的机关。反对派不懂得：工农代表苏维埃，只有作为起义机关，只有作为新政权机关，才能变成革命运动的中心。不这样，工农代表苏维埃就会变成空架子，变成现存政权的附属品，就像1918年在德国和1917年7月在俄国发生过的情形一样。

反对派是否懂得现时在中国成立工农代表苏维埃，就是造成苏维埃和武汉政府这两重政权，而且必不可免要提出推翻武汉政府的口号呢？

我很怀疑季诺维也夫懂得这个简单的道理。但托洛茨基是完全明白这一点的，因为他在自己的提纲中直截了当地说："苏维埃的口号就是号召经过两重政权的过渡制度去建立实际的政权机关。"（见托洛茨基的提纲《中国革命和斯大林的提纲》）

由此可见，我们在中国成立苏维埃，同时就是建立"两重政权的制度"，就是推翻武汉政府和建立新的革命的政权。大概托洛茨基在这里是拿俄国革命历史中1917年十月革命前一个时期的事变作样本的。当时在我国的确有过两重政权，当时我们的确推翻了临时政府。

但是我已经说过，当时谁也没有想到加入临时政府。为什么托洛茨基不建议共产党人现在立即退出国民党和武汉政府呢？怎能成立苏维埃，建立两重政权的制度，同时又加入你要推翻的武汉政府呢？托洛茨基的提纲没有回答这个问题。

显然，托洛茨基在这里已无望地陷入他自己的矛盾的迷宫里了。他把资产阶级民主革命和无产阶级革命混淆起来了。他"忘记了"中国的资产阶级民主革命不仅没有完结，不仅没有胜利，而且只处在它发展的第一阶段。托洛茨基不懂得拒绝支持武汉政府，提出两重政府的口号，现在用立即成立苏维埃的办法来推翻武汉政府，就是给蒋介石和张作霖以直接的和明显的援助。

有人向我们说：既然如此，又怎样去了解1905年在俄国成立工人代表苏维埃呢，难道当时我们不是经历着资产阶级民主革命吗？

但是，第一，当时只有两个苏维埃，一个在彼得堡，一个在莫斯科，这两个苏维埃的存在并没有造成俄国苏维埃政权系统。

第二，彼得堡和莫斯科的苏维埃当时都是反对旧的沙皇政权的起义机关枪，这再度证实：不可把苏维埃看做仅仅是组织革命的中心，苏维埃只有作为起义机关和新政权机关才能成为这样的中心。

第三，工人苏维埃的历史时期；只有具备了从资产阶级民主革命直接过渡到无产阶级革命的顺利条件，也就是只有具备了从资产阶级政权过渡到无产阶级专政的顺利条件，这样的苏维埃才能存在和进一步发展。

1905年彼得堡和莫斯科的工人苏维埃，以及1918年德国的工人苏维埃所以灭亡，不都是由于当时没有这样的顺利条件吗？

例如，1905年在俄国存在着类似现在中国左派国民党这样的广大革命组织，那末可能当时在俄国就不会有苏维埃了。但是，这样的组织当时在俄国是不能存在的，因为在俄罗斯工农中间没有民族压迫的因素，俄罗斯人自己就在压迫其它民族，而类似左派国民党这样的组织，只有在受到外国帝国主义者的民族压迫的环境中才能产生，因为这种压迫会把国内革命分子都集中到一个广大的组织里去。

只有瞎子才会否认左派国民党有革命斗争机关的作用，有反对中国封建残余和帝国主义的起义机关的作用。

但是，由此应得出什么结论呢？

由此应得出这个结论：中国左派国民党对现在中国资产阶级民主革命所起的作用，近乎苏维埃在1905年对俄国资产阶级民主革命所起的那种作用。

假如中国没有像左派国民党这样一个很受欢迎的革命民主的组织，那就是另外一回事了。但是，既然有了这样一个特殊的革命组织，适合于中国条件的特点，并已证明自己适合于中国资产阶级民主革命的进一步发展，那末在资产阶级民主革命刚刚开始，还没有胜利，而且不会很快胜利的现在，就把这个费了多年时间才成立起来的组织加以破坏，未免太愚蠢太无知了。

某些同志根据这一点做出结论说，将来在过渡到无产阶级革命的时候，也可以利用国民党作为无产阶级专政的国家组织形式，而且他们把这一点看做从资产阶级民主革命和平地过渡到无产阶级革命的可能性。

一般来说，革命和平发展的可能性当然不是没有的。在我们俄国，在1917年初，也曾谈到革命有经过苏维埃而和平发展的可能性。

但是，第一，国民党不是苏维埃，说国民党适合于资产阶级民主革命发展的事业，并不是说国民党就能适合于无产阶级革命发展的事业，其实，工人代表苏维埃才是无产阶级专政最适合而形式；

第二，即使在1917年俄国苏维埃的条件下，和平地过渡到无产阶级革命事实上也是不能的；

第三，中国的无产阶级中心是那样地稀少，而中国革命的敌人是那样地强大和众多，以致革命的每一推进和帝国主义者的每一进攻，都必然会使国民党发生新的分化，是共产党因国民党的威信降低而更为加强起来。

我想，中国革命的和平发展道路应该认为是不可能的。

我想，在中国，在从资产阶级民主革命到无产阶级革命的过渡时期是不得不成立工农代表苏维埃的。因为在现今的条件下，没有工农代表苏维埃，这种过渡是不可能的。

必须首先在全中国展开土地运动，必须巩固武汉并支持它和封建官僚制度作斗争，必须帮助武汉战胜反革命，必须在各地广泛地发展农民协会、工会和其它革命组织作为将来成立苏维埃的基础，必须使中国共产党巩固自己在农民和军队中的势力，——只有在这以后，才可以成立当做为新政权而斗争的机关、当做两重政权的要素、当做准备从资产阶级民主革命过渡到无产阶级革命的要素的工农代表苏维埃。

在中国成立工人苏维埃，不是一句空话，不是一片空洞的"革命的"演说。不能像托洛茨基那样轻率地看这个问题。

首先，成立工农苏维埃就是说要退出国民党，因为不能既成立苏维埃，推进两重政权，号召工农建立新政权，同时又留在国民党及其政府里面。

其次，成立工人代表苏维埃就是说要以国民党党外的联盟，要以类似1917年10月布尔什维克和左派社会革命党人的联盟的那种联盟，代表现在国民党党内的联盟。

为什么呢？

因为如果在那里，在资产阶级民主革命的条件下，问题是建立无产阶级和农民的革命专政，而在国民党党内结成联盟的政策是完全适合于这一点的，那末在这里，在成立苏维埃的条件下和在过渡到无产阶级革命的条件下，问题将是建立无产阶级专政，建立苏维埃政权，而要准备并建立这种政权，则只有在一个政党即共产党的领导下才有可能。

其次，工人代表苏维埃是使共产党人负有义务的。现在中国工人每月得8个卢布到15个卢布，生活条件极恶劣，工作时间非常长。这种情形必须立即结束，而且可以结束，只要增加工资、实行8小时工作制、改善工人阶级的居住条件等等。但是，在工人代表苏维埃的条件下，工人是不会满足于这一点的。他们会向共产党人说（而且他们是对的）：既然我们有苏维埃，而苏维埃又是政权机关，就不能压一压资产阶级，"稍微"剥夺资产阶级一下吗？如果共产党人在工农代表苏维埃存在的条件下不走上剥夺资产阶级的道路，那末他们就会成为空谈家了。

试问，现在，在革命现阶段上，是否可以而且需要走这条道路呢？

不，不需要。

将来，在工农代表苏维埃的条件下，是否可以而且需要拒绝剥夺资产阶级呢？不，不可以。如果以为在这种条件下可以保持共产党人在国民党党内的联盟，那就是流于妄想，不了解从资产阶级革命到无产阶级革命的过渡时期中阶级力量斗争的诀窍。

在中国建立工农代表苏维埃的问题就是如此。

由此可见，这个问题并不像某些托洛茨基和季诺维也夫之流的极轻率的人向我们描述的那样简单。

从原则上来看，一般地是不是容许马克思主义者和革命资产阶级一起参加一个共同的革命民主政党或一个共同的革命民主政府并在那里与之合作呢？

某些反对派以为这是不可容许的。然而马克思主义的历史表明，在一定条件下和一定时期内，这种参加是完全容许的。

我可以举出马克思1948年在德国反对专制制度的革命时期的例子。当时马克思和他的同志加入了莱茵省的资产阶级民主联盟，当时这个革命的民主政党的机关报《新莱茵报》就是由马克思主编的。

马克思和他的同志处在这个资产阶级民主联盟内，把革命资产阶级向前推进，同时用一切办法批判自己的右派同盟者的不彻底性，正像中国共产党处在国民党内应当用一切办法批判自己的同盟者左派国民党人的动摇和不彻底一样。

大家知道，直到1849年春天，马克思和他的同志才脱离了这个资产阶级民主联盟，并着手成立一个具有完全独立的阶级政策的独立的工人阶级组织。

由此可见，马克思甚至比作为无产阶级独立的阶级政党加入国民党的中国共产党走得更远。

马克思和他的同志在1848年加入这个资产阶级民主联盟是否适当，是可争论可不争论的。例如罗莎·卢森堡认为马克思不应当加入这个资产阶级民主联盟。这是策略问题。但是，在原则上，马克思和恩格斯认为在资产阶级民主革命时期，在一定条件下和一定时期内，加入资产阶级革命政党是可能的而且是适当的，——这是无可怀疑的。至于说到马克思主义者在一定条件下和一定环境中参加革命民主政府并在那里与革命资产阶级合作，那末，关于这一点，我们已有恩格斯和列宁这样的马克思主义者的指示。大家知道，恩格斯在他的小册子《在工作中的巴枯宁主义者》中是赞成参加这种政府的。大家知道，列宁在1905年也是主张容许参加资产阶级民主革命政府的。

五、两条路线

总之，在我们面前有两条完全不同的关于中国问题的路线，共产国际的路线与托洛茨基和季诺维也夫的路线。

共产国际的路线。封建残余和依靠这种残余并为各国帝国主义者所竭力支持的官僚军阀上层建筑是中国现状中的基本事实。

中国目前正经历着既反对封建残余又反对帝国主义的土地革命。

土地革命是中国资产阶级民主革命的基础和内容。

武汉国民党和武汉政府是资产阶级民主革命运动的中心。

南京和南京政府是国内反革命的中心。

支持武汉的政策同时就是展开资产阶级民主革命并取得由此而产生的一切结果的政策。由此便有了共产党人之参加武汉国民党和武汉革命政府，这一参加并不排斥共产党人用一切办法批评国民党党内自己的同盟者的不彻底和动摇，而是以此为前提。

应当利用共产党人的这种参加使无产阶级便于在中国资产阶级民主革命中起领导者的作用，并促进过渡到无产阶级革命的时期更快地到来。

到了资产阶级民主革命接近完全胜利的时候，到了在资产阶级革命进程中显露出过渡到无产阶级革命的道路的时候，到了那个时候，就必须成立当做两重政权的要素、当做为新政权而斗争的机关、当作新政权即苏维埃政权的机关的工农兵代表苏维埃。

到了那个时候，共产党人在国民党党内的联盟应当代之以在国民党党外的联盟，而共产党则应成为中国新的革命的唯一领导者。

现在，当资产阶级民主革命还处在发展的最初阶段的时候，当国民党是最适合于并且最能适应中国特点的民族民主革命组织形式的时候，像托洛茨基和季诺维也夫所做的那样，提议立即成立工农代表苏维埃和立即建立两重政权，——这就是瓦解革命运动，削弱武汉，促使武汉垮台，帮助张作霖和蒋介石。

……在中国，封建残余不是完全没有，就是微乎其微，没有什么重大的意义。

原来土地革命现在在中国是有的。但它从何而来，连鬼也不知道。（笑声）

既然这种土地革命是有的，那当然只好设法支持它了。

现在主要的不是土地革命，而是争取中国关税自主的革命，即所谓反关税的革命。

武汉国民党和武汉政府不是"空架子"（托洛茨基）就是基马尔主义（季诺维也夫）。

一方面，必须建立两重政权以推翻武汉政府，其办法是立即成立苏维埃（托洛茨基）。另一方面，必须巩固武汉政府，必须给武汉政府以有力的和全面的帮助，其办法原来也是立即成立苏维埃（季诺维也夫）。

照例来说：共产党人应该立即退出这个"空架子"，退出武汉政府和武汉国民党。可是最好是让他们留在这个"空架子"里，就是既留在武汉政府里又留在武汉国民党里。既然武汉是"空架子"，为什么他们还要留在武汉呢，——这实在只有上帝才知道。谁要是不同意这一点，谁就是奸贼和叛徒。

所谓托洛茨基和季诺维也夫的路线就是如此。

几乎再想不出比这种所谓路线更荒谬更糊涂的东西了。

得到的印象是：我们不是和马克思主义者打交道，而是和一些脱离实际生活的办事员，或者说得好一些，和"革命的"旅行家打交道。这些旅行家游历了苏胡姆和基思洛沃得斯克①之类的地方，忽略了提出中国革命基本方针的共产国际执行委员会第七次扩大全会，后来从报纸上得知中国确实爆发了什么革命，既像土地革命，又像反关税革命，于是就决定写一堆提纲，4月写了一个提纲，5月初写一个提纲，5月底又写了一个提纲，把这一堆提纲写好，就扔给共产国际执行委员会，他们以为这许多糊涂的和矛盾的提纲就是挽救中国革命的主要手段。

同志们，这就是中国革命问题上的两条路线。

你们必须在这两条路线中间加以选择。

同志们，我要结束我的讲话了。

我想在最后用几句话谈谈托洛茨基和季诺维也夫的派别言论在当前的政治意义和作用。他们抱怨说，没有给他们充分的自由来对联共（布）中央和共产国际执委会进行闻所未闻的谩骂和不能容许的斥责。他们抱怨共产国际和联共（布）的"制度"。实质上，他们要得到瓦解共产国际和联共（布）的自由。实质上，他们要把马斯洛夫一伙人的作风移植到共产国际和联共（布）里来。

---

① 苏胡姆和和基斯洛沃得斯科克是苏联高加索著名的风景区和疗养地。——原编译者。

同志们，我应当说，托洛茨基所选择的攻击党和共产国际的时机太不恰当了。我刚刚得到英国保守党政府决定和苏联绝交的消息。用不着证明，现在到处都会展开对共产党人的进攻。这种进攻已经开始了。有些是以战争和干涉来威胁联共（布）。另一些则是以分裂来威胁联共（布）。正在建立一种从张伯伦到托洛茨基的统一战线之类的东西。

可能是想用这个来吓唬我们。但是，几乎用不着证明，布尔什维克并不是胆小的孩子。在布尔什维主义历史上有过不少这样的"战线"。布尔什维主义历史表明，这些"战线"都被布尔什维克的革命的决心和无比的勇敢——粉碎了。

不用怀疑，我们也能够粉碎这种新的"战线"。（鼓掌）

（录自《斯大林全集》第九卷，人民出版社1954年版）

（《共产国际、联共（布）与中国革命文献资料选辑（1926—1927）》下，北京：北京图书馆出版社，1998年，第217~237页。）

5月

46.《论反对派》(著作（目录），5月)

播种社出版，斯大林著的《论反对派》，正文233页。目录：

托洛基斯[斯基]主义还是列宁主义
　一 关于十月暴动的几件事实
　二 党和十月暴动底准备
　三 托洛斯基主义还是列宁主义呢
论联共党内的反对派联盟
　一 在十月革命底性质和前途这个基本问题上"新反对派"变为托洛斯基主义
　二 反对派联盟的实际政纲
　三 反对派联盟的革命的词句与机会主义的行动
　四 结论
论联共党内社会民主主义的倾向
报告
　一 反对派联盟发展的主要阶段
　1. 第一个阶段
　2. 第二个阶段
　3. 第三个阶段
　4. 第四个阶段
　5. 列宁与党内派别问题
　6. 反对派联盟崩坏的经过

7. 反对派联盟所希望的是甚么
二 反对派联盟根本的错误
1. 几个预先的说明
2. 列宁主义呢，还是托洛斯基主义呢？
3. 联共第十四次代表会议底决议案
4. "新反对派"转到托洛斯基主义的过程
5. 托洛斯基，斯密格，拉狄克等同志底含糊回答
6. 苏联社会主义建设前途问题有左右一切的意义
7. 反对派联盟的政治前途
三 反对派在政治上与组织上的错误
四 几个总结
结论
一 几个普通问题
1. 马克斯主义不是教条，而是行动的指南
2. 列宁关于无产阶级专政的几点解释
3. 论资本主义各国发展不平衡性
二 加米业夫同志是托洛斯基同志的清道夫
三 不堪设想的糊涂，还是季诺维夫同志所谓革命精神与国际主义？
四 托洛斯基假造列宁主义
1. 托洛斯基同志的把戏，还是"不断革命"问题。
2. 用引证来玩把戏呢，还是托洛斯基同志在假造列宁主义。
3. "小事"与奇货。
五 反对派的实际政纲，党的要求。
六 总结
再论联共党内社会民主主义的倾向
报告
一 几个预先的解释
1. 党内发展的矛盾
2. 党内矛盾的来源
二 苏联共产党内反对派的特点
三 联共党里的分歧
1. 社会主义建设的几个问题
2. "休养的"条件
3. 革命底"民族的"任务和国际的任务之一致与不可分离
4. 社会主义建设问题的历史
5. 目前苏联社会主义建设问题之特别重要的意义
6. 论革命的前途

7. 问题底实质
8. 论胜利的希望
9. 实际的政治上的分歧

四　反对派底实际工作

五　无产阶级专政的敌人为什么称赞反对派

六　反对派联盟的失败

七　联共十五次代表会议底实际意义

结论

一　几个说明

1. 我们需要的事实而不是臆造和谣言
2. 为什么无产阶级专政的敌人要称赞反对派
3. 错误之种类
4. 季诺维夫心目中的无产阶级专政
5. 托洛斯基底神父箴言
6. 季诺维夫同志是录引马克斯，恩格斯，列宁的小学生
7. 季诺维夫心目中的修正主义

二　在一个资本主义国内社会主义胜利问题

1. 在帝国主义时代，在一国内无产阶级革命的先决条件。
2. 季诺维夫同志怎样"玩弄"列宁

三　苏联社会主义建设问题

1. 反对派的"把戏"，列宁党的"民族改良主义"
2. 在苏联之内，我们正在建设而且能够完全建成社会主义的经济基础
3. 我们联合世界无产阶级建设社会主义
4. 蜕化问题

四　反对派与党内一致问题

五　总结

俄国反对派底政治面目

托洛斯基反对派之过去与现在

一　几个小问题

二　论反对派的政纲

三　列宁论辩论及一般反对派

四　反对派与第三种力量

五　反对派如何准备这次代表大会

六　从列宁主义走到托洛斯基主义

七　年来本党政策底几个最重要的总结

八　退后到阿雪洛德那里去了

6月

47.《各派社会主义浅说》(著作(目录,例言),6月)

上海世界书局出版贺良编的《各派社会主义浅说》。共 74 页,定价 3 角 5 分。目录:第一章 社会主义之性质与种类,第二章 各派社会主义之动机,第三章 马克司之社会主义,第四章 俄罗斯之社会主义,第五章 国际劳工联合之概观,第六章 土地社会主义,第七章 社会主义之国家(附共产主义之国家),第八章 共产社会小史。

例言

一、社会主义种类繁多,其性质各不相同,本书第一章说明其性质与种类,使读者知各种社会主义之性质。

二、各种社会主义,虽目的有相同之点,其动机不必尽同,本书第二章分其动机为两大派:一、以进化观点为动机,二、以理想为动机。

三、社会主义运动,自十九世纪后,其目的大都为改变社会之经济制度,马克司为影响此种运动最力之人物。本书第三章分述其各种主要学说,如"唯物史论","价值论","集中论","累积论","灾害论","危机论",并附以"马氏学说总论"与修正派对于马氏学说之批评。

四、第四章先述俄国社会党之渊源,次述劳工专政在政治上与经济上之目的,布尔雪维克主义与马克司主义之区别,布尔雪维克主义之各种色彩,布尔雪维克主义之结果。布尔雪维克主义即共产主义,亦可称为苏俄社会主义。

五、第七章说明社会主义与共产主义国家之大概情形及社会党徒对于共同市场之希望。章末为简单之批评。

六、书中"共产"有时作共同生产解,有时作共同生产,共同消费解,如"共产主义"即为共同生产,共同消费之主义,"共产社会"即为共同生产,共同消费之社会。"私产"有时作私人生产解,有时作私人财产解。"社会主义"有时代表社会主义之一种,即"社会主义",有时统指各种社会主义。"产业"指生产事业。幸读者理会之!

7月

1日(星期五)

48.《俄国革命运动史》(著作(目录),7月)

新青年社出版《俄国革命运动史》,由瞿秋白翻译,定价 4 角。共分 4 册:俄国资产阶级革命与农民问题,俄国无产阶级之斗争与共产党,自二月革命至十月革命,苏维埃及社会主义之建设。

49. 《俄国革命运动史》广告(《列宁主义概论》书末，1月)

《俄国革命运动史》广告：

《俄国革命运动史》是革命经验之宝库，中国革命要有正确的理论与策略，必须研究俄国革命运动的历史。瞿秋白同志为此目的，特着成此一部书。其第一册：《俄国资产阶级革命与农民问题》已经出版。当兹全国农民大暴动之际，这部书的第一册尤其是中国革命者所欲先睹为快的。

(《列宁主义概论》书末广告，1927年1月)

7月

50. 《马克思主义评论》(著作(目录，小序)，7月)

上海光明书局出版毛一波著的《马克思主义评论》一册。该书与毛氏的《马克思经济学批判》，是大革命时期反对马克思主义的代表作。《评论》共150页，定价3角。目录：第一章 空想的与科学的社会主义，第二章 唯物史观与经济史观，第三章 国家与革命，第四章 阶级斗争与阶级独裁，第五章 党阀专政与无产阶级专政(其一)，第六章 党阀专政与无产阶级专政(其二)，第七章 马克思主义与俄国革命，第八章 马克思与克鲁泡特金。附录一：略评李季的《马克思》。附录二：俄国革命批评。

8月

51. 《革命后之俄罗斯》(著作(目录)，8月)

太平洋书店出版李特琛、刘宝书编的《革命后之俄罗斯》上下册，共384页，定价平装2元8角，精装3元4角。目录：第一编 政治，第一章 俄罗斯之略史，第二章 苏维埃社会主义共和国联盟之组成，第三章 联盟之统治组织，第四章 俄罗斯社会主义联邦苏维埃共和国组织大纲，第五章 俄罗斯共和国最高国民经济院，第六章 苏维埃共和国人民委员部(一)，第七章 苏维埃共和国人民委员部(二)，第八章 苏维埃共和国人民委员部(三)，第九章 俄罗斯外交，第十章 俄罗斯之军事，第十一章 俄罗斯之教育。

9月

52. 《二月革命至十月革命》(著作出版信息，9月)

上海扬子江书店出版陈文瑞译《二月革命至十月革命》，收入俄国两次革命期间列宁的有关文章，包括《远方来信》《四月提纲》等篇。

11月
6日（星期日）

53.《俄国革命十周【年】纪念中之列宁》(《国闻周报》第四卷第四十三期，11月6日)

《国闻周报》第四卷第四十三期发表厚照的《俄国革命十周【年】纪念中之列宁》，全文如下：

本年十一月七日为苏俄革命成功十周年纪念之日。全世界集合于俄都以纪念此革命伟人列宁氏者当不知有若干人。吾人亦愿借此机会一述列宁之生平。以示此旷代大人物之人格与事业之一斑。俾世之崇拜苏俄者。知革命之业非易事也。按尼可拉列宁。本名乌拉基米尔。伊利奇。乌利阿诺夫。以违难。数易其名。而尼可拉列宁之名最为世所知。一八七零年四月十日生于西姆毕里斯克。世业农。父为参议授"独奥里阿宁"号列宁。少好学。卒业本系中学校。学行俱最优。时中学校长为克林思基之父。列宁入学时年十四岁克林思基时仅三岁。一八八七年九月入喀臧大学。其兄亚历山大是年（一八八六年）五月二十日以谋刺俄皇亚历山大三世被诛。父则先一年死矣。一八九一年入圣彼得堡大学。卒业授法学士。始为律师。非性所好也。时列宁已渐渍于马克斯之学。顾民众党方盛。与同意趣者甚鲜。民众党者。承意党之流。从事革命运动。而不以马克斯唯物主观为然者也。以为俄罗斯与西欧诸国异。其原始土地共有制。俨然尚存。斯拉夫民族之本能与其习惯。独于共产主义为适。此其特长。宜珍重爱护。不必资本主义发达成熟。新社会自可建立也。马克斯派以为必农民化为无产阶级。始足以行社会主义者。民众党谓无足取。而俄国当一九零零年。资本主义既日以盛。农民亦日以苦。马克斯之说亦日以流行。列宁卒业彼得诺格拉德大学后。未几即与米海诺夫斯克为文战。米氏者民众党首领也。列宁由是为世人属目。又于彼得诺格拉德创为劳动者解放同盟。刊布短篇文字。以著其经济上之要求。而当路亦渐侧目视之矣。一八九六年被逮入狱。翌年一月流于东部西北利亚。列宁于此益恣意于读书属文。最初所为文。题曰《俄国社会民主主义指南》。俄国社会民主主义者。创于蒲勒哈诺夫。阿克塞尔罗德。查斯里器诸人。时方亡命瑞士。读文大惊异之。文所立义谓俄国劳动阶级。当同时以专制政治与资本主义为敌。立即组党。与之鏖战。不应待专制发而后次第为之。其持论略与蒲勒哈诺夫相同。故阿克塞尔德序其文。谓其足以指导俄国劳动阶级。蒲勒哈诺夫以来。一人而已。综列宁放流时著述。自以《俄国资本主义发达论》为最。此论为辟民众党而作。开明资本主义之发达。即在俄国亦不能逃其公例。盖纯乎学者之言矣。于时中产阶级之持自由主义者渐盛。此辈以与专制政治奋斗之故。势不能不有所藉于众力。而民众党则否认资本主义者也。非所可用。

于是乃注意于马克斯主义。思删其革命精神。而牵率劳动阶级以行。文其名曰合法的马克斯主义。而志昂巴拉诺夫斯基及彼得．斯志尔韦则其代表也。斯志尔韦固社会主义者。及其为是说也。列宁为文论之。谓斯氏不特拜倒于资本主义之前。且拜倒于资本家之前矣。是将终与劳动阶级别而去耳。斯氏后果归立宪民主党。(读成君主立宪政治者)刑期终。列宁归自西北利亚。通都大邑学府所在及工业繁盛之地俱无得留止。列宁于是走西欧。与蒲勒哈诺夫．马尔突夫．阿克塞尔罗德．勃突勒苏夫等创杂志曰《火花》。是为社会民主劳动党之中央机关。而俄国革命运动大本营也。列宁实其主干。故世人称是杂志为《列宁之火花》。《火花》别为二种。普通者以享西欧人士。特别者秘运俄国。其前有标语曰星星之火。焰且烛天。列宁于《火花》有文。初题曰《从何着手》。翌年敷畅其说。刊本别行。改题曰《应何所事》。后来俄国共产党所奉之义与其作战之方。略具于是。而轩然大波。亦由而起。后二年社会民主党分而为布尔塞韦克与闵塞韦克。又十五年无产阶级独裁主义。与反革命主义。对峙而立。此书其最初之分歧点也。基诺魏夫有言。文面出自列宁之笔。无一不为争论之种。盖其热情嗔薄。锋芒毕露。读者非爱即憎。莫能契然置之者。斯言于实。为能尽之。时社会革命党民意党之有力者咸在。而列宁意甚轻之。谓是乃革命的冒险家也。列宁复据《火花》痛斥经济主义。即于劳动阶级之视经济斗争独重。而于政治方面不甚措意者。而列宁于其间亦大见恶于列国。栖栖然居不暖席焉。时而迁于缪里喜。时而迁于布鲁塞尔。时而迁于巴里。时而迁于伦敦。最后始定居日内瓦。一九零三年社会民主党开第二次大会于伦敦。列宁与蒲勒哈诺夫等议党规意不合。决之票。是列宁议者差多。俄谓多数曰布尔什维克。少数曰闵塞维克。两派之名由此起。遂终不可复合。盖蒲派视列宁为过褊狭。而列宁则谓蒲派且堕入中产阶级之自由主义也。一九零四年列宁复公布一书。题为《前进一步后二步》。前进一步谓由经济主义而加入火花派。退后二步。谓由是而复归于合法的马克思主义也。两派分裂知名之士多属闵塞维克。《火花》杂志亦归之。列宁乃别创杂志曰《前进》。助之编辑者。则鲁拿嘉尔斯基．巴古违诺夫．奥诺夫斯基也。无产阶级之敏健者亦渐就列宁。一九零五年五月俄国社会民主劳动党开第三次大会于伦敦。是为布尔什维克最初之盛会。同时闵塞维克亦开会于日内瓦。而俄国第一革命起矣。列宁谓革命不当以造成中产阶级的共和国自封。并谓彼异日为政者。应行无产阶级独裁制。没收资本。彻底改造。以开世界革命之先路。革命后，党人得赦并归俄。列宁亦返彼得诺格拉德。党以列宁为人所嫉。虑偾事。议使勿出。故终其事列宁。控纵于帷幕中。未尝躬自临阵。而劳动者已禽然受指挥矣。及革命失败。闵塞维克咸咎劳动者责望过奢。意谓布尔什维克误之也。列宁答之曰伟哉此革命。诸君顾自不解。吾所谓伟者。非十月三十日之宣言。亦非谓中产阶级之发舒。谓彼得诺格德苏维埃。一个月间。光耀世界无产阶级之前。使目为之眩然耳。革命当再起。苏维埃终须复苏占后胜也。时闵塞维克及社会革命党咸以为苏维埃者。劳动阶级之机关。在资本制度下以达其经济上之要求而止耳。而列宁顾视之绝重。谓国家权力。将尽在于是。而后苏维埃为能尽其任。列宁且亡命瑞士。于学益勋。一九零八年始于日内瓦为新闻曰《社会民主党》。为杂志曰《无产阶级》。旋移居巴里。时俄国禁制益严。而亡命之士。颠连异国。无所为计。生意萧然。始多颓放者矣。列宁意与甚豪。而穷亦独甚。从之游者。落落可数。巴黎某杂志曾戏为广告调之。谓于列宁。基诺韦夫。嘉麦勒夫三人外。能更获一布尔什维克者。当酬以王国之半。而列宁居巴黎者二年。宣传之余。致精哲理。巴黎巴书图书馆所藏名著。为涉猎殆遍。一九一零年著《唯物哲学与经验的批判哲学》。其鸿博要渺虽宿儒之持异议莫不惊叹。而共产主义之理论遂确然不可复摇。是年勒拉果尔杜菲尔士工场劳动者以罢工故见杀。俄国社会运动复兴。至翌年布尔什维克于彼得诺格拉德有新闻曰《星》。于莫斯科有杂志曰《思想》。国会中亦有党员侧是其间矣。列宁于时自巴黎移居加里西亚之克拉高。列宁日为文寄诸报。而俄国信使亦往来弗辍焉。欧战兴。闻社会党各赞成其国之军费案。慨然曰噫第二国际死矣。先是一九零七年万国社会党开第七次大会于斯志杜嘉尔德。议决国际间将开战者。劳动阶级及其代表之在议会者。应尽力制止。战争骤发。未及制止。当使其速了。且于其间乘机。摧破资本制度。此决议本出自列宁主张。自是始绝望于第二国际。而恶布鲁觉阿益甚。然时时遵守党议者。实不仅俄国社会民主党。如美国意大利塞尔维亚匈牙利罗马尼亚等国之社会党。皆始终以反对战争为务。而各国社会主义者。感其国家关系之崩溃。谋所以恢复之者。亦于是起。开战之翌年。意大利及瑞士之社会党曾于鲁加诺。中立国社会党曾于芳宾海根。一九一五年三月国际妇女社会主义者曾于柏林。皆为是也。然与第二国际事务局尚不无关系。至一九一五年九月反对战争之社会主义者曾于次母麦尔瓦德。始完全与第二国际无涉。列宁于此曾居最左翼。主张化帝国主义战争为阶级战争。并要求宣告第二 Jnternational 灭亡。立行组织新 Jnternational 反复辨难。卒为众议所格。时代表左翼者为德人勒得部尔。谓列宁曰。君方淹恤于外。驰一檄以起内乱。计诚得矣。吾所欲知者。君若身在大邦。当如何耳。列宁应之曰。马克斯草《共产党宣言》时。非身在异国耶。若以此责马克斯。亦何见之不广。吾受俄国劳动者之命。是以在此。时来。吾固有以自处也。杜洛斯基。时亦在最左翼。与列宁之见亦不尽合。及会议之宣言出。全欧为之震恐。列宁则深愤其柔懦。后此六月而有克因达尔会议。其宣言则已稍进。而赞成组织新 Jnternoatinnal 者仍寡。一九一七年三月俄罗斯革命。罗马诺夫皇室废列宁亦自瑞士归矣。欧战发生后，列宁自嘉利西亚。移居瑞士之伯伦。未几又移居次里嘉。苦同志不易得。煞费经营。自成一队。仅有少年七人。后又得一人。作书报金诺维夫。其狂喜不啻获拱璧也。瑞士之社会民主党既不慊于列宁。政府尤忌之。列宁与金诺维夫乃授书政府。谓在大邦当自谨。以故得安。此书今存瑞士博物馆。极珍秘。金诺维夫闻其事而笑曰。瑞士之布鲁觉亚。于客之来游者人取一佛郎。而以其湖光山色。供客玩赏。则若曹示客以列宁手翰博人征五佛郎。亦何足奇耶。列宁与金诺维夫。于一九一七年四月四日归圣彼得堡。以乘特车经由德国之故。世人颇为疑怪。致目之为德国间谍。列宁归后出席于布尔什维克与闵塞维克之联合会议。为之演说曰。欧洲德谟克拉西之臭皮囊今可以弃矣。力言俄之革命。且当推而进之。俄而为无产阶级之革命。势必漫延全欧。闻者始哗然。即布尔什维克。亦斥其言为无当也。七月临时政府决大举攻德。而军无斗志。反戈相向。人民则谓吾人所要求者面包与平和耳。圣彼得堡遂以大乱。李卧夫辞职。克林斯基继之。欲求逞于布尔什维克。列宁乃走芬兰。及全俄民主大会。开会于亚力山大剧场。列宁自芬兰驰书本党。谓事急矣。不可不以力取。其速圆[达]亚力山大剧场。一扫而空之。本党以时机未熟难之。列宁急归圣彼得堡。十月二十三日。本党彻夜讨论。卒从其议。而列宁之所以号召于众者。则一切权力悉归苏维埃是也。及十一月七日布尔什维克遂一举而取得政权。先是布尔什维克发难。诸首领秘议。(十一月三日)期未能决。列宁曰。六日过早。八日嫌迟。早则全俄苏维埃代表未能毕到。吾发难为无据。迟则大会就绪而牵制多。事将无成。七日会初开。吾得向会众一言足矣。议遂定。布尔什维克既专国政。列宁由是为无冠之王。

(《国闻周报》第四卷第四十三期，1927年11月6日，署名 厚照)

12月

54.《俄罗斯文学》(著作(目录，书前说明)，12月)

《俄罗斯文学》由创造社出版部出版，蒋光慈编，上下两卷，共255页，定价大洋8角。上卷为十月革命与俄罗斯文学，9个章节，有5万字，为蒋光赤所作；下卷为十月革命前的俄罗斯文学，19个章节。此文为瞿秋白1921年至1922年所写，编入《俄罗斯文学》时编者作了删改，尚有6万多字。书前说明：

作者老早就想把俄罗斯文学详细地向国人介绍一下，时至今日，作者方能献给读者这一本小书，这实在是应当向读者告罪的。本书分上下两卷，上卷为十月革命与俄罗斯文学，下卷为十月革命前的俄罗斯文学。作者以为十月革命后的俄罗斯文学比较重要而且对于读者有兴趣些，故将它列在前面。关于本书的下卷，我要深深地感谢我的朋友屈维它君，因为这是他的原稿，得着他的同意，经我删改而成的。本书当然是简单概括的很，不过读者也可由此得知俄国文学与俄国社会运动的关系。

一九二七，一〇，三〇，于上海。

55.《左派幼稚病》(著作出版信息，12月)

上海浦江书店出版列宁著、吴琼译的《左派幼稚病》(今译《共产主义运动中的左派幼稚病》)。

56.《苏俄新经济政策》(著作(目录)，12月)

中华书局出版顾树森编的《苏俄新经济政策》，定价2元4角。目录：上编，第一编总论，导言。第一章 苏俄试行共产政策与失败经过情形，第二章 苏俄改行新经济政策的决心，第三章 苏俄新经济政策的基本原则与经过情形。第二编 苏俄对内的新经济政策。

第一章 国有经营事业及工业政策，第二章 苏俄劳动新法典的内容，第三章 苏俄工场委员会组织，第四章 苏俄工场委员会对于生产组织工场管理工资问题的关系。中编。第五章 农业政策，第六章 商业政策，第七章 租税政策，第八章 苏俄关税政策，第九章 保险政策，第十章 苏俄金融机关及纸币制度。第三编 苏俄对外的新经济政策。第一章 苏俄外国贸易制度及组织的变迁，第二章 对外贸易机关，第三章 对外贸易实施手续。下编 总论。第一章 导言，第二章 苏俄合作事业运动的变迁大纲。第一编 苏俄在共产主义时代的合作运动。第一章 苏维埃的合作政策，第二章 在苏维埃经济制度下面的合作事业，第三章 苏俄共产政策对于合作制度的影响。第二编 苏俄新经济政策的过渡。第一章 国家资本主义与合作社，第二章 自一九二一年至一九二四年苏俄经济状况的一般。第三编 新经济政策下面消费合作社组织。第一章 消费合作社的改组，第二章 消费合作社的经济活动，第三章 改组后合作运动的工作，第四章 苏俄经济生活下面消费合作运动的业务。第四编 消费合作运动最近的发展。第一章 一九二三年及一九二四年的改造，第二章 最近的合作政策，第三章 一九二四年合作政策的效果。第五编 苏俄最近年间各种合作社概况。第一章 最近消费合作社概况，第二章 苏俄最近农业合作社概况，第三章 苏俄手工业合作社最近概况，第四章 苏俄信用合作社最近概况，第五章 苏俄其他各种合作社最近概况。

1927 年初

57.《瞿秋白论文集》（著作（自序，目录），年初）

瞿秋白自编《瞿秋白论文集》，拟由商务印书馆排印，因发生"四一二"政变未能出版，文学部分的著译曾出版过。该书稿共收入瞿秋白1923年初至1926年底的文章174篇，附录6篇，歌曲1首，共91.5万字。这是瞿秋白生平自己编集的唯一一部综合性集子。该集子力求应用马克思主义于中国的国情，"呈现中国的马克思主义者应用革命理论于革命实践上的成绩，摒弃理出一个相当的系统"，以利于革命实践；瞿秋白强调"应用马克思主义于中国国情的工作，断不可一日或缓"，"革命的理论永不能和革命的实践相离"。论文集批判了各种错误的国情观，探索中国半殖民地半封建的特殊社会性质，中国革命的性质、战略、策略、领导权与前途等，成为早期马克思列宁主义中国化的重要组成部分。

自序：

> 革命的理论永不能和革命的实践相离。
> 中国的有马克思主义理论，自然已经很久；五四运动之际，《新青年》及《星期评论》等杂志，风起云涌的介绍马克思的理论。我们的前辈：陈独秀同志，甚至于李汉俊先生，戴季陶先生，胡汉民先生及朱执信先生，都是中国第一批的马克思主义者。但是，只有陈独秀同志在革命的实践方面，密切的与群众的社会运动相联结，秋白等追随其后，得在日常斗争中间，力求应用马克思主义于中国的所谓国情。至于戴季陶先生，虽然他首先以马克思主义来探求"中国之乱源"，胡汉民先生，虽然他首先以

马克思主义来解释中国上古（战国）的哲学思想；然而现在他们早已公开的抛弃唯物史观……这难道是偶然的？

中国无产阶级处于世界革命的时代及国民革命的中国，他一开始自己的运动，便不得不直接参加政治斗争，决不能限于改善自己生活的经济斗争。"一切阶级斗争都是政治的。"这句话在西欧和俄国仿佛有一时期还是比较抽像[象]的说明，在中国却是异常明显而具体的真理。既然如此，中国无产阶级自然急切的需要自己的政治思想的代表。

然而中国的智识阶级，刚从宗法社会佛、老、孔、朱①的思想里出来，一般文化程度又非常之低，老实说这是无智识的智识阶级，科学历史的常识都是浅薄得很。中国无产阶级所涌出的思想代表，当然也不能自外于此。只是革命实践的需要，正在很急切的催迫着无产阶级的思想代表，来解决中国革命中之许多复杂繁重的问题。"没有牛时迫得狗去耕田"，这确是中国马克思主义者的情形。秋白是马克思主义的小学生，从一九二三年回国之后直到一九二六年十月间病倒为止，一直在陈独秀同志指导之下，努力做这种"狗耕田"的工作，自己知道是很不胜任的。然而应用马克思主义于中国国情的工作，【断】不可一日或缓。我现在收集四年来的著述付印，目的是在于呈显[现]中国的马克思主义者应用革命理论于革命实践上的成绩，并且理出一个相当的系统，使读者易于找着我的思想的线索。固然，无产阶级之革命思想的指导，当然是集体的（collective）工作，然而我确是这集体中的一个个体，整理我的思想，批评我的思想，亦许对于中国革命的实践不为无益。况且集体的革命工作之意义，正在于其自我批评的发展；而集体的革命思想之形成，亦正在于其各个个体之间的切磋。固然，我这幼稚的马克思主义者之理论里，可以有许多没有成熟的、不甚正确的思想，然而我始终亟亟乎将我的成绩同着我的错误一齐汇集发表，正是因为要发展中国社会思想的自我批评：我们的著作是想要利于革命的实践的，而并非想"藏之名山，传诸其人"的。列宁说："自然……与其写革命，毋宁做革命。"我们固然很愿意从事于中国马克思主义的巨著，但是在现时革命潮流汹涌的时机，既不应幻想明窗净几闭户著书的余暇，那么，仅只我这些马克思主义的试作，"做革命"的一部分的成绩之汇集与整理，也就未始无益哩。于是瞿秋白的论文集便出版了。

论文集分八类：（一）中国国民革命的问题；（二）帝国主义与中国；（三）买办阶级之统治；（四）国民会议与五卅运动；（五）北京屠杀后国民革命之前途；（六）世界社会革命的问题；（七）马克思列宁主义的理论问题；（八）赤化漫谈。

第一，中国国民革命的问题——马克思主义的应用于中国国情，自然要观察中国社会的发展，政治上的统治阶级，经济状况中的资本主义的趋势，以及中国革命史上的策略战术问题。可是尤其重要的，是国民革命中无产阶级之职任；五卅以前无产阶级应当参加国民革命，准备取得其领袖权，认定国民革命的目的，是在于建立革命平

---

① 佛、老、孔、朱，指佛祖释迦牟尼、老子、孔子、朱熹。这里是指维护封建宗法统治的四种学说，指佛学、老庄学说、孔孟儒学、程朱理学。

民的民权独裁制,而与世界无产阶级革命合流直达社会主义;五卅以后,无产阶级领袖国民革命的问题,更加成了实际斗争的现实问题,无产阶级与资产阶级的联合战线已经因农民问题的要求切实解决而不能久持了,五卅屠杀后之无产阶级,实在已经实际的直接的开始了国民革命。

第二,帝国主义与中国——中国国民革命的使命,在于推翻世界帝国主义,因为不但中国是帝国主义的国际殖民地,而且中国国民革命简直是直接的由世界无产阶级的十月革命所提携起来的。虽然孙中山先生说中国不是所谓半殖民地的,而是次殖民地,这句话确有鼓动的意义;然而真实的情形,却在"国际殖民地"。所谓国际殖民地的意思,便是说中国没有成为某一帝国主义国家之直接统治地,而是列强互争的对象。这中间包含着充分的帝国主义列强互相冲突的原[元]素。因此,中国是世界帝国主义战线最脆弱的地方,亦就是十月革命之后,世界革命最容易爆发而胜利的地方。中国国民革命之为世界社会革命的一部分,于此更加有深一层的意义。虽然中国自身经济发展程度很低,还只有资产阶级性的民权革命的需要,而且革命胜利后社会主义的建设比俄国还要困难好几倍,然而中国国民革命不胜利则已,如果胜利则必定是颠覆世界资本主义而创造社会共产主义的一支流。因此,我们以前对于帝国主义侵略中国的种种方式及中国革命反抗帝国主义的策略之研究,是很重要的。

第三,买办阶级之统治——这是我一九二三至二四年的时论之总题。当时临城案、贿选案、承认苏俄问题及广州买办军反革命叛乱等现象,显然表示是买办阶级(帝国主义)稳固的统治全国,并且压迫孙中山政府之时期。反右派的斗争已经开始,尤其是在广州商团叛变时;中山北上的第一次北伐,已经提出国民会议之主张(我当时有一篇《论革命战争之北伐》,惜因《向导周报》不载,已经遗失,未能收入此集),——这时期已经是无产阶级争革命领袖权之胚胎。

第四,国民会议与五卅运动——这是我一九二五年的时论之总题。当时北京政变(冯玉祥倒戈),国民会议始成全国革命平民的旗帜,继之以上海小沙渡罢工,五卅屠杀后的伟大革命运动,直到反奉战争中"变军阀战争为平民推翻军阀战争"之呼号与"为国民会议而战"之要求,对抗吴佩孚之法统主张。总之,五卅而后,无产阶级争革命领袖权之斗争,已有具体的初步表现。这一期的时论,可以《国民会议与五卅运动》一文总其成。

第五,北京屠杀后国民革命之前途——这是我一九二六年的时论之总题。北京屠杀后,国民军败退之时,大致都认为是帝国主义联合战线反赤胜利之反动局面。然而五卅以来农民奋起,小资产阶级的左倾,他们不但积极起来反抗买办士绅阶级,并且渐渐脱离资产阶级之民族改良主义的领导,急切的要求反守为攻,尤其是革命战争的北伐,以直接继续反帝国主义的五卅运动。革命平民,尤其是农民已进一步而要求平民政权。同时,民族资产阶级攫取领导权,而向妥协政策方面去,因为农民及无产阶级的斗争,已经对于他们自身都发生危险了。列宁说:"俄国资产阶级很恨俄皇政府,但是他是因为俄皇政府的政策会惹起革命。"(列宁引考茨基语)中国资产阶级在五卅以来真的走上这条路;他们恨帝国主义,正是恨他的惹起革命。所以如果革命平民要求北伐，是为着建立革命的平民政权，那么，资产阶级之赞成北伐，却是为着要求买办阶级之小小让步，以便结束革命，制止平民的民权主义之发展。这时无产阶级与资产阶级互争革命领袖权之斗争，已经迫近成败存亡的紧要关头。这一时期的时论，可以《北京屠杀与国民革命之前途》及《中国……赤化与反赤化之斗争》二文（见第一类）作为纲领。

第六，世界社会革命的问题——中国的国民革命发展于世界社会革命的时代里，我们不能不在世界无产阶级领导之下勇猛斗争；中国的无产阶级，甚至于一般的劳动平民解放的目的，都在于共产主义。所以关于共产主义国际、共产主义少年国际、赤色职工国际、世界无产阶级的政治经济斗争、俄国无产阶级之胜利与经济改造事业、以及被压迫民族的国民革命（如土耳其），我亦曾竭我的能力译述，以供国人的研究，兹汇集于此。

第七，马克思列宁主义的理论问题——理论、主义的问题，当然不能离开实践，所以我在上海大学①教课的讲义，大半都没有收入此集。固然，集中很有几篇文章关涉到较深的纯理论的问题，然而大致与中国现时社会思想的阶级斗争是有关系的，如东西文化、科学玄学的争辩等。还有与革命实践密切相关的理论上的争辩，则已分别归入其他各类。思想的战线（ideological front）上，我们不能不对于当代"伟人"梁启超、章行严、梁漱溟、张君劢、戴季陶、胡适之、《独立青年》派，以及帝国主义御用的曾、左、李②（并非满清贵族御用的曾、左、李③，乃是《醒狮》的国家主义派）下无情的攻击。这不但是中国无产阶级之最高命令，不能不服从；而且是中国民族——国民革命之利益所要求的。如果说我喜欢得罪伟人，那么，我可以顺便在这里"道歉"一声，只好根据于孔夫子的圣经贤传，说声"大义灭亲"了！况且我这些文章公布已久，从不看见他们公开的直接的答复，足见已是理屈词穷，不敢接受我的挑战。"伟人与可笑的人相差原只有一步呵。"

第八，赤化漫谈——这是我文艺杂着等的汇集。自五四运动中国宗法社会的思想崩溃以来，至今还是遗留着；好像恶疮似的，从阴处逐渐腐烂，非常之延缓迟滞，其痛苦可想而知。尤其是妇女问题、青年问题，甚至于在已经开始斗争的无产阶级之中，还保存许多宗法社会封建制度的旧观念。对于这种现象，我们要高呼"持续新文化运动时期（五四）之可宝贵的遗产"！这种可宝贵的遗产，便是无情的彻底的反抗宗法社会及一切舶来的反动妥协的文艺思想。再则，我这些杂着中也还反映些国际革命运动中工人阶级及被压迫民族之实际斗争，如二七流血，叙利亚、摩洛哥的血战，以及《革命运动年表》与《战壕断语》等。因此，我虽自知文艺稚弱，杂着庞乱，也还敢

---

① 上海大学，1922年由上海东南高等专科师范学校改组而成。于右任任校长，瞿秋白、邓中夏、恽代英、萧楚女、张太雷等著名共产党人在该校任教任职，是国共两党合作创办的一所培养革命干部的大学。1927年"四一二"反革命政变后被国民党军队封闭。
② 曾，即曾琦；左，即左舜生；李，即李璜。
③ 曾，即曾国藩；左，即左宗棠；李，即李鸿章。

帑自珍,将他们存留在此。

《瞿秋白论文集》之出世,正当革命战争剧烈之际,中国革命大踏步的前进,中国历史的轨道正在将转湾[弯]未转湾[弯]的时期,亦许,不久便须更深一层更进一步的研究,我希望论文集很快的变成陈旧的文籍!

一九二七、二、十七

(《瞿秋白文集》,重庆:重庆出版社,1995年,第1~6页)

附录《瞿秋白论文集》目录(政治理论部分):

自序
一、中国国民革命的问题
Ⅰ. 中国的社会政治
东方文化与世界革命
现代中国的国会制与军阀——驳章士钊之《论代议制何以不适于中国》
政治运动与智识阶级
中国之地方政治与封建制度
Ⅱ. 中国的经济状况
中国之资产阶级的发展
现在满洲的经济
Ⅲ. 五卅前无产阶级参加国民革命的问题
自民权主义至社会主义
国民党改造与中国革命运动
中国革命史之新篇
国民党与下等社会
Ⅳ. 中国革命史论丛
孙中山与中国革命运动
孙中山辛亥革命后之第二功绩——镇压买办阶级商团之反革命
孙中山之死与孙中山之敌
五四纪念与民族革命运动
中国之革命的五月与马克思主义——五七、五四、五五、五卅、五一
Ⅴ. 五卅后无产阶级领袖国民革命的问题
中国国民革命与戴季陶主义
国民会议与五卅运动——中国革命史上的一九二五年
国民革命运动中之阶级分化——国民党右派与国家主义派之分析
北京屠杀与国民革命之前途
中国革命中之武装斗争问题——革命战争的意义和种种革命斗争的方式
国民革命中之农民问题

世界的及中国的赤化与反赤之斗争
二、帝国主义与中国
帝国主义侵略中国之各种方式
太平洋问题与美国钱袋里的中国
道威斯计划与世界帝国主义
日本对华贸易之经济侵略
五七国耻与日本帝国主义
三、买办阶级之统治——一九二三至一九二四年之时论
北京政府之财政破产与军阀之阴谋
乐志华案是一幅中国的缩影
文明的列强野蛮的中国？
中国还没有亡？
国会选举制宪统一的噩梦
大家都是良民，那里来的匪！
好个江苏省民！——驳《时事新报》张君劢之论新宪法
中国承认苏俄与东交民巷
《时事新报》之理藩政策
中国人的言论自由与外国人的上海政府谁是帝国主义者？
帝国主义与买办阶级压迫下的孙中山政府
广州印刷工人罢工之经过
四、国民会议与五卅运动——一九二五年之时论
一九二三年之"二七"与一九二五年之"二七"
上海小沙渡日本纱厂之大罢工
民族的劳资斗争
帝国主义的佣仆与中国平民
胡适之与善后会议
淞沪特别市和淞沪的民权
上海之外国政府与中国臣民——上海纳税外人会议及中国市民之自由权
日本对华之屠杀政策——上海—青岛—大连
帝国主义之五卅屠杀与中国的国民革命
《热血日报》社论：
(一)工商学联合会与上海市民
(二)监督政府的外交
(三)五卅交涉的危机——注意亡国的外交政策！
(四)政府特派员是何居心？
(五)警告工商学联合委员会
(六)上海总商会究竟要的什么？

（七）全中国都要受外人屠杀了！——上海总商会却还要反对民众的团结
（八）五卅交涉中之民众要求——谨防外交当局的狡谋
（九）外交当局的欺人政策
（十）无耻的美国帝国主义者！
（十一）官僚商阀之秘密外交——人民快起来打倒他们
（十二）推翻媚外的军阀官僚
（十三）交涉破裂后我们怎么办——全国对外的大罢业
（十四）死活只有两条路——全国对外大罢业还是做奴隶？
（十五）谁是敌，谁是友？
（十六）全国罢工潮与上海开市
（十七）北京政府之修正不平等条约——日本外相之政策可以对照
（十八）全国大示威的意义——应再有实际上的统一行动
（十九）英帝国主义之阴谋——广州事件
（二十）五卅案与废除不平等条约
小言：
1．更可怕的十秒钟
2．可爱的梁启超
五卅屠杀后的奉系军阀
五卅后反帝国主义联合战线的前途
英国帝国主义对中国的进攻与广州国民政府
义和团运动之意义与五卅运动之前途
五卅运动中之国民革命与阶级斗争
五卅运动后之九七屠杀
反奉战争与国民革命运动
沪案重查与五卅屠杀的结局（？）
五卅案重查的结果与国民革命的联合战线
国民会议运动与联合战线
国民应为国民会议而战！——张吴联合攻国民军之政局与民众
中国职工运动战士大追悼周之意义
五、北京屠杀与国民革命之前途——一九二六年之时论
北京屠杀后之中国民族的仁爱性
中国境内之华人参政问题——上海工部局总董教训总商会会长
再论中国境内之华人参政问题英日吴张战胜后之中国资产阶级
最近中国之中央政府问题
五卅周年大示威中之上海问题
五卅周年中的中国政局——五卅屠杀后的民众运动和北京屠杀后的帝国主义
统治北京的巨头会议和政治公开问题

颜内阁之大卖国计划
日本对华屠杀后的中日亲善论
上海买办阶级的威权与商民——谈谈上海的商会和上海的"华人"
北伐的革命战争之意义

六、世界社会革命的问题

Ⅰ．共产国际世界的社会改造与共产国际——共产国际的党纲问题
现代劳资战争与革命——共产国际之策略问题
世界社会运动中共产主义派之发展史——世界共产党与世界总工会
少年共产国际
评罗素之社会主义观
世界职工运动状况
世界职工运动之现状与共产党之任务——洛若夫斯基报告之译稿
世界的农民政党及农民协会——赤色农民国际与国际农民运动的历史
五一纪念与共产国际
五一纪念与国际劳动运动

Ⅱ．苏联经济政治
俄国经济政策与社会主义
俄罗斯革命之五年——译列宁在共产国际第四次大会报告
新经济政策之意义——讲案（上海夏令讲学会）
苏联宪法与共产主义——驳心史之俄国宪法上共产主义之变化（《申报》）
十月革命与弱小民族
世界社会革命开始后之第八年

Ⅲ．德国及土耳其
世界革命中之德国
国民革命中之土耳其

七、马克思列宁主义的理论问题

Ⅰ．唯物论与社会科学
自由世界与必然世界——驳张君劢
实验主义与革命哲学——驳胡适之
社会科学概论——讲案（上海夏令讲学会）
唯物论的宇宙观概说
马克思主义之意义

Ⅱ．列宁主义与现代革命
列宁与社会主义
列宁主义概说——改译施达林著之《列宁与列宁主义》里的一部
列宁主义与杜洛茨基主义
列宁主义与中国的国民革命（改译）

Ⅲ．国家与民族的问题

国法学与劳农政府

现代民族问题——上海大学讲案(卜罗依杜之说)

Ⅳ．现代东西文化的问题

现代文明的问题与共产主义

太戈尔的国家观与东方

八、赤化漫谈

Ⅰ．文艺杂著

郑译《灰色马》序

劳农俄国的新文学家

涴漫的狱中日记

新的宇宙

劳动的汗——俄国文学家高尔基 M. Gorky 小说集

欧文的新社会

弟弟的信

那个城

猪八戒——东西文化与梁漱溟及吴稚晖

艺术与人生

荒漠里——一九二三年之中国文学

鞘声(十二则)

(一)上海申报馆里的农业国

(二)无用的人与东方文化

(三)二十世纪的绝妙好辞

(四)世界的结局

(五)康有为与许斯，梁启超与芳泽

(六)德谟克拉西的法兰西

(七)好容易！

(八)中国的花车和美国的公使

(九)近东的土耳其就能如此，远东的中国呢？

(十)这也是"国学"

(十一)社会主义行好事假客气

(十二)小小一个罪恶

过去的人——太戈尔——《家庭与世界》

时代的牺牲——译俄国高尔基的短作《说部》集里的

Ⅱ．战壕断语

战壕断语——中国革命者的杂记

(一)摩洛哥和叙利亚

（二）摩塞尔问题、土耳其、蒙古、爪哇
（三）危机中的波兰
（四）德国的革命新潮
（五）寡头政治的美国
（六）所谓大英帝国
（七）印度的革命工人
（八）蒙古的国民革命党
（九）意大利法西斯的侵略政策
（十）帝国主义的裁兵和世界的武装
（十一）法国共产党反对洛迦诺条约
（十二）德国无产阶级眼中的洛迦诺精神
（十三）瑞典的共产主义运动
（十四）新经济政策下的商业和社会主义
Ⅲ．世界革命运动年表
（一）古代各国奴隶平民之暴动
（二）古世纪之农奴暴动及农民战争（初期基督教共产主义附）
（三）十七世纪之英国革命（北美独立附）
（四）十八世纪之法国大革命
（五）世界各国革命及其无产阶级运动
（六）国际无产阶级之社会革命运动
（七）二十世纪之世界社会革命
（八）中国革命运动年表——农民战争和民族解放运动至无产阶级的斗争
Ⅳ．妇女问题
中国妇女之白化与赤化——中国妇女运动，恭贺新禧！
赤潮曲

（《瞿秋白论文集》，重庆：重庆出版社，1995年）

编 后 记

在 2016 年红船精神研究中心出版完成《马克思主义在中国早期传播史料长编（1917—1927）》后，田子渝教授提出进一步编撰列宁主义在中国早期传播专题史料，深化马克思列宁主义在中国传播研究的设想，并确定书名为《列宁主义在中国早期传播史料长编（1917—1927）》（以下简称《长编》）。经过认真研究，浙江省中共创建史研究中心、红船精神研究中心，成立了以康文龙教授为主编的《长编》编纂团队，决定编纂我国第一部列宁主义在中国早期传播史料长编的工具书，向中国共产党成立 100 周年献礼。

3 年来，《长编》编纂团队认真细致，团结奋斗，反复到北京、上海、天津、广州、武汉、重庆、成都、长沙、南昌、郑州等现代史资料庋藏丰富的图书馆、博物馆、档案馆等探寻、发掘；到日本、美国、新加坡及我国台湾、香港等地寻觅、搜集。3 年来，多少个日日夜夜，在黄卷青灯下抄录、打印、校对。功夫不负有心人，在大家的共同努力下，在各方的大力支持下，300 万字左右的《长编》终于呈现给大家了！

作为编者，我们深知责任重大，带领《长编》编纂团队不敢有丝毫懈怠；3 年来，嘉兴学院党委副书记吕延勤研究员时时关注《长编》的编撰、校对，在组织协调、大纲审定、资料查找等多方面做了大量、细致的工作；彭冰冰教授、汪浩鸿副教授在史料搜集和整理方面都有重要贡献。特别感谢田子渝教授，离开了他的学养和丰富的资料积累，《长编》的编撰是难以想象的。

在《长编》编纂过程中，得到了教育部社科中心主任王炳林、《求是》杂志社原社长李捷、浙江省委宣传部原常务副部长胡坚、浙江省委党史室原主任金延锋等领导的关心和支持。中共中央党史研究室原副主任、中央马克思主义理论研究和建设工程咨询委员会委员、中国中共党史学会常务副会长、中国中共党史人物研究会常务副会长、中国中共文献研究会副会长李忠杰教授在百忙之中还为《长编》作序，并对编纂工作提出了许多指导意见，让我们深受感动。武汉大学丁俊萍教授、华南师范大学陈金龙教授、中南大学曾长秋教授、浙江大学段治文教授、华中师范大学李良明教授等专家学者和嘉兴学院人文社科处、《嘉兴学院学报》编辑部等对本书给予了大力支持。需要特别指出的是，《长编》得到了湖北大学中共创建史研究中心的鼎力相助，他们无私地提供了大量原始资料，其主要成员参加了史料的收集、整理与校对工作，在此表示感谢！

在《长编》编纂过程中，曾参与史料搜集、整理和校对的工作人员主要有《湖北大学学报》编辑部马建强博士、湖北工业大学曾银慧博士、嘉兴学院李云波博士和罗一杰老师等。《长编》的史料输入和校对工作由嘉兴学院在校学生积极参与和付出，主要成员有（以参加时间为序）：朱琳、刘小军、张楠、邱耀华、张冰雪、周萍萍、徐安妮、唐青青、孔敏、朱晨龙、肖雄、杨星、黄子嘉、高银娟、钟粤、黄辉鸿、金志龙、卢俊、王江波、李雯涛、高锦瑶、刘智杰、赵杰、麻硕、张鹤竟等。他们的付出为《长编》的顺利出版打下了坚实的基础，在此表示感谢！

这里还要特别感谢湖北大学图书馆、嘉兴学院图书馆、中国国家图书馆、中国国家博物馆、中共一大会址纪念馆、南湖革命纪念馆、北京新文化运动纪念馆、北京大学图书馆、中国人民大学图书馆、天津师范大学图书馆、南开大学图书馆、武汉市图书馆、湖北省图书馆、上海图书馆、重庆图书馆、广东中山图书馆、中山大学图书馆、华南师范大学图书馆、江西图书馆、中共中央党校图书馆等单位为我们工作所提供的便利。

感谢教育部人文社科中心。为推进马克思主义在中国早期传播史的研究，教育部人文社科中心先后批准了"马克思主义在中国早期传播史料搜集、整理和研究（1917—1921）""马克思主义在中国早期传播史料搜集、整理和研究（1922—1927）""马克思主义传入中国史料搜集、整理和研究（1917年以前）"三项教育部人文社会科学重点研究基地重大项目，《长编》与这些重大项目有密切的关系。

武汉大学出版社为《列宁主义在中国早期传播史料长编（1917—1927）》的出版，给予了大力支持并对原稿进行了认真细致的校对工作。他们高标准的要求、精益求精的工作态度、热情周到的服务和良好的职业素养是《长编》的质量和按时出版的重要保证。这一切给我们留下了深刻的印象，在此深表谢意！

限于专业水平和工作时间，疏漏和错误在所难免，敬请各位专家和同行批评，并不吝指正。

编者
2018年10月于嘉兴